中国交通运输年鉴

（2024）

The Transport Yearbook of China 2024

中华人民共和国交通运输部　编

Ministry of Transport of the People's Republic of China

人民交通出版社

北京

图书在版编目（CIP）数据

中国交通运输年鉴. 2024 / 中华人民共和国交通运输部编. — 北京：人民交通出版社股份有限公司，2024. 12. — ISBN 978-7-114-20023-6

Ⅰ. F512.3-54

中国国家版本馆 CIP 数据核字第 2024CE2130 号

Zhongguo Jiaotong Yunshu Nianjian (2024)

书　　名：**中国交通运输年鉴**（2024）
著 作 者：中华人民共和国交通运输部
责任编辑：崔　建
责任校对：赵媛媛　卢　弦
责任印制：刘高彤
出版发行：人民交通出版社
地　　址：(100011) 北京市朝阳区安定门外外馆斜街 3 号
网　　址：http://www.ccpcl.com.cn
销售电话：(010) 85285857
总 经 销：人民交通出版社发行部
经　　销：各地新华书店
印　　刷：天津融正印刷有限公司
开　　本：889 × 1194　1/16
印　　张：36.5
字　　数：1021 千
版　　次：2024 年 12 月　第 1 版
印　　次：2024 年 12 月　第 1 次印刷
书　　号：ISBN 978-7-114-20023-6
定　　价：318.00 元

编辑说明

一、按照《中国交通运输年鉴》的定位，本书由交通运输部和国家铁路局、中国民用航空局、国家邮政局联合编纂。全书本着“全面呈现，重点突出”的原则，聚焦“奋力加快建设交通强国、努力当好中国式现代化的开路先锋”，突出年度行业核心、重点、热点话题，全景式记录交通运输重大事件和取得的重大成就，凸显交通运输服务国家战略、保障国计民生的先行作用。

二、在坚持权威、系统、客观、准确、连续、实用的原则下，全书由“重要指引、行业部署、加快建设交通强国、重大工作、重大工程、重大事件、地方篇、附录”8篇组成，共计38章，3个附录。内容涉及党中央和国务院的决策，领导人的指示，学习贯彻习近平新时代中国特色社会主义思想主题教育，交通物流保通保畅和重点时段服务保障工作，铁路、公路、水路、民航和邮政各领域及综合交通融合发展，以及服务国家重大战略，安全监管与应急管理，科技创新，推进交通运输绿色发展，行业治理，国际合作与港澳台工作，党建工作，干部人才队伍建设，精神文明建设，离退休干部工作，全国各地交通运输发展成就等方面情况。此外，本书还刊载了交通运输领域的重大政策列表、组织机构负责人情况、各领域重要统计公报及2023年度大事记。

三、本书内容由交通运输部部内各司局和国家铁路局、中国民用航空局、国家邮政局相关部门、部分部属单位，各省、自治区、直辖市以及新疆生产建设兵团交通运输主管部门提供。其中，部分内容来自相关业务部门公开发布的发展报告等官方权威信息。编纂工作由交通运输部办公厅会同国家铁路局、中国民用航空局、国家邮政局综合司（办公室）统筹；交通运输部档案馆、中国公路学会和《中国公路》杂志社组成编辑工作组，负责具体实施。

四、本书收录的交通运输行业2023年重要信息，除特殊注明外，时间均为2023年。为体现行业发展的纵深、数据信息的完整性和方便读者对比使用，收入的部分资料时限、数据时限有所放宽。

五、本书所列全国性统计数据，由相关业务主管部门提供并审定，除个别内容外绝大多数未含香港、澳门特别行政区和台湾地区。由于统计口径不同，书中相关数字略有不同，最终数字均以“统计公报”为准。

六、本书正文图表以篇－章－序号编排，一个表格一般只表达一个主题。

七、为适应现代阅读习惯，方便读者使用，并克服纸质版容量有限的问题，文中加载了部分重要文件的二维码，供读者扫码阅读。二维码统一链接至相关部门官方网站。如果相关网站链接有变动，会造成扫描失效情况，请另行查询。

八、组织机构方面的资料由人事部门提供。

九、本书的名词术语、缩略语、简称及英文缩写未加注释的，见行业相关名词解释及英文缩写释文。

十、本书关于政策的相关内容，是对部分现行法律、法规、规章和政策原文的部分刊登、综述和解读，可以作为了解中国交通运输发展政策的线索，并附有二维码，可供读者扫描参考，必要时读者应查阅使用相关正式文件。

十一、为方便阅读，本书“附录”部分的各统计公报中的图、表序号均按各公报原文排序。

本书编辑工作组

2024年12月

EDITORS' NOTES

1. As per the position set for the Transport Yearbook of China, it is jointly compiled by the Ministry of Transportation, the National Railway Administration, the Civil Aviation Administration of China and the State Post Bureau. Following the principle of "presenting the full picture while highlighting key events in the industry", focusing on "striving to accelerate the building of a transport power as a pioneer of China's modernization" and underling the annual core, important and high-profile issues in the industry, the Transport Yearbook of China gives a panoramic documentation of significant events and major achievements in the transport industry, and highlights the role of the transport industry as the vanguard in serving national strategies and enhancing the national welfare and people's livelihood.

2. The Yearbook, authoritative, systematical, subjective, accurate, consistent and useful, comprises a total of 38 chapters and 3 appendixes in 8 sections: Important Guidelines, Industry Deployment, Accelerating the Building of a Transport Power, Major Tasks, Major Projects, Major Events, Provincial Subjects, and Appendixes. Included herein are the decisions by the CPC Central Committee and the State Council; leaders' instructions; studying and implementing the theme education on Xi Jinping Thought on Socialism with Chinese Characteristics for a New Era; ensuring smooth transport and logistics and the work of services and guarantees during critical periods; the progress in the sectors of railway transport, highway transport, waterway transport, civil aviation transport and postal services and the integrated development of these sectors; serving major national strategies; safety supervision and emergency response; innovation in science and technology, promoting green development of transport; industry governance; international cooperation and the work on Hong Kong, Macao and Taiwan; Party building; development of official and professional teams; construction of spiritual civilization; work on retired cadres; and achievements of transportation development in all parts of China. Also contained herein are a list of major policies in the transport sector, information of the organizations and leaders, major statistical bulletins in various fields, and milestones of 2023.

3. The contents herein are provided by departments and bureaus within the Ministry of Transport, relevant departments of the National Railway Administration, the Civil Aviation Administration of China and the State Post Bureau, units under the Ministry of Communications and transportation departments of various provinces and Xinjiang Production and Construction Corps, part of which comes from development reports and other official authoritative information publicly released by relevant business departments. Its compilation is organized by the General Office of the Ministry of Transport in conjunction with the National Railway Administration, the Civil Aviation Administration of China and the general department (office) of the State Post Bureau, and carried out by the Working Group of the Editorial Board consisting of staff members of the Archives Center of the Ministry of Transport, China Highway and Transportation Society and China Highway Magazine Society.

4. The important information about the transport industry in 2023 included in the book, and therefore all the information is that of the year 2023 unless otherwise specified. In order to demonstrate the developmental depth of the transport industry and the integrity of data / information, and to facilitate the comparison and use of data by readers, part of the data and information is not limited to that of 2023.

5. The national statistical data listed herein is provided and checked by relevant business authorities. Most of these statistics do not include those of the Hong Kong and Macao Special Administrative Regions and Taiwan Province. Where figures contained herein show discrepancy due to different statistical criteria, to unify the figures, those in the Statistical Bulletin shall prevail ultimately.

6. The charts in this Yearbook are numbered with the serial numbers of the sections and chapters in which they appear. One chart is usually used to express only one theme.

7. Important documents herein come with QR codes for readers to scan so as to accommodate the reading habit of modern readers, facilitate their use, and address the problem of limited space available in a print version. All the QR codes are linked to the websites of competent authorities. In case of any invalid scanning of QR codes caused by any change of such website links, please turn to other means of inquiry.

8. The information on the organization structure is provided by relevant personnel departments.

9. With respect to any terms, acronyms, abbreviations or English abbreviations not annotated herein, please refer to the definition of such terminologies and the explanation of such English abbreviations provided by the transport industry.

10. The policy-related contents contained herein are excerpts, summaries and interpretations of the original texts of existing laws, regulations and policies, and may serve as a clue for the understanding of China's transport development policy. QR codes are printed herein for readers to scan for reference; it is advisable, however, to consult the original documents when necessary.

11. To be reader-friendly, the figures and charts of statistical bulletins in the Appendixes are listed in the order in which the original texts appear in such bulletins.

Working Group of the Editorial Board

December, 2024

组织机构名单

编审委员会主任委员

刘　伟　交通运输部党组书记、部长

编审委员会副主任委员

李　扬　交通运输部党组成员、副部长

赵冲久　交通运输部党组成员

　　　　国家邮政局党组书记、局长

宋志勇　交通运输部党组成员

　　　　中国民用航空局党组书记、局长

费东斌　交通运输部党组成员

　　　　国家铁路局党组书记、局长

编纂工作委员会主任委员

李　扬（兼）

编纂工作委员会副主任委员

黄小平　交通运输部办公厅主任

王嘉彧　国家铁路局综合司（外事司）司长

刘鲁颂　中国民用航空局综合司一级巡视员

侯延波　国家邮政局办公室（外事司）主任（司长）

张劲泉　中国公路学会常务副理事长

编纂工作委员会委员

蔡团结　交通运输部安全总监、运输服务司司长

吴春耕　交通运输部总规划师、综合规划司司长

刘鹏飞　交通运输部政策研究室主任

刘后盛　交通运输部法制司司长

卢尚艇　交通运输部财务审计司司长

彭思义　交通运输部人事教育司（部党组巡视办）司长（主任）

周荣峰　交通运输部公路局局长

杨华雄　交通运输部水运局局长

王海峰　交通运输部安全与质量监督管理司司长

徐文强　交通运输部科技司司长

岑晏青　交通运输部国际合作司（港澳台办公室）司长（主任）

魏　东　交通运输部直属机关党委常务副书记

胡荣明　交通运输部离退休干部局党委书记、局长

卓　立　中国海上搜救中心常务副主任、部应急办主任

徐　伟　交通运输部海事局党组书记、副局长

刘　鹏　中国国际可持续交通创新和知识中心党委书记、主任

郝宽胜　国家铁路局综合司（外事司）副司长

孙文生　中国民用航空局综合司副司长

吴晓明　国家邮政局办公室（外事司）副主任（副司长）

王　雷　交通运输部救助打捞局局长，中国海上搜救中心副主任

舒　驰　人民交通出版传媒管理有限公司党委书记、董事长

蒋丽萍　交通运输部档案馆馆长

李军会　北京市交通委员会党组书记、主任
王志楠　天津市交通运输委员会党委书记、主任
宋仁堂　河北省交通运输厅党组书记、厅长
郭丙福　山西省交通运输厅党组书记、厅长
高世勤　内蒙古自治区交通运输厅党组书记、厅长
冯万斌　辽宁省交通运输厅党组书记、厅长
李　平　吉林省交通运输厅党组书记、厅长
孙　宇　黑龙江省交通运输厅党组书记、厅长
于福林　上海市交通委员会党组书记、主任
吴永宏　江苏省交通运输厅党组书记、厅长兼省铁路办公室主任
蔡　洪　浙江省交通运输厅党组书记、厅长
聂爱国　安徽省交通运输厅党组书记、厅长
王增贤　福建省交通运输厅党组书记、厅长
谢德强　江西省交通运输厅党组书记、厅长
于永生　山东省交通运输厅党组书记、厅长
高建立　河南省交通运输厅党组书记、厅长
钟芝清　湖北省交通运输厅党组书记、厅长
刘　扬　湖南省交通运输厅党组书记、厅长
林飞鸣　广东省交通运输厅党组书记、厅长
刘　可　广西壮族自治区交通运输厅党组书记、厅长
司洒超　海南省交通运输厅党组书记、厅长
何　庆　重庆市交通运输委员会党委书记、主任
卢　军　四川省交通运输厅党组书记、厅长
张　胤　贵州省交通运输厅党委书记、厅长
夏俊松　云南省交通运输厅党组书记、厅长
刘志强　西藏自治区交通运输厅党组副书记、厅长
卫　华　陕西省交通运输厅党组书记、厅长
柳　鹏　甘肃省交通运输厅党组书记、厅长
何　灿　青海省交通运输厅党组书记、厅长
万东刚　宁夏回族自治区交通运输厅党组书记、厅长
西尔艾力·外力　新疆维吾尔自治区交通运输厅党委副书记、厅长
加汗·博拉特汉　新疆生产建设兵团交通运输局党组副书记、局长

编纂工作联络员

侯　浩　交通运输部办公厅综合处处长、二级巡视员
廖　娟　交通运输部政策研究室综合处处长
陈虹宇　交通运输部法制司综合处三级调研员
蔡建华　交通运输部综合规划司办公室主任
王　硕　交通运输部财务审计司综合处副处长
胡红哲　交通运输部人事教育司综合处处长
高永亮　交通运输部公路局办公室主任
王大志　交通运输部水运局经济运行处副处长
关笑楠　交通运输部运输服务司综合处（国际道路运输管理处）处长
纪昌安　交通运输部安全与质量监督管理司综合处副处长
邢凡胜　交通运输部科技司综合处处长
白　雪　交通运输部国际合作司（港澳台办公室）综合一处处长
徐英俊　交通运输部直属机关党委办公室主任
吴守恒　交通运输部离退休干部局综合处（党委办公室）处长（主任）
王先斌　中国海上搜救中心综合处处长
董乐义　交通运输部海事局办公室主任、二级巡视员
王成涛　中国国际可持续交通创新和知识中心办公室主任
郑　辉　国家铁路局机关服务中心档案史志处处长
冯建朝　中国民用航空局综合司研究室主任
梁　俊　国家邮政局办公室党组工作办公室（调研室）主任
刘秀华　交通运输部救助打捞局办公室主任

许　焱　北京市交通委员会研究室主任
于冉冉　天津市交通运输委员会研究室（宣传处）主任
张文生　河北省交通运输厅办公室主任
陈尧仲　山西省交通运输厅办公室主任
辉　军　内蒙古自治区交通运输厅办公室一级调研员
武　斌　辽宁省交通运输厅办公室主任
孟垂凯　吉林省交通运输厅办公室主任
陈晓光　黑龙江省交通运输厅政策研究室主任

杨俊琴　上海市交通委员会研究室主任

王发国　江苏省交通运输厅政策研究室主任

吴仲铠　浙江省交通运输厅办公室主任

董　磊　安徽省交通运输厅办公室副主任（主持工作）

朱海光　福建省交通运输厅办公室主任

彭辉勇　江西省交通运输厅办公室主任

王　磊　山东省交通运输厅政策研究室主任

江　涛　河南省交通运输厅政策研究室主任

胡小松　湖北省交通运输厅研究室主任

谢炜烨　湖南省交通运输厅办公室主任

郑晓峰　广东省交通运输厅政务服务和应急指挥中心主任

陆　敏　广西壮族自治区交通运输厅办公室主任

张福强　海南省交通运输厅办公室主任

王维定　重庆市交通运输委员会研究室主任

岑　松　四川省交通档案服务中心（四川省交通运输厅史志编辑室）主任

田　友　贵州省交通运输厅办公室主任

杨临涧　云南省交通运输厅办公室主任

唐定荣　西藏自治区交通运输厅办公室主任

张俊萍　陕西省交通运输厅办公室主任

莫书利　甘肃省交通运输厅办公室副主任

张生荣　青海省交通运输厅办公室副主任

曾祥远　宁夏回族自治区交通运输厅办公室副主任（主持工作）

安　欣　新疆维吾尔自治区交通运输厅办公室主任

徐　琼　新疆生产建设兵团交通运输局办公室主任

编辑工作组

组　长　蒋丽萍

副组长　王大鹏　刘传雷

编　辑　于佳玫　朱浅暄　余大鹏　陈　露　苗挺节
　　　　禹　洁　程子研　闫可欣　李贝贝　马紫璇
　　　　王　硕　杨心壤　王　威

美　编　王德本　娄振杰

英　文　北京天创语研翻译有限公司

参 编 单 位

国家铁路局
中国民用航空局
国家邮政局

交通运输部长江航务管理局
交通运输部珠江航务管理局
交通运输部救助打捞局
中国船级社
人民交通出版传媒管理有限公司
中国公路学会

交通运输部办公厅
交通运输部政策研究室
交通运输部法制司
交通运输部综合规划司
交通运输部财务审计司
交通运输部人事教育司（部党组巡视办）
交通运输部公路局
交通运输部水运局
交通运输部运输服务司
交通运输部安全与质量监督管理司
交通运输部科技司
交通运输部国际合作司（港澳台办公室）
交通运输部直属机关党委
交通运输部离退休干部局
中国海上搜救中心
交通运输部海事局
交通运输部档案馆

北京市交通委员会
天津市交通运输委员会
河北省交通运输厅
山西省交通运输厅
内蒙古自治区交通运输厅
辽宁省交通运输厅
吉林省交通运输厅
黑龙江省交通运输厅
上海市交通委员会
江苏省交通运输厅
浙江省交通运输厅
安徽省交通运输厅
福建省交通运输厅
江西省交通运输厅
山东省交通运输厅
河南省交通运输厅
湖北省交通运输厅
湖南省交通运输厅
广东省交通运输厅
广西壮族自治区交通运输厅
海南省交通运输厅
重庆市交通运输委员会
四川省交通运输厅
贵州省交通运输厅
云南省交通运输厅
西藏自治区交通运输厅
陕西省交通运输厅
甘肃省交通运输厅
青海省交通运输厅
宁夏回族自治区交通运输厅
新疆维吾尔自治区交通运输厅
新疆生产建设兵团交通运输局

目　　录

第三篇　加快建设交通强国

第四篇　重大工作

第五篇　重大工程

第六篇　重大事件

第七篇　地方篇

第八篇　附录

后记

Contents

Section III Accelerating the Building of a Transport Power

Section IV Major Tasks

Section V Major Projects

Section VI Major Events

Section VII Provincial Subjects

Section VIII Appendixes

Postscript

第一篇
重要指引

Section I
Important Guidelines

第一章　习近平总书记关于交通运输的重要论述

今天的中国，是梦想接连实现的中国。北京冬奥会、冬残奥会成功举办，冰雪健儿驰骋赛场，取得了骄人成绩。神舟十三号、十四号、十五号接力腾飞，中国空间站全面建成，我们的“太空之家”遨游苍穹。人民军队迎来95岁生日，广大官兵在强军伟业征程上昂扬奋进。第三艘航母“福建号”下水，首架C919大飞机正式交付，白鹤滩水电站全面投产……这一切，凝结着无数人的辛勤付出和汗水。点点星火，汇聚成炬，这就是中国力量！

《国家主席习近平发表二〇二三年新年贺词》，《人民日报》2023 年 1 月 1 日 01 版

郑州东站是我国最大的高铁站之一，今年春运期间预计旅客发送量337万人。习近平通过视频连线看望慰问铁路客运干部职工。在东站一站台，郑州东站站长汇报车站春运总体情况。习近平又详细询问车站现在每天的客流量是多少？防疫措施落实得怎么样？春运治安采取了哪些措施？嘱咐他们精心组织调度，严守安全底线，确保广大旅客安全出行。月台上的旅客看见总书记，争相赶到镜头前，向总书记问好。习近平亲切询问他们是回家过年还是外出旅游，叮嘱他们注意旅途安全。习近平指出，春运是关系人民群众切身利益、关系经济发展和社会稳定的一件大事。今年春运是疫情防控进入新阶段后的第一个春运，客流量大幅回升。交通运输部门要坚决贯彻落实党中央要求，提升保通保畅能力，确保人民群众平安健康出行，确保重点物资运输畅通有序。要坚持底线思维，加强对极端恶劣天气的监测和预警，深入开展安全隐患排查治理，坚决遏制重特大安全事故发生。要加强对出行相对集中的务工流、学生流的服务引导，确保他们节前安全返乡、节后顺利返岗返校。要严格落实各项防控规定，最大限度降低交叉感染几率，保障旅客身体健康。习近平强调，长期以来，交通运输系统的干部职工埋头苦干，担当奉献，功不可没。春节期间，许多同志要坚守岗位。习近平代表党中央，向交通运输系统的广大干部职工致以新春的祝福，并祝广大旅客旅途顺利。

《习近平春节前夕视频连线看望慰问基层干部群众　向全国各族人民致以新春的美好祝福　祝各族人民幸福安康　祝愿伟大祖国繁荣昌盛》，《人民日报》2023 年 1 月 19 日 01 版

习近平指出，双方可以从政治、产能、农业、能源、安全、人文六大领域入手，着力打造中柬“钻石六边”合作架构。政治上，深化战略沟通，加强治国理政经验交流，深化各渠道交往。产能上，重点建设“工业发展走廊”。中方将鼓励更多中国企业赴柬投资兴业，助力西哈努克省多功能经济示范区建设，支持柬方建设交通基础设施。

《习近平会见柬埔寨首相洪森》，《人民日报》2023 年 2 月 11 日 01 版

人文上，中方将优先恢复增加中柬直航航班，鼓励旅游合作，开展文化遗产保护和修复工作，支持柬方发展教育、卫生等事业。

《习近平会见柬埔寨首相洪森》，《人民日报》2023 年 2 月 11 日 01 版

习近平强调，中白友谊牢不可破，双方要不断增进政治互信，始终不渝做彼此的真朋友和好伙伴。中方高度赞赏白方在涉台、涉疆、涉港、人权等问题上坚定支持中方正当立场。双方要坚定支持彼此选择的发展道

路，支持对方维护本国核心利益，反对外部势力干涉内政，维护两国主权和政治安全。要充分发挥两国政府间合作委员会作用，扩大经贸合作，建设好中白工业园，以共建“一带一路”为主线，推进中欧班列等互联互通建设合作。要深化医疗卫生合作，拓展地方合作，密切人文交流，让中白友好更加深入人心。

《习近平同白俄罗斯总统卢卡申科举行会谈》，《人民日报》2023年3月2日01版

两国双向投资规模持续增长，能源、航空航天、互联互通等领域大项目合作稳步推进，科技创新、跨境电商等新兴领域合作势头强劲，地方合作方兴未艾，为两国民众带来实实在在的好处，也为双方各自发展振兴提供了源源不断的动力。

《习近平在俄罗斯媒体发表署名文章 踔厉前行，开启中俄友好合作、共同发展新篇章》，《人民日报》2023年3月20日01版

习近平指出，在双方共同努力下，两国政治互信、利益交融、民心相通不断深化，经贸、投资、能源、人文、地方等领域合作持续推进，合作领域不断扩大，共识进一步加强。今年是中国全面贯彻落实中共二十大精神的开局之年，我们将加快构建新发展格局，着力推动高质量发展，全面推进中国式现代化。中俄合作潜力和空间很大，具有战略性、可靠性、稳定性。双方要加强统筹协调，扩大能源、资源、机电产品等传统贸易，持续增强产业链供应链韧性，拓展信息技术、数字经济、农业、服务贸易等领域合作。要加大创新领域合作，畅通跨境物流运输。要夯实人文交流基础，推动友好省州、友城扩大交流，继续办好中俄体育交流年，为促进两国人员往来创造便利条件。

《习近平同俄罗斯总统普京举行会谈》，《人民日报》2023年3月22日01版

习近平强调，去年以来，面对复杂外部环境，中俄全方位务实合作保持良好发展势头。中国连续13年稳居俄罗斯第一大贸易伙伴国地位，两国能源合作持续深化，战略性大项目扎实推进，人文和地方交流愈加密切。双方要推动经贸合作量质并进，促进贸易和投资自由化便利化，维护产业链供应链安全稳定。要发挥互联互通大项目带动效应，共同维护两国能源安全，扩大双边经贸往来。要加强中俄科研创新合作，推动双方合作可持续发展。要继续办好2022—2023年中俄体育交流年，有序推进各项活动。中方高度重视共建“一带一路”同欧亚经济联盟对接合作，愿同俄方以及联盟各国一道，全面落实好《中国与欧亚经济联盟经贸合作协定》，开展更高水平、更深层次的区域合作。

《习近平会见俄罗斯总理米舒斯京》，《人民日报》2023年3月22日01版

习近平指出，在东南亚国家中，新加坡参与中国改革开放程度最深，同中国利益融合最密切。中国正以中国式现代化全面推进中华民族伟大复兴，中国的经济社会活力将进一步释放，愿同新加坡等愿意同中国合作的国家共享重要机遇。中方愿同新方继续用好中新双边合作机制会议平台，加强陆海新通道建设，深化数字化、绿色化转型和第三方合作，积极稳妥推进两国人员往来。

《习近平会见新加坡总理李显龙》，《人民日报》2023年4月1日01版

两国元首还就乌克兰危机交换了意见。习近平强调，中方在乌克兰问题上立场一以贯之、清晰明确，核心就是劝和促谈、政治解决。化解危机没有灵丹妙药，需要各方从自身做起，通过积累互信创造止战和谈条件。

中方支持欧方为政治解决危机发挥作用，愿同法方一道呼吁国际社会保持理性克制，避免采取使危机进一步恶化甚至失控的行动；严格遵守国际人道法，避免袭击平民和民用设施，保护妇女、儿童等冲突受害者；切实履行核武器用不得、核战争打不得的承诺，反对在任何情况下使用生化武器，反对武装攻击核电站等民用核设施；尽快重启和谈，按照联合国宪章宗旨和原则，兼顾各方合理安全关切，寻求政治解决，构建均衡、有效、可持续的欧洲安全框架；合作应对乌克兰危机在粮食、能源、金融、交通等领域造成的外溢效应，减少乌克兰危机对世界特别是广大发展中国家的负面影响。中方愿同法方就此保持沟通，为危机的政治解决发挥建设性作用。

《习近平同法国总统马克龙举行会谈》，《人民日报》2023 年 4 月 7 日 01 版

会议指出，要加快建设以实体经济为支撑的现代化产业体系，既要逆势而上，在短板领域加快突破，也要顺势而为，在优势领域做大做强。要夯实科技自立自强根基，培育壮大新动能。要巩固和扩大新能源汽车发展优势，加快推进充电桩、储能等设施建设和配套电网改造。要重视通用人工智能发展，营造创新生态，重视防范风险。

《中共中央政治局召开会议　分析研究当前经济形势和经济工作　中共中央总书记习近平主持会议》，《人民日报》2023 年 4 月 29 日 01 版

习近平强调，一个独立自主、安全稳定、发展繁荣的哈萨克斯坦，符合中哈两国人民共同利益。中方坚定支持哈萨克斯坦维护国家独立、主权、领土完整，支持哈萨克斯坦走符合本国国情的发展道路。我提出共建“一带一路”倡议10年来，中哈成功实施了几十个重要合作项目，惠及两国人民，促进了共同发展。双方要扩大经贸、投资、农业、汽车制造和能源等领域合作，深化互联互通，促进陆海联运，拓展电子商务、创新、大数据等新领域合作，抓紧落实互设文化中心和开设鲁班工坊，以签署互免签证协定为契机，加强人文交流合作，深耕民意基础。欢迎哈方2024年在华举办哈萨克斯坦旅游年。相信哈萨克斯坦驻西安总领事馆开馆，将有力促进两国地方交流。双方还要加强媒体交流合作，共同讲好中哈友好故事。

《习近平同哈萨克斯坦总统托卡耶夫会谈》，《人民日报》2023 年 5 月 18 日 01 版

习近平强调，中吉要加大相互支持，特别是明确有力支持彼此核心利益，做相互信任、相互倚重的好朋友。要加强发展战略对接和政策协调，以高质量共建“一带一路”推进各领域务实合作，提升经贸合作水平，推进民生项目建设和扶贫减贫、乡村振兴等领域合作，深化互联互通合作，早日启动中吉乌铁路建设。中方愿增加进口吉优质农副产品，鼓励更多中国企业赴吉投资兴业。双方还要加强地方合作，扩大人文交流，筑牢两国关系发展的社会和民意基础。要深化安全合作，为共建“一带一路”和两国发展建设提供良好安全环境。

《习近平同吉尔吉斯斯坦总统扎帕罗夫会谈》，《人民日报》2023 年 5 月 19 日 01 版

习近平强调，双方要在相互尊重、高度互信基础上，深化全方位战略合作，在涉及主权、独立、安全、领土完整等核心利益问题上坚定相互支持，做彼此信赖的战略伙伴。双方要加强发展战略对接，高质量共建“一带一路”，深化经贸、互联互通、农业、大项目等方面合作，中方愿进口更多塔吉克斯坦优质农产品。要密切人文交流，办好鲁班工坊，加强教育、媒体合作，讲好中塔友好故事，筑牢两国关系的民意和社会基础。中方愿同塔方加强执法安全合作，维护两国和地区共同安全，推动落实全球发展倡议、全球安全倡议、全球文明倡议，维护广大发展中国家共同利益，推动构建人类命运共同体。我相信，在各方共同努力下，此次中国—中亚

峰会一定能开成一次内容丰富、成果丰硕的峰会，开启中国—中亚合作新时代。

《习近平同塔吉克斯坦总统拉赫蒙会谈》，《人民日报》2023 年 5 月 19 日 01 版

习近平强调，中方坚定支持土库曼斯坦维护国家主权、独立、领土完整，坚定支持土库曼斯坦走符合本国国情的发展道路，始终是土方值得信赖的朋友和伙伴。双方要充分发挥互补优势，释放合作潜力，全面提升合作的深度、广度和规模。中方愿同土方扩大经贸、天然气、互联互通等领域合作，拓展通信、航天等高新技术合作，支持更多中国企业赴土库曼斯坦投资兴业，两国地方省州也要行动起来，结合自身优势，开展更多对口合作。双方要以今明两年互办文化年为契机，深化人文交流。

《习近平会见土库曼斯坦总统别尔德穆哈梅多夫》，《人民日报》2023 年 5 月 19 日 01 版

习近平强调，中方坚定支持乌兹别克斯坦维护国家主权、独立、领土完整，坚定支持乌兹别克斯坦走符合本国国情的发展道路。双方要坚定相互支持，做彼此可以依赖、倚重的朋友和伙伴。要扩大经贸和投资合作，深化互联互通建设，扩大能源和医疗卫生合作，积极开展地方、人文和减贫交流合作。双方还要开展反恐和反干涉合作，为促进地区安全稳定作出应有贡献。

《习近平同乌兹别克斯坦总统米尔济约耶夫会谈》，《人民日报》2023 年 5 月 19 日 01 版

横跨天山的中吉乌公路，征服帕米尔高原的中塔公路，穿越茫茫大漠的中哈原油管道、中国—中亚天然气管道，就是当代的“丝路”；日夜兼程的中欧班列，不绝于途的货运汽车，往来不歇的空中航班，就是当代的“驼队”；寻觅商机的企业家，抗击新冠疫情的医护人员，传递友谊之声的文化工作者，上下求索的留学生，就是当代的友好使者。

《携手建设守望相助、共同发展、普遍安全、世代友好的中国—中亚命运共同体——在中国—中亚峰会上的主旨讲话》（2023 年 5 月 19 日），《人民日报》2023 年 5 月 20 日 02 版

世界需要一个联通的中亚。中亚拥有得天独厚的地理优势，有基础、有条件、有能力成为亚欧大陆重要的互联互通枢纽，为世界商品交换、文明交流、科技发展作出中亚贡献。

《携手建设守望相助、共同发展、普遍安全、世代友好的中国—中亚命运共同体——在中国—中亚峰会上的主旨讲话》（2023 年 5 月 19 日），《人民日报》2023 年 5 月 20 日 02 版

去年，我们举行庆祝中国同中亚五国建交30周年视频峰会时，共同宣布建设中国—中亚命运共同体。这是我们在新的时代背景下，着眼各国人民根本利益和光明未来，作出的历史性选择。建设中国—中亚命运共同体，要做到四个坚持。

一是坚持守望相助。我们要深化战略互信，在涉及主权、独立、民族尊严、长远发展等核心利益问题上，始终给予彼此明确、有力支持，携手建设一个守望相助、团结互信的共同体。

二是坚持共同发展。我们要继续在共建“一带一路”合作方面走在前列，推动落实全球发展倡议，充分释放经贸、产能、能源、交通等传统合作潜力，打造金融、农业、减贫、绿色低碳、医疗卫生、数字创新等新增长点，携手建设一个合作共赢、相互成就的共同体。

三是坚持普遍安全。我们要共同践行全球安全倡议，坚决反对外部势力干涉地区国家内政、策动“颜色革

命”，保持对“三股势力”零容忍，着力破解地区安全困境，携手建设一个远离冲突、永沐和平的共同体。

四是坚持世代友好。我们要践行全球文明倡议，赓续传统友谊，密切人员往来，加强治国理政经验交流，深化文明互鉴，增进相互理解，筑牢中国同中亚国家人民世代友好的基石，携手建设一个相知相亲、同心同德的共同体。

《携手建设守望相助、共同发展、普遍安全、世代友好的中国—中亚命运共同体——在中国—中亚峰会上的主旨讲话》（2023 年 5 月 19 日），《人民日报》2023 年 5 月 20 日 02 版

这次峰会为中国同中亚合作搭建了新平台，开辟了新前景。中方愿以举办这次峰会为契机，同各方密切配合，将中国—中亚合作规划好、建设好、发展好。

一是加强机制建设。我们已经成立外交、经贸、海关等会晤机制和实业家委员会。中方还倡议成立产业与投资、农业、交通、应急管理、教育、政党等领域会晤和对话机制，为各国开展全方位互利合作搭建广泛平台。

二是拓展经贸关系。中方将出台更多贸易便利化举措，升级双边投资协定，实现双方边境口岸农副产品快速通关“绿色通道”全覆盖，举办“聚合中亚云品”主题活动，打造大宗商品交易中心，推动贸易规模迈上新台阶。

三是深化互联互通。中方将全面提升跨境运输过货量，支持跨里海国际运输走廊建设，提升中吉乌、中塔乌公路通行能力，推进中吉乌铁路项目对接磋商。加快现有口岸现代化改造，增开别迭里口岸，大力推进航空运输市场开放，发展地区物流网络。加强中欧班列集结中心建设，鼓励优势企业在中亚国家建设海外仓，构建综合数字服务平台。

四是扩大能源合作。中方倡议建立中国—中亚能源发展伙伴关系，加快推进中国—中亚天然气管道D线建设，扩大双方油气贸易规模，发展能源全产业链合作，加强新能源与和平利用核能合作。

五是推进绿色创新。中方愿同中亚国家在盐碱地治理开发、节水灌溉等领域开展合作，共同建设旱区农业联合实验室，推动解决咸海生态危机，支持在中亚建立高技术企业、信息技术产业园。中方欢迎中亚国家参与可持续发展技术、创新创业、空间信息科技等“一带一路”专项合作计划。

六是提升发展能力。中方将制定中国同中亚国家科技减贫专项合作计划，实施“中国—中亚技术技能提升计划”，在中亚国家设立更多鲁班工坊，鼓励在中亚的中资企业为当地提供更多就业机会。为助力中国同中亚国家合作和中亚国家自身发展，中方将向中亚国家提供总额260亿元人民币的融资支持和无偿援助。

七是加强文明对话。中方邀请中亚国家参与“文化丝路”计划，将在中亚设立更多传统医学中心，加快互设文化中心，继续向中亚国家提供政府奖学金名额，支持中亚国家高校加入“丝绸之路大学联盟”，办好中国同中亚国家人民文化艺术年和中国—中亚媒体高端对话交流活动，推动开展“中国—中亚文化和旅游之都”评选活动、开行面向中亚的人文旅游专列。

八是维护地区和平。中方愿帮助中亚国家加强执法安全和防务能力建设，支持各国自主维护地区安全和反恐努力，开展网络安全合作。继续发挥阿富汗邻国协调机制作用，共同推动阿富汗和平重建。

《携手建设守望相助、共同发展、普遍安全、世代友好的中国—中亚命运共同体——在中国—中亚峰会上的主旨讲话》（2023 年 5 月 19 日），《人民日报》2023 年 5 月 20 日 02 版

我们将以举办这次峰会为契机，正式成立中国—中亚元首会晤机制，每两年举办一次，轮流在中国和中亚国家举办。下次峰会将于2025年在哈萨克斯坦举行。我们将加快完善机制建设，在中国设立常设秘书

处，以交通、经贸、投资与产业、农业、能源、海关、人文为优先方向，扎实、高效推进六国全方位、深层次合作。

《习近平同中亚五国元首共同会见记者》，《人民日报》2023 年 5 月 20 日 02 版

习近平强调，中方愿同俄方在涉及彼此核心利益问题上继续相互坚定支持，在联合国、上海合作组织、金砖国家、二十国集团等多边舞台加强协作。双方要继续深挖潜力，提升经贸投资合作水平，健全双边合作体制机制，巩固和扩大能源、互联互通等合作基本盘，打造更多新的增长点。要继续扩大人文交流，开创民心相通新局面。中方愿同俄方及欧亚经济联盟各国一道，促进共建“一带一路”与欧亚经济联盟对接合作，推动形成更加开放的区域大市场，确保全球产业链供应链稳定畅通，为地区国家带来实实在在的利益。

《习近平会见俄罗斯总理米舒斯京》，《人民日报》2023 年 5 月 25 日 01 版

习近平强调，中蒙要始终坚持相互尊重国家独立、主权、领土完整，尊重两国人民自主选择的发展道路，在涉及彼此核心利益和重大关切问题上相互坚定支持。中国正在以中国式现代化全面推进中华民族伟大复兴，蒙古国也正在致力于国家改革和经济社会发展，双方可以继续深化发展战略对接、携手推进现代化建设。中方将继续秉持亲诚惠容理念同蒙方开展合作，加强两国互联互通，推进中蒙俄经济走廊建设，高质量共建“一带一路”。中方积极推进全球环境治理，愿同蒙方开展防治荒漠化合作，继续支持蒙方“种植十亿棵树”计划。中方愿同蒙方加强党际交往，加强治国理政交流。

《习近平会见蒙古国总理奥云额尔登》，《人民日报》2023 年 6 月 28 日 01 版

习近平强调，中方愿同印尼保持经常性战略沟通，加强治国理政经验交流，启动两国外长防长“2+2”对话机制，打造高水平战略互信。“一带一路”倡议同印尼“全球海洋支点”构想对接取得重大成果。雅万高铁通车在即，双方要全力做好“最后一公里”建设，确保项目高标准、高质量，为印尼发展注入加速度。双方要继续搞好综合产业园区合作，重点推进“区域综合经济走廊”和“两国双园”建设。中方支持印尼新首都建设和北加里曼丹工业园开发，愿同印尼拓展新能源汽车、智慧城市等领域合作，共同促进产业数字化转型。中方愿继续扩大印尼大宗商品和优质农产品进口，高质量实施《区域全面经济伙伴关系协定》，加强在粮食安全、减贫扶贫、乡村振兴、职业教育、语言教学、医药卫生、文化旅游等领域合作。

《习近平会见印度尼西亚总统佐科》，《人民日报》2023 年 7 月 28 日 01 版

习近平指出，中巴经济走廊是“一带一路”重要先行先试项目。自2013年启动以来，两国秉持共商共建共享原则推进走廊建设，形成了一批早期收获，为巴基斯坦经济社会发展增添新的动力，也为地区互联互通和一体化进程奠定良好基础。中巴经济走廊已经成为中巴全天候友谊的生动诠释，为两国构建新时代更加紧密的中巴命运共同体提供了重要支撑。

《习近平向中巴经济走廊启动十周年庆祝活动致贺信》，《人民日报》2023 年 8 月 1 日 01 版

习近平强调，双方要继续在涉及彼此核心利益和重大关切问题上坚定相互支持，密切对接共建“一带一路”倡议和埃塞俄比亚“2021—2030十年发展规划”，加快推进亚吉铁路、绿色发展等合作项目。中方鼓励更多中国企业赴埃塞投资兴业，欢迎埃塞方用好非洲农产品输华“绿色通道”，扩大两国经贸合作。中方愿同埃塞方一道，推进落实“非洲之角和平发展构想”，为地区和平稳定作出贡献。

《习近平会见埃塞俄比亚总理阿比》，《人民日报》2023 年 8 月 24 日 02 版

中国是非洲的可靠朋友，过去10年向非洲提供大量发展援助，参与建设6000多公里铁路、6000多公里公路、80多个大型电力设施。下阶段，中国将同非洲国家开展更多合作，支持非洲增强自主发展能力。这包括提供卫星测绘成套数据产品；实施“智慧海关”合作伙伴计划；协同联合国教科文组织开展“全球发展倡议助力非洲未来”行动，积极支持非洲实现可持续发展。

《勠力同心　携手同行　迈向发展共同体——在“金砖 +”领导人对话会上的讲话》（2023 年 8 月 24 日），《人民日报》2023 年 8 月 25 日 02 版

迈向现代化的道路丰富多样。什么样的发展道路最适合非洲，非洲人民最有发言权。推进一体化是非洲国家和人民自主选择的现代化道路。中国一直予以坚定支持并愿做非洲现代化道路的同行者。多年来，中国帮助非洲建设了大量互联互通基础设施，同非盟及各次区域组织开展了广泛合作，援建了非盟会议中心、非洲疾控中心等泛非标志性项目。

《携手推进现代化事业　共创中非美好未来——在中非领导人对话会上的主旨讲话》（2023 年 8 月 24 日），《人民日报》2023 年 8 月 26 日 02 版

习近平强调，要加快建设现代化基础设施体系，提升对内对外开放合作水平。东北是我国向北开放的重要门户，在我国加强东北亚区域合作、联通国内国际双循环中的战略地位和作用日益凸显。要增强前沿意识、开放意识，加强与东部沿海和京津冀的联系，深度融入共建“一带一路”，在畅通国内大循环、联通国内国际双循环中发挥更大作用。要系统布局建设东北现代基础设施体系，加快论证和建设油气管道、高铁网和铁路网、新型电网和电力外送通道、新一代移动通信和数据网，加强同京津冀协同发展、长江经济带发展、长三角一体化发展、粤港澳大湾区建设、西部大开发等国家重大战略的对接，促进东北更好融入全国统一大市场。稳步扩大规则、规制、管理、标准等制度型开放。提高口岸通关能力和便利化程度。

习近平指出，要提高人口整体素质，以人口高质量发展支撑东北全面振兴。要大力发展普惠托育服务，减轻家庭生育养育教育负担，保持适度生育率和人口规模。大力发展基础教育，加大对东北高校办学支持力度，提升全民特别是年轻人受教育水平，提高人口素质。优化创新产业环境，加强人力资源开发利用，加大人才振兴的政策支持力度，打造更多创业创新平台，支持东北留住人才、引进人才。加快边境地区交通、通信、能源、水利等基础设施的规划布局建设，加强边境村屯公共服务设施建设，全面推进乡村振兴，努力留住现有人口，同时鼓励发展边境贸易、边境旅游和农产品加工等特色产业，支持在边境城市新建职业教育院校，帮助县城和小城镇提升产业承载能力和人口聚集能力。实施更有力的护边补助等支持政策。

《习近平主持召开新时代推动东北全面振兴座谈会强调　牢牢把握东北的重要使命　奋力谱写东北全面振兴新篇章》，《人民日报》2023 年 9 月 10 日 01 版

习近平指出，中赞传统友谊由两国老一辈领导人亲手缔造，历经国际风云变幻的考验。坦赞铁路是中非友好的象征，两国人民彼此怀有特殊友好情谊。中方始终从战略高度和长远角度看待和发展中赞关系，愿同赞方一道努力，将两国深厚的传统友谊转化为新时代合作共赢的不竭动力，推动中赞关系行稳致远，不断迈

上新台阶。

《习近平同赞比亚总统希奇莱马会谈》，《人民日报》2023 年 9 月 16 日 01 版

习近平指出，中欧班列开行以来，保持安全稳定畅通运行，开创了亚欧国际运输新格局，搭建了沿线经贸合作新平台，有力保障了国际产业链供应链稳定，为世界经济发展注入新动力。中国将继续同各方一道，秉承和平合作、开放包容、互学互鉴、互利共赢的丝路精神，坚持共商共建共享原则，推动中欧班列朝着更高质量、更好效益、更加安全方向发展，为促进全球经济发展、增进各国人民福祉、推动构建人类命运共同体作出新的更大贡献。

《习近平向中欧班列国际合作论坛致贺信》，《人民日报》2023 年 9 月 16 日 01 版

习近平强调，双方要始终在涉及彼此核心利益和重大关切问题上相互理解、相互支持，不断巩固两国关系政治基础。中尼共建“一带一路”合作不断取得积极成果，跨喜马拉雅立体互联互通网络初具规模。双方要重点推动基础设施互联互通，拓展过境运输合作，助力尼泊尔早日由“陆锁国”转型为“陆联国”。中方鼓励中国企业赴尼投资兴业，促进尼对华出口，愿同尼方加强治国理政经验交流，为尼泊尔经济社会发展提供力所能及的帮助。中尼在国际和地区事务中拥有广泛共同利益。中方愿同尼方加强多边协作，维护两国及发展中国家共同利益，推动构建人类命运共同体。

《习近平会见尼泊尔总理普拉昌达》，《人民日报》2023 年 9 月 24 日 02 版

习近平指出，建设安全、便捷、高效、绿色、经济、包容、韧性的可持续交通体系，是支撑服务经济社会高质量发展、实现“人享其行、物畅其流”美好愿景的重要举措。中国正在加快建设交通强国，将继续坚持与世界相交、与时代相通，致力于推动全球交通合作，以自身发展为世界提供新机遇。中国愿同世界各国一道，秉持共商共建共享理念，让可持续交通发展成果更好造福世界各国人民，为落实全球发展倡议、实现联合国2030年可持续发展目标、推动构建人类命运共同体作出积极贡献。

《习近平向全球可持续交通高峰论坛致贺信》，《人民日报》2023 年 9 月 26 日 01 版

习近平强调，要坚持把强化区域协同融通作为着力点，沿江省市要坚持省际共商、生态共治、全域共建、发展共享，增强区域交通互联性、政策统一性、规则一致性、执行协同性，稳步推进生态共同体和利益共同体建设，促进区域协调发展。要从整体上谋划和建设区域交通基础设施，加快建设综合立体交通走廊，加强交通网络的相互联通和“公水铁”等运输方式的相互衔接，提升区域交通一体化水平。深化要素市场化改革，完善产权保护、市场准入、公平竞争、社会信用等基础制度，完善跨区域、跨部门、跨层级的数据信息共享和流程互联互通，深化政务服务合作，优化营商环境。深入发掘长江文化的时代价值，推出更多体现新时代长江文化的文艺精品。积极推进文化和旅游深度融合发展，建设一批具有自然山水特色和历史人文内涵的滨江城市、小城镇和美丽乡村，打造长江国际黄金旅游带。

《习近平主持召开进一步推动长江经济带高质量发展座谈会强调　进一步推动长江经济带高质量发展　更好支撑和服务中国式现代化》，《人民日报》2023 年 10 月 13 日 01 版

习近平强调，中方愿同印尼继续从战略高度和长远角度看待和发展两国关系，用好既有机制深化全方位战

略合作，在涉及彼此核心利益和重大关切问题上加大相互支持，携手走好符合各自国情的现代化道路。雅万高铁是中印尼共建“一带一路”合作的“金字招牌”，中方愿同印尼总结成功经验，做好后续高质量运营，培育雅万高铁经济带。双方要深化产业链供应链融合，合力推进“区域综合经济走廊”和“两国双园”建设。中方支持相关地方和企业参与印尼新首都、北加里曼丹工业园等重大项目开发建设，愿继续增加进口印尼优质农渔产品，做大做强数字经济、光伏、新能源汽车等新兴产业合作，积极开展粮农技术、扶贫减贫、医药卫生以及教育、文化、旅游、青年等领域交流合作。双方应该密切协作，维护东盟中心地位，弘扬开放的区域主义，展现发展中大国的责任担当，协力推进全球治理体系变革，维护国际公平正义。

《习近平同印度尼西亚总统佐科会谈》，《人民日报》2023 年 10 月 18 日 01 版

习近平强调，10年前，我在哈萨克斯坦首次提出共建“丝绸之路经济带”倡议。双方要加强合作，推动共建“一带一路”取得更多成果，更好惠及两国人民。中方愿同哈方不断提升贸易和投资便利化水平，落实好产能投资合作重点项目。中方愿扩大进口哈萨克斯坦优质绿色农产品，拓展绿色能源合作，加强互联互通，扩大两国铁路货运规模，加大利用跨里海国际运输路线，提升中欧班列运力、规模和效率。双方要挖掘潜力，打造新的合作增长点，加强“数字丝绸之路”建设同“数字哈萨克斯坦”战略对接，推动跨境电商、人工智能、大数据、区块链等数字技术交流。中哈互免签证协定即将生效，明年将在中国举办哈萨克斯坦旅游年，双方要加强人文交流和地方合作，推进鲁班工坊建设，厚植社会民意基础。中方坚决反对外部势力干涉中亚国家内政，愿同哈方继续加强沟通协作，推动中国—中亚合作走深走实，支持哈萨克斯坦做好上海合作组织轮值主席国工作，推动本组织合作迈上新台阶。

《习近平会见哈萨克斯坦总统托卡耶夫》，《人民日报》2023 年 10 月 18 日 02 版

习近平强调，双方要继续相互坚定支持。中方支持乌兹别克斯坦维护主权、独立、领土完整，坚决反对任何势力以任何借口干涉乌兹别克斯坦内政。双方要落实好经贸投资中长期合作规划，推动重点领域合作，为中吉乌铁路项目早日开工创造条件。中方支持扩大新能源、创新、地方等领域合作，愿进口更多乌兹别克斯坦优质产品。欢迎更多乌兹别克斯坦青年来华学习，愿向乌方提供更多奖学金名额。双方还要加快互设文化中心和鲁班工坊建设，加强减贫经验交流与合作。中方愿同乌方一道，认真落实中国—中亚西安峰会成果，助力六国发展振兴。

《习近平会见乌兹别克斯坦总统米尔济约耶夫》，《人民日报》2023 年 10 月 18 日 02 版

习近平强调，中方愿同匈方加强治党治国理政经验交流，坚定支持彼此选择的发展道路，加强“一带一路”倡议同匈牙利“向东开放”战略深度对接，共享发展机遇和成果。双方要争取匈塞铁路按期建成通车，办好中欧商贸物流合作园区，扩大跨境电商规模，拓展信息科技、新能源产业合作。中方愿扩大进口匈牙利优质农产品。双方要用好互设的文化中心平台，鼓励两国语言教学，让中匈传统友谊世代相传。中国—中东欧国家合作符合中国和中东欧国家共同利益，中方愿同匈方一道，继续引领中国—中东欧国家合作正确方向，不断丰富中国—中东欧国家合作内涵，助力中欧关系行稳致远。

《习近平会见匈牙利总理欧尔班》，《人民日报》2023 年 10 月 18 日 02 版

10年来，我们致力于构建以经济走廊为引领，以大通道和信息高速公路为骨架，以铁路、公路、机场、港

口、管网为依托，涵盖陆、海、天、网的全球互联互通网络，有效促进了各国商品、资金、技术、人员的大流通，推动绵亘千年的古丝绸之路在新时代焕发新活力。

奔行在铁路上的列车，驰骋在公路上的汽车，联通各国的空中航班，劈波斩浪的货轮，快捷方便的数字电商，成为新时代国际贸易的驼铃、帆影。

一座座水电站、风电站、光伏电站，一条条输油、输气管道，越来越智能通达的输电网络，让能源短缺不再是发展的瓶颈，让发展中国家绿色低碳发展的梦想得以点亮，成为新时代可持续发展的绿洲、灯塔。

现代化的机场和码头，通畅的道路，拔地而起的经贸产业合作园区，催生新的经济走廊，激发新的增长动力，成为新时代的商贸大道、驿站。

《建设开放包容、互联互通、共同发展的世界——在第三届“一带一路”国际合作高峰论坛开幕式上的主旨演讲》（2023 年 10 月 18 日），《人民日报》2023 年 10 月 19 日 02 版

在这里，我愿宣布中国支持高质量共建“一带一路”的八项行动：

一、构建“一带一路”立体互联互通网络。中方将加快推进中欧班列高质量发展，参与跨里海国际运输走廊建设，办好中欧班列国际合作论坛，会同各方搭建以铁路、公路直达运输为支撑的亚欧大陆物流新通道。积极推进“丝路海运”港航贸一体化发展，加快陆海新通道、空中丝绸之路建设。

二、支持建设开放型世界经济。中方将创建“丝路电商”合作先行区，同更多国家商签自由贸易协定、投资保护协定。全面取消制造业领域外资准入限制措施。主动对照国际高标准经贸规则，深入推进跨境服务贸易和投资高水平开放，扩大数字产品等市场准入，深化国有企业、数字经济、知识产权、政府采购等领域改革。中方将每年举办“全球数字贸易博览会”。未来5年（2024—2028年），中国货物贸易、服务贸易进出口额有望累计超过32万亿美元、5万亿美元。

三、开展务实合作。中方将统筹推进标志性工程和“小而美”民生项目。中国国家开发银行、中国进出口银行将各设立3500亿元人民币融资窗口，丝路基金新增资金800亿元人民币，以市场化、商业化方式支持共建“一带一路”项目。本届高峰论坛期间举行的企业家大会达成了972亿美元的项目合作协议。中方还将实施1000个小型民生援助项目，通过鲁班工坊等推进中外职业教育合作，并同各方加强对共建“一带一路”项目和人员安全保障。

四、促进绿色发展。中方将持续深化绿色基建、绿色能源、绿色交通等领域合作，加大对“一带一路”绿色发展国际联盟的支持，继续举办“一带一路”绿色创新大会，建设光伏产业对话交流机制和绿色低碳专家网络。落实“一带一路”绿色投资原则，到2030年为伙伴国开展10万人次培训。

五、推动科技创新。中方将继续实施“一带一路”科技创新行动计划，举办首届“一带一路”科技交流大会，未来5年把同各方共建的联合实验室扩大到100家，支持各国青年科学家来华短期工作。中方将在本届论坛上提出全球人工智能治理倡议，愿同各国加强交流和对话，共同促进全球人工智能健康有序安全发展。

六、支持民间交往。中方将举办“良渚论坛”，深化同共建“一带一路”国家的文明对话。在已经成立丝绸之路国际剧院、艺术节、博物馆、美术馆、图书馆联盟的基础上，成立丝绸之路旅游城市联盟。继续实施“丝绸之路”中国政府奖学金项目。

七、建设廉洁之路。中方将会同合作伙伴发布《“一带一路”廉洁建设成效与展望》，推出《“一带一路”廉洁建设高级原则》，建立“一带一路”企业廉洁合规评价体系，同国际组织合作开展“一带一路”廉洁研究和培训。

八、完善“一带一路”国际合作机制。中方将同共建“一带一路”各国加强能源、税收、金融、绿色发展、减

灾、反腐败、智库、媒体、文化等领域的多边合作平台建设。继续举办“一带一路”国际合作高峰论坛，并成立高峰论坛秘书处。

《建设开放包容、互联互通、共同发展的世界——在第三届“一带一路”国际合作高峰论坛开幕式上的主旨演讲》（2023年10月18日），《人民日报》2023年10月19日02版

习近平指出，中肯友好源远流长。建交60年来，两国平等相待、相互支持，是彼此信赖的好朋友、合作共赢的好伙伴。近年来，中肯合作实施了蒙内铁路、蒙巴萨油码头等一大批项目，共建“一带一路”倡议在肯尼亚开花结果，让两国人民增强了获得感。中方从战略高度和长远角度看待中肯关系，愿同肯方一道，推动两国全面战略合作伙伴关系不断发展。

《习近平会见肯尼亚总统鲁托》，《人民日报》2023年10月19日01版

习近平指出，今年是我提出共建“一带一路”倡议10周年，也是我提出真实亲诚对非政策理念10周年。10年来，中非共建“一带一路”展现出蓬勃生机，一大批标志性项目相继建成。中尼共建“一带一路”合作亮点纷呈，铁路、港口、电站、通信骨干网等大批合作项目陆续竣工，自由贸易区建设成绩斐然。中方愿同尼方继续努力，推动中尼、中非共建“一带一路”合作取得更多实实在在的成果，助力尼日利亚和非洲实现工业化和农业现代化。

《习近平会见尼日利亚副总统谢蒂马》，《人民日报》2023年10月19日01版

习近平指出，蒙古国是共建“一带一路”的天然伙伴，也是最早支持“一带一路”倡议的国家之一。10年来，双方深入对接发展战略，在贸易投资、互联互通、民生工程等方面合作取得可喜成果。共建“一带一路”倡议同蒙古国“草原之路”发展战略有着广阔合作空间。希望蒙方依托自身联通欧亚的地理条件，为高质量共建“一带一路”发挥更大作用。

习近平指出，中方愿同蒙方坚持相互尊重独立、主权和领土完整，支持彼此维护核心利益，筑牢两国命运共同体的根基。中方将一如既往帮助蒙古国振兴经济，有序推进相关口岸建设，开辟两国互联互通新通道。中蒙荒漠化防治合作中心已经成立，中方愿继续支持蒙方“种植十亿棵树”计划，携手开展生态文明建设。中方愿拓展中蒙俄三方合作，稳步推进三国经济走廊建设。

《习近平会见蒙古国总统呼日勒苏赫》，《人民日报》2023年10月20日01版

习近平指出，刚果（布）是共建“一带一路”的积极参与方和重要合作伙伴。双方秉持和平合作、开放包容、互学互鉴、互利共赢的丝路精神，推进友好合作，取得了实实在在的成果。刚果（布）国家一号公路等项目成功实施，堪称典范。中刚是真朋友、好伙伴。中方珍视两国情谊，愿同刚方在“一带一路”、中非合作论坛等框架内加强务实合作，探索和培育数字经济、绿色发展等合作增长点，推动中刚全面战略合作伙伴关系不断迈上新台阶。

《习近平会见刚果（布）总统萨苏》，《人民日报》2023年10月20日01版

习近平强调，共建“一带一路”给柬埔寨带来了实实在在的发展机遇。中方愿秉持共商共建共享原则，推动“一带一路”倡议同柬埔寨“五角战略”对接，加快充实中柬“钻石六边”合作架构，打造好“工业发展走廊”和“鱼米走廊”，推动更多惠民工程落地生根。中方支持柬埔寨机场、文物古迹修复等项目，欢迎更多柬埔寨农产品进

入中国市场，鼓励更多中国游客赴柬旅游。我愿同你一道宣布将2024年确定为“中柬人文交流年”。

《习近平会见柬埔寨首相洪玛奈》，《人民日报》2023年10月20日01版

习近平强调，中方赞赏巴方长期以来坚定支持中方核心利益，将一如既往支持巴基斯坦维护国家主权、独立和领土完整，支持巴基斯坦自主选择符合本国国情的发展道路。双方要以今年中巴经济走廊建设10周年为契机，打造增长、民生、创新、绿色、开放的走廊“升级版”，加强产业园区、农业矿业、新能源等领域合作，推动重大互联互通项目早日落地并取得务实成果，欢迎更多巴基斯坦优质农产品对华出口。希望巴方保障在巴中国机构、人员安全。中方愿同巴方加强在联合国、上海合作组织框架内协作，促进地区团结合作，维护发展中国家正当利益。

《习近平会见巴基斯坦总理卡卡尔》，《人民日报》2023年10月20日01版

习近平强调，中方坚定支持斯里兰卡坚持战略自主，维护国家主权、独立和民族尊严。中方愿扩大进口斯优势特色产品，鼓励中国企业赴斯投资兴业，助力斯实现经济转型升级和可持续发展，希望斯方为中国企业提供公开、透明的营商环境。中方愿继续向斯方提供不附加政治条件的援助，帮助斯应对社会民生领域面临的困难。双方要全力推进科伦坡港口城和汉班托塔综合开发项目，将其打造成中斯共建“一带一路”的旗舰工程，中方乐见斯里兰卡成为印度洋的商业中心。双方还要加强国际和地区事务协作，反对将人权问题政治化，反对制造阵营对抗，维护两国和发展中国家共同利益。

《习近平会见斯里兰卡总统维克拉马辛哈》，《人民日报》2023年10月21日01版

习近平强调，中越都坚持以人民为中心的发展理念，双方要保持战略沟通，互学互鉴，推进适合本国国情的兴国之策和强国之路。双方要秉持共商共建共享原则，充分发挥地缘相近、产业互补优势，加快推动共建“一带一路”倡议和“两廊一圈”对接，重点推进互联互通等战略领域合作，加强电子商务等新兴领域合作，中方愿继续扩大进口越南优质产品。双方要继续拉近两国民间、地方特别是年轻一代的友好感情，让两国传统友谊世代相传。

《习近平会见越南国家主席武文赏》，《人民日报》2023年10月21日01版

习近平强调，坚持党的领导，坚持社会主义方向，是中老关系的本质特征。中老两党要持续深化政治互信，提高执政能力，加强政治、执法安全等领域沟通和合作。要深挖中老铁路潜力，以铁路沿线开发为重点，稳步推进中老经济走廊建设，积极推进区域联通发展构想，打造本地区“一带一路”合作样板。中方愿为老挝经济发展继续提供力所能及的帮助，鼓励更多中国企业赴老投资，进口更多老挝优质农产品，扩大中老能源矿业等领域合作。明年老挝将担任东盟轮值主席国，中方愿支持老方在地区和国际事务中发挥更大作用。

《习近平会见老挝人民革命党中央总书记、国家主席通伦》，《人民日报》2023年10月21日01版

习近平强调，互利合作和文明交流是中希关系的两大纽带。不久前，希腊政府派高级代表出席第三届“一带一路”国际合作高峰论坛，体现了对共建“一带一路”合作的支持。中方愿同希方加强发展战略对接，深化交

通、船舶、能源、通信、金融等领域合作，拓展绿色经济、数字经济、科技创新合作机遇，推进高质量共建“一带一路”，推动比雷埃夫斯港长期、稳定、可持续发展。中方鼓励中国企业赴希腊投资兴业，欢迎希腊企业参与中国—中东欧国家合作，欢迎更多优质希腊产品进入中国市场。中方支持中希文明互鉴中心、文明古国论坛等人文机制，愿同希方深化教育、文化、科研、旅游、青年等领域交流合作，发挥两国文化底蕴优势，推动文明交流互鉴，加强国际沟通协作，倡导真正的多边主义，为推动构建人类命运共同体贡献智慧和力量。

《习近平会见希腊总理米佐塔基斯》，《人民日报》2023年11月4日01版

会议指出，电力、油气、铁路等行业的网络环节具有自然垄断属性，是我国国有经济布局的重点领域。要健全监管制度体系，加强监管能力建设，重点加强对自然垄断环节落实国家重大战略和规划任务、履行国家安全责任、履行社会责任、经营范围和经营行为等方面的监管，推动处于自然垄断环节的企业聚焦主责主业，增加国有资本在网络型基础设施上投入，提升骨干网络安全可靠性。要对自然垄断环节开展垄断性业务和竞争性业务的范围进行监管，防止利用垄断优势向上下游竞争性环节延伸。

《习近平主持召开中央全面深化改革委员会第三次会议强调　全面推进美丽中国建设　健全自然垄断环节监管体制机制》，《人民日报》2023年11月8日01版

习近平指出，相互尊重、和平共处、合作共赢，这既是从50年中美关系历程中提炼出的经验，也是历史上大国冲突带来的启示，应该是中美共同努力的方向。这次旧金山会晤，中美应该有新的愿景，共同努力浇筑中美关系的五根支柱。

一是共同树立正确认知。中国始终致力于构建稳定、健康、可持续的中美关系。同时，中国有必须维护的利益、必须捍卫的原则、必须坚守的底线。希望两国做伙伴，相互尊重、和平共处。

二是共同有效管控分歧。不能让分歧成为横亘在两国之间的鸿沟，而是要想办法架起相向而行的桥梁。双方要了解彼此的原则底线，不折腾、不挑事、不越界，多沟通、多对话、多商量，冷静处理分歧和意外。

三是共同推进互利合作。中美在诸多领域存在广泛共同利益，既包括经贸、农业等传统领域，也包括气候变化、人工智能等新兴领域。当前形势下，两国共同利益不是减少了，而是更多了。双方要充分用好在外交、经济、金融、商务、农业等领域恢复或建立的机制，开展禁毒、司法执法、人工智能、科技等领域合作。

四是共同承担大国责任。解决人类社会面临的麻烦离不开大国合作。中美应该做表率，加强在国际和地区问题上的协调合作，向全球提供更多公共产品。双方提出的倡议要彼此开放，也可以协调对接，形成合力，造福世界。

五是共同促进人文交流。要增加两国航班、促进旅游合作、扩大地方交往、加强教育、残疾人事务合作，减少阻碍人文交流的负面因素，鼓励和支持两国人民多来往、多沟通，为中美关系健康发展夯实基础。

《习近平同美国总统拜登举行中美元首会晤》，《人民日报》2023年11月17日01版

中美关系的未来是由人民创造的。越是困难的时候，越需要拉紧人民的纽带、增进人心的沟通，越需要更多的人站出来为中美关系鼓与呼。我们要为人民之间的交往搭建更多桥梁、铺设更多道路，而不是设置各种障碍、制造“寒蝉效应”。我今天同拜登总统达成重要共识，两国将推出更多便利人员往来、促进人文交流的措施，包括增加中美客运直航航班，举办中美旅游高层对话，优化签证申请流程等。我们期待着两国人民多走

动、多来往、多交流，共同续写新时代两国人民友好的故事！我也期待着加州和旧金山在中美友好的征程上继续领跑！

《汇聚两国人民力量　推进中美友好事业——在美国友好团体联合欢迎宴会上的演讲》，(2023 年 11 月 15 日)，《人民日报》2023 年 11 月 17 日 02 版

习近平指出，可持续发展是解决当前全球性问题的“金钥匙”。近年来，亚太经合组织深入落实2040年布特拉加亚愿景，大力实施《生物循环绿色经济曼谷目标》，为全球绿色和可持续增长作出积极贡献。当前形势下，我们要进一步凝聚共识，聚焦行动，为全球可持续发展事业注入更大动力。

一是加快落实联合国2030年可持续发展议程。将发展牢牢置于全球议程的中心位置，打造人人重视发展、各国共谋合作的政治共识。中方提出全球发展倡议，为推动国际社会形成合力、解决发展赤字作出了积极努力。

二是打造绿色发展转型新路径。推动能源、产业、交通运输结构转型升级，协同推进降碳、减污、扩绿、增长，统筹推动劳动力公正转型和高质量就业，构建经济与环境协同共进的地球家园。

三是凝聚全球应对气候变化合力。维护《联合国气候变化框架公约》在全球气候治理中的主渠道地位，坚持共同但有区别的责任原则，结合各自国情科学制定气候目标。解决好发展中国家在资金、能力建设和技术转让方面的关切，促进《公约》及《巴黎协定》全面有效落实。

习近平强调，中国深入贯彻新发展理念，推动经济社会全面绿色低碳转型，为共建人与自然和谐共生的地球家园持续作出中国贡献。中国推动绿色“一带一路”建设，将持续深化绿色基建、绿色能源、绿色交通等领域合作，通过应对气候变化南南合作专项资金，支持广大发展中国家提升能力建设。中国愿同各方一道携手努力，为构建全球发展共同体、打造清洁美丽世界作出更大贡献！

《习近平出席亚太经合组织领导人同东道主嘉宾非正式对话会暨工作午宴》，《人民日报》2023 年 11 月 18 日 01 版

习近平强调，中方支持墨西哥独立自主走符合本国国情的发展道路，愿同墨方加强治国理政交流。中墨双边贸易额同建交时相比增长超过7000倍，在铁路、汽车、新能源等领域合作亮点纷呈。双方要用好两国政府间工作机制，深化基础设施建设等传统领域合作，拓展金融、电动汽车等新兴产业合作，深化禁毒执法合作。双方要积极支持互办文艺演出、文化展览等人文交流活动，密切多边协作，坚定维护多边主义和国际关系民主化，维护国际公平正义和发展中国家正当权益。明年是中拉论坛成立10周年。中方愿同墨方一道，推动新时代中拉关系行稳致远。

《习近平会见墨西哥总统洛佩斯》，《人民日报》2023 年 11 月 18 日 01 版

会议强调，推动长江经济带高质量发展，根本上依赖于长江流域高质量的生态环境。要毫不动摇坚持共抓大保护、不搞大开发，在高水平保护上下更大功夫，守住管住生态红线，协同推进降碳、减污、扩绿、增长。要坚持把科技创新作为主动力，积极开辟发展新领域新赛道，加强区域创新链融合，大力推动产业链供应链现代化。要统筹抓好沿江产业布局和转移，更好联通国内国际两个市场、用好两种资源，提升国内大循环内生动力和可靠性，增强对国际循环的吸引力、推动力。要坚持省际共商、生态共治、全域共建、发展共享，提升区域交通一体化水平，深化要素市场化改革，促进区域协调发展。要统筹好发展和安全，维护国家重要产业链供

应链安全稳定，提升流域防灾减灾能力，以一域之稳为全局之安作出贡献。要坚持中央统筹、省负总责、市县抓落实的工作机制，加强统筹协调和督促检查，加大政策支持力度，在重点领域推动一批重大改革。沿江省市各级党委和政府要切实履行主体责任，强化工作落实，步步为营、扎实推进、久久为功，推动长江经济带高质量发展不断取得新进展。

《中共中央政治局召开会议　审议〈关于进一步推动长江经济带高质量发展若干政策措施的意见〉〈中国共产党领导外事工作条例〉　中共中央总书记习近平主持会议》，《人民日报》2023 年 11 月 28 日 01 版

习近平指出，长三角区域要加快完善一体化发展体制机制。必须从体制机制上打破地区分割和行政壁垒，为一体化发展提供制度保障。要增强一体化意识，坚持一盘棋思想，加大制度和体制机制创新力度，在重点领域重点区域实现更大突破，加强各项改革举措的系统集成和协同配合，推动一体化向更深层次更宽领域拓展。要循序渐进推进基本公共服务制度衔接、政策协同、标准趋同，分类推进各领域公共服务便利共享。要加强各类交通网络基础设施标准跨区域衔接，提升基础设施互联互通水平。要加快长三角生态绿色一体化发展示范区建设，完善示范区国土空间规划体系，加强规划、土地、项目建设的跨区域协同和有机衔接，加快从区域项目协同走向区域一体化制度创新。要推进跨区域共建共享，有序推动产业跨区域转移和生产要素合理配置，使长三角真正成为区域发展共同体。

《习近平主持召开深入推进长三角一体化发展座谈会强调　推动长三角一体化发展取得新的重大突破　在中国式现代化中更好发挥引领示范作用》，《人民日报》2023 年 12 月 1 日 01 版

习近平强调，十年前我提出共建“一带一路”倡议，现在已有150多个国家参与合作。不久前，我提出中国支持高质量共建“一带一路”的八项行动，欢迎白方继续积极参与，从中获得更多实实在在的发展机遇。双方要实施好中白工业园等项目，推动中白工业合作取得更多成果。双方要提高跨境运输便利化水平，促进经贸和人员往来。定期互办文化日活动，扩大教育、卫生、体育、旅游合作，支持两国青年开展交流合作，增进两国人民相互了解和友谊。中白双方是参与全球治理体系改革和建设的重要力量。中方愿同白方加强在联合国、上海合作组织等多边机制内协调和配合，推动落实全球发展倡议、全球安全倡议、全球文明倡议，推动构建人类命运共同体。

《习近平会见白俄罗斯总统卢卡申科》，《人民日报》2023 年 12 月 5 日 01 版

中国长期是越南最大贸易伙伴，越南是中国在东盟最大贸易伙伴和全球第四大贸易伙伴国。随着中越国际班列开行、智慧口岸启动建设，陆地边境口岸互联互通加快推进，荔枝、榴莲、火龙果等越南优质农产品大量销往中国，中国出口的原材料和机械设备也有力支持了越南制造业发展，促进了越南出口能力提升。中国企业承建的河内轻轨2号线，已经累计载客近2000万人次，为河内市民出行提供了便利。中国企业在越南建成海外最大光伏产业集群，在河内等地投建多个垃圾发电项目，助力越南工业化现代化建设所需的能源保障。

《赓续传统友谊，开创中越命运共同体建设新征程——会见中越两国青年和友好人士代表时的讲话》，（2023 年 12 月 13 日），《人民日报》2023 年 12 月 14 日 02 版

习近平指出，近期，全国多地出现强雨雪天气，对电力供应、交通运输和群众生产生活带来较大影响。中东部地区还将经历强寒潮天气，低温雨雪冰冻灾害风险高，防灾救灾形势严峻，务必引起高度重视。

习近平强调，要密切关注天气变化，加强监测研判，及时发布预警预报信息。要加强交通路况及电力巡查，及时除冰除雪，确保交通路网、电网安全通畅。要提高煤电油气供应能力，强化抢险救援准备，做好能源保障和保暖保供。要加大统筹调度力度，加强重要民生商品的产销保供，维护价格稳定。

《习近平对低温雨雪冰冻灾害防范应对工作作出重要指示　要求压实责任　细化防范措施　全力做好突发险情应对处置　确保人民群众安全温暖过冬》，《人民日报》2023年12月16日01版

地震发生后，中共中央总书记、国家主席、中央军委主席习近平高度重视并作出重要指示，甘肃临夏州积石山县6.2级地震造成重大人员伤亡，要全力开展搜救，及时救治受伤人员，最大限度减少人员伤亡。灾区地处高海拔区域，天气寒冷，要密切监测震情和天气变化，防范发生次生灾害。要尽快组织调拨抢险救援物资，抢修受损的电力、通讯、交通、供暖等基础设施，妥善安置受灾群众，保障群众基本生活，并做好遇难者家属安抚等工作。请国务院派工作组前往灾区指导抗震救灾工作，解放军、武警部队要积极配合地方开展抢险救灾，尽最大努力保障人民群众生命财产安全。

《习近平对甘肃临夏州积石山县6.2级地震作出重要指示　要求全力开展搜救　妥善安置受灾群众　尽最大努力保障人民群众生命财产安全》，《人民日报》2023年12月20日01版

第二章　视察考察

一、习近平在广东考察时强调　坚定不移全面深化改革扩大高水平对外开放　在推进中国式现代化建设中走在前列（节选）

10 日下午，习近平来到湛江市徐闻县，考察徐闻港。徐闻港项目是广东与海南相向而行的“头号工程”。在港口专用码头，习近平察看徐闻港全貌，听取广东省提升交通基础设施互联互通水平、对接海南自由贸易港建设相向发展等工作汇报。随后，习近平来到泊位码头，察看船舶停靠、客运转接等。船上的旅客看见总书记来了，纷纷向总书记问好，习近平向大家挥手致意，祝他们一帆风顺。习近平指出，琼州海峡是国家经略南海的战略通道，也是海南自由贸易港建设和发展的咽喉要道，要把“黄金水道”和客货运输最佳通道这篇大文章做好，把徐闻港打造成连接粤港澳大湾区和海南自由贸易港的现代化水陆交通运输综合枢纽。（节选自《人民日报》2023 年 4 月 14 日 01 版）

二、习近平在河北雄安新区考察并主持召开高标准高质量推进雄安新区建设座谈会时强调　坚定信心保持定力　稳扎稳打善作善成　推动雄安新区建设不断取得新进展（节选）

5 月 10 日，习近平在河北省委书记倪岳峰、省长王正谱陪同下，深入雄安新区的高铁站、社区、建设工地等，就高标准高质量推进雄安新区建设进行调研。

当天上午，习近平乘高铁前往雄安新区，抵达后首先考察了雄安站的建设运行情况。雄安站是雄安新区开工建设的第一个重大基础设施项目，具有标志性意义。习近平先后察看站台、候车大厅、站外广场，了解雄安站建设运营和所在的昝岗片区规划建设情况。习近平指出，雄安站是雄安新区的交汇车站，要进一步完善联通雄安站和雄安新区的交通“微细血管”，提升人流物流聚集和疏散的效率。要把昝岗片区建设成为高端高新产业集聚区，让各方来客一到雄安，就能感受到雄安新区扑面而来的现代化新气象。

习近平随后乘车来到容东片区南文营社区。该社区安置了安新、容城两县回迁群众 5000 多人。习近平先后来到党群服务中心和社区食堂，同社区工作人员、现场办事群众、就餐的社区老人等亲切交流，仔细查看民情台账，对社区开展的便民养老服务等表示肯定。习近平强调，我一直牵挂着回迁群众，看到大家生活好，我很欣慰。建设好雄安新区，重要的是衔接好安居和乐业，让群众住得稳、过得安、有奔头。要同步推进城市治理现代化，从一开始就下好“绣花”功夫，积极推进基本公共服务均等化，构筑新时代宜业宜居的“人民之城”。

习近平走进回迁居民李敬和家中看望。李敬和告诉总书记，2021 年 11 月迁入新居，房子宽敞明亮，住得十分舒心，日子越过越红火。习近平强调，建设雄安新区是党中央作出的重大战略决策，大家响应国家号召，积极配合，为国家战略实施作出了贡献。他勉励年轻一代在强国建设、民族复兴的进程中，坚定信心，学好本领，造福桑梓，做社会主义事业的建设者和接班人。

临别时，居民们高声欢呼“总书记好”，习近平向大家挥手致意。他深情地对大家说，河北是我工作过的地方，我对这里充满感情，把这里建设好是我的心愿。建设雄安新区是千年大计、国家大事，既不能心浮气躁，也不能等靠要，要踏实努力，久久为功。

雄安城际站枢纽位于雄安新区启动区的核心位置。习近平来到雄安城际站及国贸中心项目建设现场，看沙盘、登平台，远眺建设工地，了解启动区重大基础设施项目及重点疏解项目规划建设进展情况。习近平指出，交通是现代城市的血脉。血脉畅通，城市才能健康发展。要在建设立体化综合交通网络上下功夫，在充分利用地下空间上下功夫，着力打造一个没有“城市病”的未来之城，真正把高标准的城市规划蓝图变为高质量的城市发展现实画卷。（节选自《人民日报》2023 年 5 月 11 日 01 版）

三、习近平在河北考察并主持召开深入推进京津冀协同发展座谈会时强调　以更加奋发有为的精神状态推进各项工作　推动京津冀协同发展不断迈上新台阶（节选）

11 日下午，习近平来到黄骅港煤炭港区码头，了解河北省港口整合发展和黄骅港生产经营、发展规划等情况。习近平强调，河北区位优势独特，海运条件便利，要持续推进港口转型升级和资源整合，优化港口功能布局，主动对接京津冀协同发展、高标准高质量建设雄安新区、共建“一带一路”等国家重大战略需求，在推动区域经济协调发展、建设现代化产业体系中发挥更大作用。黄骅港作为我国西煤东运、北煤南运的重要枢纽港口，要加强港口能力建设，创新管理体制机制，打造多功能、综合性、现代化大港。

12 日上午，习近平来到位于石家庄市的中国电科产业基础研究院考察调研，了解企业发展历程及产品研发、加强军民融合发展、提升自主保障能力建设等情况，走进生产车间察看芯片生产流程。习近平指出，加快建设科技强国是全面建设社会主义现代化国家、全面推进中华民族伟大复兴的战略支撑，必须瞄准国家战略需求，系统布局关键创新资源，发挥产学研深度融合优势，不断在关键核心技术上取得新突破。他勉励科技工作者再接再厉、勇攀科技高峰，不断攻克前沿技术，打造更多科技自立自强的大国重器。

习近平随后考察了石家庄市国际生物医药园规划展馆，听取石家庄生物医药产业发展情况汇报，察看医药产品展示，了解药品研发生产情况。习近平强调，生物医药产业是关系国计民生和国家安全的战略性新兴产业。要加强基础研究和科技创新能力建设，把生物医药产业发展的命脉牢牢掌握在我们自己手中。要坚持人民至上、生命至上，研发生产更多适合中国人生命基因传承和身体素质特点的“中国药”，特别是要加强中医药传承创新发展。

12 日下午，习近平在石家庄市主持召开深入推进京津冀协同发展座谈会。河北省委书记倪岳峰、天津市委书记陈敏尔先后发言，北京市委书记尹力提交了书面发言，就深入推进京津冀协同发展汇报工作情况、提出意见建议。

听取大家发言后，习近平发表了重要讲话。他对党的十九大以来河北经济社会发展取得的成绩表示肯定，希望河北全面学习贯彻党的二十大精神，完整、准确、全面贯彻新发展理念，牢牢把握高质量发展这个首要任务和构建新发展格局这个战略任务，在推进创新驱动发展中闯出新路子，在推进京津冀协同发展和高标准高质量建设雄安新区中彰显新担当，在推进全面绿色转型中实现新突破，在推进深化改革开放中培育新优势，在推进共同富裕中展现新作为，加快建设经济强省、美丽河北，奋力谱写中国式现代化建设河北篇章。

习近平强调，党的十九大以来，按照党中央决策部署，京津冀 3 省市切实履行主体责任，中央有关部门和单位大力支持配合，做了大量卓有成效的工作，京津冀协同发展取得新的显著成效，疏解北京非首都功能初见成效，雄安新区建设取得重大阶段性成果，北京城市副中心高质量发展步伐加快，“轨道上的京津冀”加速形成，美丽宜居京津冀取得丰硕成果，科技创新和产业融合发展水平持续提升。实践证明，党中央关于京津冀等重大区域发展战略是符合我国新时代高质量发展需要的，是推进中国式现代化建设的有效途径。

习近平指出，要牢牢牵住疏解北京非首都功能这个“牛鼻子”，坚持积极稳妥、稳中求进，控增量和疏存量相结合，内部功能重组和向外疏解转移两手抓，有力有序有效推进疏解工作。要着力抓好标志性项目向外疏解，接续谋划第二批启动疏解的在京央企总部及二、三级子公司或创新业务板块等。要继续完善疏解激励约束政策体系，充分发挥市场机制作用，通过市场化、法治化手段增强向外疏解的内生动力。要进一步从源头上严控北京非首都功能增量。

习近平强调，要推动北京“新两翼”建设取得更大突破。北京城市副中心建设要处理好同雄安新区的关系，“两翼”要协同发力，有效解决北京“大城市病”问题。要处理好同中心城区的关系，实现以副辅主、主副共兴。要加快推进第二批北京市属行政企事业单位迁入副中心，腾出的空间主要用于加强对首都核心功能的服务保障。要处理好同周边地区的关系，带动周边交界地区高质量发展。

习近平指出，京津冀作为引领全国高质量发展的三大重要动力源之一，拥有数量众多的一流院校和高端研究人才，创新基础扎实、实力雄厚，要强化协同创新和产业协作，在实现高水平科技自立自强中发挥示范带动作用。要加快建设北京国际科技创新中心和高水平人才高地，着力打造我国自主创新的重要源头和原始创新的主要策源地。要构建产学研协作新模式，提升科技成果区域内转化效率和比重。要强化企业的创新主体地位，形成一批有自主知识产权和国际竞争力的创新型领军企业。要巩固壮大实体经济根基，把集成电路、网络安全、生物医药、电力装备、安全应急装备等战略性新兴产业发展作为重中之重，着力打造世界级先进制造业集群。

习近平强调，推进京津冀协同发展，最终要体现到增进人民福祉、促进共同富裕上。要大兴调查研究之风，深入了解群众需求，切实解决广大百姓关心关切的利益问题，不断提高人民群众的获得感、幸福感、安全感。要加快推进公共服务共建共享，强化就业优先政策，促进京津冀地区更加充分更高质量就业。要推动京津优质中小学基础教育资源同河北共享，深化区域内高校师资队伍、学科建设、成果转化等方面合作。要推进医联体建设，推动京津养老项目向河北具备条件的地区延伸布局。要持续抓好北方防沙带等生态保护和修复重点工程建设，持续推进绿色生态屏障建设等重大生态工程。

习近平指出，要继续加快推进交通等基础设施建设，深入推进区域内部协同。要唱好京津“双城记”，拓展合作广度和深度，共同打造区域发展高地，在建设京津冀世界级城市群中发挥辐射带动和高端引领作用。要把北京科技创新优势和天津先进制造研发优势结合起来，加强关键核心技术联合攻关，共建京津冀国家技术创新中心，提升科技创新增长引擎能力。河北要发挥环京津的地缘优势，从不同方向打造联通京津的经济廊道，北京、天津要持续深化对河北的帮扶，带动河北有条件的地区更好承接京津科技溢出效应和产业转移。要进一步推进体制机制改革和扩大对外开放，下大气力优化营商环境，积极同国内外其他地区沟通对接，打造全国对外开放高地。（节选自《人民日报》2023 年 5 月 13 日 01 版）

四、习近平在听取陕西省委和省政府工作汇报时强调　着眼全国大局发挥自身优势明确主攻方向　奋力谱写中国式现代化建设的陕西篇章　途中在山西运城考察（节选）

习近平指出，要着力推动发展方式绿色低碳转型，提升生态文明建设水平。牢固树立和践行绿水青山就是金山银山的理念，继续打好蓝天碧水净土保卫战。要把黄河流域生态保护作为陕西高质量发展的基准线，严格执行黄河保护法和相关规划，推进水土流失、荒漠化综合治理，加强流域生态保护修复，深化农业面源污染、工业污染、城乡生活污染防治和矿区生态环境整治，守护好黄河母亲河。健全秦岭常态化长效化保护体制机制，完善监管体系，搞好动态排查整治，守护好我国中央水塔。强化南水北调中线工程水源地保护，确保“一泓清水永续北上”。推进经济社会发展绿色化、低碳化，加快产业结构、能源结构、交通运输结构和用地结构调整，促进能源产业绿色转型，积极稳妥推进碳达峰碳中和。实施全面节约战略，大力倡导绿色消费，深入推进资源节约集约利用。

习近平强调，要着力扩大对内对外开放，打造内陆改革开放高地。更加主动融入和服务构建新发展格局，更加深度融入共建“一带一路”大格局，在扩大对内对外开放中强动力、增活力，打开发展新天地。稳步扩大规则、规制、管理、标准等制度型开放，推进自贸试验区高质量发展，积极打造高能级开放平台。积极参与西部陆海新通道建设，充分发挥中欧班列西安集结中心作用，加快形成面向中亚南亚西亚国家的重要对外开放通道，在联通国内国际双循环中发挥更大作用。着力营造市场化、法治化、国际化一流营商环境，提高招商引资的质量和水平。（节选自《人民日报》2023 年 5 月 18 日 01 版）

五、习近平在江苏考察时强调 在推进中国式现代化中走在前做示范 谱写“强富美高”新江苏现代化建设新篇章（节选）

习近平指出，全国即将进入“七下八上”防汛关键期，江河湖库将面临主汛期洪涝灾害的严重威胁。同时，一些地方旱情严重，森林火灾风险加大。各地区各部门要立足于防大汛、抗大旱、救大灾，坚持人民至上、生命至上，守土有责、守土负责、守土尽责，切实把保障人民生命财产安全放到第一位，强化灾害隐患巡查排险，提前做好各种应急准备，努力将各类损失降到最低。交通运输部门要加强重要基础设施安全防护，能源和电力部门尤其是央企要全力做好能源电力保供工作，确保经济社会运转不受大的影响。（节选自《人民日报》2023 年 7 月 8 日 01 版）

六、习近平在四川考察时强调 推动新时代治蜀兴川再上新台阶 奋力谱写中国式现代化四川新篇章 返京途中在陕西汉中考察

中共中央总书记、国家主席、中央军委主席习近平近日在四川考察时强调，全面学习贯彻党的二十大精神，要牢牢把握新时代新征程党的中心任务，牢牢把握中国式现代化的科学内涵和本质要求，牢牢把握高质量发展这个首要任务，把贯彻新发展理念、构建新发展格局、促进共同富裕贯穿经济社会发展各方面全过程，深入推进发展方式、发展动力、发展领域、发展质量变革，开创我国高质量发展新局面。四川要进一步从全国大局把握自身的战略地位和战略使命，立足本地实际，明确发展思路和主攻方向，锻长板、补短板，努力在提高科技创新能力、建设现代化产业体系、推进乡村振兴、加强生态环境治理等方面实现新突破，推动新时代治蜀兴川再上新台阶，奋力谱写中国式现代化四川新篇章。

7 月 25 日至 27 日，习近平在四川省委书记王晓晖和省长黄强陪同下，先后来到广元、德阳等地进行调研。

25 日下午，习近平首先来到广元市剑阁县考察了翠云廊。这里是古代关中平原通往四川盆地古蜀道的重要路段，有迄今保存最完好的古代人工栽植驿道古柏群。习近平听取古蜀道发展历程、翠云廊整体情况介绍，沿古道步行察看千年古柏长势，详细询问历史上植柏护柏情况。他指出，这片全世界最大的人工古柏林，之所以能够延续得这么久、保护得这么好，得益于明代开始颁布实行“官民相禁剪伐”、“交树交印”等制度，一直沿袭至今、相习成风，更得益于当地百姓世代共同守护。这启示我们，抓生态文明建设必须搭建好制度框架，抓好制度执行，同时充分调动广大人民群众的积极性主动性创造性，巩固发展新时代生态文明建设成果。临行前，他嘱咐当地负责同志，要把古树名木保护好，把中华优秀传统文化传承好。

位于德阳市广汉市西北鸭子河南岸的三星堆遗址，代表了数千年前的古蜀文明面貌和发展水平，是同时期长江流域文化内涵最丰富、面积最大的都城遗址。26 日下午，习近平来到三星堆博物馆新馆，参观“世纪逐梦”、“巍然王都”、“天地人神”等展陈，了解三星堆遗址发掘历程和古蜀文明成果。在三星堆博物馆文物保护与修复馆，习近平走进文保修复工作区，仔细察看文物保护修复工作流程细节和最新技术，同现场工作人员亲切交流。习近平指出，三星堆遗址考古成果在世界上是叫得响的，展现了四千多年前的文明成果，为中华文明多元一体、古蜀文明与中原文明相互影响等提供了更为有力的考古实证。文物保护修复是一项长期任务，要加大国家支持力度，加强人才队伍建设，发扬严谨细致的工匠精神，一件一件来，久久为功，做出更大成绩。习近平代表党中央，对三星堆博物馆新馆的落成使用表示热烈祝贺，向广大考古工作者表示衷心感谢和崇高敬意！

27 日上午，习近平听取了四川省委和省政府工作汇报，对四川各项工作取得的成绩给予肯定，希望四川在

推进科技创新和科技成果转化上同时发力，在建设现代化产业体系上精准发力，在推进乡村振兴上全面发力，在筑牢长江黄河上游生态屏障上持续发力。

习近平指出，以科技创新开辟发展新领域新赛道、塑造发展新动能新优势，是大势所趋，也是高质量发展的迫切要求，必须依靠创新特别是科技创新实现动力变革和动能转换。四川要发挥高校和科研机构众多、创新人才集聚的优势和产业体系较为完善、产业基础雄厚的优势，在科技创新和科技成果转化上同时发力。要完善科技创新体系，积极对接国家战略科技力量和资源，优化完善创新资源布局，努力攻克一批关键核心技术，着力打造西部地区创新高地。

习近平强调，四川是我国发展的战略腹地，在国家发展大局特别是实施西部大开发战略中具有独特而重要的地位。要依托制造业的独特优势，积极服务国家产业链供应链安全，高质量对接东部沿海地区产业新布局。要把发展特色优势产业和战略性新兴产业作为主攻方向，加快改造提升传统产业，前瞻部署未来产业，促进数字经济与实体经济深度融合，构建富有四川特色和优势的现代化产业体系。要科学规划建设新型能源体系，促进水风光氢天然气等多能互补发展。要强化粮食和战略性矿产资源等生产供应，打造保障国家重要初级产品供给战略基地。要坚持“川渝一盘棋”，加强成渝区域协同发展，构筑向西开放战略高地和参与国际竞争新基地，尽快成为带动西部高质量发展的重要增长极和新的动力源。

习近平指出，要巩固脱贫攻坚成果，把乡村振兴摆在治蜀兴川的突出位置，更好扛起粮食、生猪、油料等重要农产品稳产保供责任。要抓住种子和耕地两个要害，加强良种和良田的配套，打造新时代更高水平的“天府粮仓”。要在产业发展、乡村建设、乡村治理等方面，聚焦群众反映强烈、能抓得住、抓几年就能见到成效的几件事，集中资源，加快突破，形成标志性成果。要学习运用浙江“千万工程”经验，聚焦小切口，锲而不舍、久久为功。农村宅基地改革要守住底线。要把住土地流转关，不能借流转之机搞“非农化”。要加强社会保障体系城乡统筹，推动基本公共服务城乡均等化。

习近平强调，四川是长江上游重要的水源涵养地、黄河上游重要的水源补给区，也是全球生物多样性保护重点地区，要把生态文明建设这篇大文章做好。要坚持山水林田湖草沙一体化保护和系统治理，强化国土空间管控和负面清单管理，严格落实自然保护地、生态保护红线监管制度。要加快建立以国家公园为主体的自然保护地体系。要推行草原森林河流湖泊湿地休养生息。要加快调整优化产业结构、能源结构、交通运输结构、用地结构，推进资源集约节约利用，积极倡导绿色低碳生产生活方式。要以更高标准打好蓝天、碧水、净土保卫战，积极探索生态产品价值实现机制，完善生态保护补偿机制，提升生态环境治理现代化水平。

习近平指出，四川是自然灾害频发之地，要健全应急管理体系，加强应急力量建设，形成长效机制，系统提升防灾减灾救灾能力。7、8月份长江流域进入主汛期，要全面落实防汛救灾主体责任，做好防汛抗洪救灾各项应对准备工作。要科学救灾，防止发生次生灾害，最大限度减少人员伤亡和财产损失，尽快恢复正常生产生活秩序。要落实落细安全生产责任制，全面排查安全生产隐患，坚决防范和遏制重特大安全生产事故发生，切实保障人民生命财产安全。

习近平强调，第一批主题教育只剩下一个多月时间，各级党组织要落实党中央部署，善始善终、慎终如始，务求实效。要对主题教育的实效进行科学、客观评估。检验理论学习成效，要看党的创新理论是否入心见行、党员干部是否做到善思善用；检验调查研究成效，要看是否摸清社情民意、是否解决实际问题；检验推动发展成效，要看高质量发展是否有新突破、人民生活品质是否有新提升；检验检视整改成效，要看问题症结是否找准、整改整治是否到位；检验干部队伍教育整顿成效，要看思想不纯和组织不纯现象是否纠正、政治隐患是否消除。评估成效要用事实说话，开门抓评估，让群众评价，确保评估客观真实。评估主题教育成效，很重要的一个方面是看形式主义、官僚主义是否得到有效解决，要对形式主义、官僚主义的东西来一次检视，分析根源，对症下药，切实改出实效。要开好领导班子专题民主生活会和基层党组织组织生活会，结合学查改开展批评和自我批评。

习近平十分关心汉江流域历史文化传承和生态保护。7 月 29 日，在返京途中，习近平走下列车，在陕西省委书记赵一德、省长赵刚陪同下，来到汉中市考察。习近平参观汉中市博物馆有关历史文物展陈，了解汉中历史文化、文物保护情况。他指出，文物承载灿烂文明，传承历史文化，维系民族精神。要发挥好博物馆保护、传承、研究、展示人类文明的重要作用，守护好中华文脉，并让文物活起来，扩大中华文化的影响力。汉中藤编等非物质文化遗产久负盛名，要发展壮大特色产业，更好带动群众增收致富。离开博物馆时，附近的乡亲们围拢过来热情欢呼"总书记好"。习近平亲切地对大家说，我在 2008 年汶川大地震抗震救灾时来过汉中，这些年一直牵挂着这里。这次来，看到这里发展变化很大，城市井然有序，很欣慰。他祝愿大家工作好、生活好、家庭幸福。

途中，习近平考察了地处汉江汉中城区段的天汉湿地公园，称赞这里是市民"幸福园"。习近平强调，汉江及其支流是南水北调中线工程的主要水源汇集区和供给地，保护好这一区域的湿地资源责任重大、意义深远。生态公园建设要顺应自然，加强湿地生态系统的整体性保护和系统性修复，促进生态保护同生产生活相互融合，努力建设环境优美、绿色低碳、宜居宜游的生态城市。

中共中央政治局常委、中央办公厅主任蔡奇陪同考察。

李干杰、何立峰及中央和国家机关有关部门负责同志陪同考察，主题教育中央第十二指导组负责同志参加汇报会。（《人民日报》2023 年 7 月 30 日 01 版）

七、习近平在黑龙江考察时强调　牢牢把握在国家发展大局中的战略定位　奋力开创黑龙江高质量发展新局面（节选）

习近平强调，要构筑我国向北开放新高地。更好统筹贸易、投资、通道和平台建设，在市场准入、要素流动、制度型开放等方面大胆探索、先行先试，形成全方位对外开放新格局。加快建设重要陆路通道、河海航道、能源管道等基础设施，完善面向东北亚开放的交通运输网络。要加强自贸试验区、综合保税区等开放平台创新发展，深度融入共建"一带一路"，积极参与区域合作。要切实做好重点领域风险防范化解工作，落实安全生产责任，坚决避免发生重特大安全生产事故。（节选自《人民日报》2023 年 9 月 9 日 01 版）

八、习近平在浙江考察时强调　始终干在实处走在前列勇立潮头　奋力谱写中国式现代化浙江新篇章（节选）

随后，习近平乘车来到位于绍兴的浙东运河文化园考察。他步行察看古运河河道和周边历史文化遗存，详细了解浙东运河发展演变史和当地合理利用水资源、推进大运河保护等情况。习近平强调，大运河是世界上最长的人工运河，是十分宝贵的文化遗产。大运河文化是中国优秀传统文化的重要组成部分，要在保护、传承、利用上下功夫，让古老大运河焕发时代新风貌。（节选自《人民日报》2023 年 9 月 26 日 01 版）

九、习近平在江西考察时强调　解放思想开拓进取扬长补短固本兴新　奋力谱写中国式现代化江西篇章（节选）

10 日下午，习近平来到九江市考察调研。在长江国家文化公园九江城区段，习近平登上琵琶亭远眺长江，冒雨沿江堤步行察看沿岸风貌，仔细询问长江水位、水质、航运、防洪、禁渔等情况，听取当地崩岸治理、航道疏浚、岸线生态修复等工作进展介绍。习近平指出，长江是长江经济带的纽带。无论未来长江经济带怎么发展、发展到哪个阶段，都不可能离开长江的哺育。要从人与自然和谐共生的生命共同体出发，着眼中华民族永续发展，把长江保护好。

习近平随后乘车来到中国石化九江分公司。他走进公司生产管控中心控制大厅和检验计量中心实验室，详细了解企业转型升级打造绿色智能工厂、推动节能减污降碳等情况，对企业开展科学检测、严格排放标准等做法表示肯定。习近平强调，破解“化工围江”，是推进长江生态环境治理的重点。要再接再厉，坚持源头管控、全过程减污降碳，大力推进数智化改造、绿色化转型，打造世界领先的绿色智能炼化企业。

实验室外，企业员工们围拢过来纷纷向总书记问好。习近平亲切地对大家说，石化产业是国民经济的重要支柱产业，希望你们按照党中央对新型工业化的部署要求，坚持绿色、智能方向，扎扎实实、奋发进取，为保障国家能源安全、推动石化工业高质量发展作出新贡献。

11 日上午，习近平来到景德镇市考察调研。在陶阳里历史文化街区，习近平先后走进南麓遗址、陶瓷博物馆、明清窑作群，饶有兴趣地了解制瓷技艺流程、陶瓷文化传承创新和对外交流等情况，同非遗传承人亲切交流，不时赞赏他们的手上功夫和工匠精神，鼓励他们秉持艺术至上，专心致志传承创新。习近平指出，中华优秀传统文化自古至今从未断流，陶瓷是中华瑰宝，是中华文明的重要名片。陶阳里历史文化街区严格遵循保护第一、修旧如旧的要求，实现了陶瓷文化保护与文旅产业发展的良性互动。要集聚各方面人才，加强创意设计和研发创新，进一步把陶瓷产业做大做强，把“千年瓷都”这张靓丽的名片擦得更亮。

随后，习近平来到昌河飞机工业（集团）有限公司，考察了直升飞机总装车间和试飞站，详细了解企业推进技术创新和产品迭代升级的情况。他指出，航空装备是我国制造业发展的一个重点。要坚持创新驱动，在关键核心技术自主研发上下更大功夫，面向未来需求出新品，努力构建先进制造体系、打造世界一流直升机企业。

11 日下午，习近平来到上饶市婺源县秋口镇王村石门自然村。这里是饶河源国家湿地公园的中心区，也是极度濒危鸟类蓝冠噪鹛自然保护小区，植被多样、生态良好。习近平详细了解湿地公园和蓝冠噪鹛保护等情况。村广场上正在“晒秋”，一排排晒盘盛满红豆、玉米、辣椒等，格外喜人。美术学院师生正在采风写生，习近平驻足观看，同他们亲切交流，鼓励他们打好扎实基本功。得知当地发展特色旅游、茶产业，推进乡村振兴成效显著，习近平十分高兴。他指出，优美的自然环境本身就是乡村振兴的优质资源，要找到实现生态价值转换的有效途径，让群众得到实实在在的好处。乡村要振兴，关键是把基层党组织建好、建强。基层党组织要成为群众致富的领路人，确保党的惠民政策落地见效，真正成为战斗堡垒。

离开村子时，村民们热情欢送总书记。习近平亲切地说，中国式现代化既要有城市的现代化，又要有农业农村现代化，我很关注乡村振兴。希望你们保护好自然生态，把传统村落风貌和现代元素结合起来，坚持中华民族的审美情趣，把乡村建设得更美丽，让日子越过越开心、越幸福！

13 日上午，习近平听取江西省委和省政府工作汇报，对江西各项工作取得的成绩给予肯定。

习近平指出，构建现代化产业体系，既要有雄心壮志，积极抢位发展，又要立足实际，善于错位发展。要找准定位、明确方向，整合资源、精准发力，加快传统产业改造升级，加快战略性新兴产业发展壮大，积极部署未来产业，努力构建体现江西特色和优势的现代化产业体系。有针对性地部署创新链，积极对接国家战略科技资源，突破一批关键核心技术，打造一批高新技术产业，形成在全国有影响力的产业集群。积极推进数字经济和实体经济融合，发展壮大数字经济。坚定不移走生态优先、绿色发展之路，推动全面绿色转型，打造生态文明建设高地。

习近平强调，江西联通东西、承接南北、通江达海，多个国家重大战略叠加。要深化对内对外开放，以开放促发展，打造内陆地区改革开放高地，主动服务和融入新发展格局。大力发展口岸经济，建设长江经济带重要节点城市，打造区域性物流枢纽和商贸中心。做大做强都市圈，主动对接和服务长三角一体化发展、粤港澳大湾区建设，增强对资金、技术、人才等的吸引力。发挥生态优势和传统农业优势，打造区域性优质农副产品生产和供应基地。巩固传统商路，积极开拓新路，深度融入共建“一带一路”。深化重点领域改革，加强营商环境建设，稳步扩大规则、规制、管理、标准等制度型开放。有序扩大民间投资市场准入，推进促进公平竞争的政策实施，构建亲清统一的新型政商关系，促进民营经济健康发展。（节选自《人民日报》2023 年 10 月 14 日 01 版）

十、习近平在上海考察时强调　聚焦建设“五个中心”重要使命　加快建成社会主义现代化国际大都市　返京途中在江苏盐城考察（节选）

习近平指出，加快建设“五个中心”，是党中央赋予上海的重要使命。上海要以此为主攻方向，统筹牵引经济社会发展各方面工作，坚持整体谋划、协同推进，重点突破、以点带面，持续提升城市能级和核心竞争力。要以科技创新为引领，加强关键核心技术攻关，促进传统产业转型升级，加快培育世界级高端产业集群，加快构建现代化产业体系，不断提升国际经济中心地位和全球经济治理影响力。要加强现代金融机构和金融基础设施建设，实施高水平金融对外开放，更好服务实体经济、科技创新和共建“一带一路”。要深入实施自由贸易试验区提升战略，推动国际贸易中心提质升级。要加快补齐高端航运服务等方面的短板，提升航运资源全球配置能力。要推进高水平人才高地建设，营造良好创新生态。要加强同长三角区域联动，更好发挥辐射带动作用。（节选自《人民日报》2023 年 12 月 4 日 01 版）

十一、习近平在广西考察时强调　解放思想创新求变向海图强开放发展　奋力谱写中国式现代化广西篇章（节选）

习近平强调，广西要持续扩大对内对外开放。要增强内外联动，构建更有活力的开放型经济体系。主动服务国家重大战略，对接沿海发达地区产业新布局，有序承接产业梯度转移，加快北部湾经济区和珠江—西江经济带开发开放，把广西打造成为粤港澳大湾区的重要战略腹地。要共建西部陆海新通道，实施一批重大交通基础设施项目，高标准、高质量建设平陆运河，高水平打造北部湾国际门户港，提高江铁海多式联运能力和自动化水平。积极服务建设中国—东盟命运共同体，深化拓展与东盟国家在商贸、劳务、产业、科技、教育等领域合作，打造国内国际双循环市场经营便利地，深度融入共建“一带一路”。（节选自《人民日报》2023 年 12 月 16 日 01 版）

十二、李强考察中印尼合作项目雅万高铁（节选）

当地时间 9 月 6 日下午，正在印度尼西亚访问的国务院总理李强考察了中印尼合作项目雅万高铁。印尼对华合作牵头人、统筹部长卢胡特，交通部长布迪陪同考察。

李强抵达哈利姆高铁站时，受到中印尼两国员工热烈欢迎。李强听取了雅万高铁建设情况汇报，对两国建设者付出的艰辛努力表示赞赏。李强指出，作为东南亚首条高速铁路，雅万高铁是习近平主席和佐科总统亲自关心推动的中印尼共建“一带一路”合作旗舰项目，不仅承载着印尼人民对美好生活的向往，也是地区发展中国家携手迈向现代化的成功范例。双方要落实好两国元首重要共识，精心做好各项准备，确保高铁高标准开通、高质量运营，为印尼和地区现代化建设注入强劲持久动力。

李强随后试乘雅万高铁并考察了卡拉旺站站台建设情况。他表示，高铁铺就的是一条融合之路、开放之路、共富之路，不仅缩短了城市间的时空距离，还会带动产业结构优化升级，为沿线经济发展赋能。中方愿同印尼分享成熟经验，共同做好高铁兴业兴城这篇大文章。

李强指出，中印尼两国经济互补性强，务实合作潜力巨大。双方要再接再厉，继续在本地区高质量共建“一带一路”合作中领跑，推动中印尼命运共同体建设不断迈上新台阶，为两国人民福祉和地区发展繁荣贡献力量。

吴政隆等参加上述活动。

雅万高铁连接印尼首都雅加达和第四大城市万隆，全长 142 公里，设计最高时速 350 公里，是中国高铁首次全系统、全要素、全产业链在海外落地，由中国和印尼合资设立的中印尼高铁公司负责投资、建设、运营。（节选自《人民日报》2023 年 9 月 7 日 02 版）

第三章 重大政策

一、无人驾驶航空器飞行管理暂行条例（中华人民共和国国务院 中华人民共和国中央军事委员会令第761号）

2023年5月，《无人驾驶航空器飞行管理暂行条例》正式公布。条例指出，“国家空中交通管理领导机构统一领导全国无人驾驶航空器飞行管理工作，组织协调解决无人驾驶航空器管理工作中的重大问题。”

二、中共中央 国务院关于做好2023年全面推进乡村振兴重点工作的意见

2023年2月，《中共中央 国务院关于做好2023年全面推进乡村振兴重点工作的意见》正式公布。意见提出，“加强农村公路养护和安全管理，推动与沿线配套设施、产业园区、旅游景区、乡村旅游重点村一体化建设。”“加强农村应急管理基础能力建设，深入开展乡村交通、消防、经营性自建房等重点领域风险隐患治理攻坚。”“加快完善县乡村电子商务和快递物流配送体系，建设县域集采集配中心，推动农村客货邮融合发展，大力发展共同配送、即时零售等新模式，推动冷链物流服务网络向乡村下沉。”“推动县域供电、供气、电信、邮政等普遍服务类设施城乡统筹建设和管护。”

三、中共中央 国务院印发《数字中国建设整体布局规划》

2023年2月，中共中央、国务院印发《数字中国建设整体布局规划》，规划指出，“推动数字技术和实体经济深度融合，在农业、工业、金融、教育、医疗、交通、能源等重点领域，加快数字技术创新应用。”

四、中共中央 国务院关于促进民营经济发展壮大的意见

2023年7月，《中共中央 国务院关于促进民营经济发展壮大的意见》正式公布。意见提出，“支持民营企业参与全面加强基础设施建设，引导民营资本参与新型城镇化、交通水利等重大工程和补短板领域建设。”

五、中共中央 国务院关于支持福建探索海峡两岸融合发展新路 建设两岸融合发展示范区的意见

2023年9月，《中共中央 国务院关于支持福建探索海峡两岸融合发展新路 建设两岸融合发展示范区的意见》正式公布。意见提出，“适度超前开展交通物流基础设施建设，加大资金等要素保障力度。推动闽台基础设施应通尽通，构建立体式综合性对台通道枢纽，畅通闽台与大陆其他地区连接通道。加强物流枢纽等重大物流基础设施布局建设，完善区域物流集散体系。进一步优化、加密福建沿海与台湾本岛及金门、马祖客货运航线。”

六、中共中央 国务院关于全面推进美丽中国建设的意见

2023年12月，《中共中央 国务院关于全面推进美丽中国建设的意见》正式公布。意见提出，“大力推动经济社会发展绿色化、低碳化，加快能源、工业、交通运输、城乡建设、农业等领域绿色低碳转型，加强绿色科技创新，增强美丽中国建设的内生动力、创新活力。”“鼓励绿色出行，推进城市绿道网络

建设，深入实施城市公共交通优先发展战略。”

七、国务院关于进一步优化外商投资环境　加大吸引外商投资力度的意见（国发〔2023〕11号）

2023年8月，《国务院关于进一步优化外商投资环境　加大吸引外商投资力度的意见》正式公布。意见提出，“提高外国人永久居留身份证在公共交通、金融服务、医疗保障、互联网支付等场景应用便利度。”

八、国务院关于印发《空气质量持续改善行动计划》的通知（国发〔2023〕24号）

2023年12月，《空气质量持续改善行动计划》正式公布。计划提出，“远近结合研究谋划大气污染防治路径，扎实推进产业、能源、交通绿色低碳转型，强化面源污染治理，加强源头防控，加快形成绿色低碳生产生活方式，实现环境效益、经济效益和社会效益多赢。”“大宗货物中长距离运输优先采用铁路、水路运输，短距离运输优先采用封闭式皮带廊道或新能源车船。探索将清洁运输作为煤矿、钢铁、火电、有色、焦化、煤化工等行业新改扩建项目审核和监管重点。重点区域内直辖市、省会城市采取公铁联运等‘外集内配’物流方式。到2025年，铁路、水路货运量比2020年分别增长10%和12%左右；晋陕蒙新煤炭主产区中长距离运输（运距500公里以上）的煤炭和焦炭中，铁路运输比例力争达到90%；重点区域和粤港澳大湾区沿海主要港口铁矿石、焦炭等清洁运输（含新能源车）比例力争达到80%。”“加强铁路专用线和联运转运衔接设施建设，最大程度发挥既有线路效能，重要港区在新建集装箱、大宗干散货作业区时，原则上同步规划建设进港铁路；扩大现有作业区铁路运输能力。对重点区域城市铁路场站进行适货化改造。新建及迁建大宗货物年运量150万吨以上的物流园区、工矿企业和储煤基地，原则上接入铁路专用线或管道。强化用地用海、验收投运、运力调配、铁路运价等措施保障。”

九、国务院办公厅关于印发国务院2023年度立法工作计划的通知（国办发〔2023〕18号）

2023年6月，《国务院办公厅关于印发国务院2023年度立法工作计划的通知》正式公布。计划提出，“预备制定城市公共交通条例、国务院关于反走私综合治理的若干规定、上市公司监督管理条例，预备修订道路运输条例。”“预备提请全国人大常委会审议道路交通安全法修订草案、人民警察法修订草案、海关法修订草案、统计法修正草案、机关运行保障法草案、监狱法修订草案、律师法修订草案。”

十、国务院办公厅关于进一步构建高质量充电基础设施体系的指导意见（国办发〔2023〕19号）

2023年6月，《国务院办公厅关于进一步构建高质量充电基础设施体系的指导意见》正式公布。意见提出，“以国家综合立体交通网‘6轴7廊8通道’主骨架为重点，加快补齐重点城市之间路网充电基础设施短板，强化充电线路间有效衔接，打造有效满足电动汽车中长途出行需求的城际充电网络。拓展国家高速公路网充电基础设施覆盖广度，加密优化设施点位布局，强化关键节点充电网络连接能力。新建高速公路服务区应同步建设充电基础设施，加快既有高速公路服务区充电基础设施改造，新增设施原则上应采用大功率充电技术，完善高速公路服务区相关设计标准与建设管理规范。推动具备条件的普通国省干线公路服务区（站）因地制宜科学布设充电基础设施，强化公路沿线充电基础服务。”

十一、国务院办公厅印发《关于释放旅游消费潜力推动旅游业高质量发展的若干措施》的通知（国办发〔2023〕36号）

2023年9月，《关于释放旅游消费潜力推动旅游业高质量发展的若干措施》正式公布。文件提出，“支持各地根据旅游业发展需求，合理规划、有序建设旅游咨询中心、旅游集散中心、旅游厕所、旅游风景道、旅游交通标识标牌、智慧旅游公共服务平台等旅游公共设施。加快推进中西部支线机场建设，推动打造一批旅游公路、国内水路客运旅游精品航线，完善旅游航线网络、旅游列车线路、自驾车旅游服务体系。”“提高旅游目的地通达性，构建‘快进’交通网络，结合节假日等因素优化配置重点旅游城市班车班列，推动将旅游城市纳入‘干支通、全网联’航空运输服务网络，加快干线公路与景区公路连接线以及相邻区域景区间公路建设。优化旅游客运服务，积极拓展定制客运服务，普及推广电子客票服务，大力发展联程运输。”

十二、国务院办公厅转发国家发展改革委、财政部《关于规范实施政府和社会资本合作新机制的指导意见》的通知（国办函〔2023〕115号）

2023年11月，国务院办公厅转发国家发展改革委、财政部《关于规范实施政府和社会资本合作新机制的指导意见》。意见提出，“政府和社会资本合作应限定于有经营性收益的项目，主要包括公路、铁路、民航基础设施和交通枢纽等交通项目，物流枢纽、物流园区项目，城镇供水、供气、供热、停车场等市政项目，城镇污水垃圾收集处理及资源化利用等生态保护和环境治理项目，具有发电功能的水利项目，体育、旅游公共服务等社会项目，智慧城市、智慧交通、智慧农业等新型基础设施项目，城市更新、综合交通枢纽改造等盘活存量和改扩建有机结合的项目。”

第二篇
行业部署

Section II
Industry Deployment

第一章　工作会议讲话

李小鹏在2024年全国交通运输工作会议上的讲话

（2023年12月20日）

北京时间12月18日23时59分，甘肃临夏州积石山县发生6.2级地震，造成重大人员伤亡。在此，我们对不幸遇难的人员表示深切哀悼，对灾区人民，特别是遇难者家属、伤员及其家属表示慰问。地震发生后，习近平总书记高度重视并作出重要指示，李强总理作出批示。交通运输部坚决贯彻落实习近平总书记重要指示精神和李强总理批示要求，闻令而动、迅速行动，派员参与国务院工作组赶赴灾区指导工作。甘肃、青海两地交通运输系统干部职工不惧艰险奋战一线，全力以赴抢通保畅。有关省市交通运输部门和企业团结协作、千里驰援。交通运输系统全力做好抗震救灾工作，尽最大努力保障人民群众生命财产安全。下一步，我们将在党中央、国务院坚强领导下，继续做好抗震救灾各项工作。

近期，全国多地出现强雨雪天气，对交通运输和群众生产生活带来较大影响。习近平总书记对低温雨雪冰冻灾害防范应对工作作出重要指示，李强总理作出批示。交通运输系统坚决贯彻落实习近平总书记重要指示精神和李强总理批示要求，高度重视、高度警惕、高度负责，坚持底线思维、极限思维，充分认识雨雪冰冻低温极寒天气风险和防灾减灾的严峻形势，全力以赴做好防灾减灾各项工作。下一步，我们还要继续把这项工作做好。

下面，我讲3个方面的意见。

一、2023年交通运输工作

今年是全面贯彻党的二十大精神的开局之年，是三年新冠疫情防控转段后经济恢复发展的一年。在以习近平同志为核心的党中央坚强领导下，交通运输行业坚持稳中求进工作总基调，埋头苦干、担当奉献，努力完成各项年度目标任务。

（一）学习贯彻习近平新时代中国特色社会主义思想主题教育深入开展

一是理论学习更加深入。将主题教育与学习贯彻党的二十大精神和习近平总书记重要指示批示精神结合起来，深刻领悟“两个确立”的决定性意义，增强“四个意识”、坚定“四个自信”、做到“两个维护”，不断提高政治判断力、政治领悟力、政治执行力。二是调查研究全面开展。部党组确定重大调研选题18项，召开3次调研成果交流会，部系统确定调研选题550余项，累计开展调研2800余次，推动研究破解加快建设交通强国、物流保通保畅和降本增效、海运发展等一批重点难点问题。三是行业发展扎实推动。牢固树立和践行正确政绩观，交通基础设施建设、多式联运、安全生产等取得新成效，12件更贴近民生实事全部完成。四是检视整改有序推进。部党组带头召开民主生活会，深入开展党性分析。部系统全面深入查摆问题，全部完成整改或完成阶段性目标。制修订《中共交通运输部党组工作规则》等一批规章制度。五是干部队伍教育整顿有力实施。持续筑牢思想根基，不断加强警示教育，找准找实、及时处置突出问题，切实选好用好干部，加强模范机关建设。

（二）安全应急保障水平持续提升

一是安全生产形势总体稳定。未发生铁路交通重大及以上事故。公路水路安全生产事故起数同比下降2%。民航实现运输航空安全飞行1117万小时、起降452万架次。邮政快递领域未发生较大及以上安全事故。二是防汛救灾工作全面加强。今年汛期，为做好防洪防汛抢险救灾工作，成立防汛救灾指挥部和相关工作专班，启动防汛救灾Ⅱ级应急响应，加强交通重要基础设施、城市轨道交通等汛期安全防护，及时排查隐患，调用应急运力，做好公路水路抢通保通，推动灾后恢复重建。三是安全防控能力持续提升。深入开展重大风险隐患专项整治集中攻坚行动，组织开展“安全生产月”系列活动，实施铁路沿线安全环境、工程建设、客货运输、港口作业、寄递物流等领域治理行动。完成铁路道口“平改立”180余处，改造公路危旧桥梁9763座，完成农村公路安全生命防护工程10.5万公里。推进“陆海空天”一体化水上交通运输安全保障体系建设。四是应急保障能力不断提高。实施部综合调度指挥中心改造升级，加强调度与应急指挥系统建设。有效应对远洋渔船“鲁蓬远渔028”沉没等突发事件。1—11月，组织协调水上搜救行动1467次，成功救助遇险船舶815艘、遇险人员8975人，成功率达96.9%。五是行业稳定有效维护。严密防范涉政治安全风险，扎实做好涉恐隐患排查整改，开展信访问题源头治理三年攻坚行动，持续化解信访积案，网络安全态势总体平稳。

（三）综合立体交通网络加快完善

一是基础设施网络建设稳步推进。1—11月，完成交通固定资产投资3.6万亿元，其中铁路6407亿元、公路水路2.8万亿元（预计全年超过3万亿元）、民航1058.9亿元。新建高速铁路1700公里、新改（扩）建高速公路超7000公里、新增及改善高等级航道1000公里、新颁证民用运输机场2个，新增城市轨道交通运营里程超过360公里，全国3461个抵边自然村全部实现通邮。二是国家综合立体交通网主骨架加快建设。组织开展“十四五”规划中期评估。统筹推进102项国家重大工程涉交通项目，推动实施11项“十四五”重大工程项目包、第一批16项交通强国重点项目。川藏铁路及其配套公路、西部陆海新通道（平陆）运河工程、小洋山北作业区集装箱码头等重大项目加快建设。三峡水运新通道前期工作有序推进。4个世界级机场群加快构建，鄂州花湖机场全面投入运营。邮政国际寄递中心建设加快落地。三是综合交通枢纽建设有力推进。建立补链强链部省协调机制，累计下达187亿元支持两批25个枢纽城市，共296个货运枢纽项目和125个集疏运项目。有序推进综合客运枢纽项目建设，加快推进港口码头改扩建。四是资金保障力度持续增强。累计下达车购税资金3300多亿元、燃油税资金2200多亿元支持地方交通发展，交通运输领域发行使用专项债券超过6000亿元。

（四）综合运输服务水平持续提升

一是运输服务保障能力不断加强。1—11月，完成跨区域人员流动量555.9亿人次，同比上升34.8%，其中铁路客运量、公路人员流动量、水路客运量、民航客运量同比分别增长126.5%、30.2%、121.4%和144.1%；高速公路车流量114.79亿辆，同比增长30.06%，其中9座及以下小客车89.23亿辆，同比增长37.6%；预计全年城市轨道交通客运量近300亿人次，同比增长52%。1—11月，完成货运量500.2亿吨，同比增长8.1%，其中铁路、公路、水路、民航货运量同比分别增长0.9%、8.9%、9.0%和18.1%；完成港口货物吞吐量155.1亿吨，同比增长8.4%，完成港口集装箱吞吐量2.8亿标箱，同比增长4.9%；邮政寄递业务量完成1463.1亿件，同比增长15.8%。二是出行服务品质有效提升。开展首批旅客联程运输服务品牌培育工作。持续推进公交都市建设，336个城市实现交通一卡通互联互通。主要网约车平台累计提供“一键叫车”服务超过1亿单，29个省份开通4800余条定制客运线路，组织开展水路客运便民行动，适老化无障碍出行加快推进。高速公路服务区（含停车区）累计建成充电桩2.1万个，实施“阳光救援”和充电桩“随手查”行动。全面恢复境内国际邮轮运输。三是交通运输结构调整加快推进。联合出台推进多式联运“一单制”“一箱制”发展的意见，公布第三批19个示范工程。加快推进集疏港铁路线建设，1—11月，完成港口集装箱铁水联运量935万标箱、港口“散改集”作业850万标箱，同比分别增长15.7%和19.6%。全年高速公路减免优惠车辆通行费1437亿元。

(五) 加快建设交通强国具体工作扎实推进

一是实施机制加快完善。印发《加快建设交通强国五年行动计划(2023—2027年)》及分工方案,编制新时代新征程谱写交通强国民航新篇章行动纲要、加快建设交通强国邮政篇实施方案。正式签署新一轮16个部省合作协议,30个省(区、市)以及新疆生产建设兵团建立交通强国建设领导机制,27个省份印发实施意见或建设方案,21个省份出台综合立体交通网规划。二是评价指标体系加快建立。制定交通强国评价指标及各行业评价指标。指导地方研究制定省域评价指标,鼓励研究建立市级评价指标。三是试点工作深入推进。累计组织76个单位开展412项试点,召开试点工作推进会,统筹开展督导评估验收、支持政策研究、成果宣传推广。四是理论创新持续强化。深化综合交通运输理论、规划创新理论等研究,发布《加快建设交通强国报告(2022)》。

(六) 交通物流保通保畅有力推进

一是工作机制进一步完善。推动交通物流保通保畅机制长效化、制度化、规范化、实体化运行。二是监测调度持续强化。坚持7×24小时值班值守,持续监测、跟踪调度交通物流行业、重点交通枢纽和运输通道等运行状况,有效应对重大突发事件、社会热点问题。三是重点物资运输顺畅高效。加强部门协作和部省联动,强化重点物资产销供运对接,"一企一策"保障粮食、能源、矿石、民生以及医疗物资、农资农机、外贸等重点物资运输需求,"一事一协调"解决物流不通不畅问题38万余项。四是重点时段出行服务平稳有序。全力做好全国两会、"五一"端午、中秋国庆、杭州亚运会、成都大运会等重点时段、重大活动期间交通运输服务保障工作。有力保障了疫情转段后春运47.3亿人次、中秋国庆22亿人次的人员流动。五是国际物流供应链体系建设不断推进。完善国际物流供应链服务保障系统,推进首批17个国际物流创新发展先行先试项目。有效提升陆路口岸通关效率和过货能力,持续增强中欧班列、西部陆海新通道铁水联运班列等国际物流服务,完善全球航运服务网络。六是常态化疫情防控措施及时优化调整。落实"乙类乙管"防控措施,全力做好疫情转段交通运输防疫相关工作,因时因势做好系统内部疫情防控工作。

(七) 切实做好巩固拓展脱贫攻坚成果同乡村振兴有效衔接

一是"四好农村路"高质量发展。1—11月,新改建农村公路里程超过16万公里,新增通三级及以上公路乡镇327个,新增通硬化路较大人口规模自然村(组)22414个。持续推进"四好农村路"全国示范县创建,有农村公路管理任务的县级行政单位实现"路长制"全覆盖。二是城乡交通运输一体化发展深入推进。持续开行"慢火车"。继续推进城乡交通运输一体化示范县创建和农村物流服务品牌建设。不断畅通脱贫地区水运通道。进一步提高脱贫地区航空运输通达性、便捷性。建成1000余个县级寄递配送中心和30.3万个村级寄递物流综合服务站。三是服务乡村振兴战略。1—11月,完成农村公路投资超过4555亿元,实施以工代赈项目3146个,提供养护就业岗位81.8万个。持续巩固具备条件的乡镇和建制村通客车成果。开通客货邮合作线路1.1万余条、交邮联运邮路3138条,代运邮件快件超2亿件。做好定点帮扶、对口支援工作。

(八) 有效服务区域重大战略和区域协调发展战略实施

一是京津冀交通一体化暨雄安新区综合交通运输体系建设持续推进。津兴城际铁路正式开通运营。京秦高速全线贯通,京雄高速、密涿高速三河至平谷段完成建设目标任务,北京东六环改造盾构隧道贯通。天津港、唐山港相关疏浚工程竣工验收。二是长江经济带综合立体交通走廊建设有序实施。沪渝蓉高铁加快建设。沪武国家高速公路联络线全线贯通。长江上游九龙坡至朝天门河段等航道整治工程竣工验收。三是粤港澳大湾区交通基础设施加快完善。港珠澳大桥正式运营后,日均通行量增长近1倍。深中通道主线贯通。广州南沙港区四期工程(一阶段)竣工验收。支持香港建设国际航运中心、航空中心和物流中心。四是长三角交通运输更高质量一体化发展不断深化。加快建设世界级港口群,推进轨道互联互通。常泰过江通道、张靖皋长江大桥等项目加快建设。支持上海自贸试验区临港新片区和上海国际航运中心建设。五是黄河流域交通运输生态保护和高质量发展加快实施。济郑高铁全线通车，呼北高速朔城至神池段建成通车。六是成渝地区双城经济圈交通运输发展持续推进。成渝中线铁路加快建设，成乐、成绵、成渝等高速公路实施扩容改造。七是服务区域协调发展有力有效。加快补齐西部地区交通基础设施短板，推动服务新时代东北全面振兴，内蒙古落实“五大任务”，推进出疆入藏、沿边沿海等通道建设。积极推进革命老区、民族地区、边境地区、脱贫地区等基础设施联通水平提升、寄递服务持续优化。支持海南自贸港建设和两岸融合发展示范区建设。

（九）交通运输创新驱动发展深入推进

一是科技创新不断提高。在国家重点研发计划重点专项中部署45个交通领域项目，完成10个科技示范工程验收。持续推进智能交通先导应用试点。制修订重点领域国家和行业标准149项。二是数字化水平持续提升。加快推动国家综合交通运输信息平台建设，印发“一部三局”第一批数据共享清单。推进传统基础设施数字化转型升级，加快建设智慧公路、智慧航道、智慧港口。推动全国电子航道图发布里程超过5700公里。三是新技术应用有效拓展。CR450动车组研制取得阶段性成果。已建成和在建自动化集装箱码头数量均居世界首位，国产首艘大型邮轮正式交付。ARJ21实现规模化运营，C919正式投入商业运行。船舶交通管理系统国产化样机完成研制并通过外场测试。深远海救捞、大深度饱和潜水等系列技术研发取得阶段性成果。

（十）交通运输清洁低碳转型加快推动

一是绿色低碳发展持续推进。开展公路水路行业绿色低碳发展评估，推进典型运输和设施零碳试点。推动铁路、公路统筹集约利用通道资源。组织开展绿色出行宣传月、公交出行宣传周等活动。二是新能源和清洁能源运输装备加快应用。全国铁路电气化率达到75%、电力机车占比达到66.5%。城市公交、出租汽车、新能源物流配送车等领域推广应用新能源车辆约360万辆。沿海主要港口煤炭、铁矿石绿色疏运比例分别达到91.6%和78.1%。长江经济带船舶岸电使用量、渤海湾客（货）滚装船舶岸电使用量同比增长66%和230%。深入推进快递包装绿色转型三年行动，电商快件不再二次包装比例达到90%。三是深入打好污染治理攻坚战取得实效。完成京津冀及周边地区、汾渭平原等100余万辆高排放柴油货车淘汰工作。推进长江经济带船舶和港口污染防治常态化运行，深化船舶大气污染物排放监测监管试验区建设。

（十一）全面深化交通运输改革不断推进

一是重点领域改革纵深推进。深化交通运输大部门制改革。制定深化交通运输体系改革、形成统一开放的交通运输市场的意见。完成部机关编制精减任务和议事协调机构优化调整工作。持续推进公路养护、水运降本增效、信息化和大数据管理体制、全要素水上“大交管”等改革。加强网约车聚合平台监管，推动新业态平台降低过高抽成。推动国内首个集装箱航运运价指数期货上市。优化民航航权配置规则，重塑航班时刻管理体制机制。有序推进邮政普遍服务与竞争性业务分业经营改革。二是法治建设持续推进。《交通运输法》等5部法律列入十四届全国人大常委会立法规划，4部法规修订出台，21件部门规章完成制修订。推动印发部权责清单。组织开展区域执法协作试点示范。稳步推进海事队伍“革命化正规化专业化职业化”建设。三是营商环境进一步优化。全面优化跨省大件运输并联许可“掌上办”，实现普货驾驶员从业资格证直接申领，加快实现水运许可事项电子证照及共享互认。推选100个暖心服务“司机之家”。实施优化公路水运建设领域营商环境行动。深入推进车辆超限超载治理。四是交通助企纾困持续发力。通过交通物流专项再贷款政策，推动累计发放交通物流贷款1600亿元，直接支持经营主体8.2万户，带动330亿元的货车司机贷款实现延期还本付息。

（十二）对外开放合作进一步深化

一是“一带一路”交通互联互通高质量发展稳步推进。积极参与第三届“一带一路”国际合作高峰论坛筹备工作。中巴、中缅、中老经济走廊交通互联互通项目进展顺利。雅万高铁、特拉维夫轻轨红线、拉各斯轻轨蓝线一期项目正式开通运营。中巴喀喇昆仑公路二期（雷科特—塔科特）改线项目、中吉乌铁路项目等加快推进。希腊比雷埃夫斯港等海外投资港口取得新发展。雅加达国际转运枢纽落成投产。二是全球可持续交通高峰论坛（2023）成功举办。发布《2022 年中国可持续交通发展报告》，发起设立全球可持续交通创新联盟，提出《北京倡议》。举办第十五届国际交通技术与设备展览会，召开中国—中亚交通部长第一次会议。进一步设计好、建设好、运营好、发展好中国国际可持续交通创新和知识中心。三是国际交通合作持续深化。印发《深化中非交通运输领域务实合作的工作方案》。推进可持续交通、铁路建设、道路运输、海运、未来出行、邮政快递等领域国际合作。成功举办 2023 北外滩国际航运论坛、2023 年中国航海日主论坛及活动周。四是深度参与全球交通治理。启动加入国际铁路运输政府间组织相关工作，推动国际铁路联运规则制修订和标准国际化。累计与 22 个国家签署双多边国际道路运输协定。累计与 68 个国家签署双多边海运协定。连续第 18 次当选国际海事组织 A 类理事国，推动出台《2023 年船舶温室气体减排战略》。累计与 104 个国家签署双边航空运输协定、与 28 个国家建立双边适航关系，推动北斗卫星导航系统正式获准加入国际民航组织标准。与亚太邮联、韩国等签订邮政领域合作备忘录。

（十三）交通运输党的建设工作不断加强

一是党的政治建设持续增强。深刻领悟“两个确立”的决定性意义，坚决做到“两个维护”，深入贯彻落实习近平总书记关于交通运输的重要论述和重要指示批示精神。不断深化政治机关意识教育。二是全面从严治党持续深化。深化中央巡视反馈问题整改和政治巡视工作，集中整改任务全部完成销号，长期整改任务持续深化。持续推进货车司机、快递员等新就业群体党建工作试点。召开行业党风廉政建设暨警示教育工作会议，深化彭付平、陈佳元案件以案促改系列工作，开展部系统基层“微腐败”专项整治。严格落实中央八项规定精神，以钉钉子精神纠治“四风”，持续为基层减负。深入开展部系统纪检干部队伍教育整顿，加强审计监督和财会监督。三是人才队伍和机关建设不断加强。出台新时代交通运输人才工作和干部队伍建设文件，激励干部担当作为。部系统 4 人入选国家级重大人才工程，2 人获第三届全国创新争先奖。交通运输新型智库建设进展积极。大连海事大学“双一流”建设有力推进。离退休干部工作取得新成效，群团、统战等工作有效发挥作用，机关后勤保障扎实有力。四是行业软实力建设取得积极成效。落实意识形态工作责任制，深入培育践行社会主义核心价值观，弘扬新时代交通精神。做好交通运输新闻宣传工作。

总的看，经过大家的共同努力，交通运输改革发展稳定，各项工作取得了显著成效。这些成绩的取得，靠的是以习近平同志为核心的党中央坚强领导，靠的是习近平新时代中国特色社会主义思想的科学指引，靠的是上级领导督促指导、各地区各部门和社会各界的大力支持，靠的是全行业广大干部职工的艰苦奋斗。在此，我代表交通运输部，向长期关心支持交通运输事业的各级领导、广大干部职工和离退休老同志，以及有关部门和社会各界，致以崇高的敬意和衷心的感谢！

二、奋力加快建设交通强国，努力当好中国式现代化的开路先锋，以交通运输高质量发展服务强国建设、民族复兴伟业

12 月 11—12 日，中央经济工作会议在北京举行，习近平总书记出席会议并发表重要讲话，全面总结今年经济工作，深刻分析当前经济形势，系统部署明年经济工作。习近平总书记的重要讲话具有很强的政治性、思想性、指导性，为做好明年和今后一个时期的经济工作提供了根本遵循和行动指南。

我们要深刻领会党中央对经济形势的科学判断，切实增强做好明年交通运输工作的责任感使命感。习近平总书记对今年经济工作成绩做了全面总结，对发展中面临的困难和挑战进行了深入分析，强调

要增强信心和底气。要把握外部环境深刻变化，始终保持清醒头脑。当今世界变乱交织，世界百年变局全方位、深层次加速演进，国际政治纷争和军事冲突多点爆发，世界经济形势依然低迷，新一轮科技革命和产业变革快速发展，外部环境的复杂性、严峻性、不确定性上升，战略机遇与风险挑战并存。要看清我国经济发展大势，始终坚定发展信心。当前，进一步推动经济回升向好需要克服一些困难和挑战，主要是有效需求不足、部分行业产能过剩、社会预期偏弱、风险隐患仍然较多，国内大循环存在堵点，同时更要看到，我国发展面临的有利条件强于不利因素，经济回升向好、长期向好的基本趋势没有改变。做好明年交通运输工作，一定要自觉用习近平总书记和党中央对经济形势的科学判断统一思想，坚定发展信心，增强进取底气，强化忧患意识，保持战略清醒，抓住一切有利时机，利用一切有利条件，看准了就抓紧干，能多干就多干一些，努力以自身工作的确定性应对形势变化的不确定性。

我们要全面贯彻新时代做好经济工作的规律性认识和明年经济工作的总体要求，不断巩固和增强交通运输经济运行回升向好态势。习近平总书记用必须把坚持高质量发展作为新时代的硬道理、必须坚持深化供给侧结构性改革和着力扩大有效需求协同发力、必须坚持依靠改革开放增强发展内生动力、必须坚持高质量发展和高水平安全良性互动、必须把推进中国式现代化作为最大的政治等“五个必须”精辟概括了新时代做好经济工作的规律性认识，集中体现了近年来我们党理论创新的最新成果，进一步丰富和发展了习近平经济思想。在此基础上，习近平总书记提出明年工作的总体要求，既充分体现了党中央抓经济工作一以贯之的要求，又契合当前形势发展需要。做好明年交通运输工作，要将党对经济工作的规律性认识和总体要求贯通起来理解，注意把握和处理好速度与质量、宏观数据与微观感受、发展经济与改善民生、发展与安全的关系，将党中央决策部署全面贯彻到推动交通运输高质量发展的实践中。

我们要准确把握明年经济工作的政策取向，着力提升各类政策支持交通运输高质量发展的效果。习近平总书记强调，明年要坚持稳中求进、以进促稳、先立后破，多出有利于稳预期、稳增长、稳就业的政策，在转方式、调结构、提质量、增效益上积极进取，不断巩固稳中向好的基础。做好明年交通运输工作，要将习近平总书记的重要要求贯彻落实到行业政策实施、储备和效果评价的全链条，为交通运输高质量发展提供有力支持。在政策实施上强化协同联动、放大组合效应，加强政策协调配合，形成跨部门、多领域的组合性政策，确保同向发力、形成合力。在政策储备上打好提前量、留出冗余度，加强政策设计和预研，充实政策工具箱，掌握工作主动权。在政策效果评价上注重有效性、增强获得感，以人民群众是否受益、政策目标能否实现为衡量标尺，进一步精减文件数量、提高政策含金量，营造稳定透明可预期的政策环境。

我们要讲求工作推进的方式方法，确保明年经济工作重点任务在交通运输行业落地落实。习近平总书记明确了以科技创新引领现代化产业体系建设，着力扩大国内需求，深化重点领域改革，扩大高水平对外开放，持续有效防范化解重点领域风险，坚持不懈抓好“三农”工作，推动城乡融合、区域协调发展，深入推进生态文明建设和绿色低碳发展，切实保障和改善民生等 9 项重点任务，这是我们明年经济工作的总任务书。做好明年交通运输工作，要对标对表，结合实际，一项一项抓好落实。要抓住主要矛盾，找准重点、抓住要害，围绕交通运输保通保畅、扩大有效投资、推进降本提质增效、全面深化改革开放、防范化解重大风险等重大任务，集中优势资源和力量加以推进，以重点突破带动整体提升。要突破瓶颈制约，针对物流成本偏高、要素资源制约等结构性短板和制度性约束，用改革的办法、创新的思路推动解决，释放发展潜能，增强发展动能。要注重前瞻布局，统筹推进交通运输传统产业改造升级和战略性新兴产业培育壮大，抢占未来竞争的制高点，获得新质生产力发展的主动权。

总之，我们要认真学习、深刻领会、坚决贯彻、扎实落实中央经济工作会议上习近平总书记重要讲话和李强总理总结讲话精神，切实把思想和行动统一到党中央对经济工作的决策部署上来，以交通运输高质量发展的实际行动和成效，服务强国建设、民族复兴伟业。

当前，交通运输经济持续稳定恢复，跨区域人员流动量、货物运输量保持较快增长，一个人员和货物高效流动的中国，充满了生机和活力。与此同时，交通运输高质量发展也面临不少困难和挑战，主要表现在：一是交通运输安全生产基础仍不牢固，应急保障能力需持续提升，重要基础设施安全防护水平有待加强；二是交通基础设施还存在短板和“留白”，网络布局有待优化，需进一步统筹好存量和增量；三是交通运输投融资政策亟待创新，行业促投资稳增长面临较大压力；四是交通运输服务理念、服务能力、服务水平还需要提升改善，运输结构调整、物流降本提质增效仍有大量工作，应对重大节假日超大流量的能力有待提升；五是完善综合交通运输体制机制需久久为功，可持续交通体系建设任重道远，行业数字化、绿色低碳转型需进一步深化；六是交通运输融入和服务现代化产业体系、新型工业化等重大战略部署的能力亟须提升；七是统一开放的交通运输市场有待完善，行业市场主体活力需进一步增强；等等。大家要深刻认识到，经过几代人的奋斗，交通运输高质量发展已经具备了良好的物质基础和制度基础，我们所面临的是前进中的问题、发展中的烦恼，一定要增强信心底气，保持战略定力，集中精力办好自己的事，用发展的办法解决发展中的问题。我们要深入落实《交通强国建设纲要》和《国家综合立体交通网规划纲要》，大力实施《加快建设交通强国五年行动计划（2023—2027年）》，落实“十四五”系列规划任务，把奋力加快建设交通强国、努力当好中国式现代化的开路先锋作为服务保障中国式现代化这一最大政治的具体体现，推动交通运输高质量发展不断取得新突破。

奋力加快建设交通强国，努力当好中国式现代化的开路先锋，推动交通运输高质量发展，必须紧紧围绕“人享其行、物畅其流”的美好愿景。习近平总书记指出，人民幸福安康是推动高质量发展的最终目的。交通运输一头连着生产，一头连着生活，承载着人民对美好生活的向往，是国家富强、人民幸福的重要基础。自古以来，中国人民就有六合同风、四海一家的传统，依靠交通运输冲破时空阻隔、相知相交相亲的朴素理想源远流长。当前，出行方式和物流模式正在发生深刻变化，从“走得了”到“走得好”，从“运得出”到“运得畅”，人民群众对丰富完善交通服务供给体系，提高供给质量效率提出了更高要求。习近平总书记坚持以人民为中心的发展思想，把握时代脉搏、立足社会主要矛盾变化，提出“人享其行、物畅其流”，为交通运输高质量发展描绘了美好愿景。我们要以满足人民日益增长的美好生活需要为出发点和落脚点，全力做好交通物流保通保畅，努力打造“全国123出行交通圈”和“全球123快货物流圈”，有效降低全社会物流成本，保障产业链供应链稳定，促进消费扩容提质，把发展成果不断转化为生活品质，让美好愿景加快成为美好现实。

奋力加快建设交通强国，努力当好中国式现代化的开路先锋，推动交通运输高质量发展，必须坚定不移实现“三个转变”。习近平总书记强调，改革开放是决定当代中国命运的关键一招，也是决定中国式现代化成败的关键一招。在党的领导下，交通运输不断深化改革、扩大开放，许多领域实现了历史性变革、系统性重塑、整体性重构，为行业发展注入了强大动力。新征程上，我们要坚定不移深化改革开放、深入转变发展方式，以效率变革、动力变革促进质量变革，加快形成可持续的高质量发展体制机制，关键要做到“三个转变”。要深化质量变革，由追求速度规模向更加注重质量效益转变。坚持稳中求进、以进促稳、先立后破。夯实稳的基础，围绕稳预期、稳增长、稳就业优化完善行业政策，统筹高质量发展和高水平安全，保持交通运输经济运行平稳向好态势；增强进的动力，坚持深化供给侧结构性改革和着力扩大有效需求协同发力，提升交通运输产品和服务质量，激发有潜能的消费，发挥好政府投资带动放大效应，扩大有效益的投资；把准破立关系，该立的要积极主动立起来，该破的要在立的基础上坚决破，在转方式、调结构、提质量、增效益上积极进取，持续推动交通运输发展实现质的有效提升和量的合理增长。要深化效率变革，由各种交通方式相对独立发展向更加注重一体化融合发展转变。强化协同衔接，深化交通运输大部门制改革，加快完善现代综合交通运输体系，充分发挥各种运输方式的比较优势和组合效率；强化统筹融合，围绕交通强国战略实施、交通物流保通保畅、推进综合交通运输一体化融合发展等重大工作，发挥好交通运输部门牵头抓总作用，推动各地区各部门协同互补、错位融合，努力凝聚“全社会办交通”的强大合力。要深化动力变革，由依靠传统要素驱动向更加注重创新驱动转变。坚持固本强基，广泛应用数智技术、绿色技术，加快传统产业转型升级，推进交通运输新老业态融合发展，筑牢交通运输发展底盘；加强创新驱动，发挥新型举国体制优势，大力推进基础研究和前沿研究，以颠覆性技术和前沿技术催生新产业、新模式、新动能，发展交通运输新质生产力。

奋力加快建设交通强国，努力当好中国式现代化的开路先锋，推动交通运输高质量发展，必须以“四个一流”服务保障现代化产业体系建设。习近平总书记强调，加快建设以实体经济为支撑的现代化产业体系，关系我们在未来发展和国际竞争中赢得战略主动。交通运输是国民经济中具有基础性、先导性、战略性的产业和重要的服务性行业，既是现代化产业体系的重要组成部分，也为其他各类产业发展提供了不可或缺的物质基础和服务保障。党的二十大报告在“建设现代化产业体系”一节对加快建设交通强国作出部署。今年以来，习近平总书记对加快建设现代化产业体系多次作出重要指示，其中有大量工作涉及交通运输。这充分体现了以习近平同志为核心的党中央对现代化产业体系的高度重视，也充分证明了交通运输在现代化产业体系建设中大有可为，也应大有作为。我们要按照“四个一流”的要求，加快融入、更好服务现代化产业体系建设，进一步拓展交通运输高质量发展的战略纵深。要着力打造一流设施，抓住综合立体交通网加快建设、提质升级的关键时期，加快构建现代化交通基础设施体系，推进传统基础设施数字化转型升级，依托超大规模网络、丰富应用场景和海量数据资源推动关键核心技术创新，通过大通道、大网络、大枢纽孕育大产业，并不断增强交通基础设施的安全防护水平。要着力打造一流技术，把扩大内需战略和创新驱动发展战略有机结合起来，以科技创新推动产业创新，发挥超大规模市场和强大生产能力的优势，围绕典型交通运输场景，加强先进技术、现代化装备研发应用，以数据资源赋能交通运输发展，推动形成交通运输相关战略性新兴产业和未来产业，并不断增强交通运输创新能力。要着力打造一流管理，推进交通运输治理现代化，建立健全理论体系、战略体系、规划体系、政策体系、法规体系、标准体系等，加快转变政府职能，建设统一开放的交通运输市场，并不断提高交通运输对产业链供应链的统筹融合能力。要着力打造一流服务，大力发展现代化运输服务业，持续延伸产业链、优化供应链、完善创新链、提升价值链，壮大“交通 +”产业生态，培育“链长”企业，推动交通运输与现代农业、生产制造、能源、信息、商贸、文化旅游等深度融合，推进交通运输领域金融、保险、法律等现代服务业发展，大力发展平台经济、通道经济、枢纽经济、路衍经济、低空经济、邮轮经济等，增强人民群众的获得感、幸福感、安全感，并不断激发交通运输高质量发展活力。

奋力加快建设交通强国，努力当好中国式现代化的开路先锋，推动交通运输高质量发展，必须以新发展理念引领树立正确的价值导向。习近平总书记指出，贯彻新发展理念明确了我国现代化建设的指导原则。党的十八大以来，我们党对经济社会发展提出了许多重大理论和理念，其中新发展理念是最重要、最主要的，阐明了关于发展的价值导向这一重大政治问题。以习近平同志为核心的党中央坚持以创新、协调、绿色、开放、共享的内在统一来把握发展、衡量发展、推动发展，对交通强国提出了安全、便捷、高效、绿色、经济的价值导向，为交通运输高质量发展指明了方向。安全是交通运输一切工作的根本前提，便捷是交通运输服务质量的重要体现，高效是交通运输供给能力的内在要求，绿色是交通运输发展方式的必然选择，经济是交通运输永续发展的重要要求，坚持5个方面的价值导向已成为关系交通运输行业发展全局的一场深刻变革。今年9月25日，习近平主席在致全球可持续交通高峰论坛的贺信中，进一步提出安全、便捷、高效、绿色、经济、包容、韧性7个方面的价值导向，使得交通强国理论体系更加完善。其中，最新提出的包容对加强国家间、区域间、城乡间、不同方式间、不同群体间的交通运输协同融合有了更高期待，对于指导交通运输服务城乡融合和区域协调发展、促进共同富裕、推动构建人类命运共同体具有重要意义；韧性对交通运输的保障能力、抗压能力、恢复能力、耐久能力等提出更高要求，进一步拓展了交通运输高水平安全的内涵和外延。我们要完整、准确、全面贯彻新发展理念，切实把这7个方面的价值导向落实到交通运输工作各方面各环节，扎实推动交通运输高质量发展，努力做到“人享其行、物畅其流”，加快建设人民满意、保障有力、世界前列的交通强国。

2024年是新中国成立75周年，是实施“十四五”规划的关键一年。做好2024年工作的总体要求是：以习近平新时代中国特色社会主义思想为指导，全面贯彻党的二十大和二十届二中全会精神，认真落实中央经济工作会议精神，深入学习贯彻习近平总书记关于交通运输工作的重要论述和重要指示批示精神，坚持稳中求进工作总基调，完整、准确、全面贯彻新发展理念，服务加快构建新发展格局，着力推动高质量发展，全面深化改革开放，推动高水平科技自立自强，统筹扩大内需和深化供给侧结构性改革，统筹新型城镇化和乡村全面振兴，统筹高质量发展和高水平安全，围绕服务保障现代化产业体系建设，加快构建安全、便捷、高效、绿色、经济、包容、韧性的可持续交通体系，着力做好增活力、防风险、稳预期、保畅通、降成本、提质效等各项工作，奋力加快建设交通强国，努力当好中国式现代化的开路先锋，为巩固和增强经济回升向好态势，持续推动经济实现质的有效提升和量的合理增长，增进民生福祉，保持社会稳定，以中国式现代化全面推进强国建设、民族复兴伟业提供坚实有力的交通运输服务保障，作出新的更大贡献。

三、2024年重点工作

明年要围绕高质量发展重点做好以下10个方面的工作：

（一）全力以赴保通保畅，服务经济社会发展大局

一是加快推进“四个体系”建设。要建设统一指挥、协同高效的调度指挥体系，健全保通保畅工作机制，加快建设运行监测系统。要建设布局完备、随调随用的物资储备体系，构建保通保畅应急物资储备“一张网”。要建设精准高效、保障有力的运输投送体系，建立健全应急运输保障车队、船队、机队。要建设快速响应、随断随通的维护抢修体系，持续推动专业应急维护抢修队伍建设。二是强化重点物资运输保障。出台重点物资运输服务与保障应急预案。建立重点物资全链条供需对接机制，加强跟踪监测、协同保障，全力确保能源资源、粮食、外贸、农机农资、医疗物资等重点物资和民生物资运输安全高效。加强海运安全发展保障能力建设。三是完善公路保通保畅长效机制。开展公路交通服务提升工作，启动一批收费站智慧化改造、高速公路服务区和出入口改造、恶劣天气高影响路段改造等。四是提升国际物流供应链韧性和安全水平。构建多元化的国际物流通道网络，多方式拓展海外仓网络布局，加快推动面向国际的港口、机场、中欧班列集结中心等物流枢纽体系建设，推进边境口岸扩能改造。加强国际物流供应链运行动态监测。深入开展国际物流体系建设和创新发展先行先试，持续加强对重点企业的服务保障。

（二）努力扩大有效投资，加快建设现代化交通基础设施体系

一是完善现代化高质量国家综合立体交通网。加快建设国家综合立体交通网主骨架，推进出疆入藏、沿边沿海、西部陆海新通道等战略骨干通道建设，推进重点区域铁路发展，持续推进国家高速公路待贯通路段、省际瓶颈路段建设和繁忙通道扩容改造，加快推进普通国道贯通和低等级路段提质升级。推

进世界级港口群和世界一流港口建设，加快推动小洋山北作业区集装箱码头等重大工程建设。制定推动内河水运高质量发展的意见，加强内河高等级航道建设，协同推进三峡水运新通道前期工作，深化湘桂赣粤运河前期研究论证。推进民航基础设施重大项目建设。加大养护投入，提升养护工程实施和管理水平。二是推进多层级一体化综合交通枢纽建设。深入推进国家综合货运枢纽补链强链，加强前两批补链强链城市综合货运枢纽及集疏运体系建设，启动第三批竞争性评审工作。加强综合客运枢纽一体化规划建设，研究优化投资政策。三是完善资金保障机制。修订交通运输转移支付资金管理办法，协调落实中央本级水运建设资金，深化里程费储备政策研究。加强中期财政规划与交通强国五年行动计划有效衔接，加大对重点任务重大项目资金保障。深化财政事权分类改革，引导地方加大财力投入，用足用好政府债券和金融信贷政策特别是国债和专项债券。开展投融资领域交通强国建设专项试点，推广运用特许经营模式，吸引社会资本特别是民间资本。实行中央投资项目“红黄牌”警示调度机制。坚持存量不出险、增量不违规，守牢不发生系统性债务风险的底线。四是做深做细项目前期工作和项目储备。结合“十四五”规划实施，加强项目储备，提高项目前期工作深度和质量，主动对接发展改革、财政、自然资源、生态环境等部门，加快审批进度，强化要素保障。

（三）积极推动交通物流降本提质增效，大力发展现代运输服务业

一是调整优化运输结构。持续推动大宗货物和集装箱中长距离运输“公转铁”“公转水”，促进铁路专用线“进港区、进园区、进厂区”，加快发展内贸集装箱多式联运，推进铁水联运高质量发展。深化多式联运示范工程建设，发展多式联运“一单制”“一箱制”，推进大宗货物在厂矿、园区等源头“散改集”。二是积极促进交通物流降本提质增效。组织实施交通物流降本提质增效行动。进一步清理、精简交通运输领域各类涉企收费，规范铁路、机场、园区等环节服务性收费。鼓励运输企业向多式联运经营人转型。加快道路货运行业高质量发展，推动车辆标准化、智能化、厢式化。深化城市绿色货运配送示范工程创建。推动铁路多式联运信息共享。提高航空物流信息化水平。三是完善高质量出行服务体系。持续提升旅客联程运输服务水平，加快客运“一票制”发展。推动铁路与城市轨道交通安检流程优化。加快推进汽车客运站转型发展，提升定制客运服务质量，提高道路客运联网售票和电子客票覆盖水平。推进城市公共交通优先发展，统筹抓好国家公交都市创建、示范城市动态评估工作。开展城市轨道交通运营服务品牌线路创建。开展高速公路服务区服务质量评定，持续深化高速公路“阳光救援”工作。提升维修、驾培、小微型客车租赁服务水平。加快构建“干支通，全网联”航空运输网络。组织做好综合运输春运工作。四是推动交通运输与关联产业深度融合。深化交旅融合，印发《推动旅游公路高质量发展五年行动方案（2023—2027 年）》，打造一批精品旅游公路。发展国内水路旅游客运精品航线，推动国际邮轮运输高质量发展。以航运金融保险、海事仲裁等为重点，构建现代航运服务体系。推动临港产业、临空产业、适铁产业集群化发展。有序发展低空经济，促进通用航空市场规范有序发展。加快推进“快递进厂”，持续培育快递业与制造业深度融合发展试点先行区。

（四）进一步全面深化交通运输改革，加强法治建设，优化营商环境

一是深化重点领域改革。稳妥推进收费公路等创新试点。加强公路工程建设领域招投标管理。推进低空空域管理改革。推进省级以下邮政业安全监管支撑体系建设。二是深化交通法治建设。加快研究起草《交通运输法》，推动出台《农村公路条例》《城市公共交通条例》，推动《铁路法》《道路运输条例》《海商法》《民用航空法》等修订取得积极进展，加快推动《国际海运条例》修订上报。高质量做好行政复议和应诉工作，依法开展合法性和公平竞争审查。做好宏观政策取向一致性评估工作。进一步深化交通运输综合行政执法改革，加强“四基四化”建设。深化治超联合执法，探索治超非现场执法，健全大件运输全

链条监管体系。三是优化交通运输营商环境。指导助力市场主体纾困解难，加强拖欠企业账款问题治理。加强和规范信用监管。深入推进公路水运工程建设领域优化营商环境专项行动。全面推广应用道路运输电子证照。持续深化出租汽车改革，推进网约车合规化，强化聚合平台企业经营行为规范管理。规范互联网租赁自行车发展。推动完善网络平台道路货运管理制度标准，开展联合监管试点。强化"司机之家"动态评估，深入开展快递行业劳动合同专项行动，配合推进网约车、同城货运等驾驶员职业伤害保障试点等工作。

（五）加大科技创新力度，推进交通运输智慧绿色发展

一是提高交通科技创新能力。承接实施交通运输领域国家重点科技专项。依托重大工程开展有组织科技攻关。加强交通运输领域国家战略科技力量建设，优化完善科研平台布局及管理制度。加快推进重点领域高质量标准供给，试点培育交通运输行业标准验证点。提升交通运输计量能力。深入开展交通运输科技示范、智能交通先导试点、关键核心技术攻关等。推动更高水平自主可控自动化集装箱码头示范应用。推进构建智能绿色船舶技术规范体系。持续推进海上搜救技术装备研发应用，加强深海、极地关键装备技术应用研究。二是大力发展智慧交通。支持引导交通传统基础设施数字化转型升级，加快创新应用场景规模化落地。深入推进国家综合交通运输信息平台和综合交通大数据体系建设。深化公路数字化五大专项行动。提升电子海图服务能力，加快内河高等级航道电子航道图建设应用，推进智慧长江建设。加快政府公共物流数据信息开放共享和综合应用，支持交通物流领域新技术应用。加快邮政业"三智一码"科技成果推广应用。提升北斗应用广度、深度和质量。推动开展智慧交通国家标准化试点。三是加快推进交通绿色低碳转型。出台交通运输领域美丽中国建设实施方案。研究制定交通运输碳排放水平评价标准和方法。加快新能源清洁能源车船应用。推动公路沿线充电基础设施建设，推动公路与光伏等新能源融合发展，探索（近）零碳服务区建设。继续推进重点区域、重点航线、重点船舶靠港使用岸电。鼓励引导绿色出行。推进疏浚土等综合利用。全面提升快递包装标准化、循环化、减量化、无害化水平。

（六）服务大局、服务基层、服务人民，有力保障城乡融合和区域协调发展

一是服务推进乡村全面振兴。开展习近平总书记作出"四好农村路"重要指示批示十周年系列学习贯彻活动。深入实施"四好农村路"助力乡村振兴五大工程，因地制宜推进较大人口规模自然村（组）通硬化路、建制村通等级路、乡镇通三级及以上公路建设，推进产业路、旅游路、资源路建设。推进农村公路"一路一档"信息化建设试点，深化"四好农村路"全国示范县创建。完善边远山区农村公路建设和养护长效机制。巩固拓展具备条件的乡镇和建制村通客车、"快递进村"等成果。开展第四批城乡交通运输一体化示范县创建。加快推进农村客货邮融合发展。持续开展农村物流服务品牌宣传推广。继续做好定点帮扶和对口支援工作。二是深入实施区域重大战略。深化京津冀交通一体化，打造加快建设交通强国首都样板，完善雄安新区对外骨干交通路网布局。推进长江经济带综合立体交通走廊建设和交通领域生态环境保护工作。持续提升粤港澳大湾区交通基础设施互联互通水平，用好管好港珠澳大桥。推动长三角地区共建辐射全球的航运枢纽，支持上海加快"五个中心"建设。持续推动黄河流域交通运输生态保护和高质量发展。推进海南交通运输全面深化改革和扩大开放，做好海南自贸港全岛封关运作前交通运输准备工作和上海自贸试验区临港新片区各项改革试点工作。加快完善成渝地区双城经济圈综合立体交通网络。三是促进区域协调发展。加快补齐西部地区交通基础设施网络短板。推动东北地区交通运输提质增效，做好交通运输服务新时代东北全面振兴、内蒙古落实"五大任务"相关工作。推进中部地区大通道大枢纽建设。加快东部地区现代化综合交通运输体系建设。做好海洋强国和海峡两岸融合发展示范区交通运输相关工作。提高革命老区、民族地区、边境地区、脱贫地区等区域交通基础设施联通水平。四是持续办好更贴近民生实事。聚焦人民群众急难愁盼问题，扎实做好适老化无障碍交通出行服务扩面提质增效、货车司机"平安

守望”行动、新业态出行服务质量提升、船舶检验全国“通检互认”等交通运输更贴近民生实事。

（七）积极服务共建“一带一路”高质量发展，持续推动全球交通合作

一是扎实推动高质量共建“一带一路”。加快构建“一带一路”立体互联互通网络，促进中欧班列、中欧陆海快线、陆海新通道等持续健康发展，推动重大国际合作项目实施。积极参与跨里海国际运输走廊建设。推进亚欧大陆物流新通道建设。推进“丝路海运”港航贸一体化发展，推动澜湄流域国家船舶技术标准协同。积极推进与中亚、中东、非洲等国家共建“空中丝绸之路”合作。二是深化交通运输高水平开放合作。深化双边、多边交通合作机制，推动通过或签署交通领域合作文件。推进国际道路运输便利化。推动海运协定商签。促进国际航班增班。引导邮政快递企业积极拓展海外业务。加强与相关国家海事、搜救打捞、智能交通、绿色低碳等领域交流合作。支持交通运输企业高水平“走出去”，坚定维护企业海外合法权益。三是积极参与全球交通运输治理。深度参与国际规则和标准制定，全面参与国际海事组织框架下会议活动和谈判磋商，巩固我国A类理事国地位，努力引导国际海运温室气体减排进程，做好迎接履约强制审核工作。积极主办、参与世界道路协会重大交流合作活动。推动加快加入国际铁路运输政府间组织。深度参与万国邮联开放改革。四是持续推进中国国际可持续交通创新和知识中心建设。推动落实《北京倡议》，推动全球可持续交通高峰论坛机制化运行。扩大全球可持续交通创新联盟。更好发挥可持续交通创新中心智库作用。推进全球可持续交通人文交流高级研修项目机制化运作。加快推动中心北京基地和雄安基地建设。

（八）点面结合加强试点，做好加快建设交通强国各项具体工作

一是健全工作机制。完善加快建设交通强国工作机制和规则，加强部际协同。建立健全从中央到地方、从行业到企事业单位全覆盖的交通强国领导机制。筹备召开加快建设交通强国大会。二是完善交通强国规划体系。推动中长期铁路网规划、全国民用运输机场布局规划修编。统筹推进“十四五”规划中期评估后实施工作，启动“十五五”交通运输规划工作。三是强化交通强国政策体系。出台交通强国评价指标及行业评价指标，指导省域评价指标出台。深入开展系统评估，发布加快建设交通强国年度报告、国家综合立体交通网建设报告。完善加快建设交通强国行业篇章和地方篇章，落实《加快建设交通强国邮政篇实施方案（2023—2027年）》，指导地方出台加快建设交通强国（强省）的政策性文件。四是推动交通强国试点提质扩面。推动港口功能提升、综合运输服务“一票制、一单制、一箱制”模式推广应用、长三角海事监管和服务保障一体化等专项试点。做好试点验收评估、经验总结和宣传推广。建立健全奖励、激励机制。

（九）全力抓好交通运输安全生产工作，牢牢守住安全生产底线

一是加强基础设施安全防护。推进交通领域“平急两用”公共基础设施建设。强化行业产品质量管理和工程质量监管，推进平安百年品质工程建设和平安工地建设全覆盖。深化铁路沿线安全环境治理，加快推进铁路道口“平改立”。强化重大桥梁隧道安全监管，持续实施危旧桥梁改造，实现国省干线危桥动态清零，农村公路2020年底前存量危桥基本消除。深入实施公路安全设施和交通秩序管理精细化提升行动。做好三峡库区地质灾害防范应对有关工作。扩大注销未登记船舶专项整治成效。二是提升安全监管效能。组织开展行业治本攻坚三年行动。推进危货道路运输电子运单使用全覆盖，健全重型载货车安全协同监管机制。加强长途客运安全管理，规范开展接驳运输。深入开展道路客运打非治违。开展水上交通安全信息共享共治专项治理。深化“商渔共治”。推进民航安全监管创新行动计划。强化寄递渠道安全监管“绿盾”工程建设应用。持续开展重大决策涉稳风险评估，依法依职责推进涉恐安全风险隐患排查整治。强化行业网络安保工作，加强数据分级分类管理，修订《公路水路关键信息基础设施认定规则》。加强行业商用密码使用管理。做好重大活动、重要时段交通运输安全与服务保障工作。三是强化应急管理体系和能力建设。修订国家突发事件交通运输相关应急预案，巩固

防汛救灾应急指挥工作机制，做好极端天气防范应对和防灾减灾救灾、重点传染病交通运输防控工作。加快国家区域性公路交通应急装备物资储备中心建设。提升农村交通安全应急保障和防灾减灾能力。着力构建“陆海空天”一体化水上交通运输安全保障体系和全要素水上“大交管”。加强海上搜救应急能力建设，优化搜救力量布局。推进现代化专业救捞体系建设，加强重点海区救捞力量布局。加强深远海感知和应急处置能力建设。完善城市轨道交通运营风险隐患排查治理、应急管理等制度。

（十）加强党的全面领导，加强党的建设，深化党风廉政建设和反腐败斗争

一是把政治建设摆在首位。坚持加强党的全面领导和党中央集中统一领导，坚持不懈用习近平新时代中国特色社会主义思想凝心铸魂，巩固拓展主题教育成果。严明党的政治纪律和政治规矩，持续净化党内政治生态。持续深化中央巡视反馈问题整改和政治巡视。二是坚定不移全面从严治党。筑牢贯彻落实中央八项规定精神的堤坝，驰而不息纠“四风”促新风，反对形式主义、官僚主义，严肃执纪问责。强化权力运行制约监督，自觉接受派驻监督，加强内部控制建设，推进审计监督、财会监督，切实严肃财经纪律。巩固深化干部队伍、纪检干部队伍教育整顿成果。运用多种方式，推动行业建设清廉交通和系统垂管单位阳光监管典型经验交流互鉴，持续以严的基调、严的氛围强化正风肃纪反腐。全面推进货车司机、网约车司机和快递员群体党建工作。三是加强干部人才队伍建设。选优配强各级领导班子特别是“一把手”，大力发现培养选拔优秀年轻干部，提升干部队伍专业化水平，坚持新时代好干部标准，坚持在重大任务、关键时刻、风口浪尖培养考验干部。抓好高层次、高技能人才队伍建设，推动交通运输新型智库高质量发展。做好交通运输科技创新人才推进计划遴选和国家级人才推荐工作。加强海事队伍“革命化正规化专业化职业化”建设，落实海事职衔要求，加大立法推进力度。巩固拓展大连海事大学“双一流”建设成效。四是加强机关建设。组织开展全面提高党的建设质量行动，深入推进模范机关建设，深化“四强”党支部创建。切实落实系统党建工作主体责任。持续加强和改进离退休干部、群团、统战、信访等工作，做好机关后勤工作。要习惯过紧日子，建设节约型机关。五是做好交通运输宣传思想文化工作。深入贯彻习近平文化思想，落实意识形态工作责任制，做好重大主题宣传，大力弘扬新时代交通精神。

同志们，习近平总书记对做好明年经济工作提出明确要求。我们要胸怀“国之大者”，集中精力、全力以赴抓好党中央决策部署的贯彻落实，主动担当作为，加强协同配合，积极谋划用好牵引性、撬动性强的工作抓手，扎实推动高质量发展，以良好的精神状态和工作作风奋进新征程、建功新时代。要不折不扣抓落实，对党中央重大决策部署做到心领神会，完整准确全面落实，坚决防止变形走样，确保最终效果符合党中央决策意图。要雷厉风行抓落实，牢固树立马上就办的意识，统筹把握时度效，力求最好效果。要求真务实抓落实，坚决做到实事求是、因地制宜，大兴调查研究，将主题教育成果转化为推动高质量发展的成效。要敢作善为抓落实，坚持正确用人导向，大力培养使用勇于担当、本领高强的好干部，让各级领导干部轻装上阵干事创业，充分发挥抓落实的积极性主动性创造性。

同志们，让我们更加紧密地团结在以习近平同志为核心的党中央周围，深刻领悟“两个确立”的决定性意义，增强“四个意识”、坚定“四个自信”、做到“两个维护”，埋头苦干、担当奉献，再接再厉、再立新功，扎实推动交通运输高质量发展，奋力加快建设交通强国，努力当好中国式现代化的开路先锋，为强国建设、民族复兴伟业提供坚实有力的交通运输服务保障，作出新的更大贡献！

费东斌在全国铁路监督管理工作会议上的报告

（2024年1月10日）

推动铁路高质量发展　加快建设交通强国
为强国建设民族复兴伟业作出新贡献

今天是铁路政企分开改革十年来，首次召开全国铁路监督管理工作会议，主要任务是：以习近平新时代中国特色社会主义思想为指导，全面贯彻党的二十大和二十届二中全会精神，落实中央经济工作会议精神和全国交通运输工作会议精神，总结回顾新时代铁路发展成就，分析当前铁路工作面临的形势任务，部署安排2024年铁路监督管理工作，统一思想、凝聚共识，合力推动铁路高质量发展，奋力加快建设交通强国，全力服务强国建设、民族复兴伟业。

下面，我讲3个方面的意见。

一、党中央坚强领导，全行业共同努力，新时代铁路发展取得显著成就

党的十八大以来，以习近平同志为核心的党中央高度重视铁路工作。总书记十分关心关注铁路建设发展，多次考察铁路，对铁路规划建设、沿线环境治理、安全生产、科技创新、服务质量、国际合作、中欧班列发展等作出一系列重要指示批示，为做好新时代铁路工作提供了根本遵循，指引着我国铁路事业不断取得新突破，实现新发展。2023年春节之际，总书记在视频连线郑州东站铁路干部职工时，满怀深情地勉励大家："长期以来，交通运输系统的干部职工埋头苦干，担当奉献，功不可没。"对我们的工作给予充分肯定，为我们进一步做好铁路工作注入了强大信心，激发了强大动力。

党中央、国务院和有关部门深入推进实施铁路政企分开改革、投融资体制改革、竞争性环节市场化改革、国铁企业公司制改革，有效激发了铁路发展活力。印发实施《交通强国建设纲要》《国家综合立体交通网规划纲要》以及"十三五""十四五"现代综合交通运输体系和铁路发展规划，出台支持铁路建设实施土地综合开发、鼓励和扩大社会资本投资建设铁路、促进市域（郊）铁路发展、加快推进铁路专用线建设、推动都市圈市域（郊）铁路加快发展等方面的意见，引领了铁路持续健康发展。加大铁路投资力度，推进建设了一大批国家重点铁路项目。修订《铁路法》，制定《铁路安全管理条例》，为铁路发展提供了有力法治保障。

全行业深刻领悟"两个确立"的决定性意义，增强"四个意识"、坚定"四个自信"、做到"两个维护"，认真贯彻落实党中央、国务院决策部署，立足职能职责，协力共进，汇聚起推动铁路高质量发展的强大合力。地方党委政府积极支持和大力推动铁路发展，履行属地管理责任，明确铁路管理机构，编制实施地区铁路发展规划，推进地方性铁路法规建设，积极探索地方铁路建设运营模式，加强铁路沿线安全环境综合治理，促进了地区铁路的快速发展。铁路运输、工程、装备企业作为铁路事业发展的主力军，认真落实安全生产主体责任，积极发挥科技创新主体作用，不断强化市场主体地位，深化运输供给侧结构性改革，丰富客货运输产品，提升

运输保障能力和服务质量；推进工程技术创新，强化工程质量安全管理，自觉肩负铁路基础设施建设重任；大力推进关键技术自主攻关和产业化应用，推动技术装备高端化、智能化、谱系化发展，有力推动了铁路行业技术进步、产业发展，维护了铁路安全稳定。相关院校全面贯彻党的教育方针，落实立德树人根本任务，坚持为党育人、为国育才，立足服务行业发展，加强行业人才培养和技能培训，强化学科建设、专业设置、基础研究，培养了一大批素质优良、能力过硬的专业人才，研究解决了一大批基础理论和前沿技术问题，为行业发展提供了有力支撑。行业学协会牢牢把握政府与企业间桥梁纽带的定位，积极加强行业自律，推动行业治理，服务企业发展，在铁路法规政策制定、标准体系建设、科技创新、安全监管、统计分析等方面发挥了积极作用。

国家铁路局认真履行行业监督管理职责，主动转变观念，找准职能定位，健全监管体系，创新监管方式，聚焦高铁和旅客列车安全，突出安全关键和薄弱环节，强化综合评估检查和专项督查，深化安全隐患排查整治，防范化解重大安全风险。坚持安全预警抓苗头、安全通报抓典型、安全约谈抓警示、挂牌督办抓闭环、追责问责抓惩戒，深入排查重大安全隐患。加强铁路沿线安全环境治理，推动构建企业主体、政府监管、社会监督、齐抓共管的治理体系。积极推进法规标准体系建设，清理原铁道部规范性文件，编制出台《铁路旅客运输规程》等19部规章，推进构建涵盖装备技术、工程建设、运输服务三大领域1300余项标准的铁路技术标准体系。编制实施铁路科技创新五年规划，建立铁路重大科技创新成果库，推进铁路行业科技创新基地建设，搭建行业科技创新交流平台，持续激发铁路科技创新活力。深入开展铁路政府间国际合作交流，积极推动铁路装备、项目“走出去”，开展国际联运规则制修订，推动中欧班列高质量发展，加快推动铁路基础设施“硬联通”和规则标准“软联通”，深度参与国际铁路治理体系建设。

在全行业共同努力下，我国铁路事业取得历史性成就、发生历史性变革。路网规模与质量大幅提升。“四纵四横”高速铁路主骨架全面建成，“八纵八横”高速铁路主通道和普速干线铁路加快建设，建成世界最大的高速铁路网，基本形成布局合理、覆盖广泛、层次分明、配置高效的铁路网络。截至2023年底，全国铁路营业里程达到15.9万公里，高铁达到4.5万公里。地方政府和社会资本投资铁路蓬勃发展，地方铁路营业里程达到2.4万公里，其中自主运营里程达到1.17万公里，专用铁路、铁路专用线达到9000余条。运输服务品质全面跃升。铁路旅客周转量、货物发送量、货物周转量以及运输密度均居世界首位。复兴号开行实现31个省份全覆盖。客运服务市场化、便利化、信息化加速推进，建成世界规模最大的铁路互联网售票系统。货运产品供给不断优化，重载运输、快运货物班列、集装箱、冷链运输、高铁快运全面发展。科技创新能力持续增强。总体技术水平迈入世界先进行列，高速、高原、高寒、重载铁路技术水平世界领先。复兴号产品谱系化发展。CR450科技创新工程取得突破。时速600公里高速磁浮交通系统成功下线。成功研制世界最大直径全断面硬岩掘进机、世界首台桩梁一体智能造桥机、千吨级架桥机。安全保障体系不断完善。企业主体责任、政府部门监管责任、地方政府属地责任进一步夯实，技防、物防、人防“三位一体”安全保障体系不断完善。9个省份明确地方铁路运营监督管理部门，26个省份明确地方铁路工程监督管理部门。31个省份均出台铁路安全地方性法规规章，建立铁路沿线安全环境治理厅际联席会议机制、“双段长”制、多部门灾害风险防范协调机制、铁路与地方110报警服务台互通机制。全国铁路交通事故件数、死亡人数持续下降，是历史以来安全最稳定的时期。行业发展活力进一步激发。铁路建设运营市场更加开放，主体更加多元。地方政府为主投资的济青高铁、社会资本控股的杭绍台高铁、由地方自主运营的广东城际铁路等项目陆续建成通车。经行政许可的铁路运输企业达到79家。铁路资产资本化股权化证券化不断取得实质性成果，京沪高铁、铁科轨道等优质企业股改上市。“走出去”开创新局面。蒙内铁路、中老铁路、雅万高铁等一批项目投产运营。技术装备出口全球100多个国家和地区。中欧班列累计开行超8.2万列、790万标箱，通达欧洲25个国家217个城市。西部陆海新通道货物流向通达120个国家（地区）473个港口。

2023年是全面贯彻党的二十大精神的开局之年，是三年新冠疫情防控转段后经济恢复发展的一年。在以习近平同志为核心的党中央坚强领导下，全行业攻坚克难、担当作为，推动铁路高质量发展取得新进展。全年铁路固定资产投资累计完成7645亿元，投产新线3637公里，其中新开通高铁2776公里。汕汕高铁、莱荣高铁、津兴城际等一批地方投资的铁路开通运营。全国铁路客运量完成38.5亿人次，较2019年增长5.2%，单日旅客发送量、售票量均创历史新高。全国铁路货运量完成50.4亿吨，保持稳步增长。中欧班列开行1.7万列，发送190万标箱，同比分别增长6%、18%。西部陆海新通道班列发送86万标箱，同比增长14%。全国铁路没有发生铁路交通重大及以上事故，事故件数、死亡人数同比分别下降16.4%、6.3%。

一年来，国家铁路局紧紧围绕贯彻落实习近平总书记重要指示批示精神和党中央、国务院决策部署，立足职能职责，重点开展了四方面工作。

一是以主题教育为契机，持续推动学习贯彻习近平新时代中国特色社会主义思想走深走实。把开展主题教育作为重大政治任务，牢牢把握总要求，一体推进理论学习、调查研究、推动发展、检视整改，推动主题教育见行见效。坚持理论学习中心组示范学、第一议题跟进学、组织生活日全员学、青年小组重点学、读书班专题学、“国铁大讲堂”拓展学“六学联动”，深入学习把握党的创新理论的科学体系、世界观方法论和贯穿其中的立场观点方法。大兴调查研究之风，局党组带头，围绕川藏铁路建设、铁水联运、城际铁路与市域（郊）铁路监督管理、铁路与城市轨道交通安检互认、道口和路外安全等制约铁路高质量发展的重点难点问题开展调研，深入推进整改整治，推动解决了一批群众反映强烈的急难愁盼问题。主题教育成果得到中央指导组充分肯定，职工评价满意率达到99.12%。坚持“第一议题”制度，及时跟进学习习近平总书记最新重要讲话、重要指示批示精神和党中央、国务院决策部署，研究制定落实措施，完善台账，加强督办，以钉钉子精神推进落实，以实际行动践行“两个维护”。

二是以维护铁路安全为首要职责，全力加强铁路安全监管。牢固树立安全发展理念，以“时时放心不下”的责任感，系统研判铁路安全风险，推进双重预防机制建设，开展铁路重大事故隐患专项排查整治2023行动，累计排查出重大事故隐患190项，整治销号131项。加强许可管理，优化调整铁路设备产品许可目录，将事关铁路运输安全的部分铁路设备和关键零部件纳入许可管理。全年做出各类许可决定592件。加强监督检查，派出检查组4350组次、1.2万人次，检查发现各类问题隐患1.5万余个，发放整改通知书287份。坚持全覆盖、零容忍、严执法、重实效，统筹运用多种监管方式，实施预警、通报、约谈、挂牌督办、追责问责累计532次，涉及2361家单位。发挥铁路沿线安全环境治理部际联席会议机制作用，组织召开现场会，对湖南、辽宁、黑龙江等省份开展联合督导检查，排查铁路沿线环境隐患问题5.4万余处、整治5.3万余处。大力推进道口“平改立”，道口减少325处。开展铁路危险货物运输安全专项整治，强化源头管控，加强全链条安全监管。开展隐蔽工程、隧道工程、施工图设计文件审查等三项整治，共抽查项目238个，对77件违法违规行为立案查处。深入调查北黑线等安全事故，对通行旅客列车的地方铁路全面开展运营安全检查评估。编制出台《铁路设备质量安全监督管理办法》等4部规章，印发《铁路安全风险分级管控和隐患排查治理管理办法》等13件规范性文件，进一步健全监管制度体系。调研分析城际铁路、市域（郊）铁路发展现状和铁路建设勘察设计源头质量，研究加强监督管理的对策措施。出台意见鼓励支持行业学协会更好发挥作用。出台铁路关键信息基础设施安全保护管理办法，全面加强铁路关键信息基础设施保护工作。

三是以推动铁路高质量发展为主题，努力服务国家服务人民。贯彻落实《交通强国建设纲要》

《国家综合立体交通网规划纲要》，推进交通强国建设20项试点任务，建立交通强国铁路行业指标体系。开展“十四五”铁路发展规划评估，加快《中长期铁路网规划》修编，推进重点铁路项目建设，完善“四网融合”标准，服务保障京津冀协同发展、长江经济带发展、长三角一体化发展、粤港澳大湾区建设等区域重大战略。出台川藏铁路工程设计概（预）算编制补充规定，召开重大事故隐患排查整治现场专题会，实施精准监管，高质量推进川藏铁路建设。召开铁路科技创新工作会议，推进43家铁路行业科技创新基地高效运行，大力推动铁路科技创新。联合工业和信息化部等七部门印发《轨道交通装备产业高质量发展行动计划》，推动构建现代化铁路产业体系。制定推进铁路领域碳达峰碳中和工作方案，研究推动老旧直流内燃机车更新和新能源铁路装备推广应用，促进铁路绿色发展。推进巴基斯坦ML-1、中吉乌铁路、中尼跨境铁路、中蒙俄铁路中线走廊等“走出去”重点项目取得实效，协调解决口岸拥堵问题，推动优化国际铁路联运规则，服务共建“一带一路”高质量发展。发挥铁路运输保通保畅协调监督机制作用，保障能源、粮食、农用物资等重点物资运输，高质量完成成都大运会、杭州亚运会等重大活动运输服务保障任务。会同交通运输部等印发《推进铁水联运高质量发展行动方案（2023—2025年）》，建立常态化工作机制，推动铁水联运重点项目建设取得积极进展。发布《铁路运输服务质量监督管理办法》，公平公正维护旅客、货主合法权益。会同工业和信息化部等印发支持新能源商品汽车铁路运输的意见，发布实施《铁路危险货物品名表》，助力新能源汽车产业发展。联合市场监管总局发布实施《铁路产品认证管理办法》，推动铁路市场化发展。

四是以政治建设为统领，全面加强党的建设。坚持旗帜鲜明讲政治，持续推进模范机关建设，切实走好“第一方阵”。狠抓中央巡视反馈问题整改，制定2023年巡视整改安排，强化巡视整改和成果运用。全力配合中央巡视“回头看”顺利开展。落实新时代党的组织路线，加强领导班子和干部队伍建设，选优配齐配强领导班子，优化内设司局班子结构。优化调整机关部门、局属单位的内设机构，理顺职能职责。夯实基层组织基础，强化党员教育管理监督。强化正风肃纪反腐，一体推进“三不腐”。强化纪律建设，制定并落实2023年度经常性纪律教育计划，召开警示教育大会，常态化开展“每月一案”活动，做好节假日廉洁提醒。扎实开展纪检干部队伍教育整顿。开展局党组第一轮内部巡视。压实党建责任，开展全局党组织书记及纪检机构主要负责人述职评议考核，推动党建与业务深度融合。

铁路工作各方面成绩的取得，根本在于习近平总书记领航掌舵，在于习近平新时代中国特色社会主义思想的科学指引，是上级部门督促指导、各部委大力帮助、地方党委政府支持配合，各铁路企业、院校、学协会等单位团结奋斗，铁路老领导老同志热忱关心的结果。在此，我谨代表国家铁路局，向长期关心支持铁路事业发展和国家铁路局工作的各级领导、各有关部门单位和老领导老同志表示衷心的感谢！向辛勤工作、默默奉献的全国铁路干部职工致以崇高的敬意！

二、牢牢把握新时代铁路工作的使命任务，凝聚起推动铁路高质量发展、加快建设交通强国、当好中国式现代化开路先锋的磅礴力量

党的二十大擘画了以中国式现代化全面推进中华民族伟大复兴的宏伟蓝图。2023年以来，习近平总书记在参加省部级主要领导干部培训班开班式，出席中央重要会议，参加中央政治局集体学习，参加全国两会代表团审议，考察广东、河北、上海等地，出席第三届“一带一路”国际合作高峰论坛等国内国际活动时，围绕贯彻落实党的二十大精神、推进中国式现代化等多次发表重要讲话、作出重要指示。在去年12月召开的中央经济工作会议上，总书记全面总结2023年经济工作，深刻阐述做好新时代经济工作的规律性认识，科学分析当前经济形势，系统部署今年经济工作。总书记的系列重要讲话和重要指示，深刻洞察国际国内大势，深刻把握时代发

展脉搏，深刻指明实现强国建设、民族复兴伟业的目标路径，具有很强的政治性、思想性、战略性、指导性，为我们做好工作指明了前进方向，提供了根本遵循。我们要心怀“国之大者”，把铁路的发展与党、国家、人民的需要紧密结合起来，找准角色定位，牢记使命责任，把握形势任务，落实工作要求，以推动铁路高质量发展、加快建设交通强国，服务强国建设、民族复兴伟业的实际行动，坚定拥护“两个确立”，坚决做到“两个维护”。

（一）牢牢把握党和国家赋予铁路的使命任务

一是牢牢把握担当中国式现代化开路先锋的职责使命。党的二十大作出加快建设交通强国的战略部署。习近平总书记在中央经济工作会议上指出，必须把推进中国式现代化作为最大的政治。在第二届联合国全球可持续交通大会开幕式上强调，交通成为中国现代化的开路先锋。这把交通在现代化建设全局中的地位提升到了前所未有的新高度，赋予了交通运输新的时代内涵、战略定位和历史使命。加快建设交通强国是全面建设社会主义现代化国家的先行领域和战略支撑。铁路是国家战略性、先导性、关键性重大基础设施，是综合交通运输体系的骨干，实现铁路现代化是推进中国式现代化的应有之义，必须在行动上冲锋在前、能力上适度超前、发展上率先突破、作用上先行引领，为全面建设社会主义现代化国家提供更加有力的支撑、更加坚强的保障、更加有益的探索，在中国式现代化建设中干在实处、走在前列、勇当先锋。

二是牢牢把握推动铁路高质量发展的首要任务。党的二十大报告指出，高质量发展是全面建设社会主义现代化国家的首要任务。铁路高质量发展是供给充分、优质高效、创新引领、协调融合、绿色低碳、开放互利、人民共享、安全可靠的发展，体现铁路特性、适应中国国情、具有中国特色，是铁路领域推进中国式现代化的必由之路。推动铁路高质量发展是新时代新征程铁路工作的主题，是铁路全行业的首要任务。我们必须始终坚持高质量发展这个新时代的硬道理，一锤接着一锤敲、一张蓝图干到底，以铁路高质量发展更好服务经济社会高质量发展。

三是牢牢把握建设可持续交通体系的努力方向。2023年9月，习近平主席向全球可持续交通高峰论坛致贺信指出，建设安全、便捷、高效、绿色、经济、包容、韧性的可持续交通体系，是支撑服务经济社会高质量发展、实现“人享其行、物畅其流”美好愿景的重要举措。总书记的重要论述，深刻阐明了可持续交通体系的本质内涵和重要作用，安全是交通运输一切工作的根本前提，便捷是交通运输服务质量的重要体现，高效是交通运输供给能力的内在要求，绿色是交通运输发展方式的必然选择，经济是交通运输永续发展的重要要求，包容是对国家间、区域间、城乡间、不同方式间、不同群体间交通运输协同融合的更高期待，韧性是对交通运输抗压能力、纠错能力、恢复能力、耐久能力等的更高要求。我们要以此作为铁路工作的价值导向和努力方向，作为推动铁路高质量发展、建设交通强国的主要评价指标，同其他交通方式一道，持续努力、久久为功，推动“人享其行、物畅其流”的美好愿景加快实现。

（二）准确把握铁路发展的阶段性特征

一是从路网建设上看，正由以路网干线建设为主向联网补网强链转变。经过持续大规模投资建设，我国铁路网越织越密，“八纵八横”高速铁路网主通道已建成约80%，普速铁路网不断完善。当前，我国铁路在加强出疆入藏、沿江沿边沿海等干线铁路建设的同时，多层次轨道交通互联互通需求日益凸显，城际铁路、市域（郊）铁路、铁路专用线等区域性铁路和现代化物流枢纽建设方兴未艾，正逐步成为铁路建设的主战场。

二是从技术创新上看，正由总体技术领先向全面自主领先转变。经过引进消化吸收再创新，我国铁路技术创新不断取得突破，关键系统部件自主化程度全面提升，总体技术水平已经达到世界领先。当前，进一步完善铁路科技创新体系，加强基础理论、共性基础技术、原创性引领性科技攻关，加快基础材料、基础软件、基础元器件等技术突破和考核运用，实现关键核心技术全面自主可控、高水平科技自立自强成为着力推进的重点。

三是从运输服务上看，正由“走得了”“运得出”向“走得好”“运得畅”转变。经过多年发展，我国铁路运输能力和服务水平已得到大幅提升，能够满足基本运输需求。当前，经济社会发展和人民群众对铁路运输服务的便捷性、舒适性、经济性、适老化等方面提出更高要求，进一步丰富铁路客货运输产品供给，推进出行绿色化、便捷化，打造绿色高效的物流系统，提升运输服务质量和水平成为工作重点。

四是从发展方式上看，正由相对独立发展向一体融合发展转变。加快建设交通强国、构建现代化综合交通运输体系，有效降低全社会物流成本是党中央、国务院作出的重大决策部署。当前，铁路与其他交通运输方式融合不够，在综合交通运输体系中的骨干作用发挥不充分。调整优化运输结构，发展多式联运，打通物流运输“前后一公里”，推动大宗货物和集装箱中长距离运输“公转铁”，提高综合运输效率成为亟须推进的重点任务。

五是从投资主体上看，正由中央投资为主向地方政府和社会资本为主转变。随着铁路投融资体制改革不断深化，铁路分层分类建设全面推进，地方政府、社会资本投资比例持续提升，正成为铁路投资的主要力量。当前，社会资本进入铁路领域还面临不公平竞争等问题，存在隐性壁垒，需要进一步推进铁路投融资体制改革和市场化改革，完善行业运行规则、规范市场秩序、消除行业壁垒，建设更加统一开放、竞争有序的铁路市场。

（三）更好统筹推动铁路高质量发展中的重大关系

一要更好统筹质的有效提升和量的合理增长。推动铁路高质量发展，既要努力以路网规模、运输能力等量的增长为质的提升提供重要基础，又要以运输品质、运输效益等质的提升为量的增长提供持续动力，形成质的有效提升和量的合理增长的良好局面。要坚持质量第一、效益优先，着力强化科技创新驱动，推动铁路绿色发展，坚持适度超前建设，避免片面追求高标准、重投入轻产出，增强经营效益，努力实现铁路发展质量、结构、规模、速度、安全相统一。

二要更好统筹高质量发展和高水平安全。安全是发展的前提，发展是安全的保障。随着路网规模不断扩大，高速铁路快速发展，列车开行速度和密度不断提高，运营场景更加复杂，铁路安全面临严峻复杂的形势。铁路设备设施品类繁多，随着运营周期的延长，工程建设及设备设施的源头质量隐患逐渐显现。道口、自然灾害、沿线经济社会活动等外部环境安全风险大、隐患多。安全管理基础存在薄弱环节。地方投资铁路安全风险管控不足，事故多发。各领域核心业务信息化程度越来越高，网络安全风险挑战日趋严峻。必须坚持人民至上、生命至上，坚持底线思维、极限思维，宁可十防九空、不可失防万一，以“时时放心不下”的责任感全力抓好铁路安全这个“头等大事”，以高水平安全保障铁路高质量发展。

三要更好统筹政府与市场。正确处理好政府与市场这“两只手”的关系是推动铁路高质量发展的重要保障，有利于更好激发铁路发展活力。要以建设统一开放、竞争有序的铁路市场为目标，科学把握政府和市场的边界，着力推进竞争性环节市场化改革，消除线路接轨和自主运营等领域隐性壁垒，优化运输市场准入，完善行业运行规则，加强市场监管，维护市场秩序，营造市场化、法治化、国际化的营商环境，激发微观主体活力，努力使市场在资源配置中起决定性作用、更好发挥政府作用，推动有效市场和有为政府更好结合。

四要更好统筹中央与地方。我国铁路快速发展的一条重要经验就是坚持和加强党对铁路工作的全面领导，充分发挥了集中力量办大事的社会主义制度优越性，凝聚了中央部门和地方政府的合力。要坚决贯彻落实党中央、国务院关于铁路工作决策部署，按照《铁路法》《铁路安全管理条例》《交通运输领域中央与地方财政事权和支出责任划分改革方案》等法律法规和文件规定，统筹发挥行业部门和地方政府在铁路规划、建设、监督管理等方面的作用，进一步明确和落实地方政府的属地管理责任，共同推动铁路持续健康发展。

五要更好统筹国内与国际。当前，世界百年未有之大变局加速演进，我国铁路发展的内外部环境正在发生深刻复杂变化。要把握国内国际发展大势，服务国家重大战略和外交工作大局，处理好国内国际两种关系，统筹好国内国际两个市场，运用好国内国际两种资源，吸纳借鉴世界各国铁路发展先进技术和有益经验，持续提升发展水平。要加强政府层面统筹，避免企业各自为战、恶性竞争，打造中国铁路技术、装备、标准、运营等品牌，培育国际合作竞争新优势，推动铁路全方位“走出去”。要深化铁路政府间双边、多边、区域合作，稳步拓展规则、规制、管理、标准等制度型开放，积极融入国际铁路治理体系，为世界铁路发展贡献中国智慧、中国方案。

面对铁路发展的新形势新任务新要求，我们要坚定发展信心，保持战略定力，强化责任意识，把握工作基调。要坚持稳中求进，以进促稳，先立后破。在“稳”与“进”、“破”与“立”中找准工作的着力点，在“稳”的基础上推动“进”，用“进”的成效来巩固“稳”，在“立”和“破”上把握好先后顺序，做好新旧动能转换，推动质量变革、效率变革、动力变革，稳扎稳打，有序推进铁路各项工作，保持铁路发展良好态势。要坚持突出重点，抓住关键。聚焦习近平总书记关于铁路工作的重要指示批示精神和党中央、国务院决策部署，聚焦中央经济工作会议关于今年经济工作9个方面的重点安排，聚焦制约铁路高质量发展的重点难点问题和人民群众急难愁盼问题，依照各自在铁路高质量发展中承担的使命任务，积极谋划用好牵引性、撬动性强的工作抓手，抓住主要矛盾，突破瓶颈制约。要坚持协同发力，狠抓落实。增强做好铁路工作的责任感使命感，从推动铁路高质量发展大局出发，坚持全国铁路“一盘棋”，加强协同配合，抓住一切有利时机，利用一切有利条件，不折不扣抓落实，雷厉风行抓落实，求真务实抓落实，敢作善为抓落实，确保最终效果符合党中央决策意图，为扎实推进中国式现代化贡献铁路力量。

三、坚定信心，开拓进取，扎实做好2024年铁路监督管理工作

2024年是中华人民共和国成立75周年，是实现“十四五”规划目标任务的关键一年。做好2024年铁路监督管理工作的总体要求是：以习近平新时代中国特色社会主义思想为指导，全面贯彻党的二十大和二十届二中全会精神，认真落实中央经济工作会议精神和全国交通运输工作会议精神，坚持稳中求进工作总基调，完整、准确、全面贯彻新发展理念，服务加快构建新发展格局，坚决贯彻落实习近平总书记对铁路工作的重要指示批示精神和党中央国务院决策部署，紧紧围绕建设安全、便捷、高效、绿色、经济、包容、韧性的可持续交通体系，持续巩固拓展主题教育成果，着力保安全、惠民生、强合作、促发展，推动铁路高质量发展，加快建设交通强国，努力当好中国式现代化的开路先锋，为强国建设、民族复兴伟业作出新的更大贡献。

（一）坚决守牢铁路安全发展底线，维护社会大局安全稳定

一是提升行业本质安全水平。开展铁路行业安全生产治本攻坚三年行动，抓好人防、技防、工程防、管理防措施落地见效。持续深化双重预防机制建设，强化重大风险辨识管控，全面排查消除各类隐患问题，2024年底前基本消除2023年及以前排查发现的存量重大事故隐患。加强安全关键环节卡控，全面整治工程建设、设备设施源头质量问题。加强自然灾害防范，提高监测预警、应急处置能力，遇极端情况果断采取行车安全措施。加强隧道口、公铁水并行交会地段、油气管线与铁路交叉并行地段等重点处所、重点部位的安全防护。严控营业线施工安全。加强安全生产标准化建设，加强生产经营单位负责人和从业人员教育培训，组织开展铁路建设产业工人安全技能培训，夯实安全基础。推动北斗导航、5G通信、大数据、人工智能等在设备运用状态监测、周界入侵、异物侵限、工程建设等方面的应用，提高科技保安全能力。二是加强安全风险协同治理。发挥联席会议机制、“双段长”制等机制作用，常态化、制度化开展铁路沿线环境隐患排查整

治。加快推进道口“平改立”。推动建设国家铁路监管应急指挥综合信息平台，加强跨部门、跨层级、跨区域的互联互通、信息共享和业务协同，做好极端天气等自然灾害预警，提升突发事件应急救援处置能力。畅通铁路安全生产举报渠道，健全完善铁路事故隐患举报奖励制度。三是提升安全监管效能。以信用监管为基础，构建衔接事前、事中、事后监管环节的新型监管机制。严格规范公正文明执法，强化监督检查、事故调查、行政执法监管链条，统筹运用预警、通报、挂牌督办、约谈、处罚、追责等监管方式，加强典型事故分析研究，有效开展专项督查及评估综合检查。加强春暑运、全国两会、国庆以及新线开通、调图提速、汛期等重点时段运输安全监管。依法恢复铁路危险货物运输许可，强化全链条安全监管。强化工程质量安全监管，完善联合监督检查机制，突出落实建设单位质量安全首要责任，压紧压实勘察、设计、施工、监理等参建单位质量安全主体责任。深化三项整治行动，推动落实施工许可和检验检测资质审批有关工作。强化设备质量安全监管，加强产品认证管理和许可管理，完善铁路产品认证规则、认证目录和许可目录，紧盯铁路设备源头质量、修程修制改革、设备超期服役、未经许可设备生产销售及采购使用等开展监督监管执法。加强铁路专用产品质量抽查，完善质量安全隐患预警机制，严防不合格产品生产销售和上线运用。深化铁路关键信息基础设施识别认定工作，全面加强铁路领域重要信息系统安全防护、国产化替代、商用密码应用、供应链安全保障等工作。

（二）保障国家重大战略实施，服务构建新发展格局

一是扎实推进交通强国建设重点任务。落实《国家综合立体交通网规划纲要》和《加快建设交通强国五年行动计划（2023—2027年）》，深入实施《“十四五”铁路发展规划》，完成《中长期铁路网规划》修编，启动“十五五”铁路发展规划研究，科学优化综合运输通道和枢纽布局，做好铁路领域交通强国建设试点，加快构建现代综合交通运输体系。研究制定铁路项目运量预测规范，提升精准度，强化区域规划与行业发展规划衔接，合理确定地方铁路规划建设目标，强化要素保障，优化调整建设时序，做深做细项目前期工作和项目储备。合理确定铁路专用线项目的规划、建设标准和投资规模。对开通5年以上的高铁项目开展后评估，分析运量、效益等设计指标实现情况，提升项目规划和勘察设计水平。二是高质量推进川藏铁路建设，加强工程建设管理，坚持科学施工、安全施工、绿色施工，强化科技攻关和标准支撑，完善高原高寒和复杂艰险山区建设标准定额，完善分级分类监管机制，强化源头治理和闭环管理，提升监管效能，打造精品工程、安全工程、绿色工程、创新工程、廉洁工程。三是服务城乡融合和区域协调发展。扎实推进出疆入藏、沿边沿海、西部陆海新通道等战略骨干通道建设，加强中西部地区和东北地区铁路规划建设，提高革命老区、民族地区、边境地区、脱贫地区的基础设施联通水平。推动长三角、大湾区轨道交通一体化发展，推进轨道交通衔接贯通标准研究制订，指导地方铁路做好自主运营安全管理。加强铁路枢纽综合开发，推动构建“网络整合、枢纽衔接、运营一体、站城融合”的发展体系。高质量开好“慢火车”，改善偏远地区铁路沿线站车设施条件，服务沿线群众生产生活。四是服务美丽中国建设。研究出台推动铁路低碳化发展的实施方案。推动出台新能源铁路装备推广运用财政税收支持政策，加大新能源机车推广应用，制定老旧直流内燃机车淘汰更新和内燃机车大气污染防治监督管理办法及排气污染物排放限值标准，加快老旧直流内燃机车淘汰。健全铁路领域碳排放核算标准，开展铁路行业碳交易、碳普惠、碳金融等政策研究，推进铁路领域参与碳市场建设。

（三）提升铁路运输服务保障能力，促进国民经济循环畅通

一是着力降低物流成本。按照“宜铁则铁”原则，加大煤炭、铁矿石等大宗物资运输“公转铁”力度，增加铁路货运比重。分区域研究制定铁水联运项目规划方案，推动铁路专用线进入港口码头、工矿企业和物流园区，加快铁路与港口基础设施联通，完善

铁水联运规则标准，实现信息共享互通，推动铁水联运高质量发展。大力发展集装箱多式联运，加强铁路联运枢纽布局建设，推进多式联运“一单制”和信息共享。二是强化保通保畅。加强春运、暑运、小长假等重点时期旅客运输组织。健全完善铁路重点物资全链条供需对接机制，加强重点物资、重要时段、重点通道的运输保障，抓好运力安排和运输组织，确保能源、粮食、医疗等重点物资和民生物资运输安全稳定畅通。出台支持动力锂电池铁路运输的指导意见，促进新能源产品铁路运输。三是提高运输服务质量。针对人民群众反映集中的购票难等急难愁盼问题，完善售票规则和系统功能，进一步提升购票、候车、乘车、餐饮等服务品质。完善铁路旅客安全检查制度标准，推进铁路与城市轨道交通安检流程优化，提高旅客换乘便利性。加强服务质量监督，研究制定铁路公益性运输监督管理办法、铁路旅客服务质量评价办法，设立统一铁路服务监督电话。

（四）加大科技创新力度，引领现代化铁路产业体系建设

一是推进关键核心技术突破。推进“十四五”铁路科技创新规划、轨道交通装备产业高质量发展行动计划重点任务落实，出台加强铁路装备科技创新推动高质量发展、铁路行业数字化发展的意见，强化政策引导。加强全国重点实验室、铁路行业科技创新基地等战略科技力量建设，用好铁路创新发展联合基金，着力突破关键基础材料、元器件、零部件等“卡脖子”技术难题，推进铁路领域基础研究和绿色、智能等前沿技术创新。二是推动科技成果转化。研究推进铁路综合试验验证基地建设，打造铁路科技成果转化中试验证平台和独立第三方检验检测、认证平台，为铁路产品、装备、技术提供试验验证环境。大力推动铁路产品“国产国用”。三是强化标准支撑。统筹铁路国家标准、行业标准、团体标准、企业标准协同发展，有序推进团体标准、企业标准向国家标准和行业标准转化，全面推进铁路工程、装备、安全、服务、“四网融合”等领域标准制修订，健全市域（郊）铁路等重点领域技术标准，以高水平技术标准体系支撑铁路产业发展。四是加强科技人才队伍建设。发挥高校、科技领军企业和科研机构人才培养作用，加强基础研究、专业技能、应用型复合型人才培养。组织好国家科技奖、中国专利奖评选推荐和铁路重大科技创新成果入库等工作，激发科技人才创新活力。

（五）深化铁路国际合作交流，服务高质量共建“一带一路”

一是推动铁路“走出去”。加快巴基斯坦ML-1、中吉乌、中尼、中越、中缅、中柬铁路和中蒙俄铁路中线走廊、中蒙甘其毛都口岸铁路、中哈第三口岸铁路等周边互联互通项目实施。推进坦赞铁路激活工作和跨里海国际运输走廊建设。搭建政银企合作平台，为铁路“走出去”提供支持。推动铁路企业形成合力、优势互补，支持开展海外运营，提升设计、建设、运营、维护一体化水平，提高可持续发展能力，降低经营风险。统筹开展铁路援外培训，帮助外方培养铁路管理和技术人才。二是推进中欧班列高质量发展。推动中欧班列高效运输体系、安全治理体系、多元通道体系、创新发展体系建设，优化国际联运规则，推动规则软联通。优化中欧班列境外通道布局，防范化解境外运行风险。加强铁路口岸工作，提高运输通道能力，提升中欧班列开行质量。加快信息交流平台建设，保障市场良性发展。三是深化双边、多边和区域合作交流。加大铁路合作组织、上合组织铁路部门负责人会晤等多边机制工作力度，启动加入国际铁路运输政府间组织。深化中俄、中哈、中蒙、中越等双边机制合作，拓展与非洲、拉美地区铁路合作。深化政策、规则、标准合作对接，推进中国铁路技术标准国际化。

（六）完善行业治理体系，促进有效市场和有为政府高效结合

一是推进铁路领域改革。研究完善线路接轨、车辆过轨、直通运输、运输清算等行业运行规则，制定行业监管的政策措施，规范铁路运输市场秩序。推动铁路投融资改革，支持社会资本参与铁路建设运营，进一步开放竞争性环节业务，促进铁路市场经营多元化和适度竞争。推动科学界定公益

性运输范围并建立运输分类核算机制，健全完善政府补贴制度。积极融入交通运输大部门制改革，更好推动综合交通一体化发展。二是加强行业法治建设。协调推动《铁路法》等法律法规制修订，加快出台铁路建设、货物运输、技术管理等规章，制修订铁路工程施工和监理单位信用评价、机车车辆设计制造维修进口许可、机车车辆驾驶人员资格许可、车站和线路命名更名审批等制度办法。建立铁路行业安全生产监管监察执法统计和典型案例报送制度。高质量做好行政复议和应诉、宏观政策取向一致性评估等工作。三是加强行业统计工作。扎实开展铁路运输业第五次经济普查工作。修订铁路行业统计调查制度，完善统计报表及指标设置，扩充数据覆盖范围。构建上下联动、部门协同的统计工作机制，压实行业部门单位统计责任，提升统计工作质效。强化行业数据监测统计分析，加强铁路运行情况宣传解读。

（七）着力加强地方铁路监督管理，以高水平安全保障高质量发展

一是加大行业监管力度。加强地方投资项目前期监管，强化项目批复和开工审批，从源头防范安全风险。加强对地方投资铁路项目工程建设指导，及时协调解决有关问题，防止出现烂尾工程。突出路地联动，强化地方铁路全生命周期监管。定期对通行旅客列车和重载列车的地方铁路开展综合安全评估。加大对事故多发、道口数量大、从事危险货物运输的地方铁路、专用铁路和铁路专用线的监督抽查力度。突出行车设备质量、营业线施工、站车消防安全等重点，加强地方铁路重大隐患排查整治，强化问题分析，依法追究责任。二是强化属地管理责任。推进地方政府完善机构、充实人员，依法有效履行铁路规划及建设、运营管理、铁路沿线安全环境治理和护路联防等职责，加强对地方铁路运输安全、工程质量安全、设备质量安全监管和运输服务质量监督，将地方铁路安全有关指标纳入对各级地方政府安全生产的考核评价体系。试点委托具备较强专业力量的地方政府承担部分铁路行业安全监管事项。加强地方政府从事铁路安全监管和行政执法工作人员的业务培训。三是强化安全主体责任落实。出台适应地方投资铁路、专用铁路等企业运营安全需要的制度标准，规范企业运输安全协议，强化委托运营、维护管理，聚焦设备设施养护维修、现场作业安全、过轨安全和道口安全等重点，开展安全生产标准化达标建设，补强安全短板。地方投资铁路企业要落实主体责任，严格遵守法律法规、标准制度，依法办理建设运营相关手续，建立全员安全生产责任制，推进双重预防机制建设，建立质量安全管理体系。

（八）全面加强党的建设，坚定不移推进全面从严治党

一是把政治建设摆在首位。坚持加强党的全面领导和党中央集中统一领导，坚持不懈用习近平新时代中国特色社会主义思想凝心铸魂，巩固拓展主题教育成果。严明党的政治纪律和政治规矩，持续净化党内政治生态。扎实推进中央巡视“回头看”反馈意见整改，坚持“四个融入”，以钉钉子精神和常态化机制推动整改任务落实。二是持之以恒正风肃纪。认真贯彻落实二十届中央纪委三次全会精神，坚持把纪律挺在前面，推进纪律教育常态化。筑牢贯彻落实中央八项规定精神的堤坝，驰而不息纠“四风”促新风，反对形式主义、官僚主义，严肃执纪问责。强化权力运行制约监督，促进各类监督贯通协调。持续提高内部巡视质量。巩固深化干部队伍和纪检干部队伍教育整顿成果。三是加强干部人才队伍建设。落实新时代党的组织路线，选优配强各级领导班子特别是“一把手”，大力发现培养选拔优秀年轻干部，提升干部队伍专业化水平。坚持新时代好干部标准，坚持在重大任务、关键时刻、风口浪尖培养考察干部。四是加强机关建设。组织开展全面提高党的建设质量行动，深入推进模范机关建设，持续推进党支部标准化规范化建设，深化“四强”党支部创建，常态化开展基层党组织书记抓党建工作述职评议考核，强化考核结果运用，增强基层党组织政治功能和组织功能。要习惯过紧日子，严控一般支出，践行绿色生活方式，建设节约型机关。五是做好铁路行业宣传思想文化工作。深入贯彻落实

习近平文化思想，落实意识形态工作责任制，深入推进精神文明建设，加强铁路文化遗产保护，培育优秀铁路文化。

同志们，让我们更加紧密地团结在以习近平同志为核心的党中央周围，深刻领悟“两个确立”的决定性意义，增强“四个意识”、坚定“四个自信”、做到“两个维护”，埋头苦干、担当奉献，乘势而为、再接再厉，奋力推动铁路高质量发展，加快建设交通强国，努力当好中国式现代化的开路先锋，为强国建设、民族复兴伟业作出新的更大贡献！

宋志勇在2024年全国民航工作会议上的讲话

（2024年1月4日）

深入贯彻落实党的二十大精神
在推进中国式现代化进程中
奋力谱写交通强国建设民航新篇章

这次会议的主要任务是，以习近平新时代中国特色社会主义思想为指导，全面贯彻落实党的二十大和二十届二中全会精神，认真落实中央经济工作会精神，落实全国交通运输工作会精神，总结民航2023年工作，分析面临的形势，系统谋划未来一个时期工作，部署2024年民航重点任务，团结带领广大干部职工在推进中国式现代化进程中奋力谱写交通强国建设民航新篇章！

一、2023年民航工作回顾

2023年是全面贯彻落实党的二十大精神开局之年，也是历经三年疫情冲击后民航固本培元、恢复发展的关键一年。面对复杂的环境和严峻的挑战，全行业以习近平新时代中国特色社会主义思想为指导，认真贯彻落实党的二十大精神，按照“三新一高”部署要求，坚持稳中求进，统筹安全运行、恢复发展和疫情防控，踔厉奋发、勇毅前行，民航高质量发展迈出坚实步伐。

按照党中央统一部署，民航局党组把深入开展学习贯彻习近平新时代中国特色社会主义思想主题教育作为首要政治任务，牢牢把握“学思想、强党性、重实践、建新功”的总要求，坚持理论学习、调查研究、推动发展、检视整改、干部教育整顿一体推进。一是推动理论学习入脑入心。坚持读原著学原文悟原理，坚持集中学习、个人自学、交流研讨相结合，切实做到用习近平新时代中国特色社会主义思想凝心铸魂，推动学习贯彻党的二十大精神更加深入人心。二是推动调查研究走深走实。坚持问题导向，精选调研课题200多个，深入基层一线察实情、找症结、解难题，形成问题清单、责任清单、任务清单以及成果转化运用清单，扎实推动调研成果转化运用。三是推动检视整改见行见效。聚焦重点问题，建立整改整治督导机制，局党组确定的20项重点整改整治任务、各单位各部门负责的415个问题，全部按时完成整改销号。四是推动干部教育整顿认真开展。坚持教育引导、问题整治、监督执纪多管齐下，累计查摆问题251个、查处党员干部17人，震慑作用明显，政治生态持续净化。通过开展主题教育，民航系统党员干部在以学铸魂、以学增智、以学正风、以学促干上取得明显成效，思想认识达到新高度、政治能力实现新提升、管党治党呈现新气象，对“两个确立”的决定性意义领悟更加深刻，践行“两个维护”更加自觉，干事创业精气神更加昂扬，为推动民航高质量发展提供了坚强有力的政治引领和保障。

（一）安全形势总体平稳

全行业深入贯彻落实习近平总书记关于民航安全工作的重要指示批示精神，坚定不移贯彻落实总体国家安全观，牢固树立安全发展理念，不断强化“时时放心不下”的责任感，确保“两个绝对安全”的思想自觉、政治自觉、行动自觉显著增强。针对疫情后人员技能生疏、设施设备工况下降等问题，坚持稳中求进，制订七个阶段运输生产安全有序恢复计划，加强安全生产组织源头管控，对飞行员人工飞行能力提升训练和机务维修能力提升给予专项补贴5.4亿元，推动人员资质能力、机队适航性、设施设备可靠性等与运输生产同步恢复提升，确保运输规模与安全保障能力始终匹配。针对恢复初期企业流动性风险突出问题，加强与有关部门沟通，争取到新一轮困难航空运输企业优惠利率应急贷款政策，保障企业正常安全运行资金需求，防止经营风险向安全领域传导。针对中小航空公司安全基础薄弱、中小机场空管保障能力不足、鸟击事件居高不下、外来物击伤多发、通航安全运行风险突出等问题，深入开展民航重大安全隐患专项排查整治2023行动，“一问题一方案”开展专项整治，组织编制“1+4+6”民航安全风险管控总体方案，累计排查治理问题隐患2.9万余项，安全风险得到有效管控。针对空飘物、新型无线电干扰、军民合用机场跑道侵入、特定型号发动机故障、残损航空器搬移、不停航施工、“机闹”、“三超”行李进客舱等典型性问题，以零容忍态度开展系统治理，努力做到“消除一处隐患，解决一类问题”。针对春季风沙、暑季雷雨台风、年底雨雪冰冻低温等极端天气多发情况，保持高度警觉，加强预警研判，切实抓好生产运行组织和应急处置，确保民航运行平稳有序。针对基础薄弱、管控能力差、安全态势波动的重点单位，常态化开展“四不两直”督导检查，严厉查处违规违章行为。针对安全责任主体多元、责任落实不到位情况，结合典型不安全事件处置，主动加强与地方政府、军方以及有关部门沟通协调，各方对航空安全的重视程度、管控力度明显增强。针对监管部门履职能力不足问题，加快推进民航安全监管创新行动计划，强化监察员队伍建设，狠抓安全监管效能提升。2023年，在飞行量逐步恢复至2019年水平的情况下，运输航空责任原因征候和严重征候万时率分别较2019年下降71.2%和69%；在通用航空飞行量较2019年增长27.5%的情况下，通航事故万架次率较2019年下降42.1%；空防安全连续21年保持零责任事故，圆满完成国际民航组织航空安保审计迎审工作。

（二）运输生产有序恢复

坚持有效市场与有为政府双向发力，按照“安全第一、市场主导、保障先行”原则，密切研判市场供需态势，科学把控恢复节奏，分阶段有序促进国内航空市场恢复。疫情防控转段措施发布后，精准做好重点行业常态化防控工作，及时修订发布第十版《运输航空公司、运输机场疫情防控技术指南》，优化调整民航疫情防控策略，结合人员状态、设施设备工况、冬季运行等情况，对运行总量进行明确限制，确保生产恢复安全起步。航班夏秋换季后，考虑不同企业保障能力恢复程度，侧重分类差异管控，引导按照综合保障能力评估结果，分类恢复航班运行。进入“五一”、暑运、国庆生产旺季，采用承运人数量和客座率指标精准调控航空市场，努力提高供需适配度。冬春换季以来，针对航班淡季运行特点，持续做好市场运行情况和安全态势的动态监控。经过七个阶段稳健恢复，国内航线客运规模已超过疫情前水平，比2019年增长1.5%，在各类交通运输方式中恢复速度最快。扎实推进国际航班恢复，加大与重点国家磋商力度，积极推动双边航空运输协定恢复适用，统筹加强时刻、地面服务等资源保障，积极协调争取外交、海关等部门支持。国际客运航班从年初的每周不到500班恢复至目前4600余班，增长9.6倍，复航国家数量达到疫情前的89.2%。中欧客运恢复至疫情前六成以上，中美定期直飞客班增至每周63班，与共建“一带一路”国家之间的恢复水平高于国际航线整体水平6.2个百分点，有力促进了国际人员交往，服务了国家外交大局。进一步完善物流保通保畅机制，提升航空货运保障能力，为稳外贸外资、稳定产业链供应链作出了民航贡献。2023年，全行业共完成运输总周转量1188.34亿吨公里、旅客运输量61957.64万人次、货邮运输量735.38万吨，同比分别增长98.3%、146.1%、21%，分别恢复至2019年的91.9%、93.9%、97.6%。飞机日利用率8.1小时，同比提高3.8小时；正班客座率77.9%、载运率67.7%，同比提高11.3个、2.7个百分点，市场供需适配度持续优化；全行业大幅减亏1872亿元，生产经营明显好转。总的来看，行业运输生产呈现恢复稳健、运行安全、竞争有序的良好局面，既反映了我国民航依托超大规模内需市场所具备的强大韧性，也折射出我国疫情防控取得重大决定性胜利以来经济持续回升向好的良好态势。

（三）运行品质稳步提升

在推动生产运行规模稳健恢复的同时，大力提升运行品质。瞄准航线网络空白点，大力推进“干支通，全网联”航空运输网络体系建设，完善通程航班政策标准，提升网络衔接能力和中转便利化服务水平，国内航线网络通达性拓展23%。瞄准旅客服务焦点，深入开展“民航服务助力行业恢复年”活动，扎实推进“减少航班取消和延误”“为首乘旅客提供便利”等六项“我为群众办实事”工作，临时取消航班同比下降39.3%，开展千万级机场航班靠桥率专项整治，平均靠桥率提升3.41个百分点，累计增加靠桥航班15万架次，惠及旅客2239万人次。瞄准航班运行堵点，持续推进区域枢纽机场主要运行方向进离场分离，降低航线航路非直线系数，大力推进就近起降、点融合、基于航迹运行等运行新技术、新模式，开展乌鲁木齐机场暑期正常性治理，优化提升北京首都国际机场冬季除冰除雪效率。瞄准生产组织难点，统筹雷雨季节运行保障，加强军民航协调，优化备份班机航线和绕飞程序，全年约144.9万架次航班使用临时航线，缩短飞行距离4145万公里，提升航空气象服务准确性、实用性，改革航段时间管理方式，全年航班正常率达87.8%，较2019年提高6.15个百分点。瞄准绿色低碳转型突破点，持续推进机场运行电动化，全国机场场内电动车辆占比超过1/4，500万人次以上机场APU替代设备使用率接近100%，吨公里油耗、机场单位旅客能耗同比分别下降3.8%和50%。瞄准打造低空经济亮点，全年通航作业飞行135.7万小时，无人机飞行达2311万小时，医疗救护、空中游览、物流配送等新兴业务快速发展，以通用航空和无人机产业为基础的低空经济蓬勃发展。

（四）规划建设质效并举

围绕服务国家重大战略，对接《交通强国建设纲要》《国家综合立体交通网规划纲要》部署要求，组织修编《新时代新征程谱写交通强国建设民航新篇章行动纲要》，全面推进“十四五”规划中期评估调整，启动《全国民用运输机场布局规划》修编，持续推进京津冀、长三角、粤港澳大湾区、成渝地区世界级机场群建设，扎实推进民航领域交通强国建设试点。坚持打基础、谋长远、增后劲，扎实推进国家“十四五”规划102项重大工程民航领域建设，全年完成固定资产投资1150亿元，连续4年超千亿。全年安排民航发展基金238.3亿元，集中财力保障重大项目建设，新建迁建湘西、安阳、阆中、朔州、普兰、济宁6个机场，广州、昆明、西安、乌鲁木齐等国际枢纽机场及长沙、武汉、南宁等区域枢纽机场项目进展顺利，厦门、大连新机场正在加快建设，鄂州花湖机场货运枢纽功能初具规模。按照“政治动员、委托援建、建设运营一体化”原则推进实施的西藏“3+1”援建项目圆满收官。全年新增跑道6条、机位193个、航站楼面积59万平方米，运输机场总量达到259个，总容量达15.6亿人次。上海、武汉管制能力提升项目顺利开工，全年净增扇区19个、航路航线31条、里程1166公里，上海浦东等13个协调机场时刻容量每周增加11500个。强化工程质量安全监管，不断提升民用机场品质，成都天府、青岛胶东等一批机场项目入选中国建设工程鲁班奖。我国在海外以投资-建设-运营模式（BOT）实施的第一座国际机场——柬埔寨暹粒吴哥国际机场正式通航运营，巴基斯坦瓜达尔国际机场援建项目顺利通过中期验收，标志着我国海外机场建设运营能力迈上了新台阶。

（五）改革攻坚取得突破

以深化供给侧结构性改革为主线，扎实推进全面深化民航改革行动计划，制定印发民航全面深化改革实施办法，进一步明确深化民航改革的重点领域、改革目标和主要任务，以评估问效推动各项改革任务全面落地、高效实施。聚焦党中央、国务院决策部署，积极参与国家空管改革，深度参与国家空域资源分类划设，大力推广低空空域管理改革试点成果；持续推进航空制造业与航空运输业深度融合，深化全产业链协同工作机制；积极参与构建现代综合交通运输体系，推动丰富“空铁联运”产品形式。聚焦民航主责主业，开展分级分类精准化监管，推进监管模式转型；探索创新中小机场空管管理服务模式，强化空管一体化运行；重塑航班时刻管理体制机制，实施航班时刻集约化集中管理；以强化枢纽为导向，研究制定国际客运航权市场准入和配置规则；修订印发支线航空补贴办法，进一步加大对地面交通不便地区航线和支线飞机执飞航线补贴力度。聚焦行业管理机制创新，健全公平竞争审查制度，建立市场准入壁垒排查清理长效机制。探索规范机场地面服务运营秩序。充分发挥政务服务平台作用，持续提升政务服务效能，民航行政许可事项网上可办率达 98%，“一网通办”事项接近 50%。优化国有资本布局结构，加快低效无效企业清理处置，注销 7 家控参股企业。西藏区局深化改革初见成效，3 家新成立的机构正式揭牌。坚持改革与法治同步推进，《民航法》修订取得重要进展，《无人驾驶航空器飞行管理暂行条例》颁布实施，《北京公约》《北京议定书》批准生效，开展 17 部民航规章制修订工作，制发 43 份行政规范性文件、29 份行业标准，民航法规体系进一步健全。

（六）科教创新蓄势储能

坚持自立自强，组织编制《民航中长期科学和技术发展规划纲要（2021—2035 年）》，召开民航科教创新大会暨高端对话会，成功举办第二届民航科教创新成果展。民航国家技术标准创新基地获批成立，成都科技创新示范区首批项目正式投运，大兴科技创新基地建设加快推进。获批 1 个全国重点实验室，民航系统国家级科技创新基地实现“零”的突破。ARJ21 飞机实现规模化运行并出口印度尼西亚投入运营，安全载客突破 1000 万人次。C919 正式投入商业运行，国产大飞机“研发、制造、取证、投运”全面贯通。Y12F 飞机获得欧洲航空安全局（EASA）型号认可证。亿航 EH-216S 获颁世界首个载人无人驾驶电动垂直起降航空器型号合格证。首款国产航空滑油实现装机应用，打破进口滑油近 30 年垄断。北斗系统正式加入国际民航组织标准，航空 5G、远程塔台等新技术、新模式加快推广。贯彻落实数字中国总体部署，智慧民航建设深入推进，行业数字化转型发展目标、战略路径进一步聚焦，数据管理政策标准体系更加完善，智慧监管服务平台、智慧机场联合运行场景试点等项目加快推进。直属院校“双一流”、博士点、职教本科等加快建设，行业特色学科专业体系进一步完善。编制印发《民航人才发展行动计划（2023—2027 年）》，民航科技创新人才、专业技术人才、国际化人才加速培养。

（七）国际开放合作深入拓展

服务国家战略和总体外交，推进“一带一路”空中联通，与哈萨克斯坦、塔吉克斯坦签署共建“空中丝绸之路”谅解备忘录，积极与吉尔吉斯斯坦、匈牙利、所罗门群岛、委内瑞拉、保加利亚、卢森堡等“一带一路”国家扩大航权安排，与 125 个签署航空运输协定国家均已恢复疫情前双边航权安排适用。推动中美民航合作项目（ACP）、中欧民航合作项目（APP）转型升级。完成中瑞航空安全协定及适航实施程序签署。在香港联合举办系列展示活动，助力国产民机及民航科创产品走出去。积极参与国际治理，圆满完成国际民航组织第三次航空替代燃料大会、第 58 届亚太地区民航局长会议参会任务。国际民航组织理事会主席、秘书长访华取得圆满成功，双方共同举办亚太地区分办事处成立十周年庆祝活动。对标高标准经贸规则，稳步扩大制度型开放，积极支持海南第七航权试点。

（八）重大运输保障万无一失

今年党和国家大事、要事多，对民航重大运输保障提出更高要求。全行业以高度的政治责任感、使命感，加强统筹协调、密切分工合作，坚持最高标准、最严要求、最周密措施，圆满完成党和国家领导人系列重要专包机保障任务，圆满完成第三届“一带一路”国际合作高峰论坛、中国—中亚峰会、杭州亚运会、成都大运会、全球可持续交通高峰论坛、进博会等重大活动运输保障及安全保卫任务，圆满完成海外撤侨、人道主义救援等一系列紧急航空运输任务，充分彰显了民航人的政治担当和过硬的业务能力。

（九）全面从严治党纵深发展

深入学习领会习近平总书记关于党的建设的重要思想，坚持把党的政治建设摆在首位，严格落实“第一议题”制度，及时跟进学习习近平总书记重要讲话和重要指示批示精神；健全全面从严治党主体责任谈话制度，固化党组织书记抓党建年度述职考核，明确党支部全面从严治党责任清单，压紧压实政治机关和基层党组织建设。持续深化巡视整改，紧盯中央巡视反馈问题，制定深化整改措施49项，扎实推进加强党的领导和党的建设、推动高质量发展等5项重点整改任务；制订局党组巡视规划，完成对2个地区管理局、4个直属院校的巡视。持续加强领导班子和干部队伍建设，落实党和国家机构改革部署，完成机关编制精减5%；坚持党管干部原则，围绕民航事业发展需要选贤任能，全年调整配备党组管理干部263人次，民航局党组选拔任用工作总体满意度100%。深入开展党风廉政建设和反腐败斗争，严格落实中央八项规定及其实施细则精神，持续整治形式主义、官僚主义；加强警示提醒和监督检查，常态化开展纪律作风建设；推动实施民航专业工程招投标全流程电子化，高质量完成财会监督和财经纪律审计问题专项治理；保持反腐败高压态势，全系统立案审查64起，给予党纪政务处分72人次。不断深化思想政治工作和文化建设，深入学习贯彻习近平文化思想，严格落实意识形态工作责任制。加强新时代民航安全文化建设，大力弘扬“生命至上、安全第一、遵章履责、崇严求实”价值理念。广泛集聚行业力量，不断提高定点帮扶工作质量。坚持精准服务，用心用情做好老干部工作。高质量推进民航团员和青年主题教育，举办“青春先行军、奋进新征程”展示交流等活动，广泛开展劳动和技能竞赛，27个先进集体和个人获得“全国五一劳动奖”和“全国工人先锋号”荣誉称号，进一步提振了行业士气、凝聚了奋进力量。

成绩来之不易，但也要清醒认识工作中存在的问题和不足：一是全年发生不安全事件10294起，同比增加4415起，鸟击、外来物击伤事件居高不下，发动机等关键系统机械故障相对偏多，人员违规违章时有发生，网络信息系统故障多次发生，目前全国仍有7家航空公司、7个机场由于安全保障能力被限制运行，一些单位对苗头性、趋势性问题警觉性不够高、办法不够多，安全责任落实不到位，安全形势稳中有险、稳中有忧。二是目前全行业还有23家航空公司、146家机场生产规模尚未恢复到疫情前水平，国际旅客运输量仅恢复到疫情前四成，核心枢纽的竞争力与周边国际先进枢纽的差距有拉大趋势，飞机日利用率比2019年低1.2小时，正班客座率低5.3个百分点，载运率低3.9个百分点，运营效率还需进一步提升。三是深化改革还需进一步加强，空铁联运服务衔接、标准相容、数据互通、资源共享、管理协调等方面还存在诸多需要突破的问题，通航运行标准和管理制度还需进一步完善，运行效率还有很大提升空间，以时刻管理改革为牵引提升关键资源配置效率还有许多工作要做。四是不少单位的管理模式和管理能力与规模化生产经营还不适应，安全管理体系效能发挥不够充分，一些单位领导干部管理能力不足，安全管控效果不佳。五是基层党建工作还存在短板弱项，党建和业务“两张皮”问题解决得不够好，“四风”问题禁而未绝，重点领域、关键岗位违纪违法问题仍有发生。面对这些问题，我们必须认真学习贯彻党的二十大精神，在推进民航高质量发展中深化解决。

二、当前民航发展面临的形势

当前及今后一个时期是以中国式现代化全面推进强国建设、民族复兴伟业的关键时期，全行业要把思想和行动统一到党的二十大精神上来，准确把握我国民航发展形势，进一步增强责任感使命感，以民航高质量发展为中国式现代化贡献力量。

（一）准确把握民航2024年发展趋势，进一步增强推进民航高质量发展的信心

疫情防控政策调整优化以来，我国经济持续回升向好，高质量发展扎实推进，民航运输市场迎来显著复苏。2024年，我国发展面临的有利条件强于不利因素，经济持续向好、长期向好的基本趋势没有改变。中央确定2024年经济工作要坚持稳中求进、以进促稳、先立后破，各地区各部门将积极推出有利于稳预期、稳增长的政策，在转方式、调结构、提质量、增效益上更加积极进取。在这一政策导向下，我国经济运行将保持在合理区间，将为民航发展提供良好的宏观环境。经过一年稳健有序恢复，行业主体元气逐渐恢复，生产运行秩序回归正常，发展动能进一步积

蓄，支持高质量发展的有利因素不断增多，我国民航将进入持续快速健康发展的新周期。

一是运输生产回归自然增长。依托包括4亿多中等收入群体在内的14多亿人口所形成的超大规模内需市场，我国航空市场空间仍大有潜力可挖。随着国内居民消费从疫后恢复转向持续扩大，新型城镇化和乡村振兴统筹推进，对民航的有效需求将进一步扩大，我国国内客运将继续稳定增长，预计全年国内航线旅客运输量将达6.3亿人次，超过2019年7.7个百分点，春运、暑运、国庆等旺季表现更加令人期待。基于对我国经济增长的信心，加之我国对外免签及一系列出入境便利化政策措施出台，国际客运市场将加快恢复，预计2024年底每周达6000班左右，恢复至疫情前约80%。尽管全球产业链供应链重塑对外贸格局产生较大影响，但随着跨境电商、冷链生鲜等新货源拓展，航空货运市场保持韧性、稳中有升，国际货运量实现正增长。随着低空经济蓬勃发展，通用航空市场需求进一步激活，作业小时和无人机飞行时间增速均将超过10%，通航产业越来越成为国民经济新的增长点。

二是全面跨入提质增效阶段。在新发展理念引领下，民航供给侧结构性改革进一步深化，资源要素配置持续优化，科技创新成果加快应用，员工素质能力持续提高，民航全要素生产率将进一步提升，我国民航将迈上更为安全、更有效率、更加公平、更可持续的高质量发展之路。安全基础将更加牢固，责任原因征候和严重征候万时率持续下降，高水平航空安全为民航高质量发展提供更加坚实的保障。发展结构更加协调均衡，支线、货运、国际和通用航空等短板进一步补齐，市场集中度进一步提高，供需适配度进一步优化，规模效应和网络效应进一步凸显。国家空管改革红利逐步释放，航线非直线系数、绕航率等进一步降低，运行效率有效提升，航班正常率稳定在80%以上。生产运行更加绿色低碳，吨公里油耗、机场单位旅客能耗持续下降。智慧民航建设迈出新步伐，行业数字化转型加快推进，关键核心技术攻关成果集中涌现和大量应用。企业经营效益进一步改善，2024年行业有望实现扭亏为盈，行业投入产出水平以及全员劳动生产率进一步提高。

三是逐步迈入产业融合时代。随着航空价值链拓展提升、供应链深度融合、产业链日益完整，民航产业内外各主体相互融合、相互赋能趋势不断加强，越来越呈现“对内系统集成，对外协同共生”的产业生态特征。在机场层面，以运行协同为核心，实时共享运行信息、强化协同决策的生产运行生态圈更加成熟。在区域层面，以提升区域核心竞争力为核心，不同机场功能定位更加明晰、协同联动更加充分，民航+其他交通方式的综合交通组合优势进一步显现，航空运输平台经济、枢纽经济、通道经济特征愈发明显，共生共荣的区域协调发展生态圈活力更加迸发。在产业层面，以深化融合为核心，航空运输业与民机制造业理念、标准、人才、服务、工作融合日益紧密，围绕旅客价值链的民航产业分工进一步细化，上下联动的航空产业生态圈协同效应更加显现。面对我国民航发展正向产业生态演进的态势，需要我们适应行业工作关系、利益关系以及商业模式和监管模式的调整和变革，进一步调整优化治理模式。

四是行业战略作用跃上新平台。到“十四五”末，航空服务将覆盖全国93.2%的地级行政单元、91.6%的人口、94.5%的经济总量，旅客周转量在综合交通体系中占比将提升到35%，商品和资源要素能够以更加便捷、高效、经济的方式，在更大范围、更大市场实现流通、配置，有力服务构建以国内大循环为主体、国内国际双循环相互促进的新发展格局。国产飞机、北斗卫星导航系统正处于市场导入的重要窗口期，在民航客户需求的引导和运营保障的支持下，我国民航机队中国产飞机数量将大幅增加，助力我国航空工业进一步发展壮大，在新型工业化、建设制造强国中走在前列。目前国家布局建设的150个物流枢纽中，空港型枢纽有24个，越来越多的地方政府正依托机场规划建设临空经济区，依托通用航空产业发展低空经济等战略性新兴产业，各类要素正加速向机场周边及临近区域汇聚，机场将越来越成为地区经济社会发展的动力源、新质生产力的策源地。

（二）准确把握当前我国民航发展的主要矛盾，进一步明确民航高质量发展的主攻方向

当前及今后一个时期，我国民航发展的主要矛盾仍然是人民群众多样化航空需求和民航发展不平衡不充分的矛盾，具体表现在以下方面：

一是安全水平不断提高的要求与安全保障能力不足的矛盾。“3·21”东航MU5735航空器飞行事故发生后，习近平总书记提出了“确保航空运行绝对安全，确保人民生命绝对安全”的要求，我们必须实现更高水平的航空安全，才能不辜负总书记的殷殷嘱托，才能满足人民群众对航空安全的高期望，才能为民航高质量发展提供保障。全球航空业一百多年的发展历程就是一部航空安全水平不断提升的历史，但安全水平的提升不是线性增长的，而是随着航空制造技术进步、运行方式创新、管理手段改进、从业人员安全素养提高所带来的安全保障能力提升，呈阶梯性跃升特征。目前全球航空百万架次重大事故率0.21，安全水平进入一个平台期，随着未来飞行量的持续增长，需要更高的安全管理水平和更低的事故率，以确保安全风险被控制在可接受水平。安全水平的提升必须依靠安全保障能力的突破，涉及安全理念的转变、管理方法的改进、技术水平的突破、运行模式的创新、规章制度的完善和安全文化的涵养，这是一个不断积累的动态过程，需要久久为功，我们必须要有坚定的决心，充分发扬斗争精神，付出艰苦的努力。

二是持续快速发展的趋势与资源供给紧缺的矛盾。未来相当长时期内，我国民航生产规模与关键资源仍将处于“紧平衡”状态。未来5年，航路里程年均增速落后航班量增速3~5个百分点，繁忙机场一刻难求的现象可能重现，低空经济蓬勃发展的市场需求与低空空域资源供给能力之间的矛盾也将日益凸显。热点国家的航权资源储备不足，部分重点国家的可配置航权额度将在未来几年趋于饱和。疫情三年行业累计亏损4000多亿元，民航发展基金大幅减收，重大基础设施建设面临300亿元资金缺口。不少企业在疫情期间减少了新员工招聘、送培数量，专业技术人员数量结构和能力素质可能成为未来发展的不确定因素。受零部件供应链紧张影响，当前航材平均采购周期较疫情前增加一倍，部分机型交付时间延长50%以上，一些机型价格和租赁费率上涨超过30%，供应滞后局面可能持续较长时间。我们必须超前谋划，千方百计加大资源供给，优化提升资源配置效率，保持发展速度和资源供给相适应。

三是高质量发展的目标与发展短板弱项的矛盾。对照民航高质量发展目标要求，我国民航还有不少短板弱项。例如，主要航空枢纽国际竞争力不强，在国际通航点、中转效率和出入境环境等方面与周边国家枢纽机场差距较大。支线航空发展滞后，干支、支支机场联通率仅为20.5%和0.6%，远低于干线机场间53%的水平。自主可控的航空货运能力不足，全货机机队规模小，专业化、全链条服务滞后，海外运营保障支撑不足。绿色低碳发展方式还未完全形成，运行效率同国际先进水平相比还有差距，我国民航单跑道保障架次、地面滑行时间等还有较大提升空间。科技创新支撑能力不足，在全球民航治理中的话语权和影响力还有待提升。行业资源要素配置的体制机制不够完善，配置能力、手段和效率有待进一步提高。企业长期以来所形成的经营观念、管理方法、运营方式与当前市场环境、技术环境变化还有不适应的地方，盈利能力、服务品质与世界先进水平还有差距。这些短板和弱项需要我们在高质量发展中一一补齐。

四是各类风险挑战叠加与行业韧性不强的矛盾。当前及今后一个时期，百年变局加速演进，国际地缘政治局势持续紧张，局部冲突和动荡频发，世界经济长期低迷，产业链供应链震荡重塑，我国经济有效需求不足、社会预期偏弱、风险隐患仍然较多，国内大循环存在堵点，外部环境的复杂性、严峻性和不确定性上升。我国人口发展呈现少子化、老龄化、区域人口增减分化的趋势性特征，高铁线路不断开通加密，对民航市场产生较大影响。无人机扰航、卫星导航信号干扰、新型发动机可靠性不佳、信息系统故障等新型风险与人为因素、机械故障、鸟击、天气影响等传统风险交织，爆炸物威胁事件数量增多，海外运行风险增大，民航安全运行环境更加复杂。航空发动机、一些核心信息系统等还不能实现自主可控，各国围绕航空碳减排技术标准和产品装备的博弈更加激烈。

疫情暴露出我国民航抵御各种风险的能力还不够强，行业韧性建设还需要下很大功夫。这些国际与国内、政治与经济、传统与新型、行业内部与外部等各类风险挑战交织叠加，如果不能很好应对，将严重制约我国民航可持续发展。

这些制约当前和今后一个时期民航发展的矛盾，就是推动民航高质量发展的主攻方向。推进解决这些矛盾需要我们准确识变、科学应变、主动求变，以自我革命精神进一步深化民航改革，为行业高质量发展提供内生动力。

（三）准确把握新时代新征程民航高质量发展目标和任务，奋力谱写交通强国建设民航新篇章

党的二十大擘画了全面建成社会主义现代化强国、以中国式现代化全面推进中华民族伟大复兴的宏伟蓝图，作出了加快建设交通强国、加快推动交通运输结构调整优化的战略部署。民航业作为国家重要的战略产业，是交通强国建设的重要组成，是推进中国式现代化的重要支撑。在新时代新征程上，我们要以习近平新时代中国特色社会主义思想为指导，全面落实《交通强国建设纲要》《国家综合立体交通网规划纲要》部署要求，奋力谱写交通强国建设民航新篇章。

实现交通强国建设民航新篇章战略目标，要全面贯彻新时代做好经济工作的规律性要求，深化民航产业特征和发展规律的认识，以推动民航高质量发展为首要任务，以服务构建新发展格局为战略任务，以改革创新为根本动力，以市场化、法治化、国际化、大众化、智慧化、绿色化为发展导向，注重高效统筹发展与安全，注重充分体现创新、协调、绿色、开放、共享的新发展理念，注重更好兼顾质的有效提升和量的合理增长，着力推动民航发展由追求速度规模向更加注重质量效益转变，由依靠传统要素驱动向更加注重创新驱动转变，由相对独立发展向更加注重与综合交通和产业融合发展转变，着力打造一流安全、一流设施、一流技术、一流管理、一流服务，形成安全、便捷、高效、绿色、经济的现代化民航体系。

一要构筑更高水平的安全保障体系。深入学习贯彻习近平总书记关于安全生产的重要论述和对民航安全工作的重要指示批示精神，深入贯彻落实总体国家安全观，牢牢守住民航安全底线。构建具有中国特色更加成熟的安全管理理论体系，持续完善民航安全法规。健全安全生产责任体系，强化源头治理和综合治理，加强新技术应用，着力构建完善基于风险管控和数据驱动的民航安全管理体系。完善“平安民航”建设工作体系，持续提升空防安全裕度。健全网络安全规章制度和标准规范，增强网络安全能力。完善应急预案体系，提高应急处置能力。大力提升监管效能，加快推动民航安全治理模式向事前预防转型，带动行业安全管理水平系统性、整体性提升。

二要建设经济可靠的基础设施体系。建设一流的现代化机场设施网络，构建世界一流空管系统，构建泛在智联的数字基础设施。持续巩固民航基础设施的公共服务功能，不断拓展产业带动功能，切实强化战略支撑功能，更好支撑区域重大战略、区域协调发展战略、新型城镇化战略、乡村振兴战略，有效服务国家对外开放。坚持适度超前、经济适用，科学把握建设规模、标准、节奏。坚持协同联通、融合发展，强化民用机场、民航信息基础设施与其他交通方式的衔接联动。坚持创新驱动、绿色低碳，加快推进民航基础设施数字化转型和绿色化提升，把智慧民航建设和绿色低碳要求贯穿全过程各环节。

三要打造优质高效的航空服务体系。以四大机场群为重点，打造大容量、多频次、高效率的国内骨干网。构建覆盖广泛、普惠均衡的基础网，更好满足大众出行需求。建设世界一流航空枢纽，打造具有较强国际竞争力的超级承运人。支持中小航空运输企业专业化、特色化发展，形成各类航空公司协同联动、良性竞争、相得益彰的发展格局。积极适应产业升级和产业链区域化调整，打造安全可靠的航空物流体系。以更好满足旅客需求为出发点和落脚点，强化服务创新，建设品质一流的航空运输服务。构筑功能完善的通航服务体系，满足多样化通用航空消费需求，大力推进无人机应用，积极支持低空经济发展。

四要建立可持续的绿色发展体系。加快民航绿色转型，推进可持续航空燃料技术研发和规模化应

用。持续推进机场用能电气化，建设“零碳机场”。统筹国内外碳市场建设，推动建立健全基于市场的民航减排机制。持续优化航线航路结构，降低航线非直线系数和实际航迹延展率，完善航班运行协同决策机制，减少航班延误和航空器地面滑行等待时间，持续提升运营效率，提升飞机燃油效率。构建以运行程序优化和用地相容性管理为重点的机场噪声治理体系。因地制宜打造“海绵机场”，建设“无废机场”。推进老旧飞机回收拆解等循环经济产业规范化、规模化发展。

五要构建自主可控的创新支撑体系。坚持自立自强、开放包容，进一步完善面向生产一线、面向世界一流的科教创新体系，解决民航重大技术装备、关键生产运行系统、核心商务服务系统等长期受制于人的“卡脖子”问题，防范化解影响行业长远发展的系统性风险。实施新一轮民航科技创新人才推进计划，造就一批科技领军人才、拔尖人才和创新团队，培养一批青年科技人才后备军。建设协同共生的产业生态，加大国产民机运营保障支持力度，促进我国航空工业发展壮大，推动临空经济区提档升级，支持民航关联企业在机场周边聚集。

六要构建系统完备的民航治理体系。加强党对民航的全面领导，为民航高质量发展提供坚强政治保证。深化要素市场化改革，提升航权、时刻、运力、资金、人才、数据等配置效率。深化全方位对外开放，优化营商环境，完善市场运行规则和制度，加强市场监管，构建统一开放、高效规范、公平竞争的民航市场体系。构建国际一流的标准规则体系，积极推动全球民航治理体系建设与变革，深度参与民航领域国际组织框架下规则标准制修订，提升中国民航标准的国际化水平和国际话语权。持续优化政府职责体系和组织结构，深化局属事业单位、企业改革，健全行政决策制度体系，全面提升政务服务水平。厚植行业文化价值体系，激励民航人奋进新征程、建功新时代。

三、2024 年民航工作总体要求和重点工作

2024 年是中华人民共和国成立 75 周年，是实施“十四五”规划的关键一年，同时也是民航由恢复发展转向增量提质的关键一年，做好 2024 年工作意义重大。

2024 年民航工作总体要求：坚持以习近平新时代中国特色社会主义思想为指导，深入贯彻党的二十大和二十届二中全会精神，贯彻落实中央经济工作会议精神，贯彻全国交通运输工作会议精神，立足新发展阶段，完整、准确、全面贯彻新发展理念，服务构建新发展格局，以高质量发展为主题，坚持稳中求进、以进促稳、先立后破，统筹扩大内需和供给侧结构性改革，统筹高质量发展和高水平安全，统筹当前与长远，牢牢守住航空安全底线，科学实施宏观调控，着力提升发展品质，持续深化民航改革，深入推进全面从严治党，持续推动民航发展实现质的有效提升和量的合理增长，推进交通强国建设民航篇章再上新台阶。

2024 年民航重点工作：

（一）牢固树立安全发展理念，努力实现高水平航空安全

坚决贯彻落实习近平总书记关于安全生产重要论述以及对民航安全工作重要指示批示精神，坚定不移贯彻总体国家安全观，以“时时放心不下”的责任感，坚决贯彻落实“两个绝对安全”要求，杜绝运输航空重特大责任事故，杜绝劫机、炸机等机上恐怖事件，防止空防安全严重责任事故，防止民用航空器重大地面事故和特大维修事故。

牢固树立安全发展理念。切实抓好《关于贯彻落实习近平总书记重要指示批示精神，进一步加强民航安全管理工作的指导意见》的落实。坚持“安全第一”不动摇，统筹处理好安全与发展、效益的关系。基于安全保障能力组织生产运行，切实做到稳中求进、量力而行，确保运行保障能力与运输生产规模相匹配。及时准确研判安全运行态势，针对企业状况重大变动、安全运行态势较大波动等情况，及时开展风险评估和针对性管控。统筹抓好通用航空安全发展，处理好放与管的关系，做好顶层设计，完善清理退出机制。

强化安全生产责任落实。贯彻落实“党政同责、一岗双责、齐抓共管、失职追责”“三管三必须”要求，

推动实施《关于落实民航安全责任的管理办法》。严格安全责任追究，构建完善安全生产“层层负责、人人有责、各负其责”的责任制度和工作体系。强化齐抓共管的安全治理协作机制，充分发挥好地方党委政府、军方以及有关部门的管理合力。深入推进“安全风险分级防控和隐患排查治理双重预防机制”与安全管理体系有机融合，持续提升系统安全管理效能。

狠抓人员资质能力建设。持续加强飞行、机务、空管等关键岗位人员资质能力建设，严格准入标准和训练质量，有效提升岗位胜任力。建立航校与运行单位培养联动机制，打牢初始培养基础。强化安全管理人员素质能力建设，严把入门资质关，加强持续培训，探索实施管理能力考核。加强领导干部资质能力建设，加强关键岗位人员身心健康管理。深入开展安全作风和文化建设，严肃查处违规违章行为，不断增强民航从业人员的手册意识、规章意识。

深入开展隐患排查整治。组织开展安全生产治本攻坚三年行动，紧盯薄弱环节，突出重点单位，彻查漏洞盲区，强化本质安全。持续抓好中小机场空管保障、军民航防相撞、民航专业工程建设、载人载客类通航等领域的隐患排查整治，扎实开展“三超”行李进客舱专项整治。扎实做好国际航空安保审计反馈整改工作，持续开展“机闹”专项整治，加强境外虚假恐怖信息威胁案事件打击力度。全面整合鸟情数据源，搭建全国鸟情监测预警平台。坚持“一问题一方案”，重点聚焦航空公司安全运行、机场运行保障、空管运行保障以及航空器持续适航等领域的风险防范，切实做到“消除一处隐患，解决一类问题”。

切实提高应急处置能力。研究编制《民航应急演练管理办法》等规章制度，规范应急演练组织实施的全过程闭环管理。编制发布突发事件应急处置案例，推动民航应急演练管理信息系统建设和实训基地建设。进一步提升运行监控、预测预警、信息处理、组织协同能力，强化重特大突发事件发生时的应急指挥水平。探索推动机场应急委工作模式创新，加强行业各主体间、行业与地方政府间的协同联动，提升应急处置整体效能。持续抓好行业常态化疫情防控工作，确保机构不撤、力量不减、队伍不散，不断提升应对突发公共卫生事件能力水平。

持续提升安全监管效能。扎实推进安全监管创新行动计划，修订完善中国民航国家安全方案（SSP），健全完善差异化精准监管政策措施，研究合格证管理办公室（CMO）工作办法。加快智慧监管服务平台建设，积极推动各类监管系统互联互通，深化数据信息共享共用。建立财务安全监测与航空安全联动工作机制，提升民航企业安全保障财务考核质量。提高事件调查能力，深挖潜在系统风险。加强对国际航线运行、外国航空公司监管。加强监管队伍建设，探索开展监察员全职业周期培养，增强履职能力，坚决整治执法检查“宽松软虚”问题。以做好国际民航组织普遍安全监督审计（USOAP）迎审工作为契机，进一步增强系统安全管理效能。

（二）全面拉动航空市场需求，主动服务构建新发展格局

统筹扩大内需和供给侧结构性改革，以扩大国内市场需求为战略基点，加快国际市场恢复，提升航空货运能力，推动低空经济发展，力争完成运输总周转量、旅客运输量和货邮运输量1360亿吨公里、6.9亿人次和760万吨，同比分别增长约14%、11%和3%，为服务构建新发展格局作出新贡献。

挖掘国内市场新增长点。鼓励大型骨干航空公司聚焦中远程商务旅客，打造枢纽间空中快线，鼓励中小航空公司专注支线市场和干支衔接，与骨干航空公司形成互补。鼓励企业积极开拓市场，探索创新商业模式、服务产品。加快推进“干支通，全网联”航空运输网络体系建设，推动试点示范提质扩面，提高全流程协同保障效率，提升网络衔接能力和中转便利化服务水平，国内航线网络通达性拓展30%以上，充分放大网络效应。继续开展基本航空服务政策研究。以点带面深化“空铁联运”合作，打造具有中国特色的高品质数字化、智慧化空铁联运产品。

推动国际市场加快恢复。加强国际合作，努力克服制约航班恢复的各种障碍。充分发挥企业积极性，提高对市场需求的响应度，加大新兴市场开拓力度。落实中美元首会晤成果，推进中美直航航班大幅增加。加快推进“空中丝绸之路”高质量发展，积极扩

大与共建“一带一路”国家航权安排，深化与中亚、中东、非洲等地区的项目合作，支持“丝绸之路”国内节点城市打造亮点项目。提升现有三、四航权资源使用效率，支持航空公司根据航线网络拓展需要用好境外第五航权，继续支持海南开展第七航权试点。推动优化签证和出入境政策，提高通关便利化水平，提升国际航班出入境效率。

提升航空物流服务能力。围绕打造“全球123快货物流圈”，提升航空物流对产业链供应链的支撑功能。支持传统货运企业向航空物流上下游延伸，支持快递、跨境电商企业加强航空货运能力建设。鼓励航空物流企业加强与先进制造、跨境电商、冷链生鲜等产业对接，打造畅通生产地、加工地、消费地的快速化、多样化、专业化货运通道。引导企业加快海外航空货站布局建设，建设全球可达、安全可靠、自主可控、具有韧性的航空物流网络。深化航空物流综合保障能力试点，加大对航空货运枢纽基础设施、航权、时刻等资源的协同保障。提升航空物流信息化水平，加快推进多式联运“一单制”“一箱制”，推进航空物流降本增效。

大力服务低空经济发展。加快推动低空空域管理改革落地见效，优化低空飞行服务保障体系。健全通用机场政策法规与标准管理体系，支持地方加快通用机场和临时起降点建设，引导支持运输机场开展通航业务。巩固提升通用航空传统作业，深化拓展航空医疗救护、无人机物流、应急救援、新兴消费等业态发展。加强《无人驾驶航空器飞行管理暂行条例》及配套规章宣贯，规范无人机安全运行管理，支持无人机产业健康有序发展。优化无人驾驶航空器适航标准，优化审定模式与技术，提升审定效率。完善民用无人驾驶航空器综合管理平台（UOM），支持发展城市空中交通。支持以民用无人驾驶航空试验区（基地）为基础，推动打造若干低空经济发展示范区。

（三）着力提升行业发展品质，不断巩固民航比较优势

围绕提升民航核心竞争力，夯实行业发展基础，加快推进航空枢纽建设，系统提升生产运行效率，持续改善服务品质，提升行业综合效益。

夯实行业建设发展基础。坚持战略规划引领，编制发布《新时代新征程谱写交通强国建设民航新篇章行动纲要》，加快推进民航“十四五”规划实施，组织开展民航“十五五”规划前期研究，积极推进《全国民用运输机场布局规划》修编。扩大民航行业有效投资，力争全行业固定资产投资保持千亿水平。加快推动国家“十四五”规划102项重大工程民航领域建设，加快广州、重庆、西安、乌鲁木齐等重点枢纽机场和瑞金、奇台、巴里坤等支线机场建设，新增运输机场5个以上。完成沪昆大通道方案实施，积极推进京新空中走廊、广兰大通道北延等空中走廊建设，推进北京终端区空域再优化。

提升航空枢纽国际竞争力。研究制定推进国际航空枢纽建设的指导意见，强化航空枢纽基础设施、空域空管、航线网络、综合交通、临空经济等领域的顶层设计。服务北京、上海、广州城市功能定位，提升国际航空枢纽能级，增强洲际连接能力和全球辐射能力。按照北京双枢纽功能定位，合理优化首都、大兴机场协同运行机制。强化区域航空枢纽功能，充分发挥枢纽集散效率。支持航空货运枢纽专业化、规模化运行，统筹推进机场群货运能力协同发展。支持有基础、有能力、有意愿的大型航司发挥枢纽建设主体作用，进一步强化枢纽导向型资源配置政策。强化枢纽机场综合保障能力建设，推动优化旅客、货物通关环境。

协同提升生产运行效率。逐步构建全国、区域、机场三级民航运行协同体系，稳步推进民航协同运行平台建设。提升航班计划管理质量，完善航段时间管理方式，科学开展航班计划动态调整，推进飞行计划、流量管理、时刻管理有机融合。稳妥有序推进军民航中低空、高空空域整合，持续推进航路航线截弯取直。依托全国流量管理系统，持续提升容流匹配效率。支持北京终端区军民航联合运行，持续提升军民航一体联动、协同保障能力。提升航空气象服务准确性、实用性，加快独立平行仪表进近（EoR）、点融合（PMS）等新技术新模式推广应用，推进目视间隔和目视进近实施，规范航空器跑道占用时间标准。

持续提升民航服务品质。优化航班正常率考核指

标和调控措施，力争航班正常率保持在80%以上。常态化开展千万级机场航班靠桥率考核，力争国际枢纽机场航班靠桥率不低于80%。优化“航空快线”服务，分阶段有序推进北上广蓉快线航司间自由签转。进一步规范客票退改签，深化“无纸化”便捷出行，有序推进“一证（码）通行”试点，持续开展“首乘旅客”便利活动，加强行李运输管理，探索创新机上餐饮娱乐、商务办公等特色化、差异化服务，优化特殊需求旅客服务管理，扩大民航领域发票电子化改革试点范围。进一步完善服务质量、家属援助等方面规章及配套规范性文件，持续推进旅客运输量、旅客吞吐量千万级以上航空公司和机场服务质量管理体系建设。积极倡导安全乘机、文明出行。

全面提升行业综合效益。结合常态化运行阶段特点，动态开展市场研判，优化实施客座率考核等精准调控，持续提升市场供需适配度，力争客座率、载运率、飞机日利用率恢复到2019年水平。完善民航发展基金配套政策，提高资金绩效。切实提高民用机场工程建设水平，全面打造民用机场品质工程。积极推进国内运价改革，鼓励差异化服务开展。引导不同类型航空企业基于差异化功能定位，深耕细分各类市场，实现优势互补、错位发展，避免恶性竞争，实现行业整体盈利。

（四）发挥科技创新引领作用，构建现代航空产业体系

以科技创新推动民航产业创新，深入推进智慧民航建设，深化与航空制造业融合，推动民航产业链向上下游延伸、向价值链高端迈进。

强化民航科教创新实力。贯彻落实《民航中长期科学和技术发展规划纲要（2021—2035年）》，完善民航重大科研基础设施布局，加快推进成都科技创新示范区、大兴科技创新基地建设。加强应用基础研究和关键核心技术研究，加快科技成果转化。针对航空公司运行控制等关键和重点领域，整合优势资源，强化协同攻关。支持直属院校聚焦“双一流”、职教本科等建设目标，突出办学特色，提升办学质量。推进实施《民航人才发展行动计划（2023—2027年）》，统筹布局科技创新人才、专业技术人才和国际化人才队伍建设。

深入推进智慧民航建设。以数据治理和智慧化场景应用为抓手，加快推进行业数字化转型发展。继续扩大智慧民航建设试点范围，坚持项目驱动、场景引领，促进试点机场安全效率和服务水平提升。丰富完善行业数据基础制度体系建设，加快推进行业大数据中心建设，促进行业数据特别是公共数据和政务数据高效流动。加强民航关键信息基础设施和重要生产运行系统网络安全保障，增强系统可靠性和业务连续性。

支持航空工业发展壮大。根据航空制造企业产品谱系规划，分阶段逐步建立与之相适应的适航审定能力。做好C919、ARJ21证后管理，做好C919、ARJ21改型优化适航审查，推动国产民机性能持续提升。做好CJ-1000A、AG600等国家重点型号审定，推进C919飞机EASA认可审查，推动国产民机走出国门。进一步加强制造商生产质量体系建设，确保交付合格的产品。完善C919、ARJ21国产民机运营支持政策，推进国产飞机扩大运行规模、提升运行品质。持续推进机载设备、零部件、辅助动力装置等产品国产化替代应用。

积极培育航空关联产业。支持在线旅游企业（OTA）与航空企业在客户资源、产品资源、市场推广等方面深度合作，做大生态圈、做长价值链。研究编制可持续航空燃料发展路线图，积极推动可持续航空燃料产能提升。完善机场航空地面服务运营监管政策，稳步推动工程建设企业资质管理改革。鼓励国产客票结算系统推广应用，在航空结算市场形成良性竞争。支持航空租赁企业与民航企业优化业务协作，助力航空公司改善机队结构、降低财务成本、提高运营效率。加强民航产业对国民经济影响理论研究，形成并发布贡献度评估报告。

（五）深化重点领域改革，不断增强行业发展内生动力

以进促稳关键在于深化改革，必须坚持先立后破，进一步聚焦党中央、国务院决策部署，聚焦民航主责主业，聚焦行业管理机制创新，充分发扬斗争精神，持续发力攻关。

积极落实中央改革任务。按照党中央统一部署，

积极配合做好国家空管体制改革，积极落实空域分类管理和划设工作，配合调整优化“三区”划设及管理机制，为行业高质量发展争取更多可用资源。落实国家“双碳”行动，有序推进航空碳市场建设，积极参与国际航空碳排放治理。落实党中央、国务院关于深化国有企业改革统一部署，深入推进局属国有企业改革深化提升行动，稳步实施经营性国有资产集中统一监管改革。统筹推进深层次改革和高水平开放，充分用好自贸试验区、自贸港试验田，持续推进民航统一大市场建设工作措施。

持续优化资源要素配置。把握国家重要战略产业定位，聚焦枢纽导向修订完善国际客运航权配置规则。持续优化时刻资源集中配置管理模式，完善航班时刻管理政策和规则体系，加快推进新一代航班时刻管理系统建设。修订完善国内航线航班评审规则，修订外航航线经营许可及不定期飞行许可。积极推进机队精细化差异化管理，发挥好飞机引进“奖优罚劣”机制效能，引导企业基于市场需求优化机队结构，理性安排运力投放，确保机队增长与行业关键资源保障能力协同匹配。

与时俱进提升治理能力。优化完善民航法规标准体系，抓紧推进《民航法》修订审查，加快《民用机场管理条例》修订，推动飞标、适航、机场、空管、安保等重点规章标准制修订，为新产业、新业态、新产品培育成长提供土壤。坚持依法行政，落实提升行政执法质量三年行动计划，大力提升行政执法效能。优化理顺民航行政机关职责分工，科学用好编制资源，推动职能优化协同高效。加强民航数字政府建设，健全完善一体化政务服务平台功能，持续提升民航政务服务效能。

（六）坚定不移推进全面从严治党，深入推进新时代民航系统党的建设更加坚强有力

认真贯彻习近平总书记关于党的建设的重要思想，全面落实新时代党的建设总要求，着力健全全面从严治党体系，切实把党的领导全面落实到民航工作各方面各环节，为推动民航高质量发展提供坚强政治保证。

持续强化党的政治建设。落实《中共民航局党组关于维护党中央集中统一领导的规定》，完善党员干部理论教育培训长效机制，推动民航系统各级党组织和党员干部深学细悟习近平新时代中国特色社会主义思想，更加深刻认识“两个确立”的决定性意义，进一步增强“四个意识”、坚定“四个自信”、坚决做到“两个维护”。巩固拓展主题教育成果，认真贯彻落实中央主题教育第一批总结暨第二批部署会议精神，持续抓好问题整改整治，建立常态化长效化制度机制，持续推动主题教育成果转化运用。

持续深化巡视审计整改。按照既定措施和节点要求，扎实推进巡视中长期任务整改，强化巡视整改成果应用。继续抓好加强党的领导和党的建设、推动民航高质量发展五项重点任务以及各专项行动计划落实。加大力度推动巡视整改向基层延伸，提升巡视巡察、上下联动质效。推进财会监督和财经纪律审计问题专项治理常态长效，多措并举构建风险防范防火墙，坚决清理存量、管住增量。

着力加强领导班子和干部队伍建设。深入贯彻全国组织工作会议精神，坚持党管干部原则，落实新时代好干部标准，统筹抓好干部选育管用，为民航高质量发展提供坚强组织保证。加强各单位各部门班子整体功能分析研判，选优配强领导班子。完善干部工作方法举措，提升选人用人质量，积极稳妥培养选拔年轻干部。着眼严密上下贯通、执行有力的组织体系，抓实各级党委建设，推进局属单位党组织换届选举工作，深入推进“四强”党支部建设，加强党员教育管理，不断夯实党建基层基础。

坚定不移推进正风肃纪反腐。把严的基调、严的措施、严的氛围长期坚持下去，把从严管理监督和激励担当作为统一起来，严肃整治享乐主义、奢靡之风，重点纠治形式主义、官僚主义，认真抓好新修订的《中国共产党纪律处分条例》的宣传教育和贯彻执行，纠树并举推进纪律教育和作风建设常态化长效化。坚持以零容忍态度惩治腐败，聚焦机场、空管等重点领域，紧盯各级“一把手”、年轻领导干部和关键要害岗位人员，着力在不敢腐上持续加压，在不能腐上深化拓展，在不想腐上巩固提升，一体推进不敢腐、不能腐、不想腐。

加强宣传思想文化和群团工作。深入学习贯彻

习近平文化思想，不断做深做细思想政治工作，加强新闻宣传舆论工作，内强信心、外展形象，为民航发展营造良好氛围。深入落实乡村振兴战略，提升民航定点帮扶工作实效。关心关爱老干部，做实做细离退休老同志服务保障。发挥好工会、共青团作用，积极推进民航职工队伍建设改革，大力弘扬劳模精神、劳动精神、工匠精神和中国民航英雄机组精神，深化岗位建功活动，为民航事业发展凝心聚力。

同志们，让我们紧密团结在以习近平同志为核心的党中央周围，深入贯彻落实党的二十大精神，迎难而上，开拓进取，切实把党中央、国务院决策部署转化为确保航空安全、推动民航高质量发展的实际行动，努力在推进中国式现代化进程中奋力谱写交通强国建设民航新篇章。

赵冲久在2024年全国邮政管理工作会议上的讲话

（2024年1月9日）

这次会议的主要任务是：以习近平新时代中国特色社会主义思想为指导，全面贯彻落实党的二十大、二十届二中全会和中央经济工作会议精神，总结2023年工作，分析形势，部署2024年重点任务。下面，我讲3个方面的意见。

一、2023年主要工作

2023年是全面贯彻党的二十大精神的开局之年，是三年新冠疫情防控转段后经济恢复发展的一年。一年来，在以习近平同志为核心的党中央坚强领导下，全系统全行业认真学习习近平新时代中国特色社会主义思想，坚决贯彻落实党中央、国务院决策部署，坚持稳中求进工作总基调，完整、准确、全面贯彻新发展理念，在服务加快构建新发展格局、更好统筹发展和安全、推动行业高质量发展等方面取得显著成效，加快建设交通强国邮政篇章迈出坚实步伐，为全面建设社会主义现代化国家开好局起好步作出了积极贡献。预计2023年，邮政行业寄递业务量和邮政行业业务收入分别完成1620亿件和1.5万亿元，同比分别增长16.5%和13.5%。其中，快递业务量和业务收入分别完成1320亿件和1.2万亿元，同比分别增长19.5%和14.5%。

（一）学习贯彻习近平新时代中国特色社会主义思想主题教育扎实有序开展

全系统始终把抓好主题教育作为首要政治任务，紧紧围绕“学思想、强党性、重实践、建新功”的总要求，牢牢把握主题主线和根本任务，一体推进理论学习、调查研究、推动发展、检视整改、建章立制，认真抓好干部队伍教育整顿。一是强化理论武装。认真学习习近平新时代中国特色社会主义思想和贯穿其中的立场、观点、方法，构建“六学联动”格局，督促指导全系统374个领导班子举办不少于7天的读书班，组织中心组学习1815次，领导干部讲党课1243场次，强化了党员、干部对习近平新时代中国特色社会主义思想的政治认同、思想认同、理论认同、情感认同。二是深入调查研究。紧扣影响和制约行业高质量发展的重大课题制定实施方案，全系统各级各部门明确1379项调研课题，各级党组认真贯彻落实“四下基层”要求，主要负责人带头开展专题调研，深入基层一线听取各方面的意见建议，广大党员干部更进一步地学习掌握了“解剖麻雀”式开展调研的工作方法，工作作风有了很大改善，工作能力本领得到了锻炼提高，在交通强国邮政篇、快递价格形成机制等方面取得了一批有价值的调研成果。三是聚力推动发展。注重把主题教育与行业高质量发展高效能治理相结合，积极推进交通强国邮政篇建设，更好服务国家战略，在畅通国内国际物流、促进物流业降本增效、服务先进制造业发展、“一带一路”建设、区域协调发展、乡村振兴等工作中发挥了重要作用。积极推进解决制约行业发展的关键问题，促进行业高质量发展，在提升服务质量、整治农村快递服务违规收费、推进邮政领域中央和地方财政事权和支出责任落实、网络与信息安全、快递员群体合法权益保障、农村寄递物流体系建设、国际寄递物流体系建设、行业安全发展、绿色发展等方面取得了实效，形成了一批政策文件，推动解决了一批急难愁盼问题。国家局联合16部门开展平安寄递2023专项行动和学习推广“四下基层”经验做法得到了中央主题教育办的充分肯定。四是全面检视整改。注重上下联动、以下看上抓好问题整改，结合巡视巡察、审计监督发现的问题，梳理推动发展遇到的问题、群众反映强烈的问题，合力抓好两批主题教育1625个问题清单和550个专项整治整改。国家局党组抓整改整治工作经验在中央主题教育办组织的推进会上做了交流。五是严抓干部队伍教育整顿。强化政治忠诚，坚持问题导向，突出严管严治，以严肃教育纯洁思想，以严格整顿纯洁组织。把全的要求、严的基调、治的理念贯穿干部队伍教育整顿工作全过程，加强对干部全方位管理和经常性监督，进一步完善从严管理监督干部制度体系，出台干部交流、考核管理、出国（境）管理等制度8项，全系统共查处党员、干部问题17人次。通过干部队伍教育整顿，进一步纯洁了思想和组织，营造了良好的政治生态。

（二）胸怀“国之大者”，服务党和国家大局有力有效

一是强化交通强国战略引领。加快建设交通强国是以习近平同志为核心的党中央立足国情、着眼全局、面向未来作出的重大决策，是全面建设社会主义现代化国家的先行领域和战略支撑。党的十九大报告提出“建设交通强国”，党的二十大报告进一步强调“加快建设交通强国”，党中央、国务院先后印发《交通强国建设纲要》《国家综合立体交通网规划纲要》，充分体现了以习近平同志为核心的党中央对交通强国建设的高度重视和殷切期望。我们认真贯彻落实党中央决策部署，开展加快建设交通强国邮政篇专题调研，印发实施方案，构建指标体系，部署9方面任务。联合开展交通强国邮政专项试点，目前已收到29个试点组织单位的63项试点任务申报。有序开展“十四五”邮政业发展规划实施中期评估等工作。二是积极服务区域协调发展。认真贯彻落实西部大开发、东北全面振兴、中部地区崛起、东部率先发展和京津冀协同发展、长江经济带发展、粤港澳大湾区建设、长三角一体化发展、黄河流域生态保护和高质量发展、成渝地区双城经济圈建设等区域重大战略和区域协调发展战略，支持引导邮政快递企业分拨中心、仓储设施和运输网络的合理布局，与国家综合货运枢纽、国家物流枢纽城市紧密结合，以京津冀、长三角、粤港澳大湾区、成渝、中部地区城市群为核心的全球性国际邮政快递枢纽集群建设稳步推进。发挥优势服务地方经济社会发展，印发高标准高质量推进雄安新区邮政业发展实施方案，出台支持新疆、西藏邮政快递高质量发展文件，与辽宁、河南省政府签订战略合作协议，联合打击海南离岛免税“套代购”违法行为。行业发展成效服务地方经济作用更加凸显，地方省级党委政府领导全年对行业作出批示153次、开展调研60次，为行业发展营造良好环境。三是落实国家重大任务部署。坚决贯彻《党和国家机构改革方案》，精减机关编制，按照中央要求集中精力推进改革任务落实落地，平稳顺利完成北京邮电疗养院改革任务。圆满完成《纪念毛泽东同志诞辰130周年》《“一带一路”倡议提出十周年》等重大题材邮票发行任务。顺利完成高校录取通知书和巡视信箱邮政服务任务。高标准完成中国—中亚峰会、成都大运会、杭州亚运会、第三届“一带一路”国际合作高峰论坛等重大活动期间寄递安全和服务保障任务。四是优化政策法规供给。推进邮政普遍服务业务与竞争性业务分业经营，制定支持推动新时代邮政普遍服务、快递业高质量发展政策文件，出台国家邮政局权责清单，加快法律法规规章的立改废释工作，推进邮政普遍服务条例制定和邮政法实施细则废止，修订和废止7个规范性文件，妨碍统一市场和公平竞争的机制障碍不断破除。依法依规做好企业境外上市、外商投资准入等工作，行业对外开放程度不断扩大。五是加快建设行业现代化基础设施体系。研究拟定邮政快递枢纽布局建设指导意见，推动基础设施整体效能提升。国家“十四五”重大工程的邮政国际寄递中心加快建设，义乌、成都、长沙、南昌、西宁邮件处理中心基本完成主体工程。亚洲第一个专业性货运机场顺丰鄂州花湖机场全面投入运营，圆通嘉兴航空货运枢纽开工建设。邮件快件处理能力大幅度提升，智能化水平快速进步。六是提升公共服务水平。维护邮政普遍服务网络完整稳定。有力巩固建制村直接通邮成果，每周投递三次及以上基本实现全覆盖，每周投递五次及以上接近五成。贯彻党中央关于持续改善边境地区基础设施状况的部署，全国3356个抵边自然村全部实现通邮。持续提升邮政领域

边海防通邮、物资递送能力，海拔5380米的神仙湾哨所通快递。

（三）助力畅通循环能力不断提升

一是加快农村寄递物流体系建设。积极服务乡村振兴战略，加快健全县乡村寄递服务网络，联合中央财办等部门印发《关于推动农村流通高质量发展的指导意见》，启动农村寄递物流体系建设三年行动，实施“一村一站”工程，累计建成1267个县级公共寄递配送中心、28.9万个村级寄递物流综合服务站和19万个村邮站。深化与农村电商协同发展，开展100个农村电商快递协同发展示范区和300个快递服务现代农业示范项目创建工作，会同农业农村部加快推进脱贫地区快递进村，打造邮政快递业服务现代农业金牌项目143个、银牌项目20个、铜牌项目60个。务实推动邮快合作和农村“客货邮”融合发展，邮快合作建制村覆盖率超70%，新增交邮联运邮路1300余条，农村邮路汽车化率同比提升9个百分点。二是增强服务产业链供应链能力。会同工业和信息化部实施快递业与制造业融合发展“5312”工程，大力发展线边物流、仓配一体和供应链管理等业务，评选山东青岛胶州市等10个试点先行区，召开全国现场会推广吉林顺丰服务中国一汽等22个快递业与制造业深度融合项目典型经验。加快推进冷链基础设施能力建设，开展快递企业冷链业务动态监测，累计建成冷链转运中心83个、冷链仓351个，投入冷链车辆3800余辆。三是推进国际寄递体系建设。优化国际邮件互换局（交换站）布局，推动完成海口、苏州国际邮件互换局叠加交换站功能，协调恢复喀什、珲春、黑河、二连浩特等互换局（交换站）运营。联合8部门印发实施方案推进邮政快递海外仓建设高质量发展，加快推进邮政快递国际寄递中心、境外地面网络和海外仓建设，行业累计建成境外分拨中心312个，总面积160万平方米；海外仓超300个，总面积超395万平方米，一批标志性项目落成投产。持续推进中欧班列常态化运输邮件和跨境电商商品，累计运输3773箱。国际/港澳台邮件快件业务量增速超过50%。四是扎实做好疫情防控转段以来保通保畅工作。2023年初，我们全面落实“乙类乙管”要求，及时优化调整行业疫情防控措施。保障首都等重点地区寄递服务畅通，努力推动分拨中心和营业网点应开尽开、积压邮件快件快速疏解，全力满足生产生活和医疗保障物资寄递需求，日均寄递医疗物资超300万件。2023年春节期间，全行业90万名快递小哥坚守服务岗位，有效保障基本寄递服务不中断。做好旺季寄递服务保障工作，有效应对“618”“双11”等快递业务高峰，打造畅通旺季、安全旺季、暖心旺季。

（四）行业发展动能加速释放

一是加快推进科技创新应用。召开行业科技创新工作会议和科技创新战略联盟大会。加快推动行业数智化转型，组织邮政业智能安检系统“华山论检”，加大智能安检、智能视频、智能语音申投诉处理技术在行业推广应用。强化北斗卫星导航系统等新技术应用，邮政干线车辆实现单北斗卫星导航系统设备安装全覆盖。完成邮标委换届，实施标准化工作五年行动计划，完成《快递服务》《邮政业交叉带式自动分拣系统技术规范》等15项国标和行标研制，与市场监管总局联合召开国家标准新闻发布会。加快推进科技成果转化，智能车辆、智能分拣设施、智能仓库和云仓在行业广泛应用。二是提升行业绿色治理水平。坚持标准化、循环化、减量化、无害化，推动将绿色低碳发展等内容纳入行业法规，发布《快递包装重金属与特定物质限量》等2项国家标准，制定邮件快件抽查工作规则，邮政快递企业绿色发展意识不断增强，绿色发展的创新成果层出不穷。联合7部门印发行动方案，启动公共领域车辆全面电动化先行区试点，发布绿色低碳发展实施意见。推动快递包装全链条治理，推动邮政业环境污染治理属地责任落实，组织全国性包装抽查，建设快递包装绿色治理监测分析平台，开展用品用具抽样检测。大力实施“9218”工程，全国电商快件不再二次包装比例超过95%，使用可循环包装的邮件快件超10亿件，回收复用质量完好的瓦楞纸箱超8.2亿个。三是打造高素质人才队伍。深入实施职业技能提升行动，联合制定邮政快递业职业技能等级认定实施意见，新增邮政市场业务员等3项国家职业标准，组织开展职业技能培训46万人次，新增10.8万人取得职业技能等级证书，4454人取得快递工程专业技术职称。联合举办第四届全国邮政行业职业技能竞赛、第八届全国"互联网+"快递业创新创业大赛，推动共建学院和行业职业教育发展。152人入选邮政行业科技英才、技术能手推进计划，25人获得全国交通技术能手称号。

（五）行业治理效能持续深化

一是增强行业监管质效。强化企业集团总部管理责任，严格开展邮政服务质量考核和约谈，组织普遍服务监管履职情况专项督导，加大行政执法和处罚力度，充分发挥社会监督员作用，切实提升邮政普遍服务质效。压实快递企业总部统一管理责任，就规范快递市场秩序对5家企业总部开展行政指导，约谈4家问题突出企业总部。将拼多多驿站纳入行业监管。加强生肖邮票、个性化邮票管理，科学论证纪特邮票发行数量并向社会公布，做好2024年纪特邮票发行计划审定工作。优化完善行业基础统计指标体系，构建快递高质量发展指标体系。二是规范快递市场秩序。开展许可合规治理，实施许可实地核查"验真"工程，经营许可服务监管作用进一步增强。修订出台《快递市场管理办法》，修订邮政行政处罚程序规定，编制邮政行政处罚裁量基准，开展提升行政执法质量三年行动。建立服务价格抽查监测机制，深入开展快递市场秩序整顿，聚焦农村快递服务违规收费和电商快件寄递服务质量问题开展专项整治。组织开展为期4个月的电商快件寄递服务专项整治工作，"不发货率""不包邮率"明显下降，新疆地区快递投递量日均增长近百万件。加强全国快递市场监管，实施行政处罚6606件，责令改正10295件。三是提升寄递服务质量。推广快递许可电子证照签发应用，优化末端网点备案流程，处理场所代码集中申报完成率达96.6%。联合开展司法专递面单电子化改革试点。扎实做好消费者申诉处理工作，有效申诉率保持在百万分之五以下。大力推动主题邮局建设，四川熊猫邮局入选第一批交通运输与旅游融合发展全国十佳案例。第五届中国（杭州）国际快递业大会成功举办，行业发展成果有效展示、行业影响力不断扩大。四是深化国际交流合作。积极参与全球邮政治理，深度参与万国邮联开放改革方案磋商，中国主导的气候行动修正案获利雅得特别大会批准，持续推进万国邮联铁路运邮规则制修订。推动将加强邮政领域合作纳入中国与吉尔吉斯斯坦建立新时代全面战略伙伴关系联合宣言、新版构建中国柬埔寨命运共同体行动计划，与亚太邮联、韩国等签订合作备忘录。组织参加第三届"一带一路"国际合作高峰论坛及互联互通高级别论坛，将提升跨境寄递国际运输服务水平等内容纳入《深化互联互通合作北京倡议》。成功举办2023年全球可持续交通高峰论坛邮政边会。五是维护快递员合法权益。会同人力资源和社会保障部出台快递行业推进劳动合同制度专项行动方案，印发合同示范文本，为推进从业人员劳动合同签订和社会保险缴纳提供制度保障。会同全国总工会推动主要品牌快递企业总部签订全网集体合同。巩固基层快递网点优先参加工伤保险工作成果，参保率稳定在90%以上。

（六）行业安全和应急保障水平显著提高

一是立足行业维护政治安全。加强邮政机要通信用户管理和收寄管控，组织开展机要通信全覆盖检查、跟班作业及多场景应急演练，稳妥处置北京门头沟、河北涿州机要运邮列车因汛情紧急滞留险情，确保党和国家秘密载体安全传递。从严开展行业"扫黄打非"工作，严防涉黄涉非物品通过寄递渠道传播，"扫黄打非"进基层站点建设成效明显。二是着力维护行业安全稳定。开展重大事故隐患专项排查整治2023行动，聚焦用电消防、机械操作等重点领域，累计检查企业4.3万家次，责令停产停业993家。联合公安、国家安全等16部门开展平安寄递专项行动，查处非法寄递毒品、枪支爆炸物品等违法违规行为3万余起。三是夯实网络数据和信息安全基础。实施《快递电子运单》国家标准，印发《寄递服务用户个人信息安全管理规定》，加强隐私运单推广应用，全行业日均使用量超3亿单。持续开展个人信息安全治理专项行动，对23家寄递信息汇聚平台进行风险隐患排查，督促问题平台立行立改。国家邮政局连续三年在公安部组织的网络攻防演习任务取得优异成绩。四是强化应急处置保障。持续推进邮政业应急管理体系和能力建设，加强视频巡查监管等"绿盾"工程相关信息系统应用。稳妥应对台风、地震、冰冻雨雪等自然灾害影响，指导有关企业总部扎实做好丰网加盟商退网工作。行业总体运行平稳，未发生较大及以上安全事故。

（七）党对行业的全面领导更加有力

一是坚持政治建设统领。坚决维护党中央集中统一领导，持续推进模范机关建设。把落实十九届中央第九轮巡视整改作为履行管党治党责任、推动高质量发展的重要抓手，184项整改任务全部销号完成。推动各级党组织认真履行主体责任，突出政治监督、做实日常监督，聚焦重点任务开展常态化监督，推动审计监督、财会监督、巡视监督相互贯通，编印系统巡视工作五年规划，组织开展首轮对8家单位党组的常规巡视，制定了局党组第一轮巡视上下联动整改问题清单。全面推进行业党建工作，不断织密建强党的组织体系，全国成立省级快递行业党委30个、市级304个。二是锻造过硬干部队伍。始终把政治标准放在首位，加强统筹谋划和调研分析，以正确的选人用人导向引领干事创业导向，突出事业为上、实干担当，全系统党员干部工作积极性、主动性有了明显提升。进一步加强领导班子建设，调整局管领导班子26个，提任局管干部22名，班子结构进一步优化、整体功能进一步增强。用好基层挂职和一线历练机会，8名年轻干部赴西藏、新疆等艰苦边远地区接受历练，29名年轻干部参与乡村振兴驻村帮扶、“西老革”挂职等。从严管理监督，严格贯彻执行领导干部个人有关事项报告制度，组织开展选人用人专项检查，强化“一报告两评议”结果运用。用好职务与职级并行政策，落实精准考核和及时奖励，推动市（地）局纳入财政部定员定额管理，不断强化正向激励。扎实开展干部教育培训，集中轮训全系统1051名处级以上领导干部，编制系统2023—2027年干部教育培训规划。三是加强行业监管支撑保障。自上而下推动落实县级邮政地方管理责任，27个省份的181个市（地），共905个县（市、区）取得阶段性成效。加强安全监管支撑体系建设，新增市级邮政业安全中心20个，累计达223个，12个省份实现市级安全中心设立全覆盖。进一步加强所属单位绩效工资和薪酬管理，完善收入分配激励约束机制。四是持之以恒正风肃纪。严格落实中央八项规定及其实施细则精神，驰而不息纠“四风”树新风，不断纠治形式主义、官僚主义。严格落实1号纪检监察建议，开展中国快递协会脱钩工作“回头看”和对外委托项目专项清理，进一步规范了与中国快递协会关系，加强了干部队伍和编外聘用人员管理。综合运用“四种形态”，严肃执纪问责，一体推进“三不腐”。扎实开展纪检干部队伍教育整顿。五是持续推进精神文明建设。修订出台加强新时代邮政业精神文明建设的指导意见，加大对行业先进典型的选树和宣传力度，28人荣获“全国五一劳动奖章（状）”、9个集体荣获“全国工人先锋号”、37个集体荣获“第21届全国青年文明号”、9人（集体）荣获“两红两优”、10人荣获“最美快递员”、3个团队荣获“最美快递员”团队等荣誉称号。行业社会关注度有效提升，在行业业务量突破千亿大关、更好服务人民群众用邮需求等方面受到中央媒体广泛赞誉，《人民日报》、新华社、新闻联播全年分别刊（播）行业发展成效121篇、76篇和76条。

一年来，行业改革发展取得了新成效、迈上了新台阶、呈现了新气象，实现了邮政快递业贯彻落实党的二十大精神的开门红。这些成绩的取得，是党中央、国务院坚强领导和亲切关怀的结果，是交通运输部有力领导和中央有关部门、地方各级党委政府大力支持的结果，是全行业、全系统广大干部员工凝心聚力、奋发有为的结果，更离不开社会各界的理解、帮助和支持。我谨代表国家邮政局，向关心支持邮政快递业改革发展的各位领导、全体干部职工和离退休老同志，以及有关部门和社会各界致以崇高的敬意和衷心的感谢！

二、推进邮政业高质量发展，为中国式现代化贡献力量

2023年12月11日至12日，中央经济工作会议在北京举行，习近平总书记出席会议并发表重要讲话，全面总结2023年经济工作，深刻分析当前经济形势，系统部署2024年经济工作，这是我们做好当前和今后一个时期工作的根本遵循和行动指南。全系统全行业要认真学习领会中央经济工作会议精神，切实把思想和行动统一到以习近平同志为核心的党中央决策部署上

来，扎实做好各项工作，确保行业改革发展始终沿着正确方向前进。

我们要深刻领会党中央对经济形势的科学判断，全面和准确认识邮政业发展面临的机遇和挑战，增强服务大局的责任感使命感。经济工作会议指出，我国发展面临的有利条件强于不利因素，经济回升向好、长期向好的基本趋势没有改变，要增强信心和底气。从邮政业来看，行业高质量发展的趋势没有改变，各方面资源要素条件不断改善，发展机遇大于挑战，行业运行将继续呈现稳中向好、量质双升的态势，发展的任务更加繁重。一是加快建设交通强国为邮政业更好发挥基础性先导性作用增添了新动能。强大的交通基础设施与运输通达能力为行业更好实现互联互通提供了基础条件，我们要借势转型，既要用好传统交通基建，加强多式联运，提升寄递效能，也要全面向数字化、智能化、绿色化、融合化转型，不断增强发展的活力、拓展发展的空间。二是加快构建新发展格局要求行业持续提升畅通循环能力。我们要加快完善消费品寄递物流体系，建设产业链寄递服务体系，发展内外联通、安全高效国际寄递物流体系。三是国内外消费格局变化为行业发展提供更加广阔的发展机遇。扩大内需、促进消费是国家的重要战略，线上消费格局仍然活跃且不断演化，新型电商强势崛起将为行业带来新的增量。全球互联互通深入推进，跨境电商增长迅猛且前景广阔，国际上产业布局调整加速，为快递企业拓展海外市场提供了新的契机。

同时，我们也清醒地认识到工作中还有许多不足。在提高发展质效方面，行业服务质量的宏观数据与人民群众微观感受的差异问题尚待破解，发展不平衡不充分的问题依然存在，中西部和边远省份的网络覆盖和服务水平有待提升，国内国际物流链韧性保障不足，国际寄递网络的通达性、安全性亟待加强，服务产业链供应链能力仍需提高。在治理体系能力方面，行业法规制度需进一步完善，行政执法还存在不规范不平衡的问题，信息化监管和信用监管还有待加强，压实品牌快递企业总部统一管理责任还需强化，市场化、法治化、国际化的一流营商环境尚未完全形成。在防范化解风险方面，安全和应急管理基础仍较薄弱，网络和数据安全制度体系仍有待完善，影响末端网络稳定因素和快递员群体合法权益保障问题仍然存在。在全面从严治党方面，邮政系统党的建设存在不到位、不平衡的现象，基层减负工作仍需深化拓展，形式主义、官僚主义问题仍有发生。这些情况和问题我们必须高度重视，在今后的工作中持续加以解决。

使命在心，责任在肩。服务保障中国式现代化建设，要锚定“一个目标”，把握“一个主题”，做到“五个坚持”。

——锚定交通强国邮政篇建设目标。贯彻落实《交通强国建设纲要》《国家综合立体交通网规划纲要》和《加快建设交通强国五年行动计划（2023—2027年）》，确保方向不变、道路不偏、力度不减。要以“开路先锋”统一思想、坚定信心。习近平总书记强调“交通成为中国现代化的开路先锋”，这是对我国交通运输发展成就的充分肯定，更是推进交通强国建设的重要遵循，邮政业必须增强开路先锋意识。要以“物畅其流”指引方向、鞭策行动。习近平总书记提出“人享其行、物畅其流”的美好愿景，这是人民群众获得感幸福感安全感的生动写照，也是交通运输各领域发展蓝图的交汇。邮政业综合运用各种交通运输方式，承载大规模、高频次、广地域的实物流通，是畅通经济大动脉、保障民生微循环的基础性战略性先导性产业，要进一步提升畅通功能，助力现代流通体系提质增效。要将可持续发展落到实处、抓出成效。习近平总书记深刻阐述了建设可持续交通体系的内涵和要求，提出了建设安全、便捷、高效、绿色、经济、包容、韧性的可持续交通体系的重要举措。邮政业要在制度设计和发展实践中兼顾好经济效益、社会责任、生态保护等多重价值，把发展成果转化为生活品质，让美好愿景加快成为美好现实。

——把握高质量发展主题。高质量发展是新时代必须坚持的硬道理，是全面建设社会主义现代化国家的首要任务，是中国式现代化的本质要求之一。邮政业高质量发展要体现在现代物流中的先进性和先导性。邮政业以先进的网络体系、组织模式、装备能力和技术应用，成为现代物流先进的代表。邮政业高质量发展不仅要实现自身的质量变革、效率变革和动力变革，还要增强竞争意识，主动作为，多做贡献，促进相关领域物流的转型升级。要进一步发挥快递对物流领域的先导性引导性作用，促进各种交通运输方式有效衔接，更好服务于物流业的降本增效。邮政业高质量发展要嵌入现代化产业体系建设。邮政业是实体经济的重要组成部分，服务制造业、农业、商业等实体经济发展，是现代化产业体系的重要一环。邮政业高质量发展要不断完善服务链条，深度融入产业链供应链，深度嵌入制造业的生产流程，保障供应链，延伸价值链。邮政业高质量发展要与高水平安全良性互动。邮政业安全工作事关行业改革、发展和稳定大局，任重而道远。邮政业要不断提升寄递安全、生产安全、信息安全的本质安全水平，增强安全防控能力，加强应急管理体系建设，以高质量发展促进高水平安全，以高水平安全保障高质量发展。

——做到“五个坚持”，完整、准确、全面贯彻新发展理念，是新时代新征程党和国家在发展问题上管全局、管根本、管长远的科学判断、逻辑必然和战略要求，是推进中国式现代化的重要指导原则。邮政业要细悟笃行，一以贯之，用这一系统理论来指导发展实践。

一是坚持创新发展，持续提升产业链韧性。以科技创新推动产业创新，全面提升创新能力和效率，最大限度释放行业发展潜能。要紧盯现代科技的最新成果，不断完善生产组织和监管方式。当今社会已经进入智能时代，科学技术迅速发展，深刻地影响人民的消费方式、企业的生产方式，给企业的组织方式和政府的监管模式带来了新挑战、提出了新要求，必须不断自我完善、自我更新。要培育企业创新主体，强化重大项目攻关与试点，推进大数据、人工智能、物联网等先进技术同行业深度融合，建立完善科技成果转化机制，培育新技术新产品新服务。发挥企业创新要素集聚效应，创新技术应用场景，加快智慧园区和智能仓储设施建设，塑造创新发展新动能。要加快行业数字化发展，不断提高快递大数据采集质量，深入挖掘数字化应用场景，强化政府决策、市场监测、公共服务等方面基础数据服务，赋能定制化生产、柔性制造等供应链业务，提升快递数据价值。

二是坚持协调发展，助力统一大市场建设。坚持把实现人民对美好生活的向往作为出发点和落脚点，落实乡村全面振兴战略、区域协调发展战略，提高普惠化水平。要坚持系统观念，坚持目标导向和问题导向，在稳的基础上积极进取，着力固根基、扬优势、补短板、强弱项，提高行业发展质效和国际竞争力，培育壮大新的增长极，实现发展质量、结构、规模、速度、效益、安全相统一。要增强发展均衡性，进一步完善中西部地区邮政基础网络，更好发挥邮政普遍服务网络在革命老区、民族地区和边疆地区的基础支撑作用，促进中西部地区崛起和新时代东北全面振兴；支持东部地区率先发展，在改革开放和产业协同发展方面先行先试，形成可复制可推广经验。要构建平衡有序的内控体系，优化加盟关系管理，落实企业总部统一管理责任，强化流程管理和质量控制，提高加盟企业标准化运作水平，更好维护基层网点利益。要提升监管对发展的适应性，面对基层监管力量不足、资源有限等问题，要聚焦行业监管，优化业务流程，完善工作机制，提升监管数字化智能化水平，深化部门协同监管，落实属地管理责任，不断提高监管的有效性。

三是坚持绿色发展，提升可持续发展能力。将绿色发展理念贯穿行业生产、经营、管理全过程，坚持减污降碳协同增效，探索更有效率、更加包容、更可持续的发展之路，塑造行业发展新动能、新优势，增强行业发展的潜力与后劲，为打造绿色低碳供应链提供有力支撑。要坚持资源节约循环高效利用。落实全面节约战略，调整运输用能结构，加大新能源设备投入，提升资源循环与能源利用效率。改变传统粗放发展模式，优化组织作业流程，精细运营、精准服务，形成绿色低碳生产方式。要深化快递包装绿色治理。保持包装治理战略定力，持续加大全链条治理力度，按照“禁、限、减、循、降”治理路径，促进快递包装标准化、循环化、减量化、无害化水平稳步提升。要积极稳妥落实“双碳”行动，夯实行业碳排放工作基础，研究行业碳排放核算方案。加快节能降碳先进技术研发应用，科学有序推动行业降碳、减污、扩绿、增长，实现行业发展与生态环保协调统一。

四是坚持开放发展，实现包容、互惠、共赢的增长。实行更加积极主动的开放策略，充分利用国内国际两个市场、两种资源，推动更大范围、更宽领域、更深层次的开放。要完善包容的制度环境，优化行业准入管理，支持寄递新业态新模式规范、健康发展。创新行业治理，加强事中事后监管。要始终坚持“两个毫不动摇”，充分发挥市场在资源配置中的决定性作用和更好发挥政府作用，既要坚定不移做强做优做大国有资本和国有企业，提高国有企业核心竞争力和增强核心功能，积极服务国家重大战略，也要鼓励支持指导行业民营企业发展，打造具有全球竞争力的世界一流寄递企业，在建设现代化产业体系、服务构建新发展格局中发挥更大作用。要实施高水平对外开放，坚持高水平“走出去”与高质量“引进来”并重，加快完善国际寄递物流体系，支持外商在华依法经营快递业务，让内外资企业在公平的竞争中实现共同发展。要务实推进国际合作，积极参与中国支持高质量共建“一带一路”八项行动，双向利用中欧班列运能，主动服务“丝路电商”合作先行区创建。深度融入《区域全面经济伙伴关系协定》（RCEP）区域产业链供应链，广泛承接消费需求和产业需求，更好服务国家对内对外开放。主动参与万国邮联开放改革，贡献中国智慧。

五是坚持共享发展，推动成果惠及社会民生。共享发展是建设美好世界的重要路径，更是邮政快递业发展的价值导向，判断高质量成效的根本标准。树牢以人民为中心的发展思想，让群众共享普惠便捷服务，与企业共享智慧高效网络，同从业人员共享成长进步平台，为经济社会发展创造新机遇。要着力提升服务质效。与时俱进探索丰富邮政普遍服务内涵，满足群众用邮方式新变化，洞察零售、直播、社会生活新业态，增强个性化、多样化、差异化服务供给。强化寄递时限监测、服务监督、申诉处理，加大异常情况分析研判、预测预警，提升服务稳定性与确定性，提升群众用邮获得感、幸福感、安全感。要构建协同共赢的上下游关系。推动服务全链拓展，打通产业链、赋能供应链、提升价值链，增强服务弹性与聚合性，形成多产业融合发展的“协同共生”生态体系，确保与关联产业同向发力、形成合力。发挥网络规模经济优势，促进供需对接、战略协同、空间集聚，打造有世界影响力的产业集群。综合利用多种运输工具、多样交付方式、多元服务模式，推动本地服务、国内商贸、跨境贸易联动发展，增加行业附加值，降低社会物流成本。要加强从业人员权益保障。聚焦合同保险、恶意投诉、安全防护，强化政策落地见效。引导技术、装备、资金、政策向末端倾斜，改善从业环境，拓宽职业路径，激发从业人员主体意识。选树宣传先进事迹，加强舆论引导，提升社会尊重度、包容度，激发职业认同感、自豪感。

三、2024年工作思路及重点任务

2024年是新中国成立75周年，是实现“十四五”规划目标任务的关键一年。2024年工作总体思路是：以习近平新时代中国特色社会主义思想为指导，全面贯彻党的二十大和二十届二中全会精神，认真落实中央经济工作会议精神，巩固深化学习贯彻习近平新时代中国特色社会主义思想主题教育成果，坚持稳中求进、以进促稳、先立后破，完整、准确、全面贯彻新发展理念，服务加快构建新发展格局，服务“三个统筹”新发展定位，巩固和增强行业持续向好态势，持续推动行业实现质的有效提升和量的合理增长，有力增强发展韧性，有效提升安全水平，着力推动行业高质量发展，努力当好中国式现代化的开路先锋，为以中国式现代化全面推进强国建设、民族复兴伟业作出行业贡献。2024年行业仍将继续保持稳步上升态势，预计邮政行业寄递业务量和邮政行业业务收入分别完成1715亿件和1.6万亿元，增速6%左右；快递业务量、业务收入分别完成1425亿件和1.3万亿元，增速8%左右。重点做好以下工作：

（一）持续深化交通强国邮政篇建设

充分认识加快建设交通强国邮政篇是落实国家战略、实现高质量发展的重大举措，加强与相关部门和地方工作协同，有序推进实施方案落地。完善政策规划体系，优化交通强国邮政行业评价指标数据采集机制，做好指标测算和监测评价，配合开展加快建设交通强国系统评估。推进邮政普遍服务业务与竞争性业务分业经营改革。加强"十四五"邮政业规划实施监测，开展"十五五"规划前期重大问题研究，启动规划编制工作。推动加快建设交通强国邮政篇提质增效，聚焦服务、设施、技术、管理等领域，加强第一批专项试点任务的组织实施和工作指导。依托国家综合立体交通网，实施邮政快递枢纽能力提升工程，加快邮政"十四五"重大工程项目和快递重大基础设施建设落地实施。优化干线运输结构，提升航空货运和公路运输能力，支持高铁运快件，积极发展多式联运。深化人工智能在行业中的研究应用。

（二）补短板强弱项完善寄递网络体系

扎实推进"快递进村"工程。推进邮政领域县级地方财政事权和支出责任落实，推动设立农村寄递物流公益性岗位，督促快递企业严格履行农村地区服务承诺，推动直投到村。将村级寄递物流综合服务站（村邮站）建设作为完善农村寄递物流体系的重要抓手，组织开展以村级寄递物流综合服务站为重点的快递进村情况普查，加快推动村级寄递物流综合服务站（村邮站）与快递服务有效衔接，大力提升村级寄递物流综合服务站（村邮站）覆盖水平，助力乡村全面振兴。深入推进农村电商与快递协同发展示范创建工作，持续打造邮政快递服务现代农业品牌项目。联合开展农村物流服务品牌创建，推进乡镇运输服务站和交邮联运邮路建设，提升农村"客货邮"融合发展质效。加快推进"快递进厂"工程。聚焦3C电子、新能源汽车、生物医药等领域，进一步发掘和培育入厂物流、智能仓储、供应链管理等快递服务先进制造业典型项目，引导企业向综合物流服务提供商转型，带动提升产业链韧性和安全水平。支持制定电商快递冷链服务标准规范，提升冷链快递规范化操作水平。深入推进"快递出海"工程。完善跨境基础设施，改造升级一批邮政国际寄递中心，支持兰州、连云港国际邮件互换局（交换站）设置和新疆红其拉甫等国际邮件交换站的恢复运营。加强国际寄递物流体系建设，鼓励寄递企业增开国际航线、扩大机队规模，提升跨境航空运输能力，加快境外快件分拨中心、地面网络和海外仓建设，完善国际寄递服务网络。

（三）持续提升寄递服务质量

推动邮政普遍服务均等化水平不断提升，巩固建制村直接通邮和抵边自然村通邮成果，更好发挥普遍服务定期通报和政企联席会导向作用，针对监督检查发现和信访反映问题，加大监督执法力度。组织开展报刊发行服务专项检查，提升党报党刊投递水平。开展社会监督成效评价。提升AAAA级以上景区主题邮局覆盖率，更好服务宣传、文化、旅游业发展。坚决整治农村快递服务违规收费行为，维护快递市场秩序。组织开展中国快递示范城市创建工作中期评估。认真落实邮政业用户申诉处理操作规程，推动建立申诉典型案例公开机制，完善申诉与执法衔接机制，积极推进解决申诉队伍不稳定等问题，维护用户合法权益，提升快递服务群众满意度。

（四）不断提升行业科技创新和标准化水平

出台促进邮政行业科技发展的意见，推动建立以企业为主体、市场为导向、产学研用深度融合的技术创新体系。加快推动无人机、无人车、无人仓在行业的场景化应用，持续提升行业智能化水平。继续强化"绿盾"工程（一期）主要信息系统应用，推动"绿盾"工程（二期）立项建设，不断提升行业数智化监管水平。健全标准管理制度，出台行业标准化管理办法，围绕绿色、安全、智能等重点领域开展标准研制，推动标准落地实施。稳步扩大邮政领域规则、规制、管理、标准等制度型开放。

（五）坚持以高水平安全保障高质量发展

要贯彻总体国家安全观，突出抓好政治安全、生产安全、寄递安全、信息安全，坚决扛起防范化解重大安全风险责任。加强邮政机要通信监督检查，推进"十四五"机要通信工程建设，提升应急处突能力，开展"扫黄打非"专项行动和进基层站点建设，切实维护意识形态安全。扎实开展安全生产治本攻坚三年行动，强化安全生产重大事故隐患判定试行标准落实，深入推进行业安全生产事故隐患常态化排查整治，全面提升本质安全水平。强化寄递安全能力建设，开展"三项制度"专项整治，制修订安全检查和收寄验视管理办法，推进国家网络身份认证公共服务寄递应用试点，进一步加强寄递渠道禁毒工作，强化芬太尼等新型毒品禁寄管理，打击海南自贸港离岛涉邮免税“套代购”走私行为。着力提升行业网络和信息安全防护水平，推动出台寄递服务用户个人信息安全管理办法，实施信息安全等级保护制度，持续推进行业隐私运单应用，统一运用规则。进一步做好行业监测预警、舆情监测及突发事件信息报告工作，严格全国网络型快递企业兼并重组、业务调整等重大事件风险管控，认真做好重大活动、重要会议期间寄递渠道安全服务保障工作。落实保通保畅“四个机制”工作要求，全力保障行业畅通稳定运行。

（六）着力推动行业绿色低碳发展

围绕快递包装绿色转型“七大行动”出台配套实施方案，制定限制快递过度包装强制性标准，完善用品用具产品质量监管制度。协同构建快递包装检测认证体系，全面推进塑料污染治理，提高同城快递可循环包装和标准化包装使用比例，促进包装废弃物减量。加大绿色技术和产品供给，鼓励使用绿色认证快递包装，提升“四化”治理成效。跟踪邮政业“双碳”国际动态，研究重点企业碳排放核算方法。推进基础设施绿色改造，提高光伏发电使用量和快递绿色建筑数量。推动企业优化运输结构模式，参与15个城市公共领域车辆全面电动化先行区试点，提高快递新能源和清洁能源车占比。

（七）认真做好快递员群体合法权益保障

强化企业社会责任，会同人力资源和社会保障部、中国快递协会推进快递行业劳动合同“应签尽签”，实施快递行业推进劳动合同制度专项行动，推广应用快递从业人员劳动合同示范文本。积极推动快递企业依法与员工签订劳动合同、缴纳社会保险，鼓励将劳动合同签订情况纳入企业内部考核。督促企业加强用工管理，形成合理收入分配机制。深入开展邮政快递业从业人员职业技能提升行动，组织完成基层一线从业人员职业技能培训25万人次。编制快递站点管理师、国际快递管理师国家职业标准，积极推进职业技能等级认定，常态化开展快递工程技术人员职称评审，组织举办第九届“互联网+”快递业创新创业大赛。持续开展关爱快递员“暖蜂行动”，优化从业人员生产作业环境，持续推进“暖蜂驿站”建设。强化快递员先进事迹宣传，积极寻找最美快递员，不断提高从业人员的自豪感、使命感、幸福感。

（八）持续推进有为政府建设

强化行业法治建设，持续推进邮政法、邮政普遍服务条例、邮政普遍服务标准等法律法规标准制修订工作，抓好新修订的《中华人民共和国行政复议法》贯彻实施。开展提升邮政行政执法质量三年行动，加强执法问题整改，案例式指导规范行业执法，提升执法信息化水平。持续推动落实县级邮政地方管理责任，构建与邮政业高质量发展、高效能治理相适应的县级邮政管理工作格局，持续推进省级以下邮政业安全监管支撑体系建设，强化规范化管理和运行效能。加强重大题材纪特邮票发行监管，认真做好纪念邮票选题和发行计划审定，依法开展纪特邮票印制、销售和仿印监督检查。持续改革优化快递许可制度，完善快递市场准入和监管体系，包容审慎监管寄递新业态新模式，开展许可合规“飞行检查”。夯实企业总部网络统一管理责任，坚持对重大违法问题“一案双查”，依法严肃追究违法企业直接责任和总部管理责任。完善监管执法跨区域协作机制，开展实操试点。深化快递市场信用监管机制建设，加大企业服务质量信息公示力度。认真做好集邮市场和邮政业用品用具市场监管。要加强节约型政府建设，认真落实“过紧日子”要求，切实加强财会审计监督，规范各类资金的管理与使用，提升预算执行效能。

（九）加强国际和港澳台交流合作

服务国家总体外交大局，落实国家层面与共建“一带一路”国家、《区域全面经济伙伴关系协定》（RCEP）成员国达成的合作共识及规划，深化邮政领域互联互通合作，推动与泰国、印度尼西亚、阿联酋等国签订双边合作文件，做好我与马来西亚、法国等国建交纪念邮品发行工作。积极做好国际组织工作，深度参与万国邮联改革，指导寄递企业积极参与产品和服务开放试点，妥善应对会费体制改革、气候行动、发展合作等议题谈判，持续推进万国邮联铁路运邮规则制修订。积极参与全球可持续交通创新联盟邮政快递分委员会筹备，办好2024年全球可持续交通高峰论坛邮政边会，做好相关标准、报告的宣传发布。认真落实两岸邮政交流机制，协同推进粤港澳大湾区邮政业高质量发展。高水平办好中国2024亚洲国际集邮展览。

（十）全面加强党的领导

坚持不懈用习近平新时代中国特色社会主义思想凝心铸魂，善始善终抓好主题教育各项工作，建立健全以学铸魂、以学增智、以学正风、以学促干的长效机制。认真落实管党治党政治责任，持续深化中央巡视反馈问题整改，不断加强系统党建和思想政治工作。认真贯彻垂直管理部门党建工作要求，积极落实加强新业态、新就业群体党的建设工作意见，推动建立结合业务抓党建的工作机制，开展快递业重点单位党组织建设集中攻坚行动。始终坚持组织路线服务政治路线，不断优化干部选育管用工作，激励干部忠诚干净担当，为行业高质量发展高效能治理提供坚强组织保证。坚定不移推进全面从严治党，聚焦强化政治监督，持续加强作风纪律建设，巩固拓展纪检干部队伍教育整顿工作成效，组织好2024年度系统内部巡视，大力营造风清气正政治生态和干事创业良好环境。持续推进精神文明创建工作，认真落实行业精神文明建设工作的指导意见，常态化开展行业先进典型选树活动。坚持党建带群建，统筹做好离退休干部、工青妇、统战等工作。坚决扛起政治责任，认真做好国家局定点帮扶等工作。

同志们，习近平总书记对做好2024年经济工作提出了明确的要求。我们要始终胸怀“国之大者”，深刻领悟“五个必须”的重要内涵，聚焦经济建设这一中心工作和高质量发展这一首要任务，不折不扣贯彻落实中央经济工作会议精神。要强化担当意识，牢记我们肩负的职责任务，强化我们这一代人的使命担当，以时不我待的干劲为推进中国式现代化贡献邮政快递力量。要提振精神状态，凝心聚力、团结奋斗，推动广大党员干部群众心往一处想、劲往一处使，以只争朝夕奋发有为的精神状态干事创业、建功立业，铆足干劲力争“开门红”。要狠抓工作落实。以“马上就办”的执行力抓好党中央重大决策部署落地见效，抓住一切有利时机，利用一切有利条件，看准了就抓紧干，能多干就多干一些，努力从实际出发谋划事业和工作，以“一张蓝图绘到底”的韧劲不懈奋斗，努力做到不折不扣抓落实、雷厉风行抓落实、求真务实抓落实、敢作善为抓落实。

同志们！风劲好扬帆，奋进正当时。完成好2024年工作使命光荣，责任重大。让我们更加紧密地团结在以习近平同志为核心的党中央周围，坚持以习近平新时代中国特色社会主义思想为指导，深刻领悟“两个确立”的决定性意义，增强“四个意识”、坚定“四个自信”、做到“两个维护”，坚决贯彻党中央、国务院决策部署，坚定信心、踔厉奋发、勇毅前行，再接再厉、再立新功，实干笃行推动行业高质量发展，努力当好中国式现代化的开路先锋，奋力谱写交通强国邮政篇！

第二章　署名文章

在可持续交通发展道路上迈出新步伐

李小鹏

（发表于2023年11月1日《人民日报》）

9月25日至26日，全球可持续交通高峰论坛在北京召开。习近平主席向论坛致贺信，强调建设可持续交通体系的重要作用，阐明中国致力于推动全球交通合作、以自身发展为世界提供新机遇的鲜明立场，提出秉持共商共建共享理念、让可持续交通发展成果更好造福世界各国人民的重要主张。我们要认真学习、深刻领会、坚决贯彻、扎实落实，把思想和行动统一到习近平主席贺信精神上来。

深刻认识习近平主席致贺信的重要意义

习近平主席高度重视可持续交通发展。2021年10月14日，习近平主席出席第二届联合国全球可持续交通大会开幕式并发表主旨讲话。2022年10月14日，习近平主席向中国国际可持续交通创新和知识中心成立致贺信。2023年9月25日，在全球可持续交通高峰论坛开幕之际，习近平主席向论坛致贺信，充分体现了对推动可持续交通发展和全球交通合作的高度重视。

为推动可持续交通发展指明前进方向。习近平主席的贺信提出了建设安全、便捷、高效、绿色、经济、包容、韧性的可持续交通体系的重要举措，深刻阐述了建设可持续交通体系的内涵和要求，为我们推动交通在可持续发展道路上迈出新步伐指明了方向和路径。

为加快建设交通强国注入强大动力。习近平主席的贺信强调，中国正在加快建设交通强国，明确了实现“人享其行、物畅其流”的美好愿景，充分体现了以习近平同志为核心的党中央对我国交通运输所处历史方位的深刻把握，为我们奋力加快建设交通强国、努力当好中国式现代化的开路先锋注入了强大动力。

为推动构建人类命运共同体凝聚广泛共识。习近平主席的贺信强调了中国致力于推动全球交通合作、让可持续交通发展成果更好造福世界各国人民的重要主张，为建设更加美好的世界提供中国方案，引起广泛共鸣，进一步表明了中国共产党和中国人民推动构建人类命运共同体的坚定立场与坚强决心，展现了中国担当。

深入领会习近平主席贺信精神的核心要义

习近平主席的贺信高屋建瓴、思想深邃、内涵丰富。我们要融会贯通学、联系实际学，深学细悟、实干笃行。

深入领会可持续交通发展的重要作用。纵观世界历史，从古丝绸之路的驼铃帆影，到航海时代的劈波斩浪，再到现代交通网络的四通八达，交通推动经济融通、人文交流，使世界成了紧密相连的“地球村”。今天，可持续发展是人类社会繁荣进步的必然选择，推动实现更加强劲、绿色、健康的全球发展是世界各国人民的共同心愿。推动全球交通可持续发展、促进全球互联互通，对于保障全球物流供应链稳定畅通、推动世界经济发展具有重要意义。

我们要从历史与现实、理论与实践、国际与国内的比较中，深入领会建设安全、便捷、高效、绿色、经济、包容、韧性的可持续交通体系内涵要求，努力实现更高质量、更有效率、更加公平、更可持续、更为安全的发展。

深入领会"人享其行、物畅其流"的美好愿景。"人享其行、物畅其流"的美好愿景，是习近平主席把握时代脉搏，立足社会主要矛盾变化，着眼满足人民美好生活需要而提出的，具有很强的理论感召力和现实针对性。我们要完整、准确、全面贯彻新发展理念，服务加快构建新发展格局，着力推动高质量发展，深入落实《交通强国建设纲要》《国家综合立体交通网规划纲要》，大力实施《加快建设交通强国五年行动计划（2023—2027年）》，朝着实现"人享其行、物畅其流"的美好愿景不断前行。

深入领会"让可持续交通发展成果更好造福世界各国人民"的重要主张。坚持与世界相交、与时代相通，既体现了互联互通、互利共赢的中国主张，更体现了继续高举真正的多边主义旗帜，在实现自身发展的同时，为全球发展作出更大贡献的中国担当。我们要站在推动构建人类命运共同体的高度，继续推进高质量共建"一带一路"，加强同各国基础设施互联互通，加强交通运输高水平对外开放合作，为全球交通发展贡献力量。

奋力加快建设交通强国，努力当好中国式现代化的开路先锋

习近平主席的贺信凝聚共识、催人奋进。我们要深入贯彻落实贺信精神，加快建设安全、便捷、高效、绿色、经济、包容、韧性的可持续交通体系，把各项决策部署落到实处，为强国建设、民族复兴提供坚强交通运输服务和保障。

一是完善可持续交通体制机制。开展交通基础设施建设财务可持续有关政策研究，创新交通运输发展模式，完善监管、考核、激励等机制。积极争取地方财政资金、地方政府专项债券、一般债券更多投向交通领域，持续规范投融资行为，防范化解行业债务风险。深化交通大部门制改革，加强收费公路等政策创新，加快建设统一开放的交通运输市场。

二是推动交通基础设施互联互通。以"联网、补网、强链"为重点，精准补齐网络短板、强化衔接协调，优化完善综合立体交通网布局，加快建设"6轴7廊8通道"高效率国家综合立体交通网主骨架，深入实施国家综合货运枢纽补链强链。加强战略规划衔接，聚焦关键通道、关键节点，以重大项目和重点工程为引领，建设全方位、多层次的全球交通设施网络，促进中欧班列、中欧陆海快线等持续健康发展。

三是持续提高运输服务质量水平。围绕加快实现"人享其行"，大力推进旅客联程运输高质量发展，加强城市交通拥堵综合治理，深入推进城乡交通运输一体化发展，推动"四好农村路"高质量发展。围绕加快实现"物畅其流"，推动交通物流保通保畅长效化、制度化、规范化，大力发展多式联运，加快完善城市物流配送网络，建立健全县乡村三级物流服务体系和农村寄递物流体系。强化交通运输重要基础设施安全防护，增强交通运输网络韧性，有效提高防灾减灾救灾和重大突发公共事件处置保障能力。

四是大力发展智慧交通。推动大数据、互联网、人工智能、区块链等新技术与交通行业深度融合，积极推进智能铁路、智慧公路、智慧港口、智慧航道、智慧民航、智慧邮政、智慧枢纽等建设，推动交通运输产业数字化。打造开放、公平、公正、非歧视的科技发展环境，消除数字鸿沟，加快技术转移和知识分享，共享全球智慧交通发展成果。

五是推进交通运输绿色低碳转型。加快推动交通运输结构调整优化，持续推进大宗货物和中长距离货物运输"公转铁""公转水"。推动交通用能低碳多元化发展，持续提升公路沿线充电服务保障能力，推进新能源、清洁能源应用。推动绿色交通设施建设，加快交通领域绿色投资、发展交通领域绿色金融。倡导推广简约适度、绿色低碳的交通出行方式，通过生活方式绿色革命，推动生产方式绿色

转型。

六是提高交通运输国际合作水平。加强国际沟通协调，推进国际道路运输合作文件、海运协定等商签和实施，促进国际运输便利化，为全球产业链供应链稳定高效提供有力保障。通过南北合作、南南合作，支持发展中国家加快提升交通运输能力。完善交通国际合作机制，深度参与国际规则和标准制定。更好发挥中国国际可持续交通创新和知识中心平台作用，为推动全球交通可持续发展贡献智慧和力量。

以交通运输高质量发展支撑中国式现代化

李小鹏

（发表于2023年10月第19期《求是》）

党的二十大报告明确指出："从现在起，中国共产党的中心任务就是团结带领全国各族人民全面建成社会主义现代化强国、实现第二个百年奋斗目标，以中国式现代化全面推进中华民族伟大复兴。"交通运输现代化是国家现代化的重要标志。长期以来，在党的坚强领导下，我国交通运输围绕中心、服务大局，取得了举世瞩目的成就，正加快推进既有各国共同特征、更有中国特色的交通运输现代化建设。2023年9月25日，习近平主席向全球可持续交通高峰论坛致贺信指出："建设安全、便捷、高效、绿色、经济、包容、韧性的可持续交通体系，是支撑服务经济社会高质量发展、实现'人享其行、物畅其流'美好愿景的重要举措。中国正在加快建设交通强国，将继续坚持与世界相交、与时代相通，致力于推动全球交通合作，以自身发展为世界提供新机遇。"新征程上，我们要始终坚持以习近平新时代中国特色社会主义思想为指引，紧紧围绕党的中心任务，着力推进交通运输高质量发展，奋力加快建设交通强国，努力当好中国式现代化的开路先锋，以更具中国特色、中国风格、中国气派的现代化交通运输服务保障中国式现代化建设。

一、深入贯彻落实习近平总书记关于交通运输的重要论述精神，准确把握交通运输在中国式现代化建设中的使命任务

中国式现代化，是中国共产党领导的社会主义现代化。习近平总书记强调，"党的领导直接关系中国式现代化的根本方向、前途命运、最终成败"。党的十八大以来，习近平总书记始终高度重视交通运输工作，多次作出重要论述，科学回答了新时代发展什么样的交通运输、怎样发展交通运输等重大时代课题，提出一系列原创性的新理念新思想新战略，为新时代交通运输高质量发展指明了前进方向、提供了根本遵循、注入了强大动力。我们要始终不渝坚持党对交通运输的全面领导，坚决贯彻落实习近平总书记关于交通运输的重要论述精神，准确把握交通运输在中国式现代化建设中的使命任务。

牢牢把握中国式现代化开路先锋的战略定位。交通运输是国民经济中具有基础性、先导性、战略性的产业，是重要的服务性行业和现代化经济体系的重要组成部分，是构建新发展格局的重要支撑和服务人民美好生活、促进共同富裕的坚实保障。习近平总书记强调，"交通基础设施建设具有很强的先导作用""'要想富，先修路'不过时""在沿海地区要想富也要先建港""城市建设、经济发展，交通要先行""经济要发展，国家要强大，交通特别是海运首先要强起来"。特别是习近平主席在第二届联合国全球可持续交通大会开幕式上指出，"交通成为中国现代化的开路先锋"，把交通在现代化建设全局中的地位提升到了前所未有的新高度，赋予了交通运输新的时代内涵、战略定位和历史使命。深入贯彻落实习近平总书记关于交通运输的重要论述精神，要求我们在行动上冲锋在前、能力上适度超前、发展上

率先突破、作用上先行引领，率先实现交通运输现代化，在中国式现代化建设中走在先、干在前。

牢牢把握加快建设交通强国的奋斗目标。加快建设交通强国是以习近平同志为核心的党中央立足国情、着眼全局、面向未来作出的重大决策，是全面建设社会主义现代化国家的先行领域和战略支撑。党的十九大报告提出“建设交通强国”，党的二十大报告提出“加快建设交通强国”，党中央、国务院先后印发《交通强国建设纲要》《国家综合立体交通网规划纲要》，充分体现了以习近平同志为核心的党中央对交通强国建设的高度重视和殷切期望。深入贯彻落实习近平总书记关于交通运输的重要论述精神，要求我们深刻把握交通强国的内涵、目标和任务，推动交通发展由追求速度规模向更加注重质量效益转变，由各种交通方式相对独立发展向更加注重一体化融合发展转变，由依靠传统要素驱动向更加注重创新驱动转变，打造一流设施、一流技术、一流管理、一流服务，构建安全、便捷、高效、绿色、经济的现代化综合交通体系，以人民满意、保障有力、世界前列的交通强国服务保障中国式现代化建设。

牢牢把握人民交通为人民的根本宗旨。交通运输是民生大事，建设人民满意交通是中国式现代化的应有之义。习近平总书记始终把人民放在心中最高位置，强调“交通是现代城市的血脉。血脉畅通，城市才能健康发展。要在建设立体化综合交通网络上下功夫，在充分利用地下空间上下功夫，着力打造一个没有‘城市病’的未来之城”“提升保通保畅能力，确保人民群众平安健康出行，确保重点物资运输畅通有序”“特别是在一些贫困地区，改一条溜索、修一段公路就能给群众打开一扇脱贫致富的大门”“既要把农村公路建好，更要管好、护好、运营好，为广大农民致富奔小康、为加快推进农业农村现代化提供更好保障”。深入贯彻落实习近平总书记关于交通运输的重要论述精神，要求我们牢固树立以人民为中心的发展思想，真正做到人民交通为人民、人民交通靠人民、人民交通由人民共享、人民交通让人民满意，不断增强人民群众获得感、幸福感、安全感。

牢牢把握“人享其行、物畅其流”的美好愿景。高质量发展是全面建设社会主义现代化国家的首要任务，也是加快建设交通强国的内在需要。习近平总书记提出的“人享其行、物畅其流”，描绘了现代化交通运输的美好愿景。习近平总书记强调，“要建设现代综合运输体系，形成统一开放的交通运输市场，优化完善综合运输通道布局，加强高铁货运和国际航空货运能力建设，加快形成内外联通、安全高效的物流网络”“要大力发展智慧交通和智慧物流，推动大数据、互联网、人工智能、区块链等新技术与交通行业深度融合”“要加快形成绿色低碳交通运输方式，加强绿色基础设施建设，推广新能源、智能化、数字化、轻量化交通装备，鼓励引导绿色出行，让交通更加环保、出行更加低碳”“交通运输部门要加强重要基础设施安全防护”“要加强基础设施‘硬联通’、制度规则‘软联通’，促进陆、海、天、网‘四位一体’互联互通”。深入贯彻落实习近平总书记关于交通运输的重要论述精神，要求我们围绕加快构建新发展格局，着力推动高质量发展，突出保通畅、强合作、扩投资、稳市场、调结构、保安全，实现交通运输发展质量、效益、规模、速度、结构、安全的有机统一，为中国式现代化建设提供更加有力的支撑、更加坚强的保障、更加优质的服务。

二、以交通运输现代化探索实践，服务保障中国式现代化建设

百余年来，我们党领导全国各族人民不断探索现代化道路。党的十八大以来，我们党在已有基础上不断实现理论和实践上的创新突破，成功推进和拓展了中国式现代化。我国交通运输在服务保障国家现代化建设中实现了快速发展，建成了交通大国，正在加快建设交通强国。实践充分证明，中国式现代化走得通、行得稳，是强国建设、民族复兴的唯一正确道路。我们要进一步深化对中国式现代化的内涵和本质的认识，以交通运输现代化探索实践，服务保障中国式现代化建设。

坚持服务大局，突出保障有力。中国式现代化

是人口规模巨大的现代化。我们想问题、作决策、办事情，首先考虑人口基数问题，着力满足超大规模交通运输需求，为经济高效运行和社会平稳发展提供服务保障。截至2022年底，我国建成了全球最大的高速铁路网、高速公路网、邮政快递网和世界级港口群，航空航海通达全球，综合交通网超过600万公里，总规模位居世界前列，全国铁路营业里程15.5万公里，公路总里程535.5万公里，港口生产用码头泊位2.1万个，内河航道通航里程12.8万公里，颁证运输机场254个，邮政实现“乡乡设所、村村通邮”，城市轨道交通运营里程9584公里；我国客货运输量和周转量、港口货物吞吐量、快递业务量等主要指标连续多年位居世界前列，已成为世界上运输最繁忙的国家之一。新征程上，更好服务保障中国式现代化建设，要适度超前建设现代化高质量综合立体交通网，持续提升综合运输服务保障能力，坚持稳中求进、循序渐进、持续推进，全力保障全球产业链供应链稳定和国内国际循环畅通。

坚持人民至上，突出公平普惠。中国式现代化是全体人民共同富裕的现代化。我们坚持把实现人民对美好生活的向往作为出发点和落脚点，着力提高交通运输发展的平衡性、协调性、包容性。当前，横贯东西、纵贯南北的综合运输大通道基本贯通，京津冀暨雄安新区、长江经济带、粤港澳大湾区、长三角、黄河流域、成渝等重点区域交通连片成网，有力服务保障区域重大战略和区域协调发展战略实施；“四好农村路”高质量发展，10年累计新改建农村公路约253万公里，实现具备条件的乡镇和建制村全部通硬化路、通客车、通邮路，城乡交通运输一体化水平大幅提升，有力服务保障脱贫攻坚和乡村振兴战略实施；旅客出行更加便捷舒适，货运物流更加经济高效，综合运输服务“一票制”“一单制”“一箱制”加快发展，交通运输成为人民群众获得感最强的领域之一。新征程上，更好服务保障中国式现代化建设，要促进基本公共服务均等化，推动实现交通运输更高质量、更有效率、更加公平、更可持续、更为安全的发展，让交通运输现代化建设成果更多更公平惠及全体人民。

坚持系统观念，突出软硬兼备。中国式现代化是物质文明和精神文明相协调的现代化。我们不断夯实交通运输现代化的物质技术基础，持续提升交通运输治理水平和文明程度。港珠澳大桥、北京大兴国际机场、京张高速铁路、长江南京以下12.5米深水航道等重大工程建成投运，“复兴号”动车组、C919大飞机等大国重器不断涌现，新业态新模式蓬勃发展；交通运输大部门制基本建立，统一开放的交通运输市场加快构建，综合交通运输战略、规划、政策、法规、标准体系不断完善；以“两路”精神、青藏铁路精神等为代表的新时代交通精神内涵更加丰富，中国交通故事更加动听，中国交通声音更加响亮，可信、可爱、可敬的中国交通形象不断展现出时代风采。新征程上，更好服务保障中国式现代化建设，要坚持两手抓、两手硬，推动交通运输物质文明和精神文明相互协调、相互促进，努力实现物的全面丰富和人的全面发展。

坚持生态优先，突出绿色低碳。中国式现代化是人与自然和谐共生的现代化。我们同步推进高质量发展和高水平保护，强化资源节约集约利用，坚定走好可持续发展道路。货物多式联运加快发展，大宗货物“公转铁”“公转水”深入推进；设立覆盖全国沿海海域、港口及长江干线等内河水域的船舶大气污染物排放控制区；累计建成高速公路充电桩超过1.8万个，重点区域船舶靠港岸电使用量大幅提升；优先发展城市公共交通，绿色出行理念深入人心，共享单车骑行日均超过2800万人次，快递包装绿色化转型取得积极进展。新征程上，更好服务保障中国式现代化建设，要加快形成绿色低碳交通运输方式，加强绿色基础设施建设，推广新能源、轻量化交通装备，让交通更加环保、出行更加低碳，让祖国的天更蓝、山更绿、水更清、生态环境更美好。

坚持交通天下，突出开放联动。中国式现代化是走和平发展道路的现代化。我们高举和平、发展、合作、共赢旗帜，推进全球交通合作，推动经济融通、人文交流，使世界成为紧密相连的“地球村”。立体化、全方位、多层次的“一带一路”交通互联互通网络加快建设，中欧班列通达欧洲25个国家200多个城市，国际道路运输合作范围拓展至21个国家，海上航线覆盖100多个国家，民航航线通达64个国家，邮政网络覆盖220多个国家和地区；自贸试验区、自贸港海运、航空政策创新突破；第二届联合国全球可持续交通大会和全球可持续交通高峰论坛成功举办，中国国际可持续交通创新和知识中心加快建设，全球交通治理涌现出更多中国方案、中国声音。新征程上，更好服务保障中国式现代化建设，要坚持与世界相交、与时代相通，践行共商共建共享的全球治理观，加强基础设施"硬联通"、制度规则"软联通"，书写基础设施联通、贸易投资畅通、文明交融沟通的新篇章，推动构建人类命运共同体。

三、推动交通运输高质量发展，为中国式现代化闯新路开新局

中国式现代化是强国建设、民族复兴的康庄大道。习近平总书记指出："康庄大道并不等于一马平川。要把中国式现代化5个方面的中国特色变为成功实践，把鲜明特色变成独特优势，需要付出艰巨努力。"我们要坚持以习近平新时代中国特色社会主义思想为指导，全面贯彻党的二十大精神，完整、准确、全面贯彻新发展理念，服务加快构建新发展格局，着力推动高质量发展，深入落实《交通强国建设纲要》《国家综合立体交通网规划纲要》部署，大力实施《加快建设交通强国五年行动计划（2023—2027年）》，推动交通运输实现质的有效提升和量的合理增长，为中国式现代化闯新路、开新局。

加快构建现代化高质量综合立体交通网。现代化高质量综合立体交通网是现代化基础设施体系的重要组成部分，是现代化产业体系和社会主义现代化国家建设的重要支撑。要持续优化综合交通基础设施布局、结构、功能和系统集成，推动跨方式、跨区域、跨领域、跨产业统筹融合高质量发展。以"联网、补网、强链"为重点，优化完善综合立体交通网布局，加快建设"6轴7廊8通道"高效率国家综合立体交通网主骨架，持续推进出疆入藏、沿边沿海、西部陆海新通道等重大工程建设。优化基础设施系统集成，打造多层级一体化综合交通枢纽系统，深入实施国家综合货运枢纽补链强链。服务区域重大战略、区域协调发展战略、新型城镇化、乡村振兴等国家重大战略实施，加快推进存量网络提质增效，精准补齐网络短板，强化衔接协调，勾画好美丽中国的"交通工笔画"。

着力提高综合交通运输服务水平。交通运输是促进共同富裕的重要支撑，是产业链供应链安全稳定的重要基石，要充分发挥交通运输在国内国际双循环相互促进中的纽带作用，服务加快构建新发展格局。围绕构建"全国123出行交通圈"，推进旅客联程运输高质量发展，大力发展以高铁、航空为主体的大容量、高效率区际快速客运服务，提高城市群、都市圈轨道交通通勤化水平，深入实施城市公共交通优先发展战略，加强城市交通拥堵综合治理，提升城市交通适老化无障碍出行服务水平，深入推进城乡交通运输一体化发展，推动"四好农村路"高质量发展，加快实现"人享其行"。围绕构建"全球123快货物流圈"，推动交通物流保通保畅长效化、制度化、规范化，大力发展多式联运，加快发展高铁快运、航空货运，推进道路货运高质量发展，加快完善城市物流配送网络，推进电商物流、冷链物流、大件运输、危险品物流等专业化物流发展，建立健全县乡村三级物流服务体系和农村寄递物流体系，推进农村客货邮融合发展，加快实现"物畅其流"。

持续深化交通运输改革创新。实现从交通大国到交通强国的历史性跨越，必须以改革创新为动力，不断破除各方面体制机制弊端，为交通运输高质量发展注入生机活力。坚持创新驱动发展，完善交通科技创新体系，深入实施关键核心技术攻坚、智能交通先导应用试点等科技工程。加快发展数字交通，推动大数据、互联网、人工智能、区块链、超级计算等新技术与交通行业深度融合，推进智能铁路、智慧公路、智慧港口、智慧航道、智慧民航、智慧邮政、智慧枢纽等交通运输领域新型基础设施建设。推进交通运输治理现代化，深化交通运输大部门制改革，加强收费公路等政策创新，建立健全与交通运输高质量发展相适应的战略、规划、政策、法规、标准体系，加快建设统一开放的交通运输市场，持续优化营商环境。

深入推进交通运输绿色安全发展。安全是交通运输发展的根基，绿色是交通运输发展的底色，必须守好安全底线、生态红线，增强生存力、竞争力、发展力、持续力。加快推动交通运输结构调整优化，持续推进大宗货物和中长距离货物运输“公转铁”“公转水”。推动交通用能低碳多元化发展，持续提升公路沿线充电服务保障能力，推进新能源、清洁能源应用。推动交通建设项目节约集约利用土地、线位、桥位、水域岸线等资源。加强重点领域污染防治，推进车、船、港等污染物排放治理，提升快递包装减量化、标准化、循环化水平，鼓励引导绿色出行。深入落实总体国家安全观，提升多灾易灾地区、主要产业及能源基地等重点区域多路径连接比率，增强交通网络韧性。完善交通运输重点领域安全保障体系，推动平安百年品质工程建设，推进安全生产风险专项整治，推动安全生产向事前预防转型，坚决防范遏制重特大事故。健全行业调度指挥和应急救援体系，有效提高防灾减灾救灾和重大突发公共事件处置保障能力。

加强交通运输高水平对外开放合作。设施联通是政策沟通、贸易畅通、资金融通、民心相通的前提和基础，必须坚持交通天下，以交通互联互通推动构建人类命运共同体。推动“一带一路”交通互联互通高质量发展，促进中欧班列、中欧陆海快线等持续健康发展。推进国际道路运输合作文件、海运协定等商签和实施，促进国际运输便利化。完善交通国际合作机制，深化交通运输国际交流合作，不断扩大全球交通合作“朋友圈”，以自身发展为世界提供新机遇。深度参与国际规则和标准制定，务实参与国际海运温室气体减排谈判。更好发挥中国国际可持续交通创新和知识中心平台作用，为推动全球交通可持续发展贡献智慧和力量。

奋力谱写加快建设交通强国邮政篇章

赵冲久

（发表于2023年10月9日《人民日报》）

2023年10月9日是第五十四个世界邮政日。2023年世界邮政日的主题是“共筑信任——携手共创安全互联的未来”。近年来，中国邮政业坚持邮通天下，助力货畅神州，守护美好生活，建成了覆盖全国、遍布城乡、通达世界的邮政快递网络，国内建制村全部直接通邮，95%的建制村实现快递服务覆盖，邮政网络覆盖220多个国家和地区，积极融入先进制造业、现代农业，深度介入产业链供应链，为经济社会发展提供了有力支撑。2023年前9个月，我国邮政行业寄递业务量已突破千亿件，其中快递业务量突破900亿件，充分彰显了中国经济的活力和韧性。

在肯定成绩的同时，我们也必须清醒认识到，当前农村寄递物流体系、国际寄递物流体系还不够完善，寄递安全监管能力建设滞后于行业快速发展，网络和数据安全面临严峻复杂的形势。我们必须深入贯彻落实习近平总书记关于邮政业重要指示批示精神，牢牢把握高质量发展这个首要任务，完整、准确、全面贯彻新发展理念，更好满足人民日益增长的美好生活用邮需要，奋力谱写加快建设交通强国邮政篇章。

一是聚焦畅通循环，更好服务构建新发展格局。要强化内外联通，深入落实党的二十大关于加快建设交通强国的战略部署，加快融入现代化高质量国家综合立体交通网建设，构建内外联通、安全高效的寄递物流通道。要注重补链强链，主动融入服务现代化产业体系，推动行业更深层次融入生产、分配、流通、消费各个环节，更大范围深化与商贸交通、先进制造、现代农业和金融通信等协同，更高水平嵌入产业链、创新链之中。要促进城乡区域协调发展，大力加强行业基础设施建设，统筹乡村基础设施和公共服务布局，有效服务扩大内需战略，促进共同富裕，让邮政业发展成果更多更公平惠及全体人民。

二是强化数智引领，培育提升发展新动能新优势。坚持创新驱动发展战略，推动建立以企业为主体、市场为导向、产学研深度融合的技术创新体系，加强关键共性、前沿引领、物流装备技术的协同创新。注重加快数字化转型，在生产场景、系统要素、产业结构、监管方法上迭代更新，实现产业链上下游资源共享、业务互联、优势互补，提升寄递物流整体运作效率。持续提高智慧寄递水平，推动大数据、互联网、人工智能、区块链等新技术与行业深度融合，加快推动无人机、无人车、无人仓的应用，依靠科技提高行业服务稳定性、安全性、便捷性和绿色化水平。

三是坚持人民至上，践行“人民邮政为人民”的初心。要提高邮政普遍服务均等化水平，与时俱进丰富邮政普遍服务内涵，持续加强邮政普遍服务能力建设，加快推动邮政普遍服务业务与竞争性业务分业经营，持续巩固抵边自然村通邮成果。要解决人民群众急难愁盼问题，用心用情办好邮政业更贴近民生实事，解决好未按名址投递、农村地区快递服务违规收费等问题。要维护从业群体合法权益，切实保障快递员合理劳动报酬，完善职业发展保障体系，让从业人员跑得更安心、工作更舒心、生活更暖心。要深化行业绿色治理，落实标准化、循环化、减量化、无害化基本思路，构建齐抓共管治理格局，不断完善行业绿色发展的法律标准政策体系，加快推进快递包装绿色转型。

四是守牢安全底线，坚决防范化解重大风险隐患。要牢固树立安全发展理念，坚决贯彻总体国家安全观，持续做好行业监测预警、重大活动寄递安保等工作，强化对垄断和不公平竞争行为规制，加强对快递数据收集、管理、使用监管工作，稳固夯实行业发展的安全底盘。要抓好安全生产和平安寄递，全面落实实名收寄、收寄验视和过机安检“三项制度”，上下联动做好平安寄递专项行动，集中整治寄递渠道安全隐患，严厉打击违法寄递行为。要抓好网络数据和信息安全，加强数据安全和个人信息安全保护，健全完善邮政管理、公安、网信部门常态化协作机制。

第三章　法律法规规章

一、国务院关于修改和废止部分行政法规的决定（国务院令第 764 号）

为贯彻实施新修订的《中华人民共和国行政处罚法》，推进严格规范公正文明执法，优化法治化营商环境，国务院对涉及的行政法规进行了清理。为此，国务院决定对《中华人民共和国国际海运条例》等14部行政法规的部分条款予以修改，自公布之日起施行。

二、关于修改《平行跑道同时仪表运行管理规定》的决定（交通运输部令 2023 年第 1 号）

为防止飞行冲突，航空器之间应当按照空中交通管制要求保持一定的间隔距离。经过研究论证和实验运行，借鉴国际民航组织有关规定，对使用雷达信息进行的空中交通管制，在保证安全的前提下缩短了间隔距离标准，以提高空中交通管制效率、增加空域容量。就此对空管领域的基础性规章《民用航空空中交通管理规则》作出了修改，明确了新的雷达管制间隔标准，为此需要对《平行跑道同时仪表运行管理规定》作相应修改。主要修改内容：一是将相关条款中涉及的雷达管制间隔标准由"6千米"修改为"5.6千米"，做好与《民用航空空中交通管理规则》的衔接；二是适应管制运行需要，在总结试点经验的基础上，调整了平行跑道运行的相关内容，明确进近管制员在部分情况下可以承担雷达管制员职责；三是调整部分不符合实践需要的管理制度。

三、交通运输工程造价工程师注册管理办法（交通运输部令 2023 年第 2 号）

交通运输工程造价工程师是从事交通运输工程估算、概算、预算、决算等造价管理与咨询工作的专业技术人员，对工程成本管理和控制发挥了积极作用。2018年，住房和城乡建设部、交通运输部、水利部、人力资源和社会保障部四部门联合印发《造价工程师职业资格制度规定》《造价工程师职业资格考试实施办法》（建人〔2018〕67号），进一步明确了造价工程师实行执业注册管理制度。2022年，根据《国务院办公厅关于全面实行行政许可事项清单管理的通知》（国办发〔2022〕2号），交通运输工程造价工程师注册纳入行政许可事项，要求制定《交通运输工程造价工程师注册管理办法》。主要内容包括：规定交通运输工程造价工程师类别等级及注册条件，明确网上便捷办理方式及办理时限要求，加强对造价工程师执业行为规范管理。

四、道路运输车辆技术管理规定（交通运输部令 2023 年第 3 号）

为加强道路运输车辆技术管理，提升车辆本质安全和节能水平，交通运输部于2016年出台了《道路运输车辆技术管理规定》，并于2019年、2022年进行了两次局部修订，对于规范道路运输车辆技术管理工作、促进行业健康发展发挥了重要作用。但随着道路货运车辆安全技术检验、综合性能检测和排放检验实行"三检合一"，检验检测机构、技术标准、周期频次等实现了统一，《道路运输车辆技术管理规定》中涉及检验检测的相关要求需作出相应调整。同时，交通运输部近年来推行的道路运输车辆达标管理等安全管理制度和普货车辆异地检验、网上年审等利企便民举措，也需要上升为规

章予以固化。主要修订内容包括：一是全面落实“三检合一”改革要求；二是强化道路运输车辆安全性能监管；三是提升道路运输车辆技术管理服务水平。

五、公路水路关键信息基础设施安全保护管理办法（交通运输部令 2023 年第 4 号）

公路水路关键信息基础设施是指在公路水路领域，一旦遭到破坏、丧失功能或者数据泄露，可能严重危害国家安全、国计民生和公共利益的重要网络设施、信息系统等。党的二十大报告明确要求强化网络安全保障体系建设。加强公路水路关键信息基础设施安全保护是交通运输行业网络安全工作的重中之重。2021年出台的《关键信息基础设施安全保护条例》对国家公路水路关键信息基础设施安全保护予以了系统规范。《交通强国建设纲要》《国家综合立体交通网规划纲要》明确要求加强交通信息基础设施安全保护、健全公路水路关键信息基础设施安全保护体系。为细化落实《关键信息基础设施安全保护条例》制度规定，同时系统解决公路水路关键信息基础设施安全保护实践中存在的问题，制定《公路水路关键信息基础设施安全保护管理办法》，以全面保障公路水路关键信息基础设施的安全运行。主要内容包括：一是明确公路水路关键信息基础设施管理体制；二是建立公路水路关键信息基础设施认定机制；三是压实运营者主体责任；四是加强对公路水路关键信息基础设施风险隐患的应急处置；五是强化事前事中事后监管。

六、铁路运输服务质量监督管理办法（交通运输部令 2023 年第 5 号）

近年来，铁路营业里程稳步增长，高速铁路不断投产运营，动车组列车大量开行，人民群众出行日益便利。有必要在总结近年来铁路运输企业开展运输服务及铁路监管部门开展监督管理工作经验的基础上，出台《铁路运输服务质量监督管理办法》，切实解决社会关注、旅客关心的焦点难点问题，公平公正地维护广大旅客以及货物、行李、包裹的托运人、收货人的合法权益，努力让人民群众充分享受到更优质的铁路运输服务。主要内容包括：一是明确了铁路监管部门对铁路运输服务质量的监管职责；二是明确了对铁路运输企业的运输服务质量要求；三是明确了铁路监管部门的监管手段。

七、关于废止《民用航空企业及机场联合重组改制管理规定》的决定（交通运输部令 2023 年第 6 号）

民航企业及机场联合、重组和改制审核是《国务院对确需保留的行政审批项目设定行政许可的决定》（国务院令第412号）设定的行政许可事项，《民用航空企业及机场联合重组改制管理规定》对该项行政许可的条件和审批程序作出了规范。根据党中央、国务院关于深化“放管服”改革优化营商环境的决策部署，2019年底起在自由贸易试验区试点，2021年《国务院关于深化“证照分离”改革进一步激发市场主体发展活力的通知》（国发〔2021〕7号）在全国范围内将该审批改为备案管理。2023年国务院办公厅公布的《法律、行政法规、国务院决定设定的行政许可事项清单（2023年版）》（国办发〔2023〕5号）中已不再包括该许可事项。因此，该规章失去了制度基础，予以废止。

八、铁路设备质量安全监督管理办法（交通运输部令 2023 年第 7 号）

铁路设备包括铁路机车、铺轨机和架桥机（组）车辆等铁路机车车辆，以及通信设备、轨道、桥隧等铁路基础设施设备。对铁路设备质量安全进行监督管理是国家铁路局的重要职责。交通运输部制定了《铁路设备质量安全监督管理办法》，解决监管依据不足、效能不高等问题，完善和加强铁路设备质量安全监管制度。主要内容包括：一是明确监管总体要求；二是明确企业安全生产主体责任；三是明确不同环节监管要求；四是明确监管措施和法律责任。

九、关于修改《港口危险货物安全管理规定》的决定（交通运输部令2023年第8号）

为贯彻新修订的《中华人民共和国安全生产法》，进一步压实生产经营单位安全生产主体责任，建立健全安全风险预防控制体系，完善政府安全监管体制机制和责任制度，加大违法行为处罚力度，交通运输部对《港口危险货物安全管理规定》作相应修改。此次修订的主要内容包括：一是压实安全生产主体责任；二是强化管理部门安全监管要求；三是加强从业人员权益保障；四是补充完善危险货物范围。

十、公路水运工程质量检测管理办法（交通运输部令2023年第9号）

2005年，交通部出台了《公路水运工程试验检测管理办法》（交通部令2005年第12号，2016年、2019年两次局部修订），建立了检测机构等级评定制度，系统规范了检测活动。2022年1月，《国务院办公厅关于全面实行行政许可事项清单管理的通知》（国办发〔2022〕2号）将“公路水运工程质量检测机构资质审批”明确为行政许可事项。为全面规范这一许可事项的实施，进一步健全事前事中事后全链条监管制度，交通运输部决定废止旧规章，制定《公路水运工程质量检测管理办法》。主要内容：一是建立检测机构许可制度；二是全面规范质量检测活动；三是强化质量检测活动监管。

十一、关于修改《中华人民共和国海员外派管理规定》的决定（交通运输部令2023年第10号）

国务院办公厅印发《法律、行政法规、国务院决定设定的行政许可事项清单（2022年版）》，下放了外派机构的许可层级。为进一步压实外派机构责任，切实保障外派海员权益，交通运输部对《中华人民共和国海员外派管理规定》中的相关制度作进一步调整优化。主要修订内容：一是优化外派机构许可管理；二是压实外派机构责任，保障外派海员权益；三是建立信息通报机制，更好服务外派海员；四是依法设定行政处罚，规范海员外派活动。

十二、关于修改《游艇安全管理规定》的决定（交通运输部令2023年第11号）

国务院发布《关于修改和废止部分行政法规的决定》（国务院令第764号），对《中华人民共和国船员条例》作出修改，取消了“对在船工作期间未携带规定的有效证件行为的罚款”。为落实《关于修改和废止部分行政法规的决定》要求，交通运输部对《游艇安全管理规定》进行了相应修改，取消了“对游艇操作人员操作游艇时未携带合格的适任证书行为的罚款”。此外，依据新颁布实

施的《中华人民共和国海上交通安全法》，对处罚规定进行了梳理和调整，以与上位法保持一致。

十三、关于修改《道路货物运输及站场管理规定》的决定（交通运输部令2023年第12号）

国务院发布《关于修改和废止部分行政法规的决定》（国务院令第764号），对《中华人民共和国道路运输条例》作出修改，下调了“对未取得道路运输经营许可擅自从事道路普通货物运输经营行为的罚款”“对货运站经营者对超限、超载车辆配载，放行出站行为中轻微行为的罚款”数额，取消了“对道路货运经营者不按照规定随车携带道路运输证行为的罚款”。为落实《关于修改和废止部分行政法规的决定》要求，交通运输部对《道路货物运输及站场管理规定》进行了相应修改，对上述3项罚款事项进行了调整，其中下调了2项事项的罚款数额，取消了1项罚款事项。

十四、关于修改《道路危险货物运输管理规定》的决定（交通运输部令2023年第13号）

国务院发布《关于修改和废止部分行政法规的决定》（国务院令第764号），对《中华人民共和国道路运输条例》作出修改，取消了“对道路危险货物运输企业或者单位不按照规定随车携带道路运输证行为的罚款”。为落实《关于修改和废止部分行政法规的决定》要求，交通运输部对《道路危险货物运输管理规定》进行了相应修改，取消了上述罚款事项。此外，交通运输部依据国家机构改革部署，对部分机构名称进行了相应修改；交通运输部依据新颁布实施的《中华人民共和国安全生产法》，对处罚规定进行了梳理和调整，以与上位法保持一致；交通运输部根据标准修改、废止情况，对引用的标准名称进行了相应更新。

十五、关于修改《机动车维修管理规定》的决定（交通运输部令2023年第14号）

国务院发布《关于修改和废止部分行政法规的决定》（国务院令第764号），对《中华人民共和国道路运输条例》作出修改，下调了“对从事机动车维修经营业务未按规定进行备案且拒不改正行为的罚款”数额。为落实《关于修改和废止部分行政法规的决定》要求，交通运输部对《机动车维修管理规定》进行了相应修改，下调了上述事项的罚款数额。此外，依据国家机构改革部署，对部分机构名称进行了相应修改。

十六、关于修改《国际道路运输管理规定》的决定（交通运输部令2023年第15号）

国务院发布《关于修改和废止部分行政法规的决定》（国务院令第764号），对《中华人民共和国道路运输条例》作出修改，下调了“对未取得道路运输经营许可擅自从事道路旅客运输（含国际道路旅客运输）经营行为中轻微行为的罚款”“对外国国际道路运输经营者未标明国籍识标志行为的罚款”数额。为落实《关于修改和废止部分行政法规的决定》要求，交通运输部对《国际道路运输管理规定》进行了相应修改，下调了上述2项事项的罚款数额。

十七、关于修改《中华人民共和国国际海运条例实施细则》的决定（交通运输部令2023年第16号）

国务院发布《关于修改和废止部分行政法规的

决定》（国务院令第764号），对《中华人民共和国国际海运条例》作出修改，将“国际集装箱船、普通货船运输业务审批”“无船承运业务审批”改为备案管理。为落实《关于修改和废止部分行政法规的决定》要求，交通运输部对《中华人民共和国国际海运条例实施细则》进行了相应修改，将上述2项许可改为备案管理并细化完善备案要求。此外，对国际客船、国际散装液体危险品船许可的审核模式进行优化，由现行的省级交通运输主管部门初审后报交通运输部审核，调整为由交通运输部直接审核。

十八、关于修改《放射性物品道路运输管理规定》的决定（交通运输部令2023年第17号）

国务院发布《关于修改和废止部分行政法规的决定》（国务院令第764号），对《中华人民共和国道路运输条例》作出修改，取消了“对道路危险货物运输企业或者单位不按照规定随车携带道路运输证行为的罚款”。为落实《关于修改和废止部分行政法规的决定》要求，交通运输部对《放射性物品道路运输管理规定》进行了相应修改，取消了上述罚款事项。此外，依据国家机构改革部署，对部分机构名称进行了相应修改；依据新颁布实施的《中华人民共和国安全生产法》，对处罚规定进行了梳理和调整，以与上位法保持一致。

十九、关于修改《道路旅客运输及客运站管理规定》的决定（交通运输部令2023年第18号）

国务院发布《关于修改和废止部分行政法规的决定》（国务院令第764号），对《中华人民共和国道路运输条例》作出修改，下调了“对未取得道路运输经营许可擅自从事道路旅客运输（含国际道路旅客运输）经营行为中轻微行为的罚款”“对客运班车不按照批准的配客站点停靠或者不按照规定的线路、日发班次下限行驶等行为的罚款”数额，取消了“对道路客运经营者不按照规定随车携带道路运输证行为的罚款”。为落实《关于修改和废止部分行政法规的决定》要求，交通运输部对《道路旅客运输及客运站管理规定》进行了相应修改，对上述3项罚款事项进行了调整，其中下调2项事项的罚款数额，取消1项罚款事项。

二十、关于修改《中华人民共和国高速客船安全管理规则》的决定（交通运输部令2023年第19号）

《中华人民共和国高速客船安全管理规则》制定于2006年，主要是从船公司、船舶和船员等方面对高速客船航行安全予以了系统规范。《中华人民共和国高速客船安全管理规则》实施以来，高速客船安全管理工作不断加强，考虑到高速客船航速快，夜间航行风险较大，为进一步加强夜航安全管理，规范夜航管理制度，保障水上交通安全，相关内容需予以优化。同时根据日常管理实际需要，高速客船海船船员任职能力要求、高速客船演习和进出港报告制度等也需要进一步调整。主要修订内容：一是细化船员任职见习要求；二是优化演习要求；三是简化报告程序；四是优化夜航管理；五是完善高速客船定义。

二十一、铁路关键信息基础设施安全保护管理办法（交通运输部令2023年第20号）

党的二十大报告明确要求强化网络安全保障体

系建设。2021年出台的《关键信息基础设施安全保护条例》对国家关键信息基础设施安全保护予以了系统规范。为全面贯彻落实国家关于加强关键信息基础设施安全保护的决策部署，细化落实《关键信息基础设施安全保护条例》制度规定，交通运输部制定《铁路关键信息基础设施安全保护管理办法》。主要内容包括：一是明确铁路关键信息基础设施管理体制；二是压实运营者主体责任；三是加强对铁路关键信息基础设施的监督管理与保障。

二十二、铁路旅客运输安全检查管理办法（交通运输部令2023年第21号）

《中华人民共和国反恐怖主义法》对铁路车站和旅客列车安全检查工作提出了新要求。随着铁路公安机关管理体制发生重大变革，需要对原《铁路旅客运输安全检查管理办法》作出全面修订，进一步明确各方责任，切实维护铁路旅客运输安全。同时，为推动综合交通统筹融合发展，做好与城市轨道交通衔接协调，对该规章中相关内容进行修订完善，推动交通运输行业制度规则“软联通”。主要内容包括：一是进一步压实铁路运输企业主体责任；二是进一步完善铁路旅客运输各环节安全检查工作；三是进一步明确禁限物品处置措施；四是进一步明确违法违规责任。

二十三、快递市场管理办法（交通运输部令2023年第22号）

近年来，快递业高质量发展进程不断加快，快递业务量持续增长，人民群众对快递服务的需求不断提高。与此同时，在快递服务质量、市场秩序等方面，新情况、新问题不断出现，如未经用户同意擅自使用箱递或站递、虚假签收、违规处理无着快件等，迫切需要对原《快递市场管理办法》进行全面修订，解决相关制度安排与行业实践不适应、不协调的问题。同时，《中华人民共和国个人信息保护法》《快递暂行条例》等上位法的公布施行，对快递业作出了一些新的制度安排，需要通过修订，与上位法做好衔接。主要内容包括：一是完善了快递市场秩序和服务要求；二是强化了快递市场绿色、安全发展要求；三是强化了邮政管理部门监督管理职责。

二十四、关于修改《邮政普遍服务监督管理办法》的决定（交通运输部令2023年第23号）

《国务院关于取消和调整一批罚款事项的决定》（国发〔2023〕20号），印发实施，取消和调整了33个罚款事项，并要求各相关部门完成部门规章修改和废止工作。《国务院关于取消和调整一批罚款事项的决定》中取消了《邮政普遍服务监督管理办法》中对违反经营境内邮政通信业务审批规定行为的罚款。交通运输部对该规章内容进行了全面梳理，对相关罚款事项作出修改。

二十五、关于修改《邮政业寄递安全监督管理办法》的决定（交通运输部令2023年第24号）

《国务院关于取消和调整一批罚款事项的决定》（国发〔2023〕20号）印发实施，要求各相关部门持续压减罚款事项，对违反法定权限、不适应经济社会发展、可采取其他方式规范管理的罚款事项做到应减尽减。交

通运输部对涉及邮政管理的规章进行了全面梳理，删除了《邮政业寄递安全监督管理办法》中的未按规定作出收寄验视标识、安全检查标识的处罚条款等。

二十六、关于废止《邮政业标准化管理办法》的决定（交通运输部令 2023 年第 25 号）

《邮政业标准化管理办法》由交通运输部于2012年以7号部令公布。后交通运输部于2019年制定出台了《交通运输标准化管理办法》（交通运输部令2019年第12号），其中明确从事综合交通运输、铁路、公路、水路、民航、邮政领域的标准（统称为交通运输标准）制定、实施、监督等相关活动，应当遵守该办法。因此，对《邮政业标准化管理办法》予以废止。邮政领域标准化工作的细化管理，由国家邮政局根据相关法律、法规、规章，另行制定规范性文件予以规范。

第四章　行业重要政策性文件

第一节　交通运输部印发的部分重要政策性文件

序号	文件名称及文号	原文二维码	解读二维码
1	交通运输部关于加强交通运输安全生产标准化建设的指导意见（交安监规［2023］1号）		
2	交通运输部关于印发《城市轨道交通运营安全评估管理办法》的通知（交运规［2023］3号）		
3	交通运输部关于印发《交通运输安全生产警示约谈和挂牌督办办法》的通知（交安监规［2023］6号）		
4	交通运输部关于印发《公路水路基本建设项目内部审计管理办法》的通知（交财审发［2023］8号）		
5	交通运输部关于创新海事服务支持全面深化前海深港现代服务业合作区改革开放的意见（交海发［2023］35号）		
6	交通运输部关于推进公路数字化转型加快智慧公路建设发展的意见（交公路发［2023］131号）		
7	交通运输部关于加快建立健全现代公路工程标准体系的意见（交公路发［2023］132号）		
8	交通运输部关于公布《公路水运工程质量检测机构资质等级条件》及《公路水运工程质量检测机构资质审批专家技术评审工作程序》的通知（交安监发［2023］140号）		

续上表

序号	文件名称及文号	原文二维码	解读二维码
9	交通运输部关于加快智慧港口和智慧航道建设的意见（交水发［2023］164号）		
10	交通运输部办公厅关于进一步明确公路公共基础设施养护支出管理有关事项的通知（交办财审［2023］15号）		
11	交通运输部办公厅关于贯彻实施《公路水路关键信息基础设施安全保护管理办法》的通知（交办科技［2023］39号）		
12	交通运输部办公厅关于印发《道路运输企业和城市客运企业安全生产重大事故隐患判定标准（试行）》的通知（交办运［2023］52号）		
13	交通运输部办公厅关于印发《公路运营领域重大事故隐患判定标准》的通知（交办公路［2023］59号）		
14	交通运输部办公厅关于加强公路水运工程平安工地建设的指导意见（交办安监［2023］64号）		
15	交通运输部办公厅印发《关于加快推进长江航运信用体系建设的意见》的通知（交办政研［2023］74号）		

第二节　交通运输部联合其他部门印发的部分重要政策性文件

序号	文件名称及文号	原文二维码	解读二维码
1	交通运输部　自然资源部　海关总署　国家铁路局　中国国家铁路集团有限公司关于印发《推进铁水联运高质量发展行动方案（2023—2025年）》的通知（交水发〔2023〕11号）		
2	交通运输部　国家发展改革委　自然资源部　生态环境部　水利部关于加快沿海和内河港口码头改建扩建工作的通知（交水发〔2023〕18号）		
3	交通运输部　商务部　海关总署　国家金融监督管理总局　国家铁路局　中国民用航空局　国家邮政局　中国国家铁路集团有限公司关于加快推进多式联运“一单制”“一箱制”发展的意见（交运发〔2023〕116号）		
4	交通运输部　国家发展和改革委员会　公安部　财政部　人力资源和社会保障部　自然资源部　国家金融监督管理总局　中国证券监督管理委员会　中华全国总工会关于推进城市公共交通健康可持续发展的若干意见（交运发〔2023〕144号）		
5	交通运输部　中国人民银行　国家金融监督管理总局　中国证券监督管理委员会　国家外汇管理局关于加快推进现代航运服务业高质量发展的指导意见（交水发〔2023〕173号）		
6	交通运输部　工业和信息化部　公安部　财政部　农业农村部　商务部　国家邮政局　中华全国供销合作总社　中国邮政集团关于加快推进农村客货邮融合发展的指导意见（交运发〔2023〕179号）		
7	交通运输部　公安部　应急管理部关于印发《道路旅客运输企业安全管理规范》的通知（交运规〔2023〕4号）		
8	交通运输部办公厅　文化和旅游部办公厅关于加快推进城乡道路客运与旅游融合发展有关工作的通知（交办运〔2023〕10号）		
9	交通运输部办公厅　工业和信息化部办公厅　公安部办公厅　国家市场监督管理总局办公厅　国家互联网信息办公室秘书局关于切实做好网约车聚合平台规范管理有关工作的通知（交办运〔2023〕23号）		

续上表

序号	文件名称及文号	原文二维码	解读二维码
10	交通运输部办公厅　公安部办公厅关于推进道路货物运输驾驶员从业资格管理改革的通知（交办运〔2023〕35号）		
11	交通运输部办公厅　国家铁路局综合司　中国民用航空局综合司　国家邮政局办公室　中国国家铁路集团有限公司办公厅关于培育旅客联程运输服务品牌的通知（交办运〔2023〕44号）		
12	交通运输部办公厅　教育部办公厅　自然资源部办公厅　商务部办公厅　文化和旅游部办公厅　国家卫生健康委办公厅　中华全国总工会办公厅　国家铁路局综合司　中国民用航空局综合司　国家邮政局办公室　中国国家铁路集团有限公司办公厅关于加快推进汽车客运站转型发展的通知（交办运〔2023〕45号）		
13	交通运输部办公厅　国家电网有限公司办公室　中国南方电网有限责任公司办公室印发《关于示范推进国际航线集装箱船舶和邮轮靠港使用岸电行动方案（2023—2025年）》的通知（交办水〔2023〕48号）		
14	中央财办等部门关于推动农村流通高质量发展的指导意见（中财办发〔2023〕7号）		
15	国务院安委会办公室　住房和城乡建设部　交通运输部　水利部　国务院国有资产监督管理委员会　国家铁路局　中国民用航空局　中国国家铁路集团有限公司关于进一步加强隧道工程安全管理的指导意见（安委办〔2023〕2号）		

第三节　国家局制定的部分重要政策性文件

序号	文件名称及文号	原文二维码	解读二维码
1	铁路运输基础设备生产企业审批实施细则（国铁设备监规〔2023〕8 号）		
2	国家铁路局关于印发《铁路安全风险分级管控和隐患排查治理管理办法》的通知（国铁安监规〔2023〕9 号）		
3	国家铁路局关于印发《铁路交通重大事故隐患判定标准（试行）》的通知（国铁安监规〔2023〕12 号）		
4	国家铁路局关于印发《铁路机车车辆鸣笛噪声污染防治监督管理办法》的通知（国铁设备监规〔2023〕16 号）		
5	国家铁路局关于印发《国家铁路局铁路行政处罚裁量权基准》的通知（国铁安监规〔2023〕17 号）		
6	国家铁路局关于印发《铁路专用产品质量监督抽查管理办法》的通知（国铁设备监规〔2023〕18 号）		
7	国家铁路局关于印发《铁路建设工程生产安全重大事故隐患判定标准》的通知（国铁工程监规〔2023〕25 号）		
8	国家铁路局关于印发《铁路无线电频率使用许可实施细则》的通知（国铁设备监规〔2023〕32 号）		
9	国家铁路局关于印发《铁路优质工程（勘察设计）奖评选办法》的通知（国铁工程监规〔2023〕34 号）		

续上表

序号	文件名称及文号	原文二维码	解读二维码
10	国家铁路局关于印发《铁路工程建设工法管理办法》的通知（国铁工程监规［2023］35号）		
11	国家铁路局关于印发《团体标准和企业标准转化为铁路国家标准和行业标准的暂行规定》的通知（国铁科法［2023］29号）		
12	国家铁路局关于印发《铁路行业专业标准化技术归口单位管理办法》的通知（国铁科法［2023］31号）		
13	国家铁路局　工业和信息化部　中国国家铁路集团有限公司关于支持新能源商品汽车铁路运输　服务新能源汽车产业发展的意见（国铁运输监［2023］4号）		
14	国家铁路局　工业和信息化部　中国国家铁路集团有限公司关于消费型锂电池货物铁路运输工作的指导意见（国铁运输监［2023］26号）		
15	市场监管总局　国家铁路局关于印发《铁路产品认证管理办法》的通知（国市监认证发［2023］22号）		
16	中国民用航空局　自然资源部关于印发《民用机场净空保护区域内建设项目净空审核管理办法》的通知（民航发［2023］1号）		
17	民航局关于运输机场空飘物防治的指导意见（试行）（民航发［2023］14号）		
18	中国民用航空局关于印发智慧民航建设评价指标体系（试行）的通知（民航发［2023］15号）		
19	中国民用航空局关于印发智慧民航建设数据管理政策标准体系的通知（民航发［2023］16号）		

续上表

序号	文件名称及文号	原文二维码	解读二维码
20	中国民用航空局关于印发落实数字中国建设总体部署　加快推动智慧民航建设发展的指导意见（民航发〔2023〕17号）		
21	国家邮政局关于修订印发《寄递服务用户个人信息安全管理规定》的通知（国邮发〔2023〕7号）		
22	关于推动邮政快递业绿色低碳发展的实施意见（国邮发〔2023〕12号）		
23	国家邮政局关于全面加强新时代邮政快递业精神文明建设的指导意见（国邮发〔2023〕40号）		
24	国家邮政局　农业农村部关于加快推进脱贫地区快递进村的指导意见（国邮发〔2023〕47号）		
25	国家邮政局关于印发《邮政业标准化管理办法》的通知（国邮发〔2023〕54号）		
26	国家邮政局办公室等七部门办公厅（室）关于印发《农村寄递物流体系建设三年行动方案（2023—2025年）》的通知（国邮办发〔2023〕29号）		
27	国家邮政局办公室　人力资源社会保障部办公厅关于加快推进邮政快递业职业技能等级认定的实施意见（国邮办发〔2023〕30号）		

第三篇
加快建设交通强国

Section III
Accelerating the Building of a Transport Power

第一章　加快建设交通强国综述

2023年，交通运输部深入学习贯彻党的二十大精神，认真落实党中央、国务院决策部署，积极推动《交通强国建设纲要》《国家综合立体交通网规划纲要》《加快建设交通强国五年行动计划（2023—2027年）》及“十四五”系列交通规划实施，奋力加快建设交通强国，各项工作取得积极成效。

一、健全加快建设交通强国工作机制

及时向党中央、国务院报送加快建设交通强国重要工作进展，协调交通强国建设纲要起草组成员单位参与相关政策制定，保持部际协调机制良好运转。调整交通运输部加快建设交通强国领导小组及其办公室成员，进一步强化对加快建设交通强国工作的组织领导和统筹实施。不断完善部省合作机制，签署以“加快建设交通强国”为主题的新一轮部省合作协议16个。指导地方建立健全交通强国建设领导机制，协调推动交通运输高质量发展。

二、完善交通运输规划政策体系

不断完善政策体系，印发《加快建设交通强国五年行动计划（2023—2027年）》及分工方案，研究制定《国家综合立体交通网主骨架路线方案》。编制《新时代新征程谱写交通强国建设民航新篇章行动纲要》《加快建设交通强国邮政篇实施方案（2023—2027年）》。进一步健全规划体系，印发出台《全国港口与航道布局规划》，有序推进修编《中长期铁路网规划》，加快编制《国家公路网线位规划》，基本完成“十四五”交通运输规划中期评估工作。持续完善地方篇章，全国31个省（自治区、直辖市）及新疆生产建设兵团中已有27个印发《交通强国建设纲要》实施意见或交通强省建设方案，22个出台省级综合立体交通网规划，31个印发省级“十四五”综合交通运输规划。

三、加快建设国家综合立体交通网

稳步推进基础设施建设，全年完成交通固定资产投资3.9万亿元，同比增长约1.5%。新增铁路营业里程约3637公里，其中高铁里程2776公里；新增公路通车里程8.2万公里，其中高速公路里程7368公里；新增及改善内河高等级航道里程约1000公里，新增颁证民用运输机场5个，新增城市轨道交通运营里程604公里。统筹推进“十四五”规划102项国家重大工程涉交通项目，组织实施11项重大工程项目包和第一批16个交通强国重点项目。加快完善国家综合立体交通网主骨架，研究制定《国家综合立体交通网主骨架路线方案》。推进建设现代综合交通枢纽体系，组织实施国家综合货运枢纽补链强链，组织完成首批15个城市绩效评价工作，支持第二批10个城市建设，累计支持约300个货运枢纽项目和约120个集疏运项目。优化调整“十四五”综合客运枢纽项目库及投资补助政策，支持22个综合客运枢纽项目建设，强化各方式一体化融合。

四、完善交通强国行业篇章

有效提升安全发展水平，印发加强数据安全和网络安全工作的意见、公路水路关键信息基础设施安全规划等。持续加强交通科技创新驱动，出台《关于加快智慧港口和智慧航道建设的意见》《国家综合交通运输信息平台总体技术要求》等，围绕综合交通运输、绿色低碳、智能交通等重点领域发布国家标准92项、行业标准195项，发布标准外文版38项，发布实施船舶技术规范8部。加快推进交通运输绿色低碳转型，印发《交通运输部贯彻落实全国生态环境保护大会精神提升行业绿色发展水平的实施方案》《示范推进国际航线集装箱船舶和邮轮靠港使用岸电行动方案（2023—2025年）》，出台《公路水路行业绿色低碳发展年度评估工作办法（试行）》，发布《醇燃料动力船舶技术与检验暂行规则》《纯电池动力船舶技术法规实施指南》等规范指南。深化拓展对外开放合作，成功举办全球可持续交通高峰论坛（2023），发布《2022年中国可持续交通发展报告》，发起设立全球可持续交通创新联盟，提出《北京倡议》。进一步设计好、建设好、运营好、发展好中国国际可持续交通创新和知识中心。成功举办2023年中国航海日活动、2023北外滩国际航运论坛，积极参与筹备第三届"一带一路"国际合作高峰论坛，加强可持续交通、铁路建设、道路运输、海运、未来出行、邮政快递等领域国际合作。加快提高交通运输治理能力，印发《优化公路水运建设领域营商环境行动方案》，制定深化交通运输体系改革、形成统一开放的交通运输市场意见。加快推进交通运输法等重点法律法规立法工作。健全资金保障和财务审计运行管理机制，制定《关于支持发行交通运输基础设施领域不动产投资信托基金（REITs）的通知》，吸引社会资本参与交通强国建设。

五、扎实推进交通强国建设试点工作

推动交通强国建设试点工作扩点增面，新增中国国际可持续交通创新和知识中心等7个试点组织单位、54项试点任务，累计组织77个试点单位开展424项试点任务。推动部和国家局有关司局开展专项试点工作，印发《部内司局开展交通强国建设试点工作方案》，启动邮政、更高水平自主可控自动化集装箱码头示范应用、农村公路灾毁保险、港口功能优化提升、综合运输服务"一票制、一单制、一箱制"、交通职业教育6项专项试点。强化试点工作指导督导，召开交通强国建设试点工作推进会，全面部署试点工作。加大试点经验交流活动组织力度，在雄安新区、天津、西安、郑州、广州等地开展试点工作片区座谈调研。调度中国船级社、交通运输部规划研究院、交通运输部天津水运工程科学研究院、交通运输部水运科学研究院等部属单位试点任务实施进展。有序开展试点任务验收评估，推动山东省综合交通体制机制改革、江苏省"四好农村路"高质量发展等44项试点任务开展验收工作，其中24项已顺利完成验收评估，总结形成一批可复制、可推广的典型成果经验。

六、完善交通强国评价指标体系

按照交通强国评价指标及行业指标、省域指标研究制定工作的总体要求、工作内容、机制分工、进度安排，深入开展交通强国评价指标和铁路、公路、水运、民航、邮政行业指标的研究、测算、分析等工作。指导辽宁、江苏、浙江、河南、青海5个典型省基本完成省域评价指标制定工作，推动其他省（自治区、直辖市）制定省域评价指标工作，指导具备条件的城市探索建立市级评价指标工作，推动指标体系尽快落地。

七、深化交通强国相关理论研究

深化现代化产业体系、现代物流体系、规划创新理论、开路先锋等专题研究。编辑出版《加快建设交通强国报告（2022）》《国家综合立体交通网研究成果汇编（上、下册）》，研究形成《我国与美欧日等发达国家交通基础设施对比分析报告》，发布《世界一流港口综合评价报告（2023）》。编印《加快建设交通强国工作简报》35期，通过电视、杂志、报刊、网络平台等刊发亮点报道60余篇，加强交通强国建设成果宣传推广。

第二章　加快建设交通强国铁路篇章情况

国家铁路局以《交通强国建设纲要》《国家综合立体交通网规划纲要》为引领，全面贯彻综合交通发展理念，充分发挥铁路在综合交通体系中的骨干作用，落实加快建设交通强国铁路领域各项任务部署，努力当好中国式现代化的开路先锋。

一、科学谋划顶层设计

结合铁路发展实际，整体谋划，统筹协调，系统梳理确定各项重点任务、政策举措。参与编制并联合印发《加快建设交通强国五年行动计划（2023—2027年）》等，研究制定《交通强国铁路行业评价指标》，提出铁路行业落实交通强国建设的目标任务。有序推进《中长期铁路网规划》修编，组织完成"十四五"铁路发展规划实施情况中期评估工作，持续优化铁路网结构，完善功能布局。

二、推动构建现代化铁路网

开展沪渝蓉沿江高铁（合肥至武汉段、宜昌至涪陵段）、罗布泊至若羌铁路等重大铁路项目和福建省城际铁路等区域路网规划行业评审并出具行业意见，协调推动国家战略骨干通道、高速铁路主通道、中西部地区普速铁路和城市群城际、市域（郊）铁路规划建设，加快推进"四网融合"发展，构筑多层次、一体化综合交通枢纽体系。

三、促进铁路运输服务高质量发展

发挥铁路运输保通保畅协调监督机制作用，保障能源、粮食、农用物资等重点物资运输。联合印发《关于加快推进多式联运"一单制""一箱制"发展的意见》，推动落实《铁水联运标准化行动方案（2023—2025年）》，参与《铁路运输、水路运输危险货物品名划分对比分析标准研究》等标准规范研究。制定发布《铁路运输服务质量监督管理办法》，督促铁路运输企业改善设备设施，优化工作流程，提升服务质量，切实开好公益性"慢火车"。修订发布《铁路旅客运输安全检查管理办法》，推进优化铁路与城市轨道交通安检流程。会同工业和信息化部等联合印发《关于持新能源商品汽车铁路运输　服务新能源汽车产业发展的意见》，发布实施《铁路危险货物品名表》，助力新能源汽车产业发展。

四、大力推进科技创新

联合工业和信息化部等七部门印发《轨道交通装备产业高质量发展行动计划》，明确铁路装备关键零部件核心技术自主化国产化相关工作任务。推动CR450科技创新工程加快实施，推进更高速度轮轨技术、高速磁悬浮系统技术研发。召开铁路科技创新工作会议，展示铁路最新科技成果，引领行业科技发展方向。推动成立国家川藏铁路技术创新中心，研究建设国家级铁路试验验证基地，支持铁路行业科技创新基地建设发展，推进43家基地高效运行，培育国家战略科技力量。

五、推动铁水联运高质量发展

完善铁水联运协调联动机制，会同交通运输部、中国国家铁路集团有限公司（简称"国铁集团"）成立"协同推进铁水联运发展工作专班"，建立"国家铁路局推进铁水联运高质量发展工作机制"，形成发现问题、解决问题、推动发展的长效机制。

第三章 加快建设交通强国民航篇章情况

研究制定《新时代新征程谱写交通强国建设民航新篇章行动纲要》，深化重大课题研究，明确新时代新征程奋力谱写交通强国建设民航新篇章的战略目标和重点任务。积极配合交通运输部推进交通强国建设试点工作，配合试点牵头单位完成对江苏省等交通强国建设试点省（自治区、直辖市）的验收工作。

第四章 加快建设交通强国邮政篇章情况

切实强化组织保障，建立健全加快建设交通强国邮政篇领导机制。总揽全局、突出重点，开展加快建设交通强国邮政篇专题调研。交通运输部、国家铁路局、中国民用航空局、国家邮政局、中国国家铁路集团有限公司联合印发《加快建设交通强国五年行动计划（2023—2027 年）》。国家邮政局印发《加快建设交通强国邮政篇实施方案（2023—2027 年）》，部署推进邮政普遍服务高质量发展、提升枢纽干线能力、加快科技创新引领、促进绿色低碳发展等九方面任务，明确了今后五年加快建设交通强国邮政篇的“路线图”。构建形成交通强国邮政行业评价指标体系，为加快建设交通强国邮政篇提供可计量、可评估的衡量标准。交通运输部与地方签署一系列以“加快建设交通强国”为主题的部省协议，融入了邮政篇有关重点任务。以邮政业规划压茬推进交通强国邮政篇建设，扎实开展“十四五”邮政业规划中期评估工作。

积极参与交通强国建设试点工作，配合交通运输部开展多项涉邮试点任务评估、验收工作。交通运输部、国家邮政局联合印发《关于开展交通强国邮政专项试点工作的通知》，在交通强国建设试点框架下，坚持“点面结合、探索创新、近远结合、滚动实施，因地制宜、分类推进、多方联合、共同实施”的原则，围绕邮政业重点领域、优势领域、亟需领域或其关键环节，补短板、锻长板，解难点、破难题，分地区、分主题、分批次开展邮政专项试点工作。在第一批交通强国邮政专项试点中，29 个试点组织单位申报了 63 项试点任务，覆盖服务、设施、技术、管理四大试点领域，涵盖地方政府、邮政管理部门、行业协会、邮电高校、邮政快递企业总部、相关企业等多类主体。

2023 年，邮政行业寄递业务量和邮政行业业务收入分别完成 1624.8 亿件和 15293.0 亿元，同比分别增长 16.8% 和 13.2%。其中，快递业务量和业务收入分别完成 1320.7 亿件和 12074.0 亿元，同比分别增长 19.4% 和 14.3%。全行业企业共设立各类营业网点 46.8 万处，比上年末增加 3.4 万处。拥有国内快递专用货机 188 架，比上年末增加 27 架。拥有汽车 37.8 万辆，比上年末同比增长 2.6%。中国邮政位列世界 500 强榜单第 86 位，顺丰控股再度上榜，排名跃升至 377 位，比上年名次跃升 64 名。加快国家“十四五”重大工程的邮政国际寄递中心建设，义乌、成都、长沙、南昌、西宁邮件处理中心基本完成主体工程。亚洲第一个专业性货运机场顺丰鄂州花湖机场全面投入运营，圆通嘉兴航空货运枢纽开工建设。邮件快件处理能力大幅度提升，智能化水平快速进步。

维护邮政普遍服务网络完整稳定，3356 个抵边自然村全部实现通邮，按需提供投递服务。启动农村寄递物流体系建设三年行动，实施“一村一站”工程，累计建成 1267 个县级公共寄递配送中心、28.9 万个村级寄递物流综合服务站和 19 万个村邮站。会同工业和信息化部实施快递与制造业融合发展“5312”工程，大力发展线边物流、仓配一体和供应链管理等业务，评选山东青岛胶州市等10个试点先行区。加快推动行业数智化转型，组织邮政业智能安检系统“华山论检”，加大智能安检、智能视频、智能语音申投诉处理技术在行业推广应用。加快推进科技成果转化，智能车辆、智能分拣设施、智能仓库和云仓在行业广泛应用。大力实施“9218”工程，全国电商快件不再二次包装比例超过95%，使用可循环包装的邮件快件超10亿件，回收复用质量完好的瓦楞纸箱超8.2亿个。组织开展职业技能培训46万人次，新增10.8万人取得职业技能等级证书，4454人取得快递工程专业技术职称。联合举办第四届全国邮政行业职业技能竞赛、第八届全国“互联网+”快递业创新创业大赛，推动共建学院和行业职业教育发展。着力维护行业安全稳定，开展重大事故隐患专项排查整治2023行动。联合公安、国家安全等16部门开展平安寄递专项行动。持续推进邮政业应急管理体系和能力建设，加强视频巡查监管等“绿盾”工程相关信息系统应用。稳妥应对台风、地震、冰冻雨雪等自然灾害影响。行业总体运行平稳，未发生较大及以上安全事故。28人荣获“全国五一劳动奖章（状）”、9个集体荣获“全国工人先锋号”、37个集体荣获“第21届全国青年文明号”、9人（集体）荣获“两红两优”、10人荣获“最美快递员”、3个团队荣获“最美快递员”团队等荣誉称号。

第四篇
重大工作

Section IV
Major Tasks

第一章　学习贯彻习近平新时代中国特色社会主义思想主题教育

一、交通运输部学习贯彻习近平新时代中国特色社会主义思想主题教育情况

交通运输部党组坚决扛起政治责任，认真学习贯彻习近平总书记关于主题教育的重要讲话和重要指示批示精神，牢牢把握“学思想、强党性、重实践、建新功”总要求，紧紧锚定主题教育目标任务，聚焦奋力加快建设交通强国、努力当好中国式现代化的开路先锋，扎实做好各项工作，推动主题教育在交通运输部系统走深走实。

（一）突出带头表率、统筹推进，切实抓好组织领导

一是做好示范引领。部党组制定全面作表率工作清单，提出具体工作举措；学习借鉴“浦江经验”，建立部党组同志“三个联系”工作机制，每名党组同志直接联系 1 个单位、直接联系 1 位同志、直接联系抓好 1 件民生实事；部党组同志带队调研，研究发现并推动解决加快建设交通强国、推动行业高质量发展中的一系列重点难点问题，取得良好成效。二是全面部署推进。部党组及时召开动员部署会，印发实施方案，对部系统主题教育进行全面部署；召开主题教育工作交流推进会、调研成果交流会，总结交流阶段性成效经验，进一步统一思想、明确要求，持续推进主题教育走深走实。三是强化督促指导。部党组主要负责同志带头，部党组同志分别到有关部属单位开展主题教育调研，督促指导工作开展；成立巡回指导组，对部机关司局、部属单位进行全覆盖督导，通过列席会议、组织座谈、发放调查问卷、进行个别访谈等收集各类意见建议，精准督促指导。四是加强统筹调度。第一时间成立主题教育领导小组及其办公室，组建工作组和工作专班；建立周调度、月督导、文件简报运转等工作机制，加强宣传引导、营造良好氛围，保障主题教育工作有效有力推进。

（二）突出深学细悟、凝心铸魂，切实抓好理论学习

一是原原本本学。部党组示范举办为期 8 天的主题教育读书班，组织部系统配发党中央指定的学习材料，教育引导党员、干部原原本本学习、通读精读研读，进一步夯实坚定拥护“两个确立”、坚决做到“两个维护”的思想根基。二是及时跟进学。坚持“第一议题”学习制度，通过理论学习中心组学习、党组会、部务会等及时跟进学习习近平总书记关于主题教育系列重要讲话和重要指示批示精神、关于党的建设的重要思想，注重以党的创新理论解决改革发展中的实际问题。三是持续深化学。通过专家深度辅导、深入研讨交流等形式，深入习近平总书记考察地、红色教育资源、党性教育基地、基层一线等现场，促进理论学习深化内化转化。部党组主要负责同志带头讲专题党课，带动部系统各级党组织书记、局级领导班子成员认真讲党课。四是抓好基层学。组织引导部系统各单位用好读书班、“三会一课”、青年理论学习小组等载体开展理论学习；发挥党支部主体作用，推动理论学习向基层党员延伸。

（三）突出摸清实情、提实对策，切实抓好调查研究

一是聚焦主责主业“选题”。部党组坚持以“问题导向”引领“调研方向”，聚焦事关加快建设交通强国的全局性、战略性和前瞻性问题，聚焦交通运输改革发展的重点问题，聚焦人民群众最关心的热点难点问题，确定重大调研选题；部系统各单位自行开展的调研选题 550 余项，覆盖部属单位、地方政府、科研单位、企业、社会组织、新业态等调研对象和全国各省（区、市）。二是开展解剖式调研“破题”。加强典型案例解剖式调研，深入实际、深入基层、深入群众，通过现场考察、座谈交流、个别访谈等方式开展调研，深挖症结、举一反三，梳理形成问题清单、责任清单、任务清单和成果转化运用清单，着力破解制约交通运

输高质量发展的难点问题。三是注重统筹协调“解题”。及时做好协调提醒，避免扎堆调研、多头调研、重复调研等不良倾向；加强检视整改与调查研究工作联动，系统梳理调研过程中发现的增量问题，及时动态增补到问题清单中，推动调研成果转化运用；召开调查研究成果交流会，交流调研成果和收获体会，推广应用典型做法和成功经验，开展典型案例研讨，共同研题解题。

（四）突出提质增效、人民满意，切实抓好推动发展

一是抓贯彻、促落实。迅速学习贯彻习近平总书记有关重要指示批示精神，全力做好“鲁蓬远渔028”渔船救援，并做好后续处置；全力加强交通运输重要基础设施安全防护，多措并举提升安全防护能力和水平；全力抓好防汛救灾工作，以有力支持保障北京、河北、东北地区防汛救灾工作。二是谋长远、增动能。扎实推进《加快建设交通强国五年行动计划（2023—2027年）》，深化交通强国建设试点，完善交通强国指标体系，开展“十四五”交通运输规划体系中期评估调整；加快建设“6轴7廊8通道”国家综合立体交通网主骨架，全力推进“十四五”规划重大工程涉交通运输项目，深中通道海底沉管隧道合龙，沿边沿海公路体系建设进展顺利；持续推动运输结构调整优化，加快发展货物多式联运和旅客联程运输；服务支撑区域重大战略和乡村振兴，推动“四好农村路”高质量发展；加快推进中国国际可持续交通创新和知识中心建设，全力筹办好全球可持续交通高峰论坛（2023）、第十五届国际交通技术与设备展览会，推动成立全球可持续交通创新联盟。三是夯基础、控风险。开展重大事故隐患排查整治和重大风险防范化解2023专项行动，集中攻坚，统筹推进专项治理任务；充分发挥国务院物流保通保畅工作领导小组办公室作用，强化部门协同和部省联动，保障重点物资运输畅通。四是办实事、解民忧。全力推进交通运输2023年12项更贴近民生实事取得新成效。改造公路危旧桥梁，实施农村公路安全生命防护工程，组织开展推选“最美货车司机”等关心关爱货车司机专项行动，指导重点港口企业建立“一站式”网上业务受理服务平台提升港口服务能力等举措，增强有关交通运输从业者的获得感，服务人民群众安全便捷出行。

（五）突出动真碰硬、真查实改，切实抓好检视整改

一是全面深入查摆问题。部党组按照要求系统梳理和查找发展所需、改革所急、基层所盼、民心所向的突出问题，形成整改整治问题清单并动态更新，梳理形成专项整治方案和整改整治问题统一列入年度部重点工作任务跟踪督办。部系统各单位结合各自实际，确定整改整治问题和专项整治方案。二是多措并举推动整改。制定检视整改工作方案，创新督办方式，建立“赋旗”机制，实行台账式管理、项目化推进，动态掌握每项清单任务进展情况；抓实分类整改，能够整改到位地推动问题有效解决，对于长期推进事项，明确时间表与路线图，取得阶段性成果并持续推进；严格销号管理，确保整改工作见实见效。三是协同联动健全机制。加强纵向联动，检视整改组、巡回指导组等衔接配合，及时发现和纠正工作偏差，对不准不实的问题清单打回“返工”，坚决纠治形式主义官僚主义；注重横向协同，整改问题主责单位切实扛起牵头责任，配合单位积极主动作为，共同研究提出整改方案、明确任务分工，齐心协力抓好整改落实。四是深入开展党性分析。对部系统高质量开好专题民主生活会和专题组织生活会进行全面部署，部党组带头制定会议方案、认真筹备召开会议。五是建章立制巩固成果。健全完善部党组和部管国家局党组工作关系和工作机制；制定新时代交通运输人才工作有关意见和行动方案，制定《交通运输干部教育培训规划（2023—2027年）》，对人才工作进行全面部署；对主题教育中的好经验好做法，及时以制度形式固定下来；部系统各单位制修订制度680余项，持续巩固主题教育成果。

（六）突出纯洁思想、纯洁组织，切实抓好教育整顿

一是持续筑牢思想根基。部党组坚持学习在先、教育在先，专题学习习近平总书记关于党的建设的重要思想、全面从严治党和干部工作的重要论述；召开行业党风廉政建设工作暨警示教育电视电话会议，开展警示教育；部系统各单位有针对性地开展专题学习

教育，各级领导班子和基层党组织开展相关学习研讨，开展革命传统教育和警示教育。二是深入开展专项调研。部党组主要负责同志带头开展干部人才队伍调研，掌握有关情况，重点选取科研院所、部管高校、部属企业、行业单位等开展专项调研和个别访谈，收集相关问题、困难和意见建议。三是找准找实突出问题。部党组认真查摆问题，制定整改措施与专项整治方案。部系统各单位深入开展自查自纠，查找问题并动态更新，督促党员、干部深入开展自查自纠，把查摆出的问题作为专题民主生活会和专题组织生活会对照检查的重要内容，深挖问题症结，明确努力方向。四是依规依纪进行处置。突出加强对“一把手”和领导班子的监督，针对巡视巡察、考核检查、日常了解发现的问题，梳理各类问题线索并按规定进行处置。部系统各单位严格执行工作纪律，严把登记、梳理汇总、归口管理等环节，稳妥做好各类问题线索处置工作。五是锚定使命选好干部。着眼于加快建设交通强国、努力当好中国式现代化的开路先锋的使命要求，重点从中发现、培养和选拔优秀干部，队伍结构得到优化，战斗力得到增强。

二、国家铁路局学习贯彻习近平新时代中国特色社会主义思想主题教育情况

国家铁路局党组坚决扛起政治责任，贯彻落实习近平总书记关于主题教育系列重要讲话、重要指示批示精神和党中央决策部署，牢牢把握学思想、强党性、重实践、建新功总要求，紧紧锚定目标任务，扎实推进理论学习、调查研究、推动发展、检视整改、建章立制等重点措施，取得良好成效，凝聚了推动铁路高质量发展，加快建设交通强国，服务强国建设、民族复兴伟业的强大合力。

(一) 坚持高标定位，强化领导协调推进

坚持把开展主题教育作为重大政治任务，摆在突出重要位置，确保领导、组织、落实到位。召开主题教育领导小组会议 4 次、领导小组办公室会议 7 次、专题会议 2 次，局党组印发主题教育文件 6 份，形成周总结计划 14 期、月度安排和总结各 3 期，学习传达落实有关文件、通知、答复、提示 70 余件，有力保障主题教育顺利推进。编发简报 20 期，专栏推送有关评论要闻 78 篇，政务微信刊载有关信息 12 篇，中央主题教育领导小组办公室简报、旗帜网、人民网、央视网、经济日报、法治网等刊载报道有关信息 7 篇。

(二) 坚持“六学联动”，学深悟透创新理论

组织开展理论学习中心组示范学、“第一议题”跟进学、组织生活日全员学、青年小组重点学、读书班专题学、“国铁大讲堂”拓展学。两级理论学习中心组开展集体学习 303 次，交流研讨 151 次。局党组成员、局属单位、部门班子成员共讲授党课 78 次。召开 9 次党组会，学习内容 26 项，研究制定落实措施。党支部制定具体学习计划，每周至少安排半天时间集中学习，每月至少开展一次学习交流。全局青年理论学习小组共开展学习 99 次，交流研讨 58 次。举办 3 期“处级以上党员领导干部学习贯彻习近平新时代中国特色社会主义思想和党的二十大精神培训班”，局党组书记开班动员，讲好第一课。局属单位组织培训班 15 期。组织“大家讲”，8 名党员干部走上讲台，结合学习和工作谈认识、谈体会、谈收获。

(三) 坚持深查细究，求真务实破解难题

紧密结合铁路工作和履职监管实际，局党组围绕川藏铁路建设、铁水联运、城际铁路与市域（郊）铁路监督管理、铁路与城市轨道交通安检互认、道口和路外安全等制约铁路高质量发展的重点难点问题，采取跟踪性、对策性、解剖式调研，摸实情、出实招。局属单位、部门 75 位领导班子成员共确定 82 个调研课题开展调研。党组成员共调研 37 次，局属单位、部门领导班子成员累计调研 345 次。强化调研成果交流和运用，把调研成果转化为推动铁路高质量发展、解决群众急难愁盼问题、防范化解风险、全面从严治党的实际成效。

(四) 坚持知重负重，笃行实干推动发展

自觉践行习近平新时代中国特色社会主义思想，将学习成效转化为改造客观世界、推动铁路高质量发展的具体实践。聚焦加快建设交通强国，细谋划、促融合。聚焦守牢铁路安全发展底线，转理念、强监管。聚焦提升行业治理能力，强基础、促发展。推动国际货协等国际铁路联运规则制修订和标准国

际化，主持制定国际标准化组织（ISO）、国际电工委员会（IEC）、国际铁路联盟（UIC）等国际国外标准 37 项。制定交通强国建设试点任务分工方案，细化 81 项工作举措。

（五）坚持较真碰硬，抓紧抓细检视整改

坚持边学习、边对照、边检视、边整改，深入查找不足，建立问题清单，制定整改措施，开展突出问题专项整治，以严实作风推进问题整改整治。全面查找突出问题，分类推进整改落实，扎实开展专项整治，系统完善规章制度，认真开展党性分析。坚持“当下改”和“长久立”相结合，出台《铁路运输服务质量监督管理办法》等 26 项文件、制度。

（六）坚持刀刃向内，从严从实教育整顿

以强化政治忠诚、整顿突出问题、健全严管体系、建设模范机关为目标，着力锻造政治上绝对可靠、对党绝对忠诚的干部队伍。筑牢政治忠诚思想根基，找准干部队伍突出问题，落实整改整治具体措施。局属单位、部门利用属地红色教育资源和党性教育基地开展学习 38 次。局属单位组织开展警示教育 53 次。

主题教育成果得到中央指导组充分肯定，职工评价满意率达到 99.12 %。全局党员、干部深入学习习近平新时代中国特色社会主义思想，坚持学思用贯通、知信行统一，在以学铸魂、以学增智、以学正风、以学促干上取得了实实在在的成效。一是理论武装得到强化，进一步凝心铸魂、筑牢了根本。二是政治素质得到提升，进一步锤炼品格、强化了忠诚。三是能力本领得到增强，进一步强化担当、促进了发展。四是为民情怀得到厚植，进一步践行宗旨、造福了人民。五是作风形象得到转变，进一步纯洁队伍、树立了新风。

三、中国民用航空局学习贯彻习近平新时代中国特色社会主义思想主题教育情况

中国民用航空局党组牢牢把握“学思想、强党性、重实践、建新功”总要求，坚持理论学习、调查研究、推动发展、检视整改、干部队伍教育整顿一体推进、同向发力，主题教育扎实有效开展。

（一）提高政治站位，强化组织领导

成立局党组主题教育领导小组，下设办公室及 5 个工作组，派出 5 个巡回指导组。制定主题教育实施方案，召开民航系统主题教育动员部署会，全系统迅速兴起主题教育热潮。局党组制定相关措施，加强调研及各方面工作统筹，督促抓好落实，力戒形式主义、官僚主义，严防各种形式“低级红”“高级黑”。局党组认真履行主体责任，共计召开领导小组会 2 次、领导小组办公室会 7 次、主题教育推进会 1 次、巡回指导组会 2 次、调研情况交流会 2 次、整改整治推进会 2 次。各巡回指导组认真履职尽责，共计对所指导单位开展督导 141 次，下沉一级督导 13 次。编印民航系统主题教育简报 30 期，民航报等设置主题教育学习专栏，通过各媒体平台刊发稿件 3000 余篇次。中央电视台、新华社等中央媒体深度报道民航运输生产恢复情况，以及依法整治“机闹”、提升航班近机位靠桥率等专项整治成效，让人民群众切实看到民航主题教育实效。

（二）深化理论学习，推动入脑入心

局党组坚持“学”字当头，用习近平新时代中国特色社会主义思想凝心铸魂。认真落实“第一议题”制度，局党组会及时跟进学习习近平总书记重要讲话和指示批示 17 次共 29 个议题。举办 3 期司局级干部集中轮训班，连续举办 3 期民航局机关处级干部读书班，推动理论学习内化深化转化，发挥机关表率作用。举办局党组理论学习中心组（扩大）学习 8 次，党组同志和各单位部门负责同志交流发言 21 人次。举办直属机关“两优一先”表彰会，邀请老党员和先进代表座谈交流，召开年轻干部座谈会。局属各单位党委通过举办读书班、集中轮训、中心组学习等方式，累计组织开展专题学习研讨 391 次。坚持领导干部带头讲党课，局党组书记、局长宋志勇同志在“七一”前夕以“学懂弄通做实习近平新时代中国特色社会主义思想 奋力谱写交通强国建设民航新篇章”为主题，向民航系统党员干部作专题党课报告，其他党组成员为分管部门或所在党支部讲专题党课。局属各单位领导班子成员讲专题党课 160 余场次。深入开展“学用新思想、奋进新征程”主题微党课活动，共讲授微党课 3000 余堂。

组织举办全系统主题微党课评选展示，11 个优秀作品现场展演。在全国爱国主义教育示范基地北京大兴国际机场组织举办“凤凰展翅　逐梦蓝天”主题成就展。

（三）深入调查研究，推动成果转化

局党组坚持把调查研究作为谋事之基、成事之道，大兴调查研究之风，念好“深实细准效”五字诀。研究确定了贯彻落实习近平总书记重要指示批示和党的二十大精神等 12 个方面重点选题。党组同志带头领题，赴全国 15 个省（自治区、直辖市）的 65 个民航单位开展调研，梳理问题 137 项，形成专题调研报告 20 份。局属各单位确定调研课题 196 个，机关各司局确定调研课题 40 个，通过调研共计发现问题 1000 余项。局党组分两次召开主题教育阶段性调研情况交流会，开展典型案例解剖分析，运用党的创新理论研究新情况、分析解决新问题。局属各单位坚持动态更新调研情况，普遍召开主题教育调研成果交流会，疏通发展堵点、破解发展难题，形成了一批优秀调研成果。扎实开展“三深入三帮促”实践活动，局党组同志带头深入安全重点单位、经营困难企业、艰苦边远一线，帮促提升安全水平、纾困稳健恢复、改善条件环境，研究制定有针对性的解决措施，形成了《运输航空公司差异化精准监管实施办法》《中共民航局党组关于推动党建和业务工作深度融合的指导意见》等多项成果，切实把调研成果转化为工作举措、转化为发展实效。

（四）抓严检视整改，推动问题解决

局党组牢牢把握检视问题这一关键，以刀刃向内的勇气，深入推进检视整改，解决真问题，真解决问题。按照中央指导组反馈的问题和意见建议，系统梳理突出问题，明确了全面、深入贯彻落实总体国家安全观的实效上存在一定差距等 20 项整改整治任务，制定整改措施 58 项。各单位各部门首批梳理出问题 415 个，局党组从中遴选出 100 个问题作为重点问题清单，确定整改措施 276 项。建立整改整治问题分类分层级督导机制，坚持上下联动，对整改整治进展情况台账一天一对账、一天一更新。明确整改销号标准，严格整改销号程序，坚决把好销号关，按时间节点销号。选取“千万级以上机场航班近机位靠桥率不高”“部分局属单位执行财经纪律不够严格”等 6 项问题开展专项整治，集中力量推动问题解决。坚持“当下改”与“长久立”相结合，研究出台《关于落实数字中国建设总体部署　加快推动智慧民航建设发展的指导意见》等政策性文件，发布《关于加强新时代民航安全文化建设的意见》等制度规定，形成《新时代民航强国建设行动纲要（征求意见稿）》《进一步激励民航广大干部新时代新担当新作为的实施意见》等。

（五）推进教育整顿，纯洁干部队伍

局党组紧扣“强化政治忠诚、整顿突出问题、健全严管体系、建设模范机关”的目标任务，以严肃教育纯洁思想、以严格整顿纯洁组织，着力锻造忠诚干净担当的干部队伍。持续深化对党忠诚教育、政治机关意识教育、光荣传统和优良作风教育，充分运用肖亮、潘庆革、崔雪超等反面典型案例，认真组织开展纪检干部队伍教育整顿。结合巡视审计、历年专项治理以及调研发现的问题，梳理形成“激发干部干事创业精气神的办法不多”“违反中央八项规定精神问题仍有发生”等 8 项干部队伍教育整顿问题清单，逐个抓好整改。各单位各部门认真组织开展教育整顿，共查摆问题 251 个，制定整改措施 505 项，加强干部管理，规范干部言行。

四、国家邮政局学习贯彻习近平新时代中国特色社会主义思想主题教育情况

国家邮政局党组切实把握“学思想、强党性、重实践、建新功”总要求，精心组织、扎实推进两批主题教育走深走实。强化政治责任，切实抓好组织领导，自觉从深刻领悟“两个确立”、坚决做到“两个维护”的高度出发，认真贯彻落实党中央部署，通盘谋划推动两批主题教育。强化学思践悟，切实抓好理论学习，聚焦“以学铸魂”，坚持把学习党的创新理论作为主题教育的首要任务并贯穿始终。强化做深做实，切实抓好调查研究，聚焦“以学增智”，大兴调查研究，切实把调查研究成果转化为破解难题、推进工作的实际成效。强化实干担当，切实抓好推动发展，聚焦“以学促干”，牢固树立和践行正确政绩观，坚持把推动行业高质量发展作为检验主题教育成效的重要标尺。强化真查实改，切实抓好检视整改，聚焦“以学正风”，

坚持刀刃向内，以整改整治新成效推动邮政快递业高质量发展。强化政治忠诚，切实抓好教育整顿，聚焦锤炼党性，将干部队伍教育整顿与主题教育一体部署、一体推进。强化巩固提升，切实抓好建章立制，聚焦科学长效，加强衔接联动，努力把建章立制作为加强党的建设和治理能力的固本之策。强化基层基础，切实抓好基层党组织的主题教育，聚焦固本强基，认真落实中央“务实管用、简便易行”要求，切实抓牢抓好抓实。主题教育期间，督促指导全系统374个领导班子举办不少于7天的读书班，组织中心组学习1815次，领导干部讲党课1243场次，紧扣落实党中央重大决策部署和破解影响制约行业高质量发展等问题制定调研课题1379项，指导全系统分两批检视梳理形成1625个问题清单和550个专项整治方案，两批主题教育开展有序、推进有力。

通过主题教育，全国邮政管理系统广大党员干部普遍受到了全面深刻的思想淬炼和精神洗礼，取得了实实在在的成效。一是凝心铸魂筑牢根本。全系统党员干部牢牢把握“学思想”主线，原原本本学习党的二十大报告、中国共产党章程，研读习近平总书记著作，更加系统地掌握了习近平新时代中国特色社会主义思想的世界观、方法论和贯穿其中的立场观点方法，提升了理论素养。二是锤炼品格强化忠诚。通过全面扎实学习和深入学习领会习近平总书记关于邮政快递业重要指示批示精神，结合人民邮政历史和当前行业发展现状的学习研讨，党员干部政治判断力、政治领悟力、政治执行力不断提高，更加坚定了传承红色基因、推进模范机关建设、努力走好第一方阵的思想自觉和行动自觉。三是实干担当促进发展。全系统广大党员干部胸怀“国之大者”，牢固树立和践行正确政绩观，紧紧围绕中心任务，坚持干什么学什么、缺什么补什么，不断提高推动高质量发展本领、服务群众本领、防范化解风险本领，持续拓宽破解难题、补齐短板的思路，显著提升创新工作、打开局面的能力水平。四是践行宗旨为民造福。全系统党员干部坚守“人民邮政为人民”的初心使命，坚持开门搞教育，自觉问计于民、问需于民，聚焦群众急难愁盼问题，深入研究分析、找准对策措施、合力攻坚解决，推动邮政快递领域民生实事取得了明显进展，一些长期存在的急难愁盼问题得以有效破题。五是廉洁奉公树立新风。通过在主题教育中深入开展干部队伍教育整顿，联动开展纪检干部队伍教育整顿，全系统党员干部纪律意识、规矩意识显著提升，思想、组织进一步纯洁，形成了驰而不息纠作风、正学风、树新风的强大态势，全系统党员干部干事创业精气神得到有效激发、真抓实干的氛围愈发浓厚。

第二章　交通物流保通保畅和重点时段服务保障工作

第一节　交通物流保通保畅

2023年，交通运输领域积极应对国内国际交通物流发展面临的复杂形势和挑战，加强部门协同和部省联动，统筹协调，跟踪调度，全力保障交通物流“大动脉”和“微循环”高效畅通。

一、坚持统筹部署和跟踪落实

充分发挥好国务院物流保通保畅工作领导小组机制作用，印发交通物流保通保畅2023年度工作要点，紧紧围绕保障交通物流网络通畅运行、重点物资安全高效运输、加强交通运输运行监测、提升交通物流服务保障能力、持续推进国际物流供应链体系建设、优化完善交通物流发展环境等6个方面系统部署31项年度重点工作，并组织各成员单位认真做好工作要点的跟踪落实和总结梳理。印发《关于切实做好近期交通物流保通保畅有关工作的通知》，要求各地进一步增强对做好交通物流保通保畅工作重要性的认识，切实加强组织领导和统筹协调，健全完善物流保通保畅机制运行制度，配优配强力量，加强交通物流保通保畅能力建设，强化多部门、多方式、多环节协同联动，保持物流保通保畅工作机制持续运转。

二、坚持值班值守和督办转办

坚持7×24小时值班值守，持续加强部门协作和部省联动，强化重点物资产销供运对接，“一企一策”保障重点物资运输需求，“一事一协调”解决交通物流不通不畅问题。在“五一”、端午、中秋国庆假期前深入研判客流特征并印发通知，调度指导各地统筹做好假期期间交通物流保通保畅工作，针对部分地区出现的货车司机滞留服务区事件，及时向重点省份下发督办函并跟踪解决，切实保障假期期间交通物流平稳有序运行。全年接听并受理群众反映交通物流堵点卡点问题9100余次，协调解决车辆通行受阻、物资运输不畅、收费及执法管理等事项8500余项，累计向相关部门和各地保通保畅办公室发出督办转办函及电话转办30余项。同时加强对交通物流行业、重点交通枢纽及重点运输通道等运行状况的监测，并按期报送工作简报。紧扣国内国际形势，针对重大突发事件和社会热点问题进行重点跟踪分析研判，为国务院、部党组决策部署提供支撑。2023年，报送国务院物流保通保畅工作领导小组简报118期，累计报送377期。

三、坚持研判预警和跟踪调度

紧盯重点时段、重大活动，坚持研判预警和跟踪调度，统筹做好运输服务保障和安全生产各项工作。针对2023年综合运输春运工作，组织召开国务院物流保通保畅工作领导小组总指挥（全体）调度会议。针对“五一”客货运输保障，坚持每日调度，组织召开2次全国调度会和3次重点省份调度会。针对主要陆路口岸阶段性货物积压问题，向新疆、内蒙古、黑龙江等物流保通保畅工作机制下发督办函，会同外交部、国家发展和改革委员会、海关总署等单位，组织召开3次专题调度会，督促指导地方做好相关服务保障工作。针对中秋国庆假期交通运输服务保障和安全生产，印发《关于统筹做好中秋国庆假期交通运输服务保障和安全生产工作的通知》，配套下发安全生产、行业稳定、重点物资运输等系列专项文件，对做好交通运输服务保障、交通物流保通保畅、路网疏堵保畅、救助打捞、行业稳定、值班值守等工作进行全面部署；以国务院物流保通保畅工作领导小组名义召开3次调度会，动态开展客流研判，系统部署做好中秋国庆假期交通运输组织、保通保畅及安全生产等工作。同时圆满完成成都大运会，杭州亚运会、亚残运会运输服务和安全保障工作。统筹做好全国两会、全球可持续交通高峰论坛、服贸会等重大活动交通运输安保工作。

持续收集汇总国内国际交通物流运行监测数据，重点监测交通物流行业、重点交通枢纽以及重点运输通道等运行状况。加强对重点能源铁路运输通道和北方四港运行的统筹调度，保障能源物资运输总体平稳有序。

四、着力保障医疗物资安全高效运输

针对新型冠状病毒感染“乙类乙管”后的医疗物资运输需求阶段性高峰，加强与国务院联防联控机制综合组、医疗物资保障组的对接，建立与重点省份及中国邮政、中国物流、顺丰、京东等重点企业的日调度机制，指导各省份及企业做好运力保障；针对民政部商请支持农村地区敬老院医疗物资运输需求事宜，指导江苏、广东两省做好与有关医疗物资保供企业的沟通联系，协调组织运力，切实保障物资高效运输、及时送达。

五、着力保障生产生活物资运输顺畅

将春耕备耕、“三夏”生产农资农机纳入重点物资运输保障范围，以国务院物流保通保畅工作领导小组办公室名义印发《关于切实做好联合收割机（插秧机）跨区作业通行服务保障工作的通知》《关于切实做好“三夏”小麦跨区机收和机械化生产运输服务保障工作的通知》《关于做好秋收秋种农机农资粮食运输服务保障工作的通知》，持续加强与农业农村、发展改革等部门的紧密对接，统筹部署跨区作业联合收割机（插秧机）运输车辆通行服务保障工作，要求各地加强农机运输供需对接，落实公路免费通行政策，全力做好各类农业生产物资、农机、粮食及能源、矿石、民生等物资高效运输，促进产业链供应链安全稳定，维护人民群众正常生产生活秩序。

六、着力保障外贸物资运输畅通

紧密对接商务部、工业和信息化部、中国国际贸易促进委员会等部门，持续加强供需对接，推进解决重点外贸外资企业交通物流相关诉求，保障重点产业链供应链企业、外资外贸企业国内国际运输畅通。针对部分陆路口岸阶段性货物积压问题，会同海关总署、国家铁路局、中国国家铁路集团有限公司专题调度相关省份，开展实地调研，推动提升口岸通关效率和过货能力，有效缓解中俄、中哈口岸拥堵问题，全力保障陆路口岸货物进出口安全畅通高效。

七、着力做好防汛救灾运输保障

针对第 9 号台风“苏拉”和第 11 号台风“海葵”，国务院物流保通保畅工作领导小组办公室印发《关于认真做好防汛抗震救灾应急运输服务保障工作的通知》，指导各地加强组织领导和协同联动，高效做好防汛救灾应急运输保障工作。依托交通物流保通保畅工作机制，对京津冀、东北三省、沿海省份等开展每日调度，督促各地交通运输服务应停尽停、应关尽关，累计停运道路客运车辆 1.69 万辆次，危险货物道路运输车辆 4.52 万辆次，城市客运路线 0.61 万条，累计调用 1.83 万辆次应急运力，切实保障受灾群众及时疏散、应急救灾物资及时送达。针对甘肃省临夏回族自治州积石山县地震，加强对公、铁、水、航、邮各方式抢险救灾物资的运输监测，每日跟踪调度甘肃、青海及周边省份应对甘肃临夏回族自治州积石山县 6.2 级地震交通物流保通保畅的工作部署及进展情况，统筹铁路、公路、民航、邮政等各领域加强救灾物资、救援人员运输服务保障；指导协调河北、山西、陕西、宁夏、甘肃、青海保通保畅工作机制，做好辽宁运往灾区的 18 辆救援物资运输车辆服务保障，跟踪运输车辆状况和运输路径，确保车队安全快速通行。

八、着力防范应对冰冻雨雪天气

一是督促指导各地全力做好防范应对。针对 11 月东北地区强降雪，印发《关于切实做好东北地区受强降雪影响交通物流保通保畅有关工作的函》并进行专题调度，指导东北三省一区做好强降雪期间的交通物流保通保畅工作。针对 12 月全国大范围低温雨雪冰冻灾害，密切跟踪北京、内蒙古、黑龙江、山东等 19 个受极端天气影响的省份并坚持每日调度，指导各地做好公路疏堵保通、滞留人员保障、重点物资运输等工作；以国务院物流保通保畅工作领导小组办公室的名义印发工作通知，指导各地做好应对低温雨雪应急物资的运输保障工作，并保障国家电网有限公司（简称“国家电网”）170 辆应急发电车驰援山西垣曲县的运输任务。向路网出现集中关停及长距离缓行的湖北、河南、山西三省，以及琼州海峡出现大量排队积压车辆的广东、海南两省物流保通保畅工作机制和相关企业下发11份督办函，督促各省加强统筹调度，采取有效措施，尽快打通堵点卡点。针对受低温雨雪冰冻天气影响严重的河南、湖北、湖南等14个省（直辖市）逐一进行调度，点对点作出针对性工作部署，督促各地坚持底线思维、极限思维，坚决克服麻痹思想和侥幸心理，层层压实各环节工作责任，周密部署、严防死守，全力保障交通物流畅通高效运行，保障人民群众平安便捷温馨出行。低温雨雪冰冻灾害期间，全国除冰除雪抢通公路累计总里程达154.2万公里，累计投入应急保障队伍14800余支、人员134.8万人次、除冰除雪装备29.8万台班、融冰融雪物资89.1万吨。

二是及时启动综合运输应急响应。交通运输部及时启动防范应对大范围雨雪冰冻天气综合运输Ⅱ级应急响应，加强与气象、应急管理等部门的每日会商研判，做好交通运输服务的运行监测和应急处置。启动特殊时段值守，每日安排一位部领导带班，每日两次开展调度会商。交通物流保通保畅工作专班和春运工作专班坚持7×24小时值班值守，对问题突出省份开展每日调度，对工作部署进行检查落实，“一事一协调”解决交通物流不通不畅问题。

三是深入开展春运安全及恶劣天气防范应对专项检查。成立25个检查组，开展春运安全生产和防范雨雪冰冻灾害全覆盖检查，加强对大载客交通工具、大客流交通枢纽、大交通量桥隧路段航段、人员密集施工驻地等重点部位的明察暗访，督促各地落细落实防范雨雪冰冻灾害措施。开展城市轨道交通运营安全隐患专项排查整治，督促完善极端天气下的应急预案。向“两客一危”和重型货车驾驶员日均推送500余万条安全提示信息，提醒驾驶员谨慎驾驶。

四是总结复盘低温雨雪冰冻天气防范应对措施。以国务院物流保通保畅工作领导小组办公室的名义，印发《关于请报送防范应对低温雨雪冰冻天气工作总结材料的通知》，要求地方政府系统梳理低温雨雪冰冻天气防范应对开展的主要工作，深入分析经验教训和存在的主要问题，研究提出下一步改进措施。交通运输部根据各省份防范应对低温雨雪冰冻天气的工作实际，对河南、湖南、山东、安徽、贵州、浙江、新疆等省区防范应对工作各项举措进行了梳理总结，探索形成在预警研判、应急物资储备、应急响应及预案落实、综合交通网络疏堵保通、滞留人员疏散转运和服务保障、动态信息发布和舆情引导等方面的好经验好做法，并印发交通物流防范应对低温雨雪冰冻天气典型经验做法的通知，供全国各省份参考借鉴。

案例：河南、山东等地有力有效应对低温雨雪冰冻等恶劣天气影响。河南省低温雨雪冰冻灾害应急指挥部和省春运工作专班办公室合并运行、联合办公、联合处置，研究细化低温雨雪冰冻天气应急处置方案，制定33项具体措施，及时启动低温雨雪冰冻灾害Ⅳ级、Ⅲ级应急响应。雨雪冰冻灾害期间，坚持“随下随清、边清边通、雪停路净”原则，采用“多车联推”和“平地机＋推雪车”等形式，实现除雪保通“一遍成”，必要时采取“路警联合”压车带道方式护送车辆安全通行，最大限度减少交通管制、保障路网畅通。春运期间，累计投入除雪融冰队伍360支，大型机械设备3000余台，高速公路每百公里配备多功能除雪车辆装备18台套，达到一般规范要求配备强度的3倍。山东建立完善每日联合会商、“一路多方”快速处置、交通公安卫健前置备勤、省际协同联动等4项机制，有力有效应对雨雪冰冻等恶劣天气。联合制定《高速公路拥堵突发事件“一路多方”快速处置机制》《高速公路阻断事件现场处置具体工作流程》，明确相关单位职责、现场处置流程和时限要求。在桥梁、弯道、长坡等重点部位预置保通备勤点441处、驻点人员2345人、机械1485台；卫生健康部门参与205个备勤点执勤，安排医务人员497人，急救车207台。会同苏豫冀皖4省建立省市县交通运输、公安交警、运营单位多层级沟通和信息共享机制，联动做好公路保通工作，有效防止大范围长距离拥堵事件发生。

第二节　重点时段服务保障工作

一、2023年春运保障总体情况

2023年春运是疫情防控进入新阶段后的第一个

春运，交通运输部统筹部署安排，强化运行监测，加强指挥调度，圆满完成了春运服务和保障任务。

2023年1月7日至2月15日，春运40天，全社会人员流动量约47.33亿人次，其中营业性客运量约15.95亿人次，比2022年同期增长50.5%，恢复至2019年同期的53.5%。开展的主要工作及成效：

一是切实加强组织保障。成立国务院联防联控机制春运工作专班，印发《2023年综合运输春运疫情防控和运输服务保障总体工作方案》，组织召开全国春运工作电视电话会议。交通运输部成立春运保障总指挥部。春运期间，春运工作专班印发文件16个，交通运输部印发春运文件23个，下发督办转办函15个。《人民日报》、新华社、央视等中央媒体刊发春运相关报道超3000篇（次）。

二是强化运力组织调度。动态开展春运客流研判，强化综合运输服务协调衔接。组织开行包车、专列（包车厢）、包机等"点对点"运输，保障务工流、学生流等重点群体顺利返乡返岗返校。加强路网巡查和疏堵保畅，保障自驾出行高效顺畅。春运期间，全国未发生旅客大面积滞留。

三是提升保通保畅能力。充分发挥物流保通保畅工作机制作用，全力做好重点物资运输保障。畅通邮政快递末端"微循环"，主要邮政快递企业春节不打烊，确保邮政快递服务不断。春运期间，全国交通"大动脉"和物流"微循环"总体畅通，重点物资和民生物资运输保障有力。

四是加强安全生产监管。督促各地做好思想认识、设施设备、从业人员等安全生产准备。强化重点领域安全生产监管。健全气象预警与应急响应联动机制。加强道路货运、出租汽车、城市公共汽车和交通运输新业态等领域维稳工作。春运期间，全国交通运输安全生产形势总体平稳，交通运输行业保持稳定。

五是落实疫情防控措施。印发《2023年综合运输春运新型冠状病毒感染疫情防控指南》，指导各地严格落实客运场站和交通运输工具消毒通风等防疫措施。强化一线从业人员防护，将运输服务一线从业人员纳入"白名单"管理。建立关键岗位轮岗备岗制度，防范应对从业人员大面积感染。落实落细疫情防控措施，"乙类乙管"政策在交通运输领域平稳落地。春运期间，未发生人员大规模流动引发的疫情反弹，未出现从业人员感染导致的运输服务中断。

六是优化运输服务举措。及时发布出行服务信息，引导社会公众理性出行、错峰出行。推广线上购票、电子客票等服务，扩大无纸化、无接触服务范围。推进铁路、民航与城市轨道交通安检流程优化，持续提升旅客换乘效率。做好老幼病残孕等重点群体出行服务，组织实施"春暖农民工"等服务行动。春运期间，铁路互联网售票比例超过九成；高速公路拥堵缓行500米以上收费站数量同比下降40.4%；民航平均航班正常率96.16%，比2019年同期提高近16个百分点。12328热线投诉举报类工单回访满意率达99.71%，比2019年提升3个百分点。

二、铁路重大节假日保障情况

2023年春运，国家铁路局落实党中央、国务院春运工作部署，精心组织安排，圆满完成春运工作任务。

一是加强组织领导。国家铁路局印发《关于做好2023年春运监督检查工作的指导意见》，成立国务院联防联控机制春运工作专班国家铁路局工作组、春运监督检查工作领导小组、春运监督检查组；针对春运特点，周密部署开展监督检查工作。

二是贯彻落实习近平总书记重要指示精神。印发《关于深入贯彻习近平总书记重要指示精神　进一步加强春运监督检查工作的通知》《关于持续做好2023年春运监督检查工作的通知》，增强责任感使命感，扎实推进春运监督检查，加大工作协同力度，保障人民群众健康便捷舒畅出行和重点物资运输畅通有序。

三是积极参与国务院联防联控机制春运工作专班有关工作，编写《国家铁路局工作组日报》40期。

四是完善监督检查手册，包括15个类别60项175个项点，统一检查内容和检查标准，确保监管实效。

五是组成由国家铁路局领导带队的7个春运督查组，分节前、节后，深入重点地区、重点单位、繁忙车站、重点客车，添乘2022年新开通的高铁线路，检查指导春运各项工作；各地区铁路监督管理局根据辖区特点实施监督检查。督促指导铁路运输企业认真执行新制修订的制度，做好春运各项工作；落实责任，整改发现问题，消除安全隐患。春运期间，共派出检查组738个，出动检查组人员2358人次，检查各类单位场所1000个，添乘列车426趟，累计里程16.5万公里，发现问题2936个，发放问题整改通知书12份。

同时，做好铁路运输保通保畅工作。紧盯能源保供、迎峰度夏、春耕备耕、夏粮运输等部署要求开展监督检查，加强协调监督，保障重点物资运输。

三、公路重大节假日保障情况

新型冠状病毒感染实施“乙类乙管”后，公众出行意愿日益强烈，全国公路网流量峰值连续突破历史极值。2023年春节期间，全国高速公路日均流量4506万辆，同比2022年、2019年分别增长31.79%、14.49%，流量峰值达6259万辆（假期最后1日，1月27日）；2023年“五一”期间，全国高速公路日均流量6141万辆，同比2022年、2019年分别增长99.63%、19.29%，流量峰值达6454万辆（假期第3日，5月1日）；2023年中秋国庆期间，全国高速公路日均流量6043万辆，同比2022年、2019年分别增长55.15%、21.19%，流量峰值达6671万辆（假期第1日，9月29日）。

围绕“保畅通、保安全、保稳定、优服务”的目标，健全工作机制，优化出行服务，全面加强公路交通服务保障工作。

一是加强工作部署，在重大节假日前，组织召开全国视频调度会，先后印发关于做好“五一”、中秋、国庆假期期间公路交通服务保障工作的通知，系统安排保通保畅、出行服务、安全生产等重点工作。

二是加强研判分析，结合历次节假日特点，联合公安部、中国气象局综合研判假期路网运行特征，联合国家能源局综合研判充电服务特征，提前做好路网保通保畅准备工作。

三是加强监测调度，充分发挥公路保通保畅工作专班作用，健全完善部省站三级调度、区域协同和路警联合等工作机制，按照“一站（路段、区）一策”原则，开展各类调度。2023年重大节假日期间，共开展专项调度579余次。

四是加强安全管理，以假期繁忙路线、事故易发路段、恶劣天气高影响路段等为重点，加强巡查排查，全面处置各类公路隐患。

五是加强出行服务，指导各地严格落实重大节假日小客车免费通行政策，加强服务区运营管理，提高停车、如厕、加油、充电、餐饮等服务能力。

六是加强应急处置，结合历次重大节假日特点，根据实际配强配优值班值守力量，及时做好突发事件处置。

七是加强宣传引导，加强公路路况、拥堵绕行、气象预警等路网信息的发布力度，加大快速清障、特色服务等保通保畅做法及成效的宣传，增强公众安心出行的体验，讲好公路故事，展示行业形象。

四、水路重大节假日保障情况

2023年，水运领域统筹做好春运、“五一”、端午、中秋、国庆假期等重要时段安全生产和水路运输服务保障工作，有力有序做好防汛防台、迎峰度夏、保暖保供、应对低温雨雪冰冻等相关工作，加强运行监测和形势研判，强化运输组织调度，确保水路运输安全稳定畅通和人民群众安全便捷出行。

水路运输保通保畅积极推进。建立并完善水运保通保畅运行监测体系，加强水运经济运行跟踪分析，圆满完成了春运、冬季保暖保供、迎峰度夏等重点时段重点物资水路运输保通保畅工作。为防范应对恶劣天气影响，全力应对低温雨雪冰冻，督促落实重点物资水路运输“四优先”保障措施，全力提升煤炭、液化天然气（LNG）等重点物资保障能力和水平。有效应对长江干线超长特枯水情，完成三峡升船机年度计划性停航检修，确保内河干线航道安全畅通有序。

水路客运服务质量不断提升。指导地方交通运输管理部门、行业协会和港航企业落实客船运力，强化不同运输方式衔接和调度组织，强化应急运力储备，加强水路客运服务保障。节假日期间重点关注渤海湾、舟山水域、琼州海峡及长江干线等重点水域，国际邮轮、对台“小三通”、中韩客货班轮和港澳线等重点航线运行情况，指导港航企业加强节假日期间运输安全管理和服务保障，为旅客抵离提供便利接驳服务，及时发布航班服务信息，加强老幼病残孕等重点旅客服务。

港口航道安全监管持续加强。认真落实部有关工作部署，印发了《关于切实加强当前港航安全生产防汛抗旱救灾和重要基础设施安全防护有关工作的通知》，督促相关省级交通运输主管部门指导港口企业加强安全风险管控、落实安全风险防范措施，积极有效应对恶劣天气、客流激增等突发情况，特别是提醒相关地方交通运输主管部门加强安全风险防范。加强对长江干线、西江航运干线、京杭运河及其他高等级航道及设施的维护巡查，做好三峡通航建筑物、长洲枢纽船闸、京杭运河船闸等干线船闸的运行监测，保障重要水路运输通道安全畅通。

五、道路运输重大节假日保障情况

2023年，交通运输部强化统筹部署和顶层谋划，组织各地交通运输主管部门加强运输组织调度、提升运输服务质量、加强物流保通保畅、强化安全应急保障，圆满完成了2023年春节、清明、“五一”、端午、中秋、国庆等重点节假日运输服务保障工作，切实保障人民群众安全便捷顺畅出行。

一是加强运输组织调度。指导各地做好节假日客流分析研判，结合客流特点，针对性地制定优化运输计划，合理安排班次，动态调配运力，切实增强运输组织弹性和韧性。强化客运枢纽、火车站、机场、旅游景区等重点区域运力投放，切实提高疏运能力，减少人员聚集。通过增加定制线路、提供预约响应和包车服务等措施，保障农村地区群众出行需求。

二是提升运输服务质量。指导各地推广联网售票和电子客票服务，积极开展旅客联程运输服务，优化旅客票务服务。加强站内客流疏导，及时增加服务人员和设施设备，提升旅客候乘体验。依法依规落实军人、消防救援人员、英烈遗属和儿童等重点群体乘车优待政策，为“老幼病残孕”等重点人群提供多元化志愿服务，强化重点群体出行服务保障。多渠道发布路网信息，加强高速公路服务区运营管理，提升自驾出行服务水平。做好场站和交通运输工具清洁消毒、通风换气等工作，倡导科学佩戴口罩。

三是加强物流保通保畅。指导各地充分发挥交通物流保通保畅工作机制作用，强化运行监测和跟踪调度，做好交通物流运行风险分析研判和防范应对。落实即接即转即办、“一事一协调”、信息报送等制度，及时协调解决交通物流堵点卡点问题。加强与能源、粮食、卫生健康等部门沟通对接，强化能源、粮食、医疗、矿石、民生等重点物资供需对接。做好一线快递员、运力等应急储备，切实保障城乡快递物流末端配送正常运行。

四是强化安全应急保障。始终把安全生产摆在交通运输服务保障工作首要位置，指导各地落实部门监管责任、压实企业主体责任和从业人员岗位责任，深入开展安全生产隐患排查整治，坚决防范遏制安全生产事故发生。强化运输过程安全管理，依托动态监控等手段、及时纠正不安全驾驶行为，保障运营安全。加强“两客一危”车辆和重载货车动态监控，严防车辆脱离动态监控运行。及时督促道路运输经营者调整运输计划，确不具备运行条件的，应停尽停、应关尽关、应撤尽撤。

六、民航重大节假日保障情况

2023年，民航系统各单位坚持“安全第一、稳中求进”，强化政治担当、守牢安全底线、及时监测研判、精心组织调度、优化服务质量，圆满完成了春运、中秋、国庆等重点时段的航空运输保障任务。

一是周密安排部署。民航局在春运等节点成立节假日运输工作行业领导机构，并组织行业各单位建立相应工作机制，提前开展节假日运输分析研判，结合运输特点制定工作方案，明确节假日保障及监管重点，督导相关单位认真落实“四个责任”。

二是确保运行安全。组织开展节假日安全督导检查，聚焦主责主业，坚持问题导向，督促行业深入开展重大安全隐患排查整治，狠抓安全生产责任落实。全面客观评估航空公司、机场、空管等综合保障能力，严防超能力、超负荷运行，切实保障人民群众生命财产安全。

三是科学调配运力。统筹运行安全、疫情防控和行业恢复发展，循序渐进做好运力安排，动态调整控制生产计划，确保航班量增长速度同行业综合保障能力相匹配；在“五一”、暑运、国庆生产旺季，采用承运人数量和客座率指标精准调控航空市场，努力提高供需适配度。

四是做好旅客服务。督促行业各单位提供更多有温度、暖人心的出行服务。为首乘旅客、特殊旅客、老年旅客、晚到旅客提供畅行服务；优化“无纸化”出行、行李全流程跟踪等服务水平；加强与地方政府对接配合，做好抵离旅客“最后一公里”顺畅衔接；做好航班不正常情况下的旅客服务工作，提升12326电话接听率，及时回应旅客诉求。

五是强化应急处置。督导行业各单位针对客流高峰、恶劣天气完善应急预案，及时妥善处置涉及航空安全、大面积延误等突发情况；认真落实节假日领导干部到岗带班和关键岗位24小时值班值守制度；严格执行动态信息、隐患苗头报告和重大突发事件处理报告制度，确保信息通报高效顺畅。

2023年春运期间，全国民航完成旅客运输量5523万人次，较2022年春运同期增长39.4%。中秋国庆假期，全国民航累计运输旅客1708.2万人次，日均运输旅客213.5万人次，较2022年国庆假期日均增长194.9%。节假日期间，全国民航航班运行安全平稳有序，为人民群众提供了安全、便捷、舒心的节假日航空出行服务。

七、邮政快递服务保障情况

国家邮政局高度重视保通保畅工作，全年共发布155份保通保畅简报，全力保障行业顺畅运行，主要做好以下5方面工作：一是充分重视保通保畅工作对行业稳定健康发展的重要意义。不断提高政治站位，强化责任担当，围绕推动实现“物畅其流”，全力以赴保通保畅。坚持以人民为中心的发展思想，聚焦民生关切，强化思想认识，坚持系统观念，有力推动保通保畅工作提质增效。二是保持专班队伍的稳定和工作内容的充实。从全局角度出发，保障专班人员队伍稳定，确保工作有序有效开展，保持工作连续性、稳定性。坚决杜绝松劲心态、侥幸心理，注重细节、关注具体，及时发现问题、解决问题。三是密切关注行业末端稳定情况。及时掌握末端网点运营、快递员队伍稳定情况，及时了解基层一线反映的困难问题。四是形成快速有效的信息报送反馈机制。认真总结梳理，因时因势调整专班简报内容。各省（自治区、直辖市）邮政管理局坚持问题导向，注重实际、务求实效，更多分析所在地区行业运行状态，细化数据监测运用，紧盯运行变化情况，进一步加强分析研判，及时报送相关情况，反馈解决问题成效。五是强化专班的责任意识和风险意识。以“时时放心不下”的责任感，立足新形势，下实功、求实效，全力抓好工作落实。强化风险意识，丰富工作手段，始终站在全局高度思考问题，及早发现问题，有效传导压力，进一步做好行业保通保畅工作。

在“双11”生产旺季和节假日保障方面，一是全力春节保障寄递渠道畅通。2023年春运工作电视电话会议召开后，国家邮政局第一时间贯彻落实会议精神，对春运寄递服务保障工作进行动员部署。局党组书记、局长赵冲久高度重视，提前谋划、亲自指挥，并召开局长办公会专题研究《2023年春节期间寄递服务保障工作方案》等文件。春节前夕，国家邮政局召开各省（自治区、直辖市）邮政管理局调度会议，强调全力做好保障医疗物资寄递、保障行业安全稳定、保障寄递服务畅通各项工作。

对占主要市场份额的企业进行摸底调查，详细掌握企业运营安排，建立分拨中心、营业网点、留岗人员、重点保障区域台账。春运期间，邮政快递业保通保畅工作专班持续运转，每日印发工作简报。全网大多数分拨中心春节期间保持运营，超过80%网点正常营业，约50%从业人员持续在岗，保障了春节期间基本寄递服务不中断。会同商务部组织主要电商平台企业和骨干快递企业召开医疗物资保供专题调研会，联合印发文件，就加强医疗物资动态监测、保障医疗物资优先处理、制定有效措施做好保供配送进行部署。督促邮政企业持续提供邮政普遍服务，引导快递企业科学预测春节期间业务需求变化。督促各寄递企业统筹安排好在岗员工休息休假，实行错峰放假或调休，在切实履行服务承诺的同时，对春节期间在岗员工依法支付加班工资，并做好生活保障。加强对节后人员返岗情况的动态监测，积极帮助寄递企业多种方式补充人员力量。

二是扎实做好2023年"双11"旺季服务保障。在国民经济总体上持续恢复向好的大背景下，快递业务旺季延续了全年以来的增长态势。国家邮政局监测数据显示，2023年"双11"期间（11月1日—16日），全国邮政、快递企业累计揽收快递包裹约77.67亿件，同比增长25.7%；累计投递快递包裹约75.09亿件，同比增长30.9%。

受电商平台促销模式和节奏变化影响，2023年的"双11"业务旺季呈现出两个高峰的特点，分别出现在11月1日和11月11日，有效化解了以往单个高峰的压力，使得行业运行更加平稳。面对促销周期延长、战线提前并拉长的考验，邮政快递业不断加强与电商平台信息对接，继续发挥"错峰发货、均衡推进"机制作用，同时在场地、车辆、分拣设备、信息系统等方面进行了扩容和升级，并对人员进行了储备和培训，大幅提升行业的承载能力和运行效率，努力打造畅通旺季、安全旺季、暖心旺季。

旺季期间，快递末端投递压力突出。邮政管理部门指导寄递企业通过增派一线人员、延长作业时间、投放无人设备、升级末端服务平台等方式，进一步完善快递末端多元化服务，提高"最后一公里"的服务保障能力。邮政管理部门还督促寄递企业全面落实快递员群体合法权益保障工作，切实保障快递员合理劳动报酬，用务实举措缓解一线员工旺季工作压力，让快递小哥跑得更安心、工作更舒心、生活更暖心。

旺季期间，全国多地出现低温、局部雨雪天气，特别是东北等地区遭遇强降雪天气，给邮政快递业生产运行造成不同程度的影响。各地邮政管理部门及时发布消费提示，请消费者注意了解本地区快递公司有关服务提醒，呼吁包容理解快递小哥，并引导各寄递企业根据实际情况，积极调配车辆和人员资源，合理安排快件投递频次，及时转运和派送，在确保安全生产的基础上做好服务。

第三章　综合交通

第一节　综合交通规划

2023 年，交通运输部印发全国港口与航道布局规划，有序推进中长期铁路网规划、全国民用运输机场布局规划修编，推进国家水上交通安全监管和救助系统布局规划报批，研究制定国家综合立体交通网主骨架路线方案，加快编制国家公路网规划线位方案。开展“十四五”交通运输规划中期评估工作，完成《“十四五”现代综合交通运输体系发展规划》中期评估报告报批。统筹推进“十四五”规划 102 项国家重大工程涉交通项目，推动实施 11 项“十四五”重大工程项目包、第一批 16 项交通强国重点项目。

一、着力稳定交通有效投资，加快建设综合立体交通网

一是强化资金保障。积极争取稳定交通建设中央财政性资金，全力协调解决中央本级水运建设项目资金。2023 年累计下达车购税资金 3304 亿元，提前下达 2024 年第一批投资计划。加强中央资金投资计划执行全过程管理与监测调度，推进建立“红黄牌”预警机制，提高中央投资使用效益。交通固定资产投资保持高位运行，2023 年完成固定资产投资超过 3.8 万亿元，其中公路水路投资超过 3 万亿元。

二是加强前期工作和投资政策研究。组织召开加快推进项目前期工作积极扩大交通运输有效投资视频会议。指导地方做深做细项目前期工作，加强项目调度，推动形成“储备一批、报批一批、开工一批、建设一批”的良性循环。梳理灾后恢复重建项目清单，积极争取政策资金支持。加强地方债务重点省份交通建设项目管理，配合做好规范实施政府和社会资本合作新机制相关工作。梳理“十四五”后两年及“十五五”期 14 个重大项目工程包、21 个标志性工程，推动落实交通强国建设目标。

三是加快建设国家综合立体交通网。研究制定《国家综合立体交通网主骨架路线方案》。统筹推进 102 项国家重大工程涉交通项目，推进实施一批“十四五”重大工程项目包和交通强国重点项目。川藏铁路配套公路项目总投资已完成 80% 以上，西部陆海新通道（平陆）运河工程累计完成投资约 200 亿元，国家公路、高等级航道省际瓶颈建设有序推进。

四是推进综合交通一体化融合发展。优化调整“十四五”综合客运枢纽项目库及投资补助政策，推进 22 个综合客运枢纽项目建设，强化各方式一体化融合。深入推进国家综合货运枢纽补链强链，完成首批 15 个城市绩效评价工作，确定第二批 10 个支持城市，建立补链强链部省工作协调机制，会同财政部召开综合交通枢纽建设座谈会。研究制定对加快建设交通强国真抓实干成效明显地方加大激励支持力度的实施方案，强化综合交通及交通强国激励。研究制定《关于推进现代交通物流体系高质量发展的意见》，提升物流综合效率效益。

二、突出重点领域，服务保障国家重大战略实施

一是服务区域协调发展。整合设立部推进交通运输服务区域协调发展领导小组，加强工作统筹。跟进落实党中央关于京津冀和雄安新区建设、东北全面振兴、长三角一体化、长江经济带高质量发展等最新部署，均出台工作方案或实施意见。研究制定青藏公路国道 109 线格尔木至那曲段提质改造实施方案，加快推进川藏公路国道 318 线提质改造工程项目审批，推进国道 219 线昭苏至温宿段、温泉至霍尔果斯段建设，加快补齐西部地区短板。

二是推进交通脱贫攻坚成果同乡村振兴有效衔接。联合财政部下达“以奖代补”车购税资金 758.4 亿元支持普通省道和农村公路建设，2023 年全国农村公路完成固定资产投资 4843 亿元。支持脱贫地区交通建设，全年下达脱贫地区国家高速公路和普通国道建设资金超过 1000 亿元。做好定点帮扶和对口支援工作，交通运输部在中央单位定点帮扶成效考核

中连续6年获得第一档“好”的档次。

三、强化融合发展，持续提升智慧绿色发展水平

一是大力发展数字交通。推进部本级在建信息化项目整合瘦身，完成国家综合交通运输信息平台应急指挥中心改造工程立项。加强调度指导，推进智慧公路、智慧航道、智慧港口等新基建重点工程。开展交通新基建投资政策研究，制定有关政策文件支持公路水路交通基础设施数字化转型升级。

二是积极推动交通运输绿色低碳转型。贯彻落实全国生态环境保护大会精神，印发实施方案，推动提升行业绿色发展水平。推动交通运输与能源融合发展，积极推进充电基础设施建设。深入推进打好重污染天气消除、臭氧污染防治和柴油货车污染治理攻坚战。开展公路水路行业绿色低碳发展评估，统筹推进“碳达峰、碳中和”交通运输工作。

四、提升服务保障水平，支撑行业高质量发展

一是主动作为推进支持系统建设。积极支持教育科研单位建设发展。推进实施一批意义重大、示范性强、条件成熟的水上安全项目，突出台海、南海方向，强化固定翼飞机、无人机、无人艇等新装备应用，提升水上安全保障能力。

二是持续推动行业统计高质量发展。做好第五次全国经济普查涉交通运输工作，优化调整国家高质量发展综合绩效评价交通运输领域代表性指标。创新建立人员流动量指标体系，顺利推进客运统计改革。提升行业统计分析水平，强化对苗头性、倾向性、趋势性问题的动态跟踪，服务科学决策。

第二节 综合交通基础设施建设

一、综合交通网络结构持续优化

“6轴7廊8通道”国家综合立体交通网主骨架空间布局已基本形成，主骨架路线里程超过26万公里，建成率约89%，连通了全国超过80%的县（市、区），服务全国90%左右的经济、人口总量。截至2023年底，我国综合交通网里程超过600万公里。铁路网络进一步拓展，投产新线3637公里，营业里程15.9万公里，其中高速铁路新增2776公里，营业里程4.5万公里。公路路网结构持续优化，新改建高速公路7368公里、普通国道9601公里，公路通车总里程544万公里，高速公路总里程超过18万公里。港口集约化水平继续提升，拥有生产码头泊位超过2.2万个，其中万吨级及以上泊位2878个。内河水运建设继续加强，新增及改善国家高等级航道里程超过1000公里，全国内河航道通航总里程12.8万公里，其中国家高等级航道超过1.7万公里。民航机场布局进一步完善，新增颁证运输机场5个，运输机场总量达到259个。邮政快递网络继续织密，新增快递服务网路条数1.6万条，新增各类营业网点3.4万处。城市（群）交通支撑能力不断增强。轨道上的京津冀、长三角、粤港澳、成渝等城市群加快构建，干线铁路、城际铁路、市域（郊）铁路、城市轨道交通融合稳步推进，城市群交通一体化取得重要进展。全国共有55个城市开通运营城市轨道交通、运营里程达到10158.6公里，2023年两个城市新开通运营城市轨道交通、全国新增城市轨道交通运营里程604公里。城市公共汽电车运营线路长度达到166.5万公里，公交专用道长度约2万公里。持续深化国家公交都市建设，目前全国共74个城市获得“国家公交都市建设示范城市”称号，2023年新增28个城市。

二、农村交通基础设施持续改善

全国农村公路通车里程近460万公里，新改建农村公路里程超过18万公里，新增通三级及以上公路乡镇超过500个。截至2023年底，累计创建“四好农村路”全国示范县353个，有农村公路管理任务的县级行政单位实现“路长制”全覆盖。命名49个“城乡交通运输一体化示范县”，农村城乡交通基础设施、客运和货运物流一体化水平明显提升。启动农村寄递物流体系建设三年行动，实施“一村一站”工程，累计建成1267个县级公共寄递配送中心、28.9万个村级寄递物流综合服务站和19万个村邮站，全国

3356个抵边自然村实现通邮。

三、综合交通枢纽体系加快构建

以综合客运枢纽站场建设和国家综合货运枢纽补链强链为抓手，重点推进综合交通枢纽统一规划、统一设计、统一建设、协同管理。召开综合交通枢纽建设座谈会，统筹部署推动综合交通枢纽高质量发展。安排中央补助资金支持22个综合客运枢纽项目建设。深入推进国家综合货运枢纽补链强链，将太原、哈尔滨、长春等10个城市纳入第二批支持城市，累计支持两批25个枢纽城市约296个货运枢纽项目和125个集疏运项目。沿海主要港口铁路进港率超过85%，枢纽机场轨道接入率达到73.8%。

四、重大交通工程加快推进

统筹推进102项国家重大工程涉交通项目，推动实施11项“十四五”重大工程项目包、第一批16项交通强国重点项目。川藏铁路及其配套公路、深中通道、新疆乌尉公路、西部陆海新通道（平陆）运河工程、小洋山北作业区集装箱码头等重大项目加快建设。三峡水运新通道前期工作有序推进。4个世界级机场群加快构建，厦门、呼和浩特新机场加快建设，亚洲第一个专业性货运机场顺丰鄂州花湖机场全面投入运营。邮政国际寄递中心建设加快落地。

第三节　综合运输服务

一、综合运输服务概述

（一）持续提升旅客联程运输服务水平

交通运输部联合国家铁路局、中国民用航空局、国家邮政局、中国国家铁路集团有限公司印发《关于培育旅客联程运输服务品牌的通知》，进一步发挥企业主体作用，以安全经济、高效便捷、人民满意为目标，以“设施互通、数据联通、票务打通、服务融通”为重点，以体制机制、运输组织、合作模式、技术变革等创新为路径，鼓励企业围绕客运“一票制”、枢纽衔接一体化、联运服务联运信息互联共享、非正常延误联运服务、跨方式安检流程优化服务、行李便利化运输服务等七方面先行先试，推进“一次购票、一次支付、一证（码）通行”，不断提升旅客联程运输服务质量和水平。组织龙头骨干企业开展综合运输服务“一票制、一单制、一箱制”交通强国专项试点，探索积累旅客联程运输“一票制”发展经验。截至2023年底，“12306”旅客联程联运一体化服务平台空铁联运业务覆盖超过70个中转城市，全国已经有30个车站实现铁路与城市轨道交通安检互认，北京西站、北京清河站、天津站3个客运枢纽实现安检双向互认，上海虹桥站、杭州东站、长沙南站、重庆西站等27个客运枢纽实现铁路到达旅客换乘城市轨道交通免安检，全国枢纽机场轨道交通接入率达到73.8%，更好满足人民群众日益增长的美好出行需要，为加快建设交通强国、努力当好中国式现代化的开路先锋提供坚强有力的运输服务保障。

（二）加快推进运输结构调整

交通运输部会同有关部门组织各地加快推进落实《国务院办公厅关于印发推进多式联运发展优化调整运输结构工作方案（2021—2025年）的通知》各项目标任务，持续推动运输结构调整优化取得新成效。强化动态跟踪和分析评估，印发全国多式联运发展优化调整运输结构工作进展情况通报，全面梳理总结多式联运和运输结构调整工作进展及成效，明确下步重点任务。2023年，全国铁路累计完成货运总发送量50.35亿吨，同比增长1%；全国水路累计完成营业性货运量93.67亿吨，同比增长9.5%；全国港口完成集装箱铁水联运量1018.4万标准箱，同比增长15.9%；港口大宗货物采用疏港铁路、水路、封闭式皮带廊道、新能源汽车等方式的疏运比例不断提升，港口“公转铁”“公转水”成效明显。

（三）深入推进多式联运

交通运输部会同国家发展和改革委员会开展多式联运示范工程验收工作，授予19个项目为“国家多式联运示范工程”称号。会同商务部、海关总署、国家金融监督管理总局、国家铁路局、中国民用航空局、国家邮政局、中国国家铁路集团有限公司出台《关于加快推进多式联运“一单制”“一箱制”发展的意见》，围绕多式联运信息互联共享、多式联运标准规则完善等方面提出15条针对性举措。开展综合运输服务"一票制、一单制、一箱制"交通强国专项试点，着力解决多式联运"一单制""一箱制"发展过程中的制度规则不衔接、数据信息不共享、保障机制不健全等问题。持续推动完善多式联运标准体系，制定发布《集装箱多式联运运单》《国内集装箱多式联运电子运单》《多式联运货物分类与代码》《多式联运运载单元标识》等标准。

二、民航参与综合交通运输服务情况

（一）积极推进空铁联运建设

中国民用航空局鼓励航空公司、机场与铁路部门加强合作，完善空铁联运基础设施、创新空铁联运产品、提升空铁联运服务、扩大空铁联运信息共享、推动空铁联运示范工程等，推进铁路和航空运输供给侧结构性改革，便利广大人民群众出行。截至2023年底，空铁联运网络实现国内22个省、5个自治区、4个直辖市的全覆盖，空铁联运产品覆盖上海、北京、西安、昆明等76个枢纽城市，通达800个火车站点，实现航空段与1800余个火车段的双向联运。

（二）扎实做好春运工作

按照国务院应对新型冠状病毒感染疫情联防联控机制春运工作专班下发的《2023年综合运输春运疫情防控和运输服务保障总体工作方案》要求，切实做好春运保障。春运期间，每日及时共享运行数据，提前通报夜间抵离航班信息，配合做好与城市交通"最后一公里"的顺畅衔接，做实综合运输服务联络机制，做好综合运输服务衔接。

三、邮政参与综合交通运输服务情况

国家邮政局制定出台《加快建设交通强国邮政篇实施方案（2023—2027年）》，聚焦《交通强国建设纲要》《国家综合立体交通网规划纲要》《加快建设交通强国五年行动计划（2023—2027年）》等相关部署，指导各地积极申报第一批交通强国邮政专项试点。结合行业实际，聚焦提高综合交通运输服务能力，在"加快构建标准政策体系""持续加强枢纽布局建设""大力推进运输结构调整""发挥综合交通优势不断增强跨境服务能力""深化农村客货邮融合发展"等方面精准发力，取得了良好的成效。

（一）构建标准政策体系

落实《国务院办公厅关于印发推进多式联运发展优化调整运输结构工作方案（2021—2025年）的通知》（国办发〔2021〕54号）要求，积极推进综合交通运输体系建设，制定《快件高铁运输信息交换规范》《邮件快件农村客运车辆搭载作业要求》等国家与行业标准，配合交通运输部开展《快件空铁联运集装器技术要求》等4项标准的研制。研究制定《关于国家邮政快递枢纽布局建设的指导意见》，强化邮政快递枢纽与物流枢纽、综合货运枢纽等统筹布局建设和一体衔接。

（二）加强枢纽布局建设

依托国家物流枢纽、综合货运枢纽，布局建设国际寄递枢纽，加快推进邮政快递集散分拨中心建设。推动"十四五"邮政寄递工程建设，加强项目调度，坚持按季度开展核查，向国家发展和改革委员会报送102项重大工程项目进展，义乌、成都、长沙、南昌、西宁5个邮件处理中心基本完成主体工程建设。顺丰鄂州航空货运枢纽货邮吞吐量大幅提升，圆通嘉兴航空货运枢纽开工建设，截至2023年底，行业共有顺丰、邮政、圆通和京东4家自有航空公司。

（三）推进运输结构调整

通过加大投入规模、加强用能监控、优化运输线路等多种举措，持续推进运输方式转型升级。大力发展铁路运输，顺丰打造公铁联运产品，全年发运快件约3.7亿件；京东物流探索高铁货运新模式，深度参与利用整列动车组开展的高铁快运批量运输试点。积极参与公共领域车辆全面电动化先行区试点，推广使用新能源和清洁能源车辆，主要品牌寄递企业更新车辆已普遍使用新能源和清洁能源车辆，全行业新能源和清洁能源车保有量达6万辆。

（四）增强跨境服务能力

推动寄递企业加快布局海外仓，拓展海运快船、航空货运、中欧班列等国际运输渠道，通过海陆空综合立体交通网发运全球，覆盖200余个国家和地区。优化完善国际邮件互换局（交换站）布局功能，截至2023年底，已建成国际邮件互换局（交换站）73个。推动完成苏州国际邮件互换局叠加国际邮件交换站功能。

（五）深化客货邮融合发展

2023年各地邮政管理部门加强与交通运输部门的协作，农村客运班车代运邮件快件合作机制进一步完善。推动邮政公司深入推进与交通运输企业合作，促进城乡公共服务均等化，通过“节点网络共享、末端线路共配、运力资源共用”，初步形成“多网共用、一站多能、深度融合”的农村客货邮融合发展模式，不断提升农村寄递服务水平。推进乡镇邮政局（所）改造，加快农村邮路汽车化进程，提升农村运递能力。邮政公司已开通交邮联运邮路3846条，其中2023年新增1300余条交邮联运邮路，农村邮路汽车化率同比提升9%。

第四章　铁路

第一节　铁路规划与实施

一、持续开展《中长期铁路网规划》修编工作

国家铁路局结合工作调研、座谈交流等形式听取地方政府和企业意见建议，组织开展疆煤外运通道布局研究，完成《中长期铁路网规划》修编文稿，正式报送国家发展和改革委员会及交通运输部。

二、组织开展相关规划中期评估

组织开展“十四五”规划纲要、“十四五”规划102项重大工程、“十四五”综合交通发展规划、“十四五”铁路发展规划等20余项专项规划的中期评估工作。

三、组织开展有关课题研究

组织开展《铁路建设项目综合效益分析理论方法研究》等6项研究课题和《支撑服务重点铁路项目（重点区域铁路网）规划方案相关工作》等11项工作项目研究，有效做好基础支撑。

四、组织做好有关规划平衡衔接

组织对现代基础设施发展规划、国家粮食安全中长期规划纲要、沿边基础设施规划及27省（自治区、直辖市）15市国土空间总体规划研究提出铁路部分衔接意见，组织开展广州、深圳等都市圈发展规划研究并做好相关规划平衡衔接工作。组织开展杭州湾、伶仃洋跨海通道等专题研究。

五、扎实推进铁路重大项目前期工作

一是按照2023年度项目审批计划，组织完成罗布泊至若羌铁路、龙川至龙岩铁路梅州至武平段等5个项目的行业评审工作并出具行业意见，为项目批复提供技术支撑。二是利用推动102项重大工程实施部际联席会议等机制，对重大工程2023年工作要点等国家、行业、地方专项规划计划研究提出意见27份，积极协调年度计划开工项目建设。三是赴福建省就城际铁路建设规划调整开展行业审查工作并现场调研，出具福建省城际铁路建设规划调整项目行业意见。四是参加铁路项目前期论证会，指导有关部委和单位开展河南两港铁路、新疆哈密至老爷庙、准东至克拉玛依、宁波至金华等项目的前期研究论证。

六、积极参与行业重大政策研究

一是联合有关部门印发规范铁路客运站设施规划建设、城市交通基础设施发展等政策性文件。组织研究国家级专项规划管理办法、规范客运站房规划建设、城市交通基础设施规划建设、城际铁路和市域（郊）铁路发展、支持民营企业参与特许经营项目领域清单等政策性文件。二是完成原铁道部规范性文件清理、城际和市域（郊）铁路发展研究报告等政策文件研究，起草完成关于铁路建设项目前期工作建设程序有关情况报告，组织开展铁路建设项目后评价相关办法研究。三是组织研究2024—2025年拟重点推进的铁路专用线项目，为联合发布重点专用线建设清单提供基础支撑。四是组织研究交通运输项目资金管理办法，起草铁路道口“平改立”工作实施方案。

第二节　铁路法规体系建设

2023年，国家铁路局推动落实《法治政府建设实施纲要（2021—2025年）》有关要求，持续深化铁路行业法治建设，坚持以高水平法治服务保障铁路高质量发展。

一、坚持党的领导，确保法治政府部门建设正确政治方向

坚持和加强党对法治政府部门建设的领导，把坚定拥护“两个确立”、坚决做到“两个维护”落实到实际工作中，推动政治建设和业务工作深度融合，确

保法治政府建设正确方向。局党组书记认真履行推进法治建设第一责任人职责，落实党中央关于法治中国、法治社会、法治政府建设的各项部署。建立国家铁路局领导干部应知应会党内法规和国家法律清单制度，动态管理清单，推动全局各级领导干部带头遵规学规、守规用规，带头遵法学法、守法用法。

二、坚持立法先行，奋力推动铁路行业法规制度建设

一是加快推动《中华人民共和国铁路法》修订进程。对修订草案逐条审读、深化研究。协调推动将《中华人民共和国铁路法》（修订）纳入十四届全国人大常委会立法工作规划一类项目。会同交通运输部成立《中华人民共和国铁路法》修订工作专班和专家咨询组，持续开展修法工作。二是报送《铁路交通事故应急救援和调查处理条例》修正案。根据立法机关审查意见，组织开展深化研究，形成修正案草案并报送相关部门。三是按计划开展部门规章制修订。组织制定发布《铁路运输服务质量监督管理办法》（交通运输部令2023年第5号）《铁路设备质量安全监督管理办法》（交通运输部令2023年第7号）《铁路旅客运输安全检查管理办法》（交通运输部令2023年第21号）和《铁路关键信息基础设施安全保护管理办法》（交通运输部令2023年第20号）4部部门规章。组织《铁路建设管理办法》等部门规章征求意见，严格履行公开征求意见、公平竞争审查、合法性审查等立法程序。四是清理原铁道部规范性文件。印发《国家铁路局关于公布原铁道部规范性文件第十八批清理结果的通知》，对外公布清理结果，完成原铁道部规范性文件集中清理。

三、优化营商环境，持续推动行政许可服务便民利民

一是完善法律、行政法规、国务院决定设定的行政许可事项清单涉及铁路领域相关事项，严格依法实施行政许可。二是按照国务院关于优化营商环境的部署，对《铁路机车车辆驾驶人员资格许可办法》（交通运输部令2024年第9号）等许可制度进行研究，进一步补充完善便利企业与公众的内容。三是积极推进行政许可“一网通办”，优化行政许可受理、决定签批网上流转系统。做好行政许可大厅服务工作，确保行政许可咨询、受理、送达“一个窗口对外”。2023年，共受理行政许可申请420件，作出许可决定519件。

四、规范涉法事务，促进监管权力公开透明运行

一是严格开展合法性审查，完成政府信息公开申请答复、部门规章、行政规范性文件及相关重大决策和政策文件的合法性审查，共计70余件。二是依法合规妥善处理21件行政复议案件和8件行政诉讼案件。通过相关法律文书加强说理，强化发挥行政复议诉讼监督依法行政、促进法治政府建设的作用。三是开展2022年度国家铁路局公职律师、局聘法律顾问考核。参加司法部组织的全国行政复议和行政应诉业务培训，提升办案人员能力水平。四是加大普法宣传。全面贯彻“谁执法谁普法”责任制，组织实施铁路“八五”普法规划并开展中期评估。在复议诉讼案件办理过程中持续开展“以案释法”活动，充分发挥示范带动作用。开展“宪法宣传周”“全民国家安全教育日”等专题活动。五是自觉接受外部监督。办理完成249件人大代表建议和62件政协委员提案，答复率100%、满意率100%。主动公开政府信息583条，受理政府信息公开申请186件。

五、加强执法监察，推进严格规范公正文明执法

一是健全完善铁路行政处罚工作制度和办法。出台国家铁路局铁路行政处罚裁量权基准，进一步规范铁路行政处罚行为，规范行使行政处罚裁量权，保护当事人合法权益。制定铁路行政处罚案卷管理和评查办法，规范行政处罚案卷管理和评查工作，提升处罚案件办理质量。二是做好行政处罚案件分析。定期分析全局行政处罚工作，形成月度行政处罚基本情况和半年、年度分析报告，并向国务院安全生产委员会办公室报送典型案例。根据工作需要，

对铁路沿线环境、铁路建设工程等领域行政处罚情况进行专项统计，加大对违法行为的打击力度。三是加强铁路行政处罚工作监督指导。突出行政处罚工作过程管理，对重点关注案件提前报备审查，对办案过程发挥信息系统监督作用，对存在的不足定期通报，对整改情况开展专项监督检查。

第三节　铁路车辆装备

截至2023年底，全国铁路机车拥有量为2.24万台，其中，内燃机车0.78万台，电力机车1.46万台。全国铁路客车拥有量为7.8万辆，其中，动车组4427辆，标准组35416辆。全国铁路货车拥有量为100.7万辆。

第四节　铁路基础设施建设

2023年，全国铁路固定资产投资完成7645亿元，投产新线3637公里，其中高速铁路2776公里。全国铁路营业里程达到15.9万公里，其中，高速铁路营业里程达到4.5万公里，复线率60.3%、电化率75.2%。西部地区铁路营业里程6.4万公里。全国铁路路网密度165.2公里/万平方公里。

第五节　铁路运输服务

一、客运服务

2023年，全国铁路旅客发送量38.55亿人，同比增长130.4%；旅客周转量1.47万亿人公里，同比增长123.9%。

旅客运输更加便捷。铁路运输企业加快实施普速站车服务设施补强，优化调整验检设备和人工通道布局，1666个车站实施“验检合一”、802个车站实现“进出合一”，地铁认可铁路安检站点达40个。

服务方式更加精细。推行“铁路畅行”扫码服务，为旅客提供补票升席、遗失物品查找等服务，提升旅客在途服务体验。试点上线商务座旅客预约热链赠餐，推广普速列车互联网订餐服务，互联网订餐站扩大至80个。票务服务更加多样。在65条线路推出通勤差旅计次票和定期票，累计覆盖车站658个。施行儿童优惠票按年龄计费、学生票优惠资质在线核验，取消学生寒暑假优惠购票限制，取消到站及列车补票办理手续费。信息发布更加全面。优化12306旅客信息通知服务，在原有购退票、改签、停运调整等信息通知基础上，新增候补和晚点提示。推出12306选铺、补票全面电子化等服务。服务国家发展大局。恢复开行广深港高铁香港段过港列车，2023年第四季度运行图开行对数达94对。推出“灵活行”跨境运输新产品，探索深港间公交化运输模式。服务助力乡村振兴战略，完成公益性“慢火车”189个车站升级改造和4对空调车底替换，开行乡村振兴班列764列。

二、货运服务

2023年，全国铁路货运发送量50.35亿吨，同比增长1%；货运周转量约3.65万亿吨公里，同比增长1.4%。集装箱、石油、矿建材料、煤等品类运量增长有效拉动全国铁路货运量增长。累计发送集装箱7.91亿吨，同比增长7.4%；累计发送石油1.31亿吨，同比增长5.4%；累计发送矿建材料1.17亿吨，同比增长4.1%；累计发送煤27.81亿吨，同比增长1.9%。

三、国际联运

一是及时公开国际铁路联运规则。组织再版《国际旅客联运协定》《国际旅客联运协定办事细则》等，翻译出版《国际旅客联运备忘录汇编》等，定期公布《国际旅客联运协定》及其办事细则修订内容、《国际铁路货物联运协定》及其办事细则最新版、《危险货物运送规则》《装载与加固技术条件》修改补充事项等。二是做好铁组物权凭证问题机制主持工作，提出《国际货协提货凭证指导手册》草案，协调各方共同推动铁路运单金融支持功能。三是参加铁组铁水联运问题临时工作组会议，国际客协、货协、危险货物运送规则、装载与加固技术条件等会议，主动发出中国声音。四是利用中俄、中哈等双边合作机制，协调解决国际铁路联运过程中的问题，促进国际运输便利化。

第六节　铁路安全监管执法

2023年，国家铁路局统筹发展与安全，坚持人民至上、生命至上，树牢底线思维，健全铁路安全治理体系，突出高铁和旅客列车安全，推进铁路重大事故隐患专项排查整治，推动铁路安全治理模式向事前预防转型。全年，全国铁路未发生重特大安全事故，发生较大事故2件、同比下降3件，事故总量和死亡人数同比分别下降16.4%、7.5%，铁路安全形势保持基本稳定。

一、深入学习贯彻习近平总书记关于安全生产重要指示批示精神和党中央国务院决策部署

认真学习贯彻习近平总书记关于安全生产重要论述和党中央国务院决策部署，坚决扛起维护铁路安全的政治责任，以新安全格局保障新发展格局、服务加快建设交通强国。一是及时跟进学。坚持以习近平总书记关于安全生产重要论述和重要指示批示精神为根本遵循，落实“第一议题”制度，利用党组会、安委会、月度例会和理论学习中心组等形式学习20次，第一时间传达学习、贯彻落实习近平总书记关于北京丰台长峰医院火灾、宁夏银川富洋烧烤店燃气爆炸事故、山西吕梁永聚煤矿火灾等重要指示批示精神，提升对铁路安全工作极端重要性的认识。二是第一时间落实。国家铁路局主要负责人先后14次组织召开党组会、安委会，研究谋划、部署推动铁路重大事故隐患专项排查整治、防汛救灾、恢复危险货物运输许可等监管工作。三是持续不断推进。建立落实台账，定期梳理推进情况，确保各项任务落实落地。落实全国安全生产电视电话会议精神和国务院安委会年度工作要点，以局1号文件印发《关于做好2023年铁路安全监督管理工作的意见》，持续推动年度安全监管主要任务措施和工作目标的落实。

二、不断强化安全监管，坚决筑牢铁路安全防线

紧盯关键环节，加强安全防范。一是加强铁路运输安全监督检查。紧盯安全关键和薄弱环节，整合检查事项，大力推广综合性、体检会诊式检查和专项督查，统筹开展岁末年初、春暑运、亚运会等重点时段检查，以及防洪、危险货物运输等专项工作的监督检查，开展郑渝高铁运营安全评估，切实维护铁路安全稳定。全局共派出检查组4350组次/12149人次，检查铁路相关单位和场所5087个，添乘动车组和列车2207/93万余公里，检查发现各类问题隐患1.5万余个，发放整改通知书287份。二是加强铁路沿线安全环境协同治理。发挥铁路沿线安全环境治理部际联席会议制度及“双段长”机制作用，推进建立31个省级厅际议事协调机制。制定年度工作要点，印发《铁路沿线安全环境治理工作指南》，组织召开铁路沿线安全环境治理现场会，每月发布工作简报推广各地有效做法、通报典型事故，督促各地落实治理责任。加大道口“平改立”协调推进力度，针对铁路道口“平改立”资金筹措难、推进进度慢等突出问题，组织地方政府交通、发改等部门及铁路运输企业召开座谈会、对接会等12次，全年消除铁路道口325处，超额完成年度工作目标。通过各方不懈努力，铁路交通路外相撞事故及死亡人数实现“双下降”。三是加强灾害防范。针对铁路防汛严峻形势，成立铁路重要基础设施汛期安全防护工作专班，每日掌握铁路重要基础设施运行安全事件和自然灾害突发事件，协调解决难点难题，发出重大气象预警12期，启动调整防汛防台风应急响应37次。指导铁路企业全面排查防洪重点处所1.6万余处，完成1697处工程整治，分级落实巡查守看措施，确保铁路防洪安全形势基本稳定可控。

加大监管执法力度，紧盯问题整改落实。一是加大典型事故调查追责力度。对发生较大事故，以及列车脱轨、火灾、人身伤害、高铁行车C类及以上等级的铁路交通一般事故一律组织调查，严肃追究直接责任、领导责任、管理责任。办理涉及事故的行政处罚案件90起，作出行政处罚决定141个，处罚金额1992.13万元；对迟漏瞒谎报铁路交通事故实施行政处罚13起、作出处罚决定28个，处罚金额134.05万元。二是严厉打击危害铁路安全行为。坚持硬起手

腕抓监管，不断强化责任意识和法治意识，最大限度压缩违法违规行为的生存空间，全局共实施预警 135 次、通报 245 次、约谈 54 次、挂牌督办 31 次、追责问责 67 次 97 家单位 430 人，实施行政处罚 196 起，作出行政处罚决定 365 个，罚没金额 4396.51 万元。三是持续加强公正文明执法。印发行政处罚裁量权基准，规范行使行政处罚裁量权，防范廉政风险，进一步约束铁路行政处罚行为。建立行政处罚案件报备制度，加强监督指导，规范铁路行政处罚案卷管理和评查，深化行政处罚案件全过程管理。

强化体系建设，提升履职监管水平。健全铁路安全生产法规制度体系。推动《中华人民共和国铁路法》《铁路交通事故应急救援和调查处理条例》修订，积极开展《铁路安全管理条例》制修订研究。协调推动北京市发布《北京市铁路沿线安全管理规定》，至此 31 个省（自治区、直辖市）均出台了地方性法规或规章，不断增强铁路安全生产法治建设的系统性。健全安全生产标准体系。加强铁路安全保障、质量控制方面守底线、补短板，做好强制性标准的立改废释。指导推进专用铁路安全生产标准化建设等团体标准编制，鼓励引领团体标准、企业标准创新发展和有效转化，拓宽铁路国家标准和行业标准供给渠道。

三、扎实开展铁路重大事故隐患专项排查整治 2023 行动

按照国务院安全生产委员会办公室部署，组织开展铁路重大事故隐患专项排查整治 2023 行动，督促行业各单位全面排查整治各类风险隐患，落实安全防控责任措施，有力维护铁路安全持续稳定。

全面部署整治工作。4 月 27 日，组织召开国家铁路局安委会扩大会议，传达国务院安全生产委员会办公室要求，研究开展专项行动。5 月 9 日，向国铁集团、国家能源集团、中国中车股份有限公司（简称“中国中车”）、中国中铁股份有限公司（简称“中国中铁”）等企业及各地方铁路运输企业印发铁路行业专项行动工作方案，全面部署开展铁路重大事故隐患专项排查整治 2023 行动。5 月 12 日，召开全局电视电话会议专题动员部署。

健全完善标准办法。印发《铁路交通重大事故隐患判定标准（试行）》（国铁安监规〔2023〕12 号）《铁路建设工程生产安全重大事故隐患判定标准》（国铁工程监规〔2023〕25 号）和《铁路安全风险分级管控和隐患排查治理管理办法》（国铁安监规〔2023〕9 号），进一步完善隐患排查治理体系，确保整治行动有标可依、有章可循。

强化督导帮扶。局分管领导每月组织全局视频会，总结工作，分析问题，部署安排下一步工作，持续推进专项行动。铁路监管部门以点带面开展指导检查，加强对重点单位、重大风险和重大隐患的监管，督促指导企业落实主体责任。7 月份全局成立 4 个专项督查组，采取异地交叉检查方式，对 18 个铁路局集团公司和 4 家地方铁路公司进行全覆盖督导检查，突出对隐患判定的帮助指导、安全生产法律法规的宣贯。

持续推动整治落实。7 月 24 日，召开专项调度会，推动专项行动深入开展。各地区铁路监督管理局坚持问题导向和目标导向并重，综合运用预警通报、挂牌督办、行政处罚等手段，督促企业开展专项行动，主要负责人组织重大事故隐患整治，制定整改方案，落实整改责任，切实做到标本兼治、闭环管理。专项活动期间，共派出检查组 2139 组次，检查相关单位和场所 2375 个，发现各类问题隐患 7107 个，发放整改通知书 144 份，实施挂牌督办 28 次。铁路行业累计排查发现重大事故隐患 190 件，整治完成 131 件。

第七节 铁路工程质量安全监管

2023 年，国家铁路局全面强化铁路工程监管能力和制度体系，有力开展重大隐患排查整治，有效防范化解重大风险，维护铁路建设工程质量安全稳定形势，“十四五”规划纲要确定的 102 项重大工程中的铁路项目有序推进，24 个联网补网强链项目稳步实施，建成铁路专用线 92 条、物流基地 10 个，路网整体功能进一步提升。

一、全面落实习近平总书记重要指示批示精神和党中央国务院决策部署

学习贯彻习近平总书记关于安全生产重要论述，广泛开展安全教育，完善安全风险分级管控和隐患排查治理双重预防机制，严查重处，压紧压实建设单位质量首要责任、参建单位安全生产主体责任。落实习近平总书记关于高铁建设发展、西部边疆铁路网规划建设等重要指示批示精神，落实党中央关于构建现代化基础设施体系的决策部署，紧密对接国家重大战略和区域协调发展战略。2023 年，全国铁路完成基建投资超过 5100 亿元，是“十四五”以来最多的一年，铁路建设投资拉动作用充分发挥，为经济回升向好做出积极贡献。

二、全面推进铁路工程质量安全监管

强化重点监管，聚焦国家重大战略、重大工程、重点结构、关键环节、薄弱环节、敏感时期，加大监督检查力度。2023 年，国家铁路局开展质量安全监督检查 454 次，检查项目 458 个次、工点 3581 个次，发现问题 12143 个，发出整改通知 639 份。强化源头管控，开展隐蔽工程、隧道工程、施工图设计文件审查专项行动，开展铁路建设领域重大事故隐患专项排查整治 2023 行动，动态跟进督促重大隐患整改。强化穿透式质量安全监管，开展“三项整治”督导检查，涉及项目 238 个，印发整改通知 536 份，行政约谈 44 个单位，责令停工工点 36 个，对 77 起违法违规行为立案调查，形成长期震慑。强化行业指导，加强地方铁路监管工作，落实地方政府监督管理职责，开展地方铁路调研督查、联合检查、业务培训和技术咨询，帮助协调解决疑难问题，支持地方政府铁路监督管理部门做好监督检查、投诉举报调查、应急处突等工作，促进地方铁路工程依法建设。全国铁路建设质量安全保持稳中有进、稳中提质、稳中向好态势。

三、全面推进铁路工程建设市场监管

开展铁路工程建设招标投标领域突出问题专项治理，抽查 253 个招标项目，整治一批突出问题。加强投诉举报统计分析，抓住集中反映问题，开展施工自采物资招标专题调研，针对该领域投诉举报多、问题集中的情况，提出处置措施。加强评标专家库管理，支持四川省、江西省公共资源交易系统与铁路建设工程评标专家库管理系统对接。开展市场秩序监督检查 135 次，涉及 483 个单位，有力维护公平竞争、规范有序的铁路建设市场秩序。严把市场准入关，完成 6 批 102 家铁路工程设计、施工、监理企业资质申请初审工作。加强信用监管，在国家铁路局网站设立“铁路工程信用”专栏，统一公布铁路工程建设失信行为 12 起，有力震慑了违法违规行为。坚定维护从业人员合法权益和参建企业良好形象，积极协调解决欠薪 7299 万元，涉及 2727 人；协调解决欠款 4763 万元，涉及 28 家企业。铁路建设营商环境持续优化提升。

第八节　铁路设备质量安全监管

一、有序推进铁路设备监管规章制度建设

按照国家铁路局推进治理体系和治理能力现代化建设要求，深化完善铁路设备监管制度体系建设方案并推进实施，形成涵盖许可审查、产品抽查、监督检查、事故调查、缺陷召回、投诉处理等设备监管主要职责内容，涉及法律、行政法规、部门规章、规范性文件、技术标准等 5 个层级的铁路设备监管制度体系平台。推动发布《铁路设备质量安全监督管理办法》（交通运输部令 2023 年第 7 号），修订《铁路机车车辆驾驶人员资格许可办法》，对城际及市域（郊）铁路、专用铁路及铁路专用线驾驶人员资格实施全覆盖许可、差异化监管。

二、持续强化铁路设备产品质量安全监管

突出高铁及旅客列车安全，加强重点监管，紧盯问题整改。一是严格许可事项审查。按照许可程序和条件，通过现场评审和对标审查，完成 301 项铁路设备许可审查。二是加强许可企业监管。按照

“双随机、一公开”原则，制定实施年度铁路专用设备行政许可企业监督检查计划，组织完成57家许可企业监督检查，对发现的412项问题督促企业整改并公告。三是强化零部件管理。针对近年来铁路设备许可产品目录外产品屡次因质量问题导致事故（故障）的问题，以及整车许可后关键零部件在运用维修及更换中的质量控制问题，开展专题调研，优化调整许可产品目录，将事关铁路运输安全的部分铁路设备及关键零部件纳入许可管理。四是加强产品质量抽查。紧盯关键设备和薄弱项点，结合历年产品抽检结果和事故、故障情况，制定产品抽检计划，对20种54项产品开展质量抽查，及时公告抽查结果，依法对抽检不合格产品禁止生产销售。五是加强运用质量检查。突出重点单位和关键环节，全年共检查铁路设备使用维修企业942家，发现问题2685项，下发整改通知书177份，实施行政处罚17起。六是强化安全风险预警。对铁路设备运用维修过程中和日常监督检查中发现的问题加强风险研判分析，对倾向性、典型性设备质量安全隐患及时进行风险提示和预警，全年共发出预警函42件。七是紧盯问题整改。对检查发现的重点隐患问题，通过通报、约谈、挂牌督办等方式推动整改，全年共印发通报6次，实施约谈11次，挂牌督办8次。针对鞍钢伤损钢轨问题实施重点监管，按程序实施产品缺陷召回，涉及的伤损钢轨全部完成更换。八是强化事故分析。全年参与铁路交通事故调查分析32件，查摆深层次原因，加强分析结果运用，督促中国中车对动车组各车型导流罩的安装方式进行分析，改善导流罩检修方式和工艺。九是汲取相关事故教训。针对印度列车脱轨冲突事故教训，组织开展全国铁路信号联锁设备运用安全状况调研，督促开展电务联锁图实一致性专项整治，对检查发现问题紧盯整改。

第九节 铁路运输服务质量监督

一、落实党中央国务院决策部署

推进铁水联运高质量发展。一是推进安庆港铁路专用线建设。协调疏通项目建设关键卡点，推动安庆港专用线于7月12日签订接轨合同。二是加强铁水联运标准化建设。会同交通运输部等部门研究铁水规则标准衔接问题，推动《铁水联运标准化建设方案（2023—2025年）》落实落地落细。三是完善铁水联运协调联动机制。会同交通运输部、国铁集团成立“协同推进铁水联运发展工作专班”，建立“国家铁路局推进铁水联运高质量发展工作机制”，形成发现问题、解决问题、推动发展的长效机制。

推动锂电池铁路运输。一是推动新能源汽车铁路运输。会同工业和信息化部、国铁集团联合印发《关于支持新能源商品汽车铁路运输 服务新能源汽车产业发展的意见》（国铁运输监〔2023〕4号），推动实现新能源汽车铁路运输常态化。二是推动消费型锂电池铁路运输规范化。发布实施《铁路危险货物品名表》，会同工业和信息化部、国铁集团联合印发《关于消费型锂电池货物铁路运输工作的指导意见》（国铁运输监〔2023〕26号）。三是加快推进动力型锂电池铁路运输。开展专题调研，推进动力型锂电池铁路运输团体标准制定工作，研究出台支持动力电池铁路运输指导意见，推动锂电池铁路试运行。

推进铁路与地铁安检互认。会同交通运输部、国铁集团开展专题调研，分析研究基础设施、政策标准、责任落实等方面存在的关键问题。6月，组织公安部、交通运输部、国铁集团、北京市有关单位在北京西站召开“北京地区铁路与地铁安检互认工作推进会”，形成分步推进安检互认的工作思路。

推进铁路运输保通保畅。一是印发《国家铁路局关于进一步降低物流成本的工作方案》（国铁运输监函〔2023〕107号），明确降低消费型锂电池物流成本等5方面措施。二是落实国务院物流保通保畅工作机制部署，加强协调监督检查，保障能源、粮食、农用物资等重点物资运输。三是推动铁路口岸畅通。赴磨憨、河口、阿拉山口等7个铁路口岸开展调研，掌握铁路口岸现状和存在问题并推动解决。与外方积极沟通，就集装箱班列高质量发展、铁路口岸建设、中欧班列新通道开发等达成广泛共识。

二、加强运输监管法规标准体系建设

推进部门规章制修订。一是出台《铁路运输服务质量监督管理办法》（交通运输部令 2023 年第 5 号）。二是推进《铁路货物运输规程》《铁路车站和线路命名更名审批办法》《铁路公益性运输监督管理办法》等文件的制修订。

推进规范性文件制订。一是公布《铁路旅客车票实名制管理有效身份证件样式》（国家铁路局公告 2023 年第 14 号），方便旅客购票乘车和铁路运输企业工作人员识别掌握。二是研究起草《铁路包裹禁止、限制托运物品目录》。

推进运输服务标准制修订。一是发布《铁路货物装卸安全技术要求》（TB/T 30009—2023）、《铁路危险货物运输技术要求》（TB/T 30008—2023）2 项铁道行业标准。二是推进《铁路货运检查技术要求》《防止铁路机车车辆溜逸作业》《铁路挡车器》《锂电池铁路运输技术要求》4 项铁路行业标准制修订。

三、强化运输安全质量、市场秩序监管

加强铁路危险货物运输安全监管。一是开展专项整治。印发《铁路危险货物运输安全专项整治方案》，组织研判重大隐患，建立问题台账和整改档案，明确目标，突出重点，深入推进。二是加强监督检查。各地区铁路监督管理局联合辖区公安、交通运输等部门，深入开展公铁联运混装货物联合执法，打击匿报品名运输危险货物等违法行为。三是强化技术支撑。推动成立铁路危险货物运输研究中心，支撑法规标准起草、安全技术研究、从业人员培训等。四是完善监管手段。深刻吸取国内外事故教训，深入调研分析法律法规和相关行业情况，组织开展评估，研究推动恢复铁路危险货物运输许可。

优化铁路运输企业准入许可审查。一是印发《铁路运输企业准入许可审查工作办法》（国铁综运输监〔2023〕2 号），建立“专业分工、路地协同、现场核查、专家参与”工作模式，进一步规范许可审查工作。二是为广东城际铁路运营公司等 3 家铁路运输企业颁发铁路运输许可证，指导山西静静铁路有限责任公司等 2 家企业办理许可申请工作。

强化服务质量监管。一是出台《铁路运输服务质量监督管理办法》（交通运输部令 2023 年第 5 号），明确配置无障碍设施设备、开好公益性“慢火车”等 6 项举措，建立铁路运输服务质量评价机制、畅通用户投诉申诉渠道等 5 项保障措施。二是妥善处理运输服务质量投诉，共处理运输类投诉 3081 件。三是开展客运服务质量问卷调查，按季度向铁路运输企业反馈问卷调查分析情况，共收集客运服务质量调查问卷 21.9 万份。

组织开展运输高峰期安全质量监督检查。一是组织开展春运服务质量监督检查，派出检查组 738 组次，检查单位场所 1000 个，发现问题 2936 个，发放整改通知书 12 份。二是组织开展暑运服务质量监督检查，派出检查组 216 组次，检查单位场所 344 个，检查发现问题 1070 个，发放整改通知书 18 份。三是组织开展客货车务安全质量监督检查，派出检查组 6 组次，检查中国铁路哈尔滨局集团有限公司等 4 家铁路运输企业，发现问题 220 个，发放整改通知书 1 份。四是稳妥处置丰沙线旅客列车滞留事件，重点掌握滞留旅客情况，督促企业组织列车绕行、旅客疏散、运输秩序恢复等相关工作。

第五章　公路（含道路运输）

第一节　推动“四好农村路”高质量发展

“四好农村路”是习近平总书记亲自提出、亲自推动的一项重大民生工程、民心工程、德政工程，是新时代实施乡村振兴战略、推进农业农村现代化的一项重要举措。习近平总书记的重要指示精神，为推动“四好农村路”高质量发展指明了前进方向、提供了根本遵循，在全社会凝聚形成了加快建设“四好农村路”的广泛共识，激发了锐意进取、攻坚克难的强大动力，推动我国农村公路事业取得突破性进展、历史性成就。

2023 年，交通运输部深入学习贯彻习近平总书记关于“四好农村路”重要指示精神，坚决贯彻落实党中央、国务院决策部署，坚持以人民为中心的发展思想，完整、准确、全面贯彻新发展理念，加快构建新发展格局，着力推动高质量发展，服务保障扩大内需、提振信心、防范风险，推动“四好农村路”高质量发展，加快完善现代化农村交通运输体系，奋力书写加快建设交通强国农村公路新篇章。为有力有效推进乡村全面振兴、促进农民农村共同富裕、服务社会主义现代化强国建设作出新的更大贡献。

一、深入学习贯彻习近平总书记关于“四好农村路”重要指示精神

（一）加强系统谋划和部署

将农村公路相关工作列入“2023 年交通运输更贴近民生实事”加快推进。印发《推动“四好农村路”高质量发展 2023 年工作要点》。聚焦扩投资、稳就业、优治理、强管养、提服务、保畅通、重安全、促融合 8 个方面对推动“四好农村路”高质量发展相关工作进行重点部署，要求重点做好加强农村公路建设，促进农民群众就业增收；加强农村公路管理和养护，提升农村公路安全保障能力；深化城乡交通一体化发展，推动农村公路融合发展，为更好服务全面推进乡村振兴、助力农民农村共同富裕提供坚强服务保障。

（二）召开推动“四好农村路”高质量发展现场会

2023 年 10 月，组织召开推动“四好农村路”高质量发展现场会，实地考察了井冈山市“四好农村路”发展情况，10 家单位通过现场发言和书面交流分享典型经验，同时系统总结党的十八大以来农村公路发展经验，分析形势任务、谋划工作思路。围绕加快完善路网结构、提升防灾减灾能力、加快构建治理体系、健全长效管养机制、推进客货邮融合发展、提高绿色发展水平、加快发展路衍经济、形成共建共治共享新局面 8 个方面对推动“四好农村路”高质量发展相关工作进行重点部署。

（三）深入总结“四好农村路”高质量发展成效

总结 2023 年以来农村工作在扩大有效投资、提升治理水平、强化本质安全、创新服务模式、加强资金保障等方面取得的成绩。将交通运输部深入贯彻党的二十大精神，学习运用“千万工程”经验，完善现代化农村交通运输体系，持续推动“四好农村路”高质量发展，奋力书写加快建设交通强国农村公路新篇章取得的成效、主要认识和体会以及下一步工作安排报送中共中央、国务院。

二、持续做好农村公路扩投资稳就业工作

（一）加快完善农村公路网络

组织各地加快推进新一轮农村公路建设和改造，深入实施农村公路骨干网络提档升级、基础路网延伸完善、安全保障能力提升、产业融合发展、服务水平提升等“四好农村路”助力乡村振兴五大工程，加快完善便捷高效、普惠公平的农村公路网络。联合财政部下达 2023 年普通省道和农村公路“以奖代补”车购税资金 758.4 亿元，加快推进乡镇对外公路实施三级及以上公路建设改造，有条件的地区推动

乡镇对外双通道建设，因地制宜推进较大人口规模自然村（组）、抵边自然村通硬化路建设，有序实施建制村通双车道公路改造和过窄公路拓宽改造。2023年，全国农村公路完成固定资产投资4843亿元，新改建农村公路18.8万公里。

（二）促进农民群众就地就近就业增收

研究起草《交通运输基础设施建设和管护领域以工代赈实施指南（试行）》，指导和规范各地在交通运输基础设施建设和管护领域积极推广以工代赈，加大农村公路就业岗位开发力度，统筹用好农村公路公益性岗位安置就业困难人员，完善管理和技能培训，建立健全岗位信息公开制度和动态考核与调整机制，助推农民群众就地就近就业增收。截至2023年底，农村公路就业岗位达到84.8万个，吸纳脱贫户36.3万人。2023年，全国农村公路采取以工代赈方式实施项目3946个，发放劳务报酬总额8.75亿元，吸纳农村劳动力近9.6万人，其中脱贫户近1.36万人。

（三）提升农村公路设施本质安全

将农村公路危桥改造和安全生命防护工程纳入“交通运输更贴近民生实事”，建立部党组同志联系工作机制，持续夯实农村公路安全基础。指导各地扎实开展公路安全设施和交通秩序管理精细化提升行动，梳理农村公路安全提升路段清单，制定安全提升措施方案，加大隐患排查整治工作力度。健全完善农村公路防灾减灾体系，提升基础设施抵御灾害能力，减少灾害对农村公路的损毁。2023年，实施农村公路安全生命防护工程12.36万公里，改造农村公路危桥8418座。在全国1.48万个农村公路平交路口加装3.36万个减速带。

三、持续提升农村公路管理养护水平

（一）深化农村公路管理养护体制改革

会同财政部开展公路建养投入机制调研，指导各地加快出台深化农村公路管理养护体制改革的实施方案，完善农村公路管理养护长效机制。截至2023年底，全国31个省（自治区、直辖市）和新疆生产建设兵团，以及82.2%的市级、84.8%的县级行政单位出台了深化农村公路管理养护体制改革的实施方案，全国农村公路列养率达100%，优良中等路率达89.3%。加强对16个“四好农村路”交通强国试点任务和167个深化农村公路管理养护体制改革试点单位的跟踪指导，推动条件成熟的尽快验收，做好总结推广。

（二）完善“路长制”运行长效机制

指导各地进一步健全完善“路长制”组织体系、运行机制，推动有农村公路管理任务的县级行政单位实现“路长制”全覆盖。截至2023年底，农村公路“路长”总人数近67.9万人，其中，县级“路长”近2万人，乡级“路长”超8万人，村级“路长”近57.9万人。全国有农村公路管理任务的县级行政单位农村公路“路长制”覆盖率达100%。

（三）加强农村公路技术状况检测评定工作

指导各地贯彻落实2023年中央一号文件和交通运输部办公厅、财政部办公厅联合印发的《关于进一步加强农村公路技术状况检测评定工作的通知》（交办公路〔2021〕83号）要求，有序推进农村公路路况自动化检测评定工作。2023年全国完成农村公路路况自动化检测里程超200万公里，路况自动化检测比例达70%。2022年组织10家技术支撑单位对13.3万公里农村公路路况自动化检评数据进行抽查复核。

（四）推动农村公路信息化管理

制定农村公路“一路一档”信息化建设试点实施方案，通过组织试点申报及评审，遴选17家试点实施单位，围绕建设数据底座、数据标准及管理体系、应用载体等试点任务，扎实开展农村公路“一路一档”试点建设，逐步推进农村公路数字化和信息化管理。

四、增强农村运输可持续发展能力

（一）保障农村客运稳定运行

指导各地交通运输主管部门按季度更新乡镇和建制村通客车信息台账，强化农村客运运行情况动态跟踪监督。加强运行监测确保农村客运可持续稳定运行，部署各地加强动态监测、优化运营组织、深化融合发展、完善支持政策、畅通反馈渠道，持续巩固拓展具备条件的乡镇和建制村通客车成果，切实保障农村客运可持续稳定运行。

(二) 深入推进农村客货邮融合发展

会同工业和信息化部、公安部、财政部等8部门单位印发《关于加快推进农村客货邮融合发展的指导意见》（交运发〔2023〕179号），指导各地因地制宜加快推进农村客货邮融合发展。会同国家邮政局、国家乡村振兴局和中国邮政集团召开推进农村客货邮融合发展电视电话会议，对推进农村客货邮融合发展进行再调度再部署。以农村客货邮融合发展为主题，组织开展城乡交通运输一体化示范县创建，以点带面提升农村客货邮融合发展水平。

(三) 持续优化农村物流服务

公布第四批50个农村物流服务品牌名单，总结典型模式和经验做法，指导各地加大对农村地区农村物流资源整合力度，提升运营组织效率和服务品质，引导创新农村物流发展模式，推动提升农村物流综合服务能力。

五、持续强化示范引领作用

(一) 深化“四好农村路”全国示范县创建

组织开展“四好农村路”全国示范县评估验收工作。联合财政部、农业农村部、国家邮政局完成了201个示范创建单位的实地复核工作，对拟命名的197个“四好农村路”全国示范县进行了公示，推进各地相互交流学习，互学互鉴，充分发挥典型引领和示范带动作用，持续做好“四好农村路”全国示范县示范创建工作。

(二) 加快推进交通强国建设试点

指导16家“四好农村路”交通强国试点单位，围绕坚持先行先试、突出特色、固本强基，扎实推进“四好农村路”交通强国试点工作。在河南南阳开展交通强国建设试点集中调研，实地考察万村通客车提质工程、提升改造促融合工程、治理能力提升工程等交通强国建设试点成果，进行经验交流发言，要求重点做好建设与养护、管理与服务、完善与提升、创新与融合、探索与总结、推广与宣传“六个并重”，确保各项试点任务取得丰硕成果。组织完成了江苏、河南、贵州3个省份有关试点单位的“‘四好农村路’高质量发展”实地验收工作。

(三) 启动农村公路灾毁保险专项试点

组织浙江、福建、湖北、贵州、甘肃省交通运输厅开展“农村公路灾毁保险”交通强国专项试点研究工作，组织申报“农村公路灾毁保险”交通强国专项试点。组织相关指导部门和试点单位，在湖北开展农村公路灾毁保险交通强国建设试点集中调研，并邀请国家金融监督管理总局相关司局同志参加，重点围绕全面落实部交通强国专项试点工作推进会部署，深入交流农村公路灾毁保险试点实践经验和实施路径，提出要进一步完善推进实施机制、加强模式创新、总结经验成果，扎实推进各项任务落地落实。

(四) 持续加强宣传引导工作

围绕进一步完善农村公路建设和养护资金保障政策措施，组织开展了“福路贷”等创新融资模式典型经验交流。持续开展“我家门口那条路”主题宣传活动，公布2022年“十大最美农村路”和“我家门口那条路——最具人气路”名单，启动2023年“十大最美农村路”推选宣传活动。组织编印《全国推动“四好农村路”高质量发展经验交流材料汇编》《全国推动“四好农村路”高质量发展法律法规政策汇编》《农村公路助力共同富裕典型案例》《农村公路建设和养护资金长效保障机制典型案例》《农村公路数字化信息化建设典型案例》等，推广优秀做法和经验，供各地学习借鉴，更好书写交通强国农村公路篇章。

六、完善工作保障机制

(一) 加强资金政策支持

联合财政部下达2023年普通省道和农村公路“以奖代补”车购税资金758.4亿元，用于支持普通省道和农村公路建设；下达成品油税费改革转移支付2224亿元，用于支持地方普通公路（含农村公路）和航道等养护工作；下达农村客运补贴100亿元，用于支持农村道路客运、岛际和农村水路客运发展；下达政府还贷二级公路取消收费后补助资金200亿元，用于支持地方普通公路养护。结合《公路“十四五”发展规划》《水运“十四五”发展规划》的中期评估调整工作，加大对国家乡村振兴重点帮扶县境内公路水运项目的支持力度，重点支持加快推进国家高速公路通达城区人口10万以上市县、普通国道等外亟待贯通路段等项目建设。持续优化政策，向乡村振兴重点帮扶县倾斜，减轻地方资金配套压力，进一步加大了革命老区、民族地区、边境地区、脱贫地区以及灾害高风险地区项目支持力度。

（二）健全完善制度标准体系

进一步加快推动《中华人民共和国公路法》《农村公路条例》《中华人民共和国道路运输条例》等制度制修订工作。持续组织开展《农村公路简易铺装路面设计施工技术细则》《农村公路技术状况评定标准》《小交通量农村公路安全设施设计细则》《农村公路技术状况数据存储报送技术要求》《低等级农村公路路面技术状况自动化检测技术要求》编制工作，加快完善农村公路技术标准体系。

（三）强化要素保障工作

研究起草了《关于进一步提升农村公路防灾减灾能力的意见（送审稿）》等文件，印发《交通运输基础设施建设和管护领域以工代赈实施指南（试行）》（交办公路函〔2024〕95号）等支持政策，完成了“基于社会影响分析的农村公路路衍经济发展研究”战略课题的验收评审。为推动破解农村公路建设资金难题提供指导，增强农村公路防灾减灾能力，创新“农村公路+”融合发展模式，交通运输转型升级等提供理论依据。

第二节　公路规划与实施总体情况

一是完成《公路“十四五”发展规划中期评估调整报告》编制工作。报告在分析规划执行情况、存在的主要问题、形势要求的基础上，优化调整“十四五”规划目标指标、重点任务、重点项目库、投资政策，提出推进规划实施的措施建议。报告经审议通过后，已向各地正式印发《交通运输部关于印发公路“十四五”发展规划中期调整有关事项的通知》和中期调整项目库。

二是推进《国家公路网线位规划》编制工作。组织各省级交通运输主管部门报送境内国家公路线位方案建议，针对省际衔接、城市过境、共线分设等重点问题进行现场调研和座谈。经研究论证，提出线位GIS（地理信息系统）“一张图”征求意见方案并进行分省（自治区、直辖市）对接。

三是完成《交通强国公路行业评价指标》制定工作。围绕“安全、便捷、高效、绿色、经济”5个基本特征，应急保障、设施优良、覆盖广泛等10个评价维度，设置18项评价指标，测算了现状值，研究提出了2025年和2035年的指标值。指标科学评价公路行业发展进程和水平，为公路行业发展提供指引。

四是开展国土空间规划相关工作。会同自然资源部编制形成《公路水运类规划建设项目纳入国土空间规划“一张图”工作细则》，完善公路项目上图落位技术审核原则，推动公路项目尽快上图落位。

五是推进公路“十四五”规划项目实施。加快重点公路项目审查审批，及时出具资金安排意见。加强国家公路瓶颈路段项目建设，根据《关于加强国家公路省际瓶颈路段建设的通知》，督促地方压实主体责任，按季度调度项目进展情况，召开专题视频调度会，督促相关各省（自治区、直辖市）加快推进项目建设。截至2023年底，完工和在建的国家高速公路、普通国道、国家公路省际瓶颈路段项目分别占“十四五”建设任务的68.3%、59.5%、76%。

第三节　公路基础设施建设

一、公路建设基本情况

截至2023年底，全国公路总里程达543.68万公里，比上年末增加8.20万公里。公路密度为56.63公里/百平方公里，增加0.85公里/百平方公里。

全国等级公路里程527.01万公里，比上年末增加10.76万公里，占公路总里程96.9%，提高0.5个百分点。其中，二级及以上等级公路里程76.22万公里，增加1.86万公里，占公路总里程14.0%，提高0.1个百分点。高速公路里程18.36万公里，比上年末增加0.64万公里。其中，国家高速公路12.23万公里，增加0.24万公里。

全国国道里程38.40万公里，省道里程40.41万公里。

农村公路里程 459.86 万公里，其中县道里程 69.67 万公里，乡道里程 124.28 万公里，村道里程 265.91 万公里。

二、国家高速公路网建设情况

国家高速公路待贯通路段和繁忙路段扩容改造工程加快推进。2023 年，呼北高速公路山西离石至隰县段等路段建成通车，G59 呼和浩特至北海国家高速公路山西境内全线贯通；绥满高速公路内蒙古海拉尔至满洲里段建成，G10 绥芬河至满洲里国家高速公路主线全线建成；此外，G4221 上海至武汉、G4513 奈曼旗至营口、G7521 重庆至贵阳等国家高速公路联络线实现贯通。京沪高速公路江苏新沂经淮安至江都段、泉南高速公路桂林至柳州段等繁忙路段完成改扩建，国家高速公路网不断完善。

三、重大工程建设情况

2023 年，深中通道主跨 1666 米的深中大桥合龙，海底隧道顺利完成最终沉管和接头的浮运安装，海底隧道实现贯通；广东黄茅海跨海通道 5 座主塔全部封顶，象山隧道顺利贯通；北京东六环改造工程盾构隧道实现双线贯通，均为 2024 年建成通车奠定了基础；乌尉高速公路天山胜利隧道、张靖皋长江大桥、狮子洋通道等一批重大项目顺利推进实施，建成后将进一步服务支撑国家战略和区域经济社会发展。

四、重点项目设计审批情况

2023 年，国家重点公路项目审查审批工作效率和质量不断提升，全年共批复沈海高速公路宁波西坞至麻岙岭段改扩建工程、杭甬高速公路宁波段三期工程、都香高速公路宁蒗至香格里拉段、武汉都市圈环线高速公路汉南长江大桥及接线工程、京港澳高速公路广州火村至东莞长安段改扩建工程、沪渝高速公路黄石至武汉段改扩建工程等 46 个重点项目，推动一批公路重点工程实现开工建设。

五、重点项目竣工验收情况

2023年组织完成了一批重点公路项目竣工验收。4 月 18 至 19 日，会同国家发展和改革委员会、国务院港澳事务办公室圆满完成港珠澳大桥主体工程竣工验收，港珠澳大桥进入正式运营阶段；此外，会同各省交通运输厅完成浙江三门湾大桥及接线工程、广东省潮州至惠州高速公路、江西省广昌至吉安高速公路、松原至通榆（吉蒙界）高速公路、南京长江第五大桥、济南至乐陵高速公路等项目竣工验收。

（一）港珠澳大桥主体工程

港珠澳大桥集桥岛隧于一体，全长约 30 公里，是目前世界最长的超大型跨海交通工程，采用双向六车道高速公路标准建设，设计速度 100 千米 / 小时，设计使用寿命为 120 年。其中，海底隧道沉管段长约 5.7 公里，是公路建设史上技术最为复杂、施工难度最大的沉管隧道工程。项目先后开展了 300 余项协同攻关，形成了海上人工岛、深埋沉管隧道、装配式桥梁、120 年设计使用寿命、跨境工程建设运营等五大创新技术群，推动了桥岛隧工程建造方式的变革，在建设管理、工程技术和环境保护等领域填补了多项中国乃至世界空白。竣工验收委员会认为，大桥主体工程创下多项世界之最，打造了一座“精品工程、样板工程、平安工程、廉洁工程”，为超大型跨海通道工程建设积累了宝贵经验，工程质量等级和综合评价等级均为优良。

（二）南京长江第五大桥

南京长江第五大桥全长约 10 公里，采用双向六车道一级公路标准建设。其中，跨江主桥采用（80+218+600+600+218+80）米中央双索面三塔双跨组合梁斜拉桥；夹江隧道长 1755 米，采用盾构方式施工。项目全面推行标准化管理，开展品质工程创建、科技创新、工艺创新，积极推广使用“四新”技术，加强技术攻关，在“钢壳 - 混凝土组合索塔关键技术”“粗骨料活性粉末混凝土组合结构及其智能建造技术”“盾构弃浆环保再利用研究”等方面取得了一系列科研成果，为大跨径桥梁和大断面盾构隧道工程建设积累了宝贵经验。项目克服航道条件复杂、安全风险高、技术难度大等困难，高质量完成了建设任务。竣工验收委员会认为该项目在建设管理、技术创新、质量控制、安全生产等方面均取得了较好成效，工程质量和建设项目综合评价等级均为优良。

六、推动公路建设高质量发展情况

（一）加快公路数字化转型

加强公路数字化顶层设计，制定印发《交通运输部关于推进公路数字化转型加快智慧公路建设发展的意见》（交公路发〔2023〕131 号），提出六大方面 22 项任务，促进公路建设、养护、运营等全流程数字化转型，加快推动智慧公路建设发展，提升公路建设与运行管理服务水平；依托交通强国建设试点，推进智慧公路建设，建成济青中线济潍段零碳智慧高速公路、杭绍智慧高速公路、宁芜高速公路智慧化改造等项目，在基础设施数字化、智慧建造、智慧管控等方面深入探索实践。

（二）推进旅游公路建设

在充分开展调研的基础上，交通运输部办公厅、文化和旅游部办公厅联合印发《推进旅游公路高质量发展五年行动方案（2023—2027 年）》，开展设施建设提质、服务水平升级、路域环境优化、融合发展创新、技术支撑强化 5 项行动，推动打造一批旅游公路，促进交通运输和旅游业高质量发展；2023 年各省积极推进旅游公路建设，建成海南环岛旅游公路、山西黄河 1 号旅游公路临猗段、广西灵山服务区、贵州平塘大桥等一批公路和旅游融合发展项目。

（三）推进公路与能源融合发展

为进一步促进行业绿色低碳转型发展，深入开展全国公路与光伏融合发展专项调研，了解各地公路光伏开发利用总体实施情况及有关问题，起草《高速公路与光伏等新能源融合发展实施方案》。各地积极推进交能融合发展试点示范项目，建成济南东零碳服务区、攀大高速公路隧道隔离带光伏、沿海高速公路互通区光伏等交能项目，探索拓展光伏在高速公路边坡、互通区、服务区、收费站等多场景应用，力争尽快形成一批可复制、可推广的经验成果。

第四节　公路建设管理

一、加强工程建设管理

（一）协调推进重点公路工程建设

持续加强统筹部署，切实做好公路项目复工建设等有关工作，指导各地按照稳在建、促开工、推前期、优储备的总体思路，加快推动项目复工开工；召开全国加快推进重点公路建设视频调度会，部署加快推动重点项目建设实施，确保完成年度目标任务，努力扩大交通运输有效投资。

11 月 21 日，在浙江召开加快建设交通强国推进公路建设高质量发展现场会，部署下阶段重点工作任务，强调要聚焦联网、补网、强链，突出安全便捷、经济高效、融合创新、智慧绿色、包容韧性，重点抓好联网络、促转型、保安全、优合作、提标准、强市场“六个着力”，推动构建现代化公路基础设施体系。

（二）扎实做好农民工工资支付保障工作

按照国务院就业促进和劳动保护工作领导小组统筹安排，扎实做好农民工工资支付保障各项工作。开展公路工程建设领域 2024 年春节前根治欠薪专项行动，聚焦重要节点，组织各省开展全面排查和集中整治，并赴江西开展专项督导调研，对典型问题线索重点督办，推动专项行动取得实效。赴西藏指导重点项目切实做好企业账款和工资支付保障工作，赴辽宁、河南、四川等地结合公路建设市场秩序检查，督促有关问题整改，有效防范和化解重大欠薪风险隐患，切实维护广大农民工合法权益。

二、推进高标准市场体系建设

（一）深入开展公路建设市场 3 项调研

一是开展公路重点建设项目招标投标大企业垄断调研。采取全国书面调研和重点省份现场调研相结合的方式，书面调研从业企业 183 家，赴辽宁、江西、山东、河南、重庆、四川等 6 个省份与 51 家从业企业进行座谈交流，详细了解公路建设市场大企业垄断和母子公司内部循环、民营企业市场参与度等情况。二是开展公路统一开放大市场建设调研。在书面调研基础上，赴江西和重庆实地察看部分在建项目，详细听取省级交通运输主管部门和部分从业企业情况介绍及有关意见建议，对公路建设市场开放水平、公平竞争情况、施工分包情况、PPP 项目管理情况等进行深入调研。三是开展公路建设市场动态监管调研。赴江西开展实地调研，听取浙江、江西、湖南3省在公路建设市场动态监管方面的经验做法，选取部分项目进行现场调研，并转发公路建设市场动态监管有关经验材料，供各地学习借鉴。

（二）加快推进公平竞争市场环境建设

一是强化招标投标管理。结合前期调研情况，起草形成《关于进一步加强公路工程建设项目招标投标管理工作的通知》（征求意见稿），指导各地强化招标投标问题治理，推进统一大市场建设，破除地方保护和区域壁垒，保障各类市场主体公平参与市场竞争。二是完善审查制度。起草形成公路工程建设项目资格预审文件和招标文件公平竞争审查办法，进一步规范公路工程建设项目招标文件（资格预审文件）编制，维护公平竞争市场环境。三是开展课题研究。组织相关单位，对公路工程建设项目串通投标行为治理、施工标段规模划分两项课题进行研究，为下一步出台政策文件、开展行业治理提供支撑。

三、加强全链条全领域监管

（一）强化信用监管

一是开展信用评价。印发《交通运输部办公厅关于做好2022年度公路建设市场信用评价工作的通知》（交办公路函〔2023〕41号），部署开展年度综合信用评价。二是完善评价办法。结合近年信用评价工作开展情况和各地反馈意见，组织专家对设计、施工、监理等从业企业及从业人员信用评价规则进行研究优化，确保更满足实际工作需要。三是加强结果应用。起草形成《公路建设市场信用管理办法》（征求意见稿），加强信用激励惩戒，规范失信行为治理，明确失信主体信用修复要求，完善信用修复机制。

（二）深入实施“双随机、一公开”监管

印发《2023年度交通运输市场秩序服务质量检查与综合执法检查工作方案》，组织专家赴辽宁、山东、河南、四川4省，开展年度市场秩序与服务质量检查，正式反馈检查意见，督促相关单位加强问题整改，并及时报送整改情况。

（三）深入推进“互联网+监管”

一是完善系统功能。上线试运行全国公路建设市场监督管理系统，完善监理工程师注册数量与监理企业资质要求数量的自动核对、预警提示等功能，加强监理企业取得资质后的动态监管。二是强化共享共治。推进与发展改革部门招标投标数据、部分省份合同履约数据的互通共享，开展大数据应用分析研究，加快推动全国动态监管一张网建设，推进公路建设市场监管由事后静态监管向过程动态监管的转型。三是畅通投诉渠道。建立线上投诉举报渠道，健全调查处理反馈机制，加强社会监督，不断提升公路建设市场综合监管效能。对受理的15起投诉举报，指导有关省级交通运输主管部门认真核查，对属实的按照有关规定严肃处理，坚决维护公平竞争的市场环境。

四、助力市场主体恢复发展

（一）完善制度规定

一是开展纾困解难调研。按照部统一部署，赴重庆开展交通运输市场主体纾困解难调研，深入了解企业经营情况、存在困难、助企纾困政策落实情况及有关政策诉求，起草、报送调研报告，为完善制度和机制等提供支撑。二是修订施工分包管理制度。聚焦进一步扶持民营企业发展，针对当前施工分包方面存在堵点卡点问题，起草形成《公路工程施工分包管理办法》（修订征求意见稿）和《公路工程施工分包负面清单》（征求意见稿），先后发函正式征求从业企业、部内司局、省级交通运输主管部门、国家发展和改革委员会等部委意见，在部网站公开征求社会意见。三是推动建立重点民营企业联系制度。全面落实《中共中央 国务院关于促进民营经济发展壮大的意见》等要求，加快建立公路建设领域重点民营企业联系制度，健全与民营企业的常态化沟通交流机制，进一步促进公路建设领域民营经济发展壮大。

（二）全力做好市场准入服务

一是完善准入制度。配合制定《交通运输工程监理工程师注册管理办法》，提前升级完善信息系统，做好监理工程师注册服务工作。完成人大建议答复，配合住房和城乡建设部制定土木工程师（道路工程）

注册工作方案和注册通知、修订《注册建造师管理规定》。组织专家开展公路工程专业一、二级建造师考试大纲及考试用书修订工作。二是企业资质审查。组织完成15批次676家企业资质审查和许可，完成6批次104家监理企业资质一般事项变更，完成5批次7家施工企业信用信息转移。三是人员注册审核。组织完成50038名一级建造师注册、8535名监理工程师初始注册审核工作。

（三）持续提升政务服务能力

深化公路建设领域企业资质和人员资格电子证照应用，研究推动尽快实现部级平台发放监理工程师注册电子证书功能，督促指导省级交通运输主管部门加快推进公路工程监理企业资质电子证照发放工作，政务服务标准化、规范化、便利化水平不断提升，极大方便了市场主体从业。

五、加强公路工程造价管理

（一）组织开展造价调研

开展全国公路工程造价管理工作调研，对全国公路行业造价管理工作现状、存在的问题及发展需求进行摸底，3月至4月组织湖北、安徽、湖南、江西、四川等省份和有关专家进行了座谈，研究提升公路造价管理水平。同时，为进一步摸清我国公路建设项目造价现状和发展规律，更加科学规范造价管理，部公路局会同部路网中心，对2016—2022年审批的全国636个高速公路、112个一级公路、88个二级公路项目进行了统计分析，编写完成《关于公路建设项目造价情况分析报告》。

（二）开展造价工程师注册工作

依据部《交通运输工程造价工程师注册管理办法》（交通运输部令2023年第2号）《关于做好〈交通运输工程造价工程师注册管理办法〉实施工作的通知》（交办人教函〔2023〕822号），组织编制交通运输工程造价工程师行政许可实施规范与办事指南，确定交通运输工程造价工程师电子注册证书、电子证照标准，并完成部公路造价人员注册管理系统的功能调整和升级服务。8月1日起正式开展一级造价工程师注册工作。截至2023年底完成一级造价工程师注册23773人次，其中初始注册9988人次，延续注册9369人次，变更注册4015人次，注销注册401人次。

（三）提升造价管理信息化水平

依托部公路建设市场与收费公路监管信息系统建设造价管理信息平台，完成交工验收及后续试运行、竣工验证等工作。

（四）开展公路造价管理督查

结合交通运输部综合督查工作，针对江西省和辽宁省分别开展了公路造价管理督查，进一步推进地方对造价监管工作的重视。

第五节　公路养护管理

一、2023年公路养护基本情况

截至2023年底，全国公路里程543.68万公里，比上年末增加8.20万公里。公路密度56.63公里/百平方公里，增加0.85公里/百平方公里。全国四级及以上等级公路里程527.01万公里，比上年末增加10.76万公里，占公路里程比重为96.9%、提高0.5%。其中，按技术等级分，二级及以上等级公路里程76.22万公里、增加1.86万公里，占公路里程比重为14.0%、提高0.1%；高速公路里程18.36万公里、增加0.64万公里，国家高速公路里程12.23万公里、增加0.24万公里。按行政等级分，全国国道里程38.40万公里，省道里程40.41万公里。农村公路里程459.86万公里，其中县道里程69.67万公里、乡道里程124.28万公里、村道里程265.91万公里；全国公路桥梁107.93万座、9528.82万延米，比上年末分别增加4.61万座、952.33万延米，其中特大桥10239座、1873.01万延米，大桥17.77万座、4994.37万延米。全国公路隧道27297处、3023.18万延米，增加2447处、344.75万延米，其中特长隧道2050处、924.07万延米，长隧道7552处、1321.38万延米。

2023年普通国省干线MQI（公路技术状况指数）值为89.24。优良路率为88.42%，其中普通国道分别为90.38和91.58%，普通省道分别为88.26和85.71%。高速公路MQI值为94.56，优良路率为

99.74 %，较上年提高 0.33%，农村公路 MQI 值为 84.09，优良路率为 71.46%，较上年提高 3.97%。

二、国家公路网技术状况监测

2023 年，各省（自治区、直辖市）及计划单列市全面推进养护管理工作，国家公路网总体处于良好的技术状态。交通运输部组织对 31 个省份及 5 个计划单列市开展监测工作，完成 3 万公里路面、124 座重点桥梁、51 座重点隧道的监测评价，同时完成公路交通安全设施 5000 公里自动化采集及 1860 公里护栏现场检测评价。

为进一步提升公路养护效能，深入推进公路养护高质量发展，2023 年度总体延续了“十四五”的监测内容，对 3 个方面内容进行了重点优化。一是重点加强涉海桥隧抽检，有针对性增加公路交通安全设施抽检规模；二是优化抽检方式。路面依据 PQI（路面性能指数）值分为 3 档按比例抽取，采用抽取程序选取路面、桥梁、隧道和公路交通安全设施，监测范围更加科学全面；三是加强对养护统计工作开展情况及数据质量的评价，有效提升公路基础设施统计数据质量，不断推动“一数一源”。

各省份按照部统一部署，积极配合，全面完成了本项工作。全国 31 个省（自治区、直辖市）国家公路网技术状况监测综合评价得分为 91.25，大部分省份集中在 90 ~ 94 之间，总体上全国保持了良好的路况和管理水平。

三、自然灾害综合风险公路承灾体普查

2023 年是第一次全国自然灾害综合风险公路承灾体普查的收官之年，交通运输部认真贯彻落实习近平总书记关于提升自然灾害防治能力的重要论述精神，按照党中央、国务院统一部署，指导公路交通行业圆满完成第一次全国自然灾害综合风险公路承灾体普查各项工作任务。

（一）扎实开展普查总结

组织各地认真梳理公路承灾体普查成果，凝练工作经验，形成《第一次全国自然灾害综合风险公路承灾体普查工作总结汇编》，高质量完成部级公路承灾体普查工作报告和技术调查报告，并配合完成国家级评估区划报告、技术调查报告。

（二）做好行业数据库建设

全力推进自然灾害综合风险交通行业数据库的建设，实现了普查数据的整理入库、公路设施和风险数据的多维度分析统计展示、省级数据下载回流等多项功能。并依托数据库开发了应用系统平台，建设了风险排查、数据更新、灾害防治、监测预警等多个功能模块，实现了公路沿线自然灾害风险全流程管控。交通行业数据库被国务院普查办选定为行业试点，率先实现了与国家级综合库的互联互通，得到国务院普查办通报表扬。

（三）持续推进普查成果应用

11 月 28 日，交通运输部在江西省宜春市开展第一次全国自然灾害综合风险公路水路承灾体普查现场集中调研，组织全国公路交通部门相关人员实地观摩了自然灾害防治示范点、风险动态排查示范点、普查和防灾减灾科普示范点等多个典型案例，发布了《自然灾害风险公路防治工程实施技术指南》，为公路承灾体普查成果应用及防灾减灾能力提升起到了良好推动作用。

（四）建立风险排查长效机制

印发《关于做好公路自然灾害综合风险数据动态灾害更新工作的通知》，部署全行业做好公路自然灾害综合风险数据动态更新，开展动态排查，实现风险数据动态实时更新。同时持续开展全国公路风险数据动态更新业务培训，2023 年累计培训行业人员 54 万余人次。

四、灾损抢修保通

2023 年，低温雨雪冰冻、洪涝、台风、地震等自然灾害多发，极端灾害影响巨大，给受灾地区公路交通基础设施造成严重损毁，交通运输部积极指挥协调，各地方交通运输主管部门全力以赴，各地公路抢通保通工作成效显著，确保了全国公路网运行总体平稳有序。

（一）有效应对低温雨雪冰冻灾害

1 月中上旬至 2 月上旬，寒潮天气影响了我国

大部分地区，出现多轮大规模大风降温雨雪天气，雨雪范围广，降雪量大。西北、华北等地部分地区普降大雪，局地暴雪，全国出现10毫米以上雨雪覆盖面积约127万平方公里，降雪导致多条公路局部路段临时封闭；贵州、湖南等地出现冻雨，多条公路发生冰冻灾害。面对灾情，交通运输部提前部署，指导各地交通运输主管部门科学做好保通保畅各项措施准备；密切关注灾情变化，提前向有关交通运输主管部门发出重大公路气象预警信息；加强应急处置，督促指导受灾地区交通运输主管部门全力做好低温雨雪冰冻灾害天气应急抢通工作。安排公路应急抢通补助资金1.41亿元，支持河北、山西等16个省份公路抢修保通工作。

（二）全力做好汛期公路保通保畅

2023年入汛早，降雨来势猛、强度大、局地影响严重，给全国多地公路基础设施造成严重损毁，累计损失约134.45亿元。同年3月下旬至5月下旬，江西中南部、华南中南部、云南中西部、海南岛等地等区域出现强降雨过程；6月中旬“龙舟水”集中期以来，江南、华南、西南地区汛情严重；进入“七下八上”防汛关键期后，全国多地出现强降雨，巨灾多发，特别是受“杜苏芮”“卡努”等超强台风影响，京津冀及东北地区出现强降雨，局地强降雨诱发的山洪、泥石流等次生灾害造成巨大人民生命财产损失。为全面做好汛期公路保通保畅，交通运输部提前部署公路防汛防台风保通工作，指导各地制定有效防范应对方案和措施；与国家防灾减灾救灾委、气象、自然资源部门多次会商，对阶段性气象、地质灾害情况进行研判，提前向有关交通运输主管部门发出重大公路气象预警信息；针对受灾省份进行一对一调度督导，要求各地高度重视防汛工作，采取有效措施最大限度做好公路保通保畅；组织协调相关专家及山东、河南专业公路应急队伍赴京、冀现场开展支援，协调周边省份做好支援准备。整个汛期共安排5批次公路应急抢通补助资金4.29亿元，有力支持北京、河北、黑龙江等23个省份公路抢修保通工作。

（三）高效开展地震应急处置

2023年12月18日，甘肃临夏州积石山县发生6.2级地震，甘肃、青海两省核定交通设施灾损总额41.9亿元。震情发生后，交通运输部迅速指导两省交通运输主管部门开展抢通保通和灾损情况摸排工作，第一时间派出现场工作组赶赴震区；紧急安排公路应急抢通补助资金3000万元支持两省开展抢通工作；及时指导两省逐路逐段制定保通方案、开展基础设施检测评估；快速协调驻地央企、周边应急物资储备中心做好随时调配支援准备，全力保障了震区公路抢通保通和失联人员搜救工作的高效开展。

五、国家区域性公路交通应急装备物资储备中心建设

（一）储备布局逐步完善

截至2023年底，“6+30”国家区域性公路交通应急装备物资储备中心布局中，黑龙江（北安）、吉林（长春）、河南（郑州）、浙江（杭州）、甘肃（兰州）、云南（昆明）、四川（眉山）、山东（临沂）、广东（清远）、湖南（娄底）、西藏（拉萨、昌都）、青海（海南州）、新疆兵团（五家渠、图木舒克、阿拉尔、可克达拉）等13个省（自治区）17处储备中心已基本建成并投入使用。累计建成库房71座，储备应急处置类、工程机械类和后勤保障类3大类公路应急装备共计1182台/套，在重大公路突发事件中发挥了突出作用，取得了良好成效。

（二）运行管理更趋规范

为规范国家区域性公路交通应急装备物资储备中心管理，2023年，交通运输部印发《国家区域性公路交通应急装备物资储备中心管理办法（暂行）》（交公路发〔2023〕130号），统一了储备中心命名和标识，明确了部与省级交通运输主管部门职责，对采购、储存、调拨、回收、运营与维护等环节规范管理提出了明确要求，重点解决好“谁来管、管什么、怎么管”的问题。

六、公路危旧桥梁改造

坚持高标准、严要求，持续推进公路危旧桥梁改造工作，不断提升公路桥梁安全耐久水平。

（一）加大实施力度

连续第9年将公路危旧桥梁改造工程纳入“交通运输更贴近民生实事”予以推进，2023年全国共改造公路危旧桥梁10835座（其中国省干线2417座，农村公路8418座），超额完成年初确定的“改造公路危旧桥梁6500座”的工作目标。

（二）全面推进公路长大桥梁结构健康监测系统建设

按照“试点引领、统一标准、单桥系统、部省级系统”4张施工图的总体工作部署，以挂图作战方式推动桥梁健康监测工作。截至2023年底，全国共建成589座跨江跨海跨峡谷等特殊桥梁结构的单桥系统，部级数据平台已接入省级监测平台7个、单桥系统118个。单桥系统通过数据超限报警、健康状态评估等功能助推监测主体责任落实，部省级系统通过系统运行状态、突发事件管理等功能助推监测监管责任落实，全国部—省—桥三级系统纵向贯通协同监测体系初步建立。

七、公路安全设施精细化提升

指导各地交通运输主管部门会同公安交管部门，加大关键技术指导、深入实施专项工程、加强考核督导检查、强化专项工程项目审查、组织举办设计竞赛、深入开展技术解读，各项重点任务稳步推进并取得明显成效。

（一）深入实施专项工程

有序实施高速公路中央分隔带适应性不足的老旧护栏改造，普通国省干线穿城镇路段、平面交叉口等重点路段安全设施优化提升。2023年共安排车购税补助资金16.37亿元，支持723个普通国道精细化提升项目。截至2023年底，全国共2.9万公里干线公路（高速公路0.9万公里，普通国省道2万公里）完成公路安全设施精细化提升。

（二）加大关键技术指导

2023年5月，交通运输部印发《公路交通安全设施精细化提升关键技术指南》，指导技术支持单位完成技术指南的宣贯培训。组织编制《公路安全精品路建设标准》，并在征求公安部交管局、全国各省交通运输主管部门、行业专家意见基础上进一步修改完善。指导技术支持单位在部公路院微信公众号发表8篇精细化提升行动相关技术指导、实施案例报道，多角度、全方位解读精细化提升行动及实施技术要点。

（三）加强考核督导检查

推动将公路安全设施精细化提升纳入省级人民政府平安中国建设考核评价范畴，并完成各省2023年考核评价工作。组织技术支持单位制定精细化提升工作年度督导检查计划，对西藏、广西、河南、辽宁、福建、安徽等省份开展督导检查，准确掌握各地精细化提升行动进展情况。

（四）组织举办设计竞赛

组织并圆满完成首次专门针对公路交通安全设施的设计竞赛。初赛共收到来自全国23个省份68项参赛项目，经形式审查、专家组评审，最终14个参赛项目进入决赛。决赛采用统一命题、现场设计的方式，经特邀评委评选，最终确定获奖排名。设计竞赛决赛采用线上直播的方式，比赛期间直播间点击量超25000次，累计观看人数超6000人，同时在线人数近1000人，获得公路领域的高度关注。

第六节　公路网运行管理

一、加强路网运行监测与调度

（一）大力推进路网运行制度体系建设

制定印发《公路交通部省站三级调度工作制度》，进一步加强部省站三级调度的运行管理，明确调度内容、调度体系、调度保障、调度考核等，着力完善公路交通调度指挥体系。持续推进《公路阻断信息报送制度》修订，进一步规范公路阻断事件报送工作。

（二）强化路网监测体系建设

制定全国高速公路视频监测优化提升实施方案、全国高速公路视频监测优化提升技术要求、高速公路服务设施与收费广场视频监测技术要求，强化视频覆盖、提高视频码流、增强分析功能，完成全国高速公路视频监测设施优化提升任务目标。截至

2023年底，部级云平台已接入全国29个省份视频23.5万路，较年初增加6.2万路，增长35.7%。已接入视频日均在线率达到88.1%。推进视频AI深度应用，提升拥堵分级监测能力，持续优化路网运行展示系统，直观呈现实时运行状况。

（三）持续深化路网保通保畅工作

开展7×24小时全天候路网监测调度，配合快速处置多起公路重大突发事件，有效应对“杜苏芮”“卡努”“苏拉”等多个台风及汛期水毁、甘肃积石山地震、大范围寒潮及冰冻雨雪天气对路网的影响，圆满完成成都大运会、杭州亚运会、达沃斯论坛等重大活动和全年7个重大节假日、春运、暑期等重点时段的路网服务保障任务。进一步加强协同联动，推进路警、部省、省际间信息共享，强化路警联动工作的制度化、机制化建设，提升大流量、极端天气等状况下的路网安全畅通水平。

（四）开展恶劣天气高影响路段优化提升工作

会同公安部、中国气象局印发《2023年省级恶劣天气高影响路段优化提升气象保障工作方案》，共同推进110条恶劣天气高影响路段优化提升工作，健全完善恶劣天气条件下的“一路三方”交通应急联动处置机制。会同公安部、中国气象局在江苏徐州召开全国恶劣天气交通应急处置现场交流会，总结交流3部门联合开展恶劣天气高影响路段交通预警处置和优化提升工作经验，着力提升各地交通预警处置能力。持续推进《关于深化高速公路恶劣天气高影响路段优化提升工作的指导意见》的制定，进一步提升恶劣天气交通预警处置精准化、制度化、规范化水平。

图4-5-1 高速公路隧道口事故处置

图4-5-2 26米应急快速桥架设

二、公路充电基础设施建设与服务提升

加快推进高速公路服务区充电设施建设。2023年6月，国务院办公厅印发《关于进一步构建高质量充电基础设施体系的指导意见》（国办发〔2023〕19号），进一步明确了建设目标和工作任务。为做好贯彻落实，交通运输部印发通知，要求各地对照指导意见，对公路沿线特别是高速公路服务区充电服务能力开展评估，按照“适度超前”原则，调整建设目标，进一步优化布局、加密设置，更好满足电动汽车发展需要。截至2023年底，全国高速公路服务区（含停车区）累计建成充电桩2.1万个。

不断提升高速公路充电服务水平。多措并举，着力解决高速公路服务区充电设施忙闲各异、排队严重的问题。2023年“五一”小长假前期，交通运输部与国家能源局联合印发通知，部署各地通过开展出行及充电需求预判、制定节假日充电服务保障方案、发布绿色出行充电攻略、布局移动式应急充电设备、及时发布服务区车流量及充电排队情况等方式，切实做好节假日期间新能源汽车充电服务保障工作。同时，将高速公路充电基础设施“随手查”服务纳入“2023年交通运输更贴近民生实事”积极推动，为电动汽车用户提供实时精准的充电信息查询服务，以引导公众合理选择充电场所，减少排队等候。2023年11月，“e路畅通”微信小程序“充电桩随手查”模块上线试运行，初步完成服务区充电信息的采集、汇聚，可提供对全国高速公路充电设施位置、实时状态、充电模式等信息的查询服务，服务公众安全、便捷、高效出行。

图 4-5-3　云南昆安高速公路读书铺服务区充电桩

图 4-5-4　“e 路畅通”小程序“充电桩随手查”模块

三、多方合作便利公众出行

不断加强与互联网地图服务平台以及央视、央广等权威媒体的合作。及时将高速公路管制关停、养护施工、交通事故、突发事件、处置情况、公路气象等路况信息同步至中国交通广播和百度、高德等地图导航企业向公众发布。同时，为方便公众查询使用公路沿线充电设施，加强与互联网地图服务平台合作，高速公路充电基础设施“随手查”信息同步在百度地图发布。在恶劣天气、地质灾害及重大节假日期间与央视新闻媒体开展直播连线，宣传各地保通保畅、特色服务区建设与假期充电服务保障工作，与中国交通广播共同策划发布专题路况直播，服务公众安全、便捷出行。

第七节　收费公路管理

一、继续严格落实通行费减免政策

继续指导各地严格落实重大节假日小型客车免费通行、鲜活农产品运输“绿色通道”、跨区作业农机免收通行费和高速公路差异化收费等通行费减免优惠政策，全年共减免 1437 亿元，其中重大节假日小型客车免收通行费 446 亿元，“绿色通道”政策免收通行费 261 亿元，差异化收费政策免收通行费 614 亿元。

二、持续做好电子不停车收费（ETC）服务

全网 ETC 运营工作平稳有序。截至 2023 年底，累计发行 ETC 总量达 2.19 亿，选装发行量 64.45 万，车辆 ETC 使用率 65%。客户投诉量从 2022 年日均 196 笔，下降至日均 184 笔。全国已经有 29 个省份新建和改造 ETC 停车场，具备 ETC 支付功能的停车场共计 14978 个，满足在 ETC 停车场景使用的用户已有 1.88 亿，占总用户的 85.8%。

贯彻落实加快建设交通强国、网络强国战略部署和加强密码应用工作要求，进一步深化交通运输行业国产密码算法应用，充分发挥全国高速公路联网电子不停车收费系统国产密码算法迁移工程实施成效，推动全面发行国产密码算法（SM4 算法）ETC 车载装置工作。

第八节　路政管理

2023 年，交通运输部认真贯彻党中央、国务院决策部署，按照全国治超工作领导小组的统一安排，以优化营商环境、规范公路治超执法为目标，以提高联合执法效能、遏制违法超限超载为重点，健全工作机制，加大工作力度，强化科技监管，全国治超工作成效显著，公路违法超限超载现象有效遏制，公路安全运行水平明显提高，服务人民群众安全便

捷出行能力显著增强。2023年，各地交通运输、公安部门联合查处违法超限超载案件624.4万起，查处“百吨王”货车6.9万起。高速公路货车平均超限超载率降低至0.02%。

一、加快推进公路治超执法工作常态化、制度化、规范化

深入推进治超联合执法常态化制度化。开展全国治超工作总结评估，系统总结分析全国治超工作总体情况，研究提出下一步工作思路及工作重点，加快构建以“互联网+”为核心的智慧治超新模式，推动全国治超工作由运动治理向科技监管转变、由末端治理向源头监管转变。强化治超联合执法，指导各地认真贯彻落实《关于治理车辆超限超载联合执法常态化制度化工作的实施意见（试行）》（交公路发〔2017〕173号），严格执行全国统一的超限超载认定标准，严厉打击违法超限超载行为。

规范治超执法。交通运输部建立定期通报工作机制，督促各地严格规范治超执法；建立暗访常态化机制，先后赴北京、河北、山东、江苏、河南、广西6省（自治区、直辖市）14市开展3个批次暗访，发现问题责成相关省份立行立改，震慑治超执法乱作为、不作为等行为。

强化货物装载源头监管，全国各地累计明确并公示监管责任单位36819户，对6814户存在超限超载行为的源头企业给予处罚。

组织各地开展以“保障公路畅通，服务人民出行”为主题的路政宣传月活动。指导各地深入开展富有时代精神和创新活力的公路宣传活动，讲好公路故事，展示行业形象，推进社会共治，在全社会形成了解公路、关心公路、爱护公路的良好氛围，为加快建设交通强国、努力当好中国式现代化的开路先锋汇聚强大精神力量。

二、深入推进科技治超

加快推进治超系统部省平台建设，指导各地加快汇聚治超数据，组建精干高效的治超工作团队，着力推进部省联网，加快形成全国治超“一张网”“一盘棋”。截至2023年底，全国已有24个省份完成治超系统省级平台建设。

完善智能感知的治超监控设施网，全面实施高速公路入口称重检测。加快推进普通公路超限检测站建设改造和电子抓拍系统安装，截至2023年12月底，已有1450个站点完成电子抓拍系统安装。组织北京、浙江、安徽、福建、湖南、新疆6个省份积极试点治超非现场执法，建成并投入运行的公路治超非现场执法检测点2132个，覆盖4606条车道。

三、持续推进依法治超

交通运输部落实《中华人民共和国安全生产法》相关规定，印发《道路运输企业和城市客运企业安全生产重大事故隐患判定标准（试行）》，将“所属货运车辆运输过程中违法装载导致车货总质量超过100吨的”纳入重大事故隐患判定标准，对货车严重违法超限超载等潜在、未然的重大事故隐患追究刑事责任提供了法律保障。研究制定《大件运输许可业务规范和技术要求》，为大件运输许可系统优化升级提供依据；印发《公路大件运输安全通行评价技术规范》，推动大件审批专业化、规范化。

四、持续优化大件运输许可服务

加快推进大件运输许可服务标准化、规范化、便利化。组织开展大件运输车辆通行行为大数据抽检工作，随机抽取7627条跨省大件运输车辆通行记录进行大数据分析比对，发现疑似“大车小证”记录924条、疑似不按许可路线行驶记录2727条，将相关问题线索反馈相关省厅督促核实整改。各地交通运输部门持续优化大件运输许可服务，许可业务量持续增长，许可效率稳中向好，降本增效成效明显。据统计，截至2023年12月底，跨省系统大件运输企业用户数量已达34552家，累计办结大件运输许可287.3万件，其中2023年办结94万件，是2018年同期的31.4倍。一、二、三类跨省大件运输许可平均办结时间分别为1.3、1.5和4.1个工作日，比法定最长办结时间分别节约74%、85%、79.5%。

第九节 道路运输服务

一、道路旅客运输

2023 年，公路客运量和旅客周转量大幅回升，客运出行结构进一步调整，运输服务质量不断提升，创新发展不断加快。

（一）运量变化

1. 公路在综合运输体系中发挥基础性和主体性作用

2023 年，全国完成全社会跨区域人员流动量 612.9 亿人次，其中公路人员流动量 565.6 亿人次，同比增长 26.1%，占全社会跨区域人员流动量的比重达 92.3%，公路继续在综合运输体系中发挥基础性和主体性作用。

从营业性客运量来看，2023 年公路营业性客运量[1]、旅客周转量在综合运输体系中所占比例分别为 69.9% 和 15.9%，其中公路营业性客运量在综合运输体系中所占比例同比下降 11.6%。

2. 公路客运量及旅客周转量

2023 年，公路人员流动量 565.6 亿人次，同比增长 26.1%，其中公路营业性客运量 110.1 亿人次，同比增长 22.4%。全国完成营业性旅客周转量 4740.0 亿人公里，同比增长 37.7%。

随着高速公路网络不断完善及旅客出行的便捷个性化需求增加，公路自驾成为出行主力。2023 年，全国高速公路及普通国省干线非营业性小客车人员出行量达 455.4 亿人次，同比增长 27.0%。

（二）市场主体

1. 业务类型及业户规模

2023 年，道路客运市场集中度有所提高。截至 2023 年底，全国从事道路客运的业户为 2.02 万户，同比减少 13.6%。其中，道路客运企业 1.17 万户，同比减少 1.6%；个体运输户 0.85 万户，同比减少 26%。从业务类型来看，全国共有班车客运（含定线旅游客运）经营业户 1.5 万余户，包车客运（含非定线旅游客运）经营业户 6948 户。2023 年全国道路客运经营业户构成见表 4-5-1。

表 4-5-1 2023 年全国道路客运经营业户构成（单位：户）

类型	合计	客运企业	个体运输户
班车客运（含定线旅游客运）	15266	6773	8493
包车客运（含非定线旅游客运）	6948	6929	19

从运力规模来看，2023 年，道路客运企业中拥有车辆数在 50 辆及以上的企业数量同比减少 2.1%；拥有车辆数在 50 辆以下的企业数量同比减少 1.3%。拥有车辆数在 10~49 辆的企业数量比例继续保持最高，在班车客运（含定线旅游客运）企业数中占 44.3%，在包车客运（含非定性旅游客运）企业数中占 60.9%。2023 年全国道路客运企业车辆规模构成情况如图 4-5-5 所示。

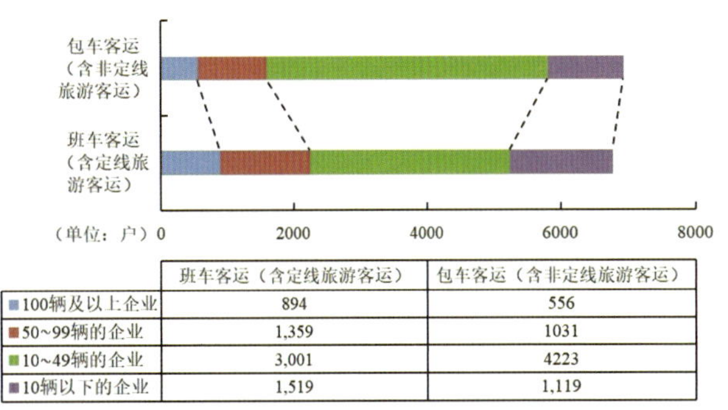

	班车客运（含定线旅游客运）	包车客运（含非定线旅游客运）
100辆及以上企业	894	556
50~99辆的企业	1,359	1031
10~49辆的企业	3,001	4223
10辆以下的企业	1,519	1,119

图 4-5-5 2023 年全国道路客运企业车辆规模构成情况

从细分类型运力规模来看，班车客运（含定线旅游客运）企业中，拥有车辆数在 100 辆及以上、50~99 辆、10~49 辆和 10 辆以下的企业数量同比分别减少 7.3%、3.7%、3.1% 和 4.9%；包车客运（含非定线旅游客运）企业中，拥有车辆数在 100 辆及以上、50~99 辆和 10~49 辆的企业数量同比分别增加 3.7%、1.2% 和 12.9%，拥有车辆数在 10 辆以下的企业数量同比减少 17.4%。

2. 地区分布

2023 年，东、中、西部地区道路客运经营业户分别为 5816 户、9060 户、5302 户，占比分别为 28.8%、44.9%、26.3%。全国道路客运经营业户平均每省 651 户。其中，9 个省份的道路客运经营业户数

[1] 2023 年公路营业性客运量包括班车包车客运量、公共汽电车城际城乡客运量、出租汽车（含巡游出租汽车、网络预约出租汽车）城际城乡客运量。

超过全国平均水平，分别为河北、内蒙古、辽宁、吉林、黑龙江、湖北、湖南、广东、云南。2023 年全国道路客运经营业户数分布情况如图 4-5-6 所示。

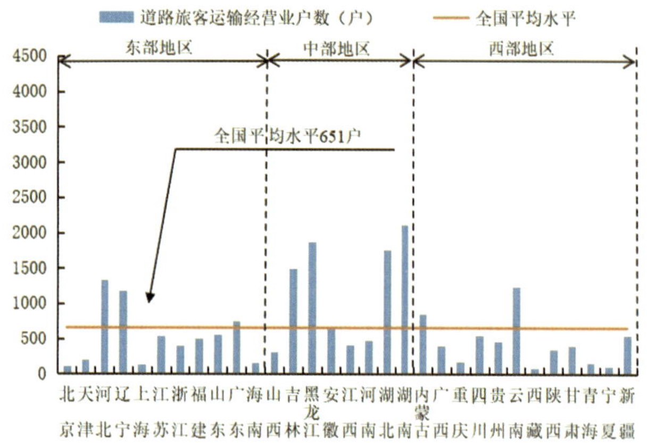

图 4-5-6　2023 年全国道路客运经营业户数分布情况

（三）从业人员

截至 2023 年底，全国共有道路客运从业人员 196.5 万人，同比减少 4.0%。其中客运驾驶员 161.4 万人，同比增加 2.8%；乘务员 12.4 万人，同比减少 19.8%。分地区来看（表 4-5-2），东部地区和西部地区道路客运从业人员占道路客运从业人员总数的 31.3% 和 26.0%，同比分别减少 1.5% 和 0.4%；西部地区道路客运从业人员占道路客运从业人员总数的 42.7%，同比增加 1.9%。

（四）客运车辆

全国道路营运客车车辆数及客位数总体呈下降趋势。截至 2023 年底，全国道路营运客车（不含农村客运公共汽电车）55.2 万辆，客位数 1638.3 万个，平均客位数 29.7 个 / 辆。其中，大型客车 26.5 万辆、客位数 1181.1 万个，平均客位数 44.6 个 / 辆。

2023 年，全国道路客运经营业户平均每户拥有车辆数为 27.4 辆，全国道路客运经营业户平均拥有车辆数情况如图 4-5-7 所示，共有 21 个省（自治区、直辖市）的道路客运经营业户平均拥有车辆数超过全国平均水平。

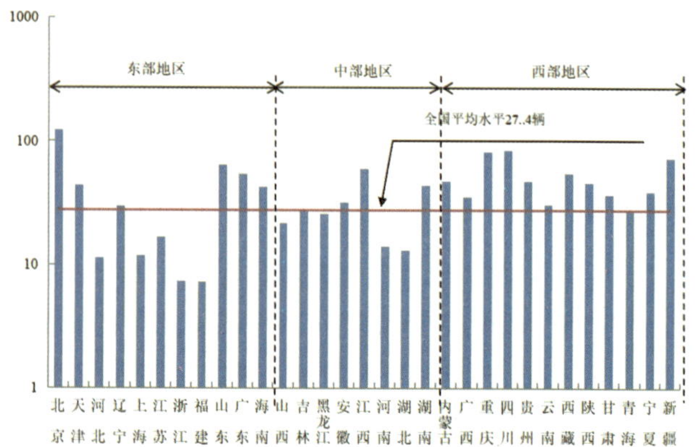

图 4-5-7　2023 年全国道路客运经营业户平均拥有车辆数情况

（五）班线客运

1. 线路数量

2023 年，全国客运班线条数 13.38 万条，同比减少 2.3%；年平均日发班次 70.39 万次，同比减少 4.4%。从线路类别来看，一类客运班线 1.35 万条，年平均日发班次 1.94 万次；二类客运班线 2.60 万条，年平均日发班次 7.35 万次；三类客运班线 1.70 万条，年平均日发班次 9.13 万次；四类客运班线 7.73 万条，年平均日发班次 51.97 万次。2023 年全国道路班线客运结构如图 4-5-8 所示。

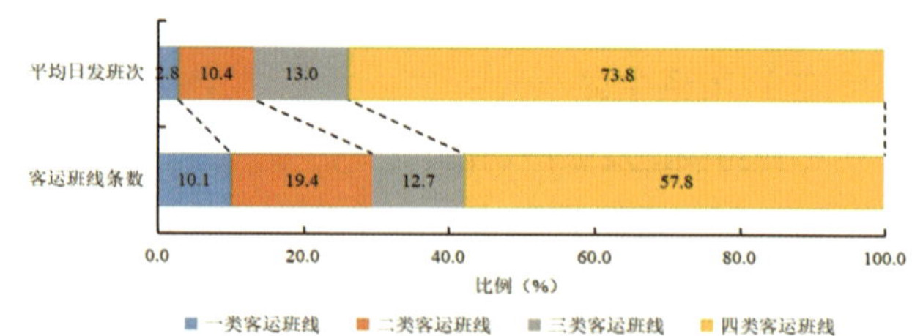

图 4-5-8　2023 年全国道路班线客运结构

表 4-5-2　2023 年全国道路客运从业人员地区分布情况

从业人员类型	东部地区		中部地区		西部地区	
	数量（万人）	比例（%）	数量（万人）	比例（%）	数量（万人）	比例（%）
道路客运从业人员	61.6	31.3	51.0	26.0	84.0	42.7
客运驾驶员	55.4	28.2	34.0	17.3	72.0	36.6

2. 线路长度

2023 年，道路客运班线线路结构进一步优化，营运里程在 800 公里及以上的道路客运班线为 1637 条，400~800 公里的道路客运班线为 8487 条，400 公里以下的道路客运班线为 12.36 万条。

3. 线路分布

2023 年，道路客运班线数量排名全国前 10 位的省份是：四川（11397 条）、湖南（9434 条）、湖北（8349 条）、广东（8072 条）、广西（7686 条）、河南（6987 条）、云南（6430 条）、新疆（5990 条）、贵州（5912 条）、黑龙江（5791 条），如图 4-5-9 所示。

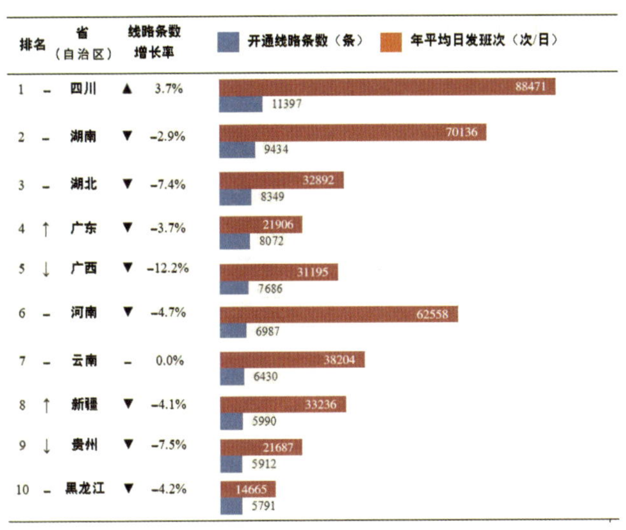

图 4-5-9　2023 年道路客运班线数量排名前 10 省份

2023 年，营运里程在 800 公里及以上道路客运班线数量排名全国前 10 位的省份是：广东（259 条）、湖北（238 条）、贵州（215 条）、四川（134 条）、广西（108 条）、重庆（108 条）、安徽（100 条）、内蒙古（81 条）、云南（69 条）、山东（49 条），如图 4-5-10 所示。

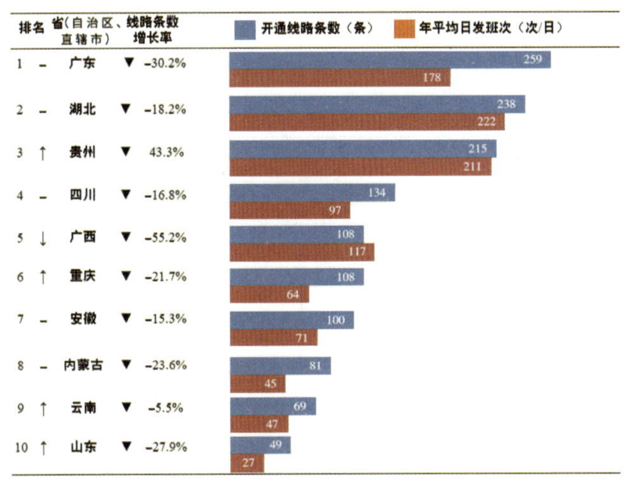

图 4-5-10　2023 年营运里程在 800 公里及以上的道路客车班线数量排名前 10 省份

2023 年，东部地区开通客运班线数量排名前 5 位的省份是广东、辽宁、江苏、河北、山东，中部地区开通客运班线数量排名前 5 位的省份是湖南、湖北、河南、黑龙江、江西，西部地区开通客运班线数量排名前 5 位的省份是四川、广西、云南、新疆、贵州。2023 年全国东、中、西部地区开通客运班线数量排名前 5 位的省份见表 4-5-3。

（六）农村客运

1. 农村客运站及公共汽电车首末站情况

2023 年，全国农村客运站总数达 30.3 万个，同比减少 4.9%。其中农村三级及以上客运站 1015 个，占全国三级及以上客运站总数的 26.1%。2023 年全国东、中、西部地区农村客运站数量排名前 5 位的省份见表 4-5-4，东、中、西部地区农村客运站总数分别为 10.1 万个、11.7 万个、8.5 万个，同比分别减少 7.9%、1.8% 和 5.2%。

表 4-5-3　2023 年全国东、中、西部地区开通客运班线数量排名前 5 位的省份（单位：条）

序号	东部地区		中部地区		西部地区	
	省份	客运班线数量	省份	客运班线数量	省份	客运班线数量
1	广东	8072	湖南	9434	四川	11397
2	辽宁	5376	湖北	8349	广西	7686
3	江苏	4327	河南	6987	云南	6430
4	河北	3927	黑龙江	5791	新疆	5990
5	山东	3851	江西	5108	贵州	5912

表 4-5-4　2023 年全国东、中、西部地区农村客运站数量排名前 5 位的省份（单位：个）

序号	东部地区		中部地区		西部地区	
	省份	农村客运站数量	省份	农村客运站数量	省份	农村客运站数量
1	山东	57018	河南	26826	四川	38865
2	河北	32647	湖北	26634	陕西	13200
3	广东	3842	湖南	26506	甘肃	9774
4	浙江	2759	山西	23648	广西	8987
5	海南	1744	江西	7480	云南	5295

表 4-5-5　2023 年全国东、中、西部地区农村公共汽电车首末站数量排名前 5 位的省份（单位：个）

序号	东部地区		中部地区		西部地区	
	省份	农村公共汽电车首末站数量	省份	农村公共汽电车首末站数量	省份	农村公共汽电车首末站数量
1	浙江	2429	江西	3675	四川	914
2	山东	2286	河南	1768	甘肃	876
3	河北	1440	湖北	1297	广西	722
4	广东	1117	吉林	930	重庆	703
5	江苏	824	安徽	851	陕西	330

2023 年，全国农村公共汽电车首末站数量达 2.22 万个，东、中、西部地区农村公共汽电车首末站总数分别为 0.87 万个、0.89 万个、0.46 万个。2023 年全国东、中、西部地区农村公共汽电车首末站数量排名前 5 位的省份见表 4-5-5。

2. 通达情况

2023 年，全国乡镇和建制村通客车率分别达 99.8% 和 99.7%。全国共开通农村客运线路 10.4 万条，年平均日发班次 91.8 万次。全国东、中、西部地区开通的农村客运线路分别为 3.0 万条、3.4 万条、4.0 万条，分地区农村客运线路数量排名前 5 位的省份见表 4-5-6。

3. 农村客运车辆

2023 年，全国农村客运车辆（含农村公共汽电车、

表 4-5-6　2023 年全国东、中、西部地区农村客运线路数量排名前 5 位的省份

序号	东部地区			中部地区			西部地区		
	省份	农村客运线路（条）	年平均日发班次（万次 / 日）	省份	农村客运线路（条）	年平均日发班次（万次 / 日）	省份	农村客运线路（条）	平均日发班次（次 / 日）
1	浙江	6293	8.8	湖南	6552	5.5	四川	9161	8.5
2	广东	5574	7.3	湖北	5939	3.6	云南	5218	4.5
3	辽宁	4027	2.1	安徽	4180	3.2	广西	4707	2.8
4	山东	3844	6.1	河南	4114	5.2	新疆	3874	1.8
5	河北	3785	4.3	黑龙江	3930	1.4	重庆	3759	2.3

农村班线客运车辆）达34.2万辆，中小型客车居多。全国农村客运车辆数量排名前10位的省份是：四川（32041辆）、云南（24394辆）、山东（21976辆）、新疆（19552辆）、广东（18726辆）、浙江（18492辆）、河南（17948辆）、湖南（17273辆）、湖北（16391辆）、河北（15172辆），排名及增长率变化情况如图4-5-11所示。

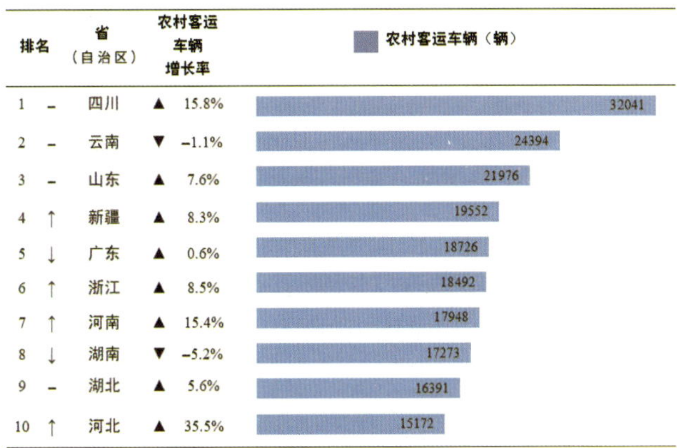

图4-5-11　2023年农村客运车辆数量排名前10省（自治区）

从车辆类型来看，农村公共汽电车14.2万辆，农村班线客运车辆19.9万辆。2023年全国农村班线客运车辆构成情况见表4-5-7。

表4-5-7　2023年全国农村班线客运车辆构成情况（单位：辆）

按等级分	高级车辆数	中级车辆数	普通车辆数	
	17999	82972	98481	
按类型分	大型及以上车辆数	中型车辆数	小型车辆数	乘用车车辆数
	25177	71232	85393	17650

从地区分布来看，东、中、西部地区农村客运车辆数分别为11.2万辆、9.2万辆、13.8万辆，同比分别增加8.8%、减少2.8%和增加4.1%。2023年全国农村客运车辆的地区分布情况见表4-5-8。

表4-5-8　2023年全国农村客运车辆的地区分布情况（单位：万辆）

指标	东部地区	中部地区	西部地区
车辆总数	11.2	9.2	13.8
农村公共汽电车数	7.9	3.5	2.8
农村班线客运车辆数	3.3	5.7	11.0

（七）定制客运

1. 线路数量

2023年，全国定制客运班线共计6530条，同比增加36.1%，占全国客运班线总条数的4.9%，同比增加1.4个百分点。其中，一类定制客运班线827条，占定制客运班线总数的12.7%；二类定制客运班线3583条，占定制客运班线总数的54.9%；三类定制客运班线1195条，占定制客运班线总数的18.3%；四类定制客运班线925条，占定制客运班线总数的14.2%。2023年全国定制客运班线构成情况见表4-5-9。

2. 线路分布

2023年全国东、中、西部地区开通定制客运班线数量排名前5位的省份见表4-5-10。

（八）客运站场建设及运营

1. 站场建设

截至2023年底，全国客运站总数达41.1万个，其中三级及以上客运站3882个，便携车站及招呼站40.7万个。等级客运站中，一级客运站952个，二级

表4-5-9　2023年全国定制客运班线构成情况（单位：条）

按等级分	一类		二类		三类		四类	
	条数	占比	条数	占比	条数	占比	条数	占比
	827	12.7%	3583	54.9%	1195	18.3%	925	14.2%
按长度分	<200公里		≥200且<400公里		≥400且<800公里		≥800公里	
	班线条数	占比	班线条数	占比	班线条数	占比	班线条数	占比
	4268	65.4%	1754	27.0%	504	7.7%	4	0.1%

表 4-5-10　2023 年全国东、中、西部地区开通定制客运班线数量排名前 5 位的省份（单位：条）

序号	东部地区		中部地区		西部地区	
	省份	定制客运班线数量	省份	定制客运班线数量	省份	定制客运班线数量
1	江苏	1655	河南	416	四川	700
2	广东	656	吉林	264	云南	244
3	山东	628	江西	203	贵州	223
4	福建	177	湖南	160	广西	193
5	浙江	122	安徽	111	重庆	134

客运站 1633 个，三级客运站 1297 个，2023 年全国等级客运站地区分布情况见表 4-5-11。

表 4-5-11　2023 年全国等级客运站地区分布情况（单位：个）

指标	东部地区	中部地区	西部地区
一级客运站	322	285	345
二级客运站	408	564	661
三级客运站	287	501	509
合计	1017	1350	1515

2. 站场经营

截至 2023 年底，全国共有客运站经营业户 1.1 万户，同比减少 16.2%。从事客运站经营的人员 17.3 万人，同比减少 8.9%。东、中、西部地区客运站经营业户占全国的比例分别为 19.1%、33.6% 和 47.3%；东、中、西部地区客运站从业人员占全国的比例分别为 25.3%、43.7% 和 31.0%。2023 年全国客运站经营业户及从业人员地区分布比例如图 4-5-12 所示。

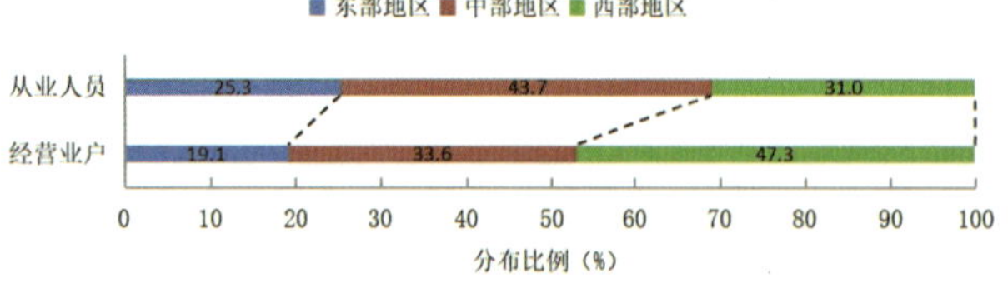

图 4-5-12　2023 年全国客运站经营业户及从业人员地区分布比例

2023 年，一级客运站年平均日发班次 14.1 万次，二级客运站年平均日发班次 18.1 万次。2022 年和 2023 年全国客运站年平均日发班次如图 4-5-13 所示。

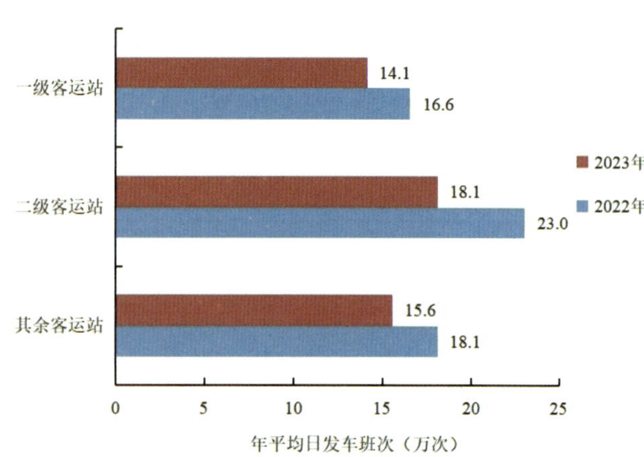

图 4-5-13　2022 年和 2023 年全国客运站年平均日发班次

（九）农村客货邮融合发展

截至 2023 年，全国农村客货邮融合站点数量 9 万余个，农村客货邮融合运营线路 1 万余条，开展农村客货邮融合业务的车辆 2.8 万余辆。

二、道路货物运输

（一）全国道路货运量情况

2023 年，全社会完成道路货运量 403.4 亿吨，同比增长 8.7%；货物周转量 73950.2 亿吨公里，同比增长 6.9%。

（二）全国道路货运企业情况

截至 2023 年底，全国从事道路货物运输的经营业户为 286.8 万户，同比减少 7.4%。其中，道路货物运输企业 48.9 万户，同比减少 2.3 万户；个体运输户238.0万户，同比减少20.6万户。根据经营范围划分，普通货物运输经营业户275.9万户，同比减少8.3%；货物专用运输经营业户18.9万户，同比增长18.8%（其中集装箱运输经营业户7.1万户，同比增长18.4%）；大型物件运输经营业户5.8万户，同比增长27.5%；危险货物运输经营业户1.5万户，同比增长2.8%。

（三）全国道路货运从业人员情况

截至2023年底，全国道路货物运输从业人员1695.5万人，同比增长0.8%。其中，驾驶员1499.8万人，同比增长1.0%（其中危险货物运输驾驶员90.0万人，同比增长13.0%）；危险货物运输押运员95.4万人，同比增长8.0%；危险货物运输装卸管理员5.2万人，同比减少1.7%。

（四）全国道路货运车辆情况

截至2023年底，全国营运货车1171.0万辆，同比增长0.4%。按照车体结构分，一体货车427.4万辆，吨位总计5252.3万吨，占吨位总量的30.5%；甩挂运输货车743.6万辆，吨位总计11964.5万吨，占吨位总量的69.5%。

（五）全国危险货物运输情况

截至2023年底，全国从事危险货物道路运输的业户14954户，同比增长2.7%。其中，经营性危险货物道路运输业户14747户，同比增长2.8%，占总数的98.6%；非经营性危险货物道路运输业户207户，同比下降3.7%。

（六）全国集装箱运输情况

截至2023年底，全国道路集装箱运输经营业户71317户，同比增加11074户，增长18.4%。其中，道路集装箱运输企业59730户，同比增长14.2%，占总数的83.8%，较2022年下降3个百分点。

（七）服务货车司机情况

截至2023年底，交通运输部联合中华全国总工会组织在全国建成1850个“司机之家”。2023年推选出100个暖心服务“司机之家”；推动12个省份通过采取购买“车货无忧”保险、加强高速公路服务区安保力量、先行垫付等举措，切实改善货车司机停车休息环境；会同公安部印发《关于推进道路货物运输驾驶员从业资格管理改革的通知》，申请道路普通货运从业资格证的人员，在取得相应机动车驾驶证后，即可申领从业资格证，实现“一次报名、一次培训、一次考试、申领两证”；联合公安部、中华全国总工会印发《关于公布2022年“最美货车司机”等名单的通知》，推选出“十大最美货车司机”和100名“最美货车司机”。交通运输部持续推动网络货运规范健康持续发展，督促平台公司规范运营、保障好货车司机合法权益、落实好“阳光行动”，推动降低过高的抽成比例或会员费上限，保障货车司机的合理报酬。截至2023年底，全国共有3069家网络货运企业（含分公司），整合社会运力798.9万辆、驾驶员647.6万人。

第十节　机动车维修与检测

一、维修业务量

2023年，全国机动车维修行业共完成维修业务量27636.4万辆次，同比增长4.4%。2019—2023年全国机动车维修业务量及增长率如图4-5-14所示。

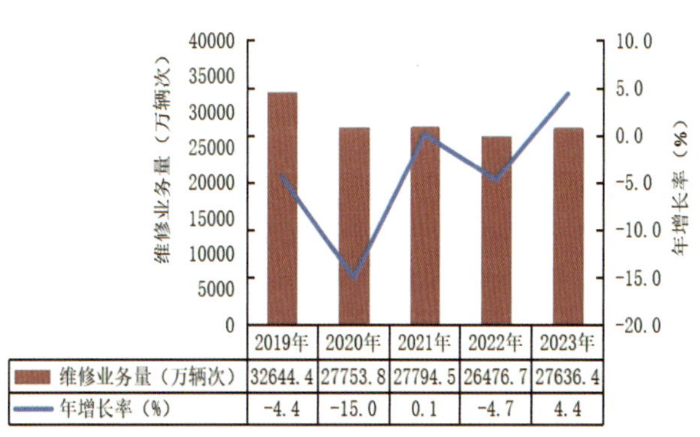

图4-5-14　2019—2023年全国机动车维修业务量及增长率

从完成的业务类型来看，专项修理依然是主要维修业务，全年完成专项维修业务量20006.5万辆次，同比增长7.0%，占全部维修业务量的72.39%；二级维护2589.9万辆次，同比增长0.8%；总成修理1091.0万台次，同比增长26.6%；整车修理759.5万辆次，同比增长18.4%；维修救援592.6万辆次，同比减少2.6%。2022年和2023年全国机动车维修主要业务完成情况如图4-5-15所示。

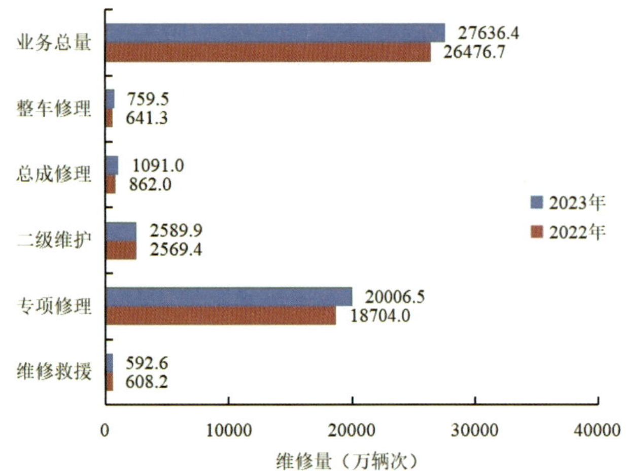

图 4-5-15　2022 年和 2023 年全国机动车维修主要业务完成情况

二、经营业户

经营业户规模及构成。截至 2023 年底，全国共有机动车维修经营业户 44.4 万户，同比增长 4.0%。汽车维修方面，全国共有汽车维修经营业户 40.9 万户，同比增长 2.9%，其中，三类汽车维修业户占汽车维修经营总业户数的比例达 78.6%，同比增长 3.8%。摩托车维修方面，全国共有摩托车维修经营业户 2.2 万户，同比降低 7.3%。2019—2023 年全国机动车维修经营业户变动情况见表 4-5-12。

2023 年，全国机动车维修行业的结构基本稳定，一类与三类汽车维修业户数量均有所上升，同比分别增长 3.3% 和 3.8%，二类汽车维修业户数量有所下降，同比降低 1.0%。2023 年，平均每户机动车维修经营者完成维修业务量达 671.8 辆次，同比增加 0.3%。2019—2023 年全国平均每户机动车维修业务量完成情况见表 4-5-13。

表 4-5-13　2019—2023 年全国平均每户机动车维修业务量完成情

年份（年）	维修业户数（万户）	维修量（万辆次）	平均每户维修量（辆次 / 户）
2019	41.9	32644.4	779.8
2020	40.5	27753.8	685.7
2021	41.7	27794.5	666.1
2022	42.7	26476.7	620.3
2023	44.4	27636.4	622.4

地区分布。2023 年，全国汽车维修经营业户依然主要集中在东部地区，占比达到 45.0%；其次是西部地区和中部地区，占比分别为 35.5% 和 19.5%。不同类型汽车维修业户的地区分布与总体分布情况相似。不同类型汽车维修经营业户地区分布情况见表 4-5-14。

表 4-5-12　2019—2023 年全国机动车维修经营业户变动情况（单位：万户）

年　份		2019 年	2020 年	2021 年	2022 年	2023 年
机动车维修经营业户数		41.9	40.5	41.7	42.7	44.4
分类	一类汽车维修业户	1.5	1.6	1.6	1.6	1.7
	二类汽车维修业户	6.9	6.7	6.9	7.2	7.1
	三类汽车维修业户	29.2	28.2	30.1	31.0	32.1
	摩托车维修业户	3.9	3.0	2.5	2.4	2.2
	其他机动车维修业户	0.4	1.0	0.6	0.5	1.3

表 4-5-14　2023 年不同类型汽车维修经营业户地区分布情况

地　区	东部地区		中部地区		西部地区	
	业户数（户）	比例	业户数（户）	比例	业户数（户）	比例
一类汽车维修业户	8312	49.3%	4911	29.1%	3647	21.6%
二类汽车维修业户	31017	43.8%	19356	27.3%	20519	28.9%
三类汽车维修业户	144486	45.0%	55449	17.3%	121172	37.7%
合计	183815	45.0%	79716	19.5%	145338	35.5%

三、行业管理

交通运输部于 2023 年 11 月 1 日经第 24 次部务会议通过《交通运输部关于修改〈机动车维修管理规定〉的决定》自公布之日起施行。其中，交通运输部决定对《机动车维修管理规定》（交通运输部令 2021 年第 18 号）作如下修改：一是将第六条第二款修改为："县级以上地方人民政府交通运输主管部门（简称"交通运输主管部门"）负责本行政区域的机动车维修管理工作"；删去第三款。二是将第三十一条第二款中的"机动车综合性能检测机构"修改为"机动车检验检测机构"。三是将第四十九条中的"处 5000 元以上 2 万元以下的罚款"修改为"处 3000 元以上 1 万元以下的罚款"。四是删去第五十四条中的"由同级地方人民政府交通运输主管部门"。五是将"道路运输管理机构""县级以上道路运输管理机构"统一修改为"交通运输主管部门"。

第十一节 车辆技术管理

一是修订发布《道路运输车辆技术管理规定》，印发贯彻实施通知，组织召开视频宣贯会议，指导各地准确把握、全面落实车辆技术管理要求，确保车辆技术状况良好。

二是制定出台《自动驾驶汽车运输安全服务指南》，明确了自动驾驶技术在出租汽车、城市客运等领域的应用推广安全技术要求，以及自动驾驶汽车运输服务在人员配备、安全保障、监督管理方面的具体要求，引导自动驾驶技术在运输服务领域健康有序发展，最大限度防范化解安全风险。

三是严格落实达标车型管理制度，督促技术支撑单位严把申报资料审查、质量抽查、技术异议核实等关键环节，从源头提升车辆本质安全水平。2023 年累计发布 10 个批次近 3.1 万个道路运输车辆达标车型公告。

四是指导技术支撑单位严格梳理达标车型库，开展不符合相关标准规范要求车型清理工作；修订完善《道路运输车辆达标车型同一型式判定条件》，进一步明确扩展变更的事项，精简达标车型扩展变更的范围。

五是加强"双随机、一公开"监督，赴安徽、云南、黑龙江、内蒙古、陕西等省份进行实地抽查，坚决防止不符合要求的车辆进入运输市场。

第十二节 机动车驾驶员培训

一、业务规模

2023 年，全国共完成机动车驾驶员培训 2483.4 万人次，同比增长 8.0%；其中培训合格 1934.7 万人次，同比增长 6.4%，合格率为 77.9%，同比下降 1.6%。完成道路运输从业资格培训 165.3 万人次，同比下降 19.7%。完成残疾人驾驶员培训 16336 人次，同比增长 22.9%，合格率为 74.3%，同比增长 10.7%。2019—2023 年全国机动车驾驶员培训完成情况如图 4-5-16 所示。

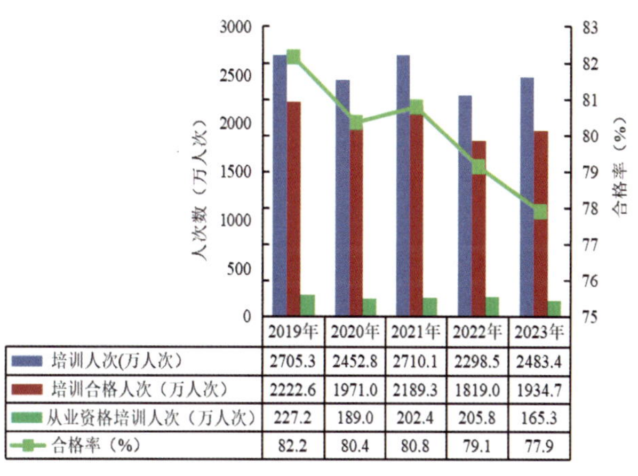

	2019年	2020年	2021年	2022年	2023年
培训人次(万人次)	2705.3	2452.8	2710.1	2298.5	2483.4
培训合格人次（万人次）	2222.6	1971.0	2189.3	1819.0	1934.7
从业资格培训人次（万人次）	227.2	189.0	202.4	205.8	165.3
合格率（%）	82.2	80.4	80.8	79.1	77.9

图 4-5-16 2019—2023 年全国机动车驾驶员培训完成情况

二、市场构成

（一）培训机构

2023 年，全国共有机动车驾驶员培训机构业户（简称"培训业户"）21496 户，同比降低 4.3%。其中，普通机动车驾驶员培训业户 2.1 万户，同比增长 1.6%，道路运输驾驶员从业资格培训 0.2 万户，同比降低 11.9%，机动车驾驶员培训教练场经营业户 0.2 万户，同比降低 13.9%，残疾人驾驶员培训机构业户为 373 户，同比降低 1.3%。2019—2023 年全国机动车驾驶员培训业户数量及增长率如图 4-5-17 所示。

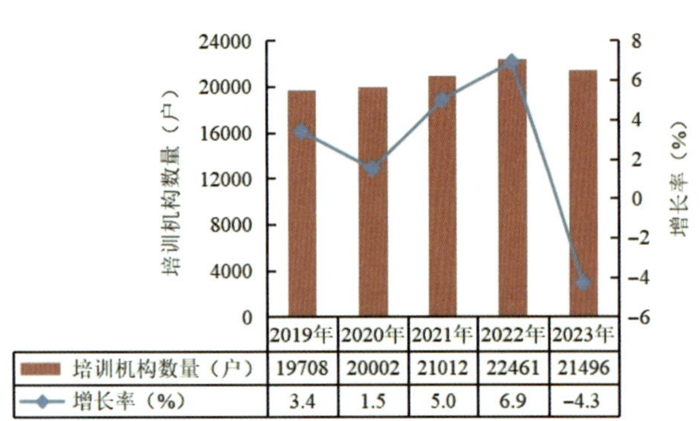

图 4-5-17　2019—2023 年全国机动车驾驶员培训业户数量及增长率

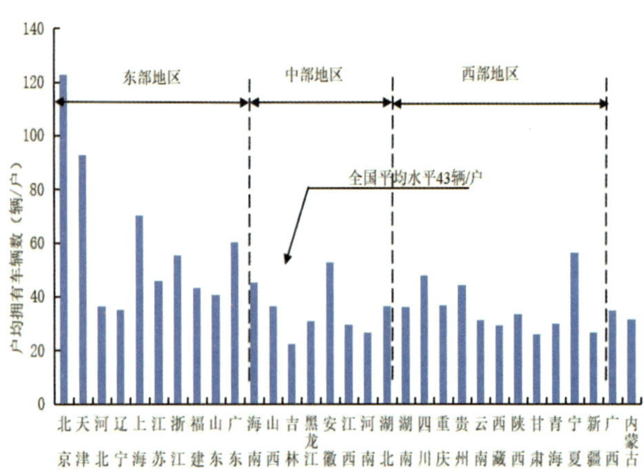

图 4-5-18　2023 年全国机动车驾驶员培训业户户均拥有车辆数量情况

从业户类型来看，普通机动车驾驶员培训业户持续保持以三级类型业户为主，三级类型业户数为 1.4 万户，同比增长 4.1%，占比为 68.7%；一级类型业户数为 0.2 万户，同比下降 14.2%，占比为 8.2%；二级类型业户数为 0.5 万户，同比下降 6.0%，占比为 23.1%。2019—2023 年全国机动车驾驶员培训业户类型及数量变化情况见表 4-5-15。2023 年全国机动车驾驶员培训业户户均拥有车辆数量情况如图 4-5-18 所示。

从地区分布来看，2023 年全国机动车驾驶员培训业户分布保持稳定，东部地区培训业户所占比例为 36.5%，同比降低 2.8%；中部地区培训业户所占比例为 32.8%，同比增长 1.4%；西部地区培训业户所占比例为 30.7%，同比增长 1.5%。其中，机动车驾驶员培训教练场经营业户在东部地区集中的趋势更加明显，占比达 48.7%。2023 年全国东、中、西部地区机动车驾驶员培训业户分布情况见表 4-5-16。2023 年全国东、中、西部地区机动车驾驶员培训业户数量排名前 5 位的省（自治区）见表 4-5-17。

（二）从业人员

2023 年，全国共有机动车驾驶教练员 81.6 万人，同比下降 6.5%。其中，驾驶操作教练员、理论教练员、道路客货运输驾驶员从业资格培训教练员分别为 72.4 万人、6.8 万人、0.8 万人，同比分别下降 6.4%、

表 4-5-15　2019—2023 年全国机动车驾驶员培训业户类型及数量变化情况（单位：户）

机动车驾驶员培训业户		2019 年	2020 年	2021 年	2022 年	2023 年
普通机动车驾驶员培训	一级	2022	1938	1965	1941	1665
	二级	5564	5333	5224	5000	4702
	三级	11885	12090	12893	13436	13989
	合计	19471	19361	20082	20377	20356
道路运输驾驶员从业资格培训	客货运输	1908	1769	1934	2199	1780
	危险货物运输	493	487	504	547	566
	合计	2002	2043	2108	2360	1937
机动车驾驶员培训教练场经营		1099	1067	1483	1890	1760
残疾人驾驶员培训		354	348	371	381	373
总计		19708	20002	21012	22461	23084

表 4-5-16 2023 年全国东、中、西部地区机动车驾驶员培训业户分布情况

机动车驾驶员培训业户		东部地区		中部地区		西部地区	
		数量（户）	比例	数量（户）	比例	数量（户）	比例
培训机构		7846	36.5%	7043	32.8%	6607	30.7%
普通机动车驾驶员培训	一级	752	45.2%	411	24.7%	502	30.2%
	二级	1889	40.2%	1167	24.8%	1646	35.0%
	三级	4569	32.7%	5206	37.2%	4214	30.1%
	合计	7210	35.4%	6784	33.3%	6362	31.3%
道路运输驾驶员从业资格培训		538	27.8%	692	35.7%	707	36.5%
机动车驾驶员培训教练场经营		857	48.7%	290	16.5%	613	34.8%
残疾人驾驶员培训		143	38.3%	93	24.9%	137	36.7%

表 4-5-17 2023 年全国东、中、西部地区机动车驾驶员培训业户数量排名前 5 位的省（自治区）

序号	东部地区			中部地区			西部地区		
	省	培训机构（户）	培训人次（万人次）	省	培训机构（户）	培训人次（万人次）	省（自治区）	培训业户（户）	培训人次（万人次）
1	广东	1695	318.0	河南	2401	197.1	云南	970	97.6
2	山东	1339	153.8	湖南	1120	89.0	广西	856	88.8
3	江苏	1127	158.4	江西	820	88.4	四川	848	128.2
4	河北	925	74.9	湖北	793	94.8	新疆	833	65.0
5	浙江	875	119.7	安徽	559	103.9	甘肃	683	47.0

0.9%、17.7%；危险货物运输驾驶员从业资格培训教练员 2218 人，同比降低 16.2%。2023 年全国东、中、西部地区机动车驾驶员培训教练员分布情况见表 4-5-18。

表 4-5-18 2023 年全国东、中、西部地区机动车驾驶员培训教练员分布情况

地区	东部地区		中部地区		西部地区	
	数量（万人）	比例	数量（万人）	比例	数量（万人）	比例
教练员	38.8	47.5%	21.0	25.8%	21.8	26.8%

（三）教学车辆及装备

2023 年，全国拥有机动车驾驶员培训教学车辆 78.7 万辆，同比增长 0.9%。从车辆类型来看，仍然以小型汽车为主，小型汽车 71.3 万辆，所占比例为 90.5%，同比下降 0.1%；大型客车 5852 辆，同比增长 44.5%；通用货车半挂车（牵引车）8418 辆，同比增长 5.5%；城市公交车 1554 辆，同比减少 6.0%；中型客车 2120 辆，同比增长 11.7%；大型货车 2.6 万辆，同比减少 5.8%；低速汽车 2772 辆，同比降低 37.2%；摩托车 33005 辆，同比增加 63.4%。残疾人教学装备更加完善，全国共有残疾人教学车辆 1278 辆。

三、机动车驾驶员培训管理

交通运输部于 2023 年 6 月 25 日批准发布了推荐性行业标准《机动车驾驶培训教练员技能和素质要求》（JT/T 1471—2023），自 2023 年 9 月 25 日起实施。

标准从专业理论知识、驾驶技能和教学能力等方

面规范了教练员技能和素质要求，满足我国机动车驾驶员培训行业的实际需要和管理需求，能有效指导机动车驾驶员培训机构聘用满足教学要求的人员担任教练员及对其开展常态化的技能素质培训教育，对提升教练员和驾驶员综合素质、提高机动车驾驶员培训质量和服务质量具有重要作用。

第十三节　国际及港澳道路运输

2023 年，围绕服务“一带一路”高质量发展，推进国际及港澳道路运输迈上新台阶，国际道路运输双边和多边合作加速拓展，市场需求持续增长，治理体系逐步完善。

一、国际及港澳道路运输基本情况

（一）国际及港澳道路运输量及路线

1. 港澳道路运输量

2023 年，内地与港澳之间道路客运量为 2407 万人，旅客周转量为 19.5 亿人公里，同比分别增长 28.9 倍和 21.2 倍；货物运输量为 1240 万吨，货物周转量为 15.2 亿吨公里，同比分别增长 72.5% 和 77.7%。2019—2023 年港澳道路客货运量情况如图 4-5-19 所示。

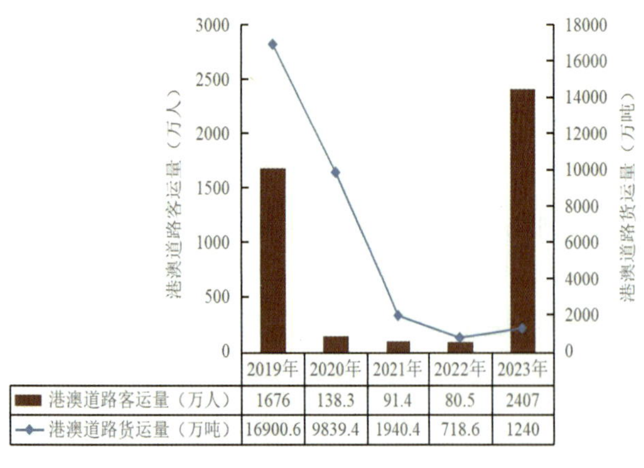

图 4-5-19　2019—2023 年港澳道路客货运量情况

2. 国际道路运输量

2023 年，国际道路客运量为 276.7 万人，旅客周转量为 14762.2 万人公里；国际道路货物运输量为 9252.84 万吨，同比增长 82.5%，货物周转量为 79.96 亿吨公里，同比增长 96.9%。2019—2023 年国际道路客货运量及中方所占比例情况如图 4-5-20 和图 4-5-21 所示。

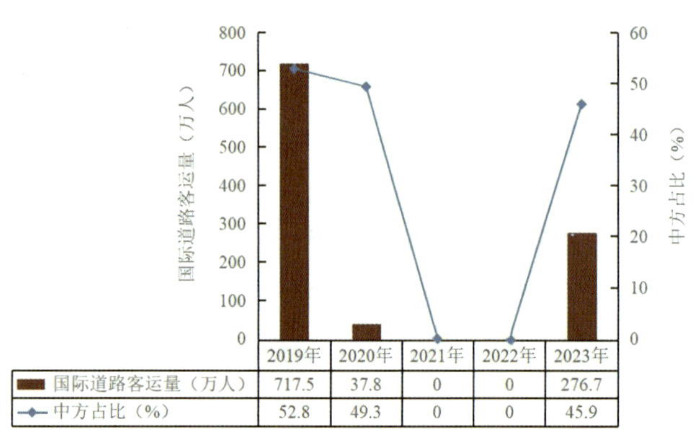

图 4-5-20　2019—2023 年国际道路客运量及中方所占比例情况

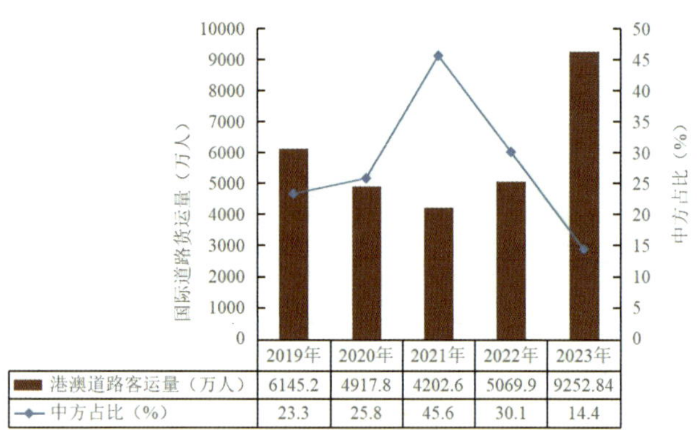

图 4-5-21　2019—2023 年国际道路货运量及中方所占比例情况

2023 年，参与国际道路运输的省份有内蒙古、辽宁、吉林、黑龙江、广西、云南和新疆。中方完成客运量 127.0 万人，客运量排名前 3 位的省份是内蒙古（55.2 万人）、新疆（23.7 万人）和黑龙江（22.4 万人）。中方完成货运量 1333.0 万吨，同比下降 12.7%，货运量排名前 3 位的省份是云南（689.1 万吨）、广西（277.1 万吨）和新疆（132.5 万吨）。

3. 国际道路运输区域分布

从车辆出入境次数来看，2023 年中国与东北亚（包括俄罗斯、蒙古国、朝鲜）的出入境客运车辆为 6.74 万辆次；货运车辆为 143.08 万辆次。中国与中亚国家（包括哈萨克斯坦、吉尔吉斯斯坦和塔吉克斯坦）的出入境客运车辆为 1.67 万辆次；货运车辆为 51.13 万辆次。中国与东南亚及南亚国家（包括越南、巴基斯坦、老挝、缅甸和尼泊尔）的出入境客运车辆为6.82万辆次，货运车辆为151.62万辆次。2023年国际道路运输客运、货运车辆出入境分布情况分别如图4-5-22和图4-5-23所示。

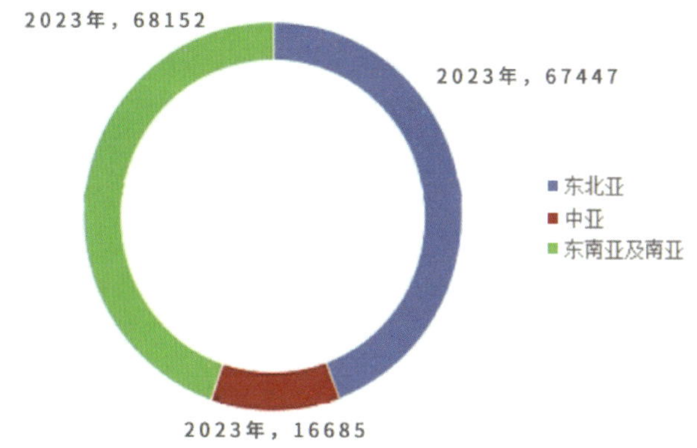

图4-5-22 2023年国际道路运输客运车辆出入境分布情况（单位：辆次）

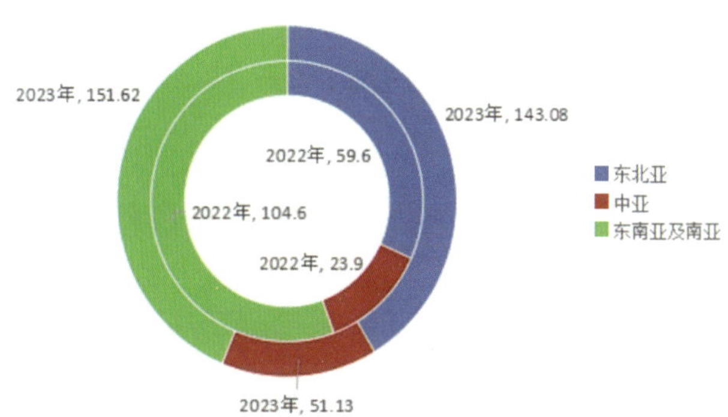

图4-5-23 2022年和2023年国际道路运输货运车辆出入境分布对比情况（单位：万辆次）

客运方面，2023年中国与东北亚国家的客运量为212.5万人，与中亚国家的客运量为40.8万人，与东南亚及南亚国家的客运量为23.4万人。

货运方面，2023年中国与东北亚国家的货运量为7342.4万吨，与中亚国家的货运量为559.4万吨，与东南亚及南亚国家的货运量为1351.0万吨。2023年我国与周边区域国际道路客货运量分布见表4-5-19。

（二）国际及港澳道路运输服务能力

1. 业户规模

（1）经营业户

2023年，全国从事国际道路运输（含内地与香港特别行政区、内地与澳门特别行政区间汽车运输）的业户为1457户，同比增长64.6%。其中广东、云南和新疆从事国际道路运输的企业数量排名在前3位，分别为807户、199户和173户。全国拥有车辆数在100辆及以上的国际道路运输业户有111户，占业户总数的7.6%；拥有车辆数50～99辆的国际道路运输业户有97户，占业户总数的6.7%；拥有车辆数在10～49辆的国际道路运输业户有814户，占业户总数的55.9%；拥有车辆数在10辆以下的国际道路运输业户有435户，占业户总数的29.8%。2023年国际道路运输经营业户拥有车辆规模情况见表4-5-20。

（2）车辆结构

截至2023年底，全国共有从事国际道路运输的车辆40513辆，其中客运车辆2918辆，共计111997个客位；货运车辆37595辆，共计1060862吨位。2023年国际道路客货运输车辆情况见表4-5-21。

2. 行车许可证使用情况

国际道路运输行车许可证是国际道路运输车辆出入境的通行证。2023年，我国使用的国际道路运输行车许可证中，A种行车许可证使用量为1765张，B种行车许可证使用量为58453张，C种行车许可证使用量为74.2万张。2019—2023年我国国际道路运输行车许可证使用情况见表4-5-22。

表4-5-19 2023年我国与周边区域国际道路客货运量分布

区域	客运量（万人）	比例（%）	旅客周转量（万人公里）	比例（%）	货运量（万吨）	比例（%）	货运周转量（万吨公里）	比例（%）
东北亚	212.5	76.8	7177.5	48.6	7342.4	79.4	432978.7	57.5
中亚	40.8	14.7	2038.0	13.8	559.4	6.0	156537.3	20.8
东南亚及南亚	23.4	8.5	5546.7	37.6	1351.0	14.6	163923.2	21.7
合计	276.7	100	14762.2	100	9252.8	100	753439.2	100

表 4-5-20　2023 年国际道路运输经营业户拥有车辆规模情况

业户类型		合计	企业车辆规模				
			100 辆及以上	50 ~ 99 辆	10 ~ 49 辆	5 ~ 9 辆	5 辆以下
国际道路运输经营业户（户）		1457	111	97	814	216	219
比例（%）		100	7.6	6.7	55.9	14.8	15.0
其中	国际道路客运经营业户（户）	237	4	8	96	63	66
	比例（%）	100	1.7	3.4	40.5	26.6	27.8
	国际道路货运经营业户（户）	1246	111	94	727	157	157
	比例（%）	100	8.9	7.5	58.3	12.6	12.6

表 4-5-21　2023 年国际道路客货运输车辆情况

类　型		高级	比例（%）	中级	比例（%）	普通	比例（%）	总计
客运	车辆数（辆）	2918	92.7	202	6.4	29	0.9	3149
	客位数（位）	111997	93.1	7444	6.2	800	0.7	120321
货运	车辆数（辆）	37595	97.2	622	1.6	465	1.2	38682
	吨位数（吨）	1060862	99.7	2585	0.2	878	0.1	1064325

表 4-5-22　2019—2023 年我国国际道路运输行车许可证使用情况（单位：张）

年　份	2019 年	2020 年	2021 年	2022 年	2023 年
A 种许可证使用量	447	617	0	0	1765
B 种许可证使用量	29634	1817	0	0	58453
C 种许可证使用量	615226	676650	528387	417593	741968

注：A 种行车许可证适用于定期旅客运输，一年多次往返有效；B 种行车许可证适用于不定期旅客运输，一次往返有效；C 种行车许可证适用于货物运输，一次往返有效。

2023 年全国 A 种行车许可证使用量排名前 3 的省份为新疆、黑龙江、内蒙古，分别为 785 张、598 张、327 张；B 种行车许可证使用量排名前 3 的省份为云南、内蒙古、新疆，分别为 41943 张、11030 张、2833 张；C 种行车许可证使用量排名前 3 的省份为云南、广西、新疆，分别为 304119 张、156769 张、120988 张。

二、“一带一路”共建国家合作情况

加快拓展“一带一路”共建国家国际道路运输合作。组织开展中俄（罗斯）、中土（库曼斯坦）、中白（俄罗斯）、中越（南）、中蒙（古）、中缅（缅甸）等国际道路运输事务级会谈，研究推进国际道路运输协定实施、修订和签署等工作。同亚美尼亚、阿塞拜疆、土库曼斯坦、朝鲜、老挝等就合作文件交换意见。推进中格（鲁吉亚）、中土（库曼斯坦）等国际道路运输协定的实施。

组织有关省份做好行车许可证印制和交换。积极推广 TIR（国际公路运输系统）应用。组织召开沿亚洲公路网公路联委会第三次会议，同俄方、蒙方就恢复 AH3（泛亚公路 3 号）线路运营组织开展 AH4（泛亚公路 4 号）试运行等达成一致意见。成功主办大湄公河次区域便利货物及人员跨境运输协定联委会第八次会议（部长级）。

三、国家运输便利化发展情况

交通运输部组织召开国家便利运输委员会第七次

全体会议，推动解决中俄、中哈公路口岸拥堵问题。加快拓展国际道路运输通道建设，完成中蒙俄沿亚洲公路网 AH4 线路试运行活动和中韩多式联运（威海—仁川）试运行活动，积极开辟中欧公路直达运输通道。推动完善国际道路运输管理制度体系，修订《国际道路运输管理规定》并做好宣贯工作。

同时，推动研究起草边境口岸汽车出入境运输管理监督评价办法、管理设施建设方案及资金管理办法，加快推进国际道路运输管理信息化建设，完成国际道路运输管理与服务系统建设并在沿边省份部署应用。

第十四节　道路运输行业管理

一、法规标准体系不断完善

交通运输部持续推动《城市公共交通条例》出台，加快推进《道路运输车辆动态监督管理办法》《道路运输车辆燃料消耗量检测和监督管理办法》等管理办法的修订。制定发布《汽车排放性能维护（维修）技术示范站建设与管理办法》（交办运〔2023〕8 号）等办法。贯彻《国务院关于修改和废止部分行政法规的决定》（国务院令第 764 号），修订发布《道路货物运输及站场管理规定》（交通运输部令 2023 年 12 号）《道路危险货物运输管理规定》（交通运输部令 2023 年 13 号）《放射性物品道路运输管理规定》（交通运输部令 2023 年 17 号）《道路运输车辆技术管理规定》（交通运输部令 2023 年 3 号）等部门规章。

交通运输部发布《多式联运货物分类与代码》《多式联运运载单元标识》《汽车维修业经营业务条件》等国家标准和《机动车驾驶培训教练员技能和素质要求》等行业标准。修订发布《道路运输危险货物车辆标志》，将标志灯更换为橙色矩形标志牌，提升标志警示度。参照最新版《危险货物国际道路运输欧洲公约》(ADR)，报批《危险货物道路运输规则》修改单（交通运输部公告 2024 年第 20 号），明确了钠离子电池、储能电柜等货物运输条件。

二、营商环境持续优化

2023 年，交通运输部持续优化运输服务领域营商环境。聚焦制约道路货运行业高质量发展的结构性短板和突出问题，围绕加快推进发展动能转换、优化行业要素结构、夯实行业运行基础、强化民生服务保障等方面制定重点任务，持续发挥道路运输优势，防止市场过度无序竞争。

三、信息化服务水平稳步提升

2023 年，交通运输部持续提升信息化服务水平，为道路运输安全运行、精准监管提供了重要支撑。

一是强化信息系统在运输监管中的应用。综合运用道路运政管理信息系统、重点营运车辆联网联控系统等数据资源，识别跨城市违规运营的 7 至 9 座客车。依托网约车监管信息交互系统，加强网约车行业运行监测，每月定期公开网约车行业运营、数据传输以及主要城市网约车合规化情况，并在部《每日要情》刊发。持续拓宽汽车维修电子健康档案系统覆盖范围。截至 2023 年 12 月底，电子健康档案部级系统已覆盖全国 37.3 万余家维修经营业户，为 1.9 亿余辆汽车建立了健康档案，累计采集维修数据 8.9 亿余辆次。建设完善交通物流运行动态监测系统并上线运行。持续收集汇总国内国际 20 余项交通物流运行监测数据，重点监测交通物流行业、重点交通枢纽以及重点运输通道等运行状况。

二是加强驾驶员安全提示信息化服务。在春运、暑期汛期、中秋国庆假期、低温雨雪冰冻天气防范应对等重点时段，依托重点营运车辆联网联控系统等信息化载体，向营运车辆驾驶员精准推送安全提示提醒信息，全年累计推送近 6 亿条。

第十五节　道路运输安全生产

2023 年，交通运输部认真贯彻习近平总书记关于安全生产的重要指示，深入贯彻落实党的二十大及二十届二次会议精神，按照党中央、国务院决策部署，坚持人民至上、生命至上，统筹发展和安全，完善制度设计，加强跟踪督导，有效保障了全国运输服务安全生产形势总体稳定。

一是加强安全工作统筹谋划。组织制定《2023 年运输服务领域安全生产工作要点清单》和《安全生产检查计划任务分工表》，明确分工、落实责任，确保国务院关于安全生产部署要求在运输服务领域落实落细。

二是落实运输企业主体责任。联合公安部、应急管理部修订印发《道路旅客运输企业安全管理规范》，加强宣贯解读，推动进一步落实落细企业安全生产主体责任。持续开展道路运输和城市客运企业主要负责人、安全生产管理人员安全考核工作，截至2023年底全国共91.8万名道路运输企业主要负责人和安全生产管理人员（“两类人员”）通过考核，着力提升企业关键人员安全技能。

三是出台重大隐患判定标准。印发《道路运输企业和城市客运企业安全生产重大事故隐患判定标准（试行）》，明确了道路客运、道路普通货运、危险货物道路运输、城市轨道交通运营、出租汽车客运、机动车驾驶员培训、机动车维修、汽车客运站等9大领域的重大隐患判定标准，指导各地扎实组织开展重大隐患排查整治和重大风险防控工作。

四是开展专项整治百日行动。组织开展道路运输安全生产突出问题集中整治“百日行动”，聚焦老旧货车技术状况不良、货车疲劳驾驶和超限超载、危险货物道路运输管理不规范、营运车辆长期脱离动态监控等突出问题，集中力量开展针对性整治。组织赴20个省份进行调研，加强重点省份视频调度，持续传导压力、落实责任，推动行动有力有序开展。

五是严格营运车辆动态监管。加快推进《道路运输车辆动态监督管理办法》修订。每月抽查约10个省份运输企业和营运车辆动态监控落实情况，其中2023年3月份全国两会期间和9月份“百日行动”启动以来对全国31个省份全部抽查，对涉嫌存在超速、疲劳驾驶等行为车辆予以通报并抄送公安部交通管理局，指导各地交通运输部门会同公安部门依法依规严肃查处。

六是加强运输安全生产检查。组织开展2023年春运安全检查，赴上海、浙江、江西、广东等13个重点省份春运一线开展实地检查。组织赴北京、上海、甘肃等6个省份开展交通基础设施安全防护检查，赴江西、安徽等省份开展交通运输安全检查。联合公安部印发通知，在全国范围内部署加强暑期道路交通安全管理工作，强化重点行业企业监管，深入排查问题隐患，有效防范化解重大风险，推动行业安全管理向事前预防转型。

七是深化道路客运打非治违。综合利用道路运政管理信息系统、重点营运车辆联网联控系统、包车客运管理信息系统、高速公路联网收费系统等数据资源，定期向各地推送存客车涉嫌跨省违规运营、7至9座客车涉嫌跨城市违规运营、5至7座客车涉嫌非法从事网约车经营等信息，督促各地逐一对照核实比对，对查实的依法依规严肃处理。

八是开展疲劳驾驶协同治理。联合公安部在河北、山西、辽宁等16个省份开展货车疲劳驾驶治理试点工作，加强信息共享和执法协同，指导各地联合查处了一批存在严重疲劳驾驶情形的驾驶员，对一批纵容驾驶员疲劳驾驶的企业实施重点监管。

九是加强危货运输安全监管。会同公安部印发《危险货物道路运输交通安全协同监管工作实施方案（试行）》，联合天津等11个省份开展安全协同监管试点。加大危险货物运输电子运单推广使用力度，持续强化危险货物运输源头管控和全程监控；2023年第四季度，全国电子运单企业覆盖率达到96%、车辆覆盖率达91%、运单数据合格率超99%，日均跨区域查询运单约30.5万单。

十是强化极端天气预警预防。印发通知就暑期汛期道路运输、城市客运等工作进行专门安排部署，指导各地针对暑期旅游高峰、汛期暴雨洪涝灾害多发等特点，督促运输企业加强恶劣天气防范应对，密切关注运输沿线气象预警信息和道路状况，达不到安全通行条件时及时调整运输计划，坚决避免冒险运输、涉险运营，切实保障旅客出行安全。针对12月中下旬出现的低温雨雪冰冻灾害，印发通知要求各地全面加强城市轨道交通、道路运输、城市客运、公路运营、水上交通、港口营运、工程建设等重点领域恶劣天气应对防范，确保运行安全。

十一是加强安全提示警示。在春运、暑期汛期、中秋国庆假期等重点时段，依托重点营运车辆联网联控系统等信息化载体，向营运车辆驾驶员精准推送安全提示信息，全年累计推送近6亿条，督促驾驶员谨慎驾驶、确保安全。向发生一次死亡5人以上及连续发生事故的省份下发督办函，要求深刻汲取事故教训，全面整改事故暴露问题。组织印发《2022年道路运输安全生产事故分析报告》；针对江西南昌"1·8"、甘肃张掖"7·17"等道路交通事故，及时印发警示通报，督促行业举一反三整改落实。

十二是加强安全生产重点调度。就清明、"五一"、端午、暑期汛期、中秋国庆、低温寒潮雨雪冰冻灾害重点时段，以及全国两会、杭州亚运会、成都大运会、2023年服贸会、第六届进博会等重大活动期间的安全生产和服务保障工作进行统筹部署，确保道路运输安全生产形势持续稳定。

第六章　水路

第一节　水路规划与实施总体情况

一是优化规划体系。聚焦中央关心、地方关切的突出问题，组织编制《关于新时代加强沿海和内河港口航道规划建设的意见》，作为贯彻“两个纲要”和“全国布局”、推动“十四五”实施，做好“十五五”谋划的战略引领性文件，指导水运行业中长期高质量发展。开展水运“十四五”发展规划中期评估调整工作，印发《水运“十四五”发展规划重点项目》，扎实推进水运重点任务、重大工程、重点项目，优化提升全国水运设施网络。港口规划层面，批复大连港、宁波舟山港、苏州港、日照港、湛江港、海口港等港口（港区）规划。

二是推动“十四五”规划重大工程项目实施。交通运输部印发的《扎实推动“十四五”规划交通运输重大工程项目实施工作方案》提出“十四五”时期重点推进的 11 项交通运输重大工程项目包。其中：运河连通工程加快推进，西部陆海新通道（平陆）运河全线开工建设，湘桂、赣粤运河前期专项研究完成验收结题；黄金水道扩能工程有序推进，启动三峡水运新通道项目工程可行性研究及总体布置专题等工作，加快实施上游朝天门至涪陵河段等航道整治工程，进一步巩固黄金水道主轴功能；沿海港口提升工程以国际枢纽港、主要港口为重点，高水平推进原油、铁矿石、粮食、液化天然气等专业化码头及公共基础设施建设。

第二节　港航基础设施建设

一、港航基础设施建设情况

全年水运建设投资持续增长。2023 年，我国完成水运建设投资 2016 亿元，比 2022 年增长 20.1%，实现连续 4 年增长。其中，内河建设完成投资 1052 亿元，增长 21.3%；沿海建设完成投资 912 亿元，增长 14.8%。

截至 2023 年底，全国内河航道通航里程 12.82 万公里，比 2022 年底增加 184 公里。等级航道里程 6.78 万公里，占总里程 52.9%。三级及以上航道里程 1.54 万公里，占总里程 12%，较 2022 年底提高 0.5 个百分点。

各等级内河航道通航里程分别为：一级航道 2192 公里，二级航道 4471 公里，三级航道 8741 公里，四级航道 11717 公里，五级航道 7375 公里，六级航道 16342 公里，七级航道 16989 公里。

各水系内河航道通航里程分别为：长江水系 64965 公里，珠江水系 16880 公里，黄河水系 3533 公里，黑龙江水系 8211 公里，京杭运河 1492 公里，闽江水系 1966 公里，淮河水系 17566 公里。

截至 2023 年底，全国港口拥有生产用码头泊位 22023 个，比 2022 年底增加 700 个。其中，沿海港口生产用码头泊位 5590 个，增加 149 个；内河港口生产用码头泊位 16433 个，增加 551 个。

截至 2023 年底，全国港口拥有万吨级及以上泊位 2878 个，比 2022 年底增加 127 个。其中，沿海港口万吨级及以上泊位 2409 个，增加 109 个；内河港口万吨级及以上泊位 469 个，增加 18 个。

二、内河水运通道加快扩能升级

长江干线水运主通道建设取得新成效。持续推动长江黄金水道建设，加快推进长江上游朝天门至涪陵河段航道整治工程、上游涪陵至丰都河段航道建设工程等建设，长江上游朝天门至九龙坡航道建设工程、三峡—葛洲坝两坝间莲沱段航道整治工程、中游宜昌至昌门溪航道整治二期工程、下游芜裕河段航道整治工程等竣工验收并投入运行。

西江航运干线扩能升级取得重要进展。加快西江黄金水道提档升级，持续完善珠三角高等级航道网。完成西江航运干线贵港至梧州 3000 吨级航道工程竣工验收，来宾至桂平 2000 吨级航道工程主体建成，持续推进柳江红花枢纽至石龙三江口Ⅱ级航道工程、桂江航道工程、崖门出海航道二期工程等建设。

干支连通进一步加强。持续打造长三角高等级航道网，大力推进长湖申线（江苏段）航道整治工程、宿连航道（京杭运河至盐河段）整治工程一期工程航道和陆运河船闸、长三角集装箱快速通道等工程建设。持续推进支流高等级航道提等升级，建成合裕线裕溪一线船闸扩容改造工程并试通航。加快推进岷江龙溪口、岷江老木孔、嘉陵江利泽、乌江白马、汉江孤山等航电枢纽工程实施，持续推进百色水利枢纽通航设施工程、岷江龙溪口至宜宾段航道整治一期工程、沙颍河周口至省界航道升级改造工程等建设。

三、港口基础设施建设稳步推进

加强沿海港口基础设施建设，进一步提升港口基础设施服务能级。青岛港前湾港区自动化码头三期工程、宁波舟山港金塘港区大浦口集装箱码头工程、天津港北疆港区C段智能化集装箱码头港池疏浚工程等项目完成竣工验收，连云港港徐圩港区30万吨级原油码头工程、防城港钢铁基地项目专用码头工程等项目基本建成，加快推进防城港企沙港区赤沙作业区1号泊位工程、青岛港董家口港区港投万邦矿石码头工程、烟台港西港区液化天然气项目等。

加强内河港口基础设施建设。加快规模化、集约化公用港区建设，内河港口枢纽作用显著提升。开工建设重庆港主城港区洛碛作业区一期工程、岳阳港道仁矶码头工程、武穴港田镇港区盘塘作业区散货码头工程、九江港彭泽港区矶山作业区泽诚公用码头工程、淮河五河城南码头、安庆宿松港区公用码头等。完成重庆港主城港区果园作业区重大件码头工程、常德港津市港区散货物流集散中心、宜昌港宜都港区枝城作业区铁水联运码头一期工程、阳逻国际港集装箱铁水联运二期项目、赣州港赣县港区五云作业区综合枢纽码头一期工程、宜春港樟树港区河西作业综合码头工程、芜湖港朱家桥外贸综合物流园区一期项目码头工程、安庆港长风作业区一期、二期工程、思南港邵家桥港区一期建设工程等交竣工验收。持续推进重庆港万州港区新田作业区二期工程、岳阳港湘阴虞公港一期工程、黄石港棋盘洲港区棋盘洲作业区三期工程、九江港星子港区沙山作业区综合码头一期工程、九江港湖口港区银砂湾作业区综合码头工程、芜马江海联运枢纽建设项目、合肥东航码头工程、云南富宁港建设工程等建设。

第三节 水上运输服务

2023年，全国完成水路客运量2.58亿人次、旅客周转量53.77亿人公里，分别比2022年增长121.6%和137.9%。全国港口完成货物吞吐量169.73亿吨，比2022年增长8.2%，其中沿海港口完成108.35亿吨，内河港口完成61.39亿吨，分别比2022年增长6.9%和10.5%。全国港口完成旅客吞吐量0.78亿人次，比2022年增长101.8%。

2023年水路运输生产平稳增长。全国完成水路货运量93.67亿吨、货物周转量129951.52亿吨公里，分别比2022年增长9.5%和7.4%。其中，内河运输完成货运量47.91亿吨、货物周转量20772.54亿吨公里；海洋运输完成货运量45.77亿吨、货物周转量109178.98亿吨公里。

截至2023年底，全国拥有运输船舶11.83万艘，比2022年底下降2.9%；净载重量30052.07万吨，比2022年底增长0.9%；平均净载重量2540.67吨，比2022年底上升4.0%；载客量81.25万客位，比2022年底下降5.7%；集装箱箱位304.24万标准箱（TEU），比2022年底增长1.8%。

截至2023年底，我国远洋运输船舶972艘、净载重量4826.20万吨，分别比2022年底下降29.9%和6.4%；沿海运输船舶10672艘、净载重量9792.75万吨，分别比2022年底下降3.0%和增长4.5%；内河运输船舶10.66万艘、净载重量15433.11万吨，分别比2022年底下降2.6%和增长1.2%。

第四节 水运行业管理

一、水运供给侧结构性改革深入推进

一是加快补齐内河水运基础设施短板。完成长江上游九龙坡至朝天门河段航道整治工程、三峡—葛洲坝两坝间莲沱河段航道整治工程等竣工验收；持续推进朝天门至涪陵河段工程等建设。指导做好引江济淮

航运工程（江淮运河）、京杭运河杭州段二通道和贵港至梧州3000吨级航道整治工程试通航工作。大力推动红水河龙滩水电站通航建筑物工程前期工作，9月份获工可批复。大力推动长江中游荆江河段航道整治二期工程、长江口南槽航道治理二期工程前期研究工作。有序推进西部陆海新通道（平陆运河）、百色水利枢纽通航设施工程、裕溪一线船闸改扩建工程和山东小清河复航工程等项目建设。加快推进宿连航道（京杭运河至盐河段）整治工程一期工程航道和陆运河船闸、长湖申线（江苏段）航道整治工程、浙北集装箱主通道等在建项目。京杭运河杭州段二通道建成并试通航，引江济淮航运工程全线试运行。加快推进岷江、嘉陵江、乌江、汉江等航电枢纽、船闸工程实施，持续推进百色水利枢纽通航设施工程、沙颍河周口至省界航道提升工程等建设。积极推动龙滩水电站通航设施工程、大藤峡二线三线船闸工程、汉江兴隆枢纽2000吨级二线船闸工程等前期研究论证。

二是持续推动水运降本增效。联合有关部门制定《推进铁水联运高质量发展行动方案（2023—2025年）》，印发年度工作要点，会同国家铁路局、国铁集团等成立专班并开展工作调度，按月督导74个进港铁路建设项目进度，指导扩大"散改集"规模。2023年全国港口"散改集"作业完成916万标箱，同比增长18%。在各部门各地共同努力下，2023年全国港口集装箱铁水联运量完成1018万标箱，同比增长15.9%。沿海主要港口煤炭、铁矿石采用铁路、水路、封闭式皮带廊道、新能源汽车疏运比例提升至85.7%。沿海捎带试点政策稳步推进，进一步降低了外贸集装箱物流成本。

三是不断提升水路运输服务水平。在上海、深圳邮轮港口试点恢复国际邮轮运输的基础上，有关部门印发了《关于做好全面恢复国际邮轮运输有关工作的通知》，全面恢复了进出我国境内港口的国际邮轮运输，2023年我国邮轮旅客运输量达10.7万人。指导有关省级交通运输部门做好中韩客货班轮客运恢复前安全生产条件复核工作；指导广东省交通运输部门有序恢复了内地与港澳间海上客运航线。积极发挥海运分流作用，缓解中俄陆路口岸拥堵问题。指导我国航运企业巩固中俄远东航线，开辟西向航线，积极发挥中俄界河运输分流作用，为中俄外贸合作提供海运保障。会同商务部、海关总署联合印发了《关于推进海南邮轮港口海上游航线试点落地实施的通知》，协调推进海南邮轮港口海上游航线试点工作。

四是高质量完成民生实事。实施"港口服务能力提升工程"，11个集装箱枢纽海港的15家重点港口企业均已建立"一站式"网上服务平台。提升冷藏集装箱港航服务品质，重点企业新增物联网冷藏集装箱20000余标准箱（TEU）。推动建成钦州大榄坪南集装箱码头、广州南沙粮食码头等一批重点项目。大力推进国内水路旅游客运精品航线试点工作，推进电子客票应用，进一步提升水路客运服务水平。开展"国内水路客运便民行动"民生实事，完成967艘老旧客船报废更新、提档升级，客船和候船场所新设改造了244个母婴室、530个电动汽车充电桩、863个特殊人群出行服务设施等，超额完成年度工作目标。

五是支持上海国际航运中心建设。认真贯彻落实党中央、国务院关于支持上海加快"五个中心"建设的相关文件，指导上海建设全球领先的国际航运中心，联合相关部门印发了《关于加快推进现代航运服务业高质量发展的指导意见》，加快补齐现代航运服务业发展短板，提升航运服务业发展质量。配合上海市交通委员会指导推进上海航运交易所改革。2023年8月18日，基于"上海出口集装箱结算运价指数"（SCFIS）的中国首个航运期货品种——集运指数（欧线）期货上市交易，当年成交量跃居全球航运衍生品第一。根据新华·波罗的海国际航运中心发展指数，上海国际航运中心的世界排名已从2014年的第7位到2023年连续4年位列第3位，成为继新加坡、伦敦之后世界公认的国际航运中心。成功举办2023北外滩国际航运论坛。

二、水运安全生产工作平稳有序

2023年，港口航道领域未发生较大及以上事故，港口作业领域接报一般事故1起、死亡1人，同比减少8起、7人，未发生较大及以上事故，安全生产形势平稳有序。

一是指导地方强化港口、航道等防汛防台和安全生产工作。制定实施港口航道重要基础设施安全防护工作方案，赴6省（直辖市）开展专项大检查及驻点督导，强化港口、航道等防汛防台和安全生产工作。

二是开展重大事故隐患排查和专项整治。落实国务院安委会《全国重大事故隐患排查整治行动总体方案》及交通运输部《公路水路安全生产重大隐患排查整治和重大风险防范化解2023专项行动总体方案》，组织开展港口作业重大事故隐患排查整治和重大风险防范化解专项行动。开展港口装卸内贸集装箱超重治理、规范水路客运船舶船岸靠泊问题及“夜游船”专项整治工作。制定发布《航道、通航建筑物和航运枢纽大坝运行安全风险辨识评估管控指南（试行）》。持续推进船舶碰撞桥梁隐患治理和航运枢纽大坝除险加固专项治理后续工作。

三是加强港口企业主要负责人和安全生产管理人员安全考核，2023年，指导各地组织11592人参加港口危险货物企业主要安全管理人员考核和装卸管理人员从业资格考核，7762人通过（通过率67%），其中，主要安全管理人员2296人、装卸管理人员5466人。

三、行业治理能力持续加强

完善水运法规标准体系。制修订发布《港口危险货物安全管理规定》《国际海运条例实施细则》。跟踪推进《内地与港澳间水路运输管理规定》制定工作。发布了《内河航道运行监测指南（试行）》《码头油气回收处理设施建设技术规范》《港口工程绿色设计导则》等20余项标准规范，加快《海港总体设计规范》《船闸总体设计规范》《水运工程质量检验标准》等基础性关键性标准制修订。

持续深化“放管服”改革。加强水运领域行政许可事项清单管理、证照分离、事前事后监管等工作，编制了12项部本级行政许可事项办事指南，指导督促长三角地区省级交通运输主管部门加快推进水运许可事项，实现电子证照及共享互认。推动制定出台了港口经营许可证及港口危险货物作业附证等5项水路运输电子证照行业标准。

引导水运市场健康发展。发布了《交通运输部关于延续国内水路运输有关政策的公告》《2022年水路运输市场发展情况和2023年市场展望》和水运建设市场信用评价结果等，引导行业健康有序发展。组织完成年度水运市场秩序与服务质量检查、第一批水运工程企业资质审查、航道养护技术核查、水运工程工法评选等工作。做好重要项目航道通航条件影响评价审核工作。加大对违反航评制度的处罚力度，对济郑高速铁路有限公司进行了行政处罚。

行业软实力进一步提升。成功举办了2023年中国航海日活动和2023北外滩国际航运论坛。举办2023年全国港航系统领导干部培训班。完成2023届全国水运工程勘察设计建造大师选拔工作。加强水运文化建设，积极推进《中国港口史》和《中国运河史》编纂工作。

第五节　水运绿色发展

一、水运绿色发展顶层设计

交通运输部联合国家电网、南方电网印发《关于示范推进国际航线集装箱船舶和邮轮靠港使用岸电行动方案（2023—2025年）》，10家国际集装箱班轮公司、8家国际邮轮公司，14个主要集装箱港口、9个邮轮码头参与。示范行动自2023年9月开始以来，集装箱班轮公司和邮轮公司多措并举提升船舶受电设施覆盖率，有关港口企业积极采取措施保障船舶使用岸电，电网公司积极推动岸电常态化使用，岸电使用率和使用量显著提高，示范行动取得了积极成效。贯彻落实《船舶能耗数据和碳强度管理办法》，推动做好船舶能耗数据分析、核实及监督管理工作。发布实施《醇燃料动力船舶技术技术与检验暂行规则》《纯电池动力船舶技术法规实施指南》等规范指南，支持新能源清洁能源在船应用。推动出台《安徽省长江船舶污染防治条例》等地方性船舶污染防治条例。

二、节能低碳新技术应用

加快水运绿色低碳科技研发和成果推广应用，国家重点研发计划中支持开展“氢能驱动典型船舶关键技术”“船舶绿色动力系统构型与谱系化技术”等项目，推动绿色水运及清洁能源船舶等方面技术攻关，支持开展“平陆运河低环境影响高品质建设关键技术”交通运输科技示范工程和“特大型港航工程及设施”智能建造先导应用试点，依托重大工程平陆运河开展绿色智慧施工技术试点示范。持续推广内河航道绿色建设技术，采用环保涂料和节能灯源航标，推进航道养护船舶使用新能源和清洁能源。

三、水运绿色发展宣传和教育培训

推动上海港首次绿色甲醇“船—船”加注并获央视新闻报道。加强船舶防污染管理，推进水运绿色低碳宣传报道，将“水运绿色发展”纳入全国港航系统领导干部培训班教学内容，开展水运绿色发展政策解读宣贯，培训学员 50 人次。

四、水运绿色发展国际合作与交流

加强与挪威、丹麦等国绿色航运合作，利用双边海运会谈交流平台，积极推动与相关国家研究机构、行业组织和企业间绿色航运交流合作。积极参与国际航运绿色走廊研究和建设，积极推进上海港—洛杉矶港、广州港—洛杉矶港、天津港—新加坡港等绿色走廊建设。推动上海—洛杉矶绿色航运走廊发布《绿色航运走廊实施计划纲要》。

五、加快运输结构调整

印发实施《推进铁水联运高质量发展行动方案（2023—2025 年）》，2023 年，沿海主要港口煤炭、铁矿石等大宗散货利用疏港铁路、水路、封闭式皮带廊道、新能源汽车运输的总体比例为 85.7%，其中煤炭、铁矿石绿色疏运比例分别为 91.8% 和 78.8%。持续推进江海直达运输发展，修订发布《江海直达货船船型尺度系列》国家标准，推动江海直达运输规模不断增长。推动铁水联运高质量发展，2023 年，全国港口“散改集”作业完成 916 万标箱，同比增长 18%；全国港口集装箱铁水联运量完成 1018 万标箱，同比增长 15.9%。

六、持续推进港口和船舶污染防治

印发《贯彻落实全国生态环境保护大会精神 提升行业绿色发展水平的实施方案》，提出加强船舶污染物接收、转运、处置、推进船舶大气污染物排放控制监测监管试验区建设、加强新能源、清洁能源、可再生能源船舶应用等任务，推动水路领域生态环境保护工作。认真落实《关于建立完善船舶水污染物转移处置联合监管制度的指导意见》，强化船舶污染物接收监管，推动完善船舶污染物“船—港—城”全过程衔接和协作。2023 年，直属海事系统开展船舶防污染检查 28.5 万余艘次，查处燃油超标船舶 660 艘次、船舶违法排放污染物 1500 余起。加强船舶大气污染防治监管。推进长江经济带船舶和港口污染防治常态化运行，船舶污染物接收设施运行良好。2023 年，长江经济带内河港口共接收船舶垃圾 2.9 万吨，船舶生活污水 120.8 万吨，船舶含油污水 16.7 万吨。长江干线水上洗舱站共进行洗舱作业 1449 艘次，接收化学品洗舱水 8.2 万吨。

七、推动清洁能源应用

组织实施绿色低碳交通强国专项试点，开展新能源和清洁能源船舶推广应用等试点任务，提升新能源和清洁能源船舶安全和可持续发展水平。开展电动船舶发展情况调研，会同工业和信息化部组织开展电动船舶有关重大专题研究。发布《港口岸电设施运行维护技术规范》行业标准，为港口岸电设施运行维护提供技术指导。联合国家电网、南方电网有限公司印发实施了《关于示范推进国际航线集装箱船舶和邮轮靠港使用岸电行动方案（2023—2025 年）》，积极推进国际集装箱船和邮轮靠港使用岸电。指导长江经济带 11 个省、市继续推进船舶受电设施改造，全年完成 3300 余艘船舶改造任务，船舶靠港使用岸电约 107 万艘次、1167 万小时、1.24 亿余度，同比分别增长 37%、34%、66%。

八、严格落实船舶排放控制区要求

严格落实《船舶大气污染物排放控制区实施方案》和全球限硫令工作要求，积极利用快检设备、无人机、桥基设备等加强船用低硫燃油监管，依法查处纠正使用不合规燃油行为。持续强化船舶岸电使用监管，推广长江干线港口和船舶岸电监管与服务系统，提升长江干线船舶靠港使用岸电监管与服务信息化水平。积极参加相关国际会议，深度参与国际规则和标准制定，推动国际海事组织通过《2023年船舶温室气体减排战略》。加快构建智能绿色船舶技术规范体系，推动新能源新技术在船应用。发布实施《船舶自主航行试验技术与检验暂行规则（2023）》《醇燃料动力船舶技术与检验暂行规则（2023）》。

九、积极推进疏浚土综合利用

积极推进长江航道疏浚土综合利用工作，全年累计上岸利用959万立方米。协同有关部门推进长江口航道疏浚土综合利用。

第六节　长江航务管理

一、服务长江沿线经济社会发展情况

（一）规划建设稳步推进

一是深入开展三峡重大工程前期工作，率先完成建设期通航保障方案研究，积极推进航道通航影响条件评价审核。配合做好工程总体布置、工可、环评、建管体制、投融资等研究。二是完成长航系统“十四五”发展规划及部水运、支持系统建设规划等中期评估，研究形成长江干线锚地布局规划方案。三是落实中央投资16亿元，6000立方米耙吸挖泥船等21个项目竣工验收，30米级纯电动测量船投入使用，涪陵至丰都段航道整治、旧洲河锚地、岳阳和南通监管救助基地等重点项目稳步推进。四是荆江二期航道整治工程通过国家发展和改革委员会审查，土桥二期、黑沙洲水道航道整治项目工程可行性研究报告报交通运输部。

（二）运输服务能力不断提升

2023年，长江干线港口货物吞吐量38.7亿吨、三峡枢纽货物通过量1.7亿吨、引航船舶载货量4.5亿吨、省际旅游客运量138万人次，同比分别增长7.8%、8.8%、7.5%、26.3%，均再创新高。一是正式将宜昌至松滋、城陵矶至武汉航道维护尺度提高到4.5米。二是完成年度“一战三保”任务，全力保障物流供应链稳定，干线航道维护水深保证率达100%，完成疏浚量7200万立方米。三是深入实施重点物资运输“四优先”措施，共保障9.2亿吨能源、粮食等重点物资便捷运输。完成特殊保障任务20次。四是发布施行新版引航“八项服务承诺”，引领中外船舶5.8万艘次，同比增长11.1%。其中开普型船舶近2800艘次，同比增长1.5%。

（三）安全形势持续稳定

一是与沿江7省（直辖市）交通运输主管部门签订《长江水上交通安全与应急管理合作备忘录》，推动建立4个省级水上搜救联席会议制度。二是三峡库区地质灾害防范应对形成“五个一”长效机制，全要素水上“大交管”延伸推广，长江航运“五大风险”有效防、管、控，事故4项指标低位运行。三是扎实开展川江滚装船、省际客船、电动船专项检查，推进“夜游船”安全专项整治、船舶运输危化品全过程智慧监管能力提升行动、运输船舶跨区域跨部门违法违规信息通报专项治理等取得阶段性成果，危化品选船结果在长江全线互信互认。四是完善长江航运应急预案体系，制修订《长航局突发事件综合应急预案》和16个专项预案。万州、武汉、南京3个应急救助基地建设稳步推进，国内首套常压深潜水系统投入使用。

二、推进交通强国建设试点工作情况

2023年，全面推进交通强国建设试点，实现示范创建新突破。绿色航道试点形成“长江方案”并在交通运输部交通强国建设试点工作推进会上进行经验交流；智慧航道试点形成“数字航道”应用平台并向支流推广；三峡智能通航试点形成内河通航枢纽“运管维”成套技术；岸电试点实现沿江主要港口设施基本覆盖；多源时空试点全面建成运行北斗卫星地基增强系统；安全管控与应急搜救建设试点初步形成体系。同时，完成智慧长江建设和新能源清洁能源船舶应用2个交通强国建设试点申报。

三、长江航运“131”智慧长江建设情况

一是上线试运行“信用长江”系统，初步建立“1+N+5”的基础制度体系。二是上线试运行智能管理平台，集成“智能管理驾驶舱”，初步实现智能化监管服务。基本建成长江干线L1级、三峡和武汉L3级数字孪生系统，《内河水运数字孪生总体要求》通过国家数字孪生标准工作组立项审核。三是搭建综合保障平台，初步建成长江航运数据中台，研发资源图谱示范应用，融合建立统一的“三船”基础数据库，初步完成新一代北斗智能船载产品原型研发，“长江新链”试点建成武汉段“陆水空天”无线网络，基本实现局系统协同办公。四是交通运输部出台《关于加快推进长江航运信用体系建设的意见》，“长江e+”发布运行并迭代升级到2.0版、日点击量突破16万次。“长江e+”公共服务平台建立“三位一体”服务模式，融合电子航道图、“船E行”等系统，汇聚7大类77项功能，提供集中统一高效的服务。

四、长江航运绿色低碳转型发展情况

2023年，1.5万艘船舶受电设施改造完成，长江水系投用新能源清洁能源船舶300余艘。长江经济带岸电使用量1.2亿余度，同比增长66%，并提前两年实现“十四五”用电量超亿度目标。长江干线3.6万艘船舶实现“零排放”。一是推动“三峡氢舟1”号、江海直达700TEU、汉江120TEU等新能源船舶建成投运，开展川江载货汽车滚装船新能源应用试点。二是上线运行港口和船舶岸电监管与服务信息系统，实现岸电使用全信息采集、全链条监管。三是推动安徽省出台长江船舶污染防治条例，长江经济带船舶垃圾、生活污水交付量同比增长50.2%、30.8%。四是印发《长江干线载运散装液体危险货物洗舱指南》，引导船舶规范洗舱。打造“船员服务驿站”和“水上社区”服务品牌，启动安徽枞阳、重庆万州、重庆云阳等水上绿色综合服务区建设。五是实施航道疏浚土综合利用约900万立方米，联合开展干线水域非法采砂专项整治。六是开展长江航运进入碳交易市场、锂电池过闸和长江干线绿色航道养护指标体系专项研究，修订长江航道工程生态设计等指南性文件。

五、长江航道建设情况

（一）公共服务提档升级

提炼“一滩一策”精准疏浚模式，全年完成疏浚量7274万立方米。正式将宜昌至松滋、城陵矶至武汉河段航道水深提高到4.5米；试运行将松滋至荆州河段航道水深提高到4.0米，将武汉至安庆河段中洪水期航道水深提高0.5~1米。1076盏新型航标灯推广应用，试运行智能通行信号指挥系统，依托“长江新链”试点应用“5G+北斗”航标通讯终端，中游桥区航标全部实现同步闪。新开通引江济淮枞阳小港专用航道，为90余项重大涉水工程建设提供技术服务。

（二）航道建设稳步推进

荆江二期工程工程可行性研究报告通过国家发展和改革委员会审查，朝涪段、涪丰段工程加快实施，武汉至重庆段航道区段标准统一迈出最坚实一步。安芜段、南槽二期等黄金水道扩能工程前期工作加快推进。宜昌疏浚基地等14处航道基础设施交付使用。第二艘13800立方米耙吸式挖泥船投入运行，首艘30米级新型航标船、30米级纯电动测量船先后入列。11个项目交工、11个项目竣工、15个在建项目进展顺利。岱家山基地建设完成，航道大院正式启用。

（三）数字航道建设取得突破

积极发挥“干线牵引”主导作用，以干支联通推动干支联动，长江电子航道图新增联通嘉陵江、皖江支流、京杭运河等720公里航道，完成汉江北支、唐白河干流约234公里河段电子航道图制作，服务范围已覆盖长江流域高等级航道5000余公里，为5078艘进江海轮提供电子航道图在线升级服务，干支联通、水系成网、江海联运已颇具规模。牵头与17家港航单位、科研院所成立长江水系电子航道图服务联盟，为数百万用户提供精准、高效、便捷的综合信息服务，全国内河航运共建共享“水上一张图”的格局逐步构建。

六、三峡通航保障情况

（一）安全基础持续巩固

严格执行过闸船舶100%安全检查，精细化“老

小低”船舶通航安全管理，督促船方整改关键设备缺陷353项、船员履职缺陷340项，安检合格率提升至98.5%。三峡交管中心运行模式优化持续推进，共发布安全预警106次，实施禁限航管控92次，发现并纠正异常行为为380余次，实施船舶动态跟踪监控4.7万余艘次。

（二）保通保畅有力推进

2023年，三峡枢纽航运通过量达1.74亿吨，葛洲坝枢纽航运通过量达1.82亿吨，分别同比增长8.77%、11.18%，为畅通长江航运物流大动脉和国内经济回升向好作出了积极贡献。三峡船闸运行11066闸次，三峡升船机运行4614厢次，葛洲坝船闸运行19977闸次。安排重点急运物资船舶151艘次，军事运输、长线客船顺畅过坝，全力支持地方政府打造“两坝一峡”国内水路旅游客运精品航线。高效完成升船机停航检修，统筹两坝船闸设备设施日常维保和检查修理，船闸等主要设备完好率99.59%，主要运行设备故障碍航率0.001%，航道维护水深保证率100%和航标维护正常率100%。加强诚信记分及其分析评估和结果应用，对2160艘次过坝船舶进行诚信加分奖励，兑现120艘次船舶优先过坝奖励。三峡通航e站访问量突破1.4亿人次。

（三）绿色通航不断拓展

三峡坝上岸电试验区年度用电量突破1000万千瓦时，同比增长198.3%，增速长江全线前列。国内首艘入级中国船级社氢燃料电池动力船“三峡氢舟1”号落户三峡通航，目前已安全航行1000公里。不断深化“三控三全两禁止”三峡防污染模式，辖区船舶垃圾接收2379吨、生活污水接收16.1万立方米、残油废油173.6立方米、含油污水3433.5立方米，船舶垃圾、生活污水接收同比分别增长145.3%、120.4%，“零排放”成果进一步巩固。

第七节　珠江航务管理

2023年，交通运输部珠江航务管理局（简称“珠航局”）努力完成保安全、保畅通、保增长、促发展各项目标任务，推动珠江水运高质量发展取得新成效。珠航局多次赴水系地市一线就加快黄金水道建设、打造亿吨门户枢纽港等开展深入调研，发起“共建通道，共享未来”倡议，全力服务粤港澳大湾区等国家战略，助力沿江经济社会发展。珠江水系4省（自治区）国土空间规划（2021—2035年）分别获国务院批复，对完善区域综合交通网络作出新的部署，要求广东打造面向全球的国际门户枢纽，广西、贵州、云南对接融入粤港澳大湾区建设。2023年，珠江水系4省（自治区）共完成地区生产总值21万亿元，各省（自治区）GDP（国内生产总值）增速均在4%至5%之间。

一、珠江水运发展情况

（一）固定资产

2023年，珠江水系水运基础设施在建项目共计109个，完成投资304.91亿元；其中，航道（含船闸）建设项目共计29个，完成投资243.55亿元（含平陆运河203.08亿元）；港口建设项目共计80个，完成投资61.36亿元。

（二）航道建设

截至2023年底，珠江水系航道通航总里程为15793.3公里，其中Ⅰ级航道1018.9公里，Ⅱ级航道609.4公里，Ⅲ级航道1401.4公里，Ⅳ级航道1490.5公里，Ⅴ级航道514.7公里，Ⅵ级航道2082公里，Ⅶ级航道3247.8公里；等外航道5428.6公里。

西江航运干线扩能升级建设全面提速。西江航运干线贵港至梧州3000吨级航道一期工程通过竣工验收、二期工程主体交工并全线开通；西江航运干线南宁（牛湾）至贵港3000吨级航道工程可行性研究报告获批；长洲水利枢纽五线船闸工程加快推进项目前期工作，磨刀门水道及出海航道二期工程深化项目前期研究。

国家高等级航道网加快形成。北江航道扩能升级工程最后一座船闸——白石窑枢纽一线船闸完工并试通航；右江航道整治（两省交界至百色）主体工程最后一处滩点——大石滩完成整治，通过交工验收；来宾至桂平2000吨级航道主体工程通过交工验收；崖门出海航道二期工程于2024年1月通过交工验收；

顺德水道航道扩能升级工程，桂江航道工程马江至莲花大桥段、平乐至马江段开工建设；西部陆海新通道（平陆）运河全线开工，跨河桥梁净高标准由 18 米提升到 20 米。

（三）港口建设

梧州港藤县港区赤水圩作业区二期工程、贵港港中心港区广西郁江港务有限公司码头、中国华电集团贵港发电有限公司专用码头（一期工程）、柳州港鹿寨港区江口作业区一期工程（首期）完成竣工验收；佛山港高明港区高荷码头工程、云浮港都骑通用码头工程、梧州港藤县港区赤水圩作业区码头三期水工工程通过交工验收；来宾港武宣港区龙从作业区一期工程投产运营；贵州省珠江水系沿线建成便民码头 2 座。梧州港藤县港区赤水圩作业区三期、南宁港六景港区高山作业区一期、崇左港中心港区驮卢南作业区一期工程开工建设。截至 2023 年底，珠江水系内河港口生产用码头泊位共计 1753 个，港口货物年综合通过能力 6.72 亿吨、1789 万 TEU（标准集装箱）、4232 万人次。

（四）运输服务

2023 年，粤港两地暂停近 3 年的跨境水上客运航线顺利复航，粤港跨境航线客流平稳回暖，珠江水系 4 省（自治区）完成水路客运量 4628 万人次、旅客周转量 137539 万人公里，2 项指标均超过前 2 年（2021、2022 年）总和，其中客运量接近 2022 年的 3 倍、恢复到疫情前（2019 年）的 2/3 左右，周转量超过 2022 年的 3 倍、恢复到疫情前的 6 成左右。

2023 年，珠江水系 4 省（自治区）完成水路货运量 15.17 亿吨、货物周转量 28914 亿吨公里，均创历史新高，水路货运量比上年增长 9.1%，创疫情以来（2020—2023 年）增速最高值。其中，珠江水系内河货运量 8.58 亿吨、货物周转量 2486 亿吨公里，分别比上年增长 7.0%、11.7%。珠江水系内河港口完成货物吞吐量 8.32 亿吨、外贸货物吞吐量 8275 万吨、集装箱吞吐量 1373 万 TEU（标准集装箱），分别比上年增长 12.6%、10.5%、8.4%。西江航运干线长洲枢纽船闸过闸货运量首次突破 1.8 亿吨、达到 1.84 亿吨，比上年增长 18.3%。水路货运主要指标全部实现正增长，其中多项指标刷新历史纪录。

（五）运输船舶

珠江水系内河运输船舶运力规模总体平稳，继续保持船舶大型化趋势。截至 2023 年底，珠江水系拥有内河运输船舶 13916 艘、净载重量 2651 万吨、载客量 7.4 万客位、集装箱箱位量 30 万 TEU（标准集装箱），其中内河运输机动货船 12564 艘，平均净载重量达到 2110 吨，比上年增加 43 吨。长洲船闸过闸船舶平均核载重量达到 2712 吨，比上年增加 140 吨。

（六）安全形势

珠航局制定《珠江水运和琼州海峡客滚运输安全生产重大隐患排查整治和重大风险防范化解 2023 年专项行动总体方案》《2023 年汛期西江航运干线和琼州海峡交通运输重要基础设施安全防护工作督导检查方案》，指导相关企业建立健全安全风险分级管控和隐患排查治理双重预防机制，严密防范和有效化解各类重大风险。2023 年，共发生一般等级以上内河运输船舶交通事故 12 件、死亡 11 人、沉船 2 艘、直接经济损失 362 万元，与 2022 年度相比，交通事故件数增长 20%、死亡人数增长 57.1%、沉船艘数下降 60%、直接经济损失下降 18.8%。

（七）绿色水运

生态航道。完成贵港至梧州 3000 吨级航道工程生态护岸二期工程建设；统筹推进山水林田湖草海湿地系统治理，实施平陆运河沿线重要生态系统重大修复工程。

绿色港口。2023 年绿色与安全港口大会在广西南宁举办，发布 2023 年中国港口协会绿色港口等级评价评审结果，广州港南沙一期码头、赤湾集装箱码头、深圳妈湾仓码获评全国四星级绿色港口，贵港北港国际集装箱码头（4-6 号泊位）项目获评全国三星级绿色港口。

船舶靠港使用岸电。截至 2023 年底，西江航运干线沿线港口已建岸电设施 383 套，覆盖 501 个泊位，覆盖率 81%；广东省内河港口码头实现岸电设施全覆盖。广东组织编制适用于内河低压小容量岸电设施建设的技术要求，并转化为地方标准《内河港口岸电设施建设技术规范》（DB44/T 2439—2023）。

清洁能源船舶应用。截至2023年底，广东LNG（液化天然气）单一动力船舶运营规模继续保持全国首位；广西首艘内河5000吨级纯LNG动力集散两用船“富德6689”检验发证。

二、重点工作完成情况

（一）有序实施珠江航运“十四五”规划

2023年，交通运输部启动水运“十四五”规划实施中期评估工作，珠航局第一时间向交通运输部进行专题汇报，成立以局主要领导为组长的专项工作组，组织函调、现场调研和交流座谈，组织召开珠江水系航运规划领导小组会议，完成《水运“十四五”发展规划》《珠江航运“十四五”发展规划》中期评估。加快“十四五”项目前期工作，完成西江航运干线应急抢通救助基地（梧州）项目工可报告编制，取得用地预审与选址意见书。

（二）积极谋划交通强国珠航篇

《加快建设交通强国五年行动计划（2023—2027年）》（交规划发〔2023〕21号）出台，涉及珠江水运的重大工程有广州港南沙五期等。珠航局成立“加快建设交通强国领导小组”，组织召开交通强国珠航篇专题研讨会，局领导带队开展专题调研，制定《珠航局加快建设交通强国珠航篇工作方案》，印发实施《加快建设交通强国珠航篇五年行动计划（2023—2027年）》。

（三）召开珠江水运发展高层协调会议

珠航局编制《珠江水运发展高层协调机制工作指导书》，组织召开2023年珠江水运发展高层协调会议，4省（自治区）政府主要领导及交通运输部、国家发展和改革委员会、财政部、水利部等领导出席会议，共同研究“优化大通道、畅通大循环，推进珠江水运高质量发展”工作，审议通过《2023年珠江水运发展高层协调会议纪要》，对珠江水运高质量发展重点工作进行了部署。

（四）保障西江航运干线安全畅通

由珠航局主编的《通航建筑物联合调度技术规程》、参编的《航道养护技术核查指南》正式施行，《西江航运干线过闸船舶保通保畅联动调度机制》《西江航运干线过闸船舶信用管理办法》通过专家会审，通航保畅工作建章立制迈出关键第一步。长洲枢纽船闸率先开展船闸设备运行效率提升及对策研究；大藤峡船闸通过能力挖潜提效工作取得成果，船闸运行效率有效提升。

第八节　海事管理

一、通航管理

（一）通航环境管理

完成渤海及以东海域、广东沿海的主要公共航路公布，更新发布北部湾船舶主要公共航路。保障国家“十四五”规划中102项重大工程中的涉水工程安全有序实施。统筹协调海上风电与海上交通资源冲突问题，推动海南省完成海上风电项目选址优化，广东省编制《广东海洋经济与航路保护协调发展研究报告》。

（二）通航秩序管理

2023年，全国累计开展沿海港区、海区及内河水域巡航15.95万次、出动执法人员42.92万人次、总巡航时间40.84万小时、总巡航里程305.52万海里。持续打击内河船舶非法从事海上运输和非法砂石运输违法行为，2023年查处非法船舶80艘次，罚款1291万元，推动拆解船舶9艘。

（三）船舶交通管理（VTS）

2023年，全国各VTS中心共接收船舶报告1114.7万次、提供信息服务899.45万次、交通组织服务175.06万次，处置水上突发事件2314起、违法行为5.22万宗。

（四）水上无线电通信和航行警（通）告管理

2023年，办理船舶制式无线电台识别码行政许可7.22万件、执照行政许可7.76万件；开展无线电监督检查31.1万起。

全国共发布航行警告8376份，航行通告11587份；协调第XI区航警区域协调人（日本）发布航警40次。

（五）全要素水上“大交管”建设

制定《关于加快推进全要素水上“大交管”建设工作方案》《全要素水上“大交管”动态监控一体化指南》《“交通组织一体化”指南》，推进环渤海、长三角、粤港澳大湾区等重点区域交通组织一体化工作。印发

《长三角海事监管与服务保障一体化建设方案》，组建长三角全要素水上"大交管"工作专班，推进一体化监管平台、公共服务App建设。

二、船舶监督

（一）船舶登记

截至2023年底，现有国籍登记有效船舶约18.5万艘、约2.1亿总吨。其中，海船32893艘，约1.1亿总吨；内河船151798艘，约1亿总吨。

（二）国际航行船舶进出口岸查验情况

2023年，办理国际航行船舶进出口岸查验42.27万艘次，同比增长7.04%。全年国际航行船舶载运货物32.78亿吨，载运旅客132万人次。

（三）国内航行船舶报告情况

2023年，全国共接收船舶进出港报告2793.47万次，与2022年（2406.1万次）同比增长16.1%。全年国内航行船舶载运货物150.17亿吨，载运旅客5.45亿人次。

（四）船旗国检查和港口国监督

2023年，实施船旗国监督初次检查14.88万艘次，其中海船3.49万艘次，滞留率为6.95%；河船11.39万艘次，滞留率为2.23%。实施港口国监督检查7720艘次，滞留率为9.42%。

中国籍国际航行船舶在外接受港口国监督检查1291艘次，被滞留4艘次，继续保持低滞留率。

依据诚信船舶评选程序，评选337艘船舶为2023年度安全诚信船舶。285艘船舶被列入中国海事局公布的重点跟踪船舶名单，429艘船舶经过系统整改脱离重点跟踪船舶名单。

（五）口岸开放管理

2023年，发布3个水运口岸对外开放（扩大开放）公告，参与5个水运口岸对外开放（扩大开放）国家验收；办理国际航行船舶临时进出非开放水域期限审批事项43件次。涉及辽宁、江苏、浙江、福建、广东、海南等省份。

三、危防管理

（一）船舶载运危险货物管理

开展船舶载运危险货物安全风险集中治理。修订"两员"考核大纲、制定"两员"考核复习指南。组织开展"两员"职业资格全国统一考核。

2023年，直属海事管理机构监管进出港危险货物41.07亿吨，监管载运危险货物船舶60.83万艘次，船载危险货物现场检查10.34万艘次。

（二）船舶防污染管理

2023年，实施船舶防污染检查28.58万艘次，收到船舶油污水接收处理作业报告15.93万艘次、生活污水接收处理作业报告113.21万艘次、垃圾接收处理作业报告164.39万艘次、其他污染物接收处理作业报告903艘次、压载水排放或接收处理作业报告5.29万艘次。推动出台《安徽省长江船舶污染防治条例》等地方性船舶污染防治条例。

（三）船舶能耗数据和碳强度管理

成立船舶能效管理中心。贯彻落实《船舶能耗数据和碳强度管理办法》，做好船舶能耗数据统计、分析、核实及现场监督管理工作。鼓励航运企业和船舶使用清洁绿色低碳能源，持续推进制度性、技术性减排。

（四）船舶污染应急和赔偿机制建设

组织开展船舶污染清污协议制度实施情况交叉检查、国家溢油应急设备库年度巡检。组织召开船舶油污损害赔偿基金管理委员会年度会议。

四、船员管理

（一）船员数量

截至2023年底，共有注册船员1982163人，其中国际船员682635人、沿海船员261319人、内河船员1038209人。2023年，全国新增船员84821人，其中国际船员27860人、沿海船员15370人、内河船舶船员41591人。

（二）强化船员管理

部署开展加强内河船舶配员管理行动，试点开展船舶配员远程核验打卡，内河船舶配员违法行为整体下降趋势明显，其中长江江苏段、珠三角地区内河船舶配员合格率达95%以上。

梳理修订船员管理相关规范性文件，完善船员管理法规体系。开展直属海事局船员质量管理体系审核工作，提高船员管理工作的质量管控。开发船员实操评估管理系统、内河船舶船员航线实景视频考试系统，以信息化手段提高船员评估质量。使用信息化手段加强船员培训日常监管。

（三）完善船员管理制度

成功推动财政部、国家税务总局延续实施远洋船员个人所得税政策；组织召开全国海上劳动关系三方协调机制第5次工作会议，将人力资源和社会保障部纳入三方机制。制定下发加强船员服务行业管理相关工作的通知，促进船员服务市场规范。组织开展“世界海员日”系列庆祝活动，成功举办第六届海员技能大比武，首次将内河船舶船员纳入评比范畴。

（四）优化船员发展环境

制定船员发证内部指导手册，推动跨部门、跨区域协同联动。修订发布《海员外派管理规定》，优化海上设施工作人员海上交通安全技能培训管理，服务海上风电等产业安全发展。平稳推进疫情后船员管理政策过渡，推进船员通关、上岸、换班正常化，船员管理各项工作重回正轨。

五、水上交通事故调查处理

（一）水上交通事故情况

2023年,全国运输船舶未发生重特大水上交通事故,发生一般等级以上中国籍运输船舶水上交通事故89起、死亡失踪78人、沉船24艘、直接经济损失12208.3万元,同比分别下降14.4%、31.6%、29.4%、38.3%。

（二）健全事故调查法规制度

经国务院批准，印发《关于海上交通事故等级划分的直接经济损失标准的公告》（部公告2023年第37号），大幅提高事故等级标准。印发《水上交通事故调查处理管理办法》，进一步规范事故调查处理程序。

（三）事故调查处理

贯彻落实国务院领导同志批示精神，对大连“9·23”“锦海顺1”轮与“辽丹渔23632”轮碰撞事故进行提级调查，完成事故调查处理工作。先后完成烟台“12·12”“天丰369”轮自沉、阳江“7·2”“福景001”起重船风灾、上海“10·31”“裕耀”轮与“苏启渔05108”轮碰撞、威海“12·22”“金旺岭”轮与“鲁日山渔61027”轮碰撞共4起重大事故调查处理工作。

（四）海事调查官管理

完成2023年海事调查官年度注册，其中高级海事调查官158人、中级海事调查官1224人。

六、航运公司安全与防污染管理

截至2023年底，全国已建立安全管理体系航运公司共2232家，其中国际公司270家、国内公司1962家；体系内船舶共15065艘，其中国际航行船舶1541艘、国内航行船舶13524艘。完成2023年度安全诚信航运公司评选，新评4家，年度签注34家；9家列入重点跟踪航运公司，6家解除重点跟踪航运公司。共注册审核员2609人，其中主任审核员690人、普通审核员1919人。

七、航海保障

（一）航标管理

截至2023年底，中国沿海共有1个国家级AIS（船舶自动识别系统）中心、1个国家AIS数据备份中心、3个海区中心、19个辖区中心、219座基站；内河AIS岸基系统共有5个水系中心、17个省级中心和410座基站。共管理沿海航标21436座，其中公用航标11316座、专用航标10120座。发布一类航标动态1246份，二类航标动态344份。

（二）海道测绘

2023年测量总面积23634.9换算平方公里，出版发行中国沿海港口航道图218幅、电子海图233幅。出版发行《中国沿海进港指南（北方海区、南海海区）》《中国沿海潮汐表（江苏、上海港、杭州湾、宁波舟山港、福建、珠江口）2024》《中国海区助航标志表（北方海区、东海海区、南海海区）2023~2024》等系列航海图书。开展88个港口或区域的通航尺度核定测量，测量面积13744.3换算平方公里，编制配套专题图96幅。

（三）水上安全通信

2023年公益通信量2662406次，播发安全信息850441条，其中发布航行警告597938次，播发中英文气象预报130551次，安全信息播发准确率达

100%，通信事故、无线电报和无线电话差错率为零。

（四）应急服务

不断健全应急反应机制，强化应急演练，应急反应能力得到进一步提升。全年应急设标128座次，应急扫测854.78换算平方公里，处理遇险紧急特殊通信33起，DSC（数字选择呼叫系统）遇险通信133396次。

（五）一体化融合发展

各直属海事局和航海保障中心持续深化一体化融合发展工作，双方新签订融合共建协议或备忘录49份，在业务协同、服务保障、资源共享、党建互动等方面开展多层次、多领域共建交流，共同打造发展命运共同体。

八、基本建设

（一）基本建设项目建设管理

全年累计完成投资9.64亿元。服务国家重大战略不断深化。推动海南两个全岛封关项目立项批复并开工建设，为海南自贸港实现2025年封关目标提供有力支撑；上海船员评估示范中心竣工验收并投入使用，广东、天津等船员评估中心建设稳步推进，服务民生、服务船员作用更加凸显；全力推进天津、丹东、三亚等6个船舶溢油应急设备库开工建设，溢油污染响应及清除能力不断提升。重大装备设施建设取得进展，“海巡03”轮、“海巡08”轮列编，深远海监管和测绘能力持续提升；新技术应用和国产化替代稳步推进，船舶交通管理系统（VTS）岸基雷达科技攻坚取得阶段性成果并开始试点应用，山东海事局两架大型无人机正式列编。2023年，完成南海航海保障中心大型航标船建造、粤东粤北视频监控系统补点工程等32个项目的竣工验收。

（二）海事船舶建造

截至2023年底，直属海事系统（不含呼伦贝尔局、澜沧江局）共有各类型船艇822艘，其中巡逻船724艘（海船381艘、内河船343艘）、航标船81艘、测量船14艘、特种船3艘。海上巡逻船：大型巡逻船6艘、中型巡逻船90艘、小型巡逻船285艘；内河巡逻船：大型巡逻船8艘、中型巡逻船38艘、小型巡逻船115艘、15米级及以下巡逻艇182艘。航标船：大型航标船9艘、中型航标船17艘、小型航标船36艘、航标艇19艘。测量船：大型测量船2艘、中型测量船9艘、20米级小型测量船3艘。

第九节　海上搜救

2023年，全国各级海上搜救中心共组织协调搜救行动1591次，成功救助中外遇险船舶897艘、中外遇险人员10269人，搜救成功率96.8%。妥善处置“鲁蓬远渔028”倾覆沉没、“宏浦6”轮爆炸、“闽平渔冷61699”沉没等重大突发事件，成功防御了“杜苏芮”“泰利”等多个台风，圆满完成了成都大运会、杭州亚运会、第三届“一带一路”国际合作高峰论坛、全国两会、“春运”“国庆”等重点时段应急值守和保障任务，切实提供了海上搜救应急保障，有效保障了人民群众生命财产安全。

一、持续健全海上搜救应急体系

优化调整完善国家海上搜救、国家重大海上溢油应急处置部际联席会议机制，建立国家重大海上溢油应急处置信息交换共享工作机制。推进修订《国家海上搜救应急预案》《国家重大海上溢油应急处置预案》，编制预案相关配套程序，持续健全完善海上搜救应急制度体系。健全完善长江水上搜救协调联动机制，建立安徽、湖南等地省级水上搜救联席会议制度，建立健全琼州海峡海上搜救应急协调机制和海上溢油应急协调机制。

二、推动海上搜救应急高质量发展

持续推进海上搜救能力提升专项试点，印发《翻扣船舶被困人员快速搜救应急处置程序》《翻扣船舶被困人员快速搜救操作规范和技术指南》《协同力量搜救装备配置指南》。坚持问题导向，围绕优化海上巡航救助力量部署动态调整机制、提升海上大规模人命救助应急能力、加强海上风电场突发事件应急搜救开展调研，着力破解发展难题。召开海上搜救工作经验交流会，强化典型案例经验交流。组织开展远洋渔船“鲁蓬远渔028”倾覆沉没等搜救行动评估复盘，做好典型海上突发事件搜救行动后评估，全面提升海上搜救应急能力。

三、不断深化协同联动凝聚合力

分别联合天津市人民政府、中国石油天然气集团有限公司、中国石油化工股份有限公司、中国海洋石油集团有限公司、中国远洋海运集团有限公司、中国船东协会、海南省海上搜救中心举办2023年国家海上溢油应急专项演练、反海盗船岸联合演练、大型客船遇险应急处置桌面推演等国家级演习演练，完善应急协调联动机制，切实增强应急实战能力。积极做好护航行动协调配合和服务保障工作，全年共协助海军完成60批75艘次中外船舶的护航任务。组织部际联席会议成员单位开展“走进搜救一线”调研实践活动。与农业农村部、应急管理部等联合开展第三届“最美海上搜救人”推选宣传活动。

四、增强海上搜救应急国际影响

深化与周边国家的双多边务实合作，推动中越海上搜救合作协定成功签署，就中俄海上搜救合作谅解备忘录（草案）进行磋商并达成一致。成功举办第25届中日韩俄四国海上搜救合作操作级别会议、全球可持续交通高峰论坛海上搜救主题边会、博鳌亚洲论坛2023年年会南海主题分论坛和2023年中国—东盟国家海上搜救高级培训班，高质量办好海上搜救国际交流主场活动。分析研判全球重点海域海盗活动情况，积极参加国际海事组织、亚洲地区反海盗及武装劫船合作协定等反海盗国际事务。我国政府推荐的“浙龙港渔05668”全体船员获得2023年国际海事组织“海上特别勇敢奖”奖状，海上搜救的国际话语权和影响力不断提升。

五、2023年度搜救工作统计数据

表4-6-1 2023年组织协调海上搜救行动次数（共计1591次）

碰撞	搁浅	自沉	机损	火灾 / 爆炸	触礁
169	119	71	236	53	33
风灾	触损	浪损	伤病	其他	
7	18	8	324	553	

注：沿海港口深水泊位数含长江南京以下港口泊位。

表4-6-2 2023年按遇险区域统计遇险次数（共计1591次）

区域	次数
渤海海区	328
黄海海区	164
东海海区	498
南海海区	419
黑龙江	2
珠江	57
长江上游	3
长江中游	2
长江下游	11
内河支流	94
水库湖泊	1
其他	12

表4-6-3 2023年搜救部门组织、协调、指挥搜救行动次数（共计1591次）

单位	次数
黑龙江省水上搜救指挥中心	3
辽宁省海上搜救中心	275
河北省海上搜救中心	43
天津市海上搜救中心	44
山东省海上搜救中心	67
连云港海上搜救中心	68
上海海上搜救中心	238
浙江省海上搜救中心	102
福建省海上搜救中心	160
广东省海上搜救中心（含深圳）	330
广西海上搜救中心	147
海南省海上搜救中心	98
长江干线水上搜救协调中心	16

表4-6-4 2023年按遇险等级统计遇险次数

遇险等级	一般	较大	重大	特大
次数	1473	113	5	0
风灾	触损	浪损	伤病	其他

表 4-6-5　2023 年救助遇险人员情况

遇险人员		获救人员		死亡失踪人员	
中国籍人员	外籍人员	中国籍人员	外籍人员	中国籍人员	外籍人员
9527	1076	9215	1054	312	22

注：共计 10603 人遇险，其中 10269 人获救，全年搜救成功率 96.8%。

表 4-6-6　2023 年救助遇险船舶情况

遇险船舶		获救船舶		沉没船舶	
中国籍船舶	外籍船舶	中国籍船舶	外籍船舶	中国籍船舶	外籍船舶
928	93	809	88	119	5

注：共计 1021 艘船舶遇险，其中 897 艘船舶获救，124 艘船舶沉没。

表 4-6-7　2023 年协调搜救船艇艘次（共计 9756 艘次）

海事	救捞	军队力量	社会力量	渔船	过往船舶
1022	200	417	2352	2140	3625

表 4-6-8　2023 年协调搜救飞机架次（共计 256 架次）

海事飞机	救助飞机	军队飞机	社会飞机
7	206	6	37

第十节　救助打捞

一、应急救助

2023 年，交通运输部救捞系统在交通运输部的坚强领导下，全力以赴执行党中央、国务院交办的特殊重大专项任务，以坚定信念和有力行动切实保障了海上人命、环境和财产安全，全年共计执行应急救助和抢险打捞任务 1056 起，出动专业救捞力量 1546 次，救助遇险人员 1458 名（其中外籍人员 237 名），救助遇险船舶 55 艘（其中外籍船舶 15 艘），打捞沉船 5 艘，直接获救财产总价值约 95.77 亿元。

2023 年 1 月 10 日至 14 日，北海救助局“北海救 115”轮前往青岛东南约 45 海里处救助发生爆炸的空载油轮“宏浦 6”轮及船上 17 名遇险船员。

2023 年 1 月 17 日，广州打捞局“华盛龙”轮，在非洲安哥拉，救助 3 名非洲裔遇险渔民。

2023 年 1 月 22 日至 2 月 2 日，北海救助局与烟台打捞局组成联合救援队圆满完成河南三门峡大坝下游河道失踪人员应急救援任务。

2023 年 3 月 3 日至 13 日，南海救助局“南海救 115”轮，在海南南沙海域，救助失去动力巴拿马籍大型散货船及 21 名遇险船员。

2023 年 3 月 24 日至 4 月 3 日，北海救助局“B-7126”救助直升机先后 4 次飞赴山东烟台招远市玲珑镇、龙口市大庄村、牟平区昆嵛山和牟平区唐家埠村等地执行森林灭火任务。

2023 年 3 月 30 日至 4 月 4 日，东海救助局“东海救 113”轮、“B-7345”救助直升机在福建泉州以东 20 海里处，救助机舱失火船“鹭岛油 3”轮及 14 名遇险船员。

2023 年 4 月至 7 月，烟台打捞局在山东青岛灵山岛东南海域，完成“宏浦 6”轮抽油打捞工程。

2023 年 5 月 16 日至 19 日，北海救助局“北海救 101”轮在山东石岛附近海域，救助尾轴故障新加坡籍散货船“KWK PROVIDENCE”轮及 27 名遇险船员。

2023 年 6 月 19 日至 27 日，东海救助局“东海救 101”轮在上海长江口南槽灯船以东约 15 海里处，救助机舱失火集装箱船“中谷泰山”轮及 12 名遇险船员。

2023 年 7 月 17 日，南海救助局“南海救 115”轮在海南西沙海域，救助受台风影响失去动力漂移半潜船及 25 名遇险船员。

2023 年 7 月 19 日至 9 月 21 日，东海救助局和上海打捞局救捞力量，在江苏桃花岛以东约 32 海里处，救助机舱进水的沙特阿拉伯籍油轮“GULF DEFFI”轮。

2023 年 7 月 29 日，台风“杜苏芮”影响期间，东海救助局福州救助基地应急救助队在福建福州亭江镇连续作战，成功执行多起救援任务，救起 7 名遇险人员。

2023 年 8 月 20 日，东海救助局“东海救 112”轮和“B-7357”“B-7359”救助直升机在江苏盐城附近海域，救助货舱进水外籍散货船“松林 9”轮上 16 名遇险船员。

2023 年 8 月 28 日，东海救助局“东海救 112”轮、“B-7357”救助直升机在江苏连云港灌河口锚地附近水域，救助因货舱进水坐沉货船“正和 9”轮上 10 名遇险船员。

2023 年 9 月 3 日，北海救助局“北海救 203”轮在山东石岛东南约 120 海里处，救助失火渔船“琼临渔 80010”上 15 名遇险渔民。

2023 年 9 月 4 日至 6 日，东海救助局“东海救 115”轮和“B-7345”“B-7328”救助直升机在福建湄洲岛以东约 4 海里处，救助受台风影响主机故障油轮“岱油 69”轮及 22 名遇险船员。

2023 年 9 月 23 日，南海救助局“B-7136”救助直升机在广东阳江海陵岛西南约 24 海里处，夜航救助渔船“桂北渔 23388”上 3 名中毒渔民。

2023 年 10 月 8 日，东海救助局“东海救 101”轮、“东海救 204”轮、“B-7361”救助直升机在上海市长江口外鸡骨礁以东 22 海里处，救助沉没货船“顺畅 37”轮上 13 名遇险船员。

2023 年 10 月，广州打捞局在广东惠州巽寮湾附近海域，完成散货船“子洋 668”轮应急打捞任务。

2023 年 11 月 8 日，北海救助局“B-7309”救助直升机在辽宁大连老偏岛星石，救助被困岛上 18 名钓鱼人员。

2023 年 11 月 21 日，南海救助局“南海救 321”艇、深圳救助基地应急救助队在广东深圳美视码头对开海域，救助翻扣渔船“粤阳西 34328”内 2 名遇险人员。

2023 年 12 月 16 日，南海救助局“南海救 111”轮在涠洲岛西北约 14 海里处，救助失去动力漂航无名渔业辅助船及船上 5 名遇险人员。

2023 年 12 月 16 日，东海救助局“东海救 111”轮在福建宁德马刺岛西侧海域，救助主机失控无名作业渔船及船上 7 名遇险人员。

2023 年 12 月 16 日至 18 日，南海救助局“南海救 116”轮在广东阳江海陵岛东南约 46 海里处，救助主机故障伯利兹籍货船及 14 名遇险船员。

二、水工海运

2023 年 2 月 23 日，上海打捞局“德宏”轮主拖我国首座深远海浮式风电平台“海油观澜号”从山东青岛出发，于 3 月 15 日抵达广东珠海，总航程 1400 余海里。

2023 年 5 月 11 日，烟台打捞局“德渼”轮拖带“湾钻 3 号”钻井平台从山东烟台起航，于 5 月 27 日抵达广西涠洲油田，总航程 1600 余海里。

2023 年 6 月，广州打捞局完成明阳阳江青洲四期海上风电场国内首台 12MW 风机安装。

2023 年 7 月 19 日，广州打捞局 8 万吨半潜船“华瑞龙”轮装载 1 艘铺管船、2 艘三用拖轮从广州起航，于 8 月 19 日抵达中东阿联酋沙迦，3 艘船舶总重量达 45862 吨，总航程 5000 余海里，刷新广州打捞局半潜船装运货物总重量最高纪录。

2023 年 7 月 30 日，广州打捞局“华兴龙”轮装载 5 件大型海上储油船锻造模块从巴西起航，于 9 月 24 日抵达山东蓬莱，总航程 13000 余海里。

2023 年 7 月，广州打捞局在南海海域创造了全球首次半潜船配合浮吊船安装海上升压站导管架的成功范例。

2023 年 8 月，广州打捞局承建的省级“平安百年品质工程”创建示范达标项目——江西宜春港樟树港区河西作业区综合码头项目通过交工验收。

2023 年 8 月，广州打捞局完成全球首台“导管架风机 + 网箱”风渔一体化智能装备渔业导管架基础安装工作。

2023 年 10 月，上海打捞局完成蓬莱 PL19-3 平台油田开发项目，顺利完成了挖沟、膨胀弯安装、海缆铺设及后保护施工等各项工程内容。

2023 年 11 月 9 日，广州打捞局参建的印尼 CIRATA 漂浮光伏电厂项目并网发电。该项目装机容量 192 兆瓦，是目前印尼首个、东南亚最大漂浮光伏电厂项目，也是全球在建最深的漂浮式光伏电厂项目。

2023 年 11 月，烟台打捞局完成山东半岛南海上风电基地 U 场址一期风电施工作业。

三、训练演练

参加 2023 年国家海上溢油应急专项演练。2023 年 9 月 6 日，交通运输部和天津市人民政府共同举办了“2023 年国家海上溢油应急专项演练”。交通运输部救助打捞局组织北海救助局派遣 1 艘救助船艇开展了溢油监视监测、溢油围控清除、船舶应急撤离等科目演练，进一步加强了救捞力量海上溢油处置能力。

稳步推进救助飞行训练。2023 年，救捞系统开展“飞行质量年”活动，重点开展夜间飞行、船载直升机飞行等训练，全年共完成训练5000余小时，进一步提升空中应急救助能力。

联合举办2023年琼州海峡大规模人命救助应急演练。2023年4月11日，南海救助局联合海口海事局、海南铁路有限公司举办“2023年琼州海峡大规模人命救助应急演练”。南海救助局派遣4艘救助船艇开展了客滚船大规模转移人员、救生吊篮转移人员、水面快速救助落水人员等科目演练，进一步提高了海上突发事件应急反应协作能力。

参加2023年辽宁省海上大规模人命救助综合演练。2023年5月23日，辽宁省海上搜救中心举办了“2023年辽宁省海上大规模人命救助综合演练”。北海救助局派遣2艘救助船艇、1架救助直升机开展了应急消防、大规模人员转运、应急救生等科目演练，进一步提升了专业救捞力量海上大规模人命救助能力。

参加2023年琼州海峡客滚船海上应急搜救综合演练。2023年6月20日，湛江市海上搜救分中心组织“2023年琼州海峡客滚船海上应急搜救综合演练”。南海救助局派遣1艘救助船艇开展了火灾救援、落水人员搜寻及救治、大规模人员转移、拖带救助等科目演练，提高了海上突发事件的应急反应协作能力，展示了海上专业救助力量的实战能力和良好素养。

参加2023年江苏省渔业安全生产应急演练。2023年7月27日，江苏省农业农村厅举办“2023年江苏省渔业安全生产应急演练”。东海救助局派遣1艘救助船艇、1支应急救助队开展商渔船碰撞险情处置、遇险人员应急医疗自救、船舶消防险情处置等科目演练，有效锤炼了应急救助队的联合救助能力。

四、科技装备

14000千瓦大型巡航救助船（升级版）“南海救103”轮顺利交船。2023年10月18日，南海救助局14000千瓦大型巡航救助船（升级版）“南海救103”轮顺利交船。“南海救103”轮总长136.9米，型宽26.7米，型深11米，设计吃水6.5米，系柱拖力350吨，配备DP3动力定位系统、全海深多波束和单波束探测系统，配置250吨波浪补偿吊机和350吨海上起重A字架，可搭载大、中型救助直升机，可搭载6000米自主式无缆潜航器和深海拖曳系统。

“德厚”轮列编。2023年8月11日，广州打捞局16000千瓦大马力三用拖轮“德厚”轮正式列编。“德厚”轮长91米，宽22米，主机功率16000千瓦，最大功率19000千瓦，满载排水量10379吨。

水下导向攻泥器“深鳗Ⅲ”交付。2023年，烟台打捞局水下导向攻泥器“深鳗Ⅲ”交付，该设备最大作业水深200米，最大水平钻进距离85米，具备在淤泥、黏土、砂质、硬土等地质条件下完成水下攻打过底千斤洞的能力。

完成AW189直升机监造。2023年，6架AW189直升机完成工厂监造和验收，其中3架最终验收交付，未来将正式担负应急值守任务。

无人搜救技术装备研发持续推进。2023年，救捞系统紧紧围绕救助能力提升需求和技术装备发展方向，持续推进无人机、无人潜航器等海上搜救技术装备研发。

第十一节　船舶检验

一、船舶检验管理

（一）船舶检验行业管理

印发《推进船舶检验高质量发展三年行动计划（2023—2025）》《关于建立运行“检验证书超期和异常”船舶信息通报机制的通知》《交通运输部海事局关于加强船舶检验印章管理有关事项的通知》，加强行业管理。

全面梳理现行有效船舶检验管理法规，印制最新版《船舶检验管理法规汇编》。在全国22个省份47家试点单位开展的深化小型船舶检验及其监督管理优化二期试点，共实施试点船舶16789艘次，为纳入船舶检验技术法规，形成长效机制奠定基础。全国营商环境创新试点城市开展的进口游艇换发检验证书优化试点圆满结束，自贸区（港）国际登记船舶放开法定检验取得阶段性成效。

（二）船舶检验技术规范

2023年，共制定《醇燃料动力船舶技术与检验暂行规则》等8部技术规范，完成《内河浮动设施技术规则》等6部技术规范的专家评审和集中审查工作。委托中国船级社开展氨燃料船舶和甲醇燃料加注船舶技术要求研究。

(三)船舶检验和检验机构管理

截至2023年底，全国共有中国籍检验登记商船182101艘，总吨位20668万。其中，国际航行船舶2045艘，总吨位3980万；国内航行船舶180056艘，总吨位16688万。全国共有中国籍检验登记渔船422356艘，总吨位1161万。其中，远洋渔船2573艘，总吨位188万；国内渔船419783艘，总吨位973万。2023年，中国籍商船、渔船共完成检验398664艘次，总吨位30541.5万。

国内船检机构包括交通运输部设置的船舶检验机构和地方人民政府设置的船舶检验机构。其中包括中国船级社及其下设12个国内分社、9个海外分社；地方省级商船检验机构27个，市级分支机构266个；与商船检验机构独立分设的地方省级渔检机构8个，所在省份分别为辽宁、黑龙江、江苏、安徽、福建、山东、广东、海南（黑龙江、江苏、广东、海南渔船检验监督职能在4省农业农村厅），省级直属和市、县级机构847个。外国船检机构在华设立的验船公司共有24个。

(四)注册验船师管理

完成2023年度全国注册验船师资格考试、船舶检验人员适任资格考试工作。更新全国注册验船师资格考试试题库，新征集4644道试题，完成试题修改26496道。

截至2023年底，全国共有在岗船舶检验人员7084人，包括中国船级社1756人，地方商船机构2380人，地方渔检机构2948人。直属海事系统取得注册验船师资格人员共计820人。

(五)船舶检验监督管理

组织开展船舶检验机构及外国在华验船公司监督管理，全年共组织对15家船舶检验机构开展监督检查，发现不合格项48个，发现问题项242项，督促船舶检验机构进行整改，提升船舶检验机构管理。针对检查中发现的福氏船级社（上海）有限公司违规检验问题，予以其停业整改处理，并对全行业进行警示通报。开展船舶检验日常监督工作。组织开展船舶重要日期确认556艘次，开展船舶吨位丈量抽查792艘次。

组织开展重大改建船舶检验专项检查工作，活动期间，核查船舶783艘，查出问题船舶50艘，形成典型案例22个；监督检查船舶770艘，发现问题船舶74艘，滞留船舶25艘，形成典型案例33个。

二、中国船级社船舶检验情况

(一)服务交通强国建设

制定实施加快建设交通强国五年行动计划工作方案，中国船级社交通强国试点任务取得阶段性成果，其中部分成果填补了国内技术空白，达到国际先进水平，数字智能和新型船舶装备技术、新检验技术与装备等受到业界高度关注与积极评价。强化全球检验服务网络韧性和安全水平，确保检验及时到位，全力做好粮食、能源资源等重要物资运输船舶检验。发挥“航运技术联合创新工作室”科技策源功能，积极参与上海港、洛杉矶港绿色航运走廊建设工作，支持上海国际航运中心建设。推动海南自贸港“船舶移籍一事联办系统”投入使用。与长江航务管理局共同发起，联合长江13省（市）签署“推动长江航运安全、绿色、协同和创新发展”协议。深化水上“双碳”路径研究，深度参与欧盟减排立法应对工作，为交通运输部相关决策提供支撑。完成重点水域、重点船舶岸电改造检验工作。发挥中国船级社船检主力军的引领作用，推进全国船舶检验高质量发展。举办“商”“渔”两期全国船舶检验人员业务知识培训。向十多个省（自治区、直辖市）船检机构免费赠送COMPASS船舶工程计算软件87套。全年全系统为地方船检及海事部门培训人数共计近万人次。

(二)船舶和海洋工程领域

截至2023年底，中国船级社检验船队总规模为35168艘、19600万总吨，较2022年增长981艘、858万总吨，同比增长2.9%和4.3%。其中，国际航行入级船舶3831艘、13454万总吨（其中，中国籍国际航行入级船舶2033艘，3856.08万总吨）；中国籍国内航行船舶28780艘、5689.2万总吨；中国籍远洋渔船

2590 艘、187 万总吨。

完成新造船检验 2274 艘、884.75 万总吨；审图 21 万余份，审图效率提升 15%。高效解决船东和船厂重大技术难题 286 项。国产首艘豪华邮轮“爱达·魔都”号、国内首艘氢燃料动力船“三峡氢舟 1”号、全球首制江海直达大型纯电池动力集装箱船检验等重点标志性项目成功交付。实现 CCS（中国船级社）非洲首艘新造船建造检验项目零的突破。远洋渔船审图建造检验实现重大突破。

完成国际航行入级船舶营运检验 8278 艘次，同比增长 8.3%。国际航行入级船舶审核 1937 艘次。远洋渔船营运检验 2429 艘次，国内船舶营运检验 28558 艘次。

签发船用产品证书 512321 份。签发型式认可 6000 份，工厂认可 2660 份。完成产品审图 10240 项。完成国内首台 LNG（液化天然气）离心式压缩机等多个项目型式认可并签发认可证书。

海上在役设施数量达到 1093 个，海上风电设施和海上渔业养殖 / 休闲设施达到 191 座，同比增长 59%。承担亚洲第一水深固定导管架建造检验、亚洲第一座圆筒型海上浮式生产储油轮（FPSO）建造检验，深水采油树、注水系统检验实现零的突破，签发首张海上油气二氧化碳捕获与封存系统、首张固定平台数字孪生系统符合证书。

（三）工业服务领域

建立针对大型桥梁关键区域和重要构件的无损检测服务能力、陆上风电叶片外观无人机巡检能力。成为国内唯一一家获得应急管理部海油安办全部资质的服务商。获得各类知识产权 17 项。获得全国首批无障碍环境认证资质，新增国际可持续发展和碳认证（ISCC）资质认可。获评 2023—2024 年度优秀设备工程监理单位。新颁发体系及产品认证证书 9644 张，安全生产标准化评价证书 1070 张，检验集装箱 68 万标准集装箱（TEU），完成工业产品检验监理项目 367 个，节能减排审定核查项目 1784 个。

（四）科技研发和技术创新

全年完成国家科研项目 11 项，社内科研项目 60 项。发布新规范 / 指南 35 部，修订 / 换版 36 部。荣获中国航海学会科技进步一等奖 2 项及多个二、三等奖，1 人入选第九届中国科协青年人才托举工程项目。获得“高新技术企业”证书。

发布全球首部《重型破冰船规范》。发布《船舶应用电池动力规范》《甲醇燃料加注船舶指南》等多部绿色低碳规范标准。开展检验数字化、数字化检验、大数据应用和分析、数字生态、管理数字化、数字基础设施 6 个方面的数字化能力建设，“一码通”技术投入应用。研制船舶网络工控测试平台和网络安全态势感知系统，推出《船舶网络安全指南》《船舶网络防火墙检验指南》。实验验证能力加快提升。首创成功开发涵盖标准温度场与结构试验仿真功能的数字试验炉。绿色实验室重点场景研发取得突破，完成混合动力系统仿真测试验证平台的开发和实船测试验证等。智能实验室“无人机 +AI”智能辅助检验系统上线运行。构建新技术、新装备在船舶检验中的等效替代验证评估方法、标准与能力。构建数字化辅助检验方案，开展船体结构测厚无人机、船舶检验机器人和船体结构缺陷图像识别技术研发和应用。完成检验业务数字化平台基础框架搭建、数据湖软件研发，温室气体减排综合服务平台等投入应用。发布新一代船体结构评估软件，实现 COMPASS-SDP 软件进一步迭代升级，完成有限元跨平台技术研究。完成浮式生产储油装置（FPSO）强度评估软件研发并提供评估服务。

（五）安全质量

落实交通运输部领导“三个绝不能过高估计”“四个无论”“五个不能”的要求，压实安全生产责任，制定推动安全生产向事前预防转型工作方案。实现国际航行运输船舶零重大事故，积极应对大量内贸船转外贸船新变化，保障国际航行运输船舶安全。扎实开展“双跨”专项治理、“夜游船”安全整治、重大改建船舶专项检查等专项行动，开展远洋渔船、电动客船安全风险排查行动，消除重点船舶安全隐患。持续优化管理体系，开发质量运行监控系统，建立全口径安全质量评价指标体系。CCS 级船舶在巴黎、东京、美国海岸警卫队三大备忘录中表现优良，国内船舶安全检查表现优秀。顺利通过中国、塞浦路斯、雅典等船旗国主管机关审核。

（六）国际海事事务与交流合作

深度参与国际海事组织（IMO）工作，全年提交提案18份，在IMO海上自主水面船舶规则、船舶温室气体排放等领域的技术支撑能力显著增强。10名个人及15份提案获得纪念中国恢复IMO合法席位50周年成绩突出通报表扬。

积极参与国际船级社协会（IACS）相关事务，承担IACS综合政策委员会、氨燃料等多个专家组主席关键岗位工作，在去碳化、数字化等重要领域标准制定中贡献显著。成功举办IACS材料焊接专家组年度会议暨新材料、新产品、新技术研讨会。

充分发挥在亚洲船级社协会（ACS）的技术引领作用，成功担任ACS安全工作组主席等，助力ACS技术工作有效推进。

成功举办全球可持续交通高峰论坛"绿色智能主题边会"、北外滩"数字智能分论坛""中国油运安全论坛"等。发布《航运低碳发展展望报告2023》。中芬智能船、马士基新能源技术应用等国际合作取得新突破。与欧盟海事安全局等多国海事主管机关开展技术交流。与曼恩、瓦锡兰、马士基等建立、推进双边合作。

新增圣马力诺、几内亚比绍、巴林、沙特阿拉伯、黑山海事主管机关法定检验授权，授权船旗国/地区数量达到61个。

（七）人才队伍建设和服务网点建设

建立科研、检验、市场融合贯通的协同工作机制。深化全口径应用，构建全要素可视化经营分析系统。打通人才成长通道，制定科技人才评价办法、青年科技人才托举制度、特高级及高级技术业务岗位管理办法，建立规范科研、现场检验多岗位、跨专业培养锻炼机制。新增沙特达曼检验服务网点，全球检验服务网点累计达129个。

第七章　民用航空

第一节　民航规划编制与实施情况

深入开展民航“十四五”发展规划中期评估工作，研究编制《“十四五”民用航空发展规划中期评估报告》；扎实推进民航“十四五”规划实施，印发2022年规划实施年度评估报告、2023年规划实施年度计划，落实《“十四五”现代综合交通运输体系发展规划》，制定印发局内分工方案；会同国家发展和改革委员会启动开展《全国民用运输机场布局规划》修编工作。

第二节　民航基础设施建设

一、总体情况

2023年，全行业完成固定资产投资总额1933.2亿元。其中，民航基本建设和技术改造投资1241.2亿元，比2022年增长0.8%，按系统划分如下：机场系统完成1119.2亿元，空管系统完成51.1亿元，安保系统完成1.6亿元，科教系统完成48.5亿元，油料系统完成9.4亿元，公用设施系统完成11.1亿元；飞机购置及租赁投资692亿元，比2022年增长2.5%。

2023年，新建朔州、安阳、湘西、阆中、普兰机场，迁建济宁机场建成投产，运输机场总量达259个。全年新开工、续建重大运输机场项目72个，新增跑道6条、停机位193个、航站楼面积59万平方米。

二、民用机场管理情况

（一）完善运输机场建筑信息模型标准体系

为加快推动智慧民航建设发展，提升行业数字化水平，发布《运输机场建筑信息模型（BIM）应用案例》《民用运输机场工程对象分类和编码标准》（MH/T 5070—2023）、《民用运输机场建筑信息模型设计应用标准》（MH/T 5071—2023）、《民用运输机场建筑信息模型施工应用标准》（MH/T 5072—2023）和《民用运输机场建筑信息模型运维应用标准》（MH/T 5073—2023），进一步完善民航BIM标准体系，更好地指导机场BIM技术实践。

（二）全面开展施工重大安全隐患专项排查整治

印发《关于开展民航专业工程施工重大安全隐患专项排查整治2023行动的通知》（局发明电〔2023〕1000号），配套发布《民航专业工程施工重大安全隐患判定标准（试行）》（AC-165-CA-2023-01）。各地区管理局、质监机构相继开展民航专业工程隐患排查治理工作，加强重大安全隐患管理，防范和遏制较大及以上级别生产安全事故发生。对监督执法人员开展集中专题培训，切实推进民航专业工程领域施工安全。

（三）持续强化不停航施工监管力度

2023年6月28日，中国民用航空局印发《运输机场不停航施工管理办法》（民航规〔2023〕21号），这是《运输机场运行安全管理规定》规章体系下首部专门针对不停航施工管理的重要规范性文件，对不停航施工管理工作进行了系统性的深化和细化。根据月度“全国运输机场工程建设简报”，机场司持续狠抓不停航施工管理，查找和补齐监管漏洞。多次组织对涉及不停航施工的重点机场建设项目开展督导，提出工作要求，落实监管责任。

（四）着力强化民航专业工程建设质量管理

为落实中国民用航空局党组关于加强工程质量监督、提升工程建设品质的有关要求，系统提出加强质量管理措施，组建“强化专业工程质量安全管理专班”，出台《关于加强民航专业工程建设质量管理工作的二十条措施》（民航规〔2023〕33号）、《运输机场场道工程建设质量检测管理办法》（民航规〔2023〕30号）等规范性文件，进一步规范民航专业工程建设质量行为，压实主体责任，提升专业工程建设质量水平，推动民航工程建设高质量发展。加强质监机构业务考核，修订印发《民航专业工程质量监督机构业务考核管理办法》(民航函〔2023〕550号)。

(五)健全保障农民工工资支付管理工作

相继组织召开了民航工程建设领域根治拖欠农民工工资工作会议、直属单位农民工工资支付保障督导调度会,推动欠薪问题集中高效解决。2023年4月12日,中国民用航空局印发《关于进一步加强民航工程建设领域根治拖欠农民工工资工作的通知》(民航函〔2023〕208号),提出根治欠薪10条措施,配套印发3个检查单,进一步明晰主体责任、强化检查督导,推动行业根治欠薪工作规范化、常态化,不断健全根治欠薪长效机制,积极保障农民工工资支付,维护行业健康稳定发展大局。

(六)进一步提升工程招投标管理效能

修订完成《民航专业工程建设项目招标投标管理办法》(AP-158-CA-2018-01-R2)、《民航专业工程建设项目评标专家和专家库管理办法》(MD-CA-2013-2-R5),完善民航专业工程招投标管理制度。大力推进招标投标全流程电子化,打造全行业统一的"电子交易平台",破解当前招投标监管面临的重大风险和突出问题,全面提升监管效能。开展招标投标领域突出问题专项治理,优化招标投标营商环境。

(七)积极推进工程质量安全体系建设

持续推进工程质量安全体系建设,发布5部行业标准或技术规范,积极开展7部相关规范的研究。建立民用机场桥梁、隧道工程技术标准体系,将进近灯光桥梁系统解决方案纳入亚太民航局长会议的行动项,并建议国际民航组织(ICAO)纳入国际标准。

(八)持续提高标准支撑发展能力

与时俱进强化标准动态管理,全年发布《飞机地锚设计与维护技术指南》(MH/T 5064—2023)、《通用机场选址技术指南》(MH/T 5065—2023)、《绿色机场评价导则》(MH/T 5069—2023)等16部工程建设行业标准,开展7部标准复审工作,不断提升标准与工程技术、管理的协调性。修编完成《民用直升机场飞行场地技术标准》(MH 5013—2023),确保与国际标准接轨。

(九)优化机场设备管理规章体系

《民用机场专用设备管理规定》经中国民用航空局局务会审议通过并报送交通运输部审查,重点增加了设备经营管理有关规定,调整了准入目录,明确了设备维护与年度评估要求等。发布出台《民用机场专用设备违法失信信息公布办法》,探索建立信用公示管理体系,强化事中事后监管力度。

(十)首次开展民航专业工程建筑业企业资质动态核查

通过探索组建专班、公示材料与结论的方式,对近五年核准的企业的施工二级资质开展核查。经核定,近六成企业资质不再满足标准,另出现部分企业提交虚假材料、人员执业资格"挂证"及个别企业违法分包工程项目等违法违规行为。经过此次核查,技术负责人频繁跳槽申请资质的势头被有效遏制,企业资质申报数量大幅下降,对市场秩序形成有力震慑。

(十一)助力中小机场四型机场建设

会同有关单位,在江苏淮安召开全国中小机场四型机场建设研讨会。会上公布了中小机场四型机场建设优秀案例,共有47家机场、55个项目入选,为行业提供了示范典型。

(十二)系统完善通用机场管理体系

围绕"大力服务低空经济发展",加快推动《通用机场管理规定》编制,进一步处理好放与管的关系,通过差异化分类分级,明确机场建设、许可备案和运营管理要求。发布《通用机场场址行业审查实施细则》(民航发〔2023〕41号),厘清管理局与地方政府职责界面,规范行业审查程序。发布《通用机场选址技术指南》(MH/T 5065—2023),指导各方降低机场建设成本,有序推动通用机场建设。

第三节 民航运输服务

一、国内国际航线开通情况

(一)国内航线情况

2023年,41家客运航空公司新开通国内(不含港澳台)客运航线共529条,其中核准航线3条,登记航线 526 条。

瑞丽航、青岛航两家公司开通内地至香港地区客运航线；邮政航、京东货运航、山东航、顺丰航 4 家公司开通内地至香港货运航线。京东货运航、顺丰航两家公司开通内地至澳门货运航线。

（二）国际航线情况

根据 2023 年底航班计划，共计 132 家航空公司（23 家国内航司、109 家外航）与 72 个国家保持定期客运航班飞行，每周共计 7074.5 班，其中国内航司 3601.5 班、外航 3473 班；共计 75 家航空公司（17 家国内航司、58 家外航）与 42 个国家保持定期货运航班飞行，每周共计 2284 班，其中，全货运航班 2171.5 班（内航 1124.5 班、外航 1047 班），客改货 112.5 班（内航 110.5 班、外航两班）。

（三）航班管理情况

一是根据中国民用航空局党组工作部署，按照 2022 年底下发的《安全有序恢复航空运输市场的工作方案》明确原则，下发六份行业文件，以春运、航班换季等为时间节点，基于安全保障能力，对航空公司进行分类差异化管控，分七个阶段组织恢复国内航空运输市场，确保航班量恢复速度与行业综合保障能力相匹配。二是在广泛征求行业意见建议的基础上，自 2023 年夏秋航季中（2023 年 5 月），通过承运人数量和客座率指标对国内航空客运市场实施精准化调控，从经济监管角度按供需适配度对不同类型的国内航线航班实施差异化管理，提高供给质量。三是启动《中国民航国内航线航班评审规则》修订工作，拟结合航空枢纽建设有关指导意见和原则，推进《国际客运航权配置规则》修订。大力推进国际客运增班工作，在政策适用上推动航权、时刻、预先飞行计划的政策融合，提升航权资源使用效率。

二、航班正常率有关情况

2023 年，中国民用航空局系统各单位深挖内潜，为航班运行创造良好的条件，不断提升航班运行效率。全国航班正常率为 87.8%，连续六年达到 80% 以上。

三、重大、特殊、紧急航空运输情况

2023 年，中国民用航空局根据相关单位、部委需求，组织开展救灾物资运输等各类重大、紧急航空运输任务，共组织 15 家国内航空公司执行 459 架次任务，运输人员 1.1 万人，物资 171 吨。

四、危险品运输情况

2023 年，共完成危险品货物运输 61.2 万吨，同比下降 8.5%，恢复至 2019 年的 89.7%，其中国内航空公司完成危险品货物运输 33.4 万吨，占危险品货物运输总量的 54.2%，同比下降 8.2%，恢复至 2019 年的 95.7%；占货邮运输总量的 4.5%。可实施危险品货物运输保障的机场共 101 个（其中新疆地区 24 个），全国机场完成危险品货物吞吐量 88.1 万吨，同比下降 5.4%，占全国货邮吞吐量 5.2%，恢复至 2019 年的 94%。批复及持有危险品许可的航空公司有 118 家，其中，国内航空公司 28 家，国外航空公司 82 家，港澳台航空公司 8 家。

五、运输结构调整情况

2023 年，中国民用航空局持续推进“干支通、全网联”航空运输网络体系建设，推广国内通程航班。印发《国内通程航班管理办法》（民航规〔2023〕31 号），完善“干支通、全网联”政策体系；批复新疆地区、成都天府进出藏中转通程快线、大连机场 3 个“干支通，全网联”试点，为“干支通、全网联”探索更多的实施路径和应用场景；推动“干支通、全网联”中转数字化双平台功能完善与融合，提升数字化保障和支撑水平；在国内航线航班、时刻、补贴等方面争取政策支持，为航空公司加入通程航班推广提供动力；与国产民机市场化应用深度融合，为国产民机提供更广阔的应用空间。

六、枢纽机场集疏运情况

为进一步促进枢纽机场联通轨道交通、加强综合交通运输体系建设，中国民用航空局会同相关地区管理局、航空公司、枢纽机场和研究支持单位组成调研组，赴北京大兴机场、上海虹桥和浦东机场，就综合交通集疏运体系设施、服务、管理等方面开展综合调研，推动综合交通集疏运体系建设取得更大提升。2023 年，全国 42 个枢纽机场中共有 40 个枢纽机场（除拉萨、桂林机场外）规划建设轨道交通联接线路，共有 31 个枢纽机场接入轨道交通，枢纽机场轨道接入率达到 73.8%，其中，8 个机场接入高铁，9 个机场接入城际铁路，13 个机场接入两条以上轨道交通线路，枢纽机场集疏运体系“硬联通”建设取得了积极成效。

第四节　民航安全管理

2023 年，全行业始终坚持生命至上、安全第一，始终坚持稳中求进、有序恢复，实现了行业安全运行与市场有序恢复。全行业未发生运输航空事故，发生运输航空征候 554 起，征候万时率为 0.45，同比下降 2.1%。其中，严重征候 4 起，同比增加 1 起，征候万时率为 0.0033，同比下降 31.5%。发生通航事故 11 起、12 人死亡，分别同比增加 1 起、3 人。面对严峻复杂的国内外安全形势和艰巨繁重的安保维稳任务，全国民航公安机关以防范化解重大风险为主基调，各项工作取得了一系列新成效，空防安全连续 21 年未发生责任事故。

一、切实强化思想引领

强化理论武装，严格落实“第一议题”制度，通过党组会、中心组学习等形式共计学习 39 次。深化主题教育，聚焦民航安全发展突出问题，党组牵头开展“贯彻总体国家安全观、牢牢守住安全底线”等 10 个课题研究，赴 200 余家单位开展调研，形成专题报告 21 份，形成《航空公司差异化监察大纲》等 40 余个制度成果。加强党建引领，坚持把安全生产纳入党组会重要议事日程，全年专题研究安全生产工作 16 次、21 个议题。将“统筹发展和安全、防范化解重大风险情况”作为 2023 年至 2027 年中国民用航空局党组巡视监督重点，将安全工作成效作为地区管理局、相关直属单位和领导干部年度考核的重要内容，进一步强化安全工作的政治责任。

二、航空运输市场实现安全有序恢复

科学统筹安全与发展，基于安全保障能力制定七个阶段安全有序恢复航空市场专项方案，统筹加强宏观调控，稳扎稳打组织生产恢复。通过民航发展基金安排中小机场、支线航空等运营补贴资金 72 亿元，支持航空市场主体安全平稳运行。强化差异化分类管控，分阶段对生产经营单位保障能力进行动态评估，对不同等级保障能力的单位及时采取自主安排或严格限制航班总量等措施，确保安全保障能力与恢复节奏动态匹配。全年共 11 家航空公司、14 家机场受到运行限制。加强源头管控，严把运输飞机引进关口，对 12 家航空公司共奖励 28 架飞机引进指标，对 3 家航空公司核减飞机引进指标。科学运用航权、航线、时刻、容量等关键资源，全方位提升安全考核权重。2023 年，在航班总量基本相当、国内航班总量超出 2019 年水平情况下，征候万时率、严重征候万时率、人为责任征候万时率较 2019 年分别下降 1.98%、68.97% 和 71.19%，全面实现了稳健恢复、运行安全、竞争有序的预期目标。

三、强化落实安全生产责任制

进一步压实安全责任。重点督导《中华人民共和国安全生产法》和“十五条硬措施”落实情况，制定《关于落实民航安全责任的管理办法》（AC-398-05），推动责任体系和责任原则不断健全。持续开展责任原因严重征候监管自查和履职反思，全年开展监管反思 44 次，依法依规对 3 家行政机构和 10 名行政人员追责问责。严厉查处违规违章等行为，全年实施行政处罚 270 起。持续盯紧盯住安全管理的“关键少数”，全年实施生产经营单位主要负责人行政约见 96 次。持续推动重点单位落实主体责任。针对部分航司不安全事件多发趋势，组织开展专项督导和“四不两直”检查，推动解决组织系统层面深层次问题。综合分析 12 家货运航空公司安全风险，加大飞行和维修业务领域监管力度。强化对危险品货物航空运输监督检查力度，督促企业完善危险品安全管理制度。重点对资产负债率超过 100% 的 10 余家航空公

司开展财务安全监测，防范不良财务状况衍生安全风险。

四、深入开展重大安全隐患排查整治

认真落实国务院安全生产委员会办公室统一部署，及时制定民航重大安全隐患判定标准，深入开展“民航重大安全隐患专项排查整治2023行动”，全行业累计排查问题隐患2.97万项、重大隐患19项，全年整改率达到99.9%。航空公司方面，重点围绕航空器适航性、人员资质、工作作风和风险控制开展中小航空公司安全运行专项排查整治。针对暑运航班增量和雷雨季航班延误开展机组疲劳管理专项检查。针对国际航班运行风险严格开展航空公司新开或恢复国际航线补充运行合格审定。机场方面，开展机场运行、空飘物防治、残损航空器搬移、飞行区车辆设备及人员等10项专项排查整治，推动解决问题3098项，系统提升机场运行安全水平。空管方面，重点围绕人员资质、工作作风、制度建设等开展军民合用机场和中小机场空管安全保障能力专项排查整治，推动问题整改1916项。通航方面，重点围绕空中游览、体验飞行和飞行训练开展为期3个月的安全专项整顿。空防方面，深入开展“依法整治机闹行为、维护航空安全秩序”专项行动，办理“机闹”案件451起，行政处罚355人，全年每百万旅客人次“机闹”案件数较行动前下降11.6%。

五、全面强化人机等关键要素建设

着力恢复提升关键队伍资质能力。累计投入专项资金5.5亿元支持飞行能力提升训练12.3万人次，重点防范飞行人员技能生疏风险。安排专项资金2.45亿元支持运输航空机务维修能力提升。对见习、新放单和能力不足三类管制人员开展资质能力排查，重点加强大流量、突发特情训练。制定《关于加强新时代民航安全文化建设的意见》（民航发〔2023〕11号），警示通报38起典型作风问题并抓好整改闭环管理，组织开展30场覆盖全行业的安全警示教育和形势宣讲。开展青年安全生产示范岗创建，分别认定12个全国级、74个民航级示范岗。2023年，飞行、机务、空管、签派等领域人为责任原因事件万时率较2019年下降79.8%。着力提升关键设施设备可靠性。全面普查PW1100G发动机380台，及时对存在隐患的18台发动机采取换发等预防性措施。持续关注老旧货机适航状态，稳步推进95架737-8飞机安全复飞。针对发动机反推、A319飞机空调组件等重要系统故障开展专项风险排查。全行业航空器使用困难报告率（SDR）较2022年下降39.9%。严格适航审定管理，全力保障C919平稳投入商业运行，大力扶持ARJ21规模化运行。

六、系统强化行业安全监管力度

持续完善民航法规标准体系。继续推进《民航法》《民用机场管理条例》等法律法规制定与修订，推动《无人驾驶航空器飞行管理暂行条例》（国务院令第761号）颁布，开展《民用航空危险品运输管理规定》等17部规章制修和废止。《关于涉及制止非法劫持航空器公约的补充议定书》获全国人大常委会批准。大力推进安全监管创新。制定《“1+4+6”民航安全风险管控总体方案》，印发《推动民航安全监管创新行动计划》，健全完善差异化精准监管政策。向省级人民政府制发《关于齐抓共管强化民航安全治理合力的建议函》，制定通报安全状况的管理程序，建立无人驾驶航空器无线电反制设备部际联席管理工作机制。制定《运输机场不停航施工管理办法》（民航规〔2023〕21号），强化84个运输机场不停航施工风险管控。围绕发动机空停、不停航施工等风险发布全行业层面安全警示8期、安全通告13期。

七、安保维稳取得一系列新成效

一是“机闹”专项治理取得显著成效。自2023年7月开展为期一年的“依法整治机闹　维护航空安全秩序”专项行动以来，共打击处理“机闹”违法行为479起，刑事拘留4人，行政处罚378人，批评教育90人。

二是“平安民航”建设迈上新台阶。通过开展“净航护边”等专项工作，民航公安系统全年防范化解各类安全风险隐患9012条；共计清查整治各类治安隐患问题37.08万个；共计查破各类典型多发的行政案件3519起、处理违法行为人2102人、处罚违法单位（公司）1510家；刑事案件221起、抓获犯罪嫌疑人276人，罚没款303万元，追缴违法所得270.31万元；共计处置拟通过民航渠道出境实施跨境违法犯罪的预警人员4.03万人。

三是安全警卫、重大活动安保、押解任务无失误。圆满完成杭州亚运会、成都大运会、上海进博会、第三届“一带一路”国际合作高峰论坛等重大安保任务。协助国家司法、执法部门完成协助重大包机押解任务8起、16架，协助押解犯罪嫌疑人559人次；完成协助重大航班押解任务60起，协助押解犯罪嫌疑人101人次。

四是以优异成绩通过国际民航组织航空安保审计。2023年9月11日至25日，中国民用航空局接受国际民航组织航空安保审计，取得优异成绩，审计结果在近年国际民航组织各缔约国中位居前列。

第五节　通用航空

一、2023年通用航空发展基本情况

（一）传统通用航空稳步增长

截至2023年底，国内传统通用航空企业690家、非经营备案主体45家，拥有航空器3303架，在册管理的通用机场449个。2023年全国通用航空共完成年飞行小时137万小时，同比增长12.4%，其中载客类飞行2.78万小时、1.94万架次，运送旅客8.06万人次；载人类飞行14.51万小时、38.6万架次、搭载乘客134万人次；其他类飞行76.91万小时、197.6万架次；非经营性备案主体飞行42.78万小时、64.7万架次。

通用航空在新兴消费领域的应用日趋普及。2023年全国空中游览飞行2.98万小时、24.1万架次、59.6万人次，同比分别增长101%、86.8%、84.1%；跳伞飞行服务飞行1.1万小时、2.49万架次、11.4万人次，同比分别增长31.1%、44.8%和48.8%。

（二）无人驾驶航空新业态蓬勃发展

截至2023年底，全国获得通用航空经营许可证的无人机运营企业19825家，同比净增4695家；全行业无人机拥有者注册用户92.9万个，其中个人用户84.9万个，企业、事业、机关法人单位用户8万个；全行业注册无人机共126.7万架，同比增长32.2%；全行业有效无人机操控员执照共19.44万本，同比增长27.2%；全年无人机累计飞行小时2311万小时，同比增长11.8%。无人机在农林作业、工业作业、物流配送、应急救援等领域的应用日益丰富多元，不断为低空经济发展注入强大活力。

二、通用航空市场监管和政策引导

一是抓好“十四五”通用航空发展专项规划落实，完成专项规划中期评估，深化航空医疗救护联合试点，推荐民航与旅游融合典型案例，修订《通用航空短途运输运营服务管理办法》（民航规〔2023〕50号），建立通用航空企业应急备勤值守工作制度，组织开展2022年通用航空企业诚信经营评价，支持粤港澳大湾区无人机物流配送试点经验推广与国际推介。

二是立足通用航空工作领导小组工作职责，推动党中央、国务院关于统筹通用航空发展与安全有关批示落实，重点对短途运输、轻型运动类航空器、体验飞行等领域后续管理提出意见建议，加强对非经营性通用航空活动管理，参与建立基于运营安全评估的通用航空企业暂停和退出机制，组建通航法规文件研究专班，开展中外通航法规体系比对研究。

三是加强协同共治汇聚发展合力，发挥国务院办公厅督查激励机制作用，激发有关地方政府发展通用航空产业积极性，并加强宣传引导示范，会同退役军人事务部、中央军委政治工作部建立退役军人进入通用航空领域就业创业工作机制。

第六节　空中交通管理

一、空管行业管理

（一）航班时刻和空域容量等资源分配情况

一是积极配合做好国家空管工作。配合做好空管领导体制优化调整工作。参与制定全国空域资源

分类划设方案，配合做好空管领导体制优化完善和地区协调委办公室调整设立研究工作。参与制定全国空域资源分类划设方案，完成《空域基础分类标准》三次征求意见反馈。向中央空中交通管理委员会报送《民航局关于报送2023年民航使用空域重点工作建议的函》，提出加快推进沪昆空中大通道建设、统筹涉及我国情报区国际事务应对共两项工作建议。全面参与《空管法规建设中长期规划》《空域管理条例》等国家空管法规标准体系建设。完成《国家空管“十四五”规划中期评估报告（民航部分）》，做好国家空管“十四五”规划的中期评估工作。颁布《民用航空空中交通管理规则》（交通运输部令2022年36号）、《平行跑道同时仪表运行管理规定》（交通运输部令2023年1号），优化完善雷达管制间隔标准。制定下发《仪表飞行规则航空器地空双向无线电通信失效通用程序》（民航发〔2023〕6号），切实防范通信失效风险。

二是稳步落实时刻管理改革工作。搭建完成在民航局党组统筹领导下的“两级管理、三级机构、三级监管”航班时刻管理体制架构。拟制《协调机场新增航班时刻程序》《日常航班时刻协调工作流程》等试行程序，修订《民航航班时刻管理办法》（民航发〔2018〕1号），完善航班时刻管理政策机制。中国民用航空局组织成立协调机场新增航班时刻配置工作组，严密组织完成了20个协调机场新增时刻配置工作，释放每周8064个协调机场航班时刻，不同类型航空公司均收获改革红利，完全达到预期效果并顺利通过民航局内部审计。研究新一代航班时刻管理系统建设基本需求，搭建面向国内外航司的航班时刻管理备份系统。组织开展日常集中办公、国际航班时刻管理和两次航班时刻换季等集中协调工作。五是完成上海浦东、上海虹桥、广州白云、深圳宝安、青岛胶东、长沙黄花、武汉天河、海口美兰、贵阳龙洞堡、珠海金湾、大连周水子11个协调机场的容量调整，按程序规则完成协调机场新增航班的时刻配置。

（二）无线电频谱的规划与管理情况

一是与工业和信息化部联合印发《民用机场跑道外来物探测设备无线电管理暂行规定》（工信部联无〔2023〕34号），推进跑道外来物探测设备合法使用。二是健全无人驾驶航空器无线电反制设备管理制度，会同工业和信息化部等10部门联合印发管理办法，建立联合工作机制。三是正式上线“民用航空器电台执照管理系统移动应用程序”，提升民用航空器电台执照办理的便捷性与高效性。四是组织开展“民航无线电管理宣传月”活动，加强民航无线电管理宣传教育。五是做好全国两会、成都大运会、杭州亚运会等重大活动和会议无线电保障工作。六是持续加强无线电频率资源的集约利用，优化台站布局，降低信号超范围覆盖，提高频率复用效率，提升地空通信运行保障能力。七是稳步推进“数字通信”“同频异呼”等新技术、新模式应用研究，在资源紧张地区推进仪表着陆系统双向同频方式使用，切实解决新建及改扩建机场导航设施建设的频率资源需求。八是努力提升我国在国际航空领域话语权，促进国际民航组织（ICAO）对航空无线电频率高质量管理，组织编写《亚太地区航空无线电频率管理手册》，提交国际民航组织（ICAO）亚太地区办公室审议并正式发布。

二、空管运行管理

2023年，空管系统全年共保障运输航班起降986万架次，同比增长87.3%，国内航班恢复至2019年同期的104%，航班正常率达到87.8%，圆满完成第三届“一带一路”国际合作高峰论坛、成都大运会、杭州亚运会等重大任务保障，确保专机和重要飞行万无一失，连续76个月未发生责任原因征候事件，多措并举完成了雷雨季节运行保障，为确保航空运行绝对安全、人民生命绝对安全贡献了空管力量。

（一）坚持“安全第一”思想不动摇，牢牢把握空管安全主动权

一是持续完善安全生产制度机制。严格落实党委常态化研究安全工作机制，中国民用航空局空中交通管理局党委会专题研究安全工作17次，有效加强对安全工作的态势把控和监督落实。全年共针对10起不安全事件开展典型案例三级单位复盘分析，层层压实安全责任。全系统一线管制带班主任参加

会议，起到共研安全形势、共享安全信息、凝聚安全共识的良好效果。修订安全管理手册，制定双重预防机制管理规定，安全管理体系进一步健全。加强安全生产专项督查，严肃约谈连续发生不安全事件和苗头性问题的单位。

二是不断强化关键队伍资质能力建设。加大一线人员资质能力排查力度，组织开展管制、通导岗位技能比武，优化管制员初始培训，强化管制带班主任管理，突出抓安全比重，实行地区空管局主要领导年薪制。特别是从严加强见习管制员、新放单管制员、能力不足管制员等关键人员管理，全年共停岗培训137人，有效防范了人为差错可能导致的不安全事件。

三是有效增强安全管理能力和技术手段。加快ATC（空中交通管制）安全防护系统、防跑道侵入技术工具、管制能力画像系统推广应用。持续加强“五种关键设备”和“五个运行环境”风险防控，组织梳理10类重点设备危险源和安全隐患清单，统筹开展GPS（全球定位系统）风险防控，强化地空数据链应急管理。发布管制服务专项应急预案，探索开展特情处置专员机制试点，加大国际民航组织（ICAO）英语考试中特情处置考核比重，一线人员特情处置水平得到进一步提升。

四是厚植空管安全文化。切实做到安全工作党政工团齐抓共管，有针对性做好运行一线服务保障工作，解决员工保安全、促正常的后顾之忧。制定空管安全文化建设实施方案，建立安全运行主动报告机制，实施管制优化纠错机制，进一步完善和弘扬以“共筑安全防线、共担安全责任、共建安全体系、共享安全成果”为特征的新时代空管安全文化。

五是平稳保持保密、网信、综治安全态势。有序推进空管网络安全监测预警和应急处置平台研究，全面梳理排查关键信息基础设施和重要生产运行信息系统隐患风险。开展重要航班保障保密专项检查，筑牢保密防线。高标准完成国际民航组织航空安保审计空管迎审工作。

（二）着眼行业发展全局，运行效率和服务品质再上新台阶

一是空域优化工作稳步开展。配合完成国家空域分类办法和全国航路航线网络规划编制，制定M503增量空域方案，沪昆大通道方案正式上报，全年新增航路航线31条、里程1166公里，净增扇区19个，航线非直线系数由1.125降为1.117，大幅提升了空域可用容量和利用效率。

二是空管运行效能不断增强。组织开展运行效率提升专项工作。加强全国流量管理系统一体化协同运行，规范流控措施发布标准和预战术程序。积极在运管委中发挥作用，主动配合做好航班调时、航班近机位靠桥率提升等专项工作。专题研究解决兰州区域和东西向航班运行难题。广州白云机场就近起降飞行程序正式实施，实现了运行模式的突破性革新。一年来，共有144.9万架次航班使用临时航线，缩短飞行距离4145万公里，节省燃油消耗21.6万吨，减少二氧化碳排放68.1万吨，有力服务了绿色民航发展。

三是气象服务持续优化。制定专项方案细化气象服务“颗粒度”，提高短临预报预警和极端危险天气预报服务的准确性和实用性，全年机场预报准确率达到93.59%，为全行业“早预警、早研判、早决策”提供了重要气象信息支撑。

四是顺利完成雷雨季节保障。提早组织召开雷雨季节保障协调会和军民航研讨会，协调空军参谋部航空管制局、各战区航管处分别派员到民航“三中心”、各地区空管中心现场值班，为增强雷雨保障期间军民航协同打下坚实基础。优化备份班机航线和绕飞程序，提前制定“四地十场”改航方案，雷雨季节期间使用临时航线的航班日均达到5285班次。在优化流量预战术和战术、完善航班备降管理、加强设施设备巡检和预防性维护、强化气象针对性服务方面，多措并举、系统发力，圆满完成疫情后第一年的雷雨季节空管保障工作，为服务行业恢复发展作出了突出贡献。

（三）深入贯彻新发展理念，空管保障能力显著增强

一是支持中小机场工作力度进一步加大。组织召开首届中小机场空管安全研讨会，围绕中小机场空管安全发展开展专题调研20余次，研究上报《关

于提升中小机场空管保障能力有关问题的意见》，积极探索管理服务新模式，对中小机场空管支持更加主动、措施更加有力。

二是业务能力有效提升。开展机场自动通播品质提升工作，建立机场通播时长效能评估机制。持续推进"大运行、大岗位、大值班"运行服务模式转变，通导安全运行效能大幅提升。深入推进空管自动化系统改进提升和地空话音通信全业务链管理工作，优化调整ADS-B（广播式自动相关监视系统）技术应用。按计划推进设备国产化应用，整体优化通导设备进口指标，稳步开展航管雷达、内话触屏等进口设备部件的国产化替代研发应用，完成27项空管设备合格审定任务。深化气象与管制、流量融合，积极推进天气雷达融入管制自动化系统应用项目和"气象服务上塔台"试点工作。新增国内K系列航行通告，航空情报管理自动化系统全面投产，加快数字化航行通告系统建设。积极推进低空飞行服务信息系统建设，华北、中南地区试点开展"一站式"审批服务18.4万架次，助力通航产业发展。

三是智慧空管建设持续发力。尾流重新分类实验范围扩大至北京首都等14个主要机场，组织CDO/CCO在哈尔滨、贵阳等机场推广运行，稳步推进北京、乌鲁木齐、成都、昆明进近及广州区域PMS试运行，启动基于RNP AR的首都机场EoR实验运行。在北京首都、北京大兴、重庆江北和西安咸阳等机场成功开展缩小平行跑道同时进近航空器间隔实验运行。完成全阶段数字化管制服务多协议混合运行飞行验证。参加民航科教创新成果展、民航技术装备服务展、首届亚太科创展和中国航协（CATA）航空大会，全方位展示了空管改革发展新风貌，扩大了空管影响、提升了空管地位。"空地一体新航行系统技术"国家重点实验室正式获批，实现了中国民航国家级科研平台零的突破。

四是重大工程项目建设有序推进。第一批管制能力提升工程项目初步设计全部获批，上海区管中心（二期）、武汉区管中心顺利开工，广州、西安、乌鲁木齐等机场空管工程按计划推进，第二批管制能力提升工程、"十四五"航管雷达和天气雷达工程项目已具备上报民航局审批条件，空管建设工程"清盘行动"取得显著成效，全年完成民航发展基金投资预算56.52亿元，创历史新高，预算执行率达到91.94%。

（四）坚持改革与发展双轮驱动，系统治理体系不断完善

一是扎实推进规划执行。配合完成"十四五"全国空管规划等一系列规划评估调整，推进空管工作更好融入国家和行业发展总体布局。空管系统"十四五"规划执行整体有序，按预期推进任务占比达到94%。

二是积极推动改革任务落实。稳妥推进民航中低空、高空空域整合，协同推进运行管理体制改革、地区协调委员会组建等工作，进一步精简军民航协调对应关系和通报工作程序。积极推进军民航空管协调信息平台和民航通信网扩容工程，有力支撑军民航融合运行。主动配合做好航班时刻改革工作，选优配齐时刻室党委班子成员，正式完成了航班时刻业务交接。确定8家企业改革整合名单，有序推进所属企业改革和兼并重组。

三是一体化管理持续拓展。完善机关管理手册，机关管理体系全面升级。组织完成首次流动资金商业贷款，对部分地区补贴日常运行经费6.1亿元，对各地区基建项目补贴1亿元，有效缓解了资金压力。持续抓好重大建设项目全过程跟踪审计和竣工财务决算评审，审计问题综合整改率达到94.7%。制定"管制+1"招聘指导意见，批复2024年度招聘指标679个，完成分局站10名首席预报员评聘工作。

四是对外交流合作成绩斐然。与国际民航组织（ICAO）、国际空管协会（CANSO）开展高层会晤，与多国空管部门、多家国外航企开展务实合作，出席亚太地区空管委员会第一次会议并获选副主席职务，首次成功举办国际空管协会（CANSO）亚太地区运行及安全组会议，圆满完成老挝技术援助项目。

第七节　飞行标准

2023年是全面贯彻落实党的二十大精神开局之

年，是实施“十四五”规划承上启下的关键之年。中国民用航空局飞行标准司在局党组的正确领导下，不断完善规章标准体系，深入开展安全专项整治，夯实专业人员资质能力，巩固深化交流合作机制，扎实完成各项工作。

一、完善规章标准体系，提升安全监管效能

对飞标系统18部规章、332份规范性文件以及2832个定义和术语进行归纳梳理，做好立改废释纂，推进政务公开；推动《大型飞机公共航空运输承运人运行合格审定规则》第8次修订；制修《进入运输航空副驾驶训练人员的资格要求》等涉及人员资质和训练、维修技术、外航监管的35份规范性文件；优化驾驶员电子执照系统，健全验证机制，使我国成为全球首个全面推广应用的国家；制发《民用无人驾驶航空器运行安全管理规则》（交通运输部令2024年第1号），完善《特殊商业和私用大型航空器运营人运行合格审定规则》配套文件，加强通航和无人机安全运行管理；发布12份疫情防控政策文件，助力航空生产有序恢复；制修飞标监察员手册，完善差异化精准监管实施办法；优化合格证和属地管理局飞标系统监管职责分工，细化政策标准和指南，优化监管资源，推动实现安全监管高效协同。

二、加大安全监管力度，筑牢安全运行防线

一是深入开展安全专项整治。深入一线调研，重点围绕航空器适航性、安全管理体系建设和风险控制等方面，对安全基础薄弱的中小航司和连续发生不正常事件的航司开展专项整治；强化口岸机场韧性机制建设，推进突发公共卫生事件民航应急预案修订，提高应急处置能力；完善航司应对机闹问题处置预案和程序，做到安全隐患零容忍；完善空勤公务员管理规定，加强空勤公务员队伍管理。

二是强化安全监管工作落实。飞标系统实施47.16万次监察，同比增加5.38%，发现问题全部整改闭环。成立C919、ARJ21、A320、B737飞机飞行技术委员会，波音、空客宽窄体机维修技术委员会，老旧飞机专项工作组，发动机专项工作组和直升机安全组，推进95架B737 MAX飞机恢复运行，关注老旧货机适航状态，提高运行能力和可靠性。

三是狠抓关键岗位人员资质管理。开展飞行员技能提升和资质排查，制发循证训练实施方法，加强训练质量监督，完成飞行员执照理论考试分科改革；推进141航校差异化监管和境外航校认可证书更新；针对维修错忘漏事件开展警示教育，组织军民航维修人员资质交流，举办全国飞机维修技能大赛行业选拔赛；修订签派员执照理论、实践考试及训练机构合格审定等规定，加强签派员执照和训练机构管理；制定4份飞行程序管理文件，组建8个专业、196人规模的专家池；严格体检机构制度建设和鉴定质量管理，完成体检机构评审和体检医师审核委任工作。

三、发挥科技创新引领作用，提升飞标国际影响力

一是支持国产民机运行，推进智慧民航建设。大力支持ARJ21、C919飞机运行，专项推进相关型号航空器运行评审，开展ARJ21飞机高高原运行RNP AR改装和运行能力建设，提升国产民机运行能力和可靠性。推动FSOP三期建设，完善系统模块，增强系统可靠性和业务连续性。推动北斗机载设备向北斗三号升级，解决高通量卫星前后舱应用中的问题，推进构建有自主知识产权的航空器全球追踪监控体系。

二是巩固交流合作机制。贯彻落实民航外事工作会议精神，深化多双边飞标领域合作，努力实现中国标准国际化。参加第十次国际民航组织（ICAO）飞行运行专家组会议、第27届中美飞标年会，与波音公司、美国航空器机队回收协会签署会议纪要和合作备忘录；联合举办第八届、第九届中美合作项目暨运输航空安全研讨会；召开民航局与空客高层安全指导委员会会议，签署未来5年合作备忘录；参加空客飞机安全研讨会，分享高原运行中国方案；参加亚太航空安全峰会，实现中新双边飞标互访；成立大湾区民航维修产业联盟，推动维修产业发展。

第八节　适航审定

一、强化责任担当，服务国家战略

（一）稳步推进型号审定工作

持续推进C919和ARJ21等国家重点型号证后管理工作，推动C919设计优化，完成ARJ21客机改货机设计改装构型批准。充分发挥已有重点型号专项推进机制作用，加强对重大问题推进的关注和介入，推进AG600、CJ-1000A、AES100等国家重点型号审定。2023年7月5日，完成芜湖钻石AEC 2.0L发动机型号合格审定工作并颁发型号合格证；10月12日，完成世界首个载人无人驾驶电动垂直起降航空器亿航EH-216S的型号合格审定工作；10月16日，完成海鸥300水陆两栖飞机型号合格审定工作。

（二）积极推动国产民用航空产品走出国门

积极推进国产民用航空产品取得国外适航当局认可。指导中国商飞做好C919飞机取得欧洲航空安全局（EASA）型号认可准备工作，并推动认可进展。推进Y12F飞机于2023年7月13日取得欧洲航空安全局（EASA）型号认可证，同时推动Y12E飞机取得巴西民航局型号认可进程，Y12F飞机成为国内目前唯一具有中国、美国和欧洲型号合格证的飞机。支持ARJ21飞机首次获得国外型号批准，保障ARJ21飞机出口印尼并投入运行。

（三）大力推进航空产业链国产化工作自主可控

加快推进国产航油航化产品适航审定工作，提升民航行业绿色发展的战略能力，促进国产航空材料、零部件的装机应用，推进航空产业链的自主可控，2023年3月首款国产民用航空滑油实现在华夏航空ARJ21飞机上装机应用，打破了进口滑油对我国民航近30年的垄断。调研国内零部件制造人批准书（PMA）刹车盘生产企业的设计制造能力以及各运输航空公司使用国产PMA刹车盘的主要情况。

图4-7-1 中国首次100%SAF试车成功

（四）督促国外航空产品认可审查

协调国外局方与申请人推动空客、波音、巴航工业等公司飞机以及罗罗、普惠等公司发动机项目重点问题进展，督促认可项目按双边协议有序开展工作。2023年7月13日，H175直升机已完成认可审查工作；2023年8月22日，E195已完成新增型别的认可审查工作。有序推进通用电气公司（GE）、普惠发动机排放更改认可。

（五）深化双边适航合作

推进与瑞士建立双边适航合作关系，双方于2023年7月7日签署了《中华人民共和国政府与瑞士联邦委员会关于促进航空安全的协定》，以及在此协定下的《关于设计批准、生产活动、出口适航批准、设计批准证后活动及技术支持的适航实施程序》；支撑国内企业与欧洲企业设计制造分离跨国合作的需求，于2023年7月13日与欧洲航空安全局（EASA）签署了《CAAC和EASA关于钻石飞机按照CAAC PC在华生产的工作安排》；服务国产航空器出口后返回使用的需求，于2023年7月26日与贝宁民航局修订签署了《中国民航局和贝宁国家民航局有关中国设计和制造并在贝宁登记运行的航空器的持续适航谅解备忘录》。

二、坚守安全底线，强化安全监督

（一）保障国产机队安全运行

成立C919持续改进工作组，持续推进C919生产质量提升，提高处置故障、失效和缺陷、设计制造相关使用困难等问题的工作效率。发挥ARJ21飞机持续改进专项工作机制作用，指导中国商飞完善ARJ21持续适航支持体系，督促其从设计、制造环节不断优化改进，保障 ARJ21 在役机队安全运行。

（二）强化国产民机生产监管

组织民航各地区管理局、部分监管局、适航审定中心等单位，并邀请东航、成都航等公司专家，对中国商飞生产质量系统开展现场联合检查，后续将及时督促中国商飞公司针对发现的问题深入分析原因，举一反三进行排查，切实做好整改工作。

（三）推进单机适航检查标准化工作

成立加强单机适航检查工作专班，组织开展单机适航检查工作调研，全面评估航空公司委任适航代表（DAR）单机适航检查工作质量。着重关注二手飞机引进适航检查工作，推动单机适航检查工作规范化开展，提升单机检查工作水平，切实降低后续运行安全风险。

（四）严密防范关键核心系统故障

针对国产机队的进口发动机不正常停车问题，2023 年 9 月在全球范围内率先自主颁布适航指令，指导航空公司采取有效措施，检查和更换存在设计缺陷的部件，消除不安全状况。组建发动机停车事件技术工作专班，梳理不同发动机机型因机械原因造成的停车情况，适时与发动机制造厂及相关适航当局建立定期沟通机制，排查设计和制造相关问题，督促发动机设计制造单位制定针对性措施，彻底消除安全隐患，保障国产机队平稳运行。

（五）优化设计制造单位机构批准政策

推进机构批准政策在民航法修订中的落实，通过制度安排健全企业设计保证系统和生产质量系统，统筹安全管理体系建设要求，全面提升安全管理水平。发挥工业部门自我适航管理的积极性和主动性，落实产品设计制造单位的适航主体责任。

三、强化系统建设，提升审定能力

（一）加强适航审定队伍建设，提升人员履职能力

组织适航审定系统认真学习宋志勇局长在 2023 年适航审定工作会议上的讲话，深刻领会适航审定工作的重大意义，分析适航审定系统面临的形势，切实提升适航审定能力，强化协调配合为国产民机运营提供良好环境；完成适航审定系统体系基本框架搭建，成都机载设备审定分中心于 2023 年 2 月挂牌成立，适航审定中心形成“一总部、六中心”的格局，各地区管理局承担各自职责内的适航审定工作；推动实现适航审定培训资源多元化，于 2023 年 12 月 29 日在航空工业集团设立适航培训机构，充分利用国内工业部门、社会培训机构资源满足审定系统专业培训要求，提升适航审定人员能力，落实“十四五”民航适航发展专项规划要求。

（二）持续完善法规标准体系，筑牢依法行政基础

持续完善规章和规范性文件的制修工作，开展《民用航空产品和零部件合格审定规定》（CCAR-21）等 3 部规章修订工作，完成《独立式北斗机载导航无源单频天线（B1C 频段）》（CTSO-2C606）等 6 部技术标准、规定制修订，有效支持国产机载设备设计研发和适航取证工作，其中北斗导航机载设备 4 份技术标准规定为我国独有的技术标准规定。根据智慧民航建设相关机载设备审定工作需要，组织开展 5G ATG 和 5G AeroMACS 机载设备技术标准研究工作。组织开展《民用航空产品合格审定过程中局方审查范围和深度确定准则》等 4 份咨询通告制修订工作。完善行政许可工作流程，开展行政规范性文件制修工作，完成《型号合格审定程序》（AP-21-AA-2023-11R）等 12 份行政规范性文件的制修和 4 卷 25 册《适航审定工作手册》的修订工作。加强民航领域国家标准制定工作，组织召开全国航空运输标委会（TC464）工作会议，完成 1 份国强标的编制起草及一份国强标实施情况统计分析工作。组织发布《民航旅客行李全流程跟踪系统　第 1 部分：机场端建设规范》（MH/T 1076.1—2023）等 13 项行业标准。持续强化对民航领域团体标准的指导作用，鼓励协会积极参与无人机等新兴领域团体标准建设工作。组织民航国家技术标准创新基地高质量完成国标委评审验收，如图 4-7-2 所示。组织加强国际标准化组织（ISO）国内技术对口单位建设，实质性参与国际标准化组织（ISO）国际标准制定工作，提升

中国民航国际标准化水平，积极融入国际民航标准化治理体系。

图 4-7-2　国家技术标准创新基地（民航）验收会议

（三）开展科研条件建设，加强审定技术研究能力

以审定工作中的痛点和难点为核心，协调资源开展科研工作。优化安全能力基金项目管理，提升基金项目研究水平，统一科研方向，集中资源攻克技术难关。持续推动“17+4”个大飞机专项科研条件建设项目（完成 17 项科研项目研究工作并报工业和信息化部开展验收，完成 4 项条件建设项目工作），并于 2024 年报工业和信息化部开展竣工验收。按照工业和信息化部等四部委联合要求，完成大飞机专项适航科研和条件建设项目的总结自评工作。完成 4 项民机科研项目结题评审并报工业和信息化部，指导中国民航大学开展可持续燃料安全性项目研究。

第九节　立法与执法

一、民航领域立法工作情况

（一）推动法律法规制修

法律层面，《中华人民共和国民用航空法》修订项目列入十四届全国人大常委会立法规划、2023 年国务院立法计划以及中央相关立法规划，还列入了中央依法治国委员会和中央空中交通管理委员会相关工作计划。2023 年 10 月，配合司法部陆续开展定向征求意见、实地立法调研等工作。

行政法规层面，配合司法部、中央空中交通管理委员会等部门推动制定无人机法规。2023 年 5 月 31 日，国务院、中央军委颁布《无人驾驶航空器飞行管理暂行条例》（国务院令第 761 号），2024 年 1 月 1 日起实施。条例的出台，是近年民航法规建设的重要成果之一，对于规范、促进民用无人机领域的安全发展将发挥积极的引领作用。

（二）开展规章审查

2023 年共开展航空器管理、飞行运行、通用机场等各领域 18 部规章的审查。报送交通运输部 6 部，颁布 2 部。

（三）编制立法计划

2023 年 3 月，印发《民航局 2023 年立法工作安排》（民航函〔2023〕153 号），安排两部法律、两部行政法规、15 部规章立法项目。5 月，组织开展对《“十四五”民航立法专项规划》（民航发〔2021〕58 号）的中期评估，并动态调整规划项目。

（四）做好其他立法相关工作

继续面向全社会全行业公开征集立法建议，收集到建议、意见共 134 条。依托航协、机场协会等立法联系点，开展意见征集等工作，做到“开门立法”。按照国务院部署开展行政法规清理。办理外部委法律法规征求意见复函 33 件。做好两会有关民航的 1 件法律提案的办理。

（五）做好行政规范性文件合法性审核工作

共完成中国民用航空局行政规范性文件合法性审核 63 件，其中事前审查 16 件，事后报备 47 件；完成地区管理局行政规范性文件备案审查 9 件。

（六）加强国际立法

《关于制止非法劫持航空器的公约的补充议定书》已于 2023 年 6 月 28 日经第十四届全国人大常委会第三次会议审议并批准，10 月 27 日向国际民航组织（ICAO）交存批准书，12 月 1 日对我国生效。《制止与国际民用航空有关的非法行为的公约》于 2023 年 10 月 1 日对我国生效。配合做好国际民航组织（ICAO）安保审计和国际民航组织（ICAO）USOAP 审计。参加国际民航组织（ICAO）《解决分歧规则》工作组相关会议。

二、民航领域行政执法情况

（一）完善行政执法制度

推进《民用航空行政处罚实施办法》修订，在广泛开展调研和专题研究的基础上，做好与《中华人民共和国行政处罚法》的衔接，于2023年底完成征求意见稿三网征求意见。印发《民用航空行政裁量权基准制定规则》（民航发〔2023〕39号），近年首次对行政裁量权基准的制定进行专门规范，有力推动民航行政机关实现行政裁量标准制度化、行为规范化、管理科学化。印发《关于民用航空行政执法活动有关法律适用问题的指南》（民航函〔2023〕968号），指导民航行政机关及其监察员更好把握民航行政执法活动有关法律适用问题。

（二）强化执法队伍建设

组织召开民航局监察员管理和培训领导小组第六次会议，推动民航监察员培训计划执行、培训质量提升和监察员培训学院建设。下发《关于做好监察员证件换发和日常管理工作的通知》，加强民航监察员资格和证件全流程管理。扎实做好民航监察员年度培训。组织开展通识培训、业务培训、高级监察员培训，提升民航监察员执法能力。开展第三批民航高级监察员选评。通过选评，新产生30名民航高级监察员，民航高级监察员总人数达到164人。通报表扬民航行政执法先进单位和个人。中国民用航空局对评选产生的10家民航行政执法先进集体、19名民航行政执法先进个人和1名由民航局推荐产生的全国行政执法先进个人进行通报表扬。

（三）优化行政执法方式

加强行政执法，提升行业安全水平。据民航行业监管执法信息系统（SES）统计，2023年全年，行业行政检查事项999391项，发现问题30639项，实施行政处罚273起，处理对象为自然人的116项、法人227项（存在既处罚法人也处罚自然人的情况）；行政约见68次。优化行业监管事项库，提升行政检查规范性。新增监管事项19项，修订1项，删除13项，为民航监察员规范开展行政检查提供有力支撑。积极推进民航单位法定自查工作。指导民航单位提升法定自查工作水平，组织民航监察员培训学院选取部分民航企业开展法定自查评价。组织22家企业试用法定自查系统，增强小企业开展自查工作的能力。持续了解法定自查工作的开展情况，收集企业法定自查数据。严格落实《民航行业信用管理办法》（民航规〔2021〕13号），将2家组织、8名自然人的严重失信行为信息列入民航行业信用信息记录。配合国家发展和改革委员会补充完善《全国公共信用信息基础目录》和《全国失信惩戒措施基础清单》，形成民航局信用信息条目。

（四）做好法律风险防控

2023年共办理行政复议案件28件，行政诉讼案件7件，检察院审判监督案件1件，民事应诉案件1件。为有效防范法律风险，中国民用航空局召开近年来首次民航法律风险防控座谈会，宣贯新修订的《中华人民共和国行政复议法》，通报近年民航行政机关行政复议诉讼案件的审理情况，组织经验交流，局领导就防范复议诉讼风险、提升依法行政水平工作提出了工作要求。

第八章　邮政

第一节　邮政规划实施与基础设施建设

2023年是全面贯彻党的二十大精神的开局之年，是实施“十四五”规划承前启后的关键一年，是为全面建设社会主义现代化国家奠定基础的重要一年。国家邮政局部署了全系统“十四五”邮政业规划实施中期评估工作，制定工作方案，召开电视电话会，印发工作通知。举办加快建设交通强国邮政篇暨规划中期评估培训班。有序开展《“十四五”邮政业发展规划》《“十四五”邮政事业发展规划》《“十四五”快递业发展规划》《“十四五”邮政业国际发展规划》《“十四五”邮政业监管体系建设规划》以及省级邮政业规划、市（地）级邮政业规划的中期评估工作。完成国家规划纲要、现代综合交通运输体系、现代物流、现代流通体系等10余部规划涉邮任务中期评估，形成评估材料。总体来看，“十四五”邮政业规划实施情况良好，进展较为顺利，主要目标指标、主要任务、重大工程项目完成进度总体符合规划要求，加快建设交通强国邮政篇取得阶段性成果。

“十四五”以来，全系统全行业以习近平新时代中国特色社会主义思想为指导，全面贯彻落实党的二十大精神，立足新发展阶段，完整准确全面贯彻新发展理念，服务加快构建新发展格局，着力推动高质量发展，埋头苦干、担当作为，更好统筹发展和安全，全力以赴做好保通保畅，防范化解重大风险挑战，邮政业规模、实力持续扩大，基础网络更加完善，创新能力不断提高，服务水平稳步提升，治理效能得以增强，为加快建设交通强国提供有效支撑，为稳定宏观经济大盘和经济社会发展提供有力保障，为全面建设社会主义现代化国家作出了积极贡献。邮政事业有序发展。印发《关于推进新时代邮政普遍服务高质量发展的意见》（国邮发〔2022〕58号）。起草《邮政普遍服务条例》。组织修订邮政普遍服务标准。组织中国邮政集团有限公司提出邮政普遍服务业务与竞争性业务分业经营方案。3356个抵边自然村全部实现通邮，按需提供投递服务。邮政产业加快壮大。2023年《财富》世界500强排行榜上，中国邮政集团有限公司位列86位，在全球邮政企业中排名第一；顺丰控股股份有限公司在2022年首次入榜后排名提升至377位。组织修订快递服务标准。持续开展快递服务满意度调查和服务时限测试，定期通报邮政业用户申诉处理情况。航空运快件、高铁运快件业务规模持续扩大。支持快递新业态新模式发展。促进与电子商务、现代农业、先进制造业等产业协同发展。整合邮政服务“一市一品”和快递服务“一地一品”项目，打造邮政快递业服务现代农业金牌项目。建立快递企业冷链业务动态监测机制，引导企业提升农产品生鲜寄递服务能力。联合工业和信息化部深入实施快递服务先进制造业“5312”工程，服务制造业范围扩大，协同效应不断增强。深度对接国家相关规划和综合立体交通运输体系，邮政基础设施布局纳入《国家综合立体交通网规划纲要》。建成覆盖全国、深入乡村、通达全球的世界规模最大的邮政快递网络。北京天津雄安、上海南京杭州、武汉（鄂州）郑州长沙、广州深圳、成都重庆西安5个全球性国际邮政快递枢纽集群加快建设，湖北鄂州花湖机场顺丰航空枢纽全面投入运营，圆通嘉兴全球航空物流枢纽施工建设，江苏京东货运航空有限公司正式成立。长沙、南昌、义乌、成都、西宁邮件处理中心完成主体工程建设，南京集散国际处理中心正式开工建设。修订印发《邮政行业技术研发中心管理办法》，认定公布第二批共24家行业技术研发中心。强化科技赋能，生产自动化、服务智能化、管理信息化水平不断提升。北斗系统加快推广应用。行业智能安检、智能视频监控、智能语音申投诉处理系统和通用寄递地址编码研发应用取得重大成果。加强智能安检机配备和安检机联网。发布无人车、无人机邮件快件投递服务规范，支持邮政快递企业开展无人车试点示范和无人机配送常态化运营，无人仓、无人车、无人机等设施装备迅速应用。完成快递电子运单、智能信包箱等标准制修订，推进《邮政业5G技术应用指南》行业标准研制，探索开展国际标准化工作。全面推进绿色低碳相关进展。印发《关于推动邮政快递业绿色低碳发展的实施意见》(国邮发〔2023〕12号)，明确完善寄递绿色低碳发展支撑保障体系。积极开展邮政快递业碳排放核算方法研究。推进快递包装绿色治理，推动包装标准化、循环化、减量化、无害化。大力实施"2582""9917""9218"工程，联合开展可循环快递包装规模化应用试点。积极推广清洁能源和新能源车辆使用。强化快递品牌总部型企业统一管理责任约束，压实企业主体责任。联合开展"平安寄递"专项行动，严查严处违法寄递行为。推进实名收寄、收寄验视、过机安检"三项制度"落实。部署开展行业安全生产大检查，巩固提升安全生产专项整治三年行动成果。圆满完成党的二十大、全国两会、北京冬奥会等重大活动寄递安全保障。推进行业应急管理体系和能力建设，持续加强行业运行监测预警，做好突发事件防范应对和信息报告工作，不断提升行业风险防控意识和应急管理能力。深入推动"一带一路"邮政快递领域国际交流合作，积极参与万国邮联开放改革等重大议题磋商。推进内地与港澳邮政交流合作，巩固两岸通邮成效。深入实施"快递出海"工程。积极推进《中华人民共和国邮政法》《快递暂行条例》《邮政普遍服务条例》等制修订程序。完成《快递市场管理办法》修订。推进省市县安全监管支撑体系建设。提升快递市场行政执法检查质效。完善快递企业"品牌化"管理机制，压实快递企业统一管理责任，有效维护快递市场公平有序竞争秩序和健康发展环境。重点整治未按与用户约定方式投递、末端服务违规收费等快递服务质量突出问题，深入整治以"价格战"为主要表现形式的无序竞争行为。持续抓好快递员群体合法权益保障，巩固基层快递网点优先参加工伤保险成果。

第二节 邮政普遍服务

2023年，中国邮政集团有限公司寄递业务量完成304.1亿件（不含EMS邮政特快专递服务），同比增长6.6%。其中函件（不含国际小包）业务量9.3亿件，包裹类业务量121.1亿件（普通包裹2470.2万件，快递包裹120.5亿件，国际小包3678.4万件），报刊业务量173.5亿份，汇兑业务量349万笔。业务收入完成379.7亿元，同比下降1.0%。

一、邮政普遍服务和特殊服务工作情况

一是服务网络。截至2023年底，全国共有邮政普遍服务营业场所54416个。其中，城市地区14716个，占比27%，农村地区39700个，占比73%；自办45340个，占比83.3%，代办9076个，占比16.7%。叠加警邮、税邮服务的营业场所分别达到1.1万个、1.5万个。全国共有省际邮件处理中心130个、市级邮件处理中心164个、县级邮件处理场所2025个、揽投部9851个。二是服务水平。全国城市地区基本实现每日投递邮件不少于1次，乡镇政府所在地基本实现每周投递5次及以上，建制村基本实现每周投递3次及以上，建制村每周投递5次及以上的占比近五成。九省（自治区）3356个边境自然村全部实现通邮，其中2706个边境自然村每周投递3次及以上，占比超过80%。三是邮件时限。国家邮政局邮件全程时限监测结果显示，信件和包裹在同一城市城区内、省内、省际地级以上城市间、省际其他地区间的全程时限指标均达到《邮政普遍服务》(YZ/T 0129—2016)标准要求。四是特殊服务。邮政机要通信实现安全平稳运行。中央主要党报党刊订阅量稳中有升。全国1606个县级城市实现党政机关《人民日报》当日见报，当日见报县级城市覆盖率达到86.2%，同比增长0.26个百分点。免费寄递义务兵信函29.7万件、盲人读物0.6万件。

二、保障重大活动和专项任务情况

一是完成中央重大专项工作专用信箱寄递服务保障任务。国家邮政局部署跟进二十届中央第一轮、第二轮巡视和第三轮第一批中央生态环境保护督察专用信箱服务情况。各地邮政管理部门严格落实专项管理规定要求，对信箱开通、停用和邮件收寄、运输、分拣、投递等全环节加大监督检查力度，确保全部专用信箱邮件及时准确送达，收到各方感谢信47封。二是做好党报党刊发行服务。督导邮政公司顺利完成2024年度中央级党报党刊收订工作，《人民日报》《求是》《光明日报》和《经济日报》收订量均超过2023年同期。县级城市党政机关《人民日报》当日见报率稳中有升。三是完成高校录取通知书寄递服务任务。各级邮政管理部门进一步加强监督指导，通过开展监督检查、用户回访、严肃处理发现问题等措施，督促高校录取通知书寄递服务质量和规范化水平进一步提高。在国家邮政局组织的回访调查中，各级邮政管理部门共回访调查用户10165名，给予满分10分评价的达到87.08%，同比提升3.66个百分点。四是做好重大活动邮政服务保障工作。圆满完成全国两会、成都大运会、杭州亚运会邮政服务保障任务，北京、四川、浙江三地邮政管理部门加强组织部署，为代表委员、运动员和记者等提供了便捷优质的邮政服务，获得各方赞誉。

三、服务国家重大战略情况

一是服务乡村振兴。农村寄递物流体系建设加快推进，中国邮政集团有限公司建成县中心1061个、乡镇中心6010个、村邮站19万个，汽车化率达到56%，同比提升9个百分点。中国邮政集团有限公司进驻县级客运中心560处、乡镇场站4458个、村级站点2.6万个。推动邮政服务和农村电子商务协同发展，拓展农产品销售渠道，增加农民收入，助力乡村振兴。二是完成边境自然村通邮。边境九省（自治区）3356个边境自然村全部实现通邮，其中2706个边境自然村实现每周3次及以上，占比超过80%。三是推进"客货邮"融合发展和邮快合作。国家邮政局会同交通运输部开展"四好农村路"全国示范评估、第四批农村物流服务品牌评选发布工作。邮政公司开通交邮联运邮路3846条。新增邮快合作建制村4.2万个，支撑快递进村业务量累计近30亿件，代投社会快递8.2亿件，同比增长近50%。四是提升邮政跨境寄递服务能力。"十四五"国际寄递中心建设加快推进，义乌、成都、长沙、南昌、西宁邮件处理中心主体工程建设基本完成，石家庄、贵阳国际邮件互换局先后投入运营。海口、苏州国际邮件互换局叠加交换站功能，喀什、珲春、黑河、二连浩特国际邮件互换局（交换站）恢复运营。五是加强主题邮局建设。各地邮政管理部门充分利用国家邮政局与文化和旅游部联合发文契机推动主题邮局建设。全国累计建设主题邮局663个，覆盖5A级景区84个，覆盖率为26.4%。其中，四川邮政"熊猫邮局"入选第一批交通运输与旅游融合发展全国十佳案例，桂林象山景区主题邮局及"天上西藏"主题邮局布达拉宫店入选全国典型案例。六是有序推进司法专递电子面单改革。北京、上海、浙江、广东、海南、重庆等省（直辖市）局开展司法专递电子面单改革试点。海南实现司法专递面单电子化功能在全省法院全面运行。

四、邮票发行监管工作情况

2023年，发行纪特邮票27套，其中纪念邮票12套，特种邮票15套。纪特邮票发行工作始终坚持把讲政治放在首位，始终围绕"国之大者"，密切配合国家重大事件活动，圆满完成《纪念毛泽东同志诞辰130周年》《中华人民共和国第十四届全国人民代表大会》《毛泽东"向雷锋同志学习"题词发表六十周年》《"一带一路"倡议提出十周年》《世界上第一株杂交水稻培育成功五十周年》《长江三角洲区域一体化发展》等纪特邮票发行任务。审定发布2024年纪特邮票发行计划。组织开展对纪特邮票印制及重点题材邮票销售等情况进行专项检查，有效维护了消费者合法权益。

第三节　快递业发展

2023年，快递业务量（不包含中国邮政集团有限公司包裹业务）完成1320.7亿件，同比增长19.4%；快递业务收入完成12074亿元，同比增长14.3%。

一、行业发展动能加速释放

实施标准化工作五年行动计划，完成15项国标和行标研制。加快推动行业数智化转型，组织邮政业智能安检系统“华山论检”，加大智能安检、智能视频、智能语音申投诉处理技术在行业推广应用，智能车辆、智能分拣设施广泛应用。组织开展职业技能培训46万人次，新增10.8万人取得职业技能等级证书。

二、行业安全和应急保障水平显著提高

开展“重大事故隐患专项排查整治2023行动”，联合公安部、国家安全部等16部门开展“平安寄递”专项行动。实施《快递电子运单》（YZ/T 0148—2015）国家标准，印发《寄递服务用户个人信息安全管理规定》（国邮发〔2023〕7号），持续开展个人信息安全治理专项行动，加强隐私运单推广应用，夯实网络数据和信息安全基础。加强“绿盾”工程信息系统应用。强化应急处置保障，着力维护行业安全稳定。稳妥应对台风、地震、冰冻雨雪等自然灾害影响。

三、积极推进快递服务先进制造业

深入实施“5312”工程，联合工业和信息化部推出第一批快递业与制造业融合发展试点先行区10个和典型项目22个，协同效应不断增强。多地建立联合工作机制、出台激励政策、设立专项资金，促进快递业和制造业紧密协作、互惠共赢，江苏、浙江、山东培育项目数量位居前列。

四、扎实建设国际寄递物流体系

出台《国际寄递物流体系建设工作方案》，引导企业围绕境外服务网络、海外基础设施、自主运输通道、产业协同能力等关键要素精准发力。2023年，国际／港澳台快递业务量累计完成30.7亿件，同比增长52%。湖北鄂州花湖机场顺丰航空枢纽全面投入运营，雅加达菜鸟国际转运枢纽落成投产，圆通嘉兴全球航空物流枢纽正式进入施工建设阶段，天津、沈阳、南昌、深圳等口岸实现国际进出口邮件、跨境电商、商业快件同场地监管作业的“三关合一”集约化监管。

第四节　邮政行业治理

一、行业法规政策等制度供给

加快法律法规规章的立改废释工作，完成《快递市场管理办法》等4部部门规章的修订和废止，完成9部行政规范性文件的立改废，完成5部政策措施的废止。推进邮政普遍服务条例制定，修订和废止7个规范性文件，妨碍统一市场和公平竞争的机制障碍不断破除。《中华人民共和国邮政法（修订草案）》《邮政普遍服务条例（草案）》已按程序报交通运输部审核，推动司法部启动《中华人民共和国邮政法实施细则》废止工作。配合司法部开展《快递暂行条例》修订工作。出台《邮件快件包装操作规范备案管理规定（试行）》，规范邮件快件包装操作规范备案管理工作，加强邮件快件包装操作规范化建设，推进邮件快件包装减量化、标准化和循环化。推进邮政普遍服务业务与竞争性业务分业经营，制定支持推动新时代邮政普遍服务、快递业高质量发展政策文件，出台国家邮政局权责清单。依法依规做好企业境外上市、外商投资准入等工作，行业对外开放程度不断扩大。

二、普遍服务和特殊服务监督

一是行政审批及备案管理。各级邮政管理部门办理新增邮政普遍服务营业场所备案369个，审批同意撤销邮政普遍服务营业场所申请268个；审批同意停止办理或者限制办理邮政普遍服务业务和特殊服务业务申请10个；办理邮政普遍服务营业场所名称、营业时间、经营方式、营业人员等重要信息变更等各类备案35556个。二是监督检查及问题处置。邮政管理部门坚持“强监管”要求，切实加大监督检

查力度，共实地检查各类场所55243处次，通过视频巡查等方式开展非现场检查各类场所40146处次。对发现的违法违规问题作出责令改正1788件、约谈告诫479件、行政处罚131件。三是申诉处理及社会监督。邮政管理部门受理邮政普遍服务申诉12729件，其中有效申诉1502件，用户对中国邮政集团有限公司有效申诉处理满意率为95.47%。从涉及服务环节看，延误、丢失短少和投递服务问题占比较高；从涉及业务类型看，主要集中在包裹。全国邮政特邀监督员全年共开展社会监督102447人次，查看网点76992个，走访用户191532人次，反映中国邮政集团有限公司问题563个，全部整改完毕。

三、邮政市场监管

一是规范快递业务经营许可管理。全面推行快递业务经营许可证电子证照签发应用件。推广快递业务经营许可证回寄服务，优化末端网点备案管理。拼多多驿站准入试点工作在上海顺利完成，菜鸟速递品牌变更稳步推进。扎实推进许可申请标准化建设，延续申请自助申报平稳运行。实施实地核查“验真”工程，优化线上线下数据交互。开展处理场所代码集中申报，山西、海南、重庆、陕西、宁夏等地申报完成率达到100%，场所分型管理取得阶段性成效。二是维护市场公平竞争秩序。修订《快递市场管理办法》（交通运输部令2023年第22号），加强市场经营秩序规制，明确市场主体预期。印发《总部型快递企业落实所属快递服务网络统一管理责任监督规程（试行）》，打造快递市场“品牌化”监管模式。强化市场竞争环境典型塑造，继续开展“中国快递示范城市”创建工作，总体规模扩大至41个。组织开展“诚信快递、你我同行”“3·15”主题宣传，深化行业诚信文化建设。实施快递企业合规经营情况专项执法检查，建立服务价格抽查监测机制，对5家企业总部开展集中行政指导，及时纠治影响市场秩序的突出问题。严格集邮市场和邮政用品用具市场监督管理，严厉打击伪造、变造邮资凭证行为。三是加强快递服务质量问题治理。实施快递服务质量提升工程，强化服务满意度调查和时限测试，加强用户申诉处理工作，规范企业售后客服和保价理赔服务，依托政企联席会议机制督促企业改进服务质量，对4家企业总部实施行政约谈，对5家企业总部进行监管警示，全年用户有效申诉率稳控在百万分之五以下。坚持上下联动治理农村快递服务违规收费问题，并推动相关工作纳入12部门网络市场监管专项行动范围。

第五节　安全监管

2023年，国家邮政局坚持以习近平新时代中国特色社会主义思想为指导，认真贯彻落实习近平总书记关于安全生产重要指示批示精神和党中央、国务院决策部署，统筹发展和安全两件大事，坚决扛起防范化解重大安全风险责任，按照国务院安全生产委员会的部署，扎实推进邮政快递业风险隐患常态化排查整治，有力维护寄递渠道安全畅通，圆满完成全国两会、成都大运会、杭州亚运会等重大活动寄递安保任务。全年行业安全生产形势总体稳定向好，行业较大以上安全生产事故“零”发生，作业场地安全生产亡人事故保持低位，为3起3人。

一、扎实推进事故隐患排查整治

印发通知部署“行业重大事故隐患专项排查整治2023行动”，深挖制约行业安全发展的重大事故隐患顽瘴痼疾，突出用电消防、车辆交通、危险物品禁寄等重点领域，开展集中排查整治。强化“安全生产十五条硬措施”落实落地，加大地方邮政管理部门和企业总部统筹调度，对发生安全生产事故企业总部制发警示函并行政约谈，部署各地邮政管理部门对涉事企业品牌在全国开展精准执法检查，严防监管执法“宽松软虚”。

二、稳步提升平安寄递建设水平

把“三项制度”作为寄递安全刚性要求，严格落实身份信息查验、实名信息登记要求，结合重大活动安保等任务推进拍照验视，大力推动智能安检设备应用，强化过机安检执行力度。国家邮政局、中共中央政法委员会等17部门联合开展"平安寄递"专项行动，严查严处寄递枪爆物品、毒品、反宣品、危险化学品、侵权假冒商品、野生动植物及其制品、外来入侵物种、假劣药品、假币、烟草等违法违规寄递行为。中央电视台"新闻联播"栏目等多家中央媒体对"平安寄递"专项行动进行广泛宣传报道。

三、持续增强安全风险防控能力

制定《邮件快件处理场所、营业场所安全管理规范化二十条细则》，涉及消防用电、场所使用、机械操作以及员工着装发式、安全培训等，概括为"4个全覆盖、5个严禁、11个必须"，推动全行业持续提升安全风险防控能力水平。各地邮政管理部门督促企业严格落实安全生产主体责任，通过"现场检查＋视频巡查"形式对二十条细则落实情况开展执法检查，有效利用"绿盾"工程视频联网、安检机联网加强监管。充分发挥地方安全生产委员会机制作用，对寄递企业消防、道路交通、建筑设施等领域开展联合执法检查，及时移交转办相关领域问题线索，形成齐抓共管、协同共治良好局面。

四、维护行业运行稳定

圆满完成成都大运会、杭州亚运会等重大活动寄递安保任务，赴浙江、天津、河南、宁夏等重点地区开展督导检查、明查暗访，强化"二次安检"疑似问题件、督导检查发现情况每日通报、闭环管理，落实应急值班要求，全力确保行业安全稳定运行。

五、不断夯实本质安全基础

印发《邮政企业、快递企业安全生产管理体系建设指南》(国邮办发〔2023〕24号)，指导企业建立健全自我监督、自我审核、自我完善的长效机制。深入推进平安员队伍建设，举办企业高层管理人员、安检员、外包人员等系列培训，组织全国邮政行业青年安全生产示范岗创建、全国邮政行业职业教育快递技能大赛等活动，全面提升各级各类人员安全素养。印发行业"安全生产月"活动方案，着眼于"人人讲安全、个个会应急"组织开展安全宣传活动。组建行业安全生产专家库，组织专家先后赴山西、内蒙古、辽宁、山东、广西、浙江、重庆、湖北、广东、陕西、甘肃等11省（自治区、直辖市），对16地市39家新增许可快递企业处理场所、区域分拨中心开展安全生产检查指导。会同中共中央网络安全和信息化委员会办公室、公安部，联合召开邮政快递领域隐私运单应用工作推进会，加强隐私运单推广应用。

六、推动"绿盾"工程一期项目应用和二期项目前期设计工作

制定实施应用"绿盾"工程信息系统强化市场监管工作的文件，推动全系统加强"绿盾"工程一期建设成果应用。协调推进"绿盾"工程二期项目前期设计工作，修改完善可行性研究报告及要件材料，相关材料已报国家发展和改革委员会。

第六节　农村寄递物流体系建设

2023年，国家邮政局全面贯彻落实党的二十大和中央农村工作会议精神，深入落实《国务院办公厅关于加快农村寄递物流体系建设的意见》（国办发〔2021〕29号）、《中央财办等部门关于推动农村流通高质量发展的指导意见》(中财办发〔2023〕7号)等文件要求，持续加强农村寄递物流体系建设工作。国家邮政局与财政部等6部门联合印发《农村寄递物流体系建设三年行动方案（2023—2025年）》，提出到2025年，开放惠民、集约共享、安全高效、双向畅通的农村寄递物流体系基本形成，实现县县有中心、乡乡有网点、村村有服务，基本实现建制村直接收投邮件快件的工作目标。

一、农村邮政体系发挥有效作用

不断创新乡镇邮政网点运营模式，指导邮政公司利用线上线下渠道资源，积极打造"一点多能、一网多用"综合便民服务平台，提供有温度的农村公共服务。从服务群众"就近办、多点可办"出发，为人力资源和社会保障部、公安部、国家税务总局、最

高人民法院等部门提供8大类50多个公共服务在邮政网点的代办，实现邮政网点政务便民服务“一件事一次办”。建成线上开放式缴费平台，助力农村水、电、燃气、供暖缴费等公共服务“线上化”。

二、末端共同配送体系不断完善

推广共同配送模式，指导各地改善农村基础设施，根据实际需要配备自动分拣线、立体货架、智能取件终端等设施设备，提高配送效率。鼓励企业数据共享、信息互联互通，提升信息化服务能力。引导中国邮政集团有限公司完成与快递公司丰富邮快合作信息对接通道，畅通与社会快递企业数据交互渠道，丰富数据共享、信息互通方式。指导中国邮政集团有限公司编制《邮快合作操作流程及作业规范》，规范业务流程，引导各地深化邮快合作，做大业务规模。推进“两中心一站点”建设，邮政公司建成县中心1061个、乡镇中心6010个、村邮站19万个。

三、深化客货邮融合发展

农村客运班车代运邮件快件合作机制完善。推动中国邮政集团深入推进与交通运输企业合作，促进城乡公共服务均等化，通过“节点网络共享、末端线路共配、运力资源共用”，初步形成“多网共用、一站多能、深度融合”的客货邮融合发展模式，不断提升农村寄递物流服务水平。推进乡镇邮政局（所）改造，加快农村邮路汽车化，汽车化率达到56%，同比提升9个百分点，强化信息系统管控，提升农村运递能力。会同交通运输部开展“四好农村路”全国示范评估、第四批农村物流服务品牌评选发布工作。中国邮政集团有限公司编制开通交邮联运邮路3846条。新增邮快合作建制村4.2万个，支撑快递进村业务量累计近30亿件，代投社会快递8.2亿件，同比增长近50%。

四、冷链寄递体系日趋成熟

推广冷链服务标准规范，争取相关支持政策。中国快递协会牵头制定推广电商快递冷链服务标准规范，提升冷链寄递安全监管水平。团体标准《电商冷链快递服务管理规范》已由中国快递协会团体标准委员会于2023年1月立项，已完成一次预审。

五、农产品上行渠道畅通平稳

整合邮政服务“一市一品”和快递服务“一地一品”项目，打造邮政快递业服务现代农业金牌项目143个。正式启动农村电商与快递协同发展示范创建工作。

第七节　快递员群体合法权益保障

2023年，国家邮政局深入贯彻落实习近平总书记关于保障快递员群体合法权益重要指示批示精神，会同人力资源和社会保障部出台《快递行业推进劳动合同制度专项行动方案》（国邮发〔2023〕46号），明确劳动合同签订和社会保险缴纳的范围、对象，提出保障快递员群体基本劳动权益的任务措施，并联合印发《快递从业人员劳动合同（示范文本）》。加强与其他部门的协调联动，全面落实七部门联合印发的《关于做好快递员群体合法权益保障工作的意见》（交邮政发〔2021〕59号）工作部署，有力推动各项任务落实。

一、强化工作部署安排，切实压实工作责任

一是印发年度工作要点。每年制定快递员群体合法权益保障工作要点，聚焦重点环节和关键问题，对快递员权益保障工作进行系统性部署安排，明确年度工作目标任务。二是结合会议重点部署。全国邮政管理工作会议、全国邮政市场监管工作会议和半年工作会议上，对快递员权益保障工作进行部署安排，对保障基本劳动权益、保障合理劳动报酬、做好职业保障等工作进行重点部署。三是结合重要节点推进。在春运、中秋、国庆、旺季服务保障等重要时间节点，结合保通保畅、旺季服务保障等工作，通过文件、会议、专项调度进行部署强调。四是纳入“贴近民生实事”。自2021年起，连续4年将快递员群体合法权益保障工作作为邮政业更贴近民生七件实事，并对办好民生实事提出明确要求、作出全面部署。五是深化工作考核问效。将快递员群体

合法权益保障工作纳入地方邮政管理部门相关考核体系，形成鲜明工作导向，切实压紧压实工作责任。

二、推进劳动合同制度，维护基本劳动权益

一是深入开展调研。会同人力资源和社会保障部劳动关系司和劳动监察局赴上海开展联合调研，并联合仲裁司在北京开展专题调研，重点了解快递员群体劳动合同签订和社会保险缴纳工作情况，听取企业和职工代表在保障快递员合法权益方面的诉求，掌握工作现状及存在问题，为推动快递员群体劳动合同签订和社会保险缴纳做好准备。二是开展专项行动。联合人力资源和社会保障部在快递行业部署推进劳动合同制度专项行动方案，指导和督促快递企业与快递从业人员依法签订劳动合同，切实保障快递从业人员基本劳动权益。三是推进工伤保险。联合人力资源和社会保障部门加大政策宣贯力度，督导企业不断巩固提升基层快递网点优先参加工伤保险成果，参保率稳定在90%以上。四是推进集体合同。中华全国总工会联合国家邮政局指导圆通、中通、韵达、极兔、申通、顺丰等主要快递企业签订全网集体合同，明确保障基本劳动权益相关内容。五是妥善化解纠纷。人力资源和社会保障部指导各级调解仲裁机构及时调处涉快递员相关劳动争议案件，通过个案处理树立明确政策导向，加强类案指导和重大案件处理指导。

三、保障合理劳动报酬，优化利益分配机制

一是组织开展快递员劳动定额试点。及时总结试点工作经验，优化《快递员劳动定额》标准相关内容，指导和推动快递企业建立合理的利益分配机制。继续推广快递企业末端派费核算指引，聚焦重点企业核算工作，强化督查指导，推动核算工作有力有序开展。二是开展快递员权益保障调查。采取网络电子问卷形式，面向全国快递员、分拣员、驾驶员等一线从业人员发放权益保障情况调查问卷，对工资收入水平进行了摸底，形成调查报告，为指导企业科学设定快递员工资水平、引导快递员合理确定工资预期提供参考。三是组织开展集体协商。各级工会合力推进快递企业开展以职工代表大会为基本形式的协商协调机制建设，7家主要民营快递企业相继召开（全网）职代会（扩大）会议，确定行业最低工资标准、一线收派员岗位最低工资标准、从业人员每年免费体检福利、快递员休息休假和节假日权利、社会保险缴纳等内容。四是加强部门协调联动。与中国国防邮电工会、中国快递协会建立联席会议工作制度，并建立制度性安排，从源头上对规范企业加盟和用工管理形成合力。五是完善相关制度设计。修订印发《快递服务》（GB/T 27917—2023）国家标准，引导加强从业人员管理，有效保障快递从业人员合法权益。

四、党建引领群团共建，持续做好关心关爱

一是全面推进快递行业党委组建工作。依托各地新业态、新就业群体党建工作机制平台，构建“党旗引领、团旗飘扬、工会守护、政府关爱”工作格局，协调相关部门统筹解决快递员群体“急难愁盼”问题。以加强行业党建工作为引领，持续加大行业工会、共青团等群团组织建设力度，不断扩大对快递员群体工作的有效覆盖。二是不断完善快递企业工会运行机制。与中华全国总工会及中国国防邮电工会保持常态化沟通联系，大力支持非公快递企业组建工会和快递员入会，不断健全工会工作内部协商机制，切实提高工会工作实效。稳步推进“会、站、家”一体化建设。三是开展关爱快递员“暖蜂行动”。会同共青团中央委员会联合持续开展“快递从业青年服务月”活动，推动各地邮政管理部门会同当地党委政府、工会、共青团等深入开展“夏送清凉”“冬送温暖”等慰问活动。依托各类“青年之家”“暖蜂驿站”等关爱服务阵地，为从业青年提供饮水供给、餐食加热、临时充电、盥洗休息、药品应急等便捷服务。

五、加强人才队伍建设，提升从业人员素质

持续开展职业技能提升行动。联合人力资源和社会保障部制定出台加快推进邮政快递业职业技能

等级认定实施意见，全面推进职业技能等级认定。推动完成全国性行业评价组织备案，指导广东、云南、贵州三省分支机构完成备案。启动快递站点管理师、国际快递业务师国家职业标准编制，推动完成快递员、快件处理员职业技能等级认定高级教材及初、中、高3个等级题库建设。

第九章 城市交通

第一节 城市公共汽电车

一、设施装备

（一）运营车辆

截至2023年底，全国城市公共汽电车运营车辆数68.25万辆，折合77.21万标台，车辆数较2022年减少20654辆，同比减少2.9%，标台数同比减少2.8%。其中，新能源运营车辆数（包括纯电动车、混合动力电动汽车、氢能源车）55.44万辆，占全国城市公共汽电车运营车辆总数的81.2%，较2022年增加1.19万辆，同比增长2.2%。快速公交系统（BRT）运营车辆数1.08万辆，占全国城市公共汽电车运营车辆总数的1.6%，较2022年增加314辆，同比增长3.0%。2023年全国城市公共汽电车燃料类型情况详见图4-9-1。

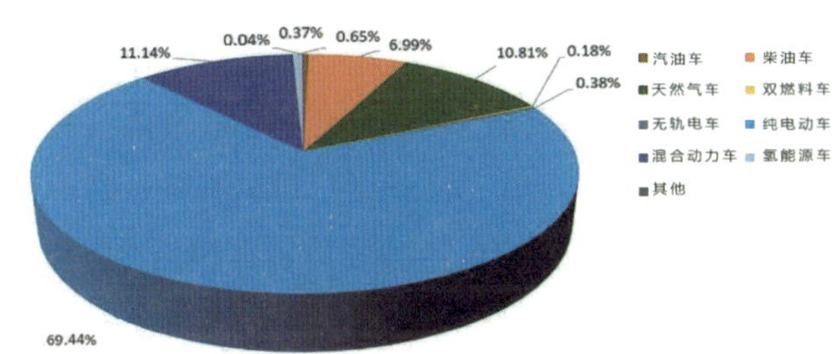

图4-9-1 2023年全国城市公共汽电车运营车辆燃料类型情况

（二）运营线路

截至2023年底，全国共有城市公共汽电车运营线路7.98万条，较2022年增加1824条，同比增长2.3%。运营线路长度173.39万公里，较2022年增加6.94万公里，同比增长4.2%。公交专用车道长度2.03万公里，较2022年增加405.3公里，同比增长2.0%。无轨电车运营线路长度1373公里，较2022年增加178.7公里，同比增长15.0%。

（三）运营场站

截至2023年底，全国城市公共汽电车场站面积共计1.13亿平方米，较2022年增加382.7万平方米，同比增长3.5%。车均场站面积146.23平方米/标台，较2022年增长8.88平方米/标台，同比增长6.47%。

二、经营主体

截至2023年底，全国城市公共汽电车经营业户共计4308户，较2022年增加64户，同比增长1.51%。其中国有企业1458户，国有控股企业412户，私营企业2062户，个体经营97户。2023年全国31个省（自治区、直辖市）城市公共汽电车经营业户数情况详见图4-9-2。

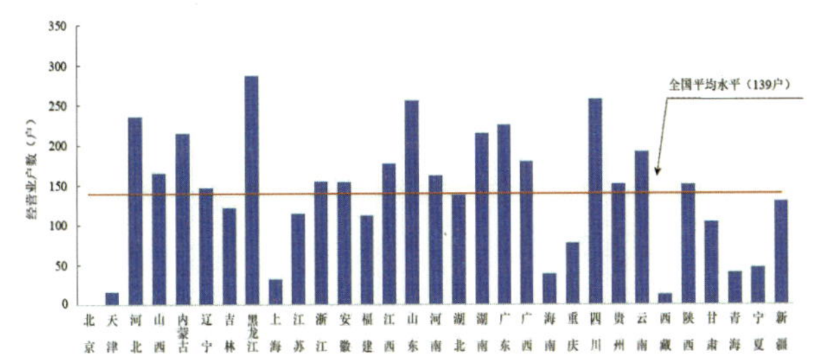

图4-9-2 全国31个省（自治区、直辖市）城市公共汽电车经营业户数情况

三、运营指标

2023年，全国城市公共汽电车运营里程310.84亿公里，较2022年增加19.25亿公里，同比增长6.6%；公共汽电车城市客运量380.50亿人次[1]，公共汽电车城际城乡客运量35.85亿人次，合计较2022年增加62.97亿人次，同比增长17.8%。

2023年全国城市公共汽电车单位运营里程载客量为1.34人次/公里，较2022年增加0.13人次/公里。

四、快速公交系统（BRT）

（一）总体情况

截至2023年底，全国有北京、大连、上海、常州、连云港、盐城、杭州、温州、绍兴、金华、舟山、

[1] 根据《交通运输部办公厅关于印发客运统计改革实施方案的通知》（交办规划〔2023〕61号）要求，2023年城市公共汽电车统计口径调整为公共汽电车城市客运量、公共汽电车城际城乡客运量。

合肥、厦门、抚州、济南、枣庄、济宁、临沂、郑州、武汉、宜昌、常德、永州、广州、中山、南宁、柳州、成都、贵阳、兰州、银川、乌鲁木齐共32个城市开通了BRT。2023年无新增开通BRT的城市。

截至2023年底，全国BRT运营车辆数为10797辆，较2022年增加314辆，同比增长3.0%。全国BRT线路总长度达7656公里，较2022年增加300.8公里，同比增长4.1%。BRT全年客运量11.14亿人次，较2022年增加2.35亿人次，同比增长26.7%。

（二）运营车辆

截至2023年底，全国开通BRT城市的平均运营车辆数为337辆，其中高于1000辆的城市有两个，为合肥市（1149辆）和郑州市（2582辆）。

2023年全国BRT运营车辆数为10797辆，同比增长3.0 %。其中常州等8个城市BRT运营车辆有所增加，大连等12个城市BRT运营车辆数与2022年持平，北京等12个城市BRT运营车辆数有所减少。

（三）运营线路

2023年全国BRT运营线路长度7656公里，同比增长4.1%。常州、连云港等9个城市BRT运营线路长度有所增加，大连、上海等19个城市BRT运营线路长度与2022年持平，北京、温州等4个城市BRT运营线路长度有所下降。截至2023年底，开通BRT城市运营线路平均长度为239.25公里，共有13个城市超过平均水平。

第二节　城市轨道交通

一、加强城市轨道交通运营安全监管

一是修订印发《城市轨道交通运营安全评估管理办法》（交运规〔2023〕3号）、《城市轨道交通初期运营前安全评估规范》（交办运〔2023〕56号）、《城市轨道交通正式运营前安全评估规范》（交办运〔2023〕57号）、《城市轨道交通运营期间安全评估规范》（交办运〔2023〕58号）系列评估管理文件，进一步明确各阶段运营安全评估技术要求，完善运营安全评估体系。二是印发《城市轨道交通通信系统运营技术规范（试行）》（交办运〔2023〕67号），从运营需求的角度提出城市轨道交通通信系统应满足的功能、性能等技术要求。三是围绕城市轨道交通防汛、双重预防制度落实情况等，面向开通城市轨道交通运营的所有城市，开展运营安全交叉调研，梳理总结各地主要经验做法和问题，并及时反馈，推动各地强化风险隐患排查治理。四是开展城市轨道交通运营安全隐患排查整治专项行动，指导各地深刻汲取北京地铁昌平线“12 · 14”列车追尾事故教训，重点围绕雨雪冰冻天气下行车调度指挥、关键设施设备、应急响应处置、安全责任落实等方面开展运营安全隐患排查。五是印发《2022年城市轨道交通运营险性事件集》，督促各地作为内部学习资料以案促改、举一反三。

二、提升城市轨道交通运营服务质量

一是指导各地城市轨道交通运营主管部门按年度对辖区内线路、线网和运营单位开展服务质量评价，梳理分析城市轨道交通运营服务情况，持续提升服务质量。二是落实“爱心预约”民生实事，提升乘客出行体验。全国已开通运营的300余条城市轨道交通线路均已开通“爱心预约”乘车服务，其中有49个城市还提供了公众号、小程序等在线预约服务，累计完成服务3万余次。

三、城市轨道交通发展情况

2023年，31个省（自治区、直辖市）和新疆生产建设兵团城市轨道交通在运营规模、运输量和运营指标方面都实现了稳步增长。

（一）运营规模

1. 运营线路

截至2023年底，共有55个城市开通了城市轨道交通线路308条，运营里程10158.6公里。2013—2023年城市轨道交通运营里程变化情况如图4-9-3所示。

2. 车站

截至2023年底，城市轨道交通共有车站5923个，比2022年新增326个，同比增长5.8%。其中，换乘站723个，比2022年新增60个，同比增长9.0%，换乘站占车站总数的12.2%。

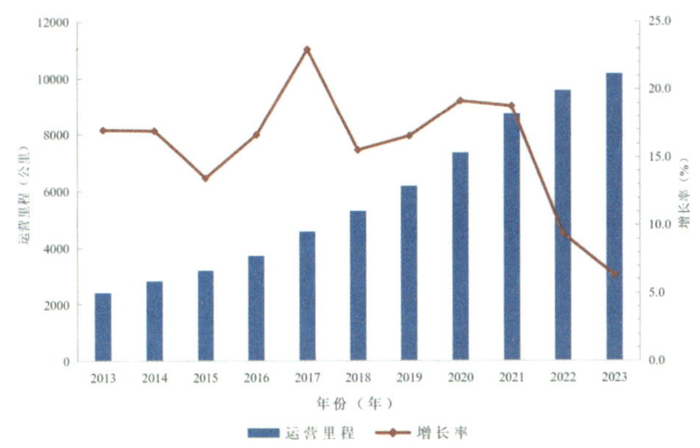

图 4-9-3　2013—2023 年城市轨道交通运营里程变化情况

3. 车辆

截至 2023 年底，城市轨道交通共有配属车辆数 66659 辆（配属列车数 11476 列），比 2022 年新增 4102 辆（742 列），同比增长 6.6%。其中，地铁配属车辆 61924 辆，轻轨配属车辆 1138 辆，单轨配属车辆 1194 辆，有轨电车配属车辆 1663 辆，磁悬浮列车配属车辆 110 辆，自动导向系统配属车辆 44 辆，市域快速轨道配属车辆 586 辆。

4. 经营业户

截至 2023 年底，城市轨道交通共有经营业户数 94 户，其中浙江、江苏居首，为 10 户；天津为 8 户；广东为 7 户；上海为 6 户；云南、辽宁各为 5 户；北京、湖北各为 4 户；重庆、山东、湖南、河南、福建各为 3 户；江西、贵州、广州、甘肃、安徽各为 2 户；新疆、四川、陕西、山西、内蒙古、吉林、黑龙江、河北、海南、广西各为 1 户。

5. 运营员工

截至 2023 年底，城市轨道交通运营员工数共计 435261 人，同比增长 4.2%，其中工人或生产人员 368810 人，工程技术人员 29341 人，管理人员 23668 人，其他人员 13442 人。

（二）运输量

截至 2023 年底，我国城市轨道交通进站量共计 177.2 亿人次，完成客运量 293.9 亿人次，客运量比 2022 年增加 100.8 亿人次，同比增加 52.2%。2023 年完成城市轨道交通旅客周转量达 2465.6 亿人公里，比 2022 年增加 835.8 亿人公里，同比增加 51.3%。全国客运强度平均水平为 0.79 万人次 / 公里 · 日。

（三）运营指标

2023 年，城市轨道交通完成运营 71.5 亿车公里，比 2022 年新增 9.9 亿车公里；最小发车间隔为 94 秒；所有城市列车运行图兑现率、列车正点率均超过 99.0%；52 个城市列车服务可靠度超过 30 万列公里 / 次。

第三节　巡游出租汽车

一、营运车辆

截至 2023 年底，全国拥有巡游出租汽车 136.74 万辆，较 2022 年增加 0.54 万辆，同比增长 0.4%，其中新能源车辆（纯电动和混合动力车）41.72 万辆，较 2022 年增加 11.76 万辆，同比增长 39.3%。2019—2023 年全国巡游出租汽车营运车辆数变化情况见图 4-9-4 。2019—2023 年全国新能源巡游出租汽车车辆数与占比变化情况见图 4-9-5。

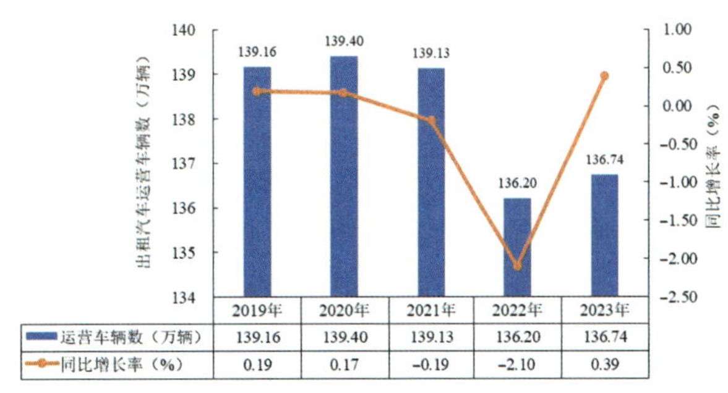

图 4-9-4　2019—2023 年全国巡游出租汽车营运车辆数变化情况

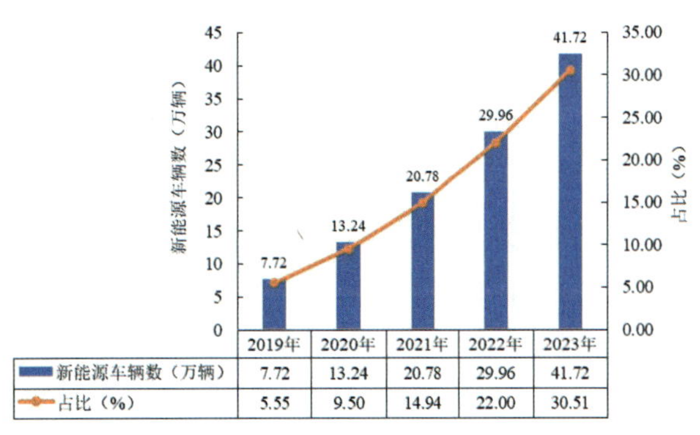

图 4-9-5　2019—2023 年全国新能源巡游出租汽车车辆数与占比变化情况

表 4-9-1　2022 年和 2023 年全国巡游出租汽车企业数量情况

年份	车辆 301 辆（含）以上	车辆 101 ~ 300 辆（含）	车辆 51 ~ 100 辆（含）	车辆 50 辆（含）以下	合计
2023 年	867	2541	2177	7431	13016
2022 年	873	2577	2199	7915	13564

二、经营主体

截至 2023 年底，全国拥有巡游出租汽车经营业户 16.12 万户，较 2022 年增加 4329 户，同比增长 2.8%，其中个体经营业户 14.82 万户，较 2022 年增加 4877 户，同比增长 3.4 %；巡游出租汽车企业共计 13016 户，较 2022 年减少 548 户。2022 年和 2023 年全国巡游出租汽车企业构成情况见表 4-9-1。

三、运营指标

2023 年，全国巡游出租汽车城市客运量 220.27 亿人次[1]；巡游出租汽车城际城乡客运量 20.55 亿人次。运营总里程 1213.61 亿公里，其中载客里程 767.77 亿公里，里程利用率达到 63.3%。2019—2023 年全国巡游出租汽车运营里程变化情况见图 4-9-6。

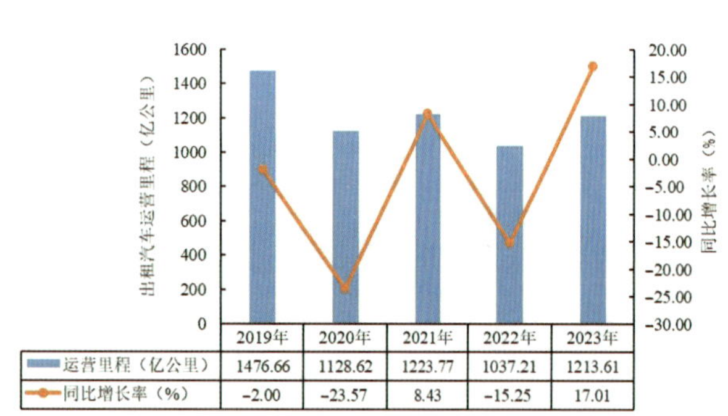

图 4-9-6　2019—2023 年全国巡游出租汽车运营里程变化情况

第四节　汽车租赁

一、租赁车辆

截至 2023 年底，全国拥有汽车租赁车辆 23.06 万辆，较 2022 年增加 0.92 万辆，同比增长 4.2%。其中 5 座及以下客车 19.43 万辆，6—9 座客车 3.24 万辆，10 座及以上 0.38 万辆。2019—2023 年全国汽车租赁车辆变化情况见图 4-9-7。2023 年全国汽车租赁车辆不同类型划分情况见图 4-9-8。

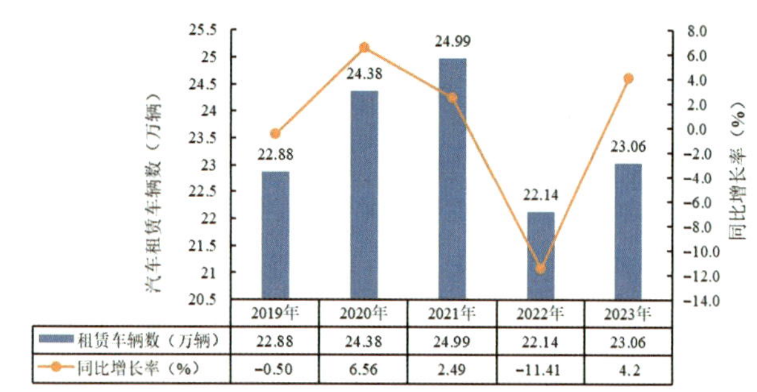

图 4-9-7　2019—2023 年全国汽车租赁车辆数变化情况

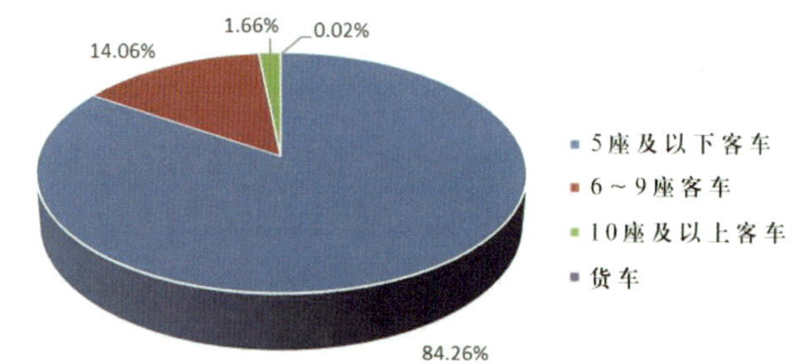

图 4-9-8　2023 年全国汽车租赁车辆不同类型划分情况

二、经营主体

（一）租赁企业

截至 2023 年底，全国汽车租赁企业共 11464 户，较 2022 年增加 3521 户，同比增长 44.3%。2019—2023 年全国汽车租赁企业数变化情况见图 4-9-9。2023 年全国汽车租赁企业按车辆规模划分情况见图 4-9-10。

[1] 根据《交通运输部办公厅关于印发客运统计改革实施方案的通知》（交办规划〔2023〕61 号）要求，2023 年巡游出租汽车客运量统计口径调整为巡游出租汽车城市客运量、巡游出租汽车城际城乡客运量。

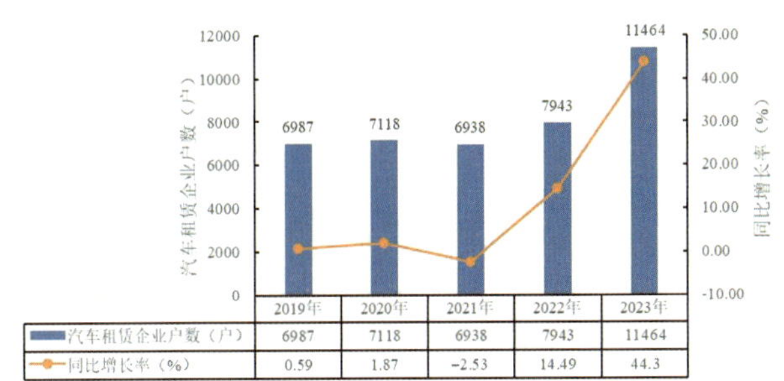

图 4-9-9　2019—2023 年全国汽车租赁企业数变化情况

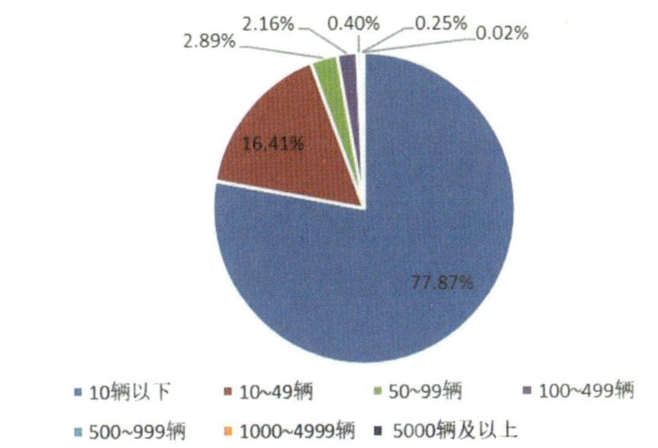

图 4-9-10　2023 年全国汽车租赁企业按车辆规模划分情况

（二）从业人员

截至 2023 年底，全国汽车租赁从业人员 5.85 万人，较 2022 年增加 0.71 万人，同比增加 13.8%。2019—2023 年全国汽车租赁企业从业人员数变化情况见图 4-9-11。

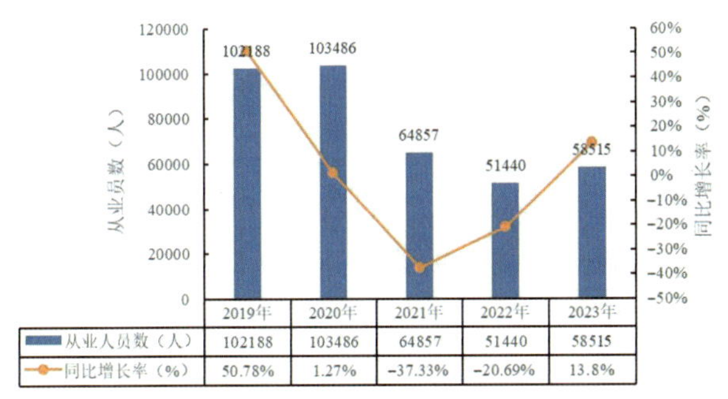

图 4-9-11　2019—2023 年全国汽车租赁企业从业人员数变化情况

第五节　交通运输新业态

一、完善交通运输新业态政策体系

2023 年 4 月，交通运输部会同工业和信息化部、公安部、国家市场监督管理总局、国家互联网信息办公室 4 部门印发《关于切实做好网约车聚合平台规范管理有关工作的通知》（交办运〔2023〕23 号），指导各地规范网约车聚合平台经营行为，切实保障乘客和驾驶员合法权益，促进网约车行业规范健康持续发展。7 月，印发《关于学习借鉴改革巡游出租汽车运价机制典型经验做法的通知》，供各地参考学习。

二、加强交通运输新业态跨部门协同监管

2023 年 5 月，以交通运输新业态协同监管部际联席会议办公室名义印发《推动交通运输新业态规范健康持续发展 2023 年工作要点和任务分工》，明确 20 项工作任务及分工，进一步压实各部门责任，汇聚监管合力。多次以交通运输新业态协同监管部际联席会议办公室名义，组织对主要网约车平台、聚合平台公司进行约谈，督促企业落实主体责任，保障驾驶员和乘客合法权益，推动交通运输新业态规范健康持续发展。

三、实施交通运输新业态平台企业降低过高抽成更贴近民生实事，保障从业人员合法权益

制定印发工作方案，推动主要网约车、互联网道路货运平台公司公告下调抽成比例或会员费上限。配合人力资源和社会保障部开展出行、同城货运行业职业伤害保障试点工作，指导曹操出行等网约车平台和货拉拉、快狗打车等互联网道路货运平台公司积极参加；加强对平台企业用工的针对性指导，推动滴滴、T3 出行、曹操出行等平台企业完善书面协议并试点应用，指导平台企业公平确定劳动报酬，科学安排工作时间，引导劳动者依法维护自身权益。

第六节　适老化无障碍交通出行

一、加强工作统筹部署

将“持续提升适老化无障碍交通出行服务”列为 2023 年交通运输更贴近民生实事，印发《2023 年持

续提升适老化无障碍交通出行服务等5件更贴近民生实事工作方案的通知》（交办运函〔2023〕480号），统筹部署推广低地板及低入口城市公共汽电车、打造敬老爱老城市公共汽电车线路、扩大95128电话约车范围、完善网约车APP“一键叫车”功能、完善城市轨道交通“爱心预约”服务等工作。

二、提升城市公共交通适老化无障碍出行服务

2023年，指导各地打造1100余条敬老爱老服务城市公交线路，新增及更新低地板及低入口城市公共汽电车超过7700余辆，完成3800余个城市公共汽电车站台适老化改造。指导运营城市轨道交通的城市开通“爱心预约”乘车服务，累计完成服务3万余人次。

三、便利老年人打车出行

截至2023年底，指导各地累计在140余个地级及以上城市开通95128约车服务电话，每天完成订单量5万余单。指导主要网约车平台公司优化完善“一键叫车”功能，累计为1300余万老年乘客提供服务超过1亿单。

四、加强无障碍适老化出行服务宣传引导

依托绿色出行宣传月和公交出行宣传周活动等载体，指导各地持续宣传推广适老化无障碍交通出行服务，鼓励社会各界共同关注老年人等群体无障碍出行。指导行业媒体围绕适老化无障碍出行内容及时发布信息、做好政策解读，宣传报道工作进展与成效。用好交通运输部微博、微信、快手等新媒体平台，展现适老化无障碍出行工作的举措和成效。

第七节　绿色出行

一、广泛开展绿色出行宣传活动

2023年8月，交通运输部联合公安部、国家机关事务管理局、中华全国总工会、共青团中央等部门和单位印发《关于组织开展2023年绿色出行宣传月和公交出行宣传周活动的通知》（交办运函〔2023〕1176号），就举办“绿色出行宣传月和公交出行宣传周”公益设计大赛，组织开展公交出行宣传周，持续提升适老化、无障碍交通出行服务等进行部署。9月，交通运输部联合公安部、国家机关事务管理局、中华全国总工会、共青团中央等部门和单位组织开展了2023年绿色出行宣传月和公交出行宣传周启动仪式，广泛倡导公众优先选择公共交通、自行车和步行等绿色出行方式。

二、总结各地绿色出行典型经验做法

2023年9月，印发《交通运输部办公厅关于印发城市公共交通优先发展和绿色出行典型案例的函》（交办运函〔2023〕1373号），组织遴选了13个城市公共交通优先发展和绿色出行典型案例，供各地参考借鉴、学习推广。

三、持续推广应用新能源车辆

依托国家公交都市建设示范工程等载体，充分发挥中央财政城市交通奖励资金引导作用，在城市公交、出租汽车领域持续推广应用新能源汽车。截至2023年底，新能源城市公交车总量达到55.44万辆，占比达到81.2%；新能源巡游出租车总量达到41.7万辆，占比达到30.5%。会同工业和信息化部组织开展公共领域车辆全面电动化先行区试点工作，公布第一批15个试点城市名单。

第十章　服务国家重大战略

第一节　服务乡村振兴

一、全国交通运输服务乡村振兴战略推进情况

交通运输部深入贯彻落实习近平总书记关于“三农”工作的重要论述和关于“四好农村路”的重要指示批示精神，扎实落实党中央、国务院关于实现巩固拓展脱贫攻坚成果同乡村振兴有效衔接决策部署，学习运用“千万工程”经验，充分发挥先行作用，扎实推动交通运输服务乡村振兴战略实施和“四好农村路”高质量发展。

（一）扛起政治责任，谋划服务乡村振兴工作

严格执行“一把手”负责制，调整交通运输部服务乡村振兴战略推进“四好农村路”建设领导小组，部党组书记、部长李小鹏担任组长并承担第一责任人责任。召开领导小组会议，传达学习习近平总书记重要指示批示精神，研究部署各项工作。印发了领导小组 2023 年工作要点、推动“四好农村路”高质量发展 2023 年工作要点、贯彻落实中央农村工作会议精神和 2023 年中央一号文件部内分工方案等文件，进一步加强顶层设计，推动相关工作有序有力开展。

（二）发挥先行作用，加快乡村交通运输发展

一是坚持规划引领，统筹农村交通基础设施建设。出台《加快建设交通强国五年行动计划（2023—2027 年）》，制定交通运输服务乡村振兴和区域协调发展行动，优化农村交通基础设施和运输服务布局，深入推进城乡交通运输一体化发展。印发规划进一步优化完善中西部地区港口航道规划布局和建设。完成“十四五”系列规划中期评估调整工作，优化投资政策，调整规划项目，进一步加大对农村交通基础设施建设的支持力度。

二是坚持交通先行，加快脱贫地区重大项目建设。积极推动革命老区、民族地区、边疆地区、脱贫地区高速公路、普通国道、内河航道等区域性和跨区域重大项目建设，推进基础设施联通水平提升。G55 二广高速二连浩特至赛罕塔拉段等一批重大项目建成，西部陆海新通道（平陆）运河加快推进。

三是加大倾斜支持，加快完善农村公路网络。联合财政部下达普通省道和农村公路“以奖代补”车购税资金 758 亿元，深入实施新一轮农村公路建设和改造，持续推进乡镇通三级及以上等级公路、较大人口规模自然村（组）通硬化路等建设。全年新改建农村公路超过 18.8 万公里。

四是完善运行机制，深化农村公路管养体制改革。指导 167 个管理养护体制改革试点单位稳步有序推进试点工作。健全完善农村公路“路长制”运行长效机制，农村公路“路长”总人数近 67.9 万人。加快推动农村公路数字化转型，扎实开展农村公路“一路一档”试点建设。推进农村公路路况自动化检测，全年完成农村公路路况自动化检测里程超过 200 万公里。

五是抓好安全生产，提升农村公路本质安全水平。强化隐患排查和整治，开展公路安全设施和交通秩序管理精细化提升行动。2023 年实施农村公路安全生命防护工程 12.36 万公里，改造农村公路危桥 8418 座。加强在建农村公路工程质量监督，开展施工安全治理能力提升行动，深入推进平安工地建设全覆盖。

六是强化示范引领，助推农村交通高质量发展。命名 195 个“四好农村路”全国示范县，确定 118 个县（市、区）为第三批城乡交通运输一体化示范创建县，公布第四批 50 个农村物流服务品牌名单。推动城乡客运与旅游融合发展，完善道路旅客运输企业安全管理规范，提升农村客运安全保障水平。推动农村客货邮融合发展，开通客货邮融合线路 1.1 万余条。

（三）坚持“四个不摘”，扎实做好定点帮扶工作

一是加强调研督导。邹天敬组长、徐成光副部长赴四川小金县等四个定点帮扶县开展调研，组织召开定点帮扶工作座谈会。各结对帮扶工作组召开 22 次

专题工作会。

二是制定规划计划。制定印发定点帮扶四川四县、西藏定点帮扶县和对口支援江西安远县2023年工作要点。结合新增定点帮扶青海甘德县任务，调整优化结对帮扶关系。

三是选优配强挂职干部。遴选政治过硬、工作突出、奉献精神强的优秀管理及技术干部赴四川四县、江西安远县和青海甘德县挂职，扎根一线，配合做好定点帮扶和对口支援工作。

四是助力乡村振兴。发挥行业优势，加大倾斜支持。优先安排项目、优先保障资金、优先对接工作、优先落实措施。2023年引进无偿帮扶资金约3.2亿元。助力产业振兴，帮助引进16个帮扶项目（企业）。积极推动“以工代赈”项目，帮助1451名脱贫群众实现就地就近就业增收。助力人才振兴，培训交通干部、基层干部、专业技术人员、乡村振兴带头人937人次，为180名专业技术人才提供网络培训。助力文化振兴，支持帮扶县参加“我家门口那条路”“十大最美农村路”等大型宣传活动，开展“两约四进”活动，壤塘县获得第四届“全球减贫案例征集活动”最佳案例。助力生态振兴，持续推动“路田分家、路宅分家”，完成1925户农村厕所改造。助力组织振兴，扎实开展支部结对共建，深化结对共建关系，投入党建帮扶资金68万元，党员干部捐款捐物418万元，捐赠280台电脑。开展消费帮扶，在公交、地铁等交通场站播放四川四县公益传播视频，推介四县旅游产业等资源，累计播放超800多万次。全年直接购买四川四县农产品478万元，帮助销售农产品1913万元。

二、铁路服务乡村振兴战略推进情况

深入贯彻习近平总书记关于“三农”工作的重要论述，全面落实中央一号文件和政府工作报告部署安排，把定点帮扶、对口支援工作作为重大政治任务，充分发挥铁路行业优势，整合帮扶资源，推动增强内生发展动力，多措并举助推定点帮扶榕江县巩固拓展脱贫攻坚成果，助力对口支援永丰县振兴发展，有力促进当地经济社会发展，持续改善群众生活。

（一）发挥铁路行业优势，服务全面推进乡村振兴

一是加强乡村振兴地区铁路规划布局。对现代基础设施发展规划、沿边基础设施规划，以及27省（自治区、直辖市）15市国土空间总体规划研提铁路部分衔接意见，重点谋划一批经济效益和社会效益并重的铁路项目，加强乡村振兴地区铁路布局和覆盖。二是协调推动乡村振兴地区重点铁路项目建设。组织完成罗布泊至若羌铁路、沪渝蓉沿江高铁宜昌至涪陵段等6个项目行业评审，为项目批复提供技术支撑。利用推动102项重大工程实施部际联席会议等机制，协调有关部门、地方政府和铁路企业加快推进西宁至成都、大理至瑞丽、集宁至大同至原平等铁路重大项目建设，充分发挥铁路对乡村振兴地区经济社会发展的基础性带动作用。三是对公益性“慢火车”开行情况开展专项检查，督促铁路运输企业制定实施“铁路巩固脱贫攻坚成果与乡村振兴有效衔接”工作方案，优化脱贫地区旅客列车开行质量。

（二）抓好定点帮扶榕江县工作，助力巩固拓展脱贫攻坚成果

认真落实中央单位定点帮扶工作的总体要求，结合榕江县实际，制定印发3个定点帮扶工作文件，细化71项帮扶措施，压紧夯实帮扶责任，各项重点指标落实情况均创历史新高。一是加强组织领导，解难题、出实招。局党组书记、局长费东斌主持召开乡村振兴会议5次，赴榕江县考察调研，督促榕江县守牢不发生规模性返贫底线、强化农民增收举措、抓住产业发展关键，帮助协调解决工作诉求、引进帮扶项目或企业。二是突出“村超”特色，支持榕江发展。通过加强考察调研、协调增加高铁车次、打造“村超”火车主题酒店、改造提升足球场地、加强宣传推广等方式，大力支持“村超”发展，让活力四射的“村超”成为乡村振兴的催化剂，推动农文旅体商融合发展，真正将村超“流量”转化为社会效益的“质量”和经济效益的“增量”。三是协调各方资源，全力推动定点帮扶工作。调动全局力量，不断增强工作力度。一年来，共赴榕江县调研8批90人次，资金支持5150.1万元、是上年的6.2倍，消费帮扶788.61万元、是上年的2.9倍，

帮助就业 1846 人、是上年的 17.8 倍。

（三）推动对口支援永丰县工作，助力革命老区发展

有序推动温武吉铁路项目规划，协调相关单位、部门指导永丰县做好项目前期工作。加强对吉安市辖区铁路安全、服务质量安全监管力度，助推永丰高铁无轨站进一步发展完善。推进职业教育联合办学，提升技能人才培养水平，提高就业质量。协调铁路相关企业，宣传推介永丰县旅游资源及招商引资优惠政策，推动多个农特产品进驻高铁车站、“国铁商城”。开展铁路安全普法宣传，面向铁路沿线中小学校宣讲党的二十大精神、中国高铁发展成就、铁路安全知识，进一步增强文化自信。充分利用国家铁路局爱国主义教育基地，开展党性宣传教育，推进当地红色文化发展。

三、民航服务乡村振兴战略推进情况

一是深入贯彻落实党中央、国务院全面推进乡村振兴战略部署，组织印发《中国民用航空局 2023 年全面推进乡村振兴工作要点》。二是积极推进脱贫地区机场项目建设，编制印发《民航重大基础设施项目实施方案（2023 年）》，协调国家发展和改革委员会加快推进脱贫地区机场项目前期工作。三是会同国家发展和改革委员会联合修订印发《关于“十四五”民用运输机场投资有关事项的通知》，在民航发展基金因疫情影响减收严重情况下，进一步提高中央预算内投资支持比例，总体保持中央资金支持力度不减，支持脱贫地区重大机场项目建设。四是持续做好对口支援赣州南康工作，印发《中国民用航空局对口支援赣州南康 2023—2024 年工作计划》，统筹支持推进赣州民航基础设施建设和航线网络拓展，以及无人驾驶航空试验区建设、人才培养交流等，引导行业积极参与南康民生和教育帮扶。

四、邮政服务乡村振兴战略推进情况

加快推进农村寄递物流体系建设，邮政公司建成县中心 1061 个、乡镇中心 6010 个、村邮站 19 万个，汽车化率达到 56%，同比提升 9 个百分点。邮政公司进驻县级客运中心 560 处、乡镇场站 4458 个、村级站点 2.6 万个。推动邮政服务和农村电子商务协同发展，拓展农产品销售渠道，增加农民收入，助力乡村振兴。

一是加强顶层设计和政策供给。推动将县乡村快递物流配送体系、农村客货邮融合发展、普遍服务类设施建设管护等政策措施，纳入中央一号文件等国家政策体系。向党中央提报国家邮政局党组学习贯彻中央农村工作会精神的报告。会同中央财办、商务等部门印发《关于推动农村流通高质量发展的指导意见》（中财办发〔2023〕7 号），会同商务等部门印发《县域商业三年行动计划（2023—2025 年）》（商办流通函〔2023〕419 号）。召开国家邮政局乡村振兴领导小组会议，印发《2023 年邮政业服务乡村振兴工作要点》等文件，统筹部署农村寄递物流体系建设、快递进村、定点帮扶等工作。印发《国家邮政局办公室关于深入推进快递进村实施“一村一站”工程的通知》（国邮办发〔2023〕20 号），规范发展共同配送模式，累计建成 1000 余个县级寄递公共配送中心和 30.3 万个村级寄递物流综合服务站。推进起草《邮政普遍服务条例》，修订《快递服务》（GB/T 27917）国家标准，发布《邮件快件农村客运车辆搭载作业要求》（YZ/T 0192—2023）行业标准，更好服务农特产品出村进城。二是持续推进“快递进村”。农村寄递物流末端共同配送模式得到有效推广，驻村设点、集中收寄、专线直配等农产品上行模式不断巩固，全国超 95% 建制村实现快递服务覆盖。农村快递业务量、业务收入占全部快递业务量、业务收入比重分别达 19%、14%。坚持上下联动专项整治农村地区快递服务违规收费问题。通过“快递进村”工程，进一步畅通了农产品进城和工业品下乡渠道，农村快递市场潜力进一步释放，显著降低了农村寄递物流成本，提高了投递效率，有力地支持了乡村特色产业发展壮大，助力乡村振兴。三是巩固拓展脱贫攻坚成果同乡村振兴有效衔接。开展《中共中央 国务院关于实现巩固拓展脱贫攻坚成果同乡村振兴有效衔接的意见》（中发〔2020〕30 号）涉邮任务评估，配合起草评估报告。会同农业农村部联合印发《关于加快推进脱贫地区快递进村的指导意见》（国邮发〔2023〕47 号）。印发国家邮政局关于进一步做好新疆邮政快递工作的实施

方案，着力补齐西部地区邮政快递服务短板。持续推进对河北省平泉市定点帮扶工作，重点督导由国家邮政局帮扶的“平广线”公路项目、邮政快递服务能力升级项目和平泉电商产业园基础设施项目建设，高效推进助学、教育、医疗、饮水、住房5个民生帮扶项目实施，着力引进邮政快递、移动通信等呼叫客服落地平泉，为当地创造广泛就业机会。积极开展“消费帮扶新春行动”“消费帮扶金秋行动”等，重点从“三区三州”和河北平泉等脱贫地区采购红薯、猪肉、食用菌等特色农产品，全年累计直接采购金额30余万元，帮助销售农产品860余万元，支持脱贫地区特色产业发展。

五、城乡交通运输一体化推进情况

交通运输部高度重视城乡交通运输一体化发展，将城乡交通运输一体化有关工作作为统筹推进城乡融合发展、增强人民群众获得感、幸福感和安全感的重要抓手，加快推进城乡交通运输基础设施、客运服务、货运与物流服务一体化发展。

一是持续巩固拓展具备条件的建制村通客车成果。指导各地按季度动态更新建制村通客车信息台账，紧盯许可到期或车辆报废等情况，强化运营服务衔接，保障具备条件的乡镇和建制村农村客运稳定运行，严防农村客运“通返不通”。目前，全国具备条件的乡镇和建制村通客车率达100%，乡镇和建制村通客车率分别达99.8%和99.7%。

二是加快推进农村客货邮融合发展。交通运输部会同8部门单位印发《关于加快推进农村客货邮融合发展的指导意见》（交运发〔2023〕179号），指导各地打造农村客货邮融合发展形式、建设融合发展站点、推广适配装备、健全服务体系、完善发展机制、构建保障体系，积极打造“一点多能、一网多用、功能集约、便利高效”的农村运输服务新模式。联合国家邮政局、国家乡村振兴局、中国邮政集团举办农村客货邮融合发展电视电话会议，对农村客货邮融合发展进行调度部署。

三是深入推进示范创建。印发《交通运输部关于公布第三批城乡交通运输一体化示范创建县的通知》（交运函〔2023〕369号），公布北京市昌平区等118个县（市、区）为第三批城乡交通运输一体化示范创建县，印发《关于组织开展第二批城乡交通运输一体化示范创建县验收工作的通知》（交运函〔2023〕359号），组织开展第二批城乡交通运输一体化示范创建县验收。

四是组织开展跟踪评估。开展2022年度城乡交通运输一体化发展水平自评估。截至目前，城乡交通运输一体化发展水平达到4A级以上的区县比例达93.6%，达到5A级以上的区县比例达71.7%，分别比2021年提升2%和9.4%。

五是宣传推广典型经验。组织编制《城乡交通运输一体化典型案例与实践经验（一）》，分类总结不同地区、不同阶段城乡交通运输基础设施、客运服务、货运与物流服务一体化发展的经验做法和工作成效，指导各地因地制宜推进城乡交通运输一体化发展。

第二节　服务京津冀协同发展战略（含雄安新区建设）

一、全国交通运输服务京津冀协同发展战略推进情况

一是综合立体交通网络日益完善。津兴城际铁路通车运营。津静市（域）郊铁路年内完成主体工程建设。京秦高速全线贯通。西太路完工。密涿高速公路三河与平谷交界段完成主体工程。唐山港曹妃甸港区新天LNG第一阶段码头工程和唐山港京唐港区第四港池25万吨级航道工程建成投运。启动《京津冀世界级机场群建设实施方案》研究编制。邢台机场完成行业验收。北京（新顺）国际邮件互换局（交换站）、石家庄国际邮件互换局（交换站）建成投运。天津国际邮件互换局实现“三关合一”通关模式。雄安新区至北京大兴机场快线（R1线）总体形象进度过半。京雄高速北京段全线通车。东六环入地改造工程总体形象进度完成85%，京哈高速拓宽工程、通清路公路段、厂通路道路段完工。

二是一体化运输服务水平持续提升。构建运营管理和服务“一张网”，北京、天津、石家庄三市已

开通运营城市轨道交通线路38条，运营里程1167公里，实现城市轨道交通“爱心预约”乘车服务。京津冀地区累计发行交通一卡通互联互通卡5000余万张。县级行政单位实现“路长制”全覆盖。开通天津港—北京平谷海铁联运班列，实现公铁海多式联运无缝衔接。

三是智慧绿色安全发展稳步推进。北京制定智慧交通三年行动计划。天津建成北方首个智能云收费站——长深高速中心桥收费站。河北发布《智慧高速公路建设指南》（DB 37/T 4541—2022）等3项地方标准。京雄高速河北段智慧公路建成运行。黄骅港实现煤炭码头装船机全场景、全工况、全机型智能化作业。天津出租汽车中新能源车辆占比达86%。河北具备岸电供应能力的集装箱泊位及5万吨级以上干散货等专业化泊位达74个，覆盖率92.5%，大宗货物利用绿色运输方式疏运的比例达到91%。针对京津冀等地强降雨灾情，迅速启动防汛救灾Ⅱ级应急响应，成立防汛救灾应急指挥部，5天抢通门头沟区、房山区、昌平区28条抢险救援生命通道。

四是交通运输协同治理走深走实。交通运输部整合设立服务区域协调发展领导小组，设置京津冀交通一体化暨雄安新区综合交通运输体系建设组。联合印发《关于打造加快建设交通强国首都样板深化京津冀交通一体化的实施意见》。印发《京津冀暨雄安新区交通建设2023年工作要点》。联合发布《高速公路入口称重检测工程建设导则》（DB11/T 3038—2023）。签订《京津冀危险货物道路运输安全联防联控机制框架协议》《京冀北运河水上交通运输协同管理协议》。签订《京津冀交通运输综合执法协作办法》，共开展执法行动217次，较去年提高95%。发挥交通运输数据资源共享交换系统作用，累计向北京、河北、天津市提供相关接口服务4300余万次。签订《泛京津冀交通运输政务服务协同发展区域合作协定》。

二、铁路服务京津冀协同发展战略推进情况

一是制定印发《国家铁路局关于深入推进京津冀暨雄安新区铁路高质量发展的实施方案》（国铁人复字〔2018〕62号），细化贯彻落实举措，巩固提升“轨道上的京津冀”建设成效，推动工作任务落地。二是会同国家发展和改革委员会等部门有序推进中长期铁路网规划修编工作，组织开展“十四五”铁路发展规划实施情况中期评估。在编制研究和评估工作过程中，按照京津冀暨雄安新区交通一体化要求，系统研究京津冀地区路网布局，持续推动域内路网发展，加强雄安新区对外骨干交通路网建设方案重点项目的研究工作，推动京津冀区域与西北、东北、东部地区区际便捷联系。三是按照国家重点铁路项目年度工作计划，加强项目前期工作指导，充分利用工作调研、行业审查等形式及相关机制，加强津承、石雄、津雄城际及北京东北环线市郊铁路等项目前期工作业务指导和统筹协调。督促地方政府和铁路企业稳步有序、量力而行推进工程建设。四是加强京津冀地区在建项目监管，落实建设单位质量首要责任和参建单位质量安全主体责任，促进铁路工程优质高效建设。深入推进与京津冀地方铁路监督管理部门协同监管工作，指导做好津兴城际、城际铁路联络线一期工程等地方铁路工程监管工作。

三、民航服务京津冀协同发展战略推进情况

一是持续推进京津冀、长三角、粤港澳、成渝民航协同发展及加快海南民航业发展战略。联合国家发展和改革委员会启动开展《京津冀世界级机场群建设实施方案》研究编制工作，印发实施《加快长江三角洲地区民航协同发展2023年工作要点》（民航函〔2023〕226号）、《支持粤港澳大湾区民航协同发展2023年工作要点》（民航函〔2023〕216号）、《加快成渝世界级机场群建设2023年工作要点》（民航函〔2023〕217号）、《加快海南民航业发展2023年工作要点》（民航函〔2023〕218号）。二是会同新疆维吾尔自治区发展和改革委员会启动开展《关于加快乌鲁木齐国际航空枢纽建设　推动新疆民航业高质量发展的指导意见》研究编制工作。三是会同国家发展和改革委员会印发《国家级临空经济示范区管理办法》（发改地区〔2023〕1063号），出版《中国临空

经济发展报告（2022）》，推进临空经济高质量发展；四是高质量建设“空中丝绸之路”，积极参加第三届“一带一路”国际合作高峰论坛。

四、邮政服务京津冀协同发展战略推进情况

一是工作机制不断完善。更新国家邮政局支持雄安新区邮政业建设与发展领导小组及其办公室，印发主要职责并召开专题会议。加入交通运输部服务区域协调发展领导小组京津冀暨雄安新区综合交通运输体系建设组。统筹部署邮政快递业有效服务京津冀协同发展和雄安新区建设，出台《贯彻落实习近平总书记重要讲话精神　高标准高质量推进雄安新区邮政业发展的实施方案》。配合交通运输部做好京津冀暨雄安新区交通建设有关工作。二是雄安新区邮政业发展高标准高质量推进。加强末端设施建设，指导省级邮政快递企业在雄安新区设立直营管理机构，鼓励企业加强雄安新区及周边邮政快递基础设施建设。推广物流共配模式，雄安集团交通公司承接安置区域共同配送业务，共设立71个快递共配驿站，已运营52个，其中容东设立29个，已运营28个；容西设立29个，已运营17个；雄东设立13个，已运营7个。探索发展无人运输投递，在容东片区，京东投入4辆、顺丰投入2辆无人车用于接驳及派送。中国邮政集团在雄安启动无人车运输配送项目研究。三是京津冀一体化服务水平持续提升。优化北京邮政快递网络布局，配合北京市做好疏解非首都核心功能相关工作，严控五环内或中心城区新增快递分拨中心，限制中心城区快递的区域性分拨功能。研究制定快递基础设施建设相关规划，推动分拨转运中心、集中作业网点、末端服务网点布局与首都城市发展相适应，统筹推动北京与天津、河北两地分拨中心实现设施匹配和功能衔接。推动天津国际邮件快件监管“三关合一”模式落地运营，天津国际邮件进出口通关流程缩短2天至5天，邮政企业商业快件“三关合一”正在运行测试。加快河北邮政快递基础设施项目建设，推进14个省际邮政快递基础设施项目建设，年度投入资金超10亿元，支持廊坊打造现代商贸物流产业发展高地，引导圆通、申通、中通、韵达等主要品牌快递企业在廊坊设立北方总部基地。推动石家庄国际邮件互换局（交换站）投入运营，处理能力持续提升，河北省国际出口邮件全程时限平均缩短2天。

第三节　服务长江经济带发展战略

一、全国交通运输服务长江经济带发展战略推进情况

交通运输部坚决贯彻习近平总书记关于长江经济带发展的系列重要讲话和指示批示精神，坚持问题导向、目标导向，按照《推动长江经济带交通运输发展2023年工作要点》部署，强化执行、狠抓落实，着力抓好生态环境保护修复工作，着力加快综合交通运输体系建设，全面推动长江经济带交通运输高质量发展，各项工作取得积极进展。

一是坚持绿色发展，生态环境保护修复扎实开展。坚持生态优先、绿色发展的战略定位和共抓大保护、不搞大开发的战略导向，在更高水平保护上下功夫，协同推进生态环境保护修复交通运输工作。

二是注重功能提升，黄金水道建设深入推进。围绕提升黄金水道功能，以联网、补网、强链为重点，以重大项目建设为牵引，系统推进长江黄金水道建设，长江航运高质量发展不断取得新进展、展现新形象，为我国建成世界上具有重要影响力的水运大国提供了强有力支撑。

三是坚持适度超前，综合立体交通网络加快构建。聚焦实现更高水平一体化融合发展，统筹铁路、公路、机场、邮政快递等基础设施建设，重大项目加快落地实施，形成相互衔接、互为促进的良好态势。

四是聚焦优化环境，运输服务效能全面提升。注重依靠改革创新增强发展活力，有序推动统一开放交通运输市场建设，不断提升交通运输公共服务水平，支撑全国统一大市场建设，促进发展成果共享。

五是坚持底线思维，安全保障能力不断增强。树牢底线思维、增强忧患意识，加快完善安全生产体系，落实安全监管责任，不断增强交通运输安全保障能力。

六是强化机制建设，制度保障支撑持续巩固。按照领导小组工作部署和部党组工作要求，切实履行协调服务职能，以有力度的政策、有强度的举措、有温度的服务，确保协同发展各项工作落到实处、取得实效。

二、铁路服务长江经济带发展战略推进情况

一是聚焦沪渝蓉沿江高铁建设和铁水联运发展，制定印发《国家铁路局关于推动实施长江经济带发展战略的工作方案》，细化10项重点任务，提出推进思路、着力重点和责任部门。二是推动加快构建综合立体交通走廊，科学有序开展《中长期铁路网规划》修编工作，以打造现代综合交通运输走廊为目标，围绕加快沿江高铁建设、提升沿江铁路货运能力、补强能力薄弱环节等方面，重点规划武汉经咸宁至南昌、重庆至贵阳、常德经岳阳至九江等项目，进一步优化完善长江经济带路网布局，提升区域交通一体化水平。三是组织开展沪渝蓉沿江高铁合肥至武汉段等重大项目行业评审，及时出具行业意见，为项目批复提供技术支撑。协调推动沪渝蓉沿江高铁宜昌至涪陵段、呼南高铁宜昌至常德段、上海至乍浦至杭州铁路等重点项目前期工作，为项目早日开工创造条件。四是聚焦沪渝蓉沿江高铁已开工段、襄阳至荆门、重庆至昆明等在建铁路项目，加强监管检查，督促参建单位严格落实质量安全主体责任，加强工程管理，及时消除问题隐患，促进项目安全优质建设和高质量开通。督促新建项目及时办理项目工程质量监督手续，依法依规开展工程建设。严肃查处扰乱铁路建设市场秩序的违法违规行为，依法依规认定记录公布失信行为，推进失信联合惩戒，维护公平有序的铁路建设市场环境。五是推动多式联运发展和运输结构调整。参与制定并印发《关于加快推进多式联运“一单制”“一箱制”发展的意见》（交运发〔2023〕116号）、《推进铁水联运高质量发展行动方案（2023—2025年）》（交水发〔2023〕11号）、《协同推进铁水联运发展工作专班机制及2023年工作要点》等文件。参与制定《2023—2025年铁水联运标准化建设方案》，推进综合货运枢纽设计规范、集装箱多式联运运单、集装箱铁水联运装载等标准编制，不断完善铁水联运标准，为铁水联运发展提供有力支撑。开展舟山港、安庆港、宜宾港等铁路专用线监督检查工作调研，持续协调推动安庆港长风港区、宜宾港等港口集疏运铁路项目有序建设，协调推进铁路专用线进港、进厂、进园、进库，推动解决铁路运输“前后一公里”问题。六是服务中欧班列高质量发展。积极发挥铁路合作组织和多双边机制平台作用，推动优化国际铁路联运规则，促进国际铁路联运便利化，就提高铁路口岸通关及作业效率等与外方加强沟通，确保中欧班列境外通道畅通。对接长江经济带域内地方政府和平台公司，了解中欧班列货物的价格变化、政府补贴、班列运输需求等情况，研究解决对策，推动中欧班列实现“质”的稳步提升和“量”的合理增长。中欧班列开行1.7万列，发送货物190万标箱，比上年分别增长6%、18%。为保障国内国际循环畅通、国际贸易供应链稳定做出了贡献。

三、邮政服务长江经济带发展战略推进情况

一是基础设施建设成效明显。加快建设上海、南京、杭州、武汉（鄂州）、长沙、成都等全球性国际邮政快递枢纽。推动邮政集团公司加快义乌、成都、长沙、南昌、西宁邮件处理中心等“十四五”邮政寄递工程实施。推动顺丰鄂州航空货运枢纽全面投入运营，圆通嘉兴航空货运枢纽开工建设，中通积极推进在长沙建设航空货运能力。航空快递运能不断增强，货运航空网络布局不断完善。二是服务能力持续提升。推进快递进厂“5312”工程，快递业与制造业深度融合，涌现出一批典型项目。无锡市空港经济开发区、宁波市海曙区、芜湖市鸠江区、赣州市南康区、荆州市沙市区、重庆市大足区获评快递业与制造业融合发展试点先行区。提升农村地区邮政快递服务质量，因地制宜建设村级寄递物流综合服务站，推动农村客货邮融合发展。提升跨境寄递服务能力，支持苏州设置国际邮件互换局（交换站）。三是绿色低碳发展加快推进。加强邮件快件过度包装治理，推进“无废城市”建设，全面实施绿色发展“9218”工程，积极推广应用新能

源和清洁能源车辆。鼓励邮政快递企业积极参与地方政府部门组织的公共领域车辆全面电动化先行区试点工作。京东杭州亚洲一号仓屋顶光伏项目、中通光伏发电项目被评为年度“绿色快递示范项目”。鼓励共同配送、集中配送、分时配送等高效运输组织模式发展，创新末端投递方式，无人机、无人车、无人仓、智能信包箱等新型智能设施设备得到大力推广应用。

第四节　服务长三角一体化战略

一、全国交通运输服务长三角一体化战略推进情况

一是交通基础设施互联互通加力提速。持续推进沪苏通铁路二期、沪苏湖铁路、沪渝蓉沿江高铁等项目建设。沪乍杭铁路、嘉闵线北延伸、金山至平湖线等项目前期工作稳步推进。上海、苏州轨道交通“双11号线”实现互通。沪武国家高速公路联络线实现贯通，沈海高速嘉浏段、京沪高速新沂至江都段等改扩建工程完工，五河至泗洪等省际高速项目开工建设，积极推进长深高速公路连云港至淮安段扩建工程等国家高速公路繁忙通道扩容改造。沪浙深化小洋山区域合作开发取得重大突破，小洋山北作业区集装箱码头实现水陆工程全面开工。宁波舟山港梅山千万级集装箱泊位群等重大工程加快建设。持续完善长三角高等级航道网，稳步推进淮河干线航道（安徽段）整治工程建设。阜阳机场新航站楼建成投运。浦东机场四期改扩建、扬州泰州国际机场二期扩建工程、嘉兴机场军民合用工程、台州机场改扩建工程、合肥机场航站区改扩建等项目加快推进。连云港—徐州—淮安、宁波和金华深入推进实施国家综合货运枢纽补链强链。支持甬台温铁路临海站、杭黄高铁桐庐站等综合客运枢纽建设。

二是运输服务水平持续提升。深化国家公交都市建设，常州市、扬州市、宿州市、蚌埠市、阜阳市、芜湖市被授予“国家公交都市建设示范城市”称号。推进城乡交通运输一体化示范县创建。打造敬老爱老服务城市公共汽电车线路255条，新增及更新低地板及低入口城市公共汽电车2175辆，推进城市公共汽电车站台适老化改造1772处。实施港口、船舶设施品质和服务水平提升，打造新安江—千岛湖省际水路旅游客运精品航线。上海邮轮港口国际邮轮运输有序复航。共同推动长三角“一码通行”。推进毗邻公交时刻表信息服务一体化，实现示范区公交时刻表信息共享。持续推进长三角区域运输结构调整和多式联运发展，长三角地区港口、大型物流园区、工矿企业的绿色集疏运比例不断提升，2023年已实现区域主要港口煤炭集港全部改为铁路和水运。组织开展第三批多式联运示范工程验收工作，长三角地区共5个项目被命名为“国家多式联运示范工程”。开展温州、台州、南京、无锡、南通、芜湖等第二批城市绿色货运配送示范工程验收工作，连云港、宁波、湖州、合肥等第三批示范工程加速推进。

三是交通运输高质量发展全面推进。推进杭绍甬、杭宁等智慧高速，以及宁波舟山港集装箱、矿石码头自动化示范工程项目建设，洋山港智能重卡示范运营。长三角地区30个城市通过交通运输部、国家发展和改革委员会组织的绿色出行创建考核评价，城市绿色出行水平不断提升。积极推广新能源绿色装备设施。持续推进高速公路、普通国省道服务区及大流量路段充电桩建设。深入推动港口船舶岸电设施建设改造。组织深入开展15个平安百年品质工程创建示范项目。9个公路水运工程建设项目冠名为“平安工程”，强化示范引导作用，推进公路水运建设施工安全生产工作。

四是协同治理能力持续增强。部整合设立服务区域协调发展领导小组，设置推进长三角地区交通运输更高质量一体化发展组。印发《长三角地区交通运输更高质量一体化发展2023年工作要点》。三省一市交通专题合作组积极推进签署互联互通、联合治超、应急指挥、综合执法、文化推广、省际包车6项省级合作协议。共同商议亚运会交通保障方案、第三届长三角综合交通发展大会方案等重点合作事项，保障杭州亚运会等重大活动顺利召开。建立长三角区域港航一体化发展合作机制，召开首届长三角区域港航发展联席会议。推进区域交通运输标准一体化建设，完成4项长三角区域标准的编制工作。持续推动落实《2023年度长三角道路运输“两客一危一货”联合执法专项行动工作方案》，定期组织开展联合检查、专项整治联

合巡航、水上应急救援演练等行动。推动区域道路运输、水路运输电子证照、信用信息跨省市共享应用、信用评价结果共享互认，研究建设执法协作一体化信息平台。

二、铁路服务长三角一体化战略推进情况

一是会同国家发展和改革委员会等有关部门推进《中长期铁路网规划》修编工作，组织开展“十四五”铁路发展规划实施情况中期评估。在编制研究和评估工作过程中，系统研究长三角地区路网布局，完善宁波经台州至温州、盐城至泰州至无锡至湖州、杭州至绩溪等高铁布局，加强长三角城市群内部协同，推动构建“三轴通达、多点辐射”城际客运网建设。聚焦长三角地区铁路发展重点和支持政策，对宁波、合肥都市圈发展规划研提行业意见，指导地方政府科学构建多层次轨道交通网络。二是推动实施“十四五”铁路发展规划，出具潍坊至宿迁铁路项目行业意见，为项目批复提供支撑。加强项目前期工作指导，利用工作调研、项目前期论证会等时机，指导有关单位开展宁波至金华等项目前期研究论证，加强上海经乍浦至杭州铁路、宁波经台州至温州铁路、阜阳至黄冈铁路等项目前期工作业务指导和统筹协调，强化项目前期工作源头管理，督促地方政府和铁路企业稳步有序、量力而行推进工程建设。三是推动交通强国建设试点工作，研究构建交通强国建设铁路行业评价指标体系。开展长三角地区交通强国建设试点遴选及后续指导工作，完善法规政策措施并在交通建设项目审批、运输服务管理等方面开展试点，指导推动打造长三角高质量一体化发展交通样板、枢纽经济发展样板、交通引领城市群发展样板等试点任务建设，为解决跨区域、跨方式交通一体化发展积累经验。四是着力推动运输结构调整和集疏运体系建设，会同交通运输部、国铁集团等成立“协同推进铁水联运发展工作专班”，建立国家铁路局铁水联运工作机制，制定国家铁路局进一步降低物流成本的工作方案，推动运输结构优化调整。组织对上海地区高铁快运发展情况进行专题调研，研究提出推动高铁快运高质量发展的意见建议。持续协调推动安庆港长风港区专用线等重点项目加快建设，推动解决铁路运输“前后一公里”问题。五是切实加强长三角地区沪苏湖铁路、沪渝蓉铁路等在建项目质量安全监管，落实建设单位质量首要责任和参建单位质量安全主体责任，促进铁路工程优质高效建设。深入推进与长三角地区三省一市铁路监督管理部门协同监管工作，充分发挥行业监管和属地监督合力优势，指导做好杭温高速铁路、池黄高速铁路等项目工程监管，推动长三角地区铁路高质量建设。

三、邮政服务长三角一体化战略推进情况

一是基础设施建设加力提速。推进上海、南京、杭州等全球性国际邮政快递枢纽建设，加快圆通嘉兴航空货运枢纽建设，支持合肥国际航空货运集散中心和芜湖专业航空货运枢纽港建设，持续提升淮安涟水机场货运枢纽功能。支持连云港、苏州设置国际邮件互换局（交换站），推动义乌邮政寄递工程建设，提升跨境寄递能力。二是服务水平持续提升。加快发展航空快递，支持企业巩固、拓展、新开国际货运航线，完善苏南快递产业园的航空快件集聚功能，打造皖南航空快递转运中心。积极发展高铁快递，推动南京、徐州、淮安建设高铁快递枢纽节点，推动合肥、芜湖、阜阳、蚌埠等地铁路企业与相关邮政快递企业签订战略框架合作协议。加快建设农村寄递物流体系，农村地区服务质量不断提升。因地制宜建设村级寄递物流综合服务站，推广便民服务站。推动农村客货邮融合发展，推进建制村直投到户。畅通国际寄递物流渠道，鼓励邮政快递企业加大中欧班列运输邮件快件力度，加强境外分拨中心和海外仓建设，进一步拓展全球服务网络。三是高质量发展全面推进。智慧邮政发展不断加速。在安徽合肥召开全国邮政业科技创新工作会议。加快应用“三智一码”技术，推广智能快件（信包）箱，积极推动无人机、无人车、无人仓等应用。成立“长三角快递物流智能装备产业联盟”，助推芜湖南陵快递科技创新试验基地百亿级产业集聚发展。长三角地区现有物流领域国家工程实验室1家，邮政行业技术研发中心2家。绿色发展水平稳步提升。推进“无

废城市”建设，全面实施绿色发展“9218”工程，积极推广应用新能源和清洁能源车辆，鼓励企业开展分拨中心屋顶光伏行动。上海研制《快递包装循环共用指南》地方标准。江苏将绿色快递相关内容纳入全省绿色低碳循环发展经济体系。安徽出台减污降碳协同增效工作方案。做好重大活动寄递安全保障任务。圆满完成上海进博会、杭州亚运会、亚残运会、乌镇互联网大会等多项重大赛事、活动寄递渠道安保任务。

第五节 服务黄河流域生态保护和高质量发展

一、全国交通运输服务黄河流域生态保护和高质量发展情况

一是开展沿黄陆海大通道总体规划研究，研究制定推动黄河流域交通运输生态保护和高质量发展工作要点，系统推动黄河流域交通运输生态保护和高质量发展。

二是加快黄河流域国家高速待贯通路段建设，持续推进国家高速公路繁忙路段扩容改造，加快推进黄河流域普通国道剩余待贯通路段建设和提质升级改造。

三是推动黄河干流有条件通航河段的水运基础设施建设，持续推进黄河小浪底库区港航工程、大河家至炳灵电站航运建设工程等水运工程建设。

四是组织实施“陕西秦岭天台山超长隧道群安全绿色科技示范工程”等科技示范工程，推动黄河流域公路基础设施长期服役性能观测数据建设，促进黄河流域公路基础设施技术创新。

五是指导黄河流域有关省（自治区）积极推进交通强国建设试点工作，推进青海省黄土高原智慧低碳绿色公路、沙漠腹地防沙固沙导沙绿色公路、沿黄城市集约发展绿色公路、跨黄河智慧生态公路桥梁、黄土地区生态保护修复绿色公路等五个示范工程建设。

二、铁路服务黄河流域生态保护和高质量发展情况

一是会同国家发展和改革委员会等有关部门有序推进《中长期铁路网规划》修编工作，组织开展“十四五”铁路发展规划实施情况中期评估。在编制研究和评估工作过程中，按照黄河流域生态保护和高质量发展要求，系统研究区域路网布局，加强重点项目的研究工作，持续推动域内铁路高质量发展。二是按照国家重点铁路项目年度工作计划，主动加强项目前期工作指导，充分利用工作调研、行业审查等形式及相关机制，加强平凉至庆阳铁路等项目前期工作业务指导和统筹协调。督促地方政府和铁路企业按照稳步有序、量力而行推进工程建设。三是组织地区铁路监督管理局切实加强区域内延安至榆林高铁等在建项目监管，落实建设单位质量首要责任和参建单位质量安全主体责任，促进铁路工程优质高效建设。深入推进与地方铁路监督管理部门协同监管，指导做好地方铁路工程监管工作。

三、邮政服务黄河流域生态保护和高质量发展情况

一是绿色低碳加速发展。绿色发展“9218”工程任务稳步推进，开展快递包装实地抽查，完善行业生态环保举报机制，依法查处行业生态环保类案件。开展邮件快件过度包装和塑料污染两项治理，大幅提升可循环中转袋流转使用率，基本淘汰快递非标塑料包装物。青海省快递包装绿色治理入选国家发展和改革委员会地方塑料污染治理典型经验。进一步提高新能源和清洁能源车辆使用率。二是基础设施布局不断完善。推动郑州航空邮件处理中心、郑州国际邮件互换局（交换站）建设，邮政集团公司与河南省政府就建设邮政航空第二基地达成共识。推动出台《西安都市圈建设三年行动计划（2023—2025年）》，打造全球性国际邮政快递枢纽。推动西宁邮件处理中心建设，推进太原国际邮件互换局（交换站）二期改扩建工程，推动呼和浩特、满洲里、二连浩特国际跨境寄递枢纽建设。济南、青岛、烟台、威海等枢纽国际邮件快件处理能力稳步提升。太原、西安、银川、兰州、西宁入选2023年国家综合货运枢纽补链强链支持范围，部分邮政快递建设项目获得国家资金支持。三是高质量发展持续推

进。农村寄递物流体系建设深入推进，“快递进村”有效扩面提质，助力乡村振兴取得积极成效。推动中欧班列“长安号”常态化运输邮件快件，实现首次利用中欧班列（济南—莫斯科）集装箱运输国际邮件。做好黄河流域相关题材纪特邮票发行监督管理工作，加强国家考古遗址公园、太行山、世界文化遗产——平遥古城等纪特邮票发行监管，弘扬宣传黄河文化。

第六节　服务建设成渝地区双城经济圈

一、全国交通运输服务建设成渝地区双城经济圈情况

一是综合交通网络不断完善。“轨道上的双城经济圈”初步建成，新增高速铁路覆盖泸州、自贡等地市，轨道交通总规模（含铁路网）超7700公里（2022年底）。公路通达能力进一步提升，高速公路通车里程达到11255公里，G0615久治至马尔康阿坝段、G8513九寨沟至绵阳平武段等对外高速公路建成通车，实现全部县级行政区通高速公路。重庆港、泸州港、宜宾港均已实现铁路进港。长江干线朝天门至涪陵段4.5米水深航道整治工程加快推进，与长三角等区域连通水平明显提高。

二是综合交通枢纽持续提升。成都“两场一体”航空枢纽、重庆“一大四小”运输机场体系基本形成，成都、重庆国际航线超过200条，与国内主要城市间航线频次不断提高。机场与轨道交通有效衔接，枢纽机场轨道交通接入率达到100%。川渝携手打造长江上游航运中心、组建长江上游港口联盟。“零距离”立体换乘体系加快构建，成都天府国际机场、成都天府站等综合客运枢纽建成运营。重庆、成都联合实施国家综合货运枢纽补链强链，强化综合货运枢纽及集疏运体系建设，促进物流降本提质增效。

三是运输服务水平不断提高。重庆、成都“双核”通达时间缩短至1小时，“双核”与双城经济圈区域中心城市、主要节点城市1小时通达比例达到64.5%。重庆主城都市区、成德眉资都市圈基本实现1小时公交化通勤，区域内联外畅水平进一步提升。中欧班列（成渝）品牌成为双城经济圈合作样板，开行数量占全国累计开行量的近四成，运输线路覆盖欧亚超100个节点城市，近三年开行班列和货运量指标均位居全国第一。

四是体制机制创新稳步推进。川渝两地高层次推动、高站位谋划、高标准建设、高质量实施交通运输基础设施建设，确保工作“同轨”、规划“同图”、建设“同步”、创建“同向”，推动交通基础设施一体化、运输服务一体化、交通治理体系一体化。成都都市圈与重庆都市圈城市轨道、常规公交实现“一卡通”“一码通”。统一川渝两地交通运输领域高频行政审批事项办事指南，道路旅客运输驾驶员从业资格证换发等19个“川渝通办”事项实施线下“异地可办”、线上“全程网办”。

二、铁路服务建设成渝地区双城经济圈情况

一是会同国家发展和改革委员会等有关部门有序推进《中长期铁路网规划》修编工作，组织开展“十四五”铁路发展规划实施情况中期评估。在编制研究和评估工作过程中，按照成渝地区高质量发展要求，系统研究区域路网布局，加强重点项目的研究工作，持续推动域内铁路高质量发展。二是按照国家重点铁路项目年度工作计划，主动加强项目前期工作指导，充分利用工作调研、行业审查等形式及相关机制，加强宜昌至涪陵高速铁路等项目前期工作业务指导和统筹协调，督促地方政府和铁路企业稳步有序、量力而行推进工程建设。三是组织地区铁路监督管理局切实加强区域内西宁至成都铁路等在建项目监管，落实建设单位质量首要责任和参建单位质量安全主体责任，促进铁路工程优质高效建设。深入推进与地方铁路监督管理部门协同监管，指导做好地方铁路工程监管工作。

三、邮政服务建设成渝地区双城经济圈情况

一是工作机制不断完善。两地邮政管理部门联合成立工作领导小组，建立“一机制、两制度、两清单”，

两次召开工作座谈会，推进各项目标任务落实落细落地。毗邻地区相关邮政管理部门累计签订合作协议和联合发文7个，两地邮政企业联合召开川渝邮政融入成渝地区双城经济圈建设推进会。二是寄递网络不断建强。天府机场邮件处理中心项目完成一期项目建设并投入运行。重庆市邮政管理局与重庆机场集团有限公司签署《推动邮政快递业服务国际航空枢纽战略合作协议》。支持邮政快递企业建设辐射成渝地区的寄递枢纽，优化毗邻地区快件路由，提升服务时效。开通成都至昆明高铁快运专列，实现常态化运营，提升成渝枢纽辐射能力。试点将广安纳入“川渝大同城”范围，拓展大同城寄递网。三是服务水平持续提升。推动跨省交运邮件清关便捷化，成都部分收寄邮件通过重庆直接清关走中欧班列出口。开展“成都—重庆”国际铁路包裹跨省交运测试。加快推动产业融合发展，积极服务现代农业、制造业，截至目前成渝地区已打造超千万件项目25个，超百万件项目100个。科技创新赋能不断加强，主要品牌寄递企业分拣中心基本实现自动化、智能化。贯彻实施绿色发展“9218”工程完成既定目标。重庆市邮政管理局制定《重庆市邮政快递业塑料污染治理三年行动方案(2023—2025年)》。四川省邮政管理局印发行业生态环保工作要点和塑料污染治理工作三年行动方案。中欧班列（渝新欧）运邮入选《国家服务业扩大开放综合试点示范最佳实践案例》。中欧班列（渝新欧）运输跨境电商商品和一般贸易商品实现规模化。引导快递企业成功利用西部陆海新通道运输一般贸易商品。西部陆海新通道高级研修班在重庆邮电大学成功开班。四是协同治理更加强化。推动遂宁、泸州、永川、江津四地在邮政监管互动、信息互通、产业互融、交流互助等方面加强合作。圆满完成全国两会、亚运会、成都大运会等重点时段寄递渠道安保任务。

第七节　服务粤港澳大湾区战略

一、全国交通运输服务粤港澳大湾区战略推进情况

一是综合立体交通网不断完善。广汕高铁、汕汕高铁（汕尾至汕头南段）、南海一汽大众铁路专用线等项目开通运营，珠机城际横琴至珠海机场段已启动静态验收，广佛南环城际、佛莞城际广州南站至望洪段、新白广城际已建成。G45大广高速公路从化街口至花都北兴段扩建、广州从化至黄埔高速公路一期等项目已建成通车。深中通道主线全线贯通，黄茅海跨海通道五座主塔已全部完成，狮子洋通道关键控制性工程已完成。广州港南沙港区四期工程（一期）、广州LNG应急调峰气源站配套码头工程完成竣工验收。崖门出海航道二期、矾石水道航道一期工程、深圳港盐田港区东作业区集装箱码头一期工程等项目有序建设。广州白云机场三期扩建、深圳宝安机场第三跑道扩建持续推进。珠海机场新塔台及配套工程正式开工建设。广州深入实施国家综合货运枢纽补链强链。

二是深圳交通运输高质量发展取得实效。交通运输部印发《创新海事服务支持全面深化前海深港现代服务业合作区改革开放的意见》，支持前海合作区打造粤港澳大湾区全面深化改革创新试验平台，建设高水平对外开放门户枢纽。加密深圳至香港西九龙高铁班次，恢复深圳机场至香港、澳门跨境直升机服务，深圳东部通航公司常态化提供“深圳—香港”航班跨境飞行服务，便利深港两地市民出行。深圳获批生产服务型国家物流枢纽，成为港口型、空港型、商贸服务型、生产服务型四型兼备的国家物流枢纽城市。

三是一体化运输服务水平持续提升。加快推进广东省旅客联程运输高质量发展，推进广州南、广州、广州东地铁站认可铁路安检流程优化。佛山市通过“国家公交都市示范工程”验收，被授予“国家公交都市建设示范城市”称号。顺丰铁联多式联运平台示范工程通过国家验收。“中南西南—粤港澳—海上丝绸之路”公铁江海集装箱多式联运示范工程等6个省级示范项目通过验收。广州、深圳持续发挥“全国绿色货运配送示范城市”带动作用，交通运输部开展珠海、佛山等第二批城市绿色货运配送示范工程验收工作。在公交、出租等领域持续推广应用新能源车辆，珠三角地区公交车电动化率达100%。推动新能源车辆在城市

货运配送领域的应用，广州新能源货车达到4.45万辆，深圳新能源物流车达到12.6万辆。广州在全国率先实现内河港口岸电设施100%全覆盖。深中通道、黄茅海通道等平安百年品质工程创建示范项目发挥标杆引领作用。大湾区7个公路水运工程建设项目被冠名为公路水运建设“平安工程”。

四是交通运输智慧创新发展稳步推进。广州港南沙港区四期集装箱码头一期自动化码头完成建设。南沙港区自动化码头创新性提出“单小车自动化岸桥、无人驾驶水平运输智能导引车、堆场水平布置侧面装卸”的解决方案。深中通道海底隧道实现“航母级”沉管“毫米级”对接，世界首创双向八车道钢壳混凝土沉管隧道结构，首创沉管隧道浮运安装一体船等先进装备。沈海高速公路等改扩建工程推进智能制造，首创桩梁一体智能造桥机快速施工，建设光伏智慧梁厂，形成高速公路改扩建关键技术指南。

五是交通运输开放合作不断深化。广东省建成粤港澳“一票式”联程客运平台。交通运输部、国家发展和改革委员会及国务院港澳事务办公室完成港珠澳大桥竣工验收。“澳车北上”“港车北上”政策相继落地实施，港珠澳大桥车流量持续增长，屡创新高。港珠澳大桥开通旅游试运营。广州市与香港签署《穗港大湾区港航事务合作协议》。琶洲港澳客运码头实现广州城区与香港直接连通。《粤港澳大湾区非公约船舶协同检查机制》编写完成。印发实施《粤港澳大湾区民航协同发展实施方案》。

六是交通运输治理水平进一步提升。交通运输部整合设立服务区域协调发展领导小组，设置推进粤港澳大湾区交通运输发展组。印发《推进粤港澳大湾区交通运输发展2023年工作要点》。完成“港珠澳大桥智能化运维技术集成应用”研究，成果落地应用。构建桥岛隧智能运维数据标准体系，规划6大类共36项标准并已全部完成立项，其中12项标准已纳入“湾区标准”清单，成为首批湾区交通运输领域标准，20项标准已发布。支持推动横琴粤澳深度合作区建设，7项省级交通运输行政职权事项调整由合作区执行委员会及其工作机构实施。

二、铁路服务粤港澳大湾区战略推进情况

一是会同国家发展和改革委员会等有关部门有序推进《中长期铁路网规划》修编工作，组织开展“十四五”铁路发展规划实施情况中期评估。在编制研究和评估工作过程中，系统研究粤港澳大湾区路网布局，深入研究论证广州至河源、贵广铁路广宁联络线等项目建设必要性、功能定位和建设时序，进一步完善区域多层次轨道交通体系。聚焦粤港澳大湾区铁路发展重点和支持政策，对《横琴粤澳深度合作区总体发展规划》等规划提出行业意见，指导地方政府科学构建多层次轨道交通网络，加强铁路专项规划与相关规划的统筹衔接。二是推动实施“十四五”铁路发展规划，组织开展合浦至湛江、龙川至龙岩铁路梅州至武平段等项目行业评审并出具行业意见，为项目批复提供支撑。主动加强项目前期工作指导，充分利用工作调研及相关机制，加强广州至珠海（澳门）、南沙至珠海（中山）铁路等项目前期工作业务指导和统筹协调，强化项目前期工作源头管理，督促地方政府和铁路企业稳步有序、量力而行推进工程建设。三是加强在建铁路项目质量安全监管，落实建设单位质量首要责任和参建单位质量安全主体责任，促进铁路工程优质高效建设。推进与广东省铁路监督管理部门协同监管工作，充分发挥行业监管和属地监督合力优势，指导做好广汕高铁、深江铁路等项目工程监管，推动珠三角地区铁路高质量建设。

三、邮政服务粤港澳大湾区战略推进情况

一是政策保障不断加强。加强法规保障，在全国率先出台省会城市快递行业地方性法规《广州市快递条例》，引领大湾区快递业高质量发展。推动政策落地，衔接《粤港澳大湾区建设“十四五”实施方案》，统筹推进邮政业重点工作。农村寄递物流体系建设目标任务深度融入广东“百县千镇万村高质量发展”工程。二是基础设施网络不断完善。推动广州国际邮件互换局完成自动化处理设备升级改造工程，顺丰华南航空枢纽在广州顺利投产。支持深圳

机场国际快件监管中心升级改造，推进深圳机场南区顺丰国内转运库（二期）、菜鸟国际航空货运中心、DHL华南分拨中心等项目建设。江门、中山、惠州等6个省际大型转运中心建设有序推进。争取资金支持县级以下基础设施建设，广东省级财政安排专项资金875万元支持33个县级处理中心、32个乡镇共配中心和73个镇级快递服务网点建设。三是行业高质量发展取得实效。指导邮政快递企业与供销合作社及其他社会资本在农产品田头市场合作建设预冷保鲜、低温分拣、冷藏仓储等设施，推动建立覆盖生产流通各环节的冷链寄递物流体系。支持行业协会制定推广电商快递冷链服务标准规范。支持企业深度嵌入制造业产业链，发展入厂物流、区域性供应链等多种服务模式。培育营收超5000万元项目9个、超1000万元项目36个。形成嘉诚物流服务松下空调全产业链、顺丰服务华为仓配一体化等一批典型案例。加强行业科技成果转化应用，发展智慧邮政。推广应用自动化分拣设备、智能安检机、智能视频监控系统。有力维护快递员群体合法权益，从业人员人均收入高于本地社会平均工资，基层快递网点工伤保险参保总体覆盖率95.76%。深圳市邮政管理局推动市政府办公厅印发《深圳市新就业形态劳动者综合保障工作方案》，为快递员群体新争取保障房500套。四是大湾区邮政开放合作不断深化。适应粤港澳大湾区产业集聚和消费升级的发展要求，持续加强服务能力建设，打造特色业务，有力服务深圳中国特色社会主义先行示范区和横琴、前海、南沙自贸试验区建设，有力服务香港、澳门在内地工作人员。开展大湾区邮政互动交流，举办第五届内地与港澳邮政高峰会议，达成6项共识。承办香港邮政湾区学习代表团考察活动，加深两地交流合作。

第八节　服务推动共建“一带一路”高质量发展

一、全国交通运输服务推动共建“一带一路”高质量发展情况

一是圆满完成第三届“一带一路”国际合作高峰论坛相关工作。深度参与制定高峰论坛成果清单，积极参与筹办互联互通高级别论坛，推动签署中哈政府间《关于发展跨里海国际运输线路的协定》、中巴（基斯坦）部门间《公路技术合作五年行动计划》等文件，共计16项合作成果纳入高峰论坛成果清单。

二是成功举办全球可持续交通高峰论坛（2023）。习近平主席向论坛致贺信，何立峰副总理出席开幕式、宣读习近平主席贺信并致辞。有关国家领导人、交通部长、国际组织负责人、驻华使节等重要嘉宾出席论坛。提出《北京倡议》并得到25个国家和国际组织的支持；同期举办第十五届国际交通技术与设备展览会；发起设立全球可持续交通创新联盟。

三是交通基础设施“硬联通”扎实推进。组织完成中巴喀喇昆仑公路N35改线项目可研及第三方评估工作，签署中越政府间《关于共同建设中国坝洒—越南巴剎红河界河公路大桥的协定》及相关议定书，组织亚洲公路网及周边国家公路通道连接布局情况调研和界河桥梁养护管理调研。签署中科（威特）政府间《关于大穆巴拉克港项目合作的谅解备忘录》。

四是制度规则标准“软联通”成果丰硕。签署中哈、中蒙、中土（库曼斯坦）政府间和中塔部门间国际道路运输合作文件，完成中蒙俄沿亚洲公路网4号线（AH4）试运行，完成中韩多式联运（威海—仁川）整车试运行活动，拓展中老、中缅、中越等国家公路技术合作。签署中塞（尔维亚）部门间《海员证书互认协议》，深度参与东盟、亚太等区域性交流机制涉海事务，落实中越北仑河口自由航行区航行协定，推进研究双方互认的中俄界河船舶航行安全适航条件标准。主导制修订完成2项国际标准，发布14项外文版标准，发布公路工程外文版标准体系，组织开展水运工程建设标准外文版翻译，协调开展中国港口工程标准英文版编制。

五是共建国家“心联通”走深走实。继续落实“中国政府交通运输奖学金”项目，完成8个国家24名人员招生录取工作。举办全球可持续交通人文交流高级研修项目，来自菲律宾、哈萨克斯坦等20个共建国家的26位交通运输领域政府高级别官员和专家学者参加，形成《学员倡议》等一系列成果文件。

举办中国—印尼船舶交通管理服务操作人员能力建设培训。

二、铁路服务推动共建“一带一路”高质量发展情况

2023 年，国家铁路局积极服务中欧班列高质量开行，扎实推进中老铁路安全运行，有力促进中蒙铁路互联互通，搭建铁路“走出去”专班推动境外铁路重点合作项目，服务国家“一带一路”高质量发展。一是有效深化双边铁路合作交流，围绕服务国际物流保通保畅、推进铁路国际联运便利化等重点，深化中哈、中韩、中越、中蒙、中俄等周边国家的双边合作交流。二是全力推动中欧班列高质量发展，主动与相关部门协作配合，围绕建立健全合作机制、提高通道运输能力、修订完善联运规则、提升便利化水平、确保铁路口岸畅通等重点，推动中欧班列高质量发展取得成效。三是积极为铁路“走出去”提供支持保障，铁路“走出去”专班主动开展政策研究，积极搭建政银企合作平台，统筹做好援外培训，开展项目信息收集，工作取得初步成效。四是扎实推进重点铁路合作项目，发挥政府部门指导推动作用，加大双多边工作力度，推动巴基斯坦 ML-1、中吉乌、中蒙俄中线铁路等“走出去”重点项目取得实效。

三、邮政服务推动共建“一带一路”高质量发展情况

优化国际邮件互换局（交换站）布局，推动完成海口、苏州国际邮件互换局叠加交换站功能，协调恢复喀什、珲春、黑河、二连浩特等互换局（交换站）运营。联合 8 部门印发实施方案推进邮政快递海外仓高质量发展，加快推进邮政快递国际寄递中心、境外地面网络和海外仓建设，行业累计建成境外分拨中心 312 个、总面积 160 万平方米；海外仓超 300 个，总面积超 395 万平方米，一批标志性项目落成投产。持续推进中欧班列常态化运输邮件和跨境电商商品，累计运输 3773 箱。国际和港澳台邮件快件业务量增速超过 50%。服务国家总体外交，组织召开邮政业服务“一带一路”建设工作领导小组全体会议和快递企业座谈会，推动涉邮工作任务落细落实。组织参加第三届“一带一路”国际合作高峰论坛及互联互通高级别论坛，推动将“加强国际物流供应链保通保畅合作、提升跨境寄递国际运输服务水平”等内容写入《深化互联互通合作北京倡议》。成功举办第五届中国（杭州）国际快递业大会。加强与共建“一带一路”国家双边交流，推动将加强邮政领域合作纳入中国与吉尔吉斯斯坦建立新时代全面战略伙伴关系联合宣言。

第九节　服务海南自由贸易港建设

一、全国交通运输服务海南自由贸易港建设情况

一是加快构建现代综合立体交通网。大力推进 G9812 高速公路延长线工程、G15 沈海高速公路海口段地面市政道路部分续建工作，洋浦疏港高速、新海港片区“二线口岸”集中查验区专用通道新建工程、什运至白沙高速公路鹦哥岭隧道及连接线工程、环新英湾快速干道全部开工建设。全国最大的港口客滚综合枢纽海口新海滚装码头客运综合枢纽站投产使用。新增支持海口、三亚实施国家综合货运枢纽补链强联。海南洋浦区域国际集装箱枢纽港扩建工程实现开工建设。支持海南省推动马村港三期码头工程、琼州海峡南岸防台应急锚地工程、洋浦港洋浦港区航道改扩建工程、三亚（海南）救助机场等项目前期工作和建设。推进八所港新港区 5 万吨级航道维护疏浚工程项目建成，海口救助基地改扩建工程交工验收。

二是全力推进自贸港建设重点工作任务。全省共开通集装箱班轮航线 64 条，其中外贸航线 24 条，连接东南亚、南亚沿海主要港口，辐射南太平洋、印度洋。海南省国际航行船舶总吨位跃居全国第二。取消香港游艇操作人员在琼驾驶游艇的时间限制、明确香港游艇离港入琼的管理要求。修订出台《海南自由贸易港“零关税”进口交通工具及游艇管理办法》。

三是不断提升交通运输服务质量。积极推进《进一步提升琼州海峡客滚运输服务能力和安全管理水平三年行动方案（2022—2024 年）》各项任务落实。印

发《关于推进海南邮轮港口海上游航线试点落地实施的通知》，推动“名胜世界壹号”邮轮顺利完成香港至三亚邮轮航线复航工作。串联全岛美景的海南环岛旅游公路全线建成通车。2023 年海南省完成新改建农村公路 218 公里；实施养护工程总里程 1330 公里；实施农村公路安全生命防护工程 618 公里，改造农村公路危桥 101 座，完成万宁市“四好农村路”全国示范县实地复核。定安县、保亭县被命名为 2023 年度“四好农村路”省级示范县，评选美丽农村路省级示范路 10 条。公布海南省陵水黎族自治县、保宁黎族苗族自治县、五指山市为第三批城乡交通运输一体化示范创建县。

四是促进交通运输更高质量发展。印发《海南省交通运输领域绿色低碳发展实施方案》。推动琼州海峡相关港航企业开展高压岸电改造。在城市公交、出租汽车等领域推广应用新能源汽车，海南省新能源城市公交车辆达 3940 辆，占比 80.5%；新能源巡游出租汽车达 5033 辆，占比 80.3%。在海南深入实施首批智能交通先导应用试点。成功举办 2023 年中国—东盟国家海上搜救高级培训班和博鳌亚洲论坛 2023 年年会南海主题分论坛海上搜救合作会议。

五是不断提升交通运输治理能力。修订了《海南省国省干线公路设计、施工和监理企业信用评价实施细则》《海南省公路工程建设项目招标投标管理实施细则》，出台了《海南省游艇租赁市场信用评价管理办法（试行）》《海南省小微型客车租赁服务质量信誉考核办法》。

二、铁路服务海南自由贸易港建设情况

一是会同国家发展和改革委员会等有关部门有序推进《中长期铁路网规划》修编工作，组织开展“十四五”铁路发展规划实施情况中期评估。在编制研究和评估工作过程中，系统研究海南省路网布局，深入研究论证儋州至琼海、杨浦支线铁路等项目建设必要性、功能定位和建设时序，支持条件成熟项目纳入规划。配合有关部门做好海南省、海口市国土空间规划等编制，加强铁路专项规划与相关规划的统筹衔接。二是按照国家重点铁路项目年度工作计划，主动加强项目前期工作指导，充分利用工作调研及相关机制，加强湛海铁路等项目前期工作业务指导和统筹协调，强化项目前期工作源头管理，督促地方政府和铁路企业稳步有序、量力而行推进工程建设。三是推进与海南省铁路监督管理部门协同监管工作，充分发挥行业监管和属地监管合力优势，指导做好三亚至乐东公交化旅游化铁路改造等项目工程监管工作，落实建设单位质量首要责任和参建单位质量安全主体责任，促进海南自贸试验区铁路工程优质高效建设。

三、民航服务海南自由贸易港建设情况

一是加大航线航班开辟。发布并贯彻落实《关于支持国际航线串飞海南自由贸易港口岸机场的通知》，支持国内航空公司利用既有航权串飞海南口岸机场，优化海南国际航线布局。加强第七航权试点政策宣介力度，致函与我签署航空运输协定的 112 个国家驻华使馆宣介试点政策，并会同海南省直接面向 51 家外航开展试点政策线下宣介活动。二是大力推进机场建设。积极推进博鳌机场三期扩建、三亚机场三期改扩建等建设项目，大力支持构建以机场为核心的现代交通枢纽。三是加强航班保障能力。推进机场容量提升工作：海口美兰机场容量由 30 架次 / 小时提升为 40 架次 / 小时，进一步增加航班时刻资源供给。四是加强净空管理。针对“低慢小”升空物和空飘物、非法无人机活动等突出问题对航空运行造成的严重影响，积极与军方、地方政府等有关部门沟通协调，明确管理责任，出台制度文件，加强联动执法，不断强化自贸港净空环境管控力度。

四、邮政服务海南自由贸易港建设情况

一是落实封关涉邮任务。会同交通、发展和改革等部门推动海南省 3 个邮件快件监管中心项目加快建设，海口航空邮件快件监管中心项目已完成土建工程，海南综合型寄递物流监管中心项目完成土建工程形象进度超 70%，三亚国际邮件快件跨境电商物流监管中心项目完成土建工程形象进度达 98%。修订完善

《海口邮件快件监管中心运行测试方案》。推动邮件快件“二线监管”纳入自贸港“二线口岸”工作布局，初步明确了以分类监管、智慧监管、信用监管以及行业监管“前推后移”的邮件快件监管通关流程思路。同时制定测试演练细化方案并先行组织开展压力测试沙盘桌面推演，为全岛封关运作压力测试做好准备。二是推进基础设施建设。引导企业加快建设园区和枢纽设施，圆通海南总部及航空枢纽中心投产运营，中通海南总部及航空枢纽中心、新海陆岛物流园起步区等项目开工建设，京东儋州智能电商运营中心加快落地，同时推动顺丰海南国际生鲜港、京东智能产业园、邮政国际仓储物流中心 3 个项目纳入海口—湛江国家综合货运枢纽补链强链三年实施方案，中央财政奖补资金预计超 5000 万元。强化航空寄递运能，指导菜鸟稳定运行“海口—新加坡—雅加达”的每周 5 班次全货机航线、顺丰开通运行“武汉—列日—海口—武汉”国际免税品专线航班，正推动海口国际邮件互换局升级叠加交换站功能以实现国际邮件在本地直通关。三是离岛免税效应凸显。鼓励企业开展高端版免税寄递服务，引导京东与海控、中免等免税经营主体共建线上线下免税店铺，指导菜鸟等企业入驻海口综合保税区打造一体化进口供应链服务。服务海南离岛免税品寄递，前 10 月累计收寄各类免税品包裹超 970 万件，其中离岛免税购物“邮寄送达”业务包裹 293 万件、同比增长 174%，日均服务游客约 1.1 万人次，支撑免税品销售额估值超 97 亿元，有效助力海南离岛免税购物政策效应释放。促进快递与特产食品、医药、首饰工艺品等加工制造业融合发展，培育业务收入超百万元的快递服务制造业项目 11 个，带动产值近 10 亿元。协同海关等部门开通海口国际快件进口业务，海南省国际快递业务量同比增长超 33%。

第十节　服务新能源产业高质量发展

国家铁路局会同工业和信息化部、国铁集团出台《关于支持新能源商品汽车铁路运输　服务新能源汽车产业发展的意见》（国铁运输监〔2023〕4 号）、《关于消费型锂电池货物铁路运输工作的指导意见》（国铁运输监〔2023〕26 号），更好满足新能源汽车和消费型锂电池货物铁路运输需求，推动实现新能源产品铁路运输常态化，有效服务新能源产业高质量发展，促进综合交通运输体系作用和铁路运输绿色低碳优势的充分发挥。

第十一章　安全监管与应急管理

第一节　交通运输安全生产

一、交通运输安全生产基本情况

2023年，公路水路行业安全生产形势总体稳定。共接报各领域统计口径内安全生产事故218起、死亡462人，分别同比下降0.9%、上升17.3%。其中，一般事故139起、死亡124人，分别同比下降7.3%、上升2.5%；较大事故78起、死亡318人，分别同比上升11.4%、16.5%；重大事故1起、死亡20人（2022年未发生重大事故）；未发生特别重大事故。

二、主要做法及成效

（一）全面深入贯彻落实习近平总书记关于安全生产重要指示批示精神

第一时间召开党组会、理论中心组学习、部务会，组织学习习近平总书记重要指示批示，深入学习领会、研究具体举措，部署行业贯彻落实措施。修订《中共交通运输部党组工作规则》，将安全生产纳入党组重要工作内容。召开党组（扩大）会议，专题研究铁路、公路、水路、民航、邮政安全生产重点工作，深入学习贯彻习近平总书记关于内蒙古阿拉善"2·22"煤矿坍塌事故、"5·16""鲁蓬远渔028"渔船倾覆、宁夏银川"6·21"燃气爆炸事故、四川金阳"8·21"山洪灾害、山西吕梁"11·16"火灾事故等重要指示精神，印发警示通报20余份，确保习近平总书记重要指示批示精神在行业落实到位。

（二）扎实开展"重大隐患排查整治和重大风险防范化解2023行动"

制定专项行动总体方案和开展集中攻坚行动方案，明确6个重点领域35项重点整治事项和18项集中攻坚任务；制修订公路运营、道路运输和城市客运重大隐患判定标准及公路水运工程建设重大隐患基础清单等，督促指导行业报送重大隐患1.18万项，整改完成率94%。制定重大风险和季节性风险防范化解指导意见，明确42项重大风险清单、提出32个地区每季度风险特征和防控举措，动态管控3000余项重大风险。

（三）全力突破安全发展瓶颈制约

深入开展国内客运船舶靠泊问题专项整治、货车超限超载、道路运输问题整治"百日行动"、公路水运工程安全治理能力提升、"夜游船"安全、道路运输燃气安全等10余项专项治理。建立51家省级机构、462家地市级机构的运输船舶违法违规信息跨区域跨部门信息通报机制，联合农业农村部深化"商渔共治"，联合公安等部门推进治超联合执法常态化制度化。

（四）加强汛期交通重要基础设施安全防护

深入贯彻落实习近平总书记关于防汛抗旱救灾重要指示精神，特别是2023年7月7日习近平总书记在江苏考察时提出"交通运输部门要加强重要基础设施安全防护"的重要指示精神，成立一部三局、部省市三级工作专班，统筹做好汛期安全生产和重要基础设施安全防护等各项工作。积极探索重要基础设施安全防护协同畅通管理机制，梳理形成交通运输重要基础设施项目清单400余项，部领导专题调度17次，专班针对G2京沪、G30连霍、G50沪渝等重要通道进行全线调度。开展交通重要基础设施韧性研究，加强与气象、地质灾害专家会商研判，点对点提醒重点地区和项目400余次，专题调度46个重要基础设施项目百余次，指导各省同步调度重要基础设施项目万余个。部先后派出32个检查组、217人次机关干部和专家，推动各地派出驻点督导组2700余个，直插重点地区、重要通道、重大项目具体点位，共检查重要基础设施6.2万个，整改问题隐患近9万项；累计安排3.3亿元公路应急抢通补助资金，大力支持做好灾后重建工作。"七下八上"关键期，行业安全生产事故总量和死亡人数同比2022年分别下降43.1%和40.4%。

（五）持续夯实安全生产基础保障能力

推动全国危险货物运输电子运单企业覆盖率达

92%、车辆覆盖率超88%。800余万辆"两客一危"车辆和重载货车纳入动态监控，"六区一线"重点水域航行船舶基本实现监管全覆盖，487座公路桥梁加装船舶碰撞桥梁主动预警装置，完成538座公路长大桥梁结构健康监测系统建设。实施农村公路安全生命防护工程12.36万公里，改造农村公路危桥8418座，在全国1.48万个农村平交路口加装减速带3.36万个。改造干线公路危桥1743座，实施公路安全设施精细化提升16247公里、干线公路灾害防治工程3907公里。完成2023年度国家公路网124座重点桥梁、51座隧道监测以及5000公里公路交通安全设施风险评估。56个公路水运工程项目冠名为"平安工程"，淘汰危及安全落后工艺、设备、材料29项。

第二节　工程质量安全监督

一、公路水运工程质量监督基本情况

2023年，全国公路工程质量监督抽检数据1567.1万个（组），抽检合格率为98.2%；高速公路、干线公路、农村公路的抽检指标总体合格率分别为98.4%、98.0%、97.8%。路基工程、路面工程、桥梁工程、隧道工程、安全设施、原材料及产品6类单位工程的抽检指标合格率分别为98.3%、98.1%、97.0%、98.3%、98.4%、99.0%。

2023年，全国水运工程质监机构共检测数据430519个，合格410631个，抽检合格率为95.1%，港口码头、港区道路堆场、航道整治、船闸船坞、防波堤工程5类工程中的混凝土原材料、混凝土强度及耐久性、工程实体3大类指标检测数据分别为7987个、226348个、196184个，抽检合格率分别为99.2%、92.9%、98.1%。

二、主要做法及成效

（一）深入推进平安百年品质工程建设

在湖北黄冈组织召开深入推进公路水运平安百年品质工程现场会，实地观摩了燕矶长江大桥，组织开展了交流研讨。通过现场会，发挥了创建示范项目的引领带动作用，为推进质量安全技术创新、厚植质量安全文化、进一步发挥平安百年品质工程创建示范带头作用打下了坚实基础。赴江苏、浙江、甘肃等省（自治区、直辖市）开展平安百年品质工程创建示范项目调研指导工作。组织开展平安百年品质工程项目实地调研，共收集30个省（自治区、直辖市）及新疆生产建设兵团的67个公路工程创建示范项目有关情况。印发《关于将西部陆海新通道（平陆）运河项目列为公路水运平安百年品质工程创建示范项目的通知》（交办安监函〔2023〕1010号），强化部省协调联络，加强调度推动，进一步加大对平陆运河等项目平安百年品质工程创建示范工作的指导力度。

（二）开展公路水运工程质量安全督查

持续跟踪指导京津冀地区、粤港澳大湾区、长三角地区、成渝地区双城经济圈等重点区域公路工程项目质量安全管理工作。完成对辽宁、浙江、江西、山东、广西、海南、贵州、云南8个省（自治区）的建设工程质量安全检查督查工作。

（三）不断提升公路水运工程质量水平

定期开展工程质量状况统计分析，督促各地加大工程质量安全监管力度。聚焦高速公路预制梁品质提升关键环节，赴浙江进行实地调研，分析解决预制梁品质提升的突出问题，为质量监管决策提供有力支撑。围绕新时代运河建设质量安全风险防控主题，赴广西开展专题调研，深入了解运河建设质量安全管理现状，剖解难点问题，为做好新时代运河建设质量安全风险防控工作提供决策支撑。

（四）开展施工安全治理能力提升行动

印发《交通运输部办公厅关于印发公路水运工程施工安全治理能力提升行动方案的通知》（交办安监函〔2023〕698号），持续跟踪指导各地行动开展情况。截至2023年底，共排查出公路水运工程施工安全重大事故隐患1464个，完成整改1396个，整改率达95.4%；共有5126个公路水运工程项目实行网格化管理；北京、内蒙古、吉林等多地实现在建项目平安工地建设全覆盖。

（五）深入推进公路水运工程平安工地建设

一是印发《关于加强公路水运工程平安工地建设的指导意见》（交办安监〔2023〕64号），推进

平安工地建设全覆盖。二是完成2021年度公路水运建设项目平安工程冠名工作，交通运输部、应急管理部、中华全国总工会联合印发《关于公布2021年度公路水运建设“平安工程”冠名项目的通知》（交安监发〔2023〕34号），共56个公路水运建设项目予以冠名。

（六）做好工程建设领域安全应急标准宣贯工作

安全生产月期间以公益视频免费下载学习方式开展《公路水运工程安全生产条件》（JT/T 1404—2022）、《公路水运工程施工安全风险评估指南 第1部分：总体要求》（JT/T 1375.1—2022）等6项公路水运工程施工安全应急行业标准宣贯活动。据不完全统计，各级交通运输主管部门、项目参建单位共组织学习约5.5万人次，视频点击率6万余次。

第三节 应急管理

一、交通运输应急管理工作

（一）持续推动交通运输应急管理体系和能力建设

坚持以服务国家重大战略和加快建设交通强国为目标，持续加强交通运输应急管理体系和能力建设。牵头落实新阶段疫情防控交通运输各项工作。及时调整优化部疫情防控工作机制，编制印发《第二波新冠病毒感染疫情应对交通运输保障工作方案》，会同相关单位认真做好春运、“五一”、国庆等重点时段交通运输疫情防控有关工作。持续抓好政策落实。强化工作调度，统筹推动《交通运输部关于加强交通运输应急管理体系和能力建设的指导意见》（交运应急〔2022〕10号）的贯彻落实。组织修订《国家海上搜救应急预案》《交通运输综合应急预案》《公路水运工程生产安全事故应急预案》等预案，应急预案体系不断完善。

（二）妥善做好突发事件应急处置

根据预案及时启动应急响应，派员赶赴一线，妥善处置“鲁蓬远渔028”倾覆沉没、江西南昌境内道路交通事故、“宏浦6”轮爆炸、“闽平渔冷61699”沉没、甘肃临夏积石山地震等突发事件，切实保障人民群众生命财产安全。

（三）积极应对极端天气等自然灾害

印发通知就行业防汛、防台风、防范寒潮大风等工作进行部署，加强督查检查和调度指挥。制定防御台风工作程序，全年启动各等级台风防御响应15次，成功防御“杜苏芮”“泰利”等多个台风。成立部防汛救灾应急指挥部，启动Ⅱ级应急响应，全力支持京津冀和东北等重点受灾地区防汛抗洪救灾工作。认真落实习近平总书记重要指示精神和何立峰副总理到交通运输部检查指导工作要求，立即进入特殊时段应急值守状态，强化工作部署和调度指挥，妥善处置罕见低温雨雪冰冻灾害。组织做好甘肃省积石山县6.2级地震抗震救灾工作，启动Ⅱ级应急响应，成立部应对地震应急工作领导小组，加强工作调度，派员到一线加强指导；会商财政部紧急安排公路应急抢通资金3000万元支援灾区；开辟应急救援车辆绿色通道，做好公路抢通保通、应急物资运输服务保障等工作。

（四）加强应急信息化和智能化建设

完成国家信息平台应急指挥中心升级改造工程并初显成效，进一步提升运行监测能力。完成交通运输部调度与应急指挥系统建设，积极推进该系统在省级部门的部署应用，提高应急指挥决策辅助能力。开展全国高速公路视频监测设施优化提升工作，目前已建成视频云联网系统，基本覆盖重点路段。持续优化公路网监测管理与服务平台，逐步提升拥堵分级监测能力。

（五）提升应急值班和信息报送规范化水平

严格落实中共中央办公厅、国务院办公厅关于值班值守相关规定要求，认真做好7×24小时应急值班工作，扎实做好元旦、春节、全国两会、成都大运会、杭州亚运会等重点时段、重大活动应急值守和保障任务。深化“应急值班规范年”建设，制定《关于提升突发事件信息报送时效的工作方案》，印发《关于进一步加强突发事件信息报送工作的通知》等，定期印发情况通报，压实突发事件信息报告责任。

（六）强化应急演练和宣传教育

举办2023年度全国公路交通军地联合应急演练，

提升基层实战能力。举办2023年全国交通运输应急管理处级干部培训班、全国海上搜救处级干部培训班、水运行业安全生产与应急管理专题培训班（网络培训班），加强行业应急管理队伍建设。开展第三届“最美海上搜救人”推选宣传活动，精心维护“12395”海上搜救微信公众平台，发挥典型引领示范作用。

二、铁路应急管理工作

2023年，国家铁路局全面贯彻习近平总书记关于应急管理重要论述，增强危机意识，强化底线思维，严格落实责任，统筹开展应急管理体系建设、突发事件处置等各项工作，应急管理基础进一步夯实，应急管理能力进一步提升，为维护人民群众生命财产安全和铁路安全稳定提供了有力的应急保障。

（一）健全应急管理工作机制

成立国家铁路局灾害处置领导小组，建立恶劣天气应对工作机制，加强对恶劣天气预警，及时启动应急响应，进一步强化和规范自然灾害应急处置工作。

（二）加强应急管理制度建设

积极参与国家应急管理法律法规、应急预案制修订，制定《国家铁路局应急管理和应急值守项目支出标准（暂行）》，规范全局应急管理工作。向铁路企业印发《关于进一步加强铁路突发事件信息报送工作的通知》（国铁综办〔2023〕10号），督促企业切实提高突发事件信息报送时效。

（三）强化预警预报

与31个省（自治区、直辖市）气象、地震、水利等部门全面建立自然灾害监测预警机制，成立汛期基础设施安全防护专班，及时预警并监督实施，汛期共发布重大气象预警12期，转发重大气象专报、短临气象红色预警4000余条，指导督促铁路运输企业落实行车安全措施，有效应对27轮区域性强降雨及“杜苏芮”等5个强台风考验。

（四）全力开展突发事件处置

加强联合会商研判，优化应急处置流程，提升应急处置效率，全年协调处置各类突发事件90件，启动（升级、降级）应急响应44次，向上级部门报送信息118期。丰沙铁路旅客滞留事件发生后，立即启动应急响应，国家铁路局主要负责同志带队赶赴铁路运输企业详细了解滞留旅客和现场救援情况以及存在的困难，国家铁路局分管负责同志多次组织专题研究，成立3个工作组对接铁路运输企业，协调有关部门、地方政府调用移动通信设备、抢通转运道路，指导支持救援处置工作，确保滞留旅客有序安全转运，其间收集、核实、报送相关信息22期。

（五）提升应急管理能力

制定年度应急演练计划，开展铁路交通事故、铁路火灾、铁路危险货物运输、铁路货运安全、铁路工程建设突发事件等专项应急预案演练，进一步锻炼队伍、磨合机制、完善预案。举办年度应急管理培训班，培训内容突出针对性和实战性，邀请应急专家专题授课，提升应急管理人员能力。

（六）推进应急管理信息化建设

优化完善国家铁路局应急管理信息系统，推动应急信息资源共享，加强高新技术应用研究，不断提升应急科技信息化水平。

（七）强化应急值守

统筹安排值班力量，畅通和拓展信息获取渠道，加强重要情况和信息线索调度核实，扎实做好汛期、国庆、春节、全国两会等重点时段应急值守，确保应急有备。

三、民用应急管理工作

2023年，中国民用航空局坚决贯彻落实党中央、国务院关于应急工作各项决策部署，围绕“提升应急处置能力”具体目标，持续加强应急管理工作：

（一）突发事件应对情况

2023年，在全行业共同努力下，全年未发生运输航空责任事故和劫（炸）机等机上恐怖事件，妥善处置5月2日陕西龙翼通航坠机等11起通航事故，有效开展 8月7日美国康尼航空公司货机冲偏出跑道等突发事件应急处置，最大程度降低极端天气对民航运行的影响。同时，积极发挥行业优势，高效协助、配合国家相关部门和地方政府开展应急处置工作，高效完成甘肃积石山6.2级地震救灾运输保障，以及赴利比亚人道主义援助等紧急运输任务，行业应急处置能力经受住了实战考验。

（二）落实应急部署强化政治担当

一是深入开展隐患治理。开展“中小航司安全运行排查整治”“防范应对极端天气风险隐患排查”“依法整治机闹行为”等专项行动，全年累计排查问题隐患2.97万项、重大隐患19项，整改率达到99.9%。

二是提高防灾减灾能力。组织开展“5·12全国防灾减灾日”“10·13国际减灾日”主题宣传和检查治理活动，大力宣传普及防灾知识，广泛开展应对极端天气、地震和防汛等方面应急演练。

（三）扎实推进应急领域改革建设

2023年，中国民用航空局扎实推进《完善民航应急管理体系改革方案（2022—2025）》工作开展，取得了阶段性成效。

一是提升紧急运输保障能力。建立通用航空应急救援备勤值守机制，建设“通用航空应急救援备勤值守信息平台”，实现全国通用航空应急救援力量精准调度，积极协调军方进一步优化通用航空应急救援“绿色通道”保障机制。

二是提升核心系统抗风险能力。推进管制能力提升工程，启动北京、广州、成都、西安、沈阳、乌鲁木齐等区管中心改造建设，梳理航空公司、运输机场、空管、航信等单位核心生产运行系统、设施设备风险，制定《民用航空网络安全保障方案》，强化防护和日常巡检。

三是提升机场应急救援能力。组织开展运输机场残损航空器搬移能力提升专项工作，组建搬移专家库，建立全国资源清单，成功举办“平安国门—2023”残损航空器搬移专项实战演练，取得阶段性成果。支持西藏应急救援基地建设，利用民航发展基金补助西藏应急救援基地工程应急救援直升机购置项目4.99亿元。

（四）深化应急体系建设

各相关单位持续开展“一案三制”建设，应急管理工作得到进一步夯实。

一是提升应急预案可操作性。印发《民航应急预案操作手册编制指南》，指导各单位持续完善应急预案，目前行业主要单位已启动应急预案操作手册编制工作，有效提升行业应急预案质量。

二是完善应急预案体系建设。行业各单位基本形成“1+N（1总体预案、N个专项预案）”架构的应急预案体系，持续推进预案修订。全年各地区管理局、监管局制（修）订本级应急预案276件，民航企事业单位制修订预案1102余件并全部完成向局方备案，同比分别增加51%和38%。

三是扎实开展实战应急演练。积极参加“应急使命·2023”国家应急救援演习和各地综合应急救援演练，圆满完成涉民航科目，抓好《民航跨部门联合实战化应急演练工作指南（试行）》落实，全年全行业共组织大型综合演练170次，各地区管理局、监管局开展演练专项督导118次。

四、邮政应急管理工作

（一）推动行业应急管理体系建设

一是年初积极谋划推进行业应急管理体系建设，通过全国邮政管理工作会议、全国邮政市场监管工作会议对全行业作出部署。印发《2023年邮政快递业安全和应急工作要点》，开展重大安全风险调研，印发防范重大风险指导意见。

二是加强突发事件信息报告工作，总结实践经验，起草《国家邮政局突发事件信息直报工作导则》《关于加强邮政行业突发事件信息报告工作的通知》等制度规范和工作文件。加强舆情监测与核查反馈。

三是做好自然灾害防御工作。参与组成防汛工作专班，密切对接交通运输部，组织全系统全行业做好防汛救灾工作，加强对北京、河北等地区调度，积极应对台风、洪水等自然灾害影响，确保全行业无人员伤亡，总体运行平稳。指导四川、云南、新疆、甘肃等邮政管理局妥善组织应对地震灾害对行业的影响。

四是认真做好节假日应急备勤工作，组织做好元旦、春节、劳动节等重要节假日期间行业应急管理和信息报告工作。

五是推动应急指挥和安全预警等“绿盾”工程相关信息系统应用。印发通知加强应急指挥系统应用工作，正式启用应急指挥系统报送突发事件信息。研究制订《寄递企业应急管理工作机制和响应要求》行业标准。举办全系统安全监管和应急管理培训班。

（二）慎终如始抓好行业疫情防控

一是按照党中央、国务院工作部署，及时优化调整行业疫情防控措施，组织全行业落实“乙类乙管”各项要求。落实新型冠状病毒感染“乙类乙管”总体方案，印发做好邮政快递疫情防控和服务保障工作的通知，取消“乙类甲管”期间有关从业人员定期核酸检测、邮件快件外包装消毒、行业涉疫事件封闭隔离管控、生产作业场所查验健康码以及按高中风险区管理等工作要求。要求企业关心关爱从业人员，密切监测从业人员健康状况，对关键岗位人员实行分班轮岗、封闭管理。要求从业人员当好自己健康的第一责任人，做好个人防护、疫苗接种和健康监测等基础工作。印发通知部署全系统全行业深入学习贯彻习近平总书记春节前夕视频连线看望慰问基层干部群众重要讲话精神，对全系统组织落实“乙类乙管”要求、科学精准抓好行业疫情防控工作进行再部署再强调。先后在廖进荣副局长专题会议和国家邮政局党组会议上汇报行业疫情防控前期工作总结和“乙类乙管”情况。出台邮政快递业深入做好新冠病毒感染疫情“乙类乙管”常态化防控工作的文件，进一步部署做好新阶段行业疫情防控工作。同期制定国家邮政局应对第二波疫情及致病力增强变异株工作方案，为应对未来可能出现的复杂局面做好准备。

二是做好行业疫情防控工作总结。按照国务院联防联控机制要求，编写国家邮政局疫情防控三年大事记。对邮政快递业三年抗疫经验做法进行系统总结。

三是按照国务院联防联控机制社会稳定组要求，报送国家邮政局三年来疫情防控相关情况，做好行业疫情相关涉稳风险防范工作。部署全系统全行业完成疫情防控敏感数据处置工作。

第十二章　科技创新

第一节　交通运输科技管理

一、公路、水路科技管理情况

一是服务国家重大工程，推动有组织科研攻关。为支撑青藏公路提质改造、平陆运河、小洋山北侧码头等重大工程建设，在国家重点研发计划“交通基础设施”“重大自然灾害防控与公共安全”等重点专项中将“青藏高原冻土区公路路基治理改造技术”“跨流域运河环境低影响建设技术”“离岸岛群软土地基港工基础设施建设关键技术”等45个项目纳入年度指南，部分定向交通运输部推荐申报。船舶甚高频数据交换系统项目纳入工业和信息化部船舶专项指南。组织开展青藏公路试验段建设科技攻关工作，整合勘察、设计、研发、建设等各类科技资源，研究整理典型高原冻土场景科技攻关需求，形成揭榜榜单。

二是面向区域发展战略，全面推进强国试点。围绕京津冀协同发展、长三角一体化发展、粤港澳大湾区建设、成渝双城经济圈、黄河流域生态保护和高质量发展等区域重大战略，以及西部大开发、东北全面振兴、中部崛起、东部率先发展等区域协调发展战略实施，在交通强国建设试点中布局百余项科技创新类任务，支持河北省、江苏省、浙江省、山东省、甘肃省等建设智慧高速，提升高速公路服务水平；支持天津市、深圳市、武汉市等地开展自动驾驶和车路协同创新应用，探索智慧交通解决方案；支持上海市、江苏省、重庆市等高水平培育智慧交通产业，构建产学研用协同创新体系。

三是聚焦重点创新领域，统筹布局试点示范。批复实施“京哈高速京津冀段恶劣天气全天候通行智慧管控”“甘肃黄河水源涵养区合赛高速低环境影响建造”等8项交通运输科技示范工程。支持内蒙古、黑龙江、江苏、浙江、山东、四川等地建设19个公路路基路面长期性能观测网试点。设立首批18个自动驾驶和智能航运方向的智能交通先导应用试点项目。

四是深化科研管理改革，营造行业创新生态。根据中央科技办有关部署，交通运输部结合工作职责，申请将“交通基础设施”“交通载运装备与智能交通技术”两个重点专项管理职责调整至交通运输部，获中央科技办同意。印发贯彻落实全国交通运输科技创新工作会议精神实施方案，形成5期《交通科技创新动态》简报，出版《综合交通运输案例集》，认定南京紫东实验室、北京交通大学等4家综合交通运输理论重点实验室。在河南首次召开交通运输科技示范工程现场推进会，王刚副部长出席会议并讲话，开展了示范创建经验交流，现场观摩了焦唐高速公路，扩大了科技示范工程影响力。10项交通运输科技示范工程通过验收，取得了一批标志性成果，带动山东、福建等九个省份开展省级科技示范工程创建。

二、铁路领域科技管理情况

（一）科技管理方面

坚持科技创新和制度创新“双轮驱动”，以问题为导向，以需求为牵引，在实践载体、制度安排、政策保障、环境营造上下功夫，在创新主体、创新基础、创新资源、创新环境等方面持续用力，强化国家战略科技力量。明确企业、高校、科研院所等创新主体在创新链不同环节的功能定位，激发各类主体创新激情和活力。给予科研单位更多自主权，赋予科学家更大技术路线决定权和经费使用权，让科研单位和科研人员从繁琐、不必要的体制机制束缚中解放出来。

（二）科技政策方面

一是落实中央科技体制改革精神，就新型举国体制下深化科技改革中更充分发挥行业部门专业技术优势，更好凝练行业重大需求，提出深化科技体制改革的举措建议。二是组织推进《铁路技术管理规则》修编。三是积极推动北斗系统行业应用，按照《“十四五”北斗导航产业发展规划》分工推进相关工作，落实北斗规模应用3年行动计划2023年重点工作任务。四是提出落实轨道交通高质量发展任务的相关举措建议。五是制定铁路行业数字化发展指导意见工作方案。

三、民航领域科技管理情况

2023年12月26日，民航科教创新大会暨高端对话会在北京召开。会议全面贯彻落实党的二十大精神和中央经济工作会议精神，深入贯彻落实习近平总书记关于科技创新的重要论述，深入分析当前形势，广泛听取意见建议，谋划部署当前和今后一个时期民航科教创新主要任务。

印发《民航中长期科学和技术发展规划纲要（2021—2035年）》，规划聚焦科技革命和民航产业变革的重大方向，加强民航领域应用基础研究、前沿技术探索、关键技术攻关、核心系统装备研制等科研任务的系统性布局。

组织开展《"十四五"民航科技发展专项规划》中期评估工作。根据"十四五"科技规划目标，通过开展广泛调研进行专题研究，全面评估"统筹推动重大科技研发""加强科技创新能力建设""强化民航科技成果转化"三大任务实施进展及重大项目与科技工程推进落实情况。聚焦制约民航发展的关键科技短板，重点评估关键技术研究和装备研制突破、智慧民航创新能力体系建设、民航科技创新链和产业链构建、民航科技创新国际影响力提升及全球应用等主要目标实现情况及发展预期，研究形成《"十四五"民航科技发展专项规划中期评估报告》。明确规划实施后半程的重点任务和要求，进一步强化发展规划的战略导向作用，确保民航科技创新如期实现"十四五"各项发展目标，为谱写交通强国建设民航新篇章提供有力科技支撑。

积极营造良好科技创新氛围。指导成功举办第二届民航科教创新成果展，中国民航报社有限公司、中国民航科普基金会、中国航空运输协会联合主办的第二届民航科教创新成果展在北京举办。展览以"创新领航　智连世界"为主题，主要涉及智慧出行、智慧物流、智慧运行、智慧监管等方面民航科教创新成果。充分展示近年来民航科技成果，扩大行业内外交流，促进科技成果转化应用。积极落实并推进民航科学技术研究院、中国民用航空第二研究所、民航医学中心适用"十四五"期间享受科技创新进口税收政策。推动中国民航大学重大科研基础设施和大型科研仪器在国家平台实现开放共享。

支持开展民航科学技术奖励工作。支持中国航空运输协会组织评审，确定2022年度中国航空运输协会民航科学技术奖获奖项目44项，其中一等奖6项、二等奖21项、三等奖17项，协调组织做好相关授奖工作。

四、邮政领域科技管理情况

一是召开邮政业科技创新工作会议，总结2019年以来邮政业科技发展情况，分析面临的新形势新机遇，部署下一阶段行业科技创新工作，加快推进行业自动化迭代、信息化革新、数智化升级。印发《邮政业科技创新工作会议工作任务分工方案》，推动会议精神落实。二是召开"华山论检"会议，开展邮政业智能安检系统同场竞技与技术交流，促进智能安检系统成果加快转化应用。三是召开寄递无人车标准实施情况和新标准需求研讨会，听取有关生产、使用企业的意见建议。参加2023低空经济发展大会，宣传行业"无人三项"发展情况，加快"无人三项"推广应用。四是配合交通运输部做好第十五届国际交通技术与设备展览会筹备工作，引导企业积极参展。五是跟踪研究国家科技体制改革进展，编写促进行业科技发展工作意见。研究推荐国家科技奖励评审委员会委员建议人选。六是加强北斗导航系统应用，按季度向交通运输部报送应用情况，邮政干线车辆实现单北斗系统设备安装全覆盖。七是通过全国代表建议和政协提案办复工作，反映行业科技诉求，呼吁加大支持力度。

第二节　重大科技创新

一、交通运输重大科技创新情况

一是积极推动交通运输领域国家重点专项立项与研发，科技创新成效显著。2023年度"交通基础设施""交通载运装备与智能交通技术"两个重点专项发布指南，共受理申报项目91项，立项29项，国拨经费合计8.84亿元。两个重点专项研发了"公路铁路生态环境立体监测与影响量化评估技术""船舶运行能效提升与排放控制集成技术与装备"等成果，共发布国家标准2项、行业标准14项，授权发明专利87项，登记软件著作权130项，出版专著9部，培养研究生383人。

二是稳步推进交通基础设施长期性能科学观测网建设，强化应用基础研究。建设完成第一批19个公路路基路面长期性能科学观测网试点观测点，观测路段涵盖我国高速公路、一级公路和二级公路，观测气候环境涉及我国主要气候片区，具有显著的区域代表性和领域代表性，并正式启动了观测工作，以期打造成为国家重大科技基础设施。组织交通运输部公路科学研究院搭建了公路科学观测网部级数据中心平台，可按照华北、东北、华东等八大区域分类，展示路域环境、交通荷载、路况性能、结构响应、其他观测指标5种类型信息，并且具备观测数据存储、检索、共享等功能，已上线运行。国家重点研发计划项目"重大公路基础设施安全服役性能传感技术及应用"和国家科技基础资源调查专项"公路基础设施结构安全长期性能联网观测及数据资源体系建设"等国家级科研项目，以及山东省"高速公路全寿命周期智能协同观测体系建设与应用研究"、福建省"南方湿热地区组合式柔性基层路面高速公路长期性能研究"等省级科研项目，为公路科学观测网建设提供了有力保障。编制了公路科学观测网建设、观测和数据汇交规范3项行业标准，保障交通基础设施长期性能观测工作持续、系统开展。2023年4月，李小鹏部长在交通运输部公路科学研究院听取了公路长期性能科学观测网建设情况汇报。

三是"人工智能＋交通运输"深度融合技术发展方兴未艾，培育新质生产力。出台《关于推进公路数字化转型加快智慧公路建设发展的意见》（交公路发〔2023〕131号）、《关于加快智慧港口和智慧航道建设的意见》（交水发〔2023〕164号）等政策文件，促进人工智能、物联网、大数据等新一代信息技术与交通运输深度融合。首批18个智能交通先导应用试点项目凝聚百余家创新主体力量，覆盖公路货运、城市出行与物流末端配送、园区内运输、沿海航行、内河航行、港区作业和集疏运等典型场景，全国示范性智慧公路——京雄高速公路（北京段）全线通车运营，全国首个全国产全自主自动化集装箱码头——青岛港自动化码头（三期）投产运营，营造了良好的创新氛围。

二、铁路领域重大科技创新情况

组织2023年铁路重大科技成果入库工作，共307项成果纳入科技成果库，其中铁路科技项目50项、铁路专利51项、技术标准26项、科技论文180项，目前在库成果2131项。

在第二十四届中国专利奖评选中，铁路行业获中国专利金奖3项、中国专利银奖3项、中国专利优秀奖23项。其中，"高速列车系统级的电磁兼容模型的建立方法（专利号：ZL201510714113.2）"由国家铁路局组织推荐，荣获中国专利优秀奖。

三、公路领域重大科技创新情况

依托交通运输科技示范工程等，在盾构隧道、水下隧道、山区隧道群、超高桥塔大桥、工业化建造等方面取得了一系列创新突破：

北京东六环改造针对盾构隧道大直径、长距离、深覆土、环境敏感等特点，研制了国产首台16米级"京华号"盾构机，配备第四代常压换刀、伸缩主驱动等，创造16米级盾构单月进尺542米的纪录；研发了同步双液注浆技术，将整条隧道管片沉降控制在3毫米内。

超长堰筑太湖隧道针对水底隧道"十隧九漏"的难题开展科技攻关，突破了大体积现浇混凝土收缩裂缝控制关键技术，解决了超长软基万米级湖底隧道施工渗透稳定与不均匀沉降问题，成果获江苏省科学技术奖一等奖。

陕西针对秦岭天台山大埋深、长纵坡、超长隧道群防灾减灾等难题，研发了公路隧道群全方位路况感知与预警系统，构建了超长隧道群安全绿色技术体系。

常泰长江大桥主塔高350米，为世界在建最高桥塔，采用"空间钻石形"设计。研发了电动双头铰刀、气水混合冲射破土、水下机械臂取土机器人等专用装备，实现大型沉井平均每天下沉45厘米。采取钢筋部品节段整体吊装上塔，采用挤压锥套快速连接，相对于传统索塔施工工艺，节省工期70%，高空作业人员减少60%。

安徽依托高速公路工业化智能建造技术科技示范工程，建立了装配式涵洞、桩板式道路、轻型 T 梁等全系列构造结构形式，编制了装配式混凝土 T 梁工业化建造技术指南等 5 项标准，实现了基于 BIM+GIS 及物联网的工程全过程数字孪生和智慧管控，指导了 150 余公里高速公路建设。

四、水路领域重大科技创新情况

水路领域在自动化码头、国产大型邮轮、船舶智能管理与通信、智慧绿色航道等领域形成了以下重大科技创新成果：

建成 18 座自动化集装箱码头，新建及改造集装箱码头 27 座，数量居世界首位，掌握了设计建造、装备制造、系统集成和运营管理等全链条关键核心技术，达国际前列水平。

国产首艘大型邮轮完成试运营，全船搭载 107 个系统、5.5 万个设备，敷设 4750 公里电缆，实现了大型邮轮重量控制、减振降噪等自主核心技术突破。

全国电子航道图发布里程超 5700 公里，持续推进长江水系电子航道图干支联通，加快航道运行监测、梯级船闸联合调度、服务区功能提升等数字化、智能化转型发展。

江西信江应用超声波探识、PIT（基于无线射频识别的被动集成应答器）鱼类示踪等技术建设仿生态鱼道，实现 79% 的主要过鱼对象成功洄游，保护了航道生态环境。

五、民航领域重大科技创新情况

与科技部稳步实施《中国新一代智慧民航自主创新联合行动计划纲要》。协调科技部相关司局在国家重点研发计划“地球观测与导航”“交通载运装备与智能交通技术”“交通基础设施”“重大自然灾害防控与公共安全”等重点专项，围绕航空安全、机场建设与运维、空管保障、国产民机智能运维等方向关键核心技术开展攻关，发布 2023 年度项目指南共 8 项，成功推荐新立项项目 5 项。

支持开展民航领域应用基础研究。国家自然科学基金民航联合研究基金完成 2023 年度重点项目立项，共支持 18 个应用基础研究项目。针对民航行业一线生产运行中的痛点难点问题，组织引导全社会研究力量凝练深层科学问题，公开征集民航联合研究基金 2024 年度重点领域项目指南建议，经专家评审，共确定 2024 年度项目指南 22 项。

发挥民航安全能力建设资金作用，促进科技成果转化。继续推动中国民航大学、中国民航科学技术研究院、中国民用航空第二研究所联合行业应用单位，开展 6 项与民航安全运行密切相关的科技成果中试应用，共享知识产权和未来收益，促进科技成果转化。新增支持中国民航科学技术研究院、中国民航大学、中国国际航空股份有限公司、中国航空油料集团有限公司、北京航空航天大学的 5 项科技成果中试应用项目，列入 2024 年民航安全能力建设资金支持项目。

六、邮政领域重大科技创新情况

全力推进行业重大科技项目研发和应用。一是优化调整智能安检系统研发工作协调机制及分工方案，推进太赫兹设备研制，开展多传感违禁品检测设备研发，完成毒品数据采样工作。二是推进智能安检系统在江苏、浙江等地扩大应用。印发推广应用智能视频监控系统和智能语音申投诉处理技术通知，指导海南省邮政管理局完成智能语音系统建设招投标工作，安徽省邮政管理局智能语音系统持续优化、运行良好。三是向交通运输部有关部门报告通用寄递地址编码项目情况，协调福建省邮政管理局开展试点项目竣工验收工作。密切跟踪万国邮联地理编码进展情况，积极推动万国邮联采用中国编码，取得初步成效。四是加强“三智一码”宣传，在第五届中国（杭州）国际快递业大会发布“三智一码”成果，为省局和企业解答相关技术问题，推动项目加快落地应用。

第三节　创新能力建设

一、交通运输创新能力建设概述

交通运输行业重点科研平台布局建设涉及多学科、跨领域，依托单位及参建单位多元化。目前平台总数已达 159 个，包括 60 个重点实验室、86 个研发中心、13 个野外观测基地，涵盖了公路、水路、铁路、民航、邮政等领域，汇聚了 29 个省（自治区、直辖市）205 家企业、114 家科研院所、高校和企业的创新力量，为打造现代化交通、引领转型升级提供了有力支撑。

重点实验室是交通运输行业科技创新体系的重要组成部分，是立足国家重大战略实施和现代综合交通运输体系发展，组织高水平基础研究和应用基础研究、聚集和培养优秀科技人才，开展高水平学术交流的重要基地。重点实验室布局涵盖综合运输、公路工程、水运工程、材料工程、运输工程、交通安全、环保节能和智能交通 8 个领域，在地理空间上基本实现对各省的全覆盖，规模体量不断壮大、布局结构日益优化、科研成果持续涌现、创新效能逐步提升。近五年，重点实验室基本建设投资约 33 亿元，科研用房建筑总面积达 65 万平方米，500 万元以上科研基础设施 70 多套，10 万元以上科研仪器设备 4300 多台（套），其中，道路结构与材料行业重点实验室建设具备百吨级实车加速加载能力且在运行的大型足尺路面试验研究设施；水工构造物检测、诊断与加固技术行业重点实验室建设了目前国内尺寸最大、造波能力最强、功能最为齐全的大比尺波浪试验水槽。重点实验室现有固定人员 2700 多人，博士学位占比 50% 以上，其中院士共 10 人，享受国务院政府特殊津贴 123 人，百千万人才工程 50 人，全国工程勘察设计大师 7 人。在成效成果方面，近五年重点实验室承担国家自然科学基金、国家科技重大专项、国家重点研发计划等国家级科研任务 400 余项；获得国家级奖项 20 项，省部级科技进步奖 428 项；获国内授权发明专利 4000 多件，参与制修订国家标准 150 余项、行业标准 400 余项。

研发中心是以企业为主体，开展共性关键技术和工程化技术研究，推动应用示范、成果转化及产业化的重要基地。研发中心布局不仅涵盖基础设施建养、安全应急、节能环保等传统交通领域，也聚焦综合交通大数据、网络安全、新一代人工智能、卫星技术等前沿技术方向。近五年，行业研发中心基本建设投资达 45 亿元，科研用房建筑总面积达 92 万平方米，10 万元以上科研仪器设备 2400 多台（套），其中，建有世界领先的自动驾驶与智能车路协同测试场景试验基地（重庆）、国家智能汽车与智慧交通（京冀）示范区海淀 / 亦庄基地、全国唯一的海事卫星第四代移动卫星中国地面站。自行建造我国首艘、国际领先的具备 300 米饱和潜水作业能力的深潜水工作母船、全球首台套多地形公路智能应急救援步履式挖掘机装备等。在产业带动发展方面，研发中心向专精特新发展，带动产业链上下游发展，如改性沥青系列产品形成近 500 亿元产值；ETC（电子不停车收费）应用形成近 1500 亿元产业规模；交通成为北斗、大数据、人工智能、区块链、无人机应用规模最大、场景最多的领域，上下游产业链规模突破万亿元。

野外观测基地是交通运输行业科技创新体系的重要组成部分，通过长期野外定位观测获取科学数据，开展野外科学试验研究，加强科技资源共享，为科技创新提供基础支撑和条件保障。野外观测基地在布局上覆盖了基础设施长期性能、自然灾害防治、重大工程结构安全等领域。近五年，野外观测基地基本建设投资 16 多亿元，科研用房建筑总面积达 18 万平方米，10 万元以上科研仪器设备 700 多台（套），依托基地建设野外观测点（站）130 余个，不仅覆盖了西北干旱、东北冻土、青藏高纬度等我国多个典型气候、自然条件地区，也涵盖大兴机场、青藏高速、港珠澳大桥等国家重大工程项目。人员方面，野外科学观测研究站固定人员 693 人，高级职称人员占比 50% 以上，享受国务院政府特殊津贴 68 人，百千万人才工程 20 人，全国工程勘察设计大师 3 人，培养了一批“特别能吃苦、特别能战斗、特别能奉献、特别能创新”的野外科学观测研究工作者。

部属科研单位实验条件建设稳步推进，科研创新能力持续提升。教育单位主干学科实验及教学平台加快建设，教育培训基础条件不断完善。一是科技基础设施建设不断加强。建成水运专业计量研究与验证综合试验厅、港口危险货物储运安全与应急技术研究实验室，基本建成公路交通安全技术交通行业重点实验室升级改造、足尺桥面铺装实验室、电磁检测 10 米法电波暗室等工程，稳步推进海上溢油应急处置实验系统建设，加强交通运输领域重大科技基础设施支撑能力。二是教育基础条件不断提升。基本完成船舶安全绿色平台、智能船舶与高效物流平台设备购置，加快建设大连海事大学海洋运输工程学科实验楼，开展本科专业实验室仪器设备购置，开工建设智能研究与实训两用船，改善部属院校“双一流”学科平台和基础设施保障条件，提升学校人才培养和科学研究水平。

二、铁路领域创新能力建设情况

（一）科技创新总体情况

首次编制实施铁路科技创新五年规划。国家高速列车技术创新中心、国家川藏铁路技术创新中心挂牌成立，43 家铁路行业科技创新基地授牌运行，铁路科技创新联盟成功组建。川藏铁路国家重点专项立项实施，铁路重大科技创新成果入库工作持续推进，1027 项铁路领域国家和行业标准发布实施。涌现出一批以院士、大师为代表的领军人才、拔尖人才和创新团队。成功举办全球可持续交通高峰论坛、世界高铁大会等国际会议，发布 379 项铁路标准外文译本，为世界铁路科技创新贡献了中国力量。

（二）科技攻关方面

一是优化完善自筹经费课题管理思路，印发实施《国家铁路局 2023 年课题研究计划》，聚焦“十四五”铁路科技创新规划重点任务和目标、服务国家铁路局履职需要共立项 57 项课题，分类开展研究，凝聚行业科技力量开展科技攻关。二是紧密围绕我国国民经济和社会发展中的重大工程科技问题，推荐“服务国家高质量发展铁路科技创新重大需求及发展战略研究”等 4 个项目作为中国工程院 2023 年重大咨询研究项目选题。三是推进北斗铁路行业应用，与国家北斗办完成北斗铁路行业综合应用示范工程项目联合验收，指导项目承担单位认真梳理成果经验，形成有推广价值、技术成熟度高的应用范式，进一步推动铁路行业北斗成果转化应用。四是组织开展 2023 年交通基础设施、交通载运装备与智能交通技术、地球观测与导航、智能传感器等国家重点研发计划项目的申报工作。五是推进“铁路国产化新装备新产品新技术上线运用政策研究”等课题研究。

（三）科技平台建设方面

一是组织召开铁路行业科技创新基地建设座谈会，总结基地建设经验，谋划发展规划，完善行业科技创新基地体系。二是按照国家关于基地清理规范的要求，开展行业科技创新基地规范清理工作。研究《铁路行业科技创新基地考核评估办法》，为构建科学合理、各有侧重的铁路行业科技创新基地分类评价与优胜劣汰的约束机制提供支撑。三是组织调研试验验证基地建设的需求，系统梳理国内相关试验验证基地布局及资源情况，研究制定基地建设方案，积极争取国家有关部委支持。四是组织开展科技标准规划类和法律类专家增补入库工作。五是指导运营主动安全保障与风险防控、机车车辆智能运维、高速列车智能运维、电磁环境效应及电磁安全铁路行业创新基地召开学术委员会会议，推动基地高质量发展。六是参加国家高速列车技术创新中心战略咨询会和高速磁浮运载技术全国重点实验室第一届学术委员会暨战略指导委员会第一次会议，指导铁路国家级科研基地建设。

三、公路领域（含道路运输）创新能力建设情况

2023 年 11 月，印发《自动驾驶汽车运输安全服务指南（试行）》（交办运〔2023〕66 号），明确了自动驾驶技术在城市公共汽电车、出租汽车、道路客货运输经营等领域的应用推广安全技术要求，以及自动驾驶汽车运输服务在人员配备、安全保障、监督管理方面的具体要求，最大限度防范化解安全风险，引导自动驾驶技术在运输服务领域健康有序发展。

四、水路领域创新能力建设情况

支撑国家重大水运工程实施，推动有组织科研攻关和创新能力建设。重点布局了“巨型多汊河口航道韧性提升关键技术与应用”“长江水运大通道万吨级船闸建设关键技术”等国家重点研发项目，支撑长江口航道整治、三峡新通道建设等重大工程；紧密跟踪水路前沿前瞻性技术任务，加强对基础研究和青年科学家培养支持，布局“水上交通安全管控关键装备研发与示范应用”“近海船舶远程驾控与自主航行技术及应

用”“水路交通基础设施气候风险防控技术方法”等重点任务，服务水运交通运输关键核心技术研究；推动智能航运、自动化码头、智慧航道方向科技示范工程，推进平陆运河、京杭大运河等智慧建设，加快建设渤海湾港口航道、长江深水航道水沙环境等方向野外科学观测研究基地建设。

五、民航领域创新能力建设情况

“空地一体新航行系统技术全国重点实验室”获得科技部批复建设。该实验室由民航数据通信有限责任公司、北京航空航天大学、北京理工大学三家单位作为共同依托单位建设，实现了中国民航国家级科研平台“零”的突破，是截至目前国内空管新航行技术领域唯一的全国重点实验室。实验室旨在围绕空天地一体航空通信、航空多源弹性导航、空地一体四维精细管控、空地联合测试验证等重点方向开展源头创新和技术攻关，助力民航科技高水平自立自强。

民航科技创新示范区投运仪式在成都成功举办。作为中国民用航空局与四川省人民政府联合共建的全国首个、中国民航投资规模最大的行业高新技术示范园区，建设民航科技创新示范区是中国民用航空局党组贯彻落实科教兴国战略、人才强国战略、创新驱动发展战略的重大决策，是加快实现高水平科技自立自强的有力实践，对提升民航科研基础保障能力、支撑行业高质量发展、促进四川省经济社会发展具有重要意义。

不断汇聚民航科技创新优势力量。指导民航科教创新攻关联盟举办联盟成员大会，开展成员单位发展工作，截至目前联盟成员单位达 43 家。

六、邮政领域创新能力建设情况

大力推动行业创新能力建设。一是开展行业技术研发中心书面调研，研提行业亟须攻研方向，推进行业第三批技术研发中心认定工作。根据国家科研平台基地集中清理规范要求，报送科研平台保留建议名单。二是引导邮政快递企业联合科研院所和优势企业集智开展技术攻关，加快行业科技人才队伍建设和技术骨干力量储备。三是研究修订《邮政行业科学技术奖奖励暂行办法》，指导召开邮政业科技创新战略联盟大会，指导完成第三届行业科技成果评选，评选出“绿盾”一期工程、高速智能安检、应急决策系统等 14 项优秀项目，激发全行业科研工作者开展智慧邮政建设的热情。

第四节　重大科技应用

一、北斗系统行业应用情况

2023 年，交通运输行业坚持以习近平新时代中国特色社会主义思想为指引，深入学习贯彻习近平总书记关于北斗系统建设发展的重要指示精神，贯彻党中央、国务院决策部署，扎实推进行业北斗规模应用，在多个领域取得积极进展。

（一）行业北斗系统基础服务能力持续提升

积极推动北斗系统规模应用。截至 2023 年底，交通运输行业安装使用北斗终端超 3200 万台套（含 700 万辆共享电单车），其中，重点营运车辆（“两客一危”、12 吨以上重型货车和半挂牵引车）、巡游出租汽车、共享单车、部系统公务船舶和水上助导航设施应用率达 100%，邮政快递干线车辆应用率约 96%，基本实现在运营的通用航空器全覆盖。

积极推动北斗三号短报文应用。中国铁路信息技术中心、中国民航科学技术研究院、成都民航北斗科技有限公司、东海航海保障中心、中国交通通信信息中心、中交星宇科技有限公司取得北斗导航民用分理服务资质，为加快推进北斗三号短报文通信服务在交通运输行业应用奠定良好基础。

（二）北斗系统应用范围持续扩大

推动铁路领域关键信息系统、基础设施建设、列车监控调度等拓展北斗系统应用。开展铁路北斗导航装备专用测试认证研究，形成认证方案初步建议；开展铁路工程建设应用北斗技术标准研究，推动铁路重点领域和重要技术标准制修订；开展北斗卫星导航系统铁路应用标准体系规划研究。基于北斗的川藏铁路应用项目年度建设内容达到总工程量的 50%。

推动公路勘察设计、建设施工、结构监测、视频监测、车辆监管服务等深度应用北斗系统。深中通道沉管施工等重大工程建设开展北斗系统及设备研发应用。推进公路长大桥梁结构健康监测加强北斗应用，2023年共有122座桥梁监测系统应用北斗导航技术。全国高速公路视频监测推广北斗授时，已接入视频中通过北斗授时达到11.5万路。依托全国道路货运车辆公共监管与服务平台，加强道路货运车辆运行动态监测，推进北斗系统在道路货运领域应用。开展基于门架的北斗地基增强应用研究，完成实际道路定位精度测试工作。

积极推进北斗系统在智慧港口建设、航道建设、通航管理等领域应用。推进广州南沙四期等自动化集装箱码头积极应用北斗定位技术。加快推进长江电子航道图数据采集等应用北斗技术。持续推进北斗系统在三峡通航管理应用，过闸船舶实现北斗应用全覆盖。在长江等内河航道建设中积极应用北斗技术，积极推进在长江上游朝天门至涪陵、涪陵至丰都河段航道整治施工定位和施工船舶调度中应用北斗系统，提高施工管理精度和加强现场安全管理。基于北斗精确定位对长江现场执法巡航进行精准管理，推动沿海公用航标可遥测遥控北斗应用，北斗中轨搜救地面支持系统完成竣工验收并投入运行。

稳步推动北斗系统在民航领域规模应用。编制发布《民航北斗规模应用推进实施方案》，明确北斗系统民航领域规模应用有关工作计划及任务安排。

积极推进北斗系统在邮政快递领域规模应用。推进邮政快递企业加强北斗卫星导航系统推广应用工作，加快基于北斗网格位置码的通用寄递地址编码研发应用，在安徽南陵开展通用寄递地址编码试点应用，以一户一码的形式将地址二维码部署于住宅小区、酒店等场景，并接入寄递、外卖、无人车配送等服务。邮政干线车辆、邮政运钞车、邮区邮路车辆配置具备单模北斗三号定位功能的终端设备。完成雄安新区基于北斗网格位置码的试点工作。

持续推动北斗系统行业创新应用。推进国家重点研发计划项目"高精度时空海事服务系统关键技术"和"海上遇险目标立体搜寻与高清晰观测关键技术"的实施，开展北斗在海事服务和遇险搜救方面应用研究。河南焦唐高速公路新一代信息技术集成应用科技示范工程完成立项，开展基于北斗的无人集群公路施工成套技术推广应用、基于"北斗+5G"的公路基础设施安全监测技术推广应用、基于北斗和视频融合的公路基础设施智能巡检装备研发及应用。

（三）北斗系统国际化取得新突破

积极推动北斗系统标准纳入国际民航组织（ICAO）标准。成功推动包含北斗三号卫星导航系统标准及建议措施的《国际民用航空公约》生效实施，北斗系统正式加入国际民航组织标准，成为全球民航通用的卫星导航系统。

加快推进北斗系统全球海上遇险与安全服务（GMDSS）正式开通。我国提交的《关于审议北斗报文服务系统安全链服务手册的提议》通过国际海道测量组织（IHO）世界航行警告服务分委会（WWNWS-SC）第15次会议审议，分委会同意将《北斗短报文增强群呼（EGC）手册》交至文件审查工作组。

积极推动北斗系统在国际寄递中的应用。参加2023年万国邮联邮政经营理事会和地址组有关会议，就地理编码方案以及重点问题进行研讨，推动万国邮联采用中国地址编码方案。

（四）北斗系统应用环境不断完善

推动发布北斗系统应用有关标准。发布《交通运输卫星导航增强定位模块测试技术规范》（GB/T 42427—2023）和《交通运输卫星导航增强服务性能指标及监测技术规范》（GB/T 42428—2023）两项国家标准，引导规范交通运输领域卫星导航增强服务业务高质量发展。

修订完善船舶配备北斗系统有关技术规范。发布《内河船舶法定检验技术规则（2023年修改通报）》《特定航线江海直达船舶法定检验技术规则（2023年修改通报）》《游艇法定检验暂行规定（2023年修改通报）》，纳入船舶北斗设备相关技术要求。

二、其他重大科技应用情况

自动驾驶迅猛发展，应用场景不断拓展。交通运输部发布《自动驾驶汽车运输安全服务指南（试行）》（交办运〔2023〕66号），与新加坡交通部签署《关于未来出行合作的谅解备忘录》，就自动驾驶和电动汽车技术应用达成合作意向。各地相继出台了乘用车无人化道路测试与示范应用、促进无驾驶人智能网联汽车创新应用等12项有关政策。首批14个自动驾驶方向的智能先导应用试点任务取得良好成效。共投入自动驾驶车辆1602辆，运行里程2000万公里，服务约300万人次，累计完成集装箱转运量400万TEU（标准箱）；投入智能船舶40艘，沿海航行里程24117海里，内河航行里程17万公里，行驶航次1618次，转运货物1100万吨；投入自动装卸设备12台，累计完成货物转运量3亿吨。开展前沿关键技术攻关，实现了车辆毫米级微动控制和快速准确对位，支持上百台车辆的云端多车协同管控，编制41项标准或技术指南，14家自动驾驶试点单位共同发布《自动驾驶创新发展共识（2023）》。建设了一批路侧感知系统、路侧计算设施、车用无线通信网络、定位和导航设施、交通云控平台、数字航标、沿海5G通信基站等新型基础设施，在北京、上海、广州、武汉等城市实现自动驾驶出行服务准商业化运行。

第五节　网络安全与信息化

一、交通运输网络安全与信息化概述

全面提升交通运输行业网络和数据安全保护能力。组织开展攻防实战演练，及时发现网络和数据安全风险并督促整改。加快建立重要数据目录，压实数据安全保护责任，严格政务数据安全管理。推进部级信息系统整合，规范交通运输部及部属单位信息系统命名。组织开展2023年行业网络安全宣传周活动，营造共筑安全防线浓厚氛围。

统筹推进国家信息平台建设。印发《国家综合交通运输信息平台总体技术要求》，明确国家信息平台技术统筹要求。加快实施应急指挥中心改造工程，完成应急指挥大厅主屏幕改造。印发《2023年国家综合交通运输信息平台建设成果清单》《国家综合交通运输信息平台主屏幕及5个领域、重点专题页面建设分工方案》，推动10个可视化页面上线运行。推动数据资源（一期）、技术支撑基座、运行监测系统、政务服务系统等4个工程可行性研究报告编制工作。率先启动河南省国家信息平台部省联动试点工作，组织上海、江苏、重庆、四川、甘肃、宁夏、深圳等地开展试点申报工作，积极有序布局国家信息平台部省联动建设工作。截至2023年底，国家信息平台已接入高速公路、港口、航道、海事、救捞、铁路、民航、邮政领域约21万路视频资源，综合交通领域视频资源进一步汇聚。

扎实推进数字交通发展规划实施。组织《数字交通"十四五"发展规划》实施进展情况调研，开展《数字交通"十四五"发展规划》中期评估，主要目标指标、重点任务、重大工程等实施进展情况较好，总体符合规划预期。积极推进交通新基建发展，组织推动智慧公路、智慧航道、智慧港口、智慧枢纽等重点工程，推动传统交通基础设施数字化转型。深入调研交通新基建重点工程进展和成效，认真开展支持交通新基建投资政策研究。

进一步夯实综合交通运输大数据基础。制定印发《2023年一部三局信息系统互联互通和数据共享推进工作方案》，接入北京首都和大兴2个重点机场视频监控资源，以及北京站、北京南站、北京西站、北京丰台站、北京朝阳站等5个重点场站43路视频监控资源。印发一部三局数据共享清单（第一批），纳入各领域数据28项并全部完成接入，综合交通运输领域数据共享迈出坚实一步。稳步推进交通运输政务数据资源汇聚共享，截至2023年底，已接入部级数据资源942项（同比增长38%），数据汇聚量达到19.1亿条（同比增长80.5%），提供共享交换服务超15.5亿次（同比增长80.2%），有力支撑跨部门、跨层级、跨地区业务协同应用，综合交通运输数据资源体系不断完善。

提升交通运输数字化服务和监管能力。组织完成"双十百千"工程政务服务效能提升工作，按时解决交通运输部9个企业和群众办事堵点问题，"公路水运工程质量检测机构资质证书信息变更二维码应用"经验被国务院办公厅电子政务办公室遴选为典型经验案例。组织按照国家一体化政务服务平台要求对部本级行政许可事项及相关办事指南进行调整。推进实现执

法二期系统3个批次27个省级执法系统的联网工作，汇聚地方执法机构上传的执法案件约84.6万件，通过校验的数据记录约210万条，推动联网省份执法案件全流程网上办理，建立了执法机构和人员信息数据库，并实现动态调整，不断推动建设工程质量安全数字化管理，提升质量安全监管效能。

推进数字交通发展规划实施。《数字交通"十四五"发展规划》提出以"一脑、五网、两体系"的"十四五"数字交通总体框架为指导，具体推进综合交通运输"数据大脑"建设、交通新基建、北斗5G应用、数字出行、智慧物流、行业治理大数据应用、科技创新和网络安全等8大任务，各项任务有序推进。一是综合交通运输"数据大脑"有力推进，部、省两级综合交通运输信息平台框架基本形成。二是交通新型融合基础设施建设取得积极进展，各省份在智慧公路、智慧航道、智慧港口等方面进行了有益探索，重点工程推进顺利。三是基于北斗、5G的应用场景和产业生态加速构建，行业应用深入推进。四是出行服务品质持续提升，适老化出行信息服务取得新进展。五是智慧物流加速发展，"物畅其流"取得初步成效。六是交通运输数字政府建设不断增强，"互联网＋监管"等新型监管机制不断深化。七是数字交通创新发展体系不断健全，重点标准陆续制定完善。八是网络安全综合防范体系基本建立，行业网络和数据安全保护能力显著提升。

二、国家铁路局信息化与网络安全

强化关键信息基础设施保护。贯彻落实国务院《关键信息基础设施安全保护条例》，开展专题调研，抓好试点示范。推动出台《铁路关键信息基础设施安全保护管理办法》（交通运输部令2023年20号）。按照急用优先、分步推进、体系完备的原则，编制《铁路关键信息基础设施安全保护基本要求》等5项标准规范研究报告。组织编制《铁路关键信息基础设施网络安全事件应急预案（送审稿）》，整合形成覆盖全路、衔接有效、上下联动的铁路行业网络安全应急预案体系，督促运营主体开展应急实战演练，提升突发事件应急处置能力。开展12306售票系统专项安全检查，督促运营单位优化落实，发现问题不足，检查工作成效。推动铁路关键信息基础设施国产化替代，形成铁路行业替代规划和年度计划。加强网络安全队伍建设，建立行业关键信息基础设施保护工作专家库，确保网络安全、运输安全、数据安全、产业安全。

三、公路领域信息化

积极推进智慧公路建设。印发《关于推进公路数字化转型 加快智慧公路建设发展的意见》（交公路发〔2023〕131号），明确了公路全生命期数字化的总体目标和实施路径。积极推进在役干线公路基础设施数字化，聚焦"基础设施数字化、智能养护、安全与应急"三个主题10个方向重点开展了33个试点项目，通过视频调度、双月简报、成立技术专家组、开展中期评估、集中经验交流等多种形式，加快推进试点项目实施，已取得初步成果。印发《关于开展农村公路"一路一档"信息化建设试点申报工作的通知》《关于做好农村公路"一路一档"信息化建设试点实施工作的通知》（交办公路函〔2023〕1252号），通过组织试点申报及评审，遴选17家试点实施单位，围绕建设数据底座、数据标准及管理体系、应用载体等试点任务，开展农村公路"一路一档"试点建设，推动农村公路数字化转型。

提升信息系统监管服务效率。全面推动监理企业资质全流程网上办理，累计发放监理企业电子资质证书994张。持续优化完善互联网道路运输便民政务服务系统，2023年以来道路运输高频事项"跨省通办"部级系统完成网上业务办理694万件，同比增长65%，服务好评率98.5%。上线试运行公路建设市场与收费公路监管信息系统，建立涉企政策"一站式"网上发布专栏，完善在线投诉举报专栏。依托网约车监管信息交互系统，加强网约车行业运行监测，每月定期公开网约车行业运营、数据传输及主要城市网约车合规化情况，切实发挥社会监督作用，加快推动合规化进程。

提高信息便民出行服务能力。印发《2023年持续推进道路运输便民政务服务提质增效工作方案》，持续优化完善互联网道路运输便民政务服务系统服务内容。道路运输电子证照系统上线运行微信小程序，提供全国范围内跨区域互信互认渠道，2023年系统归集电子证照2200万张，全国道路运输证照电子化率达60%。提升电子客票服务水平，全国二级以上客运站电子客票覆盖率达95%以上，累计生成电子客票超5.2亿张。95128约车服务电话已开通140余个地级及以上城市，主要网约车平台公司"一键叫车"功能累计为1300余万老年人乘客提供服务1亿余单。

四、水路领域信息化

积极推进智慧港口建设。印发《交通运输部关于加快智慧港口和智慧航道建设的意见》（交水发〔2023〕164号），积极做好宣传解读工作，凝聚全社会合力，以更高标准、更高质量推进智慧港口建设。组织河北港口集团等单位积极申报"更高水平智慧绿色干散货码头示范应用"等交通强国试点任务。发布《自动化集装箱码头建设指南》（JTS/T 199—2021）、《自动化煤炭矿石码头技术规范》（JTS/T 188—2022）等标准规范，大力推动以自动化集装箱、煤炭矿石码头为代表的智慧港口建设。建成广州南沙四期工程（一阶段）、钦州港大榄坪9~10号泊位、青岛港前湾港区泛亚码头等一批自动化码头。罗泾港集装箱码头改造一期工程基本建成。指导推进上海国际航运中心小洋山北作业区集装箱码头建设、深圳港盐田港区东作业区集装箱码头一期等自动化码头工程建设。

积极推进智慧航道建设。推进电子航道图建设，全国电子航道图发布里程已超过5700公里。加快推进长江水系电子航道图干支联通，长江干线已与汉江、赣江、信江等支流以及京杭运河江苏段、山东段电子航道图联通。加快推进船闸联合调度，推动建立了西江航运干线、京杭运河、嘉陵江等重要干线航道通航建筑物联合调度机制，缩短了全线过闸时间、提高了整体运行效率。发布《内河航道运行监测指南（试行）》（JTS/T 324—2023），加强内河航道运行监测工作。江苏、浙江等地积极推进"智慧船闸""智慧服务区"建设，提升航道服务能力。长江干线及有关省份积极运用云计算等技术，建设航道运行监测与管控平台等信息系统。

稳步推进水路信息化建设。完成接入18个港口44个港区的重要港口企业的视频监测信息、54个主要港口生产运行数据和6个集装箱枢纽海港重点港口企业的集装箱吞吐量动态运行数据，以及部分重要航道、重点通航建筑物视频监测和运行数据。"长江e+""浙闸通""粤航通"等智能航道App便利广大船舶用户，长江电子航道图数据服务覆盖2万多套船载终端设备。实现船舶国籍证书等多类海事电子证照在线办理及发放，"海事政务闭环管理"等3项改革创新成果入选国务院自贸试验区改革试点经验并全国推广。指导中远海运集团持续推进基于区块链的电子放货平台应用。2023年，区块链电子放货完成84.5万标箱，同比增长3.6%，开展电子放货以来累计完成放货215.3万标箱。

五、中国民用航空局信息化与网络安全

中国民用航空局按照统一部署，组织起草印发《民用航空网络安全保障方案》。该方案是对标国际民航组织和我国网络安全管理要求，用于指导中国民航建立健全网络安全保障体系的系统性工作指南。该方案对于指引新时代中国民航网络安全工作具有十分重要的指导意义。

稳步推进建立网络安全责任制检查考核制度。完善印发《民航网络安全工作责任制考核办法》。该办法对管理局、直属单位等中国民用航空局所属单位的主体责任及管理局的指导监管责任明确考核方法与程序，建立了考核指标体系，据此每年开展考核。

组织重点时期和重大活动期间民航网络安全保障工作。圆满完成中国—中亚峰会、杭州亚运会及亚残运会、成都大运会、第三届"一带一路"高峰论坛、全国两会、第四届联合国世界数据论坛、2023天津夏季达沃斯论坛、第三届中非经贸博览会、第20届中国—东盟博览会、第六届中国国际进口博览会等重大活动的网络安全保障任务，确保民航重要网络、业务系统和数据安全，不发生影响航空运输的网络安全事件。全年民航网络安全形势总体平稳可控。

六、国家邮政局信息化与网络安全

组织开展编制行业网络安全规划。完成行业关键信息基础设施等两项标准征求意见稿。修订完善行业

关键信息基础设施认定规则并组织重新认定。印发行业深化国产替代实施方案。制定《寄递企业与寄递信息汇聚平台数据交互规则（试行）》。会同交通运输部制定并印发"一部三局"数据共享清单（第一批）。坚决防范重大网络安全风险。组织召开行业各关键信息基础设施运营者首席安全官会议。圆满完成两会、成都大运会、杭州亚运会、"一带一路"峰会等重大活动期间的全行业全系统网络安全保障工作。连续三年以优异成绩组织完成国家级演习任务并获公安部通报表扬。有序推进中国邮政集团落实关键信息基础设施保护试点示范要求。组织做好关键信息基础设施运营者重点监测、网络安全技术应用试点示范等工作。持续推进编制行业重要数据目录。积极推进信息化项目建设工作。完成国家邮政局政务服务平台和互联网+监管系统建设及对接、邮政行业统计系统基础架构再造及应用功能升级建设和邮政普遍服务监督管理系统升级改造（二期）项目的全部建设工作。基本建设完成行业网络安全管理平台项目。

实施《快递电子运单》(GB/T 41833—2022)、《寄递服务用户个人信息保护要求》(YZ/T 0189—2022)等标准规范，出台《寄递服务用户个人信息安全管理规定》(国邮发〔2014〕52号)、《寄递企业与信息汇聚平台数据交互规则》等制度措施，夯实寄递服务用户个人信息保护工作基础，提升行业网络和数据安全治理水平。组织开展寄递信息汇聚平台数据泄露风险和邮政快递业网络安全风险排查整治工作，督促企业查漏补缺，加强网络信息安全管理。持续开展个人信息安全治理专项行动，会同网信、公安、工信等部门对23家寄递信息汇聚平台开展专项检查，及时堵塞管理漏洞，有力打击个人信息泄露等违法行为。按照国家邮政局大调研工作安排，参与网络与信息安全调研。大力推广应用隐私运单、虚拟号码等个人信息去标识化技术，全行业隐私运单日均使用量超3亿单。

第六节　标准体系建设

一、交通运输部标准体系建设情况

截至2023年底，交通运输领域共有国家标准908项，行业标准3145项，地方标准2405项，在国家标准化信息平台上备案的团体标准940项。

一是综合交通运输标准化管理机制更加优化。组织举办全国交通运输标准化战略政策宣贯培训，来自国家局有关业务司局、各省级交通运输主管部门、专业标准化技术委员会、有关学会协会和企业、部属单位及部内司局的负责同志约130人参加，系统谋划行业标准化工作发展。完成《交通运输标准化"十四五"发展规划》中期评估，印发《铁水联运标准化行动方案（2023—2025年）》(交办科技〔2023〕40号)、《关于加快建立健全现代公路工程标准体系的意见》(交公路发〔2023〕132号)。发布《公路工程行业标准编写导则》(JTG 1003—2023)等，强化标准全流程管理。启动"加快建立健全现代公路工程标准体系五年行动"，组织开展"加快建立健全现代公路工程标准体系"交通强国专项试点。

二是推动高质量发展的标准供给能力持续提高。2023年，发布综合交通运输、智慧交通、安全应急、节能环保、运输服务和工程建设等重点领域国家标准和行业标准176项。在综合交通运输融合发展方面，发布《综合客运枢纽设计规范》(JT/T 1453—2023)、《综合货运枢纽设计规范》(JT/T 1479—2023)等。在智慧物流与智慧交通发展方面，发布《港口海铁联运电子数据交换技术要求》(GB/T 42808—2023)、《智能运输系统　智能驾驶电子道路图数据模型与表达》(GB/T 42517—2023)等。在安全发展方面，发布《港口作业安全要求　第5部分：件杂货物》(GB 16994.5—2024)、《道路运输危险货物车辆标志》(GB 13392—2023)等。在绿色低碳发展方面，发布《汽车节油技术评定方法》(GB/T 14951—2023)、《船舶节能产品使用技术条件及评定方法》(GB/T 27874—2023)等。在运输服务质量提升方面，发布7项公路管理和水路运输电子证照标准及《道路客运定制服务规范》(JT/T 1470—2023)等。在公路建设方面，印发《交通运输部关于加快建立健全现代公路工程标准体系的意见》(交公路发〔2023〕132号)，启动《公路工程技术标准》(JTG B01—2014)全面修订工作，发布6部公路工程技术标准，公路工程行业现行标准数量达到 159 部。

三是标准实施监督效能不断释放。采取“一图读懂”等形式发布重要标准解读近 180 篇，组织开展 140 余项重点标准宣贯，累计培训超过 2.8 万人次。道路运输、船舶运输安全领域国家强制性标准实施情况统计分析点获国家标准化管理委员会批准建设。发布附着式轮廓标等 5 类产品质量监督抽查实施规范，组织河北等 6 个省份开展质量监督抽查部省联动试点，完成道路运输车辆卫星定位车载终端等 10 类产品质量监督抽查，总体抽样合格率 95.4%。

四是标准国际交流合作积极推进。我国主持制定的《集装箱 NFC/ 二维码箱封》《可持续流动与交通通过为 5G 通信提供自组网的交通服务框架》两项国际标准发布。发布《公路隧道抗震设计规范》《港口集装箱箱区安全作业规程》等 36 项标准外文版。

五是标准化创新能力稳步加强。智能交通、疏浚工程装备等国家标准验证点获批准设立。优化交通运输标准化信息系统服务，实现标准全过程在线管理和标准全文免费公开。指导中国公路学会等在科学技术奖励中设置标准类奖项，增强标准化工作者获得感。

二、铁路标准体系和认证体系建设情况

（一）装备技术和运输服务标准方面

一是印发 2023 年铁路装备技术和运输服务标准项目计划并组织实施，发布《电力机车　直流传动电力机车》（TB/T 3583—2023）、《铁路信号显示规范》（TB/T 30010—2023）13 批 47 项铁道行业装备技术和运输服务标准及 12 项标准修改单，发布《轨道交通　受流系统　受电弓与接触网相互作用准则》（GB/T 43790—2024）等 12 项铁道国家标准，标准体系不断完善。二是动态推进铁道行业技术标准文本公开，在“铁路技术标准信息服务平台”公开 930 项铁路装备技术和运输服务行业标准文本与标准信息，实现 100% 免费在线阅览。三是积极宣贯标准，配合“世界标准日”开展《铁路质量管理体系》（ISO 22163：2023）等 12 项重要铁路技术标准宣贯活动，共培训 220 家单位相关技术和管理人员 1000 余人。四是加强标准前期研究分析，研究专业领域标准体系和标准项目。针对磁浮交通、市域（郊）铁路的装备技术和运输服务标准体系，轨道交通电气设备与系统智能制造、铁路 5G 专用移动通信系统、400MHz 无线列调系统、轨道交通控制系统计算机技术等技术标准进行专题研究分析。针对机车车辆装备高原适应性、高原铁路移动装备火灾防控、轨道交通网络安全等 6 项关键技术开展研究分析，与国际、国外标准技术指标和试验方法进行跟踪比对，为国际标准和铁路技术标准制修订提供技术支撑。五是推荐《轨道交通　机车车辆用电力变流器　第 4 部分：电动车组牵引变流器》（GB/T 25122.4—2018）等 5 项标准荣获 2022 年度中国标准创新贡献奖标准项目一等奖、《ZPW-2000 轨道电路技术条件》（TB/T 3206—2017）获得标准项目三等奖。中国标准创新贡献奖是我国标准化的最高奖项，这是铁路领域首次获得标准项目一等奖。

（二）铁路工程建设标准方面

现行标准共计 189 项，包含国家标准 4 项、行业标准 185 项。一是推动构建综合交通运输体系。开展城际铁路设计规范优化、铁路与城市轨道交通“多网融合”信号系统关键技术标准等基础研究。编制市域（郊）铁路常用跨度简支梁及桥面附属设施通用参考图。二是解决建设领域突出问题。发布《高速铁路轨道工程施工质量验收标准》（TB 10754—2018）等 4 项标准局部修订，确立桥梁轨道平顺性控制标准，解决高速铁路大跨度桥梁建设验收等关键难题。三是健全工程建设标准体系。发布《铁路工程混凝土实体质量检测技术规程》（TB 10433—2023）、《铁路工程地基处理技术规程》（TB 10106—2023）等 6 项标准，强化工程主体结构检测和验收环节管控，提升铁路工程设计质量水平。四是加强标准管理。编制印发《国家铁路局 2023 年铁路工程建设（含造价）标准编制计划》（国铁科法函〔2023〕73 号），开展 67 项标准制修订。组织宣贯 8 项工程建设标准，培训铁路工程勘察、设计、施工、运营、监管等 80 多家单位超过 1500 人次。

（三）铁路标准国际化方面

一是定期参加国际标准化组织大会，申报我国按程序遴选出的“机车车辆驱动系统性能试验”等 6 项新工作项目提案。二是组织和参加多项国际标准工作组

会议，积极争取我国申报的国际标准新工作项目提案立项。我国主持的7项国际铁路标准和工作组成功立项。三是推进国际、国外标准制修订，我国主持的2项国际铁路标准正式发布，包括ISO国际标准《可持续流动与交通　通过为5G通信提供自组网的交通服务框架》（ISO 37184:2023）、《IEEE指南　电气化铁路列车多点接地系统》（IEEE 2752:2023）。2023年我国共主持制定国际铁路标准37项，包括《铁路应用　制动系统　通用要求》等16项ISO、IEC国际标准，《高速铁路设计　接口工程》等14项国际铁路联盟（UIC）标准，《轨道交通　电磁兼容　机车车辆制成后和使用前的抗扰度试验》等7项国际电气电子工程师协会（IEEE）标准。四是积极参与其他国家主持的国际铁路标准。参加了其他国家主持的在编65项ISO、IEC国际标准制修订项目，实现国际标准项目100%全覆盖；参与11项UIC标准项目、4项IEEE标准项目制修订。五是我国铁路专家首次荣获国际标准化组织（ISO）颁发的"ISO卓越贡献奖"（ISO Excellent Award）。我国铁路专家第5次获得国际电工委员会（IEC）颁发的"IEC 1906奖"（IEC1906 Award）。六是推进铁路技术标准翻译更新完善，发布《铁路桥梁用结构钢》等4项铁道行业技术标准英文译本，经国家标准委审批发布《铁道货车通用技术条件》（法语译本）等14项铁道国家标准外文译本。

（四）认证体系建设方面

一是与国家市场监督管理总局联合发布《铁路产品认证管理办法》。二是制定《关于加强铁路产品认证工作的实施方案》（铁科技〔2012〕95号）。三是研究制定国推自愿性《铁路产品认证目录》和认证规则，完成《铁路产品认证目录（第一批）》和《铁路产品认证规则　通用要求》送审稿。四是根据《铁路产品认证管理办法》，组织对认证机构进行11次共30余种产品的现场监督检查，加强铁路产品认证的事中事后监管。

三、民航标准体系建设情况

2023年，中国民用航空局对飞标系统18部规章、332份规范性文件以及2832个定义和术语进行归纳梳理，做好立改废释纂，推进政务公开；推动《大型飞机公共航空运输承运人运行合格审定规则》第8次修订；制修《进入运输航空副驾驶训练人员的资格要求》（民航规〔2023〕7号）等涉及人员资质和训练、维修技术、外航监管的35份规范性文件；优化驾驶员电子执照系统，健全验证机制，成为全球首个全面推广应用的国家；制发《民用无人驾驶航空器运行安全管理规则》（交通运输部令2024年第1号），完善《特殊商业和私用大型航空器运营人运行合格审定规则》配套文件，加强通航和无人机安全运行管理；发布12份疫情防控政策文件，助力航空生产有序恢复；制修飞标监察员手册，完善差异化精准监管实施办法；优化合格证和属地管理局飞标系统监管职责分工，细化政策标准和指南，优化监管资源，推动实现安全监管高效协同。

四、邮政标准体系建设情况

一是加强部门制度建设。在交通运输部提出废止《邮政业标准化管理办法》部门规章后，组织对管理办法进一步修改完善，以规范性文件形式印发。成立国家邮政局标准化管理委员会，加强标准化工作的领导和统筹协调。为更好地提升邮政快递业标准化工作水平，推动行业高质量发展，制定印发《邮政快递业标准化工作五年行动计划（2023年—2027年）》，明确未来五年标准制修订、培训、实施抽查、试点示范、复审迭代重点任务。二是增强高质量标准供给。围绕服务、绿色、安全、智能等重点领域，完成《快递服务》（GB/T 27917—2023）、《快递包装重金属与特定物质限量》（GB 43352—2023）、《快递循环包装箱》（GB/T 43283—2023）、《快件高铁运输信息交换规范》（GB/T 42937—2023）等8项国家标准研制（发布7项），制定发布《寄递服务用户个人信息保护要求》（YZ/T 0189—2022）、《邮政业交叉带式自动分拣系统技术规范》（YZ/T 0191—2023）、《邮件快件农村客运车辆搭载作业要求》（YZ/T 0192—2023）等7项行业标准。抓紧推进《邮政业术语》《限制快递过度包装要求》《县乡村寄递网络建设指南》及一批智能领域等标准研制工作。三是推动标准贯彻执行。与国家市场监督管理总局联合召开《快递电子运单》（GB/T 41833—2022）、《通用寄递地址编码规则》(GB/T 41832—2022) 国家标准新闻发布会，赢得各方积极反响。为使各级行业管理人员和主要寄递企业理解最新发布的标准内容，举办一期标准电视电话培训班和两期线下培训班，参训人员超 3000 人，有力促进标准实施落地。四是加大标准国际化力度。积极开展万国邮联地理编码相关方案研究，推进智能安检、通用寄递地址编码国际标准申请工作。五是圆满完成全国邮政业标准化技术委员会（简称“邮标委”）换届。研究起草换届方案，遴选第三届委员人选，提升科技型企业和技术型专家参与度，获得国家标准化管理委员会批准。组织邮标委召开换届大会，审议新一届邮标委章程、邮标委管理规定、秘书处工作细则等文件，顺利开启新一届邮标委工作。

第七节　科技创新人才与科研成果获奖情况

一、基本概况

一是修订完善《交通运输行业科技创新人才推进计划管理办法》，新增设了青年拔尖人才选拔。重点加强人才跟踪评价和政策保障，建立健全人才选育、跟踪培养、动态调整机制。

二是组织开展 2023 年交通运输行业科技创新人才推进计划遴选，共收到 83 个推荐单位推荐的各类人才 371 人，其中 30 名青拔人才、20 名领军人才、10 个创新团队入选。交通运输新型智库建设进展积极，大连海事大学“双一流”建设有力推进。

三是积极组织第三届全国创新争先奖评选推荐工作，遴选推荐 5 名个人和 1 个团队申报全国创新争先奖。其中 2 名个人获奖。

四是组织落实支持期届满交通运输行业科技创新人才综合评价工作，组织完成对 40 位科技创新领军人才、20 个重点领域创新团队和 6 个创新人才培养示范基地的综合评价，形成了《交通运输行业科技创新人才推进计划支持期满入选对象综合评价报告》。

二、铁路领域科技人才与科研获奖情况

向科技部推荐北京交通大学上官伟等 5 人参评“科技创新领军人才”。组织参加 2023 年交通运输科普讲解大赛，获得一等奖 1 项、二等奖 1 项。研究起草《铁路科技人才库管理办法》，专题研究铁路科技人才信息报送程序等要求。

三、民航领域科技人才与科研获奖情况

落实中央人才工作会议精神，组织民航科技创新人才队伍建设研讨会，加强行业单位调研交流，研究优化民航科技创新人才推进计划实施方案。完善相关政策和激励措施，组织实施新一轮民航科技创新人才推进计划，培养集聚高端科技人才，打造人才高地和雁阵格局。积极推荐中青年民航专家参与完成 2024 年度国家重点研发计划重点专项指南编制论证等工作，提升专家专业能力。加大青年科技人才培养力度，加强民航科技人才工作与国家级科技人才计划衔接，通过支持承担国家重点研发计划项目任务等加大对科技创新人才培养支持力度，提升创新能力。在中国民用航空局直属单位范围内，优先支持民航科技创新人才推进计划入选对象竞争国家人才计划项目。完成中国工程院院士候选人丁水汀、朱衍波两位同志的组织审核把关及征求廉政意见等工作。完成第十九届中国青年女科学家奖提名推荐工作，提名候选人 2 名、候选团队 1 个。完成第三届全国创新争先奖提名推荐工作，提名个人奖候选人 5 名、候选团队 1 个。完成首届“国家工程师奖”提名推荐工作，提名候选人 1 名、候选团队 1 个。完成第八批国家高层次人才特殊支持计划科技创新领军人才提名推荐工作，提名候选人 5 名。完成第八批国家高层次人才特殊支持计划青年拔尖人才项目提名推荐工作，提名候选人 8 名。民航数据通信有限责任公司正高级工程师朱衍波获“国家卓越工程师”称号。

四、邮政领域科技人才与科研获奖情况

开展青年科技人才摸底调查，组织遴选152人进入“邮政行业科技英才和技术能手推进计划”，推荐25人荣获“全国交通技术能手”称号。常态化推进快递工程技术人员职称评审，新增4454人取得职称。开展国务院政府特殊津贴专家、第三届全国创新争先奖、“国家工程师奖”等优秀人才奖励推荐工作。组织开展五一劳动节行业优秀人才走访慰问宣传活动。二是组织举办创新创业大赛。举办第八届全国“互联网+”快递业创新创业大赛，围绕产业升级、服务提升、乡村振兴、绿色发展、平台建设等设置创新产品设计、工作流程优化、创业计划实施比赛项目，来自26个省（自治区、直辖市）的3000余名学生和企业职工参赛，评选出110件获奖作品，其中23个团队获得金、银奖。决赛期间组织召开了智能快递发展研讨会，举办了智能快递创新产品展。三是组织开展第三届邮政行业科学技术奖评选，评选出获奖项目14项。其中，一等奖4项，二等奖5项，三等奖5项。

第八节　科学技术普及情况

一、交通运输科学技术普及概述

一是以“交通运输科技活动周”为载体，开展形式多样的科普活动。以“热爱科学　崇尚科学”为主题组织开展“交通运输科技活动周”，组织有关科研单位，面向社会公众、在校学生、行业从业人员等，开展大型仪器设备开放、科普讲座、研学交流、竞赛观摩等科技活动。充分发挥科普基地的带动作用，重点推介了大连海事大学“育鲲”轮“云上航海科普”直播、中国铁道博物馆“铁路文化会客厅”主题科普活动、“最美的相聚·港珠澳大桥行——粤港澳大湾区青少年相聚计划”等行业特色科普活动，参与单位达到135个，参与公众数量近300万人次，系统展示了交通运输领域先进科技成果和前沿技术发展现状，《中国交通报》、中国科普网等媒体进行了专题报道。

二是以“中国航海日”活动周为媒介，为大众普及航海科技知识打下坚实基础。作为2023年全民科学素质行动重点活动之一，2023年“中国航海日”活动周由中国航海学会、沧州市人民政府等单位主办，230多家单位参与开展科普周和群众性文化活动，线上线下参与人数均超过历年，其中多场重要活动的线上直播观看人次破百万，总收看人次近630万。《人民日报》、新华社、中央电视台等12家媒体推出了40余条新闻报道和短视频等，阅读量达10万余次，有效提升了“中国航海日”的影响，为大众了解交通运输、普及航海科技知识打下了坚实的基础。

三是以品牌科普活动为牵引，为中小学生安全素质教育营造良好氛围。2023年8月24日，交通运输部联合教育部印发《关于加强中小学生水上交通安全教育工作暨开展中小学生水上交通安全教育十周年主题活动的通知》，活动设置8个分场，开展了水上交通安全知识讲座、海洋灾害讲解等特色科普项目。中央电视台、新华社等30余家媒体现场采访，宣传报道303篇次，新媒体总播放量达158万次，关注人数达200万。活动整合了地方政府、救助单位、航运企业、中小学校、航海院校等各领域力量，吸引更多资源投入到中小学生水上交通安全教育工作中，获得社会各界热议和好评。

二、铁路领域科学技术普及情况

强化学科普品牌引领作用，将“全国科技工作者日”“铁路科技活动周”“铁路科普日”“铁道大讲堂”等品牌活动以及科普人才库建设、科普资源开发作为重点，以铁路科技成果转化科普资源，科普知识进博物馆、进站上车、上网、进校园，组织编创科普图书等多种形式开展活动，保障品牌科普活动有力有序开展。

充分发挥全国铁路科普教育基地作用，加强对16家科普教育基地的业务指导，鼓励发挥自身优势自主开展、参与学会和地方科普活动。

注重铁路领域科普人才培养，联合交通运输部组织全国科普讲解大赛初赛，评选交通领域优秀科普讲解选手，并推荐参加全国比赛，讲好铁路故事，普及铁路知识，倡导科学方法，弘扬科学精神，传播科学思想，提升铁路科普传播能力。

三、民航领域科学技术普及情况

2023年，中国民航科普基金会审核认定的“中国民航科普教育基地”数量已达55家，科普服务的范围覆盖了18个省份的36个城市。科普基地运行主体单位囊括科技场馆、科研院所、航空公司、运输（通用）机场、地方政府、民航高校、航空器生产制造、模拟机生产制造以及无人机制造企业等各类单位，共有专兼职科普人才队伍2154人，2023年累计投入科普经费约3.3亿元，招募科普志愿者约4.8万人，举办各类科普活动总场次5544次，公益科普活动总场次1463次，公益活动场次占比26.3%。科普活动参与人数达5333.73万人次（含线上），公益科普活动受众占科普活动受众总数的94.4%。中国民航科普基金会贯彻落实中国民用航空局关于定点帮扶新疆和田、对口支援江西南康工作的部署，创新思路举措，夯实文化帮扶基础，通过设立奖（助）学金，捐赠民航科普书籍、飞行模拟设备以及培训课程，组织举办全国青少年无人机科普大赛等形式支持新疆策勒、于田两县及江西省赣州南康区振兴发展，取得积极成效。

四、邮政领域科学技术普及情况

着力开展行业科学技术普及。一是充分运用行业媒体、网络以及微博、微信等平台，及时宣传和深入贯彻落实党中央、国务院关于科普工作的重大决策部署，宣传国内外科技发展动态、先进科技成果和典型事迹，营造崇尚科技氛围，激发全行业学科技用科技的热情和活力，提升科学素养和创新能力。二是充分发挥专家决策咨询作用，推动人工智能、大数据、云计算、互联网等先进技术以及无人机、无人车、无人仓、北斗导航、自动化分拣、循环周转袋、冷链保温箱等科技设施装备在行业加速推广普及，推动行业发展由依靠传统要素驱动加快向更加依靠科技创新驱动转变。

第十三章　推进交通运输绿色发展

第一节　推进交通运输绿色发展总体情况

一、强化交通运输绿色发展顶层设计

印发提升行业绿色发展水平的实施方案，出台交通运输推动能耗双控逐步转向碳排放双控工作方案，研究制定公路水路营运工具二氧化碳排放强度核算指南，组织开展绿色低碳交通强国建设专项试点、公路水路典型运输和设施零碳试点，开展公路水路行业绿色低碳发展年度评估，统筹推动交通运输绿色低碳发展。

二、持续优化调整交通运输结构

一是推动大宗货物和中长途货物运输“公转铁”“公转水”。推动建成宜宾港铁路集疏运中心，加快安庆港长风港区等长江干线重点专用线建设。2023年沿海主要港口煤炭、铁矿石利用铁路、水路、封闭式皮带廊道、新能源汽车等绿色运输方式进行疏港运输的比例分别为91.8%、78.8%。

二是积极推进多式联运发展。印发加快推进多式联运“一单制”“一箱制”发展的意见，组织开展综合运输服务“一票制、一单制、一箱制”交通强国专项试点。19个项目被授予“国家多式联运示范工程”称号。印发《铁水联运高质量发展行动方案（2023—2025年）》（交水运发〔2023〕11号），2023年全国港口集装箱铁水联运量完成1018万标准箱，同比增长15.9%。

三是深入推进城市公共交通优先发展。深化国家公交都市建设，2023年命名张家口等28个城市为“国家公交都市建设示范城市”，公布30个“十四五”期第一批创建城市名单，组织开展第二批创建工作。

三、深入推进交通运输污染防治

一是印发汽车排放性能维护（维修）技术示范站管理办法，加强道路运输车辆燃料消耗量限值管理，2023年累计发布道路运输车辆达标车型公告10批。

二是推进船舶污染物接受、转运、处置监管联单制度，推动完善“船—港—城”全过程衔接和协作。

三是深化船舶大气污染物排放监控监测监管试验区建设，推动形成长江经济带船舶港口污染防治长效常态化机制，积极推进长江干线船舶污染物“零排放”。

四、不断推进交通用能低碳多元化发展

一是加快推广应用新能源车辆。以城市公交、出租车等公共服务领域为重点，大力推广应用新能源汽车。截至2023年底，全国新能源城市公交车、新能源巡游出租车总量分别达到55.7万辆、41.7万辆。开展“城市绿色货运配送示范工程”创建，77个示范工程累计新增新能源物流配送车辆26万辆，保有量超过41万辆。

二是加快新能源、清洁能源船舶发展。开展电动船、LNG（液化天然气）动力船舶应用试点。加快淘汰老旧运输船舶。鼓励港口企业新增或替换港内集卡优先使用新能源、清洁能源。截至2023年12月，国际集装箱枢纽海港重点港口企业新能源、清洁能源集卡占比达60%。

三是积极推进船舶靠港使用岸电。印发《关于示范推进国际航线集装箱船舶和邮轮靠港使用岸电行动方案（2023—2025年）》（交办水〔2023〕48号），推动国际集装箱班轮公司、邮轮公司和港口企业参与示范。2023年长江经济带船舶靠港使用岸电达1.2亿千瓦时，同比增长66%，完成船舶受电设施改造3300余艘。协同推进沿海内贸干散货船舶靠港使用岸电，重点港口企业接靠船舶使用岸电约1773万千瓦时。

四是积极推进交通与能源融合发展。研究制定关于推动交通运输与能源融合发展的政策文件，研究公路与光伏等新能源融合发展相关举措。依托公路、港口、机场、铁路、枢纽场站等，加快太阳能、风能等可再生能源开发利用。加快公路沿线充电基础设施建设，截至2023年底，全国拥有充电停车位的高速公

路服务区（含停车区）5621 个，累计建成充电桩 2.1 万个。

五、加快建设绿色交通基础设施

一是推进绿色公路建设。推进国家重点项目穿越环境敏感区路段方案优化，降低工程建设对沿线生态环境影响。充分发挥国土空间规划、公路规划及建设项目环境影响评价作用，推进基础设施避让生态保护红线及各类生态环境敏感区。

二是推动绿色港口和航道建设。开展“港口功能提升”交通强国专项试点，公布 14 个试点项目。印发加快智慧港口和智慧航道建设意见，加强数字赋能绿色发展。加快内河高等级航道建设，推进长江干线等大通道扩能升级。强化平陆运河沿线水环境综合整治和水生态修复，推进长江上游朝天门至涪陵河段、涪陵至丰都河段航道整治工程中充分利用清礁弃渣构建生境异地重建区。推进长江干线航道疏浚土综合利用，2023 年综合利用量约 973 万立方米。

第二节　推进铁路领域绿色发展工作情况

一、加强顶层设计和统筹谋划

落实国家环境保护和应对气候变化工作总体安排，设立国家铁路局应对气候变化及节能减排工作领导小组，深入推进铁路领域相关工作。扎实推进《中长期铁路网规划》修编，推动落实“十四五”铁路发展规划，联合有关部门印发城市交通基础设施发展等政策性相关文件，组织开展城际铁路和市域（郊）铁路发展等研究，积极协调推动重点铁路项目和既有铁路电气化改造项目建设。开展《推动铁路行业低碳发展实施方案》编制研究，制定印发国家铁路局贯彻落实国家应对气候变化和节能减排 2023 年工作要点实施方案并推动落实。

二、持续优化调整运输结构

全力保障旅客和重点物资运输。持续完善铁路集疏运体系，会同有关部门研究铁路专用线重点项目，推动宜宾港铁路集疏运中心建成投运，协调加快安庆港长风港区专用线等长江干线重点专用线建设，持续推动解决“前后一公里”问题。会同有关部门和单位建立协同推进铁水联运发展工作专班，印发《推进铁水联运高质量发展行动方案（2023—2025 年）》（交水发〔2023〕11 号），成立国家铁路局协调推进铁水联运高质量发展工作领导小组，印发《国家铁路局协调推进铁水联运高质量发展工作机制》，跟踪重点任务进展，推动解决问题。在铁路合作组织框架下，推动成立并参加铁水联运工作机制，优化联运规则，提升规则支持力度。

三、增强铁路运输绿色转型新动能

加强铁路工程数字化、绿色化标准体系建设，开展《铁路装配式房屋建筑技术规程》《市域（郊）铁路桥梁装配化技术标准》研究，贯彻装配式建筑产业结构调整政策和绿色节能建筑理念，为相关标准制定提供支撑。支持铁路绿色科技创新发展，推动《“十四五”铁路科技创新规划》《国家铁路局贯彻落实〈基础研究十年规划〉的工作方案》实施，组织开展铁路行业实现“双碳”目标的技术研究等项目研究，夯实理论基础。组织开展铁路优质工程（勘察设计）奖和铁路工程建设部级工法的评选评审，正面激励市场主体优化工艺、工法，加强节能低碳技术宣传、交流、培训及创新成果转化应用，提升铁路绿色施工建造水平。

四、聚焦绿色低碳，新能源铁路机车推广运用工作取得阶段进展

针对全国铁路在用近万台老旧直流内燃机车污染重、耗能高、噪声大的实际，将新能源铁路机车推广运用作为推动铁路高质量发展、服务构建新发展格局的重要举措。一是推动出台行业发展政策。加强与国务院相关部门沟通协调，将新能源铁路装备推广运用和老旧型铁路内燃机车淘汰更新等工作要求，纳入《关于全面推进美丽中国建设的意见》《空气质量持续改善行动计划》等文件中，并协调财政部制定老旧型铁路内燃机车淘汰更新财政补助资金管理办法，协调生态环境部制定铁路内燃机车大气污染防治监督管理办

法、铁路内燃机车大气污染物排放限值标准及测试方法，引领新能源铁路装备产业行业发展。二是推动有关工作落地。以新能源铁路机车为重点开展专题调研，规划铁路装备产业发展布局，编制新能源铁路机车车辆及其动力电池相关产品标准，组织有关企业针对不同地域、场景打造系列化的中国标准新能源铁路机车平台，制定老旧型铁路内燃机车淘汰更新管理办法，明确老旧型直流内燃机车报废年限和淘汰更新计划。

第三节 推进民航领域绿色发展工作情况

一是成立民航碳达峰碳中和工作领导小组，统筹推动民航落实国家“双碳”目标重点工作。二是积极沟通协调有关部门，有序推进可持续航空燃料发展。三是配合生态环境部、司法部制定《碳排放权交易管理暂行条例》，为有序推进航空碳市场建设提供坚实的制度保障。四是推进临时航线划设与使用，全年共146.6万架次航班使用临时航线，减少二氧化碳排放68.9万吨。五是持续推进机场运行电动化，截至2023年底，全国机场场内电动车占比约26%，飞机APU（辅助动力系统）替代设备实现“应装尽装、应用尽用”，全年节油76万吨，减少二氧化碳排放239.4万吨。六是会同生态环境部、自然资源部、国家市场监督管理总局等部门研究编制《民用运输机场周围区域民用航空器噪声污染防控行动方案（2024—2027年）》。七是持续开展民航塑料污染治理，国内航班和机场航站楼已基本停止提供一次性不可降解塑料餐具、包装袋等，航空垃圾精细化管理工作稳步推进。八是圆满完成国际民用航空组织（ICAO）第三次航空替代燃料大会、第58届亚太地区民航局长会议、《联合国气候变化框架公约》第28次缔约方会议等重要谈判，积极贡献中国方案，坚决维护自身权益。

第四节 推进邮政领域绿色发展工作情况

2023年，国家邮政局坚持以习近平生态文明思想为指导，全面贯彻党的二十大精神和习近平总书记关于快递包装绿色治理重要指示批示精神，紧扣快递包装标准化、循环化、减量化、无害化和减污降碳目标任务，深入推进快递包装绿色转型。

一是行业绿色发展顶层设计全面加强。推动修订《快递市场管理办法》，将绿色低碳、“四化”等内容纳入制度设计，增加“绿色低碳发展”章节，明确要求“经营快递业务的企业应当积极回收利用包装物，不断提高快递包装复用比例，推广应用可循环、易回收、可降解的快递包装”。研制出台《快递包装重金属与特定物质限量》（GB 43352—2023），针对塑料类、复合材料类等快递包装产品，提出铅、汞、镉、铬等重金属限量要求，规定了溶剂残留、双酚A、邻苯二甲酸酯等特定物质限量要求。会同国家发展和改革委员会、商务部等7部门印发《深入推进快递包装绿色转型行动方案》（发改环资〔2023〕1595号），部署开展快递包装供应链绿色升级、可循环快递包装推广等“七大行动”。各省（自治区、直辖市）邮政管理局持续推动地方政府落实邮政业环境污染治理属地责任，省级政府政策支持实现全覆盖。

二是快递包装治理成效明显。遵循“禁、限、减、循、降”治理思路，紧扣使用标准包装、规范包装操作、治理过度包装、推广原发包装、推动循环复用等重点工作，大力实施“9218”绿色工程。2023年，全行业使用符合标准的包装和规范包装操作比例均超过90%，电商快件不再二次包装比例达到95%，使用可循环包装的邮件快件超10亿件，回收复用质量完好的瓦楞纸箱超8.2亿个。推进重金属与特定物质超标包装袋治理，抽取集装袋、包装袋等样品1200余组开展检测，约谈使用重金属超标集装袋的企业，有毒有害包装治理取得积极成效。

三是部门协同治理持续深入。会同多部门赴6省（市）调研，组织召开研讨会，从落实责任、强化协同等方面凝聚起全链条治理共识。配合最高人民检察院发挥公益诉讼职能，促协同、抓实践。联合国家市场监督管理总局开展快递包装绿色产品认证，累计为138家企业颁发164张证书。参加全球可持续交通峰会，组织“可持续邮政：携手合作助力全球邮政发展”

边会，共同研讨邮政业绿色低碳发展热点问题。坚持信息报告和定期通报制度，印发年度信息报告要点，压茬推进责任落实。推动邮政业用品用具监管方式改革，实行“双名录”管理，遴选并公布检测机构38家。建立包装操作规范备案管理制度，完成15家企业总部包装操作规范备案。

四是科技创新成果应用广泛。鼓励引导寄递企业加强产学研协同创新，以智能包装促进资源节约，企业运用大数据和智能算法，根据商品属性、数量、重量、体积，推荐最优箱型包装，实现单个订单减少包装耗材近20%。以智能技术助力绿色发展，企业主动适应智慧化发展新趋势，持续加大无人车、无人机应用推广力度。大力推广生产耗能低、末端易回收、可自然降解、再生循环利用率高的包装产品。公开征集邮政业生态环保产品、技术和模式，有99个项目入库。

五是“双碳”工作稳妥推进。跟踪邮政业“双碳”国际动态，持续推进寄递运输、基础设施绿色低碳建设，将光伏发电使用量等4项指标纳入高质量发展统计指标。截至2023年底，全行业光伏铺设面积达172万平方米，年发电量超1.76亿千瓦时，年减碳量达6.68万吨，全行业新能源和清洁能源车保有量达6万辆。推动将新能源车、智能安检机、分拣设备以旧换新纳入交通运输设备绿色低碳转型行动方案。研制《邮政业碳排放核算规范（企业试算稿）》，针对建筑设施、交通运输、快递包装分别明确具体排放源的数量指标、排放因子，采用自上而下、层层分解的方式，组织10家企业总部开展试算。

第十四章 行业治理

第一节 重点领域改革

一、综合交通运输体系改革

2023年是全面贯彻党的二十大精神的开局之年，也是三年新冠疫情防控转段后经济恢复发展的一年。交通运输部全面深化改革领导小组认真贯彻党的二十大和二十届二中全会精神，深入落实党中央改革决策部署，坚持稳中求进工作总基调，集中力量抓好重点改革任务落地见效，持续提升行业现代治理能力和水平，为奋力加快建设交通强国、努力当好中国式现代化的开路先锋提供了坚实保障。《交通运输部全面深化改革领导小组2023年工作要点》部署的14个方面重点任务全部完成，取得了积极成效。

（一）交通运输大部门制改革持续深化

一是完善部党组领导决策制度机制。建立健全部党组领导下的“一部三局”深化交通运输大部门制改革长效机制，修订印发《中共交通运输部党组工作规则》《交通运输部工作规则》，完善部与国家局工作运行机制。健全“一部三局”干部交流机制。开展深化交通运输大部门制改革专项调研，研究起草关于深化交通运输大部门制改革有关情况的报告等。

二是贯彻落实党和国家机构改革工作要求。落实《党和国家机构改革方案》等要求，完成“中央和国家机关各部门人员编制统一按照5%的比例进行精减”改革任务。对部议事协调机构进行清理规范。

（二）推动交通运输高质量发展制度体系不断完善

一是加快建设交通强国实施体系更加健全。印发《加快建设交通强国五年行动计划（2023—2027年）》。加强交通强国试点任务跟踪监督和工作指导，开展试点任务增补申报和验收评估，新增7个试点组织单位、54项试点任务，完成24项试点任务现场验收。制定《交通强国评价指标》。各省份建立完善交通强国（强省）建设领导机制。实施客运统计改革，构建跨区域人员流动量指标体系。印发《关于大兴调查研究的工作方案》等，对18项重大调研选题强化跟踪检查，推进成果转化运用。

二是完善公路高质量发展体系。推动收费公路政策创新组合拳研究和试点工作。全面梳理收费公路权益转让现行有效主要法规制度和近年来主要举措。指导各地继续深化高速公路差异化收费。开展“四好农村路”全国示范县创建单位和整改单位评估验收工作。有农村公路管理任务的县级行政单位实现农村公路“路长制”全覆盖。

三是完善水运高质量发展体系。印发《加快推进沿海和内河港口码头改建扩建工作的通知》（交水发〔2023〕18号）、《关于加快智慧港口和智慧航道建设的意见》（交水发〔2023〕164号）、《关于加快推进现代航运服务业高质量发展的指导意见》（交水发〔2023〕173号）等。指导地方交通运输部门和重点企业在航运资源整合基础上加快推进琼州海峡港口一体化。深入推进津冀港口、长三角区域港口协调发展，强化港口资源利用集约化、运营一体化、竞争有序化、服务高效化。

四是完善公众出行政策保障体系。启动旅客联程运输服务品牌培育工作。持续做好“适老化无障碍交通出行服务”民生实事，加快低地板及低入口城市公共汽电车推广应用，打造敬老爱老城市公共汽电车线路，扩大出租汽车电召和网约车“一键叫车”覆盖面。交通运输部等9部门和单位联合印发《关于推进城市公共交通健康可持续发展的若干意见》（交运发〔2023〕144号），印发《关于加快推进农村客货邮融合发展的指导意见》（交运发〔2023〕179号）。开展《国务院关于城市优先发展公共交通的指导意见》落实情况评估。公布“十四五”期第一批30个国家公交都市建设示范工程创建城市名单，28个城市被命名为“国家公交都市建设示范城市”，公布第三批118个城乡交通运输一体化示范创建县名单。

五是推进交通运输新业态健康规范发展。推进出租汽车新老业态协同发展，加快推动网约车合规化进程。组织开展深化出租汽车改革政策落实情况第三方评估。推动交通运输新业态平台企业降低过高抽成比例并向社会公布，降幅普遍在1到3个百分点。配合研究起草新就业形态劳动者劳动合同和书面协议，推进职业伤害保障试点。修订发布《道路运输危险货物车辆标志》国家标准。开展国家标准《冷链运输电子运单技术规范》研究，推进强化冷链运输过程跟踪监测。

（三）交通物流保通保畅和降本提质增效制度体系持续完善

一是推动交通物流保通保畅工作机制长效化。印发国务院物流保通保畅工作领导小组2023年度工作要点，落实7×24小时值班值守、即接即转即办、一事一协调制度，确保交通物流畅通、重点物资运输有序。全年接听并受理群众反映交通物流堵点卡点问题9100余次，协调解决车辆通行受阻、物资运输不畅、收费及执法管理等事项8500余项。

二是全力做好综合交通运输应急服务保障。加快推进调度指挥体系、物资储备体系、运输投送体系、维护抢修体系“四个体系”建设，进一步完善综合交通运输应急保障体系，全面提升服务保障能力。指导各地加强组织领导和协同联动，全力做好防汛防台应急救灾物资运输保障。统筹调度铁路、公路、民航、邮政等各领域，全力做好甘肃省临夏回族自治州积石山县地震救灾物资和救援人员运输服务。加强对受低温雨雪冰冻灾害影响重点省份的跟踪调度和督办转办，指导各地全力做好公路疏堵保通、滞留人员保障、重点物资运输等工作。

三是全力保障重点物资安全高效运输。针对新冠病毒感染“乙类乙管”后的医疗物资运输需求阶段性高峰，加强与国务院联防联控机制综合组、医疗物资保障组的对接，建立与重点省份以及重点企业的日调度机制，指导各省份及企业做好医疗物资运输保障。将春耕备耕、“三夏”生产农资农机纳入重点物资运输保障范围，持续加强与农业农村、发展改革等部门的紧密对接，及时印发通知，统筹部署跨区作业联合收割机（插秧机）运输车辆通行服务保障工作，全力做好各类农业生产物资、农机、粮食以及能源、矿石、民生等物资高效运输。

四是持续做好交通物流运行的动态监测分析。加强对交通物流行业、重点交通枢纽以及重点运输通道等运行情况的跟踪监测。紧扣国内国际形势，针对重大突发事件和社会热点问题进行重点跟踪分析研判。2023年，共报送国务院物流保通保畅工作领导小组简报118期，累计报送377期。

五是促进交通物流降本提质增效。组织开展系统调研和深入研究，系统谋划交通物流降本提质增效政策措施。指导各地加快推动大宗货物和集装箱中长距离运输“公转铁”“公转水”。联合印发《关于加快推进多式联运“一单制”“一箱制”发展的意见》（交运发〔2023〕116号）、《推进铁水联运高质量发展行动方案（2023—2025年）》（交水发〔2023〕11号），深入推进多式联运发展，推动“一单制”“一箱制”服务水平不断提升，2023年全国港口集装箱铁水联运量完成1018万标准箱，同比增长15.9%。推动港航企业建设冷链物流综合管控平台。推动减征挂车车辆购置税和物流企业大宗商品仓储设施城镇土地使用税等多项优惠政策延续至2027年底。开展2022年国家综合货运枢纽补链强链首批15个城市的绩效评价工作，确定太原、哈尔滨、长春等10个城市为第二批补链强链支持城市，加快两批城市综合货运枢纽及集疏运体系建设。印发《关于全面推进实施危险货物道路运输电子运单管理工作的通知》《创新海事服务支持长三角一体化高质量发展工作方案（2023—2025年）》。

（四）统一开放的交通运输市场加快建设

一是进一步完善交通运输市场制度。持续推动做好深化交通运输体系改革、形成统一开放的交通运输市场的意见报审相关工作。起草推动铁路高质量发展书写交通强国铁路篇有关研究情况的报告。推动完善邮政普遍服务业务和竞争性业务分业经营改革方案的意见。落实《港口收费计费办法》，规范港口经营服务性收费行为。推动上海自贸试验区临港新片区境外集装箱班轮公司非五星旗船沿海捎带政策试点。印发有关工作意见，召开全国交通运输系统货车司机网约车司机群体党建工作动员部署会。推进交通运输开放合作，持续深化拓展与周边国家国际道路运输便利化合作。

二是深化交通运输领域国企改革。落实新一轮深化国有企业改革行动方案。

三是持续优化交通运输营商环境。印发方案，部署开展优化公路水运建设领域营商环境行动，清理妨碍统一市场和公平竞争的各类规定和做法。组织开展公路水运建设市场秩序检查。印发《交通运输工程造价工程师注册管理办法》（交通运输部令2023年第2号），维护交通运输工程建设市场秩序。起草《关于进一步加强公路工程建设项目招标投标管理工作的通知》《关于进一步规范部属单位建设项目建设市场管理工作的通知》等。印发《关于加快推进长江航运信用体系建设的意见》（交办政研〔2023〕74号）。创新监管服务，推广信用修复"双书通达""一网通办"。完成2022年度全国公路水运建设市场信用评价工作。推动制定出台5项水路运输电子证照行业标准。统筹推进办理"道路运输跨省通办"业务702万件、归集道路运输电子证照2200万张，证照电子化率达60%。联合推进道路货物运输驾驶员从业资格管理改革，实现普货从业资格证直接申领。开展小型船舶优化检验试点和进口游艇检验证书核发试点。联合推选宣传100个暖心服务"司机之家"、100名"最美货车司机"；推动12个省份通过采取购买"车货无忧"保险、加强安保力量、先行垫付等举措，切实改善高速公路服务区货车驾驶员停车休息环境。印发《关于开展公路水运工程建设领域2024年春节前根治欠薪专项行动的通知》。

（五）投融资体制机制改革持续深化

一是配合研究完善政府还贷二级公路取消收费后补助资金相关政策。开展新时期公路养护资金投入保障机制调研及保障对策研究，强化公路养护资金保障政策储备。

二是落实国家财税改革要求。联合财政部研究修订交通运输领域转移支付资金管理办法。

三是健全中央投资计划监测调度管理机制。印发相关政策文件，进一步加强公路水路中央投资计划监测调度管理，加强投资计划执行全过程管理。

四是加大金融支持力度。联合中国人民银行等部门印发《关于进一步做好交通物流领域金融支持与服务的通知》（银发〔2023〕32号）。会同政策性金融机构创新融资模式。结合交通运输实际情况研究政府和社会资本合作（PPP）新机制配套政策措施。

（六）交通运输法治建设加快推进

一是健全综合交通法规体系。推动将《交通运输法》等5部法律列入十四届全国人大常委会立法规划、1部法律列入全国人大常委会2023年度立法计划、5部法规列入国务院2023年度立法计划，科学编制部年度立法计划，合理安排重点立法项目。推进重点法规立法进程，加大《交通运输法》研究起草工作进度，快速推进《农村公路条例》《国际海运条例》《中华人民共和国港口法》《中华人民共和国国防交通法》制修订工作。积极配合司法部加快推进《收费公路管理条例》修订进程。配合司法部推进《中华人民共和国海商法》《城市公共交通条例》《道路运输条例》等法规立法审核。

二是深化交通运输综合行政执法改革。推动地方各级交通运输行政执法机构撤并、职能整合、人员划转全面到位，改革"前半篇"文章全面完成。配合开展道路交通安全和运输执法领域突出问题专项整治，扎实推进常态化查纠整改，建立舆情应对督导机制。组织开展2023年综合执法检查，进一步规范执法行为。深化"四基四化"建设，提升行政执法队伍素质能力。

三是深入推进交通运输法治政府部门建设。成立交通运输部法治政府部门建设和推进职能转变领导小组，进一步优化组织领导体制机制。认真贯彻中共中央法治领域改革重要决策部署，细化提出22条具体措施，推动交通运输领域法治改革不断走深走实。推广应用线上合法性审查，实现审查流程信息化。在国务院部门中率先完成规章库、行政规范性文件库上线。进一步加强政府信息公开审查，优化公开审查程序。推进政务服务"好差评"工作，好评率达100%。

（七）交通运输创新绿色发展机制进一步完善

一是完善交通运输科技创新体系。贯彻落实党中央国务院关于深化科技体制改革精神，积极争取部属科研单位、高校基本科研业务费和改善科研条件专项等经费支持；印发规范部属事业单位科技成果转化相关制度，激发科技人员创新热情。印发《国家综合交通运输信息平台总体技术要求》，率先启动部省联动建设试点。印发《一部三局数据共享清单（第一批）》，推动综合交通运输各领域28项数据共享。印发《关于加快建立健全现代公路工程标准体系的意见》（交公路发〔2023〕132号），加快推进公路工程技术创新和技术应用。组织开展“公路工程标准制修订五年行动”，全面开展《公路工程技术标准》（JTG B01—2014）修订工作。发布《多式联运货物分类与代码》（GB/T 42820—2023）、《港口海铁联运电子数据交换技术要求》（GB/T 42808—2023）等4项国家标准和3项行业标准。

二是推进行业绿色低碳转型。印发贯彻落实全国生态环境保护大会精神、提升行业绿色发展水平的实施方案。制定交通运输绿色发展评估考核方案，印发《公路水路行业绿色低碳发展年度评估工作办法（试行）》（交办规划〔2023〕28号），推动形成绿色低碳发展长效工作机制。鼓励引导绿色出行，联合公安部、国家机关事务管理局、中华全国总工会、共青团中央等部门和单位组织开展2023年“绿色出行宣传月”和“公交出行宣传周”活动。遴选了13个城市公共交通优先发展与绿色出行典型案例，以办公厅函形式印发，促进各地学习互鉴。印发《示范推进国际航线集装箱船舶和邮轮靠港使用岸电行动方案（2023—2025年）》（交办水〔2023〕48号），持续推进长江经济带、渤海湾、琼州海峡重点区域、重点航线、重点船舶岸电使用。

（八）交通运输安全发展机制不断健全

一是加强交通运输安全生产体系建设。印发《交通运输部安全生产检查办法（试行）》《关于加强交通运输安全生产标准化建设的指导意见》（交安监发〔2023〕1号）、《关于加强公路水运工程平安工地建设的指导意见》（交安监规〔2022〕7号）、《公路水运工程质量检测管理办法》（交通运输部令2023年第9号）、《公路水路关键信息基础设施安全保护管理办法》（交通运输部令2023年第4号）、《道路客运企业和城市客运企业安全生产重大事故隐患判定标准（试行）》（交办运〔2023〕52号），修订印发《道路旅客运输企业安全管理规范》（交运规〔2023〕4号）。对全国运输企业和营运车辆动态监控落实情况进行全面抽查。修订印发《城市轨道交通运营安全评估管理办法》（交运规〔2023〕3号）及配套规范。研究制定《城市轨道交通通信系统运营技术规范》。印发《关于开展城市轨道交通运营安全隐患排查整治专项行动的通知》（交运明电〔2023〕196号）。

二是健全交通运输应急保障体系。健全完善应急值班体系建设，加强应急值班日常管理。强化台风防范应对工作调度，加强值守和信息报送。推动建立军地海上搜救协调机制。修订完善《国家海上搜救应急预案》。支持完善“专群结合”搜救协作机制。推进交通运输调度与应急指挥系统迭代升级和在省级部门的部署应用。开展无人机无人艇在海上搜救中的研究和应用试点。

三是完善防范化解重大风险机制。配合制定行业矛盾纠纷预防化解工作规则和工作要点等文件，完善部内相关工作机制。完善交通运输重大风险防范化解机制，印发《航道、通航建筑物及航运枢纽大坝运行安全风险辨识评估管控指南（试行）》（交办水函〔2023〕1941号）。完成行业网络安全攻防演练和检查检测，实现存量风险全面清理、潜在风险有效管控。

二、铁路领域改革

一是与国家发展和改革委员会就《关于进一步做好铁路项目前期工作的通知》（国办函〔2021〕27号）、《关于促进城际铁路健康可持续发展的指导意见》（发改基础〔2017〕1173号）、《关于规范铁路专用线规划建设的指导意见》（发改基础〔2019〕1445号）《跨境铁路项目前期工作规范》等政策性文件保持沟通对接，提供完善意见。二是完成铁路后评价工作计划制定，研究明确拟开展的评价项目和评价重点。三是开展“社会资本投资建设铁路的创新模式评价研究”“铁路领域推行不动产投资信托基金（REITs）可行性分析”等课题和工作项目研究，夯实工作基础。

三、民航领域改革

2023年，民航系统认真抓好党中央改革决策部署和重大改革举措落地落实，用好全面深化民航改革

"关键一招"，聚焦党中央、国务院深化改革决策部署，聚焦民航主责主业，聚焦行业管理机制改革创新，务实创新、奋发有为，挺进改革"深水区"。在全行业的共同努力下，以改革创新为引擎催生行业高质量发展内生动力，民航恢复发展、安全发展取得新成效。

（一）主要做法

一是印发推进民航全面深化改革的实施办法。聚焦民航安全发展、高质量发展、可持续发展，进一步明确了加强安全监管、优化资源要素配置、提升行业运行效率、强化自主创新、提高治理能力和水平共五个重点领域的改革任务，形成民航系统当前和今后一个时期全面深化改革的指导性文件。

二是持续完善全面深化民航改革工作机制。印发《全面深化民航改革工作规则》，明确了民航改革工作统一领导、分工负责机制，细化改革办、主办部门、协办部门的工作职责，建立专题会议、通报反馈、督促检查、改革评估等工作机制，进一步增强了民航改革工作的整体性、系统性、协同性。印发《全面深化民航改革行动计划评估工作办法》（民航发〔2023〕35号），明确了改革评估工作的指导思想、基本原则、工作步骤、组织方式，形成了包括42个评估项、122个指标的评价标准。

（二）主要成效

一是深化民航改革任务落地实施，有力激发行业发展内生动力。2023年民航在推动落实国家空域体制改革、航空制造与民航运输产业融合、机场规划建设管理、中小机场空管服务模式创新、行业运行等方面取得新成效，有92%的改革措施已扎实推进，共形成118项政策文件和规章。9大类16个改革创新试点工作已经实际发挥作用，一批可复制、可推广的改革试点经验和做法相继形成，数智化等新技术推广为提高政府政务服务效率、监管效率，提升生产运行效率等发挥了积极作用。

二是全面深化民航改革工作机制有效发挥作用。民航以《全面深化民航改革行动计划》（民航发〔2022〕36号）和《深化民航改革重点任务清单》为行动方案，以《全面深化民航改革行动计划评估工作办法》（民航发〔2023〕35号）为抓手，用改革评估推进民航改革的工作机制业已形成。2023年围绕重点任务改革目标、年度改革措施，依据评估指标体系及评估要点，综合运用实地调研法、政策分析法以及数理统计法，对改革任务完成情况、推进进度、改革措施落实效果等方面进行了全面系统评估。在改革评估的基础上，根据党中央对全面深化改革的新部署新要求，持续修订《全面深化民航改革行动计划》（民航发〔2022〕36号）和《深化民航改革重点任务清单》，拓展民航改革领域，对改革任务的内容、目标和具体措施进行调整，更加高效推动民航改革举措落地。

四、邮政领域改革

根据中央部署及2023年交通运输部有关工作安排，交通运输部、国家邮政局、中国邮政集团有限公司等积极推进邮政普遍服务业务与竞争性业务分业经营改革。

第二节　严格规范公正文明执法

进一步深化交通运输综合行政执法改革，推动落实执法规范化长效机制，不断夯实执法领域基层基础基本功，切实发挥好交通运输执法在服务人民群众、服务中心工作、服务高质量发展中的重要作用。

（一）顺利完成改革转段，谋划深化改革新局面

贯彻落实党的二十大和二十届二中全会精神，全面完成机构撤并、职能整合、人员划转的改革"前半篇"文章，立足改革新阶段、把握改革新要求，组织召开全国深化交通运输综合行政执法改革现场会，全面总结改革落实情况，明确深化改革总体要求和工作任务，进一步统一思想、凝聚共识、鼓舞士气，为继续做好改革"后半篇"文章定方向、绘蓝图、谋新局。邀请改革牵头部门开展集中调研，实地查访执法站点，举行专题座谈，研究分析共性问题，探讨提出对策建议，汇聚深化改革合力，共同落实改革任务，推动加快形成权责统一、权威高效、监管有力、服务优质的交通运输综合行政执法体制，努力建设一支让党中央放心、让人民群众满意的交通运输综合行政执法队伍。

（二）保持正风肃纪高压态势，切实涵养队伍清风正气

久久为功推动落实执法规范化长效机制，开展交通运输执法领域突出问题专项整治，聚焦人民群众关切期盼，扎实推进常态化查纠整改。建立舆情应对督导机制，紧盯执法领域负面舆情，拓宽渠道加强跟踪监测，进一步发挥执法简报、联络员等机制作用，督促指导相关省（直辖市）迅速调查处置负面舆情，确保执法领域平稳态势。坚持严的总基调，保持正风肃纪高压态势，通报违法违纪案件，发挥反面典型警示作用，对各类违法违纪行为坚持“零容忍”，对违法违纪人员形成有力震慑。组织开展2023年综合执法检查，对40余个基层执法站所开展暗访，核查处理140余条问题线索，查阅310余份资料案卷，现场抽考300余名执法人员，座谈访谈地方各层级相关负责同志、一线执法人员、从业人员300余人，以督促进、以查促改，进一步规范执法行为，强化底线思维，改进优化执法工作，切实树正气、振士气、常高压。

（三）提升队伍素质能力，夯实基层基础基本功

以“行政执法队伍素质能力提升三年行动”收官为契机，聚焦执法队伍素质能力短板弱项，建立线上培训课程体系，组织开展全国执法队伍轮训、“职业道德大讲堂”，推动执法技能竞赛和业务实训，指导执法骨干一对一传帮带，以点带面推动综合行政执法队伍素质能力整体性提升。举办交通运输综合行政执法局长培训班，集中培训地方各级综合执法机构负责同志，牢牢抓住“关键少数”，努力形成“头雁效应”。深化“四基四化”建设，组织实施执法基本装备配备标准、执法站所建设标准，完成执法队伍换装，持续强化基层保障能力。

（四）促进执法与业务融合，服务保障高质量发展

组织京津冀地区、长三角地区、黄河流域、成渝地区、珠江流域及琼州海峡5个片区共26个试点单位开展区域执法协作试点示范，推动政策制度协同，加强数据信息共享和执法联勤联动，着力形成区域执法监管服务合力，推动形成全国执法一盘棋工作格局，支撑保障区域协调发展战略、区域重大战略。建立执法案例指导制度，组织开展行政执法案卷评查和典型执法案例评析，采取“线上初评＋线下复评”相结合方式，在全系统推荐的100份案卷中评选并公布22件典型案例，推广经验做法，推行说理式执法，在行业树立“社会效果好、人民群众满意”的好案卷标准，推动实现执法办案的政治效果、法律效果和社会效果有机统一。着力构建智慧监管体系，建成并运行部级执法综合管理信息系统，实现27个省份部省系统联网对接，归集执法案件数据142.9万条，整合行业数据资源，向地方提供行业管理信息查验服务91.6万次，为执法监管协同联动提供数据支撑。

第三节　优化营商环境

以习近平总书记“持续打造市场化、法治化、国际化营商环境”重要指示为根本遵循，坚决落实党的二十大关于“完善产权保护、市场准入、公平竞争、社会信用等市场经济基础制度，优化营商环境”任务部署，持续推进审批制度改革，加强公平公正监管，提高政务服务便利化水平，不断激发市场主体活力，优化交通运输营商环境，支撑保障交通运输持续健康发展。

（一）持续推进行政许可标准化、规范化

为落实国务院关于行政许可事项清单管理的要求，对照《法律、行政法规、国务院决定设定的行政许可事项清单》，结合法律法规修订和部门职能调整情况，对清单内67项交通运输领域行政许可事项逐项制定实施规范，为各级交通运输部门承接中央层面指定地方实施的行政许可事项、实现不同地区和层级同要素管理提供明确依据，为持续推进行政许可标准化、规范化提供有力保障。对部本级的38项行政许可事项逐项编制办事指南，细化完善许可条件、申请材料、审批时限、服务监督渠道，为企业和群众提供更精准优质的办事服务，切实提升市场主体的体验感和满意度。

（二）持续提升政务服务便利化水平

推进高频服务事项“跨省通办”，针对企业、群

众异地办事面临“多地跑”“折返跑”等堵点难点，建成统一的网上办事窗口，为全国道路运输从业人员和经营业户提供道路运输从业人员从业资格证补发、换发、变更、注销等便民事项7×24小时网上受理、全程网办服务。完善部行政许可网上办理平台应用，实现行政审批申报、受理、审查、反馈、决定和查询告知等网上运行。积极推动电子证照行业标准编制，发布道路运输经营许可证、台湾海峡两岸间船舶营运证等31项电子证照标准。提升口岸通关效率，落实口岸收费目录清单制度，积极参与国际贸易“单一窗口”国家标准版建设，率先实现运输工具进出口岸一次申报、信息共享、并联办理、一次放行。

（三）加快构建完善新型监管机制

针对交通运输综合行政执法改革后审批、检查、处罚等行政监管职能相对分离的现状，督促指导地方明确交通运输主管部门、综合执法机构、行业发展服务机构在事前事中事后监管过程中的具体职责，建立健全审批监管衔接机制，推动形成监管合力。全面推进“双随机、一公开”监管，公布“随机抽查事项”清单，制定完善随机抽查工作细则，明确随机抽查比例和频次、抽查标准、抽查流程、抽查结果公示和运用。推进“互联网+监管”，建设交通运输“互联网+监管”系统，整合行业监管数据，建设行业风险预警等功能应用。推进信用体系建设，通过全国交通运输信用信息共享平台，累计归集行业信用信息35.68亿条，建立941.4万家经营业户、3270.9万从业人员的“一户式”信用档案，对失信主体加大检查督促频次，对诚信主体“无事不扰”。

（四）营造公平竞争市场发展环境

有序推进反垄断反不正当竞争相关工作，按照国务院反垄断反不正当竞争委员会部署安排，强化公平竞争政策实施，促进交通运输领域高质量发展。充分发挥交通运输新业态协同监管部际联席会议机制作用，督促企业严格落实主体责任，通过行政约谈等方式及时纠正不正当竞争行为。组织开展优化公路水运建设领域营商环境专项行动，破除市场壁垒，规范招标投标、项目履约等行为。扎实开展公平竞争审查，严格审核把关，强化服务保障。组织开展妨碍统一市场和公平竞争的规章、规范性文件和其他政策措施集中清理，确保妨碍统一市场和公平竞争的各种规定和做法应清尽清，维护公平竞争市场秩序。

第四节　助力交通运输市场主体纾困解难

一、交通运输助力市场主体纾困解难情况概述

2023年，交通运输部坚决贯彻党中央、国务院决策部署，聚焦交通运输行业市场主体生产经营面临的突出困难和问题，多措并举推进行业市场主体特别是中小微企业纾困解难工作，着力稳住市场主体，努力提振发展信心。

一是着力推动减税降费，降低企业经营成本。积极推动挂车减征车辆购置税、远洋船员个人所得税和物流企业大宗商品仓储设施城镇土地使用税减免等多项税收优惠政策延续至2027年底。持续规范网约车聚合平台经营行为，推动主要网约车和道路货运新业态平台企业降低平台过高的抽成比例或者会员费上限。动态发布财税政策清单，加强政策宣传解释，指导行业市场主体用足用好纾困政策。

二是积极争取金融支持，创造良好融资环境。联合中国人民银行出台了交通物流领域金融支持与服务政策。延长交通物流专项再贷款政策实施期限，将道路货物专用运输经营者、道路货物运输站场经营者、中小微物流仓储企业等纳入支持范围，简化贷款申请条件。鼓励交通物流企业发行公司信用类债券融资，开通企业债券发行绿色通道，降低发债融资成本，推动解决“融资难融资贵”问题。

三是推动化解拖欠账款，缓解企业资金压力。认真落实《中共中央　国务院关于促进民营经济发展壮大的意见》《保障中小企业款项支付条例》等要求，督促指导部属单位和地方交通运输主管部门积极稳妥化解拖欠民营企业、中小企业账款。建立健全交通运输领域防范化解拖欠企业账款工作机制，强化责任落实，注重源头管控，加强监督约束，推动从根本上解决企业账款拖欠问题。

四是营造良好发展环境，促进企业转型发展。组织开展优化公路水运建设领域营商环境行动，着力破除地方保护和区域壁垒，优化涉企服务，保障各类市场主体公平参与市场竞争。加快推进汽车客运站转型发展，鼓励汽车客运站扩展商贸服务，支持用地综合开发，增强企业可持续发展能力。建立健全城市公交运营补贴补偿制度，通过优化城市公共交通线网、支持开通定制公交线路、支持拓展广告业务等方式，促进城市公交服务提质增效。

二、铁路助力市场主体纾困解难情况

扎实做好铁路运输保通保畅工作。持续提升运输服务保障能力，为更好服务经济社会发展和保障人民群众生产生活需要提供有力支撑。一是充分发挥铁路运输保通保畅协调监督机制作用。紧盯能源保供、迎峰度夏、春耕备耕、夏粮运输等部署要求开展监督检查，加强协调监督，指导督促铁路企业统筹运力资源，保障重要民生物资、能源、粮食等重点物资铁路运输。二是加强动态监测，提升重点物资运输保障水平。积极与局内相关单位、国铁集团对接，及时掌握铁路客货运输、枢纽场站运行、重点舆情监测、网络和数据安全、安全生产情况等信息，形成《国家铁路局保通保畅重点信息日报》，强化应急处置和信息报送工作。三是服务保障铁路口岸运输畅通。加强铁路口岸调研检查，协调解决口岸卸车货物积压、末端运输不畅问题，提升口岸接卸能力，保障铁路运输与末端物流衔接顺畅。

三、民航助力市场主体纾困解难情况

一是贯彻落实国务院领导同志重要批示精神，促进国际航空运输市场恢复，下发了《关于国际客运航班机场收费有关问题的通知》（民航函〔2023〕297号）给予国际客运航班必要的政策支持，降低运营成本。二是暂停一、二类机场境内外航空公司的国际航班起降费收费标准上浮10%政策，执行日期自2023年5月1日至2023年12月31日，相关优惠政策为航空公司降低成本约0.6亿元。三是要求各机场严格执行国家价格法律法规和机场收费政策，严禁擅自提高收费标准、擅自增加收费项目、价外加价、重复收费、拆分项目收费、未提供服务收费、强制服务、强行收费等行为，同时要求民航各地区管理局加强机场领域价格收费监督检查；四是会同市场监管部门加强对价格收费不正当竞争行为的监督检查，对于发现的违法违规价格收费行为，依法依规严肃处理。

四、邮政助力市场主体纾困解难情况

国家邮政局深入推进行业减税降费，梳理2023年延续和优化实施的税费减免政策，印发《国家邮政局关于继续做好邮政快递业减税降费工作的通知》（国邮电传〔2023〕24号）。指导地方邮政管理部门贯彻落实党中央、国务院关于减税降费的各项决策部署，确保行业企业充分享受到实实在在的增值税期末留抵退税、小微企业和个体工商户所得税优惠等政策红利。各省（自治区、直辖市）邮政管理局积极落实上述通知要求，强化政策宣讲，增强市场主体信心，促进企业应知尽知、应享尽享各项优惠政策，助力行业实现高质量发展。一是创新减税降费政策宣传方式。结合国家及省市各项减税降费政策与行业实际，摘录行业适用的政策内容，及时通过印发文件、工作培训等方式及门户网站、微信公众号、工作群等途径加大宣传力度，确保政策信息全覆盖。二是加强政策落实沟通协调。各级邮政管理部门主动与属地财政、税务等部门对接，了解本地相关减税降费最新政策；加大与邮政快递企业财务人员的调研沟通，了解他们享受的政策情况，积极协调解决落实中的困难和问题。

据统计，2023年邮政快递企业实现减税降费近40亿元，有关政策激活力、促发展的效应进一步显现，对纾解企业困难、稳定市场主体、支持行业平稳运行发挥了重要作用。

第五节　民生实事与建议提案办理

一、交通运输部民生实事与建议提案办理情况

（一）民生实事完成情况

2023年，交通运输部完成交通运输更贴近民生实事12件。

一是改造公路危旧桥梁10417座，有效提高公路桥梁安全保障水平，保障人民群众安全便捷出行。

二是实施农村公路安全生命防护工程超12.36万公里，切实提升人民群众安全感。

三是组织开展高速公路充电基础设施“随手查”服务，通过“e路畅通”微信小程序，为公众提供高速公路充电服务设施状态查询服务。

四是组织开展高速公路“阳光救援”行动，通过“e路畅通”微信小程序，实现全国高速公路“一键呼救”功能和施救服务“三公开”（公开救援服务电话、救援服务点、收费标准）。

五是持续提升适老化无障碍交通出行服务，140余个地级及以上城市开通95128电话约车服务，主要网约车平台公司优化完善“一键叫车”功能，累计为1300余万老年乘客提供服务超1亿单。完成城市公共汽电车站台适老化改造3800余处，打造敬老爱老服务城市公共汽电车线路1100余条。

六是推动交通运输新业态平台企业降低过高抽成，主要网约车平台公司、互联网道路货运平台公司全部下调了上限并向社会公布，下调抽成比例幅度普遍在1～3个百分点。

七是持续推进道路运输便民政务服务提质增效，上线运行道路运输电子证照小程序，当年生成电子证照2200万张，高频事项“跨省通办”部级系统完成网上业务办理702件。

八是实现道路普通货运驾驶员从业资格证直接申领，推动道路货物运输驾驶员从业资格“一次报名、一次培训、一次考试、申领两证”。

九是组织开展关心关爱货车司机专项行动，推选出“十大最美货车司机”和100名“最美货车司机”，组织推选100个暖心服务“司机之家”。指导吉林、浙江、福建、江西、湖北、四川、贵州、甘肃、河南、广西、重庆、新疆等12个省（自治区、直辖市）交通运输主管部门，因地制宜采取为停车休息的货车免费投保“车货无忧”公众责任险、加大高速公路服务区安保工作力度等措施，保障货车驾驶员停车休息安全。

十是组织实施港口服务能力提升工程，钦州大榄坪南集装箱码头建成投运，广州港南沙港区粮食及通用码头扩建工程主体工程建成，增加沿海枢纽海港堆场冷藏箱插座2600余个。

十一是组织开展国内水路客运便民行动，报废更新、提档升级老旧客船967艘，便民服务设施新建、改造项目按期超额完成。

十二是深化开展小型船舶检验及其监督管理优化试点，全国22个省份47家单位参与试点，共实施检验试点船舶16789艘次。

（二）建议提案办理情况

1. 办理情况

2023年，交通运输部承办人大代表建议和政协委员提案共计775件（含议案、闭会建议、闭会提案），其中主办（含独办、分办）339件、协办348件、参阅88件。承办数量较十三届一次会议建议提案增长10.6%。从建议内容上看，综合类范畴最广、关注程度最高，共328件，占比42.3%，较多关注国家综合立体交通网的规划建设、现代综合交通枢纽体系、交通基础设施网络建设等领域；运输与城市交通类受关注程度较高，共147件，占比19.1%，较多关注出行服务、货运物流、城市公共汽电车、城市轨道交通、交通新业态发展等领域；公路类共102件，占比13.2%，较多关注公路项目建设，包括高速公路、普通国省道、农村公路、收费公路等领域；水路类共94件，占比12.1%，较多关注港航基础设施建设、水运行业管理和水运绿色发展等领域。此外，涉及国际合作与港澳台工作30件、科技创新28件、法治政府部门建设16件、安全应急13件、其他类17件。

2. 办理习近平总书记下团组时委员所提建议情况

2023年全国两会期间，习近平总书记在参加全国政协十四届一次会议民建、工商联界联组会议时，谢茹委员提出“打通乡村物流末梢，加大农村物流基础设施建设力度”等建议。交通运输部高度重视，积极配合国家发展和改革委员会做好答复工作。6月13日—16日，交通运输部运输服务司、办公厅相关同志专程前往江西省政协拜会谢茹委员，重点介绍了交通运输部认真贯彻落实党中央、国务院决策部署，建设县乡村农村物流基础设施、促进农村物流资源整合、推进客货邮融合发展等方面的工作及下一步工作谋划，认真听取谢茹委员的意见建议。谢茹委员表示，交通运输部积极主动回应政协委员提出的意见建议，并专程前来调研交流，认真履职尽责，工作作风扎实，值得高度肯定。

3. 重点督办建议提案办理情况

2023 年，交通运输部牵头承办 1 项全国人大重点督办建议和 1 项全国政协重点提案，涉及 13 件具体建议和 5 件具体提案。

“以联网补网强链为重点，加快国家综合立体交通网主骨架建设”作为全国人大重点督办建议由交通运输部牵头办理。一是精心制定方案。4 月，收到重点督办建议后立即召开专题会，研究制定专项工作方案，明确了重点督办建议办理工作的总体思路、分工安排、工作要求、时间安排等，会同参加办理单位健全办前交流、办中沟通、办后反馈机制。二是扎实做好调研。7 月下旬，邀请全国人大常委会代表工作委员会、全国人大财经委、国家发展和改革委员会组成调研组，赴陕西西安开展专题调研，陕西、宁夏、西安、银川交通运输和财政部门有关同志参与调研座谈。9 月 11 日，全国人大《联络动态》第 10 期单独刊发了《重点督办回应关切　紧抓枢纽补链强链》，介绍交通运输部开展重点督办建议专题调研情况。三是认真答复意见。会同协办单位坚持问题导向、目标导向，边答复、边推进，采取切实措施，努力把有关代表建议转化为以补链强链为重点、加快建设国家综合立体交通网主骨架的有效制度和政策举措。李明远、孙志代表对重点督办建议办理工作表示满意，对交通运输部认真负责的工作作风给予充分肯定。

“加快推进交能融合发展新模式，助力绿色交通强国建设的提案”作为全国政协重点督办提案由交通运输部会同财政部、国家能源局研究办理。一是及时专题研究。4 月，收到提案后立即召开专题会，并按照要求制定工作方案，切实抓好落实。二是深入一线调研。6 月，会同全国政协提案委员会、财政部、国家能源局对山东枣（庄）菏（泽）高速交能融合项目和济南东零碳服务区进行实地调研并召开了座谈会。三是认真答复意见。结合调研成果，征求有关协办单位的意见，达成共识，6 月底前形成最终答复件。撰写办理工作报告并报送全国政协提案委员会。四是推进后续工作。结合本次提案答复情况，研究制定覆盖规划设计、建设运营、管理维护等全生命周期的交能融合标准体系。有序组织交能融合相关标准制订工作。

4. 主要做法

交通运输部部长李小鹏 3 月 14 日主持召开会议，强调切实落实全国两会各项部署要求，认真做好建议提案办理工作，坚持将其作为接受监督的政治任务，用心用情全力以赴办理好每一件建议提案，并要求注重对建议提案的综合分析工作。

一是强化领导，提前谋划。两会前夕，制定办理全国两会建议提案工作方案，两会后建立台账，明确各司局承办任务。4 月 14 日，部交办会议对办理工作进行动员部署，提出 5 月底前完成协办类建议提案，6 月底前完成主办类建议提案，8 月底前完成重点建议提案的时限要求。

二是成立专班，强化机制。按照国务院统一部署和部领导批示要求，组建全国两会期间听取人大代表和政协委员意见建议工作专班，两会期间收到各类意见建议 64 项，梳理习近平总书记 2 次下团组和其他中央领导同志 3 次下团组参加审议时代表委员提出的涉及交通运输的意见建议 10 项，及时将意见建议分转相关司局办理反馈。

三是统筹督办，主动服务。开展全过程督办，5 月起对办理进度按周通报，6 月下旬按日通报，有力督促各司局在确保质量的基础上加快办理进度。针对催要协办意见有困难的，办公厅主动联系相关部委（或地方政府）提供协办意见，确保按时完成办理。

四是强化分析，把握趋势。自 2015 年交通运输部建立两会建议提案分析研究机制以来，每年围绕交通运输部承办建议提案反映的代表委员关注重点、趋势及数量分布情况等进行全面分析，深入探索内在规律，研究提出政策建议，将代表委员的“好建议”转化为更多服务国家重大战略实施、解决好交通运输领域人民群众急难愁盼问题的“真举措”。

5. 工作成效

一是扎实做好新阶段加快建设交通强国具体工

作。二是全力服务保障物流供应链稳定畅通。三是牢牢守住交通运输安全发展底线。四是积极推进全球交通合作。

二、12328交通运输服务监督热线相关工作

2023年，全国12328交通运输服务监督热线运行总体平稳，服务能力稳步提升，服务质量持续改善，较好发挥了倾听民声、畅通民意、排解民忧、汇集民智的作用。2023年12328热线共受理业务2321.11万件，其中信息咨询类1922.55万件，占比82.83%；投诉举报类253.57万件，占比10.92%；意见建议类144.99万件，占比6.25%。群众信息咨询的主要事项包括高速公路ETC、高速公路路况咨询、巡游出租汽车服务、机动车摇号政策等。群众投诉举报反映的主要问题涉及巡游出租汽车服务、网络预约出租汽车服务、公共汽电车服务、机动车驾驶员培训等。

三、国家铁路局民生实事与建议提案办理情况

贯彻落实2023年全国两会精神，准确把握建议提案办理工作面临的新形势新任务，坚持以人民为中心的发展思想，顺利完成了两会建议提案的办理任务。

（一）基本情况

2023年，两会代表委员提出涉及国家铁路局工作的建议和提案共311件。其中，人大建议249件、政协提案62件。从承办方式上看，与其他部门共同办理300件，占总数的96.5%，其中主办135件、会办165件；参阅办理11件，占总数的3.5%。8月底，完成全部建议提案的办理工作，办复率为100%。从建议提案内容上看，铁路规划建设方面270件、其他方面41件。

（二）主要做法

一是强化政治责任，加强组织领导。局党组高度重视建议提案办理工作，全国人大建议交办会、全国政协提案交办会后，立即组织传达学习部署，强化政治责任落实，要求将建议提案办理与全局工作一同部署、一并落实，严格把关复文，确保责任落实到位。组织召开人大建议和政协提案办理工作推进会，加强对建议提案办理过程的督促指导，协调解决办理过程中存在的问题，探索创新方式方法，确保承办任务顺利完成。

二是坚持守正创新，落实办理责任。坚持“人民铁路为人民”宗旨，各承办部门认真研究吸纳答复代表委员意见建议，积极回应民生关切和人民呼声，切实做到转作风、办实事、解难题。建立局领导、司局负责人员、处室负责人员、具体承办人员分级负责制，形成层层抓落实、件件有着落的办理工作格局。

三是聚焦办理重点，重点建议重点办理。249件人大建议中重点建议有3件，其中主办2件、协办1件，主要涉及以联网补网强链为重点加快国家综合立体交通网主骨架建设、推动文化和旅游消费助力扩内需稳增长等。为做好重点建议办理工作，分管局领导和承办部门主要负责人员亲自拟定建议办理方案，亲自分析研究，亲自审核答复意见，亲自与代表沟通，指定专人办理，定期听取汇报，加强督促指导，保证重点建议办理工作顺利完成。

四是加强联系沟通，大兴调查研究。办理过程中，将大兴调查研究与办好建议提案结合，通过座谈交流、上门走访、出差顺访、联合调研等方式畅通联系渠道，确保对接紧密、信息对称，做到有的放矢，不走弯路。办理过程中与代表委员沟通联系共计140余次，开展实地调研8次，取得了代表委员的理解和支持。

五是强化复文质量，推进公开力度。各承办部门注重办理质量和实效，深入分析建议提案内容，准确把握建议提案实质，结合与代表委员沟通情况，提出对策措施，确保复文文稿高质量；严把复文质量关，由分管局领导审核签发，重点建议提案报主要负责人员审核签发。在全面推进复文公开工作中，落实关于办理结果公开的有关规定，对涉及公共利益、公众权益、社会关切及需要社会广泛知晓的建议提案办理复文，在局政府网站全文公开，主动接受社会和公众的监督。

（三）主要成效

在办理工作中努力将代表委员提出的高质量建议提案与全局中心工作有机结合，积极研究和采纳代表

委员的建议举措，努力转化为深化铁路改革、推动铁路发展的政策措施。

一是有力推动铁路规划编制不断完善。针对《关于将左右江革命老区文山至天保铁路纳入新一轮〈中长期铁路网规划〉修编的建议》（第3285号）、《关于将昭黔铁路前期工作纳入国家“十四五”规划建设的建议》（第5840号）、《关于将左右江革命老区文山州富宁至百色铁路纳入新一轮〈中长期铁路网规划〉修编的提案》（第02320号）等建议提案内容，结合工作调研、座谈交流等形式听取地方政府、企业及代表委员意见建议，开展《中长期铁路网规划》修编，完成修编文本。将《关于加快推进安恩张铁路建设的建议》（第2854号）提出的安恩张铁路、《关于支持嘉峪关—酒泉建设全国综合交通枢纽的提案》（第01886号）提出的镜铁山—木里铁路纳入《中长期铁路网规划》。

二是有力推动了中欧班列高质量可持续发展。《关于进一步促进中欧班列高效率开行高质量发展的建议》（第7540号）、《关于推动新发展格局下中欧班列高质量发展的提案》（第01073号）等建议提案，聚焦服务高水平开放，有效助推中欧班列成为中欧经贸合作交流的桥梁。围绕“巩固稳定提升”主线，组织开展专题调研，搭建中欧班列信息交流平台，着力研究解决存在的问题，防范化解中欧班列运行风险。利用中俄运输分委会铁路工作组等双边机制，就提高铁路口岸通关及作业效率等与外方加强沟通，推动解决满洲里等口岸拥堵问题。深入分析国境铁路协定执行情况及存在的问题，做好适时修订中蒙、中俄、中越等国境铁路协定的相关准备工作。

三是有力推动了铁路安全监管效能提升。《关于加强铁路沿线环境安全隐患整治的建议》（第3580号）、《关于坚持人民至上生命至上 深化铁路安全环境整治的建议》（第7393号）等建议提案，助推铁路安全监管不断深入，把保障人民群众生命财产安全放在第一位，维护铁路运输安全持续稳定。研究出台铁路安全风险分级管控和隐患排查治理管理办法、铁路交通重大事故隐患判定标准，强化重大风险辨识管控，推动双重预防机制建设；吸取国外铁路危险品运输事故、列车脱轨事故等教训，围绕危险货物运输、在建隧道工程、道口安全等关键开展专项整治。发挥部际联席会议办公室职能，部署2023年铁路沿线安全环境治理重点任务，巩固拓展治理成果。

四、中国民用航空局民生实事与建议提案办理情况

（一）民生实事完成情况

中国民用航空局于2023年4月至12月开展了“民航服务助力行业恢复年”主题活动，制定6件“为群众办实事”清单。民航各单位高度重视、精心组织，统筹推进各项重点任务，取得了较好的成效，民航服务水平稳步提升。一是减少航班取消和延误。中国民用航空局持续深化航班临时取消专项治理，临时取消航班同比下降39.3%。出台《2023年雷雨季节民航运行保障总体方案》，进一步规范航班计划动态调整。二是优化机上餐食供应模式。中国民用航空局积极开展经济舱餐食服务情况调研工作，多家航空公司不断丰富经济舱餐食品种，提升经济舱餐食满意度。27家航空公司推出餐食预订服务，减少粮食浪费近1300吨。三是为首次乘机旅客提供便利。中国民用航空局出台《关于首次乘机旅客服务便利化的指导意见》，对首乘旅客各环节服务进行了规范。自指导意见出台后，全行业共为1900余万人提供首乘便利服务。四是提供机上地空通信上网服务。各航空公司加快推进航空器前后舱协同改造和设备安装，全行业共有241架飞机实现地空通信上网服务。五是推行“一证（码）通行”。深圳机场开展民航旅客电子临时乘机证明全流程创新应用试点工作，推出临时乘机二维码，并从值机、安检环节拓展到登机环节。六是推出“民航+旅游”服务产品。中国民用航空局与文化和旅游部、云南省政府共同主办2023中国国际旅游交易会，推动航旅融合发展，并与文化和旅游部等6部门公布了第一批交通运输与旅游融合发展典型案例。

（二）民航服务质量监督热线情况

中国民用航空局不断优化12326热线服务，大幅度提升12326电话接通率，同时充分发挥12326投诉热线功能，督促航空公司、机场、航空销售网络平台

做好旅客投诉处理工作。2023年，国内航空公司投诉响应率达100%。

（三）建议提案办理情况

2023年，中国民用航空局认真组织开展全国人大代表建议、全国政协委员提案的办理工作，按期完成各项办理工作，取得明显成效。中国民用航空局承办两会建议提案154件（其中主办62件、协办72件，参阅20件），其中，人大代表建议109件（其中主办46件、会办53件，参阅10件），政协提案45件（其中主办16件、协办19件，参阅10件）。从建议提案的内容上看，主要涉及机场项目建设、行业恢复发展、综合交通枢纽建设、通航发展、航空物流发展、临空经济建设、大湾区协同、国产民用飞机发展、应急救援等。从建议提案质量上看，整体上选题紧扣社会热点问题，反映的热点、难点问题比较集中，所提建议意见紧扣民航发展实际，高度契合民航发展趋势，全局性、前瞻性较强，对推动民航高质量发展有着重要的研究和参考价值。从办理效果上看，今年的所有建议提案全部按时间要求如期办理完毕，办结率达100%。代表委员对中国民用航空局办理工作满意率100%，部分代表委员通过座谈交流、电话访谈等方式，对中国民用航空局办理工作表示感谢和认可。

五、国家邮政局民生实事与建议提案办理情况

（一）邮政快递业民生实事办理情况

2023年，邮政快递业坚持以推动高质量发展为主题，助力国家经济运行整体好转，行业业务量不断刷新纪录，快件月均百亿成为常态，邮政快递业进入发展“快车道”，成为现代物流领域综合运输方式应用最好、信息智能水平最高、生产效率提升最快的代表性行业之一，为我国居民消费信心加速恢复，消费市场活力逐步复苏写下了生动的注脚，为全面建设社会主义现代化国家开好局起好步作出了积极贡献。邮政快递业更贴近民生七件实事的完成情况如下：

一是深化农村寄递物流体系建设。不断健全农村寄递物流体系，启动“农村寄递物流体系建设三年行动”，联合中央财办等部门印发推动农村流通高质量发展指导意见，会同农业农村部加快推进脱贫地区快递进村，“一村一站”工程有力实施，累计建成1267个县级公共寄递配送中心、28.9万个村级寄递物流综合服务站和19万个村邮站。务实推动邮快合作和农村“客货邮”融合发展，邮快合作建制村覆盖率超70%，新增交邮联运邮路1300余条，农村邮路汽车化率同比提升9个百分点。切实开展100个农村电商快递协同发展示范区和300个快递服务现代农业示范项目创建工作，打造了邮政快递业服务现代农业金牌项目143个、银牌项目20个、铜牌项目60个。

二是巩固提升农村地区邮政服务水平。大力推进邮政普遍服务均等化，建制村通邮水平有效提升，全国每周投递三次及以上的建制村基本实现全覆盖，每周投递五次及以上的建制村接近五成，全国3356个抵边自然村全部实现通邮，在促进兴边富民、稳边固边、助力乡村全面振兴中贡献了邮政力量。

三是持续做好邮政快递业保通保畅工作。持续发挥保通保畅机制作用，确保寄递渠道安全畅通，努力推动分拨中心和营业网点克服疫情影响应开尽开、积压邮件快件快速疏解、行业业务量快速回升。做好医疗物资寄递服务保障工作，督促寄递企业持续落实对医疗物资特殊标记、重点保障和优先投递。着力维护2023年春节期间行业平稳运行，做好保障基本生活物资和“年货节”寄递服务、疏解积压邮件快件等重点任务，做好农村地区各类物资投递工作。2023年春节期间全行业90万名快递员坚守服务岗位，营业的邮政普遍服务营业场所数量比上年同期增加7000余个，有效满足了人民群众寄递需求。

四是强化快递员群体合法权益保障。会同人力资源和社会保障部出台了快递行业推进劳动合同制度专项行动方案，印发了合同示范文本，为推进从业人员劳动合同签订和社会保险缴纳提供制度保障。开展快递员劳动定额试点，积极推动快递企业末端派费核算指引标准落地实施，不断优化派费核算和传导机制，保障一线快递员劳有所得，快递员幸福感、自豪感、使命感不断提升。各地共开展慰问快递小哥等活动7000余场，新建“暖蜂驿站”等爱心服务阵地2.4万

余家，协调有关部门为快递员协调公租房、廉租房等保障住房2000余套、免费体检和义诊覆盖14.7万余人次，依托共青团12355工作平台等渠道为快递员提供法律和心理咨询服务6.4万余人次。开展第五届寻找“最美快递员”活动，组织参与中国青年五四奖章、全国五一劳动奖章等各级各类评选表彰活动，全行业相关个人或集体荣获国家级荣誉称号110余人次，荣获省市级荣誉称号3800余人次。

五是深入开展寄递安全“三项制度”专项整治。联合16个部门开展“平安寄递”专项行动，查堵大量违禁物品，严厉打击寄递渠道各类违法犯罪活动，进一步净化了寄递安全环境。持续推进寄递实名认证，推广应用智能安检设备，组织邮政业智能安检系统“华山论检”，不断加强邮件快件安全检查。狠抓成都大运会、杭州亚运会期间寄递安全“三项制度”落实，行业总体运行安全稳定。会同公安部、国家安全部印发寄递物品安全管理通告，开展联合督导检查，有力确保寄递渠道安全畅通平稳。进一步强化安全监管执法力度，2023年共办理邮政市场行政处罚案件6606件，其中安全监管类案件3357起。

六是实施绿色发展“9218”工程。绿色发展“9218”工程有力实施，塑料污染治理工作有效推进，推动电商快件原装直发，强化包装操作规范，全国电商快件不再二次包装比例超过95%，使用可循环包装的邮件快件超10亿件，回收复用质量完好的瓦楞纸箱超8.2亿个，过度包装在行业得到有效遏制。与绿色理念相适应的法规标准政策体系进一步健全，联合7个部门印发《深入推进快递包装绿色转型行动方案》（发改环资〔2023〕1595号），完成《快递包装重金属与特定物质限量》（GB 43352—2023）等3项国家标准，为加快推进快递包装绿色低碳转型提供有力标准支撑。持续推动邮政业环境污染治理属地责任落实，省级政府政策支持实现全覆盖，市（地）级覆盖比例达40%。

七是着力提高从业人员素质。持续开展邮政快递业从业人员职业技能提升行动，完成职业技能培训46万人次，新增10.8万人取得职业技能等级证书，4454人取得快递工程专业技术职称，行业人才支撑更加坚实。成功举办第四届全国邮政行业职业技能竞赛，全行业10万名职工踊跃参与。

（二）建议提案办理情况

2023年，国家邮政局共承办建议提案54件，包括建议24件、提案30件，主要涉及农村寄递物流体系建设、行业绿色发展等15方面内容。所有建议提案较全国人大和全国政协规定时限提前至少15天办结，提案主办件提前1个月办结，复文针对性、准确性和有效性不断提升，复文公开率保持较高水平。主要做法如下：一是局党组高度重视，传达学习习近平总书记在全国两会上的重要讲话和全国两会重要精神，国家邮政局党组书记、局长赵冲久主持召开年度交办会，强调要提高政治站位、创新方式手段、提高办理质效；二是落实办理工作机制，办公室建立办理台账，定期通报，抓好督查督办，承办司室主要负责人员靠前指挥，承办处室排好工期，安排骨干人员办理，加强复文审核把关，推动提升复文质量；三是大兴调查研究。将办理工作与主题教育、大兴调查研究紧密结合，局党组将农村寄递物流体系建设纳入党组专项调研课题，赵冲久、戴应军与湖南省政协、相关部委座谈，了解湖南省农村寄递物流体系建设现状，局调研组就农村寄递物流体系建设赴80余地调研，形成一系列调研报告；四是强化沟通联系。国家邮政局党组成员、副局长刘君与谢茹委员电话沟通，详细介绍国家邮政局所做工作，普遍服务司、市场司实地走访郭红岗代表、龙荣代表并当面听取、吸纳意见建议。

第六节　政府信息公开

2023年，交通运输部坚持以习近平新时代中国特色社会主义思想为指导，全面贯彻党的二十大和二十届二中全会精神，认真落实党中央、国务院关于政府信息公开工作的决策部署和《中华人民共和国政府信息公开条例》要求，紧紧围绕服务党和国家中心工作，聚焦群众关注关切不断提高工作质量实效，更好发挥公开促落实、强监管作用，助力交通运输经济平稳运行，扎实推动交通运输高质量发展。

聚焦重点领域，做好政府信息主动公开。全年政府网站发布各类信息42484件，政府信息公开平台依法主动公开政府信息474件，其中规章和行政规范性文件32件、行业规划和标准规范59件、行政权力事项信息46件、统计数据及分析公报82件、安全及应急管理信息31件、财政预决算及政府采购信息16件，其他政府信息208件，法定主动公开要求全面落实。主动公开政府信息重点聚焦加快建设交通强国、物流保通保畅、安全应急保障、综合运输服务等领域。

强化服务理念，规范开展依申请公开。坚持为民服务理念，进一步规范依申请公开办理程序和答复内容，主动与申请人电话沟通解释约163人次，更好服务群众个性化合理信息需求，多名申请人专门致电感谢。全年受理政府信息公开申请286件，办理政府信息公开相关行政复议和行政诉讼案件均维持或驳回起诉。申请事项主要集中在统计数据、项目建设、运输管理、技术规范等方面。

规范政策发布，加强政府信息管理。推进政策文件集中统一公开，规范发布249部现行有效规章和175件行政规范性文件并动态更新，便利群众获取权威政策文本。聚焦学习贯彻习近平新时代中国特色社会主义思想主题教育、全球可持续交通高峰论坛（2023）、全国交通运输工作会议、综合运输春运服务保障等重点工作，统筹开展政策专题公开，加强政策集中公开成果运用，提升政务公开服务效能。

优化服务功能，优化公开平台建设。完善政府信息公开平台建设，规范化运行部门规章库，上线运行行政规范性文件库，有效支撑国家规章库。加强政府网站和新媒体规范管理，推进完善信息发布审核机制。强化政务新媒体矩阵协同建设，通过部政务微信、微博、抖音及快手官方账号发布各类信息5812条，阅读量突破4.7亿次。

推进公众参与，加强政策解读回应。开展重要政策意见征集39期，答复群众留言12180条，发布“回音台”8期，回复热点问题26个，持续回应群众关切。举行新闻发布会27场、网上直播16期，开展政策解读75期、在线访谈44期、政策图解20期，服务推动政策落实落地。

第七节　信用体系建设

2023年，交通运输行业深入贯彻落实党中央、国务院关于社会信用体系建设的决策部署，推动交通运输领域信用建设高质量发展取得积极成效。

一、完善管理制度

一是坚持服务大局。深入学习领会习近平总书记关于社会信用的重要论述，认真落实《中共中央　国务院关于加快建设全国统一大市场的意见》《中共中央办公厅　国务院办公厅关于推进社会信用体系建设高质量发展促进形成新发展格局的意见》等文件要求，研究制定《交通运输信用管理规定》，研究起草《关于推进交通运输领域信用建设高质量发展的意见》，加快构建以信用为基础的新型监管机制，更好发挥信用对提高资源配置效率、降低制度性交易成本、防范化解风险的重要作用。二是突出建章立制。制定完善各领域信用管理制度规范。铁路领域，制定《铁路设备质量安全监督管理办法》（交通运输部令2023年第7号），要求对铁路设备生产企业和运输企业实行信用管理，对不同信用水平的企业采取差异化分类监管措施。颁布《铁路运输服务质量监督管理办法》（交通运输部令2023年第5号），规定铁路运输企业应配合国家有关部门开展铁路运输服务信用管理。加紧制定铁路工程施工和监理单位信用评价管理办法、铁路建设项目信息和信用信息公开管理办法等规范性文件。公路水路领域，出台《公路水运工程质量检测管理办法》（交通运输部令2023年第9号）、《交通运输工程造价工程师注册管理办法》（交通运输部令2023年第2号），规定对检测机构和检测人员、造价工程师实施信用管理。印发《关于加快推进长江航运信用体系建设的意见》（交办政研〔2023〕14号），推动长江沿线建立跨地区、跨部门、跨领域的航运市场信用监管机制，服务长江航运高质量发展。民航领域，修订印发《通用航空企业诚信经营评价管理暂行办法》（民航规〔2023〕12号），优化评价指标、精准评价等级、加强结果应用，引导企业抓好安全生产、诚信经营、优质服务，促进通用航空诚信自律高质量发展。邮政领域，修订出台《快递市场管理办法》（交通运输部令2023年第22号），将邮政管理部门“可以依据企业的信用情况，在抽查比例和频次等方面采取差异化措施”明确为规章制度安排。三是鼓励积极探索。组织开展2023年交通运输领域信用建设典型案例征集工作，聚焦安全生产、综合执法、政务服务等重点环节，总结各地务实举措，促进交流互鉴、鼓励创新探索。

二、强化数字赋能

一是加强信息共享。通过全国交通运输信用信息共享平台，累计归集行业信用信息35.68亿条，建立941.4万家经营业户、3148万从业人员信用档案。全年实现信用信息交换53万次，受理查询约22.76万次，向社会提供5820.9万条备查信用信息。推进《部省交通运输信用信息交换指标》修订工作。二是深化数据应用。各地加强信用数据分析应用，为市场主体精准“信用画像”，实施差异化管理，提高监管效能和服务水平。印发长三角地区交通运输信用信息共享目录和交换指标，明确技术方案和工作指引，深化信息区域共享，支撑信用协同监管。铁路领域，在国家铁路局政府网站上线“铁路工程信用”专栏，集中公布铁路工程建设失信行为信息、铁路优质工程（勘察设计）奖和铁路工程建设部级工法等守信信息。邮政领域，根据快递企业经营许可变化动态更新公示信息，按季度发布快递服务满意度调查和服务时限测试结果信息，定期公开邮政业用户申诉处理情况。三是推进系统建设。按照《国家综合交通运输信息平台实施方案（2022—2025年）》，研究推进综合平台信用监管子系统建设，明确构建部、省、市、县4级部门用户系统目标，推动信用信息自动归集、共享回流，多系统数据资源整合等功能需求写入综合平台一期相关工程可行性研究报告，全面优化数据资源应用，满足不同管理服务场景需要。

三、提升监管效能

一是规范开展信用评价。组织开展2022年度公路水运建设市场设计、施工、监理企业和监理工程师信用评价，涉及设计企业421家、施工企业972家、监理企业565家以及存在扣分行为的监理工程师1660名，评出AA级企业954家、A级企业967家、D级5家。组织开展2022年度通用航空企业诚信经营评价，涉及企业714家，评选结果作为民航行政管理部门制定企业行政检查计划、增减监管考核频次、遴选创新试点、审验通航资金补贴等方面的重要参考。推动山东、浙江、湖南、江西、云南等地进一步加强信用评价在安全监管等方面的实时动态应用，强化监管闭环。指导三峡通航管理局做好“信用＋过闸管理”相关工作，指导广西开展长洲船闸过闸船舶信用积分管理。二是深入实施分级分类监管。积极指导各地建立以信用为基础的新型监管机制，对信用好的市场主体合理降低检查频次，对信用差的实施重点监管。北京、天津、浙江、江苏等地综合考量交通运输各领域特点，优化不同市场主体信用评价周期，形成分级监管对象库，相应配置差异化抽查比例、频次、检查内容。限制评级结果较差的企业享受“一网通办”、承诺办理等便捷服务。杜绝信用打分“平时该扣不扣”“年末扣分求情”，确保分级分类源头可靠、程序公正。海事系统大力推进“信用＋智慧”分级分类监管试点工作，运用安全等级识别系统对辖区船舶进行“四色”赋码，支撑精准检查，在重点跟踪船舶、协查船舶和长期逃避监管船舶检查方面取得良好成效。三是便捷信用修复。各地按照《失信行为纠正后的信用信息修复管理办法（试行）》规范开展信用修复，积极推动信用修复“一网通办”，大力推广《行政处罚决定书》《信用修复告知书》“双书通达”。运用多种方式向市场主体讲清公示期限、修复条件、承诺事项、办理流程，引导市场主体日益重视信用，自觉诚信守法，共同提升行业诚信水平。

四、推动行业共建

一是积极推行信用承诺。各地认真贯彻优化营商环境要求，及时公布交通运输政务服务信用承诺制适用事项清单，提供告知承诺、容缺受理、替代审批等便利服务。压实“信用承诺＋践诺核查”责任，严查虚假承诺、恶意违诺行为。各地认真落实《交通运输领域轻微违法行为依法免予处罚高频事项清单(试行)》，积极推广使用轻违免罚告知承诺。二是创新开展守信激励。各地推出一系列“信易+”惠利，包括增放投标标段、减免保证金，公布诚信汽修、驾培企业，大件运输批量审批免于现场勘验、一船多证一次办、提供企业贷款便利等，优化营商环境，感知信用“温度”。三是大力培育诚信文化。各地积极开展“交通运输信用宣传月”，通过车、船、机、路、港、站静态场景和行政服务、监督检查、公益活动，广泛宣传“诚信守法、一路畅行”理念。在快递市场持续组织开展“诚信快递”“3·15”主题宣传。《中国交通报》开辟信用专栏，宣传报道各地典型经验和做法，在全行业营造良好氛围。

第十五章　国际合作与港澳台工作

第一节　交通运输国际合作与港澳台工作概况

2023 年，交通运输国际合作与港澳台工作以习近平新时代中国特色社会主义思想为指导，全面贯彻党的二十大精神以及中央经济工作会议精神，全力服务元首外交，深入推进全球交通合作，主动服务国家外交大局和加快建设交通强国，努力当好中国式现代化的开路先锋。

一、国际合作工作概况

（一）全力服务元首外交

李小鹏部长作为中国政府代表团成员全程陪同习近平主席参加中国—中亚峰会和有关双边会谈。在习近平主席和外方元首的见证下，李小鹏部长作为中方代表签署4份双边合作文件，服务峰会取得圆满成功。

（二）参与开展撤侨和海上搜救工作

协调山东海运股份有限公司所属“山东潍河”轮承担苏丹撤侨任务，圆满完成 61 名中国公民从海上撤离苏丹的任务。积极与外交部和相关驻外使馆保持沟通，通报情况、主动协调，为远洋渔船“鲁蓬远渔 028”搜救工作提供有力保障。

（三）做好第三届“一带一路”国际合作高峰论坛相关活动筹备工作

2023 年 10 月 17 日至 18 日，第三届“一带一路”国际合作高峰论坛在北京举行，习近平主席出席高峰论坛开幕式并发表主旨演讲。其间，在中哈两国元首的见证下，李小鹏部长与哈萨克斯坦交通运输部部长签署了《中华人民共和国政府与哈萨克斯坦共和国政府关于发展跨里海国际运输线路的协定》；李小鹏部长、李扬副部长分别在互联互通高级别论坛、绿色发展高级别论坛上发言。

（四）成功举办全球可持续交通高峰论坛（2023）

2023 年 9 月 25 日至 26 日，全球可持续交通高峰论坛（2023）在北京成功举办。习近平主席向论坛致贺信，何立峰副总理出席开幕式，宣读习近平主席贺信并致辞。吉尔吉斯斯坦副总理巴基特·托罗巴耶夫、利比里亚议会众议长布法尔·钱伯斯（线上）、联合国副秘书长李军华（线上）出席并致辞。论坛期间共组织 8 场重要活动和 24 场边会，共有 31 个国家的交通部长或其代表、16 位国际组织负责人或在华代表、73 个国家驻华使节、近 70 位跨国企业高管受邀出席，参加论坛的中外嘉宾总人数近千人。论坛发布了《北京倡议》，得到了 25 个国家和国际组织的支持。

（五）推动高质量共建“一带一路”取得新进展

召开中缅经济走廊交通合作工作组第四次会议、中老经济走廊交通合作工作组第二次会议，推进走廊项下铁路、公路等重要互联互通项目前期工作取得进展。召开中巴经济走廊交通基础设施联合工作组第十次会议，推进相关项目工作。在两国总理见证下推动签署《中巴公路技术合作五年行动计划（2023—2027）》。持续深化拓展双边国际道路运输合作，推进相关搜救、海运协定等商签工作。

（六）拓展深化交通领域多双边合作

李小鹏部长陪同李强总理赴德国参加第七轮中德政府磋商，并与德国联邦数字化和交通部部长举行会谈；陪同李强总理出席上海合作组织成员国政府首脑（总理）理事会第二十二次会议以及 7 场双边会谈。交通运输部领导出席亚太经合组织（APEC）第十一届运输部长会议、国际运输论坛（ITF）2023 年峰会、上海合作组织成员国第十次交通部长会议、中俄总理定期会晤委员会运输合作分委会第二十七次会议、首届上海合作组织国际交通论坛、第二十二次中国—东盟交通部长会议等双多边国际会议，进一步强化合作共识，拓展合作空间。落实中国—中亚峰会成果，召开首届中国—中亚交通部长会议，稳步推进建立有关合作机制。积极参与东盟交通高官会议、中亚区域经济合作运输协调委员会等机制项下会议活动，持续取得务实成果。

（七）深度参与交通运输行业全球治理

积极参与国际海事组织（IMO）、联合国亚太经社会（UNESCAP）、联合国欧经委（UNECE）等框架下国际会议，积极参与公约和技术规则制修订。积极推动IMO海上环境保护委员会第八十届会议通过“2023年船舶温室气体减排战略”，努力引导制定公平、合理的国际海运 减排规则，维护发展中国家利益。组织开展“纪念中国恢复国际海事组织合法席位50周年”系列庆祝活动。成功实现第18次连任国际海事组织A类理事国。再次当选国际海道测量组织理事国，连续第8次当选国际航标协会理事会成员国。

（八）保障国际物流供应链稳定畅通

与国家发展和改革委员会、江苏省人民政府共同筹办中欧班列国际合作论坛；依托交通领域合作机制和多双边会谈，加强全球物流供应链稳定畅通国际合作，有序推动中欧班列高质量发展。推进国际物流供应链体系建设。

二、港澳台工作概况

推进两岸交通运输领域融合发展，推动交通运输惠台措施落地。推进内地与港澳交通运输领域交流合作，支持香港巩固和提升国际航运中心地位，助力澳门经济适度多元可持续发展。

第二节 铁路国际合作与港澳台工作

一、国际合作工作情况及效果

2023年，国家铁路局全面贯彻党的二十大精神和中央外事工作会议精神，落实习近平外交思想和总体国家安全观，以高水平服务对外开放为主线，积极开展铁路政府间双多边国际合作交流，推动优化国际铁路联运规则，较好服务国家总体外交战略。

一是加强铁路国际组织和多边机制合作，与国际铁路运输政府间组织（OTIF）、铁盟、欧盟铁路署、德国联邦铁路局等有关国际组织和欧方铁路机构密切交流，进一步提升我国铁路的国际影响力和话语权。

二是协调各方通过中国提交的推动成员国国际铁路运输高质量可持续发展倡议草案，并经上海合作组织成员国政府首脑（总理）理事会审议后，纳入理事会联合声明。

三是通过参加大湄公河区域铁路联盟、中亚区域经济合作组织、国际电工委员会轨道交通电气设备与系统技术委员会、联合国贸法会第六工作组、联合国危险货物运输专家分委会等相关会议，进一步深化与其铁路相关领域的合作交流。

四是积极参与国际铁路联盟、国际标准化组织、国际电工委员会等国际组织的铁路标准制修订工作，持续做好铁路标准外文译本翻译工作，推动铁路标准“软联通”，推进中国铁路标准国际化。

二、港澳台工作情况及效果

围绕广深港高铁疫情后复通运营等重点工作，定期召开季度联席会议和安全监管季度联席会议，推进内地与香港高铁安全监管和轨道交通科学技术创新与运用的交流合作。

第三节 公路（含道路运输）合作与港澳台工作

一、公路国际合作与港澳台工作情况及效果

一是把握中巴经济走廊合作契机，推动中巴喀喇昆仑公路项目形成阶段性成果。4月邀请巴基斯坦交通部代表团访华，成功召开中巴喀喇昆仑公路（雷克特—塔科特）改线项目中巴联合技术工作组工可评估会议。交通运输部公路局与巴基斯坦国家公路局共同审议通过了工可报告，于8月正式移交巴方。9月全球可持续交通高峰论坛（2023）期间，举行了中巴交通联合工作组会议（JWG）。第二个“中巴公路技术合作五年行动计划”（2023—2027年）

由两国交通部长在国家领导人的见证下于10月举行的第三届“一带一路”国际合作高峰论坛期间正式签署，并被纳入论坛成果。

二是成功召开全球可持续交通高峰论坛（2023）“高质量推动国际基础设施互联互通，促进区域经济联动发展”边会。会议邀请到了包括肯尼亚、老挝、尼泊尔、斯里兰卡、塔吉克斯坦5个国家的交通部长致辞，国家有关部委、地方政府部门、驻华使节、行业协会、咨询机构及中外企业家代表共240余人参会。边会就交通基础设施互联互通、相关项目助力“一带一路”高质量建设的实践与经验进行了深入探讨与交流。

三是在全球可持续交通高峰论坛（2023）期间举行公路工程技术标准外文版发布揭幕仪式，累计发布了73项外文版标准。自2012年交通运输部在人民大会堂正式发布首批10项公路工程行业标准外文版至今，中国公路标准外文版已累计发布73项，包括英、法、俄三个语种，涵盖公路、桥梁、隧道勘察、设计、施工、实验、质量检验评定等主要专业领域，中国公路工程行业标准外文版体系已经形成，可以为公路、桥梁、隧道等各类主要工程提供技术支持。

四是积极参与世界道路协会（PIARC）工作。10月，世界道路协会中国第一代表吴春耕率团参加了在捷克布拉格召开的PIARC理事会年会及第二十七届世界道路大会。会议期间通过大会发言、设立展台等形式充分宣传了中国公路领域的新理念和新技术。2023年底以协会技术委员会换届为契机，交通运输部公路局从全行业选拔78名专家担任协会20个技术委员会新一届技术委员（2024—2027年度），是迄今为止选派技术委员人数最多的一届。

五是重启中日、中韩公路技术线下交流会议。10月，第三十七次中日公路技术交流会以智慧高速公路（ITS）与自动驾驶，以及高速公路收费管理与智能化为主题，日本国土交通省大臣官方审议官（副局级）率11人代表团访华，在交通运输部召开技术交流会议，并考察雄安新区智慧城市及京雄高速公路建设运营情况，以及江苏省相关智慧高速公路改造等项目。第二十六届中韩公路技术交流会议由韩国国土交通部道路局李容旭局长率13人代表团来华参会，在南京以高速公路自动交通管理系统、高速公路收费管理等为主题进行了交流，并考察参观了南京长江大桥及太湖隧道、智慧高速公路等代表性工程。

六是拓展中老、中缅公路技术合作新渠道。5月交通运输部公路局派员参加了中老经济走廊交通合作工作组第二次会议及中缅经济走廊交通工作组会议，研究推进中老、中缅公路技术合作交流工作，随后起草《中老公路技术交流合作谅解备忘录》及《中缅公路技术交流合作谅解备忘录》，发两国公路部门征求意见后共同推进合作交流工作。

七是与越南交通部门共享我国高速公路经验成果。6月越南交通运输部副部长黎亭寿一行现场考察北京兴延高速公路及监控中心等工程设施，交通运输部公路局就中国高速公路建管养运发展经验进行交流分享，沟通协商建立中越公路交通合作机制。

八是开展与周边国家公路通道连接布局情况的调研。为掌握我国与周边国家公路基础设施互联互通具体情况，组织开展了我国沿边境省区与周边国家公路通道连接布局情况调研，起草《亚洲公路网及我国与周边国家公路基础设施合作情况》报告，梳理我国公路网与亚洲公路网间的关系，掌握我国与“一带一路”各大经济走廊带相关国家公路基础设施合作情况，为我国与周边国家开展公路互联互通及合作交流做好前期储备。

二、道路运输国际合作情况及效果

一是充分发挥国家便利运输委员会机制作用。组织召开国家便利运输委员会2023年全体会议和联络员会议，印发2023年重点工作任务安排，协调推进重点工作任务落地实施。密切关注并定期监测调度公路口岸客货运输情况，及时推动解决口岸拥堵问题，确保边境口岸汽车出入境运输畅通。加快推广应用基于北斗的国际道路运输管理与服务信息系统。积极推广《国际公路运输公约》（TIR）应用。

二是加快推动双多边国际道路运输合作文件签

署实施。围绕高水平共建“一带一路”，不断健全完善国际道路运输合作文件体系。围绕加强互联互通，新签署中哈、中塔、中蒙、中土、大湄公河次区域5份政府间国际道路运输合作文件。推进中格、中土等国际道路运输协定的实施。成功主办大湄公河次区域便利货物及人员跨境运输协定联委会第八次会议（部长级）。积极推动国际道路运输通道建设，完成中蒙俄沿亚洲公路网AH4试运行活动和中韩多式联运（威海—仁川）试运行活动。

三是深化国家道路运输管理改革创新。深入推进边境口岸汽车出入境运输管理中央财政事权改革落地落实，研究提出国际运输便利化保障经费监督评价指标体系，推动保障经费核增和建设经费落地实施，加快推进国际道路运输相关基础设施建设。严格落实行车许可证印章用印管理，协调做好双多边行车许可证印制交换。研究开展电子行车许可证应用试点。

第四节　水路国际合作与港澳台工作

一、国际海运合作、港口合作、内河航运发展合作、绿色航运发展合作等

（一）第十次中丹（麦）海运会谈

2023年5月19日，第十次中丹（麦）海运会谈在北京举行。双方就当前国际海运市场发展形势、航运业绿色低碳发展、预防集装箱船掉箱及海上自主水面船舶等议题深入交换了意见，并交流了行业关切的问题。双方表示将保持密切联系和沟通，加强在国际海运领域的合作，共同推动双方海运合作发展。

（二）第四次中挪（威）海运会谈

2023年12月6日，第四次中挪（威）海运会谈在上海举行。双方代表团就当前国际海运发展形势交换了意见，重点就绿色航运、航运数字化发展、船舶拆解、海员培训、发证和值班标准国际公约（STCW公约）等议题进行了深入交流，并探讨了双方未来合作领域。双方表示，此次海运会谈进一步增进了中挪双方海运政策和技术交流，对深化两国海运合作有重要意义。双方同意，将继续发挥中挪定期海运磋商机制作用，推动双方海运合作走深走实。

（三）第二十七次中俄运输合作分委会海运河运工作组会议

2023年10月11日至12日，中俄总理定期会晤委员会运输合作分委会第二十七次会议海运河运工作组会议以视频方式举行。双方围绕深化中俄内河航运合作、加强江海联运达成重要共识，并同意积极推动落实；围绕加强港口国监督合作等海事安全领域合作进行了深入交流，双方同意深化在国际海事组织框架下的合作，并将继续深化双边海运河运合作，努力为中俄新时代全面战略协作伙伴关系创造更多合作亮点。

（四）界河航道管理养护国际合作

一是举办中俄航联委会议。2023年4月17日至27日，通过视频会议的方式组织召开了中俄航联委第64次例会，双方就中俄界河航道疏浚测量、航标设置、界河航行规则修订等方面达成了协议，签署了《中俄航联委第64次例会纪要》。二是开展中俄界河航道航行检查。2023年9月，中俄双方开展界河航道航行联合检查工作，对航道维护、航标运行、双方船舶驾驶员执行《中俄国境河流航行规则》情况等进行了检查，签署了联检记录。三是指导做好中朝界河航道管理工作。与外交部沟通协调并指导吉林省交通运输厅、辽宁省交通运输厅积极与朝方沟通，推进中朝界河航道建设、养护项目正常实施。

（五）参加国际论坛情况

2023年9月7日至8日，第五届“丝路海运”国际合作论坛在厦门举办。2023年9月22日至24日，2023北外滩国际航运论坛在上海举办。2023年11月20日，第三届世界航商大会在香港举办。

（六）签署国际协议情况

2023年9月24日，李小鹏部长在北京会见塞尔维亚建设、交通和基础设施部部长戈兰·韦西奇，双方共同签署了《中华人民共和国交通运输部和塞尔维亚共和国建设、交通和基础设施部关于相互承

认海员证书的协议》，双方同意成立高级别联络机制，尽快签署部门间加强合作的谅解备忘录，交换中塞交通运输项目相关信息，推进务实合作。

二、国际搜救合作交流及港澳台工作

（一）国际合作工作情况及效果

一是与东盟国家务实合作取得新突破。参加中越海上低敏感领域合作专家工作组第十六轮磋商，推动成功签署《中华人民共和国政府和越南社会主义共和国政府海上搜救合作协定》。主办2023年中国—东盟国家海上搜救高级培训班，系新冠疫情以来，在落实《南海各方行为宣言》框架下首个恢复线下方式开展的海上务实合作项目。成功举办博鳌亚洲论坛2023年年会南海主题分论坛、全球可持续交通高峰论坛（2023）“加强海上搜救合作、保障海上航行安全”海上搜救边会，与相关国家深化海上搜救交流合作。

二是西北太平洋地区搜救合作实现新提升。成功举办第二十五届中日韩俄四国海上搜救合作操作级别会议。参加中日海洋事务高级别磋商、中韩海洋事务对话合作机制会谈。指导辽宁、山东等地省级海上搜救中心与韩、日相关搜救机构开展海上搜救通信演习。

三是全力做好我国搜救责任区和管辖海域内涉外海上突发事件处置工作。积极履行国际义务，为外籍遇险船舶提供搜救服务，全年成功救助遇险外籍船舶88艘、船员1054人。积极参与国际海事组织（IMO）、亚洲地区反海盗及武装劫船区域合作协定（ReCAAP）等多边框架下反海盗国际合作事务，继续做好亚丁湾索马里海域护航协同工作，配合海军完成60批75艘次船舶护航任务。会同相关部门妥善处置远洋渔船“盛海2”遭海盗劫持事件。与中国船东协会、中国远洋海运集团有限公司等在广州联合举办2023年度反海盗船岸联合演练。

（二）港澳台工作情况及效果

2023年，中国海上搜救中心与台湾搜救机构保持良好合作，认真履行搜救责任及人道主义救援义务，两岸搜救部门共联合处置海上险情9起，成功救助遇险人员37人、船舶6艘。

三、国际海事合作交流及港澳台工作

（一）国际合作工作情况及效果

积极参与全球海事治理，服务国家战略实施、外交大局和航运业发展。直属海事系统全年共参加国际会议58次，开展国际交流合作活动33次；共向国际海事组织（IMO）、国际海道测量组织（IHO）、国际航标协会（IALA）、国际移动卫星组织（IMSO）、国际搜救卫星组织（COSPAS-SARSAT）等国际会议提交提案166份，其中IMO提案85份。

再次高票当选连任IMO A类理事国，自1989年起第十八次连任，连续8次当选IALA理事会成员国，连续3届当选IHO理事国，推动中国加入《国际航标组织公约》，充分彰显航运大国的地位。

印发《海事国际合作专项工作方案》《提升海事国际会议提案质量增强国际事务主导权工作机制》等文件，通过强化建章立制，注重统筹谋划，完善工作机制，不断提升工作成效。

扎实推进海事领域高质量共建“一带一路”。举办中丹海事局长会谈、第十二次中新海事高官会，积极参加东盟海运工作组会议、亚太海事局长论坛等区域性机制会议，持续推进渡运安全、中新电子证书以及绿色和数字化航运走廊等领域的交流合作，与塞尔维亚签署海员适任证书互认协议，举办中国—印尼船舶交通服务（VTS）操作员能力建设、IALA国际航标人员培训班、《澜沧江—湄公河商船检验技术规则》技术研讨会，与丹麦开展港口国监督（PSC）等5个系列交流，促进海事管理制度规则的“软联通”，推动海事领域高质量共建“一带一路”。

全力支持全球可持续交通高峰论坛（2023）举办，积极开展海事主场外交活动，服务国家战略和外交大局。承办2023北外滩国际航运论坛“安全与合作”主题论坛，举办亚洲海事调查官论坛、远东无线电导航服务网理事会等会议。

（二）港澳台工作情况及效果

推进实施《粤澳智慧海事管理合作安排》，认真落实《关于对澳门特区管理水域水上交通安全及航道管理的合作安排》《粤港澳大湾区海事合作协议》，开展港澳交流合作活动8次，召开内地—香港—

澳门海事合作会议、内地—香港海上安全定期会议，促进粤港澳大湾区海事监管协同，主动服务大湾区航运发展。

四、国际救捞合作交流及港澳台工作

（一）国际合作工作情况及效果

2023年4月28日至5月6日，中国救捞参加在美国休斯敦举办的2023年国际海洋技术大会（OTC2023），充分展示了中国救捞的装备和能力。

2023年5月24日至26日，交通运输部救助打捞局局长王雷一行出席第十一届中国国际救捞论坛。来自国内外120余家单位的200多名嘉宾代表，围绕“新时代 新作为 共建绿色智慧现代化救捞”主题，交流探讨新时代救助打捞行业发展面临的新机遇和挑战，共助水上交通运输和涉水行业的高质量发展。

2023年6月18日至21日，交通运输部救助打捞局局长王雷率团前往荷兰鹿特丹参加国际海上人命救助联盟（IMRF）会员大会暨2023年国际海上人命救助大会，并作题为《更远更强更高效应对海上险情与事故》专题演讲。

2023年9月22日，国际海上人命救助联盟（IMRF）会员座谈会在上海召开，会议由交通运输部救捞局局长、IMRF亚太中心理事长王雷主持，来自印尼国家搜救局、孟加拉国海岸警卫队，我国香港特别行政区政府消防处和飞行服务队的代表及相关会员单位参加了会议。

2023年10月12日，交通运输部救助打捞局局长王雷率团参加国际救捞联合会（ISU）第69届全体会员大会。会上，李昌代表中国救捞当选为国际救捞联合会（ISU）执行委员会委员，任期两年。

2023年10月12日至14日，福建省人民政府、工业和信息化部、交通运输部在福州联合举办了2023世界航海装备大会。东海救助局“东海救115”轮、“B-7310”救助直升机进行了展示。

（二）港澳台工作情况及效果

2023年4月25日，交通运输部救助打捞局与香港特别行政区政府飞行服务队和消防处分别在京签署《技术合作五年规划意向书（2023—2027年）》。

2023年10月12日，交通运输部救助打捞局与香港特别行政区政府飞行服务队合作22周年专题技术交流活动在厦门举行。

2023年11月20日，在交通运输部付绪银副部长和香港保安局邓炳强局长的见证下，交通运输部救助打捞局分别与香港特别行政区政府飞行服务队和消防处在香港签署双方2024年度技术交流合作计划。

2023年11月29日至30日，香港民航处举办“2023年空难搜救演练”，救捞系统派代表团赴港观摩并开展业务交流。南海救助局派遣1艘救助船艇开展了长程空难搜救、落水目标搜寻等科目演练，进一步增进了救捞系统与香港民航处、海事处等部门的深厚友谊，有效检验了合作协议的操作性和实用性，为更好地维护内地和香港的海上安全夯实了基础。

第五节 民航国际合作与港澳台工作

一、多措并举，内外联动，积极推动国际客运航班恢复

中国民用航空局积极贯彻落实党中央国务院决策部署，聚焦更好服务国家战略和推动民航高质量发展，持续推进国际航班增班工作。一方面，积极推动航权充分使用，我国与世界上绝大多数签署航空运输协定的国家已恢复新冠疫情前双边航权安排适用，为中外航空公司恢复或开通航班创造条件。另一方面，全面收集中外航司在国际航班运营中面临的困难和问题，进行梳理分析并研究相应措施，积极开展对内对外协调磋商。推动有关部门出台便利人员跨境往来的各项举措，并鼓励国内主要机场设立24小时营业的通信运营网点，便利外国人来华。

二、提升对外开放水平，加强双多边民航交流合作，服务国家战略和总体外交

双边方面，与有关国家商签航空运输协定并扩大航权安排。2023年，分别与所罗门群岛、委内瑞拉、希腊新签或重签了政府间航空运输协定，与巴巴多斯草签航空运输协定。与吉尔吉斯斯坦、匈牙利、

塞尔维亚、丹麦、瑞典、挪威、埃塞俄比亚、比利时、卢森堡、卡塔尔、巴林、哈萨克斯坦、墨西哥、保加利亚等14国通过会谈或书面磋商扩大航权安排。第三届“一带一路”国际合作高峰论坛前夕，与哈萨克斯坦、塔吉克斯坦签署共建“空中丝绸之路”的谅解备忘录，进一步便利“一带一路”共建国家人文、经贸和社会领域合作，为共建“一带一路”贡献民航力量。

多边方面，邀请国际民航组织（ICAO）秘书长、理事会主席于2023年6月、10月先后访华。国务院领导、中国民用航空局领导和有关地方领导分别会见对方，就进一步加强与ICAO全面合作交换意见。宋志勇局长与秘书长萨拉萨尔共同出席ICAO亚太地区分办事处（RSO）成立十周年庆祝活动，签署更新《财务和行政安排补充协议》。夏基塔诺主席出席第三届“一带一路”国际合作高峰论坛，并在互联互通高级别论坛发言。访问期间，我国集中展示了在民用飞机制造、绿色发展、人才培养、行业应用技术等领域的发展成就，讲好中国民航故事。

三、强化外事管理，发挥机制和平台作用，持续深化民航领域对外交流合作

疫情防控实施“乙类乙管”后，中国民用航空局全面分析研判国际形势，科学严谨制定外事及港澳台计划，统筹做好疫情防控和对外交流合作，稳步推动民航国际及港澳台交流合作恢复。组织召开中国民航“一带一路”合作平台指导委员会第二次会议，进一步夯实平台工作机制，推动“空中丝绸之路”高质量建设。与俄罗斯、东盟召开民航定期交流机制会议，就航班运营、民航安全、安保合作等议题开展交流。推动中美民航合作项目（ACP）、中欧民航合作项目（APP）转型升级。积极参与全球民航治理，深入参与国际民航组织标准制定，协调民航系统近百人次参加ICAO技术专家组会议，推动我国各类相关技术标准与ICAO要求接轨。2023年，共开展双多边及港澳台活动70余场，审批因公出国（境）团组403批次，1300多人次，民航国际及港澳台交流合作稳妥有序恢复。

第六节　邮政国际合作与港澳台工作

一、国际合作工作情况及效果

2023年，国家邮政局坚持以习近平新时代中国特色社会主义思想特别是习近平外交思想为指导，认真贯彻落实党的二十大精神，全力服务国家总体外交，持续深化邮政领域对外交流合作，不断提升我国在国际邮政组织话语权和影响力，努力推动国际合作工作迈上新台阶，取得了积极实效。

在深度参与全球邮政治理方面。一是做好国际组织参会和重点议题谈判审议工作，深度参与万国邮联开放改革方案磋商、应对气候变化行动、会费改革、亚太邮联改革等重大议题预案研究和谈判工作，成功推动万国邮联特别大会批准了由中国主导的万国邮联气候行动联合修正提案，最大程度维护了我国利益。深度参与万国邮联开放改革方案磋商，制订我国非邮企业及有关社会团体参加万国邮联咨询委员会管理办法。指导快递协会及快递企业参加万国邮联咨询委员会会议，提升参与国际事务的能力。二是积极推动高层对外交往，做好国际组织宣传工作。做好国家邮政局领导与万国邮联、亚太邮联、泛非邮联秘书长会见及日常沟通工作。完成万国邮联国际局采访国家邮政局局长的新闻宣传组织工作。组织中国邮政在万国邮联可持续发展会议上作主题发言。利用亚太邮联咨询部宣传平台，对国家邮政局领导与亚太邮联秘书长高层会晤、中老铁路发展、“双11”快递业务量等进行专题报道，宣传我国邮政业发展情况。三是加大国际邮政组织人才培养和推送工作力度。与亚太邮联正式签署《关于加强邮政领域合作的谅解备忘录》，就深化友好合作关系、加强人员培训等事项达成共识。组织青年干部赴泰国参加亚太邮联培训班，推动落实亚太邮联学员来华参加“邮政管理”培训班的访学活动。做好国际组织人才库建设工作，为提升我国在国际邮政治理中的话语权做好人才储备。完成万国邮联海关借调专家选拔工作，研究推进国际组织人才推送工作。

在持续推动中欧班列常态化运输邮件和跨境电

商商品方面。一是巩固拓展常态化运输工作。持续推进中欧班列（重庆、武汉）出口运邮常态化成果，已开通包括成都、西安、沈阳等共计13条铁路运邮线路，打造波兰、白俄罗斯双入欧通道。优化传统邮政渠道产品，丰富“出海”产品体系，推广俄罗斯、白俄罗斯等路向小包特惠业务。稳步拓展国际合作“朋友圈”。巩固和改善波兰和白俄罗斯通道运营能力。积极推动南向通道建设，与老挝邮政就中老铁路测试达成一致意见。2023年，主要邮政快递企业利用中欧班列累计发运3773箱国际邮件和跨境电商商品。二是持续推进国际铁路运邮标准规则制修订。在前期成果基础上继续推进公约细则中运输有关条款第三阶段修订工作。主导万国邮联运输指南更新工作。通过多边会议平台向成员国推广铁路运邮项目，宣传“中国经验”。与欧盟委员会、国际铁路组织以及沿线国家邮政、铁路、海关部门就成员邮政电子预发数据（EAD）信息传输加强沟通协商，积极推进邮政和铁路间信息传输评估、测试和推广工作。

在加强邮政领域国际交流合作方面。组织参加第三届“一带一路”国际合作高峰论坛及互联互通高级别论坛。协助办好全球可持续交通高峰论坛(2023)，利用线上线下相结合的方式举办可持续邮政边会。成功举办第五届中国（杭州）国际快递业大会。加强与“一带一路”共建国家双边交流，推动将加强邮政领域合作纳入中国与吉尔吉斯斯坦建立新时代全面战略伙伴关系联合宣言。做好国家邮政局领导赴泰国、韩国、阿联酋、德国、西班牙、马来西亚和印度尼西亚等高访活动的组织实施。推动与韩国邮政和亚太邮联成功签署关于加强邮政领域合作的谅解备忘录，与泰国等就签署合作文件事达成共识，加快推动与马来西亚相关部门签订邮政双边合作文件事宜。做好越南、伊朗、柬埔寨、新加坡等国代表团以及UPS、FedEx等国际快递企业代表来访接待工作，加强与俄罗斯、日本和越南等国政策对话，重点围绕邮政业改革发展等内容深入交流，强化互学互鉴。组织做好世界海关组织、万国邮联全球大会和联合国麻醉品委员会会议参会工作，跟踪关注全球邮政海关合作新动向及国际寄递渠道安全问题的最新情况。组织参加“一枚邮票看周边外交”座谈会并发行纪念封，纪念亲诚惠容周边外交理念提出10周年。组织参加2023年“澜湄合作”庆祝活动，联合亚太邮联宣传澜湄合作机制国家利用中老铁路开展跨境寄递运输合作等案例。做好对“一带一路”共建国家人才培训工作，联合举办“数字邮政发展与治理现代化培训班”，支持举办“西部陆海新通道辐射国家跨境电商与邮政快递业合作高级研修班”和“发展中国家邮政管理研修班”。指导中华全国集邮联合会组织参加新西兰第三十八届亚洲国际邮展和孟加拉2023国际邮展并斩获多项大奖。

二、港澳台工作情况及效果

2023年，国家邮政局坚决贯彻中央对港澳台工作决策部署，发挥行业优势，加强统筹协调与政策研判，持续推进邮政领域交流与合作取得新成效。

认真落实内地与港澳峰会机制，成功召开第五届内地与港澳邮政高峰会，赵冲久局长率团出席会议及活动，通过交流研讨，达成六项共识，与会各方共同签署会议成果文件。密切与香港各层级交流，赵冲久局长在京会见港澳邮政代表团，双方就内地与港澳邮政业改革发展情况以及深化合作，贯彻落实好粤港澳大湾区发展战略，深化在跨境电商、冷链物流、集邮文化等领域的合作深入交流，共同促进内地与港澳邮政业融合发展。加强港澳集邮合作，积极协调推动港澳邮政共同发行共建“一带一路”十周年纪念邮品，支持香港特区政府举办回归祖国纪念邮品展出活动。

召开邮政业对台工作会议，研究部署行业对台工作任务，积极服务对台工作大局。认真落实《海峡两岸邮政协议》和协议商谈《会议纪要》，加强两岸邮件快件运输保障能力建设。持续推动对台海运邮件快件业务发展，加大对台枢纽设施建设力度，推进两岸邮政快递基础设施互联互通。指导邮政快递企业认真执行寄递实名制相关政策制度，保障台湾同胞福祉和实现同等待遇的制度安排落实落地。落实《中共中央 国务院关于支持福建探索海峡两岸融合发展新路 建设两岸融合发展示范区的意见》涉及邮政快递领域任务，积极推进“邮商并举、海空一体”合作，打造对台专项寄递产品，聚焦两岸民众网购和寄递服务新需求，推进闽台区域新合作。召开两岸工作机制视频会议，保持两岸交流交往连续性。

第七节　中国国际可持续交通创新和知识中心工作

2023 年，中国国际可持续交通创新和知识中心（以下简称“国际中心”）深入学习贯彻习近平总书记主旨讲话和向国际中心成立致贺信、向全球可持续交通高峰论坛(2023)致贺信精神，紧紧围绕交通运输部党组决策部署，高标准、高质量推进“四好”中心建设。

一是以贯彻贺信精神为引领，不断提高政治站位。国际中心深入学习领会习近平总书记主旨讲话和贺信精神，深刻领悟设立国际中心的重大意义，扎实开展学习贯彻习近平新时代中国特色社会主义思想主题教育。深入学习领会习近平总书记向全球可持续交通高峰论坛(2023)致贺信精神，深刻把握可持续交通体系的丰富内涵，在“四好”中心建设中坚定拥护“两个确立”，坚决做到“两个维护”。

二是以“五个一”建设为抓手，不断强化政治担当。国际中心坚决贯彻交通运输部党组决策部署，成功承办论坛、展会，发起设立创新联盟，“三位一体”形成有效互动。成功承办全球可持续交通高峰论坛（2023）和第十五届国际交通技术与设备展览会，通过办会办展锻炼了队伍、提升了能力、形成了战斗力。发起设立创新联盟，召开联盟启动会，41 家国内外知名企业等申请成为创始会员。稳步推进可持续交通创新中心国家高端智库建设，形成多篇研究成果。举办首期全球可持续交通人文交流高级研修项目，来自 20 个国家的 26 名学员参加研修。扎实推进国际中心北京基地和雄安基地前期有关工作。此外，国际中心还积极参与了第三届“一带一路”国际合作高峰论坛、第二十九届智能交通世界大会部长圆桌会议等筹办工作。

三是以干部队伍建设为重点，不断提升政治能力。紧紧围绕李小鹏部长提出的 56 字重要要求，不断加强干部职工思想淬炼、理论训练、政治历练、实践锻炼。2023 年以来，共完成应届毕业生招录等 3 个批次的人员招录工作。强化组织建设，成立基层党支部、中心团委、工会等，推动基层组织的有形覆盖和有效覆盖。

四是以作风和制度建设为保障，不断落实政治责任。坚决把讲政治作为第一位要求，把忠诚可靠作为第一位标准，深化国际中心政治机关建设。注重用制度规范工作、巩固经验、提升效能，强化制度刚性约束，营造有利于干事创业的良好氛围。

第十六章　党建工作

第一节　交通运输部党建工作

2023年，中共交通运输部党组坚持以习近平新时代中国特色社会主义思想为指导，全面贯彻落实党的二十大和二十届一中、二中全会精神，深刻领悟“两个确立”的决定性意义，增强“四个意识”、坚定“四个自信”、做到“两个维护”，弘扬伟大建党精神，牢记“三个务必”，坚持和加强党的全面领导，落实新时代党的建设总要求，持之以恒推进全面从严治党，深入推进新时代党的建设新的伟大工程，扎实开展学习贯彻习近平新时代中国特色社会主义思想主题教育，持续巩固拓展巡视整改成果，推进党建与业务深度融合，不断提高党的建设质量，为奋力加快建设交通强国、努力当好中国式现代化的开路先锋提供坚强保证。

一、旗帜鲜明讲政治，坚决做到“两个维护”

把维护以习近平同志为核心的党中央权威和集中统一领导作为首要政治任务，持续加强对党中央重大决策部署和习近平总书记重要指示批示精神贯彻落实情况的督促检查。部党组充分发挥把方向、管大局、保落实的领导作用，带头全面学习贯彻党的二十大精神，带头学习贯彻习近平总书记关于党的建设的重要思想，带头贯彻落实习近平总书记关于交通运输工作的重要论述，实施《加快建设交通强国五年行动计划（2023—2027年）》，成功筹办全球可持续交通高峰论坛(2023)、第十五届国际交通技术与设备展览会，成立全球可持续交通创新联盟。部党组严格落实民主集中制，修订党组工作规则、部工作规则。认真贯彻落实中央和国家机关部门党组（党委）落实机关党建主体责任座谈交流会精神，自觉接受中央和国家机关工委的指导督促。部党组深化“第一议题”制度，及时向党中央请示报告重要事项。严格落实意识形态工作责任制。扎实推进模范机关建设，教育引导党员干部深刻领悟“两个确立”的决定性意义，自觉践行“两个维护”，在交通运输疫情防控、保通保畅、安全生产、助企纾困等急难险重任务中发挥先锋模范作用。

二、扎实推进学习贯彻习近平新时代中国特色社会主义思想主题教育

聚焦锤炼品格强化忠诚，进一步筑牢了坚定拥护“两个确立”、坚决做到“两个维护”的政治忠诚。部党组坚持以上率下，制定全面作表率清单，建立部领导“三个联系”机制，成立领导小组及其办公室，组建工作组和巡回指导组，推动主题教育深入开展。聚焦凝心铸魂筑牢根本，进一步增强了笃信笃行党的创新理论的自觉性坚定性。部党组举办为期8天的读书班，党组理论学习中心组开展集体学习；确定重大调研选题，召开调研成果交流会；梳理整改整治问题并制定检视整改工作方案和专项整治方案；高质量召开专题民主生活会。聚焦实干担当促进发展，进一步开创了交通运输高质量发展新局面。指导部系统以多种形式集中学习，确定调研选题550余项并积极推动调研成果转化；严肃认真召开专题民主（组织）生活会，及时开展“回头看”；将主题教育中的好经验好做法及时以制度形式巩固下来，推动部系统各单位制修订制度680余项。聚焦践行宗旨为民造福，进一步树牢了宗旨意识和为民情怀。推动交通基础设施建设、保通保畅、安全生产等取得新进展，12件更贴近民生实事全部完成。聚焦廉洁奉公树立新风，进一步营造了交通运输部系统良好的政治生态和行业风气。认真开展干部队伍教育整顿，坚持以上率下、示范推动，组织部系统各单位及广大党员、干部深入开展自查自纠，政治生态呈现新气象。

三、贯彻落实新时代党的组织路线，加强党员、干部、人才队伍建设，以及基层党组织建设和新业态新就业群体党的建设

坚持把政治标准放在首位，注重选育管用一体推

进、协同用力，制定加强新时代交通运输干部队伍建设的意见；党组书记与中青年干部座谈，激励干部珍惜机遇、增强本领、成为栋梁；制定新时代交通运输人才工作有关意见和行动方案，制定2023—2027年交通运输干部教育培训规划。优化调整部党建工作领导小组、党风廉政建设和反腐败工作领导小组设置；研究明确部属京外单位党建工作责任，完成年度基层党建和党组织书记抓基层党建工作述职评议考核；在部应对甘肃省临夏回族自治州积石山保安族东乡族撒拉族自治县地震现场工作等重大任务中成立临时党支部；46个党支部获评中央和国家机关"四强"党支部。召开全国交通运输系统货车司机网约车司机群体党建工作动员部署会，印发有关工作意见，不断增强党在交通运输新兴领域的号召力、凝聚力、影响力。评选表彰2023年部系统优秀共产党员197名，优秀党务工作者99名，先进基层党组织100个，颁发"光荣在党50年"纪念章57枚。坚持党对群团统战工作的领导，充分发挥桥梁纽带作用，为加快建设交通强国凝聚奋进力量。指导部直属机关工会召开第三届会员代表大会，广泛开展岗位练兵、"根在基层"调研攻关等实践活动。积极营造团结奋进的文化氛围，"一部三局"组团参加中央和国家机关第二届运动会，总成绩排名甲组第一，荣获"优秀组织奖"。坚持"三用三送"做好维权服务，持续开展"我为群众办实事"活动，不断提高干部职工获得感、幸福感、安全感。召开部直属机关统战工作座谈会，组织党外人士开展调研，调研报告被中央统战部《零讯》采用，部直属机关侨联被评为全国侨联系统先进组织。

四、锲而不舍落实中央八项规定精神，持续推进作风建设常态化长效化

贯彻落实中央纪委通报精神，制定深刻汲取彭付平、陈佳元案件教训、深化以案促改工作方案，推动行业进一步以案促改、以案促治，推动完善了公务接待、出差审批、培训调研、印章管理、财务报销等系列配套制度；召开部系统年轻干部专题警示教育会，邀请地方监委有关专案组同志到部交流，部系统年轻干部接受警示教育。贯彻落实中央八项规定精神实施细则；认真贯彻落实中央办公厅部署要求，制定实施深化拓展形式主义为基层减负具体措施，严守精文减会"硬杠杠"，以务实作风抓好工作落实。

五、以严的基调、严的措施、严的氛围，一体推进不敢腐、不能腐、不想腐

组织召开交通运输行业党风廉政建设工作暨警示教育电视电话会议，部署年度党风廉政建设重点工作。深入贯彻中央关于加强新时代廉洁文化建设的意见，推进家庭家教家风建设。组织持续落实纪法知识教育、重要时间节点廉政提醒、典型案件警示教育、新任（入）职干部廉政谈话常态化机制。组织开展部系统基层"微腐败"专项整治。深入开展部系统纪检干部队伍教育，努力打造一支忠诚干净担当、敢于善于斗争的高素质纪检干部队伍；开展纪检机构违规办案行为、案件质量问题专项整治；推动部系统各级纪检机构检视突出问题、制定落实整改措施。组织落实专题组织生活会。深入开展行业党风廉政建设专题调研工作。

六、巡视巡察工作开展情况

持续深化中央巡视反馈问题整改和政治巡视工作。毫不放松抓好中央巡视整改，组织召开季度调度会、半年小结会，加强统筹调度督导，推动重难点问题解决，实现整改任务100%销号。完成中央巡视整改进展情况向党内通报和向社会公开工作。印发加强巡视整改和成果运用的通知，开展巡视整改情况自查评估。组织部党组两轮巡视，对18家部属单位党委（党组）进行了常规巡视，突出政治巡视定位，同步开展选人用人专项检查，持续完善有关工作机制。跟踪指导被巡视单位抓好整改，推动完善巡视巡察上下联动格局。印发2023—2027年部党组巡视工作规划，推动提升部党组巡视工作质量。

第二节　国家铁路局系统党建工作

2023年，国家铁路局各级党组织深入开展学习贯彻习近平新时代中国特色社会主义思想主题教育和纪检干部队伍教育整顿，积极配合和自觉接受中央巡视"回头看"，

持续推进全面从严治党，一体推进不敢腐、不能腐、不想腐，党的建设、党风廉政建设工作取得新进展。

一、着力加强政治建设，“两个维护”更加坚定自觉

坚持把政治建设摆在首位，强化政治机关意识教育，把学习贯彻习近平新时代中国特色社会主义思想和党的二十大精神作为政治机关意识教育的重点，推动党员干部坚定政治立场、把牢政治方向，胸怀“国之大者”，找准工作定位，更加自觉深刻领悟“两个确立”的决定性意义，增强“四个意识”、坚定“四个自信”、做到“两个维护”，走好第一方阵。坚持“第一议题”制度，及时学习领会习近平总书记重要讲话和重要指示批示精神，健全完善工作台账，强化督促督办，推动重点工作取得新进展。落实定点帮扶责任，加大资金支持、消费帮扶、项目帮扶等力度，助推榕江县乡村振兴。坚持重大事项请示报告制度，按规定向党中央及中央有关部门请示报告。严肃党内政治生活，党员领导干部认真参加专题民主生活会、组织生活会，过好双重组织生活。深入研判意识形态领域形势任务，进一步加强意识形态工作，有力维护意识形态安全。

二、扎实开展主题教育，推动理论武装走深走实

牢牢把握“学思想、强党性、重实践、建新功”总要求，在以学铸魂、以学增智、以学正风、以学促干上取得实实在在成效，得到中央主题教育第三十二指导组充分肯定，职工评价满意率99.12%。坚持“六学联动”，着力读原著、学原文、悟原理。开展干部队伍教育整顿，坚持刀刃向内，着力锻造可靠、忠诚的干部队伍。大兴调查研究，局党组示范引领，采取跟踪性、对策性、解剖式调研，摸实情、出实招，强化调研成果交流和运用。全面梳理检视，建立问题清单，狠抓整改整治，实现全部销号。坚持“当下改”和“长久立”相结合，出台26项文件制度。开展主题教育整改落实情况“回头看”，全面对照检查，完善工作措施。持续深化学习，局党组理论学习中心组集体学习15次，组织生活日（党日）集中学习12次。学习贯彻全国宣传思想文化工作会议精神，研究制定实施意见。

三、持续强化组织建设，干事创业的精气神不断激发

树立大抓基层的鲜明导向，锻造过硬的基层党组织，坚持选人用人正确导向，激励干部担当作为，积极营造干事创业的良好环境。优化局属单位机构设置，选优配强领导班子。严格按程序开展干部选拔任用、职级晋升等干部工作。印发实施《国家铁路局领导干部政治素质考察办法（试行）》。加强对年轻干部的教育培养历练，选派年轻干部挂职锻炼，开展“根在基层”和“关键小事”调研攻关活动。开展工程系列中高级职称评审。深入开展党支部标准化规范化建设，扎实推进“四强”党支部创建。抓好“三会一课”、组织生活会、民主评议党员工作。开展基层党组织书记、纪检机构主要负责人述职评议考核，加强考核结果运用。突出政治标准发展党员，严把“入口关”。开展建功立业竞赛、职工年度体检、重大疾病互助保障。坚持“三个区分开来”，注重严管厚爱，激励干部干事创业。

四、坚持系统施治，一体推进“三不腐”不断巩固

坚持把纪律建设摆在更加突出位置，持之以恒推进正风肃纪反腐。印发年度经常性纪律教育计划，召开警示教育大会，常态化开展“每月一案”活动。加强对年轻干部教育管理监督，开展纪律教育、集体座谈、廉政谈话。加强廉洁文化建设，开展弘扬清廉家风主题宣传活动。严格落实中央八项规定及其实施细则精神，加强节假日廉洁提醒。针对发生的违纪案件，制发纪律检查建议书，督促召开专题民主生活会。严格落实权力清单制度，印发《铁路行政处罚裁量权基准》，把权力关进制度的笼子。制定加强财会监督工作的实施方案，强化财经纪律刚性约束。开展借培训之名搞公款旅游问题专项治理“回头看”等专项整治，修订完善廉政风险防控和排查动态工作机制。加强制度执行情况的监督检查，推进纪检、巡视、人事、财务、审计等各类监督贯通融合，形成监督合力。落实驻部纪检监察组执纪审查意见，支持局属纪检机构依纪依规

开展执纪问责。规范处置问题线索，认真组织开展谈话函询和初步核实。及时更新和运用党员干部廉政档案，把好党风廉政意见回复关。深入开展纪检干部队伍教育整顿，对标目标要求，抓好学习教育、检视整治、巩固提升各环节工作。

五、全力推进中央巡视整改，巡视利剑作用不断彰显

积极配合中央巡视"回头看"，研究制定配合中央巡视具体安排，召开动员会，深入剖析查找存在的问题。加强与巡视组沟通，及时提供调阅材料，周密安排个别谈话，配合下沉调研，为巡视工作提供有力保障。认真履行巡视整改主体责任，完善季度调度、半年小结、全年总结的整改工作机制，长效推动整改。制定年度巡视整改工作安排，细化工作措施，推进2022年中央巡视反馈问题整改，截至2023年底，整改任务完成率为96%。制定局党组巡视工作五年规划，对2家地区铁路监督管理局分党组开展常规巡视，突出对"一把手"和领导班子的监督，探索开展"以审助巡、巡审联动"，对巡视中发现的问题，督促被巡视单位落实整改主体责任。加强对重点问题和共性问题的分析研究，强化各职能部门整改责任，严肃督导整改，促进系统治理，做好巡视"后半篇文章"。

第三节　中国民用航空局系统党建工作

2023年，在以习近平同志为核心的党中央坚强领导下，民航系统各级党组织坚持以党的政治建设为统领，以学习宣传贯彻党的二十大精神为主线，扎实开展学习贯彻习近平新时代中国特色社会主义思想主题教育，推动党建各项工作取得新进展新成效，为民航安全稳健恢复发展提供了坚强保证。

一、认真贯彻落实习近平总书记重要指示批示精神和党中央重大决策部署，践行"两个维护"更加坚定自觉

修订印发并持续落实局党组关于维护党中央集中统一领导的规定。严格落实"第一议题"制度，全年召开党组会47次，传达学习贯彻习近平总书记重要讲话和重要指示批示精神议题82个，对"两个确立"的决定性意义领悟更加深刻。全年收到习近平总书记关于民航工作重要指示批示71件，均已部署落实，加强监督检查，确保落地见效。认真贯彻落实党的二十大精神，坚持稳中求进，统筹安全与发展，制定七个阶段恢复计划，从严从实从细抓好安全，行业运输生产呈现恢复稳健、运行安全、竞争有序的良好局面，民航高质量发展迈出坚实步伐。C919正式投入商业运行，国产大飞机"研发、制造、取证、投运"全面贯通。圆满完成党和国家领导人专包机保障及一系列重大紧急航空运输任务，以实际行动践行了"两个维护"。

二、扎实做好中央巡视、审计整改工作，以改促治持续彰显

在完成集中整改基础上，研究制定《深化巡视整改方案》，召开推进会，将加强党的领导和党的建设、推动民航高质量发展五项重点任务纳入整改，一体推进、上下联动。截至2023年底，局党组确定的49项深化整改措施和44项高质量发展重点任务，分别完成12项和39项；全系统736项深化整改措施和896项高质量发展重点任务，分别完成475项和824项；其余均完成年度阶段性任务，并持续推进。制定五年巡视规划，开展首轮局党组内部巡视，对2个管理局和4所高校党委进行常规巡视，共发现问题91个，督促抓好整改。强化审计问题整改，制定工作方案，召开专题会议，加强跟踪督促。截至2023年底，审计署指出的39个问题，已完成整改34个，5个分阶段持续整改问题正按计划积极推进。开展财经纪律审计问题专项治理，全系统2018年以来历次审计发现的1887个问题，整改完成率近97%，修订完善管理制度283部。

三、抓好基层党组织和党员队伍建设，党建基层基础不断夯实

全面贯彻新时代党的组织路线，加强政治机关意识教育，深入推进模范机关建设，统筹抓好国有企业、

院校、事业单位党建重点任务落实，党的组织体系更加严密。坚持抓基层、打基础，持续巩固党支部标准化规范化建设成果，深化"四强"党支部建设，在确保安全、恢复发展、抢险救灾中，基层党组织的战斗堡垒作用、党员的先锋模范作用更加彰显。制定推动党建和业务工作深度融合的指导意见，举办专题培训班，编印典型案例选，推动破解"两张皮"问题。推动首都机场、空管局等6个单位党委完成换届。加强党员教育管理，全年发展新党员2100名，向165名老干部颁发"光荣在党50年"纪念章。

四、持续纠"四风"树新风，推动作风建设常态长效

修订局党组贯彻落实中央八项规定精神的实施办法。坚持重要时间节点廉政提醒机制，出台并落实重大活动期间纪律作风建设办法，转发中央纪委关于有关单位借培训之名公款旅游问题通报、违反中央八项规定精神典型案例通报等，加强警示提醒和监督检查，深入推进纪律作风建设常态化长效化。严肃整治形式主义、官僚主义顽疾，规范督查检查考核，持续为基层减负，中国民用航空局层面2023年发文同比减少45.7%，发电同比减少12.8%。全年查处违反中央八项规定精神问题19起，处理处分党员干部49名。坚持纠树并举，弘扬党的光荣传统和优良作风，开展时代新风宣传教育，求真务实、清正廉洁的新风正气进一步涵养。

五、坚持一体推进"三不腐"，政治生态持续向上向好

坚定支持驻部纪检监察组工作，加强经常性沟通，落实专题会商机制，全年围绕巡视整改、西北空管人事问题、空勤公务员管理等开展专题会商，同向发力。不敢腐的震慑力得到强化，严肃查办严重违纪违法案件，全年民航系统内设纪检机构立案审查98起，给予党纪政务处分75人次；依纪依法实施精准问责，全年对4个党组织、25名党员干部问责。不能腐的约束力逐步增强，以主体责任清单、廉政谈话、履职考核等制度落实为抓手，压紧压实管党治党主体责任；制定印发加强体检鉴定领域廉政风险防控的指导性意见，督促发生问题的部门单位加强制度建设，堵塞风险漏洞；紧盯各级"一把手"和领导班子成员等"关键少数"，紧盯航班时刻、招飞体检、选人用人、工程建设等重点领域和关键岗位，强化权力监督制约。不想腐的感召力不断提升，加强对年轻干部的教育管理监督，常态化开展警示教育，深入开展党性党风党纪教育；深入开展纪检干部队伍教育整顿，着力打造忠诚干净担当、敢于善于斗争的高素质"纪律部队"；将正风肃纪反腐与深化改革、完善制度、促进治理有机结合，使党员干部因敬畏而不敢、因制度而不能、因觉悟而不想，推动民航系统党风廉政建设和反腐败工作取得新成效。

六、加强思想政治工作和群团等工作，团结奋斗打好安全稳健恢复硬仗的力量得到汇聚

针对2023年是三年疫情冲击后民航固本培元、恢复发展的关键一年等形势特点，密切关注干部职工思想动态，加强经常性形势教育和思想政治工作，引导激励党员干部坚定信心、担当作为、攻坚克难。加强新闻宣传，做好新闻发布，加强舆情监测和热点敏感问题舆情应对。严格落实意识形态工作责任制，加强报刊、网络、展馆等宣传文化阵地管理，用好大兴机场全国爱国主义教育示范基地，举办"凤凰展翅·逐梦蓝天"主题成就展。加强院校思想政治工作，确保校园稳定。用心用情做好老干部工作和统战工作，赴香港走访慰问"两航起义"人员。充分发挥工会、共青团组织桥梁纽带作用，广泛开展安康杯竞赛等群众性文化活动，27个先进集体和先进个人分别获得全国"五一"劳动奖和"全国工人先锋号"等荣誉称号，开展"青春先行军"主题教育，深化"号岗队"创建，民航干部职工奋进力量不断凝聚。

第四节　国家邮政局系统党建工作

一、持续加强政治建设

自觉把维护以习近平同志为核心的党中央权威和集中统一领导作为首要政治任务，坚决落实《关于维

护党中央集中统一领导的规定》。把习近平总书记重要讲话和重要指示批示及时纳入第一议题学习内容并坚决贯彻落实，持续深入学习贯彻习近平总书记关于党的建设的重要思想以及关于邮政快递业重要指示批示精神。2023年全年召开党组会、理论学习中心组学习会等47次跟进学习，建立工作台账进行常态化督办，切实把习近平总书记重要指示批示精神学习成效转化为推进交通强国邮政篇建设的强大动力。认真履行管党治党责任，抓实抓细十九届中央第九轮巡视整改落实，184项整改任务全部销号完成。进一步加强内部巡视综合监督，编印系统巡视工作五年规划，组织开展对所属8家单位党组的常规巡视。认真落实意识形态工作责任制。在全系统深入推进模范机关建设，加强思想政治引领，引导党员干部深刻领悟“两个确立”的决定性意义，自觉践行“两个维护”。

二、持续加强思想武装

把抓好主题教育作为重大政治任务，与学习宣传贯彻党的二十大精神结合起来，坚持学思用贯通、知信行统一，坚持以上率下、示范引领，统筹做好全系统两批主题教育。注重上下联动抓检视整改，较真碰硬整改、全面从严销号，工作做法在中央主题教育办推进会上进行交流。严抓干部队伍教育整顿，出台干部交流、考核管理、出国（境）管理等方面制度8项。

三、持续加强组织建设

落实垂直管理部门党建责任要求，完善分工包保省局工作机制，党组成员带头延伸抓督查、下沉抓落实。扛实“管行业就要管党建”责任，配合中组部等部门印发相关工作意见，探索深化快递业党建工作。织密建强行业党的组织体系，推动成立省级行业党委30个、市（地）级行业党委304个，覆盖率分别达到97%和92%。

四、持续加强党风廉政建设

定期与派驻纪检监察组开展会商，召开全系统党风廉政建设工作会议。坚持党性党风党纪一起抓，持续加强理想信念教育、经常性纪法教育、家教家风教育。指导全系统处置问题线索，综合运用“四种形态”，实施诫勉谈话、党纪处分。召开全系统警示教育会议，通报系统6起违规违纪典型案例，做实以案促改、以案促治。落实中央统一部署，扎实开展纪检干部队伍教育整顿。深化建章立制和巩固提升，推动形成严管严治的常态长效机制。

五、持续加强制度建设

严格落实民主集中制，健全体制机制，修订《中共国家邮政局党组议事规则》，严格执行《新形势下党内政治生活的若干准则》。党组班子自觉扛起全面从严治党主体责任，党组书记认真履行第一责任人责任，其他党组成员落实“一岗双责”，定期听取所联系省局和分管单位、部门党建等工作情况汇报。充分发挥党建工作领导小组、党风廉政建设工作领导小组作用，深入贯彻落实中央全面从严治党主体责任规定，清单化推进邮政管理系统全面从严治党不断向纵深发展、向基层延伸。

六、开展系统纪检干部队伍教育整顿工作

认真落实习近平总书记重要指示批示精神和党中央部署要求，坚持以上率下、高位推动，成立由党组书记、局长赵冲久任组长的教育整顿领导小组，明确10项重点工作、26项具体任务和举措，建立每月例会制度，教育整顿领导小组和教育整顿办赴部分省局、市地局开展督导。召开系统警示教育大会，通报系统6起违规违纪典型案例，对新入职、新任职、新晋级纪检干部及时开展纪律和廉政教育。聚焦4类重点案件开展案件质量问题专项整治，指导省局对2起申诉案件开展复议复查。全系统处置涉及纪检干部问题线索6件，组织自查自纠2轮次。先后选派系统14名纪检干部参加中央和国家机关纪检监察干部监督执纪执法业务培训班。建立整改台账，确定859个重点问题，到期整改完成率100%。全系统聚焦执纪办案、廉政风险防控等制定230项制度，形成长效机制。

第十七章　干部人才队伍建设

第一节　交通运输部干部人才队伍建设情况

一、强化政治引领，加强党对人才工作的全面领导

持续深化理论武装。组织开展学习贯彻习近平新时代中国特色社会主义思想主题教育，坚持不懈用习近平新时代中国特色社会主义思想凝心铸魂，教育引导广大干部人才队伍深刻领悟"两个确立"的决定性意义，增强"四个意识"、坚定"四个自信"、做到"两个维护"，不断提高政治判断力、政治领悟力、政治执行力，始终在思想上政治上行动上同以习近平同志为核心的党中央保持高度一致。

始终坚持党管人才。坚持党对人才工作的全面领导，以书面形式召开部人才工作领导小组会议，完成人才工作领导小组调整，围绕加快建设交通强国目标任务，制定印发《交通运输部2023年人才工作要点》。

加强长远谋划布局。深入贯彻落实中央人才工作会议、全国组织工作会议精神，持续落实《交通强国建设纲要》《国家综合立体交通网规划纲要》以及系列交通规划，制定新时代交通运输人才工作有关意见和行动方案，明确新时代交通运输人才工作的发展目标、发展规划及未来五年的行动目标。

二、推进高层次人才队伍建设，强化交通运输行业战略人才力量

做好高层次人才推选工作。助推2人作为有效候选人进入2023年中国工程院院士增选公示阶段。4人入选国家级重大人才工程，14人入选享受政府特殊津贴人员名单，2人获第三届全国创新争先奖，行业内2人、系统内1个团队获"国家工程师奖"表彰。修订《交通运输行业科技创新人才推进计划管理办法》，遴选20名科技创新领军人才、30名青年拔尖人才和10个重点领域创新团队。选拔全国水运工程勘察设计建造大师4人。

发挥智库、两委等专家作用。围绕贯彻落实习近平总书记关于现代化产业体系、现代物流体系、新型工业化等的重要指示精神，开展系列理论研究和调研工作。推进交通运输新型智库建设，围绕党的创新理论在交通运输行业的实践探索形成系列资政建言成果。组织国家高端智库课题研究。组织开展部专家委员会调整换届工作。

推动集聚交通人才平台建设。推动扩大行业院校交通强国建设试点，指导11所高校高质量推进交通强国建设试点实施工作，遴选首批10所交通职业院校开展试点工作。指导大连海事大学通过"双一流"建设中期评估，获批中组部工程硕博士专项改革试点单位。

三、立足行业需求，壮大交通运输技术技能人才队伍

认真落实两部备忘录。认真贯彻落实《人力资源和社会保障部 交通运输部共同推进交通运输行业技能人才队伍建设工作备忘录》。配合人力资源和社会保障部制定新就业形态劳动者劳动合同示范文本，推进货运、网约车行业党建工作。

加快推进专业技术人才队伍建设。制定印发《交通运输工程造价工程师注册管理办法》《交通运输工程监理工程师注册管理办法》。持续推进落实行业专业技术人才知识更新工程，组织开展职称评审。指导交通运输部管理干部学院、大连海事大学申报数字技术工程师培育项目培训机构。

推进技能人才选拔。评选2023年度"全国交通技术能手"236人。组织做好第二届全国职业技能大赛参赛工作，交通运输部代表团获1银1铜4优胜，6名选手入围第47届世界技能大赛中国集训队。会同举办第十四届全国交通运输行业职业技能大赛全国总决赛。通过竞赛，7人获"全国五一劳动奖章"称号、27人获"全国技术能手"称号、99人获"全国

交通技术能手”称号。

四、服务重大战略，推动高素质专业化管理人才队伍建设

提升干部队伍能力素质。制定《加强新时代交通运输干部队伍建设的意见》。印发《交通运输干部教育培训规划（2023—2027年）》，选派82人次参加中组部“一校三院”、中央和国家机关司局级干部专题研修等培训，举办部党校主体班次12期、培训干部766人次。举办交通运输厅局长以及公路、港航、运输、综合执法等关键岗位领导干部培训班13期，行业政策宣贯、干部履职能力提升培训班12期。

推进干部挂职锻炼。印发《交通运输部与管理的国家局干部交流挂职办法（试行）》，完成交通运输部与管理的国家局15名干部交流挂职工作。选派37名干部到乡村振兴一线、重点改革任务地区挂职，第十批援疆干部集体被授予“优秀团队”称号，4人评为优秀援疆干部人才，2人记二等功。举办推进乡村振兴培训项目11个。

五、规范服务管理，持续提升人才工作水平

提升职业资格工作质量。印发《交通运输部2023年职业资格工作要点》。规范开展专业能力评价和职业技能等级认定工作。组织编制《中华人民共和国职业分类大典·交通运输职业分册》，会同人力资源和社会保障部共同颁发航标工等3个国家职业标准，完成公路养护工等3个国家职业标准审定工作。

积极做好毕业生就业工作。做好2023年度人员招聘工作，完成2024年度人员招聘计划审核批复。指导大连海事大学帮助学生实现高质量就业，2023届毕业生总体毕业去向落实率为92.54%。

稳妥做好退役军人事务工作。完成17名转业军官接收安置工作。做好清明期间烈士祭扫出行服务保障。1名同志参与全国老兵宣讲团“传承红色基因·强国复兴有我”主题巡回宣讲2023年首场报告会。应邀推荐1名同志作为优秀转业军官代表在北京地区转业军官全员适应性培训中授课。

第二节 铁路干部人才队伍建设情况

一、加强党对人才工作的组织领导

坚持党管人才原则，贯彻落实习近平总书记关于人才工作的重要论述和党中央决策部署，准确把握新时代人才工作的新理念新战略新举措。强化人才工作制度设计，落实中央人才工作会议精神，制定贯彻落实全国组织工作会议精神的实施意见，推动形成长效机制。优化人才结构，开展优秀年轻干部专题调研，建立局级、处级、正科级不同层次的优秀年轻干部数据库，完善发现储备、培养锻炼、统筹配备、管理监督等常态化工作机制。

二、完善人才多层次锻炼体系

加强实践锻炼，有组织、有计划地选派干部到川藏铁路工程监管一线等艰苦复杂环境、关键吃劲岗位历练。强化干部交流培养，开展干部轮岗和跨部门、单位交流任职。选派优秀年轻干部到西部地区、革命老区挂职，在推动地方与铁路协调发展中提升综合素质。加大自主培养力度，制定关于进一步加强公务员队伍建设的若干措施，优化调整局属单位领导班子，注重选拔使用优秀年轻干部。提升职称评审工作标准化、规范化、精细化水平，科学评价专业技术人才能力业绩水平。

三、推进铁路行业人才发展

贯彻落实党中央对科技创新、人才工作的部署要求，以铁路行业科技创新基地建设为基础，发挥产学研用创新平台作用，支持引导行业人才开展科技攻关。在推进“十四五”国家重点研发计划铁路领域项目实施过程中，注重行业科技人才队伍建设。推动行业技能人才工作，构建铁路行业教育培训体系，开展新时代铁路建设产业工人安全技能培训。参与编写《中华人民共和国职业分类大典·交通运输职业分册》铁路领域部分，满足铁路企业生产、科技进步以及劳动就业的需要。大力培育、选树人才典型，在各类人才评比表彰活动中，积极选树推荐铁路战略科技人才、一流

科技领军人才和创新团队。

四、做好人才管理服务

加强人才教育培训。制定《国家铁路局干部教育培训管理办法》和年度培训计划，把党的二十大精神学习培训作为教育培训工作的首要内容，持续深化习近平新时代中国特色社会主义思想学习教育，全面提高干部人才理论素养。结合履职需求，分级、分类加强干部专业化培训，填知识空白、补素质短板、强能力弱项。落实科研人员职务科技成果转化奖励政策，制定印发《国家铁路局促进科技成果转化办法》，鼓励通过科技成果转化获得合理收入，使收入与实际贡献相匹配，进一步激发创新创造活力。落实激励干部担当作为的有关措施，规范公务员职务职级并行制度，推动落实属地待遇政策。

第三节 民航干部人才队伍建设情况

一、坚持党管干部党管人才

组织召开民航系统干部人事工作会议。统筹推进各级领导班子和干部队伍建设。突出在重点工作、重要任务中识别干部，提拔晋升一批在国产大飞机适航审定、民航国际交流合作、全面从严治党工作中表现突出的干部。聚焦后继有人，组织制定《民航系统年轻干部专题调研工作方案》。有的放矢强化专业训练，组织制定贯彻落实《全国干部教育培训规划（2023—2027 年）》的实施意见。重视干部实践锻炼，组织修订印发《民航局干部挂职管理办法》，选派 13 名干部到西藏挂职或任职，4 名干部到新疆于田县、策勒县挂职。加强监督管理，修订印发《民航局因私出国（境）管理办法》，对 5 名未如实报告个人有关事项人员进行诫勉，督促干部树牢规矩意识、严守纪律底线。强化正向激励，推进 C919 大型客机适航审定奖励工作。

二、持续提升院校人才培养质量

组织开展首批民航教师教学发展中心认定工作，在飞行、空管、机务等 3 个民航特色专业岗位布点，支持民航专业在职教师专业能力提升。持续强化院校专业和课程建设，直属院校 5 门课程获评国家级一流本科课程，上海民航职业技术学院“飞机机电设备维修专业群教师团队”成功入选“全国高校黄大年式教师团队”。2023 年直属普通高校录取学生 22890 人，在校生 8.39 万人，毕业生 2.01 万人。民航招飞人数 2600 人。直属院校毕业生就业去向落实率与往年同期持平。

三、加强高层次人才队伍建设能力

印发《民航人才发展行动计划（2023—2027 年）》，聚焦民航安全，围绕高质量发展，统筹推动科技创新人才、专业技术人才和国际化人才“三支队伍”建设。组织开展民航享受政府特殊津贴人员选拔推荐工作，遴选产生 4 名民航人选，实现高技能人才人选零的突破。

四、加强干部教育培训工作

组织民航司局级正职领导干部参加中央党校学习贯彻党的二十大精神集中轮训，组织民航局机关及地区管理局参加新录用公务员初任培训，顺利完成中组部调训、国家机关工委专题研修项目，重点做好参训人员的遴选推荐工作，满足干部成长需要。组织开展民航系统司局级领导干部党校班和中青班等品牌培训项目，持续提升培训质量。加强“中国民航教育培训在线”平台建设，为民航干部教育培训提供更多便利化选择。

五、稳步推进民航职称改革

下放评审权，推进所有直属院校自主开展高校教师系列职称评审。紧跟行业需求，将无人机技术人员纳入通用航空评审范围，积极争取实验技术系列高级职称评审权，重新优化各系列专业分组设置，适应行业发展。落实国家职称工作改革新要求，经济系列新设人力资源管理师职称评审。系统梳理民航职称改革工作，并作为唯一主管部委单位在国家 2023 年深化职称制度改革工作落实情况座谈会上进行交流发言。

第四节　邮政干部人才队伍建设情况

一、加强人才工作组织领导

把党管人才原则贯穿于人才工作的全过程各方面，确保人才工作的正确政治方向。召开2023年度全国邮政行业人才工作领导小组会议。印发《国家邮政局2023年人才工作要点》，量化人才工作目标，明确分工、压实责任。将行业人才重点工作开展情况纳入省（区、市）邮政管理局领导班子年度考核指标，强化工作调度，推广交流经验，加强督促指导。加强新型智库建设，支持交通运输部专家委员会邮政组开展调查研究，充分发挥国邮智库专家作用，积极建言献策。

二、锻造过硬干部队伍

始终把政治标准放在首位，加强统筹谋划和调研分析，以正确的选人用人导向引领干事创业导向，突出事业为上、实干担当，全系统党员干部工作积极性、主动性有了明显提升。进一步加强领导班子建设，班子结构进一步优化、整体功能进一步增强。用好基层挂职和一线历练机会，8名年轻干部赴西藏、新疆等艰苦边远地区接受历练，29名年轻干部参与乡村振兴驻村帮扶、“西老革”挂职等。从严管理监督，严格贯彻执行领导干部个人有关事项报告制度，组织开展选人用人专项检查，强化“一报告两评议”结果运用。用好职务与职级并行政策，落实精准考核和及时奖励，推动市（地）局纳入财政部定员定额管理，不断强化正向激励。扎实开展干部教育培训，全系统1051名处级以上领导干部参加学习贯彻党的二十大精神集中轮训，编制系统2023—2027年干部教育培训规划。

三、提升人才队伍素质

持续开展职业技能提升行动，把“着力提高从业人员素质”纳入2023年邮政快递业更贴近民生七件实事，组织完成从业人员职业技能培训46万人次。会同人力资源和社会保障部印发报刊业务员、集邮业务员、邮政市场业务员3项国家职业标准，参与编写《中华人民共和国职业分类大典·交通运输职业分册》邮政快递领域部分。联合人力资源和社会保障部制定出台加快推进邮政快递业职业技能等级认定实施意见，全面推行职业技能等级制度，新增10.8万人取得职业技能等级证书，持续拓宽技能人才职业发展通道。会同人力资源和社会保障部门、工会组织共同举办第四届全国邮政行业职业技能竞赛，31个省级预赛全覆盖，地市级选拔赛覆盖过半，其中36个市（地）首次开展竞赛，数千家企业、10万名职工踊跃参与，一大批高技能人才脱颖而出，引领行业技能成才、技能报国新风尚。

四、深化校企合作产教融合

强化共建合作机制，推动共建学院发展。支持北京邮电大学举办第五届“强邮论坛”，联合西安邮电大学举办“数字邮政发展与治理现代化培训班”，支持重庆邮电大学举办“西部陆海新通道辐射国家跨境电商与邮政快递业合作高级研修班”。注重职业教育指导，充分发挥邮政快递职业教育教学指导委员会作用。邮政快递领域3门课程入选国家在线精品课程，1个成果入选国家级教学成果奖，4本教材入选“十四五”职业教育国家规划教材。

第十八章　精神文明建设

第一节　全国交通运输行业精神文明建设

一、交通运输部精神文明建设工作综述

2023年，交通运输部坚持以习近平新时代中国特色社会主义思想为指导，全面贯彻党的二十大精神，深入学习宣传和贯彻落实习近平文化思想，深刻领悟"两个确立"的决定性意义，增强"四个意识"、坚定"四个自信"、做到"两个维护"，坚决把思想和行动统一到以习近平同志为核心的党中央决策部署上来，着力培育和践行社会主义核心价值观，不断深化群众性精神文明创建，弘扬伟大建党精神，践行新时代交通精神，为奋力加快建设交通强国，努力当好中国式现代化的开路先锋提供坚强思想保证、强大精神动力、有利文化条件和良好舆论氛围。

一是深入学习贯彻习近平新时代中国特色社会主义思想。坚持"第一议题"制度，党组会、部务会，党建工作领导小组会议及时传达学习习近平总书记最新重要讲话和重要指示批示精神。充分发挥部党组理论学习中心组学习示范带动作用。举办9期处级以上党员干部学习贯彻党的二十大精神培训班，组织广大党员干部紧密联系交通运输实际深入学习贯彻党的二十大精神。建强青年理论学习小组，用党的创新理论铸魂育人，学以致用，以学促干。

二是扎实提升精神文明创建工作水平。召开部精神文明建设指导委员会会议，传达学习全国宣传部长会议、中央文明委全体会议、全国文明办主任会议等会议精神，对标对表党中央关于精神文明建设工作的新要求新部署。印发年度工作要点，把持续深化"两路"精神等交通精神学习宣传教育，以及开展"文明交通绿色出行"宣传教育专项行动等两项重点工作项目作为全年重点纳入其中，向全国交通运输行业进行部署，推动"两路"精神等交通精神学习宣传教育在基层落地落实。

三是持续推进社会主义核心价值观建设。持续深化"爱岗敬业 明礼诚信"社会主义核心价值观主题实践，连续12年组织开展"社会主义核心价值观主题实践教育月"活动，推动社会主义核心价值观学习实践具体化系统化。在行业组织开展全国交通运输行业精神文明建设先进集体创建工作和先进集体复核工作，114个交通集体获评"第21届全国青年文明号"。推动精神文明建设在基层不断得到加强，把交通运输行业文明单位打造成弘扬交通精神的坚实载体，推动交通精神践行有形化、实物化、多样化。

四是持续弘扬宣传新时代交通精神。发布"2022年感动交通十大年度人物"，开展"最美公路人""最美公交司机""最美搜救人"等推选宣传活动。大力弘扬交通精神，运用多种形式弘扬"两路"精神、青藏铁路精神、港珠澳大桥建设者奋斗精神、"中国民航英雄机组"精神、邮政快递"小蜜蜂"精神等，激励行业广大干部职工见贤思齐、崇尚英雄、争做先锋。

五是扩大精神文明建设覆盖面和影响力。联合组织开展全国学雷锋志愿服务"四个100先进典型"活动。积极推进新时代文明实践中心建设工作。推进文明风尚行动和公益广告宣传。充分发挥行业文明单位文明示范窗口作用。组织开展全国青年文明号推荐创建活动。组织开展全国城乡妇女岗位建功先进个人（集体）申报。深化"我的公交我的城"主题活动，组织开展绿色出行宣传月和公交出行宣传周活动。加强交通运输网络文明建设。

六是持续走好网上群众路线。快手平台的"中国救捞"、哔哩哔哩平台的"中国海事"、微博平台的"交通发布"等交通运输行业政务号参评"走好网上群众路线百个成绩突出账号推选活动"。持续开展2023年"我家门口那条路"主题宣传活动，在农村公路上策划开展"文明交通 绿色出行""情满旅途""文明交通进校园""文明交通进家庭"等各种形式的志愿服

务活动。

二、国家铁路局精神文明建设工作主要举措与成就

（一）深入学习宣传贯彻习近平新时代中国特色社会主义思想和党的二十大精神，着力加强政治机关建设

把学习贯彻习近平新时代中国特色社会主义思想和党的二十大精神作为重大政治任务，推动党员干部在学思践悟中不断深刻领悟“两个确立”的决定性意义，增强“四个意识”、坚定“四个自信”、做到“两个维护”。扎实开展主题教育，牢牢把握“学思想、强党性、重实践、建新功”总要求，一体推进理论学习、调查研究、推动发展、检视整改，在以学铸魂、以学增智、以学正风、以学促干上取得实实在在成效。着力加强政治机关意识教育、对党忠诚教育，锻造政治上绝对可靠、对党绝对忠诚的干部队伍。持续推进模范机关建设，深入开展党支部标准化规范化建设，6 个党支部被中央和国家机关工委评为“四强”党支部。

（二）深入学习贯彻习近平文化思想，凝聚奋进新征程的精神力量

学习贯彻习近平总书记对宣传思想文化工作作出的重要指示和全国宣传思想文化工作会议精神，研究制定《贯彻落实全国宣传思想文化工作会议精神实施意见》，明确 7 个方面 18 项具体措施，推动各级党组织和广大党员干部深刻把握习近平文化思想的重大意义、核心要求、丰富内涵和实践要求，不断增强做好这项工作的责任感使命感。

（三）推进精神文明建设，不断开创行业精神文明建设新局面

开展“社会主义核心价值观主题实践教育月”活动，推动党员干部立足岗位践行社会主义核心价值观，自觉树立铁路部门良好形象，影响和带动群众关心关注交通强国建设、支持铁路高质量发展。广泛开展铁路法律法规普法宣传，增强干部职工和旅客货主法治观念。召开精神文明建设先进集体授牌仪式暨座谈交流会，总结经验，相互借鉴，不断开创行业精神文明建设新局面。

三、中国民用航空局精神文明建设工作主要举措与成就

加快推进行业精神文明创建，开展民航行业全国文明单位和全国交通运输行业精神文明建设先进集体、先进个人复查，推荐航空器适航审定司为 2021—2023 年度中央和国家机关创建模范机关先进单位，推荐赵文舟同志为中央和国家机关青年学习标兵。充分发挥北京大兴国际机场全国爱国主义教育示范基地功能作用，成功举办“凤凰展翅 逐梦蓝天”主题成就展，展示习近平新时代中国特色社会主义思想的真理伟力和实践伟力，展示新时代中国民航发展建设成就，弘扬社会主义核心价值观。按照民航依法整治“机闹”专项行动领导小组工作部署，印发宣传教育工作方案，在中国民航报等媒体上开设“安全乘机，文明出行”专栏，开展“安全出行，文明乘机”网上投票活动，设计制作“十大提醒语”宣传教育片，通过行业内外全媒体平台和候机楼、客舱电视、显示屏、宣传栏等渠道，全方位多角度开展宣传报道，教育引导社会公众安全乘机、文明出行，营造了维护民航运输秩序和飞行安全的浓厚氛围。出版系列民航特色图书，其中 8 本入选教育部首批“十四五”职业教育国家规划教材，制作《答卷——中国民航三年抗疫纪实》专题片。指导民航博物馆申请并成功荣获国家一级博物馆，开展“民航记忆——我的藏品故事”等活动，邀请重要馆藏捐赠者、民航英模人物讲述藏品背后的故事。

四、国家邮政局精神文明建设工作主要举措与成就

一是大力发掘培树行业先进典型。协调推动快递员参加人大代表、政协委员面对面等相关活动 2198 人次。积极挖掘和宣传行业先进典型，推荐参加各级评选表彰。2023 年，全行业共 9 人（集体）获得全国“两红两优”，1 人获得“中国青年五四奖章”，28 人获得全国五一劳动奖章，9 个集体荣获“全国工人先锋号”，1 人荣获“2022 年感动交通十大年度人物”。持续组织开展“青年文明号”“青年安全生产示范岗”等创建活动；

全行业荣获各地省级、市级称号或表彰3800余人次。

二是营造全社会支持良好氛围。依托行业新闻媒体平台，持续性、多角度挖掘和宣传快递员群体先进典型事迹，举办“奋进新征程建功新时代”第五届“寻找最美快递员”活动，在全行业400多万快递小哥中选树10名“最美快递员”和3个“最美快递员”团队，提升快递员群体的职业认同感、自豪感。会同共青团中央举办中国青年五四奖章获得者走进快递企业集中宣讲活动1场，线上集中宣讲两场，在快递员群体中引起强烈反响，取得良好社会效果。

第二节 行业精神文明建设重要活动

一、交通运输部精神文明建设重要活动

一是大力弘扬新时代交通精神，于2023年4月组织开展“社会主义核心价值观主题实践教育月”活动，围绕学习宣传贯彻党的二十大精神这条主线，以持续掀起学习宣传贯彻党的二十大精神的热潮、丰富群众性精神文明创建活动、大力弘扬“两路”精神等交通精神、加强先进典型示范引领、深化“文明交通志愿随行”宣传教育行动五方面为主要内容，广泛实践社会主义核心价值观，提高全行业文明程度。

二是着力宣传培树交通先进人物。积极做好“国家工程师奖”推荐工作。宣传发布“2022年感动交通十大年度人物”，举办事迹报告会，号召全行业崇尚英雄、争当先锋。推选宣传“最美公路人”“最美海上搜救人”“最美公交司机”，行业发现最美、争做最美蔚然成风。积极宣传报道交通一线干部职工凡人善举，以事迹行动传递有形的价值观、鲜活的正能量。

三是开创性做好对外宣传，做好2023年首届全球可持续交通高峰论坛宣传，以及中国航海日、北外滩论坛、国际道路运输等宣传报道。创新开展全球可持续交通高峰论坛双语直播，传播量超过3000万次。

四是组织开展“我家门口那条路”主题宣传活动，通过设置“小暑·门口农路焕新颜”“立秋·大美风光在路上”“秋分·丰收时节路舒畅”“霜降·精神滋养凝薄霜”“立冬·文明农路再蓄力”“冬至·厚积薄发育新机”六个主题，发动各地交通运输部门推荐农村公路在@中国交通微博展示，网络总阅读量2.9亿次，互动量达9242万次。#我家门口那条路##2023年度十大最美农村路#微博话题阅读量超10亿次，#文明交通绿色出行#微博话题阅读量过1亿次，在行业内外引发热烈反响，充分展现了新时代交通人奋进新征程，建功新时代的风采。

五是在第60个学雷锋纪念日期间与中国文学艺术界联合会、中国文艺志愿者协会联合开展“学雷锋文艺志愿服务”主题活动，由文艺志愿者诵读《雷锋日记》的视频在全国城市交通（公交、地铁、出租车等）宣传屏幕、车载屏播出，让人们在出行路上重温雷锋精神、感悟榜样力量。各地交通部门组织志愿者下沉社区，开展义务汽车维修、文明交通引导、普法安全教育、关爱司乘人员、清运通航垃圾等志愿服务活动，弘扬志愿精神。

六是组织开展行业文明建设先进集体创建工作。114个交通集体获评“第21届全国青年文明号”。组织参加第22届全国青年号创建备案，积极开展“奋进新征程·号声更响亮”青年文明号开放周系列活动。发挥行业文明单位示范窗口引领作用，积极参与新时代文明实践中心建设，在春运期间开展文明实践活动。

二、国家铁路局精神文明建设重要活动

（一）坚持不懈用习近平新时代中国特色社会主义思想凝心铸魂

举办国家铁路局党组读书班、处级以上干部培训班，精心做好课程安排，着力提升全面学习、全面把握、全面落实能力。深化“六学联动”，推动党员、干部在读原著、学原文、悟原理中，不断增进对习近平新时代中国特色社会主义思想的政治认同、思想认同、理论认同、情感认同。创新“国铁大讲堂”模式，由直属机关党员干部上台讲学习收获、工作实践体会，产生良好反响。大兴调查研究，推动解决了一批影响铁路高质量发展的重点难点问题和群众反映强烈的急难愁盼问题。

（二）广泛组织开展精神文明创建活动

组织召开2020—2021年度全国交通运输行业精神文明建设先进集体（铁路行业）颁牌仪式暨精神文明建设工作交流座谈会，促进交流互鉴，着力推动铁路行业精神文明建设。积极做好2021—2023年度首都文明单位申报工作，推荐的工程质量监督中心入选中央和国家机关候选单位名单。推荐的上海铁路监督管理局《情系小微企业》视频作品，荣获中央和国家机关精神文明建设“百优作品”。

（三）大力选树先进典型

组织召开表彰大会，对国家铁路局“两优一先”、建功立业先进个人等进行表彰，颁发奖牌证书，让先进更有荣誉感，激励干部职工立足岗位拼搏奉献、攻坚克难。持续推进模范机关建设，深入开展党支部标准化规范化建设，评选“四强”党支部。通过政府网站、政务微信等方式广泛宣传先进典型事迹，营造学先进、赶先进、当先进的浓厚氛围。

（四）关心关爱干部职工

关注干部职工诉求，妥善解决实际问题，营造干事创业的良好环境，在推动地区铁路监督管理局落实属地待遇政策、事业单位改革、开展关怀帮扶慰问、改善单身宿舍居住条件、组织丰富多彩的文体活动等方面采取有力举措，取得一定成效，干部职工的向心力、凝聚力不断提升。

三、中国民用航空局精神文明建设重要活动

在北京大兴国际机场全国爱国主义教育示范基地成功举办“凤凰展翅 逐梦蓝天”主题成就展。开展民航行业全国文明单位和全国交通运输行业精神文明建设先进集体、先进个人复查。开展“安全乘机，文明出行”宣传活动。推进民航博物馆申请国家一级博物馆，并指导开展系列展览展示活动。

四、国家邮政局精神文明建设重要活动

深入开展邮政快递业“社会主义核心价值观主题实践教育月”活动。联合共青团中央举办“喜迎二十大 永远跟党走 奋进新征程”全国邮政快递业青年职工微视频征集大赛，优秀作品在“学习强国”平台展播，累计播放量90万次，获得点赞数量超4万次，充分彰显了行业青年坚定不移跟党走的精神风貌和青春建功新时代的职业风采，产生良好示范带动效应。

第三节 年度精神文明建设先进集体与个人

一、交通运输部精神文明先进集体与个人

2023年1月18日，中央网络安全和信息化委员会办公室对“走好网上群众路线百个成绩突出账号”进行了通报表扬，交通运输部“中国交通”快手政务号获评“走好网上群众路线百个成绩突出账号”。

2023年3月22日，“中央政法委长安剑”公众号发布《第七届平安中国“三微”比赛获奖作品名单》，经过各级评定、层层选拔，交通运输部报送的4件参赛作品脱颖而出，其中，《小小的愿望》荣获微电影二等奖、《平行线》荣获微电影三等奖，《守护你一路平安》荣获微视频二等奖、《护路铁娘子——包俊艳》荣获微视频三等奖。

2023年6月12日，交通运输部、公安部、中华全国总工会公布2022年“最美货车司机”等名单，确定孙宝坤等100名个人为2022年“最美货车司机”，其中王小明等10名个人为2022年“十大最美货车司机”；确定北京市交通委员会货物运输管理处等10家单位为“最美货车司机”推选宣传活动组织贡献集体。

2023年7月6日，发布第二届“最美港航人”名单，确定蔡翠苏等20名个人（团队）为第二届“最美港航人”，王友农为第二届“最美港航人”特别致敬人物。

2023年8月21日，共青团中央、交通运输部等23家全国创建青年文明号活动组委会成员单位联合印发《关于命名第21届全国青年文明号并进行星级认定的决定》，命名1932个集体为“第21届全国青年文明号”。其中，北京市交通运行监测调度中心等42个集体获“二星级全国青年文明号”，河北高速燕赵驿行集团有限公司秦皇岛分公司等72个集体获“一星

级全国青年文明号”。

2023年9月8日，由中央网络安全和信息化委员会办公室主办的2022中国正能量网络精品征集展播活动揭晓结果，“我家门口那条路”主题推选宣传活动荣获“网络正能量主题活动”精品。

2023年7月31日，交通运输部举行“2022年感动交通十大年度人物”事迹报告会并发布名单，罗从兵、王辉为“2022年感动交通年度特别致敬人物”，邓兰舟等10名个人（团队）为“2022年感动交通十大年度人物”。

2023年5月，第一届“最美海事人”名单公布，经过组织推荐、宣传展示、群众评议，确定王胜科等10名个人为第一届“最美海事人”。

二、国家铁路局精神文明先进集体与个人

持续深化模范机关创建，对标“让党中央放心、让人民群众满意”和“讲政治、守纪律、负责任、有效率”要求，坚持以创促建、以创促改，突出实干实绩导向，使创建模范机关的过程成为破解难题、转变作风、推动事业发展的过程。2023年，6个党支部被中央和国家机关工委评为“四强”党支部。

大力开展“两优一先”评选表彰活动，在国家铁路局评选表彰45名优秀共产党员、22名优秀党务工作者、17个先进基层党组织。

组织开展建功立业竞赛活动，在国家铁路局评选表彰“奋进新时代 建功在岗位”先进个人79名。

三、中国民用航空局精神文明先进集体与个人

推荐航空器适航审定司为2021—2023年度中央和国家机关创建模范机关先进单位，推荐赵文舟为中央和国家机关青年学习标兵。

四、国家邮政局精神文明先进集体与个人

（一）2023年全国“两红两优”

根据《共青团中央关于表彰全国五四红旗团委（团支部）、全国优秀共青团员、全国优秀共青团干部的决定》（中青发〔2023〕5号），共表彰1508个集体和个人（含追授1人）。邮政快递业共有9个集体和个人获表彰：甘肃省定西市邮政行业团工委获“全国五四红旗团委”称号，中国邮政储蓄银行赫章县支行团支部获“全国五四红旗团支部”称号，浙江省绍兴圆通速递有限公司质控专员尹奕霁等5人获“全国优秀共青团员”称号，北京邮电大学团委副书记汤思源等2人获“全国优秀共青团干部”称号。

（二）第27届中国青年五四奖章

顺丰速运有限公司深圳市分公司同心社区营业部主管秦文冲荣获第27届中国青年五四奖章。

（三）五一劳动表彰（37个）

2023年4月，中华全国总工会决定表彰2023年全国五一劳动奖和全国工人先锋号。邮政快递业共有37个集体和个人获表彰：中国邮政集团有限公司北京市海淀区分公司中关村营业部揽投员、营销主管、中级工史春华等28人获得“全国五一劳动奖章”，中国邮政集团有限公司黑龙江鸡东县分公司揽投班等9个集体获得“全国工人先锋号”称号。

（四）2022年感动交通人物（4人）

2023年8月2日，交通运输部和中华全国总工会公布“2022年感动交通十大年度人物”等名单。邮政快递业中国邮政集团有限公司云南省泸水市称杆乡邮政所投递员桑南才获得“2022年感动交通十大年度人物”称号，国家邮政局和中国邮政集团有限公司入选“2022年感动交通十大年度人物”推选宣传活动组织贡献奖名单。

第四节　交通文化建设

一是推动行业相关主题文化研究和建设。指导行业各单位开展交通好故事大赛、交通文创征集、摄影微视频比赛，厚植交通文化创作基础。

二是积极组织开展交通文化主题创作。推动《中国大百科全书·交通运输工程》（第三版）纸质版出版，做好《中国水运史》文稿审核确定，协调中央党史和文献研究院等对文稿内容协助把关。指导各单位

梳理交通遗迹遗存，四川省交通运输厅形成《川藏公路简史》，江苏交通系统出版《路上的中国》。指导开展“我是新时代交通人”宣讲比赛活动，585个交通好故事报名参加，涵盖铁路、公路、水运、民航、邮政等交通运输领域。

三是积极开展交通文博工程建设。研究推动筹建中国交通文史博物馆。开展交通科普讲解大赛，普及交通科技文化。积极落实长城、长征、长江、大运河、黄河国家文化公园建设涉交通运输任务，进一步提升交通运输行业的文化素养。

四是加强交通出版管理。开展意识形态工作责任制专题督查，到报社、出版社、杂志社等现场督查。深入开展“扫黄打非”等工作，严禁非法出版物通过交通运输环节流通。

第十九章　离退休干部工作

第一节　交通运输部离退休干部工作

一、扎实开展主题教育，凝聚做好离退休干部工作的强大动力

一是分层分类切实抓好谋划部署宣传。第一时间成立离退休干部局党委主题教育领导小组，印发主题教育实施方案和工作推进表，分级分层开展动员部署，加强主题教育宣传。

二是扎实开展理论学习。离退休干部局领导带头讲党课并深入各党支部领学宣讲20余次，党支部书记讲党课10余次，开展送学上门100余次，发放学习材料近2000册，创新录制学习习近平新时代中国特色社会主义思想一百题讲解视频。

三是深入开展调查研究。组织开展“话传统、谈复兴、聚力量”等6项专题调研，赴上海、浙江等地方离退休干部工作部门开展调研，调研部属单位18家，召开主题教育座谈会，专门听取离退休干部意见建议。

四是切实抓好检视整改。全面深入查摆问题，检视查摆出9项重点问题，提出并推动落实18项整改措施，如期完成所有问题的整改销号。深入开展党性分析，高质量开好专题民主生活会。

二、深入推进党建工作，始终将离退休干部团结凝聚在以习近平同志为核心的党中央周围

一是加强政治引领。全年开展离退休干部局党委理论学习中心组学习12次，举办两期党务工作人员培训班和4期离退休干部大讲堂。为18位老党员颁发“光荣在党50年”纪念章，录制红色档案6期。

二是强化组织功能。召开离退休干部局第三次党员代表大会，选举产生新一届两委委员。开展9次主题联学、8次党建活动，指导完成8个离退休干部支部的换届选举工作。

三是严格管理监督。定期举行部机关干部荣休仪式，严格落实谈心谈话制度，严格执行离退休干部关于讲座、论坛、庆典等方面的纪律规定。

三、引导组织发挥作用，进一步彰显离退休干部工作价值

一是积极发挥老同志政治优势。组织老同志以老党员领学形式开展理论学习，不断增强学习效果。引导担任过领导职务的离退休干部党员主动参与支部建设。

二是积极发挥老同志经验优势。依托“老交通”智库，组织开展专题研究，凝练形成四期智库建言。组织智库专家录制“中国公路峡谷大桥”系列短视频科普宣传片。

三是积极发挥老同志威望优势。开展“老交通、新青年、共奋进、当先行”系列活动，通过以老带新等方式，帮助青年成长成才。组织“大手拉小手”交通运输科普讲座。

四、用心用情精准服务，让老同志获得感、幸福感、安全感更加充实、更有保障、更可持续

一是加大重点节点和人员走访慰问力度。邀请部领导参加新春团拜会、三节座谈会，送上节日祝福、通报工作情况、听取意见建议。开展部领导、局领导、工作处、党支部四级慰问，实现慰问全覆盖。进一步健全完善离休干部“一人一策”制度机制。

二是助力老同志身心健康和生活便捷。努力推进老同志居住集中小区电梯安装，建立实施互助养老志愿服务机制，并举办志愿者培训。完善离退休干部局智能服务平台功能，增加线上因私出国（境）登记报备功能。组织400余位老同志完成健康体检，努力为老同志开辟就医绿色通道。

三是不断丰富老同志精神文化生活。以部机关离退休干部第六届文化艺术节为主线，开展一系列丰富

多彩的文化、体育活动。组织开展敬老月、春秋游、候鸟式养老体验活动等。

五、加强自身建设，打造高素质专业化的干部队伍

一是打造政治过硬队伍。坚持把政治建设摆在首位，及时跟进学习习近平总书记最新重要讲话精神，离退休干部局机关党支部荣获中央和国家机关“四强”党支部和部直属机关先进基层党组织。

二是打造业务过硬队伍。继续实施“干部能力提升工程”，选送干部到业务司局交流借调、参与部中心工作等。运维离退休干部局微信公众号，编印《情况交流》和《我们这一年》画册，不断扩大宣传力度。

三是打造作风过硬队伍。深入开展干部队伍教育整顿，持续强化干部职工政治忠诚，不折不扣地落实好各项离退休干部政策。积极支持中华全国总工会、国务院妇女儿童工作委员会、团支部开展工作。

第二节　国家铁路局退休干部工作

一、以政治建设为统领，扎实开展党建工作

学习贯彻习近平总书记关于老干部工作的重要论述，落实党中央、国务院关于老干部工作的各项部署，开展主题教育，坚持以政治建设为统领，增强退休干部各党支部的政治功能和组织功能。一是加强政治理论学习。组织退休干部开展理论学习，不断增强退休干部对党的创新理论的政治认同、思想认同和理论认同。组织收听收看全国两会实况，领会全国两会精神实质，切实把思想和行动统一到党中央决策部署上来。二是深入开展学习贯彻习近平新时代中国特色社会主义思想主题教育。组织退休干部认真开展学习研讨，发放主题教育书籍210册，转发主题教育简报22期，组织开展主题教育线上答题。三是深入开展调查研究。坚持问题导向，采取座谈访谈等多种方式，赴交通运输部、中国民用航空局、司法部相关部门开展调研，借鉴并学习兄弟单位好经验、好做法，推动退休干部工作高质量发展。

二、做好退休人员“两个待遇”的落实

贯彻落实2023年全国老干部局长会议精神，着力在推进部门自身建设和细致入微做好退休干部服务保障工作上下功夫，不断提升服务能力，提高服务水平。一是做好自选医院备案和医疗费报销工作。细化优化退休人员医药费报销工作流程，实现“最多跑一次”。二是做好退休干部慰问工作和节日慰问品采购发放工作。随时掌握退休干部家庭情况，对家庭困难退休干部及时送去组织的关怀温暖。三是做好年度体检的组织服务工作。精心组织，认真做好退休干部年度健康体检工作，及时掌握退休干部健康状况。

三、组织开展文体活动和各类宣传活动

一是组织开展文体活动。开展“幸福桑榆、照‘靓’春天”主题摄影活动，得到退休干部积极响应和参与。二是搭建退休干部学习平台。组织退休干部通过“离退休干部工作”微信公众号收听收看全国离退休干部网上专题报告会。为退休干部订阅《人民日报》《求是》《保健与生活》等报刊，组织参加中央和国家机关工委老干部活动中心组织的健康讲座及各项文体活动，丰富业余生活。三是做好各类线上宣传。按时播报天气情况、发送健康常识，开展国家安全、民法典、反诈等宣传活动，转送局政务微信，丰富退休干部业余生活。

第三节　中国民用航空局离退休干部工作

一、组织深入学习党的二十大精神，开展好主题教育

组织老干部“全面学习、全面把握、全面落实”党的二十大精神，及时学习习近平总书记最新重要讲话和重要指示批示精神。创新学习方式，用好网上课堂等信息载体，持续推动党的创新理论武装走深走实，

引导老干部深刻领悟“两个确立”的决定性意义，增强“四个意识”、坚定“四个自信”、做到“两个维护”。在中央第三十二指导组召开的民航退休干部主题教育座谈会上，离退休干部局汇报了老干部主题教育开展情况，老同志谈认识体会，获得指导组肯定。

二、持续深化党建引领，进一步发挥老同志作用

认真落实《关于加强新时代离退休干部党的建设工作的意见》，在民航系统153个老干部党支部中开展“六好”党支部示范创建活动，评选出15个示范党支部，以先进带动支部建设整体提升。持续加强“三会一课”规范化建设，组织主题鲜明的党日活动，加强党内关怀，开展好“光荣在党50年”纪念章颁发，不断增强老党员的荣誉感、归属感。持续深化“增添正能量·共筑中国梦”活动，开展“话传统、谈复兴、聚力量”主题调研，组织老同志参观民航科创展、航科院实验基地以及民航“三中心”，为民航发展献智出力。

三、做细做实做精服务保障工作

关怀、关心老同志，重点关注离休、高龄及家庭特殊困难人员，“一人一策”建立长效机制。重要节日、生日开展普遍走访慰问，全年累计走访慰问1000余人次。持续巩固养老助老服务，继续提供上门理发、修脚、保洁以及陪同就医等服务，全年累计服务548人次，帮助老同志申请各类补助，为45名离休和高龄老同志提供居家适老化设施。开展好各类文体活动和书画影协会活动，开办手机、葫芦丝等6门老年大学课程，丰富老同志的精神文化生活，全年参与7000余人次。

加强医疗保健工作，组织每周巡诊，开展健康答疑，及时报销医药费。保障民航总医院就医绿色通道畅通，分批次组织老同志进行年度和专项体检。协助办理22名老同志的后事。

四、持续打造过硬的老干部工作队伍

编制整理《离退休干部信息采集表》，认真开展老干部党建和生活待遇相关课题调研，为老同志办实事、办好事。加强整章建制，优化工作流程，坚持下沉服务，深化对党忠诚教育和主题教育，强化作风建设、廉政建设。开展民航系统离退休干部工作人员培训，提升工作能力和政策水平。

第四节 国家邮政局离退休干部工作

一是组织离退休干部参加习近平新时代中国特色社会主义思想主题教育。针对离退休干部党员特点，研究制定离退休干部党员开展主题教育重点工作安排。发挥党小组联络沟通作用，确保主题教育全覆盖、见实效。用好书本课堂、云端课堂、实践课堂，组织赴中国航空博物馆、党史展览馆、密云水库展览馆参观学习。召开退休干部座谈会，组织开展“话传统 谈复兴 聚力量”专题调研。多名退休干部党员充分发挥经验优势和威望优势，担任主题教育巡回指导组组长，从严从实做好主题教育督导。

二是做好离退休干部党支部工作。认真落实《关于加强新时代离退休干部党的建设工作的意见》精神，加强支部规范化建设。认真开展组织生活会和民主评议党员、党建述职等工作。做好“光荣在党50年”和“两优一先”人选推荐、老党员走访慰问工作。做好新退休干部组织关系转接相关工作。

三是不断加强离退休干部服务管理工作。以主题教育为契机，开展全系统离退休干部服务管理工作调研，强化党建引领，不断推进离退休干部工作信息化精准化规范化建设。丰富老干部文化生活，办好老年大学声乐班和书法班，加强退休干部社团兼职备案管理、出国（境）审批等工作。开展“两节”走访慰问84人次，为家庭有重大变故的老干部发放慰问金。组织老干部年度体检，走访慰问生病老干部17人。

第五篇
重大工程

Section V
Major Projects

第一章　铁路重大工程建设项目

第一节　铁路重大工程建设情况概述

2023年，全国铁路完成固定资产投资7645亿元、同比增长7.5%；投产新线3637公里，其中高速铁路2776公里；“十四五”规划纲要确定的102项重大工程中的铁路项目有序推进，24个联网补网强链项目稳步实施，建成铁路专用线92条、物流基地10个，路网整体功能进一步提升。截至2023年底，全国铁路营业里程达到15.9万公里，其中高速铁路4.5万公里。

第二节　铁路重大工程建设项目介绍

一、昌景黄铁路工程

（一）项目概况

新建南昌经景德镇至黄山铁路（简称“昌景黄铁路”），该铁路位于皖南、赣东北地区，线路西起江西省南昌市，途经上饶市、景德镇市，东至安徽省黄山市。线路西端新建南昌东站衔接沪昆、京港高速铁路，东端衔接杭黄铁路、合福高速铁路，是国家“八纵八横”高速铁路的重要区域连接线和沪昆通道东段的客运分流通道。项目正线全长302.782公里，其中安徽段89.582公里，江西段213.2公里。

全线正线路基175段/48.043公里，桥梁167座/184公里，隧道57座/78.558公里，桥隧比达84.53%。全线共设车站11座，其中新建黟县东、祁门南、浮梁东、乐平北、鄱阳、余干、进贤北、南昌东8座车站，改建景德镇北站和南昌南站，利用杭黄铁路黄山北站。

该铁路等级为高速铁路，正线数目为双线，设计速度350公里/小时，最小曲线半径一般地段7000米、困难地段5500米，正线线间距5米，最大坡度20‰，到发线有效长度650米，列车运行控制方式为自动控制。调度指挥方式为调度集中，最小行车间隔为3分钟。

（二）建设情况

昌景黄铁路建设单位为皖赣铁路安徽有限责任公司（安徽段）、昌九城际铁路股份有限公司（江西段），可行性研究至初步设计阶段的设计单位为中铁第四勘察设计院集团有限公司，项目采用工程总承包模式建设，总承包单位为中国铁路设计集团有限公司。

昌景黄铁路于2019年5月1日开工建设，2023年12月27日开通运营。参建单位积极探索项目工程总承包（EPC）管理模式，践行“不辱使命、拼搏奋斗、科学有序、安全优质”的建设理念，历时五载，建成“精品、安全、绿色、创新、廉洁”的昌（南昌）景（景德镇）黄（黄山）高速铁路，与杭（杭州）黄（黄山）高速铁路共同形成跨越皖赣浙三省的“名湖—名城—名山”世界级黄金旅游线。

运营单位为中国铁路上海局集团有限公司和中国铁路南昌局集团有限公司。

二、龙龙高速铁路龙武段项目

龙龙高速铁路是国家《中长期铁路网规划》建设项目，东起福建省龙岩市，途经上杭县、武平县进入广东省境内，终于河源市龙川县，线路全长265.5公里。其中，在福建境内的龙龙高速铁路龙岩至武平段（以下简称“龙龙高速铁路龙武段”）全长92.7公里，利用既有赣瑞龙铁路28.4公里，新建线路全长64.3公里。福建省内设龙岩、古田会址、上杭北、武平共4座车站，其中龙岩站为既有车站，古田会址站为既有车站改扩建，其余为新建车站。龙龙高速铁路龙武段于2019年9月开工建设，2023年年底正式开通运营。

龙龙高速铁路龙武段与南龙铁路、赣瑞龙铁路、龙厦铁路相连，结束了革命老区、原中央苏区武平县无铁路的历史。这条铁路建成通车后，将进一步助力龙岩革命老区振兴发展，对加快沿线红色旅游资源开发，改善沿线群众出行条件，加强福建、广东两省的区域经济互助互通，促进东南沿海和粤港澳大湾区的发展合作，具有重要意义。

三、京沈客专京冀段项目

京沈客专是我国“四纵四横”高速铁路网的重要组成部分，是沟通东北与华北地区的高速铁路客运通道。线路起自北京朝阳站，终于既有的沈阳站，全长698.294公里。京沈客专京冀段长度为290.046公里，设计速度350公里/小时，设车站9座，其中北京朝阳站总建筑面积18.3万平方米，站场规模为7台17线，建筑总高度46.3米。京沈客专京冀段于2014年7月1日开工建设，2021年1月22日开通运营。建设过程中，在机械化方面，积极运用成套施工装备和先进技术，全面推广铁路隧道衬砌施工成套技术和连续梁四固定及多孔振捣技术，提升隧道和连续梁施工质量；信息化方面，全面推进路基连续压实、沉降变形观测、隧道监控量测、拌和站及实验室管理等信息系统建设应用。在望京隧道等重点工程施工中，利用BIM技术的数字化、可视化、多维化、可操作性及协调性，实现了对工程全生命周期的有效管理。北京朝阳站采用的折线玻璃幕墙是国内站房领域外幕墙单块玻璃最大的玻璃幕墙，折线玻璃幕墙简洁纯净明亮，提升了建筑美感和整体外观效果；同时设置全覆盖雨棚屋面停车系统，结合站桥一体化设计，解决了人口密集老城区交通拥堵、停车空间不足、车场噪声污染等问题。

四、马鞍山长江公铁大桥项目

巢湖至马鞍山快速铁路（简称“巢马铁路”）是国家“八纵八横”高速铁路网沪汉蓉快速通道合肥至上海间的重要组成部分，是承接长三角核心区域产业转移的重要客运专线。项目全线位于安徽省境内，线路自在建的商合杭铁路巢湖东站引出，途经含山、郑蒲新区跨长江至宁安城际铁路马鞍山东站，线路正线全长75.717公里。远期东延经禄口机场，接江苏南沿江城际铁路。

马鞍山长江公铁大桥是巢马铁路的控制性工程，在常合高速公路马鞍山长江公路大桥上游约2.3公里处，设计速度250公里/小时，全长约9.8公里，由和县侧引桥、主汊航道桥、江心洲引桥、副汊航道桥、当涂侧引桥组成。大桥采用多通道合建的方式跨越长江，下层为两线巢马城际铁路和两线按城际铁路标准预留铁路，上层公路为双向六车道城市快速路。

主汊航道桥为三塔两主跨三索面钢桁梁斜拉桥，桥跨布置为（112+392+2×1120+392+112）米，钢梁总长3248米，为世界最大跨径三塔斜拉桥和世界最长联钢桁梁斜拉桥。3个主塔墩采用直径4米的超大直径钻孔灌注桩基础，其中Z4号中塔60根4米直径钻孔桩基础为世界最大规模桥梁桩基础。主塔为采用钢混组合结构，其中Z4号中塔为四肢空间结构，塔高345.6米，主桥钢塔设计分段重量最大达505吨，项目采用世界最大的塔式起重机吊装钢塔节段。斜拉索为三索面布置，采用直径7毫米的锌铝合金镀层平行钢丝拉索，标准抗拉强度2100兆帕；中塔单索面布置41对斜拉索，边塔单索面布置33对斜拉索；最大规格斜拉索含379根平行钢丝，单索最长为650米，为世界最长、最高强度斜拉索。

副汊航道桥为双塔三索面钢桁梁斜拉桥，跨径布置为（56+168+392+168+56）米。斜拉索采用标准抗拉强度2100兆帕的钢绞线，采用三索面布置。

第二章　公路重大工程建设项目

第一节　公路重大工程建设情况概述

2023年，交通运输行业全面贯彻落实党中央、国务院决策部署，聚焦联网、补网、强链，不断完善公路基础设施网络，持续推进公路重大工程建设，有效服务区域重大战略和区域协调发展战略实施，奋力加快建设交通强国。

一、京津冀交通一体化建设

京雄高速公路北京五环至六环段建成通车，京雄高速公路全线贯通，推动打造京雄1小时交通圈；北京东六环改造工程盾构隧道实现双线贯通，为项目2024年建成通车奠定基础；荣乌高速公路沧州段改扩建等项目开工，承德至廊坊高速公路承德（李家营）至平谷（冀京界）段等项目加快实施，京津冀交通基础设施不断完善。

二、长江经济带综合立体走廊建设

国家高速公路待贯通路段建设和繁忙路段扩容改造工程加快推进，呼北高速公路官庄至新化段、成丽高速公路仁寿经沐川至宜宾新市段、沪武高速公路无为至岳西段、都香高速公路云南昭通段等项目建成，京沪高速公路江苏新沂经淮安至江都段等路段完成改扩建，武汉至重庆高速公路天门西段、沪渝高速公路黄石至武汉段改扩建工程等项目实现开工。长江干线过江通道工程持续推进，常泰过江通道、燕矶长江大桥等项目取得关键进展，武汉汉南长江大桥开工建设。

三、粤港澳大湾区交通建设

重大联通工程深中通道主线实现贯通，黄茅海跨海通道5座主塔全部封顶，均为2024年建成打下基础；狮子洋通道等项目进展顺利，京港澳高速公路广州火村至东莞段、甬莞高速公路常平至虎门段、广昆高速公路横江至河口段等改扩建工程开工建设，加快构建粤港澳大湾区现代化综合立体交通网络。

四、长三角交通运输高质量一体化发展

杭绍甬高速公路杭州至绍兴段、宁波一期工程等项目建成通车，宁芜高速公路皖苏界至芜湖枢纽段等完成扩容改造，持续打通长三角地区经济大通道；沈海高速公路浙江段改扩建、扬溧高速公路镇江南互通至丹徒枢纽段改扩建和襄高速公路丰乐经舒城千人桥至金寨段等项目开工，安徽铜陵公铁大桥、江苏龙潭长江大桥等长江干线通道建设有序实施，加快推动长三角一体化交通发展。

五、黄河流域交通运输生态保护和高质量发展

呼北高速公路朔城至神池段、隰县至吉县段等建成通车，实现呼北高速公路山西境内全线贯通，济南至潍坊高速公路全线建成通车，京昆高速公路陕西蒲城至涝峪段完成扩容改造；乌玛高速公路乌海巴音陶亥至石嘴山惠农段、青兰高速公路河套至黄岛段改扩建工程等项目开工建设，山西临猗黄河公路大桥顺利合龙并计划2024年建成通车。

六、成渝地区双城经济圈交通建设

安来高速公路巫溪至镇坪段、九寨沟至绵阳高速公路江油至平武段、成绵高速公路扩容工程魏城枢纽至中江北互通段等项目建成通车，成乐高速公路、成南高速公路、成渝高速公路等扩容工程加快实施；都香高速公路西昌至香格里拉（四川境）段等项目实现全面开工。

七、助力海南自由贸易港建设

海南环岛旅游公路全线通车，项目主线全长达988公里，贯穿海口、文昌、琼海等沿海12个市县，通过连接线与高速公路、国道等有机衔接，构建“快进慢游”的交通体系。

八、加快推进东北振兴

绥满高速公路海拉尔至满洲里段建成通车，推动

绥满高速公路主线全线建成；本集高速公路桓仁至集安段、奈营高速公路奈曼至阜新段、吉黑高速公路山河（吉黑省界）至哈尔滨（永源镇）段、铁科高速公路五常至拉林河段等一批国家高速公路待贯通路段建成。

九、出疆入藏和西部陆海新通道建设

西和高速公路黄瓜梁至茫崖（省界）段、西海至察汗诺段等项目相继建成，连霍高速公路星星峡经哈密至吐峪沟段、阿克苏至阿拉尔高速公路等项目开工建设，出疆入藏通道不断完善；广西天峨经凤山至巴马高速公路、平塘至天峨高速公路等项目建成通车，兰海高速公路重庆至遵义段、泉南高速公路桂林至柳州段等路段完成扩容改造。

第二节 公路重大工程建设项目介绍

一、杭甬高速公路杭州至绍兴段

G9221杭甬高速公路是国家高速公路G92杭州湾地区环线的并行线，也是浙江省推进"四大"建设的重点项目和智慧高速公路标志性工程。项目建成通车后，有效缓解了区域交通压力，对促进杭州湾城市群和产业带进一步发展、长三角区域一体化等重大战略实施等具有重要意义。

项目起于杭州市萧山区，接红十五线和杭州中环（国道104线），止于上虞区与余姚交界处，接杭甬高速公路宁波段，全长约53公里，主要采用双向六车道高架桥方案，设计速度120公里/小时，总投资约294亿元。项目于2021年2月开工建设。

项目聚焦智慧高速公路，搭建了"1+3"智慧建设管理平台，即一个智慧建设平台，智慧管理、智慧建造、智慧安监三个智慧应用模块，实现"数字化管理、指尖上生产、可视化监管"；推行复合式道路设计，全线采用高架桥方案，与城市道路共线比例达80%，节约土地2640亩，有效提高了项目沿线国土空间综合利用率；积极践行"两山"理念，推行渣土综合利用、使用机制砂代替天然砂、利用预制厂房闲置屋顶发电，打造绿色工程建设典范。

图5-2-1 杭绍甬智慧高速公路（一）（图片由交通运输部公路局提供）

图5-2-2 杭绍甬智慧高速公路（二）（图片由交通运输部公路局提供）

二、沪武高速公路无为至岳西段

沪武高速公路无为至岳西段是G4221上海至武汉国家高速公路的重要组成部分，路线起自无为市石涧镇，接巢湖至无为段和芜湖长江公路二桥北岸接线，止于岳西县莲云乡，接岳西至武汉段和济广高速公路六安至潜山段，全长约198公里（含改扩建段44公里）。项目新建段采用双向四车道高速公路标准，改扩建段采用双向八车道高速公路标准，设计速度120公里/小时和100公里/小时，概算总投资约190亿元。项目于2020年9月开工建设，2023年10月建成通车。

项目建成后实现了G4221上海至武汉国家高速公路全线贯通，对完善国家和安徽省高速公路网、缓解安徽省东西向高速公路通行压力、助力大别山革命老区乡村振兴、推动长江经济带区域高质量发展具有重要意义。

项目作为绿色公路建设典型示范工程，严格落实

美丽中国、交通强国任务部署，对照绿色公路和平安百年品质工程建设等要求，积极探索创新，取得了一系列成果。落实全生命周期低碳，通过耐久性设计、施工组织优化、路域资源集约利用、应用新技术新材料、“绿电+碳汇”近零碳服务区等措施，全面降低公路生命周期能耗与碳排放；积极推进工业化节能建造，构建“BIM+GIS”信息化平台，融合物联网、仿真等技术，实现从过程管控到质量评价全覆盖的智慧数字化管控；厚植路域生态底色，对枢纽互通内环空间实施微地形湿地生境营造，应用锁扣式砌块预制装配化生态挡墙、生态低影响（LID）分离式路基中分带等路域景观绿化措施，实现公路设施与沿线自然环境的和谐共生。

图 5-2-3　无岳高速公路大沙河特大桥（图片由交通运输部公路局提供）

图 5-2-4　无岳高速公路庐江东近零碳服务区（图片由交通运输部公路局提供）

三、呼北高速公路离石至隰县段

呼北高速公路离石至隰县段是G59呼和浩特至北海国家高速公路主线的重要组成部分，也是山西省实现“县县通高速”目标的重点工程。项目建成后，填补了交口县不通高速公路的空白，推动呼北国家高速公路在山西境内实现全线贯通。路线起自吕梁市柳林县石占沟，接临县至离石段，经柳林、中阳、交口县等，止于交口县与隰县分界的麦地山，接隰县至吉县段，全长约83公里，采用双向四车道高速公路标准建设，设计速度80公里/小时，概算总投资约105亿元。项目于2020年9月开工建设，2023年12月建成通车。

项目地处黄土高原吕梁山生态脆弱区，沟壑纵横交错，垣面高阔残缺，桥隧比例高，不良地质发育，土方工程量大，土地资源紧张，穿越多处环境敏感区。项目锚定“黄河流域吕梁山生态脆弱区绿色公路”创建目标，全过程贯彻“绿色公路，生态离隰”理念，通过生态选线，将穿越环境敏感区范围由5公里降至2.8公里，减少路堑挖方约800万立方米，弃土场数量削减约50%；施工阶段全面推广路基三同步工艺，大力开展固废利用，累计利用固废资源400万吨；统筹考虑运营期环境影响，重点优化水资源区径流系统设置，合理应用生态滤床技术等，在绿色建造、生态修复方面积极探索，有效促进了工程与生态环境保护深度融合。

图 5-2-5　离隰高速公路（一）（图片由交通运输部公路局提供）

图 5-2-6　离隰高速公路（二）（图片由交通运输部公路局提供）

四、京沪高速公路新沂至江都段改扩建工程

京沪高速公路新沂至江都段改扩建工程北起苏鲁省界，南接五峰山长江大桥，纵贯徐州、宿迁、淮安、扬州四市，全长约260公里，全线采用双向八车道高速公路标准扩建，设计速度120公里/小时，概算总投资约313亿元。项目于2020年3月开工建设，2023年6月建成通车。

项目是江苏省一次性实施里程最长的高速公路改扩建项目，路段扩建后对落实长江经济带发展、长三角一体化等国家战略，提升国家公路大通道的通行能力和服务水平，促进经济社会高质量发展均具有重要意义。

项目建立"一路多方"协同高效扩建机制，强化路面技术创新，探索使用"双层岩沥青""双层高模量沥青"等新型路面结构，创新应用大粒径排水柔性基层、应力消散层，首次全面采用微创注浆技术对老路内部裂缝及层间脱空进行结构性修复，全面提升了路面使用寿命；坚持绿色发展理念，大力推进扩建工程中老路面铣刨、老桥拆除等废渣废料综合循环利用，通过现场设置洗车台、监测系统、石灰消解大棚等，采取边坡防护、综合绿化等措施，打造了"绿色低碳工程"；大力推行数字智慧管控，广泛运用安全数据中心、"平安守护"系统和智能监控预警系统，推动应用BIM技术、无人机巡检、路面3D摊铺、自动焊接机器人等新技术新工艺，打造了江苏高速公路统一开放的施工运行管控五大数字平台，以信息数字技术全面赋能扩建工程建设。

图 5-2-7　京沪高速公路新沂至江都段改扩建工程苏北灌溉总渠特大桥（图片由交通运输部公路局提供）

图 5-2-8　京沪高速公路新沂至江都段改扩建工程正谊枢纽互通（图片由交通运输部公路局提供）

五、本集高速公路桓仁至集安段

本集高速公路桓仁至集安段是G9111本溪至集安国家高速公路的重要组成部分，项目起于吉辽省界集安市大路镇挂牌岭，止于山城子村，全长约58公里，采用双向四车道高速公路标准建设，设计速度100公里/小时，批复概算70.1亿元。项目于2020年11月开工建设，2023年9月建成通车。

图 5-2-9　桓集高速公路（图片由交通运输部公路局提供）

图 5-2-10　桓集高速公路太平服务区（图片由交通运输部公路局提供）

项目建设过程中，着力创建“绿色公路示范项目”，推行“工厂化”建设大型临时设施工程，减少环境污染；施工过程合理安排施工工序，全线不设取弃土场，实施“永临结合”措施减少水土流失；实施固体废弃物集中收集，统一清运制度；优先使用节能环保的施工设备和机具，以及环保节能型灯具、用具，推动实现高速公路建设、运营全过程低碳环保目标。项目以“平安工地”建设为目标，通过构建安全生产风险分级管控和隐患排查治理双重预防管控的理论方法研究及制度体系建设，建立高速公路设计、施工、养护三阶段一体化安全风险评估与管控体系，全面夯实安全生产基础工作，有效控制安全风险，保障项目顺利建成。

第三章　水路重大工程建设项目

第一节　水路重大工程建设情况概述

一、沿海港口码头设施建设情况

日照港岚山港区30万吨级原油码头三期工程、宁波—舟山港梅山港区6号至10号集装箱码头工程、广州液化天然气（LNG）应急调峰气源站配套码头工程、钦州港大榄坪港区大榄坪南作业区9号10号泊位工程等一批项目完成竣工验收。广州港南沙港区四期工程、阳江LNG调峰储气库项目配套码头工程等一批项目基本建成。继续推进小洋北作业区集装箱码头及配套工程项目、宁波舟山大型港航基础设施、广州港南沙港区国际通用码头工程、深圳港盐田港区东作业区集装箱码头工程一期工程等工程建设。

二、沿海港口公共基础设施建设

连云港港30万吨级航道二期工程、天津港北航道及相关水域疏浚提升工程等一批项目完成竣工验收。盘锦港荣兴港区10万吨级航道工程、盐城港响水港区灌河口5万吨级航道整治工程等一批项目基本建成。继续推进锦州港航道改扩建工程、连云港港徐圩港区30万吨级航道延伸段工程、北海港铁山港进港航道三期等工程建设。

三、长江黄金水道建设情况

紧紧围绕长江航运高质量发展，持续推进长江干线航道系统治理，推动区段标准统一。完成长江上游朝天门至九龙坡航道建设工程、三峡—葛洲坝两坝间莲沱段航道整治工程、中游宜昌至昌门溪航道整治二期工程、下游芜裕河段航道整治工程、长江口12.5米深水航道减淤工程南坝田挡沙堤加高完善工程竣工验收。加快推进长江上游朝天门至涪陵河段航道整治工程、涪陵至丰都河段航道建设工程等建设。长江干线武汉至安庆段6米水深航道整治工程、长江下游江心洲至乌江河段航道整治二期工程试运行平稳有序。

四、西江黄金水道建设情况

服务西部陆海新通道、粤港澳大湾区等国家重大战略，大力推进西江航运干线扩能工程和珠三角航道网完善工程建设。建成西江航运干线贵港至梧州3000吨级航道工程、右江航道整治工程（两省交界至百色）、来宾至桂平2000吨级航道主体工程。柳江红花枢纽至石龙三江口Ⅱ级航道工程、桂江航道工程、广西百色水利枢纽通航设施工程加快建设。加快推进了红水河龙滩水电站1000吨级通航建筑物工程、大藤峡枢纽二线三线船闸工程、金鸡滩水利枢纽二线船闸工程、西江航运干线南宁（牛湾）至贵港3000吨级航道工程、右江（百色至南宁）Ⅱ级航道工程等项目前期工作。

五、其他航道、通航设施建设

京杭运河杭州段二通道建成并试通航，引江济淮航运工程全线试运行。淮河干流航道整治工程（蚌埠闸至红山头段）、裕溪一线船闸扩容改造工程、魏村枢纽扩容改建工程、宿连航道（京杭运河至盐河段）整治工程一期工程军屯河枢纽和沭新河南船闸、湖嘉申线航道嘉兴段二期工程基本完工。东宗线湖州段航道整治工程、浙北集装箱主通道、唐白河航道工程加快建设。淮河干流航道整治工程（三河尖至蚌埠闸段）、常山江航电枢纽工程、临淮岗复线船闸工程、引江济淮蜀山复线船闸工程、东淝河一线船闸扩容改造工程、白马航电枢纽、岷江（龙溪口枢纽至宜宾合江门）航道整治工程一期工程、岷江龙溪口航电枢纽工程、岷江老木孔航电枢纽工程、嘉陵江利泽航运枢纽、宿连航道（京杭运河至盐河段）整治工程一期工程航道和陆运河船闸、通扬线通吕运河段航道整治工程持续推进。宿连航道（京杭运河至盐河段）整治工程二期工程连云港段、长湖申线（京杭运河至苏沪省界段）、乌江白马至彭水航道整治、杭申线（嘉兴段）三级航道改造工程、钱塘江三级航道整治工程（衢州段）开工建设。

第二节　水路重大工程建设项目介绍

一、平陆运河

平陆运河北起广西南宁平塘江口，南至钦州沙井出海全长134.2公里，按内河I级航道标准建设，可通航5000吨级船舶。建设内容包括航道工程、航运枢纽工程、沿线跨河设施工程及配套工程。项目开发以发展航运为主，结合供水、灌溉、防洪、改善水生态环境等，项目概算总投资727.19亿元，工程建成后西南及广西部分地区水运入海里程将缩短560公里。

该工程是西部陆海新通道的骨干工程，是加快建设交通强国的标志性工程，是优化提升全国水运网络、加快建设国家综合立体交通网的跨水系连通工程。在部区携手、高位推动下该项目于2023年5月23日全线动工建设，截至2023年底，累计完成投资约237亿元，建设投资完成比例32.6%。

图 5-3-1　马道枢纽施工现场（图片由平陆运河集团有限公司提供）

图 5-3-2　航道 15 标施工现场，天鲲号疏浚（图片由平陆运河集团有限公司提供）

二、引江济淮航运工程

引江济淮航运工程建设范围包括江淮沟通段航道、菜子湖线航道和兆河航道，航道里程总长354.9公里，其中Ⅱ级航道167公里、Ⅲ级航道169公里、利用合裕线Ⅱ级航道18.9公里；新建7座船闸，1座水上服务区，改建、重建73座跨河建筑物及航运配套工程，同步建设数字引江济淮航运信息化系统。航运工程概算总投资317.82亿元，截至2023年底，工程全线已全部建成并投入试运行。

为克服深切岭段“膨胀土”难题，引江济淮先行建设了1.5公里长的试验段，为突破膨胀土难题提供重要的技术依据，填补了我国在高含水率膨胀土领域研究的空白；淠河总干渠渡槽工程总长350米，主跨跨度达到110米，是目前世界上跨度最大的通水通航钢结构渡槽，2023年4月荣获国际桥梁大会“亚瑟·海顿”奖。

图 5-3-3　菜子湖线庐江船闸 2023 年 9 月 16 日开通试运行（图片由安徽省引江济淮集团有限公司提供）

图 5-3-4　2021 年 5 月 1 日建成投入运行的淠河干渠渡槽桥（图片由安徽省引江济淮集团有限公司提供）

三、京杭运河杭州段二通道项目

京杭运河杭州段二通道项目按三级标准建设航道26.4公里及双线船闸一座，建设内容包括疏浚工程、护岸工程、服务区锚地工程、桥梁工程、涉铁改造工程、水利补偿设施及配套工程等，项目概算总投资167.7亿元。工程自2017年12月开工，于2023年6月建成，2023年7月18日全线通航。

工程先后开展十项省级科研项目，解决交叉施工防护、强涌潮地区口门河势整治等难点问题，实现项目全寿命期智慧建管养。采用新施工工艺实现了9米闸墙一次浇筑到顶，保障工程质量优良。同时开展桥梁标准化设计、绿色施工，并创新采用5D-BIM及数字孪生技术、结合MJS工法桩等技术应用，实现高质量建设。项目已发布标准5项，获得27项专利授权，获得中国水运建设行业协会科技进步奖一等奖等6项科技奖项。项目已被交通运输部列入“科技示范工程”“平安百年品质工程（第一批）”创建示范项目。

图 5-3-5　京杭运河杭州段二通道（新开挖航道段）航拍（图片由杭州交通投资建设管理集团有限公司提供）

图 5-3-6　京杭运河杭州段二通道（八堡船闸段）全景（图片由杭州交投建设工程有限公司提供）

四、湘江二级航道二期工程

湘江二级航道二期工程建设湘江衡阳蒸水河口—株洲航电枢纽154公里Ⅱ级航道，航道标准3.0米×75米×550米（水深×航宽×弯曲半径），新建大源渡航电枢纽和株洲航电枢纽2000吨级二线船闸各1座，大源渡和株洲枢纽鱼道各1座及航道配套设施。项目概算总投资31.24亿元，于2016年3月开工，2023年12月竣工验收。

项目被授予2018—2020年度公路水运建设项目“平安工程”冠名，获得省部级科技进步奖、中国爆破样板工程等多类奖项成果。项目建成后湘江蒸水河口至岳阳城陵矶河段全面提升为Ⅱ级航道，对湖南省深度融入长江经济带、完善综合交通运输体系、湘江鱼类生态环境保护修复等具有重要意义。

图 5-3-7　株洲二线船闸全貌（图片由湖南省交通运输厅提供）

图 5-3-8　大源渡二线船闸全貌（图片由湖南省交通运输厅提供）

五、长江上游九龙坡至朝天门河段航道建设工程

长江上游九龙坡至朝天门河段航道建设工程位于重庆市主城区内，上起胡家滩新港，下至朝天门，全长22公里，航道建设等级为Ⅰ级，建设标准为3.5米×150米×1000米（水深×航宽×弯曲半径），工程概算总投资4.78亿元。工程于2016年1月开工，2023年6月竣工验收。工程竣工后，该河段22公里航道满足了3000吨级船舶常年昼夜通航的需求，为重庆市长江上游航运中心发展和成渝地区双城经济圈建设奠定了基础。

工程建设期间，围绕三峡库尾航道治理、长江上游绿色航道建设，积极开展技术攻关，全方位打造品质工程，确保了工程质量安全和整治效果。各滩段整治建筑物经历了3届洪、枯水期试运行考验，工程结构维持稳定，整治效果良好。

图5-3-9 整治后的三角碛滩段航道通航情况（图片由长江航道局提供）

图5-3-10 整治后的砖灶子滩段航道通航情况（图片由长江航道局提供）

六、长江下游芜裕河段航道整治工程

长江下游芜裕河段航道整治工程位于安徽省芜湖市境内，上起芜湖长江大桥，下至东梁山，全长24公里，航道建设等级为Ⅰ级，建设标准为10.5米×200米×1050米（水深×航宽×弯曲半径）。工程概算总投资4.57亿元，工程于2018年9月开工，2023年6月通过竣工验收。

工程建设期间，推进了标准化建设和精细化管理，打造生态护岸工程。工程采用了BIM技术辅助设计工作和施工作业，工程现场布设了监控指挥平台系统对现场施工实施监控，提升了工程质量、安全管理水平。工程竣工验收后，成为芜湖至南京段首个航道水深提升至10.5米的河段。

图5-3-11 曹姑洲心滩护岸工程竣工后情况及周边航道通航情况（图片由长江航道局提供）

图5-3-12 曹姑洲心滩护岸工程三维植生垫生态护岸（图片由长江航道局提供）

七、宁波—舟山港梅山港区 6 号至 10 号集装箱码头工程

宁波—舟山港梅山港区6号至10号集装箱码头工程位于宁波市北仑区梅山岛东南侧，建设5个专业化集装箱泊位，包括2个20万吨级和3个15万吨级泊位（水工结构按靠泊20万吨级集装箱船设计），码头岸线总长2150米，陆域总面积约180万平方米，码头设计年通过能力430万标准箱（TEU），工程总投资为78.67亿元。该工程2015年12月开工，2023年12月通过竣工验收。

该工程在建设过程中开展了"超长大管桩技术研究与应用""BIM在码头施工全过程信息化管理中的应用研究"等一系列技术创新研究。该项目部分泊位及堆场同步建设岸桥远程操控系统、轮胎式起重机远程操控系统等智能化操作系统，并配置智能集卡等设施设备，提升了港区装卸运输效率，推动了港区智慧化发展水平。

图 5-3-13　宁波—舟山港梅山港区 6 号至 10 号集装箱码头工程（图片由梅东集装箱码头有限公司提供）

八、连云港港旗台作业区矿石码头改扩建工程

连云港港旗台作业区矿石码头改扩建工程建设单位为连云港新苏港码头有限公司。项目对旗台作业区矿石码头进行改扩建，改扩建后满足1艘40万吨散货船靠泊需求，年设计通过能力2830万吨，岸线长度755米，项目总投资约1.1亿元。工程于2023年2月开工，2023年10月顺利建成。

该改扩建项目的建成标志着连云港港具备了40万吨超大型散货船靠泊接卸能力，进一步提升了连云港外贸铁矿石运输接卸能力。

图 5-3-14　万吨货船靠泊码头（图片由江苏省交通运输厅提供）

九、钦州港大榄坪港区大榄坪南作业区 9 号 10 号泊位工程

钦州港大榄坪港区大榄坪南作业区9号10号泊位工程项目建设单位为广西钦州保税港区宏港码头有限公司。项目新建2个10万吨级集装箱泊位（水工结构按靠泊20万吨级集装箱船设计），码头泊位总长783米，年设计通过能力161万标准箱（TEU），工程总投资约为42亿元。项目于2020年9月28日开工建设，2023年6月8日通过竣工验收。

项目采用全新的U形堆场布局，外集卡和IGV（智慧型引导运输车）能够直接进入到箱区进行作业，内外交通分流，且U形布局装卸点多，出箱灵活、安全高效，后续可根据堆场作业需求灵活增加轨道式起重机设备。该项目是推动北部湾港智慧港口建设的标志性项目，对提升北部湾港核心竞争力具有积极意义。

图 5-3-15　完工后的 9 号 10 号泊位工程项目（图片由广西壮族自治区交通运输厅提供）

十、阳江LNG调峰储气库项目配套码头工程

阳江LNG调峰储气库项目配套码头工程建设单位为广东阳江海陵湾液化天然气有限责任公司，位于广东省阳江高新区港口工业园区。新建1个17.5万立方米LNG泊位，泊位长度360米，设计年通过能力210万吨。码头总投资约7.2亿元，于2021年12月开工，2023年11月通过交工验收。

项目作为清洁能源项目的配套码头工程，建成投产后将进一步提升LNG接卸能力，优化粤西地区的能源结构，推动地区能源绿色低碳转型，在改善大气环境、减少污染排放方面具有重要的现实意义。

图5-3-16　阳江LNG调峰储气库项目配套码头工程（图片由广东阳江海陵湾液化天然气有限责任公司提供）

十一、日照港岚山港区30万吨级原油码头三期工程

工程位于日照港岚山港区中作业区，项目建设单位为日照港集团有限公司。项目建设1个30万吨级原油泊位及相应配套设施，码头长430米，设计吞吐量1700万吨，设计年通过能力为1800万吨，工程总投资约8.2亿元。

工程引桥采用大跨径钢管拱桥结构，钢管拱桥可以和上部管架基础等在预制场焊接成型后进行现场安装，减少了海上作业量。本项目的建设进一步完善了该区域油气基础设施配置，提升了原油接卸能力，对引导相关产业的发展、带动临港工业和港口物流业的发展具有重要作用。

图5-3-17　日照港岚山港区30万吨级原油码头三期工程竣工验收前航拍（图片由日照港集团建设管理中心分公司提供）

十二、天津港北航道及相关水域疏浚提升工程

工程由天津港（集团）有限公司投资建设。工程位于天津港北港池，北至C段智能化集装箱码头港池北侧水域，南至天津港主航道水域。工程按照20万吨级集装箱船单线航行兼顾10万吨级集装箱船双线航行进行设计。航道总长约7116米，总疏浚工程量约1259万立方米，投资约为5亿元。工程自2022年3月14日开工，2023年11月27日完成竣工验收。

天津港进出港船舶大型化趋势明显，本工程建成后可满足20万吨级集装箱船单线航行及10万吨级集装箱船双线航行进出港需求，进一步提升该区域大型船舶的通过能力。

图5-3-18　北航道项目疏浚施工过程现场（图片由天津市港航管理局提供）

第四章　民航重大工程建设项目

第一节　民航重大工程建设情况概述

一、工程建设情况

2023年，新建朔州、安阳、湘西、阆中、普兰机场，迁建济宁机场建成投产，运输机场总量达259个。全年新开工、续建重大运输机场项目72个，新增跑道6条、停机位193个、航站楼面积达59万平方米。

二、民用机场管理情况

（一）完善运输机场建筑信息模型标准体系

为加快推动智慧民航建设发展，提升行业数字化水平，发布《运输机场建筑信息模型（BIM）应用案例》《民用运输机场工程对象分类和编码标准》（MH/T 5070—2023）、《民用运输机场建筑信息模型设计应用标准》（MH/T 5071—2023）、《民用运输机场建筑信息模型施工应用标准》（MH/T 5072—2023）和《民用运输机场建筑信息模型运维应用标准》（MH/T 5073—2023），进一步完善民航BIM标准体系，更好地指导机场BIM技术实践。

（二）全面开展施工重大安全隐患专项排查整治

印发《关于开展民航专业工程施工重大安全隐患专项排查整治2023行动的通知》（局发明电〔2023〕1000号），配套发布《民航专业工程施工重大安全隐患判定标准（试行）》（AC-165-CA-2023-01）。各地区管理局、质监机构相继开展民航专业工程隐患排查治理工作，加强重大安全隐患管理，防范和遏制较大及以上级别生产安全事故发生。对监督执法人员开展集中专题培训，切实推进民航专业工程领域施工安全。

（三）持续强化不停航施工监管力度

2023年6月28日，中国民用航空局印发《运输机场不停航施工管理办法》（民航规〔2023〕21号），这是《运输机场运行安全管理规定》规章体系下的首部专门针对不停航施工管理的重要规范性文件，对不停航施工管理工作进行了系统性的深化和细化。根据月度“全国运输机场工程建设简报”，机场司持续狠抓不停航施工管理，查找和补齐监管漏洞。多次组织对涉及不停航施工的重点机场建设项目开展督导，提出工作要求，落实监管责任。

（四）着力强化民航专业工程建设质量管理

为落实中国民用航空局党组关于加强工程质量监督，提升工程建设品质的有关要求，系统提出加强质量管理措施，组建“强化专业工程质量安全管理专班”，出台《关于加强民航专业工程建设质量管理工作的二十条措施》（民航规〔2023〕33号）、《运输机场场道工程建设质量检测管理办法》（民航规〔2023〕30号）等规范性文件，进一步规范民航专业工程建设质量行为，压实主体责任，提升专业工程建设质量水平，推动民航工程建设高质量发展。加强质监机构业务考核，修订印发《民航专业工程质量监督机构业务考核管理办法》（民航函〔2023〕550号）。

（五）健全保障农民工工资支付管理工作

相继组织召开了“民航工程建设领域根治拖欠农民工工资工作会议”“直属单位农民工工资支付保障督导调度会”，推动欠薪问题集中高效解决。2023年4月12日，中国民用航空局印发《关于进一步加强民航工程建设领域根治拖欠农民工工资工作的通知》（民航函〔2023〕208号），提出根治欠薪10条措施，配套印发3个检查单，进一步明晰主体责任、强化检查督导，推动行业根治欠薪工作规范化、常态化，不断健全根治欠薪长效机制，积极保障农民工工资支付，维护行业健康稳定发展大局。

（六）进一步提升工程招投标管理效能

修订完成《民航专业工程建设项目招标投标管理办法》《民航专业工程建设项目评标专家和专家库管理办法》，完善民航专业工程招投标管理制度。大力推进招标投标全流程电子化，打造全行业统一的“电子交易平台”，破解当前招投标监管面临的重大风险和突出问题，全面提升监管效能。开展招标投标领域突出问题专项治理，优化招标投标营商环境。

（七）积极推进工程质量安全体系建设

持续推进工程质量安全体系建设，发布5部行业标准或技术规范，积极开展7部相关规范的研究。建立民用机场桥梁、隧道工程技术标准体系，将进近灯光桥梁系统解决方案纳入亚太民航局长会议的行动项，并建议国际民用航空组织（ICAO）纳入国际标准。

（八）持续提高标准支撑发展能力

与时俱进强化标准动态管理，全年发布《飞机地锚设计与维护技术指南》（MH/T 5064—2023）、《通用机场选址技术指南》（MH/T 5065—2023）、《绿色机场评价导则》（MH/T 5069—2023）等16部工程建设行业标准，开展7部标准复审工作，不断提升标准与工程技术、管理的协调性。修编完成《民用直升机场飞行场地技术标准》，确保与国际标准接轨。

（九）优化机场设备管理规章体系

《民用机场专用设备管理规定》经局务会审议通过并报送交通运输部审查，重点增加了设备经营管理有关规定，调整了准入目录，明确了设备维护与年度评估要求等。发布出台《民用机场专用设备违法失信信息公布办法》，探索建立信用公示管理体系，强化事中事后监管力度。

（十）首次开展民航专业工程建筑业企业资质动态核查

通过探索组建专班、公示材料与结论的方式，对近五年核准的企业的施工二级资质开展核查。经核定，近六成企业资质不再满足标准，另出现部分企业提交虚假材料、人员执业资格“挂证”以及个别企业违法分包工程项目等违法违规行为。经过此次核查，技术负责人频繁跳槽申请资质的势头被有效遏制，企业资质申报数量大幅下降，对市场秩序形成有力震慑。

（十一）助力中小机场四型机场建设

会同有关单位，在江苏淮安召开全国中小机场四型机场建设研讨会。会上公布了中小机场四型机场建设优秀案例，共有47家机场、55个项目入选，为行业提供了示范典型。

（十二）系统完善通用机场管理体系

围绕“大力服务低空经济发展”，加快推动《通用机场管理规定》编制，进一步处理好放与管的关系，通过差异化分类分级，明确机场建设、许可备案和运营管理要求。发布《通用机场场址行业审查实施细则》，厘清管理局与地方政府职责界面，规范行业审查程序。发布《通用机场选址技术指南》（MH/T 5065—2023），指导各方降低机场建设成本，有序推动通用机场建设。

第二节　民航重大工程建设项目介绍

一、湘西边城机场

2018年8月，新建湘西边城民用机场工程开工，机场等级为4C级，新建一条长宽尺寸为2600米×45米的水泥混凝土结构跑道，此工程投资总额约为16.86亿元。2023年3月28日，湘西边城机场通过第一批竣工验收；2023年7月26日，湘西边城机场通过第二批竣工验收；2023年8月3日，湘西边城机场通过行业验收；2023年8月18日，湘西边城机场正式投运。

图 5-4-1　湘西边城机场航站区图（图片由中国民用航空局提供）

二、安阳红旗渠机场

2010年3月，新建安阳民用机场工程开工，机场等级为4C级，新建一条长宽尺寸为2600米×45米的水泥混凝土结构跑道，此工程投资总额约为13.65亿元。2023年6月，飞行区场道工程、飞行区消防管网、助航灯光、飞行区供电、照明工程和空管工程通过竣工验收；2023年8月2日，安阳红旗渠机场取得行业验收意见；2023年10月26日，安阳红旗渠机场取得运输机场使用许可证。2023年11月29日，安阳红旗渠机场正式投运。

图 5-4-2　安阳红旗渠机场全貌（图片由中国民用航空局提供）

三、阆中古城机场

2020年5月，新建四川阆中民用机场工程开工，机场等级为4C级，新建一条长宽尺寸为2600米×45米的水泥混凝土结构跑道，此工程投资总额约为11.642亿元。2023年9月7日，阆中古城机场通过第一批竣工验收；2023年10月11日，阆中古城机场通过第二批竣工验收；2023年11月20日，阆中古城机场通过行业验收；2023年12月17日阆中古城机场正式通航投运。

图 5-4-3 阆中古城机场全景（图片由中国民用航空局提供）

四、朔州滋润机场

2021年3月，新建山西朔州民用机场工程开工，机场等级为4C级，新建一条长宽尺寸为2600米×45米的水泥混凝土结构跑道，此工程投资总额约为9.54亿元。2023年8月，朔州滋润机场通过竣工验收；2023年10月，朔州滋润机场通过行业验收；2023年12月18日，朔州滋润机场正式投运。

图 5-4-4 朔州滋润机场（图片由中国民用航空局提供）

五、普兰机场

2021年4月，新建西藏普兰机场工程开工，机场等级为4C级，新建一条长宽尺寸为4500米×50米的水泥混凝土结构跑道，此工程投资总额约为43.2亿元。2023年11月27日，普兰机场通过第一批竣工验收；2023年12月6日，普兰机场通过第二批竣工验收；2023年12月15日，普兰机场通过行业验收；2023年12月27日，普兰机场正式投运。

图 5-4-5 普兰机场航站楼——空侧（图片由中国民用航空局提供）

六、济宁大安机场

2020年10月，新建山东济宁军民合用机场民用部分迁建工程开工，机场等级为4C级，新建一条长宽尺寸为2800米×45米的水泥混凝土结构跑道，建设2.97万平方米的航站楼、16个C类机位的站坪，配套建设空管、供油、供电、消防救援等设施，工程投资总额约为34亿元。2022年6月29日，济宁大安机场非民航专业工程通过竣工验收；2023年7月27日，济宁大安机场民航专业工程通过第一批竣工验收；2023年10月13日，济宁大安机场民航专业工程通过第二批竣工验收；2023年12月7日，济宁大安机场通过行业验收；2023年12月28日，济宁大安机场正式转场投运。

图 5-4-6 2023 年 12 月 28 日，山东省济宁市，济宁大安机场转场运营首航（图片由中国民用航空局提供）

七、喀什徕宁机场

2018年12月喀什机场改扩建工程开工，机场等级为4E，主要对现平行滑行道D、E联络道、3-6号机坪、飞行区排水沟、巡场路进行改造，增加飞行区周界监控报警系统，新建航站楼3.3万平方米，并改造现有航站楼，此工程总投资总额约为11.76万亿元。2020年9月28日至29日完成飞行区及供油工程行业验收；2022年9月6日至7日完成目航站区及空管等工程行业验收；2023年12月26日至27日完成现航站楼改造工程（国际部分）行业验收。

图 5-4-7　改造完工后的喀什徕宁机场 T2 候机楼前立交桥（图片由中国民用航空局提供）

第五章 邮政重大工程建设项目

一、项目简介

邮政寄递渠道安全监管"绿盾"工程是贯彻落实党的十九大关于牢固树立安全发展理念，维护政治安全、国家安全和生产安全决策部署的具体体现，是党中央、国务院交给邮政快递业的政治任务，是提升寄递渠道安全监管能力水平的基础性工程，是国家邮政局的"三最工程""一号工程""金字工程"。

2022年1月26日，"绿盾"工程（一期）顺利通过竣工验收，标志着一期项目圆满建成。"绿盾"工程（一期）历经两年多谋划设计和近4年建设实施后圆满收官，相关建设成果得到中央多个部门的高度肯定。"绿盾"工程（一期）按照数据"大集中"模式和A级标准，建成"一主一备"两个现代化数据中心；改造完善298个监控中心，配备892套便携执法装备和421套应急指挥装备；建成以云计算平台、大数据管理平台和数据资源为基础支撑的大数据中心；完成主要邮政快递企业15万多路生产作业监控视频和2000余台安检机运行数据接入；建设完善运行监测、安全预警、行政执法、应急指挥、决策支持和公共服务等六大类应用系统，基本实现"动态可跟踪、隐患可发现、事件可预警、风险可管控、责任可追溯"目标，对于夯实邮政管理系统信息化基础、提升行业安全监管能力、支撑国家安全、公共安全、信息安全和经济社会发展，具有十分重要的作用。

二、年度主要成果

2023年国家邮政局高度重视"绿盾"工程全面深入应用，不断提升行业治理体系和治理能力现代化水平。"绿盾"工程在提升行业安全监管能力、服务国家安全和经济社会发展、支撑重大活动安保和保通保畅工作等方面发挥了积极作用。

一是"绿盾"工程在日常行业管理中发挥重要基础作用。各地创造性地将"绿盾"工程融入行业监管工作中，工作质效显著提升。各省市局利用"绿盾"工程主要信息系统及数据，积极支撑日常行业管理、重大活动安保等重点工作，提高了行业监管效率和行业治理能力水平。河北建立行业数据日分析制度，借助市场监管系统，对全省邮政快递业的业务量、投递量及三日妥投率分地市、分企业进行日环比、累计同比维度的分析，每日发邮政管理部门主要领导、分管领导和业务处室负责人。5月累计编发31期。山西全省通过巡查监管系统巡检报告线索立案的行政处罚案件占全省邮政市场行政处罚案件的29.34%，处罚金额占比26.34%。贵州省邮政管理局通过"绿盾"各系统数据作参考，精准指导企业整改安全隐患25起，贵州省各地邮政管理部门帮扶指导企业288家次。天津建立寄递企业安全中心建设评价体系，实现行业监管、经济社会发展和系统应用的有机结合。

二是"绿盾"工程在重大活动和重点时期安保中发挥关键支撑作用。各地在重大活动和重点时期安保中灵活应用"绿盾"工程，提高监管工作的精准性。北京市邮政管理局工作人员通过使用"绿盾"工程视频巡查监管系统对辖区内邮政快递业营业场所、处理场所进行24小时不间断网上巡查，在"五一"假期期间，共网上巡查120小时，巡查154人次，巡查邮政企业网点121个，快递企业网点14个，填写巡查日志12篇。江西加强对成都大运会期间的数据监测，7月印发13期《2023年成都大运会期间江西省邮政业安全中心安保巡查工作日报》。2023年7月，成都市邮政管理局按照四川省邮政管理局"大排查，大整改"要求，利用视频巡查监管系统和安检机联网系统开展线上安全生产巡查，对顺丰、邮政、圆通等企业共开展9轮在线巡查。新疆维吾尔自治区邮政管理局加大巡查力度，通过视频监控平台巡查各寄递企业处理场所、营业场所三项制度、全力保障亚运会期间进浙邮件快件安全。

三是"绿盾"工程在健全完善行业监管体系中发挥纽带作用。通过"绿盾"工程应用，将省市局、各级安全中心、寄递企业有机连接在一起，实现统一指挥、统一应急处理，逐步形成纵向到底、横向到边的监管体系，促进行业监管规范化、精准化、智能化。江西通过应急指挥系统报送安全事故事件12期，重庆通过"绿盾"系统电话终端及简讯App，组织各分局开展应急指挥突击演练数十次，结合夏季气候特征及邮政快递业实际，加强风险隐患自查自纠自改，做好雨天交通出行累计发布高温天气和自然灾害风险提示30余条。

四是“绿盾”工程在服务行业保通保畅中发挥重要支撑作用。邮政业安全中心充分利用“绿盾”工程建设成果，聚焦末端堵点，加强重点地区监测预警，每日为国务院物流保通保畅工作机制、交通运输部、国家邮政局提供监测信息和分析数据，为监管部门决策部署提供数据支撑。为国家局和31省（自治区、直辖市）提供了全面准确的监测信息和数据分析。北京市邮政管理局安排专员利用视频巡查系统对辖区内各操作中心及中转场在安全生产及保通保畅方面进行实时监管检查，对辖区内邮政快递业营业场所、处理场所进行24小时不间断网上巡查，通过“绿盾”工程更好地实现辖区内邮政快递业平稳健康发展。

第六章　综合交通枢纽重大工程建设项目

第一节　综合客运枢纽

以辐射带动力强的重大项目为牵引，以便民惠民利民水平高的一般项目为支撑，进一步优化综合客运枢纽布局建设。2023年安排车购税资金支持三江综合客运枢纽站、咸丰县综合客运枢纽站工程、格尔木市综合客运枢纽站、郑万高速铁路兴山综合客运枢纽、眉山彭山北综合客运枢纽、永泰旅游集散客运中心、酒泉南客运综合枢纽、兰州机场综合交通枢纽、鲁南高速铁路曲阜南站综合客运枢纽等22个综合客运枢纽项目建设，引导提高综合客运枢纽一体化、人文化发展水平，增强枢纽城市辐射能力，更好地服务跨区域人员往来、旅客高效便捷换乘集散、城市功能拓展、枢纽经济发展增效。

第二节　综合货运枢纽

深入实施第一批10个城市国家综合货运枢纽补链强链，新确定第二批太原、哈尔滨、长春，西安、银川、兰州、西宁、乌鲁木齐（含兵团相关师市）等10个支持城市。2023年安排车购税资金支持天津港集疏运专用货运通道工程、武汉工业港铁水联运综合能力提升项目、宁波梅山铁路支线、成都国际铁路物流项目（一期）等综合货运枢纽项目、“一带一路”中欧班列（西安）集结中心货运专线项目等建设，引导提高综合货运枢纽一体化、集约化发展水平，提升枢纽城市能级，促进枢纽经济发展，优化区域开放布局，更好地服务跨区域物资流通、运输结构调整优化、货物高效多式联运，降低全社会物流成本。

第六篇
重大事件

Section VI
Major Events

第一章　行业重大事件

第一节　铁路领域重大事件

2023年1月13日，国家铁路局工作会议在京召开。会议传达学习国务院副总理刘鹤批示精神，总结回顾新时代10年铁路发展成就和铁路行政履职监管工作，深入分析当前铁路工作面临的形势任务，明确2023年工作总体思路和重点任务。交通运输部部长李小鹏出席会议并讲话。国家铁路局党组书记、局长费东斌作题为《贯彻党的二十大精神，推动铁路高质量发展，为全面建设社会主义现代化国家开好局起好步作出新贡献》的工作报告。

1月18日，习近平总书记通过视频连线看望慰问郑州东站铁路客运干部职工，嘱咐他们精心组织调度，严守安全底线，确保广大旅客安全出行，并亲切地和候车旅客交流，祝旅客旅途顺利。[1]

1月31日，交通运输部、自然资源部、海关总署、国家铁路局、中国国家铁路集团有限公司联合印发《推进铁水联运高质量发展行动方案（2023—2025年）》，明确到2025年，长江干线主要港口铁路进港全覆盖，沿海主要港口铁路进港率达到90%左右，全国主要港口集装箱铁水联运量达到1400万标箱，年均增长率超过15%；京津冀及周边地区、长三角地区、粤港澳大湾区等沿海主要港口利用疏港水路、铁路、封闭式皮带廊道、新能源汽车运输大宗货物的比例达到80%，铁水联运高质量发展步入快车道。

截至2月17日，煤运量占全国铁路煤运总量1/5的“中国重载第一路”大秦铁路累计运量突破80亿吨，创造目前世界上单条铁路货运量最高纪录。

3月22日，国家铁路局在北京召开铁路行业科技创新基地建设座谈会，会上公布了第二批26家铁路行业科技创新基地认定结果并进行了授牌。

3月30日，中国标准化大会（2023）在南京召开，国家标准化管理委员会举行了中国标准创新贡献奖颁奖仪式。国家铁路局推荐的铁路国家标准《轨道交通 机车车辆用电力变流器 第4部分：电动车组牵引变流器》（GB/T 25122.4—2018）等5项标准”荣获2022年度中国标准创新贡献奖标准项目一等奖。这是铁路领域标准首次获得该国家级奖项的一等奖，铁路标准化工作取得了历史性突破。

5月10日～5月12日，习近平总书记接连深入雄安新区和河北多地考察调研，主持召开两场座谈会并发表重要讲话，为高标准高质量建设雄安新区和推进京津冀协同发展不断取得新成效提供了根本遵循。

7月4日，《中国高铁技术自主创新实践研究》研究启动会在京召开。开展《中国高铁技术自主创新实践研究》，目的是在系统总结高铁创新成就与经验的基础上，研究提出未来一个时期中国高铁自主创新的使命任务、总体目标、基本原则和重点方向，凝练提出符合中国高铁技术发展客观规律的创新理论、创新模式，为推动高铁自主创新在“十四五”实现更大发展提供有力支撑。

8月31日，为期62天的铁路暑运圆满结束。7月1日至8月31日，全国铁路累计发送旅客8.3亿人次，创暑运旅客发送量历史新高；国家铁路累计发送货物6.4亿吨，货物运输保持稳定运行，铁路运输安全有序。

9月25日—9月26日，以“可持续交通：携手合作助力全球发展”为主题的全球可持续交通高峰论坛（2023）在北京举行，国家铁路局局长费东斌出席论坛开幕式及全体会议，并在主题为“创新驱动——人享其行、物畅其流，拥抱全球智慧交通美好未来”的论坛第三场主题会议和“数字轨道交通　绿色智能发展”边会上致辞。

11月16日，第一届全路信号集中监测系统技术交流会在广州召开。会议旨在推动信号集中监测系统技术创新，提升信号集中监测系统运维管理水平，推动铁路高质量发展。

11月17日，中老泰全铁快速货运列车从成都城厢站驶出、开往泰国，一列满载泰国优质产品的货运列车从泰国发出、驶向成都城厢站。这标志着中老泰全铁快速货运列车实现双向对开，在我国西南地区和泰国间铺设

[1] 《人民日报》（2023年01月19日01版）

了一条安全、高效、稳定的国际物流新通道。

12月1日起，新版中华人民共和国外国人永久居留身份证（以下简称“永居证”）正式签发启用。按照国家有关部门要求，铁路部门对12306网站（含App）进行了优化，持“永居证”旅客可在线上注册、购票，通过车站闸机自助完成实名制验证、进出站检票，与持居民身份证的旅客同等享受铁路部门提供的网上和自助服务。

自2023年4月13日中老铁路国际旅客列车开行以来，截至12月5日，磨憨口岸共计查验国际旅客列车474列次，验放出入境旅客100186人次，突破10万大关。

12月18日，甘肃临夏回族自治州积石山保安族东乡族撒拉族自治县发生6.2级地震，震源深度10公里。铁路部门快速行动、积极应对，及时启动应急响应，采取有力有效措施，最大限度减少地震对铁路运输的影响。

12月18日，天津至北京大兴国际机场铁路正式开通运营，天津西站至大兴机场站间最快41分钟可达。

第二节　公路领域重大事件

2023年4月14日，交通运输部办公厅印发《关于开展农村公路“一路一档”信息化建设试点申报工作的通知》，组织指导有基础有意愿的省（自治区、直辖市）开展“一路一档”信息化建设试点申报工作，加快推进农村公路基础设施数字化转型。

4月19日，港珠澳大桥主体工程通过交通运输部、国家发展和改革委员会、国务院港澳事务办公室组织的竣工验收，转入正式运营阶段。

6月5日，交通运输部办公厅印发《关于组织开展“四好农村路”全国示范县评估验收工作的通知》，组织开展对2022年度“四好农村路”全国示范县创建单位，2021年度、2022年度已命名“四好农村路”全国示范县复核未达标进行整改的单位进行评估验收。

8月16日，交通运输部、中华全国总工会印发《关于开展第二届“最美公路人”推选宣传活动的通知》（交公路函〔2023〕451号），旨在深入贯彻落实党的二十大精神和习近平总书记关于加快建设交通强国重要指示精神，大力弘扬“两路”精神、港珠澳大桥建设者奋斗精神、铺路石精神等新时代交通精神，寻找、挖掘公路交通行业“最美”典型，激励广大公路人积极投身加快建设交通强国实践，书写好交通强国建设公路篇。

8月25日，交通运输部办公厅印发《关于做好农村公路“一路一档”信息化建设试点实施工作的通知》，按照“一体推进、统分结合、共建共享、应用推广”的整体思路，试点推进农村公路“一路一档”信息化建设，形成可复制可推广的农村公路“一路一档”信息化建设模式，逐步推进农村公路数字化和信息化管理。

9月9日，交通运输部印发《关于推进公路数字化转型加快智慧公路建设发展的意见》（交公路发〔2023〕131号），聚焦“六提升、五推动、一筑牢”，即提升设计施工、养护业务、路网服务、政务服务、技术标准、基础支撑的水平，推动智慧建造、智慧养护、智慧出行、智慧治理、标准升级和筑牢数字底座，从而促进公路全流程数字化转型，加快推动智慧公路建设发展。

9月12日，交通运输部印发《交通运输部关于加快建立健全现代公路工程标准体系的意见》（交公路发〔2023〕132号），为进一步优化公路工程标准体系，更好支撑交通强国建设提供政策保障。

9月13日，交通运输部、湖南省人民政府、武警第二机动总队在湖南省娄底市联合举办了2023年度全国公路交通军地联合应急演练。演练以“公路防汛应急处置”为主题，采用现场展示和实地演练相结合的方式，突出展示了军地协同、战法创新、科技赋能的现代化公路应急全过程。演练圆满完成，达到了以训促练、联演促融的目的，对于进一步提升公路应急处置能力具有重要意义。

2023年中秋、国庆假期，全社会跨区域人员流动量（包括营业性旅客运输人数和高速公路、普通国省道非营业性小客车出行人数）累计22.04亿人次。其中，营业性旅客运输人数累计4.58亿人次，日均5727.7万人次，比2022年同期（国庆7天假期）日均增长57.1%。全国高速公路累计流量突破4.83亿辆次，高速公路日均流量为6043.12万辆次，同比2022年上升55.15%，流量峰值出现在假期第一天（9月29日），达6671万辆，创历史新高。

10月26日，为加快推进在役干线公路基础设施与安全应急数字化，交通运输部在山东烟台组织开展试点工作集中调研。从调研情况看，在役公路数字化试点全面推进、多点突破，取得积极成效，试点牵引带动作用逐步显现。

10月28日，沪武高速公路无为至岳西段建成通车，标志着G4221上海至武汉国家高速公路全线贯通，成为长江经济带上又一条公路骨干通道。

10月31日，交通运输部召开2023年推动“四好农村路”高质量发展会议。受党组书记、部长李小鹏同志的委托，副部长王刚同志代表部党组出席会议并讲话。

11月20日，“随手查”“阳光救援”服务平台——“e路畅通”微信小程序正式上线试运行，标志着高速公路充电基础设施“随手查”服务行动和高速公路“阳光救援”行动两项交通运输更贴近民生实事取得阶段性成果。

11月21日，加快建设交通强国推进公路建设高质量发展现场会在浙江召开，王刚副部长参加会议并讲话，强调要聚焦联网、补网、强链，突出安全便捷、经济高效、融合创新、智慧绿色、包容韧性，按照“五个更高”的要求，重点抓好“六个着力”，即着力联网络、促转型、保安全、优合作、提标准、强市场，推动构建现代化公路基础设施体系。

11月28日，为深入贯彻落实习近平总书记关于提高我国自然灾害防治能力的重要指示批示精神，交通运输部在江西省宜春市组织开展第一次全国自然灾害综合风险公路水路承灾体普查现场集中调研。调研过程中现场观摩了普查成果应用典型案例并交流了工作经验，发布了自然灾害综合风险交通行业数据库普查总结汇编、风险评估区划图及技术指南等4项重要普查成果，进行了现场宣贯。

12月10日，绥满高速公路海拉尔至满洲里段建成通车，标志着G10绥芬河至满洲里国家高速公路全线建成，对贯彻落实高质量共建“一带一路”具有重要战略意义。

12月27日，交通运输部、文化和旅游部办公厅联合印发《推进旅游公路高质量发展五年行动方案（2023—2027年）》，组织开展设施建设提质、服务水平升级、路域环境优化、融合发展创新、技术支撑强化等五项行动，推动打造一批旅游公路，促进交旅融合发展。

年内发布《公路养护技术标准》（JTG 5110—2023）、《多年冻土地区公路设计与施工技术规范》（JTG/T 3331-04—2023）、《公路大件运输安全通行评价技术规范》（JTG/T 2213—2023）等行业急需技术标准，现行公路工程行业标准数量达到159部，编译外文版标准累计73部。

第三节　水路领域重大事件

一、水运重大事件

2023年1月31日，交通运输部、自然资源部、海关总署、国家铁路局、中国国家铁路集团有限公司联合印发《推进铁水联运高质量发展行动方案（2023—2025年）》。

2月2日，广西壮族自治区与交通运输部以视频连线的方式召开西部陆海新通道（平陆）运河项目部区会商会议。广西壮族自治区党委书记刘宁、交通运输部部长李小鹏出席会议并讲话。

2月6日，交通运输部、商务部、海关总署联合印发《关于推进海南邮轮港口海上游航线试点落地实施的通知》。

3月13日，交通运输部、国家发展和改革委员会、自然资源部、生态环境部、水利部联合印发《关于加快沿海和内河港口码头改建扩建工作的通知》。

3月29日，交通运输部办公厅印发《国际邮轮运输有序试点复航方案》。

5月5日，交通运输部办公厅印发《关于做好港口服务能力提升工程有关工作的通知》。

5月23日，西部陆海新通道（平陆）运河工程全线开工建设。

6月18日，据长江三峡通航管理局统计数据显示，自2003年6月18日向社会船舶开放通航以来，三峡船闸累计运行19.3万余闸次，通过船舶99.3万余艘次、旅客1223.9万余人次，过闸货运量达19.1亿吨，助力黄金水道进一步发挥“黄金效益”。

7月6日，交通运输部发布第二届“最美港航人”名单，确定蔡翠苏等20名个人（团队）为第二届“最美港航人”，王友农同志为第二届“最美港航人”特别致敬人物。

7月11日，2023年中国航海日主论坛在河北省沧州市举办。交通运输部党组书记、部长李小鹏，河北省委副书记、省长王正谱，中国科学技术协会党组成员、书记处书记张桂华出席论坛并致辞。此次主论坛主题为“扬帆新丝路 奋楫新格局”。国际海事组织秘书长林基泽、国际航行学会联合会秘书长希沙姆·希拉勒视频致辞。

7月11日—12日，李小鹏部长到河北省沧州市、唐山市、秦皇岛市，就交通强国建设试点工作推进情况、港口转型升级促进高质量发展、主题教育等开展调研。河北省委副书记、省长王正谱参加相关活动。

8月3日，交通运输部印发《关于修改〈港口危险货物安全管理规定〉的决定》（交通运输部令2023年第8号），自公布之日起施行。

8月18日，基于“上海出口集装箱结算运价指数”（SCFIS）的中国首个航运期货品种——集运指数（欧线）期货上市交易。

8月22日，交通运输部印发《公路水运工程质量检测管理办法》（交通运输部令2023年第9号），自2023年10月1日起施行。

8月24日，交通运输部联合国家电网有限公司、中国南方电网有限公司印发了《关于示范推进国际集装箱船舶和邮轮靠港使用岸电行动方案（2023—2025年）的通知》（交办水发〔2023〕48号）。

9月1日，交通运输部总工程师兼水运局局长李天碧受部领导委托主持召开大型港口企业主要负责同志座谈会。

9月18日，交通运输部办公厅印发《关于做好全面恢复国际邮轮运输有关工作的通知》。

9月22日，由上海市人民政府和交通运输部共同举办的主题为“开放、合作、创新——共建全球航运新格局”的2023北外滩国际航运论坛在上海开幕。上海市委书记陈吉宁致辞，交通运输部党组书记、部长李小鹏视频致辞。

10月27日，交通运输部总工程师兼水运局局长李天碧主持全国港口安全管理工作交流会。

11月10日，交通运输部印发《关于修改〈中华人民共和国国际海运条例实施细则〉的决定》（交通运输部令2023年第16号），自公布之日起施行。印发《关于公布港口功能优化提升交通强国专项试点项目（第一批）的通知》。

11月13日，交通运输部印发《港口服务指南》。

11月24日，交通运输部印发《关于加快智慧港口和智慧航道建设的意见》。

12月8日，交通运输部公布了新的水运工程和交通支持系统工程评标专家库及水运建设市场抽查检查专家库。

二、海上搜救重大事件

（一）油轮“宏浦 6”轮在日照以东约 60 海里处发生爆炸

2023年1月10日15时30分许，浙江籍油轮“宏浦6”轮（船长128米，船上17人，空载）航行至日照以东约60海里处发生爆炸。山东省海上搜救中心协调派出海事执法船、专业救助船，协调海警船、附近商渔船等前往搜救。最终，船舶明火被扑灭，15人获救、2人失踪。

图 6-1-1 油轮“宏浦 6”轮爆炸救援现场（图片由中国海上搜救中心提供）

（二）木材船“金田”轮在韩国济州以南海域沉没

1月25日凌晨，中国香港籍木材船“金田”轮（船上中国籍14人、缅甸籍8人）在韩国济州岛南偏东约80海里处因大风浪进水沉没。中国海上搜救中心组织协调1艘专业救助船、1艘军舰、2艘海警船以及附近中国籍商船“国远8”轮开展搜救；协调韩国、日本海上搜救机构调派5艘船舶和2架飞机协助搜救。最终，5人获救、8人死亡、9人失踪。

（三）渔船“浙象渔 66126”在东海东部海域沉没

3月2日，渔船“浙象渔66126”在东海东部海域沉没。中国海上搜救中心立即通报中央军委联合参谋部、农业农村部，协调专业救助船、附近石油平台拖轮以及过往商渔船等前往搜救。最终，23名遇险人员全部获救。

（四）渔船“辽盘渔 25140”在渤海海域翻扣

3月23日，渔船“辽盘渔25140”在渤海海域翻扣。辽宁省海上搜救中心共组织协调救援船舶62艘次、直升机3架次开展搜寻。最终，3人获救、1人死亡、4人失踪。

图 6-1-2　渔船“辽盘渔 25140”翻扣救援现场（图片由中国海上搜救中心提供）

（五）油船“鹭岛油 3 号”在东海海域发生火灾

3月30日，油船“鹭岛油3号”（船上15人）在东海海域机舱起火。福建省海上搜救中心共组织协调专业救助船、公务船6艘、拖轮5艘、附近渔船十余艘，安全转移15名遇险船员，成功扑灭船舶火灾。

图 6-1-3　油船“鹭岛油 3 号”火灾救援现场（图片由中国海上搜救中心提供）

（六）一艘无名涉渔船舶在琼州海峡北部海域失联

5月1日，一艘无名涉渔船舶在琼州海峡北部海域失联。广东省海上搜救中心积极协调专业救助船、专业救助直升机、海军舰船及附近商渔船开展搜寻。最终，12人获救、1人死亡。

（七）远洋渔船“鲁蓬远渔 028”在印度洋中部海域倾覆沉没

5月16日，远洋渔船“鲁蓬远渔028”在印度洋中部海域倾覆，船上39人失踪（中国籍17人、印尼籍17人、菲律宾籍5人）。中共中央总书记、国家主席、中央军委主席习近平作出重要指示，中共中央政治局常委、国务院总理李强作出批示。交通运输部立即启动应急响应机制，会同中央和国家机关有关部门、有关地方党委和政府、人民解放军，密切联系事发海域周边国家搜救机构，持续开展大规模搜救行动7天，小规模探查行动2天。共协调船舶22艘、飞机8架，累计搜寻面积约18700平方海里。最终，打捞起7具遇难者遗体及难船部分残破物品。

（八）集装箱船“新远隆 6”轮与散装化学品船“港龙发展”轮在浙江宁波海域碰撞

7月17日，集装箱船“新远隆6”轮与散装化学品船“港龙发展”轮在浙江宁波甬江口海域发生碰撞，“新远隆6”轮进水沉没，“港龙发展”轮人船安全。浙江省海上搜救中心立即协调派出专业救助船、港作拖轮、清污船、海事执法船以及附近船舶前往救助。最终，“新远隆6”轮上20人全部获救，打捞集装箱147只，清污面积114平方公里，未发生次生事故。

图 6-1-4　集装箱船“新远隆 6”轮与散装化学品船“港龙发展”轮碰撞救援现场（图片由中国海上搜救中心提供）

（九）油船“圣油 229”轮在广西钦州海域失火

8月22日，油船“圣油229”轮在广西钦州港1号锚地附近海域失火。广西海上搜救中心立即协调拖轮、航标船、海警船前往现场救助。最终，15人获救、2人死亡，船上明火扑灭，海面无污染。

图 6-1-5　油船“圣油 229”轮火灾救援现场（图片由中国海上搜救中心提供）

（十）客滚船“银紫荆”轮在海南海口新海港搁浅

10月21日，客滚船“银紫荆”轮（载旅客41人、船员32人、车辆33台、货物763吨）出港过程中在海口新海港北侧防波堤港池内搁浅。海南省海上搜救中心立即协调派出专业救助船舶、拖轮、海事执法船以及附近商渔船前往救助。经全力救助，41名旅客及7名船上服务人员安全撤离，“银紫荆”轮安全脱浅。

图 6-1-6 客滚船“银紫荆”轮搁浅救援现场（图片由中国海上搜救中心提供）

（十一）渔船“闽平渔冷 61699”在长江口以东约 200 海里处沉没

11月18日，中国福建籍渔船“闽平渔冷61699”在长江口以东约200海里处沉没，26人遇险。中国海上搜救中心立即协调外交部、军委联参以及日本、韩国海上搜救机构派出力量开展搜救。经全力救助，21人获救、5人失踪。

（十二）韩国籍化学品船“新光明”轮在长江常熟段水域发生火灾

12月21日15时许，韩国籍化学品船“新光明”轮在长江常熟段水域货舱甲板部位发生火灾，22人遇险。事件发生后，交通运输部高度重视，部省市三级联动，协调海事执法船、专业救助船和过往商船前往现场救助，22名遇险人员全部获救。此次行动充分彰显了我国海上应急“政府领导、统一指挥、属地为主、专群结合、就近就便、快速高效”的体制机制优势。事后，韩国海洋警察厅来函对此次搜救行动妥善处置表示感谢。

图 6-1-7 韩国籍化学品船“新光明”轮火灾救援现场（图片由中国海上搜救中心提供）

（十三）巴拿马籍散货船“阿波罗凯旋”轮在莫桑比克海峡失火

12月26日，巴拿马籍散货船“阿波罗凯旋”轮在莫桑比克海峡货舱失火，19名船员（其中中国籍18人，越南籍1人）弃船登上救生筏。中国海上搜救中心第一时间启动应急响应机制，协调事发海域附近莫桑比克、马达加斯加等沿岸国海上搜救机构派出力量开展搜救；联系事发海域附近船舶前往现场开展搜救。经多方协调，12月27日2时许，商船“AS CHRISTIANA”轮抵达事发海域并将救生筏上的19名遇险船员全部安全救起。

三、海事系统重大事件

2023年1月16日，我国首艘具有破冰功能的大型航标船“海巡156”轮在天津列编。

当地时间2月17日，东亚海道测量委员会（EAHC）第9次指导委员会会议在印度尼西亚选举了EAHC副主席国，我国成功当选。

3月29日，交通运输部海事局5000吨级大型巡航救助船“海巡03”轮在海口正式列编海南海事局，标志着海南自由贸易港吨位最大、装备最先进、综合能力最强的海事公务船正式投用，海南海事巡航救助与执法力量迈向深远海。

4月19日，交通运输部办公厅印发《运输船舶违法违规信息跨区域跨部门通报专项治理行动方案》，率先在水上交通安全领域探索跨区域跨部门综合监管。

4月21日，交通运输部印发《关于创新海事服务支持全面深化前海深港现代服务业合作区改革开放的意见》。

当地时间5月5日，国际海道测量组织（IHO）第三届大会在摩纳哥举行了新一届理事会成员国选举，中国再次成功当选理事会成员国。这是中国自2017年以来连续第3次当选。

5月17日，交通运输部、农业农村部联合印发《“商渔共治2023”专项行动实施方案》。

5月18日，第一届“最美海事人”主题发布会在“海巡09”轮举行。

5月24日，南海航海保障中心在南沙群岛火艾礁、牛轭礁和南薰礁附近海域布设3座浮标。

6月3日，交通运输部联合农业农村部、工业和信息化部、国家发展和改革委员会、科技部、自然资源部、生态环境部、中国海警局印发《关于加快推进深远海养殖发展的意见》。

6月3日，在巴西里约热内卢召开的国际航标协会（IALA）第二十届大会上，我国成功当选2023—2027年理事会成员国。这是我国自1994年起连续第8次当选理事会成员国。

6月16日—17日，第二届全国船舶检验业务技能比武决赛在湖北武汉举行，来自全国各地的船舶检验机构和中国船级社等31支代表队、122名注册验船师同台竞技。

6月26日，第六届中国海员技能大比武在舟山拉开帷幕。大会宣读了交通运输部部长李小鹏致全国海员的一封信。

7月26日，交通运输部印发《关于海上交通事故等级划分的直接经济损失标准的公告》。

8月2日，交通运输部办公厅印发《关于进一步加强渡运安全治理　打造更高水平“平安渡运”的通知》。

8月18日，经交通运输部推动，财政部、国家税务总局联合发布《关于延续实施远洋船员个人所得税政策的公告》，将远洋船员个人所得税优惠政策延续至2027年12月31日。

8月24日，交通运输部办公厅、教育部办公厅联合印发《关于加强中小学生水上交通安全教育工作暨开展中小学生水上交通安全十周年主题活动的通知》，要求各地海事、教育、交通运输部门巩固提升中小学生水上交通安全教育活动品牌效应，多形式、多渠道开展“十周年”主题活动展示。

9月20日，交通运输部印发《关于修改〈中华人民共和国海员外派管理规定〉的决定》，于2023年12月1日起施行。

9月21日，交通运输部海事局首艘大型海道测量船“海巡08”轮在上海正式列编交通运输部东海航海保障中心。

9月21日，我国首个国家级综合性船员考试评估项目上海船员评估示范中心建成启用，对促进上海国际航运中心能级提升，支撑航运业高质量发展具有十分重要的意义。

9月24日，交通运输部部长李小鹏在北京会见塞尔维亚建设、交通和基础设施部部长戈兰·韦西奇，双方就深化中塞交通运输合作交换了意见。当日，双方共同签署了《中华人民共和国交通运输部和塞尔维亚共和国建设、交通和基础设施部关于相互承认海员证书的协议》。

9月25日，在全球可持续交通高峰论坛（2023）期间，纪念中国恢复国际海事组织（IMO）合法席位50周年活动在北京举办。

10月14日，“拥抱蔚蓝平安成长”中小学生水上交通安全教育十周年主题活动在天津国家海洋博物馆顺利举行。本次活动是交通运输部、教育部首次联合举办的全国范围的开放性主题活动，获得社会各界广泛参与，反响热烈。活动还公布了全国首批21家水上交通安全教育基地及航海科普教育基地名录。

11月10日，交通运输部印发《关于修改〈游艇安全管理规定〉的决定》。

11月17日，交通运输部印发《关于修改〈中华人民共和国高速客船安全管理规则〉的决定》。

当地时间12月1日，国际海事组织（IMO）第33届大会在英国伦敦举行了新一届理事会选举，中国再次高票当选A类理事国。这是中国自1989年起第18次连任。

12月1日，交通运输部在中华人民共和国上海海事局设立船舶能效管理中心。

12月14日，交通运输部海事局印发《长三角海事监管与服务保障一体化建设方案》，全力推进长三角海事融合发展。

12月25日，交通运输部海事局组织编制的《“陆海空天”一体化水上交通运输安全保障体系总体技术方案》通过专家验收评审，为构建“陆海空天”一体化水上交通运输安全保障体系明确了技术路径。

四、救助打捞系统重大事件

（一）为国家重大活动提供海上应急保障

2023年，救捞系统按照交通运输部的统筹部署，勇担使命、奋发作为，圆满完成了全国两会、春运、杭州亚运会、第六届中国国际进口博览会、环海南岛国际大帆船赛等国家重大活动期间的海上应急保障任务。

（二）荣获“国家卓越工程师团队”称号

2023年，党中央、国务院首次开展“国家工程师奖”表彰，交通运输部上海打捞局“救捞工程关键技术攻关团队”作为交通运输部唯一推荐团体荣获“国家卓越工程师团队”称号。交通运输部救助打捞局局长王雷、上海打捞局局长李泽为、“救捞工程关键技术攻关团队”负责人陈世海在人民大会堂参加表彰大会，蔡奇、丁薛祥等党和国家领导人出席大会并为获奖代表颁奖。

（三）首次获得中国土木工程领域科技创新最高奖——詹天佑奖

3月，广州打捞局推荐总承包项目佛山汾江路南延线沉管隧道工程参评“第二十届第二批中国土木工程詹天佑奖”。此次获奖是广州打捞局继2017年获得国家优质工程奖后再次斩获国家级重大科技奖项，充分展示了救捞系统单位在沉管隧道领域的领先地位。

（四）执行印度洋中国籍远洋渔船“鲁蓬远渔028”倾覆救援任务

5月，救捞系统按照交通运输部的统一部署，指派上海打捞局专业救捞力量千里驰援执行印度洋中国籍远洋渔船“鲁蓬远渔028”倾覆救援任务。

（五）圆满完成神舟载人飞船发射应急保障

5月和10月，救捞系统先后完成神舟十六号、神舟十七号载人飞船发射应急保障，为我国载人空间站圆满完成建造及航天强国建设作出积极贡献。

（六）举办2023北外滩国际航运论坛“救助与打捞”论坛

9月22日—24日，交通运输部和上海市人民政府在上海共同举办了“2023北外滩国际航运论坛”。9月23日，由交通运输部救捞局承办的“救助与打捞”论坛在上海北外滩世界会客厅成功举办。

此次论坛把握中国式现代化重大命题，着眼国内、国际两个大局，聚焦发展、安全两件大事，围绕中国救捞现代化建设、国际海上搜救合作、非常态海上险情应急处置、全球航运发展等热点问题建言献策，深层次推进航运、救捞技术交流、融合互促、高质量发展，共同打造开放、合作、创新的全球航运新格局。

（七）举办全球可持续交通高峰论坛（2023）主题边会

9月25日—26日，交通运输部在北京举办了全球可持续交通高峰论坛（2023）。9月26日上午，由交通运输部救捞局和大连海事大学联合承办的“加强海上搜救合作　保障海上航行安全”主题边会成功举办。

第四节　民航领域重大事件

3月23日—25日，第二届民航科教创新成果展在北京国家会议中心举行，立足智慧出行、智慧物流、智慧运行、智慧监管四大场景，集中展示我国民航科教创新特别是自主创新的最新成果，生动展现大数据、人工智能、移动互联网、云计算、区块链等新技术在民航领域的创新应用。

4月1日，鄂州花湖机场首条国际货运航线正式开通。顺丰航空一架波音747-400ER货机搭载着约105吨货物，从湖北鄂州花湖机场起飞前往比利时列日，迈出了鄂州飞向全球的第一步。

4月21日，中国国际航空公司在西安开通首条赴哈萨克斯坦定期远程国际航线首航。新航线的开通是国航服务“一带一路”建设及区域协调发展的新起点、新举措，将在中国与中亚之间开辟更为便捷的空中通道，加快西安构建向西开放立体大通道、织密国际航线网络，为“一带一路”合作发展注入新动能。

5月28日，国产大飞机C919执飞的首个商业航班从上海虹桥国际机场起飞，抵达北京首都国际机场，圆满完成首次商业载客飞行。这标志着C919的“研发、制造、取证、投运”全面贯通，中国民航商业运营国产大飞机正式起步。商业首飞后，东航C919国产大型客机先后执飞了上海—北京、上海—成都等航线。

6月，国务院、中央军委公布《无人驾驶航空器飞行管理暂行条例》，自2024年1月1日起施行。该条例贯彻总体国家安全观，统筹发展和安全，坚持底线思维和系统观念，以维护航空安全、公共安全、国家安全为核心，以完善无人驾驶航空器监管规则为重点，对无人驾驶航空器从设计生产到运行使用进行全链条管理，着力构建科学、规范、高效的无人驾驶航空器飞行及相关活动管理制度体系，为防范化解无人驾驶航空器安全风险、助推相关产业持续健康发展提供有力法治保障。

6月2日，中国民用航空局召开提升千万级机场航班近机位靠桥率专项整治启动会，以十大国际航空枢纽城市的13个枢纽机场为重点，面向全国41个千万级机场开展提升航班近机位靠桥率专项整治工作。此外，中国民用航空局还印发了《提升千万级机场航班近机位靠桥率指导意见》，进一步指导相关民航单位切实有效、安全规范提升航班近机位靠桥率。

7月4日，中国民用航空局召开“依法整治机闹行为，维护航空安全秩序”专项行动动员部署会，深入贯彻落实党中央领导同志重要指示批示精神，旨在维护民航运输秩序和安全生产，提高旅客安全感和满意度。

10月13日，中国民用航空局向亿航智能设备（广州）有限公司颁发EH216-S型无人驾驶航空器系统型号合格证，标志着EH216-S的型号设计符合中国民用航空局适航要求，具备了载人运营的安全能力。

12月11日，作为中国民用航空局与四川省人民政府联合共建的全国首个、中国民航投资规模最大的行业高新技术示范园区——民航科技创新示范区正式投运。

12月14日，由中国民航局联合香港特区政府民航处、香港国际航空学院举办的2023亚太地区创新科技及能力提升展览会在香港亚洲国际博览馆开幕。展览会集中展示了中国民航科技创新成果，为亚太各国乃至全球加强民航科技创新交流与合作提供了重要平台。其间，国产民机C919和ARJ21亮相香港，并在维多利亚港上空进行飞行演示。

第五节　邮政领域重大事件

一、17部门联合部署平安寄递专项行动，全面排查整治寄递渠道安全隐患，联合行动严厉打击违法寄递行为

2023年5月11日，国家邮政局等17部门联合召开平安寄递专项行动动员部署电视电话会议。

党中央、国务院高度重视寄递渠道安全管理工作。为消除监管盲区，堵塞管理漏洞，国家邮政局会同中央委员会政法委员会、中共中央网络安全和信息化委员会办公室、最高人民检察院、公安部、国家安全部、交通运输部、应急管理部、中国人民银行、海关总署、市场监管总局、国家烟草专卖局、国家林草局、国家铁路局、中国民用航空局、国家消防救援局、国家药监局16个部门共同研究，决定开展为期6个月的平安寄递专项行动，集中整治寄递渠道安全隐患，严厉打击违法寄递行为。

此次专项行动，主要把握4个工作重点。一是风险防控能力要强，提高寄递安全“三项制度”执行实效。邮政管理部门组织开展寄递安全“三项制度”落实情况专项整治；各地各部门要对“三项制度”落实提供技术、培训、政策解答等方面支持，协同开展违禁物品、特殊物品、敏感物品辨识知识培训，提高从业人员安全防范意识和应对能力。二是查处违法行为要严，切实形成高压震慑。毫不动摇地坚持依法严打方针，加大打击惩处力度，坚决打出声势、打开局面、形成震慑。要统筹线上线下两个战场，更加注重堵源头、斩链条、打终端，上游下游一起打、源头末端一起查。三是企业安全责任要实，强化风险隐患自查自纠自改。督促寄递企业严格执行消防安全技术标准，加强对寄递企业落实道路运输安全主体责任的监督检查，推进平安员队伍建设。四是联合管控力度要大，加强全链条安全管理。加强邮政快递领域个人信息安全治理，严格危险化学品禁寄管理，严格假币禁寄管理，严格假劣药品、侵权假冒商品禁寄管理，加强寄递进出境物品监管，强化烟草寄递规范管理，做好寄递渠道野生动植物保护工作，加大对铁路运输企业、民航企业邮件快件安检工作的监督检查力度，推进邮件快件安检与铁路货运安检互认，提高安检查控效率。

二、快递企业布局航空枢纽获重大进展

9月5日3时05分，一架来自深圳宝安国际机场的顺丰全货机顺利降落，43架全货机整齐停靠在鄂州花湖机场转运中心周围，标志着鄂州花湖机场货运航线转场工作已经完成。鄂州花湖机场货运转场工作从6月30日起，历时两个多月，分6个阶段将43架全货机航线转场至鄂州运行，新通达包括天津、长春、杭州、义乌、昆明、呼和浩特、乌鲁木齐在内的全国36个货运航点，加密往来深圳、北京、上海、杭州的货运航线。一张以鄂州花湖机场为中心，以深圳、北京、杭州、成都等地机场为区域枢纽，覆盖华北、华东、华南大部分地区的"轴辐式"货运航空网络已基本形成。

图 6-1-8 2023 年，顺丰航空在鄂州花湖机场陆续开通飞往比利时列日、美国纽约、新加坡、马来西亚吉隆坡、日本大阪等 10 条国际货运航线。图为顺丰货运机队在鄂州花湖机场完成货运航线转场后的繁忙景象（何旭峰 摄）

第二章　重大宣传成就

第一节　交通运输部重大宣传成就

一是精心策划重大主题宣传活动。主动“喂料”做好媒体服务，中央主要媒体根据交通运输部提供素材共刊发报道2112篇，其中《人民日报》头版12篇，新华社146篇，中央电视台《新闻联播》146条。深化全国交通重大工程宣传联动机制，实现部、省厅、建设项目三级联动，机制运作实现固定化、常态化。精心做好全球可持续交通高峰论坛（2023）宣传报道，引起热烈反响。策划开展融媒体宣传，在河北邢台举办“2022年十大最美农村路”发布活动，做好“我家门口那条路”主题宣传活动。会同中央网络安全和信息化委员会办公室、文化和旅游部等共同组织开展“行在乡村 游在路上”最美自驾精品路线主题推选宣传活动。深入开展“我家住在长江边”主题宣传。

二是做好新闻发布工作。围绕春运、交通运输经济运行、货运行业高质量发展等策划举行新闻发布会27场，热点讲坛1场，主动释放权威信息、回应社会关切，营造良好舆论氛围。在发布会平台主动设置的多项议题成为热点话题、登上热搜榜，央视《新闻联播》25次进行报道。获得“2023年度国新办新闻发布十佳部委”称号。

三是不断创造新媒体现象级宣传。部政务新媒体粉丝总量1800万，其中微信粉丝近540万、微博粉丝700万、抖音粉丝190万、快手粉丝360万，交通新媒体矩阵覆盖粉丝超过7000万。支持中国东方航空集团有限公司等交通运输企业开展新媒体宣传，更好发挥交通运输企业宣传积极性主动性。创新开展全球可持续交通高峰论坛双语直播，传播量超过3000万。走好网上群众路线，获人民网网上群众工作“汇智为民单位”荣誉称号。“我家门口那条路”主题推选宣传活动，在2022中国正能量网络精品征集展播活动中，获评中央网络安全和信息化委员会办公室“网络正能量主题活动”精品称号。不断提升部政府网站服务效能，新建“2023年中国航海日活动周”“救捞体制改革20周年”等专题网站6个。在第二十二届政府网站绩效评估中取得第二名的优异成绩。

第二节　铁路重大宣传成就

一是中央新闻媒体高度评价新时代十年铁路发展成就。2023年1月13日，国家铁路局召开工作会议，系列新闻稿及图解得到众多媒体转发报道。媒体聚焦“我国建成世界最大的高速铁路网”“中国高速铁路运营里程达到4.2万公里”等方面，高度评价新时代10年铁路发展成就。中国政府网、新华社、《人民日报》海外版、光明网、央视网等媒体报道转载百余篇次，社会关注度较高，评价积极正面。

二是国家铁路局解读《铁路机车车辆鸣笛噪声污染防治监督管理办法》。2023年6月14日，国家铁路局举行新闻通气会，解读《铁路机车车辆鸣笛噪声污染防治监督管理办法》有关情况。国家铁路局新闻发言人出席并答记者问，介绍以务实工作成效推动主题教育走深走实相关情况。新闻稿、一图读懂等被中国政府网、新华社、人民网、中新网、法治网等转载报道100余篇次，社会关注度高，反响积极正面。

三是由国家铁路局主办的全球可持续交通高峰论坛（2023）——“数字轨道交通 绿色智能发展”边会召开。2023年9月25日—26日，国家铁路局局长费东斌出席论坛开幕式及全体会议，并在主题为“创新驱动——人享其行、物畅其流，拥抱全球智慧交通美好未来”的论坛第三场主题会议和“数字轨道交通 绿色智能发展”边会上致辞。新闻稿被《人民日报》、新华网、央视新闻等媒体、网站报道100余篇次，微博、快手等线上直播平台累计观看量310余万次。媒体关注度高，社会反响良好。

第三节　民航重大宣传成就

加强与中央媒体沟通联系，统筹《中国民航报》

等行业媒体，加大宣传引导力度，强信心、稳预期、凝共识、促发展。围绕学习宣传贯彻党的二十大精神和主题教育，开展“学用新思想、奋进新征程”主题微党课活动，评选表彰100个优秀作品，现场展示11个优秀作品，出版优秀微党课文稿汇编，推动理论学习向基层拓展、向一线延伸。在《中国民航报》等媒体推出“学思想 强党性 重实践 建新功”“奋进新征程 建功新时代：非凡十年之民航故事”“学习宣传贯彻党的二十大精神”“聚焦2023全国‘两会’”等系列专题、专栏，宣传报道中国民用航空局党组主题教育开展情况和贯彻落实党的二十大精神的政策措施，报道行业各单位好经验好做法，报道新时代十年中国民航事业发展成就。围绕学习贯彻习近平总书记对民航工作的重要指示批示精神，推出“贯彻总体国家安全观 坚决守住航空安全底线”“强信心、筑同心”等系列专题报道，大力宣传民航贯彻落实习近平总书记“两个绝对安全”重要要求的生动实践。报道民航重要会议、重要活动、重点事件和重大项目进展情况，宣传行业生产运行回升向好的发展态势和火热的劳动场景，亮数据、晒成绩、看变化，鼓舞士气，增强信心。围绕民航业服务国家重大战略，推出民航助力“一带一路”建设、新开中亚五国航线、定点帮扶助力乡村振兴、C919大飞机商业飞行首航、国际民航组织安保审计等重点报道，营造了民航高质量发展的浓厚氛围。

第四节　邮政重大宣传成就

一是行业重要活动宣传工作水平进一步提升。制订2023年全系统新闻宣传工作要点。通过对快递员基层保障话题开展深度调查和报道，成功举行第五届“寻找最美快递员”活动，“跟着快递看中国 · 最美探源”活动策划及宣传报道，我国快递年业务量突破1200亿件央媒集体采访、持续做好关爱快递员“暖蜂行动”宣传报道等工作，着力呈现行业新举措新进展新成效，凸显典型经验和亮点做法，注重整体宣传、突出重点报道，营造为实现党的二十大确定的目标任务而团结奋斗的浓厚舆论氛围。

二是行业媒体融合发展步伐进一步加快。抓住开展学习贯彻习近平新时代中国特色社会主义思想主题教育这一主线，紧跟中央部署、紧贴行业实际、紧抓典型做法，构建全方位、多角度的报道格局，打出宣传报道“组合拳”，持续反映全系统主题教育进展成效，利用行业媒体全媒体平台，持续做好行业宣传服务保障工作。积极配合支持邮政管理融媒体平台建设和试用，进一步完善新媒体管理运营机制，创新发布形式，丰富发布内容，加强人才队伍建设，大力提升视频宣传服务水平。

三是新闻发布和社会面宣传工作进一步加强。通过国务院新闻办公室新闻发布会、国务院联防联控机制新闻发布会、国家邮政局新闻发布会、媒体集体采访、政府网站、新媒体平台等多种渠道，对行业全力做好春运寄递服务保障、行业疫情防控情况、快递服务现代农业金牌项目和中国快递示范城市创建工作、邮政快递业更贴近民生七件实事、行业绿色发展“9218”工程进展等内容进行发布，及时回应社会关切。2023年各主要媒体对行业报道1596条（篇），其中《人民日报》121篇，新华社76篇，中央广播电视总台央视新闻262条（含新闻联播76条）。

第七篇
地方篇

Section VII
Provincial Subjects

北京

第一节 整体概况

2023年，北京市交通运输行业奋力推动首都交通高质量发展。全市交通运输量快速回升，铁路客运量1.5亿人次，较2019年同期增长2%；民航客运量0.9亿人次，较2019年减少2.7%；市内工作日出行总量6044万人次，较2019年增长0.7%；中心城区高峰时段平均道路交通指数为6.01，轨道交通、地面公交客运量分别为34.5亿人次、22.9亿人次，恢复至2019年90%和70%；公路营业性货物周转量256.9亿吨公里，接近疫情前水平，全市交通运行总体平稳有序。

第二节 综合交通基础设施建设

基础设施进一步互联互通。区域交通网络持续完善，京雄高速公路全线通车，东夏园综合交通枢纽开通运营，西太路、通清路公路段实现通车，京哈高速公路拓宽、厂通路（道路段）和北京朝阳站、丰台站配套交通枢纽主体工程（结构）基本完工，京平高速公路改扩建、石小路、长双路等实现新开工。高标准做好城市副中心交通服务保障，完成13处主要路口智能化改造等一系列优化提升工作，运通隧道东出口交叉口改造后，整体通行能力提升约30%，通行效率显著改善。

提升重要节点通行效率。聚焦群众反映强烈、要求迫切的常发堵点，完成26项市级疏堵工程，缓解97个点位拥堵问题。其中，十里河路口南进口通过压缩车道宽度、局部道路拓宽等方式，提升通行能力约15%；石景山区优化6处路口的非机动车交通组织，路口通行效率提升28%；怀柔区优化雁栖湖景区内外交通衔接和流线，促进人车分流，缓解景区周边拥堵。

提升路网精细化管养水平。公路进行深度清扫保洁，实施遗撒整治等专项行动，重点监测的16条高速公路路段尘土残存量较整治前明显下降。城市道路完成151万平方米大修，加大预防性养护实施规模，并通过大数据分析等手段实施精准养护，将市管城市道路路面状况指数（PCI）保持在优良水平。

推进多网融合发展。“一站一策”开展重点火车站优化提升，统筹推进多种交通方式顺畅衔接，火车站的功能定位和空间布局优化、周边交通环境和秩序整治取得阶段性成果，海淀区、朝阳区、丰台区打通清河站、北京朝阳站、丰台站周边断头路，北京西站、北京南站开通定制公交，北京站地区增加500个车位，实现“拆墙透景”，对外交通枢纽的便利性和整体形象有效提升。

推动慢行系统融合发展。北京市共计完成251公里非机动车道整治、73处人行步道拓宽连续和8000余处骑沿井治理，保障市民脚下安全；打通4处滨水步道断点，清河下段10公里滨水慢行系统实现连通，自行车专用路南展工程全线贯通。平谷区完成35公里公路慢行系统提升，探索构建公路慢行系统与文旅相结合的特色休闲慢行圈；密云区将历史古迹、现代设施和城市景观串联，打造“历史文化探寻”主题慢行系统；延庆区积极探索“最美农村路+路衍经济”新模式，松闫路获评2022年度“十大最美农村路”。

第三节 运输服务保障能力

推进轨道“四网融合”。地铁与市郊铁路实现“一票通行”，使用主流票卡（码）可通乘地铁与市郊铁路，进一步提升乘车便捷性。推动干线铁路多点停靠，3对列车增加经停市内重点火车站，7列列车在市郊增加5个停靠站点，减少无效交通周转，更好服务城市出行。持续推进地铁既有线网优化提升，完成1号线衙门口支线等改造和首都机场线行李托运与换乘优化工程，8号线等10条线路压缩发车间隔20次，进一步提升服务水平。持续扩大轨道线网覆盖，新开通昌平线南延一期、17号线北段、16号线南段和11号线西段剩余段等线路，轨道交通运营总里程增至836公里。

推进公交地铁融合发展。编制实施“两网”融合方案，构建轨道服务中长距离、公交服务中短距离出行的协同发展模式，提升公共交通竞争力和吸引力。推进线网融合，围绕分担轨道压力、接驳轨道客流优化调整公交线网，削减与地铁重复低效线路22条，新开微循环线路8条；新开通勤、就医、旅游等定制公交414条，总数达651条；在昌平线沙河站试点以公交分担等方式应对地铁大客流，最大排队长度缩短约200米。推进站点融合，完成莲花桥等41个公交站点的调整，提前对地铁17号线北段等新线的接驳站点进行优化、缩短换乘距离，公交站到地铁出入口换乘距离小于50米站点比例提高至86%。

提升公交专用车道通行效率。实施两批71条656公里公交专用车道优化调整，在保障公交车运行速度的同时，三环路社会车辆通行效率提高20%，通勤班车通行时间缩短10～30分钟，道路整体效率有效提升，得到社会各界一致好评。

大幅提升环京通行效率，推广定制快巴服务，新开通至天津市武清区和河北省廊坊市主城区、固安县线路，现有6条主线36条支线，日均客运量达5800人次左右，可实现1小时快速直达；38条跨省公交线路常态化运营、服务河北省17个县市及地区。大幅提升货物运输能力，开通北京至莫斯科中欧班列和天津港至北京平谷海铁联运班列，实现多式联运的无缝衔接；在怀柔等5个区开通客货邮融合发展线路10条，有效提升农村邮件运输效率。

第四节　行业治理体系建设

强化协同共治。推进“学医景商”交通综合治理。滚动实施72所学校、69所医院、16个景区、84个商圈交通环境提升，缓解重点区域交通拥堵。学校方面，构建新型通学公共交通运营管理体系，创新推出通学公交车服务，首批在西城、朝阳、海淀、丰台4个区试点运营，开行50条线路，服务23所学校，日最高运送4600余人次，既减轻家长接送负担，又缓解学校周边交通拥堵，实现安全、便利、环保通学。医院方面，西城区启用儿童医院立体停车设施、新增车位近700个，宣武医院新增平面停车位300余个，有效缓解就医车辆排队造成的拥堵现象。

强化静态交通管理。加大机动车停车设施供给，发布推动城市停车设施发展和管理的实施意见，制定中心城区停车设施建设三年行动计划，完成全市公共停车场动态数据汇聚并分批有序通过出行即服务（MaaS）平台向公众推送，形成全市停车设施“一张图”；全年新增电子收费道路停车位2.8万个，新增共享停车位1万余个，推动桥下空间优化并优先保障社会停车、增加车位近2000个；东城区清理“僵尸车”，实现45条胡同不停车，形成停车治理“雍和宫模式”；顺义区错时共享停车位增加120%。加强非机动车管理，新增非机动车停车位35万个，互联网租赁自行车车位比达到1:0.8；实施淡旺季总量动态调整，推广电子围栏技术，中心城区轨道交通站点互联网租赁自行车电子围栏实现全覆盖。

推进交通低碳发展。持续优化运输结构，全国首例利用城市轨道交通非高峰时段富余运力运输快递，在地铁4号线、9号线—房山线—燕房线试点反响较好；全市绿色运输到发量2143万吨，绿色运输占比达10.1%，同比提升1%。持续优化能源结构，新增、更新公交和巡游出租汽车均为新能源车辆，公交和巡游出租汽车中纯电动车辆占比分别为72%和70%；年度新增小客车指标中新能源配比达70%，全市新能源汽车保有量达76.7万辆。

持续加强宣传引导。充分发挥宣传和社会动员作用，围绕重点节假日和大风雨雪极端天气交通保障、通学公交车、公交专用车道优化调整、绿色出行宣传月等重点工作，统筹线上线下资源，协同联动、主动发声、广泛宣传、精准解读。积极策划各类新闻宣传，常态化开展宣讲活动225场，北京交通行业20个故事获全国交通强国宣讲比赛“百强好故事”，进一步弘扬行业正能量，汇集全社会参与交通综合治理的强大力量。

强化依法治理。不断健全法规制度体系，出台全国首个通学公交运行服务监管工作规则和北京首部铁路安全政府规章，推进《北京市道路运输条例》等5部法规修订纳入北京市人大五年立法规划。不断拓展一体化综合监管，统筹推进驾驶员培训、汽车租赁、机动车维修等10个试点领域监管体系完善，依托综合监管信息化系统开展非现场监测，问题发现率提高11倍。全力维护交通运输环境秩序，采取“霹雳手段”和“雷霆举措”，开展核心区、景区周边、公路路域、道路遗撒、安全生产等专项整治行动，突出加大出租、工程建设等重点行业监管和执法力度，重拳打击影响运营秩序、危害行业安全、损害群众利益的违法违规行为，全年查处各类违法违规案件6.4万余件，同比增加62%，有效规范运输市场秩序、改善公路路域环境。违规电动三四轮车按期全面退出，邮政快递、城市环卫等行业车辆全部置换更新并实现“车上牌、人持证”，个人违规车辆完成淘汰59.7万辆，账上车辆全部清零。

第五节　科技创新

强化精细治理。推进智慧交通建设，实施三年行动计划，为交通精细化治理提供科技支撑。自动驾驶应用方面，推进高级别自动驾驶示范区3.0扩区建设，在亦庄经济技术开发区、大兴区和通州区160多平方公里内实现商业化、无人化试点运行，提高道路车辆智慧化水平。信号灯移交方面，完成城市副中心全域781处、五环路内所有信号灯移交。智慧信控建设方面，持续做好90条信号绿波带优化，新增接入1000处信号灯联网，优化100处重点路口信号配时，特别是完成城市副中心行政办公区52个路口联网联控，运河东大街等6条道路实现信号灯绿波带控制，有效提升路口通行效率。

第六节　安全与应急

切实筑牢安全稳定底线。强化责任落实，深刻汲取“12·14”地铁昌平线事故教训，进一步压紧压实企业主体责任和行业监管责任，对事故提级处理，以严肃追责问责倒逼主体责任落实。加强风险隐患排查治理，开展安全生产和火灾隐患大排查大整治，紧盯各项隐患，逐一上账、细化管控，落实整改闭环；完成1.7万处地铁渗漏点位治理，确保安全度汛。强化应急能力提升，修订印发行业防汛、雪天保障和重污染应急预案，健全应急响应机制，指导行业有效应对极端天气；编制轨道交通运营突发事件应对手册，提升自下而上的应急响应速度，实现自上而下的扁平化指挥调度，增强突发事件应对处置能力。提升重点行业安全监管能力，将公交、轨道、危险货物运输等12个行业企业列入市、区级重点监管；严格落实电子运单制度，全市危险货物车辆运输智能视频设备安装全覆盖，同时出台危险货物运输车辆交通事故应急处置流程，强化协同处置，提升安全监管效能。加强行业维稳，严密组织交通行业安全应急维稳保障工作，稳妥处置多起突发事件，同时加强舆情监测分析和研判，确保重点时期行业安全稳定。

全力做好“23·7”抗洪救灾及灾后重建工作。提前预警防范，道路交通防汛专项分指挥部迅速启动并高效运转，强化协同调度和有效应对，研判高风险积水点位，做好人员、物资、装备等方面准备并加强公路沿线地质灾害隐患路段巡查、值守；发布安全错峰出行提示，从源头降低安全风险和交通压力，全市下沉立交桥未发生泡车、伤亡事件，地铁未发生雨水倒灌。第一时间抢通生命通道，迅速组建房山和门头沟现场抢险救援指挥部，会同门头沟区、房山区、昌平区第一时间投入基础设施抢修，5天抢通28条主要生命通道、1200余处断点，7天打通442条乡村公路，极短时间内抢通全部生命通道，为保障灾区人民群众生命财产安全赢得了宝贵时间。迅速展开恢复重建，将灾后道路恢复重建与韧性城市建设、“平急两用”设施建设等有机结合，编制交通设施重建专项规划，459项受损道路等实施重建，其中167条道路已竣工，同步推进“三年提升”类项目。

第七节　交流与合作

区域协同治理不断深化。强化政务服务协同，签署泛京津冀交通运输政务服务区域合作协定，覆盖范围延伸至辽宁、山西等省，实现高频办理项“同事同标”、电子证照互认、数据共享。深化区域法制协作，联合制发试点示范工作方案，推出北京大兴国际机场、大运河等三地交通运输执法一体化的应用场景，完成9部规范性文件津冀交叉备案。构建危险货物道路运输安全联防联控机制，出台外埠过境危险货物运输车辆管理措施，推进危险货物运行数据环京8省市共享，实现过境危险货物运输车辆“绕出”北京。

天津

第一节 整体概况

2023年，天津市完成交通运输固定资产投资114.57亿元，同比增长14.9%；公路、水路货物周转量分别同比增长14.1%、2.9%；天津港集装箱吞吐量2218.7万标准箱，同比增长5.5%；天津滨海国际机场旅客吞吐量1847.3万人次，同比增长216.2%；轨道交通日均客流量由年初的140万人次提升至170万人次，单日客流量9次突破200万人次，最高达到223.18万人次，为全市经济回升向好提供了强有力的交通保障。

第二节 综合交通基础设施建设

一、铁路

2023年12月18日，津兴城际开通运营，形成了京津双城间第4条高速铁路通道，实现了天津与北京大兴国际机场、河北雄安新区的便捷连通。京滨城际（南段）、津潍高速铁路全面开工建设。京滨城际（南段）天津机场1号隧道“京滨同心号”盾构机成功始发。津潍高速铁路用地组卷获批，京滨城际（南段）用地组卷上报国务院。津静市域（郊）铁路桥梁、站房土建工程全部完成。天津港南疆铁路扩容工程3条货运铁路专用线开通运营，提升南疆港区铁路集疏运能力1500万吨。黄万铁路电气化改造、静海城投铁路专用线开工建设。截至2023年底，全市铁路运营总里程达到1468公里，其中高速铁路（城际铁路）410公里，路网密度位居全国前列。

二、公路

高速公路建设。持续推动兴港高速公路、津蓟高速公路天津站外迁工程、津沧高速公路（津静公路立交—张家窝立交）津静路立交桥改造工程、京津塘高速公路（天津段）改扩建项目等高速公路建设工程，完成固定资产投资14.9亿元。

普通国省干线公路建设。持续推动九园公路（梅丰—宝新段）改建工程、津歧公路（南堤路—津冀界）拓宽改造工程北段等普通公路建设工程，完成固定资产投资12.8亿元。

“四好农村路”建设。完工农村公路251公里，完成桥梁7座，全市农村公路总里程11141公里，占天津市路网总里程的73%，农村公路网密度93公里/百平方公里。

三、水运

2023年，天津市水运工程完成固定资产投资18.5亿元。

新开工项目8项：天津大运河、海河文化旅游带拓展提升改造工程（一期），天津港第四港埠有限公司港强堆场改造工程，天津港汇盛码头西侧集装箱堆场工程，天津恒阳化工储运有限公司天津港大港港区10～12号化工码头（泊位）等级提升工程，天津港汇盛码头南侧集装箱堆场工程，天津海洋装备制造项目二期码头，天津恒阳化工储运有限公司南港工业区公共液体石化仓储项目工程，天津港大港港区10万吨级航道提升工程。

完工项目5项：天津港北航道及相关水域疏浚提升工程，天津港临港工业港区1号通用码头1C泊位（堆场部分），天津港第四港埠有限公司港强堆场改造工程，天津港北疆港区C段智能化集装箱码头港池疏浚工程，天津南港工业区新建危险货物集装箱堆场工程。

四、民航

天津滨海国际机场上线机场智能运行协同决策系统（ACDM）除冰系统，提高了地面保障资源管理水平和生产效率。天津滨海国际机场三期改扩建工程项目获得东丽区行政审批局《关于天津滨海国际机场三期改扩建工程环境影响报告书的批复》。

第三节　运输服务保障能力

一、铁路

截至2023年底，天津市铁路运营总里程1468公里，其中高速铁路（城际铁路）410公里。形成以天津站、天津西站、滨海西站为主要客运站的“三主三辅”客运枢纽格局。基本形成“南进南出、北进北出”的“C”字形集疏港通道。全年铁路旅客运量4969万人次，旅客周转量178.84亿人公里，货物运输量11673万吨，货物周转量566.62亿吨公里。

二、港口

截至2023年底，天津市共有航运企业共87家，营运船舶481艘，船舶运力641.3万载重吨，船舶运力较上一年同比增长10.7%。其中：国内水路运输企业82家，营运货船402艘，运力332万总吨，522.4万载重吨；营运旅游客船59艘，运力3782客位。国际海运企业12家，船舶44艘，总运力136.1万总吨，232.8万载重吨。内外贸兼营企业7家，内外贸兼营船舶23艘，总运力66.3万总吨、114万载重吨。仅经营国际海运业务企业5家，仅经营国际海运业务船舶21艘，总运力69.8万总吨、118.9万载重吨。2023年，全市水路货物周转量完成1529亿吨公里，同比增长2.9%。

三、民航

旅客运输。2023年，天津滨海国际机场完成旅客吞吐量1847.3万人次，同比增长216.2%。其中国内1777.4万人次，同比增长210%；国际及地区69.9万人次，同比增长549.7%。

货物运输。2023年，天津滨海国际机场完成货邮吞吐量12.7万吨，同比减少3.6%，其中国内7.3万吨，同比增长24.4%；国际及地区5.4万吨，同比减少25.9%。

四、邮政

2023年，天津市邮政行业寄递业务量完成16.76亿件，同比增长18.15%；业务收入完成186.39亿元（不包括邮政储蓄银行直接营业收入），同比增长14.38%。快递业务量完成14.5亿件，同比增长19.31%；快递业务收入157.41亿元，同比增长14.5%。支撑网络零售额超1740亿元。推动行业全年减税降费超3300万元。

推动各涉农区政府累计投入资金1523.8万元，建成标准化农村寄递物流综合服务站2775个。邮快合作取得新成效，邮政企业累计代投快件达86.68万件。推进农村客货邮融合发展，推动武清河西务、蓟州上仓等7处综合服务站（线）正式运营。大力实施市邮政业快递包装治理“9211”工程，全行业实现电商快件不再二次包装比例达99.49%。

五、道路运输

2023年，天津市拥有道路旅客运输业户223户、从业人员16620人、营运载客汽车8506辆、核定载客位353863座、客运站13座，全年道路旅客周转量473861万人公里。全市拥有正常年审的营运载货汽车118229辆，核定载重量1698980.3吨，从业人员139480人，全年道路货运量33742万吨，货物周转量6900418万吨公里。

六、城市交通

2023年，天津市公共交通运营企业13家，公共汽车车辆总数9568辆，公交线路1002条，线路长度27734公里，公交场站280个，全年客运量4.7亿人次。

第四节　行业治理体系建设

一、着力加强示范创建

坚持高标准统筹部署法治建设工作，注重总结梳理和宣传推广法治建设优秀成果，连续两年获评全市法治政府建设示范项目。围绕天津市法治政府建设实施纲要年度重点工作，细化分解11项落实举措，纳入全市500项重点工作台账，推动市交通运输委任务全部按期完成。抓好示范创建。全面梳理“慧治网约车”经验成效，获评全市第三批法治政府建设示范项目，并入选年度法治政府建设优秀案例。

二、建设法治化营商环境

持续深化交通运输领域“放管服”改革，不断优化法治化营商环境。明晰部门行政职责。全面梳理行政管理职权，动态调整权责清单，形成共计511项职权的权责清单。深化行政审批制度改革。严格落实行政许可事项清单管理，116项行政许可事项全部纳入清单管理。提升政务服务水平。累计启用、上线18类电子证照，创新开展大件运输审批“周末不打烊”，在行政效能综合考评中连续位列市级部门第一名。

三、推动重点领域立法

按照天津市人大、天津市人民政府立法计划安排，起草并报审《天津市道路运输条例》，有效填补天津市道路运输领域立法空白。围绕港口行政、内河安全、超限治理等领域，组织开展立法论证，将超限治理关键条款纳入《天津市道路运输条例（2023）》《天津港口条例（修订）》《天津市内河安全管理规定》纳入天津市人大常委会立法规划（2023—2027年）。

四、加强行政执法监督

组织开展全市道路运输执法领域突出问题专项整治，全面提升执法质效。全市交通运输执法单位共查找问题158个，制定整改措施330条，已全部完成整改。抓好重点领域执法。主动对接公安交管和治安、站区办等部门，加强“三站一场”等重点点位联合执法，严肃开展安全生产领域隐患排查和执法工作，公布治超重点监管源头企业清单，健全完善高速公路联合治超协作机制。

第五节　科技创新

一、科技成果

2023年，共完成“天津市交通运输行业应急管理体系研究”等科研项目中期评估60余项，其中形成“基于LCA的公路建设碳排放计量方法及特征研究”等科研成果40余项、新授权实用新型专利20余项、发明专利10余项、学术论文60余篇。完成2024年度交通运输科技项目立项工作，包括中国科学院材料科学与工程研究所、中国汽车工程研究院股份有限公司、中国交通建设集团有限公司、中国建筑集团有限公司、中国电力建设集团、中国中车股份有限公司等科研单位和央企都积极参与了申报工作，共收到立项申请174项，经评审立项60项，内容涵盖智能交通、韧性交通、可持续交通等重点领域。

二、标准化建设

持续推进标准规范体系建设。2023年共发布《高速公路养护技术规范》等天津市地方标准9项，《公路全深式泡沫沥青冷再生路面设计规范》等公路工程建设标准10项。完成了2023年天津市公路工程建设标准征集立项工作，经组织召开专家评审会，共立项公路工程标准14项；同时完成了天津市地方标准申报、立项工作，共立项天津市地方标准16项。

推进服务业标准化建设。制定了《天津市交通运输行业服务品质提升专项行动方案》，并在全市范围内深入实施。年内组织完成了《港口码头运营碳中和实施指南》立项；完成《巡游出租汽车外观及设施规范》立项；完成《城市轨道交通行车组织规范》立项；加快推进《国际邮轮港口游客服务标准》编制。

提升智慧城市标准化水平。港口领域，加快推进《港口集装箱锁具自动拆装系统技术标准》《干散货码头自动化改造技术指南》《港口自动驾驶集装箱水平运输设备技术要求》等标准编制。公路领域，发布了京津冀区域标准《高速公路称重检测工程建设导则》，发布实施了《道路交通运行评价指标体系》等9项天津市地方标准，立项了《高速公路智慧收费站建设指南》《智能网联汽车测试道路及数据传输技术要求》等4项公路领域地方标准。

推动标准化对外高水平开放。深化京津冀三地标准协同，2023年京津冀三地共同推动《绿色公路评价技术要求》《公路钢渣沥青混合料应用技术规范》两项区域标准立项，配合河北省交通运输厅完成《高速公路入口称重检测工程建设导则》的发布实施工作。

第六节　安全与应急

一、加大安全巡查力度

天津市交通运输委员会安全委员会组织成立6个巡查组，严格落实安全生产15条硬措施和天津市50条具体措施。通过安全生产巡查全面推进行业安全生产重大隐患排查整治，坚决守牢交通运输安全生产红线底线，为行业高质量发展提供有力安全保障。

二、深化隐患排查整治

认真组织开展2023年重大隐患排查整治和重大风险防范化解专项行动。交通运输全行业抽查检查企业8062家次，帮扶指导重点区、街镇89次，帮扶指导重点企业4794家次。

三、开展突发事件演练

强化京津冀交通运输应急联动，修订交通运输领域突发事件应急预案，组织开展对公路、轨道、道路运输等行业重点领域开展突发事件应急演练，加强应急日常工作调度和双周应急点名，分类组建应急专家队伍，及时更新完善有关应急资源底数。

四、做好防灾减灾工作

积极应对海河“23 · 7”流域性特大洪水，组建行业1362人的专业应急队伍，援派车辆为静海、武清、西青等区转运群众1万余人。积极应对12月14日大雪天气，累计出动清雪人员4万余人次，消耗融雪物资5.5万余吨，使用清雪除冰设备1.5万余台次。

第七节　特色工作

一、京津冀交通一体化见行见效

制定《认真学习贯彻习近平总书记重要讲话精神深入推进京津冀交通一体化实施方案》，联合北京市交通委员会、河北省交通运输厅组建交通协同工作组，签署8项合作协议，完成60余项年度任务。京津交通服务能力明显提升，京津城际常态化开行重联和长编组列车，高峰日增加席位2.76万张，开通武清至北京首条“定制快巴”，开通宝坻至香河跨省公交，优化蓟州至三河跨省公交，天津港在北京设立服务中心、新开至大红门海铁联运班列。“软联通”更加广泛，建立泛京津冀交通运输政务服务协同发展区域合作机制，实现5类电子证照互认共享、政务服务5个事项“同事同标”，累计共享28类约3亿条行业信息，开展三地执法协作试点示范。积极争取国家支持，2023年全球可持续交通高峰论坛期间举办天津专场招商推介会，获准成为2024年航海日活动周主办城市，9月27日国际邮轮母港在北方港口中率先复航。天津市人民政府与中国交通建设集团有限公司、中国铁建股份有限公司、中国中车集团有限公司、中国铁路工程集团有限公司等央企签署战略合作协议。

二、港产城融合发展全方位推进

落实港产城融合发展行动部署和《天津市促进港产城高质量融合发展政策措施》，天津港总体规划报交通运输部审批，组建港口发展工作专班。智慧绿色港口全面升级，大型集装箱装卸设备自动化占比超过60%，设备交接单、提货单等主要业务单证电子化率达100%，自动驾驶作业车辆达123台，铁矿石清洁运输比例达到65%以上，滚装作业全部实现“零碳”运营，3家码头完成风电、光伏并网发电，多个码头获评全国五星级智慧港口、绿色港口。枢纽能级持续提升，增开5条外贸航线，班轮航线达到145条，环渤海内支线重箱运量同比增长25.2%，海铁联运量完成122.7万标准箱，中欧（中亚）班列运量完成8.5万标准箱，国际邮轮母港接待出入境旅客8.5万余人次，居全国首位。成功举办2023天津国际航运产业博览会，天津市人民政府与中远海运集团，天津市交通运输委员会与中谷海运集团有限公司、福建国航远洋运输（集团）股份有限公司，天津港（集团）有限公司与江苏省港口集团有限公司签署战略合作协议，净增航运企业6家，净增船舶运力83万载重吨，较政策实施前增加14.9%，新增航运相关企业358家。

三、综合运输服务提升初见成效

天津滨海国际机场持续增加国内干支线航班，恢复加密至日韩、东南亚国际航线以及伦敦、塞尔维亚贝尔格莱德等洲际航线，新开至内蒙古全货机包机航线等，圆满完成疫情后第一单活体动物——羊驼空运任务，开通6条地面班线，三地四场共享廊坊城市航站楼，全年完成旅客吞吐量1847.3万人次，同比增长216.2%。实施津滨通勤效率提升行动，46项提升措施中完成27项，津滨轻轨早晚高峰运力增加11%、运行时间缩短6%，京津城际延长线实现“铁路e卡通”扫码乘车，沿线公交平均接驳距离由160米缩短至90米以下。实施轨道交通客流培育提升行动，12月28日地铁11号线东段建成通车，全年新开通21个地铁出入口，完成134座车站地铁徽标设置，“爱心预约”实现“一次预约、覆盖全网”。实施行业服务品质提升行动，100条措施加快落地，“三站一场”、轨道、公交、公路、水运等领域的服务设施、服务效率明显提高，出租汽车、共享单车运营秩序明显改善，完成19个市级大型重要活动交通运输保障。探索建立“津心养护”品牌，实施普通国省道养护工程，开展乡村公路提档升级三年行动，干线公路路况整体处于优等水平。

四、惠民便民举措不断完善

改造农村公路251公里，改造桥梁7座，新增优化公交线路85条，新建民心工程停车场14个共2327个泊位，地铁站内增加便民服务点位220个，津南、宝坻获评全国“四好农村路”示范县，“四好农村路”全国示范县达到4个，长深高速公路津南服务区获评全国暖心服务“司机之家”，武清区河西务服务站建成全市首个客货邮一体化综合服务站试点，蓟州区上仓服务站建成交邮合作配送中心，开通全市首条客货邮服务公交专线。65岁以上外地老年人免费乘坐公共汽车，增投3.5万个个人普通车摇号指标，优惠减免高速公路通行费10亿元。

五、智慧绿色交通建设稳步推进

成功举办第七届世界智能大会智能交通高峰论坛，交通运输数据交换共享平台累计归集行业数据5500亿条，开展综合交通运行监测日分析，北疆港区C段码头成功申报国家首批智能交通先导应用试点，津蓟高速公路获批公路设施数字化试点，长深高速公路中心桥收费站成为北方首个智能云收费站，累计开放智能网联测试道路1694公里，西青区、河北区、东疆综合保税区、中新天津生态城实现全域开放。新能源网约车、公交车占比分别达到87%、90%，“天津港绿色智慧专业化码头科技示范工程”通过国家验收，荣程钢铁打造北方最大氢能重型货车运营项目，津蓟高速公路温泉城服务区建成全市首个高速公路“光储充”一体化超级充电站，高速公路服务区充电桩覆盖率达到93%。

河北

第一节　整体概况

2023年，河北省委、省政府高度重视交通运输工作，河北省政府与交通运输部签署合作协议，成立省沿海港口高质量发展工作领导小组，出台一系列事关交通运输发展全局的政策举措。2023年，河北省交通运输系统坚决落实交通运输部和河北省委、省政府部署要求，制定加快建设交通强省的实施方案、加快提升全省交通运输防灾减灾救灾能力的实施意见，组织开展省市协同打造交通强省"一市一样板"工作。

第二节　地方铁路

2023年，河北省地方铁路运输、建设、安全生产等各项工作稳步推进。河北省交通运输厅行管地方铁路项目全年完成固定资产投资151亿元，为年度计划的137.3%。在建铁路项目稳步推进。津兴铁路于2023年12月28日正式开通运营，河北敬业铁路专用线、国电电力邯郸东郊热电有限责任公司铁路专用线扩能改造工程和邯钢龙山钢铁有限公司专用铁路等专用线项目完工。水曹铁路陆域段线下工程基本完成，2023年11月18日实现轨通。新建太锡铁路等如期推进。

一、地方铁路运输

截至2023年底，河北省地方铁路延展里程达到2424.93公里，其中正线里程1188.44公里，机车200余台。全年累计完成货物周转量384.8亿吨公里，完成年度计划（349.5亿吨公里）的110.1%，同比增长3.8%。货运量5.5亿吨，同比增长1.1%。其中，煤炭及制品的货运量约4.2亿吨，占全部货运量的75.6%；金属矿石的货运量约0.5亿吨，占全部货运量的9%；矿物性建筑材料的货运量约0.4亿吨，占全部货运量的7.5%；其他货物的货运量约0.4亿吨，占全部货运量的7.9%。

二、地方铁路建设

河北省交通运输厅行管地方铁路在建项目共计11个，其中，重点建设项目2个，为石港城际铁路和雄安新区至北京大兴国际机场快线（京雄快线）工程；收尾项目3个，为津兴铁路（于2023年12月28日正式开通运营）、城际联络线一期和河北敬业铁路专用线；铁路专用线项目6个。

全年行管地方铁路项目固定资产完成投资151亿元，为年度计划的137.3%。6个铁路专用线项目共计完成固定资产投资4.52亿元，其中已完工项目2个，为国电电力邯郸东郊热电有限责任公司铁路专用线扩能改造工程和邯钢龙山钢铁有限公司专用铁路。

三、铁路工程质量监督

持续开展地方铁路工程质量监督工作，对包括京雄快线、石港城际铁路、津兴铁路、城际联络线一期工程等在内的多个项目实施工程质量监督和提供工程技术服务保障。

河北省铁路事业发展中心全年对京雄快线工程开展工程技术服务保障工作10次。用足用好专项资金，通过采购专业机构咨询服务，补足专业短板，聚焦重点部位和关键环节，针对基本建设程序、质量管理行为、工程实体质量、重要原材料等领域重点开展咨询服务工作。以预防隧道结构坍塌、桥梁支架垮塌、深基坑坍塌、高处坠落等为重点，加大危险性较大分部分项工程检查力度，严查施工现场违规作业行为。督促建设单位落实安全生产管理责任，充分发挥企业主体作用，有效防控安全风险，强力整治事故隐患，推进安全生产"双控"机制建设。并对工程实体进行抽检，保障河北省第一条R系列市域市郊铁路建设安全有序、质量可控。

四、地方铁路安全生产

行业安全生产形势总体稳定。安全责任落实方面，河北省铁路事业发展中心出台《党委班子成员安全生产职责清单》《2023年安全生产重点工作任务清单》《安全生产委员会工作规则》，进一步明晰了安全职责。编制《地方铁路建设施工企业安全生产标准化建设指南》，通过召开行业安全生产工作会议、中心安全委员会会议，定期分析研判，切实履行安全生产监管主体责任。督促企业建立健全责任体系，指导企业完善各项安全生产规章制度和操作规程，落实全员安全生产责任制。行业隐患治理方面，开展专项排查整治，企业自查发现问题138项，全部督促整改完毕。聚焦地方铁路运输、建设重点领域，开展重大事故隐患全面排查治理。扎实开展"安全生产月"、全国防灾减灾日等活动。开展行业安全督导方面，先后组织了铁路沿线环境安全隐患整治、节前安全生产、专项督导检查等活动，为交通运输行业安全稳定贡献力量。督导检查地方铁路运输企业17家次，制作了行业暗访专题片，主动发现并曝光突出问题，督促企业末端责任和防范措施落实。突出抓好应急防范方面，超前部署，周密组织，确保了行业平稳度汛。积极指导企业及时制修订各项预案，指导开展应急演练。

第三节　公路

河北省普通公路建设及路网改造完成投资319.24亿元，为全年目标（304亿元）的105%。其中，普通干线公路建设完成投资122.01亿元，为全年目标（135亿元）的90.4%，建成通车326.1公里，为全年目标（324公里）的100.6%。路网改造完成投资51.34亿元，为全年目标（47亿元）的109.2%。农村公路建设完成投资145.89亿元，为全年目标（122亿元）的119.58%。

一、公路建设领域投资创"十四五"新高

2023年公路领域高质量完成投资761亿元，创"十四五"期新高。实施"三提前""三交叉"，石衡高速公路15个月建成通车，G109涿鹿段小龙门隧道提前12个月贯通。全年建成高速公路95公里、普通干线公路326公里、农村公路7716公里。率先在公路建设领域开展了"六比一创"擂台赛和平安百年品质工程创建活动。印发《关于建设公路平安百年品质工程的指导意见》。以建设优质耐久、经济舒适、生态环保、人民满意的平安百年品质工程为目标，全面推进省级平安百年品质工程高速公路项目覆盖创建，普通干线公路项目试点创建，农村公路项目示范县创建，大力实施公路领域重点项目"强引领·增动能"行动全力推动河北省公路领域投资和建设新突破。

图 7-3-1　京雄高速公路（图片由河北省交通运输厅提供）

二、公路养护大打"翻身仗"

深入研究奖补资金奖励门槛等相关政策，积极开展干线公路路况提升，在全国首次开展部省市县四级联动的养护统计培训，全面提高年报统计数据报送质量，一次性通过交通运输部验收。强化养护工程管理，全面提升工程质量，优良率达到100%。全面加强日常养护工作，确保养护管理工作做实做细。2023年获得中央财政公路养护奖补资金8亿元，较2022年增长6.3亿元，涨幅近5倍，创历史新高，在中部10个省（区、市）中排名第3位，大大缓解了全省公路养护资金不足压力。为了提升干线公路养护水平，2023年4月印发了《河北省干线公路路况提升三年行动方案（2023—2025）》，5月19日在张家口市组织召开全省干线公路路况提升现场会，会议要求全面提升干线公路管养水平，聚焦行业治理、公路路况、服务品质、可持续发展、迎检保障

5个方面出实招、见真效。6月21日印发《河北省干线公路路况提升会议任务分解台账》，制定14项任务目标，明确责任单位，确保路况提升工作落地落实。督促各单位严格按照国检评价要求，逐条逐项梳理完善养护管理资料，制定全省统一的公路桥梁、隧道养护内业管理标准，加强和规范了全省干线公路桥梁、隧道养护管理工作。以跨南水北调渠和跨海桥梁为重点，加强对全省国道上长大桥梁、隧道的日常巡查和定期检查，发现病害及时处治，全省干线公路桥梁隧道运营状况持续向好。组织开展了全省干线公路国检模拟检查，对拟推荐的路线和符合重点监测标准的桥隧开展一次技术状况评定复核，核实路面、桥梁、隧道、交安等各项指标是否达标，对各检测单位出具的检测报告进行复核，做到病害描述准确，报告深度满足交通运输部相关要求。2023年，河北省在国检排名中前进8位，排名21位，是全国增比进位幅度最大的省。

三、科学高效推进灾后重建工作

受台风“杜苏芮”影响，2023年7月以来，河北省公路水毁严重。全省交通运输系统坚决落实河北省委、省政府指示要求，坚定打好灾后重建攻坚战的必胜信心，紧盯恢复重建工程目标要求，全力推进水毁公路恢复重建工作，仅一个半月全部完成抢修抢通，三个月高标准高质量完成全省恢复项目建设。河北省交通运输厅公路处被授予河北省2023年抗洪抢险救灾先进集体。加强水体动力学研究，对易发生地质灾害的山区路段和冲刷严重的沿河路段，以G340、S334为试点，加大冲刷线埋深，锚固挡土墙基础，增加挡土墙尺寸，提高挡土墙强度，增强防灾韧性，避免重复水毁。严要求管控，打造平安品质工程。开发使用项目动态管理平台，从审批、设计、施工、验收等方面做到全过程有记录、可追溯。突出抓好施工路段安全防范，扎实做好施工控制区布置、施工现场及运输车辆安全管理、交通秩序维护等工作。持续做好路域环境整治，清理淤泥和垃圾131万立方米，新增（修复）标志标牌2043个，施工现场整齐有序、安全规范。

四、路衍经济发展初见成效

2023年4月29日，河北省政府办公厅印发了《河北省交通产业及路衍经济发展三年行动方案（2023—2025年）》。按照方案，细化分解重点任务，全力实施“服务品质提升”等10项行动，全年完成投资38.8亿元。2023年7月27日在承德市围场县召开全省交通产业路衍经济发展推进会，望都服务区分拨中心、雄安北服务区商贸物流小镇、石家庄交投大河冷链物流集散中心项目综合交易区建成运营。237对服务区建立一区一档基础数据库，研发运行“河北省高速公路服务区公众服务平台”。完成衡水服务区、涿州服务区、雄安北服务区酒文化基地建设，雄安服务区、太子城服务区、张家口开放式服务区投入使用。京哈高速公路准全天候通行（京哈高速公路智能化二期）完成建设投入使用。建成自主能源品牌加油站88对、加气站25座，路段光伏累计完成装机容量约52兆瓦（已并网47兆瓦），全省累计建成换电站53座，新增充电桩388台，达到971台，充电枪新增759把，达到2306把，有力支撑了路衍经济发展。

图7-3-2 延崇高速公路太子城互通一号桥（图片由河北省交通运输厅提供）

五、强化公路建设市场监管

深入开展建设市场秩序专项整治行动，通过自查整改、专项核查、暗访抽查等形式，进一步规范建设市场行为，营造健康有序的建设市场环境。严格评价标准、加强日常监管、强化结果应用，按照交通运输部要求组织开展2022年信用评价工作。全面排查河北省重点公路建设项目农民工资专用账户、实名制管理等制度落实情况，以及工程款、农民工工资及时足额支付、施工过程结算等情况，要求对发现的欠薪线索集中整治，2023年未发生拖欠农民工工资情况。建立施工企业保证金减免和替代制度，减免7686万元，以银行保函（保险）替代现金缴纳7.27亿元。实施“三提前”“三交叉”，项目前期周期缩减一半以上。

第四节　水运

2023年，河北省政府办公厅印发《关于进一步推动和支持沿海港口高质量发展的若干措施》《关于加快建设多功能综合性现代化大港的实施意见》《关于推进和支持海运业高质量发展的若干措施》等政策文件，成立由王正谱省长任组长的沿海港口高质量发展工作领导小组。港口高质量发展工作实现多点突破，多个领域达到全国领先，取得明显成效。河北省沿海港口完成投资66.7亿元，为年度投资计划的105.9%，新增泊位11个，年设计通过能力新增2712万吨、达到11.85亿吨，居全国第3位；河北省沿海港口完成货物吞吐量13.6亿吨，同比增长6.7%，居全国第4位。

一、港口投资及建设

按港口分，秦皇岛港泊位59个，通过能力2.25亿吨、75万标准箱；唐山港分京唐港区、曹妃甸港区和丰南港区三个港区，泊位152个，通过能力6.73亿吨、262万标准箱；黄骅港泊位46个，通过能力2.87亿吨、95万标准箱。

按货种分，煤炭泊位78个，通过能力7.17亿吨；矿石泊位16个，通过能力1.91亿吨；原油泊位5个，通过能力3540万吨；液体化工泊位13个，通过能力1221万吨；液化天然气（LNG）泊位2个，通过能力1150万吨；通用散杂货和多用途泊位134个，通过能力2.17亿吨；专业化集装箱泊位9个，通过能力432万标准箱。

图 7-3-3　秦皇岛港（图片由河北省交通运输厅提供）

二、港口生产

按货种分，煤炭吞吐量7.5亿吨，同比增长1.2%；矿石吞吐量3亿吨，同比增长10.4%；石油、天然气及制品吞吐量3266万吨，同比增长14.2%；钢铁吞吐量5820万吨，同比增长8.6%；其他散杂货2.1亿吨，同比增长22.3%。

按港口分，秦皇岛港完成货物吞吐量1.9亿吨，同比下降1.6%。唐山港完成货物吞吐量8.4亿吨，同比增长9.5%，全国沿海港口排名第2名。黄骅港完成货物吞吐量3.3亿吨，同比增长5.0%。

三、绿色港口建设

2023年河北省港口完成煤炭、矿石疏港量10.17亿吨，其中通过铁路、皮带廊道、水路运输9.31亿吨，占比91.54%；具备岸电供应能力的5万吨级以上专业化泊位达到74个，覆盖率92.5%。黄骅港“绿色港口”试点通过交通运输部现场验收，秦皇岛港获评全国首个“五星级”绿色港区，唐山港新增3个“四星级”绿色港口。

四、航运企业发展

截至2023年底，河北省从事省际水路运输企业55家，省际运输船舶197艘（308万载重吨）；从事国际水路运输企业8家（除秦皇岛秦仁海运公司外，其余7家企业和船舶均为内外贸兼营），国际运输船舶17艘（109.8万载重吨），新增无船承运备案企业

91家，累计达到461家。

图 7-3-4 京杭大运河廊坊段（图片由河北省交通运输厅提供）

五、航线及内陆港建设

截至2023年底，河北省沿海港口累计开通集装箱航线65条，实现对国内沿海主要港口和日韩主要港口全覆盖，并逐步拓展至东南亚地区。按港口划分，秦皇岛港7条，唐山港47条，黄骅港11条。按内外贸分，内贸55条，外贸10条。全年新开辟内陆无水港13个，截至2023年底达到88个。腹地覆盖西北、东北以及华北等广大地区。

第五节 民航

一、机场基础设施建设超额完成

2003年共完成投资8.01亿元，为年计划的114.4%。其中，邢台机场完成行业验收，基本具备通航条件；石家庄机场机坪改造项目完工；张北通用机场完成竣工验收；河北航空大兴基地项目及中捷、魏县等通用机场建设已基本完工；邢台威县、保定江城通用机场完成备案通航。全省运输机场达到7个，居全国第17位，通航机场达到21个，居全国第7位。

图 7-3-5 张家口宁远机场（图片由河北省交通运输厅提供）

二、机场航线网络得到逐步恢复

截至2023年底，河北省累计运营航线202条，运营航班9.7万架次，恢复至2019年的94.8%、86.4%。其中，石家庄机场航线总数达147条，通航城市88个，国际地区航线累计达到13条，基地航空公司6家，驻场运力31架。

三、民航运输生产规模快速恢复

截至2023年底，河北省运输机场完成旅客吞吐量1217.6万人次，同比增长77.5%；完成货邮吞吐量6.3万吨，同比增长40.5%。各运输机场中，邯郸机场旅客吞吐量增速为全省最高，完成71.9万人次，同比增长111.7%，秦皇岛机场次之，完成22.8万人次，同比增长111.4%；张家口宁远机场货邮吞吐量增速为全省最高，完成146.0吨，同比增长178.2%。

山西

2023年，山西省交通运输系统坚持以稳中求进为工作总基调，全年公路水路固定资产投资保持高位运行，完成701亿元，超额完成目标任务。

第一节 综合立体交通网络持续优化升级加速推进

2023年，山西省交通运输厅持续优化升级综合立体交通网络，加快构建现代化发展格局。旅游公路网相继贯通，高速公路网持续扩展，国省道改造和农村路建设稳步推进，交通枢纽项目取得突破，为全省交通事业高质量发展奠定坚实基础。

全域旅游公路网基本框架不断完善。三个一号旅游公路主线全面竣工，总里程达10732公里，串联起176个A级及以上景区和600个非A级旅游景点，将全省113个县（市、区）和4650个村庄紧密连接。“快进慢游深体验”的旅游公路网，不仅实现了“城景通、景景通、城乡通”的便捷交通布局，更以其“路景相融、人景和美”的特色，成为推动山西省转型发展的“万里山河路”。

高速公路建设步伐持续加快。以“县县通高速公路”为重要目标，离隰高速公路、黎霍高速公路黎城至沁源段、太原西北二环高速公路主线3个重大项目按时建成通车，全省高速公路总里程达6333公里，开通运营里程为6188公里，全省117个县（市、区）中有115个通高速公路。

图 7-4-1　2023 年 12 月 21 日，离隰高速公路正式通车运营，图为离隰高速公路交口收费站（图片由山西省交通运输厅新闻中心提供）

普通国省道改造工程有序开展。完成国道一级公路贯通工程、城市过境路段改线工程及路面改造工程共计193公里，进一步提升普通国省道的通行能力和服务质量。

“四好农村路”建设稳步推进。新改建公路达5227公里，新增186个较大人口规模（30户及以上）的自然村通上硬化路，有效改善农村地区交通条件，促进农村经济发展。

交通枢纽建设实现重要突破。太原市成功入选国家综合货运枢纽补链强链城市，太原武宿机场三期改扩建工程进展顺利，朔州滋润机场建成通航，晋城机场获得立项批复，芮城、灵丘通用机场投入运营，河津龙门等8个便民码头也开工建设，进一步增强山西省的交通枢纽地位，提升交通服务水平和区域竞争力。

图 7-4-2　2023 年 12 月 28 日，朔州滋润机场正式通航（图片由山西省交通运输厅新闻中心提供）

第二节 综合运输服务体系建设取得全面升级突破

2023年，山西省交通运输厅综合运输服务体系建设取得全面升级突破。

城乡、区域交通运输一体化深入推进。城乡交通运输一体化示范县的创建实现市级层面全覆盖，其中河津、泽州、左权三县入选交通运输部第三批城乡交通运输一体化示范县。山西省域所有市县区公交车全部安装了交通一卡通设备，实现了“一卡在手、走遍全国”。新建318个公交候车亭和238个电子站牌，新开4条跨城公交，11个市全部开通“95128”巡游出租汽车电召服务，进一步提升公共交通服务的覆盖面和便捷性。

物流服务能力取得显著进展。华远陆港集团积极服务交通强省战略，深化晋津冀路港合作，着力打造津海晋门、晋商冀港等物流出海通道，大力发展冷链物流、寄递物流等专业物流，提升现代物流服务能力；山西航空产业集团有限公司全力打通国内外航空客货运空中通道，开通太原—浦东—芝加哥的全货机定期国际货运航线，进一步拓宽国际物流通道；货物运输从公路向铁路转移以及从散货向集装箱转变，铁路集疏港比例大幅提升；多式联运大力发展，省内7家多式联运企业试点启动“一单制”，提高物流运输的效率和便捷性；网络货运完成货运量位居全国前列，继续保持领先地位；农村寄递物流全覆盖提质工程积极推进，全省打造统仓共配一体化示范县20个，建设标准化快递综合服务站200个，完成备案管理的行政村快递便民服务点2010个，有力推动“农产品进城、消费品下乡”的双向流通渠道畅通，促进农村经济发展。

航空、铁路运输服务实现优化升级。航产集团抓住航空市场复苏的有利机遇，全省机场运输起降架次、旅客吞吐量快速恢复，有力促进内陆地区对外开放新高地建设和外向型经济水平的提升；中国铁路太原局集团有限公司充分发挥高速铁路成网运行和安全便捷等优势，推出更多满足人民群众差异化、个性化需求的运输服务，进一步提升铁路运输服务品质。

公路沿线充电基础设施建设协调推进。山西省交通运输厅积极组织研究制定《山西省电动汽车充（换）电基础设施建设三年行动计划（2023—2025年）》《2023年山西省电动汽车充（换）电基础设施建设推进机制工作方案》等政策制定，确定2023年公路沿线充（换）电基础设施建设目标和推进举措。经过三年的努力，高速公路服务区提质升级行动圆满收官。其间，先后建成加气站21座，新开通加油站15座，新建充电桩400台，实现高速公路服务区充电设施的全覆盖，提升了服务区的硬件设施水平和服务质量，为过往的驾乘人员提供更加便捷、舒适的服务体验。

图 7-4-3　2023 年 9 月，山西省交通运输厅安排专项资金 1200 余万元，计划新建成 40 个功能实用、经济实惠、布局合理、方便快捷的“司机之家”（图片由山西省交通运输厅新闻中心提供）

图 7-4-4　2023 年 12 月 27 日，经过 1 年提质升级改造，大盂服务区正式营业　（图片由山西省交通运输厅新闻中心提供）

第三节　路网保通保畅工作全面强化部署

2023年，山西省交通运输厅全面强化路网保通保畅工作，集中力量整治路网中的堵点和断点，通过成功改造易拥堵收费站、优化公路养护、提升路面质量、有效应对自然灾害和重点时段运输需求等一系列措施，确保路网畅通无阻。

高速公路收费站改造积极推进。成功完成16

条关键高速公路能源运输通道上的17个易拥堵收费站的电子不停车收费/半人工混合车道（ETC/MTC）的升级工作，全省ETC一次性通过率显著提升，从原先的95%提升至98%以上，提高了高速公路的通行效率，有效缓解了收费站拥堵现象，为广大驾乘人员提供了更为顺畅、便捷的出行体验。

公路养护工作全面升级优化。高速公路的路面使用性能指数（PQI）优等路率达82.16%，较2022年提高5.47个百分点；路面病害的有效修补率也提升至79.98%，增加10.82个百分点。普通国省道的PQI优良路率达82.68%，提高5.35个百分点；路面病害的有效修补率也提升至76.67%，增长12.37个百分点。农村公路方面，完成127座危桥的改造，实施309公里的村道安防工程，优良路率在全国位居前列。

保通保畅工作持续加强。面对台风"杜苏芮"以及极端低温雨雪冰冻等自然灾害的严峻挑战，成功完成抢险保通任务，确保灾害情况下未发生因灾造成较大以上事故。春运、"五一"等重点时段，完成能源保供、抢险救灾、鲜活农产品等重点物资的运输保障任务，充分展现山西省在路网保通保畅方面的坚实实力和高效应对能力。

第四节　交通运输行业绿色智慧发展双轮驱动

2023年，山西省交通运输厅积极推动交通运输行业绿色智慧发展，通过绿色创新和智慧交通建设双轮驱动，实现产业升级转型。

绿色交通建设稳步发展。全省范围内新增和更新的公交车、巡游出租汽车全面实现新能源、清洁能源化。长治市积极引导46家大型源头企业更新新能源重型货车600余辆，为绿色物流树立行业典范。临汾市曲沃县试点投放100辆氢能源公共自行车，为市民提供更为环保的出行选择。太原市、大同市成功打造国家绿色货运配送示范城市，并通过验收，为绿色货运配送树立标杆。

智慧交通建设全面推进。省级综合交通运输信息中心完成前期工作，阳泉市成功建成交通运行监测调度中心（TOCC）项目和数字治超平台，实现交通信息的智能化管理。完成10座高速公路长大桥梁的健康监测系统建设，高速公路和普通国省公路在役桥隧均建立数字档案，显著提升交通基础设施的智能化水平和运营效率。

科技创新再创新高。成功举办第四届"晋阳湖·数字发展峰会——首届数字交通发展论坛"，为行业内的专家学者提供深入交流和探讨的平台。5项成果获山西省科学技术奖，3项成果获中国公路学会科技奖。

第五节　交通运输治理能力全面增强提升

2023年，山西省交通运输厅全面增强提升治理能力，深化法治建设，提升执法能力，深化"放管服"改革，优化营商环境，通过一系列措施确保行业高效运行，为交通运输行业健康发展保驾护航。

法治建设持续深化。完成《山西省道路运输条例》修订工作，并于2023年11月1日正式施行，新修订的《山西省道路运输条例》消除了小微汽车租赁方面的制度性障碍；在全国范围内率先编制印发《交通运输行政执法文书制作指南》，为行政执法提供标准化、规范化的指导。高速公路综合行政执法能力显著提升，全年共办理行政处罚和行政强制案件2959件，妥善处置路产赔偿案件4303件，收回路产赔偿款4892万元。

交通领域"放管服"改革进一步深化。通过取消下放5项省级行政审批事项，简化办事流程，提高行政效率。驾驶员高频事项实现"跨省通办"，道路普货运输驾驶员从业资格证实现直接申领，极大地方便从业人员。

营商环境持续优化。通过扎实开展打击非法营运专项行动、城市客运治理能力和服务水平双提升行动、打击货运车辆采用非法手段通行高速公路专项行动，有效规范运输市场秩序，保障运输行业的健康发展。继续实施高速公路差异化收费政策，全年优惠通行费达23亿元，惠及货车8013万辆。

第六节　安全生产双重预防机制建设加强完善

2023年，山西省交通运输厅通过深化实施双重预防机制，对重大事故隐患进行有力整治，铁路、公路及高速公路的安全管理均显著加强，为交通运输行业的安全稳定奠定坚实基础。

安全生产双重预防机制深化实施。在“重大事故隐患排查整治2023行动”中，累计排查8932家企业，对存在安全隐患的109家企业进行曝光、约谈和联合惩戒，共实施行政处罚4443次，罚款959.8万元。

铁路沿线安全环境全面改善。铁路沿线安全环境隐患排查整治任务圆满完成，水上交通、工程建设、公路与铁路并行交汇地段的安全专项整治也取得预期效果。

高速公路危险货物运输管理得到强化。积极防范化解高速公路危险货物运输车辆运行和停放的重大风险，完成对全省通行危险货物运输车辆的72对高速公路服务区的安全风险评估，对具备停放条件的42对服务区进行改造升级，设置危险货物运输车辆专用停车位417个，确保危险货物运输的安全有序。

高速公路安全管理水平大幅提升。在“平安文明”高速公路示范创建工作中，青银高速公路吕梁段全线消灭高风险路段，优等路率从26.08%提升至90.2%，一、二类隧道比例达100%。基本建立“一路三方”路警协同治理机制，在车流量持续高位运行的情况下，交通事故起数和死亡人数分别下降56.3%和30.8%。

车辆超限超载治理效果显著。深入推进车辆超限超载治理工作，通过严格执法和源头管控，全省超限超载率控制在0.2%以内，处于全国最优水平。

第七节　交通强国山西篇章扎实推进

2023年，山西省交通运输厅在交通强国战略指引下，扎实推进山西篇章建设，通过签署合作协议、实施山西省加快建设交通强省五年行动计划、推进交通强国建设试点项目等举措，不断完善和优化交通基础设施，提升区域交通互联互通水平，为群众出行构建高效、便捷、安全的现代综合交通运输体系。

为深入实施交通强国战略，山西省政府与交通运输部签署《交通强国部省合作协议》。根据协议内容，山西省将聚焦国家、省重大战略的实施，加强与交通运输部的紧密合作，共同推动一系列重大项目的实施。朔州至太原高速公路、太原武宿机场改扩建、太原铁路枢纽新西站、大同晋北物流园等16个重大项目被纳入部省合作框架，项目的实施将有力推动山西交通基础设施的完善和优化，提升区域交通互联互通水平。

为确保交通强国建设在山西取得实效，山西省交通运输厅提请山西省政府印发实施《山西省加快建设交通强省五年行动计划（2023—2027年）》。明确未来五年交通强省建设的目标任务和实现路径，为山西交通事业的持续健康发展提供明确指导。

交通强国建设试点取得显著成效。太行一号旅游公路晋城段成为全国交旅融合的典型案例，该公路不仅提升了交通运输的便捷性，还促进了当地旅游产业的发展，为游客提供更加舒适、便捷的出行体验；车路协同标准的正式实施，标志着山西在智能交通领域取得重要突破，安全性和运输效率得到显著提升，也降低能源消耗；G340榆社段重载运输通道的顺利通车，进一步提升山西在货物运输方面的能力和效率，有效缓解当地货物运输的压力，提高运输的可靠性和时效性，为山西的经济发展提供有力保障。

内蒙古

第一节　整体概况

2023年，内蒙古自治区交通运输行业聚焦办好两件大事和闯新路、进中游，埋头苦干，担当奉献，在综合交通基础设施、运输保障能力、行业治理体系建设、科技创新、安全与应急等方面圆满完成了各项目标任务。

第二节　综合交通基础设施

推动签订部区合作协议，争取14个公路项目列入《国务院关于推动内蒙古高质量发展奋力书写中国式现代化新篇章的意见》重大项目清单，配合交通运输部编制《交通运输服务新时代东北全面振兴、内蒙古落实“五大任务”的意见》，印发《内蒙古自治区综合立体交通网规划》《内蒙古自治区省道网规划》《内蒙古自治区综合交通枢纽体系规划》《加快建设交通强国五年行动计划》和落实国务院支持意见具体实施方案。

实现国家高速公路主线内蒙古段全部贯通，东西高速公路大通道除通辽段108公里外全部建成，满洲里、二连浩特两个重点口岸高速公路接通，沿边G331三级及以上公路建成3180公里、建成率89.8%。开工建设产业路41条476公里、旅游路24条609公里、断头路15条966公里。全年完成公路水路固定资产投资358.8亿元，超额完成自治区确定的目标任务。79个旗县（市、区）通高速公路，高速公路和一级公路出区通道47条，6个口岸通一级以上公路，229个产业园区、旅游景区通二级以上公路，苏木乡镇通三级公路达94.9%，较大人口规模自然村通硬化路率达87.7%。

实施干线公路养护工程4216公里，农村公路养护工程10854公里，均为历史之最，一些长期弃养、失养的次差路、升等路路况明显改善，受到人民群众好评。

开展公路本质安全提升行动，完成农村公路安全生命防护工程1143公里、普通公路危桥改造242座。深入推进全区筑牢祖国北疆安全稳定屏障2023百日攻坚行动、道路运输安全生产突出问题集中整治“百日行动”，联合公安部门开展“治超打逃”专项行动，组织开展安全隐患大排查大整治，排查问题隐患3036处，整改率99.7%。

第三节　运输服务保障能力

完成综合运输货运量23.4亿吨、货物周转量5535.9亿吨公里，同比增长12.8%、6.7%；国际道路运输货运量6993万吨，同比增长136%，创历史新高。网络货运平台企业完成货运量1.1亿吨、交易额80.1亿元、实现税收5.3亿元，同比增长337%、166%、196%，业务、数据、税收“三回归”初见成效。自动导引车（AGV）投运63台，试运行累计5.5万辆次，运输煤炭384万吨。开通农村客货邮示范线路68条。

推动黑山头口岸实现整车出口分流，解决了满洲里口岸阶段性拥堵问题。保障极端天气交通安全畅通，处理10起重要公路基础设施水毁突发事件，清雪除冰73.5万公里，清理干线公路路面积沙125万立方米。全年未发生长时间公路阻断。

第四节　行业治理体系建设

建立公路收费站设站审批“四个提前”机制，提升行政许可效率；压实主管部门和项目单位主体责任，完善绩效考核机制。所有在建项目均明确经营责任主体，19个收费公路项目建成前取得收费许可，14个项目建成即收费，专项债收费公路收益同比增加124%。

深化“两优”专项行动和“放管服”改革，出台交通运输系统三级服务事项办事指南，取消办事要件54项。累计受理“跨省通办”业务31万件，办理成功率、好评率分别达93.9%、98%。“12345”热线全年平均响应率、解决率、满意率99%以上。“12328”热线平均得分为87.9分，超过年初制定的85分目标。针对人民群众反映强烈的突出问题开展专项整治，ETC设备更换、巡游出租汽车拒载、驾驶员培训质量差等切实改善。

优化14个项目建设方案，节约投资29.5亿元、土地22.56万平方米。超前布局充换电设施，建成农村牧区充电枪10185个，开通运营的高速公路服务区、具备条件的普通国省干线服务区和养护道班实现充电桩全覆盖。

第五节　科技创新

利用工业固废860万吨，节约用地约19.09万平方米，减碳约2800吨。工业固废在交通建设领域资源化利用作为以学促干成效被央视《新闻联播》宣传。

AGV投运63台，试运行累计5.5万辆次，运输煤炭384万吨。

加强联合治超、科技治超，推行非现场执法，提高公路通行效率，高速公路车流量、通行费收入同比分别增长59.8%、9.6%。

第六节　安全与应急

全年偿还20条公路债务36.7亿元，助力盟市化解风险，腾出发展空间。出台行业12条防范遏制重特大事故硬措施，修订完善内蒙古自治区交通运输厅安全生产委员会工作规则，分4个层面厘清职责。开展公路本质安全提升行动，完成农村公路安全生命防护工程1143公里、普通公路危桥改造242座。深入推进全区筑牢祖国北疆安全稳定屏障2023百日攻坚行动、道路运输安全生产突出问题集中整治“百日行动”，联合公安部门开展“治超打逃”专项行动，组织开展安全隐患大排查大整治，排查问题隐患3036处，整改率99.7%。全年未发生较大及以上生产安全事故。编制《突发事件交通运输保障应急预案》等7个应急预案，建立公路、水路、轨道交通共679支应急救援队伍。与气象、应急等部门协调联动，签订共建协议，及时发布预警信息，保障极端天气下交通安全畅通。

第七节　特色服务

建立公路收费站设站审批“四个提前”机制，提升行政许可效率；压实主管部门和项目单位主体责任，完成效率考核机制。所有在建项目明确经营责任主体，19个收费公路项目建成前取得收费许可，14个项目建成即收费，专项债收费公路收益同比增加124%。

起底“半拉子”工程，盘活存量资产。S24准兴重载高速公路遗留工程建成通车，盘活企业资产，新增1条融入京津冀的高速公路出区通道；盘活S22白音查干至永泰公高速公路，缩短了东西高速公路大通道里程，增强路网韧性；盘活9个客运站，推动资源共享、客货兼顾、运邮结合，增加企业收入。

辽宁

第一节　整体概况

2023年，辽宁省交通运输系统聚焦当好振兴发展开路先锋，围绕全面振兴新突破三年行动，聚焦交通强省建设，聚焦“小切口、大牵引”，开拓进取、争先进位，完成了年度各项重点工作，实现了交通运输三年行动首战告捷，多领域重点工作取得新突破。一是高速公路建设取得新突破，全年建设高速公路9条，总里程805公里。二是港口服务能力提升取得新突破，完成货物吞吐量7.6亿吨，吞吐量实现港口整合后首次正增长。完成集装箱海铁联运量159万标准箱，同比增长12.6%，占港口集装箱吞吐量的比重为12.3%，继续保持全国第一。三是中欧班列开行量取得新突破，成功首发沈阳至莫斯科冷链中欧班列，全年开行中欧班列自然列780列、进出口集装箱8.6万标准箱，同比增长14%、29.5%。四是民航运输恢复取得新突破，全年新增航线42条，配合中国民用航空东北地区管理局用时最短开通大连至符拉迪沃斯托克（海参崴）国际航线，全省机场旅客吞吐量3751万人次、货邮吞吐量35万吨，同比分别增长133.7%、34.6%。沈阳桃仙机场旅客吞吐量达2056万人次，再创历史新高。五是邮政快递助力乡村振兴取得新突破，全省快递服务现代农业示范项目187个，支持农产品上行数量7700万件，支撑农产品销售收入90亿元。六是干线公路养护质量和管理水平取得新突破，“国评”工作成绩优良，实现争先进位目标。七是重大项目征拆和前期推进取得新突破，本桓高速公路、凌绥高速公路、京哈高速公路改扩建3条高速公路用时一年基本完成征迁，鞍台高速公路用时6个月完成前期工作并实现开工。八是物流保通保畅解难题取得新突破，建立矿石转运协调机制，两年内船舶滞期费由8.5亿元降为0、候泊时长压缩近80%。协调打通铅金矿海上物流运输通道，为冶金企业节省物流运费2500万元。九是高速公路差异化收费惠民利企取得新突破，惠及车辆353.2万台次，减免通行费2.6亿元，高速公路收费站港口集装箱货车通行量增长23.4%。十是跨区域交通合作取得新突破，推动东北三省一区交通部门共同签订战略合作框架协议，召开联席会议，制定实施5个专项合作方案，围绕“6个协同”达成共识。

第二节　抓项目促投资成效显著

交通投资登上新台阶。完成年度投资540.3亿元，同比增长17.5%，投资规模创“十三五”以来新高。其中实施亿元以上重点项目75项，为全年目标的117%；实施省级重大项目29项，完成投资430亿元，分别超年初目标的7.4%和12%，为全省稳投资作出积极贡献。

一批重大项目开工建设。鞍台、台黑、鲅鱼圈疏港、锦州港疏港4个高速公路项目开工建设。新开工重点普通公路项目7项、港口项目6项、客货枢纽场站5项、轨道交通2项，大连金州湾国际机场启动建设，宽甸兴边沿江公路如期开工。

在建项目取得新突破。阜奈、仙人岛疏港高速公路建成通车，本桓高速公路、凌绥高速公路、京哈高速公路改扩建3条超百亿元项目超计划推进。沈白高速铁路路基桥隧进度达90%，沈丹铁路外迁项目桥梁桩基完成85%。建设改造国省干线公路1344公里，平改立工程完工12处。建设改造农村公路5643公里，超额完成省民生实事任务。大连北站交通枢纽、长兴岛北岸作业区通用泊位、锦州绕城公路、沈阳地铁4号线、大连地铁5号线等32个重大项目建成运营。

项目谋划扎实有力。全力推进重点项目前期工作，梳理形成三年行动重点项目清单，规划实施亿元以上重点项目132项，总投资超过5300亿元。

第三节　港口高质量发展迈出坚实步伐

规划政策体系不断完善。开展全省港口布局规划修编，大连港总体规划获部省联合审批，出台港口高质量发展实施意见，辽宁省政府与招商局集团高层会商顺利举行，央地协同发展合力进一步加强。

港口基础设施建设加速推进。实施港口基础设施提升工程，建设航道3条、泊位27个。推进盘锦港30万吨级原油码头等项目建设，“三港两线”保华锦原油运输体系加快落实。

港口运营组织不断优化。加密航线和网络节点，新增集装箱航线8条，建成陆港型服务节点28个，别雷拉斯特物流中心海外重要枢纽作用不断巩固；完成集装箱吞吐量1290万标准箱，同比增长8%，增速位居全国沿海省（区、市）前列，其中环渤海内支线运量70万标准箱、同比增长15.3%。

第四节　交通物流保通保畅有力推进

重点物资运输顺畅高效。突出抓好“北粮南运”、煤炭等重点物资保通保畅，全省港口、铁路粮食外输量7731万吨，占东北地区粮食总产量的44.2%，港口中转煤炭量6685万吨、铁路运输煤炭8468万吨，切实发挥了保通保畅和大宗物资中长距离运输骨干作用。设立服务企业“一号通”热线，解决企业实际困难171个。千里驰援甘肃、青海震区，高效完成救灾物资紧急运送任务。

重点时段出行服务平稳有序。全力做好春运、“五一”、国庆等重点时段运输服务保障工作，有力保障疫情转段后大规模人员流动。印发实施京哈高速公路改扩建交通组织“1+6”方案，既保工程施工又保路网畅通。

行业助企纾困扎实有力。统筹使用农村客运和城市交通国家资金13亿元，支持农村客运、公交及出租汽车行业发展。向金融机构推送102家中小微企业融资需求，新增交通物流专项再贷款1.2亿元。积极推动降本增效，开展ETC金融支持服务，累计办理1.26万户、授信额度6.85亿元，缓解小微货运企业融资难题。

第五节　综合运输服务水平不断提升

运输生产持续向好。全社会完成货运量18亿吨，同比增长8%。其中公路15.3亿吨，同比增长10%；水路6325万吨，同比增长41%；铁路完成2亿吨。全社会完成客运量2.9亿人次，同比增长62%，其中铁路1.1亿人次，同比增长166%；公路1.6亿人次，同比增长24%。高速公路出口流量日均77.4万台次，同比增长47.3%。完成邮政快递业务量28.9亿件，同比增长19.2%。

多式联运加快发展。成立省级多式联运研究中心，出台省级多式联运奖补政策，打造海铁联运精品线路15条。锦州港开创氧化铝海铁联运新模式，完成运量6.3万标准箱。营口港、锦州港成功研发40英尺半高箱新装备并推广应用，大连港“班轮+班列”跨海运输完成647航次，同比增长3.9%。“一单制”试点成效显著，“沈阳东—大连—德国”等12条海铁联运线路推行“一单制”。

出行服务品质稳步提升。开展适老化出行服务等5个专项行动，新增敬老爱老线路21条，更新低地板及低入口公交车178台，沈阳等11个市开通“95128”出租汽车电召服务，全省主要网约车平台增设“一键叫车”功能。加快公交基础设施建设，大连建成2个公交枢纽站，全省中心城区公交站点500米覆盖率达到100%。

提升货运物流发展质量。新培育网络货运平台企业3家、货运物流服务品牌企业10家、“司机之家”7个，大连升运、鞍山德邻陆港等4个项目获评全国暖心服务“司机之家”称号。积极推进县乡村三级寄递物流体系建设，建成15个县级、146个乡镇级和2654个村级服务节点。开展危险货物电子运单规范应用提升行动，累计完成电子运单432.8万个，企业和车辆覆盖率达到98%和87%。

第六节　绿色智慧交通加速推进

加快交通绿色低碳发展。出台辽宁省交通运输领域绿色低碳发展实施方案。淘汰老旧柴油货车3.7万辆。核查新准入车辆5.7万台，实现100%达标。新增纯电动公交车520台、充电桩1020个。完成普通公路绿化补植3902公里。推广应用温拌沥青、路面再生500公里。完成15个泊位岸电设施建设改造。

持续推进交通运输结构调整。推动大宗货物"公转铁""公转水""散改集"，水路货运量、周转量占比由2.7%、11.5%提升至3.5%、13.3%，运输结构进一步优化。全省34家大型工矿企业绿色运输占比87.8%。

加强交通科研创新。发挥行业引领作用，立项交通运输科技项目46个、完成34个，季冻区沥青路面全生命周期低成本养护等26个项目获省部级科技奖励。

智慧交通建设取得新成效。整合建成省交通运输应急调度指挥中心。完成东北海陆大通道综合运输公共服务平台系统框架设计和功能开发建设。大窑湾"智慧港口2.0"系统启动运营，集装箱码头岸桥单机综合效率提升5%、单船作业效率提升9%。辽港多式联运"智多行"信息平台全面应用。沈康智慧高速公路建设完成。本桓高速公路建筑信息模型（BIM）项目管理实践应用获得第六届"优路杯"全国BIM技术大赛金奖。

第七节　行业治理持续加力提效

持续优化交通运输营商环境。编制完成交通运输系统公共服务事项目录和办事不找关系指南，省交通运输厅和沈阳、抚顺等9市局获"清风辽宁政务窗口"称号。出台服务市场主体10项举措并取得明显实效。与56家大件运输重点企业建立对接服务机制，启动大件运输主通道建设，改造14个高速公路收费站。与18家在辽央企建立沟通会商机制，积极推介重大交通项目，解决重点合作项目问题15个。全系统开展领导干部走流程119人次，发现问题65个，研究解决措施99项。开展"12328"典型问题"省级督办"152项，解决了营口至盘锦公交衔接不畅等一批企业、群众反映的突出问题。

狠抓交通运输执法工作。召开全省行政执法规范化现场会，举办首届"大比武"技能竞赛，开展各类执法培训204次，动态调整更新行政执法事项目录435项，编制范本规范执法文书121种，出台道路运输等领域行政处罚裁量权基准203项。坚持常态化治超执法，检测认定超限超载车辆4.4万台次。开展省级道路运输市场秩序整治22次，公路沿线广告牌等路域环境整治成效显著。开展内陆重点水域专项督导检查，清理和纠治"三无"船舶98艘。开展建设项目省级质量安全督导检查19次，发现整改问题2170处，推动创建省级品质工程示范项目15项。

加大行业指导及监管力度。制定做深做实改革"后半篇文章"指导意见，修订农村公路建设质量管理、包车客运管理等26个规范性文件，完成城市轨道交通运营安全管理规范等25项地方标准发布。完成商船检验2828艘次，同比增长43%，创历史新高。加强招投标监管，上线运行公路工程电子招标投标交易平台。加强调度督导，推动油补资金、农村公路转移支付资金及时拨付到位。科学合理控制工程造价，完成8个高速公路、17个普通公路项目审查。

行业典型争创成果突出。加快"四好农村路"高质量发展，沈北新区、瓦房店市等5个全国示范县通过国家验收。创建庄河市山后线、本溪县滴桦线等美丽农村路1237公里。盘锦市获评国家公交都市。大力推动城乡交通运输一体化发展，盘山县、喀左县2个国家示范县通过验收，新民等5个县区获评国家第三批示范县，全省43个县区达到5A级，占比达63%。盘锦市客运站获评国家运游融合发展典型案例。法库县获评国家农村物流服务品牌。

第八节　行业安全生产形势保持稳定

狠抓安全生产责任落实。深入推进网格化监管体系建设，建立行业监管部门和交通企业为主体、共计2.4万人的三级网格化安全监管矩阵。开展高速公路技术状况和运营管理专项监测评价，路面技术状况指数提升至93.6，一、二类桥梁占比提升至99.7%。完成普通公路危桥改造480座、村道安防工程1207公里，实施G201安全精细化提升工程。全年未发生重大以上事故，亡人事故起数、死亡人数同比分别降低31%、13%。

深入开展重大事故隐患专项排查整治行动。细化重大事故隐患判定标准，开展专项检查26项，排查问题隐患1.3万个，其中重大隐患798个，整改完成795个，整改率99.6%。

强化重点领域安全监管。港口重大危险源安全领域整改问题565个，燃气道路运输安全领域治理问题1272个，“两客一危”企业排查整改隐患问题6963个，铁路沿线安全环境治理整改问题757个。专项开展桥（涵）下影响行洪障碍物清理。高效应对处置汛期16轮强降雨和冬季6次强降雪。

加强网络安全保障。首次组织开展网络攻防实战演练，发现并消除安全漏洞53个。辽宁省在全国交通行业网络安全信息考评中位居全国第一。邮政安全绿盾视频联网在线率、开机率两项指标进位至全国第一和第二。

统筹推进“三个万件”清理行动。严格落实领导包案制度，“三个万件”化解和处置率分别达到99%、100%和100%，会同抚顺市和京沈铁路客运专线辽宁有限责任公司多措并举有效化解沈白高速铁路信访和阻工问题。

吉林

2023 年，吉林省交通运输行业坚持稳中求进、以进促稳、先立后破，深入实施项目建设提效、运输服务提质、行业治理提升三项工程，奋力推动交通运输高质量发展，走好交通强国建设的吉林实践之路，为经济和社会发展作出应有的贡献。

第一节　整体概况

2023 年，吉林省交通运输行业深入实施“三项工程”，圆满完成年度各项目标任务。

全省交通运输基础设施完成投资 278.2 亿元，同比增长 8%。其中公路建设投资 271.2 亿元，建成高速公路 249 公里，建成普通国省干线公路 158.4 公里，新改建农村公路 3175 公里、实施安防工程 2084 公里、改造危桥 150 座。全省公路总里程达到 110465 公里，等级公路 107881 公里，占总里程的 97.7%，其中高速公路 4644 公里，一级公路 2271 公里，二级公路 10072 公里，二级及以上公路 16987 公里，占总里程的 15.4%。农村公路 93177 公里，占总里程的 84.3%，专用公路 1129 公里，占总里程的 1.0%。

全省航道通航总里程 1621.06 公里，其中三级航道 128.5 公里，四级航道 251.37 公里，五级航道 730 公里，六级航道 312.42 公里，七级及以下航道 198.77 公里。

全省共有公路营业性汽车（不含 4.5 吨以下货车）267016 辆，其中，载客汽车 10922 辆，载货汽车 256094 辆。全省共有公共汽电车 12399 辆，轨道车辆 996 辆，其中地铁 306 辆、轻轨 690 辆；全省共有出租汽车 67745 辆，其中个体车辆 33454 辆。

第二节　综合交通基础设施建设

交通重大项目建设成效突出。吉林省委、省政府印发《吉林省综合立体交通网规划纲要》，省人民政府印发《吉林省干线公路网中长期规划（2023—2035 年）》，高质量交通强省建设规划政策体系更加完善。深入实施项目建设提效工程，公路建设投资 271.2 亿元，其中高速公路投资 162.8 亿元。5 个续建高速公路项目加快推进，集安至桓仁、大蒲柴河至烟筒山高速公路建成通车，实现桦甸通高速公路，新增通车里程 249 公里，通车总里程达 4644 公里。建成通车国道珲阿线石头口门绕越线等 7 个项目 158 公里，长吉南线全线达到一级公路标准。融资模式不断创新，积极落实国家政府和企业资本合作（PPP）核查整改要求，第一时间研究替代融资模式，长春都市圈西环、白山至临江、松江河至长白 3 条高速公路和沿边开放旅游大通道项目融资模式得到省人民政府批准。

图 7-7-1　桓集高速公路石庙特大桥（图片由吉林省交通运输厅提供）

城市轨道交通建设步伐加快。2023 年，长春轨道交通 1 号线南延线工程项目完成了全线 6 座车站开工建设，1 座车站实现封顶。长春轨道交通 2 号线东延伸线 6 座车站全部完成主体结构封顶工作，6 个区间完成 5 个区间双线贯通。6 月 6 日，长春轨道交通 4 号线南延工程已建成运营。长春轨道交通 5 号线一期工程，全线 18 座车站全部开工，13 座车站主体封顶，20 个区间中 9 个区间双线贯通。长春轨道交通 6 号线工程已进入空载试运行阶段。长春轨道交通 7 号线全线 19 座车站已全部实现主体封顶，20 个区间中 17 区间实现双线贯通。长春轨道交通 9

号线一期工程全线47个工点，已经完成25个工点进场施工。长春市轨道交通3号线南延伸线工程已实现全线入场施工。

综合货运枢纽体系建设稳步推进。完成公路运输基础设施建设固定资产投资1.2亿元，推动建设通化、白山、长白山综合客运枢纽。长春市联合哈尔滨市成功申报国家综合货运枢纽补链强链城市，争取国家资金支持15亿元，提升基础设施和装备联运水平，同步谋划编制《吉林省综合货运枢纽建设专项规划》，优化全省综合货运枢纽布局，进一步增强综合货运枢纽支撑保障能力。

第三节　交通运输服务保障

一、公路运输

2023年，全省共完成营业性公路客运量8443万人次、旅客周转量64.85亿人公里，同比分别增长58.8%和58.3%；完成营业性公路货运量49034万吨、货物周转量1440.79亿吨公里，同比分别增长20.1%和12.9%。持续提升客运服务品质。吉林省委全面深化改革委员会审议通过汽车客运站高质量转型发展实施方案，"一站一策"明确62个二级以上客运站转型路径。26个完成转型的客运站，15个实现扭亏、11个实现增收，职工收入增幅15.5%，在全国综合枢纽建设座谈会上介绍经验（榆树、公主岭客运站拓展商超电商、农产品销售、物流服务功能，年增加经营收入500万～1000万元；蛟河客运站深化与中国邮政、京东等物流企业合作，单日配送量超3万件，实现年营业收入700余万元）。制定客运班线公交化改造运营服务及管理规范，90.2%的县市启动"全域公交"建设，完成客运班线公交化改造163条，开通定制客运线路95条，加快打造"吉意通"服务品牌。梅河口市、公主岭市、辉南县、蛟河市被确定为全国第三批城乡交通运输一体化示范创建县（累计9个）。全省90.2%的县市启动全域公交建设，累计完成公交化改造线路1146条，覆盖60%以上建制村，惠及近1000万人口。客运站转型升级开局破题。

货物运输新业态加快发展。2023年，完成3户网络货运企业［吉路通（吉林）科技有限公司、中宝智运（吉林）科技有限公司、吉林省吉世科技有限公司］线上服务能力认定工作。累计整合社会车辆14.2万辆，驾驶员14.2万人，完成货运量2144.6万吨，运费总额28.1亿元。稳步开展长春国际陆港多式联运示范工程建设，打造长春—营口、大连—韩国等5条多式联运示范通道，完成中欧班列多式联运综合服务系统等四大多式联运系统开发工作，完成海铁联运长春—大连—韩国线路"一单制"应用，完成货运量11万标准箱。新增三合、开山屯、老虎哨和集安4个"不停车查验"公路口岸，启用"吉林省国际物流供应链服务平台"，实现吉林省首票中欧公路直达运输试运行。

图7-7-2　中欧班列货场（图片由吉林省交通运输厅提供）

二、水路运输

全省拥有各类船舶1268艘（其中旅游客船387艘，货船182艘，渡船181艘，采砂船32艘，其他类型船舶486艘），总吨76740，净载重量42785吨，载客量18671客位。各类船舶中营业性民用运输船舶共有263艘，净载重量5260吨，载客量9661客位，总功率21716千瓦。另外，全省渔船总数4800艘（其中省管渔船465艘），总吨位10013.8，总功率66864.45千瓦。全省航道公共服务能力提升，2023年，航道维护1291.56公里，共计布设航标130座（其中浮标94座、岸标36座），维护航标累计23180座，航道巡护里程累计17817公里，观测水位数据12961个，为船舶安全航行提供了安全保障。2023年，全省完成营业性水路客运量126.91万人次、旅客周转量935.99万人公里，同比分别增长171.7%和187.5%。

三、城市公共交通（轨道交通）、出租汽车

全省共有公共汽电车运营线路1760条，运营线路总长度50297公里，运营里程61346.49万公里；设有公交专用车道336.2公里，公共汽电车停保场面积1335692.4万平方米；经营业户121户，其中国有企业23户，国有控股企业4户，私营企业91户，个体经营业户3户。2023年，完成客运量100907.82万人次。全省有轨道交通运营线路总长度达到111.2公里。2023年，完成客运量21865.12万人次，旅客周转量149467.26万人公里。全省共有网约车经营业户31788户，持证出租汽车驾驶员45.3万人。2023年，全省出租汽车运营里程达645156万公里，载客车次总数91630.18万车次，客运量155257.91万人次。

四、邮政快递

2023年，全省邮政陆运邮路1077条，邮区邮路947条，全省邮政投递里程15.6万公里；2023年全省邮路总长度23.96万公里，比2022年增长37%。全省邮政行业寄递业务量和业务收入分别完成10.96亿件和133.53亿元，同比分别增长20.3%和15.8%。其中，快递业务量和业务收入分别完成7.7亿件和83.1亿元，同比分别增长32.2%和16.5%，有效发挥了保障经济循环畅通、促进消费和服务民生的基础性作用。

第四节　行业治理体系建设

法治政府部门建设持续深化。加快推进《吉林省城市公共客运管理条例》《吉林省公路条例》修订。深入开展执法领域突出问题专项整治，线索整改率达99.5%。制定执法规范化长效制度180项，修订包容审慎监管执法“四张清单”“执法报备、手机亮证、扫码迎检、事后评价”执法监督管理新模式得到全面推行。

重点领域改革深入推进。实施干线公路周期性养护改革，完成养护大中修工程600公里。编制改革试点事项清单、程序规则。船舶证书“多证合一”改革全面完成。创新内河小型船舶船员培训考试管理制度，出租汽车驾驶员从业资格实现省内异地考试。吉林省高速公路集团有限公司三项制度改革位列全省第一。高速公路综合养护评定居全国前十。长春绕城高速公路实行全时段差异化收费改革。

营商环境不断优化。实施交通运输优化营商环境30项政策措施，深化电子证照应用和数据共享，道路运输政务服务事项全部实现“全程网办”，部颁标准电子证照实现省级全覆盖，行政审批提前办结率、群众满意率均达到100%，全省政务服务考评保持“零差评”。

第五节　创新驱动绿色转型

数字化水平大幅提升。交通运输“互联网+”监管和服务等7个系统平台全面建成投入使用，“互联网+”交通运输指挥中心升级工程等4个智能化管理服务平台加快建设。通化、白山等地陆续建成智慧管理平台，实现公交、出租、客运班线信息化监管、智能化服务。

科技创新不断增强。完成30个科研项目验收及成果转化应用，季冻区公路建设与养护技术耐久性提升，智慧交通领域技术攻关取得重大进展，实现新型环保道路融雪剂工厂化生产和规模化应用，石墨烯防腐涂料技术全面进入试验阶段。交通运输部智能网联先导应用试点“长春智能巴士和智慧物流倒运自动驾驶”完成试点任务测试。

绿色转型加快推进。长春市成为全国首批公共领域车辆全面电动化先行区试点。深入开展“旗E春城 旗动吉林”行动，新增更新新能源出租汽车5924台、公交车550台，高速公路服务区快充覆盖率达到50%。

图 7-7-3　红色新能源迷你公交（图片由吉林省交通运输厅提供）

第六节　平安交通建设

安全发展基础持续夯实。建立安全生产工作报告、会商研判、联合执法检查、点评通报 4 项机制，启用安全生产风险隐患信息化平台，重大风险管控更加精准有力，全省交通运输安全生产形势稳中向好。省交通运输厅和 8 个市州交通运输部门连续 10 年在政府安全生产考核中获优秀等次。“三管三必须”做法得到交通运输部推广。

重点领域监管持续强化。深入开展道路运输、公路运营、工程建设、水上交通、大跨度结构建筑等重点领域和消防安全隐患排查专项整治，整治问题隐患 5619 项，部省督办的 134 处重大隐患路段全部完成整治。保持市场监管高压态势，打击各类违法违规行为 2563 起。

应急保障能力持续提升。细化完善突发事件应急“叫应”联动机制。建立“两省一区”国家区域性公路交通应急处置联动机制，编制水上搜救、高速公路突发事件应对等 6 个专项应急预案，开展应急演练 335 次。科学应对汛期台风、极寒冰雪灾害，高效抢通水毁公路，提前完成年度水毁重建任务，高速公路除雪除冰得到社会各界广泛好评。

第七节　合作与交流

2023 年 6 月 8 日，吉林省交通运输厅、吉林省自然资源厅经充分协商，达成《关于构建国土空间开发保护新格局与推动交通基础设施建设的合作协议》，双方将加强规划合作衔接、前期论证合作、用地审批合作、土地供应合作、不动产登记合作、用地监管合作、公路沿线地质灾害防治防御合作以及数据资源共建共享、耕地保护和生态修复等方面合作。

6 月 13 日，吉林省交通运输厅与吉林省生态环境厅签订《加强生态环境保护　促进交通高质量发展的战略合作框架协议》，双方将在优化交通基础设施空间布局、推进绿色交通基础设施建设、推广清洁高效的交通装备、做好交通项目环境要素保障、强化污染防治和生态保护、强化安全监管和应急能力建设 6 个方面开展深度合作。

6 月 26 日，吉林省交通运输厅与黑龙江省交通运输厅签订了《国家区域性公路交通应急管理协同联动战略合作框架协议》，双方将按照“团结协作、资源共享、优势互补、务实高效”的原则，共同建立国家区域性公路交通应急管理协同联动机制，统一协调两省应急救援力量，实现信息互通、资源共享，协同应对重大自然灾害。

10 月 14 日，吉林省交通运输厅与辽宁省、黑龙江省、内蒙古自治区交通运输厅签订了《道路客运行业高质量发展战略合作框架协议》。“三省一区”交通运输厅还就提升政务服务效率、建立工作协调机制等达成一致意见，将定期开展合作交流，共同推进道路客运行业高质量发展。

10 月 14 日，东北三省一区交通运输合作联席会议在辽宁沈阳举行。会议审议通过了东北三省一区推动共建东北海陆大通道、组建多式联运发展联盟、超限超载运输跨省联合执法、省际道路客运转型发展、大件运输跨省审批协作 5 个交通运输领域专项合作实施方案。三省一区交通运输厅厅长共同签署了《东北三省一区协同推进交通运输高质量发展行动倡议》。

10 月 17—19 日，由吉林省交通运输厅、黑龙江省交通运输厅联合主办，吉林省公路应急保障中心、黑龙江省公路应急处置中心联合承办的“公路应急装备长途调运暨联合抢险处置综合演练”在黑龙江齐齐哈尔国储分中心举办。两省应急保障单位组织座谈交流，共同观摩双方应急装备，并实际探讨了日常训练、设备操作要点、工作难点及突破、未来发展方向等内容，有效实现了相互了解、分享经验的目的，演练全过程圆满完成。

11 月 3 日，吉林省交通运输厅与内蒙古自治区交通运输厅签订了《国家区域性公路交通应急管理协同联动战略合作框架协议》，旨在切实加强吉蒙两省（区）交通运输应急处置联动协作，实现互联互通，进一步提高跨区域应急救援协同处置能力，推动交通运输高质量发展。

第八节　特色工作

乡村畅通工程成效突出。省人民政府印发实施方案，出台专项规划、技术指南、建设标准示例等系列政策规范，给予 20 亿元一般债券支持。各级党委政府多渠道筹集资金，创新建设养护模式，乡村畅通工程高质量推进。完成农村公路投资 67.4 亿元，新改建农村公路 3175 公里、整治“畅返不畅”6217 公里、改造危桥 150 座、实施安防工程 2084 公里，超额完成年度目标任务。新增 349 个自然屯通硬化路，自然屯通硬化路率由 96.7% 提高到 97.7%，新增 7 个乡镇通三级路，乡镇通三级路率由 93.7% 提高到 94.9%。建设资源路、产业路、旅游路 953 条，东光至塔子沟“美丽农村路”入选全国第一批交通运输与旅游融合发展典型案例，吉林省在全国“四好农村路”高质量发展现场会上作经验交流。

农村物流高质量发展。2023 年，全省新建农村物流网点 1632 个，累计完成“客货邮”融合升级改造县级客运站 34 个，建成乡镇运输服务站 433 个，农村物流服务点 5658 个，全省农村物流网络覆盖率达到 61.4%，通过农村物流体系建设累计提供就业岗位 7400 余个，运出农副产品 960 多万件，带动农民群众增收近 1.9 亿元，有力支撑服务农村地区经济发展。辉南县、镇赉县被交通运输部评为国家第四批农村物流服务品牌县。长春市获批国家综合货运枢纽补链强链试点。高速公路服务区“全程无忧”做法交通运输部向全国转发。辉南、镇赉模式被评为国家第四批农村物流服务品牌（累计 6 个）。国际物流供应链服务平台上线运行，新增 4 个公路口岸实现不停车查验智能通关。

图 7-7-4　丰满区乡道二道小环线公路（图片由吉林省交通运输厅提供）

图 7-7-5　交旅融合（图片由吉林省交通运输厅提供）

黑龙江

2023年，黑龙江省交通运输系统坚持稳中求进工作总基调，完整、准确、全面贯彻新发展理念，服务和融入构建新发展格局，统筹发展和安全，立足适度超前、支撑有力、人民满意的目标，突出促通畅、稳投资、扩开放、调结构、强服务、保安全，全力推动交通运输高质量发展，聚焦服务全面振兴、全方位振兴，全力当好龙江现代化建设的开路先锋。

第一节 基础设施建设

着力强化顶层设计，印发贯彻落实《交通强国建设纲要》《国家综合立体交通网规划纲要》实施方案，明确54项具体任务，全面夯实交通强国龙江实践基础。坚持以扩大投资稳定经济大盘，成立交通基础设施建设领导小组，设立前期、土地、建设、资金4个专班，建立省交通运输厅领导包保机制，“开春即开工”“夏季攻势”“秋季会战”接续发力，项目建设全面加速。铁路方面。建设哈尔滨至伊春高铁300公里，龙镇至黑河普通铁路2项241公里。公路方面。建设哈尔滨都市圈环线、鹤岗至伊春等13个1137.1公里高速公路和一批国省道项目，吉黑高速公路哈尔滨至五常段、铁科高速公路五常至省界段、绥大等377.4公里高速公路建成交工。机场方面。哈尔滨机场二期有序建设，齐齐哈尔机场全面开工，呼玛机场建成交工。年度综合交通基础设施投资同比增长10.6%，连续3年保持正增长，为全省经济复苏提供了稳定可靠的大盘贡献力和经济拉动力。

截至2023年底，全省公路总里程169273公里，其中高速公路5037公里、一级公路3494公里，二级公路12739公里，三级公路34538公里，四级公路92132公里，等外公路21333公里；全省908个乡镇全部实现通畅，通畅率100%，9026个行政村9025通畅，通畅率99.99%。全省铁路线路92条，其中客运专线5条，干线23条，支线15条，联络线49条，铁路正线延展长度9909公里。全省机场13个，通航城市113个，航线13家，航线347条，其中国内航线330条、国际航线17条。航道里程5495公里，其中高等级航道3266公里，界河航道2593公里。

第二节 综合运输服务

全面加快物流枢纽建设，哈尔滨成功入选国家综合货运枢纽补链强链支持城市，争取国补资金15亿元。持续推动物流降本增效，深化运输结构调整，“公转铁”运量完成2947万吨，超额完成计划；牡丹江国际（国内）陆海联运通道集装箱多式联运示范项目入选全国示范工程。推动农村客货邮供深度融合，签订“交邮供”合作协议，建立“交邮供”合作站点733个，富裕、虎林、汤旺、抚远被确定为客货邮融合发展试点县。全省邮政业务总量同比增长17.6%，快递业务增量达30%，增速高于全国10个百分点。同江、富裕被评为全国农村物流服务品牌。克山、密山、孙吴、同江成功入选全国城乡交通运输一体化示范创建县。积极发展网络货运，引导企业加强数字化技术创新和经营模式创新，网络货运企业经营产值达40.7亿元，贡献税收3.6亿元。全力做好物流保通保畅，充分发挥省物流保通保畅领导小组作用，加强省市联动、部门协作，落实即接即转即办工作要求，“一事一协调”有效解决交通物流不通不畅问题。全省交通运输总周转量完成2214.7亿吨公里，同比增长12.6%，连续12个月高于全国平均水平。铁路方面，完成总周转量1241.5亿吨公里，同比增长17%。公路方面，完成总周转量896.6亿吨公里，同比增长5.5%。民航方面，完成总周转量37.5亿吨公里，同比增长90.8%。水运方面，完成总周转量39.1亿吨公里，同比增长7.9%。全省邮政行业业务总量累计完成176.4亿元，同比增长17.6%。其中邮政公司业务总量完成72.4亿元，同比增长8.4%；非邮政公司业务总量完成10.7亿元，同比增长34.3%，占比分别为41%、59%。快递业务增量达30.3%，增速高于全国10.9个百分点。

第三节　对外交流合作

全面落实习近平总书记关于"要构筑我国向北开放新高地"的重要指示精神，持续扩大对俄交通领域开放合作。着力提升跨境运输效能。创新黑河公路大桥机械自走式通关模式，日通过能力由100台提升至220台。黑河口岸首次实现液化天然气、液氨跨境运输。同江铁路大桥进境车辆由每天1列增至5列，突破性采取"宽轨重出"方式，完成18列990个集装箱出境运输。全年国际铁路、公路、水路货运量同比分别增长37%、73%、8%。务实推进对俄合作谈判。围绕跨境基础设施建设等方面进行12次会谈，达成多项共识。中俄内河航运合作、漠河至加林达界河桥建设等12项内容，纳入中俄总理定期会晤委员会议题，从国家层面高位推进。成功召开中俄航联委第64次例会，界河联检工作有效落实。加快哈尔滨国际航空枢纽建设。制发哈尔滨航空客货运奖励办法，新开通、加密哈尔滨至南萨哈林斯克、雅库茨克等7条国际客货运航线，首次打通哈尔滨至北美洛杉矶、温哥华货运双通道，哈尔滨机场国际航线增至13条，国际客运航线数量居东北地区第一；对俄远东客运航线数量居全国第一；哈尔滨机场旅客吞吐量达到2080.5万人次，创历史新高，位于东北地区第一。

第四节　交通旅游融合

持续完善"快进慢游"交通网。亚布力至雪乡旅游公路扩建工程开工建设，"醉美331边防路"萝嘉界至保兴段交工投用，建成景区连接线12条114公里，亚布力铁路改造项目启动前期工作。大力推进汽车租赁业发展。引进头部企业，完善网点布局，成立行业协会，出台管理细则和服务标准，全省租赁车辆达到1.16万台、网点达到533个，分别增长71%、56%，实现"一点租、多点还"，租车自驾成为省内出行新选择、旅游新模式。积极开展交通护游行动。推进客流监测和班列信息多方共享，实现多种运输方式有序衔接。加大运力投入储备，采取延长公交、地铁首末时间，开通旅游包车专线和景区直通车等措施，有力保障游客顺畅出行，助推黑龙江省冬季旅游火爆"出圈"。实施出租汽车市场专项整治行动，严厉打击揽客宰客等顽瘴痼疾，擦亮了冰雪旅游名片，展示了龙江良好形象。

第五节　服务保障民生

促进巩固拓展脱贫攻坚成果同乡村振兴有效衔接。全面启动农村公路建设三年行动，建立多元筹融资、动员群众参与等"六个机制"，计划3年建设农村公路1.8万公里，年度交工6021公里。持续创建"四好农村路"，新增同江、汤原2个国家级示范县，累计创建国家级示范县12个、省级28个。深入实施公路质量提升工程。黑龙江省路况排名提升至全国第13位。高质量完成4312公里航道养护任务，持续保障航道安全畅通。推进城市公共交通健康可持续发展。研究出台实施意见，督导各地加大财政扶持力度，制定城市公交成本规制办法。牡丹江获评国家公交都市建设示范城市。加快实施客运公交化改造。出台指导意见，改造线路830条，已通建制村达2332个。扎实推进交通运输民生实事。"12328"交通运输服务监督电话考评最好成绩位列全国第二。创建敬老爱老城市公共汽电车线路32条。建成投用高速公路服务区充电桩42个。新建"司机之家"7处。

第六节　智慧绿色交通建设

强化交通科技创新。行业科研成果获省部级科技奖项67项。建成交通运输部交通基础设施长期性能科学观测点。黑龙江省首个国家交通运输科普基地获批。制定颁布行业地方标准14项。推动数字交通发展。完成运政管理系统、道路客运联网售票系统升级改造。推进行业北斗卫星导航系统应用，重点领域应用率达99%。加快数字政府部门建设，完成"一部门一策"5类11项任务。交通政务数据共享和数据开放走在黑龙江省直部门前列。推进绿色交通建设。全省新能源和清洁能源公交车达公交车总量的72%。布设港口岸电设施49套，用电量同比增长26%。开展船舶污染物接收转运处置专项行动，新建重点区域船舶污染物接收点位44处，增设接收设施123套，点位覆盖能力得到优化提升。

第七节　行业综合治理

开展交通运输行政执法规范化建设，深入查找制约规范执法的堵点和群众反映强烈的热点问题，走访运输企业1297个，查摆整治问题722个。持续优化营商环境，进一步优化精简办事流程，应用电子证照19种，货运驾驶员从业资格证申领实现“跨省通办”，16项道路运输备案事项实现全程网办。强化重点领域专项治理，持续开展超限超载专项整治行动，查处超限超载车辆1.14万台，“百吨王”1948台；开展全省道路客运领域专项整治，查处违法违规运营车辆3346台次，处理投诉举报7246件，有效规范运输市场秩序。

第八节　安全与应急

全省“两客一危一货”交通运输事故死亡和受伤人数同比分别下降23%、35%，未发生重特大事故。安全防控能力不断提升，压实各级安全生产责任，组织开展风险隐患排查整治专项行动、全省道路交通安全整治年活动，排查企业17800家（次），整改风险隐患17063项。推进安全监管信息化、智慧化，省道路运输安全综合监管平台上线运行。深化路警协同联动，建立了信息推送和惩戒闭环管理机制。开展系列安全教育培训和主题宣传活动，安全意识和风险防范能力有效提升。应急保障能力持续提高，编制公路水毁、大规模人群转运等处置流程和应急预案，联合吉林省开展应急抢险保通演练，强化应急储备和应急队伍建设，实战能力整体提升。全力应对重大汛情，第一时间组织46个工作组148名有经验的机关干部，下沉督导各地对交通设施全覆盖拉网式检查，以最快速度修复哈牡、山海、长双、亚雪公路和宁安五七桥等水毁“生命通道”，制发灾后重建方案，分类推进灾毁项目重建，一般性灾毁项目10月底前全部完成。有效应对寒潮暴雪极端天气，保障全省路网安全畅通。

第九节　党的建设

扎实开展主题教育，落实“第一议题”制度，举办专题读书班，开展理论学习中心组学习，组织宣讲活动。以“四强六规范”为标准，筑牢基层党组织战斗堡垒，打造“党建领航、红运龙江”货运和网约车新业态新就业群体行业党建品牌，“五个过硬”模范机关创建经验在黑龙江省直机关推广，庆“七一”“十一”系列文体活动精彩纷呈，在黑龙江省直机关党建工作考核中连续5年评价等次为“好”。深化能力作风建设，解放思想、问题查改、攻坚克难等9个专项行动取得积极成效。23项重点工作受到省委、省政府主要领导和国家部委表扬，11项工作经验和实践创新案例在全国交流推广。全系统1个单位荣获“全国工人先锋号”称号，两个单位荣获第21届“二星级全国青年文明号”称号，8人荣获“全国交通运输技术能手”“龙江大工匠”等称号，22个集体被评为全国交通运输行业精神文明建设先进集体，1人获得全国五一劳动奖章。黑龙江省直部门2022年度能力作风建设考核排名第12位。坚持把政治生态建设作为一号工程，强化党风廉政建设和干部队伍建设，加强审计监督，行业精神文明建设持续深化，新闻舆论传播力引导力不断增强，黑龙江省交通运输厅始终保持人心向上、比学赶超、风清气正的政治生态环境，年度目标考核保持“优秀”等次，政治生态考核进入“A”等前列。

上海

第一节　整体概况

2023 年，上海交通行业坚持稳中求进工作总基调，扎实推进交通行业高质量发展，顺利完成年度各项工作任务。

表 7-9-1　2023 年上海交通运行基本情况

项　目	单位	数值	比上年增长（%）
对外旅客发送量	万人次	18184.9	217
铁路	万人次	12188.8	223
航空	万人次	4862.0	234
公路	万人次	1131.1	122
水路	万人次	2.9	91.3
公共交通客运总量	万人次	480575	54.0
轨道交通	万人次	366108	60.6
公共汽（电）车	万人次	110638	35.1
黄浦江轮渡	万人次	2745	80.1
三岛轮渡	万人次	266	44.2
金山铁路客运量	万人次	818	53.1
出租汽车载客总车次	万车次	71812	64.7
邮轮旅客吞吐量	万人次	4.87	—
货物运输总量	亿吨	15.33	8.6
铁路	万吨	527	6.2
公路	万吨	50436	12.5
水路	万吨	102230	6.8
航空	万吨	150.2	22.0
上海港货物吞吐量	万吨	84253	15.1
内贸	万吨	41696	25.0
外贸	万吨	42557	6.8
上海港集装箱吞吐量	万标准箱	4915.8	3.9

第二节　交通基础设施建设

战略与规划的引领作用进一步增强。《闵行区综合交通规划》《虹桥国际中央商务区综合交通规划》印发实施。《上海港总体规划》修订及规划环评报告编制完成。综合交通发展、上海国际航运中心建设“十四五”规划完成中期评估。浦东新区、嘉定、松江、金山、普陀等区发布实施“交通强区建设实施方案”，长宁、静安、杨浦、宝山、崇明等区印发实施“交通强市建设先行示范区实施方案”。重大交通工程有序推进。完成投资 903 亿元，同比增长 11.9%。“开工一批”，轨道交通 13 号线东延伸、15 号线南延伸、21 号线东延伸、外环东段交通功能提升等项目开工建设；“推进一批”，崇明线、21 号线一期等 155 公里城市轨道交通项目，漕宝路快速化等道路项目、大芦线东延伸等航道整治项目持续推进；“建成一批”，S3 公路主线、真光路跨苏州河桥、杨高路改建工程、71 路西延伸等项目建成通车。

第三节　运输服务保障

一、铁路

上海市铁路营业里程 490.9 公里，全年对外铁路旅客发送量 12188.8 万人次，货物运输量 527 万吨。货物周转量 21.9 亿吨公里。铁路集疏运方面。持续推进沪苏通二期、沪苏湖、沪渝蓉等国家铁路项目，以及机场联络线、嘉闵线、示范区线等城际（市域）铁路项目建设。海铁联运业务覆盖 9 省 40 市，形成 9 条天天固定班列。实现首批新能源汽车“一箱制”海铁联运。全年累计完成海铁联运业务 71.86 万标准箱，同比增长 24.75%。

二、公路

2023 年，上海对外公路旅客发送量 1131.64 万人次，比上年增长 121.9%。截至 2023 年底，上海市道路旅客行业共有企业 136 家。客运站 22 个。营运车辆 7847 辆，其中省际班线车 434 辆，省际包车 7413 辆。上海企业经营的省际班线 1227 条。公路货运量 50436.24 万吨，比 2022 年增长 12.5%。截至 2023 年底，全市有经营道路货物运输的企业1.9万家，营运车辆27.08万辆，车辆总吨位402.22万吨。从事集装箱运输的企业4605家，集装箱运输车辆6.37万辆。

三、航运

上海港完成集装箱吞吐量4915.8万标准箱，同比增长3.9%，十四年蝉联全球第一。全年水水中转比例达57.8%。多项顶层设计文件陆续出台。先后印发《提升上海航运服务业能级 助力国际航运中心建设行动方案》《推动上海国际航空货运枢纽高质量发展行动方案（2023—2025年）》等文件。国际海空枢纽地位持续巩固。小洋山北侧作业区水陆域工程实现全面开工。罗泾港区集装箱码头一期、大芦线东延伸航道等项目持续推进。上港集团内河集装箱中心（ICT）业务范围扩大至常州、合肥等，“联动接卸”业务模式拓展至长三角12个内河码头。国际邮轮在全国率先试点复航，首艘国产大型邮轮“爱达·魔都号”开启商业化运行。航运服务业能级稳步提升。高端航运服务业创新突破，中国首个航运期货品种——集运指数（欧线）期货上市交易，《国际船舶管理自由贸易账户服务方案》发布，出台《上海市推进国际商事仲裁中心条例》，韩国大韩商事仲裁院在临港新片区设立业务机构，国际航运公会在沪设立代表处，上海船员评估示范中心正式启用。成功举办2023北外滩国际航运论坛。

图7-9-1 2023年12月，“爱达·魔都号”邮轮首次运营试航成功（图片由上海市交通委员会提供）

四、民航

2023年，上海机场实现航班起降70.1万架次，旅客吞吐量9696.9万人次，货邮吞吐量380.3万吨，实现连续21年保持全国航空第一口岸地位，货邮吞吐量连续第16年位居全球第三。上海机场安全运行态势平稳，浦东国际机场、虹桥国际机场分别实现了第24个、第36个安全年。东方枢纽上海东站开工建设，浦东机场四期改扩建工程持续推进。持续推动华东地区空域优化、航路建设，虹桥、浦东国际机场两场容量提升获批，高峰小时容量分别由48架次提升至50架次、80架次提升至92架次。新开至伊斯坦布尔、开罗、河内、万象等国际航空客运航线。

五、邮政

2023年全市邮政行业业务收入（不包含邮政储蓄银行直接营业收入）累计完成2225.1亿元，同比增长13.1%。印发《关于上海邮政快递国际枢纽中心建设的实施意见》。中国东航完成昆山异地货站一期（外库）建设。继续推进15分钟寄递服务网络建设，持续扩大智能快件箱的应用，全市共有智能快件箱约3.83万组，格口数约462.57万个。扎实推进黄浦、奉贤等快递综合服务站建设。鼓励城市配送企业规模化、集中化经营，完成52家企业整合，涉及车辆1940辆。轨道交通1号线、2号线试点平峰时段地铁快递运输。

第四节 行业治理体系建设

一、推进“公交都市”建设

轨道交通能效持续提升。轨道交通3号线、8号线、18号线实施高峰增能，全网高峰满载率控制在定员以内。运营组织持续优化，部分线路恢复周末夜间延时运营，16号线增开大站车、直达车。81个轨道交通站点出入口实现“应开尽开、能开尽开”。持续推进无障碍厕所改造、自动扶梯加装等便民化改造。地面公交质效持续提升。持续实施线网优化，中心城区完成2条、8个郊区各完成1条骨干公交通道建设，新辟、调整24条轨道交通换乘和大型居住区出行公交线路。

深入推进“两网融合”，完成4个既有轨交站点50米范围内衔接公交站点改造。投运无障碍低地板公交车500辆，打造敬老爱老服务线路60条。修订发布《上海市公共汽车和电车客运服务规范》。

二、提升道路设施品质与运行效率

道路网持续完善。真光路跨苏州河桥建成通车，S3公路主线通车，北横通道东段隧道盾构全线贯通。设施品质持续改善，完成175万平方米人行道品质提升、125条精品道路和17个精品区域创建、210公里农村公路提档升级改造，内环高架“年轻化”改造（中山北一路—四平路、政本路—周家嘴路）工程全面完成。城市拥堵综合治理不断强化。实施135个拥堵点改善项目。慢行交通网络化程度进一步提高。完成慢行交通体验提升项目220个，创建慢行示范区16个，新增滨江贯通岸线约10公里。完成苏州河新一轮景观提升工程，百合桥等慢行桥梁建设加快推进。完成8座天桥18部电梯加装。停车资源持续优化。创建43个停车资源优化项目，开工建设8460个公共泊位，新增2333个错峰共享停车位。建成20个示范性智慧公共停车场（库），中心城区和郊区智慧道路停车场的比例分别达到53%、36%。启动建设“上海停车”App便捷停车3.0版。

三、推动交通领域改革

法治政府建设持续深化。《上海市船舶污染防治条例》正式施行。出台发布《上海市出租汽车小客车车辆规定》《上海市出租汽车客运服务规范》两项规范性文件。开展《上海港口条例》修订、“公交都市”建设法治保障等立法研究。大力推进交通运输执法领域突出问题专项整治，取得阶段性成效。制定关于“责令停产停业”类行政处罚实施意见等6项执法制度。营商环境优化深入推进。印发《上海市交通领域持续优化营商环境行动方案》，形成10项可复制、可推广的标杆型示范应用场景。行政审批制度改革持续深化，16个交通建设类事项下放5个新城，大件运输许可“一件事”上线运行，挖掘道路施工、船舶开航两个“一件事”进一步优化，国内水路运输经营许可证、船舶营业运输证电子证照正式启用。道路普通货物运输车辆年审成为全国交通运输行业首例行政审批“免申即享”事项。重点领域改革加快突破。积极落实浦东新区综合改革试点实施方案相关任务。建立交通运输新业态协同监管工作机制，实施网约车总量调控措施，暂停个人网约车新增办理，加快不合规车辆清退。互联网租赁自行车投放运营备案率稳定在90%以上。

第五节　科技创新

一、推进交通数字化转型

数字化交通设施持续拓展。有序推进G60（莘庄立交至新桥路段）智慧高速公路建设。印发《公路设施的编码规则、分类及代码》《公路设施管理数据字典》。浦东新区加快打造第五代移动通信（5G）通感一体化试点示范线路。完成上海港港域数字孪生（外四外五及周边）试点项目数据底座构建。发布上海市智慧航道建设总体方案。建成5座轨道交通智慧车站，运营管理效率提升30%。软土地零覆土大尺度无工作井盾构隧道等低影响施工新技术在龙水南路越江隧道建设中应用。持续推进S20外环、G320全生命周期养护试点。数智化交通服务不断升级。上海客运MaaS平台“随申行”上线联程日票，在临港新片区推出定制班线、一票通用等多样化服务，上线英文版进博专题。智能网联汽车创新应用规模持续扩大，累计开放926条、1800公里测试道路，实现嘉定和临港全域开放，8家企业或企业联合体、160辆智能网联汽车开展示范运营活动。“上海港国际集装箱运输服务平台（集运MaaS）1.0版”发布，“上海航空物流公共信息平台—空运通”正式开通，洋山港智能重型货车示范运营累计完成23万标准箱。7个远郊区公交电子站牌覆盖率达到60%。数智化交通治理多向发力。“云路中心”建成投用。农村公路“路长制”市级监管平台1.0版上线运行。农村公路“一路一档”信息化建设列为交通运输部省级试点。交通建设项目实现“智慧工地”全覆盖。交通行业公共数据上链加快推进。推动上海久事（集团）有限公司、中国东方航空集团有限公司、中国远洋海运集团有限公司等公司150多个数据产品在上海数据交易所挂牌交易。成功举办"数智·低碳"第三届智能交通上海论坛。

二、推进交通绿色低碳发展

交通运输结构持续优化。上海港集装箱水水中转完成2843万标准箱（含国际中转587.2万标准箱），中转率达57.8%，上升3.9个百分点，创历史新高。海铁联运共完成71.9万标准箱，同比增长24.8%，新开行上海港至合肥天天班列，至淮安、嘉兴固定班列。国际班列（中欧、中亚、中老）开行总量100列，装载集装箱超1万标准箱。航运低碳发展体系加快形成，全球首条跨太平洋绿色航运走廊（上海港—洛杉矶港）实施计划纲要正式发布，全球首制700标准箱纯电动集装箱船顺利试航，上海港集装箱码头全年使用岸电1471万千瓦时，同比增长3倍多。交通能源结构加快转型。印发《上海市交通领域碳达峰实施方案》。全年投放新能源公交车1839辆、出租汽车5500辆，累计投放新能源公交车、出租汽车分别达1.6万辆、2.8万辆，占车辆总规模的94%、90%。投放新能源货运车辆超3.7万辆。新增氢燃料公交车45辆，更新氢能源省际客运车辆19辆。新增5.1万个公共充电桩。投放LNG内河货船98艘、纯电动客船14艘。虹梅南路高架启动加装光伏设施。浦东国际机场合作建成P4停车场屋顶光伏项目。交通治污降碳持续加强。加快推进高污染车辆淘汰，启动国三柴油货车全市限行。滚动推进城市交通噪声污染治理，累计完成139个敏感点位整治。提升上海港船舶污染防治能力，累计投入运营11个污染物公共固定接收点。建成全国民航首家湿垃圾处置中心，实现机场区域就地无害化减量处理，日处理量达30吨。

第六节　安全与应急

行业安全基础不断夯实。全年未发生较大以上等级安全生产事故。印发《上海市交通领域综合安全生产行政处罚裁量基准》等文件。隐患排查整治持续强化。扎实推进交通行业重大事故隐患排查专项整治，整改一般隐患1.2万余个、重大隐患123个。工程建设领域，强化深基坑、联络通道、盾构等工程和冰冻雨雪等季节施工监管。铁路和轨道交通领域，加强铁路沿线安全隐患整治，完成轨道交通2号线、3号线部分区段整治施工。道路设施领域，完成东海大桥桥墩冲刷防护工程，改造道路危旧桥梁6座、整治三类桥118座。港口航运领域，安全有序完成各类中外船舶引航6.7万艘次，完善8、9类港口危险货物分类堆存制度。应急救援能力不断强化。建立毗邻区域高速公路路况及突发事件信息共享机制。贯通海上救助"最初"和"最后一公里"，开拓救助直升机携医护人员赴现场救助新模式。完善海上安全预警及应急反应平台和气象监测保障。重大活动交通保障有力。圆满完成第六届中国国际进口博览会、杭州第19届亚运会、春运等重大活动交通保障。有效应对虹桥枢纽节假日大客流，推进铁路车站大面积列车晚点信息通报和发布工作。

第七节　合作与交流

一、长三角交通更高质量一体化发展

交通基础设施互联互通扎实推进。"轨道上的长三角"加快构建，市域铁路南枫线开工建设，沪通铁路二期上海段、沪渝蓉高速铁路上海段等228公里国家铁路项目，以及机场联络线、上海示范区线等293公里（含市域铁路南枫线）市域铁路项目建设持续推进，《上海市市域铁路初期运营前安全评估认定管理办法》出台。公路网络加快完善，S16蕴川高速公路新建工程开工建设，G15嘉浏段拓宽改建工程（除界河桥）、G318沪青平公路方厅水院段、S3公路主线等项目建成通车，首批9条省界断头路历时5年全部打通。交通运输服务互通共享持续拓展。沪苏轨道交通11号线实现联通换乘。新增金山至平湖、嘉善两条毗邻公交线路，线路总数增至34条。推动长三角交通领域"一码通行"，上海、苏州、嘉兴等地先行试点互联互通。交通行业治理高效协同逐步深入。会同苏浙共同发布《长三角生态绿色一体化发展示范区综合交通专项规划》。印发《长三角区域国三柴油货

图 7-9-2　2023 年 12 月，省界断头路项目新胜大桥通车（图片由上海市交通委员会提供）

车限行指导方案》。长三角危险化学品道路运输时间实现统一。完成 6 类电子证照长三角互认。成立长三角（上海）船检联合工作站。

二、参与世界合作与竞争

开展"快递出海"品牌创建，鼓励邮政企业加大中欧班列运邮力度，拓展全球服务网络。加大"一带一路"沿线资源投资，上港集团海法新港码头服务效率和吞吐量稳步增长，持续加强中远海运集团比雷埃夫斯港一体化经营。上海港与德国汉堡港、法国敦刻尔克港深化友好港合作。

江苏

第一节　整体概况

2023 年，江苏交通运输工作得到江苏省委、省政府和交通运输部等国家部委的高度重视和大力支持。中欧班列国际合作论坛在连云港成功举办。江苏省委、省政府和交通运输部主要领导多次就交通运输工作作出批示、提出要求。江苏省人大常委会把交通强省建设情况列入监督计划并开展专题询问。江苏省政协专题赴江苏省交通运输厅调研推进提案办理工作。江苏省政府分管领导定期专题研究推动交通运输重点工作。全系统圆满完成年度各项目标任务，交通运输发展取得新成效。

第二节　综合交通基础设施建设

2023 年，全省完成交通基础设施建设投资 2200 亿元，完成年度计划的 110%。

铁路方面。沪宁沿江高速铁路开通运营，上元门铁路过江通道、潍宿高速铁路江苏段等重大项目顺利开工，北沿江高速铁路全线加速施工。高速铁路运营里程 2541 公里，位居全国前列。

公路方面。京沪高速公路新沂至江都段改扩建、连宿高速公路沭阳至宿豫段建成通车，锡宜高速公路、扬溧高速公路扩建工程开工，全省高速公路里程达 5128 公里。建成普通国省道 261 公里，新改建农村公路 3064 公里，规划发展村庄双车道四级及以上公路通达率达到 98.4%。

过江通道方面。常泰、龙潭、张靖皋长江大桥等项目实现重大节点突破，过江通道累计建成 18 座、在建 10 座。

水运方面。加快打造更具特色的“水运江苏”，提请省政府印发《关于加快打造更具特色的“水运江苏”的意见》、批复《江苏省干线航道网规划（2023—2035 年）》，二级及以上航道规划里程从 1008 公里提升到 2727 公里。京杭运河苏南段“三改二”关键节点谏壁一线船闸扩容改造工程、宿连航道二期工程连云港段、磨涧河 3 条通港达园内河运输专支线航道等“水运江苏”标志性项目开工，新增三级以上干线航道里程 88 公里，建成桥梁 30 座，船闸 3 座。连云港港 40 万吨级矿石码头改扩建工程建成交工，连云港港 30 万吨级航道二期工程竣工。

航空方面。与吉祥航空签署新一轮战略合作协议，盐城南洋机场 T1 航站楼改造工程建成投运，无锡硕放、扬州泰州、常州奔牛等机场开展新一轮改扩建。

邮政基础设施方面。深入推进农村邮递汽车化，全省农村邮递汽车保有量达 2345 辆，汽车化率 89.6%。推动农村寄递物流体系建设，全省在农村社区党群服务中心（综合服务中心）新建寄递物流服务站 580 个，村级寄递综合服务站总数 8486 个，7 个主要品牌快递服务行政村覆盖率 95.4%。

第三节　运输服务保障能力

运输结构持续优化。全省水路、铁路货运量累计 12.6 亿吨，同比增长 6.5%，水路货运量占比高出全国平均水平约 22 个百分点；完成集装箱多式联运量、内河集装箱运量 232 万、145.5 万标准箱，同比增长 15.2%、19.9%。港口货物吞吐量和集装箱吞吐量同比分别增长 8.3%、6.5%。全省社会物流总费用为 16919 亿元，与地区生产总值的比率为 13.2%，比上年下降 0.3 个百分点，低于全国 1.2 个百分点。

完善衔接顺畅的物流网络。重点打造沿新亚欧大陆桥、沿江、沿海铁水（海铁）联运通道，沿京沪、陇海等干线铁路公铁联运通道和沿江、沿运河海江河联运通道。推动连云港—徐州—淮安入选第二批国家综合货运枢纽补链强链城市。全省累计建设 36 个多式联运型货运枢纽场站，沿江沿海主要港口和内河主要港口实现全覆盖。

创新协同高效的组织模式。推动多式联运“一单制”“一箱制”发展，形成海运提单（CCA）和多式联运运单“一单制”、内陆集装箱中心、“车船直取”零等待、“铁路箱下水，国外直接返箱”等六大模式。全省共开行120余条稳定运行的多式联运线路，稳定开行海铁联运班列26条、中欧（亚）班列线路24条，开行外贸远洋海运航线5条、近洋航线74条、国际航空货运航线11条。

培育集聚发展的物流企业。南京、苏州3个项目成功入选国家多式联运示范工程，认定发布运输企业“25强”榜单和34条多式联运、内河集装箱运输、中欧（亚）班列精品试点线路（航线）。推动江苏省港口集团牵头成立江苏省多式联运发展联盟。

营造规范有序的市场环境。执行国家和省级共计15项车辆通行费优惠政策，2023年共计减免车辆通行费约57.44亿元，惠及车辆6.61亿辆次。推进公路货运“放管服”改革，深化信用承诺制应用，建立大件运输许可“信用＋承诺＋批量”审批新模式。

出行品质不断提高。苏州轨道交通11号线与上海轨道交通11号线实现无感换乘。环太湖公路获评2022年度“十大最美农村路”，“溧阳1号公路”获评全国首批交游融合发展“十佳案例”。常州、扬州创成国家公交都市建设示范城市。全省城乡交通运输一体化发展水平实现所有县（市、区）5A全覆盖。南京、无锡、徐州等11个城市获评全国绿色出行创建达标城市，全省绿色出行比例达到73.6%。稳定运营长三角省际毗邻公交74条，省内毗邻县（市、区）公交通达率达73.7%。新增低地板城市公共汽电车1633辆，打造敬老爱老示范公交线路69条。累计开通国际（地区）客运航线32条。南京禄口、无锡硕放、南通兴东3家机场国际（地区）周航班数量恢复至75%以上。全省9家机场完成旅客吞吐量5480万人次，恢复至2019年的94%。

第四节　行业治理体系建设

全面深化行业改革。完成省委深改委年度重点改革任务，中欧班列改革作为江苏经验报中央深改委，省委改革办授予省交通运输厅“黄金贡献奖”、省铁路办“黄金协作奖”。完成交通运输综合行政执法改革后评估工作，推动省市县86家综合行政执法机构全部实质性运转。优化调整省交通运输厅直属高速公路执法支队等“三定”职责和岗位设置。推动投资统计高质量发展，实现公路、铁路、水路投资应统尽统。

全面深化政务服务改革。印发省交通运输监管工作指引、监管事项清单、监管标准及监管办法。推动13个设区市、75个县（市、区）100%明确交通运输行政审批及事中事后监管职责分工。着力打造“苏（速）交速办”政务服务品牌。深入推进高频政务服务事项“省内通办”“跨省通办”，累计办理24万多件；新增10项交通运输证明事项实行告知承诺制，新增16项政务服务事项纳入“即办件”清单。创新开展涉企行政合规指导，在交通执法领域率先开展涉企合规全程指导工作。

稳步推进法治建设。修订出台《江苏省船舶过闸费征收和使用办法》《省交通重点工程建设项目征地补偿安置的实施意见》《铁路建设项目征地拆迁包干工作的指导意见》。全年依法实施行政处罚案件15.77万件。建成全省第一批16家交通运输行业法律服务站。深入开展全省运输执法领域突出问题专项整治，执法不规范问题得到有效治理。

提升信用管理质效。深化信用承诺制应用，建立大件运输许可“信用＋承诺＋批量”审批新模式。开展高频失信行为整治，完成367家失信企业退出治理台账，7559条行政处罚公示信息完成修复。在行业拓展22种“信易＋”场景应用，南京、宿迁两个案例获评第五届“新华信用杯”全国优秀信用案例，南京、苏北处两个案例入选2023年全国信用交通典型案例。

第五节　科技创新

实施数字交通赋能专项行动。完成沪宁高速公路东段等42公里超饱和流量下的智慧扩容，通行效率提升19%。全省高速公路均已建成L2级以上的智慧公路，国省干线公路智能化升级达80%。新建1145公里、累计建成4000公里内河电子航道图，全省三级以上干线航道实现全覆盖。京沪高速公路车联网先导应用、太仓港集装箱码头自动驾驶、张家港散货智慧码头等项目入选2023年智慧江苏标志性工程。在超限超载运输、大件运输、客货运输、公路保护、重点车辆主动防控五大重点领域推进“线上线下”联动一体化执法。

加强创新平台建设。交通运输部首批智能交通先导试点项目“苏州城市出行服务与物流自动驾驶”累计运行200万公里，服务30万人次。完成智慧路网云控平台二期建设。江苏省智能与绿色铁路工程研究中心获批建设。试运行全省内河干线航道运调与监测系统，初步实现全省内河航道运行可视、可测、可控、可调度。

推进数字政府转型。对省交通运输厅112个信息系统应用成效进行评估，关停21个、整合升级15个、迁移至省政务云13个。完成公路航道等5类基础数据库，运行监测、信用交通等4类主题数据库，支撑全行业信息共享。全省交通综合执法系统“守护2.0”全面应用。

促进交通产业发展。首次发布“江苏交通企业75强”名单。探索骨干龙头企业以联合体形式参与重大交通项目建设，有力提升江苏省交通施工企业市场参与度。

第六节　安全与应急

水上交通、港口运营、公路水运工程建设领域保持低事故率，道路运输事故起数和死亡人数同比分别下降23.91%、13.56%。

实施安全风险清单化管理。组织全省1462家“两客一危”道路运输企业和303家港口危险货物经营企业辨识评估风险，形成覆盖企业全岗位、作业全过程的风险清单。通报约谈道路运输高风险企业521家。推动全省2049家重点货物装载源头单位视频监控设备全部接入市级治超监管平台。

开展重大事故隐患排查整顿。排查重大隐患512个，闭环整改509个，整改率99.4%。深化应用“两客一危”主防系统“三个清单”，督促整改疑似“装而不用”情形车辆1537辆、“用而不管”情形车辆6618辆；在无锡市试点完成10149辆重载货车安装智能监控设备；开展“公路医生进乡村”行动，指导各地完成挂牌督办事故多发点段处置200余处，提前两年实现部“‘十三五’农村公路存量危桥清零”目标。服务800余家企业建立“邀约式”安全检查机制，帮助发现并解决难点问题。引导690多家企业建立“吹哨人”制度，积极构建安全监管预防体系。

强化重点领域联合监管。出台地方标准《“两客一危”道路运输双重预防机制建设指南》。开展“两客一危”道路运输企业分类分级监管试点工作。按月抄告危险货物运输“五必查”核验信息304万条，全省港口装货人“五必查”核验率达100%。强化公安、交通联合治超执法，组织拦截“百吨王”528辆，同比增长40.1%，全省普通国省干线公路超限率0.05%，高速公路超限率基本为零。联合有关部门加强汛期重要基础设施分类分级重点监管，确保安全度汛。指导推动徐州市地方净空保护条例经江苏省人大审议通过。

第七节　加快建设更具特色的“水运江苏”

江苏是水运大省，水运既是江苏的鲜明特色，也是突出优势。推进“水运江苏”建设是江苏省降低全社会物流成本的一个重要举措。省委、省政府高度重视水运发展，省委书记信长星到江苏省交通运输厅调研时，要求交通运输部门在增创“水运江苏”优势上下更大功夫，建设现代化水运体系。省长许昆林亲自谋划提出打造更具特色的“水运江苏”，积极推动二级航道网规划建设，要求以大格局大视野打造大物流、推动大发展，全力优流程、提效率、降成本。全省交通运输系统提高站位，紧扣目标，坚持周调度、月通报、季督查、年终总评，形成省市县联动、全行业协同大抓水运发展的工作格局，以前所未有的力度和速度，全力争取“水运江苏”建设取得更多实效。

一是坚持系统谋划，水运发展规划绘就新蓝图。

省政府印发《关于加快打造更具特色的“水运江苏”的意见》后，江苏省交通运输厅仅用不到一年时间完成《江苏省干线航道网规划》修编、环评、报批等各项程序，二级及以上航道里程由1008公里提升至2727公里，占比从25%提升到65%。

二是狠抓项目落地，水运基础设施建设取得新进展。苏南运河“三改二”关键节点谏壁一线船闸扩容改造工程仅用半年时间完成前期工作，开工建设。宿连航道仅用3个月时间完成“准二级预留”全部变更手续，全面开工。全面启动具有投资小、里程短、实施快、效益好“小快灵”特点的通港达园内河运输专支线航道建设，磨涧河等首批3个项目开工。连云港港30万吨级航道二期工程竣工，40万吨级矿石码头改扩建等项目建成。

三是推动降本增效，多式联运发展取得新成效。2023年全省水路货运量占综合货运量比重达到38%，高出全国平均水平约22个百分点。全省港口货物吞吐量35.1亿吨，居全国第一。完成内河集装箱运量145.5万标准箱，同比增长19.9%。海铁联运班列实现13个设区市全覆盖。

四是支撑区域发展，水运服务能力得到新提升。干线航道等级提升纳规成为产业转型升级和地方招商引资的新名片、新优势，一批百亿级企业抢抓新机遇沿干线航道落户，石化、钢铁、纸业等水运需求旺盛产业进一步降本增效，实现物流与产业的区域协同和良性互动。

浙江

2023 年，在浙江省委、省政府领导下，全面落实三个“一号工程”和“十项重大工程”，加快推动交通运输高质量发展，全力为“勇当先行者、谱写新篇章”当好开路先锋。

第一节 交通基础设施建设

一、集中推进强港建设

宁波舟山港货物、集装箱吞吐量分别达 13.2 亿吨、3530 万标准箱，同比增长 4.9%、5.9%，继续稳居世界第一、第三。

强力推进强港改革。开展 7 大专题研究，出台港口改革专项文件，“建设世界一流强港改革攻坚行动”荣获省委改革突破奖金奖。

图 7-11-1 2023 年 1—10 月，宁波舟山港集装箱吞吐量超 3000 万标准箱，运输生产“箱”当红火（图片由浙江省交通运输厅提供）

集中攻坚总规修订。50 余次集中协调、20 余次赴国家部委争取。规划方案已通过交通运输部与省政府联合审查，规划环评已通过生态环境部组织的专家审查。

全面提升港口设施能力。宁波舟山港重点基础设施项目、小洋山北作业区等战略工程开工。六横千万级集装箱泊位群建设启动，拟先行开发佛渡作业区。建成沿海万吨级以上泊位 15 个、万吨级以上泊位总数达 288 个。

突破集疏运关键瓶颈。宁波舟山港重大集疏运项目、箬帚门 30 万吨级深水航道、北仑铁路支线复线等 6 个重点工程全面开工。建成温州港核心港区进港航道，台州头门港上岛铁路开工。

积极培育航运服务业。会同省统计局，在全国率先构建航运服务业统计监测制度，宁波舟山港跻身全球第四大加油港，船供船修船交产值突破 400 亿元。宁波舟山港集团入选国务院国资委创建世界一流示范企业名单。宁波、舟山出台港航专项扶持政策，新引进港航服务企业 191 家。

二、狠抓项目攻坚，实现投资规模

综合交通投资达 3734 亿元、同比增长 9%，再创历史新高。其中，公路水运投资 2469 亿元、同比增长 13.5%，居全国第二、华东首位。

前期工作全面提速。开工 47 个省级重点项目，提前一个季度完成年度目标数。

一批标志性工程取得历史性突破。杭绍甬智慧高速公路杭绍段和宁波段一期、临建高速公路等 7 条、228 公里高速公路项目建成，高速公路总里程达 5510 公里。京杭运河杭州段二通道通航。鱼腥脑航道建成通航。甬台温高速公路宁波段和台州段改扩建、嘉兴长三角航空货运枢纽等重大工程开工。

图 7-11-2 杭甬高速公路复线宁波一期工程进入通车倒计时（图片由浙江省交通运输厅提供）

全面建设平安百年品质工程。率先制定覆盖“公水铁”全领域的实施方案，建立全国首个在建工程动态评价机制，开展示范创建。承办全国公路建设高质量发展现场会，推广浙江省经验。制定招投标管理优化举措，率先推行优质优价招投标机制。公路水运建设市场动态监管举措，获交通运输部肯定推广。

高质量完成“十四五”规划中期调整。形成1个总报告、5个专项报告和3个专题研究成果。成功争取杭淳开等3个高速公路、28个普通国道项目，纳入《国家公路“十四五”发展规划》实施类项目。争取东宗线北延、乐清湾进港航道、台州港健跳港区进港航道、温州港舥艚作业区进港航道等4个项目，纳入《国家水运“十四五”发展规划》。

加强政策要素保障。在“三区三线”划定基础上，落实4万余亩用地指标，保障60余个重点项目。深化“1+1+N”投融资改革，争取部省财政资金253.3亿元，发行收费公路专项债54.8亿元。宁波、舟山、嘉兴交通投资增速超50%，省交通集团投资规模占全省13.3%。

第二节　运输服务保障能力

一、创造亚运会交通保障“杭州模式”

在亚运赛事总指挥部统一领导下，部、省、市协同联动，杭州主动担当，与宁波、温州、湖州、绍兴、金华等5个协办城市紧密协作，实现6万班次“零延误”、300万公里服务“零事故”、水上防线“零失管”、近4.5万名客户群“零投诉”。

创新交通指挥“一体协同”模式。全面构建环浙“四省一市”协同机制。会同公安部门，组建省市一体交通指挥中心，系统制定“1+8+115”交通运行方案，强化综合演练，累计投入车辆近5000辆、保障人员8000余人。浙江省机场集团有限公司担当作为，保障涉亚航班4891架次、旅客5.2万人次、货物187万吨。

创新开闭幕式“高效集散”模式。首创“地铁+大型客车”运输组织，上线“亚运专用交通指挥调度平台”，做到一屏统揽、实时监测、统筹指挥、秒级响应，建立“一长三员”保障机制，圆满完成13.9万人次“入场3小时、散场1小时”目标。

创新赛事交通“准点管理”模式。建立交通、公安深度融合机制，精准化对接需求、团队化全程管理、多元化贴心服务，实施“前端发车、中端运输、后端场馆”闭环管理，实现3.7万班赛事班车“100%安全准点”。

创新赛事民生“统筹保障”模式。针对中秋、国庆出行高峰，统筹赛事服务和民生保障，优化交通管控措施，加密公交、地铁班次，延长服务时间，推出特色专线，全网平均运能提升23%。

创新安全维稳“精准闭环”模式。深入实施平安护航亚运“六大攻坚行动”，清单化制定50项防控任务、4100余项风险管控点位，强化扁平化指挥、网格化包保、应急响应等机制，实现亚运期间“五个零发生”。组建200余个包保督导组一线进驻，动态清零2.5万余处隐患。创新水上安保“分类管控”模式，检查船舶1.8万余艘、人员3.2万余人次，实现“人、船、物”全面受控。执行邮件快件安检7亿件，核心场馆寄递服务16万人次。加强421个重点信息系统、21万块LED屏等网络安全保障。完成两路两侧“三化一平”专项整治，完成1352公里国省道养护，提升43万个“四类窗口”。

二、综合运输主要指标快速回暖

全年完成综合客运量5.3亿人次、综合货运量34.4亿吨，分别同比增长57.2%、7.2%。

系统谋划现代化交通物流体系。部署5个提升行动、十大突破性抓手，全面构建“一核三枢五廊多节点”整体布局。杭州、宁波加快打造国际性综合交通枢纽城市，温州大力推进金丽温开放大通道、近洋国际航运中心建设，金华高规格推进国际枢纽城市建设。

“四港”联动取得积极成效。甬金国家货运枢纽补链强链城市，绩效评价全国第一。开展首批“四港”联动省级示范创建。建成全国首条双高箱示范线金甬铁路，首创CCA全程提单模式，推广金义“第六港区”经验。上线“一网智联”应用场景，服务企业超1.1万家。集装箱海铁、海河、江海联运量同比分别增长13.8%、27.5%、21.3%。

率先创建现代化内河航运示范省。召开部省联合推进会，拆除浙北集装箱主通道碍航桥梁28座，实现64标准箱集装箱航线通达嘉兴港。建成内河千吨级航道26.4公里、总里程达513公里。湖州发布全国首本《内河船舶日志》，实现法定文书“7合1”，嘉兴海河联运枢纽集装箱吞吐量快速增长，衢州创新“公转水”激励引导模式，丽水成功创建浙江省首个绿色低碳美丽渡口。

加快建设民航强省。机场旅客吞吐量创新高，恢复至疫情前的105.5%。杭州机场重回全球最繁忙机场行列，舟山、台州机场跃升为中型机场。组建浙江空港物流发展有限公司，建成投运全国首个多层立体智能化航空货站，引入全球物流巨头马士基。新开国际货运航线14条，国际货邮吞吐量大幅增长49%。

持续优化邮政快递服务。成功召开第五届中国（杭州）国际快递业大会。一体构建农村快递物流辐射网、工业互联快递服务网和国际快递智能骨干网，快递业务量达263.2亿件、同比增长14.9%；新增共富驿站1400余个，更新合规快递专用电动三轮车5.3万辆。

三、“浙里畅行”成为共富标志性成果

“四好农村路”经验全国推广。出台《高质量建设“浙里畅行”工作方案》，构建“1+5+6+23”推进体系，在全省共富例会上作汇报交流。

加快补齐山区海岛交通短板。开工义龙庆高速公路丽水段、青文高速公路文成段等民生工程。出台山区海岛一揽子专项政策，支持75个项目列入省重点建设项目库、保障用地约16万平方米。做好庆元结对帮扶工作，举办重大项目暨产业招商推介会，签订7项战略合作协议。

率先建设“四好农村路”2.0版。系统构建“1+5+N”体系，出台实施意见，实施五大行动，制定系列配套政策。首创路林合作模式，新改建农村公路1260公里，乡镇三级以上公路通达率达88%，城乡公交一体化率提前两年实现85%目标。88个内河渡口实现渡运公交化，渡运公交化率达57.9%。15个县（市、区）获评全国示范县，累计达33个。湖州市成为全国唯一全域示范的设区市。

图7-11-3　环太湖公路入选2022年度“十大最美农村路”（图片由浙江省交通运输厅提供）

全省域推进农村客货邮融合发展。联合10部门出台专项行动方案，发布全国首个团体标准。创新宁海“集士驿站”、松阳“山区物流”、新昌“新畅达”、永嘉“农客达”、磐安“客货邮BRT”等模式，偏远山区快递进村成本最高下降90%。

图7-11-4　松阳县农村物流共配中心现有客货邮融合运输服务站11个、一点多能服务站60个，实现农村客货邮合作线路乡镇全覆盖（图片由浙江省交通运输厅提供）

深化交旅融合发展。创建“四沿”美丽富裕干线路469公里，建设美丽航道100公里，打造通用航空旅游航线6条。舟山“蓝色岛链”迭代升级，台州

环神仙居旅游公路、嘉兴新时代“重走一大路”水路客运精品航线、金华横店“航空 + 影视 + 旅游”等3个项目入选全国首批“交旅融合典型案例”。

图 7-11-5　2023年10月，新时代“重走一大路”航线入选全国首批交旅融合典型案例（图片由浙江省交通运输厅提供）

加强从业人员关爱。实施货运驾驶员暖心实事18条，建成5A级“司机之家”42个，获批全国暖心服务“司机之家”9个，均居全国第一。落实行业纾困政策，减免货车通行费41.9亿元，发放交通物流专项再贷款31.3亿元。

第三节　行业治理体系建设

扎实推进平安交通建设。安全生产形势稳中向好，全年行业亡人事故数、亡人数分别下降70.6%、73.8%，实现较大及以上等级事故零发生。开展“除险保安强化年行动”，实施“两最两全两铁”整治，消除风险隐患4万余处，治理事故多发点段、危桥病隧330处，整治公路平交口818处，普通国省道一级公路通行速度从2021年初的45公里 / 小时提高到50公里 / 小时，平面交叉间距提高到1052米，年均交通事故起数下降6%，死亡人数下降28%。巩固“百吨王”治理成果，80吨以上严重超限超载量下降72%，实现省管内河营运渡船动态监控全覆盖，整治“船图不符”“船证不符”渔船超5000艘。深化铁路沿线安全整治，建立铁路沿线安全环境治理工作机制。开展意识形态领域除险保安，坚持和发展新时代“枫桥经验”。

强化法治交通建设。推进民用航空、城乡公共交通等条例立法。建立全国首个省域全覆盖执法绩效评价体系，非现场案件增加31%，轻微免罚案件增加179%。交通运输部优秀案卷入选数量全国第一，获评省“八五”普法中期成绩突出集体。推动交通政务服务增值化改革，新增6类电子证照，推出沿海船舶“多证联办”等举措。推行信用实时评，3个案例入选全国信用典型案例。

深化数字交通建设。基本建成“交通一张图”，覆盖11万公里公路、1660公里航道。“浙运安”向“客货驾维”拓展覆盖、“浙路通”夯实公路基础底座、“浙港通”实现检验船舶95%以上赋码、“浙路品质”覆盖所有在建项目、“浙大件”高效办理大件许可16.9万件并将审批时长缩短11%。完成智慧高速公路改扩建294公里、智慧航道建设23公里，出台智慧高速公路建设系列标准，加快建设鼠浪湖、梅山、金塘等智慧化码头，打造智慧机场“浙里飞”等场景。14个数字交通优秀案例在长三角智能交通创新大赛中获奖，三等奖以上数量居各赛区首位。

推动科技创新和产业发展。集中攻关11个国家和省部级重点研发项目，形成36项重要科研成果和标准。《市域（郊）铁路工程质量验收规范》获评省内交通行业首部“浙江标准”。举办第三届未来交通科创中心成果推介活动，省部级以上科创平台增至10家。出台综合交通产业三年行动方案，组建数智产业联盟，成功举办第五届浙江国际智慧交通产业博览会。

加快绿色低碳转型。新增更新新能源公交、出租汽车7.3万辆，淘汰老旧营运车船1.1万辆（艘），高速公路服务区充电设施全覆盖，累计建成10个低碳服务区。新建港口岸电设施190套，岸电使用量增长82.9%。内河主要港口船舶水污染物转运处置率超95%，主要指标居长江经济带省市前列，获评全省“五水共治”先进工作集体。杭州探索城市交通综合治理新模式，绍兴深化重货“碳效码”应用，实现减排良好成效。

第四节　特色工作

一、落实交通强国三个“一号工程”和“十项重大工程”

强化高位统筹。组建强省1办5组、强港1办8组、三个“一号工程”1办4组工作专班，实现省市县一体贯通。

强化任务统筹。整体推进172个重大工程、253个细化项目。集中推动十大标志性项目、十项牵引性改革。印发落实三个“一号工程”行动方案，项目化、节点化推动14项重点攻坚任务。

强化机制统筹。建立“5级会议+5大机制”，实施周、旬、月、季常态化调度，构建任务迭代、督查服务等机制，确保闭环推进。

强化平台统筹。创新打造数字化管理平台，对重大项目全过程监控，建立1库、1码、4工单、4调度机制，实现可跟踪、可预警、可督查、可晾晒。

强化协调统筹。针对审批、用地、文保等难题，积极联动相关部门，破解55个关键瓶颈问题。全系统19项成果入选省级三个“一号工程”典型案例，28项创新举措获交通运输部试点示范推广，城市交通治堵、危险货物运输监管等2项交通强国试点，高分通过验收。

二、加强党的建设，全力打造勤廉并重的交通铁军

坚决扛起全面从严治党责任。纵深推进清廉交通建设，迭代阳光监管应用，深入开展违法转分包等4项专项整治，整改2740项问题，制修订813项制度。深化典型培树，5家单位获评浙江省百家清廉建设成绩突出单位。削减取消17个应用、整合兼并11个，压减超70%。持续加强重点领域审计监督。连续20年开展廉政教育月活动。

强化机关党建和队伍建设。“一路先行”党建品牌入选省级机关重点培育品牌。浙江省交通运输厅系统1人获评全省“担当作为好干部”，全行业获评省部级劳模57人，新增国家级技术能手11名，在全国大赛中荣获80个奖项，浙江省交通运输厅政务信息连续3年全国第一。

持续擦亮行业党建品牌。新建24个货运企业党组织，基本实现50辆车以下企业“能建尽建”，选树培育行业党建示范点25个，在全国首创《货车司机全周期服务规范》团体标准。浙江省海港投资运营集团有限公司林元章入选全国“十大最美货车司机”，全行业4人入选全国百大最美货车司机。

不断提升行业软实力。出台新时代交通文化建设指导意见，开展“八八战略”指引交通发展20年等主题宣传，打造“打开窗口遇见美好交通”视频直播品牌，创建“开路先锋　浙里有我”职工文化品牌，开展省直交通职工“迎亚运树形象创品牌”接力活动。推进职业院校建设，浙江交通职业技术学院长兴校区开工，浙江交通技师学院东扩工程，浙江公路技师学院青山湖校区投用。

安徽

第一节　整体概况

2023 年，安徽省交通运输系统聚焦全面服务和融入重大国家战略，紧扣打造“三地一区”战略定位、建设“七个强省”奋斗目标，主动作为、奋勇争先，9 次在全国性会议上作经验交流，10 余项安徽经验在全国推广，多项工作进入全国第一方阵。完成交通固定资产投资 1548.4 亿元（不含铁路投资），同比增长 11.8%，再创历史新高。江淮运河全线通航，实现江淮联通千年梦想，安徽正式形成“双通道达海、两运河入江、河江海联运”水运新格局。深入贯彻落实交通强国战略，交通强省建设年度工作要点 50 项重点任务如期完成，综合交通发展能级提升、江淮运河航运价值、“水运安徽”建设、航空物流、低空智联基础设施建设等系列专题研究取得阶段性重要成果，新一轮“四好农村路”建设实施方案等一批政策出台实施，交通运输业位列 2023 年“安徽省服务行业居民满意度调查”第 1 位。扎实推进交通强国建设试点，印发试点任务验收工作细则，出台城乡道路客运与旅游融合发展等政策，推动试点工作走深走实。

第二节　综合交通基础设施建设

一、铁路

2023 年，昌景黄高速铁路、滁宁城际安徽段开通运营，池黄高速铁路竣工验收，沿江高速铁路全面建设，安徽省铁路运营里程突破 5500 公里，高速铁路里程 2537 公里，稳居全国前列；全年完成铁路投资 505 亿元，同比增长 9.5%。

二、公路

2023 年，开工建设高速公路项目 10 个，建成通车高速公路项目 7 个。截至 2023 年底，新增高速公路通车里程 327 公里，在建高速公路项目 44 个、里程 2145 公里。新增高速公路服务区充电桩 990 个，同比增长 100%。阜阳至淮滨高速公路安徽段建成通车、阜南实现县城通高速公路，“县城通高速公路”任务完成过半。2023 年，安徽省新增一级公路 346 公里，完成农村公路提质改造工程 4166 公里、农村公路养护工程和安防工程各 1.2 万公里、危桥改造 491 座。成功入选全国农村公路“一路一档”信息化建设试点省份，创建“四好农村路”国家级示范单位 11 个，岳西县嬉河路天妙段等 5 条路荣获“第三届全国美丽乡村路”称号，金寨县中国红岭公路入选全国第一批交通运输与旅游融合发展典型案例。

三、水运

水路货运量连续 10 年稳居全国第一，占综合交通运输的比例高于全国 19 个百分点。裕溪一线船闸改建工程提前一年建成通航，打通安徽航运最大“堵点”。安庆港宿松港区公用码头工程、涡阳船闸等项目开工建设，淮河干流（蚌埠闸至红山头段）整治工程、芜湖港朱家桥外贸综合物流园区一期项目码头工程、淮北港韩村港区孙疃作业区综合码头工程等项目完成交工验收。干线航道网规划和港口布局规划修编报批工作加快推进，已正式行文报送省政府。

四、民航

阜阳机场新航站楼启用，改扩建工程完工。肥东白龙通用机场实现运营通航，界首、金安通用机场主体工程完工。合肥机场飞行区工程预可研获国家发展改革委批复。芜宣机场总规修编获中国民用航空华东地区管理局批复，金寨机场选址和宿州机场预可研行业审查意见获中国民用航空局批复。岳西通用机场可研获安徽省发展改革委批复，望江和太湖通用机场选址获军方批复。

五、邮政

2023 年，安徽省邮政行业寄递业务量完成 57

亿件，首次突破50亿大关，同比增长14.32%。其中，快递业务量完成41亿件，同比增长16.18%。全国邮政业科技创新工作会议在皖召开，芜湖在全国率先出台邮政快递无人车场景应用及技术规范指导意见，安庆、阜阳获评“中国快递示范城市”。成功创建国家级农村物流服务品牌8个，累计建成13629个村级站点，稳定运行5576个村级寄递物流综合服务站，全省邮快合作代投代收快件业务量稳居全国前列。

六、轨道交通

合肥轨道交通2、3号线延长线开通运营，合肥轨道交通线网运营站点增加至154个，运营里程突破200公里大关，正式迈入“市县一体化”新阶段，合肥南站高速铁路与地铁实现安检单向互认。

第三节　运输服务保障能力

一、客运服务保障

建成仙寓山旅游客运站、潜山市客运中心等客运项目，建成乡镇综合运输服务站38个。宿州、阜阳、蚌埠、芜湖4市成功创建国家公交都市，安徽省所有县区城乡交通运输一体化发展水平均达4A以上，5A等级占比85%，60%以上具备条件建制村通公交。引导交通运输新业态规范发展，网约车经营企业、车辆同比分别增长10%、61%。万佛湖码头—燕子岛—周瑜岛—龙王岛航线等首批国内水路旅游客运精品航线试点稳步推进。

二、货运服务保障

建立铁水联运发展工作专班，加快完善江海联运、铁水联运航线网络，集装箱铁水（海）联运量29万标准箱，同比增长35%。中欧班列发运868列，同比增长13%，覆盖范围扩大至18个国家、125个国际站点。引进全球头部集装箱班轮公司马士基入驻合肥港。全省新增13条水路集装箱航线，常态化运行64条、每周稳定开行257航次，成功开通外贸集装箱直航及墨西哥国际滚装航线，填补安徽远洋运输空白。新增12个省级多式联运示范项目，马鞍山国家级多式联运示范项目通过验收。网络货运经营资质企业同比增长30%，总量居全国第1。建成启用“司机之家”31个，获评全国暖心服务“司机之家”3个。

三、航空运输服务

安徽省机场开通运营航线200余条，覆盖国内外100多个大中城市。其中，合肥机场恢复6条国际地区客运航线，黄山机场恢复1条地区客运航线；全省全货机航线14条，其中8条国际定期货运航线、6条国内定期货运航线。全省机场完成旅客吞吐量1489.3万人次，同比增长110.6%；完成货邮吞吐量14.1万吨，增长65.5%。其中，芜宣机场成为安徽第二个百万级机场、首个百万级支线机场；安庆机场创下通航30年来最好成绩，实现了历史性突破。

第四节　行业治理体系建设

一、党的建设

扎实开展学习贯彻习近平新时代中国特色社会主义思想主题教育，采取“四不两直”等方式开展调查研究，梳理制约行业发展突出问题36个，提出工作措施115条，建立健全政策机制38项，开展交通执法领域突出问题等3个专项整治，全面回应群众诉求，清单化、闭环式推进整改落实。推进“四强”党支部建设，34项“为民惠企争模范”行动任务清单全面落实，2个党支部获全省“一支部一品牌”百个优秀案例表彰，江淮运河全线通航获评2023年度全国交通运输十大新闻。全行业现有18家全国文明单位、74家省（部）级文明单位，新增1个“全国工人先锋号”、2个“全国青年文明号”，4名同志荣获“2023年度全国交通技术能手”称号。

二、法治政府建设

颁布实施首部长三角协同立法《安徽省长江船舶污染防治条例》，完成《安徽省道路运输管理条例》修订，组织开展《安徽省实施〈中华人民共和国航道法〉办法》调研论证。安徽省交通运输厅成功创建“全省法治政府建设综合示范单位”，及时调整年度权责清单，修订厅重大行政决策“1+9”制度体系，率先规范涉企政策制定程序，创新编制合法性审查“明白书”，合法性审查覆盖率100%，规范性文件报备及时率、规范率100%。首创“123党建＋执法”新模式（1是“党建引领”，2是“两度执法”即有力度又有温度，3是“三为服务”即为民办实事、为企优环境、为交通护好航），出台执法过错责任追究等8项制度规范，完成85个基层执法站所标准化建设，办理免罚轻罚案件4855件、减免罚款624万元，“安徽省深入开展道路交通安全和运输执法领域突出问题专项整治”获评安徽“十大法治事件”，“大件运输许可信用分类监管”入选安徽“十大法治为民办实事”。推进长三角区域高频执法事项裁量基准统一、执法联勤联动，牵头签署长三角区域执法协作框架协议，“交通数智一体化执法平台”荣获首届长三角智能交通创新技术应用大赛二等奖。

三、路网运行效能提升

开展全省高速公路畅通行动，“一路三方”联勤联动，高速公路和主要景区周边通行秩序良好。全面排查高速公路不合理限速路段，优化治理机场高速公路、芜合高速公路试刀山隧道等7个路段和3个点段共计450余公里，完成标志牌优化提升570余处；开展“顺心ETC”专项治理，实施阳光救援行动，优化服务区汽修模式，高速公路网服务品质大幅提升。全面推进公路养护管理现代化，加快构建“1+5+12”公路交通应急装备物资储备中心体系，干线公路路况水平连续4年保持优等。出台安徽省航道养护管理办法，江淮运河、合裕线航道监测数据与交通运输部实现对接互联，航道管养全面加强。

第五节　科技创新

一、科技创新能力

联合印发《关于加强交通运输科技创新 服务高水平创新型省份建设的实施方案》，新增5个省级以上创新平台、总数达11个，形成覆盖国家、部、省、企业多级的创新平台体系。安徽省交通运输行业各类科技人才5000余人，其中享受国务院特殊津贴3人，享受省政府特殊津贴8人，入选全国“十大桥梁人物”2人，入选安徽学术和技术带头人16人。

二、智慧交通建设

编制《安徽省交通运输新型基础建设实施方案》《安徽省交通运输厅数字化整体设计报告》，部署实施近20个智能交通重点项目，形成42个数字化创新场景项目库。推进宁芜智慧公路、引江济淮智慧航道等新基建重点工程建设，协调推动淮河电子航道图项目建设。科技治超水平全国领先，成为全国治超系统省级平台试点省份以及非现场执法试点省份。

三、创新成果转化

“高速公路工业化智能建造技术科技示范工程”顺利通过部级验收，并在全国现场推进会宣传交流。安徽交通职业技术学院牵头成立全国智能交通与信息安全、长三角新能源汽车行业两个产教融合共同体。安徽省交通控股集团有限公司建成国内领先、安全可控的数字化转型云平台“交控数智云”，牵头发起设立规模50亿元的安徽省新型基础设施投资母基金。安徽省通航控股集团有限公司联合中国科学院合肥物质科学研究院等实施安徽省北斗低空综合应用产业化重大项目，已初步构建涵盖整机制造、关键零部件制造、航电系统等较为完善的低空经济产业格局。

第六节　安全生产与质量监管

一、安全生产

推动健全省市县铁路沿线安全环境治理工作体系、省水上交通安全和搜救工作联席会议制度，持续加强扫黑除恶、反恐怖等重点工作，建立重点地区现场督导调度工作机制，组织8轮重点时段全省性安全督导。统筹推进综合交通运输领域和燃气、火灾、动火作业、有限空间作业等重大事故隐患排查整治，强化事故剖析和警示教育，闭环整改重大事故隐患953个，管控重大风险点312个，帮扶指导重点企业2307家，曝光、约谈、联合惩戒企业1140家，推动行业事故起数同比下降9.2%。开展道路运输企业安全生产两个“百日行动”、水上交通安全隐患排查整治和风险防范化解专项行动，整治10年以上车龄老旧货车1.6万台，注销已报废运输车辆道路运输证8万张，注销不符合安全生产条件的企业1109家，核查水路运输企业942家，推动撤并渡口89道，逃管船、非法涉海运输船舶分别压减至440余艘次、26艘，降幅达96%、95%。联合挂牌督办整治公路重点隐患路段3615处，动态管控84个重要交通基础设施、180个重大风险和灾害影响部位，有效应对台风“杜苏芮”和多轮强降雨、低温雨雪冰冻灾害天气。

二、工程质量监管

印发《关于加强全省公路水运现场管理机构备案管理的通知》，严格审查项目建设单位派驻工程现场的管理机构、管理人员及资格条件。持续创新监管机制，推动省级协调联动，深入推进省市联合监督、联合执法。印发《安徽省公路水运“平安工程”冠名实施方案》，在全国率先开展公路水运工程省级“平安工程”冠名工作。2023年高速公路质量指标抽检合格率98.2%，同比上升0.1%；国省干线抽检合格率97.5%，同比下降0.3%；农村公路抽检合格率96.8%，同比上升0.1%；水运工程抽检合格率97.0%，同比持平，工程建设质量总体受控。2023年获得各类重大奖项17项（其中引江济淮工程淠河总干渠渡槽获国际桥梁大会亚瑟·海顿奖），公路交通优质工程奖9项，水运交通优质工程奖1项，詹天佑奖1项，“黄山杯”奖10项。

第七节　合作与交流

一、长三角一体化发展

宁国至安吉等3个项目建成通车，省际高速公路断头路全面打通。徐淮阜高速公路淮北及宿州段等项目加快建设，与浙江省交通运输厅、江苏省交通运输厅签订长兴至高淳、杭州至合肥、天长至仪征等高速公路省界接点协议，协同推进省际项目前期工作。淮河干流蚌埠闸至红山头段航道整治完成，新汴河等省际航道规划建设取得突破，航道上的长三角加快构建。新开通毗邻公交线路8条，累计达43条，占长三角开行总量近一半。实施港口、船舶设施品质和服务水平提升，打造新安江—千岛湖省际水路旅游客运精品航线，扎实推进安徽民航机场集团与上海机场战略合作，稳定运营合肥至上海往返货运航班。船舶通检互认实现了“即停、即检、即发证”，平均单船检验发证时间从3～5天压缩到1～2小时，每年可节约成本3000万元，苏皖船检一体化入选国家创新实践案例。江海联运、一卡通行、执法联动等工作扎实推进。

二、长江经济带交通走廊建设

沪武高速公路安徽段全线贯通，铜陵、池州长江公铁大桥加快建设。铜陵港年吞吐量重返亿吨，全省亿吨大港达到4个。合力打造长江安徽段航运高质量发展示范区，安徽省交通运输厅、交通运输部长江航务管理局和安徽沿江5市政府组成的“2+5”皖江合作机制不断拓展深化。

第八节　特色工作

一、办好民生实事，优化营商环境

创设《交通民声回应》，深化《民声呼应》问题线索处置，实行即收即办、快查快处、立行立改、抓常抓长，解决民生关切问题160余个，做到“回应一个诉求，解决一类问题，提升一个领域”。践行“四下基层”要求，建立“到一线解决问题”制度，坚持党政领导干部接访约访下访和包案等制度，一批信访问题得到有效化解。“12328”交通运输服务热线群众满意度达96.7%，位居全国前列。创新推出“全程帮办”等5项政务服务，67项交通运输行政备案事项实现“全程网办”，一般性政务服务事项审批环节和时限分别减少20%。大件运输高效审批获评全省百佳案例，群众跑动次数由往返跑变为零跑动，审批时间由原来的20个工作日缩短至5个工作日。道路运输高频事项“跨省通办”成功率居全国前列。全面落实交通运输“免申即享”“即申即享”5项政策，新增公路客运班线客车等两项通行费优惠政策，累计减免车船通行费46.57亿元。落实交通物流专项再贷款政策，发放贷款98.77亿元，惠及运输企业4.53万户。公路水运工程招投标营商环境专项整治扎实开展，交通工程建设领域信用评价实现全覆盖。服务汽车“首位产业”，出台服务新能源车企方案，建立“一对一”联络保障机制，全省完成滚装汽车吞吐量36.8万辆、同比增长26.3%，以集装箱方式运输车辆51.5万辆、同比增长109%。长江（芜湖）航运要素大市场“打造长江航运一站式服务新模式”在全国复制推广。

二、完成改革试点，发展低空经济

完成低空空域管理改革试点任务，相关成果写入中央空中交通管理委员会文件全国推广。建立完善低空经济联席会议制度，正式印发低空经济主要任务清单，成功举办第二届低空经济发展大会。获批第二批22个低空空域、15条航线，组织划设首批无人机管制空域，编制印发通用航空产业中长期发展规划。肥东白龙通用机场正式运营，开通至黄山、镇江两条短途运输航线。省低空飞行服务站新增注册用户43家、航空器112架，总数分别达98家、220架，27家在册通航企业在皖运营，通航发展动能积蓄，低空经济大幕开启。

福建

第一节　整体概况

2023 年，福建交通运输系统坚持稳中求进的总基调，迎难而上、开拓创新、奋勇争先，为服务经济社会发展提供有力的交通运输保障。

落实重大战略走在前。深入贯彻《中共中央　国务院关于支持福建探索海峡两岸融合发展新路　建设两岸融合发展示范区的意见》。2023 年 11 月，福建省与交通运输部签署了《关于加快建设交通强国福建先行区，推动构建海峡两岸融合发展示范区的合作协议》，交通运输成为福建省首个通过签订部省合作协议支持建设两岸融合发展示范区的行业领域。

聚焦闽台融合探新路。“小三通”客运航线全部复航，“海峡号”恢复货运直航，湄洲湾港罗屿 40 万吨大宗散货码头和福州港平潭港区分别成为大陆对台铁矿石最大中转港口、全国对台跨境电商出口最大口岸。全面落实台胞交通出行同等待遇，设立台胞服务专窗。揭牌成立全国首个涉台海事纠纷解决中心。

建设交通强国勇担当。福建省人民政府成立交通强省建设领导小组，形成多部门齐抓共管工作格局。高质量推进交通强国试点建设，公路水运“平安百年品质工程”建设试点在该领域全国首个通过验收，2 项成果列入全国代表性成果，4 项成果作为全国经验推广，农村公路灾毁保险、高速公路服务乡村振兴等新试点任务获批实施。

第二节　综合交通基础设施建设

截至 2023 年底，福建省建成综合立体交通网实体线网里程达 12.1 万公里，其中快速网规模突破 8400 公里，占《福建省综合立体交通网规划纲要》规划里程的 64%，基本实现福州、厦漳泉（厦门、漳州、泉州）两大都市圈内 1 小时通勤，设区市至所辖县、县至所辖乡镇 1 小时覆盖。综合性、多通道、快速化的国家交通主轴已全面贯通，5 条国家综合立体交通网主骨架内已至少贯通 1 条高（快）速铁路、1 条高速公路，普速铁路、普通国道基本贯通。多方式、便捷化的区域交通走廊加快形成，6 条省级综合交通大通道内普速铁路、高速公路、普通国道布局已基本形成，宁南、泉吉、厦南、浦武已形成“铁路 + 公路”的立体化通道。

一、铁路建设

福建省铁路完成投资 125 亿元。全省首条时速 350 公里的跨海智能高速铁路——福厦高速铁路开通运营，龙龙铁路龙岩至武平段建成通车；福州港口后方铁路杜坞至漳林至透堡段加快建设；漳汕高速铁路完成前期工作，龙龙铁路武平至梅州段、宁德漳湾铁路专用线可研批复；温福高速铁路、温武吉铁路等项目实质性开展前期工作；福建省城际铁路规划调整获批，莆田至长乐机场城际铁路 F2 线、宁德至长乐机场城际铁路 F3 线、厦漳泉城际铁路 R1 线前期加快推进。

二、公路建设

福建省公路完成投资 648.85 亿元。厦门第二东通道、泉南高速公路永春互通至汤城枢纽段改扩建工程主线工程建成通车，宁古等一批重点项目加速推进。加快沈海高速公路泉厦扩容、泉梅高速公路泉州段、京台复线等高速公路前期工作。高标准建设 G228 滨海风景道，加快畅通省际边界节点，打通国省道断头路，建设改造农村公路 2540 公里，新增 1713 个较大自然村通硬化路。在全国创新实施“两通工程”（“邻县高速通”和“乡镇便捷通”），谋划 132 个项目，实现 213 对邻县高速公路便捷通行，82% 的陆域乡镇便捷通高速公路。集中新增开通 20 个服务区出入口，惠及 9 地市 57 个乡镇，社会各界好评如潮。

三、港航建设

福建省港航完成投资76.26亿元。漳州LNG码头等项目竣工，加快建设湄洲湾港罗屿8号、11-12号，福州港可门6号、7号泊位工程等项目，开工建设福州港江阴航道延长段工程、江阴6号、7号泊位工程等项目。全年建成泊位20个，新增通过能力3742万吨。全省港口拥有生产用码头泊位增至473个，其中万吨级及以上泊位208个。

四、轨道交通建设

福建省城市（际）轨道交通完成投资291.9亿元。福州地铁4号线首通段、5号线后通段开通。福州至长乐机场城际F1线，厦门地铁4号线、6号线加快建设。

五、民航建设

福建省民航完成投资88.81亿元。福州机场二期扩建、厦门新机场、泉州机场扩建工作有序推进。龙岩新机场项目建议书获国务院、中共中央军事委员会批复，武夷山机场迁建工程前期工作加快推进。

第三节　运输服务保障能力

全年货物运输总量178766.04万吨，比上年增长5.7%，货物运输周转量12235.42亿吨公里，增长7.9%。旅客运输总量28795.34万人次，增长58.7%，旅客运输周转量1004.18亿人公里，增长96.2%。

一、铁路运输

截至2023年，铁路营业里程4574.0公里，增长8.1%。全年完成旅客运输量12470.52万人次，比上年增长95.5%；旅客运输周转量375.58亿人公里，比上年增长97.45；货物运输量5211.01万吨，比上年增长8.2%；货物运输周转量214.57亿吨公里，比上年增长4.0%。

二、公路运输

全年完成营业性客运量1.20亿人次、旅客周转量86.61亿人公里，比上年分别增长24.6%、27.1%。全省完成营业性货运量11.05亿吨、货物周转量1319.11亿吨公里，分别增长3.3%和4.6%。

全年高速公路车流量4.31亿辆，比上年增长19.2%，其中9座及以下小客车3.31亿辆、增长23.6%。普通国省道机动车年平均断面交通量10893辆/日，比上年增长9.4%。

三、水路运输

全年完成营业性客运量1088.84万人次、旅客周转量0.99亿人公里，分别比上年增长102.5%、84.3%。全省完成营业性货运量6.30亿吨、货物周转量10697.20亿吨公里，分别增长9.9%和8.3%。其中，内河货运量1431.84万吨、货物周转量8.52亿吨公里，同比分别增长9.2%和8.9%；海洋货运量6.16亿吨、货物周转量10688.67亿吨公里，同比分别增长10.0%和8.3%。全省港口完成旅客吞吐量319.13万人，比上年增长85.8%。

全年完成港口货物吞吐量74899万吨、比上年增长4.9%，其中沿海港口货物吞吐量74894万吨、增长4.9%，内河港口货物吞吐量5万吨。全省外贸货物吞吐量完成29051万吨、增长12.7%，内贸货物吞吐量45848万吨、增长0.4%。完成集装箱吞吐量1818.16万标准箱，增长1.0%，其中沿海港口集装箱吞吐量1817.87万标准箱，增长1.0%。全省沿海港口完成集装箱铁水联运量16.39万标准箱，增长45.7%。

四、民航运输

全年民航完成旅客运输量3211.60万人次、538.01亿人公里，比上年分别增长104.2%和114.0%。完成货邮运输量17.86万吨、4.54亿吨公里，分别增长6.2%和4.2%。

福建省民航运输机场完成旅客吞吐量4478.32万人次，比上年增长125.9%。完成货邮吞吐量47.22万吨，增长14.8%。

五、邮政服务

全年完成邮政行业寄递业务量61.3亿件，比上年增长13.4%，完成邮政行业业务收入（不包括邮政储蓄银行直接营业收入）497.2亿元、增长8.7%。

全年完成快递业务量49.9亿件，比上年增长17.0%，完成快递业务收入388.7亿元、增长9.5%。

六、城市客运

全年完成城市客运量23.81亿人次，比上年增长12.0%。其中，公共汽车客运量14.60亿人次、增长4.7%；城市轨道交通客运量4.74亿人次、增长48.8%；巡游出租汽车客运量4.20亿人次、增长4.9%；城市客运轮渡客运量2606.95万人次、增长141.1%。

第四节 行业治理体系建设

行业治理亮点纷呈。首次联合省农发行在普通公路全面推广“福路贷”融资模式，首次以纪委政治监督方式以点带面推动农村客货邮融合发展，高速公路服务乡村振兴“263”工作模式通过部验收。压实农村公路“市对县监督”和“省对市评价”两个清单责任，实施“一市一主题”养护工程，促进农村公路建设养护管理水平再提升。9个县区入选全国“四好农村路”示范县，6个县（市、区）获评全省“四好农村路”示范县，10条路线获评“最美乡村‘福’路”。进一步提升邮快合作水平，实现421个行政村由预约响应升级为客运班车，票价下降幅度超30%，1889个村村民不出村即可接收邮政快递。

营商环境持续优化。《福建省治理公路货物运输车辆超限超载条例》出台，获评“2023年度福建省十大法治事件”。开展交通运输执法领域突出问题专项整治。“福建省交通运输厅打造‘一对一’精准服务全流程对接大件运输企业需求”典型案例获全省推广。全省港口降费2.3亿元，高速公路减免车辆通行费50亿元。道路运输驾驶员诚信考核等高频服务事项“跨省通办”，道路普通货运驾驶员从业资格证实现直接申领。

交旅融合持续深化。高标准建设G228滨海风景道，引进国际咨询团队，设计获评亚太区杰出大奖，观海支线平潭北部廊道获评第一批交通运输与旅游融合发展典型案例。厦门港国际邮轮运输复航，平潭开启首条国际邮轮运输航线。闽江内河开通8条旅游航线，构建起独具特色的“水上福道”。全省所有5A级景区均通客运班线或城市公交。

第五节 科技创新

科技创新不断深化。截至2023年底，福建省公路水路领域共有部级行业研发中心2个，省级与行业相关的工程技术研究中心5个，省级新型研发机构3个，省级技术转移机构1个。2023年完成科技项目立项61个，技术标准研究项目11个，科技示范工程2个；组织验收科技项目30个，技术标准研究项目3个。3个交通建设工程项目获评鲁班奖、李春奖等国家及行业大奖，获奖数量创历史新高，1人获“全国水运工程勘察设计大师”称号，两项科技成果获得福建省科学技术奖。

数智交通赋能升级。投用全新省级交通运行指挥中心。省域高速公路率先建成数字孪生体，实现车道级车辆精准还原，系统可秒级推演路网交通运输运行态势。建成福建省综合交通基础设施图库建设与管理工程，实现全省基础设施信息“一张图”可视。打造科技创新省际合作、高速企业科协、省级博士后创新实践基地3个创新平台。全省首个交通运输科技示范工程“厦门城市公交智慧系统科技示范工程”通过验收。车辆卫星定位2项标准获省标准贡献一等奖，厦门港海润码头获评全国首批四星级“智慧港口”。圆满完成首届世界航海装备大会各项工作。

绿色低碳引领转型。福州、厦门获评全国首批绿色出行创建考核评价达标城市，泉州“公交+慢行”模式入选全国城市公共交通优先发展和绿色出行典型案例；全省新能源公交车占比87.7%，居全国前列。启用全国首条高速公路重型货车换电绿色物流专线“宁德厦门干线”，建成高速公路光伏设施50处，完成省界、城市周边等重点和车流量大路段高速公路隧道照明智能化提升。投用全省首艘新能源混合动力拖船，实现船舶污染物电子联单系统沿海地市全覆盖。厦门集装箱码头集团荣膺“亚太绿色港口”。

第六节　安全与应急

2023年，在确保福建省交通运输经济持续稳定恢复、公路水路运输量全面增长的基础上，全行业安全生产事故起数和死亡人数实现“双下降”，同比分别下降10.26%、4.49%，未发生重大及以上事故，推动交通运输高质量发展和高水平安全良性互动，连续13年获福建省人民政府落实安全生产责任优秀单位。全面完成全省车龄5年以上老旧营运客车自燃隐患排查。统筹开展重大事故隐患专项排查整治行动、城镇燃气道路运输领域整治工作，重大隐患排查整治数量居全国第三位。实行货运车辆全链条安全监管，投入车辆路面动态检测技术监控应用251个，货车超限率降幅达62.3%，货车超载引发的事故起数和死亡人数分别下降28.9%、42.9%。建立高速公路保安全保畅通保应急“5+N”联动协作机制，总结提炼防台风“三步六法”，面对63年来首登福建的最强台风“杜苏芮”仅用12小时抢通沈海线“大动脉”，25小时全省高速公路恢复正常通行。

第七节　合作与交流

“丝路海运”港航贸一体化发展被纳入国家支持高质量共建“一带一路”八项行动内容。第五届“丝路海运”国际合作论坛成功举办，“丝路海运”命名航线集装箱吞吐量突破1500万标准箱，“丝路飞翔”开通国际和港澳台空中航线50条，中欧、中亚班列稳定运行。成功举办第一届世界航海装备大会，47个国家（地区）近3000名代表参会，签约项目171项、总投资额超2100亿元。

江西

第一节 整体概况

2023年，江西省交通运输系统以交通强省建设为主线，深化落实交通运输服务打造“三大高地”，实施“五大战略”“六大行动”，加快完善综合立体交通网络，持续提升综合运输服务水平，全面深化交通运输改革，有效激发创新驱动活力，有力保障乡村振兴发展战略，不断提升行业综合治理能力，不断提高安全应急管理水平，扎实推动党的建设工作走深走实。

顶层设计不断优化。江西省委、省政府印发《江西省综合立体交通网规划》，为构建现代化高质量综合立体交通网、加快高水平交通强省建设指明了发展路径。组织开展“十四五”规划中期评估及调整工作。《江西省普通省道网规划（2023—2035年）》等一批中长期规划编制取得阶段性成果。

交通强省建设具体工作扎实开展。组织开展7个交通强国试点与16个交通强省试点任务成果阶段性评估。交通强国建设试点方面，打造“平安百年品质工程”等两个试点基本完成，“培育现代交通文明、弘扬红色交通文化”等5个试点任务有序推进。赣州市南康区入选国家邮政局和工业和信息化部联合公布的全国首批“快递业与制造业融合发展试点先行区”。交通强省建设试点方面，“一站多点”运营模式创新等7个试点进度超过70%，水运基础设施数字化健康监测技术研究与应用等9个试点任务有序推进。交通强国建设江西省域评价指标体系形成初步研究成果。在全国率先发布《江西省交通强省建设蓝皮书（2022）》。赣粤运河“1+9”重点问题专项研究通过评审并圆满结题，前期工作全面启动。

第二节 综合交通基础设施建设

2023年，江西省铁路完成投资143亿元，昌景黄高速铁路开通运营，高速铁路覆盖82个县（市、区），江西省成为全国首个市市通时速350公里高速铁路的省份。中国铁路南昌局集团有限公司管辖营业里程9783.0公里（江西境内5023.8公里），其中，国家铁路营业里程3738.8公里（江西境内2485.0公里），合资铁路营业里程6044.2公里（江西境内2538.8公里）。管辖494个车站（江西境内226个）。

2023年，江西省公路水运完成投资983.7亿元。其中，高速公路完成投资468.3亿元，建成信丰至南雄（赣粤界）高速公路，打通江西省第31个出省通道，开工建设通城至铜鼓等两个项目，加快推进大广高速公路吉康改扩建等11个续建项目；普通公路完成投资361亿元，完成普通国省道升级改造建设264公里，新改建农村公路3702公里；水运建设完成投资77亿元，建成宜春港樟树河西码头等7个项目，开工建设乐安河航道整治工程等3个项目，加快推进赣江龙头山枢纽二线船闸等11个续建项目；轨道交通完成投资51.7亿元，南昌地铁1号线北延、东延工程，2号线东延工程加快推进；客货运枢纽完成投资25.7亿元，开工建设鄱阳南站综合客运枢纽等4个项目，加快推进庐山站等5个续建项目。

图7-14-1 2023年8月8日，宜春港樟树港区河西作业区综合码头工程通过交工验收（图片由江西省交通运输厅提供）

2023年，江西省民航机场完成投资11.2亿元，南昌昌北国际机场三期扩建项目、瑞金机场加快建设，共青城通用机场顺利投入运营。南昌昌北国际机场 T2C 指廊及飞行区配套工程通过行业验收，主进场路跨线桥工程建成通车，两站一池迁改工程房建主体和二次结构施工全部完成。

2023 年，江西省邮政行业基础设施规模扩大。全力推进南昌、赣州全国性邮政快递枢纽项目建设，一体推动赣东北、赣西等区域性快递物流节点建设。顺丰南昌丰泰产业园、京东“亚洲一号”二期、申通全国安全监控中心和客服中心投入运营，南昌昌北国际机场空侧综合邮件处理中心项目主体完成，圆通南昌和赣州智慧物流产业园开工建设。各品牌总部在赣已投产、在建和确定投资的快递物流园区 31 个，投资总额超 112 亿元，总用地面积约 216 万平方米。

第三节　运输服务保障能力

2023 年，中国铁路南昌局集团有限公司旅客发送 24499.8 万人次（江西铁路旅客发送 12362.2 万人次），同比增长 97.1%；货物发送 9362.8 万吨（江西铁路货物发送 5070.5 万吨），同比增长 2.7%。其中，旅客周转量 1137.40 亿人公里，同比增长 92.5%；货物周转量 810.10 亿吨公里，同比下降 1.1%。中国铁路南昌局集团有限公司发送煤炭 2582.3 万吨，同比增长 14.3%；发送石油 265.8 万吨，同比增长 33.1%；发送金属矿石 1639.9 万吨，同比下降 6.4%；发送钢铁 875.1 万吨，同比下降 9.4%；发送粮食 4.9 万吨，同比下降 11.4%；发送化肥 9.1 万吨，同比增长 6.4%。

2023 年，江西省完成公路水路客运量 1.2 亿人次，同比增长 21.6%，其中公路客运量、水路客运量同比分别增长 20.5% 和 135%；南昌轨道交通客运量 3.8 亿人次，同比增长 59.2%。2023 年完成公路水路货运量 20.2 亿吨，同比增长 5.8%，其中公路货运量、水路货运量同比分别增长 5% 和 22%；港口完成吞吐量 2.7 亿吨，集装箱吞吐量 100.3 万标准箱，同比分别增长 19% 和 13.4%。累计开通定制客运线路 200 余条，开通城际公交线路 60 余条。南昌西站高速铁路换乘地铁实现“单向免检”。建成 8 个“司机之家”，南昌传化智联公路港等 3 个“司机之家”获评 2023 年全国暖心服务“司机之家”。完成南昌北等 3 对复合功能型服务区建设和仙女湖等 4 对中心服务区改造，高速公路服务区提质升级三年行动圆满收官。具备条件的普通国省干线公路服务区（站）实现基本充电服务全覆盖。完成 3 家省级多式联运示范工程验收。推动赣州陆港与深圳港信息互通。加快推进九江城西港区铁路专用线建成投产，累计完成港口集装箱铁水联运 3.7 万标准箱。九江江海直达区域性航运中心加快建设，九江港开通至日本集装箱国际直达货运航线，与长江沿线航运枢纽、国际性大港口联动协作，货物辐射地区达 21 个省（市），铁水联运始抵省内外铁路站点达 27 个。

2023 年，江西省机场集团有限公司所属各机场飞机起降架次 14 万架次，同比上升 74.9%；旅客吞吐量 1499 万人次，同比上升 122.8%；货邮吞吐量 6.6 万吨，同比上升 50.6%。其中，南昌昌北国际机场吞吐量突破千万，全年起降架次 8.8 万架次，同比上升 78.5%；旅客吞吐量 1020.6 万人次，同比上升 116%；货邮吞吐量 6 万吨，同比上升 49.4%。2023 年南昌昌北国际机场放行正常率为 91.73%。南昌昌北国际机场完成中转区域改造，推出普通中转、通程中转、急特中转、无感中转、预约中转五大服务模式。开通首条省际客运“南昌昌北国际机场—邵武、进贤”客运班线。各机场通过设置“首乘服务岗”、定制“首乘手环”、提供首乘旅客电话预约等多种方式，为旅客提供无缝衔接首乘服务。

2023 年，江西省邮政行业寄递业务量累计完成 31.5 亿件，同比增长 21%，增速位居全国第九位；邮政行业业务收入完成 262.6 亿元，同比增长 15.5%。其中，快递业务量和业务收入分别完成 22.8 亿件和 186.8 亿元，同比分别增长 25.1% 和 15.5%。建成县级寄递公共配送中心 99 个，乡镇快递综合网点 3919 个，村级寄递物流综合服务站 9432 个，有效提升全省农村快递服务品质。发挥邮政服务网络优势，全省农村邮路汽车化投递率提升到 90%。协同交通运输部门推进“客货邮”融合发展，寄递企业入驻县级客运站、复用乡镇客运站和村级客运点超

530个，年上下行邮件快件量达到3500万件，年物流成本下降1200万元。

第四节 行业治理体系建设

交通运输改革全面深化，重点领域改革协调推进。公布交通运输行政许可、备案、权力责任清单114项；印发《关于进一步深化推进全省交通运输基层安全生产网格化服务管理工作的意见》及配套制度，全省1.36万家交通运输企业纳入网格化服务管理范围。法治交通建设有序实施。推动完成《江西省水路交通条例》等4部法规、规章一揽子修改，清理行政规范性文件238件，印发《交通运输综合行政执法事项指导目录（2023版）》。积极开展“信用交通省”建设，推广“信用+”9大场景示范建设，江西省被列为全国交通运输珠江流域及琼州海峡区域执法试点省份之一，南昌市交通运输综合行政执法支队获评全国第一届“人民满意的海事执法集体”。营商环境不断优化，全面完成“一号改革工程”14项重点任务。省本级依申请服务事项进驻清单增至109项，“一张单”和“应进必进”工作走在省直单位前列。推进“赣服通”6.0版交通专区建设，“一网通办”率上升至75%，大件运输实现“一键快速核验”审批。印发《江西省公路水运工程招标投标管理办法（试行）》，加快形成统一开放、竞争有序的招标投标市场。累计办理“跨省通办”业务24.5万件，激活道路运输电子证照72.97万个，服务好评率位于全国前列。交通助企纾困持续发力。推动发放交通物流专项再贷款14.09亿元，直接支持经营主体591户，货运驾驶员贷款实现延期还本付息。

行业治理能力稳步增强，干线公路管养取得实效。成功举办第一次全国自然灾害综合风险公路水路承灾体普查集中调研活动，并作典型经验介绍。完成高速公路预防性养护单车道1247公里，普通国省干线路面养护工程1840公里，危旧桥改造533座。超限超载治理持续强化。推动545家重点源头企业接入省治超综合管理平台，建立“红黄绿”挂牌监管机制。全省高速公路超限超载率持续归零，治超成效保持全国第一；普通公路超限超载率从1.72%下降至0.59%，治超成效位居全国前列。品质工程项目再创佳绩。累计荣获省部级奖项11项，其中鄱阳湖二桥项目荣获“鲁班奖”，昌九高速公路改扩建等3个项目荣获“李春奖”，赣江新干航电枢纽等3个项目荣获“杜鹃花奖”。萍莲高速公路等4个项目荣获交通运输部等三部门联合冠名的“平安工程”，冠名个数位居全国第二。绿色交通发展积极推进。加大公共交通、出租汽车等领域新能源车辆推广应用力度，累计新增（更新）新能源车1.6万辆，占比达90%。持续加强船舶污染物全链条管控，全省各类船舶污染物转运处置率均保持在98%以上。深入推进船舶污染防治专项执法行动，严厉打击船舶污染水域行为。进一步推广靠港船舶使用岸电，累计达3.9万艘次，同比增长28.7%，江西省船舶受电设施改造安装工作连续两年在长江经济带省份中排名第一。邮政行业监管治理效能增强。开展快递市场秩序整顿和安全隐患排查整治等专项行动。发挥省市两级邮政业安全中心的支撑保障作用，推进绿盾工程视频联网、安检机联网等应用，印发行业安全运行、系统应用、申诉、舆情等各类通报384期，为行业安全监管和服务保障提供问题线索547条。深入实施邮政行业绿色发展“9218”工程，全年未二次包装的电商件比率超92%，使用可循环包装的邮件快件数量2500余万件，回收复用质量完好的瓦楞纸箱数量超2200万个。

第五节 科技创新

科技创新成果丰硕。全年累计获省科技进步奖2项、社会力量奖励7项、全国公路微创新大赛奖励12项、专利22项，完成交通运输部首批交通基础设施长期性能科学观测网试点观测点建设。初步建立全省交通运输标准体系架构，列入国家级标准化计划2项，发布地方标准23项，其中水运领域发布地方标准8项，实现“零”突破。江西信江航电枢纽绿色智慧科技示范工程获批全国首个航运枢纽科技示范工程。

“数智融合”加快发展。交通运输资产核查与建养业务支撑系统建设升级，交通路网通行数据分析系统稳步开发，水路运政综合管理系统升级改造项目竣工验收，梨东改扩建工程智慧高速公路加快推进，24个已建成的信息化系统应用评价工作顺利完成。

科技应用场景不断拓展。推广北斗应用终端产品30余万套，交通运输行业应用量位居全省各领域前列。利用人工智能（AI）算法帮助检测路面病害，有效提升公路养护效能。推动装配式建筑、智能化监管在新基建项目上应用。积极发展“虚拟现实（VR）+驾驶培训”项目。

第六节　安全与应急

持续提升安全防控能力。完成《江西省交通运输安全生产监督管理职责暂行规定》的修订。开展安全生产重大隐患排查整治和重大风险防范化解2023专项行动，累计排查处置重大隐患175处、重大风险55个，排查处置一般隐患2.2万余处。

切实提高应急处突能力。印发《强化全省交通运输安全生产、防汛抗旱救灾、基础设施安全防护总体工作方案》。基本建成1个国家区域性公路交通应急装备物资储备中心，建成省市县三级联动、公路水路有效覆盖的应急救援基地。

全力做好平安稳定工作。严密防范涉政治安全风险。扎实做好矛盾纠纷排查化解工作。常态化开展扫黑除恶斗争。妥善化解信访积案。网络安全态势总体平稳，数据安全管理体系逐步完善。

筑牢邮政行业安全生产屏障。狠抓“收寄验视、实名收寄、过机安检”三项制度，组织开展实名收寄“两规范、两治理”专项整治行动，有力保障重大活动期间行业平稳运行。与省委政法委等12部门印发《关于进一步加强邮件快件寄递安全管理工作的实施意见》，持续加强邮件快件寄递安全管理；与省委网信办等16部门在全省开展平安寄递专项行动。统筹做好寄递渠道涉枪涉爆、涉毒涉危等工作，寄递渠道禁毒工作获国家邮政局肯定，反恐工作在全省专项会上作交流发言。

第七节　服务乡村振兴

推动“四好农村路”高质量发展。成功举办全国推进“四好农村路”高质量发展现场会。印发《江西省“四好农村路”示范县创建管理办法》，浮梁县等10个县（市、区）成功通过全国“四好农村路”示范县评估验收。

城乡客运服务提质增效。加快实施农村客运班线公交化改造或城市公交向乡村延伸，农村客运公交服务占比达58%，南昌市等5个设区市基本实现全域公交一体化发展；丰城市、安远县成功创建全国城乡交通运输一体化示范县，樟树市等5个县（市、区）入围城乡交通运输一体化示范创建县。加强农村客车（含出城公交）运行监测，实现农村客运车、出城公交车入网监测全覆盖。

图 7-14-2　2023年3月，资溪县开通的资溪至鹤城镇大觉山村的农村客运班线行驶在下源村道上（图片由江西省交通运输厅提供）

农村物流发展水平不断提升。扎实推进农村客货邮融合发展，打造10个客货邮融合发展样板县，累计建成县级客货邮站点96个，乡镇级客货邮站点692个，村级客货邮站点5940个，开通客货邮线路597条。资溪县等3个县（市、区）入选2023年交通运输部第四批农村物流服务品牌。

改渡便民工程稳步推进。累计撤销渡口221道，占“十四五”任务数的78.9%，萍乡市、新余市、抚州市均实现辖区内无渡口。

山东

第一节　整体概况

2023 年，在交通运输部和山东省委、省政府的领导下，山东交通运输系统锚定“走在前、开新局”，全力加快建设交通强国山东示范区，为中国式现代化山东实践提供坚强支撑和保障。

山东交通运输事业发展再上新高度。交通运输部在山东省召开交通强国建设试点工作推进会，李小鹏部长出席会议并深入山东省八市开展调研，山东省委、省政府高规格召开全省重点交通基础设施建设推进会，交通强国山东示范区建设全面起势。

山东交通运输事业发展再谱新篇章。部省签署战略合作协议，山东省人民政府与河南省人民政府联合签署加强交通互联互通服务支撑黄河流域生态保护和高质量发展的合作协议，山东省政府出台《山东省综合立体交通网规划纲要（2023—2035 年）》、世界级港口群建设和内河航运高质量发展两个三年行动方案，交通强国山东示范区建设的“四梁八柱”更加坚实稳固。

山东交通运输事业发展再创新优势。持续推进交通运输大投入、大建设、大转型、大发展，全年累计完成交通固定资产投资 3208 亿元，高速铁路通车里程、沿海港口吞吐量均居全国第一位，山东交通在全国交通的战略位势进一步提升、示范引领作用更加彰显。

第二节　综合交通基础设施建设

高速铁路通车里程跃居全国前列。加快建设“轨道上的山东半岛城市群”，济南至枣庄、潍坊至宿迁山东段及青岛连接线开工建设，雄安至商丘山东段、天津至潍坊山东段、济南至滨州、潍坊至烟台等 6 个在建高速铁路项目加快建设，济南至郑州、莱西至荣成高速铁路于 2023 年 12 月 8 日同日开通运营，山东省高速铁路运营里程达到 2810 公里，跃居全国第一位。推进货运铁路联网补网强链，开工济宁龙拱港等 4 条铁路专用线，建成兖矿东平港等 6 条铁路专用线，山东省大型工矿企业和物流园区铁路专用线接入比例达到 84%。

图 7-15-1　2023 年 12 月 8 日，济郑高速铁路全线贯通（图片由山东省交通运输厅提供）

“山东的路”品牌持续擦亮。23 条、1749 公里高速公路加快建设，16 条、1051 公里高速公路开工建设，济南绕城高速公路二环线西环段、济南至潍坊、明村至董家口、荣乌高速公路威海至烟海段改扩建工程、青兰高速公路青岛双埠至河套段改扩建等 5 条高速公路全线建成通车，临淄至临沂高速公路金山互通至中庄互通段建成，全省高速公路突破 8400 公里，六车道及以上占比由 2017 年的 16% 提升到 36.6%。普通国省道实施新改建项目 887 公里、养护工程项目 3393 公里。

世界级港口群建设开局起势。实施世界级港口群建设三年行动，建成青岛港前湾港区自动化码头三期工程、日照港 30 万吨原油码头三期工程、烟台港西港区原油码头二期工程等 16 个泊位，新增通过能力 1 亿吨，为历年最多。青岛港董家口港区第二座 40 万吨矿石码头工程、烟台港西港区至龙口裕龙岛原油管道工程等重点项目开工建设。

图 7-15-2　2023 年 12 月 27 日，青岛港前湾港区自动化码头三期投产运营（图片由山东省交通运输厅提供）

图 7-15-4　2023 年 12 月 28 日，济宁大安机场正式通航（图片由山东省交通运输厅提供）

内河航运加快高质量发展。实施内河航运高质量发展三年行动，山东省交通运输厅联合 11 部门出台支持内河航运高质量发展的若干政策。京杭运河枣庄段整治工程、大清河航道工程主体工程完工，京杭运河山东段全线基本达到二级航道标准。小清河复航工程全线具备通航条件，首次开展河海直达运输。

图 7-15-3　2023 年 6 月 30 日，小清河全线基本具备通航条件（图片由山东省交通运输厅提供）

现代化机场群建设扎实有力。济南机场二期改扩建、枣庄机场加快建设，烟台机场二期、临沂机场航站楼改扩建工程建设完成，济宁大安机场转场运营。青岛即墨等 6 个通用机场建成投用，全省通用机场数量达到 22 个，跃居全国第 6 位。

济青城市轨道交通网进一步完善。济南城市轨道交通 3 号线二期等 6 个项目和青岛地铁 2 号线 2 期等 7 个项目全面展开建设。青岛地铁 13 号线二期北段全线通车运营，全省城市轨道交通运营里程突破 410 公里。

第三节　运输服务保障能力

客运货运恢复显著。全省综合交通客运量、货运量分别达到 3.8 亿人次、34.7 亿吨，同比分别增长 104.9% 和 4.5%。

港口吞吐量再创新高。沿海港口吞吐量完成 19.74 亿吨，同比增长 4.4%，连续两年保持全国第一位。内河港口吞吐量完成 9974 万吨，同比增长 18.8%。

多式联运加快发展。贯彻落实《推进多式联运发展优化调整运输结构工作实施方案（2022—2025 年）》。中韩陆海联运（威海—仁川）整车运输试运行正式启动，中韩甩挂运输贸易额达 28 亿美元。推动德龙烟铁路一体化运营，首开烟台港至山西介休的铝矾土货运试验列车。全省铁路水路货运周转量、铁路集装箱多式联运货运量、沿海港口集装箱海铁联运箱量同比分别增长 12.8%、15.6% 和 20%。

济南临沂国家综合货运枢纽补链强链成效初显。建立省、市综合货运枢纽补链强链工作推进机制，陆空、公铁和铁水联运枢纽等 49 个项目加快建设，

8个枢纽项目、6个集疏运项目投入使用。

济南青岛综合交通枢纽加快打造。济青高速铁路"公交化"深入推进，经由济青高速铁路运行的图定高速铁路列车由49列增至63列，其中1.5小时大站直达列车由14列增至26列；推进济南青岛协同打造国际航空枢纽，全年累计执飞定期航线737条，较2019年增加26条。

国际运输通道加速建设。全年国际空运执行货运航线24条。海上新增外贸集装箱航线27条，达到245条，稳居北方港口首位。山东中欧班列开行2566列，同比增长24.7%。新增国际道路货物运输备案企业57家，新开通临沂至吉尔吉斯斯坦TIR"门到门"直达运输。

第四节 行业治理体系建设

综合交通运输法规制度体系加快完善。山东省人民政府废止《山东省治理超限和超载运输办法》等3件规章，山东省交通运输厅联合山东省市场监督管理局印发《关于共同推动交通强国山东示范区建设标准化工作的意见》，在网约车监管、城市轨道交通、内河船闸维护等领域出台一系列制度文件。

信用交通省建设深入推进。印发《山东省交通运输信用管理办法》，健全完善信用交通市、县测评体系办法，山东省交通运输信用指数位居全国第4位。

"放管服"改革持续推进。持续推进简政放权，将12项省级行政权力事项委托下放由16市及部分功能区实施。

交通运输行政执法规范化长效机制不断健全。抓好黄河流域跨区域执法协作试点示范，联合公安机关开展货物运输超限超载治理"百日攻坚"行动，建成非现场执法站点497处。与江苏、浙江、安徽、河南等省实现京杭运河水上安全监管执法联动响应。

行业精神文明建设和舆论宣传工作持续加强。扎实开展精神文明创建，深化"感动交通年度人物""百佳文明窗口""最美公交司机"等典型选树宣传，持续传递行业正能量。围绕构建交通运输话语体系，开展系列主题宣传活动，加强全媒体新闻宣传工作。

第五节 科技创新

智慧交通新动能不断凸显。强化科技创新引领驱动，与山东省科学技术厅联合印发意见，全年下达交通科技计划118个，获省科技进步一等奖两项。全国首条零碳智慧高速公路——济潍高速公路建成通车。首个全国产全自主自动化集装箱码头——山东港口青岛港自动化码头（三期）投产运营，青岛港自主研发实施的智能管控系统（A-TOS）达到国际领先水平。交通强国"智慧港口建设试点"通过交通运输部现场验收。推进智能航运先导示范应用，在山东沿海典型航线构建船岸协同智能航运应用示范体系，推进山东籍国内沿海航行省际客滚船、危险品船等北斗终端设备应用全覆盖。小清河数字化航道建设工程完成验收。济宁电子航道图加入长江水系电子航道图联盟，与京杭运河苏北段、长江实现互联互通。济南机场数据中心（ITC）一期投入使用。依托综合交通数据资源池，搭建形成全省交通数据资源共享交换平台。

图 7-15-5 2023年9月24日，济青中线济潍段零碳智慧高速公路通车（图片由山东省交通运输厅提供）

交通绿色低碳转型加快推进。实施交通运输系统绿色低碳发展工作评估，持续开展中央环保督察整改，深化国三及以下营运柴油货车淘汰工作。青岛港董家口港区矿石码头、日照港岚山港区岚南15

号泊位获评“亚太绿色港口”。梁山港获中国船级社颁发的全国内河港口首家“双碳”认证。枣庄、烟台、潍坊、威海四市成功创建国家公交都市建设示范城市。内河船舶防污染实现全链条智慧监管。全省城市公共汽电车清洁化率达到96.5%，新增和更新出租汽车新能源、清洁能源占比达到94.94%。青岛、济南、潍坊、淄博等绿色货运配送示范工程创建工作扎实推进。

第六节　安全与应急

以信用为基础的新型安全生产监管机制不断健全。对23个重点领域3206家企业完成安全生产信用等级化管理。严格27条激励惩戒措施在行业招投标、市场准入限入等方面落实，累计对2654余家（次）企业实施信用惩戒。组织开展对道路普通货物运输、水路普通货物运输、维修、机动车驾驶培训、出租汽车等领域安全生产信用分级分类管理，基本实现全省交通运输在营企业安全生产信用评价全覆盖。

重大事故隐患排查整治专项行动扎实推进。山东省交通运输厅成立专项行动领导小组和工作专班，建立工作调度、报告、保障、督导机制。切实加强专项行动指导帮扶工作，印发《山东省交通运输行业重大事故隐患检查指南》，动态公布8个领域、113项重大隐患检查事项。2023年，全行业共排查整改重大事故隐患981个。开展违规电气焊和违规施工、预防高处坠落、有限空间作业3个专项整治行动。

重点领域安全防范全面强化。通过省级动态监控平台抽查“两客一危”营运车辆14.5万辆次，发现并督促整改问题1.1万余项。组织开展全省包车客运领域安全生产专项整治，完成对448家包车客运企业的全覆盖排查。全面完善港口危险货物基础信息库，省级组织专家检查港口危险货物装卸仓储企业100家次，处置隐患1500余个。完成公路交通安全设施提升23538处。山东省交通运输厅会同国家海事机构开展海上安全治理水平提升三年行动，组织开展2000总吨以下沿海货船经营企业专项检查。加强铁路沿线安全环境治理，开展春季漂浮物隐患、油气管道等专项整治。在全行业开展交通建设工程质量安全监管三年提升行动。

应急管理水平稳步提高。制定完善突发事件应急预案，组建全省防汛应急和能源物资运输保障车队，印发《全省交通运输安全生产、防汛抗旱和重要基础设施安全防护方案》，加强防汛减灾和重要基础设施运行防护，有力有效应对汛期、雨雪冰冻等重大挑战。

第七节　为民与服务

农村公路提质增效专项行动深入实施。全年新建和改造提升农村公路8406公里，完成危旧桥改造453座，实施路面状况改善工程1.82万公里，重要村道安保工程4722公里，完成公路交通安全设施提升23538处。

交旅融合有力推进。全面实施“黄河入海、鲁风运河、长城寻迹、千里滨海、红色沂蒙”五大廊道旅游公路建设，年内建成旅游公路1363公里，打造了一批精品示范工程。海阳盘石—朱吴（民俗旅游路）获评2022年度“十大最美农村路”，威海“千里山海”自驾旅游公路获评国家第一批交旅融合发展十佳案例。

农村客货邮加快融合发展。73个县（市、区）开通农村客货邮融合发展业务，累计开通运营线路674条，惠及行政村2.3万个，寄发成本降低25%～35%。

一批更贴近民生实事加快推进。严格执行高速公路通行费减免政策，累计减免各类通行费83.9亿元。对通行京杭运河山东段的集装箱船舶实施免费过闸政策。持续完善“95128”出租汽车约车服务电话功能，推动主要网约车平台开通“一键叫车”功能。优化道路运输高频事项“跨省通办”服务功能内容，取消道路普通货运驾驶员从业资格考试。全省高速公路服务区（停车区）基本实现充电设施全覆盖。启动普通公路驿站改造提升专项行动，提档升级113个、新建15个“司机之家”，实现16市全覆盖。扎实推进城乡交通运输一体化，全省建制村通公交率提升至97%。

河南

2023年，河南省交通运输厅全面贯彻新发展理念，锚定“两个确保”，服务实施“十大战略”，深入落实“优势再造”战略，加快构建“两体系”、打造“一平台”、推动“多融合”，全力推动内河航运“11246”工程全面起势，着力提信心、稳投资、抓创新、促转型，有力推动交通运输质的有效提升和量的合理增长，交通强省建设站上了更高起点。

图 7-16-1　周口港（图片由河南省交通运输厅提供）

第一节　交通运输经济持续好转

一是交通投资保持高位运行。积极扩大交通有效投资，完成交通基础设施投资超1500亿元，在全省基础设施投资总额中占比稳居高位，有力拉动了全省经济企稳回升。河南省因交通投资完成好第三次受到国务院督查激励。

二是客货运输保持高速增长。1—12月，公路水路客运量3.9亿人次，同比增长101.3%；公路水路货运量27.1亿吨，同比增长9.2%，为河南省畅通经济循环发挥了重要作用。

三是港口吞吐量大幅提升。1—12月共完成港口吞吐量4688.8万吨，同比上升9.8%，集装箱吞吐量9.04万标准箱，同比增长121.47%。折射出河南省经济发展新脉动。

第二节　内河航运高质量发展全面起势

一是顶层设计加快完善。河南省委、省政府高度重视，主要领导谋划推动，河南省人民政府印发《关于加快内河航运高质量发展的意见》，编制全省内河航运一体化建设实施意见和周口港中心港区总体规划。切实履行内河航运高质量发展领导小组办公室职责，研究解决重大问题。

二是重点项目有序推进。全力推进“两河两港”项目，沙颍河航道疏浚、桥梁改建工程和淮河息县段花埠大桥开工建设，唐河省界至马店段航运工程快速推进。加强项目谋划储备，唐河马店至社旗段航运工程等4个项目完成工可批复。深化贾鲁河通航可行性研究论证，初步拟定航运工程建设方案。

三是开放合作不断深化。积极与安徽、江苏等省份沟通对接，主动融入长三角世界级港口群，协同共建中原出海新通道。加强与浙江省海港集团深度合作，成功开通周口港至宁波舟山港集装箱航线。信阳淮滨中心港开通“河海联运”非洲航线。

第三节　交通枢纽优势巩固提升

一是干线公路网络加密提质。持续实施高速公路“13445工程”，栾卢、宁沈等4个、312公里高速公路项目建成通车，全省通车总里程突破8300公里，沿太行山等38个在建项目加快推进。全省新改建普通干线公路834公里，G107线和G312线信阳市区段建成通车。

二是货运枢纽体系持续完善。实施综合货运枢纽“134N”工程，加快建设10个国家物流枢纽和30个省级区域物流枢纽，谋划实施9个200万平方米以上综合货运枢纽项目，统筹推进郑州国家综合货运枢纽补链强链城市21个项目建设，郑州航空港站高速铁路物流中心建成投用。郑州、洛阳、南阳、商丘市入选现代流通战略支点城市布局建设名单。

图 7-16-2　栾卢高速公路两河口枢纽（图片由河南省交通运输厅提供）

三是建管养运水平稳步提升。聚力打造“中原品质”，新 G310 三门峡段等两个项目荣获国家优质工程奖，沪陕高速公路信南段路面养护工程等 3 个项目荣获“李春奖”，济阳高速公路济源段等 3 个项目荣获“中州杯”，濮阳 G342 线修复养护项目被评为省工程建设优质工程。高速公路养护技术研究与应用交通强国试点深入实施，高速公路和普通国省道养护提升三年行动圆满收官，顺利完成国家公路网技术状况年度监测工作。

第四节　服务大局保障有力

一是服务国省重大战略有力有效。支撑黄河流域生态保护和高质量发展、中部地区高质量发展、革命老区振兴发展等重大战略，郑汴洛黄河生态大道基本建成，黄河沿岸“一轴两翼”复合交通走廊加速形成，豫东南高新技术开发区跨区域交通基础设施高效联通，沿大别山高速公路等项目加快建设，“中原农谷”交通重点项目扎实推进。河南省人民政府出台加快旅游公路建设实施意见，全省交旅融合发展工作会议成功召开，积极打造“四大一号”旅游公路，累计建成 4340 公里。平顶山鲁山县环湖路获评 2022 年度“十大最美农村路”。

图 7-16-3　2022 年度“十大最美农村路”平顶山鲁山环湖路（图片由河南省交通运输厅提供）

二是服务乡村振兴战略成效突出。“四好农村路”高质量发展交通强国试点通过交通运输部评估验收，许昌市建安区入选全国农村公路助力共同富裕典型案例，河南省交通运输厅在全国推动“四好农村路”高质量发展现场会上作典型发言。南阳淅川等 5 县（市）入选国家城乡交通运输一体化示范创建县。全年累计新改建农村公路 9149 公里，75.2% 的行政村设立村级寄递物流服务站，鹤壁市等地快递进村工程成效明显，商丘市夏邑县等 4 县成功创建交通运输部第四批农村物流服务品牌，信阳茶源绿道获评全国首届公路助力乡村振兴创新实践“十佳案例”。在河南省人大常委会乡村振兴满意度测评中，河南省交通运输厅位居省直部门第一。

三是郑港郑开交通一体化进程不断加快。全面推进郑港、郑开（兰考）交通优化项目，连霍高速公路开封西站及其连接线等 4 个项目建成通车，郑州航空港区周边高速公路亮化、美化、绿化工程顺利完工，郑州机场高速公路交安设施提升项目加快收官。在郑开同城化发展工作推进会上，省厅工作成效得到省领导高度肯定。

第五节　运输服务水平提质升级

一是物流保通保畅成果持续巩固。贯彻落实国务院物流保通保畅工作机制要求，坚持省市县三级物流保通保畅“机制不变、人员不撤、力度不减”。建立“321”工作机制，对影响保通保畅的因素提前 3 天研判，提前 2 天预置力量，提前 1 天落实到位，有效确保了重点人群、重要物资运输畅通，重点时段、恶劣天气下路网运行平稳有序。

二是出行便捷普惠水平持续提升。新乡、许昌市成功创建国家公交都市建设示范城市，持续推进城市公共交通适老化改造，漯河市公交打造“空乘式”服务模式。郑州机场至许昌市域铁路开通初期运营。联合铁路、民航开展“双铁联程、无忧换乘”服务品牌创建，郑州、洛阳市地铁开通“爱心预约”乘车服务。推动出租汽车巡网融合发展，巡游车和网约车驾驶员资格证实现“两证”互认，网约车双合规率排名全国前列。开通定制客运线路385条，鹤壁市淇县运游深度融合发展入选交通运输部典型案例。

三是物流降本增效提质扩面。大力推进“公转铁”“公转水”，1—12月全省集装箱公铁、铁水总量（发送量）145.1万标准箱，同比增长37.83万标准箱，增幅为35.27%。累计建成多式联运货运枢纽39个，成功举办多式联运枢纽经济发展论坛，10个案例入选自贸区制度创新成果，发布实施全国首个多式联运合同示范文本。郑州航空港区积极推进与招商局集团物流战略合作。网络货运企业总数达到89家。实现“中国TIR证书、中国牌照车辆”跨境国际道路运输，成功开通郑州至莫斯科、塔什干等国际道路货运通道。全年累计优惠减免高速公路通行费78亿元。

第六节 绿色智慧交通创新提质

一是行业科技创新水平持续提升。加快构建交通运输创新平台体系，成立交通运输科技成果转化推广服务中心，新增2个省级创新平台，推进厅级科技示范工程建设，开展科普基地培育。河南省成为全国首个国家综合交通运输信息平台部省联动试点建设省份。交通运输部科技示范工程现场推进会在平顶山成功召开，顺利举办河南省交通运输科技周活动。两项成果获河南省科学技术进步一等奖。

二是智慧交通建设提质显效。全国路网客户服务数据中心落地河南。出台交通运输领域新型基础设施建设专项行动方案，启动实施智慧高速公路建设三年行动，加快推进京港澳高速公路、连霍高速公路、郑州机场高速公路等重要路段智慧化提升改造。制定数字交通试点建设管理办法，全面开展高速公路养护智能化应用、新型服务区、智慧收费站试点。完成普通干线公路全路网、全要素资产数字化，“车路空天”新基建示范工程开工建设。

图 7-16-4 许昌至信阳高速公路临颍西互通（图片由河南省交通运输厅提供）

三是绿色低碳发展要求深入落实。印发《河南省交通运输领域绿色低碳发展行动方案》，深入推进81个绿色低碳试点示范项目。新增及更新出租汽车新能源占比达94.3%，完成265艘船舶受电设施改造，已运营高速公路服务区实现充电桩全覆盖。濮阳开展公交场站氢能应用研究，探索交能融合发展新路径。

第七节 行业治理效能实现整体跃升

一是交通行业改革持续深化。出台推动城市公共交通高质量发展意见等5项制度，扎实整治公交企业欠薪欠保。开展出租汽车行业服务质量提升年行动。推进行业市场化、法治化、国际化营商环境综合配套改革，加快“信用交通”建设，大件运输全链条信用管理等两个案例入选全国信用交通典型案例；大力发展“互联网 + 政务服务”。

二是法治政府部门建设成效明显。新修订的《河南省高速公路条例》《河南省治理货物运输车辆超限超载条例》《河南省水路交通运输管理办法》正式施行。开展交通执法、道路运输专项整治，党纪政纪处分52人，查处违法违规车辆3.9万台次。推进治超“百日攻坚”行动，在驻马店召开全省交通强国试点源头治超现场会。联合山东、山西、宁夏深入推进黄河流域交通运输执法协作试点，与安徽、湖北签订三省十市联合执法框架协议，交通运输执法案件自助处理系统在128个县（市、区）推广使用。“大数据＋监管”新模式获评第二批全省法治政府建设示范项目，服务型执法建设典型经验全国推广。

图 7-16-5　阳新高速公路黄河特大桥（图片由河南省交通运输厅提供）

三是惠企利民政策发力见效。深入开展“万人助万企”活动，河南省交通运输厅及牵头的工作组均被河南省委、省政府授予“2022年度全省万人助万企活动优秀集体”称号。实施培育壮大先进工程机械产业链行动，在洛阳召开专题推进会。联合湖北建立长江区域船检一体化工作站，为河南籍船舶提供就近检验和发证服务。做好“三夏”“三秋”跨区农机运输车辆保障。大广高速公路濮阳服务区等15个“司机之家”被评为5A级。拓展“运通贷”支持领域，交通物流专项再贷款利率下降3个百分点。开封强化交通运输行业以工代赈，促进当地群众就业。

第八节　本质安全水平有效提升

一是风险隐患排查整治深入开展。实施强化安全生产十项措施，综合运用调度评价、跟踪督办机制，开展重大事故隐患排查整治专项行动，整治重大隐患806项，集中曝光企业120家。加强双重预防管理系统开发应用，8800余家企业注册使用，加快构建安全风险“一张图”。

二是重点领域安全有效保障。组织开展货运企业专项整治、道路运输领域突出问题集中整治“百日行动”，全面推广普通货物运输第四代移动通信（4G）动态监控技术应用。焦作提升营运货车预警功能，漯河营运货车视频监控安装率达97.3%。出台“两客一危”分级分类动态监管办法，创新实施“红、黄、绿”精准监管。改造农村公路危桥923座，实施生命防护工程4647公里，栾双高速公路等两个项目获评交通运输部“平安工程”，全国公路平安百年品质工程示范观摩会在信阳成功召开。建立运输船舶违法违规信息跨区域跨部门通报机制。加强南水北调等重要水源地周边道路危险化学品运输管理，扎实开展平安建设，行业大局总体稳定。

三是行业应急管理能力不断提升。组建行业安全应急专家库。与公安、气象等部门建立应急联防联控机制，完善省市县三级联动机制，修订完善防汛抗旱等5个应急预案，评估提升20个专项预案，举办应急演练活动1470场，鹤壁、新乡等市提前预置力量、全力抢险保通，河南在全国危险货物运输安全应急能力竞赛中获团体第2名。全系统广大职工担当作为、攻坚克难，有效应对了“杜苏芮”台风、低温雨雪冰冻等极端天气，有力保障了重点时段、重大活动期间安全顺畅，受到各级领导充分肯定，赢得社会各界广泛好评。

湖北

2023年，湖北省抢抓长江经济带战略推进机遇，坚持绿色发展理念，推动交通运输生态环境保护修复；优化调整运输结构，大力推动"公转水""公转铁"和铁水联运；强化省际协同联动发展，提升区域交通互联互通水平，加快建设长江经济带综合立体交通走廊，为推动长江经济带高质量发展贡献更多的湖北交通力量。

截至2023年底，湖北省综合交通网总里程约32.98万公里（不含民航航线、城市道路），面积密度为177.4公里/百平方公里。全省公路总里程30.76万公里，其中高速公路7849公里；铁路营业里程5764公里，其中高速铁路里程2064公里；内河航道通航里程8667公里，其中高等级航道里程2154公里；油气管道7800公里。全省有民用机场8个、通用机场8个（含直升机机场）。全省港口货物吞吐能力5.55亿吨，集装箱吞吐能力589万标准箱。

第一节　铁路

全年完成铁路基本建设投资135.5亿元、技改投资16.59亿元、大修投资46.69亿元，涉铁项目完成产值26.83亿元。重大项目建设推进有序。沿江高速铁路合武段、宜涪段以及呼南高速铁路宜常段开工建设，沿江高速铁路武宜段、宜昌至郑万高速铁路联络线等在建项目高质量推进，沿江高速铁路汉口至汉川东工程开工7个月完成全线桩基施工，建成武汉北扩能改造等36个设备升级、枢纽畅通项目，建成重点涉铁项目48个、开通专用线5条。武（武汉北）黄（黄州）线路全线开通运营，宜万线隧道棚洞隐患整治取得重要进展，武汉、汉口等客站提质改造、汉口至余家湾C2改造工程、五大实训基地等项目均按期完成。

安全管理。深化站段标准化规范化建设，优化站段安全生产指挥中心职能，规范"两违"分级分类管理。推进安全风险防控和安全风险源头治理，严密管控28项"黑天鹅""灰犀牛"风险项目，建成18个站CTC3.0调度进路控制系统，实现LKJ和GYK数据无线换装，推行"全天窗"作业模式，实行车务综合防护试点，完成"雪亮工程"视频资源共享3100余路。

全年铁路完成客运量1.76亿人次，比上年增长104.5%，完成旅客周转量904.59亿人公里，比上年增长100.2%；完成货运量9225.27万吨、比上年增长0.2%，完成货物周转量1669.07亿吨公里，比上年下降4.7%。

第二节　公路

全年完成公路固定资产投资1645.4亿元，其中高速公路投资1009亿元。湖北省新增公路里程5388公里，其中新增高速公路251公里、一级公路382公里、二级公路75公里。全省公路总里程307566公里，公路密度为165.46公里/百平方公里。武（汉）鄂（州）黄（石）黄（冈）快速路40个项目开工37个，其中17个品质提升项目完成投资33.9亿元，23个重要节点工程项目开工20个，完成投资65.2亿元。鄂州花湖机场南门连接线等3个项目率先贯通。125个交通"硬联通"项目建成52个、在建73个，三大都市圈断头路、瓶颈路全部开工建设；加快实施路域环境治理，完成问题路段绿化提升等阶段性整改任务，完成1939块广告牌拆除，重点路段路域环境逐步改善。京港澳高速公路湖北北段等17个在建改扩建项目加快推进。29个续建项目中，武（汉）阳（新）高速公路等7个项目251公里建成。

民生实事。完成新改建农村公路14819.7公里，湖北省农村公路里程达到27.2万公里，实现所有乡镇、行政村、20户以上自然村通硬化路，农村公路通达深度和等级结构明显提高。高质量推进"四好农村路"建设，以"四好农村路"五色图评价体系强化过程管理。全省累计创建全国"四好农村路"建设市域突出单位3个，全国示范县22个，省级示范县56个，省级示范乡镇237个。农村公路灾毁保险纳入交通强国试点项目。多举措推进农村公路可持续发展。开展普通公路安全精细化提升行动，完成农村公路安防工程7671公里；组织排查并完成农村公路断头路、瓶颈路2874公里；完成共同缔造“美丽农村路创建”项目406个、1112公里。高标准推进农村客运发展，赤壁市、老河口市、红安县获得第二批全国城乡交通运输一体化示范县命名，全省示范创建单位达到10个，其中验收命名5个。14个县市开展全域公交县建设，其中7个建设完成。

全省公路完成客运量1.87亿人次，比上年增长7.7%，完成旅客周转量120.1亿人公里，比上年增长24.8%；完成货运量17.3亿吨，比上年增长19.4%，完成货物周转量2424.3亿吨公里，比上年增长17.8%。

第三节　水路

全年完成港航建设固定资产投资87.3亿元（长江航务局在鄂完成投资12.6亿元），其中港口项目完成投资62.7亿元，航道项目完成投资11.5亿元，支持保障系统项目完成投资0.5亿元，交通运输部长江航务管理局完成投资12.6亿元。汉江雅口、孤山枢纽基本建成，新集、碾盘山等枢纽项目加快建设，唐白河、富水、汉北河、浠水等航道整治项目顺利实施，黄石港棋盘洲港区三期工程、宜昌港洋溪临港物流园综合码头、荆州港监利港区白螺作业区白螺物流港一期工程等港口项目推进迅速。宜昌港枝江港区姚家港作业区姚家港煤炭专用码头、黄石港阳新港区富池作业区综合码头工程、武汉娲石水泥配套码头改扩建工程等15个项目建成。新增港口通过能力约5200万吨。

水运优势。湖北省港口与航道布局规划思路通过中国共产党湖北省委员会专题会审议。汉江兴隆枢纽2000吨级二线船闸工程前期工作启动，工程可行性研究报告通过行业审查；兴隆至蔡甸段2000吨级航道整治工程初步设计获批复。中央生态环保督察反馈的“码头整治”事项销号、“船舶污染防治”事项完成整改。2022年生态警示片披露的黄冈两个码头运营环保等问题基本整改完成。绿色发展方式不断推广，“永临结合”“零弃零借”等绿色建设理念深入贯彻，港口岸电泊位增长至498个，岸电用电量达1467万千瓦时，比上年增长158%。

湖北省水路完成客运量717.6万人次，比上年增长250.9%，完成旅客周转量39357.2万人公里，比上年增长389%；完成货运量7亿吨，比上年增长19.8%，完成货物周转量4996.8亿吨公里，比上年增长17.3%。完成港口吞吐量6.93亿吨，比上年增长22.8%，其中，内贸货物港口吞吐量完成6.74亿吨，比上年增长23.6%。完成港口集装箱吞吐量329.8万标准箱，比上年增长5.5%；港口集装箱铁水联运量17.55万标准箱，比上年增长107.2%。

第四节　民航

湖北省在册通用航空公司26家，通用机场8个。客货“双枢纽”建设加快推进，鄂州花湖国际机场全面开启货运功能，以鄂州花湖国际机场为核心的多式联运集疏运体系正在形成。武汉天河国际机场三跑道项目进展顺利，配套机坪投入使用，T2航站楼改造工程通过行业验收。航油湖北综合保障用房项目开工建设。支线机场建设中，宜昌三峡国际机场T1国际航站楼通过国家口岸办验收，宜昌三峡国际机场成为湖北省第二个全面对外开放的机场；十堰武当山机场新建次降仪表着陆程序获批，助航灯光改造工程获国家知识产权局颁发的实用新型专利证书；恩施许家坪机场迁建工作顺利推进。

武汉天河国际机场结合中转服务优势，申请成为中南地区首家“干支通，全网联”试点机场。鄂州花湖国际机场成功实现“三个安全平稳切换”，顺丰鄂州枢纽成为全国最大的中转分拣中心，开通国际国内货运航线超50条，顺丰航空公司完成货运航线转场工作，转运中心高效运行，高峰每小时可处理包裹28万件。湖北民航全年旅客吞吐量3459.2万人次，比上年增长123.6%；货邮吞吐量46.25万吨，比上年增长51.9%；起降40.23万架次，比上年增长37.4%。

第五节 邮政

加强行业现代化基础设施建设，中通快递华中（武汉）总部基地、湖北极兔武汉转运中心、申通（孝感）智慧物流电商产业园等项目建成投产，圆通湖北总部暨智慧供应链科创园、顺丰华中区数智供应链产业基地项目落户湖北。

湖北省累计建成县级公共配送中心105个、乡镇服务站点3475个，设置村级快递服务网点且能正常运营的行政村达20744个，实现全省行政村100%全覆盖，全省农村寄递物流体系全面建成。推动“邮快合作”和农村“客货邮”融合发展，新增交邮联运邮路60条。

全省邮政行业完成寄递业务量50.05亿件，比上年增长14.28%；完成业务收入477亿元，比上年增长14.6%。其中，完成快递业务量37.69亿件，比上年增长17.32%；完成业务收入307.35亿元，比上年增长14.95%。

第六节 多式联运发展

中共湖北省纪律检查委员会、湖北省监察委员会将交通物流枢纽建设纳入专项监督，硚孝高速公路建成通车，天子山大桥正式开工，一批历史遗留问题取得突破。武汉国家综合货运枢纽补链强链累计获得补助资金10亿元。宜昌三峡枢纽多式联运等两个国家多式联运示范工程通过验收，全省创建数量（8个）、命名数量（4个）均居全国第一。大力培育市场主体，落实配套奖补资金6640万元，新增规上道路货运企业195家，总数697家，位列全国第四、中部第二。

第七节 交通运输保障体系

公路养护水平得到提升，路网质量不断改善。湖北省高速公路服务区充电设施建设实现全覆盖，31个新开通收费站北斗授时全覆盖。验收新建合格“司机之家”24个。ETC发行服务业务平稳有序移交给湖北交通投资集团有限公司，更好发挥市场作用。“湖北鄂州花湖货运机场转运中心智慧运营科技示范工程”成功获批全国7个科技示范创建项目之一。湖北省获批部省联动交通运输产品质量监督抽查全国6个试点省份之一。《湖北省高速公路管理条例》等3部地方性法规修改纳入湖北省人民代表大会常务委员会五年立法规划。细化358项行政处罚自由裁量标准，整治执法领域突出问题1420个。两个全省优化营商环境先行区改革试点完成验收。建设“信用交通省”，向交通运输部报送信用数据1000余万条，公路水运建设市场更加规范。

第八节 平安交通建设

扎实开展交通运输安全生产十大专项行动、重大风险隐患排查整治和交通重要基础设施大排查等专项整治行动，排查整改问题隐患1.15万个，研判重大风险92个，湖北省委国家安全委员会、湖北省综合交通安全生产专委会挂牌督办的17个重大事故隐患全部销号。首次联合湖北省委平安办评选出46个平安交通示范创建单位。修订《湖北省交通运输厅突发事件综合应急预案》。成功承办全国平安百年品质工程建设现场会，荆州石首长江公路大桥等37个项目获得鲁班奖、李春奖等。安全形势总体稳定，全年接报公路水路行业安全生产事故17起、死亡24人，均比上年下降35%，其中较大等级事故1起、死亡3人，比上年分别下降67%、73%，实现“一无两降”目标，即无重大及以上等级事故，安全生产事故起数和死亡人数双下降。

湖南

2023年，湖南交通运输各项工作成效显著，全省交通运输高质量发展迈出坚实步伐。

第一节 交通强国建设

湖南省是第一批交通强国试点省份，试点工作取得明显成效。科技兴安试点基本完成。全省2.6万台“两客一危”车辆智能监管实现全覆盖，联网联控考核连续50个月居全国前列；高速公路、普通公路超限超载率分别稳控在0.5%、1%以内。“两客一危”智能监管、公路治超不停车检测得到国务院督导组充分肯定。城乡客运一体化成效突出。累计实施90个城乡客运一体化示范县，老百姓的获得感和满意度大幅提升。7个客货邮融合发展试点圆满完成，央视《新闻联播》《新闻调查》进行了专题报道。全域旅游生态景观路建设扎实推进。全域旅游公路发展专题研究、旅游公路设计指南等顶层设计全面完成，开工建设省级旅游示范路11条150.8公里、市级旅游示范路29条227公里，建成农村旅游集散公路和通景公路4712公里，实施旅游公路养护2409公里。积极推动湘赣边区域合作示范区建设，“一纵八横”高速公路网加快形成，萍水—渌水航道持续推进、打通省际瓶颈路合作协议签订实施，湘赣边综合交通进一步完善。

第二节 基础设施建设

2023年，湖南省累计完成交通固定资产投资988.3亿元，为年度目标（840亿元）的117.7%，“十四五”以来，完成固定资产投资3469.8亿元，较“十三五”同期增长57.5%，“十四五”前三年投资平均千亿，相较于“十三五”同期均为高位。有力支撑全省稳投资、稳增长。

截至2023年底，铁路营业里程达6078公里、公路通车总里程达24.28万公里、高等级航道（Ⅲ级及以上航道）通航里程达1215公里，民用运输机场10个，为经济社会的发展提供了强有力的支撑。

2023年，湖南省公路通车总里程达到242769公里，其中高速公路7530公里，普通国道8870公里，普通省道22353公里，农村公路203014里，专用公路1002公里；公路密度114.62公里/百平方公里；桥梁总长达到55279座/3849102延米。全省等级公路达到232205公里，二级及以上公路达到27760公里。全省客运车辆27536辆，客位数71.7万客位。全省货运车辆262354辆，吨位数374.8万吨。

2023年，湖南省在建高速公路共完成投资563.3亿元，靖黎、白新、芷铜、官新4个项目建成通车，通车里程199公里；桂新（郴州至桂阳）、浏阳至江背、茶亭至绕城3个项目开工建设，新开工里程114公里；龙琅、祁常、临连高速公路项目完成竣工验收。国省干线公路完成投资108.4亿元，新开工里程302公里，完工里程332公里，超额完成年度目标任务。

2023年，湖南省有通航河流373条，通航总里程1.2万公里，居全国第3位，其中等级航道4219公里，占航道总里程的35.3%；千吨级及以上航道1215公里。全省现有内河生产性泊位576个，其中1000吨级及以上泊位144个。运输船舶3524艘、495.59万载重吨、5.2万客位。

第三节 运输服务

交通运输与物流融合发展。湖南省货运总量从2016年的20.8亿吨增长至2023年的22.96亿吨。全省社会物流总费用与国内生产总值（GDP）的比率连续9年持续降低，由2015年的17.5%降至2023年的14.2%，低于全国平均水平0.2个百分点。已基本形成以纵向京港澳通道、呼南通道、焦柳通道，横向渝长厦—杭瑞通道、沪昆通道、湘桂通道为代表的“三纵三横”物流主通道。

物流保通保畅有力有效。湖南交通发挥全省物流保通保畅工作牵头部门作用，强化重点物资运输保障，加强路网监测，完善公路保通保畅长效机制。持续强化重点企业供需对接，“一事一协调”解决物流不通不畅问题，共协调解决涉及物流保通保畅事项13997个；推动助企纾困政策落地见效，落实交通物流再贷款延期等政策。

农村客货邮融合发展。湖南省交通运输厅会同发展改革、邮政等部门积极探索推进农村客货邮融合发展，形成农村客货运、快递、物流、电商等“一网多用、一站多能、多点合一、深度融合、共享共赢”的客货邮融合发展新模式，畅通农产品出村进城“最初一公里”和工业品下乡进村“最后一公里”。第一批创建已经完成，试点县充分盘活了农村客运班线闲置资源，构建了完善的农村物流体系，实现了快递物流100%通达行政村，年均派送件达120万件，同比增加34.2%，快递企业成本平均下降20%以上，带动农民群众家门口就业上万人，农民年平均增收6000余元。

城乡一体化示范县创建持续推进。湖南省交通运输厅持续推动城乡客运一体化示范县创建工作，推进农村客运高质量发展。截至2023年底，共有4批90个县市区开展城乡客运一体化示范县创建，其中54个县市区成功创建“全省城乡客运一体化示范县”，人民群众“出门水泥路、抬脚上公交”成为现实。

大件运输许可服务获得好评。湖南省交通运输厅深入开展优化大件运输环境专题调研，协调解决风电叶片大件运输“通行高速公路收费站效率低”等8个问题。向湖南省人民政府呈报《关于以“一件事一次办”为抓手进一步优化湖南省大件运输环境的调研报告》。集中采购一批便携式大件运输车辆称重设备，加强大件运输起运地核查。组织召开加强全省大件运输动态监控工作推进会议，进一步压实大件运输企业安全生产主体责任。大件运输管理服务工作被湖南省人民政府政务服务中心评选为服务企业群众“十大”典型案例。2023年共办理大件运输许可20余万余件，群众满意率达到99.99%。

高速公路服务区品质不断提升。湖南正式出台《高速公路服务区设计规范》和《高速公路服务区管理规范》，完成服务区监管工作调研。组织开展优化服务区规划建设、规范服务区权属管理、加强服务区运营监管、加快推进服务区提质改造、依法化解服务区历史遗留问题等5个方面的专项行动，完成两轮服务区暗访督查，高速公路服务区相关制度体系不断完善，加快推进高速公路服务区提质改造工作，全年完工28对，推动完成机场高速公路、长沙绕城高速公路提质改造，涌现出“石榴花品牌”“路灯”服务岗亭等服务品牌。

第四节 行业治理

交通运输法治政府部门建设稳步推进。制定2023年度法制工作要点。印发《湖南省交通运输厅2023年度重大行政决策事项目录》。《湖南省高速公路条例》（修订）、《湖南省道路运输条例》（修订）纳入2024年立法计划，《湖南省实施〈港口法〉办法》完成修订。党政主要负责人述职述法制度有效落实。合法性和公平竞争审查不断加强，出具审查意见95件次。妥善处理行政复议应诉，办结行政诉讼案件2件、行政复议答复案件8件。落实法律顾问工作制度，聘请3家律所担任交通运输厅法律顾问。高速公路遗留问题依法加快化解，高速公路项目特许经营更加规范。制定年度普法重点任务清单、责任清单，结合交通运输行业特色组织开展“路政宣传月”“信用宣传月”“安全生产月”等普法宣传活动。交通运输系统两人获评“全省法治工作先进个人”称号。

交通运输综合行政执法改革不断深入。制定《湖南省交通运输综合行政执法“四基四化”建设标准（试行）》《湖南省交通运输厅（本级）行政执法工作规则（试行）》、修订《湖南省交通运输综合行政执法协作办法》等，执法制度体系不断健全。推动省市县三级建立培训师资库，省级师资库和精品课程库精心打造35名师资和10堂精品课程。举办交通运输综合行政执法机构负责人和法制骨干培训班。湖南省交通运输行政执法综合管理信息系统正式运行，2023年系统日均办案量超200件，累计办案38541件，执法系统多次获交通运输部点名表扬。

交通运输执法领域突出问题专项整治成效明显，梳理问题线索239条并整改到位。通报全省交通运输系统6起违规违纪典型问题，持续推进交通执法正风肃纪，执法规范化不断加强。

打造“三化”一流营商环境。2023年，湖南省交通运输厅被评为全省政务公开工作先进单位，确认全省交通运输领域行政许可事项共58项，对涉及厅本级的39项行政许可事项，完成了子项的认领、权责清单和实施规范填报、三级统一要素填报等工作。并将国内水路运输经营许可（不含省际旅客、危险品货物水路运输许可）赋权至自贸区所在地市级水路运输管理部门。扎实推进“湘易办”民生实事工作，完成16项服务事项接入“湘易办”，7项公共服务事项在“湘易办”上线应用；集成6类18种电子证照，将13种电子证照由业务系统汇聚到湖南省政务一体化平台，全年共汇聚电子证照814675个。联合出台《关于进一步优化我省大件运输营商环境的若干意见》和《关于推进跨部门综合监管 优化湖南省大件运输环境工作方案》，印发了《湖南省大件生产企业信用评价细则》《湖南省高速公路沿线广告设施管理暂行办法》等重要文件，政务服务窗口全年共办结审批服务事项20.2万余件，日均办结800多件，群众满意率为99.99%，荣获“全国交通运输行业文明示范窗口”“全国巾帼文明岗”等荣誉称号。

第五节　科技创新

2023年，湖南省交通运输厅出台《湖南省交通运输科技项目“揭榜挂帅”制实施方案（试行）》，有效提升湖南省交通科技创新投入实效；下发《关于变更厅地方标准制修订项目资金补助方式的通知》，充分发挥厅补资金激励作用。下达2023年度科技创新计划支持28项交通科技创新项目立项研究，围绕综合交通、智慧交通、平安交通、绿色交通、品质交通5个领域，开展系列重点科技攻关，其中部省共研项目1个、省重点研究项目3个。加快交通科技成果向现实生产力转化，遴选出6项优秀科研成果列入2023年度《湖南省交通运输科技成果推广目录》；在公路工程施工领域大力推广“四新”技术，组织召开全省技术交流会，对16项成熟实用技术进行研讨，并在全省范围内推荐使用。常祁高速公路通过交通运输部科技示范工程创建成果验收，为推动全省公路建设领域的科技创新起到引领示范作用。下达2023年地方标准制修订项目计划，支持11项地方标准制修订工作；推动《大宗干散货水水中转环境保护技术规程》等11项地方标准正式出台，提升行业规范化发展水平。

明确湖南省交通运输“1+1+N”（1个技术底座、1个数据中台、N个业务综合平台）信息化建设顶层设计，形成《湖南省交通运输信息化提升三年行动方案》。建立湖南省交通运输指挥调度工作机制，形成应急与政务值班值守、运行监管、分析研判、突发事件应急指挥调度、信息化数字化对外展示与交流工作制度，建成湖南省交通运输指挥调度中心。推动数字交通综合信息平台部省共建、综合交通运输运行协调与应急指挥系统（TOCC）、数字政务等项目建设和公路、水运、运管、质安等业务平台优化整合，印发《湖南省交通运输厅及厅直单位业务系统优化整合方案》和《湖南省交通运输厅关于进一步完善业务信息化系统优化整合工作机制的通知》；重点开展湖南省交通运输行政执法综合管理系统、湖南省治超联网管理信息系统等已建行业项目推广应用，科技兴安形成湖南经验。完善数据共享管理机制，强化数据治理共享利用，开展数据分级分类，印发《湖南省高速公路数据共享管理实施细则（试行）》，编制《湖南省交通运输数据体系规范》和《湖南省交通运输数据分级分类实施指南》，发布两批数据资源和基础能力接口清单。持续建设数据中台，开展信息资源汇聚、编目、管理和共享交换等工作，梳理形成18份配套流程及规范，对接部、省各单位共66个系统，累计形成数据总量30太字节（TB），共享交换1.95多亿次。强化科技赋能交通运输建管养运，持续打造智慧交通数字化应用场景，制定项目推广清单。编制《湖南省交通运输行业BIM技术推广三年行动实施方案》，加快打造产、学、研、用相结合的建筑信息模型（BIM）

技术应用示范。建成湖南平江至益阳智慧高速公路，打造长寿、汨罗等主题类智慧服务区；推动G4京港澳高速公路湖南段扩容智慧公路工程、长沙黄花国际机场改扩建智慧枢纽工程、湘江航道与港口智慧工程、智慧货运枢纽等交通新基建工程建设；依托长株高速公路开展“光伏+高速公路”试点建设，在沿线边坡、服务区及管理中心屋顶投资建设分布式光伏，采用利用闲置空间、自发自用、余电上网的模式，推进交通基础设施网与能源网有机融合；支持自动驾驶重型货车智慧物流、智能公交、高速公路主动管控等融合试点项目。印发《湖南省交通运输厅网络和数据安全管理办法》，进一步明确了省厅、厅直各单位和各级交通运输管理部门的职责和保障措施。建立覆盖各市州、湖南省高速公路联网收费中心及厅直各单位的网络安全通报机制，定期进行考评，强化风险排查、处置溯源。定期开展网络和数据安全监测、检测与防御工作，做好等级保护常态化，持续完善日常防护体系，获评湖南省2023年“湖湘杯”和“HW2023”优秀防守单位，在部网络安全信息通报工作位列全国第八。

第六节 安全与应急

交通运输安全生产稳中向好。坚持统筹发展和安全，湖南省公路水路行业安全生产事故起数、死亡人数同比分别下降9.0%、9.2%，全行业未发生较大以上等级安全生产责任事故。开展两轮次“隐患清零”行动，累计查找问题隐患881个，并排名通报。推进高速公路“三保三大一创”专项整治，开展省级专项督导6次。对全省6000余公里国家铁路沿线整治范围拓展至铁路沿线两厢500米，排查整治安全隐患7000多处。推行“两客一危”智能安全监管“五有”工作制度，严抓水上交通三类船舶整治，推进公路水运平安百年品质工程建设，全省“平安工地”建设覆盖率90%。推进公路安全生命防护、危旧桥改造、干线公路灾害防治、渡口升级改造、航道整治工程、船舶碰撞桥梁隐患治理。举办两期全省交通运输安全监管和应急管理人员培训班。扎实推进“安全生产月”和安全“五进”活动，开展各类活动4000余场。

应急管理扎实有效。湖南省交通运输厅成立“重要交通运输基础设施汛期安全防护工作专班”，建立湖南省水上搜救联席会议机制。建立“气象吹哨，公安、交通协同联动保通保畅”的“一路三方”工作机制；加强与周边省（区、市）建立协同联动机制，完善协调跨省应急设备物资调拨、省际分流导流方案等。国家区域性公路交通应急装备物资（湖南娄底）储备中心正式揭牌。编制下发《突发事件应急管理典型案例分析》和《应急管理工作手册》。开展2023年度全国公路交通军地联合应急演练、湖南省2023年道路运输突发事件救援处置综合演练、2023年湖南省低温雨雪冰冻灾害应急演练、“长江—洞庭湖”水上应急综合演习。严格防汛及应对低温雨雪冰冻等极端天气工作部署和调度，每月进行风险研判。及时组织力量抢通保通汛期及低温雨雪冰冻天气期间灾毁公路，全时段开展应急值守各项工作。

第七节 特色工作

交通管理养护屡创佳绩。2023年湖南省公路管养继续保持全国第一方阵，年度干线公路养护管理评价排名全国第四。创新推进“美丽公路”示范创建行动，实施大中修1075公里、路面改善357公里，10295处路域环境问题整治到位，PQI优良路率达到95.2%，自然灾害综合风险公路承灾体普查、恶劣天气高影响路段优化提升、“阳光救援”受到交通运输部表扬肯定。航道管养全面加强，2023年航标维护正常率99%以上。《湖南省航道养护预算编制办法及定额》修编完成。战枯保畅、公益助航受到好评，免费助航船舶583艘次。

“四好农村路”示范创建硕果累累。2023年，湖南省着力推进“四好农村路”示范创建工作，由湖南省人民政府命名通报岳塘区等16个县市区为2023年度“四好农村路”省级示范县。宁乡市、湘乡市、衡阳县、汉寿县、零陵区、会同县、吉首市7个县市区被命名为第四批“四好农村路”全国示范县。创建交通运输部月度主题前十位“最美农村路”12条；评选出衡南县贺新—江口公路等10条为2023年度“湖南省最美农村路”、汨罗市西长四季花海路等5条为“湖南省最具人气路”。“四好农村路”示范创建有效引领全省农村公路高质量发展，助推了乡村振兴。

广东

2023 年，广东省交通运输系统积极践行“开路先锋”的使命担当，深入实施“百千万工程”和绿美广东建设，加快建设交通强省，顺利完成各项年度目标任务。

第一节　落实习近平总书记重要指示批示工作情况

2023 年，广东省交通运输系统把学习贯彻习近平总书记视察广东重要讲话、重要指示精神作为首要政治任务，着力解决好交通区域发展不平衡等问题，系统谋划构建广东省现代化综合立体交通网络，纵深推进大湾区联通粤东西北地区、通达周边省（区、市）的快速通道建设。高速公路出省通道新增 1 条（通广西），总数达 31 条，与相邻省（区、市）均通达 5 条以上。畅通大湾区交通“内循环”。时速 350 公里的广汕汕高速铁路（至汕头南）开通运营，广州到汕头缩短至 1.5 小时左右，粤东地区加速融入大湾区“一小时交通圈”。普通国道二级路、普通省道三级路比例和农村公路通行政村双车道覆盖率不断提升。协同各方用好管好港珠澳大桥。大桥主体工程顺利通过竣工验收，“澳车北上”“港车北上”“经珠港飞”和大桥旅游运营等政策实施，大桥车流量屡创新高，单日最高达 1.6 万车次。大桥运营资金链得到有力保障。与港、澳方密切沟通，推进港珠澳大桥经贸新通道建设。统筹加快琼州海峡和徐闻港高质量建设。开展新时代徐闻港现代化交通运输枢纽规划编制，助力更好对接融入海南自贸港和西部陆海新通道。琼州海峡客滚运输应急保障基地完成浮船坞改造，琼州海峡北岸应急锚地工程、湛海高速铁路前期工作加快推进，雷州半岛西线高速启动规划研究工作。

第二节　交通强省建设

扎实落实交通运输部关于加快建设交通强国的各项工作部署。将试点工作打造为推动交通运输综合实力提升的平台、助推交通运输重点工作落实落地的抓手、展示交通运输高质量发展成果的窗口。签署《交通运输部　广东省人民政府关于加快建设交通强国　服务支撑广东在推进中国式现代化建设中走在前列的合作协议》，形成未来 5 年引领全省交通运输高质量发展的行动纲领。与 4 所院校和部属 4 家研究机构分别签订合作（框架）协议。印发《广东省加快建设交通强省五年行动实施方案（2023—2027 年）》。开展交通强国广东省省域评价指标体系研究。承担交通运输部战略规划政策课题《新时代公路造价高质量管理对策研究》，推动综合交通造价管理体系创新发展。印发广东省交通强国试点项目管理办法、分工方案，抓好 45 个试点项目实施，申报增补“用好管好港珠澳大桥”试点任务，完成 22 个试点项目内部验收。“交通与旅游等产业融合发展”试点任务在全国已验收试点任务中排名前列。确定广州、深圳、珠海、佛山、惠州首批 5 个试点城市开展 36 项试点任务，各市立足本市实际、彰显地方特色，针对“四个一流”创新探索，纵深推动试点工作向全省铺开。

第三节　服务实施广东“百千万工程”

扎实推进“四好农村路”高质量发展。2023 年广东省农村公路建设完成投资 385.5 亿元，新改建农村公路 6958 公里，渡改桥 3 座，危旧桥梁改造 288 座，村道安全生命防护工程 3539 公里。完成农村公路路面技术状况自动化检测评定 7.87 万公里。截至 2023 年底，全省农村公路通车里程约 18.35 万公里。

路网通达程度大幅提高。畅顺国道通县城，强化省道通乡镇。新增超过 2200 个行政村通双车道公路，覆盖比例达 83.5%。

农村公路建管养水平提升。超额完成 2023 年广东省民生实事农村公路建设任务。农村公路PQI均值83.46、优良路率70.8%。

县镇村综合运输体系不断完善。推动广东省农村客运、货运、物流、快递融合发展，有17个地市开通融合业务。梅县、南雄、四会“城乡交通运输一体化示范县”通过部验收。大埔县“电商物流＋农村客货同载”和翁源县“搭建三级物流体系、助力农品进城”成为国家第四批农村物流服务品牌，全省累计5个。

第四节　综合交通基础设施

省管铁路建设方面。2023年，广东省管铁路完成投资1158.7亿元，约占全国铁路投资的1/7，广汕汕高速铁路等3项353公里建成通车，全省铁路运营里程5736公里，其中高速铁路运营里程2764公里，居全国前列。城市轨道交通运营里程1373公里，居全国第一。铁路续建项目37项2190公里加快推进。深南高速铁路等6项235公里开工建设。

高速公路网络建设方面。建成15项359公里（广州从埔高速公路一期、韶关至惠州高速公路惠州至龙门段、佛清从高速公路北段官坑至鳌头南互通段、珠海鹤州至高栏港高速公路二期、番禺至东莞高速公路桥头至沙田段三期、兴汕高速公路海丰至红海湾段二期、湛江机场高速公路一期、湛江环城高速公路南三岛大桥、珠海金海公路大桥一期、二广高速公路连山至贺州支线、沈海高速公路汕尾陆丰至深圳龙岗段改扩建一期、从化街口至花都北兴高速公路改扩建、沈海高速公路茂名至湛江段改扩建二期部分路段、广深高速公路新塘立交改扩建、惠盐高速公路深圳段改扩建坑塘径至金钱坳段），新增通车里程268公里，全省通车总里程11481公里，连续10年居全国第一；新增车道里程1532公里，车道总里程达5.94万公里，六车道以上高速公路里程占比过半。续建项目51项1964公里总体进展顺利，广州机场高速公路改扩建、京珠南改扩建等10项新开工。完成竣工验收10项1200公里。

普通国省道建设养护方面。2023年，广东省普通国省道建设完成投资419.8亿元，完成普通国省道新改建和路面改造1051公里，列入年度目标任务的250个项目中，梅州市S221线大埔县湖寮至枫朗段改建工程等49项建成通车，茂名市S280线（茂名大道）快速化改造工程等51项开工建设，阳江海陵大堤至溪头段（含阳江港大桥）公路工程等项目稳步推进。截至2023年底，全省普通国道PQI均值为90.2、优良路率为94.5%，普通省道PQI均值为86.3、优良路率为82.2%，普通公路路况水平稳步提升。

水运工程方面。2023年，广东省港口和航道项目完成投资202.2亿元，巴斯夫一体化项目大件码头、崖门出海航道二期工程等19项已完工。南沙港区国际通用码头、盐田港区东作业区集装箱码头工程等63项续建项目加快推进。新开工惠州港荃湾港区进港航道等级提升工程、汕尾新港区白沙湖作业区公用码头建设项目等项目20项。

第五节　运输服务保障能力

运输规模持续恢复增长。全年完成公路水路航空铁路运输客运量8.3亿人次（同比增长74.1%）、货运量36.9亿吨（同比增长5.4%），港口货物吞吐量22.1亿吨（同比增长8.1%），集装箱吞吐量7209万标准箱（同比增长2.0%），亿吨大港增至7个。高速公路车流量26.58亿车次（同比增长20.57%）。

运输结构调整优化。多式联运、城市配送集约化取得积极进展。盐田港亚太—泛珠三角—欧洲国际集装箱多式联运工程等5个项目入选国家示范工程（其中3项已通过验收）。广州、深圳港完成集装箱铁水联运量84.22万标准箱，同比增长41%。广州、深圳、佛山、珠海、韶关入选国家城市绿色货运配送示范项目（广州、深圳已通过验收）。

物流保通保畅常态化开展。抓好春运及中秋节、国庆节等节假日保安全保畅通优服务工作。落实国务院物流保通保畅领导小组办公室紧急调度指令，组织做好重点物资跨省运输保障。琶洲港澳客运码头投入运营，开辟跨境水上新通道。

“交、农、文、旅、商”融合发展不断推进。打造阳江服务区海洋主题文化、梁金山服务区侨乡碉楼文化、白石服务区三华李农交旅融合乡村振兴等一批特色服务区。加快包茂高速公路茂名荔枝文化特色服务区建设。广东省6个项目入选首届公路助力乡村振兴创新实践优秀案例活动，数量居全国第一。有序做好深圳邮轮母港试点复航工作。“广州珠江游”“珠海海岛游”等3条航线被确定为部精品航线创建试点项目。

行业惠企纾困力度加大。落实好7座及以下小客车节假日免收通行费、绿通免费等措施。加大交通物流领域金融支持力度，有1900余家交通物流市场主体获得专项再贷款超87.57亿元。进一步清理、精简交通运输领域各类涉企收费。

民生服务水平持续提升。新增敬老爱老城市公交线路52条，适老化改造公交站台173个。新发行具有交通一卡通功能的粤港公交互通卡，累计发行全国交通一卡通国标票卡2035万张。新增“司机之家”12个，全省累计120个。推行道路普通货物货运从业资格证直接申领，已发放4.6万份。联合10部门出台广东省加快推进汽车客运站转型发展意见。“12328”交通服务监督热线工单办结率达100%。

第六节　行业治理体系建设

建立健全交通运输法规制度体系。修订《广东省公路条例》《广东省道路运输条例》，《广东省道路货物运输超限超载治理办法》颁布实施。制订发布《广东省交通运输厅关于标准化工作管理的办法》等11个规范性文件。持续推动《广东省危险货物道路运输安全管理条例》等立法。

营商环境持续优化。下放10项省级路政管理行政职权至57个县（市）实施，7项省级交通行政职权事项调整由横琴粤澳深度合作区实施。推进粤澳跨境客运指标确认。出台《广东省信用交通建设三年行动方案》《“信用交通市”建设试点工作实施方案》。深入推进行业常态化扫黑除恶斗争。

执法监管效能提升。全年查处各类违法违规案件23.97万宗，查处违法超限超载运输车辆15.6万辆。推动广州与浙江绍兴开展全国首次长距离跨省联合治超。广东牵头组织江西、广西、海南、贵州、云南6省（区）交通运输厅和部珠江航务管理局、广东海事局、广西海事局签订《珠江流域及琼州海峡交通运输区域执法协作框架协议》，构建跨区域执法联动机制。

行业新业态管理逐步规范。深化道路运输新业态联席会议等机制，组织签署《广东省网络预约出租汽车行业自律公约》，网约车合规率居全国前列，规范引导城市公交、出租汽车等领域健康发展。首创机动车驾驶培训学员二维码实名认证，惠及学员246万人次。

第七节　科技创新

科技协同创新体系进一步完善。加快建设“基建＋科技”新型协同创新体系，强化科研项目事前、事中、事后监管，在9个交通建设项目部署开展35项课题研究和科技攻关。

智慧交通建设加快发展。印发《广东省智慧高速公路建设指南（2023修订版）》《广东省普通国省道智慧公路建设指南（试行）》《广东省智慧高速公路工程费用指标（2023版）》，遴选8个智慧公路试点项目，开展自主可控BIM关键核心技术研究及推广应用。

交通标准化工作迈上新台阶。召开全省交通运输标准化工作会议。全国率先创建“管委会＋标委会＋分技术委员会”的“1+1+9”交通标准化管理架构。以规范性文件发布《广东省交通运输标准化工作管理办法》。

绿色交通建设持续推进。印发《广东省交通运输行业绿色低碳发展行动方案》《广东省交通运输行业绿色低碳发展指导意见》。全省累计推广应用道路运营新能源汽车55.7万辆，城市公交电动化率达98.5%。全省已建设充电站的高速公路服务区达506个，建设充电桩约1900座，充电停车位3000多个，基本实现服务区充电设施全覆盖。开展高速公路管理中心多场景光伏应用试点。建成 LNG 单一燃料动力船舶 206 艘，运力规模居全国第一。全省港口岸电设施已覆盖 1547 个泊位，覆盖率达 84.8%。

第八节　安全与应急

建设安全制度，完善安全管理体系。扎实落实国务院安全生产委员会安全生产 15 条“硬措施”和广东省安全生产委员会 65 条具体措施，在公安、应急等部门大力支持下，全年行业安全事故起数、死亡人数同比“双降”2.15% 和 2.28%，无重特大事故。

压紧压实安全生产责任。厅本级派出督导检查组 538 组次，检查发现并督促整改一般隐患 5255 处，重大隐患 31 处。印发《广东省交通运输厅安全生产约谈办法》，全年实施挂牌督办 4 次，约谈 4 次。对发生亡人事故的道路运输企业实施涉事驾驶员停班、涉事车辆停运处理，全年共实施 353 次停班停运。

抓好重点领域安全监管。广东省约 38 万辆“两客一危一重”车辆 100% 安装智能监管系统。加快推进高速公路异常停车安全防范“五快机制”，构建省级视频云平台。推进平安百年品质工程和平安工地建设，组织开展平安工地年度考评和创建省级典型项目工作，完成 2023 年度公路水运工程平安工地考评 129 个，树立 2023 年度公路水运工程省级“平安工地”建设典型项目 10 个，建设港口重大危险源风险监测预警平台。

扎实推进安全专项行动。深入开展交通运输安全生产重大隐患排查整治和重大风险防范化解 2023 行动，共排查重大隐患 2182 个，排查一般隐患 98991 个，整改率约达 97%。扎实开展道路运输安全突出问题集中整治“百日行动”，查处违法违规案件 3.15 万宗。组织开展城镇燃气道路运输专项整治、货车道口交通安全综合治理、港口安全生产“五个一”专项行动、“夜游船”安全整治等工作。持续推进普速铁路沿线安全环境治理、公路安全设施和交通秩序管理精细化提升行动。

抓牢抓实三防应急工作。印发《广东省交通运输厅突发事件综合应急预案》等。推动形成广东省交通行业“1+7+21”应急体系。有效应对 30 轮强降雨、6 个台风和大范围低温冰冻影响，做好防汛防台和抢险救灾，实现行业“不死人、少损失”目标。

广西

第一节　整体概况

2023年是广西交通运输改革发展进程中极其重要的一年。广西壮族自治区交通运输事业高质量发展取得了“六个好”。

一是关键指标好。交通投资高位运行，完成综合交通固定资产投资2456亿元，占全区基础设施建设投资规模的70%以上；公路水路建设投资规模全国第4，高速铁路运营里程全国前10，高速公路通车里程全国第4。货运规模持续增长，铁路和民航货运量分别大幅领先全国平均水平17.9和10.2个百分点，港口货物吞吐量、集装箱吞吐量分别大幅领先全国平均水平8.9和10.9个百分点，铁路客货运输量“双双破亿”，北部湾港货物和集装箱吞吐量均居全国前10；跨境寄递量增速全国第1，总量全国前10；高速公路车流量6.5亿辆次，同比增长34%，其中9座及以下小客车5.03亿辆次，同比增长42.7%。长洲水利枢纽船闸双向过闸实载货运量连续4年突破1.5亿吨，实现“四连增”。

图 7-20-1　2023年1月10日，田东经天等至大新高速公路建成通车。图为田东经天等至大新高速公路东平互通（图片由广西壮族自治区交通运输厅提供）

二是建设势头好。重大项目攻坚连战连捷，世纪工程平陆运河全线掀起建设高潮，历经15年推动的黄桶至百色铁路拉开建设大幕；首条时速350公里的贵阳至南宁高速铁路建成运营，实现市市通高速铁路；天峨经凤山至巴马高速公路等一批通道项目建成通车，新建成高速公路通车里程超900公里；钦州港大榄坪南作业区9号、10号泊位工程投产运营，北部湾港具备20万吨级集装箱船舶靠泊能力。289个抵边自然村全部实现直接通邮。交通基础设施获批用地总面积全国第一。广西交通建设连续4年获得国务院督查激励，是全国唯一获得“四连冠”殊荣的省（区、市）。

三是风险稳控好。公路水运行业连续7年保持事故起数和死亡人数“双下降”，百亿元投资事故率和死亡率同比均下降42.9%，交通工程质量监督抽检合格率达到96%以上，高速公路入口违法超限超载率降至0.41%，铁路、民航、邮政领域未发生较大及以上事故，圆满完成春节等重大节假日、重要时段和第一届全国学生（青年）运动会等重大活动的运输保障任务，成功应对“龙舟水”、台风“泰利”等恶劣天气，有效化解道路运输等重点领域的风险隐患，牢牢守住了安全稳定底线。

四是转型升级好。新增两个院士工作站，新创建省部级及以上科研平台20个，7人（次）获得省部级及以上高层人才认定。16项平陆运河重大科技专项获得批复，得到1.15亿元经费补助。大风江大桥、沙尾左江特大桥两个项目荣获中国钢结构金奖，崇左至水口高速公路、六律邕江特大桥、荔浦至玉林公路等9项工程荣获中国公路行业最高质量奖。17项成果荣获广西科学技术奖，7项成果入选交通运输部重大科技创新成果库，63项成果被全国性行业学会、协会评为科技进步奖。全省高速公路服务区实现充电基础设施全覆盖，高速公路首个零碳服务区、首个全液冷新能源汽车超充示范站、首个超级充电站相继投入使用。

五是开放成色好。西部陆海新通道广西铁海联运班列连“线”成“网”，辐射至18省70市144站点，延伸至120个国家和地区的473个港口，开行班列突破9000列，同比增长8.6%。成功举办第三届中国—东盟民航合作论坛，推动成立中国—东盟民航合作交流中心，建成并投运广西低空飞行服务站，国际客运航线实现东盟十国通，国际货邮吞吐量排全国第11位。新增1对国际道路运输车辆通行口岸、10条国际道路客货运输线路，1对双边性口岸升格为国际性口岸，中国南宁至越南河内国际直达客运线路恢复运营并常态化开行，完成国际道路客货运输量同比分别增长100%、90%，出入境车辆同比增长100%。

图 7-20-2 2023年8月2日，中国南宁—越南河内国际直达客运班线恢复疫情前每日10时在南宁埌东汽车站发班的运输模式，日发1班次车，2辆车以对开的方式运营，真正实现中越国际直达运输线路常态化运行。图为广西运德集团的客车驶入越南友谊口岸（图片由广西壮族自治区交通运输厅提供）

六是改革态势好。农村公路列养率100%，“路长制”市县全覆盖。创新给予自驾游的外省籍一类客车高速公路通行费减半优惠。2100公里沿边临港连接园区高速公路通行费实行“折上折”。率先试行“信用积分”制度，大幅提升长洲船闸过闸效率。道路运输高频服务事项“跨省通办”从业资格证办理成功率连续3年排全国第一。桂林市灵川县“客货邮融合+电子商务”农村物流服务品牌成为“桂字号”唱响全国。单件快递物流成本降幅全国第七。柳州市网约车双合规率跃居全国第一。在全国首次实现船舶建造检验数字化。公路水运项目招标投标实现全流程电子化。全面推行说理式“631”执法新模式。

第二节 综合交通基础设施建设

全力支撑扩投资稳增长，开展《广西综合交通运输发展“十四五”规划》实施情况中期评估和调整工作，深入推进《广西普通公路省道网规划修编》、国省道公路乡镇过境路段通行服务水平和农村公路补短板等研究，完成综合交通固定资产投资2456亿元，其中铁路301.4亿元、公路1744.28亿元、水路318.55亿元、民航37.81亿元、邮政6亿元、轨道与管道47.86亿元。

加快补齐基础设施短板，新增高速铁路里程329公里，总里程突破2200公里。新建成高速公路通车里程908公里，总里程达到9067公里。新增二级及以上普通国省干线公路374公里，比例提至78.1%，排名西部省（区、市）第一。实施普通国省干线公路养护大中修工程1408公里，公路技术状况指数（MQI）、PQI优良路率分别由77.5%、73.3%提至85.2%、80.3%，圆满完成2023年度国家公路网技术状况监测工作。新增生产性泊位24个，新增港口通过能力4626万吨。南宁机场空侧转运中心及国际待运区建设工程、南宁机场T1航站楼国际客运到达区及集中居住设施工程竣工验收。新投产运营邮政省际分拨中心6个，总数达24个，干线邮政快件日处理能力提升至3000万件，面向东盟的区域性国际寄递物流枢纽初具规模。

持续强化资源要素供给，争取中央补助资金超203亿元、自治区财政资金超229亿元支持交通项目建设，指导平陆运河集团等5家企业获得新增银行贷款额度超1684亿元，运用企业债、公司债、乡村振兴票据等新型融资工具在资本市场直接融资超731亿元，通过交通投资基金投贷联动融资超445亿元，推动协调27个、总投资约3584亿元的政府和社会资本合作高速公路项目获得银行信贷支持。协调推进30个交通基础设施项目获得用地批复，总用地面积超117平方公里、林地指标超30.38平方公里。

第三节　运输服务保障能力

加快提升综合运输保障能力，完成营业性客运量3.19亿人次，同比增长47.2%，其中铁路、公路、水路、民航客运量同比分别增长97.5%、16.4%、344.1%、134.3%；完成营业性货运量22.84亿吨，同比增长7%，其中铁路、公路、水路、民航货运量同比分别增长17.3%、5.4%、11.3%、31.8%；完成港口货物吞吐量6.63亿吨、集装箱吞吐量957万标准箱，同比分别增长16.8%、15.8%；完成邮政行业业务总量200.75亿件，同比增长18.9%；完成快递业务量13亿件、投递量31.35亿件，同比分别增长23.3%、12.2%。

加快提升客运服务能力，14个设区市高铁动车全覆盖，构建了广西主要城市间1小时通达、首府南宁往所有设区市3小时通达和区外8个省会城市6小时通达的"1—3—6小时高速铁路交通圈"；国内客运航线数量增至295条，打造了飞往北京、上海、成都等重要城市的"空中快线"。南宁轨道交通6号线一期工程开工建设。推进19家骨干道路客运企业发展定制客运线路147条，建成18个出租汽车综合服务站，创新推出"网约公交""微循环公交""城际公交"等特色运输服务，道路客运市场加速回暖。

图7-20-3　G242上林巷贤路段（周健图 摄）

加快提升货运与物流服务能力，大力发展多式联运，持续优化运输结构调整，打造3个国家级多式联运示范工程、11个广西多式联运服务品牌和重点线路，铁路货运量综合占比突破5%，水路货运量综合占比提至19.6%，铁路、水路货物周转量占比达64.2%。开通16条国际货运航线，完成国际货邮吞吐量8.7万吨，同比增长19.8%。服务"沿边临港"园区建设发展，自治区级及以上园区均实现便捷陆路交通衔接，推进北部湾海铁联运一体化建设运营，顺利拆除钦州铁路集装箱中心站与钦州港自动化集装箱码头物理围网，打破海铁联运数据与流程壁垒，完成港口集装箱铁水联运量45.38万标准箱，同比增长30.6%；北部湾港三大港域进港铁路全覆盖、8大港区进港铁路覆盖率达到75%，新增10条、累计开通76条北部湾港集装箱航线，实现东盟国家及全国主要沿海港口全覆盖，北部湾港完成货物吞吐量4.4亿吨、集装箱吞吐量802.2万标准箱，同比分别增长18.5%、14.3%。

第四节　行业治理体系建设

强化重点领域改革，综合交通运输管理协调体制机制不断建立健全，广西壮族自治区交通运输厅直属事业单位、交通综合执法机构等改革稳步推进，公路养护、收费公路等重点领域改革持续推进，出租汽车领域改革不断深化，网约车合规化同比提升13%。产业工人队伍建设改革取得新成效，全面完成行业职业技能竞赛、"西部陆海新通道"全国引领性劳动和技能竞赛。

图7-20-4　广西壮族自治区交通运输综合行政执法局第三支队、第六支队共同对船舶未按照规定向船闸运行单位如实提供过闸信息的违法行为开展专项整治行动（图片由广西壮族自治区交通运输厅提供）

深化交通法治建设，《广西航道管理条例（修订）》提交自治区人大常委会审议，《平陆运河保护与管理条例》《广西道路运输管理条例（修订）》《广西治理货物运输车辆超限超载条例》等法规前期立法工作稳步推进。创新实施精准执法体系化监管，系统性推进执法监管、规范执法、柔性执法等6大体系建设，查处违法行为同比增长20%，其中自治区本级同比增长169%，执法质效大幅提升。

优化营商环境，大件运输许可平均办结时间缩短至0.77个工作日，群众满意度达99.9%。自治区本级交通执法办案全流程电子化、无纸化现场办结，治超监测平台初步建立。全面启用北部湾港综合调度系统，实现了码头企业、港口调度、引航、海事、边检等6方业务实时并行协同，工作效率提升15%。全面启用港航电子证照系统。全面推行出租汽车驾驶员从业资格“扫脸即办”。加强“12328”服务热线管理，建立安全生产违法行为举报奖励机制，持续加大行业乱象治理。严格执行失信责任主体认定标准、认定程序、惩戒措施等，依法规范审慎开展信用惩戒。进一步规范交通执法裁量基准，开展交通执法大比武。

第五节　科技创新

推进行业科技创新，首次召开行业科技创新大会，出台推进行业科技创新发展若干政策措施，组建广西交通运输岩土与地下工程灾害安全监测预警及防治技术创新联合体、广西交通运输零碳港口科技创新联合体，行业18家企业、3个团队、4名个人成功列入2023年第一批自治区政府质量奖重点培育对象。下达标准项目计划87项，获批地方标准立项39项，发布地方标准44项、指南7项。

推进智慧交通建设，广西综合交通运输“数据大脑”进入立项审批关键阶段，确定6个自治区级智慧交通试点项目，中国—东盟（广西）综合交通大数据应用技术省级重点实验室等项目前期工作取得阶段性成效，完善《交通运输政务数据治理技术指南》，推进交通运输违法数据统计分析等21项数据共享应用。顺利完成交通领域公共数据授权运营试点，“桂船通”App在北部湾大数据交易中心完成首笔交易。

图7-20-5　2023年10月9日，上思至防城港高速公路建成通车。图为穿越十万大山的上思至防城港高速公路（图片由广西新发展交通集团提供）

推进绿色交通发展，确定6个自治区级绿色交通试点项目，新增新能源公交车423辆、新能源出租汽车（含网约车）2.46万辆；在高速公路服务区等交通枢纽新增新能源汽车充电桩1404个，累计达到4170个；完成内河营运船舶岸电系统受电设施改造2139艘，改造完成率100%；北部湾港完成12个泊位29套岸电设施建设，靠港船舶累计使用岸电203.7万度，折合替代柴油量449.6吨，减少二氧化碳排放量约1414.05吨；内河6艘5000吨级纯LNG动力集散两用船交付使用，在营LNG动力船舶达32艘、在建42艘。全区邮政快递企业采购使用符合标准的包装材料比例超95%，规范包装操作比例超96%，电商快件不再二次包装占比超95%，快递电子运单基本覆盖。

第六节　安全与应急

加强应急能力建设，强化“一路多方”联勤联动机制，建立应急队伍420支共6172人，成功举办自治区高速公路突发事件应急演练，行业开展各类应急演练2906次，有效提升应急抢险处置水平。相继启动防汛防台风应急响应8次，投入一线抢险人员

2.5万人次、机械超5800台班、资金超6000万元，抢通普通公路365条，有力保障了路网安全稳定运行。深入开展重大事故隐患排查整治专项行动，排查重大事故隐患177个并推进整改，曝光、约谈、联合惩戒企业309家，形成有力震慑。加强执法监管，一体推进执法、质量安全和应急监督管理，督促完成事故隐患整改同比增长127%。

加强重点领域管控，集中开展道路运输安全生产整治提升工作，推动841辆57座以上大型客车、卧铺客车退出道路运输市场，退出率达90.63%；查处大型客车违规异地经营问题线索1180条，集中排查整治4.38万辆10年以上老旧货车安全隐患，整治危险货物道路运输安全隐患404个；强化重点领域车辆动态监控管理，“两客一危”车辆100%安装北斗卫星导航系统装置，超速和疲劳驾驶行为明显减少；纵深推进车辆超限超载治理，及时调整治超站点规划布局，公布416家重点货物装载源头企业，新增161个、累计建成279个公路不停车超限检测点，自治区、市、县三级治超联网平台实现连接，查处超限超载违法案件2.3万件，监督卸载货物近50万吨。开展港口危货运营等专项检查，推动整改完成1366项安全隐患问题；加强客运渡口安全监管，在180个重点客运渡口安装网络视频监控设备，实施全天候渡口安全运行监管。

加强基础设施安全防护，第一时间成立工作专班，专题调度平陆运河、龙门大桥等重大工程项目近100次，推动解决风险隐患365个。完成农村公路通畅工程3462公里、提升工程15391公里、安防工程9004公里、普通公路危旧桥改造加固351座，普通国省干线公路一、二类桥比例提升至86%。开展汛前安全检查1467次，排查整改隐患5403处；开展“畅沟清涵”行动，修复路基路面排水沟1343公里、涵洞3684座、隧道排水系统25座。平陆运河等项目列为全国公路水运平安百年品质工程创建示范项目，南宁沙井至吴圩公路等3个项目获评国家平安工地。

第七节　合作与交流

打造北部湾港国际门户港、国际枢纽海港，《北部湾港总体规划（2035年）》即将获批，开工建设北海港铁山港西港区啄罗作业区4号泊位、钦州港金谷港区金鼓江作业区11号泊位工程等项目，建成防城港企沙港区赤沙作业区1号、2号泊位主体工程等一批项目，北海港铁山港1万至3万吨级锚地工程等一批项目前期工作加快推进。

全面对接粤港澳大湾区建设，《广西内河航道与港口布局规划》即将获批，对接融入粤港澳大湾区的11个交通基础设施项目建设进展总体顺利，建成贵阳至广州铁路提质工程等项目，南宁至深圳高速铁路全线开工，柳州至广州铁路柳州至梧州段和南宁至湛江高速公路等项目加快建设，西江航运干线南宁（牛湾）至贵港3000吨级航道工程等项目即将开工建设，开行粤港粤澳“双牌”蔬菜运输“直通车”，互通两广、通达港澳的运输堵点断点加快打通。

推动中越交通互联互通，推进新发展格局下面向越南的广西交通运输高水平互联互通研究，建成防城港至东兴铁路、崇左至爱店口岸高速公路等项目，新增3条、累计建成11条通往口岸的陆路大通道，连接东盟的国际大通道加快构建。

海南

第一节　整体概况

截至2023年底，海南省公路通车总里程41816.8公里，其中高速公路1398.9公里，普通国省干线3630公里，农村公路3.7万公里，公路网密度达到123.4公里/百平方公里，高速公路网密度提升至4.13公里/百平方公里。

2023年，全省已初步建成北有海口港、南有三亚港、东有清澜港、西有八所港和洋浦港的“四方五港”格局，均为国家一类口岸。截至2023年底，全省港口共有生产性泊位153个；其中万吨级以上深水泊位83个。

图 7-21-1　洋浦国际集装箱码头：打造港航物流千亿级产业集群（吴开心 摄）

第二节　综合交通基础设施建设

2023年，海南省公路水路完成建设投资为166.7亿元，同比下降17.4%。其中公路建设完成为151.7亿元，水路建设完成为14.97亿元。

公路方面。综合立体交通网建设提档加速，启动《海南省“十四五”交通运输（公路水路）发展规划》中期调整，新增6个重点公路项目纳入交通运输部《公路“十四五”发展规划》。重点交通项目建设稳步推进，G9812高速公路延长段、羊山大道至母瑞山公路等续建项目有序推进，洋浦疏港高速公路、鹦哥岭隧道等一批重点项目开工建设。海口至儋州高速公路、海口绕城二期等一批重点项目前期工作按期完成。推动旅游公路创新发展，印发实施《海南省旅游公路管理暂行办法》。环岛旅游公路全线建成通车，配套服务设施持续完善。环热带雨林国家公园旅游公路加快建设，“两环”联动体系规划同步开展，山海互动的“两环”旅游公路网基本成型。推进“四好农村路”高质量发展，定安县、保亭黎族苗族自治县成功创建“四好农村路”省级示范县，万宁市（县级市）入选“四好农村路”全国示范县创建名单，新增“美丽农村路”省级示范路10条。强化农村公路隐患排查整治，圆满完成2023年为民办实事村道安全生命防护工程34个268公里建设任务。

图 7-21-2　环岛旅游公路万宁段（吴开心 摄）

水路方面。新增12个水运项目纳入交通运输部《水路"十四五"发展规划》。海口港马村港区规划修订获部省联合批复，海口港和洋浦港总体规划顺利报批，洋浦港口型物流枢纽入选国家物流枢纽名单，新海港客运枢纽等投入运营，洋浦区域国际集装箱枢纽港扩建工程开工建设，累计完成投资7亿元。《海南省海运口岸降费提效优服务行动方案（2023—2025年）》印发实施。新开通10条集装箱班轮航线，累计开通64条，基本实现国内沿海主要港口全覆盖，连接越南、日本等区域全面伙伴关系（RCEP）成员国主要港口，初步形成以洋浦为中心的中转航线格局。邮轮旅游试验区和游艇改革发展创新试验区建设成效显著，《海南省游艇租赁市场信用评价管理办法（试行）》印发实施。游艇注册量达1534艘，位居全国前列。"名胜世界壹号"邮轮香港至三亚航线完成首航，成为国内全面恢复邮轮运输后率先恢复的境外航线。

客货站场建设方面。提前完成"适老化无障碍出行服务"事项，全力推进完善网约车"一键叫车"的服务功能，推动重要部位城市公交站台适老化改造等目标任务，全省开通敬老爱老城市公共汽电车线路59条，投入车辆587辆，海口、三亚市实现95128电话约车服务全覆盖，完成6个适老化公共汽电车站台改造，三亚综合客运交通枢纽等投入运营，儋州、万宁综合客运枢纽前期工作稳步推进；全力推广示范线路建设，持续优化"家门到校门"示范线路的服务时间、专属停靠站点，协调各市县开通"家门到校门"示范线路107条、服务车辆507辆、专属服务站点826处，较好满足了中小学生上下学安全交通出行需求。海口、三亚、陵水等市县已开通多条旅游公交线路，形成了以旅游客运车、专线车、公交车和租赁车以及飞机、高速铁路等不同出行方式组成的多层次、多元化的"快进慢出"旅游运输服务体系。三亚市推行的"大三亚"城际客运也实现了与周边市县直达公交化运营体系，累计为103.42万人次提供便捷舒适的出行服务。特别是"三亚市旅游经济圈城际旅游公交"案例成为2023年交通运输部、文化和旅游部等多部委评定的36个交旅融合发展典型案例之一；积极发展"点到点、门到门、随客而行"的定制客运快线，全力打造客运线上服务平台、拓展客运线下服务网点，全省15个市县开通定制客运快线，定制快线全年开行约15.5万个班次、运送乘客约43.9万人次，营运收入2490万元，入选交通运输部全国11个道路客运转型发展典型推广案例。

民航方面。民航业对外开放合作成效显著，深入推进全省境外航线恢复及国际航空市场开放，开通首条第五航权客运航线，海口—万象第七航权航线取得重大进展，累计恢复执飞境外客货运航线50条。印发《关于支持国际航线串飞海南自由贸易港口岸机场的通知》，给予海南专属支持政策以优化国际航线网络布局；给予海口美兰机场高峰小时容量标准由30架次调增为40架次，成体系推进面向两洋航空区域门户枢纽工作。印发《打造海口美兰国际机场面向两洋航空区域门户枢纽行动方案（2023—2025年）》及任务措施清单、《关于贯彻落实海南省政府与中国民航局座谈会议精神工作实施方案》，科学谋划2023—2025年目标任务、工作措施，重点打造"1+4"航线网络（"一张"国内快线网络、构建"四大"中转扇面）；研究起草《关于加快建设海南自由贸易港空海国际交通网络的研究报告》，出台《海南省境外客运航线补贴省与市县分担办法》，加大财政资金支持力度。

第三节　运输服务保障能力

2023年，海南省公路客运量、旅客周转量、公路货运量、货物周转量分别完成4307万人次、39.4亿人公里、7773.8万吨、45.3亿吨公里，同比分别增长24.9%、39.9%、13.6%、14.7%。

全省水路运输客运量、旅客周转量、货运量、货物周转量完成2283.7万人次、4.2亿人公里、2.74亿吨、11691.62亿吨公里，同比分别增长63.1%、41%、21.26%、16.86%。全省港口货物吞吐量20678.6万吨，同比增长10%；其中，外贸吞吐量4131.3万吨，同比增长8.4%，内贸吞吐量16547.3万吨，同比增长10.3%。集装箱业务量完成327.9

万标准箱，同比下降16.3%，其中集装箱外贸吞吐量56.9万标准箱，同比增长7.5%。旅客吞吐量完成1943.9万人次，同比增长63.3%。滚装汽车完成536.4万辆，同比增长43.2%。

全省机场共完成航班起降31.59万架次、客流量4712.50万人次、货邮吞吐量27.23万吨，同比分别增长71.21%、122.78%、43.68%，海口美兰国际机场、三亚凤凰机场、琼海博鳌机场客流量均创历史新高。全省通航有人机执行24.74万架次，飞行时间2.9万小时，均创历年同期新高，同比分别增长91.1%和34.3%；全省无人机架数共15.79万架、飞行359.1万架次、飞行47.94万小时，均创历年同期新高，同比分别增长26.2%、64.1%和44.8%。

全省快递业务量首次突破2亿件大关。

图 7-21-3　琼海博鳌机场三期扩建项目效果图（图片由海南省交通运输厅提供）

第四节　行业治理体系建设

国省干线公路病害基础信息库初步建立，按照公路养护规范，制定符合公路实际状况的病害调查表格，汇总形成省级公路病害基础信息库，如实反映公路技术状况；市场化养护体制改革前期工作基本完成，完成试点单位养护管理情况底数调查分析，研讨市场化运作体制，编制海南省普通国省干线公路管养体制改革调研报告，做好试点单位干部职工思想稳定工作，同时按要求开展社会风险评估；普通国省干线公路"路长制"工作试点实施，选取海口、三亚、文昌、定安、琼海、万宁、陵水等7个公路（分）局所管辖的1390.963公里公路作为试点，构建试点区域"路长制"组织体系，公布路长名单，制定责任清单和考核制度，优化公路治理体系，增强治理能力，实现"政府主导、部门协同、上下联动、运转高效"的工作格局；严格规范道路运输行政许可等事项，全面梳理旅游客运经营许可程序和有关事项，规范旅游客运受理要求、办理程序等事项。

图 7-21-4　文昌头苑三角路至水北圩公路（吴开心 摄）

加快推进电子证照扩大应用领域和互通互认工作，上线"海南省港航综合管理与服务平台"，加快推进电子证照扩大应用领域和互通互认，启用了《国内水路经营许可证》等6个电子证照，优化政务服务。

审批服务精简优化，行政许可审批事项由"五大项"变为"三小项"，与国务院许可审批清单实现全部对接关联；精细化梳理许可审批服务，全部许可审批事项验收上线"海易办App"，实现自助线上办理服务；出台了大件运输现场核查管理机制，积极推进应用大件运输电子证照归集运输审批系统，完成与"海政通"平台接入工作，实现掌上可办可查，大件运输服务事项纳入"零跑动"一网通办，"零跑动"率先达到100%；优化许可环节，减少11个审批事项中的"特殊环节"，各审批事项办事环节减少至4个，优化减少环节率20%。

2023年共办结行政许可审批341份，双公示行政审批数据277条，办结大件运输申请921件，审批办结率100%，满意率连续七年100%。全面落实"一事联办”创新工作部署，主动靠前、优质高效服务好“中国洋浦港”船舶移籍改革创新，海南自贸港“船舶移籍一事联办系统”正式启用；牵头开展琼州海峡新能源车辆运输配载技术的研究，编制琼州海峡新能源车辆滚装运输作业指南，推动相关各方共同解决琼州海峡客滚黄金水道运输安全难点堵点问题。

第五节　科技创新

2023年，智慧交通业务加快开展。交通公共工程全流程监管平台研发初见雏形。加快科研课题实施及成果发布应用，促进行业高质量发展。完成《沥青路面高黏复合改性功能层及其结构耐久性研究》大纲评审和《海南省公路高液限土路基设计与施工技术规范》中期验收；完成《海南省公路工程机制砂混凝土应用技术规程》《海南省公路高液限土路基设计与施工技术规范》两项地方标准意见征求并修改完善；在役公路数字化孪生应用试点项目建设有序，申报在役公路数字孪生应用试点项目顺利获得交通运输部和海南省发展改革委批准，编制的《海南省在役公路数字孪生应用试点项目初步设计》顺利通过评审，获得海南省发展改革委正式批复。

第六节　安全与应急

2023年，海南省交通安全生产形势稳中向好。全省未发生较大及以上生产安全事故，交通工程建设领域事故起数同比下降50%，道路运输行业事故起数同比下降8.7%，港口实现“零事故”，实现全年“减量控大”安全目标，全年2380余艘次船舶检查实现零责任滞留，未发生任何责任安全事故，管理体系运行持续有效，海南省交通运输厅获评海南省2023年度应急管理工作考核优秀单位；安全隐患排查专项整治行动成效显著，道路客运安全监管、安全生产重大事故隐患排查等10余项专项整治行动深入开展，整治一般隐患4353项、重大隐患44项。

完成农村公路危桥和漫水桥改造101座，摸排公路各类风险隐患400处，完成海南省安全生产委员会督办的5处事故多发点整治摘牌。持续开展燃气专项整治、交通领域扫黑除恶斗争、行业反恐、行业禁毒等工作。

开展安全生产重大事故隐患排查整治和重大风险防范化解专项行动，全面摸清公路运营领域风险底数和薄弱环节；及时督导海口、三亚、琼海、东方、保亭公路（分）局对5处事故多发点段开展实地排查，落实隐患治理；完善普通国省干线学校周边路段交通安全设施；开展公跨铁路段安全治理专项行动，确保公跨铁路段防抛网、隔离栅、桥梁构造物、桥梁护栏等设施安全；重点时段交通安全应急保障有力，统筹做好春运、博鳌亚洲论坛、中国国际消费品博览会以及汛期等重点时段公路交通安全保障和应急应对工作。

开展应急演练，强化应急物资装备管理，加强应急队伍建设，成功应对台风、强降雨等极端天气引起的应急抢修保通任务；应急处置能力建设常抓不懈。修编省养公路十项应急预案和处置方案，开展2023年国省干线应急处置综合演练，联合保亭县政府开展高速公路隧道应急处置综合演练，各单位开展各类应急演练35场次，参加人数1560人，提升公路突发事件应急响应及处置能力。

第七节　合作与交流

部省合作迈向新台阶，推动印发《加快建设海南自由贸易港交通强国先行区五年行动方案（2023—2027年）》。部省合作新协议签订，积极争取交通运输部支持将“环热带雨林国家公园旅游公路高质量发展”“人才智力合作模式创新”“海南高速磁浮试验线项目论证研究”3项交通强国建设试点任务纳入协议；自由贸易港海运政策红利持续释放，新增10艘船舶注册“中国洋浦港”，累计登记注册43艘，总载重吨达532.3万吨，注册入籍国际航行船舶总吨位跃居全国第二。5项航运开放优惠政策红利持续释放，洋浦新增航运相关企业累计达600家，航运要素快速集聚。车辆通行附加费改革获交通运输部、财政部支持，公路投融资体制机制改革深入推进。

第八节　特色工作

一、绿色公路建设

海南省公路建设加强监督检查、试验检测、新工艺技术应用及首件工程认可制等方面精细化管理，从抽检数据来看，项目监理（或中心试验室）抽检 13.10 万点，合格 12.98 万点，合格率 99.07%，年度工程质量水平优异。强化质量监督、指导，开展季度质量综合检查 4 次，常态化开展质量巡查、指导，全年累计排查处理质量隐患 340 处。强化试验检测管理，坚持不合格工程和试验造假“零容忍”。清退 10 批次碎石共计 1276 立方米，批量返工边坡防护骨架 18 处，边沟盖板约 4000 块。查处试验造假行为 5 宗，处违约金 11.5 万元。抓好“平安百年品质工程”示范创建。从智能建造、机具装备、施工材料等方面制定实施 G9812 高速公路延长线项目“平安百年品质工程”创建示范创新应用清单 51 项。项目结构性混凝土实现了优质粉煤灰和高炉矿渣粉全覆盖耐久性双掺，桥梁桩基 I 类桩达标率 100%，钢筋保护层合格率高达 97.9%。组织各参建单位召开制梁工艺观摩会，充分发挥示范引领效应。加强环水保管理。积极落实扬尘治理、绿网裸土覆盖、出入口道路硬化等，及时督促落实环水保监理监测问题整改。美丽特色公路建设评价体系初步建成，编制《海南省自贸港美丽特色公路建设标准与评价》，建立了海南省美丽特色公路建设评价体系，选取琼海公路分局管养的 G223 海榆东线 K90+000 ~ K91+000 路段，打造 1 公里自贸港美丽特色公路典型示范段，组织“现场观摩 + 座谈交流”，万宁、定安、保亭、陵水等各公路分局加大投入，积极争取当地政府支持，按照新标准提升美丽特色公路，全省在已建成 1760 公里美丽公路的基础上，高质量打造美丽特色公路 390 公里，进一步适应群众旅游出行的需要。

二、构建“快进慢游”交通运输体系

海南省交通运输厅积极构建“快进慢游”综合交通运输体系，硬件方面建设快捷的公路网，软件方面打造便利的运输网络，有力支撑了海南旅游产业高质量发展。打造“快进”大通道，构筑全岛畅达交通网，对标高品质旅游需求，先后建成儋州至白沙高速公路、五指山至海棠湾高速公路等，全面实现“县县通高速公路”目标。积极拓宽海南空港、海港进出大通道，建成 G15 沈海高速公路海口段、海口绕城高速公路海口美兰国际机场至演丰段等项目，大力推动海口新海港等综合客运枢纽体系建设，实现各种运输方式的无缝衔接，努力提升服务品质，海口美兰国际机场荣获 SKYTRAX 五星机场认证，优化旅游景区等级公路结构，全省 5A 级景区已全部实现通高等级公路，4A 级以上景区全部实现通三级及以上公路，确保游客进得快、游得畅；建设县乡公路慢游通道，深化旅游和交通融合发展，全省先后投入 220 亿元提升县乡公路等级水平，在全国率先实现具备条件的自然村 100% 通硬化路，有力促进城乡旅游交通的无缝衔接，最大限度地释放旅游潜力。打造传世精品公路，勾画海南特色交通风景线，先后高标准建设了万宁石梅湾至大花角、文昌东郊至龙楼、琼海港下至潭门、儋州东坡书院、吊罗山国家森林公园等一批独具海南特色的旅游公路；提供优质快捷的运输服务，满足旅游市场需求，全省共有旅游客运车辆 3072 辆，座位 11 万座，充分满足了旅游客运市场需求。全省具备条件行政村实现 100% 通客车，针对游客群体推出旅游线路和“观光巴士”线路，打造“快行 + 慢游”海南旅游交通名片，目前已形成了以旅游客运车、旅游专线车、旅游公交车、班线车、租赁车、慢行交通工具以及高速铁路等不同出行方式组成的多层次、多元化的岛内旅游运输服务体系，有力支撑了国际旅游消费中心建设发展。

图 7-21-5　琼海博鳌镇大岭至龙潭线公路（吴开心 摄）

重庆

第一节　整体概况

2023 年，重庆交通完成投资 1116 亿元、同比增长 9%，新增中央补助资金 320 亿元，到位中央和市级资金 139.68 亿元、专项债券资金 95.9 亿元。

2023 年，全市铁路营业里程 2794 公里，比上年增加 13 公里。公路总里程达到 186598 公里，比上年增加 461 公里，高速公路达到 4142 公里（其中国家高速公路 3005 公里、省级高速公路 1136 公里），比上年增加 140 公里，路网密度增加到 226.5 公里 / 百平方公里，比上年增加 0.2 个百分点。全市公路网里程面积密度全国第一。

客货运输主要指标持续保持增长态势，全社会完成客运量 3.1 亿人次、同比增长 47.8%，全社会完成货运量 14.1 亿吨、同比增长 3.8%、为新冠疫情前的 124.6%。邮政行业业务总量完成 233 亿标准量、同比增长 22.9%，超全国平均水平 4.0 个百分点。

交通运输、仓储和邮政业占 GDP 的比重约为 4%，对经济增长贡献率约为 6%。

第二节　综合交通基础设施建设

交通强国试点建设。重庆市 105 个试点项目建成及开工率达到 83%，重庆东站站城一体化等试点案例在全国推广，成功入选全国首批国际物流体系建设及创新发展先行先试工作省市。国家综合货运枢纽补链强链支持城市建设新增纳入强国试点，集装箱循环共用“一箱制”成功申报强国专项试点。

交通强市建设。698 公里高速公路、519 公里普通国道、218 公里航道新增纳入国家中长期规划。

铁路建设。高速铁路里程面积密度西部第一。渝昆高速铁路川渝段进入全线铺轨阶段，渝西、渝万、成达万等高速铁路项目进展顺利，渝宜高速铁路可研获批，黔江至吉首高速铁路完成勘察设计单位招标。关坝铁路建成投用。重庆东站高速铁路门户枢纽加快打造，铁路综合交通枢纽主体工程封顶，站城一体化高速铁路新城成为全国示范样板。

公路建设。高速公路建成巫镇、铜安和江泸北线 3 个项目 169 公里，渝陕两地首次实现高速公路直连直通，省际对外通道达到 30 个，路网密度居西部第一、全国第九。建成渝邻快速通道，改造普通干线公路 373 公里，新改建农村公路 3360 公里、新增解决 18 个乡镇通三级公路，实施农村公路安防工程 4100 多公里、超额完成市级民生实事目标。渝北、巴南、梁平等 4 个区县成功创建全国“四好农村路”示范县，沙坪坝、铜梁、长寿、涪陵入选全国首届公路助力乡村振兴优秀案例，巫山县下庄天路获评交通运输部 2022 年度“十大最美农村路”。

图 7-22-1　城开高速公路雪宝山互通（图片由重庆市交通运输委员会提供）

港航建设。长江九朝段和渠江重庆段航道整治完成竣工验收，分别实现 3000 吨级、1000 吨级船舶通航。

乌江白马至彭水、小江航道提升等航道整治开工，乌江白马等航电枢纽加快建设。主城果园重大件码头、万州新田多式联运码头建成投用，寸滩邮轮母港、万州新田二期、九龙坡黄磏一期等加快建设。

图 7-22-2　2023 年 5 月 17 日，万州新田港开启多式联运作业（图片由重庆市交通运输委员会提供）

机场建设。江北国际机场 T3B 航站楼及第四跑道工程加快建设，提前投用 5 号机坪远机位 13 个，高峰小时起降架次由 54 提升至 60 的方案通过中国民用航空局运通会审议。万州机场和黔江机场 T2 航站楼相继建成投用，秀山通用机场完成选址评审，云阳通用机场完成选址报告编制。

第三节　运输服务保障能力

规划谋划一体融合。召开川渝交通合作联席会议 3 次，组建成渝共建国际性综合交通枢纽工作专班，与四川联合印发《成渝地区双城经济圈交通一体化五年行动（2023—2027 年）》和年度重点任务。项目实施一体加速。共同建设万州新田港多式联运枢纽、嘉陵江利泽和涪江双江航运枢纽等重大项目，联合打造川渝毗邻区县“四好农村路”融合协调发展示范区。运营管理一体整合。中欧班列（成渝）年开行量居全国第一，开行成渝跨境公路班车 5928 车次、江泸货运专车 900 余趟次，泸州、宜宾至重庆“水水中转”班轮常态运行，嘉陵江北碚至南充段开通首条水路货运航线、合川石盘沱码头首次实现“水水中转”。协同治理一体推进。联合地方标准《高速公路涉路工程技术标准》即将印发实施。推出货物运输“一件事一次办”套餐，4 个川渝通办事项实现异地免证办理。制定交通运输执法协作意见，达成水路交通执法协作共识协议 12 项，出台轻微违法免罚等 5 张清单，开展执法协作 140 余次。建立突发事件或灾难道路运输应急联动响应机制，实现 6 市 29 区县跨省联动。

图 7-22-3　2023 年 2 月 28 日，潼南双江航电枢纽建设现场（图片由重庆市交通运输委员会提供）

全市拥有国际物流枢纽园、重庆公路物流基地、果园港、空港物流园等大型综合枢纽物流站场及其他各类专业货运站场，初步构建起以区域中心城市为核心、辐射城乡的道路货运物流站场体系。

长江黄金水道活力逐步释放。印发《渝黔深化合作推动乌江航运高质量发展建设实施方案（2023—2027 年）》，开行万州至舟山海河联运航线，以及重庆至昭通、余庆至涪陵、广安至长寿集装箱班轮，全市港口货物吞吐量突破 2.2 亿吨，水路货运量达到 2.1 亿吨，均居西部第一，铁水联运量累计完成 2613 万吨、同比增长 8%。长江首艘 130 米标准型 LNG 双燃料集装箱船投运，客、货船型标准化率分别达到 100%、88%，均居内河前列。船舶交易突破 4000 艘。航空运输快速恢复。江北国际机场完成旅客吞吐量 4466 万人次，同比增长 106%，位居西部第二、全国第六。

交通服务品质持续提升。城市公交优先发展。小巷公交入选全国城市公交优先发展和绿色出行典型案例，新开行小巷公交 18 条、同城公交 4 条、接驳公交 13 条，新开通定制客运线路 166 条，新改造适老化公交站台 50 个、新打造敬老爱老公交线路 20 条。中心城区出租汽车新增扫码支付离车评价等服务功能，网约车双合规率达到 99% 以上、居全国前列。轨道运营里程增至 538 公里、居全国第八，轨道“爱心预约”实现“一次预约、全网覆盖”。路网服务持续优化。高速公路升级改造服务区 7 个，建成“司机之家”27 个，ETC 电子不停车收费实现一站式办理、智慧停车位增至 1.87 万个、用户增至近 451 万名；减免鲜活农产品运输、国标集装箱运输、套餐通行费等 33.12 亿元、2.96 亿车次，惠及车辆增长 7.09%。实施普通公路预防性养护 1100 公里，货车超限超载率降至 1% 以内、为历史最低。城乡交通加快一体化。启动郑渝高速铁路列车快件批量运输试点，开行货运专线 46 条、农客带货专线 24 条，首条支线快线“重庆飞 · 黔江快线”稳定运行，巫山机场开通巫山脆李、奉节脐橙等航班。綦江区成功通过国家第二批城乡交通一体化示范区县验收，巫溪“农村物流统仓共配 + 客货兼容”成功创建全国第四批农村物流服务品牌。交通旅游深度融合。旅游直通车线路突破 300 条。三峡游、两江游等客运量创历史新高，三峡游、两江游、乌江画廊游纳入全国水路旅游客运精品航线试点，三峡游、梁平渔米路入选全国首批交旅融合发展十佳案例和典型案例。仙女山机场开发武隆旅游航班，万州、黔江、永川、梁平、武隆之间开通通用航空短途运输试点航班。

图 7-22-4　全国首创“双流制”市域铁路重庆江跳线与地铁 5 号线实现贯通运营（图片由重庆市交通运输委员会提供）

邮政快递蓬勃发展。3 个重点快递项目有序推进，区域分拨中心达到 19 个、农村寄递物流综合服务站达到 4382 个，快递业务量和收入保持两位数增长，大足入选全国快递业与制造业融合发展试点先行区。开展农村物流三级服务体系融合发展示范创建，发展农客带货线路、农村物流货运专线 30 条，建成 9 个区县级综合物流站场，13 个乡镇客运站入驻快递、商超或电商，巫山县“农村物流 + 客货兼运”获批交通运输部第三批农村物流服务品牌。

第四节　行业治理体系建设

交通立法扎实推进。航道管理条例、邮政条例、高速公路管理办法颁布实施，轨道交通条例、农村公路条例等 6 个立法项目有序推进。执法效能有效提升。推行轻微免罚、首违不罚等制度，3 件执法案例入选全国典型案例。区县综合执法改革“12 条措施”全面落实。建成全国首个高速公路无人机自动巡查系统和重庆市治超联网管理信息系统，完成通车高速公路电子建模基础拼接和嘉陵江中心城区段航道、码头电子建模。政务服务高效便民。聚焦“一网通办”改革，加快政务服务事项颗粒化标准化梳理，实现全市交通 379 项政务服务事项“同事同标”。推出“货车准营”“车辆租赁准营”两个事项上线“渝快办”。新增国内水路运输业务经营许可等 3 个事项实行告知承诺制。“信用交通省”建设深入推进，修订道路运输、水上交通实施细则，制定公路超限运输实施细则，开展“信用交通区县”建设，道路货运信用承诺、制度引领信用交通发展案例分获全国信用承诺优秀案例、全国信用交通典型案例。

第五节　科技创新

推动数字赋能交通。谋划布局“1+3+N+X”构架，梳理形成“7+1”核心业务板块，“渝运安”“渝你同行”纳入市级“一本账”，“交通数智打非治违”“渝舟智行”“高速畅行”通过市级专题组审查，数字变革在运输服务、行业智治等领域深入展开。

数字交通加速转型。编制印发《重庆数字交通建设方案（1.0 版）》，加快汇聚“铁公水空邮”数据资源，梳理 1149 项核心业务事项，完成数据资源编目归集 319 类，梳理形成轨道交通突发事件智慧处理、危险货物运输监管、乘车、学车、修车等 22 个“一件事”。投用智慧高速公路收费车道 817 条，通行效率提升 20% 以上。渝湘高速公路基础设施数字化试点顺利推进。科技创新体系日益完善。40 个交通科研项目获省部级科技奖，大水位差码头船用岸电系统关键技术研究入选重庆交通创新十佳典型案例。绿色低碳交通加快打造。完成长江经济带生态警示片反映问题整改，整治岸线侵占等问题 49 个，城开等首批高速光伏项目建成投用，渝湘复线绿色矿山入选第一批美丽重庆建设典型案例，高速公路服务区新增充电桩 168 个、换电站 20 座。出租汽车、网约车等领域新增或更新新能源车辆 3.6 万余辆，果园港集装箱码头成为长江上游首家 4 星级绿色港口。

第六节 安全与应急

基层基础夯实夯牢。创新建立安全生产履职档案，深入实施安全生产有奖举报制度，全面推广一线从业人员“两单两卡”制度。改造公路危旧桥 113 座，建设 8 座桥梁被动防船撞设施，完成普通公路安全设施精细化提升 170 公里。完成 7000 余台货车卫星定位装置 4G 通信模块更换。万州环线高速公路等 3 个项目列入部级平安百年品质工程创建示范，公路长大桥梁结构健康检测系统建成 57 座，乌江水上安全监管联防联控机制建立运行。水上交通连续 20 年未发生较大及以上安全事故，轨道交通运营未发生死亡事故。风险隐患防治有效。编制“1+8”双重预防机制实施指南，填补风险管理实践空白。建立三峡库区危岩地灾防治交通运输多跨协同机制，开展涌浪灾害防范技术攻关。扎实开展重大隐患排查整治和重大风险防范化解专项行动，累计防控重大安全风险 41 个、整改重大事故隐患 209 个。持续开展重点营运车辆动态监督考核和风险监测，累计监测通报整改风险点 1200 余件。加强事故复盘，完成城市公共汽电车应急逃生装置等故障整改。应急能力稳步提升。投用化龙桥应急救援码头，完成“战汛 -2023”川渝联合水上交通应急演练，应对 7 轮洪峰、多轮强降雨，抢通水毁道路 492 处，实施水上救援 269 次、救助 138 人次。

第七节 合作与交流

实施重大项目 60 个，加快建设成渝中线高速铁路、渝湘复线高速公路等标志性项目，推动交通互联互通，川渝省际通道达到 28 个，成渝双核、毗邻城市实现 1 小时直达，跨省公交达到 22 条，“川渝通办”事项达到 19 项，交通一体化作为典型案例在全国推广。

图 7-22-5 2023 年 8 月 28 日，渝湘复线五布河特大桥进入合拢前的最后冲刺（图片由重庆市交通运输委员会提供）

川渝道协签订战略合作协议，6 市、29 区县建立突发事件应急联动机制。开行跨省公交 22 条、成渝跨境公路班车 5900 多车次，江泸货运专车常态化运行，开行公路货运专车 145 班。川渝省际电子包车牌率先跨省互认。稳步推进信息共享、政策互认，10 件高频事项全部实现“川渝通办”，发放从业资格电子证 28 万个。加大行业交流合作，联合开展川渝货运驾驶员技能竞赛，两地合作进一步深化。

西部陆海新通道战略落地见效。西部陆海新通道集装箱多式联运示范工程完成国家部委验收并正式命名，武陵山、明月山班列和嘉里快递专列（重庆—越南河内）实现首发，江津班列和跨境公路班车货量、货值均实现翻一番，沪渝直达快线集装箱开行量增长8.9%。实施西部陆海新通道和中欧班列集装箱运输车辆通行费6折优惠、累计退费4061车次，中欧班列（渝新欧）运邮入选国家服务业扩大开放综合试点示范最佳实践案例。

新开行1条南亚班车路线（尼泊尔），共同提高跨境公路运输互联互通和便利化水平，全年共计发车3366车次，同比上升2%，发运国际标准箱7574标准箱，同比上升2%，总货值约22亿元，同比上升9%。

规范国际货运办事流程和网上程序，5家货运企业完成备案并协调取得跨境通行许可。推动东盟班车提质增效，前三季度共计开行3532车次，发运国际标准集装箱7947标准箱，总货重约6.26万吨，总货值23.22亿元。合力共建成渝跨境公路运输平台，整合两地运输上下游及海外运输资源，打造川渝两地跨境公路运输的集结分拨中心和服务网络，自2022年7月成渝跨境公路班车联盟首发以来，累计开行成渝跨境公路班车7952车次，发运国际标准集装箱17326标准箱，总货值145.57亿元。

川渝水运一体化发展深入推进。川渝两地15家港航机构共同签署长江、嘉陵江干支联动合作协议，万州新田港至四川达州首发铁水联运班列，嘉陵江干线标准化推荐船型研究出台。北碚至南充开通首条水运航线，合川至广元首次开启“水水中转”，利泽、草街船闸累计通过船舶1415艘、货物28.6万吨，同比分别增长320%、880%。

渝黔航运合作开启新篇。《渝黔深化合作推动乌江航运高质量发展建设实施方案》正式印发，《共推乌江航运高质量发展备忘录》顺利签署。贵州余庆至涪陵集装箱班轮顺利开行，银盘、彭水船闸累计通过船舶1343艘次、货物37万吨，同比分别增长85.5%、122.9%，通行船舶艘次、货物量均创历史新高。

长江上游五省市航运高质量发展战略合作走深走实。嘉陵江、乌江枯水期“放水走船、集中通航”常态化协调机制基本形成，乌江重庆段水上交通安全监管联防联控机制正式建立。15个企业重点合作项目持续产生较好经济效益，其中云南水富至果园港“散改集”货运量40万吨，陕西煤炭至红溪沟码头铁水联运量380万吨。岷江山水联游航旅合作项目投入运营、年接待游客9.7万人次。

四川

2023年是四川交通运输改革创新、接续奋斗的一年。在四川省委、省政府的坚强领导和交通运输部的大力支持下，全省交通运输系统紧紧围绕治蜀兴川总牵引、总抓手、总思路，在融入和服务发展全局中加快建设交通强省，成效显著。

第一节 交通建设投资持续高位增长

一是完成投资再创新高。全力以赴拼经济、搞建设，千方百计强化用地、资金等要素保障，出台2023年交通建设抓项目促投资稳增长若干激励政策，推动全省公路水路建设预计完成投资2685亿元，同比增长7%，总量连续两年位居全国第一，连续3年投资超2000亿元、连续13年投资超1000亿元。

二是重点项目加快建设。建成绵阳至苍溪、峨眉至汉源等15个高速公路项目（路段）624公里，全省高速公路通车里程超过9800公里；新增阿坝县、九寨沟县、北川县通高速公路，全省高速公路覆盖县达146个；新增久治至马尔康、内江至大足、宜宾至威信、九寨沟至绵阳、古蔺至金沙5条出川大通道，高速公路出川大通道达32条。新改建国省干线1800公里，打通国省道断头路、瓶颈路58处；全省30件民生实事中单体投资最大项目G351夹金山隧道平导洞提前1年贯通；“9·5”泸定地震恢复重建标志性工程海螺沟景区公路建成通车。岷江犍为、虎渡溪航电枢纽全面建成，东风岩航电枢纽实现开工，全省四级以上高等级航道达1925公里。眉山彭山北等3个综合客运枢纽、成都金属云商总部等3个货运枢纽建成投用。

三是储备项目做大做实。集中向社会推介59个、总投资8800亿元的重点交通项目。超前启动G4217马尔康至炉霍段等66个、6500公里高速公路前期工作，占规划待建总里程的65%以上。储备国省干线重点项目76个、1810公里。启动金沙江航运体系建设研究。

四是争取支持成效明显。四川省人民政府与交通运输部签订新一轮部省合作协议。《全国港口与航道布局规划》新增四川省高等级航道4条、1334公里，新增宜宾港为全国内河主要港口。《四川省内河水运发展规划（2023—2035年）》印发实施。积极争取部“十四五”规划中期调整倾斜支持。全年争取到位中省补助资金427亿元、金融机构信贷支持超2000亿元。

第二节 有效支撑服务国省重大部署实施

一是交通强国强省试点稳步推进。出台强国试点考评、强市强县试点管理和激励政策等系列措施。川渝交通一体化、乡村运输“金通工程”、公园城市交通绿色发展等一批试点任务达到验收条件。组织开展3批次强市强县试点，覆盖全省14个市（州）、35个县（市、区）。

二是双圈交通一体化走深走实。联合印发《成渝地区双城经济圈交通一体化发展五年行动方案》。成渝扩容、遂渝扩容、自贡至永川、大竹至垫江4个项目开工，内江至大足高速公路建成通车，川渝间建成及在建高速公路达22条。宜宾港进港铁路开通试运行，金沙江水富至宜宾段开通夜航，共建长江上游航运中心取得积极进展。内江、宜宾成功入选全省首批物流节点承载城市。川渝联合制定行政处罚、行政强制5张清单72项标准，开展交通执法“协作2023”专项工作，实现公路水路执法领域全方位对接联动。

三是服务文旅经济发展实现重大突破。四川省人民政府印发实施大峨眉、大香格里拉交旅融合示范区建设方案，形成旅游公路设计技术指南等系列成果，全省72%的4A级以上景区实现三级以上公路覆盖，3A级以上景区基本实现双车道联通。打造川藏南线暨理塘至亚丁公路高原绿色超充电走廊，建成一批“1秒1公里”超充服务站，新开工沐溪河旅游航道，出台周末外地小客车通行费减免政策，提供“快旅慢游”体验和更多旅游场景。大渡河风景道（乐山段）入选全国第一批交旅融合发展典型案例。

四是服务世纪工程取得阶段成效。G318提质改造有序推进，折多山隧道出口至新都桥段等项目建成通车。

五是服务保障大运会圆满举办。开展全域高速公路路域环境整治，提升完善4863处，拆除成都市域高速公路沿线广告牌336处。实施成都第二绕城高速公路免收货车通行费临时措施，有效缓解城市侧交通压力；全力保障5.5万车次大运赛事车辆高效通行，安全完成开闭幕式焰火产品跨省运输任务。

第三节　巩固拓展脱贫攻坚成果同乡村振兴有效衔接

一是乡村路网持续完善。推动农村公路向通组入户和产业园区延伸，新改建农村公路1.9万公里，新增138个乡镇通三级路、6066个自然村组通硬化路，基本实现撤并村与新村委会直连直通；建成幸福美丽乡村路3632公里，新增80个县级以上产业园区通双车道以上公路。170座铁索桥改公路桥全部完工，惠及20余万群众安全出行。成功创建“四好农村路”全国示范县16个、总数达36个，80%的县（市、区）达到省级示范县标准。

二是乡村运输提质增效。全省发展“金通工程”客运车辆2.7万辆、客运线路8588条、均居全国第一，服务群众出行2.4亿人次，获得“交通强国品牌力量”政务事业类十佳文化品牌；建成“金通·邮快驿站”9001个，创建全国农村物流服务品牌11个，服务快递进村下乡和农产品收寄25.2亿件。

三是定点帮扶扎实推进。完成协助部定点帮扶小金、黑水、壤塘、色达四县年度任务，壤塘县、色达县成功创建“四好农村路”全国示范县。金口河区瓦山村被评为全省乡村振兴重点帮扶优秀村。高速公路服务区特色农产品专柜销量破100吨，销售额达300余万元。四川省交通运输厅在省委、省政府乡村振兴实绩考核中连续两年被评为“优秀”。

第四节　运输服务保障能力持续提升

一是客运服务提质升级。全省累计完成客运量3.7亿人次、旅客周转量228亿人公里，同比分别增长25.5%、33%。首次牵头完成全省春运任务，打造“便捷、顺畅、安康、温馨”春运品牌。壤塘县、泸县、蒲江县通过国家第二批城乡交通运输一体化示范县验收。新开通定制客运线路69条、敬老爱老公交线路40条。成都城市轨道交通运营里程突破600公里、居全国第四。

二是货运增效扎实推进。公路运输总周转量增速由年初负增长稳步赶上全国平均水平。新培育国际道路货运企业4家、规上道路货运企业135家。首次发布《四川省交通物流发展蓝皮书》。国际物流体系建设及创新发展先行先试23项任务稳步推进。联合财政厅印发《四川省扶持内河水运发展“以奖代补”实施方案》，全省新增船舶运力12.4万吨，水路货运量同比增长18.2%。

三是路网运行畅通有序。建成天府服务区、安德服务区等一批主题服务区，评定星级服务区42对。落实“绿色通道”政策，制定实施班线客车通行费优惠等政策，累计减免通行费超70亿元。建立物流保通保畅常态化运行机制，保障粮食、农机、能源等重点物资运输顺畅高效。实施普通国省道养护工程2033公里，国道路况水平总体达到优等。探索高速公路“一路三方”联合指挥调度、普通公路“一县一案”“一路一策”等保通保畅新模式，雅西高速公路防范低温雨雪冰冻天气等工作经验全国推广。首次建立航道尺度信息监测及发布机制。开展大件公路空路障专项整治，建立大件运输信息发布、信用核查等机制，保障5000余件公路水路大件运输。

第五节　交通运输创新驱动发展深入推进

一是创新体系不断完善。召开全省交通运输科技创新大会。印发《支持科技创新的若干政策措施》

《四川数字交通总体框架》，认定首批13个厅级科研平台，建立四川省交通运输科技创新人才“三库”。成立四川省交通运输标准化管理委员会。

二是创新成果持续涌现。四川低碳交通研究中心加快政企校院协同创新，一批低碳设计、建造、运营试点项目落地实施。发布“钢管混凝土桥梁技术”等31项优秀科技创新成果和公路工程信息模型规程等10项地方标准。“超长深埋高风险公路隧道建设关键技术及应用”等4项成果获得四川省科技进步奖。国内首个高速公路地下枢纽互通——西香高速公路元宝枢纽互通等超级工程启动建设。

三是新技术应用场景持续拓展。建成智慧高速公路2019公里，成都绕城高速公路、成都第二绕城高速公路西段完成智慧化改造，成宜智慧高速公路实现车道级全天候精准导航。打造76座集约化、智能化新型收费站。建成沪蓉高速公路、京昆高速公路交通运输部首批交通基础设施长期性能观测点和泸州港、宜宾港智慧港口。蒲江县农村公路智慧交通典型案例在全国范围内推广。

四是科技赋能行业治理成效显著。交通运输行政执法系统使用覆盖率达80%。公路水路投资计划实现全领域、全周期、一张图可视化管理。创新利用大数据画像对“两客一危”企业实施精准监管。

第六节　交通运输绿色低碳发展持续加快

一是政策体系基本建立。印发交通运输绿色低碳发展实施方案和年度工作评估办法，出台绿色出行城市、绿色货运配送样板城市等激励政策，完成高速公路“绿电自给”规划、“电动四川”实施方案编制。

二是“五转”加快推进。建成服务区充电桩33对，全省高速公路服务区实现充电桩全覆盖。新能源公交保有量占比达53%。“20米—60米跨度钢管混凝土桁梁技术”入选《国家重点推广的低碳技术目录》，成乐扩容项目型钢组合梁桥低碳智能建造技术降低能耗32%。完成集装箱铁水联运量4.93万标准箱、同比增长15.8%。

三是环保底线兜牢兜实。坚持标本治理、综合施策，打好交通运输蓝天、碧水、净土保卫战。实行重大问题挂牌督办，完成中央环保督察反馈问题验收销号和2022年长江经济带生态环境警示片披露问题整改。完成交通运输领域生态环境保护形式主义、官僚主义问题纠治抽查督导。履行省级河长联络员单位职责，推动琼江流域国考断面水质全部达标。

第七节　行业治理体系更加系统完备

一是政务服务效能持续提升。省市县三级全部318个许可事项实现“一张网”办理，全年办件量162.9万件。新增客运驾驶员从业资格证换证等4个事项“零材料办”及川渝“免证办”，客运驾驶员从业资格证注销等4个事项实现“秒批秒办”。“12328”热线工单限时办结率、满意率实现“双优”。获评全省深化“放管服”改革优化营商环境工作先进集体、省级政务服务大厅先进窗口单位。

二是依法治理水平持续提升。农村公路、道路运输、航道管理、水路交通4项法规纳入四川省人大常委会五年立法规划。统一全省124项交通运输行政处罚裁量基准。完成全省道路运输执法领域突出问题专项整治，排查整改执法不规范等突出问题2049个。完成15个市级执法机构、62个县级执法机构、7个试点乡镇“四基四化”奖补验收。省级执法队伍创新出台政治教员“四项办法”。“准军事化管理”向市（州）延伸。会同交警总队开展“疾风”联合执法专项行动，查处各类违法违规行为1927起。

三是行业改革不断深化。完成经营性国有资产集中统一监管改革。推进养护市场主体培育，43家养护作业单位通过资质审查。出台超限运输、高速公路法人管理、公路养护等领域信用管理办法。

四是对外开放合作成效显著。四川交通职业技术学院、四川省港航开发集团有限责任公司与境外机构签署8项战略合作协议，蜀道投资集团有限责任公司推动“四川交通建造”走向世界。配合做好全球可持续交通高峰论坛（2023）、第十五届国际交通技术与设备展览会筹备工作，承办全球可持续交通人文交流高级研修项目，承办的第三届中国—中东欧国家物流合作秘书处联络员会议得到外交部表扬。遂潼交通运输一体化外资贷款项目成功纳入储备项目清单。

五是守住了政策红线。2022年国家自然资源督察反馈公路建设领域"非农化"问题完成整改约189.6万平方米、完成率达94.1%；2023年反馈问题大幅下降90%，违法用地增量得到有效遏制。开展防范统计造假和数据质量提升专项行动，完成第五次全国经济普查单位清理核查。行业债务风险总体可控。

第八节　持续筑牢行业安全稳定底线

一是安全形势总体平稳。全行业生产安全事故数和死亡数同比下降27%、7%，连续五年"双下降"，实现元旦、春节、中秋节、国庆节等节假日"零事故"。水上交通连续两年实现"零事故、零死亡、零跑船、零污染"。

二是安全监管从严从紧。制定安全生产"三张清单加一项承诺书"制度，推行企业首席安全官试点，实施运输企业"两类人员"考核和施工现场网格化管理。执行"人车户"记分管理和"一月一报告"制度，实现营运客车、危险货物运输车辆主防系统全覆盖。出台建设安全费管理办法，督促工地营地开展动态安全评估。牵头建立铁路沿线安全环境治理厅际联席会议制度。

三是防控能力持续提升。推进"平安智慧高速公路"建设，完成34处重点路段治理、116座隧道机电改造和200公里高风险路段护栏防护性能提升。实施普通公路"畅安工程"，整治事故易发多发路段342处、改造危病桥341座，国省道"十三五"存量危桥基本清零；累计建成村道安防工程2.8万公里，提前两年完成"十四五"期规划任务。建成渡改公路桥14座。推进"平安渡运"建设，提升改造渡口80个。推进行业重大事故隐患整治等专项行动，闭环整改重大隐患525个。

四是应急体系更加健全。编制大震巨灾、多灾叠加、低温雨雪等专项预案方案，加强应急队伍和物资储备体系建设，常态化开展现场演练、桌面推演和装备拉练。制定自然灾害预警响应规程，落实"3人1屋"应急避险组织机制。

五是行业稳定有效维护。坚持和发展新时代"枫桥经验"，启动交通运输系统信访问题源头治理三年攻坚行动，组织重点时段、重点领域、重点环节突出矛盾涉稳风险排查。

第九节　坚定不移推进党的建设和全面从严治党

一是主题教育扎实推进。始终把主题教育作为首要政治任务来抓，建立党组会前厅领导领学习近平总书记重要指示精神常态机制，严格落实"第一议题"制度。厅班子成员牵头调研8个重大课题，厅直系统组织开展161个课题调研，转化形成政策文件26个。检视整改问题161项。

二是基层基础不断夯实。制定落实提升厅直系统党建工作质量"二十五条措施"和全面从严治党"四级八岗"责任清单等系列制。

三是行业党建四川经验全国推广。省、市、县三级行业党委实体化规范化运行，建立健全道路货运（平台）企业、货运驾驶员流动党员党组织1057个。累计建成线下26个"暖心之家"和线上"蜀道畅"两个服务阵地，省级国有网络货运平台"蜀好运"建成投用。货运驾驶员权益保障突出问题和网约车不合规运营"两项专项整治"解决诉求423个。全国交通运输系统货运驾驶员、网约车驾驶员群体党建工作动员部署会在四川召开，"四川经验"得到中央组织部、中央社会工作部、交通运输部、中华全国总工会充分肯定。

四是党风廉政建设持续深化。坚持"三不腐"一体推进，查处一批违法违纪问题。抓紧抓实纪检干部队伍教育整顿，检视整改问题222个。启动厅党组第五轮巡察。出台《领导干部婚丧嫁娶相关规定》

等系列制度。开展“锻造硬作风、实干抓落实”作风建设专项行动。推进交通医院迁建等“清廉交通”示范工程建设。加强审计监督和财会监督，统筹开展交通建设资金及预算收支等专项审计。

五是干部人才结构显著优化。首次召开厅组织工作会。制定《进一步加强和改进人才工作的十条措施》，新增享受政府特殊津贴、四川技能大师、“天府青城计划”技能领军人才等专家人才38人次。四川交通职业技术学院师生荣获全国第二届职业技能大赛两枚金牌。

六是行业软实力不断提升。意识形态工作责任制全面落实。四川交通工作5次登上《新闻联播》、27次登上《人民日报》、400余次登上中省主流媒体。川藏公路博物馆成功创建全国交通运输“十佳文博馆”。

贵州

第一节　整体概况

2023 年，全省公路水路投资完成 1150 亿元、同比增长 4.2%。建成高速公路项目 4 个 452 公里、总里程达 8784 公里，新增省际通道两个。改造普通国道 103 公里、普通省道及农村公路 504 公里。建成德余高速公路乌江大桥、贵金古高速公路金烽乌江大桥、赤水河大桥 3 座世界级桥梁，其中金烽乌江大桥先后斩获“中国钢结构金奖”“2023 年度全国优秀焊接工程一等奖”。建成全长 10.5 公里大娄山隧道，刷新贵州省公路隧道长度纪录。建成 13 对高速公路服务区充电设施，全省 175 对运营服务区实现充电设施全覆盖。

图 7-24-1　2023 年 7 月 10 日，德余高速公路全线建成通车。德余高速公路乌江大桥位于贵州省思南、石阡、凤冈三县交界处，是贵州德江至余庆高速公路的控制性工程，全长 1834 米，主桥为 504 米，是目前世界最大跨径上承式钢管混凝土拱桥（图片由贵州省交通运输厅提供）

截至 2023 年底，全省公路里程达 21.98 万公里，路网密度为 24.83 公里 / 百平方公里，其中国道 12249 公里（其中国家高速公路 3833 公里），省道 22677 公里（其中省级高速公路 4951 公里），县道 36160 公里，乡道 48695 公里，村道 100057 公里；水运航道里程 3954 公里，其中四级及以上航道 988 公里、占比 25%，北入长江航运通道实现全线复航；建成港口泊位 512 个，其中 300 吨级以上泊位 114 个，年设计货运吞吐能力达 4022 万吨。

第二节　综合交通基础设施建设

一、铁路

2023 年完成铁路固定资产投资 120.71 亿元，建成贵阳至南宁铁路、叙永至毕节铁路，新增建成铁路里程 237 公里（其中高速铁路 200 公里）。完成贵广铁路提质改造工程。重点推进盘兴铁路、瓮马铁路南北延伸线、湖林支线湖潮至清镇段外迁工程、黄桶至百色铁路（贵州段），以及盘江瓦窑田、普定电厂、贵州美锦华宇新能源、黔北物流现代新城等铁路专用线。

二、公路

西部陆海新通道建设有序推进，建成重庆至遵义扩容、贵阳经金沙至四川古蔺等高速公路项目，贵阳至平塘高速公路、武隆至道真高速公路项目加快建设，开工建设荔波至河池高速公路项目。实施 G352 正安瑞溪镇环线等普通国道项目 16 个共 209 公里、紫云湾塘至坝寨等乡镇通三级及以上公路 48 个共 658 公里。加快普通公路项目 85 个共 1766 公里建设，建成乡镇通三级及以上公路 431 公里，新增 30 个乡镇、6 个 3A 级及以上景区通三级及以上公路，占比分别提升至 61.8%、72%，“六大产业基地”对外连接等级公路通达率提升至 98%。加强区域间交通基础设施互联互通，加快推进沪昆国家高速公路贵阳至安顺段、安顺至盘州段扩容工程及乌当至长顺、桐梓至新蒲、纳雍至赫章等高速公路项目建设。

三、水运

高等级航道前期工作加快推进，红水河龙滩 1000 吨级通航设施项目工可报告获得黔桂两省区发展改革委联合批复。乌江（乌江渡—龚滩）三级航道项目取得国家发展改革委、财政部、交通运输部三方联合出具的综合评估报告，社会稳定影响评价、航道通航条件影响评价已获得批复，用地预算及规划选址报告完成初稿。港口建设有序推进，建成贵州首个“港产园”示范项目——思南港邵家桥港区一期工程。

四、民航

全年完成机场固定资产投资15.48亿元。荔波机场已完成飞行区主体工程，10月11日实现成功试飞。德江机场年度完成投资6.97亿元，开工累计完成投资12.44亿元、占总投资的57.8%。盘州机场正在加快办理用地手续，力争尽早打开施工面。威宁机场年度完成投资1.03亿元，开工累计完成投资12.03亿元，占总投资的66%。

五、邮政

巩固“快递进村”成果，在交快合作、邮快合作、快快合作、快商合作等多种模式基础上，采取驻村设点、大村带小村、流动覆盖等方式，统筹推进贵州革命老区、民族地区、边远山区快递进村，全省建成快递进村点5735个，行政村快递服务进村覆盖率达到99.66%。省邮政企业投入资金2000万元，累计建设三级物流体系示范县29个、乡镇中心1531个、村级站点13236个，新增农村车辆119台。贵阳国际邮件互换新场地建成并入驻运营，全年完成进出口邮件43.5万件。快递搭上20条高速铁路线路，乘上28条航空线路。积极推进文旅融合，支持“以邮促游”，发行《现代桥梁建设》小型张邮票，全省4A级以上旅游景区累计建成主题邮局20个。服务“黔货出山”，全省培育出猕猴桃、刺梨汁、辣椒、茶叶等超100万件规模的快递服务现代农业项目5个、超50万件项目6个。2023年，全省通过寄递渠道运销农产品6300余万件。

第三节　运输服务保障能力

一、铁路运输

2023年铁路完成旅客发送量7974.2万人次、到达量7886万人次，同比分别增长76.8%、73%；货物发送量6299.2万吨、到达量6264.6万吨，同比分别增长-4.16%、14.5%；完成旅客周转量370.7亿人公里、货物周转量676.5亿吨公里，同比分别增长78.7%、-0.5%。

二、公路运输

全省完成公路客运量1.67亿人次、公路旅客周转量132.64亿人公里，同比分别增长7.5%、18.2%；完成公路货运量9.59亿吨，货物周转量783.92亿吨公里，同比分别增长9.1%、8.4%。2023年共计受理大件运输审批8.3万余件，发证6.2万余件，累计开展“服务不打烊·打烊我在岗”便民服务活动3700余次。

三、水路运输

全年累计完成客运量、旅客周转量、货运量、货物周转量分别为345万人次、6351万人公里、265.6万吨、6.3亿吨公里；港口吞吐量15万吨。水路客运量、旅客周转量同比分别增长68%、49%。深入推进《交通运输厅关于优化运输结构提升乌江运力实施方案》，支持鼓励社会资本参与打造水上运输船队，不断提高船舶运力，切实发挥乌江黄金水道功能，服务“黔货出山”，2023年累计补助900余万元，全省船舶运力达16万载重吨。积极探索乌江集装箱运输模式，引导大宗货物“公转水”，已有31万吨货物通过乌江运输至长江中下游地区，乌江黄金水道运输成效明显。

四、民航运输

2023年，完成旅客吞吐量2487.3万人次、货邮吞吐量9.6万吨，同比分别增长102%、13.3%；其中，贵阳龙洞堡国际机场完成旅客吞吐量1947万人次、货邮吞吐量9.14万吨，同比分别增长98.7%、12.6%，开通国内航线198条（含两条国内全货机货运）、国际地区航线6条（含1条国际货运），国内通航城市达107个、国际地区通航城市7个，有执飞航司40家（国内航司37家，国际地区航司3家）。

五、邮政业

2023年，全省邮政行业业务总量完成119.45亿元，同比增长24.07%；业务收入完成134.07亿元，同比增长 19.66%。快递业务量完成 66135.74 万件，同比增长 34.41%。其中，同城业务量完成 12296.63 万件，同比增长 29.71%；异地业务量完成 53804.34 万件，同比增长 35.77%；国际 / 港澳台业务量完成 34.77 万件，同比下降 63.82%。快递业务收入完成 89.57 亿元，同比增长 23.26%。邮政函件业务完成 2083.62 万件，同比下降 13.5%；包裹业务完成 15.9 万件，同比增长 66.84%；报纸业务完成 36412.41 万份，同比增长 0.22%；杂志业务完成 1751.30 万份，同比下降 2.55%；汇兑业务完成 5.63 万笔，同比下降 20.59%。

第四节　行业治理体系建设

一、公路养护管理

完成省管公路路面改造 469 公里、安全精细化提升 992 公里、灾害防治 222 公里，完成路面预防养护 28 公里、修复养护 219 公里，打造普通国省干线“畅安舒美”示范路 143 公里。完成长大桥梁结构健康监控系统建设 5 座，完成 23 处边坡检修通道，22 座桥梁检修通道建设任务，不断提升公路边坡、桥梁养护达到可达、可检的要求。完成服务区快速充电设施 11 处。首次开展边坡技术状况评定，完成边坡评定 4141 处。

制定《贵州普通国省道养护与路政管理协作办法（试行）》落实方案，各公路管理局与交通综合执法部门建立联席会议制度，有效提升普通国省道与路政协作水平。完成普通国道 1219 座桥、44 座隧道业务系统数据与年报比对审核，全省普通国道桥梁数据库静态数据与年报一致性达 99.95%。完成 5 批次 65 家养护企业 142 余项养护资质申请评审工作。积极推进日常养护市场化改革，省管普通国省干线公路市场化养护里程达 8056 公里，占比 86%，其中区域化养护 5836.5 公里，占比 62.5%，较去年增加 1593.5 公里。

图 7-24-2　贵州省印江公路管理段职工在 S508 K50+300 路段铲撒融雪剂（王俊 摄）

二、路政执法

全年累计开展督导检查 979 次，警示教育 200 余次，评查案卷 1.4 万余件，邀请“两代表一委员”和企业代表召开座谈会 200 余次。重点针对货运驾驶员群体，依托全省货运驾驶员党建工作阵地，聘请 22 名货运驾驶员流动党支部书记作为行业监督员，积极构建全覆盖的社会监督网络。认真开展全省道路运输执法领域突出问题专项整治，创新应用开门查改、分责查改、督导查改、对照查改“四查四改”工作法，重点整治“逐利执法”“执法不规范”“执法方式简单僵化”“执法粗暴”“执法寻租”5 类突出问题，累计查摆问题 897 个、完成整改 897 个、整改率 100%，形成典型案例 79 件，其中反面典型 36 件、追责问责 77 人。

三、航道养护

全年共完成航道疏浚（应急抢通）工程量 2.1 万立方米、航标调整及修复 594 座、航标维护 15.64 万座，确保了航道维护水深年保证率达到 94%、航标维护正常率达到 95% 的年度目标，有力保障航道运输安全；建立《贵州乌江通航设施联合调度工作机制》，提出“集中时段过闸”等措施，保障船舶运输需求，全年共完成通航设施运行 3622 闸次，船舶过闸 2036 艘次，过闸货运量 54.68 万吨、过闸总通过量 99.16 万吨。

四、行业改革

强化改革统筹协调、任务制定、督促落实，推动行业改革取得新成效。认真制定改革任务。纳入省委全面深化改革委员会“八本账”4 项牵头任务，其中“关于深入推动城市公共交通高质量发展的意见”纳入《省委深改委2023年工作要点》、“贵州省推进城市公共交通发展研究”纳入省委全面深化改革委员会100个重大调研课题之一。

聚焦中心工作和重点任务，谋划制定《2023年全省交通运输深化行业内部改革工作要点》，任务涵盖行业建设、管理、服务等领域。全面完成改革任务。运用月（季）调度、现场调研督导、综合考核等措施，全力推动任务落地见效，各项改革任务全面完成。深入开展调研，认真撰写《贵州省推进城市公共交通发展研究》报告，并在《贵州改革研究》刊载，在2023年度贵州省优秀改革成果评选中获优秀改革课题。以贵州省人民政府办公厅名义印发《贵州省深入推动城市公共交通高质量发展的意见》，提出改善城市公共交通发展基础、提升城市公共交通服务品质、健全城市公共交通高质量发展政策、保障城市公共交通从业人员群体4个方面13条具体措施。全面完成深化“四好农村路”示范创建，在2023年度贵州省优秀改革成果评选中获优秀改革试点。全面完成农村公路养护管理体制改革试点，交通强国建设试点任务已完成年度任务。行业内部改革任务经贵州省交通运输厅党委会审议，全部结题，印发《2023年度省交通运输厅行业内部改革任务完成情况通报》。

精简规范行政权责事项，按照国家和省相关要求，贵州省交通运输厅共认领省市县三级行政许可事项56个主项187个子项（其中省级40个主项81个子项）。2023年9月，全省交通运输2023年版行政许可事项共295个办理项（其中省级145个办理项）在贵州政务服务网正式上线运行。交通运输“一网通办”政务服务体系全面建成，省级业务实现“全程网办”100%。

第五节　科技创新

2023年，围绕“四新”主攻“四化”致力于交通科技的不断创新，推进交通运输提质增效和转型升级，强力支撑贵州省交通建设发展。强力攻克重大关键技术，实施了“山区超高墩大跨径三塔叠合梁斜拉桥建设和养护关键技术研究和应用示范”“复杂地质超长大跨公路隧道高效建造与智慧运维关键技术研究及示范”等省部级重大科技专项8项，获省部级（含）以上科学技术奖73项，成体系攻克了复杂山区峡谷桥梁建设、瓦斯隧道安全施工、机制砂高性能混凝土应用、绿色公路建设、内河航道提等升级等多项关键技术，有力支撑了平塘大桥、大娄山隧道和乌江航道等一批重大工程的建成。完成“贵州乌蒙山区毕都高速公路安全保障科技示范工程”“贵州喀斯特石漠化地区高速公路绿色建造科技示范工程”2项全国交通运输科技示范工程，推广应用煤系地层隧道建设技术、公路交通安全设计技术、桥梁结构健康监测和机制砂自密实混凝土等多项新技术新材料，在全国形成示范效应。出版《山区超高墩多塔大跨斜拉桥建设关键技术研究和应用》《贵州喀斯特石漠化地区高速公路绿色建造技术》等科技专著24部，系统总结了高速公路、水运建设会战期间公路、水路、交通安全和交通大数据建设等方面取得的技术成就。

成立了“贵州省交通运输标准化技术委员会”，制定《贵州省高速公路机制砂高性能混凝土技术规程》《高速公路隧道照明设计规程》《山区普通公路改扩建工程技术规范》等省级地方标准17项，发布《贵州省智慧高速公路建设指南（试行）》《贵州省绿色公路建设实施指南（试行）》《贵州省交通运输安全生产风险管控指南（试行）》等厅级行业技术指南69项，逐步建立贵州交通运输标准体系，有效支撑了贵州交通黄金十年的发展。“贵州省数字交通创新基地”被认定为贵州省首个国家级交通运输科普基地。成立业内首个数字交通研究院。以数字交通产业发展、成果转化为重点，打造数字交通领域人才培养、学术研究、产学研用深度融合的创新平台和基地，制定了《高速公路服务区智慧化建设数据规范》《高速公路入口治超检测点设计规范》《高速公路入口治超系统数据》3项省级地方标准，深入开展交通基础设施数字化等研究工作。

第六节　安全与应急

2023年，全省交通运输系统认真贯彻落实贵州省交通运输厅党委关于安全生产工作的系列重要决策部署，统筹好发展和安全，紧紧围绕“遏重大、控较大”（坚决遏制重特大事故、有效控制较大事故）目标，狠抓安全生产责任落实，强化风险隐患排查整治，着力做好督导帮扶“后半篇”文章，系统性提升行业领域本质安全水平，交通运输安全生产事故起数和死亡人数同比实现“双下降”，连续6年未发生重大事故，安全形势持续稳定向好。

第七节　推动“四好农村路”高质量发展取得新成效

“十四五”以来，贵州省坚持稳中求进总基调，完整、准确、全面贯彻新发展理念，加快构建新发展格局，聚焦围绕“四新”主攻“四化”主战略，和“四区一高地”主定位，务实创新，多措并举，推动“四好农村路”高质量发展，努力完善现代化农村交通运输体系，更好地服务巩固拓展脱贫攻坚成果同乡村振兴有效衔接，助力农村农民共同富裕。全省1725个约33.33万平方米以上农业坝区、3A级及以上风景名胜区、100个特色小城镇均实现等级公路全覆盖，铺就了乡村振兴的“致富路”、群众生产生活的“幸福路”。截至2023年底，六盘水市、铜仁市、黔南州3个市（州）获评全国“四好农村路”建设市域突出单位，获评数量与江苏、安徽、河南、湖北、广东等5省并列全国第一；累计创建“四好农村路”全国示范县17个；累计创建“四好农村路”省级示范市6个（贵阳市、贵安新区、六盘水市、铜仁市、遵义市、黔南布依族苗族自治州）、示范县83个，全省“四好农村路”发展实现由示范引领向全域达标大步迈进。

图7-24-3　贵州省遵义市播州区枫元至苟坝红色乡愁路，于2023年6月被交通运输部评为2022年度“十大最美农村路”，全长约11.8公里（图片由贵州省交通运输厅提供）

云南

2023年，云南省交通运输行业坚持稳中求进工作总基调，紧紧围绕云南省委、省政府“3815”战略发展目标和壮大“三大经济”要求，积极应对宏观政策调整、市场环境变化等复杂因素，健全完善相关工作机制，加快重点项目建设，不断优化综合立体交通网络和重要通道空间布局，持续推动运输结构调整，有效统筹行业发展和安全稳定，多项工作取得重要突破。

第一节　整体概况

主动服务国家战略，互联互通国际大通道建设打开新局面。中老铁路开通以来累计发送旅客超2509万人次，发送货物超3029万吨，“沪滇 · 澜湄线”“中欧＋澜湄快线”国际货运班列及跨境旅客列车相继开通，有效连接起国内与欧洲、南亚、东南亚之间的巨大市场。柬埔寨暹粒吴哥国际机场通航投运，省内新开通丽江至河内国际客运航线、昆明至仰光国际全货机航线，国际客货运通航点恢复至33个，为与周边地区经贸往来、人文交流搭建起通畅便捷的“空中丝路”。中国坝洒—越南巴刹红河界河公路大桥建桥协定及议定书顺利签署。澜沧江—湄公河国际航运加快恢复，关累港复航以来进出境货物累计超过12万吨。

不断完善综合交通网络，“开路先锋”责任担当不断彰显。临翔至双江、昭通至金阳等多条高速公路全线通车，瑞丽至孟连、永德至勐简等项目分段建成，新增沧源、永德、西盟、孟连4个县通高速公路，全省高速公路通车总里程达到10466公里、通高速公路县（市、区）达124个。丽香铁路、叙毕铁路建成通车，全省铁路运营里程达5222公里，迪庆州从不通铁路一步迈入动车时代。凤庆通用机场建成投用。水富港铁路专用线正式开通运营，“水公铁”多式联运模式基本形成。

着力加强服务保障，交通运输市场快速复苏。持续完善运力储备机制，及时满足周期性运输需求，推动服务能力稳步提升。全年综合交通完成客货周转量2334.5亿吨公里，同比增长11%，其中，公路、铁路、民航旅客、货物周转量分别增长5.3%、23.6%、113.9%，水运下降0.9%。货运保持稳定增长，累计完成货物周转量2026.7亿吨公里，同比增长4%。客运市场迅速回暖，累计完成旅客周转量573.8亿人公里，同比增长83.4%。假日出行需求恢复强劲，春运期间综合运输客运量达4910.5万人次，同比增长32.5%；“五一”假期达683.4万人次，同比增长104.9%；中秋、国庆“双节”假期达1115万人次，同比增长85.2%。节假日期间，昆明长水国际机场起降航班班次、铁路发送旅客数先后刷新近年纪录。

第二节　以精准调度为突破点　着力推动重点项目建设

铁路方面，渝昆高速铁路云南段建设进度总体超出预期，大瑞铁路保瑞段高黎贡山隧道有序掘进，大理铁路枢纽项目全面铺开。文山至蒙自铁路施工单位进场。既有昆玉铁路扩能改造工程项目可研、初设获批。临沧至清水河、文山至靖西等铁路项目前期工作有序推进。

公路方面，功山至小铺、勐海至打洛、南涧至云县、宁蒗至香格里拉4个国家高速公路项目正式用地已获批，牟定至元谋、会泽至巧家等22个地方高速公路项目正式用地已获批。G219改扩建等13个项目用地预审与选址意见书全部获批，泸水至腾冲段等3个项目实质性开工建设。

水运方面。澜沧江、金沙江等4个省级水运专项债项目加快推进。百色水利枢纽通航设施工程、富宁港、水富港建设稳步实施。

民航方面。昆明长水国际机场改扩建工程、蒙自机场新建、昭通机场迁建和文山机场改扩建工程初设获批，楚雄、玉溪、元阳、宣威新建机场前期工作加快推进，丽江、腾冲、西双版纳机场改扩建工程提速实施，大理机场改扩建工程实现开工。

第三节 以服务大局为出发点 不断完善顶层设计

扎实做好“十四五”规划中期调整，成功争取普通国省道51个项目3803公里纳入交通运输部规划正选项目盘子，较“十三五”中期调整多争取1120公里，新增国家高速公路6个项目516公里、普通国道24个项目1496公里进入储备库。水路基础设施项目入库规模增加10.8亿元。云南省委、省政府出台《关于加快铁路高质量发展的意见》，进一步明确铁路发展“时间表”“任务书”和“路线图”。完成《云南省公路网规划》编制，研究起草民航高质量发展意见、加快建设交通强省五年行动方案、综合交通服务“三大经济”行动方案等系列政策措施，科学谋划未来发展蓝图。

第四节 以科技创新为支撑点 深入推进智慧交通发展

积极开展科技攻关，大瑞铁路高黎贡山隧道等11个交通领域科研项目列入省级重大研发计划，争取省级专项资金8390万元，云南省现代综合数字交通技术创新中心获批组建。不断深化合作交流，与交通运输部规划研究院、交通运输部公路科学研究院、云南大学等签署合作协议，搭建起产学研融合发展和人才培养平台。加快行业技能人才培养体系建设。持续提升数字化水平，成立交通运输行业级大数据中心，实现27家单位数据资源共享。打造省级视频联网云平台，新建124个交通量自动化观测站点，推动全省73个固定治超站联网运行。启动综合交通信息系统整合提升，优化整体布局。

第五节 以人民满意为落脚点 办好办实惠民实事

科学精准实施国省干线公路养护工程518公里、安全精细化提升工程1908公里，改造危桥危隧87座，普通国道PQI优良路率提升到84.2%。新改建农村公路14759公里，新增5277个自然村通硬化路、45个乡镇通三级公路，超额完成年度目标任务。建成村道安全生命防护工程7008公里，改造农村公路危桥338座。组织开展ETC发行服务及运营管理水平提升专项行动，提高ETC车道车辆通行效率。实施差异化收费，优化提升路网资源综合利用效率。严格执行通行费减免政策，共减免车辆通行费82.4亿元。大力推广曲靖市县际班线客运“公交化”改造典型经验，昆明、玉溪等8个州市累计改造线路143条，票价平均降低20.8%，客流量平均增加32.2%。打造敬老爱老城市公交线路21条。深入推进农村客货邮融合发展，双柏县“交通+电商+邮政”、姚安县“农村客运+客货邮”入选全国第四批农村物流服务品牌。认真做好12328热线工作，运行服务获交通运输部通报表扬。

第六节 以依法行政为立足点 持续优化交通营商环境

制定并公布年度重大行政决策清单，认真落实合法性审核制度，对20余份涉及市场主体经济活动政策文件进行公平竞争审查，积极推进《云南省航道管理规定》等行业立法工作。修订印发《云南省公路建设市场信用信息管理办法（试行）》，常态化开展信用评价和整改反馈，着力营造诚实守信的市场环境。全力维护道路客运市场秩序。扎实推动道路交通安全和运输执法领域突出问题专项整治，制定印发《云南省交通运输综合行政执法监督办法》，发布交通运输领域轻微违法行为依法免予处罚典型案例，全年免予行政处罚案件数1.1万起。升级优化行政审批系统，推广应用电子证照，2023年省级办理行政审批7.5万件，同比增长5.3%，云南政务服务网“好差评”满意度保持100%。

第七节 以绿色低碳为创新点 稳步推进绿美交通建设

实施“运输结构调整”专项资金政策，积极推动多式联运示范工程创建，金沙江—长江水运集装箱吞吐量同比增长157.8%。全省累计建成高速公路沿线服务区充电站334座、充电桩1322桩，服务新能源用户超过100万人次，积极试点建设服务区分布式光伏发电、“光储充”等交能融合项目。开展绿美交通建设“百日攻坚”行动，建立定期调度机制，年内累计提升改造绿美服务区30个，建成绿美高速公路1724公里（其中绿美交通廊道示范段509.8公里）、绿美普通国省道2208公里、绿美农村公路2万公里。完成150公里铁路绿化美化提升和19个铁路客运站绿化美化工作。完成绿美机场建设6个。完成绿美港口码头绿化面积2.5万平方米。积极展示行业绿美良好形象，怒江美丽公路成功入选全国第一批交通运输与旅游融合发展典型案例，2023年全国“行在乡村游在路上”最美自驾精品线路主题推选宣传活动首站在昭通顺利举办。

第八节 以督导检查为着力点 坚决守牢安全生产底线

以交通运输领域重大事故隐患专项排查整治2023行动为抓手，进一步压实各级安全生产责任，累计排查各类隐患1.6万个。组织开展覆盖全行业的桥隧质量安全生产培训，提升安全意识和专业水平。与云南省公安厅交通警察总队建立6个协同共治机制，持续加大打非治违力度。与中国民用航空云南安全监督管理局联合制定《云南省强化民航安全治理合力工作机制》，对全省15个运输机场开展检查，构建航空安全齐抓共管格局。制定《云南省小型客运船舶管理办法》，开展“夜游船”安全治理。参与“应急使命·2023”高山峡谷地区地震灾害空地一体化联合救援演习，组织大瑞铁路特长隧道突泥涌水应急逃生和年度地震应急演练，提升应急救援能力。全力做好雨季汛期安全隐患排查，建立汛期“1234”管控机制，全面摸清在建公路两区三厂和职民工底数，强化预警信息传递。妥善处置临双高速、大瑞铁路畹町隧道、德宏州芒市突发泥石流灾害等突发事件。

西藏

第一节　整体概况

截至2023年底，全区公路总里程为12.33万公里（含青海省境内国道109线格尔木至唐古拉山路段594.71公里）。国省道设养率100%，农村公路设养率100%。全年落实中央投资449.05亿元，首次突破400亿元；完成交通固定资产投资263亿元，同比增长60.4%。印发实施《贯彻落实〈交通强国建设纲要〉实施意见》，公路高效智能养护保畅等5项试点任务稳步推进。印发实施《西藏自治区"十四五"时期综合交通运输发展规划》《西藏自治区国家公路国土空间控制规划》，编制完成《西藏自治区综合立体交通网规划纲要（2023—2035年）》。G4218昆莎机场至狮泉河镇段、国道214线加卡至邦达机场段等6个项目纳入"十四五"中期调整规划，成为全国为数不多调增项目和资金的省区之一。

第二节　综合交通基础设施建设

项目建设有序进行，川藏铁路配套公路等项目加快推进、G4218拉萨至日喀则机场高速公路工程主体全线贯通、拉萨贡嘎机场外部交通改造工程等项目开工建设；前期工作有效开展，组建专班采取"两线"集中攻坚，一线赴京加快推动项目审批，取得工可批复30个，估算总投资306亿元；一线在区内推动要素保障并协调遗留问题，解决16个审计整改和历史积压事项。农村公路建设推进有力，实施农村公路项目416个，新增4个乡镇、214个行政村通硬化路，乡镇、行政村通畅率分别达到95.55%、82.6%。错那市被交通运输部等五部门联合命名为"四好农村路"全国示范县。

第三节　运输服务保障能力

全年完成客运量753.02万人次、同比增长93.27%，货运量4954.20万吨、同比增长25.94%，客运周转量23.91亿人公里、同比增长136.81%，货运周转量125.49亿吨公里、同比增长22.08%；邮政快递揽收2602.53万件、同比增长130.53%，投递1.21亿件、同比增长147.09%。印发实施《西藏自治区农村客运补贴资金、城市交通发展奖励资金管理暂行办法》。新增6个乡镇、76个行政村通客车，通客车率分别达91.3%、71.1%。打造适老化公交线路8条。完成电子客票系统设计、开发和部署工作，稳步实现与交通运输部系统对接和数据上传工作。全区7市（地）与全国328个城市实现互联互通。首家符合国家有关标准的"司机之家"建成投运，设置22个"过往司乘人员生活物资补给点"。深入开展交通运输执法领域突出问题专项整治行动，联合查处1.5万余起车辆非法营运、超限超载等违法违规行为，行业乱象整治成效明显。积极发挥西藏自治区12328交通运输服务监督热线作用，畅通民意、汇集民智。全年12328热线共受理有效业务1.6万件，群众即时答复满意率99.48%，投诉举报回访满意率100%，一次办结率100%。

第四节　行业治理体系建设

全面启动《西藏自治区道路运输条例》《西藏自治区公路条例》修订和《西藏自治区水上交通安全管理办法》修正，制定《西藏交通运输厅重大行政决策程序规定》《西藏自治区交通运输行政执法事项指导目录（2022年版）》《西藏自治区交通运输行政执法公示制度》等文件，营商环境持续优化，行政执法监督、评议考核、案卷评查、执法裁量权基准等执法制度的"四梁八柱"基本完成构建。交通运输部大件运输许可、安全生产三类人员许可等高频事项通过垂建系统已经实现"一网通办"。实现道路运输驾驶员从业资格证补发、换发、变更、注销及诚信考核等5项高频事项的“跨省通办”，全年办结业务2112件，办结率97.0%，互联网道路运输便民政务服务质量全国排名提升至第5名。自筹建设资金高等级公路收费试点取得阶段性成果。23项行政许可事项进驻政务服务大厅。扎实开展招投标专项整治，废止《招投标工作十条规定》。全面启动西藏自治区交通运输厅信用体系建设，成立领导小组，制定印发《加快推进信用体系建设三年行动方案（2023—2025年）》。启动“信用交通·西藏”平台，信用建设在全国排名实现提升。制定印发《西藏自治区交通运输行业优化营商环境若干举措》，提出了五个方面19条工作举措。

第五节　公路养护

印发实施《西藏自治区公路养护工程设计变更管理办法（试行）》《西藏自治区公路养护工程招标投标管理办法（试行）》，推动养护工程建设规范化制度化。启动编制《西藏公路交通标志标识藏文用语指南（第一版）》《西藏公路交通应急标准图册》《西藏自治区普通国省公路养护预算编制办法》。依法依规完成93项涉路行政许可审批工作。完成公路养护工程项目固定资产投资15亿元。签订国省公路年度养护目标责任书，明确年度养护目标，制定养护生产指标，全力开展公路日常养护工作，强化常态化养护和应急养护相结合。完成132座危桥改造、224座三类桥梁预防养护、592公里安全设施精细化提升。组织开展“两环、两带、七通道”美丽公路示范路品牌创建工作，打造具有地方特点的美丽公路示范路1410公里。

第六节　科技创新

完成普通省道和农村公路“以奖代补”考核数据支撑系统建设工作，有效解决西藏自治区公路数据缺失、财政交通信息不对称等问题。推进西藏自治区长大桥梁结构健康监测系统建设，对部分公路桥梁状态进行实时健康监测，为养护需求、养护措施、应急响应提供科学决策依据，实现桥梁精准养护管理。完成《新时代西藏自治区综合交通协同管理与改革研究》《西藏交通建设与养护市场化改革路径及政策研究》等4项课题研究工作，持续推进实施《基于公铁合理分工的川藏与青藏高速公路通道比较优势研究》等8项课题工作。不断强化科技创新体系建设，投入1700余万元建设1个省级重点实验室和1个行业重点实验室，为交通运输发展提供技术支撑。抓好创新人才培养工作，积极推荐技术职称合格的技术人员参与项目的各个进程，同时选派技术人员到其他省份进行学习深造，不断强化交通运输人才队伍建设。

第七节　安全与应急

安全生产。制定印发《西藏自治区交通运输厅安全生产监督管理责任规定》《全区交通运输重大事故隐患专项排查整治2023行动实施意见》《进一步加强公路水运安全生产重大风险隐患扎实开展集中治理方案》等安全生产相关文件。加大惩戒管理力度，通过约谈、分类分级管理方式，倒逼企业落实安全生产主体责任。创新采用“专家＋执法”模式，邀请专家对全区在建未贯通的15座隧道开展安全隐患排查，发现的问题已全部整改。制定《关于实施全区交通运输领域安全生产及应急管理视频大点名制度》，先后通过11次应急点名会议（两周一调度），调度行业各领域安全生产、抢险救灾、重大事故隐患排查整治、重要基础设施安全防护等工作。全年未发生重特大安全生产事故。坚持新时代“枫桥经验”，开展信访问题源头治理三年攻坚行动，持续化解信访积案，全年共受理信访事项896批（件）次，已化解800批（件）次，按期办结率、群众满意率和群众参评率分别为100%、95.86%、66.90%，完成年度既定目标。

应急处置。2023年，全区国省公路共发生断通861次，造成交通中断4950.18小时。交通部门累计组织保通人员2.16万人次、投入机械设备8342台次，清理塌方11.51万立方米、泥石流34.27万立方米、积沙5528立方米，清雪除冰1720.85万立方米，铺撒防滑料4.13万立方米、融雪剂（液）2622.98吨，救助疏通车辆2.12万辆、人员4.18万人。制定印发《西藏公路交通突发事件应急总体预案》及10个专项预案，建立并投入使用拉萨国家区域性公路交通应急装备物资储备中心，已挂牌组建察隅、萨嘎、江达、嘉黎、札达等25座自治区二级储备中心。圆满完成10余次专项保通任务。深入开展“防灾减灾”“安全生产月”等宣传活动，提升全民防灾减灾及安全生产意识，组织完成35场次应急演练，参与人员2600余人。顺利完成派镇至墨脱公路多雄拉隧道出口雪崩保通和“应急使命·西藏2023”演习任务。

工程质量监督。开展2次全区公路工程在建项目质量安全全覆盖综合检查，检查项目31个，专项检查工地试验室36家，下发《限期责令改正通知书》56份；完成2022年度参与信用评价的10家试验检测机构、18家监理企业、42个工地试验室及现场检测项目的复评复核工作；监督抽查数据916组，总体合格率95.4%；抽取路面、隧道等原材料（成品、半成品）15组（批次）进行外委试验，合格率86.67%；开展质量监督执法听证2次。对有关隧道项目工地临时试验室涉嫌出具虚假试验检测报告案作出行政处罚，成为西藏自治区首起交通工程质量安全监督行政处罚（现金罚）案件，全区质量监督执法监管迈入新阶段。共受理质量安全监督案件24起，立案13起，办结12起（不予处罚2起）；实施行政检查15起。

第八节　合作与交流

制定印发《西藏自治区推进国际运输便利化2023年度工作要点》，不断提升国际运输便利化服务能力，2023年共组织开展7批次尼泊尔借道运输业务，满足尼方886.5吨建筑材料、能源物资等运输组织需求。深化国际运输“放管服”改革，备案1家国际道路普货运输企业，引导道路货运经营者积极拓展国际运输业务。

第九节　特色工作

绿色交通。始终把习近平生态文明思想贯穿交通运输工作全过程全方面，坚定不移走生态优先、绿色发展之路，生态保护的认识、绿色发展的理念、生态保护的成效都有新提升。整改整治持续推进，成立环保专班，专项负责环保问题整改和环境保护工作，81起自查自纠问题中79起已完成整改，2起正在有序推进。出台《公路建设生态环境保护考核管理办法》等政策措施，加强交通建设项目生态环保监管，积极倡导生态选线、环保设计，减少交通对生态环境的影响。加大公共交通领域新能源车辆普及力度，全区新能源公交车辆占公交车总量的86.4%，拉萨、昌都两市新能源公交车辆占比达100%。积极开展道路运输达标车辆核查工作，淘汰老旧营运客车170台、货车3208台，坚决打好污染治理攻坚战。

数字交通。全面开启“组团式”数字交通援藏模式，大力推进交通运输数据资源整合和智慧交通综合信息平台建设等重点任务。坚持规划引领，制定印发《推进数字交通建设三年行动方案（2023—2025年）》，提出了智慧服务“一平台”、数据资源“一中心”、决策支持“一大脑”、信息通信“一张网”、地理信息“一套图”的“五个一”数字交通建设目标任务。整合信息资源，加快推进交通运输行业数据中心建设，有效汇集16个信息系统，757项数据资源，5亿余条数据，实现政务系统数据应联尽联。编制《西藏自治区交通政务信息资源共享管理办法》，完成数据中心对综合执法系统、治超系统的数据对接，开发车辆轨迹、运政人车户信息等34个数据共享接口，执行255次数据调用，共享数据量达到72万条。坚持建用并重，建立全区交通系统人、车、户、线数据分析模型，实现群众出行民意实时反馈、两客一危车辆实时监管、重点区域路况实时查看。基本实现了“建、管、养、运、服”各类业务流程的统一管理以及自治区、市（地）、县（区）三级的协同管理；建设完成地理信息“一套图”，实现35类业务数据可视化展示和地图服务，形成业务数据表1552

张，入库各类数据2288万条；全区7市（地）与全国329座城市实现交通一卡通互联互通。

党建工作。2023年，西藏自治区交通运输厅扎实开展学习贯彻习近平新时代中国特色社会主义思想主题教育，深刻领悟“两个确立”的决定性意义，坚决做到“两个维护”，不断提高政治判断力、政治领悟力、政治执行力。全面从严治党不断深化，政治生态不断优化，以铸牢中华民族共同体意识为主线，深入开展民族团结进步教育，2023年1月，西藏自治区交通运输厅被评为第一批自治区民族团结进步模范单位。深入开展民族团结“入四线”活动，即在项目一线开展民族团结“传帮带”活动，在养护运输一线开展民族团结“接力棒”活动，在交通执法一线开展民族团结“优服务”活动，在驻村一线开展民族团结“固根基”活动，促进民族交往交流交融。大兴调查研究之风，厅党组确定重大调研选题8项，召开调研成果交流会2次，形成调研报告8份。厅属单位确定调研选题52项，形成调研报告52份。全面深入查摆问题203项，全部完成整改或完成阶段性目标。全面梳理67项现有制度，制定《交通运输厅领导干部调查研究工作制度》等11项制度。西藏自治区公路事业发展和应急保障中心、西藏自治区交通运输厅干部教育培训中心挂牌成立，交通勘察设计研究院转企改制基本完成。依规发展党员90名，常态化开展警示教育700余次，谈心谈话5000余人次。将党员干部家庭纳入廉政建设范围，厅机关127名党员干部廉政承诺书实行干部与家属双签字。大力弘扬“两路”精神，持续发挥西藏自治区“两路”精神纪念馆“全国民族团结进步教育基地”“爱国主义教育基地”等阵地作用，全年共167家单位、3897余人次参观。安多养护段荣获2023年“西藏工人先锋号”称号，江达养护段普巴荣获2023年自治区“巾帼建功标兵”称号。

陕西

第一节 整体概况

2023年，在陕西省委、省政府的坚强领导和交通运输部的大力支持下，全省交通运输系统锚定高质量发展要求，紧扣“六个聚焦”，落实“四新”要求，扎实开展“三个年”活动，圆满完成各项工作任务。全年完成综合交通投资939.3亿元，同比增长14.9%，投资规模创近10年新高。其中：公路水路530.4亿元、铁路279.2亿元、民航129.7亿元。高速公路总里程达6738.56公里，国道总里程达14628.614公里，省道总里程达12122.33公里。创建“四好农村路”省级示范市2个、示范县16个。全年完成农村公路投资143亿元，同比增长11%。新改建完善农村公路9510公里，新增通三级公路乡镇14个，新增通硬化路30户以上自然村2560个。实施农村公路安防工程4259公里，改造农村公路危桥157座。高速公路优等路率达到98.91%，普通国、省道优良路率分别达到86.93%、79.24%。

第二节 综合交通基础设施建设

一是高铁建设取得重大突破。延榆高铁开工建设，陕西“米”字形高铁网建设全面展开、加速形成。西延、西康、西十、康渝、延榆5条高铁项目建设规模1010公里（含联络线），总投资约2094亿元（含可研外征拆投资）。5条高铁项目完成年度投资270亿元，同比增长61.7%，在建规模跻身全国第一方阵。西延高铁重难点控制性工程，全线跨度最大、高度最高桥梁——王家河特大桥主桥成功合龙；西十高铁项目全线重点控制性工程、Ⅰ级高风险隧道西岭隧道出口左右线掘进双双突破千米大关；西康高铁隧道地质条件最复杂、风险等级最高、施工难度最大的区段——安康隧道出口至明挖段（Ⅳ级围岩）掌子面顺利贯通。

二是公路网结构不断优化升级。高速公路完成投资238.8亿元，同比增长7%。京昆高速蒲城至涝峪段改扩建、丹凤至山阳项目建成通车；吴起至华池项目复工建设；眉县至太白、岚皋至陕渝界、麟游至法门寺等12个项目加快建设。普通国省干线公路完成投资77亿元，在建项目85个，在建规模1500公里以上。公路养护完成投资63.5亿元，落实部交办重点路桥隧技术状况监测任务，抓好国道210线沣峪口段山区干线公路安全运行保障示范项目和青银高速吴绥段现代养护工程试点，基本完成新增国道和调出国道移交工作，全面完成公路灾毁抢通。

图7-27-1 2023年12月22日，丹凤至山阳高速公路建成通车（图片由陕西交通控股集团有限公司提供）

三是综合枢纽城市集群加快成型。西安联合银川入选第二批国家综合货运枢纽补链强链10个城市之一，有效强化了西安作为枢纽城市的全球门户功能和集聚辐射组织功能。打造轨道上的都市圈，西安地铁1号线三期开通运营，西安咸阳轨道交通线网实现“无缝衔接”，推进西安咸阳核心区率先实现地铁同城化，加速西咸一体化进程；西兴改扩建项目加快建设，西咸进一步深度对接，互联互通促进西咸深度融合；织密多层次公路大通道，提速推进鄠邑经周至至眉县、曲江至太乙宫、西安至兴平高速公路改扩建等项目建设，支持咸阳高标准建成渭河高新大桥，加快“一河两岸”基础设施互联互通，促进西安都市圈创新链与产业链深度融合。

图 7-27-2　2023 年 12 月，子姚高速、延延高速冯庄互通式立交通过竣工验收（图片由陕西交通控股集团有限公司提供）

四是重大项目谋划接续有力。推动签署新一轮部省战略合作协议，联合铁路、民航、邮政等部门出台陕西省《加快建设交通强国五年行动计划（2023—2027 年）》实施意见。抢抓“十四五”规划中期评估机遇，推动 3 个共 270 公里国高网项目、16 个共 373 公里普通国道项目纳入规划。福银高速西安至永寿改扩建等项目前期手续加快推进。

第三节　运输服务保障能力

一是运输保障能力不断加强。全年公路、水路客运量、铁路旅客发送量、机场旅客吞吐量，分别完成 1.27 亿人次、92 万人次、1.2 亿人次、4494 万人次；公路、水路、铁路货运量、机场货邮吞吐量，分别达到 13.4 亿吨、51 万吨、4.61 亿吨、28 万吨。西安地铁完成客运量 12.9 亿人次。邮政快递完成业务量 21.96 亿件。充分发挥全省物流保通保畅机制作用，圆满完成中国—中亚峰会、成都第 31 届世界大学生夏季运动会、中国杨凌农业高新科技成果博览会等重大服务保障任务，有效应对春运、暑运、节假日人流物流井喷式增长挑战，高效完成迎峰度夏、度冬能源和生活物资运输，支援京津冀和东北抗洪抢险，驰援甘肃震区。“三夏、三秋”服务保障 2.7 万余辆农机农资运输车辆顺畅通行。公路大件运输跨省件同比增幅 75.79%。中国—中亚峰会期间，推动西安对中亚“五国六城”直航航线全部开通，成为全国唯一率先通航中亚五国的城市。

二是运输服务品质持续提升。大力发展旅客联程运输、公交都市创建、定制客运、“一键叫车”等品质服务。强化网约车、网络货运企业的能力认定、运行监测、信用考核、优胜劣汰退出机制，严肃查处违法违规行为。建成部省级“司机之家”26 个。打造敬老爱老公交线路 40 条。宝鸡成功创建国家公交都市。解除京昆高速汉宁段危化品车辆通行禁令，解决危化品车辆绕行甘肃问题，通行时间从平均 8 小时缩短至 3 小时左右，单车降低运输成本 1000 余元，危化品运输车辆省际通行效率显著改观。

三是运输结构调整纵深优化。推动多式联运“一单制”“一箱制”发展。西安成为全国首个中欧班列年度开行突破 5000 列、累计开行超过 2 万列的城市。中铁联集“陆海联动、多点协同”工程被命名为国家多式联运示范工程，陕西华阳物流公铁联运和陕鲁冀铁水公联运项目入选国家第四批创建名单。铁路货运量达 4.61 亿吨，超额完成国家下达目标任务。提速建设宝鸡城南、高铁西安东站及地铁配套等综合客运枢纽，建成商洛山阳物流园区等客货运场站 6 个。制定实施公路水路绿色低碳发展方案，淘汰国三及以下柴油货车 7225 辆，高速公路服务区实现充电桩全覆盖。汉江安康白河至丹江口段顺利复航。

第四节　服务乡村振兴战略

一是“四好农村路”发展进入新阶段。提请陕西省人民政府召开全省“四好农村路”暨公路高质量建设推进会。累计创建“四好农村路”省级示范市 5 个、示范县 78 个。深入探索农村公路管理养护体制改革，西安、商洛镇安等 6 个试点地区取得阶段性成果，农村公路“路长制”实现全覆盖，优良中等路率达到 80%。有序推进沿黄公路提升改造，沿黄区域农村公路稳步向生态致富廊道转进。

二是城乡交通运输一体化发展水平达到 5A 级。巩固提升鄠邑区全国首批示范县创建成果，新增富平县等 5 个县（区）成功入选 2023 年国家乡村振兴示范县创建名单。联合出台《2023—2025年农村客货邮融合发展样板县创建工作实施方案》，安排1076万元省级资金支持长武县等5个县（区）巩固农村客货邮融合发展样板县创建成果。全省57%的建制村设立寄递物流综合服务点，邮政EMS等4家品牌实现建制村快递服务全覆盖。大力探索交旅融合发展，依托路网资源联合开展"引车引客入陕"等特色文旅活动。

图7-27-3　2023年，宝鸡市陈仓区九龙山旅游公路被交通运输部评为"我家门口那条路——最具人气的路"（图片由宝鸡市交通运输局提供）

三是交通助农惠农有力有效。实施农村公路以工代赈项目484个，开发"四好农村路"就业岗位2.7万个，带动脱贫人口就业1.6万人。大力发展路衍经济，高速公路服务区助农惠农，帮扶农户销售农特产品600多种，吸纳农村群众就地就业1万多人，为7000多户农村家庭提供稳定经济来源。

图7-27-4　西安市周至县周塬路骆峪段（图片由周至县交通运输局提供）

第五节　行业治理体系建设

2023年，陕西省交通运输行业管理质效不断提高。抓好交通运输法治政府8个方面31项重点任务，推进"两条例一办法"立法进程，咸阳、杨凌等市区扎实开展全省道路交通安全和运输执法领域突出问题专项整治，解决一批群众反映突出的热点难点问题，梳理省级行政执法事项清单223项，推动交通运输省市县行政备案事项44项纳入陕西省人民政府统一动态管理清单，加强基层执法单位"四基四化"建设。纵深推进公路水运建设市场、交通物流涉企收费等突出问题专项治理。建成陕西省交通运输厅一体化审批平台（一期工程），实现涉路施工许可等审批许可事项12项"一网通办"。道路运输驾驶员高频事项"跨省通办"办结率达到99%，政策性减免通行费52.74亿元，促进交通物流降本增效。学习实践"枫桥经验"，强化行业矛盾纠纷多元化解机制，持续开展新业态"阳光行动"。全系统拖欠企业无分歧账款全部清零。强化路网建设激励机制，安排2.2亿元奖补6个积极性高的地市，8个干线公路重点项目形成导向效应。强化重点项目行业监管，以中铁建投资建设的眉太高速为样板，召开平安百年品质工程现场会。推进交通开放合作，与甘肃、内蒙古交通运输厅签署省际通道、联合执法、协同应急合作协议。

第六节　科技创新

2023年，陕西省交通运输行业科技创新能级持续增强。举办首届陕西交通创新创优大会。围绕行业需要和年度重点任务，实施科技项目110项，建筑垃圾公路综合应用关键技术与标准等6个科技项目获陕西省人民政府科学技术奖励，秦岭天台山超长隧道群安全绿色科技示范工程通过交通运输部验收授牌。加快建设综合交通运输信息平台，交通信息化"五个一工程"基座形成标志性成果。铜川和渭南潼关等市县交通综合信息化平台建设形成亮点。推进行业标准化工作，20项行业地方标准获批颁布，西安市《普通公路除雪技术规范》填补陕西省行业空白，陕西交通控股集团有限公司8项地方标准通过审查发布，陕西轨道交通集团有限公司4个“揭榜挂帅”项目阶段性成果得到交通运输部肯定。

第七节　安全与应急

2023年，陕西省交通运输行业安全生产实现“一无双下降”。坚持“三抓三防”强化安全生产工作。开办交通运输安全管理培训学院，培训重点人员6142人次。抓实重大风险隐患排查整治2023专项行动，扎实开展“两客一危”、水路运输、工程建设等重点领域专项治理，加强重要交通基础设施安全防护，举办公路、水上、危化运输、网络安全应急演练。全年预警调度76次，发出预警提示71期，处置突发重要险情48起。开展“两客”车辆安全运行“百日竞赛”，列支600万元专项奖励24家优胜企业、6000名优秀驾驶员和乘务员。认真履行全省民航水上轨道交通安全生产专委会职责，牵头抓好铁路沿线安全环境整治，协同做好寄递物流安全防控。交通运输安全生产事故起数、死亡人数同比分别下降6.25%、30.7%，未发生较大以上生产安全事故。

第八节　合作与交流

2023年9月17—18日，由陕西省科学技术协会、陕西省交通运输厅主办，中国公路学会指导，陕西交通控股集团有限公司、陕西省公路学会承办的陕西交通创新创优暨陕西省公路学会成立40周年大会在西安召开。大会举行1个主旨报告会、9个分论坛57场报告、34个展览展示台、6个成果发布、2个标志性工程观摩交流。全国有关学会组织，在陕高校，驻陕央企及陕西交通企事业单位，各地市交通运输局、公路局以及陕西省公路学会会员单位代表等2600余人参会。

2023年10月1—8日，陕西省交通运输厅代表团赴捷克参加第二十七届世界道路大会，并赴匈牙利考察调研。大会以“携手出发”为主题，旨在全面了解全球道路交通部门的发展现状和未来趋势。陕西省交通代表团参加大会主题研讨和交流，从运输标准、技术、装备、服务等方面，分享了陕西交通运输领域成熟的做法和先进的经验，寻求在交通建设、管理机制等方面的深入交流与合作。

2023年12月21日，“安康汉江复航号”在陕西、湖北两省交通运输部门的合作推动下，由白河县下卡子货运码头驶向湖北丹江口陈家坝码头，标志着安康汉江白河至丹江口“黄金水道”正式复航。复航活动期间，陕西湖北两省三市召开汉江复航工作联席会议，决定两省三市要共扛责任，建立汉江航运协同联动发展联席会议制度，按照“机制共建、信息互通、成果共享、发展共赢”原则，齐心协力画好汉江航运发展同心圆。要共促开放，围绕航空协作、高铁联通、水运通达、公路成网，推动谋划物流运输深度融合，共同谋划“公铁水”联运项目，进一步畅通区域协同发展大动脉。要共谋发展，围绕生态旅游、富硒食品、新型材料、交通装备等重点产业链，强化优势互补和错位协作，拓展合作空间，促进汉江生态经济带向更高水平发展和更大范围辐射。

图7-27-5　2023年，复航后的汉江安康白河至丹江段（白河县水路交通服务中心 陈涛 摄）

第九节　亮点工作

一是高速铁路建设提速发展。陕西省委、省政府将高铁建设作为“一号工程”，主要领导亲自包抓，分管领导强力推进，交通运输系统充分发挥全省高铁建设协调机制作用，建立“双周例会、月调度、季汇报、年评估”工作机制，坚持一周一调度、一周一通报，强力高频推进任务落实，合力高效解决突出问题，全力推动前期手续办理。延榆高铁项目21天完成工可研、初步设计、施工图批复，创造全省乃至全国高铁项目前期工作最快速度，成为路地合作新典范。该项目于2023年11月5日正式开工，标志着全省“米”字形高铁网加快完善、“市市通高铁”目标迈出了关键一步。同时狠抓在建高铁项目，推动陕西省人民政府制定《交通运输有关工作事项备忘录和工作安排》，协调推进解决公铁立交协议签订、建设资金筹措、重难点拆迁、延榆高铁初步设计等重大问题以及用地、环境保护等关键前期手续的办理，创新性开展工作，强力保障西延等在建高铁项目提速推进。

二是交通强国试点纵深推进。召开全省交通强国建设试点科技创新成果交流大会，推动5项试点任务取得重要阶段性成果。“现代化国际一流航空枢纽建设”，入选中国民用航空局“四型机场”示范项目；“打造现代多式联运区域物流中心”，实现铁路和公路运输单据电子化，标准化装载单元推广初见成效；“秦岭隧道安全防控体系建设”，建成“秦岭隧道群安全防控体系三维数字孪生系统平台”；“陕南交通旅游山水画卷”，蹚出“交通支撑旅游、旅游反哺交通”发展新路径；“提升高速公路建设运营智能化水平”，建成高速公路建设运营智能化管理平台，总结固化了一批可复制、可推广的创新成果，为加快建设交通强国提供陕西经验、贡献陕西智慧。2023年7月，陕西作为4个重点省份之一，在全国交通强国建设试点工作推进会上作经验交流发言。

甘肃

第一节　整体概况

2023年，甘肃省交通运输系统奋力推进交通强国甘肃实践，全年建成高速（一级）公路508公里，8个县实现通高速梦想。用心用情办好民生实事，新建自然村组通硬化路1万公里以上，改造农村公路危桥150座，建成高速“开口子”工程10个、公路沿线充电桩759套，新建部级标准“司机之家”11个，服务民生综合能力显著提升。成功收回天水、夏河机场运营权并复航，省内民航机场实现一体化运营管理；攻坚克难，16个历史遗留问题全部化解；高效有力完成夏河泥石流、积石山地震交通应急抢险和春运等节假日期间保通保畅任务，彰显了交通担当。全力推进促投资稳增长、优环境强合作、调结构惠民生、保畅通抓安全等各项工作，交通运输经济持续稳定恢复，客货运输主要指标保持较快增长，为推动全省经济平稳健康发展，提供了坚实有力的交通运输保障。

图7-28-1　打扮梁至庆城高速公路（图片由甘肃省交通运输厅提供）

第二节　综合交通基础设施建设

交通发展基础更加牢固。甘肃省人民政府与交通运输部率先达成共识，在全国第一批签署部省《关于加快建设交通强国 建设幸福美好新甘肃的合作协议》，合力推动甘肃交通运输大提速、大升级、大畅通，全力争取交通运输部给予甘肃省大力支持，到位车购税资金124.7亿元，比2022年增加26.14亿元。交通运输部新增批复甘肃省交通强国建设试点任务4个。

基础设施体系加快完善。抢抓“一带一路”最大机遇，立足重塑甘肃省通道优势，甘肃省人民政府印发《甘肃省省道网规划》。深度谋划总规模约4550公里、总投资约5460亿元的“三大高速公路新通道”。全年累计完成公路水路民航固定资产投资680.9亿元；建成高速（一级）公路508公里、普通国道262公里。兰州轨道交通2号线一期工程建成投运。建成高速公路“开口子”工程10个，为促进全省经济社会发展提供重要支撑。

综合运输服务融合发展。截至2023年底，全省共有三级及以上汽车客运站123个，其中一级站33个，二级站49个，三级站41个。道路客运转型发展步伐加快，联合甘肃省公安厅印发指导意见，促进道路客运行业转型升级。11个市（州）开通定制客运线路67条，在全国率先开展5座车型农村定制客运服务试点。实施汽车客运站“强站便民”行动，游客集散、车辆租赁、商务会展等功能加快拓展。甘肃境内与国家铁路接轨的既有专用线已建成运营159条。兰州陆港和兰州新区2个多式联运示范工程实现4条国际班列常态化运营。全省民航新增客运航线56条、加密17条，新增货运航线4条，累计分别达到245条、10条；通航城市达到112个。兰州市“夜游黄河”航线入选文化和旅游部“2023年全国旅游公共服务优秀案例”。完成永靖县月亮湾等3个便民渡口码头提升改造。

干线公路建设加密成网。截至2023年底，全省公路通车总里程达到15.82万公里，公路网密度37.15公里/百平方公里。全省高速（一级）公路里程达到7952公里；其中，高速公路通车里程6181公里，一级公路1771公里；通高速县（市、区）达到80个，县通高速率达到93%。二级及以上公路19139公里。国省干线公路里程3.23万公里。农村公路通车里程12.6万公里（其中县道2.4万公里、乡道2.7万公里、村道7.5万公里）。全省14个市（州）政府驻地和80个县级行政中心实现以高速公路连通，86个县（市、区）行政中心全部实现以二级及以上公路连通。

农村公路建设通乡达村。连续三年新建自然村组通硬化路1万公里以上，2023年实现4015个自然村组通硬化路，通硬化路率达到90%；改造农村公路危桥150座，实施村道安全生命防护工程3620公里，新增31个乡镇通三级公路；所有乡镇和具备条件的建制村实现通硬化路、通客车、通邮；创建“四好农村路”全国示范县4个、城乡交通运输一体化示范县3个。

图 7-28-2　天水市秦州区农村公路（张宾 摄）

铁路建设投资顺利完成。兰新客专兰州至西宁段（甘肃省境内）达速提质工程建成通车；平凉至庆阳铁路开工建设；兰张三四线武威至张掖段和宝中铁路中卫至平凉段扩能改造工程启动可研审批流程；定西至平凉铁路开展可研编制工作。铁路领域完成投资200亿元，占年度计划的105.3%。截至2023底，全省铁路营业里程达到5765公里，其中高速铁路1600公里，普速铁路4165公里，铁路网密度为135.39公里/万平方公里。

民航机场建设稳步推进。2023年，全省民航机场建设项目完成投资66.07亿元，兰州中川国际机场三期扩建主体工程完成；嘉峪关酒泉机场跑道完工并实现复航；武威机场、定西机场进行选址等前期工作；武威民勤通用机场建成投运并正式定名为“民勤苏武机场”，庆阳华池通用机场等建成运营；定西岷县通用机场已完成相关前置报告编制工作。天水、夏河机场运营权成功收回并复航，实现省内机场一体化管理。截至2023年底，全省共建成运输机场9个，建成通用机场7个。全省民航运输形成国际、国内、省内3个层次的航线网络，实现全国省会城市全覆盖，大中型城市覆盖率60%，并通达至欧洲、中亚、西亚、东南亚等地区。

邮政运输体系日趋完善。省市县邮政快递业安全（发展）中心全覆盖，“省+14个市（州）+兰州新区+83个县（区）”的三级邮政快递业治理支撑体系建设成型，省市县农村寄递物流体系建设、行业安全监管、行业党建工作机制有效贯通，治理体系能力持续提升。农村寄递物流体系深入推进。建成86个县级寄递公共配送中心，15944个村级寄递物流综合服务站，累计打造“客货邮”融合发展样板县9个、示范线路291条、示范点918个。康县“交电邮网络共建，城乡统仓统配共享”、民乐县“交邮融合+电商物流”获评交通运输部第四批农村物流服务品牌。截至2023年底，全省共有快递品牌15个，法人快递企业214家，共有各类机构、网点（驿站）8336个，直接从业人员3.1万余人。

第三节　运输服务保障能力

2023年，全省新建部级标准“司机之家”11个、服务区货车停车位100个、公路沿线充电桩759套、ETC（电子不停车收费）停车场53个；“车货无忧”公众责任险范围扩大到普通国省干线服务区；在全国率先启用客货运输电子证照跨区域互认核验和“随车亮证”；道路运输10项高频事项“跨省通办”网上办件量达到22.3万件。全力推进高速公路运营服务提质增效，差异化收费政策促收效应明显，全省收费公路通行费收入168.88亿元，同比增长21.15%，其中政策性减免42.2亿元。

2023年底，全省民用汽车保有量470.2万辆，比上年末增长7.0%，其中私人汽车保有量406.2万辆，增长7.2%。民用轿车保有量209.8万辆，增长6.4%，其中私人轿车保有量188.6万辆，增长6.6%。

2023年，全年累计完成公路客运量9371.05万人、旅客周转量65.96亿人公里、公路货运量6.99亿吨、货物周转量2090.51亿吨公里，同比分别增长69%、104.7%、9.1%和23.7%。完成水路客运量157.5万人，客运周转量2097.6万人公里，同比分别增长512.4%和722.1%。

2023年，全省铁路运输量指标均同比显著增长。旅客发送量全年完成6200.4万人，比上年同期增加3756.4万人，增长153.7%；货物发送量全年完成9904.6万吨，比上年同期增加1043.9万吨，增长11.8%；换算周转量全年完成2557.5亿吨公里，比上年同期增加390.6亿吨公里，增长18.0%；旅客周转量全年完成402.3亿人公里，比上年同期增加225.7亿人公里，增长127.7%；货物周转量全年完成2155.2亿吨公里，比上年同期增加165.0亿吨公里，增长8.3%。

2023年，全省民航共保障完成运输起降14.78万架次、旅客吞吐量1872.42万人次、货邮吞吐量7.88万吨，同比分别增长98.07%、152.16%、35.63%。敦煌莫高国际机场成功跻身民航百万级机场行列，兰州中川国际机场旅客吞吐量在全国千万级机场中排名第28位（较2022年提升2位），张掖丹霞通用机场迈入全国通用机场15强。

图 7-28-3　灵台至华亭高速公路（图片由甘肃省交通运输厅提供）

2023年，全省完成快递业务量2.93亿件，同比增长49.2%。邮政快递业单日快递业务量首次突破百万件，邮政行业寄递业务量累计完成7.03亿件，同比增长14.49%。其中，快递业务量（不包含邮政公司包裹业务）累计完成2.92亿件，同比增长49.2%，增速位居全国第6；邮政行业业务收入（不包括邮政储蓄银行直接营业收入）累计完成80.57亿元，同比增长28.03%。其中，快递业务收入累计完成52.29亿元，同比增长37.04%，增速全国第4，收派比例优化至1:5.7。

第四节　行业治理体系建设

持续推进法治政府部门建设，提请甘肃省人民代表大会出台行业综合性法规《甘肃省公路条例》；深入开展交通运输执法领域突出问题专项整治，排查整改突出问题3511个，严格公正规范文明执法持续推进。收回天水麦积山、甘南夏河机场运营权并成功复航，解决了长期以来省内机场无法一体化管理的问题。牢固树立“新官要理旧账、化解遗留问题也是政绩”的理念，牵头化解了16个重大交通物流类项目遗留问题。出台优化营商环境3.0升级方案，调整下放公路养护、水运海事和大件运输等7项行政审批事项，对5项政务事项承诺时限进行再压缩。49条政府收费公路实现特许经营。

第五节　科技创新

2023年，投入科技创新专项资金1850万元，支持行业科研项目51个。11个科研项目分获部省科学技术奖。“公路低环境影响建设”等4个“揭榜挂帅”项目持续推进。发布地方标准10项。推广应用“四新”技术61项，科研成果转化应用4项。甘肃省交通规划勘察设计院股份有限公司被认定为“国家企业技术中心”。新增省智慧公路交通重点实验室、筑路材料循环利用技术创新中心、公路绿色低碳与智能建造技术创新中心、公路工程智能检验检测技术创新中心4个省级科研平台。智慧交通建设取得重大成果，发放自动驾驶首张示范应用牌照和4张测试牌照，新增认定自动驾驶道路47.5公里；建成高台元山子、敦煌悬泉置等6个智慧云收费站；完成53个停车场ETC推广应用。金城南云收费站和清傅5G智慧公路被授予全国“智慧高速创新科技典型案例”。

第六节　平安建设

深刻汲取G30连霍高速“7·17”等事故教训，全面加强安全防控能力建设，强责任、防风险、除隐患、补短板、建机制，安全生产监管能力不断提升，事故起数、死亡人数同比分别下降18.75%、21%。在2023年春节保通保畅工作及低温雨雪冰冻灾害防范应对工作中，打赢了14轮为期5个月的除雪保畅攻坚战，在实战中提炼出除雪保畅“十个务必到位44条工作要点”工作规程，被交通运输部在全国转发推广；24小时内抢通“9·7”夏河泥石流灾害救援“生命线”；高效开展春运等重要节假日、重点时段的道路保通保畅工作，确保了人民群众平安健康出行和重点物资顺畅有序运输。

图7-28-4　2023年11月23日，交通运输部向各省转发了《甘肃公路除雪保畅十个务必到位44条工作要点》，推广甘肃除雪保畅工作经验。图为“梯队式”除雪作业现场（图片由甘肃省交通运输厅提供）

第七节　合作与交流

参加2023世界交通运输大会、2023全球可持续交通高峰论坛，在国际性交通运输盛会上发出甘肃交通的声音，并向全球同行发出加强交流、寻求合作的邀请。举办首届全国交通运输文化年会、第八届全国绿色公路技术交流会、西部省区公路养护“四新技术”调研座谈会，展示了甘肃交通人的良好形象。与新疆、青海、宁夏、四川、陕西五省（区）交通主管部门签订交通运输合作框架协议，为推动省际公路接线、跨省区联合执法、道路应急救援等提供了机制保障。与中国交通建设集团有限公司、中国建筑集团有限公司、中国铁路工程集团有限公司、中国铁建股份有限公司等央企洽谈合作；与读者出版集团有限公司、甘肃日报社、中国交通报社签订战略协议，深化合作助力交通；与各市州、县区座谈交流，对接工作共商发展。甘肃交通运输的朋友圈不断扩大，发展环境不断优化，开放、包容、共赢的良好发展环境加速形成。

图7-28-5　2023年12月25日，S28灵华高速公路正式通车运营（张宾 摄）

第八节　抗震救灾

2023年12月18日，临夏回族自治州积石山县发生6.2级地震。全省交通运输系统闻令而动、迅速启动应急响应，圆满完成了抗震救灾交通运输保障工作。震后通往灾区的高速公路及国省干线公路10小时内全部抢通；24条受损严重的农村公路11小时内全部抢通，打通了灾区救援“生命线”。连续16个昼夜开展“零点行动”，排危拓宽灾区国省道及农村公路120条（段）443公里，加宽路基1.69万延米，弯道拓宽331处，增设错车道284处。对救援车辆和人员实行“两免”政策，累计减免车辆通行费2565万元，免费提供餐饮15.4万人次。组织1609辆大货车3028车次安全高效完成7719套活动板房转运任务，有力保障了灾区群众温暖过冬。

第九节　特色工作

高速公路差异化收费助推交通运输降本增效。2021年以来，甘肃省以深化交通运输领域供给侧结构性改革、降低交通物流成本服务实体经济发展和社会公众出行为出发点，充分运用差异化收费政策杠杆，积极盘活交通存量资源，选取连霍高速公路武威南至柳园段、青兰高速雷家角至西峰段、乌玛高速公路临夏至合作段及景泰至中川段共计1133.51公里实施差异化收费，在物流业降本增效、均衡路网车流量、通行费增收、节能环保等方面取得显著成效。通行费最低优惠幅度30%，最高优惠幅度57.5%。2022年、2023年差异化收费路段受惠车辆累计达到1416.9万辆，优惠通行费33.69亿元，货车交通量比2021年平均增长122%，通行费累计增收12.03亿元（2022、2023平均每年比2021年增长76.5%），其中实施“递远递减”差异化收费政策的连霍高速公路武威南至玉门段通行费增收11.7亿元，效果最为明显。差异化收费政策带动了高速公路货物运输量的增加，促使全路网六车道得到充分利用，区域路网资源使用日趋均衡，国省干线公路拥堵现象得到有效缓解。

青海

第一节 整体概况

2023年完成交通固定资产投资163亿元。完成公路货运量1.8亿吨。高速（含一级）公路里程突破5000公里，提前两年实现“十四五”规划目标。兰州—西宁综合货运枢纽在全国60个城市竞争中成功突围，荣获2023年国家综合货运枢纽补链强链支持城市。成功在三江源地区探索运用“路面冷再生”技术试点改造砂石路段1000公里，绿色协调创新发展步伐更加坚实有力。

第二节 综合交通基础设施建设

出台《青海省综合立体交通网规划纲要》等重大路网规划，完成“十四五”规划中期评估调整，格尔木至那曲等省际瓶颈路段提质改造纳入交通运输部规划，东西双向互济、陆海内外联动的现代化综合立体交通布局体系加快构建。海东市兰西城市群交通一体化发展有力有效。黄瓜梁至茫崖等6个公路项目建成通车，湟源至西海等7个公路项目开工建设，首次打通新疆方向对外高速通道，海西、海北两州率先在涉藏地区实现县县通高速，有效服务了青海省融入“一带一路”、西部陆海新通道等国家战略。签署部省共建协议、周边省区合作协议。率先开展交通强国省域指标体系研究，3项试点任务加快推进，环青海湖风景廊道建设有序开展。海北州交旅融合试点成效明显，玉树州“唐蕃古道”交旅融合品牌效应不断提升。

图 7-29-1 2023 年 7 月 1 日，扁都口至门源高速公路峨堡至盘坡段正式通车（图片由青海省交通运输厅提供）

第三节 运输服务保障能力

全省新改建农村公路3600公里，新增8个乡镇通三级公路、200个自然村通硬化路。湟源、同德县成功创建“四好农村路”全国示范县，泽库县农村“振兴路”“产业路”有力促进了有机畜牧业高质量发展。编制印发《青海省乡村道路风貌引导图集》，试点开展农村公路建设风貌提升工程。大通县200公里“照我回家”亮化工程照亮美丽乡村，海南州农村公路路况核查试点工作扎实有效。面对突如其来的积石山6.2级地震，第一时间调度救灾、抢通救助和做好应急保畅，为全省抗震救灾工作大局提供了有力的交通保障。特别是各级养护保通、路政执法部门全天候24小时进行车辆管制。全力做好能源、农资等重点物资运输保障工作，全省公路客运量、水路客运量同比分别增长99.6%、314.7%，为全省产业链供应链安全稳定和群众生产生活平稳有序提供了坚强的交通保障。青海省公路网运行监测与应急处置中心加强与省公安厅、省应急管理厅、省气象局等部门信息共享，有力保障了全省路网运行安全。开展定制客运线路26条，路线类型涵盖市际、县际、县内班线。推动道路货运企业集约化规模化发展，培育7家网络货运平台。大力推进农村“客货邮”融合发展，全省累计建成县级统仓共配中心29个、村级寄递物流综合服务站2275个，全省“快递进村”覆盖率达85%。邮政行业业务总量、业务收入均同比增长40%。黄南藏族自治州开通8条交邮融合线路，湟源县“电子商务+农村物流”入选交通运输部第四批全国农村物流服务品牌。

第四节　行业治理体系建设

制定印发《青海省交通运输厅法治政府建设实施方案（2023—2025年）》，对"十四五"时期持续深化全省交通运输法治政府部门建设进行全面部署，明确新发展阶段深化法治政府部门建设的时间表和路线图。通过"互联网+监管"系统对跨部门综合监管重点事项实施清单管理和动态更新，涉及交通运输部门的5项跨部门综合监管重点事项和8项"双随机、一公开"抽查事项，均已开展相应层级的抽查检查工作。通过开展执法评议考核、案卷评查、执法考试、网上评审等工作，对全省交通运输综合行政执法规范化建设进行全面检视。建成运营高速公路服务区充电桩85座，减免车辆通行费4.7亿元，实现全省二级及以上道路客运站和定制客运线路电子客票全覆盖。青海职业技术大学组建工作顺利通过教育部专家组现场考察并取得重大进展。青海省交通医院成功晋升三级甲等综合医院。深化道路运输行业政银企对接，企业融资贷款需求得到有效解决。组织开展营运车辆服务乱收费乱摊派乱加码问题清理整治，货运车辆运营成本每辆每年降低1000元。

第五节　科技与创新

交通科技创新能力不断强化。组织开展绿色低碳、智慧交通、养护管理等方面科研攻关。积极推进交通强国试点任务相关工作，组织开展三江源地区公路建设与生态保护研究工作。开展交通运输科技活动周系列活动，举办三江源交通科技大讲堂。年内累计投入经费680万元，共组织开展废旧沥青混合料综合再生利用技术研究与示范等7项科研项目，完成"三江源地区道路工程对野生动物阻隔影响评价研究""青海盐渍土地区公路路基隔断层技术研究"等8项科研项目结题验收。完成G0613西丽高速公路共和至玉树段多年冻土观测点和G0612西和高速公路黄瓜梁至茫崖（省界）段盐渍土观测点2处交通运输部交通基础设施长期性能科学观测网试点观测点交工验收工作。

第六节　安全与应急

统筹推进"平安交通"子细胞创建活动，妥善化解国家和省级信访突出问题5件。联合省公安厅、省气象局等部门召开道路安全会议，完善"路警企气"联动机制和议事机构，提升联动机制效能。开展公路水运工程质量安全红线、"平安工地"建设等行动，及时纠正工程建设项目施工现场安全管控和非法转包分包等违法违规行为。扎实开展行业重大隐患排查整治专项行动，整治安全隐患5131项、重大隐患22项。完成普通国省干线公路及农村公路危旧桥梁改造41座，村道安防工程106公里。认真做好重大自然灾害和极端天气条件下的公路安全保畅工作，争分夺秒抢通水毁路段96处，处置公路突发事件2981起。试点开展自融雪、电加热等新技术应用，有效防范应对雨雪冰冻恶劣天气影响。常态化开展在建公路项目综合督查，全省"两客一危"车辆全部纳入智能监管范围，工程建设安全事故同比下降66.7%，水上交通连续33年无责任事故。省交通执法监督局认真落实安全生产日调度制度，为行业整体安全平稳有序提供了保障。

第七节　特色工作

一、青海省交通运输厅工作亮点

谋求"抓建设"，高速公路规划目标提前实现。积极推进"十三五"规划建设目标任务，科学确定调整优化规划项目建设时序，积极协调解决征地拆迁、地材供应等，积极克服前期瓶颈问题，全力加速推进高速公路项目建设，年内相继建成天峻至察汗诺、黄瓜梁至茫崖等项目，新增祁连、刚察、天峻、茫崖4个县城通高速公路，提前2年实现高速公路和一级公路里程突破5000公里规划目标。青海湖环湖旅游大道获文化和旅游部、交通运输部等六部门授予"首批交通运输与旅游融合发展典型案例"。

谋求"大开放"，综合货运枢纽成功突围。紧扣国家战略定位，主动与甘肃共商开放合作，协力发掘兰州—西宁国家综合货运枢纽节点区域辐射优势，在全国60个城市竞争中成功突围，荣获2023年国家综合货运枢纽补链强链支持城市，争取到中央奖补资金15亿元，合力推动甘青对外交通基础设施和货运枢纽服务体系共享共建、互联互通。

图7-29-2 2023年7月1日，扁都口至门源高速公路峨堡至盘坡段正式通车（图片由青海省交通运输厅提供）

谋求“惠民生”，农牧区交通环境大幅改善。坚持把“四好农村路”建设作为改善和服务民生的“连心桥”，实地学习浙江“千万工程”经验，编制印发《青海省乡村道路风貌引导图集》，试点开展农村公路建设风貌提升工程和“照我回家”农村公路照明工程建设，大力提升农牧地区路网通行能力，全面推进农牧区“客货邮”融合发展，全省城乡交通运输一体化发展自评4A及以上的主体达65%，为农牧区群众出行营造了“畅、安、舒、美”的交通环境。

谋求“保生态”，绿色施工技术探索突破。坚持高原生态环境保护优先，贯彻落实“不破坏就是最大的保护”的理念，针对三江源地区生态脆弱、挖砂取料困难等实际问题，联合徐工集团工程机械股份有限公司成功运用“路面冷再生”技术，突破高原特殊区域公路生态建设施工技术难题，并在黄南、果洛及玉树境内1000公里砂石路段试点推广应用，探索出了高原公路建设与自然生态环境完美融合的绿色发展之路。

谋求“强治理”，数字交通网络初步成型。全力建设“青海省综合交通运输信息平台”工程，搭建综合交通运输大数据中心，强化青海省道路运输重点营运车辆智能监管系统推广应用，实现路网运行安全动态信息“一张图”综合展示效果，行业安全监管数字化、网络化、智能化水平从根本上得到了提升。

二、西宁市交通运输工作亮点

国家综合货运枢纽补链强链城市申报成功。主动协调兰州市联合申报，并成功入围国家综合货运枢纽补链强链第二批支持城市名单。2023—2025年，申请到交通运输部、财政部每年下达的最高5亿元专项奖补资金。经多次调整，共梳理综合货运枢纽、集疏运、设备更新、信息化4个大类19个项目，实施期内计划完成投资28.44亿元。

“四好农村路”全国示范县全部成功创建。2023年11月，湟源县成功创建“四好农村路”全国示范县，西宁市率先在全省实现“四好农村路”全国示范县全覆盖。关注部省农村公路投资导向，年内争取落实农村公路建设资金2.75亿元，较2022年1.96亿元增长了40.31%。

交通运输一体发展统筹推进。2023年7月，大通县、湟源县同时成功入围交通运输部第三批城乡交通运输一体化示范创建县创建名单，西宁市率先在全省实现城乡交通运输一体化全国示范县全覆盖。湟源县“电子商务+农村物流”模式被交通运输部评为全国农村物流服务品牌。大通县联合市邮政管理局，在20个乡镇试点开展客运车辆代邮业务，通过运邮融合发展，提升了乡镇邮件寄递时效。

热线电话办理质效显著增强。认真落实“有诉必应马上办”机制，西宁市交通运输局12345政务服务便民热线诉求办理万人诉求占比、响应率、办结率、满意率综合得分在31家市直部门排名第一。12328交通运输服务热线累计接听群众来电5.1万件，占全省话务量的51.28%，回访满意率达97.14%。受理失物协查1138件，挽回损失约110万元。

乡村振兴行业助力作用凸显。农村公路在建项目优先使用当地农村居民，累计使用当地农村居民1505人，发放工资3030万元，增加了当地居民工资性收入。西宁市委组织部《关于调整市直机关企事业单位和结对帮扶村“双帮”关系的通知》中指出：市交通运输局等10家单位对帮扶工作抓得紧，项目协调力度大，帮扶工作取得了明显成效，现有帮扶村已经具备内生发展动力。西宁市交通运输局还被西宁市委组织部、乡村振兴局评为全市“十佳”联点帮扶单位。

安全生产信息监管不断加强。积极对接青海省交通运输厅，优化升级后的道路运输重点营运车辆动态监控系统在西宁市先行先试，在全省率先实现对外省籍重点营运车辆基本信息、车辆数及实时位置的全面监测。同时，整合资源、加强力量、成立专班，24小时不间断对“两客一危”、出租车等重点营运车辆进行线上抽查，及时提醒纠正驾驶员违规行为。自专班成立以来，通过加大监控抽查和惩戒力度，驾驶员违规行为自3月的260起，降至12月的98起，减少了62.31%，违规行为明显下降。

危货安全运输联盟成效初显。指导危货运输行业“小、散、弱”的13家企业成立危货安全运输联盟，按照隐患排查、报告提醒、跟踪治理、验收销号闭环管理的工作模式，对240台危货道路运输车辆进行统一监管。自危货安全运输联盟成立以来，驾驶员违规行为自9月的76起，降至12月的23起，下降了69.7%。通过集约化办公，规范化、标准化、精细化管理，有效提升了危货运输企业动态监控、防范风险及应急处置等能力。

“放管服”改革力度持续加大。将从业人员资格证换证、变更、注销等业务下放至两县一区办理，方便群众就近办理相关业务。自2023年7月起，全面落实道路货运驾驶员从业资格管理改革，申请人凭相应驾驶证可直接申领道路普货驾驶员从业资格证。在不突破“罚缴分离”原则的基础上，开通缴纳罚款线上支付功能，大大提高了工作质效，方便了办事群众，被青海省交通运输厅作为交通运输执法领域突出问题专项整治工作正面典型案例，在全省范围内进行了通报。

三、大通县交通运输工作亮点

逐步完善货运物流服务体系。加快构建完善县乡村三级物流体系，大通县西站县级物流配送中心基本建成，依托各乡镇汽车客运站点，积极探索交邮融合发展模式，建立了大通公交枢纽站和邮政公司、汽车客运站和县级物流配送中心、向化乡运输服务站和快递企业、东峡汽车站和家家惠生鲜超市合作的融合服务点、石山乡综合服务站与邮政、逊让综合服务站与快递企业6处交邮合作示范点，开通了景阳、多林2条试点线路，联合西宁市邮政局打造桥头至向化交邮融合示范线路1条。

狠抓落实为民办实事项目。主动谋划“大境通明照我回家路”普通省道及农村公路安防补短板工程为民办实事项目，共涉及200公里8条普通省道及农村公路6490盏建设安装工程，项目建成后解决了12个乡镇67个村16.7万名群众的日常出行照明问题，有效提升了农村公路安全通行水平，农村公路路域环境明显好转，公路整体服务能力全面提升，农村人居环境进一步改善，在“四好农村路”高质量发展过程中，切实增强了广大人民群众的获得感、幸福感、安全感。

全面落实公共交通惠民政策。创新载体，创新形式，客运工地积极深入调查研究公共交通领域惠民政策落实推进的困难和问题，研究制定措施，强化沟通协调，推行大通县学生、残疾人、老年人等特殊人群免费或优惠乘坐公交车服务惠民政策落地见效。截至11月底，共发放各类公交IC卡（集成电路卡）共15799张，人民群众享受乘车优惠50余万元，更新投入纯电动新能源出租车190辆，建成充电桩82座。

提升养护管理服务水平。坚持“有缝必灌、有坑必补”的原则，遵循灌缝宽窄一致、厚度适中、线条饱满美观、平坦整齐，坑槽开槽方正、清槽彻底、压实到位、衔接紧密、平整美观的标准，以新技术促生产，以降低养护成本为目的，对农村公路沥青水泥路灌缝和坑槽修补开展集中攻坚行动。5月，全省农村公路路面灌封和坑槽修补项目现场观摩会在大通县成功举办。

宁夏

第一节　基础设施建设

一、铁路

2023年宁夏铁路运营里程为1691公里，其中普速铁路1046公里，高速铁路363公里，地方铁路282公里。电气化率83.32%，高于全国平均水平8.12个百分点，复线率37.31%，低于全国平均水平22.99个百分点。2023年，宁夏在建铁路2条，其中包银高铁项目总投资135.2亿元，累计完成投资37.8亿元，银川至巴彦浩特支线项目总投资27.8亿元，累计完成投资4.8亿元。

二、公路

截至2023年底，宁夏公路通车总里程3.87万公里，公路网密度58.34公里／百平方公里。按照技术等级划分：高速公路2122公里（其中国家高速公路1685公里，地方高速公路437公里），一级公路2019公里，二级公路4385公里，三级公路5231公里，四级公路2.5万公里。按照行政等级划分：国道4092公里（其中国家高速公路1685公里），省道3003公里（其中地方高速公路437公里），农村公路3万公里（其中县道813公里，乡道9134公里，村道20085公里），另有专用公路1613公里。国家高速公路建成比例84%，普通国道二级及以上比重96.9%，普通省道三级及以上比重98.5%，公路列养率100%。常住人口20户及以上具备条件的自然村全部通硬化路，农村公路通达深度持续提高。2023年，重大项目稳步推进，银昆、乌玛国家高速公路项目加快建设，海平高速公路顺利完工。

图 7-30-1　2023 年 7 月 6 日，国道 566 线西吉县上堡至夏寨段公路和省道 103 线新营至袁河段公路通车（图片由宁夏回族自治区交通运输厅提供）

三、民航

2023年，银川机场改扩建项目立项取得行业审查意见，完成航站区规划及新T1航站楼建筑方案征集，场外防洪改造项目可研获得批复，智慧机场建设、陆侧土地开发等12项课题研究有序推进。中卫、固原机场改扩建工程可研报告及相关要件完成编制。

第二节　运输服务

一、铁路

截至2023年底，宁夏铁路完成旅客发送量993.9万人次，同比增长141.4%；完成旅客周转量430300万人公里，同比增长146.7%；完成货物发送量9934.68万吨，同比减少2.2%；货物周转量278.54亿吨公里，同比增长2.0%。其中，宁东铁路完成货物发送量6620.28万吨，同比减少1.9%；货物周转量31.64亿吨公里，同比增长1.1%。

二、公路

宁夏累计完成公路客运量、旅客周转量2591万人次、28.4亿人公里，较2022年分别增长18.0%、49.7%；货物量、货物周转量45061万吨、665.3亿吨公里，较2022年分别增长17.2%、11.3%。宁夏城市公共汽电车、出租汽车4373辆、16426辆，较2022年分别下降0.6%、0.3%；公共交通客运量23652.6万人次，较2022年增长6.7%。

图 7-30-2　2023 年 11 月 6 日，国道 338 线中卫至孟家湾段黑山峡黄河大桥已全面进入斜拉桥主塔中塔柱施工阶段（图片由宁夏回族自治区交通运输厅提供）

三、水路

宁夏属于非水网地区，水路运输主要以水上旅游客运为主，渡运为辅。2023年宁夏累计水路客运量、旅客周转量226万人次、1372.4万人公里，较2022年分别增长216.2%、192.0%。营业性民用运输船舶667艘，较2022年增加2艘；载客量12681客位，较2022年增长0.2%。内河航道通航里程115.4公里，与上年持平。

四、民航

宁夏民航累计完成运输起降6.8万架次、旅客吞吐量803.2万人次、货邮吞吐量4.1万吨，同比分别增长79.8%、108.3%和57.2%。其中，银川机场完成运输起降6.4万架次、旅客吞吐量771.2万人次、货邮吞吐量4.0万吨，同比分别增长75.0%、103.7%和54.6%。中卫、固原机场旅客吞吐量分别完成17.5万人次、14.5万人次，同比分别增长311.9%和424.5%。

第三节　行业管理

一、法治政府建设

持续推进法治政府部门建设，不断完善法规制度体系，加强信用监管。年内成功承办全国交通运输综合行政执法改革现场会、首届执法装备展览会2场全国性行业大会，创建宁夏回族自治区法治政府建设单项示范项目1项、法治社会实践站项目1项，入选宁夏回族自治区“八五”普法工作创新案例1项，4份案卷被宁夏回族自治区依法治区委员会评为全区优秀典型案例，交通运输法治政府部门建设取得成效。

二、行政审批及“放管服”改革

制定印发交通运输“放管服”改革工作要点和八项工作实施方案，统一将交通运输行政许可184项业务办理项的实施和办理指南要素，录入宁夏政务服务事项管理系统，并制定发布行政许可事项实施规范。梳理制定《电子证照发证清单》和《政务服务事项全程网办清单》，明确27种电子证照类型，深化“跨省通办”和“全程网办”推广应用电子证照，全年办结道路运输驾驶员高频事项“跨省通办”业务51573件，生成道路运输电子证照11.5万余张，落实普通货运驾驶员凭驾驶证直接申领从业资格证，实现“一次报名、一次培训、一次考试、申领两证”，全年直接申领普货从业资格证7513件。制定印发《宁夏回族自治区道路运输车辆动态监控社会化服务商备案管理办法》。规范高效开展资质许可，压缩评审时限40%以上，全年累计许可29家企业的78项公路养护、监理资质。全力推进项目竣工验收，完成红崖子黄河公路大桥、7个高速公路、27个国省道项目和2个信息化项目竣工验收，推动了银百高速公路宁东至甜水堡段项目顺利通过交通运输部竣工验收。及时做好施工图、航评等审批，完成27项公路建设和养护工程施工图设计文件批复和3个重大项目跨越黄河航评批复。举办全区交通运输行业“放管服”改革培训班，提升政务服务能力，全年办结政务服务事项58465件。

三、交通运输服务保障

一是聚焦民生热点。做好春节、“十一”等重要时段运输服务、安全生产保障工作。多措施巩固深化建制村通客车成果，实施农村地区出行服务提升行动，依托互联网创新发展农村客运约车服务。指导各地倾力打造20条敬老爱老公交线路，实施公共交通工具新能源替代行动，新购置615辆低地板低入口城市公交车和605辆新能源出租车，许可31家网约车公司和

3086辆合规车辆，认定28家网络货运平台线上服务能力。联合开展"最美司机"推选宣传活动，新建4个"司机之家"。2023年交通运输部确定的5件道路运输民生实事和55件水上运输民生实事全部完成。

二是破解难题焦点。科技兴安推动安全智能升级改造，推广重型普货车辆安装带有主动预防功能的视频监控系统，投入700万元升级改造农村客运动态监控（1288辆农村客运车辆）和监管平台（22个县区）。全区"两客一危"运输企业使用危险源标注和报警信息闭环管理功能实现全覆盖。2023年宁夏累计完成货物周转量665.3亿吨公里，同比增长11.3%，创近3年新高。完成1.9万公里高速公路、农村公路路况自动化检测。

三是打通体系堵点。加快推进道路运输监督服务体系应用，10余次协调召开征求意见、问题需求、团标评审等推进工作会，对接相关厅局加快推进体系办法出台，按照时间节点正式启动道路客运和危险货物运输安全风险等级动态评估、宁夏"两客一危"道路运输驾驶员和企业经营者赋码工作，取得阶段性成效。出台《公路管养一体化监管实施办法》，建立宁夏公路管理中心统一负责全区高速公路、普通国省道、农村公路管养监管工作的体制机制。

四是打造行业亮点。累计开通11条城际公交线路，完成政府确定的8条公交线路开通任务，"推进城际公交一体化 打造银川半小时经济圈"入选交通运输部道路客运转型发展典型案例，银川市成功创建全国第一批"绿色出行城市"。运游结合取得新成效，宁夏旅游集散中心成功入选全国36个交通运输与旅游融合发展典型案例，指导港中旅（宁夏）沙坡头旅游景区有限责任公司、青铜峡市黄河大峡谷旅游有限公司开展精品航线试点创建工作。2个县区成功创建为全国城乡交通运输一体化示范县，4个县、区被交通运输部列入第三批城乡交通运输一体化示范创建县。银川公铁物流园、石嘴山富海物流被授予"国家多式联运示范工程"称号。宁夏建成46个运营乡镇客货邮商综合便民服务站和207个村级客货邮商节点，累计开通100条客货邮商合作线路。青铜峡市、泾源县等5个农村物流成功入选全国物流品牌。

图 7-30-3 银川市公交车、巡游出租车更新（图片由银川市交通运输局提供）

四、生态保护和智慧交通发展

一是落实中央和自治区关于做好碳达峰碳中和工作部署，联合印发《宁夏回族自治区交通运输领域绿色低碳发展实施方案》，印发实施《全面落实自治区党委十三届五次全会精神加强交通运输生态文明建设实施方案》。二是严格落实网络安全责任制，细化网信工作要点及分工。印发实施《宁夏回族自治区交通运输厅网络安全管理办法（试行）》《宁夏交通运输政务数据管理办法（试行）》。三是加强顶层设计，印发实施《宁夏数字交通发展三年行动计划（2023—2025年）》，编制完成《宁夏智慧高速公路建设指南》。宁夏首条智慧低碳高速公路海平高速建成通车，国省干线路网监测系统初步建成试运行上线，银川市建成宁夏市县一级首家农村公路路网监测与应急处置中心，试点建设天湖、沙坡头等4个智慧服务区，依托乌玛高速公路惠农至石嘴山段工程建成宁夏交通建设工程智慧工地一体化平台。

第四节 科技创新

加强战略思维。《宁夏交通运输绿色发展路径与战略研究》重大课题顺利通过宁夏回族自治区科学技术厅组织的验收，形成《关于将宁夏列为综合交通绿色发展省级示范区》的院士建议，研究成果可为宁夏交通高质量发展，发挥交通先行引领作用，提供技术支撑和决策依据。

强化重点示范。持续推进乌玛高速公路宁夏惠农至石嘴山段大宗工业固废道路资源化综合利用科技示范工程，截至2023年底消纳粉煤灰、煤矸石等大宗工业固废200余万吨，"钢渣全粒度道路规模化应用关键技术推广应用"成功列入交通运输部科技成果推广类项目，实现宁夏在此类项目零的突破。注重科研成果转化，应用黄土固化技术在省道103线西吉新营至袁河项目中成功铺筑试验路段，全固废胶凝材料首次试验应用于宁夏农村公路路面工程，在胡（胡庄子）营（营盘滩）农村公路路面施工中成功铺筑试验路段。宁夏成功列入国家综合交通运输信息平台部省联动试点省（区）。

实现重点突破。行业大数据应用取得新进展，交通运输大数据中心项目建设取得阶段性成效并通过初步验收。指导推进全区首个交通安全领域揭榜挂帅项目"宁夏公路网结构全息画像与交通安全预警控制技术研究与示范"顺利启动，"公路废旧材料再生循环利用技术研究和应用——沥青路面及交安设施"等2项科研课题成功列入自治区重点研发计划并持续推进，"面向宁夏地区交通基础设施固废资源综合利用关键技术"等2项自治区重点研发项目顺利通过验收。

图 7-30-4　2023 年 11 月 28 日，中卫下河沿黄河公路大桥正式建成通车（图片由宁夏回族自治区交通运输厅提供）

注重标准引领。《公路路面工程生命周期碳排放评价指南》《交通运输企业安全生产标准体系建设规范》等11项交通运输地方标准成功列入宁夏2023年地方标准制（修）订计划，完成《水泥混凝土路面共振碎石化应用技术规范》等10项生态环境领域地方标准的申报立项工作，对于指导公路建设养护工程设计施工、完善全区安全绿色交通标准体系发挥了积极作用。

加强宣传发动。组织开展2023年宁夏交通运输科技活动周，成功举办宁夏交通运输绿色高质量发展专题培训班、公路绿色低碳高质量发展专题讲座和宁夏大宗工业固废道路资源化综合利用学术交流暨现场观摩会等系列活动，取得了良好成效。

第五节　投资融资

2023年，宁夏交通运输系统争取78.36亿元资金用于交通运输事业。一是年初落实预算资金39.2亿元用于交通建设、养护等工作，有效保障交通运输各项工作的正常开展。二是争取中央车购税资金、成品油税费改革转移支付收入补助资金、政府还贷二级公路取消收费后补助资金、自治区本级普通公路建设等各类专项资金，支持银昆高速公路太阳山开发区至彭阳段、乌玛高速公路惠农至石嘴山段等国高项目建设、普通国省干线及农村公路建设养护和道路运输服务高质量发展。三是通过竞争性评审等方式，争取交通专项资金11.14亿元，其中，中央车购税资金4.62亿元（含银川国家综合货运枢纽补链强链补助资金3.33亿元）、农村客运补贴和城市交通发展奖励资金1.52亿元、自治区农村公路质量提升项目资金2亿元、公路安全生命防护提升工程专项资金3亿元，有力支持了公路建设养护、安全防护水平提升和道路运输服务高质量发展。

第六节　安全与应急

2023年，宁夏平安交通建设稳定向好，安全生产事故起数同比下降20%，死亡人数与2022年持平，全年交通运输安全形势保持总体稳定。

一、强化政治站位，安全根基不断夯实

贯彻决策部署及时。全年召开宁夏回族自治区

交通运输厅安全生产委员会（扩大）会议6次，安全生产专题、调度会议5次。落实宁夏回族自治区党委“1+37+8”安全生产系列文件，梳理出71项交通运输行业职责任务，印发“1+12+1”安全生产系列文件，形成“一台账三清单”。印发宁夏回族自治区交通运输厅安全生产委员会及成员单位职责清单、安全管理职责清单、厅领导干部年度安全任务清单。成立安全生产督导巡查组和5个包保指导组，采取“四不两直”明察暗访等方式督导检查。制度体系更加完善。扎实开展公路水运安全生产重大隐患排查整治和重大风险防范化解2023专项行动、“两客一危一货一面”、燃气安全隐患排查整治等专项行动，检查企业1.3万余家次，整改问题隐患1641项，查处违法行为1628起，曝光、约谈、联合惩戒单位29家次。重点时段监管细密。统筹春运、“五一”“一节两会”等重点时段、关键节点安全监管，开展安全生产“包保”督查检查。加强路网监控监测，及时发布影响行车安全的异常道路气象信息386条，防范恶劣天气行车安全事故。标准化建设基础坚实。制定交通运输企业安全生产标准化管理办法，制定交通运输企业标准体系建设规范等3个地方标准。通过互评复检，为32家企业、5家第三方机构发放安全生产标准化建设奖励资金35.1万元。

二、聚焦重点领域整治，质量监管不断强化

实施高速公路十大安全设施提升工程和普通国省道路十大安全设施提升工程，推行建设工地“两会三卡”制度、第三方安全咨询服务等，深入开展平安工地创建示范，银百高速公路宁东至甜水堡段项目获评国家级“平安工程”，银昆高速公路河东国际机场段改线等9个工程被评定为“西夏杯”优质工程。投入1.06亿元，对227座公路危旧桥梁进行维修加固。联合公安、市场监管部门，开展“马路市场”治理，完成全区普通国省干线公路、农村公路临时摆摊设点的12处“马路市场”治理。扎实开展高速公路、普通国省道和农村公路临水临崖、急弯陡坡、高落差等路段防护设施安全隐患治理和生命安全防护提升工程，投入10.4亿元，对4类隐患共计2607公里路段完成整治。

三、强化应急管理，处置能力持续提高

健全区、市、县三级交通运输应急救援体系，修订形成“1+5”应急预案体系，全行业组织应急演练169次。研发宁夏公路地质灾害监测预警平台，发布气象预警信息386条，组织极端天气应急保通23次。举办安全生产培训班24期，累计培训各类人员1.34万人次，全行业安全意识和应急处置能力明显提升。

第七节 交流与合作

一、交通基础设施建设

依托西北五省区服务丝绸之路经济带建设、黄河流域生态保护和高质量发展等合作机制，加强与交通运输部以及毗邻省区战略合作，推进跨区域交通基础设施互联互通。强化部区合作。强化与交通运输部的沟通对接，拟定交通运输部与宁夏回族自治区人民政府合作部区协议，围绕加快建设交通强国、打造黄河流域绿色交通发展先行区深化部区合作。深化毗邻省区沟通联系。持续加强与甘肃、陕西等周边省份沟通对接，宁夏回族自治区交通运输厅领导带队赴甘肃省，就S50高速公路寨科至海兴段省际通道接线方案达成共识，并与甘肃省交通运输厅签订合作框架协议，在交通规划衔接、公路设施互联互通、区域经济协调发展等方面达成合作协定。协力推进综合货运枢纽补链强链。支持银川市联合西安市以“跨城市群、

图 7-30-5 银昆高速油坊梁特大桥（图片由宁夏回族自治区交通运输厅提供）

跨省区的双跨”形式，成功入围2023年国家综合货运枢纽补链强链10个支持城市，推动西安和银川2个枢纽城市强化连接，实现资源互补，协同提升货运枢纽服务能级。

二、科技创新

一是坚持新发展理念，落实与同济大学、东南大学签订全面科技合作框架协议，引导行业企业与同济大学、东南大学、华设设计集团股份有限公司建立多维度、深层次“产学研用”合作模式，促进交通运输科技成果转化，构建具有核心竞争力的“产业＋人才”科创生态圈。二是强化平台建设，推动“同济大学交通运输工程学院宁夏创新发展研究中心”“宁夏回族自治区智慧交通工程技术研究中心”成功组建，“宁夏道路养护工程技术研究中心”科研平台获评优秀等次，位列全区第二位。

新疆

第一节　整体概况

公路投资再创新高。坚持项目为王，聚焦建设超前推动、投资持续增长、工程品质提升、进度全程跟踪4个方面精准发力，全年完成交通基础设施投资832.49亿元、同比增长11%，创2017年以来新高，有效发挥公路建设在稳增长中的拉动作用。

路网格局巩固优化。全年新增公路通车里程（含兵团）达到4816公里，全区公路总里程（含兵团）达到22.79万公里，其中高速（一级）公路（含兵团）达到近1.18万公里（其中高速公路7757公里），全长2740公里的塔里木盆地高速（一级）公路环线全线贯通，新增3个县通高速（一级）公路，实现全区108个县市中98个通高速（一级）公路，除塔县外其余9个县通高速（一级）项目全部开工建设，国道331线新甘界（红岭）至淖毛湖公路建成通车、提前2年完成国家公路省际瓶颈路段消除任务，新增国道216线民丰至黑石北湖出疆入藏新通道，G0711乌鲁木齐至尉犁高速公路、国道219线昭苏至温宿、温泉至霍尔果斯等项目全面加快建设，联合吉尔吉斯斯坦交通部完成别迭里口岸公路现场踏勘、明确路线方案，已开放的13个口岸中12个实现二级及以上公路覆盖、7个实现高速（一级）公路覆盖，“疆内环起来、进出疆快起来、南北疆畅起来、进出境联起来”加快实现。

发展后劲蓬勃有力。G3033奎屯至独山子至库车高速公路、国道571线拉配泉至巴什库尔干、伊尔克什坦口岸界河桥、别迭里口岸公路及界河桥等12个项目新增纳入交通运输部“十四五”规划中期调整，全年争取到位车购税资金318亿元，创历史新高，为全区公路项目建设可持续和高质量发展提供了坚实保障。

推进交通强国试点。2023年，新疆围绕交通运输高水平对外开放等5项试点任务，扎实推进53项年度工作任务顺利实施。交通运输对外开放水平方面，中欧班列开行取得新突破，多条国际联运通道以及特色精品班列顺利打通开行。跨区域综合运输大通道建设方面，北中南三大通道基本形成，环准、环塔高速（一级）公路全面建成；兰新铁路精河至阿拉山口段双线电化开通运营；乌鲁木齐机场改扩建等项目稳步推进。综合交通枢纽一体化建设方面，新疆（奎屯）双向开放、多点支撑“两主两拓展X型”物流大通道“多式联运”示范项目被命名为“国家多式联运示范工程”。交通与旅游等产业融合发展方面，独库公路、省道101线天山地理画廊等网红公路成为新疆交通旅游名片，2020—2022年，连续3年共3条公路获得交通运输部“十大最美农村路”殊荣。复杂环境下荒漠戈壁地区公路养护试点方面，发布《公路雪害防治技术规范》（DB 65/T 4185—2019）《公路融雪剂使用技术规范》（DB 65/T 4330—2021）2项地方标准。

图 7-31-1　省道 214 线塔中至且末沙漠公路【图片由新疆交通投资（集团）有限责任公司提供】

图 7-31-2　山区高速公路除雪保通养护作业【图片由新疆交通投资（集团）有限责任公司提供】

第二节　综合交通基础设施建设

2023年全区实施交通建设项目66个，含54个国省干线续建项目，10个国省干线新开工项目，1个农村公路项目包，1个客货站场项目包。建成通车国省干线公路项目18个。6月30日，省道519线梧桐大泉—沙泉子、省道238线汉水泉至下涝坝段、国道331线新甘界（红岭）—淖毛湖、国道312线沙泉子至东盐湖4条干线公路同时建成通车，标志着哈密市资源公路大外环、新疆东部路网的进一步完善。9月30日，国道580线阿克苏至阿瓦提、国道579线库车至拜城至玉尔滚（二期）、G0711乌鲁木齐至尉犁项目库尔勒南互通至尉犁段、国道331线乌拉斯台至塔克什肯口岸、国道575线巴里坤至老爷庙口岸、省道235线罗中至若羌6条重点公路交工通车，进一步完善了区域公路网，改善了当地交通通行条件，对区域经济发展具有重要意义。

农村公路建设。全年累计完成农村公路建设投资90.2亿元、完成目标任务112.8%，新改建农村公路里程7542公里、完成目标任务125.7%，累计完成危桥改造189座、完成目标任务189%，实施村道安防工程5284.9公里、完成目标任务105.7%。

图 7-31-3　阿勒泰地区布尔津县禾木村农村公路（康颢严 摄）

客货运站场建设。全年完成客货场站投资76.49亿元，完成全年总计划的152%。2023年全区已开工建设项目共33个，包括乌鲁木齐国家综合货运枢纽补链强链新增纳统项目18个，拟计划完成普通公路汽车客运站项目21个，涉及伊犁、博州、塔城等地，2023年完成投资1.37亿元。新疆维吾尔自治区交通运输厅督促指导乌鲁木齐市持续推动乌鲁木齐国际机场北航站区T4航站楼交通枢纽换乘中心综合客运枢纽项目建设，已完成全部计划内场站建设资金计划。

第三节　运输服务保障能力

道路客运。全年完成道路旅客运输量1.6亿人次、旅客周转量103.1亿人公里，客运组织全面恢复常态化运行，道路旅客运输量、旅客周转量同比分别增长了52.6%、77.5%。

道路货运。道路货物运输量6.48亿吨、货物周转量928.99亿吨公里，同比分别增长21.09%、23.95%。完成网络货运2.9万单、资金流水6248.56万元，完成公铁联运敞顶集装箱货运量8949万吨。国际道路货物运输量860.06万吨、货运周转量39.62亿吨公里，同比分别增长46.9%、146.58%（分别为2019年同期数据的169.30%、229.15%）。

图 7-31-4　国道217线阿拉尔至和田沙漠公路【图片由新疆交通投资（集团）有限责任公司融媒体中心提供】

国际道路运输。国际道路货物运输量860.06万吨、货运周转量39.62亿吨公里，同比分别增长46.9%、146.58%（分别为2019年同期数据的169.30%、229.15%）。

通行服务优质化转型。完成全区82对（处）高速公路、11对普通国省干线服务区充电桩建设。完成充电基础设施“随手查”信息平台建设，做好部平台信息共享工作。新增建设9处“司机之家”，推进高速公路无障碍设施100%全覆盖；实施2个普通国省干线公路

“旱改水”改造；7处服务（停车）区污水处理改造，持续推动“三热五优”服务，提升司乘服务保障能力。聚焦新甘青藏四省（区）省际重点公路通道，成立四省（区）公路保通保畅协调组，共同实施好公路突发事件应急处置、清冰除雪、运营服务、联动执法等相关工作。

国家级绿色货运配送示范城市创建。指导乌鲁木齐市创建国家级绿色货运配送示范城市，遴选申报伊犁州、博州纳入交通运输部第三批国家级绿色货运配送示范城市创建范围，并启动创建工作。乌鲁木齐市上榜全国绿色出行创建考核评价达标城市。伊宁市和昌吉市获得“国家城乡交通运输一体化示范县”命名。新疆（奎屯）双向开放多点支持“两主两拓展X型”物流大通道等多式联运示范工程正式授牌。乌鲁木齐市、新疆生产建设兵团第八师、第十二师联合申报国家综合货运枢纽补链强链城市并成功纳入支持范围。

第四节 行业治理体系建设

探索推进投融资改革。2023年，新疆完成交通基础设施投资832.49亿元，同比增长11%，创2017年以来新高。在交通基础设施项目投融资政策新旧衔接的背景下，新疆交通运输投融资渠道呈现多元化趋势。一是汲取全国各地交通运输行业多元化投资的成功经验，探索完善交通筹融资模式，鼓励创新筹资模式。二是在严格防范政府隐性债务风险的前提下，鼓励各类企业按公开、公平、公正和建设统一大市场原则充分竞争参与PPP（政府和社会资本合作模式）项目实施，切实增强社会融资的内生动力，继续推动全社会办交通的新局面。三是积极争取中央预算内资金、车购税等财政性资金，积极争取政府债券支持，提前谋划推进政府和社会资本合作PPP新机制项目，加快推进基础设施领域不动产投资信托基金（REITs）等融资模式，其中，G3033奎屯至独山子至库车高速公路等重点项目投融资模式研究工作加快推进，G7京新高速公路明水至哈密段公募REITs（不动产投资信托基金）成为新疆首个进入国家发展改革委储备库的交通项目，为形成“资产—资本—资产”的良性循环奠定基础。

依法行政制度体系不断完善。印发2023—2035年交通运输立法项目规划，推动出台《新疆维吾尔自治区农村公路管理条例》，推动《新疆维吾尔自治区高速公路条例》等4个立法项目列入新疆维吾尔自治区人民代表大会立法规划，全覆盖推行公平竞争审查、合法性审核等，高质量完成新疆法治督察，法治政府部门建设不断深化。

执法水平持续提升。依法有效保护路产、维护路权，全年路警共联合查处违法超限超载车辆1.54万辆，持续推进治超非现场执法点位建设，非现场执法模式在全区逐步推广。开展执法评议考核，实施行政执法指导监督等6项制度，举办“丝路交通杯”执法大比武及全国引领性口岸通关服务竞赛，开展交通运输执法领域突出问题专项整治行动，深化兵地交通运输执法工作，全疆交通运输“一盘棋”执法开创新局面。

营商环境不断优化。深化交通运输“放管服”改革和“双随机、一公开”监管，实施营商环境优化提升三年行动，扎实推进建设全国统一大市场工作，积极推动数字政府建设，实现大件运输审批系统等17个信息系统在新疆政务云部署应用，交通运输领域11项政务服务事项实现“疆内通办”，其中5项实现“跨省通办”，全年“跨省通办”办理28.6万件，发放电子证照71.4万张，交通运输市场活力不断激发。

提升公路养护管理水平。全年投资19.02亿元完成160个国省干线公路养护工程的实施，实施总里程3847.09公里。实施完成危旧桥改造、安全设施精细化提升、灾害防治等三项工程50个，共投资7063万元。印发《关于开展我区公路品质提升三年攻坚行动

图 7-31-5 沙漠“长河”——S21 阿乌高速公路【图片由新疆交通投资（集团）有限责任公司融媒体中心提供】

的通知》，为全面做好“十四五”期公路养护管理工作奠定基础。

加强超限超载联合执法治理。办理各类路政案件3426起，收缴公路赔（补）偿费4319.75万元，查处违法超限超载运输车辆1.23万辆。完成克拉玛依和和田地区6处非现场执法取证点外业验收及系统验收工作；完成阿克苏地区5处非现场执法取证点法制审核及技术审核工作。

第五节　科技创新与绿色低碳

科技创新赋能交通发展。实施行业科技创新和标准化发展行动，建成3个交通基础设施长期性能科学观测点，连霍高速新疆星哈吐段干旱荒漠区智慧低碳改扩建科技示范工程成功创建，“新疆路面钢渣循环利用试点项目”被列入2023年国家循环经济标准化试点，着力提升科技创新支撑行业发展力量。稳步推进天山胜利隧道、G30智慧服务区项目等交通运输部新基建试点工程，优化升级省级视频云联网平台，基本实现高速（一级）公路重要节点高清视频监控全覆盖，推进交通运输数据资源共享，建成应用新疆道路运输电子证照、交通运输安全生产监管监察和工程质量监督等8个信息系统。

绿色低碳转型积极推进。发布实施《新疆维吾尔自治区公路行业绿色低碳发展实施方案》，做好“乌—昌—石”区域交通运输领域大气污染防治、新能源及清洁能源车辆推广、节能环保技术推广、绿色低碳服务区试点等工作，实现全区105对高速（一级）公路服务区充电设施全覆盖，超额完成全区“绿色续航”民生实事。

第六节　安全与应急

安全生产。开展交通运输安全生产“百日攻坚”等12个专项行动，细化制定11项隐患排查表，全面排查整治道路运输、工程建设、国省干线农村公路标志标线、防护设施缺失不足等影响行车安全的一般隐患2.85万条、约谈警示企业911家次、开展联合惩戒2977次、责令停产整顿61家、罚款2807.23万元。开展重大事故隐患专项排查整治，明确5大类27项隐患清单、17项重点任务，累计排查整治重大隐患60条。深化旅游客运安全治理，会同新疆维吾尔自治区公安厅、文化和旅游厅联合印发《关于全力做好旅游客运安全管理工作的通知》，强化道路运输领域联合执法监管。开展农村公路桥梁“消危”三年行动，完成农村公路危桥改造189座、村道安防工程5285公里。深化教育培训，举办安全监管干部能力提升、交通建设工程质量安全技能提升培训班，联合新疆维吾尔自治区公安厅举办全区道路运输企业安全生产警示教育大会，开展全区“两客一危”及重点普通货物运输企业“两类人员”大轮训。

应急管理。建强应急处置体系，印发《自治区交通运输突发事件应急预案管理实施办法》，同新疆维吾尔自治区气象局签订《关于共同开展公路交通气象监测预警工作合作框架协议》，与新疆人民广播电台签订《关于共同开展公路交通信息服务工作合作框架协议》，与新疆维吾尔自治区公安厅交警总队高速公路支队签订《高速公路交通管制联动管理办法》，建立“新疆交通公众出行信息服务网”，初步构建新疆交通运输行业业务管理、出行信息、运行监测、应急保障为一体的综合信息服务平台。积极推进国家区域性公路交通应急装备物资储备中心建设工程（包括叶城储备中心、昌吉储备中心），加快实施果子沟长大桥梁结构健康监测系统建设。指导督促厅系统各单位开展各类应急演练323次，及时有效处置各类突发事件和自然灾害812起，各族群众安全出行得到有效保障。

第七节　合作与交流

深化国际道路运输对外交流合作。新疆与周边8个国家中的5个开通双边国际道路运输线路118条（其中客运59条、货运59条）。与乌兹别克斯坦、俄罗斯、白俄罗斯、格鲁吉亚全域开放双边/过境国际道路货物运输。开通中巴哈吉、中哈俄、中吉乌、中蒙俄、上合组织等多边国际道路货运线路10条，线路条数和运营里程均居全国首位。2023年完成《中华人民共和国政府和哈萨克斯坦共和国政府国际道路运输协定》《中华人民共和国政府和蒙古国政府国际道路运输协定》的修订和《中华人民共和国政府和土库曼斯坦政府国际道路运输协定》的签署，中国新疆与中亚国家间国际道路运输合作形成闭环。成功开展中蒙俄沿亚洲公路网4号线（AH4）国际道路运输试运行活动，中蒙俄经济走廊建设再添新通道。基于北斗的国际道路运输管理与服务信息系统在口岸国际道路运输管理系统全面应用，国际道路运输单证查验等实现全流程网上办理。开展国际道路货运经营备案，全年完成125家国际道路货运经营企业、4740辆货运车辆备案，国际运输便利化举措进一步落实。TIR公约（《国际公路运输公约》）全面实施，基本形成了以乌鲁木齐为中心，以沿边地区为节点，以边境口岸为前沿，向周边国家辐射的多层次、全方位的国际道路运输网络。

新疆生产建设兵团

第一节　整体概况

2023年，新疆生产建设兵团共建设重点公路项目56个，完工21个，建成通车里程1068.7公里。新疆生产建设兵团首条高速公路阿克苏—阿拉尔高速公路顺利开工，图昆公路、图巴公路等一批重点公路项目如期完工。成立铁路工作专班，推动阿拉尔新鑫铁路专用线等9条铁路建设。天域航通大型无人机及通航飞机建设基地落户八师石河子市并顺利开工，图木舒克唐王城机场改扩建项目完工，新建三十八团且末机场和"十四五"规划新建通用机场前期工作加快推进。

第二节　运输服务

积极推动第八师、第十二师与乌鲁木齐市联合申报国家综合货运枢纽补链强链示范城市获得成功，取得政策资金支持。石河子市、图木舒克市通过第二批全国城乡交通运输一体化示范创建县验收。推动运输结构转型升级，大力发展多式联运、甩挂运输、网络平台货运等多种运输组织模式，在第四师、第八师、第十二师开展多式联运示范工程，开通示范线路11条。全年完成公路营业性客运量1039.9万人、同比增长32.93%，旅客周转量6.7亿人公里、同比增长31.55%；铁路客站旅客发送量199.16万人次、同比增长57.99%；民用机场完成旅客吞吐量87.5万人次、同比增长252.77%。累计完成公路营业性货运量1.63亿吨、同比增长31.51%，货物周转量237.03亿吨公里、同比增长22.53%；完成铁路货运量2028.2万吨、同比增长2.46%；完成民用机场货邮吞吐量491.52吨、同比增长112.5%。

第三节　行业管理

印发《新疆生产建设兵团公路工程设计变更管理办法》，更新《新疆生产建设兵团重点公路工程建设项目管理办法》。累计审核批复34个重点项目、养护工程项目施工图设计评审和5个设计变更评审。共组织开展公路工程竣工验收工作23项、通过21项，出具公路工程竣工验收鉴定书19份。配合交通运输部开展2023年汛期交通运输重要基础设施安全防护工作大检查，对已发现的9条问题隐患进行整改；落实汛期调度制度，已报送75期有关汛期信息。截至目前，重点公路工程建设项目未发生责任安全和质量事故。加强对各师市招标投标行为的事中事后监管，截至目前，已审查16个项目的招标公告、招标文件等资料53余份。共审核通过13家公路工程施工总承包二级资质、签发1家监理乙级资质、5家养护作业单位资质、500余家各类企业备案信息。通过采取内业检查、现场抽查和实体检测相结合的方式，对新疆生产建设兵团重点公路建设项目建设情况开展了3轮公路建设项目行业督查。公路建设市场秩序良好，重点公路项目建设品质稳中有进。

第四节　服务乡村振兴全面增效

一是办好为民实事。抓好"交通惠民行动"落实，实施418个项目，完成投资11.76亿元，占兵团"十大民生实事"年度投资总额55.79亿元的21.08%，完成农村公路新改建里程1001公里，养护农村公路里程1044公里，新增通三级及以上公路乡镇10个，新增较大人口规模自然村通硬化路7个，完成村道安防工程209公里。实施"以工代赈"项目51个，累计吸纳当地劳动力4395人，其中吸纳脱贫户609人，发放劳务报酬5105万元。二是开展示范创建。指导各师市大力开展"四好农村路"示范创建活动，健全完善"师团连"三级路长体系，持续推进城乡基本公共服务均等化。第五师双河市成功创建"四好农村路"全国示范县。下达农村客运补贴资金2967万元，推动城乡客运发展；开展农村客货邮融合发展示范创建，与新疆维吾尔自治区邮政管理局、邮政公司联合审查确定第三师图木舒克市、第四师可克达拉市、第八师石河子市、第十师北屯市为2023年度兵团农村客货邮融合发展示范创建师市，创建客货邮综合服务站12个、开通客货邮线路13条。试点开展定制客运服务，开通定制班线16条，投入营运客车143辆；试点开通敬老爱老线路13条，提升老年乘客出行便利化水平。三是夯实定点帮扶。安排补助资金1106万元支持新疆生产建设兵团交通运输局乡村振兴定点帮扶团场第十四师一牧场农村公路建设及养护。圆满结束在第五十一团第十三连、第十八连的“访惠聚”驻连工作任务并做好交接，选派干部参加新一轮“访惠聚”驻村工作；安排补助资金2115万元支持“访惠聚”驻地第五十一团“四好农村路”示范路线及乡村振兴项目建设。四是为企业纾难解困。8月与新疆兵团建设工程（集团）有限责任公司召开座谈会，表示全力支持建工集团“千亿企业”发展目标。新疆生产建设兵团交通运输局在座谈会后对未开标项目优化标段划分，新疆兵团建设工程（集团）有限责任公司开标项目施工份额逐步得到提高。指导新疆北新路桥集团股份有限公司参评“李春奖”“鲁班奖”，并参与新疆维吾尔自治区“天山奖”评选。

第五节　重大项目

按照项目建设“完工一批、在建一批、新开一批、储备一批”工作思路，2023年共建设重点公路项目54个（已完工21个、正在建设33个），其中续建35个（完工20个、正在建设15个），新开工19个（完工1个、正在建设18个），其中兵团首条高速公路阿克苏—阿拉尔高速公路于10月28日顺利开工，图木舒克—昆玉、图木舒克—巴楚、国道335线第八师一五O团— 一三六团—奎克高速等重点公路项目如期完工。成立铁路工作专班，全力推动阿拉尔新鑫铁路专用线等9条铁路建设，其中玛石铁路专用线一期、石河子九洲恒昌清北铁路专用线2个项目已完工，第七师胡杨河经济技术开发区铁路专用线等7个项目正加快建设；积极协调兵团相关部门并对接乌铁局推动克拉玛依（五五新镇）至准东（沙地）铁路、老三淖烟铁路加速开展前期工作。深入落实国家综合货运枢纽补链强链政策，推动第八师、第十二师与乌鲁木齐市联合申报示范城市获得成功，进一步强化重大枢纽设施建设。

第六节　投资融资

全年累计完成固定资产投资170.6亿元，完成全年目标任务167亿元的102.2%，同比增长17.58%。国省道项目累计完成投资101.9亿元，同比增长27.1%。农村公路项目（含自筹自建）累计完成投资42.3亿元，同比增长0.5%。铁路、航空项目累计完成投资14.6亿元、同比增长7%。三项工程项目及运输服务项目分别完成投资1.4亿元、10.4亿元。

第七节　安全与应急

聚焦道路运输领域和公路工程建设领域常态化开展隐患排查、专项整治，全年行业未发生一般以上安全生产责任事故，安全生产形势总体平稳有序。第四师可克达拉市特大桥工程项目入选中国建筑业协会2022—2023年度第二批中国建设工程鲁班奖（国家优质工程）。全系统按照交通运输部要求，落实新疆生产建设兵团安全生产委员会安排部署，扛牢行业安全生产监管责任，定期召开会议，研究行业安全生产工作。新疆生产建设兵团交通运输局领导先后8次带队深入施工现场、运输企业一线对安全生产工作开展督导服务，研究解决行业安全生产基础性、深层次突出问题，抽查客货运输企业、危货运输企业、客运场站、施工合同段等，排查隐患问题并指导整改。严格对照重大隐患判定标准，累计巡查公路里程3万余公里，完成公路养护里程1400公里，推进2055辆10年以上车龄重载货汽车排查整治，安全生产整治成效得到巩固提升，行业从业人员安全生产意识得到加强。

第八节　交流与合作

11月，新疆生产建设兵团主要领导带队拜访交通运输部，并签署部省合作协议。以落实习近平总书记重要指示批示、落实国家重大发展战略、落实加快建设交通强国要求、推进部省共同关注事项为重点，结合地方实际，因地制宜、因省施策，加强部省协作联动，形成工作合力。

第八篇
附录

Section VIII

Appendixes

附录 1　组织机构负责人

交通运输部领导名单

（截至 2023 年底）

交通运输部党组书记、部长，第十四届全国政协常委、委员 李小鹏

第二十届中央纪委委员，交通运输部党组成员，中央纪委国家监委驻交通运输部纪检监察组组长 邹天敬

交通运输部党组成员、副部长兼直属机关党委书记 徐成光

交通运输部党组成员、副部长兼中国海上搜救中心主任，部海事局党组书记、局长 付绪银

交通运输部党组成员、副部长 王刚

交通运输部党组成员、副部长 李扬

交通运输部党组成员，国家邮政局党组书记、局长 赵冲久

第二十届中央候补委员，交通运输部党组成员，中国民用航空局党组书记、局长 宋志勇

第二十届中央候补委员，交通运输部党组成员，国家铁路局党组书记、局长 费东斌

国家铁路局领导名单

交通运输部党组成员，国家铁路局局长、党组书记 费东斌

国家铁路局副局长、党组成员 安路生

国家铁路局副局长、党组成员 吴德金（满族）

国家铁路局副局长、党组成员 郑宏波

国家铁路局副局长、党组成员 王启铭

国家铁路局总工程师 田军

国家铁路局安全总监 高文（蒙古族）

中国民用航空局领导名单

第二十届中央候补委员，交通运输部党组成员，民航局局长、党组书记 宋志勇

民航局副局长、党组成员 崔晓峰

民航局副局长、党组成员 胡振江

民航局副局长、党组成员，中国民航工会全国委员会主席 韩钧

民航局副局长、党组成员 马兵

国家邮政局领导名单

交通运输部党组成员，国家邮政局党组书记、局长 赵冲久

国家邮政局党组成员、副局长 戴应军

国家邮政局党组成员、副局长 刘君
国家邮政局党组成员、副局长 赵民
国家邮政局党组成员、副局长 廖进荣
国家邮政局党组成员、副局长 陈凯

附录 2　统计公报

2023 年交通运输行业发展统计公报

2023年是全面贯彻党的二十大精神的开局之年。面对复杂严峻的国际环境和繁重的国内改革发展稳定任务，交通运输行业在以习近平同志为核心的党中央坚强领导下，坚持稳中求进工作总基调，完整、准确、全面贯彻新发展理念，服务加快构建新发展格局，着力推动高质量发展，奋力加快建设交通强国，努力当好中国式现代化的开路先锋，为全面建设社会主义现代化国家提供了有力的运输服务保障。

一、基础设施

（一）铁路

年末全国铁路营业里程 15.9 万公里，其中高铁营业里程 4.5 万公里。投产新线 3637 公里，其中高铁 2776 公里。铁路复线率为 60.3%，电化率为 75.2%。全国铁路路网密度 165.2 公里 / 万平方公里，比上年末增加 4.1 公里 / 万平方公里。

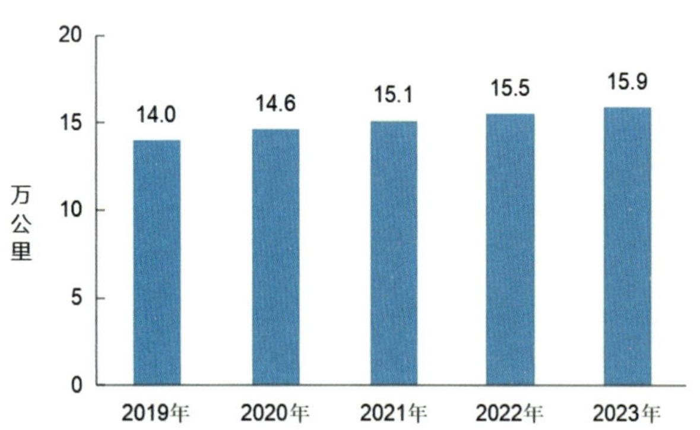

图 1　2019—2023 年年末全国铁路营业里程

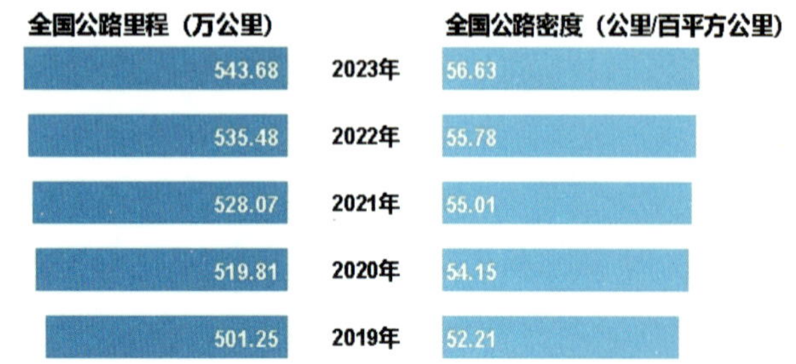

图 2　2019—2023 年年末全国公路里程及公路密度

（二）公路

年末全国公路里程 543.68 万公里，比上年末增加 8.20 万公里。公路密度 56.63 公里 / 百平方公里，增加 0.85 公里 / 百平方公里。

年末全国四级及以上等级公路里程 527.01 万公里，比上年末增加 10.76 万公里，占公路里程比重为 96.9%、提高 0.5 个百分点。其中，二级及以上等级公路里程 76.22 万公里、增加 1.86 万公里，占公路里程比重为 14.0%、提高 0.1 个百分点；高速公路里程 18.36 万公里、增加 0.64 万公里，国家高速公路里程 12.23 万公里、增加 0.24 万公里。

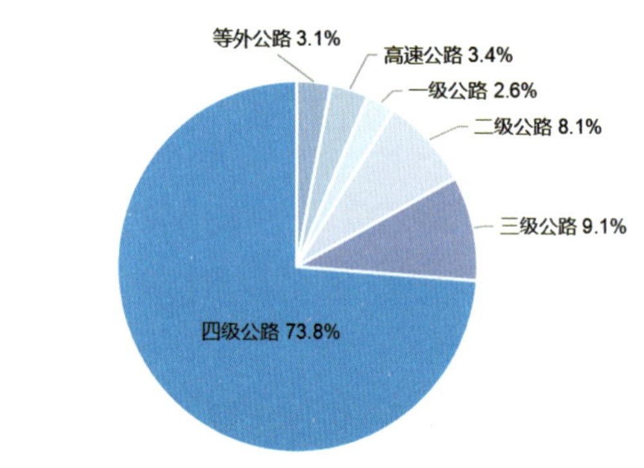

图 3　2023 年年末全国公路里程构成（按技术等级分）

年末全国国道里程 38.40 万公里，省道里程 40.41 万公里。农村公路里程 459.86 万公里，其中县道里程 69.67 万公里、乡道里程 124.28 万公里、村道里程 265.91 万公里。

年末全国公路桥梁 107.93 万座、9528.82 万延米，比上年末分别增加 4.61 万座、952.33 万延米，其中特大桥 10239 座、1873.01 万延米，大桥 17.77 万座、4994.37 万延米。全国公路隧道 27297 处、3023.18 万延米，增加 2447 处、344.75 万延米，其中特长隧道 2050 处、924.07 万延米，长隧道 7552 处、1321.38 万延米。

（三）水路

1. 内河航道

年末全国内河航道通航里程 12.82 万公里，比上年末增加 184 公里。等级航道通航里程 6.78 万公里，占内河航道通航里程比重为 52.9%，其中三级及以上航道通航里程 1.54 万公里、占内河航道通航里程比重为 12.0%。

年末各等级内河航道通航里程分别为：一级航道 2192 公里，二级航道 4471 公里，三级航道 8741 公里，四级航道 11717 公里，五级航道 7375 公里，六级航道 16342 公里，七级航道 16989 公里。等外航道 6.03 万公里。

2. 港口

年末全国港口生产用码头泊位 22023 个，比上年末增加 700 个。其中，内河港口生产用码头泊位 16433 个、增加 551 个，沿海港口生产用码头泊位 5590 个、增加 149 个。

年末全国港口万吨级及以上泊位 2878 个，比上年末增加 127 个。从分布结构看，内河港口万吨级及以上泊位 469 个、增加 18 个，沿海港口万吨级及以上泊位 2409 个、增加 109 个。从用途结构看，专业化万吨级及以上泊位 1544 个、增加 76 个，通用散货万吨级及以上泊位 664 个、增加 27 个，通用件杂货万吨级及以上泊位 447 个、增加 13 个，客货万吨级及以上泊位 3 个、减少 1 个，多用途万吨级及以上泊位 183 个、增加 8 个，其他万吨级及以上泊位 37 个、增加 4 个。

表 1　2023 年年末全国港口万吨级及以上泊位数量（单位：个）

泊位吨级	全国港口年末数	比上年末增加	沿海港口年末数	比上年末增加	内河港口年末数	比上年末增加
合计	2878	127	2409	109	469	18
3 万吨级以下	932	41	744	38	188	3
3~5（不含）万吨级	467	15	338	11	129	4
5~10（不含）万吨级	966	36	824	26	142	10
10 万吨级及以上	513	35	503	34	10	1

表 2　2023 年年末全国万吨级及以上泊位构成（按主要用途分）（单位：个）

泊位用途	年末数	比上年末增加
专业化泊位	1544	76
其中：集装箱泊位	380	8
煤炭泊位	275	2
金属矿石泊位	92	4
原油泊位	101	8
成品油泊位	161	6
液体化工泊位	306	19
散装粮食泊位	39	0
其他	190	29
通用散货泊位	664	27
通用件杂货泊位	447	13
客货泊位	3	-1
多用途泊位	183	8
其他泊位	37	4

（四）民航

年末颁证民用航空运输机场 259 个，比上年末增加 5 个，其中定期航班通航机场 259 个，定期航班通航城市（或地区）255 个。

全年旅客吞吐量达到 100 万人次以上的运输机场 102 个，其中达到 1000 万人次及以上的运输机场 38 个。全年货邮吞吐量达到 10000 吨以上的运输机场 63 个。

（五）邮政

年末邮政行业企业共设立各类营业网点 46.8 万处，比上年末增加 3.4 万处。其中，邮政普遍服务营业网点 5.5 万处，快递企业营业网点 23.4 万处，服务站等其他类型营业网点 17.9 万处。全国设立村级寄递物流综合服务站（村邮站）36.5 万处。全国邮政普遍服务网路 4.0 万条，快递服务网路 22.8 万条。全国邮政普遍服务农村投递路线 10.0 万条，城市投递路线 12.4 万条、增加 0.5 万条。

（六）城市客运

年末全国公共汽电车运营线路 7.98 万条，比上年末增加 0.18 万条，运营线路总长度 173.39 万公里、增加 6.94 万公里，其中公交专用车道 2.03 万公里、增加 405.3 公里。城市轨道交通运营线路 308 条、增加 16 条，运营里程 10158.6 公里、增加 604.0 公里，其中地铁线路 256 条、9042.3 公里，轻轨线路 7 条、267.5 公里。城市客运轮渡运营航线 80 条、增加 1 条，运营航线总长度 306.4 公里、减少 28.2 公里。

二、运输装备

（一）铁路

年末全国拥有铁路机车 2.24 万台，比上年末增加 0.02 万台，其中内燃机车 0.78 万台、电力机车 1.46 万台。拥有铁路客车 7.8 万辆、增加 0.1 万辆，其中动车组 4427 标准组、35416 辆，分别增加 209 标准组、1674 辆。拥有铁路货车 100.7 万辆、增加 1.1 万辆。

（二）公路

年末全国拥有公路营运汽车 1226.20 万辆。分结构看，拥有载客汽车 55.24 万辆、1638.29 万客位，比上年末分别减少 0.18 万辆、8.95 万客位；拥有载货汽车 1170.97 万辆、17216.71 万吨位，分别增加 4.30 万辆、249.38 万吨位，其中，普通货车 358.71 万辆、4434.51 万吨位，分别减少 28.98 万辆、281.68 万吨位，专用货车 68.68 万辆、817.75 万吨位，分别增加 5.25 万辆、64.03 万吨位，牵引车 370.37 万辆、增加 16.19 万辆，挂车 373.20 万辆、增加 11.84 万辆。

表 3　2023 年年末全国公路营运汽车构成

指标	单位	年末数	比上年末增长（%）
公路营运汽车合计	万辆	1226.20	0.3
其中：载客汽车			
车辆数	万辆	55.24	-0.3
客位数	万客位	1638.29	-0.5
载货汽车			
车辆数	万辆	1170.97	0.4
吨位数	万吨位	17216.71	1.5
其中：货车			
车辆数	万辆	427.39	-5.3
吨位数	万吨位	5252.26	-4.0
牵引车	万辆	370.37	4.6
挂车			
车辆数	万辆	373.20	3.3
吨位数	万吨位	11964.45	4.1

（三）水路

年末全国拥有水上运输船舶 11.83 万艘，比上年末减少 0.36 万艘，净载重量 3.01 亿吨、增加 0.03 亿吨，载客量 81.25 万客位、减少 4.93 万客位，集装箱箱位 304.24 万标准箱、增加 5.52 万标准箱。

表 4　2023 年年末全国水上运输船舶构成

指标	计量单位	年末数	比上年增长（%）
运输船舶合计			
运输船舶数量	万艘	11.83	-2.9
净载重量	万吨	30052.07	0.9
载客量	万客位	81.25	-5.7
集装箱箱位	万标准箱	304.24	1.8
其中：内河运输船舶			
运输船舶数量	万艘	10.66	-2.6
净载重量	万吨	15433.11	1.2
载客量	万客位	55.76	-2.6
集装箱箱位	万标准箱	62.40	13.1
沿海运输船舶			
运输船舶数量	艘	10672	-3.0
净载重量	万吨	9792.75	4.5
载客量	万客位	24.22	-9.8
集装箱箱位	万标准箱	68.83	14.9
远洋运输船舶			
运输船舶数量	艘	972	-29.9
净载重量	万吨	4826.20	-6.4
载客量	万客位	1.27	-38.4
集装箱箱位	万标准箱	173.01	-5.8

（四）民航

年末全国运输飞机在册架数 4270 架，比上年末增加 105 架。其中，客运飞机 4013 架、增加 71 架，货运飞机 257 架、增加 34 架。

（五）城市客运

年末全国拥有公共汽电车 68.25 万辆，比上年末减少 2.07 万辆，其中纯电动车 47.39 万辆、增加 1.85 万辆，占公共汽电车比重为 69.4%、提高 4.7 个百分点。拥有城市轨道交通配属车辆 6.67 万辆，增加 0.41

万辆。拥有巡游出租汽车 136.74 万辆，增加 0.54 万辆。拥有城市客运轮渡船舶 180 艘。

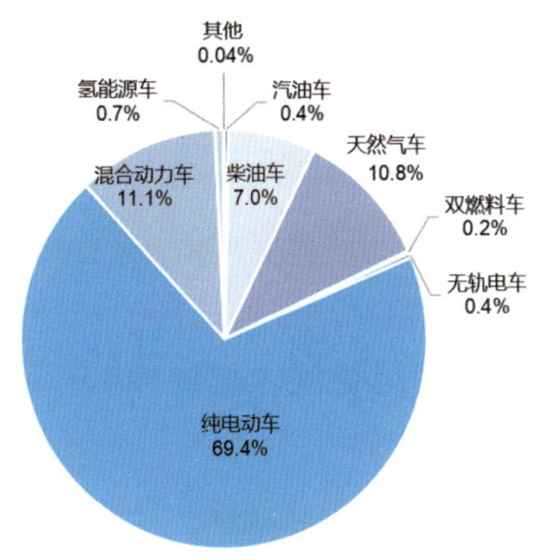

图 4 2023 年年末公共汽电车构成（按燃料类型分）

表 5 2019—2023 年年末全国城市客运装备拥有量

年份	公共汽电车（万辆）	城市轨道交通配属车辆（辆）	巡游出租汽车（万辆）	城市客运轮渡船舶（艘）
2023 年	68.25	6.67	136.74	180
2022 年	70.32	6.26	136.20	183
2021 年	70.94	5.73	139.13	196
2020 年	70.44	4.94	139.40	194
2019 年	69.33	4.10	139.16	224

三、运输服务

全年完成营业性货运量 547.47 亿吨，比上年增长 8.1%，完成货物周转量 240646 亿吨公里、增长 6.3%。全年完成跨区域人员流动量 612.88 亿人次，增长 30.7%。

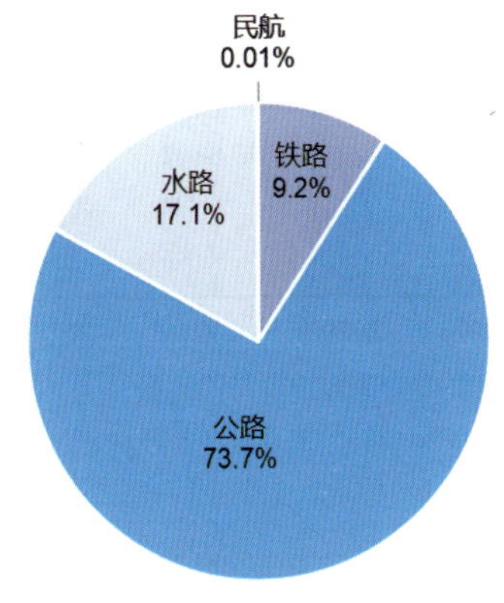

图 5 2023 年营业性货运量构成（按运输方式分）

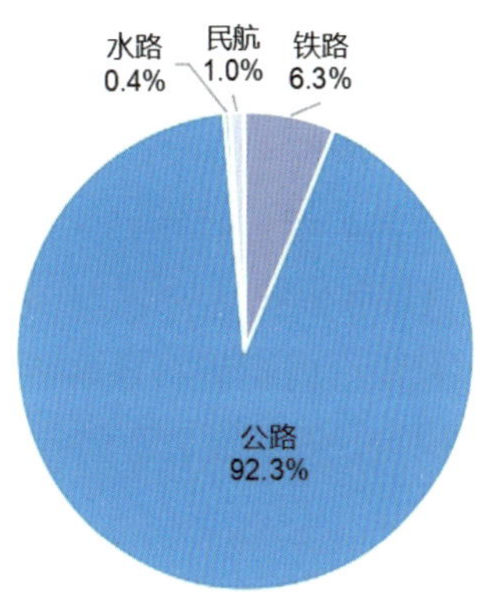

图 6 2023 年跨区域人员流动量构成（按运输方式分）

（一）铁路

全年完成货运总发送量 50.35 亿吨，比上年增长 1.0%，完成货运总周转量 36460 亿吨公里、增长 1.4%。

全年完成旅客发送量 38.55 亿人次，比上年增长 130.4%，完成旅客周转量 14729 亿人公里、增长 123.9%。

（二）公路

全年完成营业性货运量 403.37 亿吨，比上年增长 8.7%，完成货物周转量 73950 亿吨公里、增长 6.9%。

全年完成公路人员流动量 565.56 亿人次，比上年增长 26.1%。其中，营业性客运量 110.12 亿人次、增长 22.4%，营业性旅客周转量 4740.04 亿人公里、增长 38.1%；非营业性小客车出行量 455.45 亿人次、增长 27.0%。

（三）水路

全年完成营业性货运量 93.67 亿吨，比上年增长 9.5%，完成货物周转量 129952 亿吨公里、增长 7.4%。其中，内河货运量 47.91 亿吨、增长 8.8%，内河货物周转量 20773 亿吨公里、增长 9.2%；海洋货运量 45.77 亿吨、增长 10.2%，海洋货物周转量 109179 亿吨公里、增长 7.1%。

全年完成营业性客运量 2.58 亿人次，比上年增长 121.6%，完成营业性旅客周转量 53.77 亿人公里、增长 137.9%。

全年完成港口货物吞吐量 169.73 亿吨，比上年增长 8.2%。其中，内河港口货物吞吐量 61.39 亿吨、增长 10.5%，沿海港口货物吞吐量 108.35 亿吨、增长

6.9%；外贸货物吞吐量50.47亿吨、增长9.5%，内贸货物吞吐量119.26亿吨、增长7.7%。完成集装箱吞吐量3.10亿标准箱，增长4.9%。完成集装箱铁水联运量1018.36万标准箱，增长15.9%。

全年完成港口旅客吞吐量7844.53万人次，比上年增长101.8%。其中，内河港口旅客吞吐量344.12万人次、增长781.6%，沿海港口旅客吞吐量7500.41万人次、增长94.9%。

表6　2023年全国港口货物吞吐量构成

类别	计算单位	数量	比上年增长（%）
货物吞吐量	亿吨	169.73	8.2
其中：外贸	亿吨	50.47	9.5
内贸	亿吨	119.26	7.7
其中：煤炭及制品	亿吨	30.36	6.0
石油、天然气及制品	亿吨	14.34	10.5
金属矿石	亿吨	26.16	6.1
集装箱	亿TEU	3.10	4.9
内河	亿TEU	0.38	9.2
沿海	亿TEU	2.72	4.3

（四）民航

全年完成货邮运输量735.38万吨，比上年增长21.0%，完成货邮周转量283.62亿吨公里、增长11.6%。

全年完成客运量6.20亿人次，比上年增长146.1%，完成旅客周转量10309亿人公里、增长163.4%。国内航线完成客运量5.91亿人次、增长136.3%，其中港澳台航线完成668.45万人次、增长1324.7%；国际航线完成2905.95万人次、增长1461.7%。

全年民航运输机场完成货邮吞吐量1683.31万吨，比上年增长15.8%，完成旅客吞吐量12.60亿人次、增长142.2%。

（五）邮政

全年完成邮政行业寄递业务量1624.8亿件，比上年增长16.8%，完成邮政行业业务收入（不包括邮政储蓄银行直接营业收入）15293亿元、增长13.2%。

全年完成快递业务量1320.7亿件，比上年增长19.4%，完成快递业务收入12074亿元、增长14.3%。

（六）城市客运

全年完成城市客运量1010.00亿人次，比上年增长27.7%。其中，公共汽电车城市客运量380.50亿人次、增长18.0%，城市轨道交通客运量293.89亿人次、增长52.2%，出租汽车城市客运量334.78亿人次、增长21.7%，城市客运轮渡客运量0.83亿人次、增长85.3%。

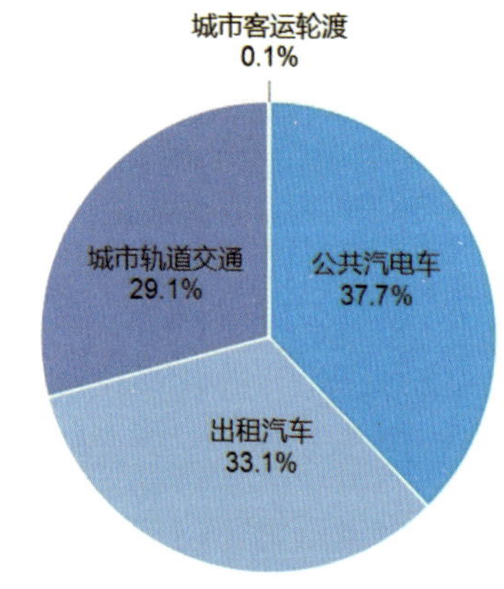

图7　2023年全国城市客运量构成（按运输方式分）

四、交通固定资产投资

全年完成交通固定资产投资39142亿元，比上年增长1.5%，其中公路水路固定资产投资30256亿元、增长0.2%。

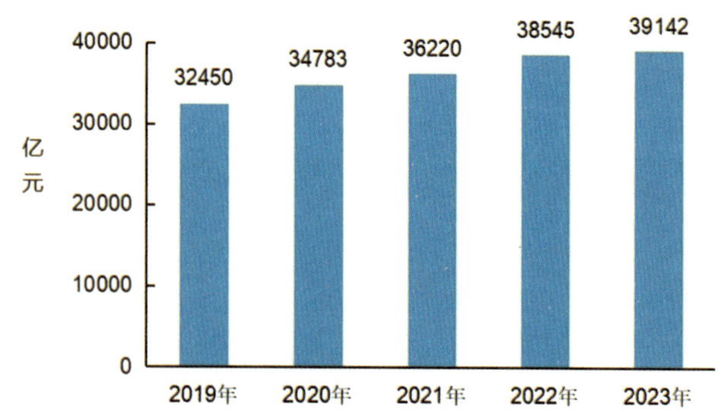

图8　2019—2023年交通固定资产投资额

（一）铁路

全年完成铁路固定资产投资7645亿元，比上年增长7.5%。

（二）公路

全年完成公路固定资产投资28240亿元，比上年下降1.0%。其中，高速公路完成15955亿元、下降1.9%，普通国省道完成6136亿元、增长1.0%，农村公路完成4843亿元、增长0.7%。

全年全国832个脱贫县完成公路固定资产投资7183亿元。

（三）水路

全年完成水路固定资产投资2016亿元，比上年增长20.1%。其中，内河建设完成1052亿元、增长21.3%，沿海建设完成912亿元、增长14.8%。

（四）民航

全年完成民航基本建设和技术改造投资1241亿元，比上年增长0.8%。

五、安全生产

（一）铁路

全年全国铁路未发生铁路交通特别重大、重大事故，发生较大事故2件，比上年减少3件。铁路交通事故死亡人数比上年下降7.5%。

（二）公路水路

全年共发生运输船舶水上交通事故（等级事故）89起，比上年下降13.6%，死亡失踪78人、下降11.4%，沉船24艘、下降27.3%。全国各级海上搜救中心共组织、协调搜救行动1591次，在我国搜救责任区内成功搜救897艘中外遇险船舶、10269名中外遇险人员。

全年公路水运工程建设领域未发生重特大事故，发生生产安全事故60起、死亡80人。

（三）民航

全年民航安全运行平稳可控，运输航空百万架次重大事故率十年滚动值为0.0249。通用航空事故万架次率为0.0358。各项指标均较好控制在年度安全目标范围内。

（四）邮政

全年共发生寄递企业作业场地生产安全亡人事故3起。

六、科技创新与人才队伍建设

年末公路水路领域共有60个行业重点实验室，86个行业研发中心，13个行业野外科学观测研究基地。成立由15个全国重点实验室组成的交通运输领域全国重点实验室联盟。

全年交通运输行业共发布国家和行业标准287项。

全年部系统共有4人入选国家级重大人才工程。4个集体荣获全国科普工作先进集体，3人入选全国科普工作先进工作者。交通运输行业科技创新人才推进计划中，20人入选科技创新领军人才、30人入选青年拔尖人才、10个创新团队入选重点领域创新团队。共335人获得“全国交通技术能手”称号。114个集体获得共青团中央、交通运输部联合认定的“第21届全国青年文明号”。20名个人（团队）推选为第二届“最美港航人”，1名个人推选为第二届“最美港航人”特别致敬人物，10名个人推选为“最美海事人”，100名个人推选为“最美货车司机”，其中10名个人推选为“十大最美货车司机”。

注释：

1. 香港、澳门特别行政区及台湾省统计数据未包括在本公报内。部分数据因四舍五入的原因，存在总计与分项合计不等的情况。
2. 公路营运汽车的统计范围是在公路运输管理部门注册登记的处于营运状态、最近年审日期在两年内的公路客运、货运车辆。
3. 营业性货物运输量为铁路、公路、水路、民航完成数，不包括管道数据。
4. 跨区域人员流动量指国际间、城际间、城乡间商务、旅游等跨区域人员流动规模，为铁路、公路、水路、民航完成数，不包括城市客运量。
5. 公路营业性客运量包含班车包车客运量、公共汽电车城际城乡客运量和出租汽车（含巡游出租汽车、网络预约出租汽车）城际城乡客运量。
6. 城市客运量包括公共汽电车、出租汽车（含巡游出租汽车、网络预约出租汽车）在城市内（含县城内）产生的客运量以及城市轨道交通客运量、城市客运轮渡客运量。

资料来源：

本公报数据来自交通运输部、国家铁路局、中国民用航空局、国家邮政局。

砥砺前行谱新章　强国建设创新绩
——《2023年交通运输行业发展统计公报》评读

2023年是全面贯彻党的二十大精神的开局之年，全国交通运输系统以习近平新时代中国特色社会主义思想为指导，全面贯彻落实党中央、国务院决策部署，奋力加快建设交通强国，各项工作取得积极进展。最新发布的《2023年交通运输行业发展统计公报》中的一组组数据鼓舞人心，描绘了一幅“流动的中国”的美好画卷。

一、国家综合立体交通网加快完善

一是综合立体交通网加速成型。不断加强基础设施建设，交通固定资产投资规模连续7年保持在3万亿元以上，2023年达到3.9万亿元，平均每天完成交通基础设施投资107亿元，创历史新高。综合交通网总里程超过600万公里，已建成全球最大的高速铁路网、高速公路网、邮政快递网和世界级港口群，航空航海通达全球。二是交通基础设施网络结构持续优化。全年新开通高铁2776公里，增加高速公路里程6394公里，增加万吨级泊位127个，货物吞吐量超过亿吨的港口达到46个，航空运输机场达到259座，城市轨道交通线网运营里程增加604公里。三是乡村交通设施不断完善。积极服务乡村全面振兴，农村公路建设投资连续7年保持在4000亿元以上规模，全年新改建农村公路里程达18.8万公里。年末农村公路里程459.86万公里。全国建制村实现全部通邮。

二、交通运输装备结构持续优化

一是智慧绿色发展深入实施。2023年末，全国动车组辆数比上年末增加1674辆。铁路电力机车占比达65.3%、提高0.9个百分点，新能源车辆占公共汽电车的比重达77.7%、提高6.0个百分点。全国已建成18座自动化集装箱码头，在建自动化集装箱码头27座，已建和在建数量均位居世界首位。全国机场场内电动车辆占比达26.4%，旅客吞吐量500万人次以上机场APU替代设备使用率接近100%。二是专业化水平不断提升。专用货车、牵引车、挂车占公路货物运输车辆比重分别提高0.4个、1.3个和0.9个百分点，水上运输船舶集装箱箱位增加5.5万标准箱。三是大型化发展持续推进。大型营运载货汽车平均吨位提高至22.3吨/辆，营业性运输船舶平均净载重量增加97吨/艘，国产首艘大型邮轮投入运行，C919大飞机正式投入商业运行。

三、运输服务能力持续提升

一是人员流动高效便捷。平均每天超过1.6亿人次跨区域人员出行，其中有1000万人次乘坐火车出行、1.5亿人次通过公路出行、70万人次乘坐船舶出行、170万人次乘坐飞机出行。城市内平均每天近2.8亿人次通过城市公共交通及出租汽车出行。二是货物运输繁忙有序。平均每天运输1.5亿吨货物，其中火车运输约1400万吨、汽车运输1.1亿吨、船舶运输2500万吨、飞机运输2万吨。每天收寄快递与包裹4.5亿件左右，其中快递3.6亿件。三是国际运输明显恢复。民航国际航线客运量比上年增长1461.7%。中欧班列全年开行1.7万列、发送190万标箱，比上年分别增长6%、18%。港口外贸货物吞吐量、外贸集装箱吞吐量比上年分别增长9.5%、5.0%。完成国际（港澳台）快递业务量30.7亿件，比上年增长52.0%。

回顾过去一年，面对外部环境的复杂性、严峻性、不确定性，全国交通运输系统克服困难与挑战，交通运输持续稳定恢复，跨区域人员流动量、货运量、港口货物吞吐量保持较快增长，交通固定资产投资规模保持高位。这些成绩的取得，根本在于习近平总书记领航掌舵，在于习近平新时代中国特色社会主义思想科学指引，是以习近平同志为核心的党中央坚强领导的结果，是全国交通运输系统广大干部职工拼搏奉献、不懈奋斗的结果。让我们更加紧密团结在以习近平同志为核心的党中央周围，坚持以习近平新时代中国特色社会主义思想为指导，紧紧围绕党的中心任务，着力推进交通运输高质量发展，奋力加快建设交通强国，努力当好中国式现代化的开路先锋，以交通运输高质量发展服务保障强国建设、民族复兴伟业。

2023年铁道统计公报

2023年，铁路行业坚持以习近平新时代中国特色社会主义思想为指导，全面贯彻党的二十大精神和中央经济工作会议精神，认真落实习近平总书记对铁路工作的重要指示批示精神和党中央国务院决策部署，坚持稳中求进工作总基调，完整、准确、全面贯彻新发展理念，服务加快构建新发展格局，铁路高质量发展扎实推进，加快建设交通强国铁路篇章迈出坚实步伐，为全面建设社会主义现代化国家开好局起好步作出积极贡献。

一、运输生产

旅客运输。全国铁路旅客发送量完成38.55亿人，比上年增加21.82亿人，增长130.4%。其中，国家铁路36.85亿人，比上年增长128.8%；其他铁路1.70亿人，比上年增长170.5%。全国铁路旅客周转量完成14729.36亿人公里，比上年增加8151.83亿人公里，增长123.9%。其中，国家铁路14717.12亿人公里，比上年增长123.9%；其他铁路12.23亿人公里，比上年增长112.0%。

表1 全国铁路旅客运输量

指标	单位	2023年	比上年±%
旅客发送量	万人	385450	130.4
国家铁路	万人	368498	128.8
其他铁路	万人	16952	170.5
旅客周转量	亿人公里	14729.36	123.9
国家铁路	亿人公里	14717.12	123.9
其他铁路	亿人公里	12.23	112.0

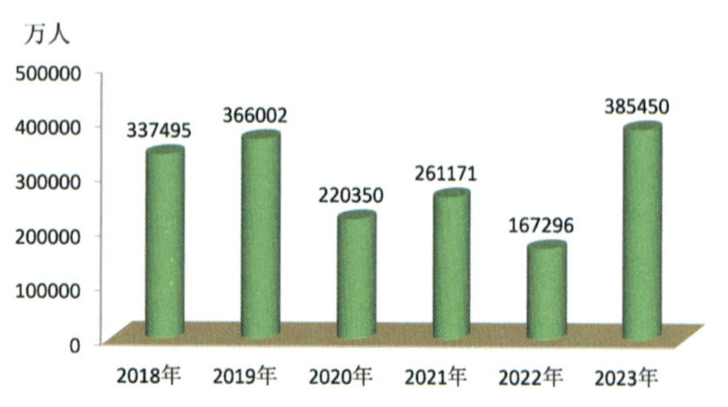

图1 全国铁路旅客发送量

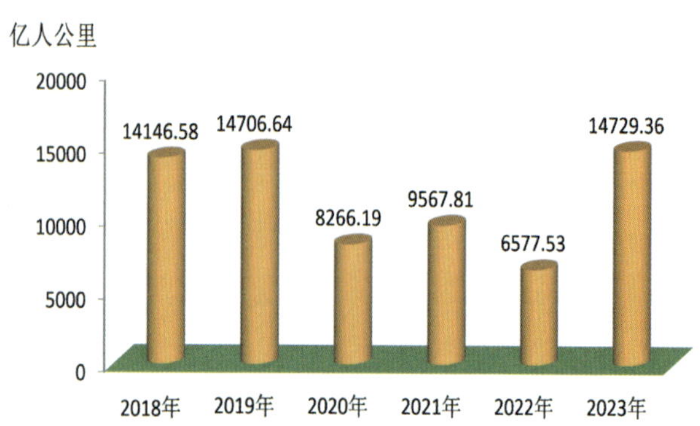

图2 全国铁路旅客周转量

货物运输。全国铁路货运总发送量完成50.35亿吨，比上年增加0.51亿吨，增长1.0%。其中，国家铁路39.11亿吨，比上年增长0.2%；其他铁路11.24亿吨，比上年增长3.9%。全国铁路货运总周转量完成36460.39亿吨公里，比上年增加514.70亿吨公里，增长1.4%。其中，国家铁路32638.50亿吨公里，比上年下降0.1%；其他铁路3821.89亿吨公里，比上年增长16.6%。

表2 全国铁路货物运输量

指标	单位	2023年	比上年±%
货运总发送量	万吨	503535	1.0
国家铁路	万吨	391109	0.2
其他铁路	万吨	112425	3.9
货物总周转量	亿吨公里	36460.39	1.4
国家铁路	亿吨公里	32638.50	-0.1
其他铁路	亿吨公里	3821.89	16.6

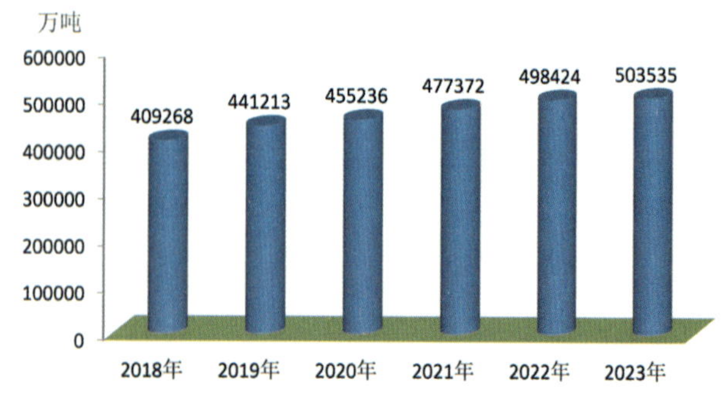

图3 全国铁路货运总发送量

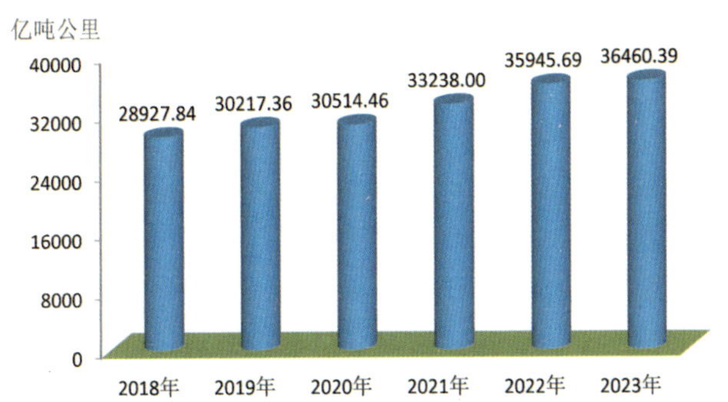

图 4 全国铁路货运总周转量

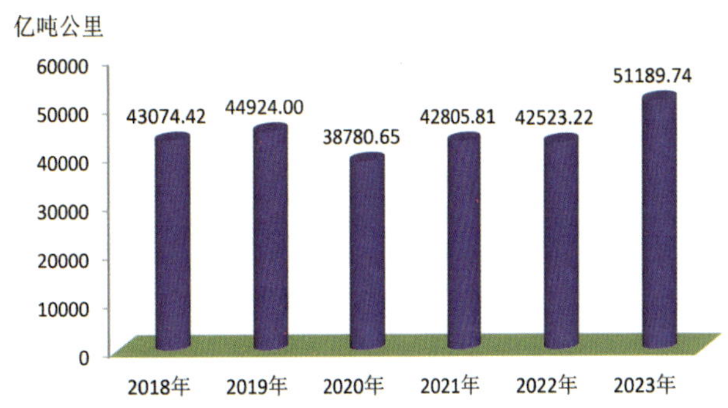

图 5 全国铁路总换算周转量

重点运输。全国铁路煤炭运量完成 27.81 亿吨，比上年增长 1.9%；冶炼物资运量完成 9.10 亿吨，比上年下降 5.3%；石油运量完成 1.31 亿吨，比上年增长 5.4%；粮食运量完成 0.68 亿吨，比上年下降 8.0%；化肥及农药运量完成 0.50 亿吨，比上年下降 7.2%；集装箱运量完成 7.91 亿吨，比上年增长 7.4%。

表 3 全国铁路主要品类运量

指标	单位	2023 年	比上年 ±%
煤	万吨	278101	1.9
冶炼物资	万吨	90986	-5.3
石油	万吨	13050	5.4
粮食	万吨	6847	-8.0
化肥及农药	万吨	5027	-7.2
集装箱	万吨	79111	7.4

中欧班列开行 1.7 万列，发送货物 190 万标箱，比上年分别增长 6%、18%。西部陆海新通道班列发送货物 86 万标箱，比上年增长 14%。

换算周转量。全国铁路总换算周转量完成 51189.74 亿吨公里，比上年增加 8666.52 亿吨公里，增长 20.4%。其中，国家铁路 47355.62 亿吨公里，比上年增长 20.7%；其他铁路 3834.12 亿吨公里，比上年增长 16.8%。

运输安全。全年全国铁路未发生铁路交通特别重大、重大事故；发生较大事故 2 件，比上年减少 3 件。铁路交通事故死亡人数比上年下降 7.5%。

二、铁路建设

全国铁路固定资产投资完成 7645 亿元，投产新线 3637 公里，其中高速铁路 2776 公里。

全国铁路营业里程达到 15.9 万公里，其中，高速铁路营业里程达到 4.5 万公里；复线率 60.3%；电化率 75.2%；西部地区铁路营业里程 6.4 万公里。全国铁路路网密度 165.2 公里 / 万平方公里。

三、运输装备

全国铁路机车拥有量为 2.24 万台，其中，内燃机车 0.78 万台，电力机车 1.46 万台。全国铁路客车拥有量为 7.8 万辆，其中，动车组 4427 标准组、35416 辆。全国铁路货车拥有量为 100.7 万辆。

四、技术标准和科技创新

重要技术标准制修订。

发布《铁路机车车体 第 2 部分：电力机车》等铁路国家标准 16 项。发布《动车组应急通风系统》《铁路危险货物运输技术要求》和《铁路工程地基处理技术规程》等铁路行业标准 58 项。发布《铁路轨道检查仪》等铁路国家计量规程规范 4 项，《曲线矢距测量仪检定规程》等铁路行业计量规程规范 3 项。发布由我国主持制定的《可持续流动与交通 通过为 5G 通信提供自组网的交通服务框架》等国际标准化组织（ISO）、电气与电子工程师协会（IEEE）国际铁路标准 2 项。发布《铁道货车通用技术条件》（法语译本）等铁路国家标准外文译本 14 项，《铁路桥梁用结构钢》等铁路行业标准英文译本 4 项。

“GB/T 25122.4—2018《轨道交通 机车车辆用电力变流器 第4部分：电动车组牵引变流器》等5项标准”获得2022年我国标准化最高奖项（中国标准创新贡献奖）标准项目一等奖，这是铁路行业首次获得标准项目一等奖。我国铁路专家首次获得国际标准化组织（ISO）颁发的“ISO卓越贡献奖”（ISO Excellent Award），第5次获得国际电工委员会（IEC）颁发的“IEC 1906奖”（IEC1906 Award）。

科技创新。

新研发接触网检修作业车（JJZ—Ⅱj）、长大货物车（DA26）、清筛车（CQS—300x）、集装箱车（X70B）、内燃机车（FXN5C、FXN3C）、桥梁检查车（SDW—120X）、钢轨探伤车（GTC—80Ⅱx）、重型轨道车（GCD—1000Ⅱx）等9个型号铁路装备。

在第二十四届中国专利奖评选中，铁路行业获中国专利金奖3项、中国专利银奖3项、中国专利优秀奖23项。铁路重大科技创新成果库2023年度入库307项，其中铁路科技项目50项、铁路专利51项、铁路技术标准26项、铁路科技论文180篇。

五、节能减排

综合能耗。国家铁路能源消耗折算标准煤1752.7万吨，比上年增加231.5万吨，增长15.2%。单位运输工作量综合能耗3.81吨标准煤/百万换算吨公里，比上年减少0.13吨标准煤/百万换算吨公里，下降3.3%。单位运输工作量主营综合能耗3.79吨标准煤/百万换算吨公里，比上年减少0.11吨标准煤/百万换算吨公里，下降2.8%。

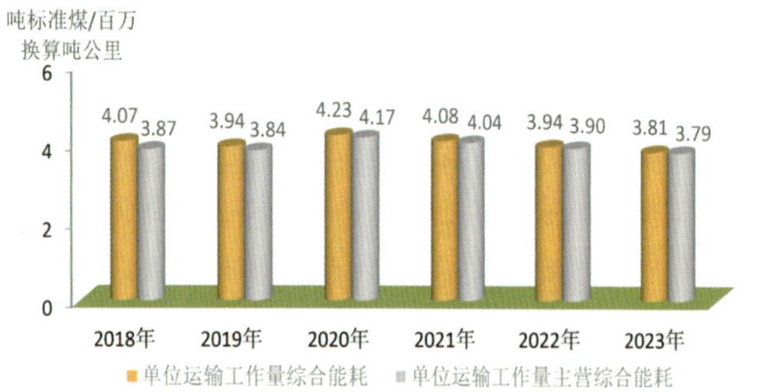

图6 国家铁路单位运输工作量综合能耗、主营综合能耗

主要污染物排放量。国家铁路化学需氧量排放量1466吨，比上年增加39吨。二氧化硫排放量652吨，比上年减少663吨。

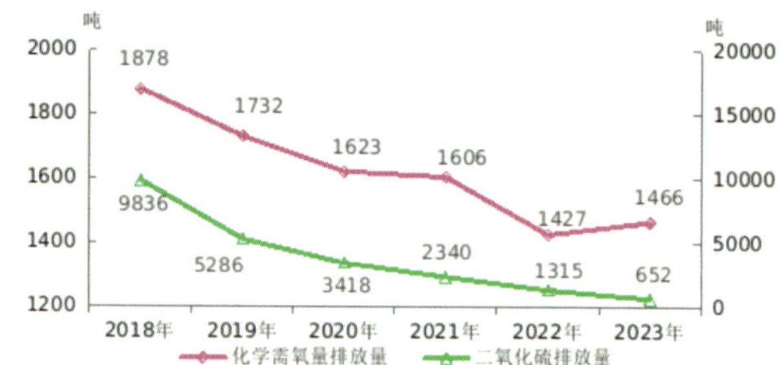

图7 国家铁路化学需氧量、二氧化硫排放量

六、行业监管

《铁路运输服务质量监督管理办法》等4部规章、《铁路安全风险分级管控和隐患排查治理管理办法》等13件规范性文件完成制定、修订工作并予以公布。

铁路监管部门发布行政许可决定书519件。经行政许可的铁路运输企业新增2家，依申请注销1家，累计达到79家；铁路运输基础设备生产企业新增1家，累计达到121家；铁路机车车辆设计制造维修进口企业无新增，累计达到128家；铁路无线电台站设置和频率使用企业新增32家，累计达到256家；铁路机车车辆驾驶人员新增6240人，累计达到211244人。

铁路监管部门实施行政处罚196起，作出处罚决定365个，实施预警135次、通报245次、约谈54次、挂牌督办31次。

注释：

1. 除注明外，国家铁路含国铁集团及其控股合资铁路。
2. 客货运量为精密数，其余数据均为速报数。
3. 统计范围不含港澳台。
4. 除注明外，比上年为同口径。

2023 年民航行业发展统计公报[1]

2023 年，民航全行业在以习近平同志为核心的党中央坚强领导下，坚持以习近平新时代中国特色社会主义思想为指导，全面贯彻落实党的二十大精神和中央经济工作会议精神，坚决贯彻落实党中央、国务院决策部署，按照“三新一高”部署要求，坚持稳中求进，统筹安全运行、恢复发展和疫情防控，民航高质量发展迈出坚实步伐。

一、运输航空[2]

（一）运输周转量[3]

2023 年，全行业完成运输总周转量 1188.34 亿吨公里，比上年增长 98.3%。国内航线完成运输总周转量 867.33 亿吨公里，比上年增长 123.6%，其中，港澳台航线完成 10.00 亿吨公里，比上年增长 334.2%；国际航线完成运输总周转量 321.01 亿吨公里，比上年增长 51.8%。

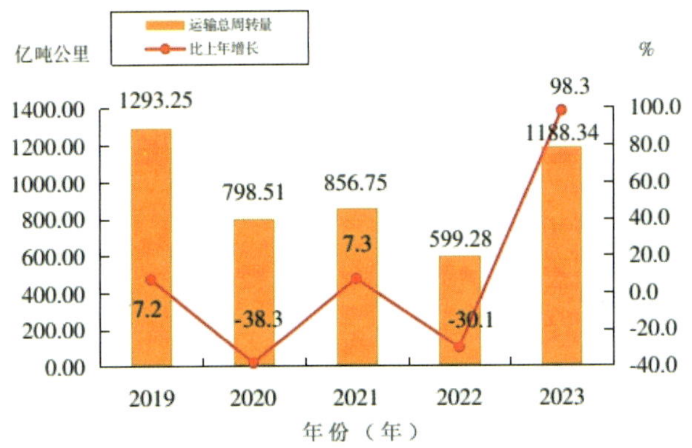

图 1　2019—2023 年民航运输总周转量

全行业完成旅客周转量 10308.98 亿人公里，比上年增长 163.4%。国内航线完成旅客周转量 9079.46 亿人公里，比上年增长 138.6%，其中，港澳台航线完成 93.55 亿人公里，比上年增长 1336.2%；国际航线完成旅客周转量 1229.52 亿人公里，比上年增长 1029.4%。

全行业完成货邮周转量 283.62 亿吨公里，比上年增长 11.6%。国内航线完成货邮周转量 70.47 亿吨公里，比上年增长 34.7%，其中，港澳台航线完成 1.84 亿吨公里，比上年增长 6.4%；国际航线完成货邮周转量 213.15 亿吨公里，比上年增长 5.6%。

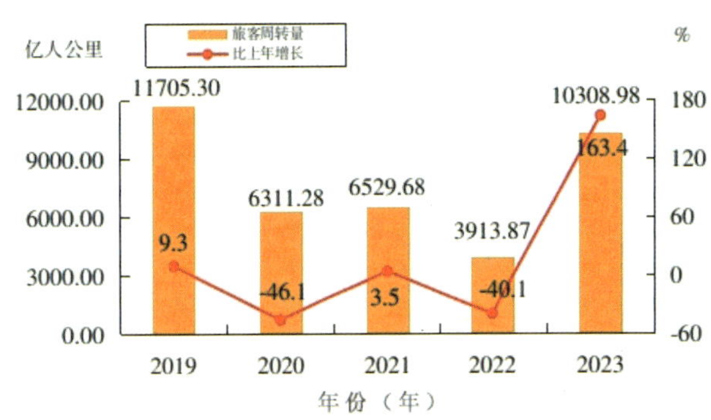

图 2　2019—2023 年民航旅客周转量

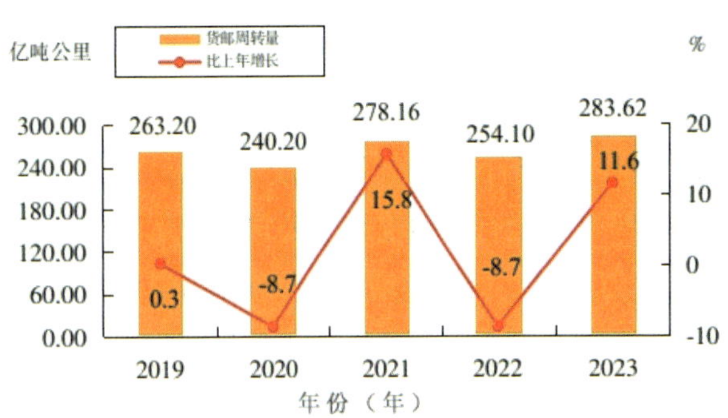

图 3　2019—2023 年民航货邮周转量

（二）旅客运输量

2023 年，全行业完成旅客运输量 61957.64 万人次，比上年增长 146.1%。国内航线完成旅客运输量 59051.69 万人次，比上年增长 136.3%，其中，港澳台航线完成 668.45 万人次，比上年增长 1324.7%；国际航线完成旅客运输量 2905.95 万人次，比上年增长 1461.7%。

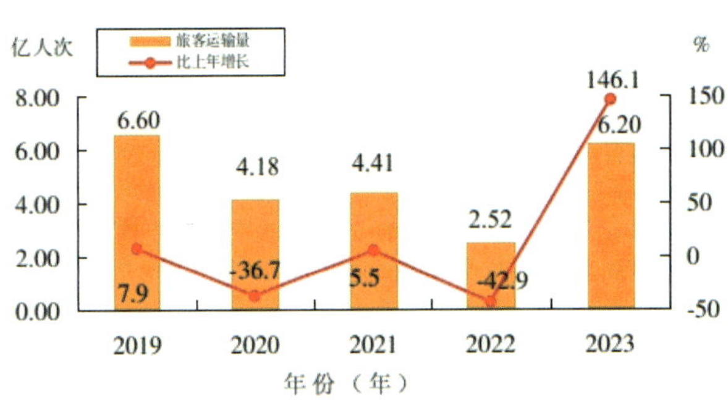

图 4　2019—2023 年民航旅客运输量

（三）货邮运输量

2023年，全行业完成货邮运输量735.38万吨，比上年增长21.0%。国内航线完成货邮运输量456.39万吨，比上年增长32.8%，其中，港澳台航线完成15.12万吨，比上年增长2.5%；国际航线完成货邮运输量278.99万吨，比上年增长5.8%。

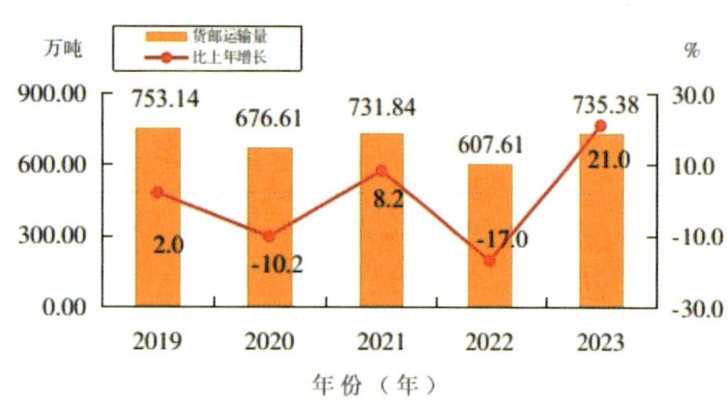

图5　2019—2023年民航货邮运输量

（四）飞行小时和起飞架次

2023年，全行业运输航空公司完成运输飞行小时1220.90万小时，比上年增长94.5%。国内航线完成运输飞行小时1092.77万小时，比上年增长96.2%，其中，港澳台航线完成12.07万小时，比上年增长475.9%；国际航线完成运输飞行小时128.13万小时，比上年增长81.3%。

2023年，全行业运输航空公司完成运输起飞架次492.19万架次，比上年增长91.8%。国内航线完成运输起飞架次467.67万架次，比上年增长89.5%，其中，港澳台航线完成5.18万架次，比上年增长410.6%；国际航线完成运输起飞架次24.52万架次，比上年增长149.6%。

2023年，全行业运输航空公司完成非生产飞行小时3.69万小时，其中，训练飞行1.24万小时；完成非生产起飞架次5.31万架次。

（五）运输航空企业数量

截至2023年底，我国共有运输航空公司66家，与上年持平。按不同所有制类别划分：国有控股公司39家，民营和民营控股公司27家。在全部运输航空公司中，全货运航空公司13家，中外合资航空公司8家，上市公司7家。

（六）运输机队

截至2023年底，民航全行业运输飞机期末在册架数4270架，比上年底增加105架。

表1　2023年运输飞机数量

飞机分类	飞机数量（架）	比上年增加（架）	在运输机队占比（%）
合计	4270	105	100.0
客运飞机	4013	71	94.0
其中：宽体飞机	473	1	11.1
窄体飞机	3276	51	76.7
支线飞机	264	19	6.2
货运飞机	257	34	6.0
大型货机	94	16	2.2
中小型货机	163	18	3.8

（七）航线网络

2023年，我国共有定期航班航线5206条，国内航线4583条，其中，港澳台航线65条，国际航线623条。按重复距离计算的航线里程为1227.81万公里，按不重复距离计算的航线里程为875.96万公里。

表2　2023年我国定期航班航线条数及里程

指标：单位	数量
航线条数：条	5206
国内航线	4583
其中：港澳台航线	65
国际航线	623
按重复距离计算的航线里程：万公里	1227.81
国内航线	919.82
其中：港澳台航线	10.16
国际航线	308.00
按不重复距离计算的航线里程：万公里	875.96
国内航线	591.65
其中：港澳台航线	10.16
国际航线	284.31

2023年，定期航班国内通航城市（或地区）255个（不含香港、澳门和台湾地区）。我国航空公司国

际定期航班通航 57 个国家的 127 个城市，内地航空公司定期航班从 41 个内地城市通航香港，从 19 个内地城市通航澳门，大陆航空公司从 21 个大陆城市通航台湾地区。

（八）运输航空（集团）公司生产[4]

2023 年，中航集团完成飞行小时 260.45 万小时，比上年增长 106.3%；完成运输总周转量 255.15 亿吨公里，比上年增长 94.8%；完成旅客运输量 12642.85 万人次，比上年增长 167.0%；完成货邮运输量 146.59 万吨，比上年增长 16.0%。

2023 年，东航集团完成飞行小时 234.79 万小时，比上年增长 108.7%；完成运输总周转量 228.42 亿吨公里，比上年增长 104.6%；完成旅客运输量 11561.53 万人次，比上年增长 172.0%；完成货邮运输量 144.48 万吨，比上年增长 26.4%。

2023 年，南航集团完成飞行小时 284.16 万小时，比上年增长 82.6%；完成运输总周转量 297.92 亿吨公里，比上年增长 81.9%；完成旅客运输量 14220.14 万人次，比上年增长 127.0%；完成货邮运输量 158.50 万吨，比上年增长 19.5%。

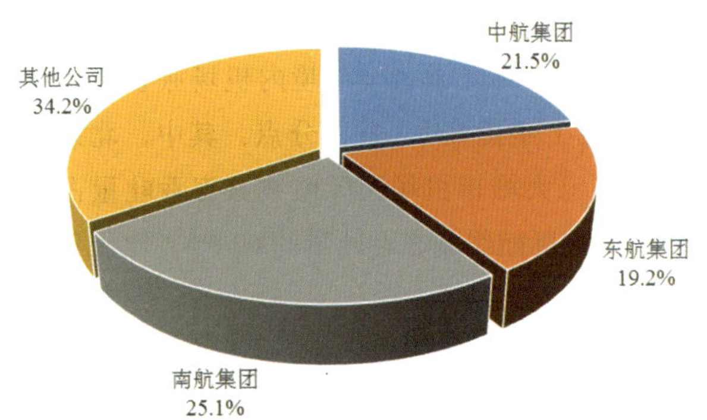

图 6 2023 年各航空（集团）公司运输总周转量比重

2023 年，其他航空公司共完成飞行小时 441.49 万小时，比上年增长 89.3%；完成运输总周转量 406.85 亿吨公里，比上年增长 111.0%；完成旅客运输量 23533.12 万人次，比上年增长 137.2%；完成货邮运输量 285.82 万吨，比上年增长 22.0%。

（九）重大航空运输任务

2023 年，中国民用航空局根据相关单位、部委需求，组织开展救灾物资运输等各类重大航空运输任务，共组织 15 家国内航空公司执行 459 架次任务，运输人员 1.1 万名，物资 171 吨。

（十）运输机场

截至 2023 年底，我国境内运输机场（不含香港、澳门和台湾地区）259 个，比上年底净增 5 个。2023 年新增机场有：湖南湘西边城机场、河南安阳红旗渠机场、四川阆中古城机场、山西朔州滋润机场、西藏阿里普兰机场。2023 年，济宁曲阜机场迁至济宁大安机场。

颁证运输机场按飞行区指标[5]分类：4F 级机场 15 个，4E 级机场 39 个，4D 级机场 37 个，4C 级机场 163 个，3C 级机场 4 个，3C 级以下机场 1 个。

2023 年，全行业新增跑道 6 条，停机位 193 个，航站楼面积 59 万平方米。截至 2023 年底，全行业运输机场共有跑道 289 条，停机位 7508 个，航站楼面积 1857.9 万平方米。

表 3 2023 年各地区颁证运输机场数量

地区		颁证运输机场数量（个）	占全国比例（%）
全国		259	100.0
其中	东部地区	56	21.6
	中部地区	44	17.0
	西部地区	132	51.0
	东北地区	27	10.4

（十一）机场业务量

2023 年，全国民航运输机场完成旅客吞吐量 12.60 亿人次，比上年增长 142.2%。

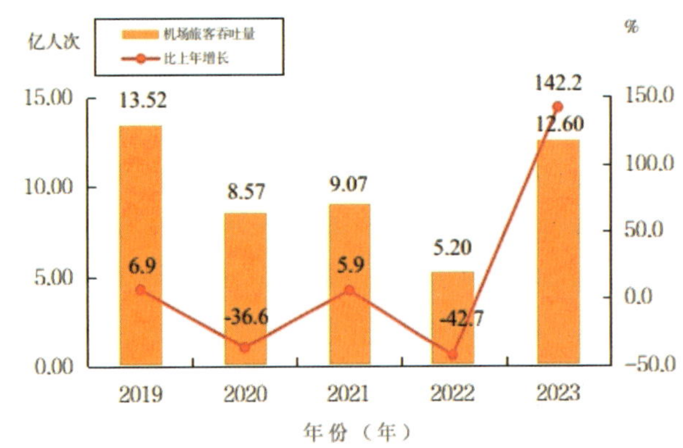

图 7 2019—2023 年民航运输机场旅客吞吐量

其中，2023 年东部地区[6]完成旅客吞吐量 6.38 亿人次，比上年增长 156.8%；中部地区完成旅客吞吐量 1.43 亿人次，比上年增长 128.8%；西部地区完成旅客吞吐量 3.99 亿人次，比上年增长 129.6%；东北地区完成旅客吞吐量 0.81 亿人次，比上年增长 125.6%。

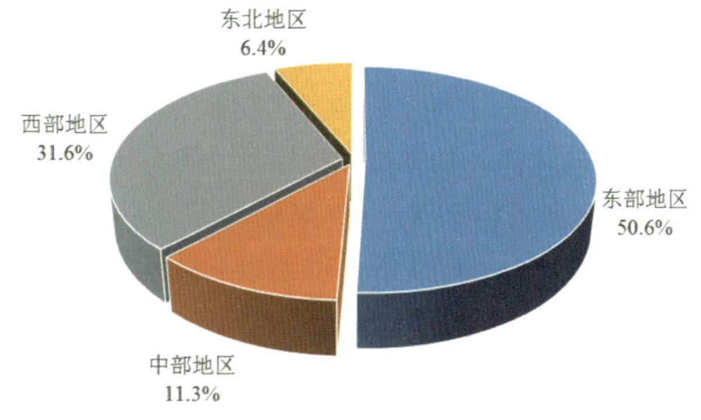

图 8　2023 年民航运输机场旅客吞吐量按地区分布

2023 年，全国民航运输机场完成货邮吞吐量 1683.31 万吨，比上年增长 15.8%。

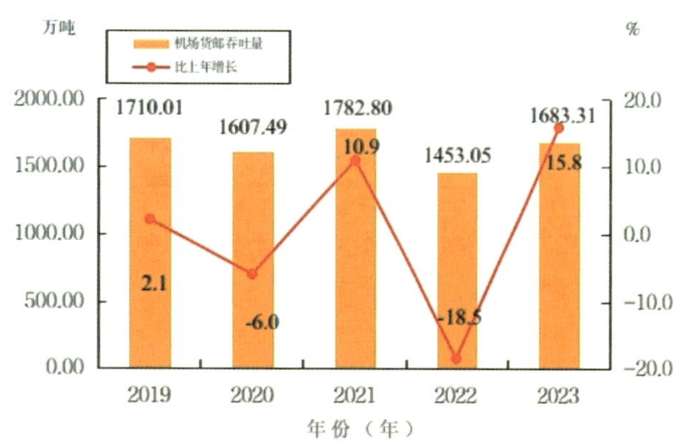

图 9　2019—2023 年民航运输机场货邮吞吐量

其中，2023 年东部地区完成货邮吞吐量 1206.79 万吨，比上年增长 12.8%；中部地区完成货邮吞吐量 151.54 万吨，比上年增长 20.3%；西部地区完成货邮吞吐量 266.75 万吨，比上年增长 24.0%；东北地区完成货邮吞吐量 58.22 万吨，比上年增长 37.8%。

2023 年，全国民航运输机场完成起降架次 1170.82 万架次，比上年增长 63.7%。其中，运输架次 980.99 万架次，比上年增长 89.0%。

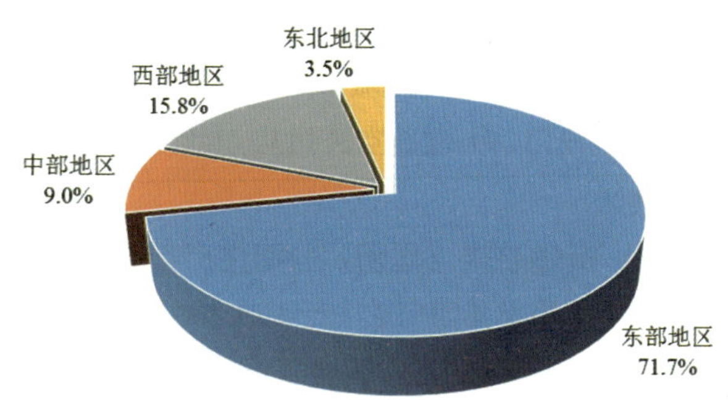

图 10　2019—2023 年民航运输机场起降架次

图 11　2019—2023 年民航运输机场起降架次

2023 年，年旅客吞吐量 1000 万人次（含）以上的运输机场有 38 个，其中，北京、上海和广州三大城市机场旅客吞吐量占全部境内机场旅客吞吐量的 20.0%，比上年提高 5.0 个百分点。其中，北京、上海和广州三大城市机场国际航线旅客吞吐量占全部境内机场国际航线旅客吞吐量的 60.8%，比上年提高 10.3 个百分点。

表 4　2023 年按旅客吞吐量分类的机场数量

年旅客吞吐量	机场数量（个）	比上年增加（个）	吞吐量占全国比例（%）
1000 万人次以上	38	20	81.3
100 万～1000 万人次	36	6	11.6
200 万人次以下	185	-21	7.0

2023 年，年货邮吞吐量 1 万吨以上的运输机场 63 个，其中，北京、上海和广州三大城市机场货邮吞吐量占全部境内机场货邮吞吐量的 42.7%，比上年下降 0.6 个百分点。

表 5　2023 年货邮吞吐量分类的机场数量

年旅客吞吐量	机场数量（个）	比上年增加（个）	吞吐量占全国比例（%）
10 万吨（含）以上	31	8	91.1
1 万吨（含）~ 10 万吨	32	4	7.6
1 万吨以下	196	-7	1.3

二、通用航空

（一）通用航空企业数量[7]

截至 2023 年底，获得通用航空经营许可证的传统通用航空企业 690 家，比上年底净增 29 家。其中，华北地区 133 家，东北地区 49 家，华东地区 187 家，中南地区 157 家，西南地区 107 家，西北地区 32 家，新疆地区 25 家。

（二）机队规模

2023 年底，通用航空在册航空器总数达到 3303 架，其中，教学训练用飞机 1398 架。

（三）通用机场

截至 2023 年底，全国在册管理的通用机场数量达到 449 个，其中，A 类通用机场 163 个。

（四）飞行小时

2023 年，全国通用航空共完成飞行 137.1 万小时，比上年增长 12.4%。其中，载客类完成 2.8 万小时，比上年增长 55.1%，载人类完成 14.5 万小时，比上年增长 34.7%，其他类完成 69.6 万小时，比上年增长 8.3%；非经营性作业完成 50.1 万小时，比上年增长 11.2%。

（五）民用无人驾驶航空情况

截至 2023 年底，获得通用航空经营许可证，且使用民用无人机的通用航空企业 19825 家，比上年底净增 4695 家。其中，华北地区 2752 家，东北地区 1723 家，华东地区 7001 家，中南地区 3839 家，西南地区 2317 家，西北地区 1531 家，新疆地区 662 家。

截至 2023 年底，全行业无人机拥有者注册用户 92.9 万个，其中，个人用户 84.9 万个，企业、事业、机关法人单位用户 8 万个。

截至 2023 年底，全行业注册无人机共 126.7 万架，比 2022 年底增长 32.2%。

截至 2023 年底，全行业有效无人机操控员执照共 19.44 万本，比 2022 年底增长 27.2%。

2023 年，全年无人机累计飞行小时 2311 万小时，同比增长 11.8%。

三、运输效率与经济效益

（一）运输效率

2023 年，全行业在册运输飞机平均日利用率为 8.12 小时，比上年增加 3.77 小时。其中，大中型飞机[8]平均日利用率为 8.33 小时，比上年增加 3.86 小时；小型飞机平均日利用率为 4.46 小时，比上年增加 2.30 小时。

2023 年，正班客座率平均为 77.9%，与上年提升 11.3 个百分点。

2023 年，正班载运率平均为 67.7%，比上年提升 2.7 个百分点。

表 6　2023 年正班客座率和正班载运率

指标	指标值（%）	比上年提高百分点
正班客座率	77.9	11.3
国内航线	78.8	11.9
其中：港澳台航线	71.4	25.1
国际航线	71.8	14.2
正班载运率	67.7	2.7
国内航线	67.5	5.1
其中：港澳台航线	55.9	1.1
国际航线	68.3	-5.8

（二）经济效益[9]

据初步统计，2023 年，全行业累计实现营业收入 10237.3 亿元，比上年增长 68.3%；亏损 210.7 亿元，比上年减亏 1907.4 亿元。其中，航空公司实现营业收入 6761.0 亿元，比上年增长 106.4%；亏损 58.8 亿元，比上年减亏 1644.0 亿元。机场实现营业收入 1019.8 亿元，比上年增长 71.1%；亏损 198.9 亿元，比上年减亏 290.4 亿元。保障企业实现营业收入 2456.5 亿元，比上年增长 11.0%；利润总额 47.0 亿元，比上年减少 26.9 亿元。

据初步统计，2023年，全行业运输收入水平为5.20元/吨公里，比上年提高0.24元/吨公里。其中，客运收入水平6.15元/吨公里，比上年降低0.07元/吨公里；货邮运输收入水平2.20元/吨公里，比上年降低1.11元/吨公里。

据初步统计，2023年，民航全行业应交税金407.0亿元，比上年增加113.0亿元。

四、航空安全与服务质量

（一）航空安全

2023年，民航安全运行平稳可控，运输航空百万架次重大事故率十年滚动值为0.0249。通用航空事故万架次率为0.0358。

2023年，全年共发生运输航空征候556起，其中运输航空严重征候4起，人为责任原因征候9起。2023年，全行业共有5家运输航空公司发生人为责任征候。

2023年，运输航空严重征候万时率为0.0033，同比下降31.5%，各项指标均较好控制在年度安全目标范围内。

（二）空防安全

截至2023年底，全行业共有安检员、监护护卫员74635名，比上年增加1498名。

2023年，全国民航安检部门共检查旅客6亿人次，检查旅客托运行李2.7亿件次，检查航空货物（不含邮件、快件）6.18亿件次，检查邮件、快件2.52亿件次，处置故意传播危害民航安全、运营秩序虚假信息事件69起，查处各类安保事件13684起，确保了民航空防持续安全，实现了259个空防安全月。

（三）航班正常率

2023年，全国客运航空公司共执行航班467.17万班次，其中，正常航班410.19万班次，平均航班正常率为87.80%。

2023年，主要航空公司[10]共执行航班353.82万班次，其中，正常航班310.41万班次，平均航班正常率为87.73%。

2023年，全国客运航班平均延误时间为10分钟，比上年增加6分钟。

表7　2023年航班不正常原因分类统计

指标	占全部比例（%）	比上年增减百分点
全部航空公司航班不正常原因	100.00	0.00
其中：天气原因	60.42	-6.73
航空公司原因	14.68	3.63
空管原因（含流量原因）	0.05	-0.01
其他	24.86	3.11
主要航空公司航班不正常原因	100.00	0.00
其中：天气原因	59.97	-7.24
航空公司原因	15.62	4.57
空管原因（含流量原因）	0.05	0.00
其他	24.36	2.66

（四）服务质量

截至2023年底，257家机场实现"无纸化"便捷出行，千万级机场旅客无纸化出行能力达到100%，国内行李全流程跟踪率达到77.5%。2023年，全行业共为1900余万人提供首乘便利服务。

截至2023年底，"通程航班服务管理平台"共加入航空公司38家，机场170家，服务保障单位246家，航空销售网络平台5家，完成通程航班信息录入13518条，新增航线城市对1441组，国内航线网络通达性拓展了23%；"民航中转旅客服务平台"共加入机场232家，小程序端注册旅客达到51.8万人。

2023年，41家千万级[11]机场开通旅客"易安检"服务，402.2万名旅客注册"易安检"服务，全年提交"易安检"预约服务941.06万人次，平均过检时间2.56分钟，比普通安检时间缩减44.71%。

2023年，民航局消费者事务中心共受理旅客服务投诉30.27万件，国内航空公司投诉响应率达100%。

五、教育与科技创新

（一）教育情况

2023年，民航直属院校共招收学生22685人，其中，研究生1842人，普通本专科生20739人，成人招生104人。全年招收飞行学生2600人。

2023 年，民航直属院校在校学生数达到 83952 人，其中，研究生 4939 人，普通本专科生 78001 人，成人在校生 1012 人。

2023 年，民航直属院校共毕业学生 20140 人，其中，研究生 1329 人，普通本专科 18154 人，成人学生 657 人。

（二）科技创新

2023 年，民航承担国家重点研发计划项目立项 5 项。国家自然科学基金民航联合研究基金重点项目立项 18 项。

2023 年，民航科技成果评价共 71 项，评选中国航空运输协会民航科学技术奖 44 项。

（三）航行新技术应用

截至 2023 年底，全行业 36 家航空公司具备 HUD（平视显示器）运行能力，1492 架运输飞机具备 HUD 能力，具备 HUD 特殊 Ⅰ 类标准的机场 119 个，具备 HUD 特殊 Ⅱ 类标准的机场 23 个，具备 HUD RVR150 米起飞标准的机场 17 个。

全行业 252 个运输机场具备 PBN 飞行程序，地形复杂、空域紧张的 34 个机场配备 RNP AR 程序，4087 架运输飞机具备 ADS-B （OUT）能力，56 家航空公司应用了电子飞行包（EFB）。

六、专业技术人员

（一）飞行员数量

截至 2023 年底，我国运输航空公司共有驾驶员 61480 名，比上年增加 3626 名；共有乘务员 86520 名，比上年增加 1827 名。

截至 2023 年底，中国民航驾驶员有效执照总数为 86091 本，比上年底净增 4661 本。其中，运动驾驶员执照（SPL）2514 本，私用驾驶员执照（PPL）5317 本，商用驾驶员执照（CPL）48580 本，多人制机组驾驶员执照（MPL）158 本，航线运输驾驶员执照（ATPL）29522 本。中国民航飞行机械员有效执照 73 本。

（二）其他专业技术人员

截至 2023 年底，全行业持照机务人员 77021 名，比上年增加 8029 名；持照签派员 11753 名，比上年增加 497 名。

截至 2023 年底，空管行业四类专业技术人员共 38921 名 [12]，比上年增加 2156 名。其中，空中交通管制人员 18078 名，比上年增加 1059 名。

表 8 2023 年中国民航驾驶员执照分类统计表

执照种类	数量（本）	比上年增加（本）
运动驾驶员执照（SPL）	2514	580
私用驾驶员执照（PPL）	5317	106
商用驾驶员执照（CPL）	48580	2685
多人制机组驾驶员执照（MPL）	158	-18
航线运输驾驶员执照（ATPL）	29522	1308
合计	86091	4661

七、对外关系

2023 年，我国先后与 13 个国家或地区举行双边航空会谈或书面磋商。截至 2023 年底，我国与其他国家或地区签订双边航空运输协定 131 个，比上年底增加 2 个（分别为所罗门群岛、委内瑞拉）。其中，亚洲 44 个（含东盟），非洲 27 个，欧洲 38 个（含欧盟），美洲 14 个，大洋洲 8 个。

截至 2023 年底，与我国建立双边适航关系的国家或地区共 32 个，现行有效的双边适航文件共 194 份。

八、适航审定

2023 年，全行业新增 473 架航空器国籍登记。其中，新注册运输航空器 165 架，通用航空器 308 架。

2023 年，民航适航审定部门共颁发 191 份设计批准类证件，44 份生产批准类证件，18 份航油航化批准证件。

图 12 2019—2023 年型号合格、认可审定数量（累计值）

2023 年，民航领域强制性国家标准获批发布 1 项（为《便携式机上儿童限制装置》），全年共发布 30 项行业标准。

截至 2023 年底，现行有效的民航国家标准共 37 项（强制性国家标准 2 项、推荐性国家标准 35 项），民航行业标准共 297 项。

九、固定资产投资

2023 年，民航固定资产投资总额 1933.26 亿元，其中，民航基本建设和技术改造投资 1241.3 亿元，比上年增长 0.8%。

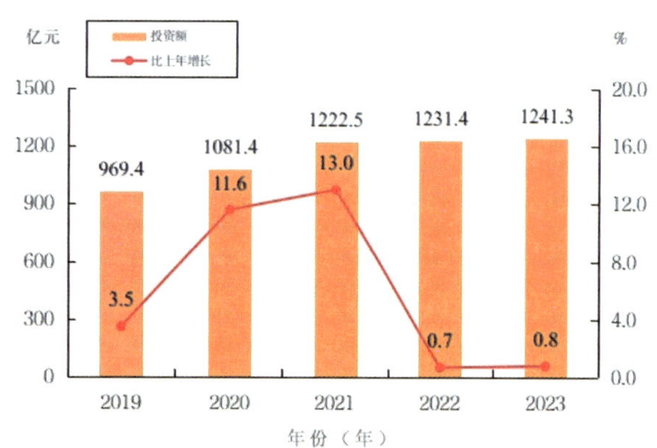

图 13 2019—2023 年民航基本建设和技术改造投资额

十、绿色发展

2023 年，中国民航吨公里油耗为 0.292 公斤，较 2005 年（行业节能减排目标基年）下降 14.3%，机场平均每客能耗和每客二氧化碳排放分别较基线（2013—2015 均值）分别下降 38.4% 和 60.5%。

2023 年，共有 146.6 万架次航班使用临时航路，缩短飞行距离 4195.8 万公里，节省燃油消耗 21.9 万吨，减少二氧化碳排放 68.9 万吨。

截至 2023 年底，机场场内电动车辆设备 12790 台，充电设施 5802 个，电动车辆占比 26.4%。2018 年民航启动打赢蓝天保卫战以来，实施项目累计 162 个，总投资额达 38.27 亿元，累计节省航油约 164 万吨，相当于减少二氧化碳排放 517 万吨，减少各种空气污染物 2 万吨。

2023 年，机场能源清洁化保持较高水平，电力、天然气、外购热力占比达到 89.0%，太阳能、地热能等清洁能源占比约 1.0%。

十一、法规和信用体系建设

2023 年，1 部行政法规完成制定并予以公布（《无人驾驶航空器飞行管理暂行条例》），2 部规章完成修订或废止工作并予以公布（修订《平行跑道同时仪表运行管理规定》、废止《民用航空企业及机场联合重组改制管理规定》）。

2023 年，民航各级行政机关共实施行政处罚 273 起；依据《民航行业信用管理办法》，将 2 家组织、8 个自然人的严重失信行为信息列入民航行业信用信息记录。

十二、工会工作

2023 年，民航系统 4 个先进单位被授予“全国五一劳动奖状”、8 名先进个人被授予“全国五一劳动奖章”、15 个先进班组被授予“全国工人先锋号”荣誉称号。

注释：

[1] 本公报未包括香港、澳门及台湾地区统计数据。公报中部分数据因四舍五入原因，存在着与分项合计不等的情况。

[2] 运输航空各项数据为正式年报数据，部分统计数据与此前公布的初步统计数据如有出入，以本次公布数据为准。

[3] 运输周转量、旅客运输量、货邮运输量、飞行小时和起飞架次涉及的数据均为境内航空公司承运的数据。

[4] 中航集团包括中国国际航空股份有限公司、中国国际货运航空有限公司、深圳航空有限责任公司、山东航空股份有限公司、昆明航空有限公司、中国国际航空内蒙古有限公司、大连航空有限责任公司和北京航空有限责任公司；东航集团包括中国东方航空股份有限公司、中国货运航空有限公司、上海航空有限公司、中国联合航空有限公司、中国东方航空江苏有限公司、中国东方航空武汉有限责任公司、东方航空云南有限公司和一二三航空有限公司；南航集团包括中国南方航空股份有限公司、厦门航空有限公司、中国南方航空河南航空有限公司、中国南方航空货运有限公司、贵州航空有限公司、汕头航空有限公司、重庆航空有限责任公司、河北航空有限公司、珠海航空有限公司和江西航空有限公司。

[5] 包括飞行区指标Ⅰ和飞行区指标Ⅱ，飞行区指标Ⅰ按拟使用该飞行区跑道的各类飞机中最长的基准飞行场地长度，采用 1、2、3、4 进行划分；

飞行区指标Ⅱ按拟使用该飞行区跑道的各类飞机中的最大翼展，采用字母A、B、C、D、E、F进行划分。

飞行区指标Ⅰ	飞机基准飞行场地长度（米）
1	<800
2	800～1200（不含）
3	1200～1800（不含）
4	⩾1800
飞行区指标Ⅱ	翼展（米）
A	<15
B	15～24（不含）
C	24～36（不含）
D	36～52（不含）
E	52～65（不含）
F	65～80（不含）

[6] 东部地区是指北京、上海、山东、江苏、天津、浙江、海南、河北、福建和广东10省市；中部地区是指江西、湖北、湖南、河南、安徽和山西6省；西部地区是指宁夏、陕西、云南、内蒙古、广西、甘肃、贵州、西藏、新疆、重庆、青海和四川12省（区、市）；东北地区是指黑龙江、辽宁和吉林3省。

[7] 通用航空企业地区分布按民航各地区管理局所辖区域划分。

[8] 大中型飞机是指100座级（含）以上的航空器，小型飞机是指100座级以下的航空器。

[9] 经济效益涉及数据为财务快报数据，最终数据以财务年报数据为准。

[10] 主要航空公司是指南航、国航、东航、海南、深圳、四川、厦门、山东、上海、天津等10家航空公司。

[11] 千万级机场为2019年口径，加上北京大兴和成都天府机场。

[12] 空管行业四类专业人员包括空中交通管制员、航空电信人员、航空情报人员和航空气象人员。

2023 年邮政行业发展统计公报

2023 年，在以习近平同志为核心的党中央坚强领导下，全系统全行业认真学习习近平新时代中国特色社会主义思想，坚决贯彻落实党中央、国务院决策部署，坚持稳中求进工作总基调，完整、准确、全面贯彻新发展理念，在服务加快构建新发展格局、更好统筹发展和安全、推动行业高质量发展等方面取得显著成效，加快建设交通强国邮政篇章迈出坚实步伐，为全面建设社会主义现代化国家开好局起好步作出了积极贡献。

一、业务发展情况

（一）业务规模

2023 年邮政行业寄递业务量完成 1624.8 亿件，同比增长 16.8%。其中，快递业务量完成 1320.7 亿件，同比增长 19.4%。

2023 年邮政集团函件业务量完成 9.7 亿件，同比增长 2.7%；包裹业务量完成 2472.6 万件，同比增长 40.7%；订销报纸业务完成 167.0 亿份，同比增长 0.8%；订销杂志业务完成 6.5 亿份，同比下降 5.9%；汇兑业务完成 348.9 万笔，同比下降 19.5%。

2023 年邮政行业业务收入（不包括邮政储蓄银行直接营业收入）完成 15293.0 亿元，同比增长 13.2%。其中：快递业务收入完成 12074.0 亿元，同比增长 14.3%。快递业务收入占行业总收入的比重为 79.0%，比上年提高了 0.8 个百分点。

快递与包裹服务品牌集中度指数 CR8 为 84.0。

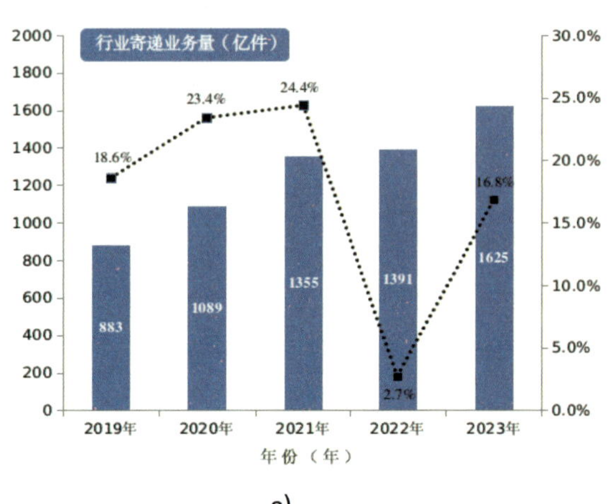

a)

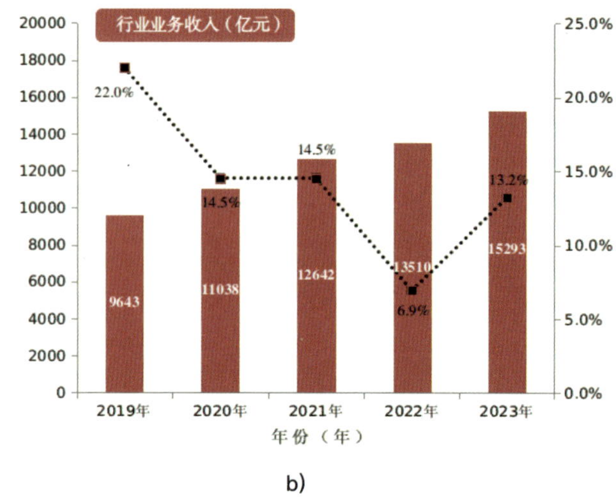

b)

图 1　2019—2023 年邮政行业发展情况

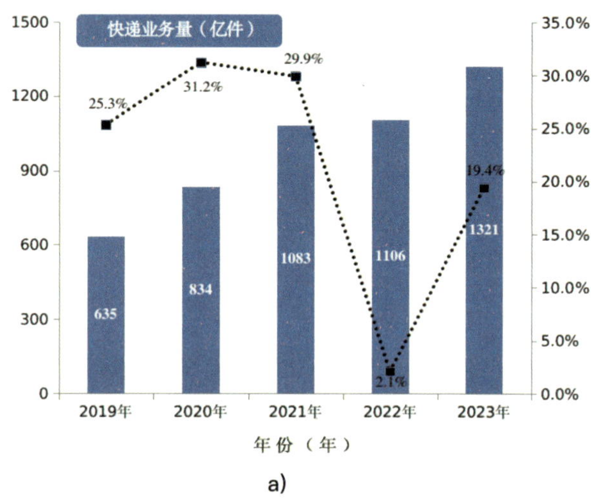

a)

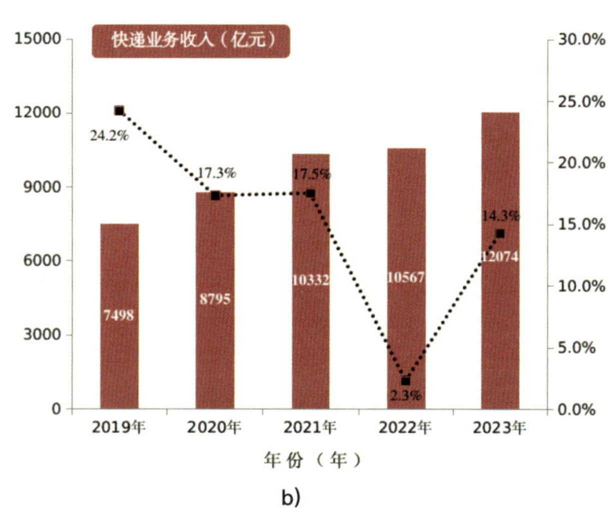

b)

图 2　2019—2023 年快递业务发展情况

（二）业务结构

2023 年同城快递业务量完成 136.4 亿件，同比增长 6.6%；异地快递业务量完成 1153.6 亿件，同比增长 20.5%；国际 / 港澳台快递业务量完成 30.7 亿件，同比增长 52.0%。同城、异地、国际 / 港澳台快递业务量占全部比例分别为 10.3%、87.4% 和 2.3%。

（三）区域结构

东、中、西部地区快递业务量比重分别为 75.2%、16.7% 和 8.1%，快递业务收入比重分别为 76.2%、14.1% 和 9.7%。东部地区完成快递业务量 993.1 亿件，同比增长 16.9%；完成业务收入 9202.1 亿元，同比增长 12.3%。中部地区完成快递业务量 221.2 亿件，同比增长 27.5%；完成业务收入 1702.4 亿元，同比增长 20.1%。西部地区完成快递业务量 106.4 亿件，同比增长 28.8%；完成业务收入 1169.5 亿元，同比增长 22.7%。

快递业务量排名前五位的省份依次是广东、浙江、江苏、山东和河北，其快递业务量合计占全部快递业务量的比重达到 64.0%，较上年前五位占比下降 1.8 个百分点。快递业务收入排名前五位的省份依次是广东、上海、浙江、江苏和山东，其快递业务收入合计占全部快递业务收入的比重达到 63.3%，较上年前五位占比下降 1.4 个百分点。

快递业务量排名前十五位的城市依次是金华（义乌）、广州、深圳、揭阳、杭州、上海、东莞、汕头、苏州、泉州、北京、成都、温州、长沙和武汉，其快递业务量合计占全部快递业务量的比重达到 49.3%。

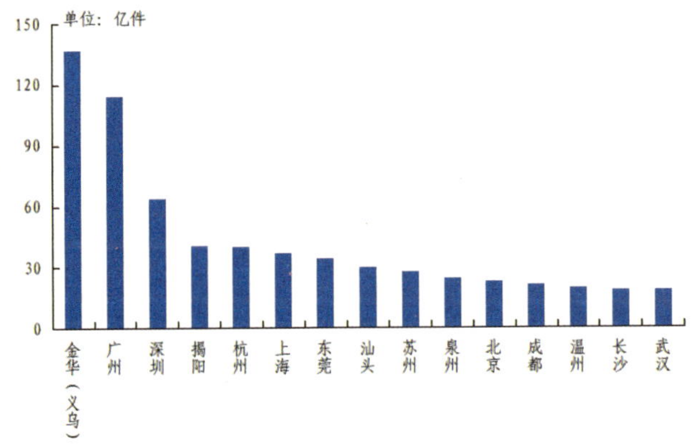

图 3 快递业务量前 15 名城市情况

快递业务收入排名前十五位的城市依次是上海、广州、深圳、金华（义乌）、杭州、东莞、北京、苏州、佛山、揭阳、成都、武汉、郑州、天津和汕头，其快递业务收入合计占全部快递业务收入的比重达到 54.4%。

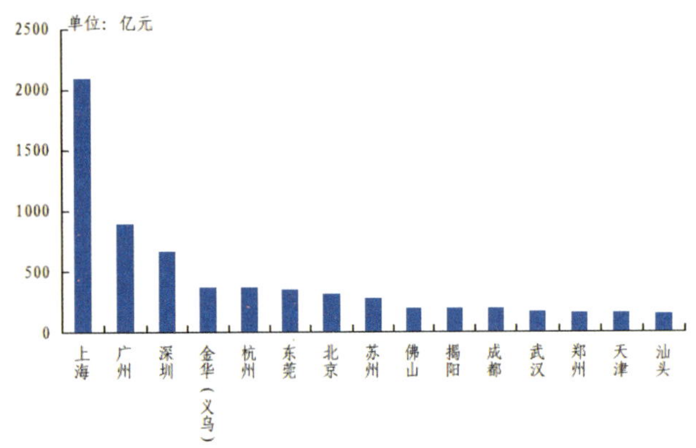

图 4 快递业务收入前 15 名城市情况

二、服务能力和服务水平

（一）机构设备

全行业企业共设立各类营业网点 46.8 万处，比上年末增加 3.4 万处。其中，邮政普遍服务营业网点 5.5 万处，快递企业营业网点 23.4 万处，服务站等其他类型营业网点 17.9 万处。

全国设立村级寄递物流综合服务站（村邮站）36.5 万处。邮政信筒信箱 9.1 万个，比上年末减少 0.1 万个。邮政报刊亭总数 0.7 万处，比上年末减少 0.1 万处。

全行业拥有国内快递专用货机 188 架，比上年末

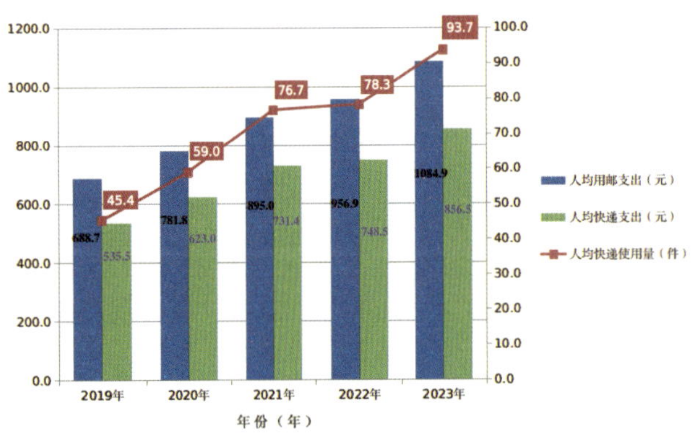

图 5 2019—2023 年人均用邮支出、快递支出和快递使用量情况

增加 27 架。全行业拥有汽车 37.8 万辆，比上年末同比增长 2.6%，其中快递服务汽车 27.0 万辆，比上年末同比增长 1.6%。

（二）服务网路

全国邮政普遍服务网路条数 4.0 万条，快递服务网路条数 22.8 万条。

全国邮政普遍服务农村投递路线 10.0 万条，比上年末减少 0.4 万条，城市投递路线 12.4 万条，比上年末增加 0.5 万条。

（三）服务能力

全行业平均每一营业网点服务面积为 20.5 平方公里，平均每一营业网点服务人口为 0.3 万人。邮政普遍服务城区每日平均投递 2 次，农村每周平均投递 6 次。年人均快递使用量为 93.7 件。每百人订有报刊量为 7.6 份。年人均用邮支出 1084.9 元，其中年人均快递支出 856.5 元。

注释：

1. 本公报中邮政集团普遍服务、服务能力和服务水平有关数据来自年报，其他数据为月报统计数据。
2. 各项统计数据未包括香港和澳门特别行政区及台湾省。
3. 部分数据因四舍五入的原因，存在着与分项合计不等的情况。
4. 全国人口数据来自国家统计局《中华人民共和国 2023 年国民经济和社会发展统计公报》。

《2023 年邮政行业发展统计公报》解读

2023 年，邮政行业在以习近平同志为核心的党中央坚强领导下，以习近平新时代中国特色社会主义思想为指导，全面贯彻党的二十大和二十届一中、二中全会精神，深入贯彻落实习近平总书记关于邮政快递业重要指示批示精神和党中央、国务院决策部署，更好统筹国际国内两个大局，更好统筹疫情防控和经济社会发展邮政快递工作，更好统筹发展与安全，坚持稳中求进工作总基调，完整、准确、全面贯彻新发展理念，服务加快构建新发展格局，着力推动高质量发展，全力保安全、保畅通、稳就业、防风险，各项工作扎实推进，行业运行稳中有进，主要指标实现快速增长。

一、行业规模总量再上新台阶

2023 年邮政行业寄递业务量完成 1624.8 亿件，同比增长 16.8%；行业业务收入完成 15293.0 亿元，同比增长 13.2%，业务规模均创历年新高。

二、邮政普遍服务业务基本平稳

函件、包裹业务增速由负转正，报纸业务基本平稳，杂志业务略有下降，汇兑业务持续萎缩。

三、快递业务增长较快

2023 年快递业务量完成 1320.7 亿件，同比增长 19.4%；快递业务收入完成 12074.0 亿元，同比增长 14.3%。年快递业务量净增 214.9 亿件，日均业务量达到 3.6 亿件，快递业务规模再创历年新高。

快递业务收入在行业中占比有所提升。快递业务收入占行业总收入的比重为 79.0%，比上年提高了 0.8 个百分点。

从业务结构上来看，2023 年同城、异地和国际 / 港澳台三项业务的业务量增速分别为 6.6%、20.5% 和 52.0%。与上年相比，同城快递业务增速由负转正，异地快递业务保持稳定增长，国际 / 港澳台快递业务回升明显。

四、快递业务区域均衡趋势强化

2023 年东中西部快递业务量占比分别为 75.2%、16.7% 和 8.1%，与上年相比，东部地区下降 1.6 个百分点，中部和西部地区分别提高 1.0 和 0.6 个百分点。

东部地区广东、浙江和江苏三省快递业务量合计占全国的 53.6%。中部地区山西、吉林、黑龙江、河南、湖南快递业务量增速均超 30%。西部地区 12 个省份中，8 个省份增速超过 30%，其中西藏和新疆同比分别增长 79.8% 和 88.1%。

五、市场竞争格局基本稳定

2023 年快递与包裹服务品牌集中度指数 CR8 达到 84.0，比上年同期下降了 0.5，市场竞争格局基本稳定。

六、行业供给能力持续提升

行业末端服务进一步延伸。全行业企业共设立各类营业网点 46.8 万处，同比增长 7.9%。全国设立村级寄递物流综合服务站（村邮站）达到 36.5 万处。

行业运输能力进一步增强。全行业拥有国内快递专用货机 188 架，同比增长 16.8%；全行业拥有汽车 37.8 万辆，同比增长 2.6%。其中，快递服务汽车 27.0 万辆，同比增长 1.6%。

行业更好满足人民群众日益增长的美好生活用邮需要。年内，人均快递使用量达到 93.7 件，较上年多出了 15.4 件 / 人。

七、2023 年全国邮政业主要指标基本情况

2023 年，邮政行业寄递业务量累计完成 1624.8 亿件，同比增长 16.8%。其中，快递业务量（不包含邮政集团包裹业务）累计完成 1320.7 亿件，同比增长 19.4%。

2023 年，同城快递业务量累计完成 136.4 亿件，同比增长 6.6%；异地快递业务量累计完成 1153.6 亿件，同比增长 20.5%；国际 / 港澳台快递业务量累计完成

30.7 亿件，同比增长 52.0%。

2023 年，邮政函件业务累计完成 9.7 亿件，同比增长 2.7%；包裹业务累计完成 2470.2 万件，同比增长 40.6%；报纸业务累计完成 167.0 亿份，同比增长 0.8%；杂志业务累计完成 6.5 亿份，同比下降 5.7%；汇兑业务累计完成 349.0 万笔，同比下降 19.5%。

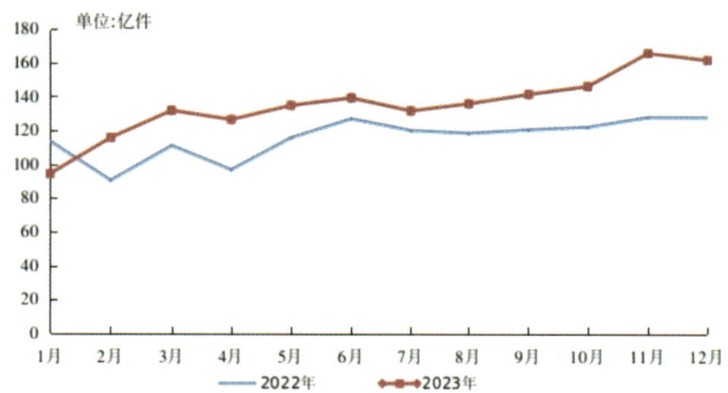

图 1　邮政行业寄递业务量

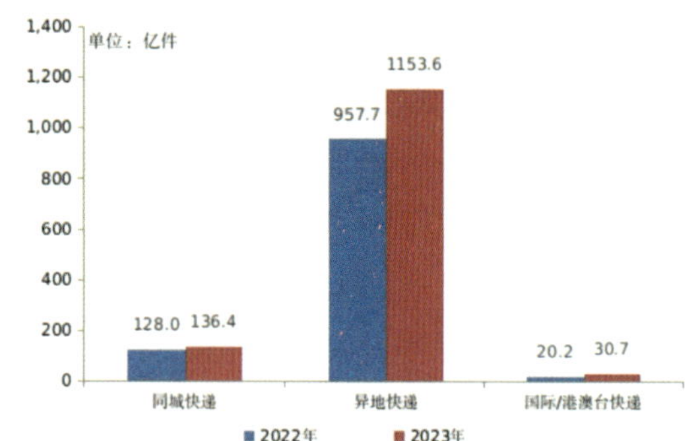

图 2　分专业快递业务量比较

2023 年，邮政行业业务收入（不包括邮政储蓄银行直接营业收入）累计完成 15293.0 亿元，同比增长 13.2%。其中，快递业务收入累计完成 12074.0 亿元，同比增长 14.3%。

12 月份，邮政行业寄递业务量完成 161.7 亿件，同比增长 26.5%。其中，快递业务量完成 132.6 亿件，同比增长 27.9%。

12 月份，邮政行业业务收入完成 1448.7 亿元，同比增长 17.7%。其中，快递业务收入完成 1188.8 亿元，同比增长 19.2%。

2023 年，同城、异地、国际 / 港澳台快递业务量分别占全部快递业务量的 10.3%、87.4% 和 2.3%；业务收入分别占全部快递收入的 5.9%、49.7% 和 11.6%。与去年同期相比，同城快递业务量的比重下降 1.3 个百分点，异地快递业务量的比重上升 0.8 个百分点，国际 / 港澳台业务量的比重上升 0.5 个百分点。

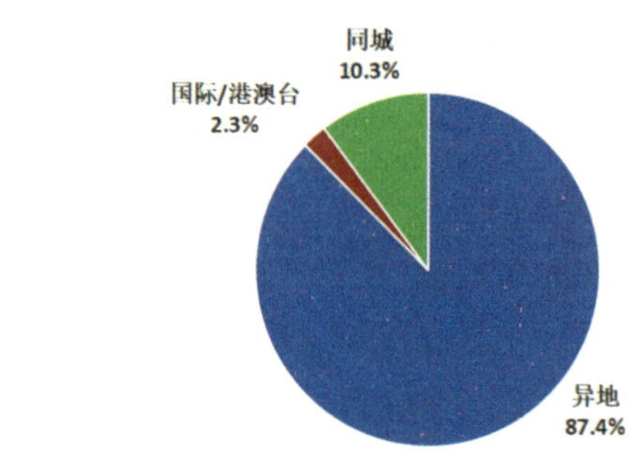

图 3-1　快递业务量结构

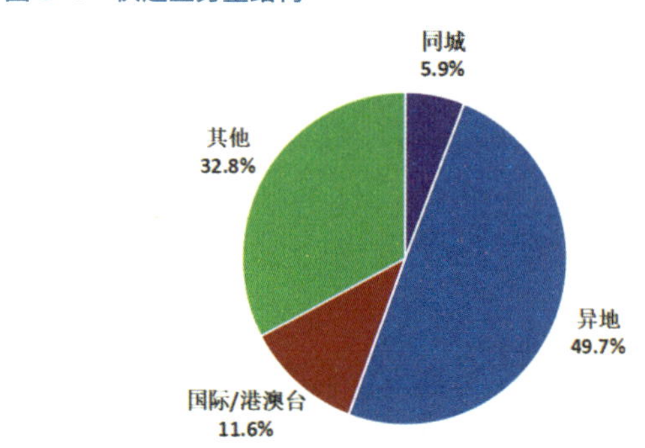

图 3-2　快递业务收入结构

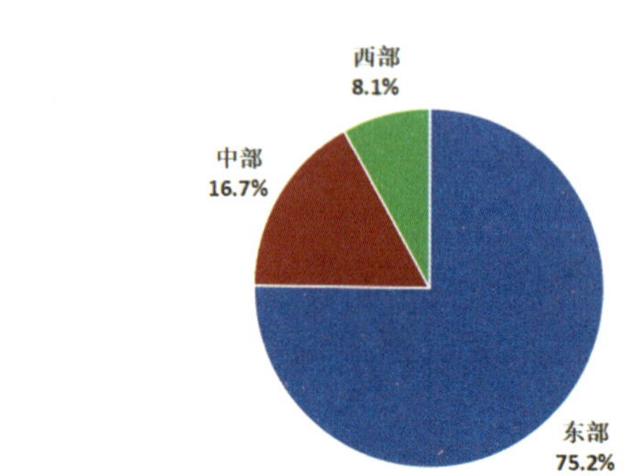

图 4-1　地区快递业务量结构

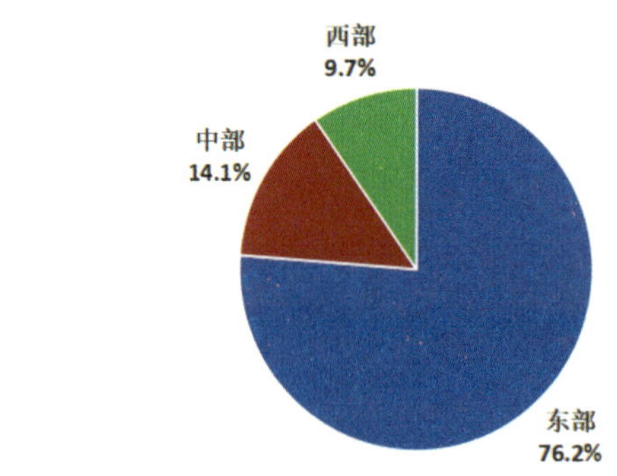

图 4-2　地区快递业务收入结构

2023年，东、中、西部地区快递业务量比重分别为75.2%、16.7%和8.1%，业务收入比重分别为76.2%、14.1%和9.7%。与去年同期相比，东部地区快递业务量比重下降1.6个百分点，快递业务收入比重下降1.4个百分点；中部地区快递业务量比重上升1.0个百分点，快递业务收入比重上升0.7个百分点；西部地区快递业务量比重上升0.6个百分点，快递业务收入比重上升0.7个百分点。

2023年，快递与包裹服务品牌集中度指数CR8为84.0，较1—11月持平。

备注：

部分数据因四舍五入的原因，存在着与分项合计不等的情况。

附录 3　2023 年大事记

2023 年交通运输部大事记

1 月

3 日，交通运输部召开 2023 年部安委会第一次全体会议暨交通运输安全生产视频会议。李小鹏出席会议并讲话，邹天敬、戴东昌、徐成光、付绪银参加。

3 日，李小鹏出席 2023 年中国国家铁路集团有限公司工作会议。

4 日，国务院联防联控机制春运工作专班在交通运输部召开 2023 年春运工作电视电话会议，调度部署各省（区、市）春运工作准备情况，指导各地统筹做好 2023 年综合运输春运疫情防控和运输服务保障工作。国务院联防联控机制春运工作专班组长李小鹏主持会议并讲话。邹天敬、戴东昌参加。

5 日，交通运输部、国家发展改革委发布《关于公布绿色出行创建考核评价达标城市名单的通知》，北京市等 97 个城市达到绿色出行创建目标。

6 日，李小鹏出席 2023 年全国民航工作会议。

7 日，中共中央政治局委员、国务院副总理刘鹤在北京检查春运工作，对统筹好春运疫情防控、交通物流保通保畅、安全生产和运输服务保障等工作提出要求。李小鹏陪同参加。

11 日，交通运输部召开部级领导干部会议，传达学习习近平总书记在二十届中央纪委二次全会上的重要讲话精神和李希同志工作报告精神。李小鹏主持会议并讲话，邹天敬、戴东昌、徐成光、付绪银参加。

12 日，李小鹏出席 2023 年中国邮政集团有限公司工作会议。

13 日，李小鹏出席 2023 年国家铁路局工作会议。

16 日，交通运输部党组召开 2022 年度民主生活会。中央纪委机关、中央组织部和中央第 31 督导组领导同志到会指导。李小鹏主持会议并讲话，邹天敬、戴东昌、徐成光、付绪银、赵冲久、宋志勇、费东斌参加。

16 日，我国首艘具有破冰功能的大型航标船“海巡 156”轮在天津列编。

17 日，李小鹏出席 2023 年全国邮政管理工作会议。

18 日，交通运输部党组召开会议，传达学习习近平总书记春节前夕视频慰问基层干部群众时的重要讲话精神。李小鹏主持会议并讲话，邹天敬、戴东昌、付绪银、赵冲久、费东斌参加。

19 日，交通运输部发布《综合客运枢纽设计规范》等 29 项交通运输行业标准。

19 日，国务院联防联控机制春运工作专班在交通运输部召开 2023 年春运工作视频会议。国务院联防联控机制春运工作专班组长李小鹏主持会议并讲话，邹天敬、戴东昌、付绪银参加。

春节假期，李小鹏、邹天敬、戴东昌、付绪银在部带班值守，与有关单位视频连线，检查春节和春运期间交通运输疫情防控、服务保障、值班值守等工作，慰问坚守一线的干部职工。

30 日，交通运输部党组理论学习中心组举行 2023 年第一次集体学习，主题是深刻学习领悟党的二十大关于以党的伟大自我革命引领伟大社会革命的重要要求，深入贯彻落实二十届中央纪委二次全会精神，发扬彻底的自我革命精神，一刻不停推进交通运输部系统全面从严治党，持续巩固发展风清气正的良好政治生态。李小鹏主持学习，邹天敬、戴东昌、付绪银、赵冲久、宋志勇参加。

30 日，交通运输部、工业和信息化部、国家发展改革委、财政部、生态环境部、住房和城乡建设部、国家能源局、国家邮政局联合印发《关于组织开展公共领域车辆全面电动化先行区试点工作的通知》。

31 日，交通运输部、自然资源部、海关总署、国家铁路局、中国国家铁路集团有限公司联合印发《推进铁水联运高质量发展行动方案（2023—2025 年）》。

2月

2日，广西壮族自治区与交通运输部以视频连线方式召开西部陆海新通道（平陆）运河项目部区会商会议。广西壮族自治区党委书记刘宁、交通运输部部长李小鹏出席会议并讲话。会议由广西壮族自治区党委副书记、自治区政府主席蓝天立主持，邹天敬、戴东昌参加。

6日，交通运输部召开2023年综合运输春运保障总指挥部总指挥（全体）会议。综合运输春运保障总指挥部总指挥李小鹏主持会议并讲话，邹天敬、徐成光、付绪银参加。

6日，交通运输部、商务部、海关总署联合印发《关于推进海南邮轮港口海上游航线试点落地实施的通知》。

10日，部机关党员干部学习贯彻党的二十大精神培训班（第六期）结业，自2022年12月19日以来，部机关共举办六期培训班，每期五天。

13日，交通运输部召开部级领导干部会议和领导干部会议，传达学习习近平总书记在新进中央委员会的委员、候补委员和省部级主要领导干部学习贯彻习近平新时代中国特色社会主义思想和党的二十大精神研讨班上的重要讲话精神、蔡奇同志总结讲话要求精神。李小鹏主持会议并讲话，邹天敬、戴东昌、徐成光、付绪银参加。

15日，2023年春运结束，春运40天，全社会人员流动量约47.33亿人次，其中营业性客运量约15.95亿人次，比2022年同期增长50.5%。

16日，交通运输部召开2023年综合运输春运保障总指挥部总指挥（全体）会议，总结春运工作情况，研究部署下一步工作。综合运输春运保障总指挥部总指挥李小鹏主持会议并讲话，邹天敬、戴东昌、徐成光、付绪银参加。

当地时间2月17日，东亚海道测量委员会（EAHC）第9次指导委员会会议在印度尼西亚选举EAHC副主席国，我国成功当选。

20日，交通运输部党组理论学习中心组进行2023年第二次集体学习，主题是认真学习领会党的二十大关于推进中国式现代化的重大决策部署，深入贯彻落实习近平总书记在学习贯彻习近平新时代中国特色社会主义思想和党的二十大精神研讨班开班式上的重要讲话精神，毫不动摇坚持中国式现代化的中国特色、本质要求、重大原则，大力推进交通运输现代化，为中国式现代化提供坚强的交通运输保障。李小鹏主持学习，邹天敬、付绪银、赵冲久、宋志勇参加。

23日，国务院新闻办公室举行的“权威部门话开局”主题发布会，李小鹏、徐成光围绕介绍“奋力加快建设交通强国 努力当好中国现代化的开路先锋”作介绍并答记者问。

23日，全球可持续交通高峰论坛（2023）组委会第一次会议在北京举行。李小鹏出席会议并讲话。

24日，中华人民共和国交通运输部、海关总署与韩国国土交通部、关税厅四部门联合签署《中华人民共和国交通运输部 海关总署与大韩民国国土交通部 关税厅关于中韩多式联运（威海—仁川）试运行的谅解备忘录》。

24日，国家便利运输委员会2023年第一次全体会议以线上线下相结合方式召开。国家便利运输委员会主席、交通运输部部长李小鹏主持会议并讲话。

3月

1日，交通运输部召开领导干部会议，传达学习党的二十届二中全会精神。李小鹏主持会议并讲话，邹天敬、徐成光参加。

10日，交通运输部办公厅、文化和旅游部办公厅联合印发《关于加快推进城乡道路客运与旅游融合发展有关工作的通知》。

13日，交通运输部、国家发展改革委、自然资源部、生态环境部、水利部联合印发《关于加快沿海和内河港口码头改建扩建工作的通知》。

14日，交通运输部召开传达全国两会精神领导干部会议暨部党组理论学习中心组2023年第三次集体学习（扩大），传达学习全国两会精神，结合交通运输工作实际，部署抓好贯彻落实。李小鹏主持学习，邹天敬、戴东昌参加。

17日，交通运输部办公厅、财政部办公厅联合发布通知，部署做好2023年国家综合货运枢纽补链强链申报工作。

20日，交通运输部召开部系统纪检干部队伍教育整顿动员部署会。徐成光出席会议并讲话。

23日，交通运输部印发《交通运输部关于修改〈平行跑道同时仪表运行管理规定〉的决定》（中华人民共和国交通运输部令2023年第1号），自2023年5月1日起施行。

28日，交通运输部党校举行2023年春季学期开班式。李小鹏出席开班式并讲话。

29日，交通运输部办公厅印发《国际邮轮运输有序试点复航方案》。

29日，交通运输部、国家铁路局、中国民用航空局、国家邮政局、中国国家铁路集团有限公司联合印发《加快建设交通强国五年行动计划（2023—2027年）》。

29日，交通运输部海事局5000吨级大型巡逻船“海巡03”轮在海口正式列编海南海事局。

30日，2023年全国交通运输工作会议以电视电话形式在北京召开。会议强调，要以习近平新时代中国特色社会主义思想为指导，全面贯彻落实党的二十大和二十届一中、二中全会精神，落实中央经济工作会议精神以及全国两会精神，扎实推进中国式现代化，坚持稳中求进工作总基调，完整、准确、全面贯彻新发展理念，服务加快构建新发展格局，着力推动高质量发展，更好统筹国内国际两个大局，更好统筹疫情防控和经济社会发展交通运输工作，更好统筹发展和安全，全面深化改革开放，大力提振市场信心，把实施扩大内需战略同深化供给侧结构性改革有机结合起来，服务保障稳增长、稳就业、稳物价，突出保通畅、扩投资、稳市场、调结构、保安全、防风险，加快完善现代综合交通运输体系，奋力加快建设交通强国，努力当好中国式现代化的开路先锋，努力实现质的有效提升和量的合理增长，持续改善民生，维护社会大局稳定，为推动经济运行整体好转提供有力服务保障，为全面建设社会主义现代化国家开好局起好步作出新的更大贡献。杨传堂、李小鹏、邹天敬、戴东昌、徐成光、付绪银、赵冲久、宋志勇、费东斌出席。

31日，交通运输部部长李小鹏在北京会见了马来西亚交通部部长陆兆福一行，双方就深化中马交通运输合作交换了意见。

4月

4日，交通运输部召开2023年国家海上搜救和重大海上溢油应急处置部际联席会议。部际联席会议召集人、交通运输部部长李小鹏主持会议并讲话，邹天敬、戴东昌参加。

10日，交通运输部召开学习贯彻习近平新时代中国特色社会主义思想主题教育动员部署会。李小鹏主持会议并作动员讲话，邹天敬、戴东昌、徐成光参加。

10日，交通运输部召开党风廉政建设工作暨警示教育电视电话会议。李小鹏出席会议并讲话，邹天敬、戴东昌、徐成光、费东斌参加。

10日，交通运输部党组召开第一轮巡视动员部署会。李小鹏出席会议并讲话，邹天敬、徐成光参加。

14日，交通运输部党组印发《关于大兴调查研究的工作方案》。

17—19日，交通运输部部长李小鹏到广东省揭阳市、汕尾市、珠海市、广州市，就广东交通运输重大工程项目建设情况等开展调研，并主持港珠澳大桥主体工程竣工验收。调研期间，广东省委书记黄坤明、省长王伟中与李小鹏就广东交通运输改革发展工作交换了意见。

19日，港珠澳大桥主体工程通过交通运输部、国家发展改革委、国务院港澳办组织的竣工验收，正式进入运营阶段。

21—28日，交通运输部党组举办学习贯彻习近平新时代中国特色社会主义思想主题教育读书班。李小鹏主持开班和总结交流会并讲话，邹天敬、戴东昌、徐成光、付绪银、赵冲久、宋志勇、费东斌参加集体学习。中央主题教育领导小组第三十二指导组进行了指导。

23日，交通运输部印发《交通运输工程造价工程师注册管理办法》（中华人民共和国交通运输部令 2023 年第 2 号），自 2023 年 8 月 1 日起施行。

24 日，交通运输部印发《道路运输车辆技术管理规定》（中华人民共和国交通运输部令 2023 年第 3 号），自 2023 年 6 月 1 日起施行。

24 日，交通运输部印发《公路水路关键信息基础设施安全保护管理办法》（中华人民共和国交通运输部令 2023 年第 4 号），自 2023 年 6 月 1 日起施行。

25 日，交通运输部办公厅、工业和信息化部办公厅、公安部办公厅、国家市场监督管理总局办公厅、国家互联网信息办公室秘书局联合发布《关于切实做好网约车聚合平台规范管理有关工作的通知》。

28 日，交通运输部召开 2023 年部安委会第二次全体会议暨交通运输安全生产视频会议。李小鹏主持会议并讲话，徐成光参加。

5 月

5 日，交通运输部办公厅印发《关于做好港口服务能力提升工程有关工作的通知》。

当地时间 5 月 5 日，国际海道测量组织（IHO）第三届大会在摩纳哥举行了新一届理事会成员国选举，中国再次成功当选理事会成员国。这是中国自 2017 年以来连续第 3 次当选。

6 日，交通运输部印发《道路客运接驳运输管理办法》。

8 日，交通运输部印发《铁路运输服务质量监督管理办法》（中华人民共和国交通运输部令 2023 年第 5 号），自 2023 年 7 月 1 日起施行。

8 日，交通运输部印发《交通运输部关于废止〈民用航空企业及机场联合重组改制管理规定〉的决定》（中华人民共和国交通运输部令 2023 年第 6 号），自 2023 年 5 月 8 日起施行。

10 日，中央组织部有关负责同志出席交通运输部领导干部会议，宣布中央决定：杨传堂不再担任交通运输部党组书记职务，李小鹏任交通运输部党组书记。徐成光、付绪银、王刚、赵冲久、宋志勇、费东斌参加。

15 日，人力资源和社会保障部发布消息，国务院任免国家工作人员，任命王刚为交通运输部副部长。

16 日，远洋渔船“鲁蓬远渔 028”在印度洋中部海域倾覆，船上 39 人失踪（中国籍 17 人、印尼籍 17 人、菲律宾籍 5 人）。接到险情信息后，交通运输部高度重视，立即启动应急响应机制，连夜协调组织开展搜救行动。17 日，李小鹏在交通运输部综合调度指挥中心主持召开紧急会议，认真学习领会、坚决贯彻落实习近平总书记重要指示批示精神和中央领导同志批示要求，立即启动 I 级应急响应，科学制定搜救方案，增派救援力量，协调国际海上搜救援助。组织成立指挥专班，李小鹏任指挥长，付绪银任副指挥长。与外交部、自然资源部、农业农村部、公安部、海关总署、中国气象局、中远海运集团、招商局集团等密切配合，紧密联系事发海域周边国家搜救机构，积极协调一切可以协调的力量，先后持续开展大规模搜救行动 7 天、小规模探查行动 2 天，共协调船舶 22 艘（中方船舶 16 艘、外方船舶 6 艘）、飞机 8 架（固定翼飞机 6 架、直升机 2 架），累计搜寻面积约 18700 平方海里，发现并打捞起 7 具遇难者遗体。

17 日，交通运输部、农业农村部联合印发《“商渔共治 2023”专项行动实施方案》。

17 日，习近平主席在西安会见了来华出席中国—中亚峰会的哈萨克斯坦总统托卡耶夫，交通运输部部长李小鹏参加会见，并在两国元首见证下与哈萨克斯坦工业和基础设施发展部部长卡拉巴耶夫签署了新修订的《中华人民共和国政府和哈萨克斯坦共和国政府国际道路运输协定》。

17 日，习近平主席在西安会见了来华出席中国—中亚峰会的塔吉克斯坦总统拉赫蒙，交通运输部部长李小鹏参加会见，并在两国元首见证下签署了《中华人民共和国交通运输部和塔吉克斯坦共和国交通部关于深化国际道路运输合作的谅解备忘录》。

18 日，第一届“最美海事人”主题发布会在“海巡 09”轮举行。

23 日，西部陆海新通道（平陆）运河工程全线开工建设。

24 日，交通运输部部长李小鹏在北京会见了新加坡新任驻华大使陈海泉，双方就深化中新交通运输合作交换了意见。

26日，人力资源和社会保障部、中国科学技术协会、科学技术部、国务院国有资产监督管理委员会通报表彰第三届全国创新争先奖获奖者，交通运输部公路科学研究院田波、大连海事大学李颖2名同志被授予全国创新争先奖。

29日，交通运输部部长李小鹏在北京会见了越南交通运输部部长阮文胜，双方就深化中越交通运输合作深入交换了意见。费东斌参加会见。

29日，交通运输部部长李小鹏在北京视频会见了塞尔维亚建设、交通和基础设施部部长戈兰·韦西奇，双方就中塞交通运输领域合作交换了意见。

6月

3日，在巴西里约热内卢召开的国际航标协会（IALA）第二十届大会上，中国成功当选2023—2027年理事会成员国。这是我国自1994年起连续第8次当选理事会成员国。

8日，交通运输部党组理论学习中心组进行2023年第七次集体学习，主题是认真学习领会党的二十大关于全面从严治党重大决策部署，深入贯彻落实习近平总书记关于严守党章党规党纪的重要论述和重要指示精神，扎实开展干部队伍教育整顿，锻造堪当民族复兴重任的高素质交通运输干部队伍，为奋力加快建设交通强国、努力当好中国式现代化的开路先锋提供坚强组织保证。李小鹏主持学习，邹天敬、王刚、赵冲久、宋志勇、费东斌参加。

9日，交通运输部部长李小鹏在北京视频会见了沙特阿拉伯王国交通和物流服务大臣萨利赫·本·纳赛尔·埃勒贾希尔，双方就中沙交通运输领域合作交换了意见。

12日，交通运输部、公安部、中华全国总工会公布2022年“最美货车司机”名单。

14—17日，2023年世界交通运输大会在湖北省武汉市中国光谷科技会展中心举办。

15日，交通运输部党组理论学习中心组进行2023年第八次集体学习，主题是深入学习领会党的二十大关于安全生产的重大决策部署，坚决贯彻落实习近平总书记关于安全生产重要论述和重要指示批示精神，坚持人民至上、生命至上，坚持安全第一、预防为主，坚持系统观念、问题导向，更好统筹发展和安全，不断完善交通运输安全生产体系，扎实推动交通运输安全发展。李小鹏主持学习，邹天敬、付绪银、王刚、赵冲久、费东斌参加。

16日，交通运输部部长李小鹏在北京会见了蒙古国交通运输发展部部长宾巴朝格特，双方就深化中蒙交通运输合作交换了意见。费东斌参加会见。

18日，据长江三峡通航管理局统计数据显示，三峡船闸自2003年6月18日向社会船舶开放通航以来，20年累计运行19.3万余闸次，通过船舶99.3万余艘次、旅客1223.9万余人次，过闸货运量达19.1亿吨，助力黄金水道进一步发挥“黄金效益”。

当地时间6月20日，交通运输部部长李小鹏在德国柏林参加第七轮中德政府磋商。磋商前，李小鹏和德国联邦数字化和交通部部长福尔克·维辛举行会谈，就进一步加强中德交通运输领域合作等议题深入交换了意见。

21日，交通运输部发布《2022年交通运输行业发展统计公报》。

26日，第六届中国海员技能大比武在浙江舟山拉开帷幕。大会宣读了交通运输部部长李小鹏致全国船员的一封信。

28日，在中共中央政治局常委、国务院总理李强见证下，交通运输部部长李小鹏和蒙古国交通运输发展部部长宾巴朝格特分别代表两国政府在北京签署了《中华人民共和国政府和蒙古国政府国际道路运输协定》。

28日，交通运输部、国家邮政局、国家乡村振兴局、中国邮政集团联合组织召开推进农村客货邮融合发展电视电话会议。

30日，交通运输部召开2023年部系统优秀共产党员、优秀党务工作者和先进基层党组织表彰大会。李小鹏以“深入学习贯彻习近平新时代中国特色社会主义思想，奋力加快建设交通强国，努力当好中国式现代化的开路先锋”为主题讲专题党课。邹天敬、徐成光、王刚、赵冲久、宋志勇、费东斌参加。

7月

3日，交通强国建设试点工作推进会在山东省济南市召开。李小鹏出席会议并讲话，徐成光参加。

3—6日，李小鹏到山东省济南市、滨州市、东营市、潍坊市、烟台市、威海市、日照市、青岛市，就加快建设交通强国山东示范区总体情况、主题教育等开展调研。调研期间，李小鹏与山东省委书记林武就山东交通运输改革发展工作交换了意见，并共同见证交通运输部与山东省人民政府签署《关于加快建设交通强国 服务支撑山东绿色低碳高质量发展的合作协议》。徐成光参加部分活动。

6日，交通运输部发布第二届“最美港航人”名单，确定蔡翠苏等20名个人（团队）为第二届“最美港航人”，王友农同志为第二届“最美港航人”特别致敬人物。

7日，交通运输部办公厅、公安部办公厅发布《关于推进道路货物运输驾驶员从业资格管理改革的通知》。

7日，交通运输部召开2023年部安委会第三次全体会议暨交通运输安全生产视频会议。李小鹏出席会议并讲话，邹天敬、徐成光、付绪银、王刚参加。

8日，交通运输部、中华全国总工会、国家铁路局、中国民用航空局、国家邮政局联合印发《关于表扬2023年综合运输春运成绩突出集体和个人的通报》。

10日，交通运输部党组召开主题教育工作交流推进会，李小鹏主持会议并讲话，邹天敬、徐成光参加。中央第三十二指导组副组长周树春及有关同志到会指导。

11日，2023年中国航海日主论坛在河北省沧州市举办。交通运输部党组书记、部长李小鹏，河北省委副书记、省长王正谱，中国科协党组成员、书记处书记张桂华出席论坛并致辞。此次主论坛主题为“扬帆新丝路 奋楫新格局”。国际海事组织秘书长林基泽、国际航联秘书长希沙姆·希拉勒作视频致辞。

11—12日，李小鹏到河北省沧州市、唐山市、秦皇岛市，就交通强国建设试点工作推进情况、港口转型升级促进高质量发展、主题教育等开展调研。河北省委副书记、省长王正谱参加相关活动。

14日，交通运输部召开国务院物流保通保畅工作领导小组总指挥（全体）调度会议，传达学习习近平总书记关于安全生产、防汛抗旱救灾重要指示精神，研究部署加强交通基础设施安全防护工作。李小鹏主持会议并讲话，邹天敬、付绪银、王刚参加。

20日，交通运输部部长李小鹏在北京视频会见了文莱交通和信息通讯部部长沙姆哈利·穆斯塔法，双方就深化中文交通运输领域合作交换了意见。

20日，上海国际航运中心洋山深水港区小洋山北作业区集装箱码头及配套工程水域工程开始施工。至此，项目水陆域工程全面开工。

21日，交通运输部印发《关于公布第三批城乡交通运输一体化示范创建县的通知》。

24日，交通运输部部长李小鹏在北京会见了印度尼西亚驻华大使周浩黎，双方就共同关心的问题交换了意见。

25日，交通运输部、国家铁路局、中国民用航空局、国家邮政局、中国国家铁路集团有限公司联合印发《关于培育旅客联程运输服务品牌的通知》。

25日，交通运输部办公厅、教育部办公厅、自然资源部办公厅、商务部办公厅、文化和旅游部办公厅、国家卫生健康委办公厅、中华全国总工会办公厅、国家铁路局综合司、中国民用航空局综合司、国家邮政局办公室、中国国家铁路集团有限公司办公厅联合印发《关于加快推进汽车客运站转型发展的通知》。

26日，交通运输部印发《关于海上交通事故等级划分的直接经济损失标准的公告》（交通运输部公告2023年第37号）。

26日，交通运输部印发《铁路设备质量安全监督管理办法》（中华人民共和国交通运输部令2023年第7号），自2023年9月1日起施行。

27日，交通运输部党组理论学习中心组进行2023年第九次集体学习，主题是深入学习贯彻习近平法治思想，持续推进交通运输法治建设，为奋力加快建设交通强国、努力当好中国式现代化的开路先锋提供坚实的法治保障。李小鹏主持学习，邹天敬、付绪银、王刚、赵冲久、宋志勇、费东斌参加。

28 日，交通运输部召开 2023 年半年工作电视电话会议，李小鹏出席会议并讲话，邹天敬、付绪银、王刚、赵冲久、宋志勇、费东斌参加。

31 日，交通运输部举行“2022 年感动交通十大年度人物”事迹报告会。李小鹏会见“2022 年感动交通十大年度人物”，徐成光参加。

8 月

1 日，交通运输部部长李小鹏在北京会见了亚美尼亚国土管理与基础设施部部长格涅尔·萨诺相，双方就加强交通运输合作深入交换了意见。

1 日，交通运输部召开会议，传达学习习近平总书记关于防汛救灾工作重要指示精神和李强总理批示要求，听取有关情况汇报，部署全力做好交通运输防汛抢险救灾工作。李小鹏主持会议并讲话，邹天敬、徐成光、付绪银、王刚参加。

2 日，交通运输部办公厅印发《关于进一步加强渡运安全治理 打造更高水平“平安渡运”的通知》。

3 日，交通运输部印发《关于修改〈港口危险货物安全管理规定〉的决定》（中华人民共和国交通运输部令 2023 年第 8 号），自公布之日起施行。

8 日，交通运输部发布《加快建设交通强国报告（2022）》。

21 日，交通运输部、商务部、海关总署、金融监管总局、国家铁路局、中国民用航空局、国家邮政局、中国国家铁路集团有限公司联合印发《关于加快推进多式联运“一单制”“一箱制”发展的意见》。

22 日，交通运输部印发《公路水运工程质量检测管理办法》（中华人民共和国交通运输部令 2023 年第 9 号），自 2023 年 10 月 1 日起施行。

22 日，交通运输部印发《城市轨道交通运营安全评估管理办法》。

22 日，交通运输部发布《关于命名张家口市等 28 个城市国家公交都市建设示范城市的通报》。

23 日，交通运输部党组召开学习贯彻习近平新时代中国特色社会主义思想主题教育专题民主生活会。李小鹏主持会议并讲话，邹天敬、徐成光、付绪银、王刚、李扬、赵冲久、宋志勇、费东斌参加。

31 日，交通运输部党组召开理论学习中心组第十一次集体学习暨主题教育调研成果交流会，深入学习贯彻习近平总书记关于调查研究的重要论述，坚决贯彻落实党中央关于大兴调查研究的部署要求，交流部分重大调研选题进展和成果。李小鹏、邹天敬、徐成光、付绪银、王刚、赵冲久、宋志勇、费东斌分别作了交流。

9 月

4 日，交通运输部党组召开第二轮巡视工作动员部署会，深入学习贯彻习近平新时代中国特色社会主义思想和党的二十大精神，落实二十届中央纪委二次全会精神和全国巡视工作会议要求，对部党组第二轮巡视进行动员部署。李小鹏出席会议并讲话，邹天敬、徐成光参加。

5 日，第十九届中国土木工程詹天佑奖在北京揭晓，共有 42 项土木工程荣膺詹天佑奖，其中包括北京大兴国际机场、贵阳至瓮安高速公路、新建北京至沈阳客运专线辽宁段等 26 项交通工程。

6 日，交通运输部召开学习贯彻习近平新时代中国特色社会主义思想主题教育总结会议。李小鹏主持会议并讲话，邹天敬、徐成光、付绪银、李扬参加。

6 日，人力资源和社会保障部发布消息，国务院任免国家工作人员，任命李扬为交通运输部副部长。

6 日，交通运输部召开部系统年轻党员干部专题警示教育电视电话会议。徐成光出席会议并讲话。

9 日，交通运输部印发《关于推进公路数字化转型 加快智慧公路建设发展的意见》。

12 日，交通运输部印发《关于加快建立健全现代公路工程标准体系的意见》。

13 日，交通运输部、湖南省政府、武警第二机动总队在湖南省娄底市联合举办 2023 年度全国公路交通军地联合应急演练。

15 日，人力资源和社会保障部、交通运输部颁布航标工、救援机械操作员、起重装卸机械操作工（汽车吊司机）等 3 个国家职业标准。

18 日，交通运输部办公厅印发《关于做好全面恢复国际邮轮运输有关工作的通知》。

18日，交通运输部印发《关于开展道路运输安全生产突出问题集中整治"百日行动"的通知》。

19日，由交通运输部、公安部、国家机关事务管理局、中华全国总工会、共青团中央联合主办的2023年绿色出行宣传月和公交出行宣传周启动仪式在北京举行。

20日，交通运输部召开2023年部安委会第四次全体会议暨交通运输安全生产视频会议。李小鹏出席会议并讲话，邹天敬、付绪银、王刚、李扬参加。

20日，交通运输部印发《关于修改〈中华人民共和国海员外派管理规定〉的决定》（中华人民共和国交通运输部令2023年第10号），自2023年12月1日起施行。

21日，李小鹏赴浙江省杭州市，就杭州亚运会交通运输服务保障和安保工作开展调研并组织召开座谈会。

21日，交通运输部海事局首艘大型海道测量船"海巡08"轮在上海正式列编交通运输部东海航海保障中心。

21日，我国首个国家级综合性船员考试评估项目上海船员评估示范中心建成启用。

22日，交通运输部、国家发展和改革委员会联合印发《关于命名中欧班列集装箱多式联运信息集成应用示范工程等19个项目为"国家多式联运示范工程"的通知》。

22—27日，我国与蒙古国、俄罗斯联合举行中蒙俄沿亚洲公路网4号线（AH4）国际道路运输试运行活动，线路全长约2253公里，开辟了中蒙俄第二条国际道路直达运输通道。

22日，由上海市政府和交通运输部共同举办、主题为"开放、合作、创新——共建全球航运新格局"的2023北外滩国际航运论坛在上海开幕。上海市委书记陈吉宁致辞，交通运输部党组书记、部长李小鹏视频致辞。

24日，交通运输部部长李小鹏在北京会见塞尔维亚建设、交通和基础设施部部长戈兰·韦西奇，双方就深化中塞交通运输合作交换了意见，共同签署了《中华人民共和国交通运输部和塞尔维亚共和国建设、交通和基础设施部关于相互承认海员证书的协议》。

25日，中共中央政治局委员、国务院副总理何立峰在北京会见了来华出席全球可持续交通高峰论坛（2023）的吉尔吉斯斯坦副总理托罗巴耶夫，李小鹏参加会见。

25日，全球可持续交通高峰论坛（2023）在北京开幕，主题是"可持续交通：携手合作助力全球发展"。国家主席习近平向全球可持续交通高峰论坛致贺信。中共中央政治局委员、国务院副总理何立峰在开幕式上宣读贺信并发表致辞。李小鹏出席论坛全体会议并作主旨讲话，邹天敬、徐成光、付绪银、王刚、李扬、赵冲久、宋志勇、费东斌参加。

25日，中国—中亚交通部长第一次会议在北京召开。会议由中国交通运输部部长李小鹏主持。哈萨克斯坦交通运输部部长马拉特·卡拉巴耶夫、吉尔吉斯斯坦交通和通信部部长捷克巴耶夫、塔吉克斯坦交通部部长伊布罗希姆、土库曼斯坦交通通讯署副署长阿纳耶夫、乌兹别克斯坦交通部部长马赫卡莫夫分别率团与会。六国部长审议通过并签署了《关于建立中国—中亚交通部长会议机制的谅解备忘录》，正式建立中国—中亚交通部长会议机制。

25日，交通运输部部长李小鹏在北京会见了来华出席全球可持续交通高峰论坛（2023）和中国—中亚交通部长第一次会议的哈萨克斯坦交通运输部部长马拉特·卡拉巴耶夫一行，双方就深化中哈交通运输合作交换了意见。

25日，交通运输部部长李小鹏在北京会见了来华出席全球可持续交通高峰论坛（2023）的蒙古国交通运输发展部部长宾巴朝格特，并共同签署了《中华人民共和国交通运输部和蒙古国交通运输发展部关于实施〈中华人民共和国政府和蒙古国政府国际道路运输协定〉的议定书》。

25日，在全球可持续交通高峰论坛（2023）期间，纪念中国恢复国际海事组织（IMO）合法席位50周年活动在北京举办。

25—27日，第十五届国际交通技术与设备展览会在北京举行，主题是："交通天下 创新引领"。中共中央政治局委员、国务院副总理何立峰巡展。李小鹏、邹天敬、徐成光、付绪银、王刚、李扬、赵冲久、宋志勇、费东斌参加巡展。

26日，交通运输部部长李小鹏在北京会见了来华出席全球可持续交通高峰论坛（2023）的阿塞拜疆数字发展和交通部部长纳比耶夫、乌兹别克斯坦交通部部长马赫卡莫夫。

26日，交通运输部部长李小鹏在北京会见了来华出席全球可持续交通高峰论坛（2023）的巴林交通与通讯大臣穆罕默德·本·塔梅尔·卡比，双方就共同关心的问题交换了意见。

26日，交通运输部部长李小鹏在北京会见了来华出席全球可持续交通高峰论坛（2023）的老挝公共工程与运输部部长安帕宋·孟玛尼，双方就共同关心的问题交换了意见。

26日，全球可持续交通高峰论坛（2023）部长圆桌会议和闭幕式在北京举行。中方提出《交通部长在全球可持续交通高峰论坛上的联合行动倡议》（《北京倡议》），已得到了25个国家和国际组织的支持。

27日，交通运输部召开国务院物流保通保畅工作领导小组总指挥（全体）调度会议，传达学习习近平总书记向全球可持续交通高峰论坛致贺信精神，认真落实党中央、国务院决策部署，就统筹做好中秋国庆假期交通运输组织、保通保畅、安全生产等工作，进行再部署、再动员、再强调、再落实，全力保障人民群众平安便捷出行，保障交通物流畅通有序运行。李小鹏主持会议并讲话，邹天敬、徐成光、付绪银、王刚、李扬参加。

27日，交通运输部部长李小鹏在北京分别会见新加坡交通部代部长徐芳达，沙特交通和物流服务大臣萨利赫·本·纳赛尔·埃勒贾希尔，阿曼交通、通讯和信息技术大臣赛义德·马瓦利，塔吉克斯坦交通部部长阿奇姆·伊布罗希姆，越南交通运输部部长阮文胜。

28日，交通运输部党组召开会议（扩大），传达学习贯彻习近平主席向全球可持续交通高峰论坛致贺信精神。李小鹏主持会议并讲话，邹天敬、徐成光、付绪银、王刚、李扬、赵冲久、宋志勇、费东斌参加。

28日，交通运输部召开部级离退休干部和离退休干部党支部书记座谈会。李小鹏主持会议并讲话，邹天敬、李扬参加。

10月

2023年中秋、国庆假期，全社会跨区域人员流动量（包括营业性旅客运输人数和高速公路、普通国省道非营业性小客车出行人数）累计22.04亿人次。其中，营业性旅客运输人数累计4.58亿人次，日均5727.7万人次，比2022年同期（国庆7天假期）日均增长57.1%。全国高速公路累计流量突破4.83亿辆次，高速公路日均流量为6043.12万辆次，同比2022年上升55.15%，流量峰值出现在假期第一天（9月29日），达6671万辆，创历史新高。

中秋、国庆假期，李小鹏、徐成光、付绪银、王刚、李扬在部带班值守，同有关单位视频连线，检查国庆假期交通运输服务保障、保通保畅、疫情防控、值班值守等工作，慰问一线工作人员。

8日，交通运输部、国家发展和改革委员会、公安部、财政部、人力资源和社会保障部、自然资源部、金融监管总局、中国证监会、中华全国总工会联合印发《关于推进城市公共交通健康可持续发展的若干意见》。

11日，交通运输部党校举行2023年秋季学期开班式。李小鹏出席开班式并讲话。

13日，交通运输部党组理论学习中心组进行2023年第十二次集体学习，主题是学习领会党的二十大关于加强干部队伍建设的重大决策部署，深入贯彻落实习近平总书记关于新时代党的组织路线的重要论述精神，贯彻落实全国组织工作会议精神，研究贯彻落实《推进领导干部能上能下规定》等有关政策，建设堪当民族复兴重任的高素质交通运输干部队伍，为奋力加快建设交通强国、努力当好中国式现代化的开路先锋提供坚强组织保证。李小鹏主持学习，邹天敬、付绪银、王刚、李扬、赵冲久参加。

14 日，“拥抱蔚蓝 平安成长”中小学生水上交通安全教育十周年主题活动在天津国家海洋博物馆顺利举行，本次活动是交通运输部、教育部首次联合举办的全国范围的开放性主题活动。

16—20 日，第 29 届智能交通（ITS）世界大会在苏州召开。其间，第 29 届智能交通世界大会部长级圆桌会议在北京、苏州两地以视频连线形式举行。交通运输部部长李小鹏主持圆桌会议并作会议总结。

17 日，习近平主席在北京会见了来华出席第三届“一带一路”国际合作高峰论坛的哈萨克斯坦总统托卡耶夫，交通运输部部长李小鹏参加会见，并在两国元首见证下与哈萨克斯坦交通运输部部长卡拉巴耶夫签署了《中华人民共和国政府与哈萨克斯坦共和国政府关于发展跨里海国际运输线路的协定》。

17 日，交通运输部部长李小鹏在北京会见了来华出席第三届“一带一路”国际合作高峰论坛的联合国亚太经社会执行秘书阿尔米达 · 萨尔西娅 · 阿里沙赫巴纳，双方就深化中国与联合国亚太经社会在交通运输领域的合作交换了意见。

17 日，交通运输部、文化和旅游部、国家铁路局、中国民用航空局、国家邮政局、中国国家铁路集团有限公司联合印发《关于公布第一批交通运输与旅游融合发展典型案例的通知》。首批共遴选出十佳案例 10 个、典型案例 36 个。

18 日，中共中央政治局常委、国务院总理李强在北京会见了来华出席第三届“一带一路”国际合作高峰论坛的巴基斯坦总理卡卡尔。交通运输部部长李小鹏参加会见，并在两国总理见证下与巴基斯坦交通部常秘胡拉姆 · 阿加签署《中巴公路技术合作五年行动计划（2023—2027）》。

19 日，交通运输部部长李小鹏在北京会见了来华出席第三届“一带一路”国际合作高峰论坛的土库曼斯坦交通通讯署署长马梅特罕 · 恰克耶夫，双方就深化中土交通运输合作交换了意见。

30 日，交通运输部办公厅、国家邮政局办公室公布 50 个第四批农村物流服务品牌。

31 日，2023 年推动“四好农村路”高质量发展现场会在江西省井冈山市召开。

11 月

1 日，交通运输部、财政部在广州联合组织召开综合交通枢纽建设座谈会，深入推进国家综合货运枢纽补链强链，共同推动综合交通枢纽高质量发展。

1 日，历经 7 个月赛期，交通运输部代表团荣获中央和国家机关第二届运动会甲组第 1 名，并获得优秀组织奖。

6—7 日，交通运输部在湖北黄冈召开深入推进公路水运平安百年品质工程建设现场会。

10 日，交通运输部印发《关于修改〈游艇安全管理规定〉的决定》（中华人民共和国交通运输部令 2023 年第 11 号），自公布之日起施行。

10 日，交通运输部印发《关于修改〈道路货物运输及站场管理规定〉的决定》（中华人民共和国交通运输部令 2023 年第 12 号），自公布之日起施行。

10 日，交通运输部印发《关于修改〈道路危险货物运输管理规定〉的决定》（中华人民共和国交通运输部令 2023 年第 13 号），自公布之日起施行。

10 日，交通运输部印发《关于修改〈机动车维修管理规定〉的决定》（中华人民共和国交通运输部令 2023 年第 14 号），自公布之日起施行。

10 日，交通运输部印发《关于修改〈国际道路运输管理规定〉的决定》（中华人民共和国交通运输部令 2023 年第 15 号），自公布之日起施行。

10 日，交通运输部印发《关于修改〈中华人民共和国国际海运条例实施细则〉的决定》（中华人民共和国交通运输部令 2023 年第 16 号），自公布之日起施行。

10 日，交通运输部印发《关于修改〈放射性物品道路运输管理规定〉的决定》（中华人民共和国交通运输部令 2023 年第 17 号），自公布之日起施行。

10 日，交通运输部印发《关于修改〈道路旅客运输及客运站管理规定〉的决定》（中华人民共和国交通运输部令 2023 年第 18 号），自公布之日起施行。

11 日，交通运输部、公安部、应急管理部联合修订印发《道路旅客运输企业安全管理规范》。

13 日，交通运输部召开专家学者座谈会，听取相关意见建议。李小鹏主持会议并讲话，邹天敬、付绪银、王刚参加。

14 日，交通运输部召开交通运输企业座谈会，听取相关意见建议。李小鹏主持会议并讲话，邹天敬参加。

14 日，2023 年运输结构调整暨多式联运发展现场推进会在广西钦州召开。

17 日，交通运输部印发《关于修改〈中华人民共和国高速客船安全管理规则〉的决定》（中华人民共和国交通运输部令 2023 年第 19 号），自公布之日起施行。

20 日，李小鹏在国家铁路局主持召开座谈会，听取相关意见建议，共同谋划做好 2024 年交通运输工作。费东斌参加。

21 日，李小鹏在中国民用航空局主持召开座谈会，听取相关意见建议，共同谋划做好 2024 年交通运输工作。宋志勇参加。

21 日，加快建设交通强国推进公路建设高质量发展现场会在浙江召开。

21 日，交通运输部印发《自动驾驶汽车运输安全服务指南（试行）》。

24 日，交通运输部直属机关工会第三届会员代表大会召开，会议选举产生交通运输部直属机关工会第三届委员会和经费审查委员会、表决产生交通运输部直属机关工会第三届女职工委员会。

24 日，李小鹏在国家邮政局主持召开座谈会，听取相关意见建议，共同谋划做好 2024 年交通运输工作。赵冲久参加。

24 日，交通运输部发布《综合货运枢纽设计规范》等 18 项交通运输行业标准。

24 日，交通运输部印发《关于加快智慧港口和智慧航道建设的意见》。

27 日，全国交通运输系统货车司机网约车司机群体党建工作动员部署会在四川省成都市召开。

28 日，李小鹏到福建省福州市，就支持福建探索海峡两岸融合发展新路、建设两岸融合发展示范区等情况开展调研。调研期间，李小鹏与福建省委书记周祖翼就深化福建交通运输改革发展工作交换了意见。

29 日，中土合作委员会第 6 次会议在土库曼斯坦首都阿什哈巴德召开，交通运输部副部长李扬参会，并在中共中央政治局常委、国务院副总理丁薛祥和土库曼斯坦第一副总理兼外长梅列多夫见证下，与土库曼斯坦交通通讯署署长马梅特罕·恰克耶夫签署了《中华人民共和国政府和土库曼斯坦政府国际道路运输协定》。

12 月

当地时间 12 月 1 日，国际海事组织（IMO）第 33 届大会在英国伦敦举行了新一届理事会选举，中国再次高票当选 A 类理事国。这是中国自 1989 年起第 18 次连任。

1 日，交通运输部举行国家工作人员宪法宣誓仪式。李小鹏监誓并讲话，付绪银主持仪式。

1 日，交通运输部在中华人民共和国上海海事局设立船舶能效管理中心。

4 日，交通运输部办公厅印发《道路客运转型发展典型案例》。

5 日，交通运输部召开交通运输工作研讨会。李小鹏主持会议并讲话。邹天敬、徐成光、付绪银、李扬参加。

6 日，李小鹏到北京市通州区、房山区、门头沟区，就东六环入地改造、交通基础设施灾后重建等情况开展调研。

8 日，交通运输部、中国人民银行、国家金融监督管理总局、中国证券监督管理委员会、国家外汇管理局联合印发《关于加快推进现代航运服务业高质量发展的指导意见》。

10 日，绥满高速公路海拉尔至满洲里段建成通车，标志着 G10 绥芬河至满洲里国家高速公路主线全线建成。

12—13 日，大湄公河次区域便利货物及人员跨境运输协定第八次联合委员会会议在海口召开，各方共同签署《关于增加〈大湄公河次区域便利货物及人员跨境运输协定〉议定书一的路线和出入境口岸的谅解备忘录》。

15—16日，交通运输部召开防范应对低温雨雪冰冻灾害专题会议。李小鹏主持会议并讲话，邹天敬、徐成光、付绪银、王刚、李扬参加。

17日，交通运输部印发《铁路关键信息基础设施安全保护管理办法》（中华人民共和国交通运输部令2023年第20号），自2024年2月1日起施行。

17日，交通运输部印发《铁路旅客运输安全检查管理办法》（中华人民共和国交通运输部令2023年第21号），自2024年2月1日起施行。

17日，交通运输部印发《快递市场管理办法》（中华人民共和国交通运输部令2023年第22号），自2024年3月1日起施行。

18日23时59分，甘肃省临夏回族自治州积石山县发生6.2级地震。交通运输部认真贯彻落实习近平总书记重要指示精神，全力做好抗震救灾工作。19日，交通运输部召开应对甘肃省临夏回族自治州积石山县地震应急工作领导小组第一次会议。李小鹏主持会议并讲话，邹天敬参加。

19日，中韩多式联运整车运输试运行在中国威海、韩国仁川间正式启动。

20日，交通运输部印发《交通运输部关于修改〈邮政普遍服务监督管理办法〉的决定》（中华人民共和国交通运输部令2023年第23号），自2023年12月20日起施行。

20日，交通运输部印发《交通运输部关于修改〈邮政业寄递安全监督管理办法〉的决定》（中华人民共和国交通运输部令2023年第24号），自2023年12月20日起施行。

20日，交通运输部印发《交通运输部关于废止〈邮政业标准化管理办法〉的决定》（中华人民共和国交通运输部令2023年第25号），自2023年12月20日起施行。

20—21日，2024年全国交通运输工作会议在交通运输部党校召开，全面总结2023年工作，分析研判形势，系统部署2024年工作。会议强调，要以习近平新时代中国特色社会主义思想为指导，全面贯彻党的二十大和二十届二中全会精神，认真落实中央经济工作会议精神，深入学习贯彻习近平总书记关于交通运输工作的重要论述和重要指示批示精神，坚持稳中求进工作总基调，完整、准确、全面贯彻新发展理念，服务加快构建新发展格局，着力推动高质量发展，全面深化改革开放，推动高水平科技自立自强，统筹扩大内需和深化供给侧结构性改革，统筹新型城镇化和乡村全面振兴，统筹高质量发展和高水平安全，围绕服务保障现代化产业体系建设，加快构建安全、便捷、高效、绿色、经济、包容、韧性的可持续交通体系，着力做好增活力、防风险、稳预期、保畅通、降成本、提质效等各项工作，奋力加快建设交通强国，努力当好中国式现代化的开路先锋，为巩固和增强经济回升向好态势，持续推动经济实现质的有效提升和量的合理增长，增进民生福祉，保持社会稳定，以中国式现代化全面推进强国建设、民族复兴伟业提供坚实有力的交通运输服务保障，作出新的更大贡献。李小鹏出席会议并讲话，邹天敬、徐成光、付绪银、王刚、李扬、赵冲久、宋志勇、费东斌参加。

23日，交通运输部、工业和信息化部、公安部、财政部、农业农村部、商务部、国家邮政局、中华全国供销合作总社、中国邮政集团联合印发《关于加快推进农村客货邮融合发展的指导意见》。

27日，交通运输部办公厅、文化和旅游部办公厅联合印发《关于印发〈推进旅游公路高质量发展五年行动方案（2023—2027年）〉的通知》。

28日，京雄高速公路北京五环至六环段建成通车，京雄高速全线贯通，对构建京雄1小时交通圈、助力京津冀协同发展具有重要战略意义。

29日，交通运输部办公厅、中华全国总工会办公厅公布2023年100个暖心服务“司机之家”名单。

2023年国家铁路局大事记

1月

3日，国家铁路局党组书记、局长费东斌出席中国国家铁路集团有限公司2023年工作会议。

3日，印发《国家铁路局 工业和信息化部 中国国家铁路集团有限公司关于支持新能源商品汽车铁路运输 服务新能源汽车产业发展的意见》（国铁运输监〔2023〕4号）。

6日，国家铁路局召开2023年第一次安全生产委员会联络员会议，学习贯彻党的二十大精神，总结2022年铁路安全工作，通报全国铁路安全情况，分析安全形势等。国家铁路局党组成员、副局长吴德金出席会议并讲话，安全总监王启铭主持会议。

6日，国家发展改革委、工业和信息化部、住房和城乡建设部、国家铁路局等13个部门联合印发《关于完善招标投标交易担保制度进一步降低招标投标交易成本的通知》。

6日，印发《国家铁路局关于做好铁路旅客运输疫情防控工作的通知》（国铁运输监〔2023〕5号）。

7日，国家铁路局党组书记、局长费东斌陪同国务院副总理刘鹤在北京检查2023年春运工作。

10日，印发《国家铁路局关于做好铁路货物运输疫情防控和服务保障工作的通知》（国铁运输监〔2023〕6号），废止《铁路进口冷链食品运输新冠病毒防控和消毒技术指南（第六版）》。

13日，国家铁路局工作会议在北京召开。交通运输部部长李小鹏出席会议并讲话。国家铁路局党组书记、局长费东斌作题为《贯彻党的二十大精神，推动铁路高质量发展，为全面建设社会主义现代化国家开好局起好步作出贡献》的工作报告。党组成员、副局长刘克强主持会议。党组成员、副局长安路生、吴德金、郑宏波，总工程师白晓春、安全总监王启铭参加会议。

13日，国家铁路局党组书记、局长、乡村振兴工作领导小组组长费东斌主持召开乡村振兴工作专题会议，听取局定点帮扶榕江县工作情况、局挂职干部履职情况以及榕江县、高扒村疫情防控有关需求等。

16日，印发《国家铁路局关于铁路工程投资估算预估算 设计概（预）算执行〈企业安全生产费用提取和使用管理办法〉有关问题的通知》（国铁科法〔2023〕7号），安全生产费费率及使用范围调整自2022年11月21日起执行。

18日，国家铁路局党组书记、局长费东斌添乘京广高铁到石家庄站检查指导铁路春运工作，看望慰问春运一线干部职工。

2月

1日，国家铁路局局长费东斌在北京会见蒙古国驻华大使图布辛·巴德尔勒，双方就加强中蒙铁路互联互通合作交换意见。

10日，国家铁路局党组成员、副局长、局技术委员会主任安路生主持召开2023年国家铁路局技术委员会第一次会议，审议通过《高速铁路轨道工程施工质量验收标准》《高速铁路设计规范》《铁路轨道设计规范》3项铁路工程建设标准局部修订条文。

17日，国家铁路局召开党风廉政建设工作会议。国家铁路局党组书记、局长费东斌回顾总结党的十九大以来国家铁路局党的建设、党风廉政建设取得的工作成效和2022年工作，分析当前面临的形势任务，部署2023年重点任务。中央纪委国家监委驻交通运输部纪检监察组组长、交通运输部党组成员邹天敬出席会议并讲话，就做好2023年工作作出部署、提出要求。党组成员、副局长安路生主持会议。党组成员、副局长刘克强、吴德金、郑宏波，中央纪委国家监委驻交通运输部纪检监察组副组长于小平出席会议。

23日，国家铁路局党组成员、副局长、工程系列正高级评委会主任委员郑宏波主持召开局工程系列高级职称评审会议。党组成员、评委会副主任委员王启铭和15名专家参加会议。

24日，国家铁路局党组成员、副局长郑宏波参加推动"十四五"规划102项重大工程实施部际联席会议第二次会议。

3月

9日，国家铁路局党组书记、局长费东斌带队赴中国铁道科学研究院国家铁道试验中心开展调研。总工程师白晓春参加调研。

9日，国家铁路局党组书记、局长费东斌赴局铁路机车车辆驾驶人员资格考试中心动车组标准化模拟驾驶考试示范基地现场调研指导。

15日，国家铁路局召开2023年铁路工程监管工作会议，总结回顾新时代十年铁路工程监管工作，分析形势任务，部署2023年重点工作。党组成员、副局长郑宏波出席会议并讲话。

21日，国家铁路局党组书记、局长、乡村振兴工作领导小组组长费东斌主持召开乡村振兴工作领导小组会议，审议国家铁路局2022年定点帮扶工作总结及2023年工作安排。党组成员、副局长安路生、郑宏波、王启铭参加会议。

21日，国家铁路局召开2023年铁路设备监管工作会议，总结回顾新时代铁路设备监管工作和铁路装备事业发展成就，分析形势任务，部署2023年重点工作。党组成员、副局长王启铭出席会议并讲话。

22日，国家铁路局在北京召开铁路行业科技创新基地建设座谈会，总结基地建设成就和经验，谋划基地发展工作。党组成员、副局长安路生出席会议并讲话，总工程师白晓春主持会议。

23日，国家铁路局召开2023年铁路运输监管工作会议，总结回顾2022年铁路运输监管工作，分析形势任务，部署2023年重点工作。党组成员、副局长安路生出席会议并讲话。

24日，国家铁路局党组成员、副局长、川藏铁路工程监管督导组组长郑宏波主持召开2023年川藏铁路工程监管督导组第一次会议。

24日，国家铁路局召开2023年安全监察工作会议，总结回顾2022年及新时代十年铁路安全监察和行政执法工作，分析形势任务，部署2023年重点工作。党组成员、副局长王启铭出席会议并讲话。

30日，国家铁路局党组书记、局长费东斌参加2023年全国交通运输工作会议。

30日，国家铁路局推荐的《轨道交通 机车车辆用电力变流器 第4部分：电动车组牵引变流器》（GB/T 25122.4—2018）等5项铁路标准荣获2022年度中国标准创新贡献奖标准项目一等奖、《ZPW-2000轨道电路技术条件》（TB/T 3206—2017）获得标准项目三等奖。中国标准创新贡献奖是我国标准化的最高奖项，这是铁路领域首次获得标准项目一等奖。

31日，国家市场监督管理总局、国家铁路局发布《铁路产品认证管理办法》。

4月

6—8日，国家铁路局党组成员、副局长安路生带领局第一督查组赴上海铁路监督管理局辖区南昌地区，对汛期防洪安全工作开展督导检查。

7日，国家铁路局党组书记、局长费东斌主持召开中央主题教育第三十二指导组见面会。党组书记、局长费东斌汇报局工作情况及下一步工作考虑。党组成员、副局长郑宏波参加会议。

7日，国家铁路局党组成员、副局长、主题教育领导小组办公室主任郑宏波主持召开主题教育领导小组办公室第一次会议，通报中央主题教育第三十二指导组见面会情况，对近期工作作出安排、提出要求，明确直属机关党委、综合司、人事司工作分工。

8日，国家铁路局党组书记、局长费东斌参加2023年共和国部长义务植树活动。

11日，国家铁路局党组召开学习贯彻习近平新时代中国特色社会主义思想主题教育动员部署会，深入学习贯彻习近平总书记在中央主题教育工作会议上的重要讲话精神，对全局开展主题教育进行动员部署。国家铁路局党组书记、局长费东斌主持会议并作动员讲话。党组成员、副局长安路生、郑宏波、王启铭，总工程师白晓春参加会议。

11日，国家铁路局党组成员、副局长、主题教育领导小组办公室主任郑宏波召开主题教育领导小组办公室第二次会议，部署局党组读书班、处级以上干部学习贯彻习近平新时代中国特色社会主义思想和党的二十大精神培训班、开展调研等工作。

12日，国家铁路局党组书记、局长费东斌赴天津站，就铁路和城市轨道交通安检互认有关情况进行专项调研。

12—14日，国家铁路局党组成员、副局长王启铭带队赴广州铁路监督管理局辖区开展汛期防洪监督检查。

14日，国家铁路局党组成员、副局长、主题教育领导小组办公室主任郑宏波召开主题教育领导小组办公室第三次会议，研究在学习贯彻习近平新时代中国特色社会主义思想主题教育中开展干部队伍教育整顿工作实施方案。

17—28日，国家铁路局举办第一期和第二期处级以上领导干部学习贯彻习近平新时代中国特色社会主义思想和党的二十大精神培训班，国家铁路局党组书记、局长费东斌出席开班式并讲话。

20日，国家铁路局党组书记、局长费东斌会见香港特区政府运输及物流局局长林世雄一行。党组成员、副局长安路生参加会见。

27日，国家铁路局党组成员、副局长、主题教育领导小组办公室主任郑宏波召开主题教育领导小组办公室第四次会议，传达学习中央主题教育第三十二指导组对国家铁路局开展主题教育情况的反馈、党中央主题教育有关文件精神，研究部署5月主题教育重点工作。

5月

8日，国家铁路局党组书记、局长、主题教育领导小组组长费东斌主持召开主题教育领导小组第一次会议，听取主题教育前期工作总结及下一阶段工作计划的汇报，研究局党组主题教育理论学习安排和整改整治问题清单。党组成员、副局长、主题教育领导小组副组长郑宏波参加会议。

9日，国家铁路局党组成员、副局长郑宏波主持召开精神文明建设办公室会议，审议推荐2021—2023年度首都文明单位，复查2018—2020年度首都文明单位标兵、首都文明单位等事宜。

11—12日，国家铁路局党组书记、局长费东斌赴安徽省安庆港调研铁水联运工作。

15—18日，国家铁路局党组成员、副局长郑宏波赴上海铁路监督管理局辖区调研党的建设和干部队伍状况、勘察设计源头质量安全管控、在建巢马城际铁路隧道和桥梁施工质量安全等工作。

23日，交通运输部党组书记、部长李小鹏到国家铁路局，就认真开展好主题教育、加快建设交通强国等开展调研并主持座谈。国家铁路局党组书记、局长费东斌参加座谈会并作工作汇报。党组成员、副局长安路生、郑宏波、王启铭，总工程师白晓春，部（局）机关有关司局负责同志参加座谈。

24日，国家铁路局党组书记、局长费东斌带队赴朔黄铁路开展调研，实地学习习近平总书记考察黄骅港时的重要指示精神，研究推动重载铁路运输发展的思路措施。党组成员、副局长王启铭和局机关相关部门负责人，中国交通运输协会、国家能源集团等单位相关负责人参加调研。

24日，国家铁路局党组成员、副局长、主题教育领导小组办公室主任郑宏波主持召开主题教育领导小组办公室第五次会议，研究部署近期主题教育工作。

24—26日，国家铁路局组织举办2023年上半年铁路机车车辆驾驶资格统一理论考试。

29日，国家铁路局党组书记、局长费东斌在北京会见越南交通运输部部长阮文胜一行，双方就加强中越铁路合作进行了深入交流。总工程师白晓春和有关司局负责同志以及国铁集团、中国中铁、中国铁建、中国中车等有关单位代表参加会见。

29日，国家铁路局发布《2022年铁道统计公报》。

6月

2日，国家铁路局党组书记、局长、主题教育领导小组组长费东斌主持召开主题教育领导小组第二次会议，研究审议国家铁路局党组专项整治工作方案和机关部门、局属单位问题清单。党组成员、副局长、主题教育领导小组副组长郑宏波参加会议。

5日，国家铁路局局长费东斌会见巴基斯坦驻华大使莫因·哈克一行。副局长安路生参加会见。

6日，发布《国家铁路局关于印发〈铁路机车车辆鸣笛噪声污染防治监督管理办法〉的通知》（国铁设备监规〔2023〕16号）。

16日，国家铁路局党组成员、副局长、主题教育领导小组办公室主任郑宏波主持召开主题教育领导小组办公室第六次会议，研究部署主题教育有关工作。

19—28日，国家铁路局局长费东斌赴瑞士、德国、法国访问。

20日，国家铁路局党组成员、副局长、局技术委员会主任安路生主持召开2023年国家铁路局技术委员会第二次会议，研究《国家铁路局2023年课题研究计划》（送审稿）。

26日，国家铁路局党组成员、副局长、局技术委员会主任安路生主持召开2023年国家铁路局技术委员会第三次会议，审议《铁路危险货物运输技术要求》等2项标准。

27—30日，国家铁路局副局长安路生赴莫斯科与俄罗斯交通部、蒙古国交通运输发展部负责人共同主持召开中蒙俄中线铁路三方工作组会议。

28日，国家铁路局组织完成2023年上半年铁路机车车辆驾驶人员资格统一理论考试。

7月

3日，国家铁路局召开2023年度表彰大会，表彰优秀共产党员、优秀党务工作者、先进基层党组织、年度考核优秀领导班子、年度考核优秀个人和建功立业先进个人。

4日，国家铁路局党组成员、副局长吴德金赴青岛市考察智慧港口、交通装备等试点工作推进情况。

6日，国家铁路局党组书记、局长费东斌会见来访的石家庄铁道大学党委副书记、校长冯文杰一行。

7日，发布《国家铁路局关于印发〈国家铁路局铁路行政处罚裁量权基准〉的通知》（国铁安监规〔2023〕17号）。

10日，国家铁路局副局长安路生在北京与巴基斯坦铁道部常秘阿里沙共同主持召开推进巴基斯坦ML-1线升级改造项目第21次会议。双方互相通报了近期各自为推动该项目所做的相关工作的进展，就加速推进项目实施深入细致交换了意见，并达成了积极共识。

11日，国家铁路局党组成员、副局长、局技术委员会主任安路生主持召开2023年国家铁路局技术委员会第四次会议，审议通过《川藏铁路雅安至林芝段工程设计概（预）算编制补充规定（二）》（报批稿）。

12日，国家铁路局党组成员、副局长、主题教育领导小组办公室主任郑宏波主持召开局主题教育领导小组办公室第七次会议，传达学习习近平总书记在江苏考察时关于主题教育的重要讲话精神、中央第三十二指导组召开的主题教育第二次工作交流座谈会议精神，研究部署主题教育下一步工作等。

18—19日，国家铁路局党组书记、局长费东斌赴西藏林芝、拉萨开展川藏铁路建设检查调研。

24日，国家铁路局党组书记、局长、主题教育领导小组组长费东斌主持召开主题教育领导小组第三次会议，传达学习中央关于主题教育的文件、会议精神，听取主题教育各工作组、巡回指导组情况的汇报，研究部署主题教育下一步工作。党组成员、副局长、主题教育领导小组副组长郑宏波参加会议。

26日，国家铁路局召开警示教育会。党组书记、局长费东斌出席会议并讲话，党组成员、副局长安路生主持会议并通报中央和国家机关关于形式主义、官僚主义问题典型案例，以及交通运输系统和国家铁路局党员干部违纪违法案例。党组成员、副局长吴德金、王启铭，中央纪委国家监委驻交通运输部纪检监察组负责同志，中央第三十二指导组有关同志参加会议。

26日，交通运输部公布《铁路设备质量安全监督管理办法》（交通运输部令2023年第7号），自2023年9月1日起施行。

27日，国家铁路局党组成员、副局长、局技术委员会主任安路生主持召开2023年国家铁路局技术委员会第五次会议，审议13项铁路行业装备技术标准。

28日，国家铁路局召开2023年第二次安全生产委员会联络员会议，总结2023年上半年铁路安全工作，通报全国铁路安全情况，分析当前铁路安全形势，交流铁路交通事故问题整改追责等有关工作，研究下一阶段加强铁路安全工作的措施等。党组成员、副局长王启铭出席会议并讲话。

28日，印发《国家铁路局关于发布〈川藏铁路雅安至林芝段工程设计概（预）算编制补充规定（二）〉的通知》（国铁科法〔2023〕19号），自2023年8月1日起实施。

8 月

1 日，国家铁路局党组书记、局长费东斌赴中国铁路北京局集团有限公司应急指挥中心检查指导丰沙线抢险救援工作。

1 日，国家铁路局副局长吴德金陪同交通运输部部长李小鹏会见亚美尼亚国土管理与基础设施部部长格涅尔·萨诺相。

1 日，印发《中共国家铁路局党组关于贯彻落实习近平总书记重要指示精神进一步做好当前铁路防汛救灾工作的紧急通知》（国铁党发〔2023〕27 号）。

3 日，国家铁路局党组书记、局长、主题教育领导小组组长费东斌主持召开主题教育领导小组第四次会议，传达学习习近平总书记在四川考察时的重要讲话精神，研究部署主题教育工作等。党组成员、副局长、主题教育领导小组副组长郑宏波参加会议。

30 日，国家铁路局党组书记、局长费东斌，党组成员、副局长吴德金陪同原全国政协副主席、党组成员，交通运输部党组书记杨传堂赴规划与标准研究院开展调研。

31 日，国家铁路局党组书记、局长费东斌在北京会见克诺尔集团董事、轨道事业部全球负责人威尔德博士一行。党组成员、副局长吴德金参加会见。

9 月

1 日，国家铁路局党组书记、局长费东斌会见来局参加欧盟 TSI 认证座谈会相关单位负责人。党组成员、副局长吴德金主持召开座谈会。

5 日，国家铁路局党组成员、副局长吴德金参加中国红十字会第 49 届南丁格尔奖颁奖大会。

6—8 日，国家铁路局党组成员、副局长安路生赴甘其毛都至嘎舒苏海图口岸铁路开展调研。

7 日，国家铁路局召开学习贯彻习近平新时代中国特色社会主义思想主题教育总结会议，传达学习贯彻中央主题教育第一批总结暨第二批部署会议精神，全面总结全局主题教育开展情况，对巩固深化主题教育成果进行部署安排。党组书记、局长、主题教育领导小组组长费东斌主持会议并讲话。党组成员、副局长吴德金、郑宏波、王启铭参加会议。

11 日，国家铁路局党组召开 2023 年第一轮巡视工作动员部署会。会议深入学习贯彻习近平新时代中国特色社会主义思想、党的二十大精神和习近平总书记关于巡视工作的重要论述，贯彻落实二十届中央纪委二次全会和全国巡视工作会议暨二十届中央第一轮巡视动员部署会要求，回顾总结党的十九大以来局党组巡视工作，对党的二十届中央委员会期间局党组第一轮巡视进行动员部署。党组书记、局长、巡视工作领导小组组长费东斌出席会议并讲话。党组成员、副局长、巡视工作领导小组副组长郑宏波主持会议。

13—15 日，国家铁路局党组书记、局长费东斌带队赴贵州省黔东南苗族侗族自治州榕江县考察调研。党组成员、副局长吴德金、王启铭参加调研。

16—17 日，国家铁路局党组成员、副局长安路生赴广西南宁参加第 20 届中国—东盟博览会开幕式。

22 日，国家铁路局局长费东斌在北京会见铁路合作组织委员会主席安东诺维奇一行。总工程师田军和有关部门负责人参加会见。

23 日，国家铁路局党组成员、副局长吴德金参加杭州第 19 届亚运会开幕式。

25—26 日，国家铁路局局长费东斌出席全球可持续交通高峰论坛（2023）开幕式及全体会议，并在主题为“创新驱动——人享其行、物畅其流，拥抱全球智慧交通美好未来”的论坛第三场主题会议和“数字轨道交通 绿色智能发展”边会上致辞。

25 日，国家铁路局副局长安路生在北京会见来京参加全球可持续交通高峰论坛（2023）的巴基斯坦铁道部常秘阿里沙，双方就中巴铁路合作有关问题交换意见。

26 日，国家铁路局副局长安路生陪同交通运输部部长李小鹏会见乌兹别克斯坦交通部长马赫卡莫夫·伊尔霍姆。

27 日，国家铁路局局长费东斌在北京会见国际铁路运输政府间组织秘书长库珀。

29 日，发布《国家铁路局关于印发〈铁路建设工程生产安全重大事故隐患判定标准〉的通知》（国铁工程监规〔2023〕25号）。

10月

9日，国家铁路局党组成员、副局长安路生赴国务院参加加快北斗规模应用第二次推进会。

11日，印发《国家铁路局 工业和信息化部 中国国家铁路集团有限公司关于消费型锂电池货物铁路运输工作的指导意见》（国铁运输监〔2023〕26号）。

12日，国家铁路局党组成员、副局长、局技术委员会主任安路生主持召开2023年国家铁路局技术委员会第六次会议，审议2023年度铁路重大科技创新成果入库情况等。总工程师田军参加会议。

12—13日，国家铁路局党组书记、局长费东斌赴西安国际港站调研中欧班列运输情况。

17日，中央第五巡视组对国家铁路局党组开展巡视"回头看"工作动员会召开。中央第五巡视组组长耿长有作动员讲话，国家铁路局党组书记、局长费东斌主持会议并讲话。党组成员、副局长安路生、吴德金、郑宏波、王启铭，总工程师田军、安全总监高文参加会议。

24日，国家铁路局局长费东斌在北京会见哥伦比亚共和国交通部长威廉·卡马戈一行。双方就加强中哥铁路政府部门间交流合作、推动哥伦比亚轨道交通基础设施建设发展等问题进行深入交流。

25—27日，国家铁路局组织举办2023年下半年铁路机车车辆驾驶人员资格统一理论考试。

11月

1日，国家铁路局局长费东斌在北京会见巴基斯坦驻华大使莫因·哈克。

7—8日，国家铁路局党组成员、副局长、乡村振兴工作领导小组常务副组长郑宏波带队赴榕江县考察调研定点帮扶工作。

8—10日，国家铁路局党组书记、局长费东斌赴云南红河州、西双版纳州对河口口岸、磨憨口岸、中老铁路运行及中越铁路建设情况开展调研。总工程师田军参加调研。

15日，国家铁路局党组书记、局长、主题教育领导小组组长费东斌主持召开党组会议暨局党组主题教育领导小组第五次会议，传达学习习近平总书记在全面深化改革委员会第三次会议上的重要讲话精神，审议局党组主题教育整改落实情况"回头看"工作方案。党组成员、副局长安路生、郑宏波参加会议，总工程师田军、安全总监高文列席。

15日，国家铁路局党组成员、副局长、主题教育领导小组办公室主任郑宏波主持召开主题教育领导小组办公室第八次会议，研究主题教育整改落实情况"回头看"相关事宜。总工程师田军参加会议。

16日，国家铁路局党组成员、副局长、乡村振兴工作领导小组常务副组长郑宏波主持召开专题会议，通报2023年定点帮扶工作总体情况，听取机关各部门汇报帮扶任务推进情况，对进一步做好定点帮扶工作提出要求。

18日，国家铁路局党组成员、副局长吴德金参加中国交通运输协会轨道装备技术专业委员会成立大会。

20日，交通运输部部长李小鹏来局调研座谈，国家铁路局党组书记、局长费东斌汇报局工作情况。党组成员、副局长安路生、吴德金、郑宏波，总工程师田军、安全总监高文参加调研座谈。

20日，发布《国家铁路局关于印发〈铁路行业专业标准化技术归口单位管理办法〉的通知》（国铁科法〔2023〕31号）。

21日，国家铁路局党组书记、局长、巡视工作领导小组组长费东斌主持召开局党组巡视工作领导小组会议，听取局党组第一轮巡视情况汇报。党组成员、副局长、巡视工作领导小组副组长郑宏波，总工程师田军参加会议。

22日，国家铁路局党组书记、局长费东斌赴京雄城际铁路雄安站检查调研。

24日，中央政治局委员、国务院副总理何立峰到国家铁路局调研并召开座谈会，听取工作情况汇报，提出工作要求。国务院副秘书长徐守本，国办秘书三局、国务院研究室国际司相关负责同志陪同调研。国家铁路局党组书记、局长费东斌主持会议并作汇报，党组成员、副局长安路生、吴德金、郑宏波、王启铭，总工程师田军、安全总监高文，各部门主要负责同志参加调研座谈。

24 日，国家铁路局副局长安路生与尼泊尔基础设施与交通部常秘夏尔马在山东青岛共同主持召开中尼铁路合作第八次工作会议。会议回顾了第七次工作会议以来中尼跨境铁路（境外段）可行性研究工作的进展情况，就加强双方铁路技术交流及人才培训等其他铁路领域合作事宜交换意见，并达成广泛共识。

26—27 日，国家铁路局局长费东斌赴哈萨克斯坦参加国务院副总理丁薛祥与哈萨克斯坦第一副总理斯克里亚尔共同主持的中哈合作委员会第十一次会议。

27 日，国家铁路局党组成员、副局长、主题教育领导小组办公室主任郑宏波主持召开主题教育领导小组办公室第九次会议，研究主题教育整改落实情况“回头看”相关事宜。总工程师田军参加会议。

29 日，国家铁路局党组成员、副局长、局技术委员会主任安路生主持召开 2023 年国家铁路局技术委员会第七次会议，研究审议《钩缓装置及组件 缓冲器》等 4 项铁路行业装备技术标准。

12 月

8 日，国家铁路局局长费东斌在北京会见巴基斯坦驻华大使哈什米。双方回顾了巴基斯坦 ML-1 线升级改造项目进展，并围绕进一步推动项目实施交换意见。副局长安路生参加会见。

11—12 日，国家铁路局党组成员、副局长、巡视工作领导小组副组长郑宏波赴武汉出席局党组巡视组巡视武汉铁路监督管理局分党组情况反馈会议，并就铁路安全隐患排查整治和铁路建设工程“三项整治”行动等开展专题调研。

13—15 日，国家铁路局党组成员、副局长安路生赴上海铁路监督管理局辖区开展专项安全检查，并就上海芦潮港、外高桥港区铁水联运情况以及上海东站综合枢纽一体化建设情况开展专题调研。

17 日，交通运输部公布《铁路关键信息基础设施安全保护管理办法》（交通运输部令 2023 年第 20 号），自 2024 年 2 月 1 日起施行。

17 日，交通运输部公布《铁路旅客运输安全检查管理办法》（交通运输部令 2023 年第 21 号），自 2024 年 2 月 1 日起施行。

20 日，国家铁路局局长费东斌在北京会见越南铁路局局长陈善景一行。双方围绕落实两国领导人关于构建具有战略意义的中越命运共同体的重要共识，就深化中越铁路合作深入交换了意见。副局长安路生参加会见。

20 日，发布《国家铁路局关于印发〈铁路无线电频率使用许可实施细则〉的通知》（国铁设备监规〔2023〕32 号）。

22 日，国家铁路局在北京召开 2023 年铁路科技创新工作会议。国家铁路局党组书记、局长费东斌出席会议并讲话，党组成员、副局长安路生主持会议，党组成员、副局长吴德金、郑宏波、王启铭出席会议。科技部、交通运输部、中国科协、自然科学基金委有关部门负责同志应邀出席会议。

26 日，国家铁路局党组成员、副局长、局技术委员会主任安路生主持召开 2023 年国家铁路局技术委员会第八次会议，研究审议《内燃机车 直流传动内燃机车》等 4 项铁路技术标准、《铁路信号设计规范》等 3 项铁路工程建设标准局部修订条文。

28 日，国家铁路局党组成员、副局长、川藏铁路工程监管督导组组长郑宏波主持召开 2023 年川藏铁路工程监管督导组第 2 次会议。

28 日，印发《国家铁路局关于印发〈铁路行政处罚案卷管理和评查办法〉的通知》（国铁安监〔2023〕33 号）。

2023 年中国民航大事记

1 月

2 日，山航注册编号为 B-220W 的波音 737-800 客机在济南机场降落，标志着我国首套安装了完全国产自主 Ku 频段高通量机载卫通终端的高速空地互联飞机试飞成功。

6 日，2023 年全国民航工作会议在北京召开。会议以习近平新时代中国特色社会主义思想为指导，认真学习贯彻落实党的二十大精神和中央经济工作会议精神，传达国务院副总理刘鹤对民航工作的批示要求，总结回顾民航 2022 年工作和新时代十年发展成就，分析行业面临的形势，系统谋划未来一个时期民航工作，部署 2023 年民航重点任务。交通运输部部长李小鹏出席会议并讲话。民航局局长宋志勇作了题为《深入贯彻落实党的二十大精神 奋力谱写交通强国民航新篇章 为全面建设社会主义现代化国家贡献民航力量》的工作报告。

6 日，2023 年全国民航航空安全工作会议在北京召开。民航局副局长胡振江作了题为《坚持守正创新 矢志真抓实干 以党的二十大精神为指引构筑更高水平航空安全》的航空安全工作报告。

9 日，民航局授予上海航空“飞行安全四星奖”。

10 日，民航局发布《关于公布民航领域国家标准、行业标准及计量技术规范目录的通知》。截至 2022 年 12 月底，现行有效的民航领域国家标准 36 项、民航行业标准 270 项、民航计量技术规范 68 项。

18 日，国家发展改革委批复南昌机场三期扩建工程可行性研究报告。本期工程按照年旅客吞吐量 4200 万人次、货邮吞吐量 60 万吨的目标设计。飞行区等级指标 4F，总投资 252.6 亿元。

22 日，民航局印发《关于通报行政执法先进集体先进个人评选结果的决定》，面向全行业通报表扬 10 家民航行政执法先进集体、19 名民航行政执法先进个人。这是民航局首次评选行政执法先进集体和先进个人。经民航局推荐，中南局航安办主任李冰黎荣获司法部“全国行政执法先进个人”称号。

29 日，民航局印发《关于进一步优化通用航空应急救援飞行计划绿色通道保障的通知》，健全完善通用航空应急救援飞行计划申请绿色通道，推动航空应急救援事业发展。

2 月

6 日，民航局发布《民航旅客行李全流程跟踪系统 第 1 部分：机场端建设规范》（MH/T 1076.1—2023）、《民航旅客行李全流程跟踪系统 第 2 部分：数据交换接口规范》（MH/T 1076.2—2023）、《民航旅客行李全流程跟踪系统 第 3 部分：报文规范》（MH/T 1076.3—2023）3 项行业标准，自 2023 年 3 月 1 日起施行。

6 日，民航局发布《行李处理系统 第 4 部分：托盘式分拣机》（MH/T 6123.4—2023）、《行李处理系统 第 5 部分：独立运载单元》（MH/T 6123.5—2023）2 项行业标准，自 2023 年 3 月 1 日起施行。

6 日，民航局发布行业标准《飞机地锚设计与维护技术指南》（MH/T 5064—2023），自 2023 年 4 月 1 日起施行。

14 日，2023 年民航系统全面从严治党工作会议在北京召开。会议传达二十届中央纪委二次全会和全国组织部长会议、全国宣传部长会议精神，通报民航局党组 2022 年民主生活会情况，总结 2022 年民航系统全面从严治党工作，部署今年重点任务。民航局党组书记、局长宋志勇，中央纪委国家监委驻交通运输部纪检监察组组长邹天敬出席会议并讲话。

15 日，民航局发布行业标准《民用直升机场飞行场地技术标准》（MH/T 5013—2023），自 2023 年 4 月 1 日起施行。

23 日，“中国民航航班时刻管理研究中心”揭牌仪式在南京航空航天大学举行。该中心由民航局依托南京航空航天大学成立，立足全国航班时刻管理改革需要，在相关政策、标准和行业应用等方面提供技术支持。

2 月，民航局协调组织国航包机运送中国救援队赴土耳其开展抗震救援工作，执行运输任务 2 架次，运输人员 226 人次，物资 37.45 吨。

3 月

8 日，民航局授予南航通航“通用飞行安全二星奖”，授予珠海中航飞行学校“飞行训练安全一星奖”。

8 日，民航局发布行业标准《民用无人驾驶航空器实名登记数据交换接口规范》（MH/T 3030—2023），自 2023 年 4 月 1 日起施行。

15 日，“空地一体新航行系统技术全国重点实验室”获得科技部批复建设。该实验室由民航数据通信有限责任公司、北京航空航天大学、北京理工大学 3 家单位作为共同依托单位建设，实现了中国民航国家级科研平台“零”的突破，是截至目前国内空管新航行技术领域唯一的全国重点实验室。

20 日，民航局发布《关于“3·21”东航 MU5735 航空器飞行事故调查进展情况的通报》。

21 日，工业和信息化部、民航局联合印发《民用机场跑道外来物探测设备无线电管理暂行规定》。

22 日，中国民航大学与国际航空运输协会签署合作协议，共同开展科研与业务实践项目，夯实中国民航创新型国际化专业人才队伍建设基础。

23 日，交通运输部发布《关于修改〈平行跑道同时仪表运行管理规定〉的决定》（交通运输部令 2023 年第 1 号），自 2023 年 5 月 1 日起施行。

24 日，民航局修订印发《通用航空企业诚信经营评价管理暂行办法》。

27—29 日，首届中国民航国际化人才技能大赛全国赛在北京举办，共 30 名选手和 28 家单位获奖。大赛由民航工会联合民航局人教司、国际司（港澳台办公室）、全国民航团委共同举办。

29 日，民航局召开碳达峰碳中和工作领导小组第一次全体会议，深入学习贯彻党的二十大精神，全面分析民航绿色发展面临形势，统筹部署下一阶段民航落实国家“双碳”目标重点工作。民航局局长宋志勇出席会议并讲话。

30 日，以“低碳转型 创新发展”为主题的首届民航绿色发展论坛暨民航绿色发展设施设备展在山东威海举办。

4 月

6 日，民航局党组书记、局长宋志勇主持召开党组会，传达学习中共中央政治局 3 月 30 日会议精神、中央政治局第四次集体学习会议精神，传达学习贯彻习近平新时代中国特色社会主义思想主题教育工作会议精神，审议通过《民航系统学习贯彻习近平新时代中国特色社会主义思想主题教育实施方案》《民航局党组关于深入开展调查研究的实施方案》。

6 日，民航局印发《中国民用航空安全奖励办法（试行）》，旨在进一步加强民航安全管理，规范安全奖励工作。

12 日，民航局印发《关于进一步加强民航工程建设领域根治拖欠农民工工资工作的通知》，提出根治欠薪 10 条措施。

15 日，民航局印发《关于表扬 C919 飞机适航审定相关先进集体和先进个人的通报》，对在 C919 飞机适航审定工作中成绩突出的 44 个先进集体和 119 名先进个人予以通报表扬。

23 日，全国民航团委决定，命名湖南监管局“三湘蓝天”号青年监察员班组等 145 个集体为“2021—2022 年度民航青年文明号”。

25 日，民航局局长宋志勇在北京会见柬埔寨民航国务秘书处大臣毛哈万纳一行，双方签署《中国民用航空局和柬埔寨民航国务秘书处关于实施第七航权运行安全的合作协议》，并就进一步加强中柬民航合作等议题交换意见。

28 日，民航局印发《关于国际客运航班机场收费有关问题的通知》，旨在给予国际客运航班必要支持，降低航空公司运营成本，助力国际客运航班恢复。

4 月 29 日和 5 月 2 日，因苏丹爆发武装冲突，民航局组织国航各执行一架次临时航班任务，赴沙特阿拉伯吉达接返我自苏丹撤离人员，共计接返 488 人。

5 月

4 日，民航局印发《民航重大安全隐患判定标准（试行）》，自 2023 年 5 月 10 日起试行，有效期 2 年。

4 日，民航局发布《智慧民航数据治理典型实践案例》信息通告。此前，民航局已发布《智慧民航数据治理规范 数据共享》等 7 部行业标准。

8 日，交通运输部发布《关于废止〈民用航空企业及机场联合重组改制管理规定〉的决定》（交通运输部令 2023 年第 6 号），自公布之日起施行。

8—16 日，中国民航局副局长吕尔学相继访问吉尔吉斯斯坦、匈牙利、塞尔维亚，并与三国民航当局分别签署谅解备忘录。

10 日，民航局印发《关于支持既有国际航线串飞海南机场的通知》，允许国内航空公司无需将已获配置的航权交回，即可以始发（到达）或经停的方式串飞海南省内口岸机场，进一步提升航空公司在海南安排国际航线航班的积极性，支持海南自由贸易港建设。

16 日，民航局出台《民航专业工程施工重大安全隐患判定标准（试行）》（AC—165—CA—2023—01），自发布之日起施行。

18 日，在中国—中亚峰会上，中国交通运输部部长李小鹏与吉尔吉斯共和国外长库鲁巴耶夫、塔吉克斯坦外交部部长穆赫里丁分别签署《中华人民共和国政府和吉尔吉斯共和国内阁关于民用航空器搜寻与救援协议》和《中华人民共和国政府和塔吉克斯坦共和国政府关于民用航空器搜寻与援救协议》。

26 日，民航局印发《运输机场人员控制区通行证管理规定》，自 2023 年 7 月 1 日起施行，旨在推动全国控制区通行证件管理和控制区通行管制工作进入规范化管理时代。

28 日，12 时 31 分，东航使用中国商飞全球首架交付的 C919 大型客机执行 MU9191 航班，从虹桥机场飞抵首都机场，标志着 C919 大型客机完成全球首次商业载客飞行，实现研发、制造、取证、投运全面贯通。

31 日，国务院、中央军委公布《无人驾驶航空器飞行管理暂行条例》（国务院、中央军委令第 761 号），自 2024 年 1 月 1 日起施行。

31 日，《中华人民共和国民用航空法》修订项目列入《国务院 2023 年度立法工作计划》，这是 7 年来《民用航空法》修订项目首次列入国务院年度立法工作计划。9 月 7 日，该修订项目列入十四届全国人大常委会立法规划。

6 月

1 日，民航局发布行业标准《绿色机场评价导则》（MH/T 5069—2023），自 2023 年 7 月 1 日起施行。

6 日，国际民航组织亚太地区分办事处成立 10 周年庆祝活动在北京举办。中国民航局局长宋志勇出席活动并致辞，与国际民航组织秘书长萨拉萨尔签署更新的《中国民用航空局与国际民用航空组织关于亚太地区分办事处财务和行政安排的补充协议》。

14 日，民航局印发《智慧民航建设评价指标体系（试行）》，围绕《智慧民航建设路线图》的总体架构和场景视点，构建形成由 9 个一级指标、24 个评价要素、38 个评价指标组成的指标体系。

16 日，民航局印发《关于运输机场空飘物防治的指导意见（试行）》，是民航首部专门针对空飘物防治的行业政策性指导文件。

20 日，民航局发布《通用机场选址技术指南 第 1 部分：跑道型机场》（MH/T 5065.1—2023）、《通用机场选址技术指南 第 2 部分：直升机场》（MH/T 5065.2—2023）、《通用机场选址技术指南 第 3 部分：水上机场》（MH/T 5065.3—2023）3 项行业标准，自 2023 年 7 月 1 日起施行。

24 日，民航局印发《关于贯彻落实习近平总书记重要批示精神 切实做好当前民航安全工作的通知》，就提高安全工作政治站位、全面落实安全生产责任制、狠抓规章标准落实、推进重大隐患排查治理和落实汛期季节性风险防范措施 5 个方面提出工作要求。

25 日，国家发展改革委批复合肥机场飞行区及工作区扩建工程项目建议书。本期工程按照年旅客吞吐量 4000 万人次、货邮吞吐量 35 万吨的目标设计。飞行区等级指标 4F，总投资 108.25 亿元。

26 日，ARJ21 客机改货机设计改装构型获得民航局批准。10 月 30 日，首批 2 架 ARJ21 客改货飞机交付仪式在广州举行，ARJ21 货机投入航空货运市场后，国产商用飞机系列化发展又迈出坚实一步。

28 日，十四届全国人大常委会第三次会议审议并批准《关于制止非法劫持航空器的公约的补充议定书》（即《北京议定书》）。这是新中国成立以来首批以中国城市命名的民航多边条约之一。

28 日，国务院、中央军委批复新建周口机场工程项目建议书。本期工程按照年旅客吞吐量 100 万人次、货邮吞吐量 3500 吨的目标设计。飞行区等级指标 4C，总投资 15.72 亿元。

7 月

4 日，民航局召开“依法整治‘机闹’维护航空安全秩序”专项行动动员部署会。6 日，民航局印发《民航依法整治“机闹”维护航空安全秩序专项行动方案》，部署为期 1 年的专项行动，从依法处置、飞行安全、运输服务、宣传教育等方面遏制“机闹”事件上升苗头，坚决落实习近平总书记重要批示精神，维护航空安全秩序。

5 日，民航局向芜湖钻石航空发动机有限公司颁发 AEC2.0L 航空发动机型号合格证（编号 TC0076E），这是国产重油航空活塞发动机首次按照《航空发动机适航规定》（CCAR—33R2）要求完成全部适航验证，也是我国首次拥有完成 TC 取证、具备完整自主知识产权的全电子控制的重油活塞发动机。

7 日，中国民航局副局长胡振江与瑞士民航局副局长马丁 · 施密德 · 丁在瑞士伯尔尼签署《中华人民共和国政府与瑞士联邦委员会关于促进航空安全的协定》。根据此协定，中国民航局与瑞士民航局制定的《适航实施程序》于当日签署。中国驻瑞士大使王世廷出席签字仪式。

10 日，中国民航局局长宋志勇与所罗门群岛通讯与民航部部长阿格瓦卡在北京签署《中华人民共和国政府和所罗门群岛政府民用航空运输协定》。中国国务院总理李强与所罗门群岛总理索加瓦雷出席签字仪式。

10—12 日，中国民航局副局长胡振江访问英国，与英国交通部及民航局启动拓展航空安全领域合作，签署相关合作文件，并调研中航客舱公司、希思罗机场。

11 日，2023 年全国民航年中工作电视电话会议在北京召开。会议对照年初全国民航工作会议部署，总结上半年民航工作，分析当前面临形势，部署下半年重点任务，推动全年各项任务圆满完成。

13 日，中国民航局与欧洲航空安全局签署《CAAC 和 EASA 关于钻石飞机按照 CAAC PC 在华生产的工作安排》。

13 日，中航工业哈飞公司研制的双发涡桨通勤类 Y12F 飞机获得欧盟航空安全局（EASA）颁发的型号合格证。这是该飞机在 2015 年 12 月 10 日获得中国民航局型号合格证的基础上，继 2016 年 2 月 22 日获得美国联邦航空局型号认可后，再次获得国外航空当局颁发的型号认可，也是我国首个取得 EASA 型号认可的 CCAR 23 部正常类飞机。

14 日，国航派出空客 A350 型飞机成功执飞杭州至北京“低碳主题航班”，这是国内首次宽体机国产可持续航空燃料商业载客飞行。此次飞行加注掺混比例为 10% 的国产可持续航空燃料，该燃料于 2022 年 9 月通过民航局适航批准，并获得全球可持续生物材料圆桌会议认证证书。

17 日至 8 月 12 日，民航圆满完成 2023 年成都大运会航空运输保障任务。组织保障我国领导人乘坐民航航班任务 1 起、飞行 2 班；保障外国领导人专机任务 3 起、飞行 8 班，乘坐航班任务 2 起、飞行 7 班；成都两场保障涉会航班 2430 架次，人员 1.8 万人次，行李 2.5 万件次。

21 日，民航局发布《民航政务数据共享与交换技术要求》（MH/T 3031—2023）、《民航统一认证接口规范》（MH/T 3032—2023）、《民航行政审批服务平台接口对接规范》（MH/T 3033—2023）、《民航行业监管事项库及执法处理数据接口规范》（MH/T 3034—2023）4 项行业标准，自 2023 年 8 月 1 日起施行。

26 日，中国民航局与贝宁国家民航局签署《中国民用航空局与贝宁国家民航局关于中国设计制造航空器在贝宁注册运行的持续适航谅解备忘录》。

8 月

1 日，民航局印发《民航应急预案操作手册编制指南》，进一步指导民航各单位增强应急预案的针对性、实用性和可操作性，提升行业突发事件应对能力。

7 日，民航局印发《民航加快建设全国统一大市场近期重点举措》，贯彻落实国家关于建设全国统一大市场工作的总体部署，结合民航实际情况形成5个方面共9项近期重点工作举措。

8日，民航局召开中国民航“一带一路”合作平台指导委员会第二次会议，深入贯彻落实党中央、国务院决策部署，系统总结十年来中国民航参与“一带一路”建设成效，研究部署下一步重点工作。会议审议通过《中国民航“一带一路”合作平台章程》。该平台指导委员会第一次会议于2021年6月16日召开。

9日，民航局发布《航空货物装卸工作规范》，自2023年11月1日起施行。

14—16日，中国民航局副局长崔晓峰率团访问巴巴多斯，与巴巴多斯旅游和国际交通部长伊恩·古丁-埃奇希尔率领的民航代表团举行航空会谈，双方签署会议纪要并草签航空运输协定文本。

16日，民航局发布行业标准《高级场面活动引导与控制系统技术规范》（MH/T 4042—2023），自2023年9月1日起施行。

17—19日，中国民航局副局长崔晓峰率团访问墨西哥，与墨西哥民航局局长奥苏纳率领的民航代表团举行航空会谈，并签署关于加强中墨民航全面合作的谅解备忘录和有关航权安排的谅解备忘录。

18日，湖南湘西边城机场通航，该机场飞行区等级4C，新建跑道长2600米，总投资28.48亿元。

18日，民航局发布《民用运输机场工程对象分类和编码标准》（MH/T 5070—2023）、《民用运输机场建筑信息模型设计应用标准》（MH/T 5071—2023）、《民用运输机场建筑信息模型施工应用标准》（MH/T 5072—2023）、《民用运输机场建筑信息模型运维应用标准》（MH/T 5073—2023）4项行业标准，自2023年9月1日起施行。

21—22日，中国民航局副局长崔晓峰率团访问阿曼，分别与中国—阿曼友好协会主席哈立德、阿曼民航局航空政策负责人萨利姆举行会谈，并签署会议纪要。

22日，中国民航局副局长韩钧率团访问比利时，与比利时民航局局长科恩·米利斯率领的民航代表团举行会谈。双方就进一步扩大两国间航权安排达成共识，并签署谅解备忘录。

23日，中国民航局副局长韩钧率团访问卢森堡，与卢森堡民航局局长皮埃尔·耶格率领的民航代表团举行会谈。双方就进一步扩大两国间航权安排达成共识，并签署谅解备忘录，进一步促进郑州—卢森堡“空中丝绸之路”建设。

29日，全国首款北斗三号卫星导航系统（BDS）机载民用航空器定位追踪设备获得民航局颁发的技术标准规定批准书（CTSOA），标志着该设备正式获得局方批准装机部署。这是北斗三号定位追踪系统在我国民用运输航空领域的首次成功应用。

9月

7日，民航局印发《关于首次乘机旅客服务便利化的指导意见》，旨在为广大首次乘机旅客提供安全、便捷、舒适的民航服务。

8日，民航局印发《民用机场名称管理办法》，自2023年10月1日起施行。这是首部专门针对民用机场命名、更名及使用的行政规范性文件。

9日至10月30日，民航圆满完成2023年杭州亚运会、亚残运会航空运输保障任务。组织保障我国领导人乘坐民航航班任务1起、飞行2班；保障外国领导人专机任务4起、飞行10班，乘坐航班任务2起、飞行10班；保障涉亚航班8587架次，人员7.3万人次，行李11.6万件次。

11日，民航局印发《运输机场场道工程建设质量检测管理办法》，作为《运输机场专业工程建设质量和安全生产监督管理规定》（CCAR—165—R1）的配套规范性文件，旨在增强民航基础设施建设领域质量意识，推进民航专业工程高质量发展。

11日，民航局飞标司印发《关于全面推行民用航空器驾驶员电子执照的通知》，推动我国成为全球首个全面推广应用电子人员执照（EPL）的国家，提升我国制定国际民航规则标准的话语权和主导权，推动国际人员证照电子化进程。

12日，民航局发布《民用机场飞机荷载桥梁技术状况评定规程》（MH/T 5074—2023）、《民用机场飞机荷载桥梁荷载试验规程》（MH/T 5075—2023）2项行业标准，自2023年10月1日起施行。

此次发布的2项行业标准与之前发布的《飞机荷载桥梁在机场工程中的应用》《民用机场飞机荷载桥梁设计指南》共同组成中国民航飞机荷载桥梁技术标准体系，填补了国际民航相关领域的技术标准空白。

13日，中国民航局局长宋志勇与委内瑞拉交通部部长拉蒙·维拉斯凯斯在北京签署《中华人民共和国政府和委内瑞拉玻利瓦尔共和国政府民用航空运输协定》。中国国家主席习近平与委内瑞拉总统马杜罗出席签字仪式。至此，中国已与131个国家和地区签署了政府间航空运输协定。

13日，民航局印发《强化民航安全治理合力 通报安全状况的管理程序》，旨在建立健全民航行政机关向航空公司及运输机场所在地人民政府、上级主管部门及相关方通报安全状况、沟通重要信息、提出工作要求或建议的常态化工作机制，形成民航安全治理合力。

14日，民用机场协会发布团体标准《商务航空固定基地运营商（FBO）地面操作和服务指南》（T/CCAATB 0046—2023），自2023年10月14日起施行。这是国内首个商务航空FBO团体标准，对规范指导国内FBO运营管理、辅助支持行业管理部门决策具有重要意义。

15日，全球首条远程无人驾驶自动登机桥（L4级登机桥）在成都天府国际机场完成首个载客航班保障任务，这是无人驾驶靠机设备在全球机场首次使用。

18日，以"畅叙友谊，畅联世界——高质量共建中国—东盟航空运输市场"为主题的第三届中国—东盟民航合作论坛在广西南宁举办。

24日，民航局组织东航执行赴利比亚班加西紧急人道主义援助物资运输任务，为遭遇严重洪水灾害的利比亚运输物资91.4吨。

25—26日，以"可持续交通：携手合作助力全球发展"为主题的全球可持续交通高峰论坛（2023）在北京举办，中国民航局局长宋志勇在9月26日上午举办的"生态优先——加快全球交通绿色低碳转型"主题会议上致辞。

26日，民航局印发《活体动物航空运输工作指南》，旨在进一步提高活体动物运输操作水平，提升特种货物运输服务质量，确保航空运输安全。

28日，国家发展改革委批复温州机场三期扩建工程项目建议书。本期工程按照年旅客吞吐量3000万人次、货邮吞吐量32万吨的目标设计。飞行区等级指标4E，总投资135.5亿元。

10月

1日，经十三届全国人大常委会第三十七次会议批准的《制止与国际民用航空有关的非法行为的公约》（简称《北京公约》）对我国正式生效。

12日，民航局向亿航智能设备（广州）有限公司颁发EH216-S型无人驾驶航空器系统型号合格证（编号TC0078A），标志着EH216-S的型号设计符合民航局适航要求，具备载人飞行的安全能力。这是世界首个载人无人驾驶电动垂直起降航空器型号合格证。颁证仪式于次日在北京举行。

14日至21日，民航圆满完成第三届"一带一路"国际合作高峰论坛航空运输保障，保障涉高峰论坛重要飞行任务289架次，人员3213人次，行李3028件次。

16日，民航局授予长龙航空"飞行安全一星奖"。

16日，民航局向中国特种飞行器研究所海鸥300型水陆两栖飞机颁发型号合格证（编号TC0079A）。

18日，中国民航局局长宋志勇与哈萨克斯坦共和国交通运输部部长卡拉巴耶夫、塔吉克斯坦共和国民航局局长蒂尔舒德分别签署《中国民用航空局和哈萨克斯坦共和国交通运输部关于共建"空中丝绸之路"的谅解备忘录》《中国民用航空局和塔吉克斯坦共和国民用航空局关于共建"空中丝绸之路"的谅解备忘录》。

19日，国家发展改革委批复大连新机场工程可行性研究报告。本期工程按照年旅客吞吐量4300万人次、货邮吞吐量55万吨的目标设计。北飞行区等级指标4F，南飞行区等级指标4E，总投资567.96亿元。

25日，以"绘就智慧民航发展新蓝图"为主题的

2023年智慧民航发展论坛在北京开幕。论坛发布了《智慧民航数据治理典型实践案例》和《智慧民航发展论坛优秀案例和优秀研究成果征集活动方案》。

26日，民航局印发《民航人才发展行动计划（2023—2027年）》，聚焦民航安全，围绕高质量发展，统筹推动科技创新人才、专业技术人才和国际化人才“三支队伍”建设。

27日，中国民航局与埃塞俄比亚民航局通过书面换函，就扩大中埃有关货运航权安排达成一致。

30日，民航局印发《关于加强民航专业工程建设质量管理工作的二十条措施》。

30日，民航局发布行业标准《民用无人驾驶航空器系统物流运行通用要求 第1部分：海岛场景》（MH/T 2014—2023），自2023年11月1日起施行。

11月

1日，国际民航组织第230届理事会第2次会议任命中国提名的航行委员梁均荣为新一届空中航行委员会主席，任期自2024年1月1日至2024年12月31日。这是中国籍航行委员首次担任该职务。

2日，包含北斗卫星导航系统标准和建议措施的《国际民用航空公约》附件10最新修订版正式生效，标志着北斗卫星导航系统正式加入国际民航组织（ICAO）标准，成为全球民航通用的卫星导航系统。

3日，中国民航局局长宋志勇与希腊基础设施和交通部部长斯泰库拉斯在北京签署更新的《中华人民共和国政府和希腊共和国政府航班协定》。

3—5日，以“开放合作谋发展 共谱民航新篇章”为主题的首届CATA（中国航协）航空大会在北京举办。会议围绕民航安全运行、真情服务、航班正常、绿色低碳、智慧发展等主题，举行行业论坛和专业会展。

7日，《民航航班时刻管理办法》和《新一代航班时刻管理系统建设基本需求》通过终审。民航局副局长马兵出席终审会议并讲话。

10日，民航局向浙江通飞研究院有限公司AG100型飞机颁发型号合格证（编号TC0080A）。

15日，民航局印发《提升千万级机场航班近机位靠桥率指导意见》《千万级机场航班近机位靠桥率考核办法（试行）》。

17日，国家发展改革委批复新建轮台机场工程可行性研究报告。本期工程按照年旅客吞吐量30万人次、货邮吞吐量600吨的目标设计。飞行区等级指标4C，总投资6.8亿元。

19日，航科院承担建设的国家技术标准创新基地（民航）获国家标准化管理委员会批准成立。

20—24日，国际民航组织第三次航空和代用燃料会议在阿联酋迪拜召开。会议在部分国家就相关议题提出保留的情况下，通过《国际民航组织可持续航空燃料、低碳航空燃料和其他航空清洁能源的全球框架》。民航局副局长韩钧率团参加会议。

21日，中国民航局局长宋志勇与美国驻华大使尼古拉斯·伯恩斯举行会谈并出席伯恩斯大使在官邸为中美航空合作项目（ACP）举办的招待会。双方就落实两国领导人旧金山会晤共识和愿景，推动中美进一步大幅增加航班，加强中美两国民航各领域合作深入交换了意见。

21日，民航局航安办修订印发《民用航空器事件调查员管理办法》，自2023年12月1日起施行。

22日，民航局发布行业标准《民用航空空中交通服务报文格式》（MH/T 4007—2023），自2023年12月1日起施行。

23日，民航局航安办修订印发《民用航空器事件技术调查手册》，自2023年12月1日起施行。

23—26日，以“实现您的飞行梦想”为主题的2023亚洲通用航空展在广东珠海举办。

27日，民航局修订印发《事件样例》，自2024年1月1日起施行。

28日，民航局与公安部签署《民用航空器事故调查合作备忘录》，对民用航空器事故涉及的民航技术调查与公安刑事调查作出原则性的协调安排，进一步加强和促进民航行政机关与公安机关在民用航空器事故调查领域的有效沟通与合作，以便双方更好地依法履职。

28日，国际民航组织举办第二届“ICAO在中国”网络研讨会，旨在帮助中国民航从业人员更好地了解国际民航组织事务，深入参与相关国际交流合作。民航局副局长崔晓峰出席会议并讲话，国际民航组织秘书长萨拉萨尔、亚太地区办事处主任马涛分别致辞。

29 日，河南安阳红旗渠机场通航。该机场飞行区等级 4C，新建跑道长 2600 米，总投资 13.66 亿元。

11 月 30 日—12 月 12 日，民航局相继完成 PW1100G、CF34-8、CF34-10A 等三型发动机对 CCAR34—R1 符合性审查，这是我国首次按照 ICAO 附件 16 CAEP/11 环保要求，对发动机进行适航审定。

12 月

1 日，民航局印发《民用航空企业及机场联合重组改制备案管理办法》，旨在加强民用航空企业及机场联合重组改制行为的事中事后监管，建立公平有序竞争的市场秩序。

4 日，中国和新加坡政府签署《中华人民共和国政府和新加坡共和国政府关于进一步升级〈自由贸易协定〉的议定书》，我国民航领域在自贸协定实践中首次采用负面清单模式作出服务和投资开放承诺，涉及“航空器的维修和保养服务”“计算机订座系统服务（CRS）”“空运服务的销售和营销服务”3 个民航领域。

6 日，民航局发布行业标准《民用航空生产运行工业控制系统网络安全防护技术要求》（MH/T 3035—2023），自 2024 年 1 月 1 日起施行。

8 日，民航局飞标司印发《关于加强民用航空人员体检鉴定机构廉政风险防控体系建设的通知》，指导民用航空人员体检鉴定机构建立和实施廉政风险防控体系，推动体检鉴定工作健康发展。

11 日，民航局印发《民航中长期科学和技术发展规划纲要（2021—2035 年）》，聚焦科技革命和民航产业变革的重大方向，加强民航领域应用基础研究、前沿技术探索、关键技术攻关、核心系统装备研制等科研任务的系统性布局。

11 日，民航局印发《通用航空短途运输运营服务管理办法》，在 2020 年印发的《通用航空短途运输管理暂行办法》基础上，进一步明确通用航空短途运输在安全、市场和服务等方面的管理要求，规范通用航空短途运输运营服务保障，构建完善“干支通、全网联”航空运输网络体系，便利交通不便和偏远地区人民群众出行。

13 日，民航局向中国特种飞行器研究所 AS700 型飞艇颁发型号合格证（编号 TC0082A—ZN）。

14—15 日，中国民航局联合香港特区政府民航处、香港国际航空学院在香港联合举办系列民航科创展示活动。C919、ARJ21 国产民机在港静态展示，C919 飞机在维多利亚湾做飞行展示。这是国产民机首次在内地以外的地区进行展示。2023 亚太地区创新科技及能力提升展览会在亚洲国际博览馆举办。

15 日，民航局印发《关于落实民航安全责任的管理办法》，自 2023 年 12 月 15 日生效，过渡期 1 年，旨在推进民航安全生产领域“四个责任”落实。

17 日，四川阆中古城机场通航。该机场飞行区等级 4C，新建跑道长 2600 米，总投资 11.64 亿元。

18 日，山西朔州滋润机场通航。该机场飞行区等级 4C，新建跑道长 2600 米，总投资 9.5 亿元。

18 日，财政部、民航局联合印发《关于修订支线航空补贴管理暂行办法的通知》，对支线航空补贴范围、标准、方式进行调整优化，进一步加大对连接地面交通可及性差的偏远及特殊地区航线以及使用支线飞机执飞航线的补贴力度，助力推动基本航空服务计划实施。

19 日，民航局修订印发《民用航空器事件调查员培训管理办法》和《民用航空器事件技术调查安全建议管理办法》，自 2023 年 12 月 31 日起施行。

19 日，民航局政法司印发《关于全面应用企业法定自查系统的通知》，开放依托民航行政执法信息系统（SES）建设的企业法定自查系统，供民航中小企业免费使用，解决了民航中小企业法定自查工作缺乏信息系统支撑的问题，进一步发挥法定自查在履行安全生产主体责任、提高隐患排查治理能力方面的积极作用。

20 日，民航局印发《中小机场空管安全保障能力提升行动方案（2023—2025 年）》，这是民航局出台的最完整最全面指导中小机场空管工作的政策性文件，是落实全面深化民航改革，推进空管领域治理体系和治理能力现代化的重要部署，也是破解行业发展难题、提升国家空域系统安全保障能力的重要举措。

24 日，国务院、中央军委批复福建连城军民合用机场民用部分迁建工程项目建议书。本期工程按照年旅客吞吐量 120 万人次、货邮吞吐量 5000 吨的目标设计。飞行区等级指标 4C，总投资 37.51 亿元。

26 日，山东济宁大安机场通航。该机场飞行区等级 4C，新建跑道长 2800 米，总投资 22.97 亿元。

27 日，西藏阿里普兰机场通航。该机场飞行区等级 4C，新建跑道长 4500 米，总投资 43.6 亿元。

28 日，民航局印发《民用航空行政裁量权基准制定规则》，自 2024 年 1 月 1 日起施行，旨在推动实现民航行政裁量标准制度化、行为规范化、管理科学化。

27 日，民航局印发《民用航空行政裁量权基准制定规则》，自 2024 年 1 月 1 日起施行，旨在推动实现民航行政裁量标准制度化、行为规范化、管理科学化。

29 日，民航局发布行业标准《运输机场工程概算编制规程》（MH/T 5076—2023），自 2024 年 2 月 1 日起施行。

29 日，民航局适航司授权中航工业集团适航工程中心设立适航审定培训机构，承担适航审定人员培训课程讲授。

29 日，民航气象中心正式发布全球主要区域的高层重要天气预告图、高空风和温度预告图以及全球范围的 8 类网格式预报产品，标志着世界区域预报系统（WAFS）的国产替代产品正式投入业务运行。

2023 年国家邮政局大事记

1 月

4 日，国家邮政局党组召开会议，传达学习贯彻习近平总书记重要讲话、重要指示精神，原文学习党的二十大报告，强调全系统全行业要坚决贯彻落实党中央决策部署，脚踏实地、埋头苦干，确保新年度工作开好局起好步。

4 日，国家邮政局召开局长办公会议，审议并原则通过 2023 年春节期间寄递服务保障工作方案，强调全系统全行业要全力以赴做好寄递服务保障工作，确保春节期间行业安全平稳运行。

12 日，在春节即将来临之际，国家邮政局党组书记、局长赵冲久在京调研春节寄递服务保障工作，并看望慰问奋战在基层一线的从业人员。

13 日，国家邮政局党组成员、副局长廖进荣赴河北廊坊圆通、京东、申通转运中心和广阳邮政支局、第三大街顺丰速运网点，实地调研督导岁末年初安全生产工作，并代表国家邮政局党组看望慰问基层一线从业人员。

17 日，2023 年全国邮政管理工作会议在北京召开。会议传达学习国务院副总理刘鹤批示精神，总结回顾 2022 年工作和新时代十年行业发展成就，分析形势，明确提出 2023 年邮政管理工作的总体要求和重点任务。交通运输部部长李小鹏出席会议并讲话，国家邮政局党组书记、局长赵冲久作工作报告，局党组成员、副局长戴应军主持会议，局党组成员、副局长赵民、廖进荣、陈凯出席会议。

17 日，国家邮政局党组召开会议，传达学习贯彻习近平总书记重要讲话精神和国务院有关会议精神，审议并原则通过《中共国家邮政局党组关于 2022 年履行全面从严治党主体责任情况报告》，听取 2022 年邮政快递业安全生产工作情况和 2023 年重点工作安排汇报。

18 日，国家邮政局召开 2023 年春节期间寄递服务保障工作专题会议，对春节期间寄递服务保障工作进行再动员、再部署、再强调，要求深入贯彻中央经济工作会议精神、国务院常务会议精神，认真落实党中央、国务院决策部署，进一步统一思想、凝聚共识、周密部署、有序行动，全力以赴做好春节期间寄递服务保障工作，为人民群众度过幸福安康欢乐祥和的春节作出行业贡献。

2 月

6 日，国家邮政局召开局长办公会，审议并原则通过国家邮政局2023年重点工作和2023年邮政快递业更贴近民生七件实事（送审稿）、《寄递服务用户个人信息安全管理规定（送审稿）》等。

9日，国家邮政局定点帮扶河北省平泉市工作座谈会在京召开。局党组书记、局长赵冲久，局党组成员、副局长赵民与河北省平泉市委书记王贺民一行，就深入贯彻落实习近平总书记重要讲话精神和党中央决策部署，围绕实现巩固拓展脱贫攻坚成果同乡村振兴有效衔接，共叙帮扶之谊、共谋发展之策，深化央地合作共进，在新的征程上书写定点帮扶新篇章。

15日，国家邮政局召开局长办公会议，听取2023年全国邮政普遍服务监管工作会议、全国邮政市场监管工作会议有关情况的汇报，审议并原则通过《关于推动邮政快递业绿色低碳发展实施意见（送审稿）》等。

21—22日，国家邮政局在湖南长沙召开2023年全国邮政市场监管工作会议。会议以习近平新时代中国特色社会主义思想为指导，全面学习宣传贯彻党的二十大精神，贯彻落实全国邮政管理工作会议精神，总结2022年邮政市场监管工作，分析形势，部署2023年重点工作。局党组成员、副局长陈凯作工作报告。

22—24日，国家邮政局党组成员、副局长陈凯一行赴湖南郴州、湘潭、长沙等地调研农村寄递物流体系建设、快递进厂和客货邮融合发展等情况。

28日，国家邮政局党组书记、局长赵冲久赴河北省廊坊市调研邮政业发展情况，检查全国两会期间寄递安全服务保障工作。河北省副省长胡启生，国家邮政局党组成员、副局长陈凯陪同调研。

3月

2日，国家邮政局召开全国两会期间寄递渠道安全服务保障工作部署视频会议，深入贯彻党的二十大精神，就做好相关工作进行再部署，为保障全国两会顺利召开营造安全稳定的寄递服务环境。局党组成员、副局长廖进荣出席会议并讲话，强调要将做好全国两会期间寄递渠道安全服务保障工作作为当前首要任务来抓，以最佳状态、最实举措，坚决维护行业安全稳定和寄递渠道畅通，保障全国两会顺利举办。

3日，国家邮政局党组成员、副局长廖进荣带队，国家邮政局、公安部、国家安全部组成联合检查组，督导检查北京地区全国两会寄递渠道安全服务保障工作。

6日，国家邮政局党组书记、局长赵冲久主持召开局长办公会，审议并原则通过《邮政业交叉带式自动分拣系统技术规范》行业标准（报批稿）。

13日，国家邮政局党组召开会议，审议并原则同意《国家邮政局党建工作领导小组2023年党的建设工作要点》。局党组书记、局长赵冲久主持会议，局党组成员、副局长戴应军、刘君、赵民、廖进荣、陈凯出席会议。中央纪委国家监委驻交通运输部纪检监察组有关同志列席会议。

14日，国家邮政局局长赵冲久在北京会见了香港邮政署署长戴淑娆一行。双方就内地与香港邮政业改革发展情况以及深化合作等内容深入交换了意见。国家邮政局副局长赵民出席会见。

16日，国家邮政局召开邮政快递业碳达峰碳中和工作领导小组第二次全体会议，专题学习习近平生态文明思想中"双碳"工作的重点篇目和习近平总书记重要讲话精神，听取行业生态环保2023年工作要点编制情况汇报并进行讨论，统筹推进邮政快递业碳达峰碳中和工作，推动行业绿色低碳发展。

22日，国家邮政局召开政务公开领导小组会议，深入学习贯彻习近平总书记关于政务公开的重要指示批示精神，总结国家邮政局2022年政务公开工作，研究部署2023年政务公开重点任务。

24日，国家邮政局和中国邮政集团有限公司进行工作会商，就提升邮政普遍服务质量、丰富邮政普遍服务内涵等内容深入交换了意见。

28日，国家邮政局召开局长办公会，审议并原则通过《2023年邮政业服务乡村振兴工作要点（送审稿）》《推进农村快递高质量发展三年工作方案（送审稿）》《2023年全国邮政管理系统新闻宣传工作要点》《2023年国家邮政局新闻发布工作计划》《"十四五"邮政业规划实施中期评估工作方案》。

30日，国家邮政局召开“十四五”邮政业规划实施中期评估工作动员部署电视电话会。局党组成员、副局长戴应军出席会议并讲话。

4月

12日，国家邮政局党组成员、副局长廖进荣带队在京调研邮政快递业平安员队伍建设工作，强调要精心谋划部署，加快推进平安员队伍建设，使之成为行业平安建设的新生力量。

17日，国家邮政局召开局长办公会，审议并原则通过《国家邮政局2023年快递员群体合法权益保障工作要点（送审稿）》和《2022年度快递市场监管报告（送审稿）》。

19日，国家邮政局党组书记、局长赵冲久在北京会见香港商务及经济发展局局长丘应桦一行。双方就内地与香港邮政业改革发展情况以及深化合作等内容深入交换了意见。

21日，国家邮政局召开邮政快递业安全生产视频调度会议，就做好行业安全生产工作进行动员部署，要求深刻吸取北京丰台长峰医院火灾事故教训，着力防范和遏制重大安全生产事故，坚决维护行业持续健康发展和安全稳定局面。

22日，第五届“强邮论坛”暨邮政快递业数智化与高质量发展峰会在京举办，聚焦加快推进以新一代信息技术赋能邮政快递业数智化转型，推动邮政快递业高质量发展。国家邮政局副局长刘君、北京邮电大学党委书记续梅出席论坛开幕式并致辞。

23—27日，国家邮政局党组成员、副局长戴应军带队赴云南调研农村寄递物流体系建设、抵边自然村通邮等工作情况。

24日，国家邮政局在广东佛山召开“中国快递示范城市”创建工作会议，明确工作任务，交流经验做法，并对第三批16个“中国快递示范城市”进行授牌。会议要求，示范城市创建工作务必以习近平新时代中国特色社会主义思想为指导，通过发挥示范创建活动的引领带动作用，切实推动快递业高质量发展，更好地服务地方经济社会发展。

24—26日，国家邮政局党组成员、副局长廖进荣带队到陕西调研邮政快递业安全工作，强调要聚焦群众期盼，高站位谋划行业安全工作，着力破解制约行业安全发展的各种难题，以高水平安全保障高质量发展。

25日，为加强邮政业智能安检系统成果交流，加快推进成果转化应用，提升邮政业安检能力和水平，“华山论检”——邮政业智能安检系统成果交流会在西安举办。陕西省人大常委会副主任、党组成员李晓英，国家邮政局党组成员、副局长廖进荣出席会议并致辞。

25—28日，国家邮政局党组成员、副局长陈凯率调研组赴广东广州、深圳等地，专题调研快递出海情况，推动加快建设高水平国际寄递物流体系，促进行业高质量发展，奋力谱写加快建设交通强国邮政新篇章。

26日，国家邮政局党组书记、局长赵冲久率调研组在北京调研邮政快递业发展情况。

27日，国家邮政局召开2023年一季度行业运行调度会暨系统主题教育推进会，梳理总结一季度行业运行情况，分析研判当前行业面临形势，部署下阶段重点工作。局党组书记、局长赵冲久主持会议并讲话，局党组成员、副局长刘君、赵民、廖进荣出席会议，并对各地邮政管理局汇报作点评发言。

28日，国家邮政局与河南省人民政府签署《加快河南省邮政快递业高质量发展战略合作协议》。国家邮政局党组成员、副局长戴应军，河南省委常委、常务副省长孙守刚分别代表双方签署了战略合作协议。

5月

11日，国家邮政局等17部门联合召开平安寄递专项行动动员部署电视电话会议。会议以习近平新时代中国特色社会主义思想为指导，全面学习贯彻党的二十大精神，分析寄递渠道安全面临的形势，对平安寄递专项行动进行动员部署。

18日，全国邮政管理系统巡视工作动员部署会在京召开，对2023年系统内部巡视工作进行动员和部署安排，决定成立4个巡视组，对系统内8家单位开展常规巡视。

18—26日，国家邮政局党组成员、副局长刘君率调研组先后赴北京、湖南、江西专题调研邮政管理系统干部队伍建设情况。

20日，国家邮政局召开行业精神文明建设工作座谈会，学习“最美快递员”先进事迹，听取基层快递员及快递企业代表和部分地区邮政管理部门对开展行业精神文明建设工作的意见建议。局党组成员、精神文明建设指导委员会副主任赵民出席会议并讲话。

23日，受国家邮政局局长赵冲久委托，国家邮政局副局长戴应军在北京会见了澳门邮电局局长刘惠明一行，双方就内地与澳门邮政业改革发展情况以及深化交流合作等交换了意见。

24—25日，国家邮政局党组成员、副局长戴应军带队赴陕西省宝鸡市调研农村寄递物流体系建设情况。

31日，国家邮政局党组书记、局长赵冲久带队赴河北雄安新区，就邮政业改革发展和行业服务新区建设开展调研。调研组深入雄安新区邮政局所、末端共配快递驿站、快递处理场地，与基层一线从业人员、快递用户面对面交流，听真话、察实情、谋实招，强调要扎实开展主题教育，认真进行调查研究，不断优化深化细化邮政业发展规划，为高标准高质量推进雄安新区建设贡献力量。

31日，2023年邮政业科技创新战略联盟大会在安徽省南陵县召开。国家邮政局党组成员、副局长戴应军出席会议并讲话。芜湖市委副书记、市长宁波出席会议并致辞。

6月

1—2日，国家邮政局党组成员、副局长廖进荣带队赴浙江调研督导平安寄递专项行动，主持召开平安寄递专项行动座谈会，强调要扎实推进平安寄递专项行动，集中整治寄递渠道安全隐患。

7日，国家邮政局召开局长办公会，审议并原则通过《交通强国邮政专项试点工作方案（送审稿）》，强调要认真开展好交通强国邮政专项试点工作，为奋力加快建设交通强国、努力当好中国式现代化的开路先锋再立新功。

11—17日，应泰国数字经济与社会部、韩国邮政邀请，中国国家邮政局副局长刘君率团赴泰国和韩国进行工作访问。

14日，国家邮政局党组书记、局长赵冲久带队赴河北省平泉市，围绕农村寄递物流体系建设和定点帮扶工作展开调研。调研组深入快件分拣场地、电商运营中心、快递末端配送服务站，与一线从业者面对面交流；走进国家邮政局定点帮扶的哈叭气村，察看帮扶产业，慰问脱贫群众。

15日，国家邮政局党组成员、副局长廖进荣赴湖北调研督导寄递渠道安全管理工作，强调要扎实高效推进平安寄递专项行动，大力提升安全风险防范化解能力，全力维护国家安全和社会大局稳定。

21日，国家邮政局召开局长办公会，审议并原则通过《快递循环包装箱》推荐性国家标准（报批稿）和《快递包装重金属与特定物质限量》强制性国家标准（报批稿），强调要牢固树立绿色理念，坚持问题导向和目标导向，加快行业绿色发展步伐。

27日，国家邮政局召开局长办公会议，学习习近平总书记最新重要讲话和重要指示精神，审议并原则通过《国家邮政局工作规则（修订稿）》《加快建设交通强国邮政篇实施方案（2023—2027）（送审稿）》。

30日，国家邮政局党组书记、局长赵冲久在北京会见重庆市副市长郑向东，双方就推动重庆市邮政快递业改革发展、更好地服务经济社会发展和进一步深化合作等内容深入交换了意见。

7月

10日，国家邮政局召开农村寄递物流体系建设座谈会。局党组书记、局长赵冲久，湖南省政协党组副书记黄兰香出席会议并讲话。中央第三十二指导组副组长周树春到会指导。局党组成员、副局长戴应军主持会议。

12—14日，国家邮政局党组成员、副局长戴应军带队赴山西、河南开展农村寄递物流体系建设情况调研。

15 日，第 43 届全国最佳邮票评选和 2021—2022 年度最佳邮品评选结果在历史文化名城河南洛阳揭晓。第十二届全国政协副主席、中国福利会主席王家瑞出席颁奖活动并为本届评选活动的最佳邮票颁奖。

17—21 日，国家邮政局党组成员、副局长廖进荣带队，国家邮政局、公安部、国家安全部相关负责同志组成调研督导组，先后赴四川、浙江调研督导成都第 31 届世界大学生夏季运动会、杭州第 19 届亚运会和第 4 届亚残运会期间的寄递安保工作。

20 日，第四届国家邮政局邮票选题咨询委员会在京正式成立。国家邮政局党组成员、副局长戴应军出席会议并讲话。

8 月

3 日，第四届全国邮政行业职业技能竞赛部署推进会在京召开，国家邮政局党组成员、副局长刘君出席会议并讲话，竞赛组委会各成员单位相关负责同志参加会议。

15 日，国家邮政局召开局长办公会议，审议并原则通过《邮件快件农村客运车辆搭载作业要求》行业标准（报批稿）等文件。

25 日，国家邮政局召开局长办公会议，审议并原则通过《国家邮政局关于推进新时代快递业高质量发展的意见（送审稿）》《邮件快件包装抽查工作规则（试行）（送审稿）》。

30 日，国家邮政局党组召开会议，审议并原则通过《关于全面加强新时代邮政快递业精神文明建设的指导意见》。

30 日，国家邮政局局长赵冲久在北京会见浙江省副省长柯吉欣，双方就推动浙江省邮政快递业改革发展、更好地服务经济社会发展和进一步深化合作等内容深入交换了意见。国家邮政局副局长陈凯陪同会见。

9 月

1 日，2023 年中国邮政“919 电商节”在京启动。中国邮政集团有限公司党组书记、董事长刘爱力出席并致辞。国家邮政局党组成员、副局长戴应军出席启动仪式。

1 日，国家邮政局党组成员、副局长廖进荣在河北涿州调研邮政快递业运营情况和防汛救灾应急处置工作，强调要认真贯彻习近平总书记重要指示精神，以邮政快递业快速恢复生产运营更好地服务地方灾后重建，加强应急管理体系建设，进一步提升防汛救灾能力。

4 日，在 2023 年中国国际服务贸易交易会供应链及商务服务板块，各邮政快递企业通过展板、演示、实物、互动等各种方式，展示最新发展成果。国家邮政局党组书记、局长赵冲久参观中国快递展区，在展台前驻足，听取情况介绍、肯定发展成效。

5—8 日，国家邮政局党组成员、副局长廖进荣在上海调研 6 家民营快递企业总部以及 3 家外资快递企业的安全生产工作情况。

7 日，国家邮政局在上海召开邮政快递业安全生产规范化管理现场会，全面总结回顾近年来安全生产工作，分析面临的新形势新任务，研究今后一个时期行业安全生产举措，部署下阶段重点工作。

7 日，在“一带一路”倡议提出十周年之际，为了以集邮文化为载体讲好“一带一路”故事，宣传十年来共建“一带一路”取得的伟大成就，展现共建“一带一路”国家和地区的历史文化风貌，探讨集邮在“一带一路”国家和地区贸易畅通和民心相通中发挥的独特作用，由中华全国集邮联合会、中国邮政集团有限公司、“一带一路”智库合作联盟共同主办的“一带一路”倡议提出十周年集邮研讨会，在中国邮政邮票博物馆举行。

8 日，国家邮政局、中央网信办、公安部三部门在上海联合召开邮政快递领域隐私运单应用工作推进会，回顾总结工作成效，深入分析问题困难，进一步统一思想、提高认识、形成工作推进合力，持续深入推广应用隐私运单，全力保障邮政快递领域信息安全。

12—14 日，国家邮政局党组成员、副局长陈凯在贵州调研农村寄递物流体系建设情况，强调要加强基础设施建设，推进快递服务现代农业，促进行业高质量发展，加快建设交通强国邮政篇。

19 日，国家邮政局局长赵冲久在北京会见了来访的越南邮政管理委员会执行委员阮长江一行，双方就深化中越邮政领域的合作与发展交换了意见。国家邮政局副局长赵民参加会见，并主持了中越邮政政策对话。

25 日，2023 全球可持续交通高峰论坛“互联互通：促进数字时代互联互通”主题会议在国家会议中心召开。会议邀请全球各方围绕新时代如何推进全球互联互通，推动跨境运输便利化，推动全球经济更具活力发展进行探讨。国家邮政局局长赵冲久出席会议并致开幕辞，强调要把握数字时代发展浪潮，促进互联互通全球合作。

26 日，国家邮政局局长赵冲久在北京会见了来访的亚洲—太平洋邮政联盟秘书长维纳亚 · 普拉卡什 · 辛格。双方就加强亚太地区邮政领域合作与发展、积极参与全球邮政治理等事宜交换了意见。

27 日，国家邮政局副局长陈凯在北京会见了来访的新加坡国家环境局局长黄康杰一行，双方就绿色发展议题进行了深入交流。

10 月

当地时间 10 月 1—5 日，万国邮联第四次特别大会在沙特阿拉伯首都利雅得召开，重点审议万国邮联向更广泛邮政行业参与者开放、万国邮联气候行动、万国邮联财务及邮政金融等议题。本次特别大会共有 120 余个成员国参加。国家邮政局副局长赵民率中国代表团出席会议。中国代表团由外交部、国家邮政局、中国邮政集团有限公司、香港邮政署、澳门邮电局组成。赵民出席了战略峰会、闭幕式等重大活动，并代表中国政府签署了修订后的万国邮联法规。中国驻沙特使馆公使衔参赞殷立军一同出席了战略峰会。

7—9 日，国家邮政局副局长赵民应邀率代表团赴阿联酋进行了工作访问。9 日，赵民与阿联酋邮政集团首席执行官阿卜杜拉 · 穆罕默德 · 阿拉什拉姆举行会谈，就推动双方签署合作文件，加强邮政领域对话等事宜交换了意见。

9 日，国家邮政局党组书记、局长赵冲久发表第 54 届世界邮政日致辞。

11 日，国家邮政局在江苏南京召开会议，就规范快递市场秩序，强化突出问题治理，对中通、圆通、韵达、申通、极兔 5 家快递企业总部开展集中行政指导。局党组成员、副局长陈凯出席会议并讲话。

14—19 日，国家邮政局党组成员、副局长廖进荣赴云南调研督导寄递渠道安全管理工作，强调要提高站位，强化担当，深入开展平安寄递建设，进一步加强寄递渠道禁毒工作，全力维护国家安全和社会大局稳定。

16 日，国家邮政局党组书记、局长赵冲久率队到中国邮政邮票博物馆调研，听取邮政及邮票发展历史介绍。局党组成员、副局长戴应军，中国邮政集团有限公司党组副书记、总经理郑国雨陪同调研。

16—18 日，国家邮政局党组成员、副局长陈凯率督导组赴宁夏调研督导邮政管理系统第二批主题教育。

20 日，“一枚邮票看周边外交”座谈会在中国邮政邮票博物馆举办。中国国家邮政局副局长赵民、中国外交部亚洲司司长刘劲松、中国邮政邮票博物馆张力扬，尼泊尔驻华大使比什努 · 施雷斯塔、马来西亚驻华使馆临时代办尚慕甘、日本驻华使馆公使小泉勉等来自周边 15 国的驻华使节和外交官及媒体代表 70 余人出席。与会代表为亲诚惠容周边外交理念提出十周年纪念封揭幕。

20—21 日，邮政管理系统政策法规工作座谈会在广西南宁召开。国家邮政局党组成员、副局长廖进荣出席会议并讲话。

23 日，国家邮政局召开局长办公会议，审议并原则通过《国家邮政局 2023 年快递业务旺季服务保障工作方案（送审稿）》，强调要持续提高统筹谋划和协调推进能力，努力打造畅通旺季、安全旺季、暖心旺季。

24—25 日，国家邮政局党组书记、局长赵冲久带队赴海南省海口市，督导第二批主题教育，调研行业服务海南自贸港建设及行业防控治理离岛免税“套代购”等情况，看望慰问一线干部职工。

24 日，国家邮政局召开 2023 年快递业务旺季服务保障工作动员部署电视电话会议，强调全系统全行业要继续发挥“错峰发货、均衡推进”核心机制作用，坚持城乡协调、全国联动，坚持安全运行与保障质量并重、末端稳定与维护权益并重，努力打造畅通旺季、安全旺季、暖心旺季。

24—27 日，由国家邮政局主办、西安邮电大学承办的“数字邮政发展与治理现代化培训班”在西安邮电大学现代邮政学院成功举办。

28—29 日，2023 年全国行业职业技能竞赛——第四届全国邮政行业职业技能竞赛总决赛在重庆城市管理职业学院举行。

31 日，全国邮政业标准化技术委员会（SAC/TC462）换届大会暨第三届委员会第一次全体会议在北京举行，审议并原则通过第三届全国邮政业标准化技术委员会工作规划、技术委员会章程和秘书处工作细则。

11 月

1 日，国家邮政局召开局长办公会议，审议并原则通过《国家邮政局办公室关于 2023 年工作总结和 2024 年工作思路的报告（送审稿）》《邮件快件循环包装使用指南（报批稿）》，强调要做好 2023 年工作总结，厘清 2024 年工作思路，全力推动邮政快递业高质量发展。

11 日，国家邮政局党组书记、局长赵冲久带队赴邮政业安全中心现场督导“双 11”快递业务旺季服务保障工作。局党组成员、副局长陈凯陪同督导。

14 日，国家邮政局召开寄递企业、快递协会座谈会，就邮政快递业发展现状、未来趋势进行深入研讨交流。局党组书记、局长赵冲久主持座谈会。局党组成员、副局长戴应军、陈凯出席座谈会。

15—22 日，国家邮政局副局长陈凯率代表团应邀赴印度尼西亚和马来西亚进行工作访问。

17 日，国家邮政局召开局长办公会议，听取关于快递高质量发展指标体系研究成果的汇报，审议并原则通过《邮政快递业标准化工作五年行动计划（2023—2027 年）（送审稿）》。

21—22 日，国家邮政局党组书记、局长赵冲久带队赴浙江省杭州市、绍兴市督导第二批主题教育，看望慰问一线干部职工，调研邮政快递业发展情况。调研期间，赵冲久会见浙江省副省长柯吉欣，双方就推进邮政快递业更好地服务浙江经济社会发展深入交换了意见。

22 日，由国家邮政局指导，浙江省人民政府、中国快递协会主办，杭州市人民政府承办的第五届中国（杭州）国际快递业大会在桐庐召开。

27 日，国家邮政局召开局长办公会议，研究审议《邮政行业统计指标设置方案（送审稿）》等文件。

30 日，国家邮政局局长赵冲久在北京会见了来访的越南通信传媒部部长阮孟雄一行，双方就进一步加强中越邮政领域合作深入交换了意见。

12 月

4—6 日，按照国务院安委会统一部署，国务院安全生产考核巡查组第十二组进驻国家邮政局，开展 2023 年度邮政快递业安全生产工作考核巡查。12 月 5 日，国家邮政局召开 2023 年邮政快递业安全生产工作考核汇报会。国务院安全生产考核巡查组第十二组组长，国家矿山安监局党组书记、局长黄锦生讲话，国家邮政局党组书记、局长赵冲久主持汇报会，局党组成员、副局长廖进荣汇报 2023 年度邮政快递业安全生产工作情况。

6 日，国家邮政局党组书记、局长赵冲久带队赴北京市密云区调研快递进村情况，强调要因地制宜、分类施策，扎实推进快递进村工作，满足农村老百姓的寄递需求，持续提升农村群众的用邮体验感和获得感。

14 日，第五届内地与港澳邮政高峰会议在澳门举行，围绕邮政发展整体情况及展望、邮政业务创新发展实践和跨境业务合作的挑战与机遇等议题，进行了深入探讨和交流。

19 日，为全面贯彻落实党的二十大关于“推动现代服务业同先进制造业深度融合”工作部署，学习贯彻中央经济工作会议精神，国家邮政局在山东青岛召开快递业与制造业融合发展现场会，全面总结回顾快递业与制造业融合发展取得的成效，交流典型项目及试点先行区工作经验，统筹部署下一阶段重点工作和措施。会议要求进一步统一思想认识、强化工作联动、凝聚发展合力，推动快递业与制造业融合发展工作迈入新阶段、取得新突破。

26日，国家邮政局召开局长办公会议，审议并原则通过《邮政行政处罚程序规定（修订草案）》。

28日，国家邮政局党组召开理论学习中心组（扩大）学习会，围绕扎实推进共同富裕和做好意识形态工作两个主题开展集中学习。局党组书记、局长赵冲久，局党组成员、副局长刘君、陈凯分别领学《习近平关于中国式现代化论述摘编》《习近平新时代中国特色社会主义思想专题摘编》《习近平新时代中国特色社会主义思想学习纲要》相关篇章，局党组成员、副局长戴应军、廖进荣参加学习。

后　　记

在交通运输部和国家铁路局、中国民用航空局、国家邮政局领导的高度重视和编纂工作委员会的正确领导下，《中国交通运输年鉴（2024）》（以下简称《年鉴》）编纂工作启动以来，历经了拟订大纲、分工组稿、收集资料、稿件编辑、审校排版、征求意见等流程，2024年10月形成初稿，在征求各方面意见后对初稿进行了多次修改，经过三审三校、反复推敲，终成此书。

本书的编纂工作由交通运输部办公厅会同国家铁路局、中国民用航空局、国家邮政局综合司（办公室）统筹组织、谋篇布局，各参编单位高度重视、积极响应，对编纂组稿工作给予了业务指导和大力支持，指定专人负责资料收集和稿件撰写，司局领导亲自审核本单位稿件。部档案馆、中国公路学会和《中国公路》杂志社作为编辑工作的承办单位，先后三次对编纂大纲进行了研究调整，对收集的资料采取即收即编的方式，进行认真梳理、查漏补缺，确保了工作进度和编辑质量。

在编纂过程中，交通运输部办公厅周敏霞、李洪斌、鲍鑫荣、吕丞、房清雨、李动智、王硕、宋双、汤继伦、田华、李福东、马巍巍、郭永亮、李丽、刘宝刚、吕军、王建军，政策研究室廖娟、宋亚峰、梁译尹、王振宇、张杰、蔡垚、韩东方、臧青，法制司陈立国、杜瑞孔、熊雅静、于永胜、张阳成，综合规划司赵晋宇、刘东、杨云深、尹振军、孙璘钊，财务审计司董超、姚宇琼，人事教育司刘颖娜、徐海川、李辉、徐传鑫、温辉，公路局李泽卿、谷体鹏、乔正、朱思宇、王金麒、于光、张慧彧、花蕾、李健、蔡小秋，水运局李雪莲、韦伟、赵帅、王颖、刘宗昊、温连明、王雪、段超、燕飞、王显峰、李花叶、王亚妹、李坤、李德春、闫军、高鹏飞、马跃、胡琳琳、马兆亮、邹永超、徐茂森、蔡涛、王常男、雷立，运输服务司阿莱·阿克拜、闫剑宇、吕亚军、孟文戟、孙择、王翔昊、蔡哲扬、刘源，安全与质量监督管理司刘剑、周军、杨云超、杨幸龙，科技司张鹏浩、付熙、赵晓辉、夏腾飞、孙婧，国际合作司（港澳台办公室）聂天琦、杨政妮、晏艳、马磊、梁宵月，直属机关党委辛明伦、高志慧、刘纬国、王定梁、石冬，离退休干部局王春燕、孔艳华、谢婉莹，中国海上搜救中心刘保康、吕石立、孟未璐、李允，海事局董乐义、王超超、迟俊、时学蓬、符壮志、白宇明、张晓强、张庆文、张强、许吉翔、李伟、郑伟、王勇、宋欢欢；中国国际可持续交通创新和知识中心陈晞铨；国家铁路局综合司芦锋、牛洪振、于涛、郭建军，科技与法制司刘思言、王京伟、董祥云、付国华、县勇，安全监察司陈衍斌，运输监督管理司潘栋栋，工程监督管理司许亚伟，设备监督管理司周磊，直属机关党委张文庆，人事司刘凯，信息中心夏南、王娜娜、崔若凡，统计中心李默涵，机关服务中心田原，联络人韩丽芳；中国民用航空局综合司刘凡磊，航空安全办公室孟宪岭，政策法规司刘晶晶，发展计划司李波，人事科教司王情，国际司姬秀竹，运输司党晓，飞行标准司樊宪标，航空器适航审定司徐泽华，机场司康文轩，空管行业管理办公室侯佳，直属机关党委田胜，离退休干部局赵文舟，空管局潘丽先，运行监控中心朱沛然，国际合作中心韩婕、方瑞丰、王堪林；国家邮政局谢俊、佟正堂、周献人、郭菲菲、郑添公、杨涛、刘丽华，中国邮政快递报社王洪磊；交通运输部救助打捞局顾嘉君；交通运输部长江航务管理局殷黎、林雅琴、吴莉、胡安羚、骆国庆、陈聪；交通运输部珠江航务管理局黄月华、彭娉容、陈晓玉、罗栋文、王啸文；北京市交通委员会李云忠、毕保磊，天津市交通运输委员会张晓亭，河北省交通运输厅石晓峰、党少彬，山西省交通运输厅王瑞璇，内蒙古自治区交通运输厅辉军、赵海涛，辽宁省交通运输厅姜大鹏，吉林省交通运输厅刘洪波，黑龙江省交通运输厅孙宇、陈晓光、高旋，上海市交通委员会张谨，江苏省交通运输厅潘奕嘉，浙江省交通运输厅陈鲁达、曹哲、周永富，安徽省交通运输厅任艳、汤世鹏、毕卫民、许一凡、周世睿，福建省交通运输厅刘弢、李源，福建省邮政管理局雷正辉、民航福建监管局江辉、民航厦门监管局李忠奇，江西省交通运输厅甘红缨、宋喻、田慧、张伟红，山东省交通运输厅王磊、朱惠娟，河南省交通运输厅高威、姜宝泉、韩冬、马啸腾、银燕阁，湖北省交通运输厅甘惠萍、张学阳、朱磊、乔杨、杨飞，湖南省交通运输厅刘扬、李曙光、谢炜烨、贺志敏，广东省交通运输厅李哲、丁力，广西壮族自治区交通运输厅覃黄臻，海南省交通运输厅吴开心，重庆市交通运输委员会王维定、席长城、宋秉科、刘哲、罗超，四川省交通运输厅蒋君兰，贵州省交通运输厅陈娴、王永超、鄂启科，云南省交通运输厅高振博，西藏自治区交通运输厅杨洁，陕西省交通运输厅魏巍、张军强、刘凌波，甘肃省交通运输厅石华雄、孙永涛、吴小军、莫书利、苏晗、胡俊璐，青海省交通运输厅林才让，宁夏回族自治区交通运输厅李军祚，新疆维吾尔自治区交通运输厅马晓洁、阿依拉拉·艾克拜、路强、马超、张帅，新疆生产建设兵团交通运输局王倩等同志在收集资料、撰写稿件、提供图片、审核校对等方面做了大量富有成效的工作。

值此《年鉴》出版之际，向对本书编纂工作提供大力支持和帮助的相关单位和所有人员，一并表示最诚挚的谢意！

由于本书涉及的单位及资料较多，加之编者水平有限，书中难免存在疏漏不足之处，恳请各界人士批评指正。

本书编辑工作组

2024年12月